税务师业务实用手册

优惠政策·征收管理·行业监管

中国注册税务师协会 编

中国税务出版社

图书在版编目（CIP）数据

税务师业务实用手册：优惠政策·征收管理·行业监管/中国注册税务师协会编．--北京：中国税务出版社，2021.10
ISBN 978-7-5678-1062-4

Ⅰ.①税… Ⅱ.①中… Ⅲ.①税务工作–中国–手册 Ⅳ.①F812.42-62

中国版本图书馆 CIP 数据核字（2021）第 187927 号

版权所有·侵权必究

书　　名：	税务师业务实用手册——优惠政策·征收管理·行业监管
作　　者：	中国注册税务师协会　编
责任编辑：	庞　博　赵泽蕙
责任校对：	姚浩晴
技术设计：	刘冬轲
出版发行：	中国税务出版社
	北京市丰台区广安路9号国投财富广场1号楼11层
	邮政编码：100055
	http://www.taxation.cn
	E-mail：swcb@taxation.cn
	发行中心电话：（010）83362083/85/86
	传真：（010）83362047/48/49
经　　销：	各地新华书店
印　　刷：	北京联兴盛业印刷股份有限公司
规　　格：	787毫米×1092毫米　1/32
印　　张：	31.75
字　　数：	1414000字
版　　次：	2021年10月第1版　2021年10月第1次印刷
书　　号：	ISBN 978-7-5678-1062-4
定　　价：	120.00元

如有印装错误　本社负责调换

前　言

税收法律法规中的优惠政策是税务师执业的基本依据之一；征收管理规定是税务师协调征纳关系的基本遵循；涉税专业服务行业监管政策则是优化税务师从业环境的基本规范。为帮助税务师行业依法从事相关涉税业务，中国注册税务师协会编写了《税务师业务实用手册——优惠政策·征收管理·行业监管》。

本书正文部分以现行有效（即未被明文废止）的税收法律法规和优惠政策为主，辅以税收征收管理和行业监管等相关规定。相关税收法律法规政策制度的收录截至2021年6月30日，并对失效部分、已被修订部分、尚未生效部分作了脚注和提示。

优惠政策涵盖现行18个税种，以及社会保险费和非税收入等相关内容，按照文件级次并结合发文时间排序。需要说明的是，如若国家税务总局公告仅针对特定优惠事项进行征管规范，而并未涉及优惠政策的实质性调整，则此类公告未被收录；由于篇幅所限，进出口税收（含涉外税收）涉及的国际税收条约、避免双重征税协定（安排或协议）等内容未作收录。此外，增值税政策中涉及的税率需要根据历次税率调整文件分别进行专业判别。

征收管理规定包括税收征收管理、发票管理，以及税务证明事项调整等内容，并收录增值税专用发票电子化有关规定以及围绕税务领域"放管服"改革推出的税务监管措施。

行业监管规定包括《国家税务总局关于发布〈涉税专业服务监管办法（试行）〉的公告》以及一系列有关规范涉税专业服务的国家税务总局公告。

本书在编写过程中参考了《全国税务机关纳税服务规范（3.0）》优惠办理规范、《税收优惠政策指南（2019年版）》，依托中国注册税务师协会法律法规库，并以财政部、国家税务总局等官方网站内容作为校正，形成终稿。为方便税务师查询税率，我们将中国注册税务师协会法律法规库的税率查询工具（2021版）作为本书附录。此外，每篇政策规定右侧配有供手机阅读的二维码，便于税务师行业会员读者扫码链接到中国注册税务师协会法律法规库相应文件电子版。

随着税收立法和税制改革推进及税收政策的调整，本书收录的政策制度可能发生变化，因此，对于有关内容的引用或适用需要以最新有效政策为准。

由于税收政策浩瀚且变化频繁，加之编者水平有限，书中疏漏在所难免，敬请读者提出宝贵意见，以便日后补充或修正。本书在编写过程中得到北京威科亚太信息技术有限公司的专业技术支持，在此表示衷心的谢意。

中国注册税务师协会
2021年8月

目　录

增值税

中华人民共和国增值税暂行条例（1993年12月13日中华人民共和国国务院令第134号公布　2008年11月5日国务院第34次常务会议修订通过　根据2016年2月6日《国务院关于修改部分行政法规的决定》第一次修订　根据2017年11月19日《国务院关于废止〈中华人民共和国营业税暂行条例〉和修改〈中华人民共和国增值税暂行条例〉的决定》第二次修订）／1

中华人民共和国增值税暂行条例实施细则（2008年12月18日财政部　国家税务总局令第50号公布　根据2011年10月28日《关于修改〈中华人民共和国增值税暂行条例实施细则〉和〈中华人民共和国营业税暂行条例实施细则〉的决定》修订）／5

财政部　税务总局关于延续宣传文化增值税优惠政策的公告（2021年3月22日　财政部　税务总局公告2021年第10号）／10

财政部　商务部　税务总局关于继续执行研发机构采购设备增值税政策的公告（2019年11月11日　财政部　商务部　税务总局公告2019年第91号）／12

财政部　税务总局　国务院扶贫办关于扶贫货物捐赠免征增值税政策的公告（2019年4月10日　财政部　税务总局　国务院扶贫办公告2019年第55号）／14

财政部　税务总局　海关总署关于深化增值税改革有关政策的公告（2019年3月20日　财政部　税务总局　海关总署公告2019年第39号）／15

财政部　税务总局关于明确增值税小规模纳税人免征增值税政策的公告（2021年3月31日　财政部　税务总局公告2021年第11号）／18

财政部　税务总局关于继续执行边销茶增值税政策的公告（2021年2月19日　财政部　税务总局公告2021年第4号）／19

财政部　税务总局关于发布第二批适用北京2022年冬奥会、冬残奥会和测试赛企业赞助增值税政策的企业名单的公告（2020年11月14日　财政部　税务总局公告2020年第42号）／19

财政部　税务总局关于明确无偿转让股票等增值税政策的公告（2020年9月29日　财政部　税务总局公告2020年第40号）／20

财政部　税务总局关于延长小规模纳税人减免增值税政策执行期限的公告（2020年4月30日　财政部　税务总局公告2020年第24号）／20

财政部　税务总局关于二手车经销有关增值税政策的公告（2020年4月8日　财政部　税务总局公告2020年第17号）／21

财政部　税务总局关于支持个体工商户复工复业增值税政策的公告（2020年2

月28日　财政部　税务总局公告2020年第13号）/ **21**

财政部　税务总局关于支持货物期货市场对外开放增值税政策的公告（2020年2月18日　财政部　税务总局公告2020年第12号）/ **22**

财政部　税务总局关于明确国有农用地出租等增值税政策的公告（2020年1月20日　财政部　税务总局公告2020年第2号）/ **22**

财政部　税务总局关于资源综合利用增值税政策的公告（2019年10月24日　财政部　税务总局公告2019年第90号）/ **23**

财政部　税务总局关于明确生活性服务业增值税加计抵减政策的公告（2019年9月30日　财政部　税务总局公告2019年第87号）/ **24**

财政部　税务总局关于明确部分先进制造业增值税期末留抵退税政策的公告（2019年8月31日　财政部　税务总局公告2019年第84号）/ **25**

财政部　税务总局关于延续免征国产抗艾滋病病毒药品增值税政策的公告（2019年6月5日　财政部　税务总局公告2019年第73号）/ **26**

国家税务总局关于修订发布《研发机构采购国产设备增值税退税管理办法》的公告（2021年6月22日　国家税务总局公告2021年第18号）/ **27**

国家税务总局关于小规模纳税人免征增值税征管问题的公告（2021年3月31日　国家税务总局公告2021年第5号）/ **29**

国家税务总局关于进一步优化增值税优惠政策办理程序及服务有关事项的公告（2021年3月29日　国家税务总局公告2021年第4号）/ **30**

国家税务总局关于明确二手车经销若干增值税征管问题的公告（2020年4月23日　国家税务总局公告2020年第9号）/ **31**

国家税务总局关于取消增值税扣税凭证认证确认期限等增值税征管问题的公告（2019年12月31日　国家税务总局公告2019年第45号）/ **33**

国家税务总局关于国内旅客运输服务进项税抵扣等增值税征管问题的公告（2019年9月16日　国家税务总局公告2019年第31号）/ **35**

国家税务总局关于明确中外合作办学等若干增值税征管问题的公告（2018年7月25日　国家税务总局公告2018年第42号）/ **38**

国家税务总局关于发布《房地产开发企业销售自行开发的房地产项目增值税征收管理暂行办法》的公告（2016年3月31日　国家税务总局公告2016年第18号）/ **40**

国家税务总局关于发布《纳税人提供不动产经营租赁服务增值税征收管理暂行办法》的公告（2016年3月31日　国家税务总局公告2016年第16号）/ **43**

国家税务总局关于牡丹籽油增值税适用税率问题的公告（2014年12月31日　国家税务总局公告2014年第75号）/ **45**

国家税务总局关于简并增值税征收率有关问题的公告（2014年6月27日　国家税务总局公告2014年第36号）/ **46**

国家税务总局关于杏仁油、葡萄籽油增值税适用税率问题的公告（2014年4月11日　国家税务总局公告2014年第22号）/ **47**

国家税务总局关于纳税人资产重组有关增值税问题的公告（2013年11月19日　国家税务总局公告2013年第66号）/ **47**

国家税务总局关于精料补充料免征增值税问题的公告（2013年8月7日　国家税

务总局公告 2013 年第 46 号）/ **48**

国家税务总局关于承印境外图书增值税适用税率问题的公告（2013 年 2 月 22 日 国家税务总局公告 2013 年第 10 号）/ **48**

国家税务总局关于纳税人采取"公司＋农户"经营模式销售畜禽有关增值税问题的公告（2013 年 2 月 6 日 国家税务总局公告 2013 年第 8 号）/ **49**

国家税务总局关于发布《熊猫普制金币免征增值税管理办法（试行)》的公告（2013 年 2 月 5 日 国家税务总局公告 2013 年第 6 号）/ **49**

国家税务总局关于部分玉米深加工产品增值税税率问题的公告（2012 年 3 月 27 日 国家税务总局公告 2012 年第 11 号）/ **51**

国家税务总局关于部分液体乳增值税适用税率的公告（2011 年 7 月 6 日 国家税务总局公告 2011 年第 38 号）/ **52**

国家税务总局关于花椒油增值税适用税率问题的公告（2011 年 6 月 2 日 国家税务总局公告 2011 年第 33 号）/ **52**

国家税务总局关于纳税人资产重组有关增值税问题的公告（2011 年 2 月 18 日 国家税务总局公告 2011 年第 13 号）/ **53**

国家税务总局关于纳税人销售伴生金有关增值税问题的公告（2011 年 1 月 24 日 国家税务总局公告 2011 年第 8 号）/ **53**

国家税务总局关于制种行业增值税有关问题的公告（2010 年 10 月 25 日 国家税务总局公告 2010 年第 17 号）/ **54**

国家税务总局关于项目运营方利用信托资金融资过程中增值税进项税额抵扣问题的公告（2010 年 8 月 9 日 国家税务总局公告 2010 年第 8 号）/ **54**

财政部 海关总署 税务总局关于在粤港澳大湾区实行有关增值税政策的通知（2020 年 10 月 26 日 财税〔2020〕48 号）/ **55**

财政部 交通运输部 税务总局关于海南自由贸易港国际运输船舶有关增值税政策的通知（2020 年 9 月 3 日 财税〔2020〕41 号）/ **56**

财政部 税务总局关于明确养老机构免征增值税等政策的通知（2019 年 2 月 2 日 财税〔2019〕20 号）/ **57**

财政部 税务总局关于继续实施支持文化企业发展增值税政策的通知（2019 年 2 月 13 日 财税〔2019〕17 号）/ **58**

财政部 税务总局关于冬奥会和冬残奥会企业赞助有关增值税政策的通知（2019 年 1 月 18 日 财税〔2019〕6 号）/ **59**

财政部 税务总局关于中国邮政储蓄银行三农金融事业部涉农贷款增值税政策的通知（2018 年 9 月 12 日 财税〔2018〕97 号）/ **60**

财政部 税务总局关于金融机构小微企业贷款利息收入免征增值税政策的通知（2018 年 9 月 5 日 财税〔2018〕91 号）/ **61**

财政部 税务总局关于延续动漫产业增值税政策的通知（2018 年 4 月 19 日 财税〔2018〕38 号）/ **62**

财政部 税务总局关于调整增值税税率的通知（2018 年 4 月 4 日 财税〔2018〕32 号）/ **63**

财政部 税务总局关于租入固定资产进项税额抵扣等增值税政策的通知（2017 年 12 月 25 日 财税〔2017〕90 号）/ **64**

财政部　税务总局关于建筑服务等营改增试点政策的通知（2017年7月11日　财税〔2017〕58号）/ **66**

财政部　税务总局关于资管产品增值税有关问题的通知（2017年6月30日　财税〔2017〕56号）/ **67**

财政部　税务总局关于简并增值税税率有关政策的通知（2017年4月28日　财税〔2017〕37号）/ **68**

财政部　国家税务总局关于明确金融、房地产开发、教育辅助服务等增值税政策的通知（2016年12月21日　财税〔2016〕140号）/ **70**

财政部　国家税务总局关于金融机构同业往来等增值税政策的补充通知（2016年6月30日　财税〔2016〕70号）/ **72**

财政部　国家税务总局关于进一步明确全面推开营改增试点有关再保险、不动产租赁和非学历教育等政策的通知（2016年6月18日　财税〔2016〕68号）/ **73**

财政部　国家税务总局关于促进残疾人就业增值税优惠政策的通知（2016年5月5日　财税〔2016〕52号）/ **74**

财政部　国家税务总局关于进一步明确全面推开营改增试点有关劳务派遣服务、收费公路通行费抵扣等政策的通知（2016年4月30日　财税〔2016〕47号）/ **76**

财政部　国家税务总局关于进一步明确全面推开营改增试点金融业有关政策的通知（2016年4月29日　财税〔2016〕46号）/ **78**

财政部　国家税务总局关于营业税改征增值税试点若干政策的通知（2016年3月23日　财税〔2016〕39号）/ **79**

财政部　国家税务总局关于全面推开营业税改征增值税试点的通知（2016年3月23日　财税〔2016〕36号）/ **81**

财政部　国家税务总局关于煤炭采掘企业增值税进项税额抵扣有关事项的通知（2015年11月2日　财税〔2015〕117号）/ **120**

财政部　国家税务总局关于印发《资源综合利用产品和劳务增值税优惠目录》的通知（2015年6月12日　财税〔2015〕78号）/ **121**

财政部　国家税务总局关于风力发电增值税政策的通知（2015年6月12日　财税〔2015〕74号）/ **123**

财政部　国家税务总局关于新型墙体材料增值税政策的通知（2015年6月12日　财税〔2015〕73号）/ **123**

财政部　国家税务总局关于原油和铁矿石期货保税交割业务增值税政策的通知（2015年4月8日　财税〔2015〕35号）/ **124**

财政部　国家税务总局关于创新药后续免费使用有关增值税政策的通知（2015年1月26日　财税〔2015〕4号）/ **125**

财政部　国家税务总局关于简并增值税征收率政策的通知（2014年6月13日　财税〔2014〕57号）/ **125**

财政部　国家税务总局关于免征储备大豆增值税政策的通知（2014年5月8日　财税〔2014〕38号）/ **126**

财政部　国家税务总局关于利用石脑油和燃料油生产乙烯芳烃类产品有关增值税政策的通知（2014年2月17日　财税〔2014〕17号）/ **126**

财政部　国家税务总局关于暂免征收部分小微企业增值税和营业税的通知（2013年7月29日　财税〔2013〕52号）/ **127**

财政部　国家税务总局关于熊猫普制金币免征增值税政策的通知（2012年12月28日　财税〔2012〕97号）/ **128**

财政部　国家税务总局关于免征部分鲜活肉蛋产品流通环节增值税政策的通知（2012年9月27日　财税〔2012〕75号）/ **128**

财政部　国家税务总局关于增值税税控系统专用设备和技术维护费用抵减增值税税额有关政策的通知（2012年2月7日　财税〔2012〕15号）/ **129**

财政部　国家税务总局关于免征蔬菜流通环节增值税有关问题的通知（2011年12月31日　财税〔2011〕137号）/ **130**

财政部　国家税务总局关于退还集成电路企业采购设备增值税期末留抵税额的通知（2011年11月14日　财税〔2011〕107号）/ **131**

财政部　国家税务总局关于软件产品增值税政策的通知（2011年10月13日　财税〔2011〕100号）/ **132**

财政部　国家税务总局关于收购烟叶支付的价外补贴进项税额抵扣问题的通知（2011年3月2日　财税〔2011〕21号）/ **134**

财政部　国家税务总局关于上海期货交易所开展期货保税交割业务有关增值税问题的通知（2010年12月2日　财税〔2010〕108号）/ **135**

财政部　国家税务总局关于部分货物适用增值税低税率和简易办法征收增值税政策的通知（2009年1月19日　财税〔2009〕9号）/ **135**

财政部　国家税务总局关于全国实施增值税转型改革若干问题的通知（2008年12月19日　财税〔2008〕170号）/ **138**

财政部　国家税务总局关于有机肥产品免征增值税的通知（2008年4月29日　财税〔2008〕56号）/ **140**

财政部　国家税务总局关于黄金期货交易有关税收政策的通知（2008年2月2日　财税〔2008〕5号）/ **141**

财政部　国家税务总局关于免征滴灌带和滴灌管产品增值税的通知（2007年5月30日　财税〔2007〕83号）/ **142**

财政部　国家税务总局关于中国科技资料进出口总公司销售进口图书享受免征国内销售环节增值税政策的通知（2004年3月30日　财税〔2004〕69号）/ **143**

财政部　国家税务总局关于不带动力的手扶拖拉机和三轮农用运输车增值税政策的通知（2002年6月6日　财税〔2002〕89号）/ **143**

财政部　国家税务总局关于饲料产品免征增值税问题的通知（2001年7月12日　财税〔2001〕121号）/ **144**

财政部　国家税务总局关于若干农业生产资料征免增值税政策的通知（2001年7月20日　财税〔2001〕113号）/ **145**

财政部　国家税务总局关于污水处理费有关增值税政策的通知（2001年6月19日　财税〔2001〕97号）/ **146**

财政部　国家税务总局关于铁路货车修理免征增值税的通知（2001年4月3日　财税〔2001〕54号）/ **146**

财政部　国家税务总局关于豆粕等粕类产品征免增值税政策的通知（2001年8

财政部　国家税务总局关于飞机维修增值税问题的通知（2000 年 10 月 12 日　财税〔2000〕102 号）/ **147**

财政部　国家税务总局关于中国经济图书进出口公司、中国出版对外贸易总公司销售给大专院校和科研单位的进口书刊资料免征增值税的通知（1999 年 9 月 29 日　财税字〔1999〕255 号）/ **148**

财政部　国家税务总局关于粮食企业增值税征免问题的通知（1999 年 6 月 29 日　财税字〔1999〕198 号）/ **148**

财政部　国家税务总局关于北京中科进出口公司销售给高等学校、科研单位和北京图书馆的进口图书报刊资料免征增值税问题的通知（1998 年 4 月 14 日　财税字〔1998〕69 号）/ **149**

财政部　国家税务总局关于中国国际图书贸易总公司销售给高等学校、教育科研单位和北京图书馆的进口图书报刊资料免征增值税问题的通知（1998 年 4 月 14 日　财税字〔1998〕68 号）/ **150**

财政部　国家税务总局关于中国教育图书进出口公司销售给高等学校、教育科研单位和北京图书馆的进口图书报刊资料免征增值税问题的通知（1998 年 4 月 8 日　财税字〔1998〕67 号）/ **150**

财政部　国家税务总局关于免征农村电网维护费增值税问题的通知（1998 年 3 月 5 日　财税字〔1998〕47 号）

财政部　国家税务总局关于中国图书进出口总公司销售给科研教学单位的进口书刊资料免征增值税问题的通知（1997 年 3 月 28 日　财税字〔1997〕66 号）/ **151**

财政部　国家税务总局关于罚没物品征免增值税问题的通知（1995 年 9 月 4 日　财税字〔1995〕69 号）/ **151**

财政部　国家税务总局关于印发《农业产品征税范围注释》的通知（1995 年 6 月 15 日　财税字〔1995〕52 号）/ **152**

财政部　国家税务总局关于增值税几个税收政策问题的通知（1994 年 10 月 18 日　〔1994〕财税字第 60 号）/ **153**

财政部　国家税务总局关于增值税、营业税若干政策规定的通知（1994 年 5 月 5 日　〔1994〕财税字第 26 号）/ **154**

国家税务总局关于修改若干增值税规范性文件引用法规规章条款依据的通知（2009 年 2 月 5 日　国税发〔2009〕10 号）/ **156**

国家税务总局关于退耕还林还草补助粮免征增值税问题的通知（2001 年 11 月 26 日　国税发〔2001〕131 号）/ **157**

国家税务总局关于修订"饲料"注释及加强饲料征免增值税管理问题的通知（1999 年 3 月 8 日　国税发〔1999〕39 号）/ **158**

国家税务总局关于印发《黄金交易增值税征收管理办法》的通知（2002 年 10 月 28 日　国税发明电〔2002〕47 号）/ **159**

国家税务总局关于橄榄油适用税率问题的批复（2010 年 4 月 8 日　国税函〔2010〕144 号）/ **161**

国家税务总局关于人工合成牛胚胎适用增值税税率问题的通知（2010 年 3 月 4 日　国税函〔2010〕97 号）/ **161**

国家税务总局关于粕类产品征免增值税问题的通知（2010年2月20日 国税函〔2010〕75号）/ **162**

国家税务总局关于农村电网维护费征免增值税问题的通知（2009年10月23日 国税函〔2009〕591号）/ **162**

国家税务总局关于供应非临床用血增值税政策问题的批复（2009年8月24日 国税函〔2009〕456号）/ **163**

国家税务总局关于核桃油适用税率问题的批复（2009年8月21日 国税函〔2009〕455号）/ **163**

国家税务总局关于挂面适用增值税税率问题的通知（2008年12月8日 国税函〔2008〕1007号）/ **164**

国家税务总局关于饲料级磷酸二氢钙产品增值税政策问题的通知（2007年1月8日 国税函〔2007〕10号）/ **164**

国家税务总局关于矿物质微量元素舔砖免征增值税问题的批复（2005年11月30日 国税函〔2005〕1127号）/ **165**

国家税务总局关于农户手工编织的竹制和竹芒藤柳坯具征收增值税问题的批复（2005年1月28日 国税函〔2005〕56号）/ **165**

国家税务总局关于增值税一般纳税人销售软件产品向购买方收取的培训费等费用享受增值税即征即退政策的批复（2004年5月12日 国税函〔2004〕553号）/ **165**

国家税务总局关于饲用鱼油产品免征增值税的批复（2003年12月29日 国税函〔2003〕1395号）/ **166**

国家税务总局关于茴油、毛椰子油适用增值税税率的批复（2003年4月18日 国税函〔2003〕426号）/ **166**

国家税务总局关于企业改制中资产评估减值发生的流动资产损失进项税额抵扣问题的批复（2002年12月20日 国税函〔2002〕1103号）/ **167**

国家税务总局关于政府储备食用植物油销售业务开具增值税专用发票问题的通知（2002年6月10日 国税函〔2002〕531号）/ **167**

国家税务总局关于卫生防疫站调拨生物制品及药械征收增值税的批复（1999年4月19日 国税函〔1999〕191号）/ **168**

消 费 税

中华人民共和国消费税暂行条例（1993年12月13日中华人民共和国国务院令第135号发布，2008年11月5日国务院第34次常务会议修订通过）/ **169**

中华人民共和国消费税暂行条例实施细则〔1993年12月25日财政部文件（93）财法字第39号发布，2008年12月15日中华人民共和国财政部、国家税务总局令第51号修订并公布〕/ **172**

国家税务总局关于消费税有关政策问题的公告（2012年11月6日 国家税务总局公告2012年第47号）/ **176**

国家税务总局关于发布《用于生产乙烯、芳烃类化工产品的石脑油、燃料油退（免）消费税暂行办法》的公告（2012年7月12日 国家税务总局公告2012年第

36号) / **177**

国家税务总局关于绝缘油类产品不征收消费税问题的公告(2010年8月30日 国家税务总局公告2010年第12号) / **184**

财政部 税务总局关于延长对废矿物油再生油品免征消费税政策实施期限的通知(2018年12月7日 财税〔2018〕144号) / **184**

财政部 国家税务总局关于调整化妆品消费税政策的通知(2016年9月30日 财税〔2016〕103号) / **185**

财政部 国家税务总局关于对利用废弃的动植物油生产纯生物柴油免征消费税政策执行中有关问题的通知(2016年3月18日 财税〔2016〕35号) / **185**

财政部 国家税务总局关于对电池、涂料征收消费税的通知(2015年1月26日 财税〔2015〕16号) / **186**

财政部 国家税务总局关于继续提高成品油消费税的通知(2015年1月12日 财税〔2015〕11号) / **186**

财政部 国家税务总局关于调整消费税政策的通知(2014年11月25日 财税〔2014〕93号) / **187**

财政部 国家税务总局关于以外购或委托加工汽、柴油连续生产汽、柴油允许抵扣消费税政策问题的通知(2014年2月19日 财税〔2014〕15号) / **187**

财政部 国家税务总局关于对废矿物油再生油品免征消费税的通知(2013年12月12日 财税〔2013〕105号) / **188**

财政部 中国人民银行 国家税务总局关于延续执行部分石脑油燃料油消费税政策的通知(2011年9月15日 财税〔2011〕87号) / **189**

财政部 国家税务总局关于明确废弃动植物油生产纯生物柴油免征消费税适用范围的通知(2011年6月15日 财税〔2011〕46号) / **191**

财政部 国家税务总局关于对油(气)田企业生产自用成品油先征后返消费税的通知(2011年2月25日 财税〔2011〕7号) / **191**

财政部 国家税务总局关于对利用废弃的动植物油生产纯生物柴油免征消费税的通知(2010年12月17日 财税〔2010〕118号) / **192**

财政部 国家税务总局关于对成品油生产企业生产自用油免征消费税的通知(2010年11月1日 财税〔2010〕98号) / **193**

财政部 国家税务总局关于提高成品油消费税税率后相关成品油消费税政策的通知(2008年12月19日 财税〔2008〕168号) / **193**

车辆购置税

中华人民共和国车辆购置税法(2018年12月29日第十三届全国人民代表大会常务委员会第七次会议通过,同日中华人民共和国主席令第十九号公布) / **195**

财政部 税务总局 工业和信息化部关于设有固定装置的非运输专用作业车辆免征车辆购置税有关政策的公告(2020年7月1日 财政部 税务总局 工业和信息化部公告2020年第35号) / **196**

财政部 税务总局 工业和信息化部关于新能源汽车免征车辆购置税有关政策的公告(2020年4月16日 财政部 税务总局 工业和信息化部公告2020年第21

号）/ **197**

财政部　税务总局　工业和信息化部关于对挂车减征车辆购置税的公告（2018 年 5 月 25 日　财政部　税务总局　工业和信息化部公告 2018 年第 69 号）/ **198**

工业和信息化部　财政部　国家税务总局关于对《免征车辆购置税的新能源汽车车型目录》实施动态管理的公告（2018 年 3 月 30 日　工业和信息化部　财政部　国家税务总局公告 2018 年第 17 号）/ **199**

财政部　国家税务总局　工业和信息化部　科技部关于免征新能源汽车车辆购置税的公告（2017 年 12 月 26 日　财政部　国家税务总局　工业和信息化部　科技部公告 2017 年第 172 号）/ **200**

财政部　税务总局关于继续执行的车辆购置税优惠政策的公告（2019 年 6 月 28 日　财政部　税务总局公告 2019 年第 75 号）/ **201**

财政部　税务总局关于车辆购置税有关具体政策的公告（2019 年 5 月 23 日　财政部　税务总局公告 2019 年第 71 号）/ **202**

国家税务总局　交通运输部关于城市公交企业购置公共汽电车辆免征车辆购置税有关事项的公告（2019 年 6 月 6 日　国家税务总局　交通运输部公告 2019 年第 22 号）/ **203**

财政部　国家税务总局关于农用三轮车免征车辆购置税的通知（2004 年 9 月 7 日　财税〔2004〕66 号）/ **204**

财政部　国家税务总局关于防汛专用等车辆免征车辆购置税的通知（2001 年 3 月 16 日　财税〔2001〕39 号）/ **205**

进出口税收

中华人民共和国进出口关税条例（2003 年 11 月 23 日中华人民共和国国务院令第 392 号公布　根据 2011 年 1 月 8 日《国务院关于废止和修改部分行政法规的决定》第一次修订　根据 2013 年 12 月 7 日《国务院关于修改部分行政法规的决定》第二次修订　根据 2016 年 2 月 6 日《国务院关于修改部分行政法规的决定》第三次修订　根据 2017 年 3 月 1 日《国务院关于修改和废止部分行政法规的决定》第四次修订）/ **206**

中华人民共和国海关对出口加工区监管的暂行办法（2000 年 4 月 27 日国务院批准　2000 年 5 月 24 日海关总署令第 81 号公布　2002 年 6 月 21 日国务院批准第一次修订　根据 2003 年 9 月 2 日《国务院关于修改〈中华人民共和国海关对出口加工区监管的暂行办法〉的决定》第二次修订　根据 2011 年 1 月 8 日《国务院关于废止和修改部分行政法规的决定》第三次修订）/ **215**

国务院关税税则委员会　财政部　国家税务总局关于体育用品进口税收问题的通知（1995 年 3 月 24 日　税委会〔1995〕5 号）/ **219**

国务院关税税则委员会关于降低日用消费品进口关税的公告（2018 年 5 月 31 日　税委会公告〔2018〕4 号）/ **220**

国务院关税税则委员会关于降低药品进口关税的公告（2018 年 4 月 23 日　税委会公告〔2018〕2 号）/ **220**

中华人民共和国海关对保税物流园区的管理办法（2005 年 11 月 28 日海关总署令第 134 号发布　根据 2010 年 3 月 15 日海关总署令第 190 号公布的《海关总署关于修改

〈中华人民共和国海关对保税物流园区的管理办法〉的决定》第一次修正　根据2017年12月20日海关总署令第235号公布的《海关总署关于修改部分规章的决定》第二次修正　根据2018年5月29日海关总署令第240号《海关总署关于修改部分规章的决定》第三次修正）/ **221**

中华人民共和国海关保税港区管理暂行办法（2007年9月3日海关总署令第164号发布　根据2010年3月15日海关总署令第191号公布的《海关总署关于修改〈中华人民共和国海关保税港区管理暂行办法〉的决定》第一次修正　根据2017年12月20日海关总署令第235号公布的《海关总署关于修改部分规章的决定》第二次修正　根据2018年5月29日海关总署令第240号《海关总署关于修改部分规章的决定》第三次修正）/ **228**

保税区海关监管办法（1997年8月1日　海关总署令第65号）/ **233**

财政部　海关总署　税务总局关于因新冠肺炎疫情不可抗力出口退运货物税收规定的公告（2020年11月2日　财政部　海关总署　税务总局公告2020年第41号）/ **236**

财政部　海关总署　税务总局　药监局关于发布第二批适用增值税政策的抗癌药品和罕见病药品清单的公告（2020年9月30日　财政部　海关总署　税务总局　药监局公告2020年第39号）/ **237**

财政部　商务部　海关总署　国家税务总局　国家旅游局关于口岸进境免税店政策的公告（2016年2月18日　财政部　商务部　海关总署　国家税务总局　国家旅游局公告2016年第19号）/ **237**

慈善捐赠物资免征进口税收暂行办法（2015年12月23日　财政部　海关总署　国家税务总局公告2015年第102号）/ **238**

国有公益性收藏单位进口藏品免税暂行规定（2009年1月20日　财政部　海关总署　国家税务总局公告2009年第2号）/ **240**

财政部　税务总局关于提高部分产品出口退税率的公告（2020年3月17日　财政部　税务总局公告2020年第15号）/ **242**

财政部关于实施境外旅客购物离境退税政策的公告（2015年1月6日　财政部公告2015年第3号）/ **242**

财政部关于在海南开展境外旅客购物离境退税政策试点的公告（2010年12月21日　财政部公告2010年第88号）/ **244**

国家税务总局关于跨境电子商务综合试验区零售出口企业所得税核定征收有关问题的公告（2019年10月26日　国家税务总局公告2019年第36号）/ **245**

国家税务总局关于统一小规模纳税人标准有关出口退（免）税问题的公告（2018年4月22日　国家税务总局公告2018年第20号）/ **246**

国家税务总局关于发布《营业税改征增值税跨境应税行为增值税免税管理办法（试行）》的公告（2016年5月6日　国家税务总局公告2016年第29号）/ **247**

国家税务总局关于发布《境外旅客购物离境退税管理办法（试行）》的公告（2015年6月2日　国家税务总局公告2015年第41号）/ **254**

国家税务总局关于《出口货物劳务增值税和消费税管理办法》有关问题的公告（2013年3月13日　国家税务总局公告2013年第12号）/ **259**

海关总署关于调整大嶝对台小额商品交易市场税收政策的公告（2012年10月31

日　海关总署公告 2012 年第 52 号）／**269**

海关总署关于对海关支持软件产业和集成电路产业发展的有关政策规定和措施的公告（2011 年 5 月 12 日　海关总署公告 2011 年第 30 号）／**269**

海关总署关于进口粗铜中含金部分免征进口环节增值税有关问题的公告（2009 年 10 月 30 日　海关总署公告 2009 年第 69 号）／**270**

海关总署关于进口镍矿砂、钴矿砂、锑矿砂及它们的精矿享受黄金伴生矿税收优惠政策的公告（2007 年 11 月 16 日　海关总署公告 2007 年第 60 号）／**271**

关于进口铅矿砂及其精矿享受黄金伴生矿税收优惠政策事宜（2007 年 3 月 30 日　海关总署公告 2007 年第 14 号）／**272**

海关总署关于对进口黄金和黄金矿砂免征进口环节增值税有关问题的公告（2003 年 4 月 21 日　海关总署公告 2003 年第 29 号）／**273**

财政部　海关总署　税务总局关于中国国际消费品博览会展期内销售的进口展品税收优惠政策的通知（2021 年 4 月 26 日　财关税〔2021〕32 号）／**274**

财政部　海关总署　税务总局关于"十四五"期间种子种源进口税收政策的通知（2021 年 4 月 21 日　财关税〔2021〕29 号）／**274**

财政部　海关总署　税务总局关于"十四五"期间种用野生动植物种源和军警用工作犬进口税收政策的通知（2021 年 4 月 12 日　财关税〔2021〕28 号）／**275**

财政部　海关总署　税务总局关于"十四五"期间支持科普事业发展进口税收政策的通知（2021 年 4 月 9 日　财关税〔2021〕26 号）／**277**

财政部　海关总署　税务总局关于"十四五"期间支持科技创新进口税收政策的通知（2021 年 4 月 15 日　财关税〔2021〕23 号）／**277**

财政部　海关总署　税务总局关于"十四五"期间中西部地区国际性展会展期内销售的进口展品税收优惠政策的通知（2021 年 3 月 31 日　财关税〔2021〕21 号）／**279**

财政部　海关总署　税务总局关于 2021—2030 年支持新型显示产业发展进口税收政策的通知（2021 年 3 月 31 日　财关税〔2021〕19 号）／**280**

财政部　海关总署　税务总局关于"十四五"期间能源资源勘探开发利用进口税收政策的通知（2021 年 4 月 12 日　财关税〔2021〕17 号）／**281**

财政部　海关总署　税务总局关于 2021—2030 年支持民用航空维修用航空器材进口税收政策的通知（2021 年 3 月 31 日　财关税〔2021〕15 号）／**282**

财政部　海关总署　税务总局关于 2021—2030 年抗艾滋病病毒药物进口税收政策的通知（2021 年 3 月 29 日　财关税〔2021〕13 号）／**283**

财政部　海关总署　税务总局关于海南自由贸易港自用生产设备"零关税"政策的通知（2021 年 2 月 24 日　财关税〔2021〕7 号）／**284**

财政部　国家发展改革委　工业和信息化部　海关总署　税务总局关于支持集成电路产业和软件产业发展进口税收政策管理办法的通知（2021 年 3 月 22 日　财关税〔2021〕5 号）／**285**

财政部　海关总署　税务总局关于支持集成电路产业和软件产业发展进口税收政策的通知（2021 年 3 月 16 日　财关税〔2021〕4 号）／**287**

财政部　海关总署　税务总局关于海南自由贸易港原辅料"零关税"政策的通知（2020 年 11 月 11 日　财关税〔2020〕42 号）／**289**

财政部　海关总署　税务总局关于中国国际进口博览会展期内销售的进口展品税收优惠政策的通知（2020年10月12日　财关税〔2020〕38号）/ **290**

财政部　海关总署　税务总局关于2020年中国国际服务贸易交易会展期内销售的进口展品税收优惠政策的通知（2020年9月4日　财关税〔2020〕36号）/ **290**

财政部　科技部　发展改革委　海关总署　税务总局关于取消科技重大专项进口税收政策免税额度管理的通知（2019年12月17日　财关税〔2019〕52号）/ **291**

财政部　工业和信息化部　海关总署　税务总局　能源局关于调整重大技术装备进口税收政策有关目录的通知（2019年11月26日　财关税〔2019〕38号）/ **292**

财政部　海关总署　税务总局关于调整部分项目可享受返税政策进口天然气数量的通知（2019年3月21日　财关税〔2019〕12号）/ **293**

财政部　海关总署　税务总局关于完善跨境电子商务零售进口税收政策的通知（2018年11月29日　财关税〔2018〕49号）/ **294**

财政部　国家税务总局关于调整化妆品进口环节消费税的通知（2016年9月30日　财关税〔2016〕48号）/ **295**

财政部　海关总署　国家税务总局关于新型显示器件项目进口设备增值税分期纳税政策的通知（2016年6月1日　财关税〔2016〕30号）/ **295**

财政部　海关总署　国家税务总局关于跨境电子商务零售进口税收政策的通知（2016年3月24日　财关税〔2016〕18号）/ **296**

财政部　商务部　海关总署　国家税务总局　国家旅游局关于印发《口岸进境免税店管理暂行办法》的通知（2016年2月18日　财关税〔2016〕8号）/ **297**

财政部　国家税务总局关于对电池、涂料征收进口环节消费税的通知（2015年1月29日　财关税〔2015〕4号）/ **299**

财政部　海关总署　国家税务总局关于在苏州工业园综合保税区、重庆两路寸滩保税港区开展促进贸易多元化试点有关政策问题的通知（2014年12月19日　财关税〔2014〕65号）/ **300**

财政部　海关总署　国家税务总局关于租赁企业进口飞机有关税收政策的通知（2014年5月13日　财关税〔2014〕16号）/ **301**

财政部　海关总署　国家税务总局关于平潭综合实验区有关进口税收政策的通知（2013年9月3日　财关税〔2013〕62号）/ **301**

财政部　国家税务总局关于调整进口飞机有关增值税政策的通知（2013年8月29日　财关税〔2013〕53号）/ **306**

财政部　海关总署　国家税务总局关于横琴开发有关进口税收政策的通知（2013年5月20日　财关税〔2013〕17号）/ **307**

财政部关于调整大嶝对台小额商品交易市场税收政策问题的通知（2012年10月23日　财关税〔2012〕55号）/ **311**

财政部　科技部　国家发展改革委　海关总署　国家税务总局关于科技重大专项进口税收政策的通知（2010年7月24日　财关税〔2010〕28号）/ **312**

财政部　海关总署　国家税务总局关于外国政府贷款和国际金融组织贷款项目进口设备增值税政策的通知（2009年11月16日　财关税〔2009〕63号）/ **313**

财政部　国家税务总局关于免征进口粗铜含金部分进口环节增值税的通知（2009年9月28日　财关税〔2009〕60号）/ **314**

财政部　海关总署　国家税务总局关于促进边境贸易发展有关财税政策的通知（2008年10月30日　财关税〔2008〕90号）/ **314**

财政部　国家税务总局关于调整部分乘用车进口环节消费税的通知（2008年8月11日　财关税〔2008〕73号）/ **315**

财政部　国家税务总局关于矿物质微量元素舔砖免征进口环节增值税的通知（2006年12月12日　财关税〔2006〕73号）/ **315**

财政部　国家税务总局关于进口环节消费税有关问题的通知（2006年3月30日　财关税〔2006〕22号）/ **316**

财政部　国家税务总局关于对宫内节育器免征进口环节增值税的通知（2004年4月12日　财关税〔2004〕17号）/ **316**

财政部　海关总署　国家税务总局关于印发《关于进口货物进口环节海关代征税税收政策问题的规定》的通知（2004年3月16日　财关税〔2004〕7号）/ **317**

财政部　海关总署　税务总局　药监局关于罕见病药品增值税政策的通知（2019年2月20日　财税〔2019〕24号）/ **318**

财政部　税务总局关于境外机构投资境内债券市场企业所得税、增值税政策的通知（2018年11月7日　财税〔2018〕108号）/ **319**

财政部　税务总局　商务部　海关总署关于跨境电子商务综合试验区零售出口货物税收政策的通知（2018年9月28日　财税〔2018〕103号）/ **319**

财政部　税务总局　科技部关于企业委托境外研究开发费用税前加计扣除有关政策问题的通知（2018年6月25日　财税〔2018〕64号）/ **320**

财政部　海关总署　税务总局　国家药品监督管理局关于抗癌药品增值税政策的通知（2018年4月27日　财税〔2018〕47号）/ **321**

财政部　税务总局　证监会关于支持原油等货物期货市场对外开放税收政策的通知（2018年3月13日　财税〔2018〕21号）/ **322**

财政部　税务总局关于完善企业境外所得税收抵免政策问题的通知（2017年12月28日　财税〔2017〕84号）/ **322**

财政部　税务总局关于外国驻华使（领）馆及其馆员在华购买货物和服务增值税退税政策有关问题的补充通知（2017年9月29日　财税〔2017〕74号）/ **323**

财政部　国家税务总局关于外国驻华使（领）馆及其馆员在华购买货物和服务增值税退税政策的通知（2016年4月29日　财税〔2016〕51号）/ **324**

财政部　国家税务总局　证监会关于QFII和RQFII取得中国境内的股票等权益性投资资产转让所得暂免征收企业所得税问题的通知（2014年10月31日　财税〔2014〕79号）/ **325**

财政部　国家税务总局关于出口货物劳务增值税和消费税政策的通知（2012年5月25日　财税〔2012〕39号）/ **326**

财政部　国家税务总局关于高新技术企业境外所得适用税率及税收抵免问题的通知（2011年5月31日　财税〔2011〕47号）/ **335**

财政部　国家税务总局关于企业境外所得税收抵免有关问题的通知（2009年12

月25日　财税〔2009〕125号）/ **336**

财政部　海关总署　国家税务总局关于保税物流中心（B型）扩大试点期间适用税收政策的通知（2007年8月30日　财税〔2007〕125号）/ **340**

财政部　国家税务总局关于外国政府和国际组织无偿援助项目在华采购物资免征增值税的补充通知（2005年1月21日　财税〔2005〕13号）/ **341**

财政部　国家税务总局关于外籍个人取得港澳地区住房等补贴征免个人所得税的通知（2004年1月29日　财税〔2004〕29号）/ **342**

财政部　国家税务总局关于中央电视台等单位从境外购买电视节目播映权而进口的电视节目工作带进口环节增值税问题的通知（2003年4月24日　财税〔2003〕83号）/ **343**

财政部　国家税务总局　对外贸易经济合作部关于外国政府和国际组织无偿援助项目在华采购物资免征增值税问题的通知（2002年1月11日　财税〔2002〕2号）/ **343**

财政部　国家税务总局关于免征饲料进口环节增值税的通知（2001年8月14日　财税〔2001〕82号）/ **345**

财政部　国家税务总局　中国人民银行关于配售出口黄金有关税收规定的通知（2000年7月28日　财税〔2000〕3号）/ **345**

财政部　国务院关税税则委员会　国家税务总局　海关总署关于印发《关于救灾捐赠物资免征进口税收的暂行办法》的通知（1998年6月29日　财税字〔1998〕98号）/ **346**

财政部　国家税务总局关于进口金精矿砂暂免征收进口环节增值税的通知（1997年5月5日　财税字〔1997〕68号）/ **347**

国家税务总局关于外商投资企业和外国企业原有若干税收优惠政策取消后有关事项处理的通知（2008年2月27日　国税发〔2008〕23号）/ **347**

国家税务总局关于外籍个人和港澳台居民个人储蓄存款利息所得适用协定税率有关问题的补充通知（2007年8月7日　国税函〔2007〕872号）/ **348**

国家税务总局关于外籍个人持有中国境内上市公司股票所取得的股息有关税收问题的函（1994年7月26日　国税函发〔1994〕440号）/ **349**

企业所得税

中华人民共和国企业所得税法（2007年3月16日第十届全国人民代表大会第五次会议通过　根据2017年2月24日第十二届全国人民代表大会常务委员会第二十六次会议《关于修改〈中华人民共和国企业所得税法〉的决定》第一次修正　根据2018年12月29日第十三届全国人民代表大会常务委员会第七次会议《关于修改〈中华人民共和国电力法〉等四部法律的决定》第二次修正）/ **350**

中华人民共和国企业所得税法实施条例（2007年12月6日中华人民共和国国务院令第512号公布　根据2019年4月23日《国务院关于修改部分行政法规的决定》修订）/ **356**

国务院关于经济特区和上海浦东新区新设立高新技术企业实行过渡性税收优惠的通知（2007年12月26日　国发〔2007〕40号）/ **372**

国务院关于实施企业所得税过渡优惠政策的通知（2007年12月26日 国发〔2007〕39号）/ **373**

财政部 税务总局 民政部关于生产和装配伤残人员专门用品企业免征企业所得税的公告（2021年4月2日 财政部 税务总局 民政部公告2021年第14号）/ **374**

财政部 税务总局关于进一步完善研发费用税前加计扣除政策的公告（2021年3月31日 财政部 税务总局公告2021年第13号）/ **375**

财政部 税务总局 民政部关于公益性捐赠税前扣除资格确认有关衔接事项的公告（2021年2月4日 财政部 税务总局 民政部公告2021年第3号）/ **376**

财政部 税务总局 发展改革委 工业和信息化部关于促进集成电路产业和软件产业高质量发展企业所得税政策的公告（2020年12月11日 财政部 税务总局 发展改革委 工业和信息化部公告2020年第45号）/ **377**

财政部 税务总局 国家发展改革委关于延续西部大开发企业所得税政策的公告（2020年4月23日 财政部 税务总局 国家发展改革委公告2020年第23号）/ **379**

财政部 税务总局 国家发展改革委 生态环境部关于从事污染防治的第三方企业所得税政策问题的公告（2019年4月13日 财政部 税务总局 国家发展改革委 生态环境部公告2019年第60号）/ **380**

财政部 税务总局 国务院扶贫办关于企业扶贫捐赠所得税税前扣除政策的公告（2019年4月2日 财政部 税务总局 国务院扶贫办公告2019年第49号）/ **381**

财政部 税务总局关于广告费和业务宣传费支出税前扣除有关事项的公告（2020年11月27日 财政部 税务总局公告2020年第43号）/ **381**

财政部 税务总局关于金融企业贷款损失准备金企业所得税税前扣除有关政策的公告（2019年8月23日 财政部 税务总局公告2019年第86号）/ **382**

财政部 税务总局关于金融企业涉农贷款和中小企业贷款损失准备金税前扣除有关政策的公告（2019年8月23日 财政部 税务总局公告2019年第85号）/ **383**

财政部 税务总局关于保险企业手续费及佣金支出税前扣除政策的公告（2019年5月28日 财政部 税务总局公告2019年第72号）/ **384**

财政部 税务总局关于集成电路设计和软件产业企业所得税政策的公告（2019年5月17日 财政部 税务总局公告2019年第68号）/ **385**

财政部 税务总局关于扩大固定资产加速折旧优惠政策适用范围的公告（2019年4月23日 财政部 税务总局公告2019年第66号）/ **385**

财政部 税务总局关于永续债企业所得税政策问题的公告（2019年4月16日 财政部 税务总局公告2019年第64号）/ **386**

国家税务总局关于实施小型微利企业普惠性所得税减免政策有关问题的公告（2019年1月18日 国家税务总局公告2019年第2号）/ **387**

国家税务总局关于设备 器具扣除有关企业所得税政策执行问题的公告（2018年8月23日 国家税务总局公告2018年第46号）/ **388**

国家税务总局关于许可使用权技术转让所得企业所得税有关问题的公告（2015年11月16日 国家税务总局公告2015年第82号）/ **389**

国家税务总局关于金融企业涉农贷款和中小企业贷款损失税前扣除问题的公告

(2015年4月27日 国家税务总局公告2015年第25号)/ **390**

国家税务总局关于企业所得税应纳税所得额若干问题的公告(2014年5月23日 国家税务总局公告2014年第29号)/ **391**

国家税务总局关于企业政策性搬迁所得税有关问题的公告(2013年3月12日 国家税务总局公告2013年第11号)/ **393**

国家税务总局关于发布《企业政策性搬迁所得税管理办法》的公告(2012年8月10日 国家税务总局公告2012年第40号)/ **394**

国家税务总局关于实施农、林、牧、渔业项目企业所得税优惠问题的公告(2011年9月13日 国家税务总局公告2011年第48号)/ **397**

国家税务总局关于金融企业贷款利息收入确认问题的公告(2010年11月5日 国家税务总局公告2010年第23号)/ **399**

国家税务总局关于"公司+农户"经营模式企业所得税优惠问题的公告(2010年7月9日 国家税务总局公告2010年第2号)/ **399**

财政部 税务总局关于中国(上海)自贸试验区临港新片区重点产业企业所得税政策的通知(2020年7月13日 财税〔2020〕38号)/ **400**

财政部 税务总局关于海南自由贸易港企业所得税优惠政策的通知(2020年6月23日 财税〔2020〕31号)/ **401**

财政部 税务总局关于上海国际能源交易中心有关风险准备金和期货投资者保障基金支出企业所得税税前扣除政策问题的通知(2019年3月29日 财税〔2019〕32号)/ **402**

财政部 税务总局 国家发展改革委 商务部关于扩大境外投资者以分配利润直接投资暂不征收预提所得税政策适用范围的通知(2018年9月29日 财税〔2018〕102号)/ **403**

财政部 税务总局 科技部关于提高研究开发费用税前加计扣除比例的通知(2018年9月20日 财税〔2018〕99号)/ **404**

财政部 税务总局 应急管理部关于印发《安全生产专用设备企业所得税优惠目录(2018年版)》的通知(2018年8月15日 财税〔2018〕84号)/ **405**

财政部 税务总局关于延长高新技术企业和科技型中小企业亏损结转年限的通知(2018年7月11日 财税〔2018〕76号)/ **406**

财政部 税务总局关于设备、器具扣除有关企业所得税政策的通知(2018年5月7日 财税〔2018〕54号)/ **406**

财政部 税务总局关于企业职工教育经费税前扣除政策的通知(2018年5月7日 财税〔2018〕51号)/ **407**

财政部 税务总局 商务部 科技部 国家发展改革委关于将服务贸易创新发展试点地区技术先进型服务企业所得税政策推广至全国实施的通知(2018年5月19日 财税〔2018〕44号)/ **407**

财政部 税务总局 国家发展改革委 工业和信息化部关于集成电路生产企业有关企业所得税政策问题的通知(2018年3月28日 财税〔2018〕27号)/ **408**

财政部 税务总局关于公益性捐赠支出企业所得税税前结转扣除有关政策的通知(2018年2月11日 财税〔2018〕15号)/ **409**

财政部 税务总局关于非营利组织免税资格认定管理有关问题的通知(2018年

2月7日 财税〔2018〕13号）/ **410**

财政部 税务总局 商务部 科技部 国家发展改革委关于将技术先进型服务企业所得税政策推广至全国实施的通知（2017年11月2日 财税〔2017〕79号）/ **412**

财政部 税务总局 国家发展改革委 工业和信息化部 环境保护部关于印发《节能节水和环境保护专用设备企业所得税优惠目录（2017年版）》的通知（2017年9月6日 财税〔2017〕71号）/ **414**

财政部 税务总局 科技部关于提高科技型中小企业研究开发费用税前加计扣除比例的通知（2017年5月2日 财税〔2017〕34号）/ **415**

财政部 税务总局关于证券行业准备金支出企业所得税税前扣除有关政策问题的通知（2017年3月21日 财税〔2017〕23号）/ **416**

财政部 税务总局关于中小企业融资（信用）担保机构有关准备金企业所得税税前扣除政策的通知（2017年3月21日 财税〔2017〕22号）/ **418**

财政部 国家税务总局 国家发展改革委关于垃圾填埋沼气发电列入《环境保护、节能节水项目企业所得税优惠目录（试行）》的通知（2016年12月1日 财税〔2016〕131号）/ **419**

财政部 国家税务总局关于保险公司准备金支出企业所得税税前扣除有关政策问题的通知（2016年11月2日 财税〔2016〕114号）/ **420**

财政部 国家税务总局关于银行业金融机构存款保险保费企业所得税税前扣除有关政策问题的通知（2016年10月8日 财税〔2016〕106号）/ **422**

财政部 国家税务总局 国家发展改革委 工业和信息化部关于完善新疆困难地区重点鼓励发展产业企业所得税优惠目录的通知（2016年7月29日 财税〔2016〕85号）/ **422**

财政部 国家税务总局 发展改革委 工业和信息化部关于软件和集成电路产业企业所得税优惠政策有关问题的通知（2016年5月4日 财税〔2016〕49号）/ **423**

财政部 国家税务总局 科技部关于完善研究开发费用税前加计扣除政策的通知（2015年11月2日 财税〔2015〕119号）/ **427**

财政部 国家税务总局关于进一步完善固定资产加速折旧企业所得税政策的通知（2015年9月17日 财税〔2015〕106号）/ **430**

财政部 国家税务总局 发展改革委 工业和信息化部关于进一步鼓励集成电路产业发展企业所得税政策的通知（2015年3月2日 财税〔2015〕6号）/ **430**

财政部 国家税务总局关于非货币性资产投资企业所得税政策问题的通知（2014年12月31日 财税〔2014〕116号）/ **432**

财政部 国家税务总局关于促进企业重组有关企业所得税处理问题的通知（2014年12月25日 财税〔2014〕109号）/ **433**

财政部 国家税务总局关于完善固定资产加速折旧企业所得税政策的通知（2014年10月20日 财税〔2014〕75号）/ **434**

财政部 国家税务总局关于公共基础设施项目享受企业所得税优惠政策问题的补充通知（2014年7月4日 财税〔2014〕55号）/ **435**

财政部　国家税务总局关于2014—2015年铁路建设债券利息收入企业所得税政策的通知（2014年1月29日　财税〔2014〕2号）/ **436**

财政部　国家税务总局关于企业参与政府统一组织的棚户区改造有关企业所得税政策问题的通知（2013年9月30日　财税〔2013〕65号）/ **436**

财政部　国家税务总局关于地方政府债券利息免征所得税问题的通知（2013年2月6日　财税〔2013〕5号）/ **437**

财政部　国家税务总局关于进一步鼓励软件产业和集成电路产业发展企业所得税政策的通知（2012年4月20日　财税（2012）27号）/ **438**

财政部　国家税务总局关于公共基础设施项目和环境保护节能节水项目企业所得税优惠政策问题的通知（2012年1月5日　财税〔2012〕10号）/ **441**

财政部　国家税务总局关于新疆喀什霍尔果斯两个特殊经济开发区企业所得税优惠政策的通知（2011年11月29日　财税〔2011〕112号）/ **442**

财政部　国家税务总局关于铁路建设债券利息收入企业所得税政策的通知（2011年10月10日　财税〔2011〕99号）/ **443**

财政部　国家税务总局关于专项用途财政性资金企业所得税处理问题的通知（2011年9月7日　财税〔2011〕70号）/ **443**

财政部　国家税务总局关于新疆困难地区新办企业所得税优惠政策的通知（2011年6月17日　财税〔2011〕53号）/ **444**

财政部　国家税务总局关于享受企业所得税优惠的农产品初加工有关范围的补充通知（2011年5月11日　财税〔2011〕26号）/ **445**

财政部　国家税务总局关于居民企业技术转让有关企业所得税政策的通知（2010年12月31日　财税〔2010〕111号）/ **446**

财政部　国家税务总局关于非营利组织企业所得税免税收入问题的通知（2009年11月11日　财税〔2009〕122号）/ **447**

财政部　国家税务总局关于安置残疾人员就业有关企业所得税优惠政策问题的通知（2009年4月30日　财税〔2009〕70号）/ **447**

财政部　国家税务总局关于执行企业所得税优惠政策若干问题的通知（2009年4月24日　财税〔2009〕69号）/ **448**

财政部　国家税务总局关于企业重组业务企业所得税处理若干问题的通知（2009年4月30日　财税〔2009〕59号）/ **450**

财政部　国家税务总局关于开采油（气）资源企业费用和有关固定资产折耗、摊销、折旧税务处理问题的通知（2009年4月12日　财税〔2009〕49号）/ **454**

财政部　国家税务总局关于中国清洁发展机制基金及清洁发展机制项目实施企业有关企业所得税政策问题的通知（2009年3月23日　财税〔2009〕30号）/ **456**

财政部　国家税务总局关于财政性资金、行政事业性收费、政府性基金有关企业所得税政策问题的通知（2008年12月16日　财税〔2008〕151号）/ **457**

财政部　国家税务总局关于发布享受企业所得税优惠政策的农产品初加工范围（试行）的通知（2008年11月20日　财税〔2008〕149号）/ **458**

财政部　国家税务总局关于全国社会保障基金有关企业所得税问题的通知（2008年11月21日　财税〔2008〕136号）/ **462**

财政部　国家税务总局关于执行公共基础设施项目企业所得税优惠目录有关问

题的通知（2008 年 9 月 23 日　财税〔2008〕46 号）/ **462**

财政部　国家税务总局关于企业所得税若干优惠政策的通知（2008 年 2 月 22 日　财税〔2008〕1 号）/ **463**

国家税务总局关于实施创业投资企业所得税优惠问题的通知（2009 年 4 月 30 日　国税发〔2009〕87 号）/ **465**

国家税务总局关于实施国家重点扶持的公共基础设施项目企业所得税优惠问题的通知（2009 年 4 月 16 日　国税发〔2009〕80 号）/ **466**

国家税务总局关于环境保护　节能节水　安全生产等专用设备投资抵免企业所得税有关问题的通知（2010 年 6 月 2 日　国税函〔2010〕256 号）/ **468**

国家税务总局关于股权分置改革中上市公司取得资产及债务豁免对价收入征免所得税问题的批复（2009 年 7 月 13 日　国税函〔2009〕375 号）/ **468**

个人所得税

中华人民共和国个人所得税法（1980 年 9 月 10 日第五届全国人民代表大会第三次会议通过　根据 1993 年 10 月 31 日第八届全国人民代表大会常务委员会第四次会议《关于修改〈中华人民共和国个人所得税法〉的决定》第一次修正　根据 1999 年 8 月 30 日第九届全国人民代表大会常务委员会第十一次会议《关于修改〈中华人民共和国个人所得税法〉的决定》第二次修正　根据 2005 年 10 月 27 日第十届全国人民代表大会常务委员会第十八次会议《关于修改〈中华人民共和国个人所得税法〉的决定》第三次修正　根据 2007 年 6 月 29 日第十届全国人民代表大会常务委员会第二十八次会议《关于修改〈中华人民共和国个人所得税法〉的决定》第四次修正　根据 2007 年 12 月 29 日第十届全国人民代表大会常务委员会第三十一次会议《关于修改〈中华人民共和国个人所得税法〉的决定》第五次修正　根据 2011 年 6 月 30 日第十一届全国人民代表大会常务委员会第二十一次会议《关于修改〈中华人民共和国个人所得税法〉的决定》第六次修正　根据 2018 年 8 月 31 日第十三届全国人民代表大会常务委员会第五次会议《关于修改〈中华人民共和国个人所得税法〉的决定》第七次修正）/ **470**

中华人民共和国个人所得税法实施条例（1994 年 1 月 28 日中华人民共和国国务院令第 142 号发布　根据 2005 年 12 月 19 日《国务院关于修改〈中华人民共和国个人所得税法实施条例〉的决定》第一次修订　根据 2008 年 2 月 18 日《国务院关于修改〈中华人民共和国个人所得税法实施条例〉的决定》第二次修订　根据 2011 年 7 月 19 日《国务院关于修改〈中华人民共和国个人所得税法实施条例〉的决定》第三次修订　2018 年 12 月 18 日中华人民共和国国务院令第 707 号第四次修订）/ **475**

国务院关于修改《对储蓄存款利息所得征收个人所得税的实施办法》的决定（2007 年 7 月 20 日　国务院令第 502 号）/ **480**

国务院关于印发《个人所得税专项附加扣除暂行办法》的通知（2018 年 12 月 13 日　国发〔2018〕41 号）/ **482**

财政部　税务总局关于支持新型冠状病毒感染的肺炎疫情防控有关个人所得税政策的公告（2020 年 2 月 6 日　财政部　税务总局公告 2020 年第 10 号）/ **486**

财政部　税务总局关于境外所得有关个人所得税政策的公告（2020 年 1 月 17 日　财政部　税务总局公告 2020 年第 3 号）/ **486**

财政部　税务总局关于公益慈善事业捐赠个人所得税政策的公告（2019 年 12 月

30日　财政部　税务总局公告2019年第99号）/ **489**

财政部　税务总局关于个人所得税综合所得汇算清缴涉及有关政策问题的公告（2019年12月7日　财政部　税务总局公告2019年第94号）/ **492**

财政部　税务总局　证监会关于继续执行沪港、深港股票市场交易互联互通机制和内地与香港基金互认有关个人所得税政策的公告（2019年12月4日　财政部公告2019年第93号）/ **492**

财政部　税务总局关于个人取得有关收入适用个人所得税应税所得项目的公告（2019年6月13日　财政部　税务总局公告2019年第74号）/ **493**

国家税务总局关于股权奖励和转增股本个人所得税征管问题的公告（2015年11月16日　国家税务总局公告2015年第80号）/ **494**

国家税务总局关于个人投资者收购企业股权后将原盈余积累转增股本个人所得税问题的公告（2013年5月7日　国家税务总局公告2013年第23号）/ **496**

国家税务总局关于执行内地与港澳间税收安排涉及个人受雇所得有关问题的公告（2012年4月26日　国家税务总局公告2012年第16号）/ **497**

国家税务总局关于第五届黄汲清青年地质科学技术奖奖金免征个人所得税问题的公告（2012年1月31日　国家税务总局公告2012年第4号）/ **498**

财政部　税务总局关于海南自由贸易港高端紧缺人才个人所得税政策的通知（2020年6月23日　财税〔2020〕32号）/ **499**

财政部　税务总局关于粤港澳大湾区个人所得税优惠政策的通知（2019年3月14日　财税〔2019〕31号）/ **500**

财政部　税务总局　发展改革委　证监会关于创业投资企业个人合伙人所得税政策问题的通知（2019年1月10日　财税〔2019〕8号）/ **500**

财政部　税务总局关于个人所得税法修改后有关优惠政策衔接问题的通知（2018年12月27日　财税〔2018〕164号）/ **502**

财政部　税务总局　证监会关于继续执行内地与香港基金互认有关个人所得税政策的通知（2018年12月17日　财税〔2018〕154号）/ **505**

财政部　税务总局　证监会关于个人转让全国中小企业股份转让系统挂牌公司股票有关个人所得税政策的通知（2018年11月30日　财税〔2018〕137号）/ **506**

财政部　税务总局　科技部关于科技人员取得职务科技成果转化现金奖励有关个人所得税政策的通知（2018年5月29日　财税〔2018〕58号）/ **507**

财政部　税务总局　人力资源社会保障部　中国银行保险监督管理委员会　证监会关于开展个人税收递延型商业养老保险试点的通知（2018年4月2日　财税〔2018〕22号）/ **508**

财政部　税务总局　证监会关于继续执行沪港股票市场交易互联互通机制有关个人所得税政策的通知（2017年11月1日　财税〔2017〕78号）/ **511**

财政部　税务总局　保监会关于将商业健康保险个人所得税试点政策推广到全国范围实施的通知（2017年4月28日　财税〔2017〕39号）/ **511**

财政部　国家税务总局　证监会关于上市公司股息红利差别化个人所得税政策有关问题的通知（2015年9月7日　财税〔2015〕101号）/ **513**

财政部　国家税务总局关于个人非货币性资产投资有关个人所得税政策的通知（2015年3月30日　财税〔2015〕41号）/ **514**

财政部　国家税务总局关于福建平潭综合实验区个人所得税优惠政策的通知（2014年3月28日　财税〔2014〕24号）／**515**

财政部　人力资源社会保障部　国家税务总局关于企业年金、职业年金个人所得税有关问题的通知（2013年12月6日　财税〔2013〕103号）／**516**

财政部　国家税务总局　证监会关于实施上市公司股息红利差别化个人所得税政策有关问题的通知（2012年11月16日　财税〔2012〕85号）／**518**

财政部　国家税务总局关于工伤职工取得的工伤保险待遇有关个人所得税政策的通知（2012年5月3日　财税〔2012〕40号）／**520**

财政部　国家税务总局关于企业促销展业赠送礼品有关个人所得税问题的通知（2011年6月9日　财税〔2011〕50号）／**520**

财政部　国家税务总局关于个人独资企业和合伙企业投资者取得种植业、养殖业饲养业、捕捞业所得有关个人所得税问题的批复（2010年11月2日　财税〔2010〕96号）／**521**

财政部　国家税务总局关于个人无偿受赠房屋有关个人所得税问题的通知（2009年5月25日　财税〔2009〕78号）／**522**

财政部　国家税务总局关于股票增值权所得和限制性股票所得征收个人所得税有关问题的通知（2009年1月7日　财税〔2009〕5号）／**523**

财政部　国家税务总局关于证券市场个人投资者证券交易结算资金利息所得有关个人所得税政策的通知（2008年10月26日　财税〔2008〕140号）／**524**

财政部　国家税务总局关于储蓄存款利息所得有关个人所得税政策的通知（2008年10月9日　财税〔2008〕132号）／**524**

财政部　国家税务总局关于生育津贴和生育医疗费有关个人所得税政策的通知（2008年3月7日　财税〔2008〕8号）／**525**

财政部　国家税务总局关于高级专家延长离休退休期间取得工资薪金所得有关个人所得税问题的通知（2008年7月1日　财税〔2008〕7号）／**525**

财政部　国家税务总局关于个人取得有奖发票奖金征免个人所得税问题的通知（2007年2月27日　财税〔2007〕34号）／**526**

财政部　国家税务总局关于单位低价向职工售房有关个人所得税问题的通知（2007年2月8日　财税〔2007〕13号）／**526**

财政部　国家税务总局关于基本养老保险费、基本医疗保险费、失业保险费、住房公积金有关个人所得税政策的通知（2006年6月27日　财税〔2006〕10号）／**527**

财政部　国家税务总局关于城镇房屋拆迁有关税收政策的通知（2005年3月22日　财税〔2005〕45号）／**528**

财政部　国家税务总局关于个人股票期权所得征收个人所得税问题的通知（2005年3月28日　财税〔2005〕35号）／**529**

财政部　国家税务总局关于农村税费改革试点地区有关个人所得税问题的通知（2004年1月17日　财税〔2004〕30号）／**531**

财政部　国家税务总局关于个人与用人单位解除劳动关系取得的一次性补偿收入征免个人所得税问题的通知（2001年9月10日　财税〔2001〕157号）／**532**

财政部　国家税务总局　建设部关于个人出售住房所得征收个人所得税有关问

题的通知（1999年12月2日 财税字〔1999〕278号）／**533**

财政部 国家税务总局关于住房公积金、医疗保险金、基本养老保险金、失业保险基金个人账户存款利息所得免征个人所得税的通知（1999年10月8日 财税字〔1999〕267号）／**534**

财政部 国家税务总局关于中国科学院、中国工程院资深院士津贴免征个人所得税的通知（1998年7月2日 财税字〔1998〕118号）／**535**

财政部 国家税务总局关于个人转让股票所得继续暂免征收个人所得税的通知（1998年3月20日 财税字〔1998〕61号）／**535**

财政部 国家税务总局关于个人取得体育彩票中奖所得征免个人所得税问题的通知（1998年4月27日 财税字〔1998〕12号）／**535**

财政部 国家税务总局关于国际青少年消除贫困奖免征个人所得税的通知（1997年3月21日 财税字〔1997〕51号）／**536**

财政部 国家税务总局关于西藏特殊津贴免征个人所得税的批复（1996年10月30日 财税字〔1996〕91号）／**536**

财政部 国家税务总局关于发给见义勇为者的奖金免征个人所得税问题的通知（1995年8月20日 财税字〔1995〕25号）／**537**

财政部 国家税务总局关于个人所得税若干政策问题的通知（1994年5月13日 财税字〔1994〕20号）／**537**

国家税务总局关于明确个人所得税若干政策执行问题的通知（2009年8月17日 国税发〔2009〕121号）／**539**

国家税务总局关于代扣代缴储蓄存款利息所得个人所得税手续费收入征免税问题的通知（2001年3月16日 国税发〔2001〕31号）／**540**

国家税务总局关于企业改组改制过程中个人取得的量化资产征收个人所得税问题的通知（2000年3月29日 国税发〔2000〕60号）／**541**

国家税务总局关于远洋运输船员工资薪金所得个人所得税费用扣除问题的通知（1999年10月25日 国税发〔1999〕202号）／**541**

国家税务总局关于促进科技成果转化有关个人所得税问题的通知（1999年7月1日 国税发〔1999〕125号）／**542**

国家税务总局关于个人所得税有关政策问题的通知（1999年4月9日 国税发〔1999〕58号）／**543**

国家税务总局关于社会福利有奖募捐发行收入税收问题的通知（1994年5月23日 国税发〔1994〕127号）／**544**

国家税务总局关于印发《征收个人所得税若干问题的规定》的通知（1994年3月31日 国税发〔1994〕89号）／**545**

国家税务总局关于中华宝钢环境优秀奖奖金免征个人所得税问题的通知（2010年4月6日 国税函〔2010〕130号）／**550**

国家税务总局关于个人股票期权所得缴纳个人所得税有关问题的补充通知（2006年9月30日 国税函〔2006〕902号）／**551**

国家税务总局关于陈嘉庚科学奖获奖个人取得的奖金收入免征个人所得税的通知（2006年6月9日 国税函〔2006〕561号）／**553**

国家税务总局关于个人取得"母亲河（波司登）奖"奖金所得免征个人所得

税问题的批复（2003年8月18日 国税函〔2003〕961号）/ **554**
国家税务总局关于"长江小小科学家"奖金免征个人所得税的通知（2000年9月4日 国税函〔2000〕688号）/ **554**
国家税务总局关于"特聘教授奖金"免征个人所得税的通知（1999年8月3日 国税函〔1999〕525号）/ **555**
国家税务总局关于明确残疾人所得征免个人所得税范围的批复（1999年5月21日 国税函〔1999〕329号）/ **555**
国家税务总局关于"长江学者奖励计划"有关个人收入免征个人所得税的通知（1998年10月27日 国税函发〔1998〕632号）/ **556**
国家税务总局关于曾宪梓教育基金会教师奖免征个人所得税的函（1994年6月29日 国税函发〔1994〕376号）/ **556**

土地增值税

中华人民共和国土地增值税暂行条例（1993年12月13日中华人民共和国国务院令第138号发布 根据2011年1月8日《国务院关于废止和修改部分行政法规的决定》修订）/ **558**
财政部 税务总局关于继续实施企业改制重组有关土地增值税政策的公告（2021年5月31日 财政部 税务总局公告2021年第21号）/ **559**
财政部 国家税务总局关于中国中信集团公司重组改制过程中土地增值税等政策的通知（2013年1月18日 财税〔2013〕3号）/ **560**
财政部 国家税务总局关于土地增值税若干问题的通知（2006年3月2日 财税〔2006〕21号）/ **561**
财政部 国家税务总局关于土地增值税一些具体问题规定的通知（1995年5月25日 财税字〔1995〕48号）/ **562**
国家税务总局关于土地增值税清算有关问题的通知（2010年5月19日 国税函〔2010〕220号）/ **565**

房 产 税

中华人民共和国房产税暂行条例（1986年9月15日国务院发布 根据2011年1月8日《国务院关于废止和修改部分行政法规的决定》修订）/ **567**
财政部 国家税务总局关于明确免征房产税、城镇土地使用税的铁路运输企业范围的补充通知（2006年3月8日 财税〔2006〕17号）/ **568**
财政部 国家税务总局关于具备房屋功能的地下建筑征收房产税的通知（2005年12月23日 财税〔2005〕181号）/ **568**
财政部关于对军队房产征免房产税的通知（1987年3月7日 财税〔1987〕32号）/ **569**
财政部税务总局关于对房管部门经租的居民住房暂缓征收房产税的通知（1987年12月1日 〔87〕财税地字第030号）/ **570**
财政部税务总局关于对司法部所属的劳改劳教单位征免房产税问题的补充通知

(1987年12月1日 〔87〕财税地字第029号) / **570**

财政部税务总局关于对司法部所属的劳改劳教单位征免房产税问题的通知
(1987年9月19日 〔87〕财税地字第021号) / **570**

财政部税务总局关于对武警部队房产征免房产税的通知 (1987年7月22日
〔87〕财税地字第012号) / **571**

财政部税务总局关于房产税若干具体问题的解释和暂行规定 (1986年9月25日
〔86〕财税地字第008号) / **572**

国家税务总局关于房产税部分行政审批项目取消后加强后续管理工作的通知
(2004年6月23日 国税函〔2004〕839号) / **575**

城镇土地使用税

中华人民共和国城镇土地使用税暂行条例 (1988年9月27日中华人民共和国国务院令第17号发布 根据2006年12月31日《国务院关于修改〈中华人民共和国城镇土地使用税暂行条例〉的决定》第一次修订 根据2011年1月8日《国务院关于废止和修改部分行政法规的决定》第二次修订 根据2013年12月7日《国务院关于修改部分行政法规的决定》第三次修订 根据2019年3月2日《国务院关于修改部分行政法规的决定》第四次修订) / **577**

财政部 税务总局关于继续实施物流企业大宗商品仓储设施用地城镇土地使用税优惠政策的公告 (2020年3月13日 财政部 税务总局公告2020年第16号) / **578**

国家税务总局关于下放城镇土地使用税困难减免税审批权限有关事项的公告
(2014年1月8日 国家税务总局公告2014年第1号) / **579**

财政部 税务总局关于继续对城市公交站场道路客运站场、城市轨道交通系统减免城镇土地使用税优惠政策的通知 (2019年1月31日 财税〔2019〕11号)
/ **581**

财政部 税务总局关于中国兵器工业集团公司和中国兵器装备集团公司所属企业城镇土地使用税政策的通知 (2019年1月9日 财税〔2019〕10号) / **582**

财政部 国家税务总局关于石油天然气生产企业城镇土地使用税政策的通知
(2015年6月29日 财税〔2015〕76号) / **582**

财政部 国家税务总局关于房改房用地未办理土地使用权过户期间城镇土地使用税政策的通知 (2013年8月2日 财税〔2013〕44号) / **583**

财政部 国家税务总局关于核电站用地征免城镇土地使用税的通知 (2007年9月10日 财税〔2007〕124号) / **583**

财政部 国家税务总局关于对中国航空、航天、船舶工业总公司所属军工企业免征土地使用税的若干规定的通知 (1995年5月29日 财税字〔1995〕27号) /
584

国家税务局关于对盐场、盐矿征免城镇土地使用税问题的通知 (1989年12月22日 〔89〕国税地字第141号) / **585**

国家税务局关于印发《关于土地使用税若干具体问题的补充规定》的通知
(1989年12月21日 〔89〕国税地字第140号) / **585**

国家税务局关于对交通部门的港口用地征免土地使用税问题的规定（1989年11月13日 〔89〕国税地字第123号）/ **587**

国家税务局关于对矿山企业征免土地使用税问题的通知（1989年11月10日 〔89〕国税地字第122号）/ **588**

国家税务局关于对司法部所属的劳改劳教单位征免土地使用税问题的规定（1989年11月10日 〔89〕国税地字第119号）/ **588**

国家税务局关于对煤炭企业用地征免土地使用税问题的规定（1989年8月23日 〔89〕国税地字第89号）/ **589**

国家税务局关于对民航机场用地征免土地使用税问题的规定（1989年4月6日 〔89〕国税地字第32号）/ **590**

国家税务局关于水利设施用地征免土地使用税问题的规定（1989年2月3日 〔89〕国税地字第14号）/ **590**

国家税务局关于电力行业征免土地使用税问题的规定（1989年2月2日 〔89〕国税地字第13号）/ **591**

国家税务局关于对核工业总公司所属企业征免土地使用税问题的若干规定（1989年1月25日 〔89〕国税地字第007号）/ **591**

国家税务局关于印发《关于土地使用税若干具体问题的解释和暂行规定》的通知（1988年10月24日 〔88〕国税地字第15号）/ **592**

国家税务局关于林业系统征免土地使用税问题的通知（1991年11月1日 国税函发〔1991〕1404号）/ **595**

耕地占用税

中华人民共和国耕地占用税法（2018年12月29日第十三届全国人民代表大会常务委员会第七次会议通过，同日中华人民共和国主席令第十八号公布）/ **596**

财政部 税务总局 自然资源部 农业农村部 生态环境部关于发布《中华人民共和国耕地占用税法实施办法》的公告（2019年8月29日 财政部 税务总局 自然资源部 农业农村部 生态环境部公告2019年第81号）/ **598**

国家税务总局关于耕地占用税征收管理有关事项的公告（2019年8月30日 国家税务总局公告2019年第30号）/ **602**

契　　税

中华人民共和国契税法（2020年8月11日第十三届全国人民代表大会常务委员会第二十一次会议通过，同日中华人民共和国主席令第五十二号公布）/ **605**

中华人民共和国契税暂行条例（1997年7月7日中华人民共和国国务院令224号发布 根据2019年3月2日《国务院关于修改部分行政法规的决定》修订）/ **607**

财政部 税务总局关于贯彻实施契税法若干事项执行口径的公告（2021年6月30日 财政部 税务总局公告2021年第23号）/ **608**

财政部 税务总局关于继续执行企业事业单位改制重组有关契税政策的公告（2021年4月26日 财政部 税务总局公告2021年第17号）/ **611**

财政部　国家税务总局关于夫妻之间房屋、土地权属变更有关契税政策的通知（2013年12月31日　财税〔2014〕4号）／**613**

财政部　国家税务总局关于企业以售后回租方式进行融资等有关契税政策的通知（2012年12月6日　财税〔2012〕82号）／**613**

财政部　国家税务总局关于购房人办理退房有关契税问题的通知（2011年4月26日　财税〔2011〕32号）／**614**

财政部　国家税务总局关于中国电信集团公司和中国电信股份有限公司收购CDMA网络资产和业务有关契税政策的通知（2009年3月27日　财税〔2009〕42号）／**615**

财政部　国家税务总局关于国有土地使用权出让等有关契税问题的通知（2004年8月3日　财税〔2004〕134号）／**615**

财政部　国家税务总局关于社会力量办学契税政策问题的通知（2001年9月8日　财税〔2001〕156号）／**616**

财政部　国家税务总局关于公有制单位职工首次购买住房免征契税的通知（2000年11月29日　财税〔2000〕130号）／**616**

财政部　国家税务总局关于免征军建离退休干部住房移交地方政府管理所涉及契税的通知（2000年6月7日　财税字〔2000〕176号）／**617**

国家税务总局关于继承土地、房屋权属有关契税问题的批复（2004年9月2日　国税函〔2004〕1036号）／**617**

国家税务总局关于免征军队武警部队政法机关所办企业脱钩移交过程中所涉契税的批复（2000年6月19日　国税函〔2000〕468号）／**618**

国家税务总局关于对监狱管理部门承受土地房屋直接用于监狱建设免征契税的批复（1999年8月23日　国税函〔1999〕572号）／**618**

国家税务总局关于离婚后房屋权属变化是否征收契税的批复（1999年6月3日　国税函〔1999〕391号）／**619**

资 源 税

中华人民共和国资源税法（2019年8月26日第十三届全国人民代表大会常务委员会第十二次会议通过，同日中华人民共和国主席令第三十三号公布）／**620**

财政部　税务总局关于资源税有关问题执行口径的公告（2020年6月28日　财政部　税务总局公告2020年第34号）／**625**

财政部　税务总局关于继续执行的资源税优惠政策的公告（2020年6月24日　财政部　税务总局公告2020年第32号）／**626**

财政部　税务总局关于对页岩气减征资源税的通知（2018年3月29日　财税〔2018〕26号）／**627**

财政部　税务总局　水利部关于印发《扩大水资源税改革试点实施办法》的通知（2017年11月24日　财税〔2017〕80号）／**627**

财政部　国家税务总局　水利部关于河北省水资源税改革试点有关政策的意见（2016年12月1日　财税〔2016〕130号）／**632**

财政部　国家税务总局　水利部关于印发《水资源税改革试点暂行办法》的通

知（2016年5月9日　财税〔2016〕55号）/ **633**

车船税

中华人民共和国车船税法（2011年2月25日第十一届全国人民代表大会常务委员会第十九次会议通过　根据2019年4月23日第十三届全国人民代表大会常务委员会第十次会议《关于修改〈中华人民共和国建筑法〉等八部法律的决定》修正）/ **636**

财政部　税务总局关于国家综合性消防救援车辆车船税政策的通知（2019年2月13日　财税〔2019〕18号）/ **638**

财政部　税务总局　工业和信息化部　交通运输部关于节能、新能源车船享受车船税优惠政策的通知（2018年7月10日　财税〔2018〕74号）/ **639**

印花税

中华人民共和国印花税法（2021年6月10日第十三届全国人民代表大会常务委员会第二十九次会议通过）/ **642**

中华人民共和国印花税暂行条例（1998年8月6日中华人民共和国国务院令第11号发布　根据2011年1月8日《国务院关于废止和修改部分行政法规的决定》修订）/ **645**

国家税务总局关于中国海洋石油总公司使用的"成品油配置计划表"有关印花税问题的公告（2012年12月28日　国家税务总局公告2012年第58号）/ **648**

财政部　税务总局关于对营业账簿减免印花税的通知（2018年5月3日　财税〔2018〕50号）/ **649**

财政部　国家税务总局关于融资租赁合同有关印花税政策的通知（2015年12月24日　财税〔2015〕144号）/ **649**

财政部　国家税务总局关于中国华融资产管理股份有限公司改制过程中有关印花税政策的通知（2015年10月16日　财税〔2015〕109号）/ **650**

财政部　国家税务总局关于组建中国铁路总公司有关印花税政策的通知（2015年5月25日　财税〔2015〕57号）/ **650**

财政部　国家税务总局关于在全国中小企业股份转让系统转让股票有关证券（股票）交易印花税政策的通知（2014年5月27日　财税〔2014〕47号）/ **651**

财政部　国家税务总局关于转让优先股有关证券（股票）交易印花税政策的通知（2014年5月27日　财税〔2014〕46号）/ **651**

财政部　国家税务总局关于中国移动集团股权结构调整及盈余公积转增实收资本有关印花税政策的通知（2012年6月29日　财税〔2012〕62号）/ **652**

财政部　国家税务总局关于全国社会保障基金理事会回拨已转持国有股有关证券（股票）交易印花税问题的通知（2011年8月23日　财税〔2011〕65号）/ **652**

财政部　国家税务总局关于境内证券市场转持部分国有股充实全国社会保障基金有关证券（股票）交易印花税政策的通知（2009年8月18日　财税〔2009〕103号）/ **653**

财政部　国家税务总局关于证券投资者保护基金有关印花税政策的通知（2006

年7月27日 财税〔2006〕104号)/ **653**

财政部 国家税务总局关于对买卖封闭式证券投资基金继续予以免征印花税的通知(2004年11月5日 财税〔2004〕173号)/ **654**

财政部 国家税务总局关于企业改制过程中有关印花税政策的通知(2003年12月8日 财税〔2003〕183号)/ **654**

财政部 国家税务总局关于全国社会保障基金有关印花税政策的通知(2003年7月11日 财税〔2003〕134号)/ **655**

财政部 国家税务总局关于国家开发银行缴纳印花税问题的复函(1995年12月20日 财税字〔1995〕47号)/ **655**

国家税务局关于印花税若干具体问题的解释和规定的通知(1991年9月18日 国税发〔1991〕155号)/ **656**

国家税务局关于货运凭证征收印花税几个具体问题的通知(1990年10月12日 国税发〔1990〕173号)/ **658**

国家税务局关于图书、报刊等征订凭证征免印花税问题的通知(1989年12月31日 〔89〕国税地字第142号)/ **659**

国家税务局关于对保险公司征收印花税有关问题的通知(1988年12月31日 〔88〕国税地字第37号)/ **660**

国家税务局关于印花税若干具体问题的规定(1988年12月12日 〔88〕国税地字第25号)/ **661**

国家税务总局关于办理上市公司国有股权无偿转让暂不征收证券(股票)交易印花税有关审批事项的通知(2004年8月2日 国税函〔2004〕941号)/ **663**

国家税务总局关于中国石油天然气集团和中国石油化工集团使用的"成品油配置计划表"有关印花税问题的通知(2002年5月20日 国税函〔2002〕424号)/ **664**

国家税务总局关于国家邮政局及所属各级邮政企业资金账簿征收印花税问题的通知(2001年5月23日 国税函〔2001〕361号)/ **665**

城市维护建设税

中华人民共和国城市维护建设税法(2020年8月11日第十三届全国人民代表大会常务委员会第二十一次会议通过,同日中华人民共和国主席令第五十一号公布)/ **666**

中华人民共和国城市维护建设税暂行条例(1985年2月8日国务院发布 根据2011年1月8日《国务院关于废止和修改部分行政法规的决定》修订)/ **667**

财政部关于城市维护建设税几个具体业务问题的补充规定(1985年6月4日 〔85〕财税字第143号)/ **668**

财政部关于贯彻执行《中华人民共和国城市维护建设税暂行条例》几个具体问题的规定(1985年3月22日 〔85〕财税字第69号)/ **668**

烟叶税

中华人民共和国烟叶税法(2017年12月27日第十二届全国人民代表大会常务委员会第三十一次会议通过,同日中华人民共和国主席令第八十四号公布)/ **670**

船舶吨税

中华人民共和国船舶吨税法（2017年12月27日第十二届全国人民代表大会常务委员会第三十一次会议通过　根据2018年10月26日第十三届全国人民代表大会常务委员会第六次会议《关于修改〈中华人民共和国野生动物保护法〉等十五部法律的决定》修正）／**671**

环境保护税

中华人民共和国环境保护税法（2016年12月25日第十二届全国人民代表大会常务委员会第二十五次会议通过　根据2018年10月26日第十三届全国人民代表大会常务委员会第六次会议《关于修改〈中华人民共和国野生动物保护法〉等十五部法律的决定》修正）／**675**

中华人民共和国环境保护税法实施条例（2017年12月25日中华人民共和国国务院令第693号公布）／**685**

财政部　税务总局　生态环境部关于明确环境保护税应税污染物适用等有关问题的通知（2018年10月25日　财税〔2018〕117号）／**688**

综合政策

国务院关于印发新时期促进集成电路产业和软件产业高质量发展若干政策的通知（2020年7月27日　国发〔2020〕8号）／**690**

国务院关于加快发展体育产业促进体育消费的若干意见（2014年10月2日　国发〔2014〕46号）／**695**

国务院关于深化北京市新一轮服务业扩大开放综合试点建设国家服务业扩大开放综合示范区工作方案的批复（2020年8月28日　国函〔2020〕123号）／**701**

国务院办公厅关于印发文化体制改革中经营性文化事业单位转制为企业和进一步支持文化企业发展两个规定的通知（2018年12月18日　国办发〔2018〕124号）／**707**

国务院办公厅转发财政部、中宣部关于进一步支持文化事业发展若干经济政策的通知（2006年6月9日　国办发〔2006〕43号）／**713**

财政部　海关总署　税务总局关于海南离岛旅客免税购物政策的公告（2020年6月29日　财政部　海关总署　税务总局公告2020年第33号）／**715**

财政部　税务总局　民政部关于公益性捐赠税前扣除有关事项的公告（2020年5月13日　财政部　税务总局　民政部公告2020年第27号）／**716**

财政部　税务总局　海关总署关于第18届世界中学生运动会等三项国际综合运动会税收政策的公告（2020年4月9日　财政部　税务总局　海关总署公告2020年第19号）／**719**

财政部　税务总局　海关总署关于杭州2022年亚运会和亚残运会税收政策的公告（2020年4月9日　财政部　税务总局　海关总署公告2020年第18号）／**720**

财政部　税务总局　海关总署关于北京2022年冬奥会和冬残奥会税收优惠政策的公告（2019年11月11日　财政部　税务总局　海关总署公告2019年第92号）／**721**

财政部　税务总局　证监会关于创新企业境内发行存托凭证试点阶段有关税收政策的公告（2019年4月3日　财政部　税务总局　证监会公告2019年第52号）／**723**

财政部　税务总局关于通过公益性群众团体的公益性捐赠税前扣除有关事项的公告（2021年6月2日　财政部　税务总局公告2021年第20号）／**724**

财政部　税务总局关于实施小微企业和个体工商户所得税优惠政策的公告（2021年4月2日　财政部　税务总局公告2021年第12号）／**727**

财政部　税务总局关于电影等行业税费支持政策的公告（2020年5月13日　财政部　税务总局公告2020年第25号）／**727**

财政部　税务总局关于延续实施普惠金融有关税收优惠政策的公告（2020年4月20日　财政部　税务总局公告2020年第22号）／**728**

财政部　税务总局关于支持新型冠状病毒感染的肺炎疫情防控有关捐赠税收政策的公告（2020年2月6日　财政部　税务总局公告2020年第9号）／**728**

财政部　税务总局关于支持新型冠状病毒感染的肺炎疫情防控有关税收政策的公告（2020年2月6日　财政部　税务总局公告2020年第8号）／**729**

财政部　税务总局关于民用航空发动机、新支线飞机和大型客机税收政策的公告（2019年10月8日　财政部　税务总局公告2019年第88号）／**730**

财政部　税务总局关于部分国家储备商品有关税收政策的公告（2019年6月28日　财政部　税务总局公告2019年第77号）／**731**

财政部　税务总局关于继续实行农村饮水安全工程税收优惠政策的公告（2019年4月15日　财政部　税务总局公告2019年第67号）／**732**

财政部　税务总局关于公共租赁住房税收优惠政策的公告（2019年4月15日　财政部　税务总局公告2019年第61号）／**733**

财政部　税务总局关于铁路债券利息收入所得税政策的公告（2019年4月16日　财政部　税务总局公告2019年第57号）／**734**

财政部　税务总局　发展改革委　民政部　商务部　卫生健康委关于养老、托育、家政等社区家庭服务业税费优惠政策的公告（2019年6月28日　财政部公告2019年第76号）／**734**

国家税务总局关于落实支持小型微利企业和个体工商户发展所得税优惠政策有关事项的公告（2021年4月7日　国家税务总局公告2021年第8号）／**736**

国家税务总局关于支持个体工商户复工复业等税收征收管理事项的公告（2020年2月29日　国家税务总局公告2020年第5号）／**737**

国家税务总局关于支持新型冠状病毒感染的肺炎疫情防控有关税收征收管理事项的公告（2020年2月10日　国家税务总局公告2020年第4号）／**738**

国家税务总局　人力资源社会保障部　国务院扶贫办　教育部关于实施支持和促进重点群体创业就业有关税收政策具体操作问题的公告（2019年2月26日　国家税务总局公告2019年第10号）／**740**

国家税务总局关于融资性售后回租业务中承租方出售资产行为有关税收问题的公告（2010年9月8日　国家税务总局公告2010年第13号）／**743**

财政部　税务总局关于延续供热企业增值税　房产税　城镇土地使用税优惠政策的通知（2019年4月3日　财税〔2019〕38号）／**744**

财政部　税务总局　人力资源社会保障部　国务院扶贫办关于进一步支持和促进重点群体创业就业有关税收政策的通知（2019年2月2日　财税〔2019〕22号）／**745**

财政部　税务总局　退役军人部关于进一步扶持自主就业退役士兵创业就业有关税收政策的通知（2019年2月2日　财税〔2019〕21号）／**747**

财政部　税务总局　中央宣传部关于继续实施文化体制改革中经营性文化事业单位转制为企业若干税收政策的通知（2019年2月16日　财税〔2019〕16号）／**749**

财政部　税务总局关于高校学生公寓房产税　印花税政策的通知（2019年1月31日　财税〔2019〕14号）／**751**

财政部　税务总局关于实施小微企业普惠性税收减免政策的通知（2019年1月17日　财税〔2019〕13号）／**751**

财政部　税务总局关于继续实行农产品批发市场　农贸市场房产税　城镇土地使用税优惠政策的通知（2019年1月9日　财税〔2019〕12号）／**753**

财政部　国家税务总局关于易地扶贫搬迁税收优惠政策的通知（2018年11月29日　财税〔2018〕135号）／**754**

财政部　税务总局　科技部　教育部关于科技企业孵化器、大学科技园和众创空间税收政策的通知（2018年11月1日　财税〔2018〕120号）／**755**

财政部　税务总局　海关总署关于第七届世界军人运动会税收政策的通知（2018年11月5日　财税〔2018〕119号）／**756**

财政部　税务总局关于基本养老保险基金有关投资业务税收政策的通知（2018年9月20日　财税〔2018〕95号）／**757**

财政部　税务总局关于全国社会保障基金有关投资业务税收政策的通知（2018年9月10日　财税〔2018〕94号）／**758**

财政部　税务总局关于增值税期末留抵退税有关城市维护建设税、教育费附加和地方教育附加政策的通知（2018年7月27日　财税〔2018〕80号）／**758**

财政部　税务总局关于创业投资企业和天使投资个人有关税收政策的通知（2018年5月14日　财税〔2018〕55号）／**759**

财政部　税务总局关于保险保障基金有关税收政策问题的通知（2018年4月27日　财税〔2018〕41号）／**761**

财政部　税务总局关于支持小微企业融资有关税收政策的通知（2017年10月26日　财税〔2017〕77号）／**762**

财政部　税务总局　海关总署关于北京2022年冬奥会和冬残奥会税收政策的通知（2017年7月12日　财税〔2017〕60号）／**763**

财政部　税务总局关于支持农村集体产权制度改革有关税收政策的通知（2017年6月22日　财税〔2017〕55号）／**766**

财政部　税务总局关于小额贷款公司有关税收政策的通知（2017年6月9日　财税〔2017〕48号）／**766**

财政部　税务总局关于延续支持农村金融发展有关税收政策的通知（2017年6月9日　财税〔2017〕44号）／**767**

财政部　税务总局关于集成电路企业增值税期末留抵退税有关城市维护建设税、教育费附加和地方教育附加政策的通知（2017 年 2 月 24 日　财税〔2017〕17 号）/ **768**

财政部　国家税务总局　证监会关于深港股票市场交易互联互通机制试点有关税收政策的通知（2016 年 11 月 5 日　财税〔2016〕127 号）/ **769**

财政部　国家税务总局关于完善股权激励和技术入股有关所得税政策的通知（2016 年 9 月 20 日　财税〔2016〕101 号）/ **771**

财政部　国家税务总局关于行政和解金有关税收政策问题的通知（2016 年 9 月 22 日　财税〔2016〕100 号）/ **773**

财政部　国家税务总局关于国家大学科技园税收政策的通知（2016 年 9 月 5 日　财税〔2016〕98 号）/ **774**

财政部　国家税务总局关于科技企业孵化器税收政策的通知（2016 年 8 月 11 日　财税〔2016〕89 号）/ **775**

财政部　国家税务总局　住房城乡建设部关于调整房地产交易环节契税、营业税优惠政策的通知（2016 年 2 月 17 日　财税〔2016〕23 号）/ **777**

财政部　国家税务总局关于体育场馆房产税和城镇土地使用税政策的通知（2015 年 12 月 17 日　财税〔2015〕130 号）/ **778**

财政部　国家税务总局　证监会关于内地与香港基金互认有关税收政策的通知（2015 年 12 月 14 日　财税〔2015〕125 号）/ **779**

财政部　国家税务总局关于将国家自主创新示范区有关税收试点政策推广到全国范围实施的通知（2015 年 10 月 23 日　财税〔2015〕116 号）/ **781**

财政部　国家税务总局　中国证券监督管理委员会关于沪港股票市场交易互联互通机制试点有关税收政策的通知（2014 年 10 月 31 日　财税〔2014〕81 号）/ **783**

财政部　海关总署　国家税务总局关于横琴、平潭开发有关增值税和消费税政策的通知（2014 年 6 月 11 日　财税〔2014〕51 号）/ **785**

财政部　国家税务总局关于棚户区改造有关税收政策的通知（2013 年 12 月 2 日　财税〔2013〕101 号）/ **786**

财政部　国家税务总局关于企业和自收自支事业单位向职工出租的单位自有住房房产税和营业税政策的通知（2013 年 11 月 27 日　财税〔2013〕94 号）/ **787**

财政部　国家税务总局关于中国信达资产管理股份有限公司等 4 家金融资产管理公司有关税收政策问题的通知（2013 年 8 月 28 日　财税〔2013〕56 号）/ **788**

财政部　国家税务总局关于中国邮政储蓄银行改制上市有关税收政策的通知（2013 年 9 月 12 日　财税〔2013〕53 号）/ **789**

财政部　海关总署　国家税务总局关于第二届夏季青年奥林匹克运动会等三项国际综合运动会税收政策的通知（2013 年 1 月 22 日　财税〔2013〕11 号）/ **790**

财政部　海关总署　国家税务总局关于赣州市执行西部大开发税收政策问题的通知（2013 年 1 月 10 日　财税〔2013〕4 号）/ **791**

财政部　国家税务总局　中宣部关于下发世界知识出版社等 35 家中央所属转制文化企业名单的通知（2011 年 12 月 31 日　财税〔2011〕120 号）/ **792**

财政部　国家税务总局关于中国邮政集团公司邮政速递物流业务重组改制有关税收问题的通知（2011 年 12 月 8 日　财税〔2011〕116 号）/ **792**

财政部　国家税务总局关于地方政府债券利息所得免征所得税问题的通知（2011 年 8 月 26 日　财税〔2011〕76 号）/ **793**

财政部　海关总署　国家税务总局关于深入实施西部大开发战略有关税收政策问题的通知（2011 年 7 月 27 日　财税〔2011〕58 号）/ **794**

财政部　国家税务总局　中宣部关于下发人民网股份有限公司等 81 家中央所属转制文化企业名单的通知（2011 年 4 月 27 日　财税〔2011〕27 号）/ **795**

财政部　国家税务总局关于中国联合网络通信集团有限公司转让 CDMA 网及其用户资产企业合并资产整合过程中涉及的增值税　营业税　印花税和土地增值税政策问题的通知（2011 年 3 月 10 日　财税〔2011〕13 号）/ **795**

财政部　国家税务总局　中宣部关于下发红旗出版社有限责任公司等中央所属转制文化企业名单的通知（2011 年 3 月 16 日　财税〔2011〕3 号）/ **797**

财政部　国家税务总局关于中国信达资产管理股份有限公司改制过程中有关契税和印花税问题的通知（2011 年 1 月 24 日　财税〔2011〕2 号）/ **797**

财政部　国家税务总局关于安置残疾人就业单位城镇土地使用税等政策的通知（2010 年 12 月 21 日　财税〔2010〕121 号）/ **798**

财政部　国家税务总局关于促进节能服务产业发展增值税、营业税和企业所得税政策问题的通知（2010 年 12 月 30 日　财税〔2010〕110 号）/ **799**

财政部　国家税务总局　住房和城乡建设部关于调整房地产交易环节契税个人所得税优惠政策的通知（2010 年 9 月 29 日　财税〔2010〕94 号）/ **801**

财政部　国家税务总局关于明确中国邮政集团公司邮政速递物流业务重组改制过程中有关契税和印花税政策的通知（2010 年 10 月 25 日　财税〔2010〕92 号）/ **802**

财政部　国家税务总局关于海峡两岸空中直航营业税和企业所得税政策的通知（2010 年 9 月 6 日　财税〔2010〕63 号）/ **802**

财政部　国家税务总局关于免征国家重大水利工程建设基金的城市维护建设税和教育费附加的通知（2010 年 5 月 25 日　财税〔2010〕44 号）/ **803**

财政部　国家税务总局关于股改及合资铁路运输企业房产税、城镇土地使用税有关政策的通知（2009 年 11 月 25 日　财税〔2009〕132 号）/ **804**

财政部　国家税务总局关于房产税　城镇土地使用税有关问题的通知（2009 年 11 月 22 日　财税〔2009〕128 号）/ **804**

财政部　国家税务总局关于扶持动漫产业发展有关税收政策问题的通知（2009 年 7 月 17 日　财税〔2009〕65 号）/ **805**

财政部　国家税务总局关于海峡两岸海上直航营业税和企业所得税政策的通知（2009 年 1 月 19 日　财税〔2009〕4 号）/ **806**

财政部　国家税务总局关于调整房地产交易环节税收政策的通知（2008 年 10 月 22 日　财税〔2008〕137 号）/ **807**

财政部　国家税务总局关于农民专业合作社有关税收政策的通知（2008 年 6 月 24 日　财税〔2008〕81 号）/ **807**

财政部　国家税务总局关于认真落实抗震救灾及灾后重建税收政策问题的通知（2008 年 5 月 19 日　财税〔2008〕62 号）/ **808**

财政部　国家税务总局关于核电行业税收政策有关问题的通知（2008 年 4 月 3 日

财税〔2008〕38号)/**809**

财政部 国家税务总局关于廉租住房 经济适用住房和住房租赁有关税收政策的通知 (2008年3月3日 财税〔2008〕24号)/**810**

财政部 国家税务总局关于外国银行分行改制为外商独资银行有关税收问题的通知 (2007年3月26日 财税〔2007〕45号)/**812**

财政部 国家税务总局关于加快煤层气抽采有关税收政策问题的通知 (2007年2月7日 财税〔2007〕16号)/**813**

财政部 国家税务总局关于青藏铁路公司运营期间有关税收等政策问题的通知 (2007年1月11日 财税〔2007〕11号)/**814**

财政部 国家税务总局关于房产税、城镇土地使用税有关政策的通知 (2006年12月25日 财税〔2006〕186号)/**815**

财政部 海关总署 国家税务总局关于调整钻石及上海钻石交易所有关税收政策的通知 (2006年6月7日 财税〔2006〕65号)/**816**

财政部 国家税务总局关于大秦铁路改制上市有关税收问题的通知 (2006年8月18日 财税〔2006〕32号)/**817**

财政部 国家税务总局关于信贷资产证券化有关税收政策问题的通知 (2006年2月20日 财税〔2006〕5号)/**818**

财政部 国家税务总局关于变性燃料乙醇定点生产企业有关税收政策问题的通知 (2005年12月14日 财税〔2005〕174号)/**820**

财政部 国家税务总局关于股权分置试点改革有关税收政策问题的通知 (2005年6月13日 财税〔2005〕103号)/**821**

财政部 国家税务总局关于国家石油储备基地建设有关税收政策的通知 (2005年3月15日 财税〔2005〕23号)/**821**

财政部 国家税务总局关于延长转制科研机构有关税收政策执行期限的通知 (2005年3月8日 财税〔2005〕14号)/**822**

财政部 国家税务总局关于推广税控收款机有关税收政策的通知 (2004年11月9日 财税〔2004〕167号)/**822**

财政部 国家税务总局关于暂免征收军队空余房产租赁收入营业税 房产税的通知 (2004年7月21日 财税〔2004〕123号)/**823**

财政部 国家税务总局关于教育税收政策的通知 (2004年2月5日 财税〔2004〕39号)/**824**

财政部 国家税务总局关于明确免征房产税、城镇土地使用税的铁路运输企业范围及有关问题的通知 (2004年2月17日 财税〔2004〕36号)/**826**

财政部 国家税务总局关于中国东方资产管理公司处置港澳国际 (集团) 有限公司有关资产税收政策问题的通知 (2003年11月10日 财税〔2003〕212号)/**827**

财政部 国家税务总局关于调整铁路系统房产税、城镇土地使用税政策的通知 (2003年7月11日 财税〔2003〕149号)/**828**

财政部 国家税务总局关于被撤销金融机构有关税收政策问题的通知 (2003年7月3日 财税〔2003〕141号)/**829**

财政部 国家税务总局关于转制科研机构有关税收政策问题的通知 (2003年7

月25日　财税〔2003〕137号）/ **830**

财政部　国家税务总局关于铂金及其制品税收政策的通知（2003年4月28日　财税〔2003〕86号）/ **831**

财政部　国家税务总局关于自主择业的军队转业干部有关税收政策问题的通知（2003年4月9日　财税〔2003〕26号）/ **832**

财政部　国家税务总局关于4家资产管理公司接收资本金项下的资产在办理过户时有关税收政策问题的通知（2003年2月21日　财税〔2003〕21号）/ **832**

财政部　国家税务总局关于黄金税收政策问题的通知（2002年9月12日　财税〔2002〕142号）/ **833**

财政部　国家税务总局关于西气东输项目有关税收政策的通知（2002年7月31日　财税〔2002〕111号）/ **834**

财政部　国家税务总局关于中国信达等4家金融资产管理公司税收政策问题的通知（2001年2月22日　财税〔2001〕10号）/ **835**

财政部　国家税务总局关于非营利性科研机构税收政策的通知（2001年2月9日　财税〔2001〕5号）/ **836**

财政部　国家税务总局关于调整住房租赁市场税收政策的通知（2000年12月7日　财税〔2000〕125号）/ **837**

财政部　国家税务总局关于对老年服务机构有关税收政策问题的通知（2000年11月24日　财税〔2000〕97号）/ **837**

财政部　国家税务总局关于随军家属就业有关税收政策的通知（2000年9月27日　财税〔2000〕84号）/ **838**

财政部　国家税务总局关于医疗卫生机构有关税收政策的通知（2000年7月10日　财税〔2000〕42号）/ **839**

财政部　国家税务总局关于血站有关税收问题的通知（1999年10月13日　财税字〔1999〕264号）/ **840**

财政部　国家税务总局关于促进科技成果转化有关税收政策的通知（1999年5月27日　财税字〔1999〕45号）/ **841**

财政部税务总局关于房产税和车船使用税几个业务问题的解释与规定（1987年3月23日　〔87〕财税地字第003号）/ **841**

中国人民银行　农业部　国家发展计划委员会　财政部　国家税务总局关于免缴农村信用社接收农村合作基金会财产权过户税费的通知（2000年1月17日　银发〔2000〕21号）/ **843**

非税收入

财政部关于取消港口建设费和调整民航发展基金有关政策的公告（2021年3月19日　财政部公告2021年第8号）/ **844**

财政部关于调整部分政府性基金有关政策的通知（2019年4月22日　财税〔2019〕46号）/ **844**

财政部关于取消、调整部分政府性基金有关政策的通知（2017年3月15日　财税〔2017〕18号）/ **846**

财政部　国家税务总局关于营业税改征增值税试点有关文化事业建设费政策及征收管理问题的补充通知（2016年5月13日　财税〔2016〕60号）／**847**

财政部　国家税务总局关于营业税改征增值税试点有关文化事业建设费政策及征收管理问题的通知（2016年3月28日　财税〔2016〕25号）／**848**

财政部　国家税务总局关于扩大有关政府性基金免征范围的通知（2016年1月29日　财税〔2016〕12号）／**850**

财政部　国家税务总局关于对小微企业免征有关政府性基金的通知（2014年12月23日　财税〔2014〕122号）／**850**

财政部关于对分布式光伏发电自发自用电量免征政府性基金有关问题的通知（2013年11月19日　财综〔2013〕103号）／**851**

财政部关于印发《财政监察专员办事处大中型水库移民后期扶持基金征收管理操作规程》的通知（2006年11月1日　财监〔2006〕95号）／**851**

财政部关于印发农网还贷资金征收使用管理办法的通知（2001年12月17日　财企〔2001〕820号）／**854**

税收征收管理

中华人民共和国税收征收管理法（1992年9月4日第七届全国人民代表大会常务委员会第二十七次会议通过　根据1995年2月28日第八届全国人民代表大会常务委员会第十二次会议《关于修改〈中华人民共和国税收征收管理法〉的决定》第一次修正　2001年4月28日第九届全国人民代表大会常务委员会第二十一次修订　根据2013年6月29日第十二届全国人民代表大会常务委员会第三次会议《关于修改〈中华人民共和国文物保护法〉等十二部法律的决定》第二次修正　根据2015年4月24日第十二届全国人民代表大会常务委员会第十四次会议《关于修改〈中华人民共和国港口法〉等七部法律的决定》第三次修正）／**856**

中华人民共和国税收征收管理法实施细则（2002年9月7日中华人民共和国国务院令第362号公布　根据2012年11月9日《国务院关于修改和废止部分行政法规的决定》第一次修订　根据2013年7月18日《国务院关于废止和修改部分行政法规的决定》第二次修订　根据2016年2月6日《国务院关于修改部分行政法规的决定》第三次修订）／**867**

中华人民共和国发票管理办法（1993年12月12日国务院批准　1993年12月23日财政部令第6号发布　根据2010年12月20日《国务院关于修改〈中华人民共和国发票管理办法〉的决定》第一次修订　根据2019年3月2日《国务院关于修改部分行政法规的决定》第二次修订）／**880**

中华人民共和国发票管理办法实施细则（2011年2月14日国家税务总局令第25号公布，根据2014年12月27日《国家税务总局关于修改〈中华人民共和国发票管理办法实施细则〉的决定》、2018年6月15日《国家税务总局关于修改部分税务部门规章的决定》、2019年7月24日《国家税务总局关于公布取消一批税务证明事项以及废止和修改部分规章规范性文件的决定》修正）／**885**

国家税务总局　工业和信息化部　公安部关于发布《机动车发票使用办法》的公告（2020年12月28日　国家税务总局　工业和信息化部　公安部公告2020年第23号）／**888**

国家档案局办公室等四部门关于进一步扩大增值税电子发票电子化报销、入账、归档试点工作的通知（2021年2月22日 档办发〔2021〕1号）／**891**

国家税务总局关于取消一批税务证明事项的决定（2019年3月8日 国家税务总局令第46号）／**893**

国家税务总局关于简并税费申报有关事项的公告（2021年4月12日 国家税务总局公告2021年第9号）／**896**

国家税务总局关于发布《税务行政处罚"首违不罚"事项清单》的公告（2021年3月31日 国家税务总局公告2021年第6号）／**897**

国家税务总局关于在新办纳税人中实行增值税专用发票电子化有关事项的公告（2020年12月20日 国家税务总局公告2020年第22号）／**899**

国家税务总局关于深入学习贯彻落实《关于进一步深化税收征管改革的意见》的通知（2021年3月26日 税总发〔2021〕21号）／**900**

国家税务总局关于做好《机动车发票使用办法》实施工作的通知（2021年3月15日 税总函〔2021〕42号）／**904**

社会保险费

人力资源社会保障部 财政部 税务总局关于延长阶段性减免企业社会保险费政策实施期限等问题的通知（2020年6月22日 人社部发〔2020〕49号）／**907**

人力资源社会保障部 财政部 税务总局关于阶段性减免企业社会保险费的通知（2020年2月20日 人社部发〔2020〕11号）／**908**

国家医保局 财政部 税务总局关于阶段性减征职工基本医疗保险费的指导意见（2020年2月21日 医保发〔2020〕6号）／**909**

国家税务总局关于贯彻落实阶段性减免企业社会保险费政策的通知（2020年2月25日 税总函〔2020〕33号）／**910**

行业监管

国家税务总局关于修订《涉税专业服务机构信用积分指标体系及积分规则》的公告（2020年10月30日 国家税务总局公告2020年第17号）／**912**

国家税务总局关于进一步完善涉税专业服务监管制度有关事项的公告（2019年12月27日 国家税务总局公告2019年第43号）／**912**

国家税务总局关于发布《从事涉税服务人员个人信用积分指标体系及积分记录规则》的公告（2018年10月25日 国家税务总局公告2018年第50号）／**914**

国家税务总局关于税务师事务所行政登记有关问题的公告（2018年1月12日 国家税务总局公告2018年第4号）／**915**

国家税务总局关于采集涉税专业服务基本信息和业务信息有关事项的公告（2017年12月26日国家税务总局公告2017年第49号发布，根据2019年12月27日《国家税务总局关于进一步完善涉税专业服务监管制度有关事项的公告》修正）／**915**

涉税专业服务信用评价管理办法（试行）（2017年12月26日国家税务总局公告2017年第48号发布，根据2019年12月27日《国家税务总局关于进一步完善涉税专

业服务监管制度有关事项的公告》修正）/ **917**
国家税务总局关于发布《涉税专业服务信息公告与推送办法（试行）》的公告（2017 年 11 月 22 日　国家税务总局公告 2017 年第 42 号）/ **920**
国家税务总局关于发布《税务师事务所行政登记规程（试行）》的公告（2017 年 8 月 4 日　国家税务总局公告 2017 年第 31 号）/ **923**
涉税专业服务监管办法（试行）（2017 年 5 月 5 日国家税务总局公告 2017 年第 13 号发布，根据 2019 年 12 月 27 日《国家税务总局关于进一步完善涉税专业服务监管制度有关事项的公告》修正）/ **925**

附录：税率查询（2021 版）/ **929**

增值税

中华人民共和国增值税暂行条例①

手机阅读

(1993年12月13日中华人民共和国国务院令第134号公布 2008年11月5日国务院第34次常务会议修订通过 根据2016年2月6日《国务院关于修改部分行政法规的决定》第一次修订 根据2017年11月19日《国务院关于废止〈中华人民共和国营业税暂行条例〉和修改〈中华人民共和国增值税暂行条例〉的决定》第二次修订)

第一条 在中华人民共和国境内销售货物或者加工、修理修配劳务(以下简称劳务)、销售服务、无形资产、不动产以及进口货物的单位和个人,为增值税的纳税人,应当依照本条例缴纳增值税。

第二条 增值税税率:

(一)纳税人销售货物、劳务、有形动产租赁服务或者进口货物,除本条第二项、第四项、第五项另有规定外,税率为17%。

(二)纳税人销售交通运输、邮政、基础电信、建筑、不动产租赁服务,销售不动产,转让土地使用权,销售或者进口下列货物,税率为11%:

1. 粮食等农产品、食用植物油、食用盐;
2. 自来水、暖气、冷气、热水、煤气、石油液化气、天然气、二甲醚、沼气、居民用煤炭制品;
3. 图书、报纸、杂志、音像制品、电子出版物;
4. 饲料、化肥、农药、农机、农膜;
5. 国务院规定的其他货物。

(三)纳税人销售服务、无形资产,除本条第一项、第二项、第五项另有规定外,税率为6%。

---

① 需要结合《财政部 国家税务总局关于调整增值税税率的通知》(财税〔2018〕32号)、《关于简并增值税征收率政策的通知》(财税〔2014〕57号)、《关于深化增值税改革有关政策的公告》(财政部 税务总局 海关总署公告2019年第39号)、《关于二手车经销有关增值税政策的公告》(财政部 税务总局公告2020年第17号)等一系列最新文件判定增值税税率。

（四）纳税人出口货物，税率为零；但是，国务院另有规定的除外。

（五）境内单位和个人跨境销售国务院规定范围内的服务、无形资产，税率为零。

税率的调整，由国务院决定。

第三条 纳税人兼营不同税率的项目，应当分别核算不同税率项目的销售额；未分别核算销售额的，从高适用税率。

第四条 除本条例第十一条规定外，纳税人销售货物、劳务、服务、无形资产、不动产（以下统称应税销售行为），应纳税额为当期销项税额抵扣当期进项税额后的余额。应纳税额计算公式：

应纳税额 = 当期销项税额 − 当期进项税额

当期销项税额小于当期进项税额不足抵扣时，其不足部分可以结转下期继续抵扣。

第五条 纳税人发生应税销售行为，按照销售额和本条例第二条规定的税率计算收取的增值税额，为销项税额。销项税额计算公式：

销项税额 = 销售额 × 税率

第六条 销售额为纳税人发生应税销售行为收取的全部价款和价外费用，但是不包括收取的销项税额。

销售额以人民币计算。纳税人以人民币以外的货币结算销售额的，应当折合成人民币计算。

第七条 纳税人发生应税销售行为的价格明显偏低并无正当理由的，由主管税务机关核定其销售额。

第八条 纳税人购进货物、劳务、服务、无形资产、不动产支付或者负担的增值税额，为进项税额。

下列进项税额准予从销项税额中抵扣：

（一）从销售方取得的增值税专用发票上注明的增值税额。

（二）从海关取得的海关进口增值税专用缴款书上注明的增值税额。

（三）购进农产品，除取得增值税专用发票或者海关进口增值税专用缴款书外，按照农产品收购发票或者销售发票上注明的农产品买价和11%的扣除率计算的进项税额，国务院另有规定的除外。进项税额计算公式：

进项税额 = 买价 × 扣除率

（四）自境外单位或者个人购进劳务、服务、无形资产或者境内的不动产，从税务机关或者扣缴义务人取得的代扣代缴税款的完税凭证上注明的增值税额。

准予抵扣的项目和扣除率的调整，由国务院决定。

第九条 纳税人购进货物、劳务、服务、无形资产、不动产，取得的增值税扣税凭证不符合法律、行政法规或者国务院税务主管部门有关规定的，其进项税额不得从销项税额中抵扣。

第十条 下列项目的进项税额不得从销项税额中抵扣：

（一）用于简易计税方法计税项目、免征增值税项目、集体福利或者个人消费的购进货物、劳务、服务、无形资产和不动产；

（二）非正常损失的购进货物，以及相关的劳务和交通运输服务；

（三）非正常损失的在产品、产成品所耗用的购进货物（不包括固定资产）、劳务和交通运输服务；

（四）国务院规定的其他项目。

第十一条 小规模纳税人发生应税销售行为，实行按照销售额和征收率计算应纳税额的简易办法，并不得抵扣进项税额。应纳税额计算公式：

应纳税额＝销售额×征收率

小规模纳税人的标准由国务院财政、税务主管部门规定。

第十二条 小规模纳税人增值税征收率为3%，国务院另有规定的除外。

第十三条 小规模纳税人以外的纳税人应当向主管税务机关办理登记。具体登记办法由国务院税务主管部门制定。

小规模纳税人会计核算健全，能够提供准确税务资料的，可以向主管税务机关办理登记，不作为小规模纳税人，依照本条例有关规定计算应纳税额。

第十四条 纳税人进口货物，按照组成计税价格和本条例第二条规定的税率计算应纳税额。组成计税价格和应纳税额计算公式：

组成计税价格＝关税完税价格＋关税＋消费税

应纳税额＝组成计税价格×税率

第十五条 下列项目免征增值税：

（一）农业生产者销售的自产农产品；

（二）避孕药品和用具；

（三）古旧图书；

（四）直接用于科学研究、科学试验和教学的进口仪器、设备；

（五）外国政府、国际组织无偿援助的进口物资和设备；

（六）由残疾人的组织直接进口供残疾人专用的物品；

（七）销售的自己使用过的物品。

除前款规定外，增值税的免税、减税项目由国务院规定。任何地区、部门均不得规定免税、减税项目。

第十六条 纳税人兼营免税、减税项目的，应当分别核算免税、减税项目的销售额；未分别核算销售额的，不得免税、减税。

第十七条 纳税人销售额未达到国务院财政、税务主管部门规定的增值税起征点的，免征增值税；达到起征点的，依照本条例规定全额计算缴纳增值税。

第十八条 中华人民共和国境外的单位或者个人在境内销售劳务，在境内未设有经营机构的，以其境内代理人为扣缴义务人；在境内没有代理人的，以购买方为扣缴义务人。

第十九条 增值税纳税义务发生时间：

（一）发生应税销售行为，为收讫销售款项或者取得索取销售款项凭据的当天；先开具发票的，为开具发票的当天。

（二）进口货物，为报关进口的当天。

增值税扣缴义务发生时间为纳税人增值税纳税义务发生的当天。

第二十条 增值税由税务机关征收，进口货物的增值税由海关代征。

个人携带或者邮寄进境自用物品的增值税，连同关税一并计征。具体办法由国务院关税税则委员会会同有关部门制定。

第二十一条 纳税人发生应税销售行为,应当向索取增值税专用发票的购买方开具增值税专用发票,并在增值税专用发票上分别注明销售额和销项税额。

属于下列情形之一的,不得开具增值税专用发票:

(一)应税销售行为的购买方为消费者个人的;

(二)发生应税销售行为适用免税规定的。

第二十二条 增值税纳税地点:

(一)固定业户应当向其机构所在地的主管税务机关申报纳税。总机构和分支机构不在同一县(市)的,应当分别向各自所在地的主管税务机关申报纳税;经国务院财政、税务主管部门或者其授权的财政、税务机关批准,可以由总机构汇总向总机构所在地的主管税务机关申报纳税。

(二)固定业户到外县(市)销售货物或者劳务,应当向其机构所在地的主管税务机关报告外出经营事项,并向其机构所在地的主管税务机关申报纳税;未报告的,应当向销售地或者劳务发生地的主管税务机关申报纳税;未向销售地或者劳务发生地的主管税务机关申报纳税的,由其机构所在地的主管税务机关补征税款。

(三)非固定业户销售货物或者劳务,应当向销售地或者劳务发生地的主管税务机关申报纳税;未向销售地或者劳务发生地的主管税务机关申报纳税的,由其机构所在地或者居住地的主管税务机关补征税款。

(四)进口货物,应当向报关地海关申报纳税。

扣缴义务人应当向其机构所在地或者居住地的主管税务机关申报缴纳其扣缴的税款。

第二十三条 增值税的纳税期限分别为1日、3日、5日、10日、15日、1个月或者1个季度。纳税人的具体纳税期限,由主管税务机关根据纳税人应纳税额的大小分别核定;不能按照固定期限纳税的,可以按次纳税。

纳税人以1个月或者1个季度为1个纳税期的,自期满之日起15日内申报纳税;以1日、3日、5日、10日或者15日为1个纳税期的,自期满之日起5日内预缴税款,于次月1日起15日内申报纳税并结清上月应纳税款。

扣缴义务人解缴税款的期限,依照前两款规定执行。

第二十四条 纳税人进口货物,应当自海关填发海关进口增值税专用缴款书之日起15日内缴纳税款。

第二十五条 纳税人出口货物适用退(免)税规定的,应当向海关办理出口手续,凭出口报关单等有关凭证,在规定的出口退(免)税申报期内按月向主管税务机关申报办理该项出口货物的退(免)税;境内单位和个人跨境销售服务和无形资产适用退(免)税规定的,应当按期向主管税务机关申报办理退(免)税。具体办法由国务院财政、税务主管部门制定。

出口货物办理退税后发生退货或者退关的,纳税人应当依法补缴已退的税款。

第二十六条 增值税的征收管理,依照《中华人民共和国税收征收管理法》及本条例有关规定执行。

第二十七条 纳税人缴纳增值税的有关事项,国务院或者国务院财政、税务主管部门经国务院同意另有规定的,依照其规定。

第二十八条 本条例自 2009 年 1 月 1 日起施行。

中华人民共和国增值税暂行条例实施细则

手机阅读

(2008 年 12 月 18 日财政部 国家税务总局令第 50 号公布 根据 2011 年 10 月 28 日《关于修改〈中华人民共和国增值税暂行条例实施细则〉和〈中华人民共和国营业税暂行条例实施细则〉的决定》修订)

第一条 根据《中华人民共和国增值税暂行条例》(以下简称条例),制定本细则。

第二条 条例第一条所称货物,是指有形动产,包括电力、热力、气体在内。

条例第一条所称加工,是指受托加工货物,即委托方提供原料及主要材料,受托方按照委托方的要求,制造货物并收取加工费的业务。

条例第一条所称修理修配,是指受托对损伤和丧失功能的货物进行修复,使其恢复原状和功能的业务。

第三条 条例第一条所称销售货物,是指有偿转让货物的所有权。

条例第一条所称提供加工、修理修配劳务(以下称应税劳务),是指有偿提供加工、修理修配劳务。单位或者个体工商户聘用的员工为本单位或者雇主提供加工、修理修配劳务,不包括在内。

本细则所称有偿,是指从购买方取得货币、货物或者其他经济利益。

第四条 单位或者个体工商户的下列行为,视同销售货物:

(一)将货物交付其他单位或者个人代销;

(二)销售代销货物;

(三)设有两个以上机构并实行统一核算的纳税人,将货物从一个机构移送其他机构用于销售,但相关机构设在同一县(市)的除外;

(四)将自产或者委托加工的货物用于非增值税应税项目;

(五)将自产、委托加工的货物用于集体福利或者个人消费;

(六)将自产、委托加工或者购进的货物作为投资,提供给其他单位或者个体工商户;

(七)将自产、委托加工或者购进的货物分配给股东或者投资者;

(八)将自产、委托加工或者购进的货物无偿赠送其他单位或者个人。

第五条 一项销售行为如果既涉及货物又涉及非增值税应税劳务,为混合销售行为。除本细则第六条的规定外,从事货物的生产、批发或者零售的企业、企业性单位和个体工商户的混合销售行为，视为销售货物，应当缴纳增值税；其他单位和个人的混合销售行为，视为销售非增值税应税劳务，不缴纳增值税。

本条第一款所称非增值税应税劳务，是指属于应缴营业税的交通运输业、建筑业、金融保险业、邮电通信业、文化体育业、娱乐业、服务业税目征收范围的劳务。

本条第一款所称从事货物的生产、批发或者零售的企业、企业性单位和个体工商户，包括以从事货物的生产、批发或者零售为主，并兼营非增值税应税劳务的单位和个体工商户在内。

第六条 纳税人的下列混合销售行为，应当分别核算货物的销售额和非增值税应税劳务的营业额，并根据其销售货物的销售额计算缴纳增值税，非增值税应税劳务的营业额不缴纳增值税；未分别核算的，由主管税务机关核定其货物的销售额：

（一）销售自产货物并同时提供建筑业劳务的行为；

（二）财政部、国家税务总局规定的其他情形。

第七条 纳税人兼营非增值税应税项目的，应分别核算货物或者应税劳务的销售额和非增值税应税项目的营业额；未分别核算的，由主管税务机关核定货物或者应税劳务的销售额。

第八条 条例第一条所称在中华人民共和国境内（以下简称境内）销售货物或者提供加工、修理修配劳务，是指：

（一）销售货物的起运地或者所在地在境内；

（二）提供的应税劳务发生在境内。

第九条 条例第一条所称单位，是指企业、行政单位、事业单位、军事单位、社会团体及其他单位。

条例第一条所称个人，是指个体工商户和其他个人。

第十条 单位租赁或者承包给其他单位或者个人经营的，以承租人或者承包人为纳税人。

第十一条 小规模纳税人以外的纳税人（以下称一般纳税人）因销售货物退回或者折让而退还给购买方的增值税额，应从发生销售货物退回或者折让当期的销项税额中扣减；因购进货物退出或者折让而收回的增值税额，应从发生购进货物退出或者折让当期的进项税额中扣减。

一般纳税人销售货物或者应税劳务，开具增值税专用发票后，发生销售货物退回或者折让、开票有误等情形，应按国家税务总局的规定开具红字增值税专用发票。未按规定开具红字增值税专用发票的，增值税额不得从销项税额中扣减。

第十二条 条例第六条第一款所称价外费用，包括价外向购买方收取的手续费、补贴、基金、集资费、返还利润、奖励费、违约金、滞纳金、延期付款利息、赔偿金、代收款项、代垫款项、包装费、包装物租金、储备费、优质费、运输装卸费以及其他各种性质的价外收费。但下列项目不包括在内：

（一）受托加工应征消费税的消费品所代收代缴的消费税；

（二）同时符合以下条件的代垫运输费用：

1. 承运部门的运输费用发票开具给购买方的;
2. 纳税人将该项发票转交给购买方的。
(三) 同时符合以下条件代为收取的政府性基金或者行政事业性收费:
1. 由国务院或者财政部批准设立的政府性基金,由国务院或者省级人民政府及其财政、价格主管部门批准设立的行政事业性收费;
2. 收取时开具省级以上财政部门印制的财政票据;
3. 所收款项全额上缴财政。
(四) 销售货物的同时代办保险等而向购买方收取的保险费,以及向购买方收取的代购买方缴纳的车辆购置税、车辆牌照费。

第十三条 混合销售行为依照本细则第五条规定应当缴纳增值税的,其销售额为货物的销售额与非增值税应税劳务营业额的合计。

第十四条 一般纳税人销售货物或者应税劳务,采用销售额和销项税额合并定价方法的,按下列公式计算销售额:

销售额 = 含税销售额 ÷ (1 + 税率)

第十五条 纳税人按人民币以外的货币结算销售额的,其销售额的人民币折合率可以选择销售额发生的当天或者当月1日的人民币汇率中间价。纳税人应在事先确定采用何种折合率,确定后1年内不得变更。

第十六条 纳税人有条例第七条所称价格明显偏低并无正当理由或者有本细则第四条所列视同销售货物行为而无销售额者,按下列顺序确定销售额:
(一) 按纳税人最近时期同类货物的平均销售价格确定;
(二) 按其他纳税人最近时期同类货物的平均销售价格确定;
(三) 按组成计税价格确定。组成计税价格的公式为:

组成计税价格 = 成本 × (1 + 成本利润率)

属于应征消费税的货物,其组成计税价格中应加计消费税额。

公式中的成本是指:销售自产货物的为实际生产成本,销售外购货物的为实际采购成本。公式中的成本利润率由国家税务总局确定。

第十七条 条例第八条第二款第(三)项所称买价,包括纳税人购进农产品在农产品收购发票或者销售发票上注明的价款和按规定缴纳的烟叶税。

第十八条 条例第八条第二款第(四)项所称运输费用金额,是指运输费用结算单据上注明的运输费用(包括铁路临管线及铁路专线运输费用)、建设基金,不包括装卸费、保险费等其他杂费。

第十九条 条例第九条所称增值税扣税凭证,是指增值税专用发票、海关进口增值税专用缴款书、农产品收购发票和农产品销售发票以及运输费用结算单据。

第二十条 混合销售行为依照本细则第五条规定应当缴纳增值税的,该混合销售行为所涉及的非增值税应税劳务所用购进货物的进项税额,符合条例第八条规定的,准予从销项税额中抵扣。

第二十一条 条例第十条第(一)项所称购进货物,不包括既用于增值税应税项目(不含免征增值税项目)也用于非增值税应税项目、免征增值税(以下简称免税)项目、集体福利或者个人消费的固定资产。

前款所称固定资产,是指使用期限超过12个月的机器、机械、运输工具以及其他与生产经营有关的设备、工具、器具等。

第二十二条 条例第十条第（一）项所称个人消费包括纳税人的交际应酬消费。

第二十三条 条例第十条第（一）项和本细则所称非增值税应税项目，是指提供非增值税应税劳务、转让无形资产、销售不动产和不动产在建工程。

前款所称不动产是指不能移动或者移动后会引起性质、形状改变的财产，包括建筑物、构筑物和其他土地附着物。

纳税人新建、改建、扩建、修缮、装饰不动产，均属于不动产在建工程。

第二十四条 条例第十条第（二）项所称非正常损失，是指因管理不善造成被盗、丢失、霉烂变质的损失。

第二十五条 纳税人自用的应征消费税的摩托车、汽车、游艇，其进项税额不得从销项税额中抵扣。

第二十六条 一般纳税人兼营免税项目或者非增值税应税劳务而无法划分不得抵扣的进项税额的，按下列公式计算不得抵扣的进项税额：

不得抵扣的进项税额＝当月无法划分的全部进项税额×当月免税项目销售额、非增值税应税劳务营业额合计÷当月全部销售额、营业额合计

第二十七条 已抵扣进项税额的购进货物或者应税劳务，发生条例第十条规定的情形的（免税项目、非增值税应税劳务除外），应当将该项购进货物或者应税劳务的进项税额从当期的进项税额中扣减；无法确定该项进项税额的，按当期实际成本计算应扣减的进项税额。

第二十八条 条例第十一条所称小规模纳税人的标准为：

（一）从事货物生产或者提供应税劳务的纳税人，以及以从事货物生产或者提供应税劳务为主，并兼营货物批发或者零售的纳税人，年应征增值税销售额（以下简称应税销售额）在50万元以下（含本数，下同）的；

（二）除本条第一款第（一）项规定以外的纳税人，年应税销售额在80万元以下的。

本条第一款所称以从事货物生产或者提供应税劳务为主，是指纳税人的年货物生产或者提供应税劳务的销售额占年应税销售额的比重在50%以上。

第二十九条 年应税销售额超过小规模纳税人标准的其他个人按小规模纳税人纳税；非企业性单位、不经常发生应税行为的企业可选择按小规模纳税人纳税。

第三十条 小规模纳税人的销售额不包括其应纳税额。

小规模纳税人销售货物或者应税劳务采用销售额和应纳税额合并定价方法的，按下列公式计算销售额：

销售额＝含税销售额÷（1＋征收率）

第三十一条 小规模纳税人因销售货物退回或者折让退还给购买方的销售额，应从发生销售货物退回或者折让当期的销售额中扣减。

第三十二条 条例第十三条和本细则所称会计核算健全，是指能够按照国家统一的会计制度规定设置账簿，根据合法、有效凭证核算。

第三十三条 除国家税务总局另有规定外，纳税人一经认定为一般纳税人后，不得转为小规模纳税人。

第三十四条 有下列情形之一者,应按销售额依照增值税税率计算应纳税额,不得抵扣进项税额,也不得使用增值税专用发票:

(一)一般纳税人会计核算不健全,或者不能够提供准确税务资料的;

(二)除本细则第二十九条规定外,纳税人销售额超过小规模纳税人标准,未申请办理一般纳税人认定手续的。

第三十五条 条例第十五条规定的部分免税项目的范围,限定如下:

(一)第一款第(一)项所称农业,是指种植业、养殖业、林业、牧业、水产业。

农业生产者,包括从事农业生产的单位和个人。

农产品,是指初级农产品,具体范围由财政部、国家税务总局确定。

(二)第一款第(三)项所称古旧图书,是指向社会收购的古书和旧书。

(三)第一款第(七)项所称自己使用过的物品,是指其他个人自己使用过的物品。

第三十六条 纳税人销售货物或者应税劳务适用免税规定的,可以放弃免税,依照条例的规定缴纳增值税。放弃免税后,36个月内不得再申请免税。

第三十七条 增值税起征点的适用范围限于个人。

增值税起征点的幅度规定如下:

(一)销售货物的,为月销售额5000~20000元;

(二)销售应税劳务的,为月销售额5000~20000元;

(三)按次纳税的,为每次(日)销售额300~500元。

前款所称销售额,是指本细则第三十条第一款所称小规模纳税人的销售额。

省、自治区、直辖市财政厅(局)和国家税务局应在规定的幅度内,根据实际情况确定本地区适用的起征点,并报财政部、国家税务总局备案。

第三十八条 条例第十九条第一款第(一)项规定的收讫销售款或者取得索取销售款项凭据的当天,按销售结算方式的不同,具体为:

(一)采取直接收款方式销售货物,不论货物是否发出,均为收到销售款或者取得索取销售款凭据的当天;

(二)采取托收承付和委托银行收款方式销售货物,为发出货物并办妥托收手续的当天;

(三)采取赊销和分期收款方式销售货物,为书面合同约定的收款日期的当天,无书面合同的或者书面合同没有约定收款日期的,为货物发出的当天;

(四)采取预收货款方式销售货物,为货物发出的当天,但生产销售生产工期超过12个月的大型机械设备、船舶、飞机等货物,为收到预收款或者书面合同约定的收款日期的当天;

(五)委托其他纳税人代销货物,为收到代销单位的代销清单或者收到全部或者部分货款的当天。未收到代销清单及货款的,为发出代销货物满180天的当天;

(六)销售应税劳务,为提供劳务同时收讫销售款或者取得索取销售款的凭据的当天;

(七)纳税人发生本细则第四条第(三)项至第(八)项所列视同销售货

物行为，为货物移送的当天。

第三十九条 条例第二十三条以1个季度为纳税期限的规定仅适用于小规模纳税人。小规模纳税人的具体纳税期限，由主管税务机关根据其应纳税额的大小分别核定。

第四十条 本细则自2009年1月1日起施行。

财政部 税务总局关于延续宣传文化增值税优惠政策的公告

手机阅读

2021年3月22日 财政部 税务总局公告2021年第10号

为促进我国宣传文化事业的发展，继续实施宣传文化增值税优惠政策。现将有关事项公告如下：

一、自2021年1月1日起至2023年12月31日，执行下列增值税先征后退政策。

（一）对下列出版物在出版环节执行增值税100%先征后退的政策：

1. 中国共产党和各民主党派的各级组织的机关报纸和机关期刊，各级人大、政协、政府、工会、共青团、妇联、残联、科协的机关报纸和机关期刊，新华社的机关报纸和机关期刊，军事部门的机关报纸和机关期刊。

上述各级组织不含其所属部门。机关报纸和机关期刊增值税先征后退范围掌握在一个单位一份报纸和一份期刊以内。

2. 专为少年儿童出版发行的报纸和期刊，中小学的学生教科书。
3. 专为老年人出版发行的报纸和期刊。
4. 少数民族文字出版物。
5. 盲文图书和盲文期刊。
6. 经批准在内蒙古、广西、西藏、宁夏、新疆五个自治区内注册的出版单位出版的出版物。
7. 列入本公告附件1的图书、报纸和期刊。

（二）对下列出版物在出版环节执行增值税先征后退50%的政策：

1. 各类图书、期刊、音像制品、电子出版物，但本公告第一条第（一）项规定执行增值税100%先征后退的出版物除外。
2. 列入本公告附件2的报纸。

（三）对下列印刷、制作业务执行增值税100%先征后退的政策：

1. 对少数民族文字出版物的印刷或制作业务。
2. 列入本公告附件3的新疆维吾尔自治区印刷企业的印刷业务。

二、自2021年1月1日起至2023年12月31日，免征图书批发、零售环节增值税。

三、自2021年1月1日起至2023年12月31日，对科普单位的门票收入，以及县级及以上党政部门和科协开展科普活动的门票收入免征增值税。

四、享受本公告第一条第（一）项、第（二）项规定的增值税先征后退政策的纳税人，必须是具有相关出版物出版许可证的出版单位（含以"租型"方式取得专有出版权进行出版物印刷发行的出版单位）。承担省级及以上出版行政主管部门指定出版、发行任务的单位，因进行重组改制等原因尚未办理出版、发行许可证变更的单位，经财政部各地监管局（以下简称财政监管局）商省级出版行政主管部门核准，可以享受相应的增值税先征后退政策。

纳税人应当将享受上述税收优惠政策的出版物在财务上实行单独核算，不进行单独核算的不得享受本公告规定的优惠政策。违规出版物、多次出现违规的出版单位及图书批发零售单位不得享受本公告规定的优惠政策。上述违规出版物、出版单位及图书批发零售单位的具体名单由省级及以上出版行政主管部门及时通知相应财政监管局和主管税务机关。

五、已按软件产品享受增值税退税政策的电子出版物不得再按本公告申请增值税先征后退政策。

六、本公告规定的各项增值税先征后退政策由财政监管局根据财政部、税务总局、中国人民银行《关于税制改革后对某些企业实行"先征后退"有关预算管理问题的暂行规定的通知》〔（94）财预字第55号〕的规定办理。

七、本公告的有关定义

（一）本公告所述"出版物"，是指根据国务院出版行政主管部门的有关规定出版的图书、报纸、期刊、音像制品和电子出版物。所述图书、报纸和期刊，包括随同图书、报纸、期刊销售并难以分离的光盘、软盘和磁带等信息载体。

（二）图书、报纸、期刊（即杂志）的范围，按照《国家税务总局关于印发〈增值税部分货物征税范围注释〉的通知》（国税发〔1993〕151号）的规定执行；音像制品、电子出版物的范围，按照《财政部　税务总局关于简并增值税税率有关政策的通知》（财税〔2017〕37号）的规定执行。

（三）本公告所述"专为少年儿童出版发行的报纸和期刊"，是指以初中及初中以下少年儿童为主要对象的报纸和期刊。

（四）本公告所述"中小学的学生教科书"，是指普通中小学学生教科书和中等职业教育教科书。普通中小学学生教科书是指根据中小学国家课程方案和课程标准编写的，经国务院教育行政部门审定或省级教育行政部门审定的，由取得国务院出版行政主管部门批准的教科书出版、发行资质的单位提供的中小学学生上课使用的正式教科书，具体操作时按国务院和省级教育行政部门每年下达的"中小学教学用书目录"中所列"教科书"的范围掌握。中等职业教育教科书是指按国家规定设置标准和审批程序批准成立并在教育行政部门备案的中等职业学校，及在人力资源社会保障行政部门备案的技工学校学生使用的教科书，具体操作时按国务院和省级教育、人力资源社会保障行政部门发布的教学用书目录认定。中小学的学生教科书不包括各种形式的教学参考书、图册、读本、课外读物、练习册以及其他各类教辅材料。

（五）本公告所述"专为老年人出版发行的报纸和期刊"，是指以老年人为主要对象的报纸和期刊，具体范围见附件4。

（六）本公告第一条第（一）项和第（二）项规定的图书包括"租型"

出版的图书。

（七）本公告所述"科普单位"，是指科技馆、自然博物馆，对公众开放的天文馆（站、台）、气象台（站）、地震台（站），以及高等院校、科研机构对公众开放的科普基地。

本公告所述"科普活动"，是指利用各种传媒以浅显的、让公众易于理解、接受和参与的方式，向普通大众介绍自然科学和社会科学知识，推广科学技术的应用，倡导科学方法，传播科学思想，弘扬科学精神的活动。

八、本公告自2021年1月1日起执行。《财政部 税务总局关于延续宣传文化增值税优惠政策的通知》（财税〔2018〕53号）同时废止。

按照本公告第二条和第三条规定应予免征的增值税，凡在接到本公告以前已经征收入库的，可抵减纳税人以后月份应缴纳的增值税税款或者办理税款退库。纳税人如果已向购买方开具了增值税专用发票，应当将专用发票追回后方可申请办理免税。凡专用发票无法追回的，一律照章征收增值税。

特此公告。

附件：1. 适用增值税100%征后退政策的特定图书、报纸和期刊名单（略）

2. 适用增值税50%征后退政策的报纸名单（略）

3. 适用增值税100%征后退政策的新疆维吾尔自治区印刷企业名单（略）

4. 专为老年人出版发行的报纸和期刊名单（略）

财政部　商务部　税务总局关于继续执行研发机构采购设备增值税政策的公告①

手机阅读

2019年11月11日　财政部　商务部
税务总局公告2019年第91号

为了鼓励科学研究和技术开发，促进科技进步，继续对内资研发机构和外资研发中心采购国产设备全额退还增值税。现将有关事项公告如下：

一、适用采购国产设备全额退还增值税政策的内资研发机构和外资研发中心包括：

（一）科技部会同财政部、海关总署和税务总局核定的科技体制改革过程

---

① 根据《财政部 税务总局关于延长部分税收优惠政策执行期限的公告》（财政部税务总局公告2021年第6号），本法规定的税收优惠政策凡已到期的，执行期限延长至2023年12月31日。

中转制为企业和进入企业的主要从事科学研究和技术开发工作的机构；

（二）国家发展改革委会同财政部、海关总署和税务总局核定的国家工程研究中心；

（三）国家发展改革委会同财政部、海关总署、税务总局和科技部核定的企业技术中心；

（四）科技部会同财政部、海关总署和税务总局核定的国家重点实验室（含企业国家重点实验室）和国家工程技术研究中心；

（五）科技部核定的国务院部委、直属机构所属从事科学研究工作的各类科研院所，以及各省、自治区、直辖市、计划单列市科技主管部门核定的本级政府所属从事科学研究工作的各类科研院所；

（六）科技部会同民政部核定或者各省、自治区、直辖市、计划单列市及新疆生产建设兵团科技主管部门会同同级民政部门核定的科技类民办非企业单位；

（七）工业和信息化部会同财政部、海关总署、税务总局核定的国家中小企业公共服务示范平台（技术类）；

（八）国家承认学历的实施专科及以上高等学历教育的高等学校（以教育部门户网站公布名单为准）；

（九）符合本公告第二条规定的外资研发中心；

（十）财政部会同国务院有关部门核定的其他科学研究机构、技术开发机构和学校。

二、外资研发中心，根据其设立时间，应分别满足下列条件：

（一）2009年9月30日及其之前设立的外资研发中心，应同时满足下列条件：

1. 研发费用标准：（1）对外资研发中心，作为独立法人的，其投资总额不低于500万美元；作为公司内设部门或分公司的非独立法人的，其研发总投入不低于500万美元；（2）企业研发经费年支出额不低于1000万元。

2. 专职研究与试验发展人员不低于90人。

3. 设立以来累计购置的设备原值不低于1000万元。

（二）2009年10月1日及其之后设立的外资研发中心，应同时满足下列条件：

1. 研发费用标准：作为独立法人的，其投资总额不低于800万美元；作为公司内设部门或分公司的非独立法人的，其研发总投入不低于800万美元。

2. 专职研究与试验发展人员不低于150人。

3. 设立以来累计购置的设备原值不低于2000万元。

外资研发中心须经商务主管部门会同有关部门按照上述条件进行资格审核认定。具体审核认定办法见附件1。在2018年12月31日（含）以前，初次取得退税资格或通过资格复审未满2年的，可继续享受至2年期满。

三、经核定的内资研发机构、外资研发中心，发生重大涉税违法失信行为的，不得享受退税政策。具体退税管理办法由税务总局会同财政部另行制定。相关研发机构的牵头核定部门应及时将内资研发机构、外资研发中心的新设、变更及撤销名单函告同级税务部门，并注明相关资质起止时间。

四、本公告的有关定义。

（一）本公告所述"投资总额"，是指商务主管部门发放的外商投资企业批准证书或设立、变更备案回执等文件所载明的金额。

(二)本公告所述"研发总投入",是指外商投资企业专门为设立和建设本研发中心而投入的资产,包括即将投入并签订购置合同的资产(应提交已采购资产清单和即将采购资产的合同清单)。

(三)本公告所述"研发经费年支出额",是指近两个会计年度研发经费年均支出额;不足两个完整会计年度的,可按外资研发中心设立以来任意连续12个月的实际研发经费支出额计算;现金与实物资产投入应不低于60%。

(四)本公告所述"专职研究与试验发展人员",是指企业科技活动人员中专职从事基础研究、应用研究和试验发展三类项目活动的人员,包括直接参加上述三类项目活动的人员以及相关专职科技管理人员和为项目提供资料文献、材料供应、设备的直接服务人员,上述人员须与外资研发中心或其所在外商投资企业签订1年以上劳动合同,以外资研发中心提交申请的前一日人数为准。

(五)本公告所述"设备",是指为科学研究、教学和科技开发提供必要条件的实验设备、装置和器械。在计算累计购置的设备原值时,应将进口设备和采购国产设备的原值一并计入,包括已签订购置合同并于当年内交货的设备(应提交购置合同清单及交货期限),上述采购国产设备应属于本公告《科技开发、科学研究和教学设备清单》所列设备(见附件2)。对执行中国产设备范围存在异议的,由主管税务机关逐级上报税务总局商财政部核定。

五、本公告规定的税收政策执行期限为2019年1月1日至2020年12月31日,具体从内资研发机构和外资研发中心取得退税资格的次月1日起执行。《财政部 商务部 国家税务总局关于继续执行研发机构采购设备增值税政策的通知》(财税〔2016〕121号)同时废止。

附件:1. 外资研发中心采购国产设备退税资格审核认定办法(略)
2. 科技开发、科学研究和教学设备清单(略)

财政部 税务总局 国务院扶贫办关于扶贫货物捐赠免征增值税政策的公告①

手机阅读

2019年4月10日 财政部 税务总局 国务院扶贫办公告2019年第55号

为支持脱贫攻坚,现就扶贫货物捐赠免征增值税政策公告如下:
一、自2019年1月1日至2022年12月31日,对单位或者个体工商

---

① 根据《关于延长部分扶贫税收优惠政策执行期限的公告》(财政部 税务总局 人力资源社会保障部 国家乡村振兴局公告2021年第18号),本法规定的税收优惠政策执行期限延长至2025年12月31日。

户将自产、委托加工或购买的货物通过公益性社会组织、县级及以上人民政府及其组成部门和直属机构，或直接无偿捐赠给目标脱贫地区的单位和个人，免征增值税。在政策执行期限内，目标脱贫地区实现脱贫的，可继续适用上述政策。

"目标脱贫地区"包括832个国家扶贫开发工作重点县、集中连片特困地区县（新疆阿克苏地区6县1市享受片区政策）和建档立卡贫困村。

二、在2015年1月1日至2018年12月31日期间已发生的符合上述条件的扶贫货物捐赠，可追溯执行上述增值税政策。

三、在本公告发布之前已征收入库的按上述规定应予免征的增值税税款，可抵减纳税人以后月份应缴纳的增值税税款或者办理税款退库。已向购买方开具增值税专用发票的，应将专用发票追回后方可办理免税。无法追回专用发票的，不予免税。

四、各地扶贫办公室与税务部门要加强沟通，明确当地"目标脱贫地区"具体范围，确保政策落实落地。

特此公告。

财政部　税务总局　海关总署关于深化增值税改革有关政策的公告

手机阅读

2019年3月20日　财政部　税务总局
海关总署公告2019年第39号

为贯彻落实党中央、国务院决策部署，推进增值税实质性减税，现将2019年增值税改革有关事项公告如下：

一、增值税一般纳税人（以下称纳税人）发生增值税应税销售行为或者进口货物，原适用16%税率的，税率调整为13%；原适用10%税率的，税率调整为9%。

二、纳税人购进农产品，原适用10%扣除率的，扣除率调整为9%。纳税人购进用于生产或者委托加工13%税率货物的农产品，按照10%的扣除率计算进项税额。

三、原适用16%税率且出口退税率为16%的出口货物劳务，出口退税率调整为13%；原适用10%税率且出口退税率为10%的出口货物、跨境应税行为，出口退税率调整为9%。

2019年6月30日前（含2019年4月1日前），纳税人出口前款所涉货物劳务、发生前款所涉跨境应税行为，适用增值税免退税办法的，购进时已按调整前税率征收增值税的，执行调整前的出口退税率，购进时已按调整后税率征收增值税的，执行调整后的出口退税率；适用增值税免抵退税办法的，执行调整前的出口退税率，在计算免抵退税时，适用税率低于出口退税率的，适用税率与出口退税率之差视为零参与免抵退税计算。

出口退税率的执行时间及出口货物劳务、发生跨境应税行为的时间，按照以下规定执行：报关出口的货物劳务（保税区及经保税区出口除外），以海关出口报关单上注明的出口日期为准；非报关出口的货物劳务、跨境应税行为，以出口发票或普通发票的开具时间为准；保税区及经保税区出口的货物，以货物离境时海关出具的出境货物备案清单上注明的出口日期为准。

四、适用13%税率的境外旅客购物离境退税物品，退税率为11%；适用9%税率的境外旅客购物离境退税物品，退税率为8%。

2019年6月30日前，按调整前税率征收增值税的，执行调整前的退税率；按调整后税率征收增值税的，执行调整后的退税率。

退税率的执行时间，以退税物品增值税普通发票的开具日期为准。

五、自2019年4月1日起，《营业税改征增值税试点有关事项的规定》（财税〔2016〕36号印发）第一条第（四）项第1点、第二条第（一）项第1点停止执行，纳税人取得不动产或者不动产在建工程的进项税额不再分2年抵扣。此前按照上述规定尚未抵扣完毕的待抵扣进项税额，可自2019年4月税款所属期起从销项税额中抵扣。

六、纳税人购进国内旅客运输服务，其进项税额允许从销项税额中抵扣。

（一）纳税人未取得增值税专用发票的，暂按照以下规定确定进项税额：

1. 取得增值税电子普通发票的，为发票上注明的税额；

2. 取得注明旅客身份信息的航空运输电子客票行程单的，为按照下列公式计算进项税额：

航空旅客运输进项税额＝（票价＋燃油附加费）÷（1＋9%）×9%

3. 取得注明旅客身份信息的铁路车票的，为按照下列公式计算的进项税额：

铁路旅客运输进项税额＝票面金额÷（1＋9%）×9%

4. 取得注明旅客身份信息的公路、水路等其他客票的，按照下列公式计算进项税额：

公路、水路等其他旅客运输进项税额＝票面金额÷（1＋3%）×3%

（二）《营业税改征增值税试点实施办法》（财税〔2016〕36号印发）第二十七条第（六）项和《营业税改征增值税试点有关事项的规定》（财税〔2016〕36号印发）第二条第（一）项第5点中"购进的旅客运输服务、贷款服务、餐饮服务、居民日常服务和娱乐服务"修改为"购进的贷款服务、餐饮服务、居民日常服务和娱乐服务"。

七、自2019年4月1日至2021年12月31日，允许生产、生活性服务业纳税人按照当期可抵扣进项税额加计10%，抵减应纳税额（以下称加计抵减政策）。

（一）本公告所称生产、生活性服务业纳税人，是指提供邮政服务、电信服务、现代服务、生活服务（以下称四项服务）取得的销售额占全部销售额的比重超过50%的纳税人。四项服务的具体范围按照《销售服务、无形资产、不动产注释》（财税〔2016〕36号印发）执行。

2019年3月31日前设立的纳税人，自2018年4月至2019年3月期间的销售额（经营期不满12个月的，按照实际经营期的销售额）符合上述规定条件的，自2019年4月1日起适用加计抵减政策。

2019年4月1日后设立的纳税人，自设立之日起3个月的销售额符合上述规定条件的，自登记为一般纳税人之日起适用加计抵减政策。

纳税人确定适用加计抵减政策后，当年内不再调整，以后年度是否适用，根据上年度销售额计算确定。

纳税人可计提但未计提的加计抵减额，可在确定适用加计抵减政策当期一并计提。

（二）纳税人应按照当期可抵扣进项税额的10%计提当期加计抵减额。按照现行规定不得从销项税额中抵扣的进项税额，不得计提加计抵减额；已计提加计抵减额的进项税额，按规定作进项税额转出的，应在进项税额转出当期，相应调减加计抵减额。计算公式如下：

当期计提加计抵减额 = 当期可抵扣进项税额 × 10%
当期可抵减加计抵减额 = 上期末加计抵减额余额 + 当期计提加计抵减额 - 当期调减加计抵减额

（三）纳税人应按照现行规定计算一般计税方法下的应纳税额（以下称抵减前的应纳税额）后，区分以下情形加计抵减：

1. 抵减前的应纳税额等于零的，当期可抵减加计抵减额全部结转下期抵减；

2. 抵减前的应纳税额大于零，且大于当期可抵减加计抵减额的，当期可抵减加计抵减额全额从抵减前的应纳税额中抵减；

3. 抵减前的应纳税额大于零，且小于或等于当期可抵减加计抵减额的，以当期可抵减加计抵减额抵减应纳税额至零。未抵减完的当期可抵减加计抵减额，结转下期继续抵减。

（四）纳税人出口货物劳务、发生跨境应税行为不适用加计抵减政策，其对应的进项税额不得计提加计抵减额。

纳税人兼营出口货物劳务、发生跨境应税行为且无法划分不得计提加计抵减额的进项税额，按照以下公式计算：

不得计提加计抵减额的进项税额 = 当期无法划分的全部进项税额 × 当期出口货物劳务和发生跨境应税行为的销售额 ÷ 当期全部销售额

（五）纳税人应单独核算加计抵减额的计提、抵减、调减、结余等变动情况。骗取适用加计抵减政策或虚增加计抵减额的，按照《中华人民共和国税收征收管理法》等有关规定处理。

（六）加计抵减政策执行到期后，纳税人不再计提加计抵减额，结余的加计抵减额停止抵减。

八、自2019年4月1日起，试行增值税期末留抵税额退税制度。

（一）同时符合以下条件的纳税人，可以向主管税务机关申请退还增量留抵税额：

1. 自2019年4月税款所属期起，连续六个月（按季纳税的，连续两个季度）增量留抵税额均大于零，且第六个月增量留抵税额不低于50万元；

2. 纳税信用等级为A级或者B级；

3. 申请退税前36个月未发生骗取留抵退税、出口退税或虚开增值税专用发票情形的;

4. 申请退税前36个月未因偷税被税务机关处罚两次及以上的;

5. 自2019年4月1日起未享受即征即退、先征后返(退)政策的。

(二)本公告所称增量留抵税额,是指与2019年3月底相比新增加的期末留抵税额。

(三)纳税人当期允许退还的增量留抵税额,按照以下公式计算:

允许退还的增量留抵税额 = 增量留抵税额 × 进项构成比例 × 60%

进项构成比例,为2019年4月至申请退税前一税款所属期内已抵扣的增值税专用发票(含税控机动车销售统一发票)、海关进口增值税专用缴款书、解缴税款完税凭证注明的增值税额占同期全部已抵扣进项税额的比重。

(四)纳税人应在增值税纳税申报期内,向主管税务机关申请退还留抵税额。

(五)纳税人出口货物劳务、发生跨境应税行为,适用免抵退税办法的,办理免抵退税后,仍符合本公告规定条件的,可以申请退还留抵税额;适用免退税办法的,相关进项税额不得用于退还留抵税额。

(六)纳税人取得退还的留抵税额后,应相应调减当期留抵税额。按照本条规定再次满足退税条件的,可以继续向主管税务机关申请退还留抵税额,但本条第(一)项第1点规定的连续期间,不得重复计算。

(七)以虚增进项、虚假申报或其他欺骗手段,骗取留抵退税款的,由税务机关追缴其骗取的退税款,并按照《中华人民共和国税收征收管理法》等有关规定处理。

(八)退还的增量留抵税额中央、地方分担机制另行通知。

九、本公告自2019年4月1日起执行。

特此公告。

财政部　税务总局关于明确增值税小规模纳税人免征增值税政策的公告

手机阅读

2021年3月31日　财政部　税务总局公告2021年第11号

为进一步支持小微企业发展,现将增值税小规模纳税人免征增值税政策公告如下:

自2021年4月1日至2022年12月31日,对月销售额15万元以下(含本数)的增值税小规模纳税人,免征增值税。

《财政部　税务总局关于实施小微企业普惠性税收减免政策的通知》(财税〔2019〕13号)第一条同时废止。

特此公告。

财政部 税务总局关于继续执行边销茶增值税政策的公告

2021年2月19日 财政部 税务总局公告2021年第4号

为更好满足边境少数民族生活消费，现将继续执行边销茶增值税政策有关事项公告如下：

一、自2021年1月1日起至2023年12月31日，对边销茶生产企业（企业名单见附件）销售自产的边销茶及经销企业销售的边销茶免征增值税。

本公告所称边销茶，是指以黑毛茶、老青茶、红茶末、绿茶为主要原料，经过发酵、蒸制、加压或者压碎、炒制，专门销往边疆少数民族地区的紧压茶。

二、在本公告发布之前已征的按上述规定应予免征的增值税税款，可抵减纳税人以后月份应缴纳的增值税税款或予以退还。已向购买方开具增值税专用发票的，应将专用发票追回后方可办理免税。无法追回专用发票的，不予免税。

特此公告。

附件：适用增值税免税政策的边销茶生产企业名单（略）

财政部 税务总局关于发布第二批适用北京2022年冬奥会、冬残奥会和测试赛企业赞助增值税政策的企业名单的公告

2020年11月14日 财政部 税务总局公告2020年第42号

现将北京2022年冬奥会、冬残奥会和测试赛赞助企业及参与赞助的下属机构名单（第二批）有关增值税政策公告如下：

本公告附件所列北京2022年冬奥会、冬残奥会、测试赛赞助企业及参与赞助的下属机构，可以按照《财政部 税务总局 海关总署关于北京2022年冬奥会和冬残奥会税收政策的通知》（财税〔2017〕60号）第三条第（二）项和《财政部 税务总局关于冬奥会和冬残奥会企业赞助有关增值税政策的通知》（财税〔2019〕6号）的规定适用相关增值税政策。

附件：北京2022年冬奥会、冬残奥会、测试赛赞助企业及参与赞助的下属机构名单（第二批）（略）

财政部 税务总局关于明确无偿转让股票等增值税政策的公告

2020年9月29日 财政部 税务总局公告2020年第40号

现将无偿转让股票等增值税政策公告如下：

一、纳税人无偿转让股票时，转出方以该股票的买入价为卖出价，按照"金融商品转让"计算缴纳增值税；在转入方将上述股票再转让时，以原转出方的卖出价为买入价，按照"金融商品转让"计算缴纳增值税。

二、自2019年8月20日起，金融机构向小型企业、微型企业和个体工商户发放1年期以上（不含1年）至5年期以下（不含5年）小额贷款取得的利息收入，可选择中国人民银行授权全国银行间同业拆借中心公布的1年期贷款市场报价利率或5年期以上贷款市场报价利率，适用《财政部 税务总局关于金融机构小微企业贷款利息收入免征增值税政策的通知》（财税〔2018〕91号）规定的免征增值税政策。

三、土地所有者依法征收土地，并向土地使用者支付土地及其相关有形动产、不动产补偿费的行为，属于《营业税改征增值税试点过渡政策的规定》（财税〔2016〕36号印发）第一条第（三十七）项规定的土地使用者将土地使用权归还给土地所有者的情形。

四、本公告自发布之日起执行。此前已发生未处理的事项，按本公告规定执行。

特此公告。

财政部 税务总局关于延长小规模纳税人减免增值税政策执行期限的公告

2020年4月30日 财政部 税务总局公告2020年第24号

为进一步支持广大个体工商户和小微企业全面复工复业，现将有关税收政策公告如下：

《财政部 税务总局关于支持个体工商户复工复业增值税政策的公告》（财政部 税务总局公告2020年第13号）规定的税收优惠政策实施期限延长到2020年12月3日。

特此公告。

财政部 税务总局关于二手车经销有关增值税政策的公告

2020年4月8日 财政部 税务总局公告2020年第17号

为促进汽车消费,现就二手车经销有关增值税政策公告如下:

自2020年5月1日至2023年12月31日,从事二手车经销的纳税人销售其收购的二手车,由原按照简易办法依3%征收率减按2%征收增值税,改为减按0.5%征收增值税。

本公告所称二手车,是指从办理完注册登记手续至达到国家强制报废标准之前进行交易并转移所有权的车辆,具体范围按照国务院商务主管部门出台的二手车流通管理办法执行。

特此公告。

财政部 税务总局关于支持个体工商户复工复业增值税政策的公告①

2020年2月28日 财政部 税务总局公告2020年第13号

为支持广大个体工商户在做好新冠肺炎疫情防控同时加快复工复业,现就有关增值税政策公告如下:

自2020年3月1日至5月31日,对湖北省增值税小规模纳税人,适用3%征收率的应税销售收入,免征增值税;适用3%预征率的预缴增值税项目,暂停预缴增值税。除湖北省外,其他省、自治区、直辖市的增值税小规模纳税人,适用3%征收率的应税销售收入,减按1%征收率征收增值税;适用3%预征率的预缴增值税项目,减按1%预征率预缴增值税。

特此公告。

---

① 根据《财政部 税务总局关于延续实施应对疫情部分税费优惠政策的公告》(财政部 税务总局公告2021年第7号),本法规规定的税收优惠政策执行期限延长至2021年12月31日,其中自2021年4月1日至2021年12月31日,湖北省增值税小规模纳税人适用3%征收率的应税销售收入,减按1%征收率征收增值税;适用3%预征率的预缴增值税项目,减按1%预征率预缴增值税。

财政部 税务总局关于支持货物期货市场对外开放增值税政策的公告

2020年2月18日 财政部 税务总局公告2020年第12号

为支持货物期货市场对外开放,现将有关增值税政策公告如下:

自2018年11月30日至2023年11月29日,对经国务院批准对外开放的货物期货品种保税交割业务,暂免征收增值税。

上述期货交易中实际交割的货物,如果发生进口或者出口的,统一按照现行货物进出口税收政策执行。非保税货物发生的期货实物交割仍按《国家税务总局关于下发〈货物期货征收增值税具体办法〉的通知》(国税发〔1994〕244号)的规定执行。

特此公告。

财政部 税务总局关于明确国有农用地出租等增值税政策的公告

2020年1月20日 财政部 税务总局公告2020年第2号

现将国有农用地出租等增值税政策公告如下:

一、纳税人将国有农用地出租给农业生产者用于农业生产,免征增值税。

二、房地产开发企业中的一般纳税人购入未完工的房地产老项目继续开发后,以自己名义立项销售的不动产,属于房地产老项目,可以选择适用简易计税方法按照5%的征收率计算缴纳增值税。

三、保险公司按照《财政部 税务总局关于明确养老机构免征增值税等政策的通知》(财税〔2019〕20号)第四条第(三)项规定抵减以后月份应缴纳增值税,截至2020年12月31日抵减不完的,可以向主管税务机关申请一次性办理退税。

四、纳税人出口货物劳务、发生跨境应税行为,未在规定期限内申报出口退(免)税或者开具《代理出口货物证明》的,在收齐退(免)税凭证及相关电子信息后,即可申报办理出口退(免)税;未在规定期限内收汇或者办理不能收汇手续的,在收汇或者办理不能收汇手续后,即可申报办理退(免)税。

《财政部　国家税务总局关于出口货物劳务增值税和消费税政策的通知》(财税〔2012〕39号)第六条第(一)项第3点、第七条第(一)项第6点"出口企业或其他单位未在国家税务总局规定期限内申报免税核销"及第九条第(二)项第2点的规定相应停止执行。

五、自2019年8月20日起,将《财政部　税务总局关于金融机构小微企业贷款利息收入免征增值税政策的通知》(财税〔2018〕91号)第一条"人民银行同期贷款基准利率"修改为"中国人民银行授权全国银行间同业拆借中心公布的贷款市场报价利率"。

六、纳税人按照《财政部　税务总局海关总署关于深化增值税改革有关政策的公告》(财政部　税务总局海关总署公告2019年第39号)、《财政部　税务总局关于明确部分先进制造业增值税期末留抵退税政策的公告》(财政部税务总局公告2019年第84号)规定取得增值税留抵退税款的,不得再申请享受增值税即征即退、先征后返(退)政策。

本公告发布之日前,纳税人已按照上述规定取得增值税留抵退税款的,在2020年6月30日前将已退还的增值税留抵退税款全部缴回,可以按规定享受增值税即征即退、先征后返(退)政策;否则,不得享受增值税即征即退、先征后返(退)政策。

七、本公告自发布之日起执行。此前已发生未处理的事项,按本公告规定执行。

特此公告。

财政部　税务总局关于资源综合利用增值税政策的公告

手机阅读

2019年10月24日　财政部　税务总局公告2019年第90号

经研究,现将磷石膏资源综合利用等增值税政策公告如下:

一、自2019年9月1日起,纳税人销售自产磷石膏资源综合利用产品,可享受增值税即征即退政策,退税比例为70%。

本公告所称磷石膏资源综合利用产品,包括墙板、砂浆、砌块、水泥添加剂、建筑石膏、α型高强石膏、Ⅱ型无水石膏、嵌缝石膏、粘结石膏、现浇混凝土空心结构用石膏模盒、抹灰石膏、机械喷涂抹灰石膏、土壤调理剂、喷筑墙体石膏、装饰石膏材料、磷石膏制硫酸,且产品原料40%以上来自磷石膏。

纳税人利用磷石膏生产水泥、水泥熟料,继续按照《财政部　国家税务总局关于印发〈资源综合利用产品和劳务增值税优惠目录〉的通知》(财税〔2015〕78号,以下称财税〔2015〕78号文件)附件《资源综合利用产品和劳务增值税优惠目录》2.2"废渣"项目执行。

纳税人适用磷石膏资源综合利用增值税即征即退政策的其他有关事项,按照财税〔2015〕78号文件执行。

二、自2019年9月1日起,将财税〔2015〕78号文件附件《资源综合利用产品和劳务增值税优惠目录》3.12"废玻璃"项目退税比例调整为70%。

三、《财政部 国家税务总局关于新型墙体材料增值税政策的通知》(财税〔2015〕73号,以下称财税〔2015〕73号文件)第二条第一项和财税〔2015〕78号文件第二条第二项中,"《产业结构调整指导目录》中的禁止类、限制类项目"修改为"《产业结构调整指导目录》中的淘汰类、限制类项目"。

四、财税〔2015〕73号文件第二条第二项和财税〔2015〕78号文件第二条第三项中"高污染、高环境风险"产品,是指在《环境保护综合名录》中标注特性为"GHW/GHF"的产品,但纳税人生产销售的资源综合利用产品满足"GHW/GHF"例外条款规定的技术和条件的除外。

特此公告。

财政部 税务总局关于明确生活性服务业增值税加计抵减政策的公告

手机阅读

2019年9月30日 财政部 税务总局公告2019年第87号

现就生活性服务业增值税加计抵减有关政策公告如下:

一、2019年10月1日至2021年12月31日,允许生活性服务业纳税人按照当期可抵扣进项税额加计15%,抵减应纳税额(以下称加计抵减15%政策)。

二、本公告所称生活性服务业纳税人,是指提供生活服务取得的销售额占全部销售额的比重超过50%的纳税人。生活服务的具体范围按照《销售服务、无形资产、不动产注释》(财税〔2016〕36号印发)执行。

2019年9月30日前设立的纳税人,自2018年10月至2019年9月期间的销售额(经营期不满12个月的,按照实际经营期的销售额)符合上述规定条件的,自2019年10月1日起适用加计抵减15%政策。

2019年10月1日后设立的纳税人,自设立之日起3个月的销售额符合上述规定条件的,自登记为一般纳税人之日起适用加计抵减15%政策。

纳税人确定适用加计抵减15%政策后,当年内不再调整,以后年度是否适用,根据上年度销售额计算确定。

三、生活性服务业纳税人应按照当期可抵扣进项税额的15%计提当期加计抵减额。按照现行规定不得从销项税额中抵扣的进项税额,不得计提加计抵减额;已按照15%计提加计抵减额的进项税额,按规定作进项税额转出的,应在进项税额转出当期,相应调减加计抵减额。计算公式如下:

当期计提加计抵减额＝当期可抵扣进项税额×15%

当期可抵减加计抵减额＝上期末加计抵减额余额＋当期计提加计抵减额－当期调减加计抵减额

四、纳税人适用加计抵减政策的其他有关事项，按照《关于深化增值税改革有关政策的公告》（财政部　税务总局　海关总署公告2019年第39号）等有关规定执行。

特此公告。

财政部　税务总局关于明确部分先进制造业增值税期末留抵退税政策的公告

手机阅读

2019年8月31日　财政部　税务总局公告2019年第84号

为进一步推进制造业高质量发展，现将部分先进制造业纳税人退还增量留抵税额有关政策公告如下：

一、自2019年6月1日起，同时符合以下条件的部分先进制造业纳税人，可以自2019年7月及以后纳税申报期向主管税务机关申请退还增量留抵税额：

1. 增量留抵税额大于零；

2. 纳税信用等级为A级或者B级；

3. 申请退税前36个月未发生骗取留抵退税、出口退税或虚开增值税专用发票情形；

4. 申请退税前36个月未因偷税被税务机关处罚两次及以上；

5. 自2019年4月1日起未享受即征即退、先征后返（退）政策。

二、本公告所称部分先进制造业纳税人，是指按照《国民经济行业分类》，生产并销售非金属矿物制品、通用设备、专用设备及计算机、通信和其他电子设备销售额占全部销售额的比重超过50%的纳税人。

上述销售额比重根据纳税人申请退税前连续12个月的销售额计算确定；申请退税前经营期不满12个月但满3个月的，按照实际经营期的销售额计算确定。

三、本公告所称增量留抵税额，是指与2019年3月31日相比新增加的期末留抵税额。

四、部分先进制造业纳税人当期允许退还的增量留抵税额，按照以下公式计算：

允许退还的增量留抵税额＝增量留抵税额×进项构成比例

进项构成比例，为2019年4月至申请退税前一税款所属期内已抵扣的增值税专用发票（含税控机动车销售统一发票）、海关进口增值税专用缴款书、解缴税款完税凭证注明的增值税额占同期全部已抵扣进项税额的比重。

五、部分先进制造业纳税人申请退还增量留抵税额的其他规定，按照《财

政部　税务总局　海关总署关于深化增值税改革有关政策的公告》（财政部　税务总局　海关总署公告2019年第39号，以下称39号公告）执行。

六、除部分先进制造业纳税人以外的其他纳税人申请退还增量留抵税额的规定，继续按照39号公告执行。

七、符合39号公告和本公告规定的纳税人向其主管税务机关提交留抵退税申请。对符合留抵退税条件的，税务机关在完成退税审核后，开具税收收入退还书，直接送交同级国库办理退库。税务机关按期将退税清单送交同级财政部门。各部门应加强配合，密切协作，确保留抵退税工作稳妥有序。

特此公告。

财政部　税务总局关于延续免征国产抗艾滋病病毒药品增值税政策的公告①

手机阅读

2019年6月5日　财政部　税务总局公告2019年第73号

为继续支持艾滋病防治工作，现将国产抗艾滋病病毒药品增值税政策公告如下：

一、自2019年1月1日至2020年12月31日，继续对国产抗艾滋病病毒药品免征生产环节和流通环节增值税（国产抗艾滋病病毒药物品种清单见附件）。

二、享受上述免征增值税政策的国产抗艾滋病病毒药品，须为各省（自治区、直辖市）艾滋病药品管理部门按照政府采购有关规定采购的，并向艾滋病病毒感染者和病人免费提供的抗艾滋病病毒药品。药品生产企业和流通企业应将药品供货合同留存，以备税务机关查验。

三、抗艾滋病病毒药品的生产企业和流通企业应分别核算免税药品和其他货物的销售额；未分别核算的，不得享受增值税免税政策。

四、在本公告发布之前已征收入库的按上述规定应予免征的增值税税款，可抵减纳税人以后月份应缴纳的增值税税款或者办理税款退库。已向购买方开具增值税专用发票的，应将专用发票追回后方可办理免税。无法追回专用发票的，不予免税。

特此公告。

附件：国产抗艾滋病病毒药物品种清单（略）

---

① 根据《财政部　税务总局关于延长部分税收优惠政策执行期限的公告》（财政部　税务总局公告2021年第6号），本法规定的税收优惠政策凡已经到期的，执行期限延长至2023年12月31日。

国家税务总局关于修订发布《研发机构采购国产设备增值税退税管理办法》的公告

2021年6月22日　国家税务总局公告2021年第18号

根据《财政部 税务总局关于延长部分税收优惠政策执行期限的公告》（2021年第6号）和《财政部 商务部 税务总局关于继续执行研发机构采购设备增值税政策的公告》（2019年第91号）规定，经商财政部，现修订发布《研发机构采购国产设备增值税退税管理办法》。《国家税务总局关于发布〈研发机构采购国产设备增值税退税管理办法〉的公告》（2020年第6号）到期停止执行。

特此公告。

研发机构采购国产设备增值税退税管理办法

第一条 为规范研发机构采购国产设备增值税退税管理，根据《财政部 税务总局关于延长部分税收优惠政策执行期限的公告》（2021年第6号）和《财政部 商务部 税务总局关于继续执行研发机构采购设备增值税政策的公告》（2019年第91号，以下简称91号公告）规定，制定本办法。

第二条 符合条件的研发机构（以下简称研发机构）采购国产设备，按照本办法全额退还增值税（以下简称采购国产设备退税）。

第三条 本办法第二条所称研发机构、国产设备的具体条件和范围，按照91号公告规定执行。

第四条 主管研发机构退税的税务机关（以下简称主管税务机关）负责办理研发机构采购国产设备退税的备案、审核及后续管理工作。

第五条 研发机构享受采购国产设备退税政策，应于首次申报退税时，持以下资料向主管税务机关办理退税备案手续：

（一）符合91号公告第一条、第二条规定的研发机构资质证明资料。

（二）内容填写真实、完整的《出口退（免）税备案表》。该备案表在《国家税务总局关于出口退（免）税申报有关问题的公告》（2018年第16号）发布。其中，"企业类型"选择"其他单位"；"出口退（免）税管理类型"依据资质证明材料填写"内资研发机构"或"外资研发中心"；其他栏次按备案表说明填写。

（三）主管税务机关要求提供的其他资料。

本办法下发前，已办理采购国产设备退税备案的研发机构，无需再次办理备案。

第六条 研发机构备案资料齐全,《出口退(免)税备案表》填写内容符合要求,签字、印章完整的,主管税务机关应当予以备案。备案资料或填写内容不符合要求的,主管税务机关应一次性告知研发机构,待其补正后再予备案。

第七条 已办理备案的研发机构,《出口退(免)税备案表》中内容发生变更的,应自变更之日起30日内,持相关资料向主管税务机关办理备案变更。

第八条 研发机构发生解散、破产、撤销以及其他依法应终止采购国产设备退税事项的,应持相关资料向主管税务机关办理备案撤回。主管税务机关应按规定结清退税款后,办理备案撤回。

研发机构办理注销税务登记的,应先向主管税务机关办理退税备案撤回。

第九条 外资研发中心因自身条件发生变化不再符合91号公告第二条规定条件的,应自条件变化之日起30日内办理退税备案撤回,并自条件变化之日起,停止享受采购国产设备退税政策。未按照规定办理退税备案撤回,并继续申报采购国产设备退税的,依照本办法第十九条规定处理。

第十条 研发机构新设、变更或者撤销的,主管税务机关应根据核定研发机构的牵头部门提供的名单及注明的相关资质起止时间,办理有关退税事项。

第十一条 研发机构采购国产设备退税的申报期限,为采购国产设备之日(以发票开具日期为准)次月1日起至次年4月30日前的各增值税纳税申报期。

研发机构未在规定期限内申报办理退税的,根据《财政部 税务总局关于明确国有农用地出租等增值税政策的公告》(2020年第2号)第四条的规定,在收齐相关凭证及电子信息后,即可申报办理退税。

第十二条 已备案的研发机构应在退税申报期内,凭下列资料向主管税务机关办理采购国产设备退税:

(一)《购进自用货物退税申报表》。该申报表在《国家税务总局关于优化整合出口退税信息系统更好服务纳税人有关事项的公告》(2021年第15号)发布。填写该表时,应在备注栏填写"科技开发、科学研究、教学设备"。

(二)采购国产设备合同。

(三)增值税专用发票,或者开具时间为2021年1月1日至本办法发布之日前的增值税普通发票(不含增值税普通发票中的卷票,下同)。

(四)主管税务机关要求提供的其他资料。

上述增值税专用发票,应当已通过增值税发票综合服务平台确认用途为"用于出口退税"。

第十三条 属于增值税一般纳税人的研发机构申报采购国产设备退税,主管税务机关经审核符合规定的,应按规定办理退税。

研发机构申报采购国产设备退税,属于下列情形之一的,主管税务机关应采取发函调查或其他方式调查,在确认增值税发票真实、发票所列设备已按规定申报纳税后,方可办理退税:

(一)审核中发现疑点,经核实仍不能排除疑点的。

(二)增值税一般纳税人使用增值税普通发票申报退税的。

（三）非增值税一般纳税人申报退税的。

第十四条 研发机构采购国产设备的应退税额，为增值税发票上注明的税额。

第十五条 研发机构采购国产设备取得的增值税专用发票，已用于进项税额抵扣的，不得申报退税；已用于退税的，不得用于进项税额抵扣。

第十六条 主管税务机关应建立研发机构采购国产设备退税情况台账，记录国产设备的型号、发票开具时间、价格、已退税额等情况。

第十七条 已办理增值税退税的国产设备，自增值税发票开具之日起3年内，设备所有权转移或移作他用的，研发机构须按照下列计算公式，向主管税务机关补缴已退税款。

应补缴税款＝增值税发票上注明的税额×（设备折余价值÷设备原值）

设备折余价值＝增值税发票上注明的金额－累计已提折旧

累计已提折旧按照企业所得税法的有关规定计算。

第十八条 研发机构涉及重大税收违法失信案件，按照《国家税务总局关于发布〈重大税收违法失信案件信息公布办法〉的公告》（2018年第54号）被公布信息的，研发机构应自案件信息公布之日起，停止享受采购国产设备退税政策，并在30日内办理退税备案撤回。研发机构违法失信案件信息停止公布并从公告栏撤出的，自信息撤出之日起，研发机构可重新办理采购国产设备退税备案，其采购的国产设备可继续享受退税政策。未按照规定办理退税备案撤回，并继续申报采购国产设备退税的，依照本办法第十九条规定处理。

第十九条 研发机构采取假冒采购国产设备退税资格、虚构采购国产设备业务、增值税发票既申报抵扣又申报退税、提供虚假退税申报资料等手段，骗取采购国产设备退税的，主管税务机关应追回已退税款，并依照税收征收管理法的有关规定处理。

第二十条 本办法未明确的其他退税管理事项，比照出口退税有关规定执行。

第二十一条 本办法施行期限为2021年1月1日至2023年12月31日，以增值税发票的开具日期为准。

国家税务总局关于小规模纳税人免征增值税征管问题的公告

手机阅读

2021年3月31日　国家税务总局公告2021年第5号

为贯彻落实全国两会精神和中办、国办印发的《关于进一步深化税收征管改革的意见》，按照《财政部 税务总局关于明确增值税小规模纳税人免征增值税政策的公告》（2021年第11号）的规定，现将有关征管问题公告如下：

一、小规模纳税人发生增值税应税销售行为，合计月销售额未超过15万元（以 1 个季度为 1 个纳税期的，季度销售额未超过 45 万元，下同）的，免征增值税。

小规模纳税人发生增值税应税销售行为，合计月销售额超过 15 万元，但扣除本期发生的销售不动产的销售额后未超过 15 万元的，其销售货物、劳务、服务、无形资产取得的销售额免征增值税。

二、适用增值税差额征税政策的小规模纳税人，以差额后的销售额确定是否可以享受本公告规定的免征增值税政策。

《增值税纳税申报表（小规模纳税人适用）》中的"免税销售额"相关栏次，填写差额后的销售额。

三、按固定期限纳税的小规模纳税人可以选择以 1 个月或 1 个季度为纳税期限，一经选择，一个会计年度内不得变更。

四、《中华人民共和国增值税暂行条例实施细则》第九条所称的其他个人，采取一次性收取租金形式出租不动产取得的租金收入，可在对应的租赁期内平均分摊，分摊后的月租金收入未超过 15 万元的，免征增值税。

五、按照现行规定应当预缴增值税税款的小规模纳税人，凡在预缴地实现的月销售额未超过 15 万元的，当期无需预缴税款。

六、小规模纳税人中的单位和个体工商户销售不动产，应按其纳税期、本公告第五条以及其他现行政策规定确定是否预缴增值税；其他个人销售不动产，继续按照现行规定征免增值税。

七、已经使用金税盘、税控盘等税控专用设备开具增值税发票的小规模纳税人，月销售额未超过 15 万元的，可以继续使用现有设备开具发票，也可以自愿向税务机关免费换领税务 Ukey 开具发票。

八、本公告自 2021 年 4 月 1 日起施行。《国家税务总局关于小规模纳税人免征增值税政策有关征管问题的公告》（2019 年第 4 号）同时废止。

特此公告。

国家税务总局关于进一步优化增值税优惠政策办理程序及服务有关事项的公告

手机阅读

2021 年 3 月 29 日　国家税务总局公告 2021 年第 4 号

为贯彻落实中共中央办公厅、国务院办公厅印发的《关于进一步深化税收征管改革的意见》，深化税务系统"放管服"改革，进一步优化税收营商环境，更好地为纳税人缴费人办实事，开展好便民办税春风行动，进一步精简享受优惠政策办理流程和手续，现将有关事项公告如下：

一、单位和个体工商户（以下统称纳税人）适用增值税减征、免征政策的，在增值税纳税申报时按规定填写申报表相应减免税栏次即可享受，相关政策规定的证明材料留存备查。

二、纳税人适用增值税即征即退政策的，应当在首次申请增值税退税时，按规定向主管税务机关提供退税申请材料和相关政策规定的证明材料。

纳税人后续申请增值税退税时，相关证明材料未发生变化的，无需重复提供，仅需提供退税申请材料并在退税申请中说明有关情况。纳税人享受增值税即征即退条件发生变化的，应当在发生变化后首次纳税申报时向主管税务机关书面报告。

三、除另有规定外，纳税人不再符合增值税优惠条件的，应当自不符合增值税优惠条件的当月起，停止享受增值税优惠。

本公告自 2021 年 4 月 1 日起施行。

特此公告。

国家税务总局关于明确二手车经销等若干增值税征管问题的公告

手机阅读

2020 年 4 月 23 日　　国家税务总局公告 2020 年第 9 号

现将二手车经销等增值税征管问题公告如下：

一、自 2020 年 5 月 1 日至 2023 年 12 月 31 日，从事二手车经销业务的纳税人销售其收购的二手车，按以下规定执行：

（一）纳税人减按 0.5% 征收率征收增值税，并按下列公式计算销售额：

销售额 = 含税销售额/(1 + 0.5%)

本公告发布后出台新的增值税征收率变动政策，比照上述公式原理计算销售额。

（二）纳税人应当开具二手车销售统一发票。购买方索取增值税专用发票的，应当再开具征收率为 0.5% 的增值税专用发票。

（三）一般纳税人在办理增值税纳税申报时，减按 0.5% 征收率征收增值税的销售额，应当填写在《增值税纳税申报表附列资料（一）》（本期销售情况明细）"二、简易计税方法计税"中"3% 征收率的货物及加工修理修配劳务"相应栏次；对应减征的增值税应纳税额，按销售额的 2.5% 计算填写在《增值税纳税申报表（一般纳税人适用）》"应纳税额减征额"及《增值税减免税申报明细表》减税项目相应栏次。

小规模纳税人在办理增值税纳税申报时，减按 0.5% 征收率征收增值税的销售额，应当填写在《增值税纳税申报表（小规模纳税人适用）》"应征增值税不含税销售额（3% 征收率）"相应栏次；对应减征的增值税应纳税额，按销售额的 2.5% 计算填写在《增值税纳税申报表（小规模纳税人适用）》"本期应纳税额减征额"及《增值税减免税申报明细表》减税项目相应栏次。

二、纳税人受托对垃圾、污泥、污水、废气等废弃物进行专业化处理，即运用填埋、焚烧、净化、制肥等方式，对废弃物进行减量化、资源化和无害化处理处置，按照以下规定适用增值税税率：

（一）采取填埋、焚烧等方式进行专业化处理后未产生货物的，受托方属于提供《销售服务、无形资产、不动产注释》（财税〔2016〕36号文件印发）"现代服务"中的"专业技术服务"，其收取的处理费用适用6%的增值税税率。

（二）专业化处理后产生货物，且货物归属受托方的，受托方属于提供"加工劳务"，其收取的处理费用适用13%的增值税税率。

（三）专业化处理后产生货物，且货物归属受托方的，受托方属于提供"专业技术服务"，其收取的处理费用适用6%的增值税税率。受托方将产生的货物用于销售时，适用货物的增值税税率。

三、拍卖行受托拍卖文物艺术品，委托方按规定享受免征增值税政策的，拍卖行可以自己名义就代为收取的货物价款向购买方开具增值税普通发票，对应的货物价款不计入拍卖行的增值税应税收入。

拍卖行应将以下纸质或电子证明材料留存备查：拍卖物品的图片信息、委托拍卖合同、拍卖成交确认书、买卖双方身份证明、价款代收转付凭证、扣缴委托方个人所得税相关资料。

文物艺术品，包括书画、陶瓷器、玉石器、金属器、漆器、竹木牙雕、佛教用具、古典家具、紫砂茗具、文房清供、古籍碑帖、邮品钱币、珠宝等收藏品。

四、单位将其持有的限售股在解禁流通后对外转让，按照《国家税务总局关于营改增试点若干征管问题的公告》（2016年第53号）第五条规定确定的买入价，低于该单位取得限售股的实际成本价的，以实际成本价为买入价计算缴纳增值税。

五、一般纳税人可以在增值税免税、减税项目执行期限内，按照纳税申报期选择实际享受该项增值税免税、减税政策的起始时间。

一般纳税人在享受增值税免税、减税政策后，按照《营业税改征增值税试点实施办法》（财税〔2016〕36号文件印发）第四十八条的有关规定，要求放弃免税、减税权的，应当以书面形式提交纳税人放弃免（减）税权声明，报主管税务机关备案。一般纳税人自提交备案资料的次月起，按照规定计算缴纳增值税。

六、一般纳税人符合以下条件的，在2020年12月31日前，可选择转登记为小规模纳税人：转登记日前连续12个月（以1个月为1个纳税期）或者连续4个季度（以1个季度为1个纳税期）累计销售额未超过500万元。

一般纳税人转登记为小规模纳税人的其他事宜，按照《国家税务总局关于统一小规模纳税人标准等若干增值税问题的公告》（2018年第18号）、《国家税务总局关于统一小规模纳税人标准有关出口退（免）税问题的公告》（2018年第20号）的相关规定执行。

七、一般纳税人在办理增值税纳税申报时，《增值税减免税申报明细表》"二、免税项目"第4栏"免税销售额对应的进项税额"和第5栏"免税额"不需填写。

八、本公告第一条至第五条自2020年5月1日起施行；第六条、第七条自发布之日起施行。此前已发生未处理的事项，按照本公告执行，已处理的事项不再调整。

特此公告。

国家税务总局关于取消增值税扣税凭证认证确认期限等增值税征管问题的公告

2019年12月31日 国家税务总局公告2019年第45号

现将取消增值税扣税凭证认证确认期限等增值税征管问题公告如下：

一、增值税一般纳税人取得2017年1月1日及以后开具的增值税专用发票、海关进口增值税专用缴款书、机动车销售统一发票、收费公路通行费增值税电子普通发票，取消认证确认、稽核比对、申报抵扣的期限。纳税人在进行增值税纳税申报时，应当通过本省（自治区、直辖市和计划单列市）增值税发票综合服务平台对上述扣税凭证信息进行用途确认。

增值税一般纳税人取得2016年12月31日及以前开具的增值税专用发票、海关进口增值税专用缴款书、机动车销售统一发票，超过认证确认、稽核比对、申报抵扣期限，但符合规定条件的，仍可按照《国家税务总局关于逾期增值税扣税凭证抵扣问题的公告》（2011年第50号，国家税务总局公告2017年第36号、2018年第31号修改）、《国家税务总局关于未按期申报抵扣增值税扣税凭证有关问题的公告》（2011年第78号，国家税务总局公告2018年第31号修改）规定，继续抵扣进项税额。

二、纳税人享受增值税即征即退政策，有纳税信用级别条件要求的，以纳税人申请退税税款所属期的纳税信用级别确定。申请退税税款所属期内纳税信用级别发生变化的，以变化后的纳税信用级别确定。

纳税人适用增值税留抵退税政策，有纳税信用级别条件要求的，以纳税人向主管税务机关申请办理增值税留抵退税提交《退（抵）税申请表》时的纳税信用级别确定。

三、按照《财政部 税务总局 海关总署关于深化增值税改革有关政策的公告》（2019年第39号）和《财政部 税务总局关于明确部分先进制造业增值税期末留抵退税政策的公告》（2019年第84号）的规定，在计算允许退还的增量留抵税额的进项构成比例时，纳税人在2019年4月至申请退税前一税款所属期内按规定转出的进项税额，无需从已抵扣的增值税专用发票、机动车销售统一发票、海关进口增值税专用缴款书、解缴税款完税凭证注明的增值税额中扣减。

四、中华人民共和国境内（以下简称"境内"）单位和个人作为工程分包方，为施工地点在境外的工程项目提供建筑服务，从境内工程总承包方取得的分包款收入，属于《国家税务总局关于发布〈营业税改征增值税跨境应税行为增值税免税管理办法（试行）〉的公告》（2016年第29号，国家税务总局公告

2018年第31号修改）第六条规定的"视同从境外取得收入"。

五、动物诊疗机构提供的动物疾病预防、诊断、治疗和动物绝育手术等动物诊疗服务，属于《营业税改征增值税试点过渡政策的规定》（财税〔2016〕36号附件3）第一条第十项所称"家禽、牲畜、水生动物的配种和疾病防治"。

动物诊疗机构销售动物食品和用品，提供动物清洁、美容、代理看护等服务，应按照现行规定缴纳增值税。

动物诊疗机构，是指依照《动物诊疗机构管理办法》（农业部令第19号公布，农业部令2016年第3号、2017年第8号修改）规定，取得动物诊疗许可证，并在规定的诊疗活动范围内开展动物诊疗活动的机构。

六、《货物运输业小规模纳税人申请代开增值税专用发票管理办法》（2017年第55号发布，国家税务总局公告2018年第31号修改）第二条修改为：

"第二条 同时具备以下条件的增值税纳税人（以下简称纳税人）适用本办法：

（一）在中华人民共和国境内（以下简称境内）提供公路或内河货物运输服务，并办理了税务登记（包括临时税务登记）。

（二）提供公路货物运输服务的（以4.5吨及以下普通货运车辆从事普通道路货物运输经营的除外），取得《中华人民共和国道路运输经营许可证》和《中华人民共和国道路运输证》；提供内河货物运输服务的，取得《国内水路运输经营许可证》和《船舶营业运输证》。

（三）在税务登记地主管税务机关按增值税小规模纳税人管理。"

七、纳税人取得的财政补贴收入，与其销售货物、劳务、服务、无形资产、不动产的收入或者数量直接挂钩的，应按规定计算缴纳增值税。纳税人取得的其他情形的财政补贴收入，不属于增值税应税收入，不征收增值税。

本公告实施前，纳税人取得的中央财政补贴继续按照《国家税务总局关于中央财政补贴增值税有关问题的公告》（2013年第3号）执行；已经申报缴纳增值税的，可以按现行红字发票管理规定，开具红字增值税发票将取得的中央财政补贴从销售额中扣减。

八、本公告第一条自2020年3月1日起施行，第二条至第七条自2020年1月1日起施行。此前已发生未处理的事项，按照本公告执行，已处理的事项不再调整。《国家税务总局关于中央财政补贴增值税有关问题的公告》（2013年第3号）、《国家税务总局关于国内旅客运输服务进项税抵扣等增值税征管问题的公告》（2019年第31号）第五条自2020年1月1日起废止。《国家税务总局关于增值税一般纳税人取得防伪税控系统开具的增值税专用发票进项税额抵扣问题的通知》（国税发〔2003〕第17号）第二条、《国家税务总局关于调整增值税扣税凭证抵扣期限有关问题的通知》（国税函〔2009〕617号）、《国家税务总局关于增值税一般纳税人抗震救灾期间增值税扣税凭证认证稽核有关问题的通知》（国税函〔2010〕173号）、《国家税务总局关于进一步明确营改增有关征管问题的公告》（2017年第11号，国家税务总局公告2018年第31号修改）第十条、《国家税务总局关于增值税发票管理等有关事项的公告》（2019年第33号）第四条自2020年3月1日起废止。《货物运输业小规模纳税人申请代开增值税专用发票管理办法》（2017年第55号发布，国家税务总局公告2018年第31号修改）根据本公告作相应修改，重新发布。

特此公告。

附件：货物运输业小规模纳税人申请代开增值税专用发票管理办法（略）

国家税务总局关于国内旅客运输服务进项税抵扣等增值税征管问题的公告[①]

2019年9月16日　国家税务总局公告2019年第31号

现将国内旅客运输服务进项税抵扣等增值税征管问题公告如下：

一、关于国内旅客运输服务进项税抵扣

（一）《财政部　税务总局　海关总署关于深化增值税改革有关政策的公告》（财政部　税务总局　海关总署公告2019年第39号）第六条所称"国内旅客运输服务"，限于与本单位签订了劳动合同的员工，以及本单位作为用工单位接受的劳务派遣员工发生的国内旅客运输服务。

（二）纳税人购进国内旅客运输服务，以取得的增值税电子普通发票上注明的税额为进项税额的，增值税电子普通发票上注明的购买方"名称""纳税人识别号"等信息，应当与实际抵扣税款的纳税人一致，否则不予抵扣。

（三）纳税人允许抵扣的国内旅客运输服务进项税额，是指纳税人2019年4月1日及以后实际发生，并取得合法有效增值税扣税凭证注明的或依据其计算的增值税税额。以增值税专用发票或增值税电子普通发票为增值税扣税凭证的，为2019年4月1日及以后开具的增值税专用发票或增值税电子普通发票。

二、关于加计抵减

（一）《财政部　税务总局　海关总署关于深化增值税改革有关政策的公告》（财政部　税务总局　海关总署公告2019年第39号）第七条关于加计抵减政策适用所称"销售额"，包括纳税申报销售额、稽查查补销售额、纳税评估调整销售额。其中，纳税申报销售额包括一般计税方法销售额，简易计税方法销售额，免税销售额，税务机关代开发票销售额，免、抵、退办法出口销售额，即征即退项目销售额。

稽查查补销售额和纳税评估调整销售额，计入查补或评估调整当期销售额确定适用加计抵减政策；适用增值税差额征收政策的，以差额后的销售额确定适用加计抵减政策。

[①] 根据《国家税务总局关于明确先进制造业增值税期末留抵退税征管问题的公告》（国家税务总局公告2021年第10号），本法附件1被废止。

根据《国家税务总局关于取消增值税扣税凭证认证确认期限等增值税征管问题的公告》（国家税务总局公告2019年第45号），本法第五条被废止。

（二）2019年3月31日前设立，且2018年4月至2019年3月期间销售额均为零的纳税人，以首次产生销售额当月起连续3个月的销售额确定适用加计抵减政策。

2019年4月1日后设立，且自设立之日起3个月的销售额均为零的纳税人，以首次产生销售额当月起连续3个月的销售额确定适用加计抵减政策。

（三）经财政部和国家税务总局或者其授权的财政和税务机关批准，实行汇总缴纳增值税的总机构及其分支机构，以总机构本级及其分支机构的合计销售额，确定总机构及其分支机构适用加计抵减政策。

三、关于部分先进制造业增值税期末留抵退税

自2019年6月1日起，符合《财政部 税务总局关于明确部分先进制造业增值税期末留抵退税政策的公告》（财政部 税务总局公告2019年第84号）规定的纳税人申请退还增量留抵税额，应按照《国家税务总局关于办理增值税期末留抵税额退税有关事项的公告》（国家税务总局公告2019年第20号）的规定办理相关留抵退税业务。《退（抵）税申请表》（国家税务总局公告2019年第20号附件）修订并重新发布（附件1）。

四、关于经营期不足一个纳税期的小规模纳税人免税政策适用

自2019年1月1日起，以1个季度为纳税期限的增值税小规模纳税人，因在季度中间成立或注销而导致当期实际经营期不足1个季度，当期销售额未超过30万元的，免征增值税。《国家税务总局关于全面推开营业税改征增值税试点有关税收征收管理事项的公告》（国家税务总局公告2016年第23号发布，国家税务总局公告2018年第31号修改）第六条第（三）项同时废止。

五、关于货物运输业小规模纳税人申请代开增值税专用发票

适用《货物运输业小规模纳税人申请代开增值税专用发票管理办法》（国家税务总局公告2017年第55号发布，国家税务总局公告2018年第31号修改并发布）的增值税纳税人、《国家税务总局关于开展互联网物流平台企业代开增值税专用发票试点工作的通知》（税总函〔2017〕579号）规定的互联网物流平台企业为其代开增值税专用发票并代办相关涉税事项的货物运输业小规模纳税人，应符合以下条件：

提供公路货物运输服务的（以4.5吨及以下普通货运车辆从事普通道路货物运输经营的除外），取得《中华人民共和国道路运输经营许可证》和《中华人民共和国道路运输证》；提供内河货物运输服务的，取得《国内水路运输经营许可证》和《船舶营业运输证》。

六、关于运输工具舱位承包和舱位互换业务适用税目

（一）在运输工具舱位承包业务中，发包方以其向承包方收取的全部价款和价外费用为销售额，按照"交通运输服务"缴纳增值税。承包方以其向托运人收取的全部价款和价外费用为销售额，按照"交通运输服务"缴纳增值税。

运输工具舱位承包业务，是指承包方以承运人身份与托运人签订运输服务合同，收取运费并承担承运人责任，然后以承包他人运输工具舱位的方式，委托发包方实际完成相关运输服务的经营活动。

（二）在运输工具舱位互换业务中，互换运输工具舱位的双方均以各自换

出运输工具舱位确认的全部价款和价外费用为销售额,按照"交通运输服务"缴纳增值税。

运输工具舱位互换业务,是指纳税人之间签订运输协议,在各自以承运人身份承揽的运输业务中,互相利用对方交通运输工具的舱位完成相关运输服务的经营活动。

七、关于建筑服务分包款差额扣除

纳税人提供建筑服务,按照规定允许从其取得的全部价款和价外费用中扣除的分包款,是指支付给分包方的全部价款和价外费用。

八、关于取消建筑服务简易计税项目备案

提供建筑服务的一般纳税人按规定适用或选择适用简易计税方法计税的,不再实行备案制。以下证明材料无需向税务机关报送,改为自行留存备查:

(一)为建筑工程老项目提供的建筑服务,留存《建筑工程施工许可证》或建筑工程承包合同;

(二)为甲供工程提供的建筑服务、以清包工方式提供的建筑服务,留存建筑工程承包合同。

九、关于围填海开发房地产项目适用简易计税

房地产开发企业中的一般纳税人以围填海方式取得土地并开发的房地产项目,围填海工程《建筑工程施工许可证》或建筑工程承包合同注明的围填海开工日期在2016年4月30日前的,属于房地产老项目,可以选择适用简易计税方法按照5%的征收率计算缴纳增值税。

十、关于限售股买入价的确定

(一)纳税人转让因同时实施股权分置改革和重大资产重组而首次公开发行股票并上市形成的限售股,以及上市首日至解禁日期间由上述股份孳生的送、转股,以该上市公司股票上市首日开盘价为买入价,按照"金融商品转让"缴纳增值税。

(二)上市公司因实施重大资产重组多次停牌的,《国家税务总局关于营改增试点若干征管问题的公告》(国家税务总局公告2016年第53号发布,国家税务总局公告2018年第31号修改)第五条第(三)项所称的"股票停牌",是指中国证券监督管理委员会就上市公司重大资产重组申请作出予以核准决定前的最后一次停牌。

十一、关于保险服务进项税抵扣

(一)提供保险服务的纳税人以实物赔付方式承担机动车辆保险责任的,自行向车辆修理劳务提供方购进的车辆修理劳务,其进项税额可以按规定从保险公司销项税额中抵扣。

(二)提供保险服务的纳税人以现金赔付方式承担机动车辆保险责任的,将应付给被保险人的赔偿金直接支付给车辆修理劳务提供方,不属于保险公司购进车辆修理劳务,其进项税额不得从保险公司销项税额中抵扣。

(三)纳税人提供的其他财产保险服务,比照上述规定执行。

十二、关于餐饮服务税目适用

纳税人现场制作食品并直接销售给消费者,按照"餐饮服务"缴纳增值税。

十三、关于开具原适用税率发票

（一）自 2019 年 9 月 20 日起，纳税人需要通过增值税发票管理系统开具 17%、16%、11%、10% 税率蓝字发票的，应向主管税务机关提交《开具原适用税率发票承诺书》（附件 2），办理临时开票权限。临时开票权限有效期限为 24 小时，纳税人应在获取临时开票权限的规定期限内开具原适用税率发票。

（二）纳税人办理临时开票权限，应保留交易合同、红字发票、收讫款项证明等相关材料，以备查验。

（三）纳税人未按规定开具原适用税率发票的，主管税务机关应按照现行有关规定进行处理。

十四、关于本公告的执行时间

本公告第一条、第二条自公告发布之日起施行，本公告第五条至第十二条自 2019 年 10 月 1 日起施行。此前已发生未处理的事项，按照本公告执行，已处理的事项不再调整。《货物运输业小规模纳税人申请代开增值税专用发票管理办法》（国家税务总局公告 2017 年第 55 号发布，国家税务总局公告 2018 年第 31 号修改并发布）第二条第（二）项、《国家税务总局关于开展互联网物流平台企业代开增值税专用发票试点工作的通知》（税总函〔2017〕579 号）第一条第（二）项、《国家税务总局关于简化建筑服务增值税简易计税方法备案事项的公告》（国家税务总局公告 2017 年第 43 号发布，国家税务总局公告 2018 年第 31 号修改）自 2019 年 10 月 1 日起废止。

特此公告。

附件：1. 退（抵）税申请表（略）
2. 开具原适用税率发票承诺书（略）

国家税务总局关于明确中外合作办学等若干增值税征管问题的公告

手机阅读

2018 年 7 月 25 日　国家税务总局公告 2018 年第 42 号

现将中外合作办学等增值税征管问题公告如下：

一、境外教育机构与境内从事学历教育的学校开展中外合作办学，提供学历教育服务取得的收入免征增值税。中外合作办学，是指中外教育机构按照《中华人民共和国中外合作办学条例》（国务院令第 372 号）的有关规定，合作举办的以中国公民为主要招生对象的教育教学活动。上述"学历教育""从事学历教育的学校""提供学历教育服务取得的收入"的范围，按照《营业税改征增值税试点过渡政策的规定》（财税〔2016〕36 号文件附件 3）第一条第（八）项的有关规定执行。

二、航空运输销售代理企业提供境内机票代理服务，以取得的全部价款和价外费用，扣除向客户收取并支付给航空运输企业或其他航空运输销售代理企业的境内机票净结算款和相关费用后的余额为销售额。其中，支付给航空运输企业的款项，以国际航空运输协会（IATA）开账与结算计划（BSP）对账单或航空运输企业的签收单据为合法有效凭证；支付给其他航空运输销售代理企业的款项，以代理企业间的签收单据为合法有效凭证。航空运输销售代理企业就取得的全部价款和价外费用，向购买方开具行程单，或开具增值税普通发票。

三、纳税人通过省级土地行政主管部门设立的交易平台转让补充耕地指标，按照销售无形资产缴纳增值税，税率为6%。本公告所称补充耕地指标，是指根据《中华人民共和国土地管理法》及国务院土地行政主管部门《耕地占补平衡考核办法》的有关要求，经省级土地行政主管部门确认，用于耕地占补平衡的指标。

四、上市公司因实施重大资产重组形成的限售股，以及股票复牌首日至解禁日期间由上述股份孳生的送、转股，因重大资产重组停牌的，按照《国家税务总局关于营改增试点若干征管问题的公告》（国家税务总局公告2016年第53号）第五条第（三）项的规定确定买入价；在重大资产重组前已经暂停上市的，以上市公司完成资产重组后股票恢复上市首日的开盘价为买入价。

五、拍卖行受托拍卖取得的手续费或佣金收入，按照"经纪代理服务"缴纳增值税。《国家税务总局关于拍卖行取得的拍卖收入征收增值税、营业税有关问题的通知》（国税发〔1999〕40号）停止执行。

六、一般纳税人销售自产机器设备的同时提供安装服务，应分别核算机器设备和安装服务的销售额，安装服务可以按照甲供工程选择适用简易计税方法计税。

一般纳税人销售外购机器设备的同时提供安装服务，如果已经按照兼营的有关规定，分别核算机器设备和安装服务的销售额，安装服务可以按照甲供工程选择适用简易计税方法计税。

纳税人对安装运行后的机器设备提供的维护保养服务，按照"其他现代服务"缴纳增值税。

七、纳税人2016年5月1日前发生的营业税涉税业务，包括已经申报缴纳营业税或补缴营业税的业务，需要补开发票的，可以开具增值税普通发票。纳税人应完整保留相关资料备查。

本公告自发布之日起施行，《国家税务总局关于简并增值税征收率有关问题的公告》（国家税务总局公告2014年第36号）第二条和《国家税务总局关于进一步明确营改增有关征管问题的公告》（国家税务总局公告2017年第11号）第四条同时废止。此前已发生未处理的事项，按照本公告的规定执行。2016年5月1日前，纳税人发生本公告第四条规定的应税行为，已缴纳营业税的，不再调整，未缴纳营业税的，比照本公告规定缴纳营业税。

特此公告。

国家税务总局关于发布《房地产开发企业销售自行开发的房地产项目增值税征收管理暂行办法》的公告①

手机阅读

2016年3月31日 国家税务总局公告2016年第18号

国家税务总局制定了《房地产开发企业销售自行开发的房地产项目增值税征收管理暂行办法》,现予以公布,自2016年5月1日起施行。

特此公告。

房地产开发企业销售自行开发的房地产项目增值税征收管理暂行办法

第一章 适用范围

第一条 根据《财政部 国家税务总局关于全面推开营业税改征增值税试点的通知》(财税〔2016〕36号)及现行增值税有关规定,制定本办法。

第二条 房地产开发企业销售自行开发的房地产项目,适用本办法。

自行开发,是指在依法取得土地使用权的土地上进行基础设施和房屋建设。

第三条 房地产开发企业以接盘等形式购入未完工的房地产项目继续开发后,以自己的名义立项销售的,属于本办法规定的销售自行开发的房地产项目。

第二章 一般纳税人征收管理

第一节 销售额

第四条 房地产开发企业中的一般纳税人(以下简称一般纳税人)销售自行开发的房地产项目,适用一般计税方法计税,按照取得的全部价款和价外费用,扣除当期销售房地产项目对应的土地价款后的余额计算销售额。销售额的计算公式如下:

销售额=(全部价款和价外费用-当期允许扣除的土地价款)÷(1+11%)

第五条 当期允许扣除的土地价款按照以下公式计算:

---

① 根据《国家税务总局关于修改部分税收规范性文件的公告》(国家税务总局公告2018年第31号),本法中"国税机关"的内容修改为"税务机关"。

当期允许扣除的土地价款＝(当期销售房地产项目建筑面积÷房地产项目可供销售建筑面积)×支付的土地价款

当期销售房地产项目建筑面积，是指当期进行纳税申报的增值税销售额对应的建筑面积。

房地产项目可供销售建筑面积，是指房地产项目可以出售的总建筑面积，不包括销售房地产项目时未单独作价结算的配套公共设施的建筑面积。

支付的土地价款，是指向政府、土地管理部门或受政府委托收取土地价款的单位直接支付的土地价款。

第六条 在计算销售额时从全部价款和价外费用中扣除土地价款，应当取得省级以上（含省级）财政部门监（印）制的财政票据。

第七条 一般纳税人应建立台账登记土地价款的扣除情况，扣除的土地价款不得超过纳税人实际支付的土地价款。

第八条 一般纳税人销售自行开发的房地产老项目，可以选择适用简易计税方法按照5%的征收率计税。一经选择简易计税方法计税的，36个月内不得变更为一般计税方法计税。

房地产老项目，是指：

（一）《建筑工程施工许可证》注明的合同开工日期在2016年4月30日前的房地产项目；

（二）《建筑工程施工许可证》未注明合同开工日期或者未取得《建筑工程施工许可证》但建筑工程承包合同注明的开工日期在2016年4月30日前的建筑工程项目。

第九条 一般纳税人销售自行开发的房地产老项目适用简易计税方法计税的，以取得的全部价款和价外费用为销售额，不得扣除对应的土地价款。

第二节 预缴税款

第十条 一般纳税人采取预收款方式销售自行开发的房地产项目，应在收到预收款时按照3%的预征率预缴增值税。

第十一条 应预缴税款按照以下公式计算：

应预缴税款＝预收款÷(1+适用税率或征收率)×3%

适用一般计税方法计税的，按照11%的适用税率计算；适用简易计税方法计税的，按照5%的征收率计算。

第十二条 一般纳税人应在取得预收款的次月纳税申报期向主管国税机关预缴税款。

第三节 进项税额

第十三条 一般纳税人销售自行开发的房地产项目，兼有一般计税方法计税、简易计税方法计税、免征增值税的房地产项目而无法划分不得抵扣的进项税额的，应以《建筑工程施工许可证》注明的"建设规模"为依据进行划分。

不得抵扣的进项税额＝当期无法划分的全部进项税额×(简易计税、免税房地产项目建设规模÷房地产项目总建设规模)

第四节 纳税申报

第十四条 一般纳税人销售自行开发的房地产项目适用一般计税方法计税

的，应按照《营业税改征增值税试点实施办法》（财税〔2016〕36号文件印发，以下简称《试点实施办法》）第四十五条规定的纳税义务发生时间，以当期销售额和11%的适用税率计算当期应纳税额，抵减已预缴税款后，向主管国税机关申报纳税。未抵减完的预缴税款可以结转下期继续抵减。

第十五条 一般纳税人销售自行开发的房地产项目适用简易计税方法计税的，应按照《试点实施办法》第四十五条规定的纳税义务发生时间，以当期销售额和5%的征收率计算当期应纳税额，抵减已预缴税款后，向主管国税机关申报纳税。未抵减完的预缴税款可以结转下期继续抵减。

第五节 发票开具

第十六条 一般纳税人销售自行开发的房地产项目，自行开具增值税发票。

第十七条 一般纳税人销售自行开发的房地产项目，其2016年4月30日前收取并已向主管地税机关申报缴纳营业税的预收款，未开具营业税发票的，可以开具增值税普通发票，不得开具增值税专用发票。

第十八条 一般纳税人向其他个人销售自行开发的房地产项目，不得开具增值税专用发票。

第三章 小规模纳税人征收管理

第一节 预缴税款

第十九条 房地产开发企业中的小规模纳税人（以下简称小规模纳税人）采取预收款方式销售自行开发的房地产项目，应在收到预收款时按照3%的预征率预缴增值税。

第二十条 应预缴税款按照以下公式计算：

应预缴税款 = 预收款 ÷ (1 + 5%) × 3%

第二十一条 小规模纳税人应在取得预收款的次月纳税申报期或主管国税机关核定的纳税期限向主管国税机关预缴税款。

第二节 纳税申报

第二十二条 小规模纳税人销售自行开发的房地产项目，应按照《试点实施办法》第四十五条规定的纳税义务发生时间，以当期销售额和5%的征收率计算当期应纳税额，抵减已预缴税款后，向主管国税机关申报纳税。未抵减完的预缴税款可以结转下期继续抵减。

第三节 发票开具

第二十三条 小规模纳税人销售自行开发的房地产项目，自行开具增值税普通发票。购买方需要增值税专用发票的，小规模纳税人向主管国税机关申请代开。

第二十四条 小规模纳税人销售自行开发的房地产项目，其2016年4月30日前收取并已向主管地税机关申报缴纳营业税的预收款，未开具营业税发票的，可以开具增值税普通发票，不得申请代开增值税专用发票。

第二十五条 小规模纳税人向其他个人销售自行开发的房地产项目，不得申请代开增值税专用发票。

第四章 其他事项

第二十六条 房地产开发企业销售自行开发的房地产项目,按照本办法规定预缴税款时,应填报《增值税预缴税款表》。

第二十七条 房地产开发企业以预缴税款抵减应纳税额,应以完税凭证作为合法有效凭证。

第二十八条 房地产开发企业销售自行开发的房地产项目,未按本办法规定预缴或缴纳税款的,由主管国税机关按照《中华人民共和国税收征收管理法》及相关规定进行处理。

国家税务总局关于发布《纳税人提供不动产经营租赁服务增值税征收管理暂行办法》的公告①

2016年3月31日　国家税务总局公告2016年第16号

国家税务总局制定了《纳税人提供不动产经营租赁服务增值税征收管理暂行办法》,现予以公布,自2016年5月1日起施行。

特此公告。

纳税人提供不动产经营租赁服务增值税征收管理暂行办法

第一条 根据《财政部　国家税务总局关于全面推开营业税改征增值税试点的通知》(财税〔2016〕36号)及现行增值税有关规定,制定本办法。

第二条 纳税人以经营租赁方式出租其取得的不动产(以下简称出租不动产),适用本办法。

取得的不动产,包括以直接购买、接受捐赠、接受投资入股、自建以及抵债等各种形式取得的不动产。

纳税人提供道路通行服务不适用本办法。

第三条 一般纳税人出租不动产,按照以下规定缴纳增值税:

(一)一般纳税人出租其2016年4月30日前取得的不动产,可以选择适用简易计税方法,按照5%的征收率计算应纳税额。

不动产所在地与机构所在地不在同一县(市、区)的,纳税人应按照上述

---

① 根据《国家税务总局关于修改部分税收规范性文件的公告》(国家税务总局公告2018年第31号),本法中"地税机关""国税机关""国家税务局"的内容修改为"税务机关"。

计税方法向不动产所在地主管国税机关预缴税款,向机构所在地主管国税机关申报纳税。

不动产所在地与机构所在地在同一县(市、区)的,纳税人向机构所在地主管国税机关申报纳税。

(二)一般纳税人出租其2016年5月1日后取得的不动产,适用一般计税方法计税。

不动产所在地与机构所在地不在同一县(市、区)的,纳税人应按照3%的预征率向不动产所在地主管国税机关预缴税款,向机构所在地主管国税机关申报纳税。

不动产所在地与机构所在地在同一县(市、区)的,纳税人应向机构所在地主管国税机关申报纳税。

一般纳税人出租其2016年4月30日前取得的不动产适用一般计税方法计税的,按照上述规定执行。

第四条 小规模纳税人出租不动产,按照以下规定缴纳增值税:

(一)单位和个体工商户出租不动产(不含个体工商户出租住房),按照5%的征收率计算应纳税额。个体工商户出租住房,按照5%的征收率减按1.5%计算应纳税额。

不动产所在地与机构所在地不在同一县(市、区)的,纳税人应按照上述计税方法向不动产所在地主管国税机关预缴税款,向机构所在地主管国税机关申报纳税。

不动产所在地与机构所在地在同一县(市、区)的,纳税人应向机构所在地主管国税机关申报纳税。

(二)其他个人出租不动产(不含住房),按照5%的征收率计算应纳税额,向不动产所在地主管地税机关申报纳税。其他个人出租住房,按照5%的征收率减按1.5%计算应纳税额,向不动产所在地主管地税机关申报纳税。

第五条 纳税人出租的不动产所在地与其机构所在地在同一直辖市或计划单列市但不在同一县(市、区)的,由直辖市或计划单列市国家税务局决定是否在不动产所在地预缴税款。

第六条 纳税人出租不动产,按照本办法规定需要预缴税款的,应在取得租金的次月纳税申报期或不动产所在地主管国税机关核定的纳税期限预缴税款。

第七条 预缴税款的计算

(一)纳税人出租不动产适用一般计税方法计税的,按照以下公式计算应预缴税款:

应预缴税款 = 含税销售额 ÷ (1 + 11%) × 3%

(二)纳税人出租不动产适用简易计税方法计税的,除个人出租住房外,按照以下公式计算应预缴税款:

应预缴税款 = 含税销售额 ÷ (1 + 5%) × 5%

(三)个体工商户出租住房,按照以下公式计算应预缴税款:

应预缴税款 = 含税销售额 ÷ (1 + 5%) × 1.5%

第八条 其他个人出租不动产,按照以下公式计算应纳税款:

（一）出租住房：

应纳税款 = 含税销售额 ÷ (1 + 5%) × 1.5%

（二）出租非住房：

应纳税款 = 含税销售额 ÷ (1 + 5%) × 5%

第九条 单位和个体工商户出租不动产，按照本办法规定向不动产所在地主管国税机关预缴税款时，应填写《增值税预缴税款表》。

第十条 单位和个体工商户出租不动产，向不动产所在地主管国税机关预缴的增值税款，可以在当期增值税应纳税额中抵减，抵减不完的，结转下期继续抵减。

纳税人以预缴税款抵减应纳税额，应以完税凭证作为合法有效凭证。

第十一条 小规模纳税人中的单位和个体工商户出租不动产，不能自行开具增值税发票的，可向不动产所在地主管国税机关申请代开增值税发票。

其他个人出租不动产，可向不动产所在地主管地税机关申请代开增值税发票。

第十二条 纳税人向其他个人出租不动产，不得开具或申请代开增值税专用发票。

第十三条 纳税人出租不动产，按照本办法规定应向不动产所在地主管国税机关预缴税款而自应当缴之月起超过6个月没有预缴税款的，由机构所在地主管国税机关按照《中华人民共和国税收征收管理法》及相关规定进行处理。

纳税人出租不动产，未按照本办法规定缴纳税款的，由主管税务机关按照《中华人民共和国税收征收管理法》及相关规定进行处理。

国家税务总局关于牡丹籽油增值税适用税率问题的公告

2014年12月31日　国家税务总局公告2014年第75号

现将牡丹籽油的增值税适用税率公告如下：

牡丹籽油属于食用植物油，适用13%增值税税率①。

牡丹籽油是以丹凤牡丹和紫斑牡丹的籽仁为原料，经压榨、脱色、脱臭等工艺制成的产品。

本公告自2015年2月1日起施行。

特此公告。

---

① 根据《中华人民共和国增值税暂行条例（2017年修订）》《财政部　国家税务总局关于调整增值税税率的通知》（财税〔2018〕32号）、《关于深化增值税改革有关政策的公告》（财政部　税务总局　海关总署公告2019年第39号）等一系列最新文件，该增值税税率有所调整。

国家税务总局关于简并增值税征收率有关问题的公告[①]

手机阅读

2014年6月27日　国家税务总局公告2014年第36号

根据国务院简并和统一增值税征收率的决定,现将有关问题公告如下:

一、将《国家税务总局关于固定业户临时外出经营有关增值税专用发票管理问题的通知》(国税发〔1995〕87号)中"经营地税务机关按6%的征收率征税",修改为"经营地税务机关按3%的征收率征税"。

二、将《国家税务总局关于拍卖行取得的拍卖收入征收增值税、营业税有关问题的通知》(国税发〔1999〕40号)第一条中"按照4%的征收率征收增值税",修改为"按照3%的征收率征收增值税"。

三、将《国家税务总局关于增值税简易征收政策有关管理问题的通知》(国税函〔2009〕90号)第一条第(一)项中"按简易办法依4%征收率减半征收增值税政策",修改为"按简易办法依3%征收率减按2%征收增值税政策"。

四、将《国家税务总局关于供应非临床用血增值税政策问题的批复》(国税函〔2009〕456号)第二条中"按照简易办法依照6%征收率计算应纳税额",修改为"按照简易办法依照3%征收率计算应纳税额"。

五、将《国家税务总局关于一般纳税人销售自己使用过的固定资产增值税有关问题的公告》(国家税务总局公告2012年第1号)中"可按简易办法依4%征收率减半征收增值税",修改为"可按简易办法依3%征收率减按2%征收增值税"。

六、纳税人适用按照简易办法依3%征收率减按2%征收增值税政策的,按下列公式确定销售额和应纳税额:

销售额 = 含税销售额/(1 + 3%)

应纳税额 = 销售额 × 2%

《国家税务总局关于增值税简易征收政策有关管理问题的通知》(国税函〔2009〕90号)第四条第(一)项废止。

七、本公告自2014年7月1日起施行。

特此公告。

[①] 根据《国家税务总局关于明确中外合作办学等若干增值税征管问题的公告》(国家税务总局公告2018年第42号),本法第二条被废止。

国家税务总局关于杏仁油、葡萄籽油增值税适用税率问题的公告

手机阅读

2014年4月11日　国家税务总局公告2014年第22号

现将杏仁油、葡萄籽油的增值税适用税率公告如下：
杏仁油、葡萄籽油属于食用植物油，适用13%增值税税率①。
本公告自2014年6月1日起执行。

国家税务总局关于纳税人资产重组有关增值税问题的公告

手机阅读

2013年11月19日　国家税务总局公告2013年第66号

现将纳税人资产重组有关增值税问题公告如下：
纳税人在资产重组过程中，通过合并、分立、出售、置换等方式，将全部或者部分实物资产以及与其相关联的债权、负债经多次转让后，最终的受让方与劳动力接收方为同一单位和个人的，仍适用《国家税务总局关于纳税人资产重组有关增值税问题的公告》（国家税务总局公告2011年第13号）的相关规定，其中货物的多次转让行为均不征收增值税。资产的出让方需将资产重组方案等文件资料报其主管税务机关。

本公告自2013年12月1日起施行。纳税人此前已发生并处理的事项，不再做调整；未处理的，按本公告规定执行。

特此公告。

---

① 根据《中华人民共和国增值税暂行条例（2017年修订）》《财政部　国家税务总局关于调整增值税税率的通知》（财税〔2018〕32号）、《关于深化增值税改革有关政策的公告》（财政部　税务总局　海关总署公告2019年第39号）等一系列最新文件，该增值税税率有所调整。

国家税务总局关于精料补充料免征增值税问题的公告

2013年8月7日　国家税务总局公告2013年第46号

现将精料补充料增值税有关问题公告如下：

精料补充料属于《财政部　国家税务总局关于饲料产品免征增值税问题的通知》（财税〔2001〕121号，以下简称"通知"）文件中"配合饲料"范畴，可按照该通知及相关规定免征增值税。

精料补充料是指为补充草食动物的营养，将多种饲料和饲料添加剂按照一定比例配制的饲料。

本公告自2013年9月1日起执行。此前已发生并处理的事项，不再做调整；未处理的，按本公告规定执行。

国家税务总局关于承印境外图书增值税适用税率问题的公告

2013年2月22日　国家税务总局公告2013年第10号

现将承印境外图书增值税适用税率公告如下：

国内印刷企业承印的经新闻出版主管部门批准印刷且采用国际标准书号编序的境外图书，属于《中华人民共和国增值税暂行条例》第二条规定的"图书"，适用13%增值税税率[①]。

本公告自2013年4月1日起施行。此前已发生但尚未处理的事项，可以按本公告规定执行。

特此公告。

---

① 根据《中华人民共和国增值税暂行条例（2017年修订）》《财政部　国家税务总局关于调整增值税税率的通知》（财税〔2018〕32号）、《关于深化增值税改革有关政策的公告》（财政部　税务总局　海关总署公告2019年第39号）等一系列最新文件，该增值税税率有所调整。

国家税务总局关于纳税人采取"公司+农户"经营模式销售畜禽有关增值税问题的公告

2013年2月6日　国家税务总局公告2013年第8号

现就纳税人采取"公司+农户"经营模式销售畜禽有关增值税问题公告如下：

目前，一些纳税人采取"公司+农户"经营模式从事畜禽饲养，即公司与农户签订委托养殖合同，向农户提供畜禽苗、饲料、兽药及疫苗等（所有权属于公司），农户饲养畜禽苗至成品后交付公司回收，公司将回收的成品畜禽用于销售。在上述经营模式下，纳税人回收再销售畜禽，属于农业生产者销售自产农产品，应根据《中华人民共和国增值税暂行条例》的有关规定免征增值税。

本公告中的畜禽是指属于《财政部　国家税务总局关于印发〈农业产品征税范围注释〉的通知》（财税字〔1995〕52号）文件中规定的农业产品。

本公告自2013年4月1日起施行。

特此公告。

国家税务总局关于发布《熊猫普制金币免征增值税管理办法（试行）》的公告①

2013年2月5日　国家税务总局公告2013年第6号

为促进我国黄金市场健康发展，加强熊猫普制金币的增值税征收管理，根据《财政部　国家税务总局关于熊猫普制金币免征增值税政策的通知》（财税〔2012〕97号）的规定，现制定《熊猫普制金币免征增值税管理办法（试行）》。

---

① 根据《国家税务总局关于公布全文失效废止和部分条款废止的税收规范性文件目录的公告》（国家税务总局公告2016年第34号），本法中"《国家税务总局关于印发税收减免管理办法（试行）的通知》（国税发〔2005〕129号）"被废止。

本公告自2012年1月1日起执行。

特此公告。

熊猫普制金币免征增值税管理办法（试行）

一、为加强熊猫普制金币增值税管理，根据《中华人民共和国税收征收管理法》、《中华人民共和国增值税暂行条例》、《国家税务总局关于印发〈税收减免管理办法（试行）〉的通知》（国税发〔2005〕129号）及有关税收政策规定，制定本办法。

二、下列纳税人销售熊猫普制金币免征增值税：

（一）中国人民银行下属中国金币总公司（以下简称金币公司）及其控股子公司。

（二）经中国银行业监督管理委员会批准，允许开办个人黄金买卖业务的金融机构。

（三）经金币公司批准，获得"中国熊猫普制金币授权经销商"资格，并通过金币交易系统销售熊猫普制金币的纳税人。

第一批符合条件的纳税人名单附后。

三、免征增值税的熊猫普制金币是指2012年（含）以后发行的熊猫普制金币。

四、纳税人既销售免税的熊猫普制金币又销售其他增值税应税货物的，应分别核算免税的熊猫普制金币和其他增值税应税货物的销售额；未分别核算的，不得享受熊猫普制金币增值税免税政策。销售熊猫普制金币免税收入不得开具增值税专用发票。

五、申请享受本办法规定的熊猫普制金币增值税优惠政策的纳税人，应当在初次申请时按照要求向主管税务机关提交以下资料办理免税备案手续：

（一）纳税人税务登记证原件及复印件；

（二）属于"中国熊猫普制金币授权经销商"的纳税人应提供相关资格证书原件及复印件和《中国熊猫普制金币经销协议》原件及复印件；金融机构应提供中国银行业监督管理委员会批准其开办个人黄金买卖业务的相关批件材料。

六、纳税人办理熊猫普制金币免税备案手续时，主管税务机关应当根据以下情况分别做出处理：

（一）报送的材料不详或存在错误，应当即时告知并允许纳税人更正；

（二）报送的材料不齐或不符合法定形式的，应当在5个工作日内告知纳税人需要补正的全部内容；

（三）报送的材料齐全、符合规定的，或者纳税人按照税务机关的要求补正报送全部材料的，应当受理纳税人的备案，并将有关材料原件退还纳税人。

七、属于"中国熊猫普制金币授权经销商"的纳税人应在办理熊猫普制金币免税备案以后每年2月15日前将以下材料报主管税务机关备查：

（一）上一年度从金币交易系统中出具的《金币交易系统熊猫普制金币销售汇总表》及明细（加盖纳税人的财务专用章）；

（二）上一年度从金币交易系统中出具的《金币交易系统熊猫普制金币采购及库存汇总表》（加盖纳税人的财务专用章）；

（三）上一年度销售熊猫普制金币开具的销售发票记账联复印件。

八、属于金融机构的纳税人应在办理熊猫普制金币免税备案以后每年2月15日前将以下材料报主管税务机关备查：

（一）上一年度从金币交易系统中出具的《金币交易系统熊猫普制金币采购汇总表》及明细（加盖纳税人的财务专用章）；

（二）上一年度销售熊猫普制金币开具的销售发票记账联复印件。

九、税务机关应对享受本办法规定增值税政策的纳税人进行定期或不定期检查。发现问题的，税务机关应根据现行规定对其进行处理，且自纳税人发生违规行为年度起，取消其享受本办法规定增值税政策的资格。

十、各地税务机关在对熊猫普制金币免征增值税的过程中如发现问题，应及时上报国家税务总局。

十一、本办法自2012年1月1日起执行。

附件：第一批符合条件的纳税人名单（略）

国家税务总局关于部分玉米深加工产品增值税税率问题的公告

2012年3月27日　国家税务总局公告2012年第11号

为统一政策，公平税负，现将部分玉米深加工产品增值税税率①问题公告如下：

根据现行增值税政策规定，玉米胚芽属于《农业产品征税范围注释》中初级农产品的范围，适用13%的增值税税率；玉米浆、玉米皮、玉米纤维（又称喷浆玉米皮）和玉米蛋白粉不属于初级农产品，也不属于《财政部　国家税务总局关于饲料产品免征增值税问题的通知》（财税〔2001〕121号）中免税饲料的范围，适用17%的增值税税率。

本公告自2012年5月1日起施行。

特此公告。

---

① 根据《中华人民共和国增值税暂行条例（2017年修订）》《财政部　国家税务总局关于调整增值税税率的通知》（财税〔2018〕32号）、《关于深化增值税改革有关政策的公告》（财政部　税务总局　海关总署公告2019年第39号）等一系列最新文件，该增值税税率有所调整。

国家税务总局关于部分液体乳增值税适用税率的公告

手机阅读

2011年7月6日　国家税务总局公告2011年第38号

为明确政策，公平税负，现就巴氏杀菌乳、灭菌乳和调制乳的增值税适用税率①问题公告如下：

按照《食品安全国家标准—巴氏杀菌乳》（GB 19645—2010）生产的巴氏杀菌乳和按照《食品安全国家标准—灭菌乳》（GB 25190—2010）生产的灭菌乳，均属于初级农业产品，可依照《农业产品征收范围注释》中的鲜奶按13%的税率征收增值税；按照《食品安全国家标准—调制乳》（GB 25191—2010）生产的调制乳，不属于初级农业产品，应按照17%税率征收增值税。

本公告自公布之日起施行。《国家税务总局关于营养强化奶适用增值税税率问题的批复》（国税函〔2005〕676号）同时废止。

特此公告。

国家税务总局关于花椒油增值税适用税率问题的公告

手机阅读

2011年6月2日　国家税务总局公告2011年第33号

现将花椒油的增值税适用税率②公告如下：
花椒油按照食用植物油13%的税率征收增值税。
本公告自2011年7月1日开始执行。
特此公告。

---

①② 根据《中华人民共和国增值税暂行条例（2017年修订）》《财政部　国家税务总局关于调整增值税税率的通知》（财税〔2018〕32号）、《关于深化增值税改革有关政策的公告》（财政部　税务总局　海关总署公告2019年第39号）等一系列最新文件，该增值税税率有所调整。

国家税务总局关于纳税人资产重组有关增值税问题的公告

2011年2月18日　国家税务总局公告2011年第13号

根据《中华人民共和国增值税暂行条例》及其实施细则的有关规定，现将纳税人资产重组有关增值税问题公告如下：

纳税人在资产重组过程中，通过合并、分立、出售、置换等方式，将全部或者部分实物资产以及与其相关联的债权、负债和劳动力一并转让给其他单位和个人，不属于增值税的征税范围，其中涉及的货物转让，不征收增值税。

本公告自2011年3月1日起执行。此前未作处理的，按照本公告的规定执行。《国家税务总局关于转让企业全部产权不征收增值税问题的批复》（国税函〔2002〕420号）、《国家税务总局关于纳税人资产重组有关增值税政策问题的批复》（国税函〔2009〕585号）、《国家税务总局关于中国直播卫星有限公司转让全部产权有关增值税问题的通知》（国税函〔2010〕350号）同时废止。

特此公告。

国家税务总局关于纳税人销售伴生金有关增值税问题的公告

2011年1月24日　国家税务总局公告2011年第8号

现将纳税人销售伴生金有关增值税问题公告如下：

《财政部　国家税务总局关于黄金税收政策问题的通知》（财税〔2002〕142号）第一条所称伴生金，是指黄金矿砂以外的其他矿产品、冶炼中间产品和其他可以提炼黄金的原料中所伴生的黄金。

纳税人销售含有伴生金的货物并申请伴生金免征增值税的，应当出具伴生金含量的有效证明，分别核算伴生金和其他成分的销售额。

本公告自2011年2月1日起执行。此前执行与本公告不一致的，按照本公告的规定调整。

特此公告。

国家税务总局关于制种行业增值税有关问题的公告

2010年10月25日　国家税务总局公告2010年第17号

现就制种企业销售种子增值税有关问题公告如下：

制种企业在下列生产经营模式下生产销售种子，属于农业生产者销售自产农业产品，应根据《中华人民共和国增值税暂行条例》有关规定免征增值税。

一、制种企业利用自有土地或承租土地，雇佣农户或雇工进行种子繁育，再经烘干、脱粒、风筛等深加工后销售种子。

二、制种企业提供亲本种子委托农户繁育并从农户手中收回，再经烘干、脱粒、风筛等深加工后销售种子。

本公告自2010年12月1日起施行。

特此公告。

国家税务总局关于项目运营方利用信托资金融资过程中增值税进项税额抵扣问题的公告

2010年8月9日　国家税务总局公告2010年第8号

现就项目运营方利用信托资金融资进行项目建设开发过程中增值税进项税额抵扣问题公告如下：

项目运营方利用信托资金融资进行项目建设开发是指项目运营方与经批准成立的信托公司合作进行项目建设开发，信托公司负责筹集资金并设立信托计划，项目运营方负责项目建设与运营，项目建设完成后，项目资产归项目运营方所有。该经营模式下项目运营方在项目建设期内取得的增值税专用发票和其他抵扣凭证，允许其按现行增值税有关规定予以抵扣。

本公告自2010年10月1日起施行。此前未抵扣的进项税额允许其抵扣，已抵扣的不作进项税额转出。

财政部　海关总署　税务总局关于在粤港澳大湾区实行有关增值税政策的通知

2020年10月26日　财税〔2020〕48号

各省、自治区、直辖市、计划单列市财政厅（局），新疆生产建设兵团财政局，海关总署广东分署、各直属海关，国家税务总局各省、自治区、直辖市、计划单列市税务局：

为支持粤港澳大湾区建设，现将粤港澳大湾区有关增值税政策通知如下：

一、自2020年10月1日至2023年12月31日，对注册在广州市的保险企业向注册在南沙自贸片区的企业提供国际航运保险业务取得的收入，免征增值税。

二、自2020年10月1日起，对符合条件的出口企业从启运地口岸（以下称启运港，见附件）启运报关出口，由符合条件的运输企业承运，从水路转关直航，自广州南沙保税港区、深圳前海保税港区（以下称离境港）离境的集装箱货物，实行启运港退税政策。

（一）适用政策的运输企业及运输工具。

运输企业为在海关的信用等级为一般信用企业或认证企业，并且纳税信用级别为B级及以上的航运企业。

运输工具为配备导航定位、全程视频监控设备并且符合海关对承运海关监管货物运输工具要求的船舶。

税务总局定期向海关总署传送纳税信用等级为B级及以上的企业名单。企业纳税信用等级发生变化的，定期传送变化企业名单。海关总署根据上述纳税信用等级等信息确认符合条件的运输企业和运输工具。

（二）适用政策的出口企业。

出口企业的出口退（免）税分类管理类别为一类或二类，并且在海关的信用等级为一般信用企业或认证企业。

海关总署定期向税务总局传送一般信用企业或认证企业名单。企业信用等级发生变化的，定期传送变化企业名单。税务总局根据上述名单等信息确认符合条件的出口企业。

（三）办理流程。

1. 启运地海关依出口企业申请，对从启运港启运的符合条件的货物办理放行手续后，生成启运港出口货物报关单电子信息。

2. 海关总署按日将启运港出口货物报关单电子信息（加启运港退税标识）通过电子口岸传输给税务总局。

3. 出口企业凭启运港出口货物报关单电子信息及相关材料到主管退税的税务机关申请办理退税。出口企业首次申请办理退税前,应向主管出口退税的税务机关进行启运港退税备案。

4. 主管出口退税的税务机关,根据企业出口退(免)税分类管理类别信息、税务总局清分的企业海关信用等级信息和启运港出口货物报关单信息,为出口企业办理退税。出口企业在申请退税时,上述信息显示其不符合启运港退税条件的,主管税务机关根据税务总局清分的结关核销的报关单数据(加启运港退税标识)办理退税。

5. 启运港启运的出口货物自离境港实际离境后,海关总署按日将正常结关核销的报关单数据(加启运港退税标识)传送给税务总局,税务总局按日将已退税的报关单数据(加启运港退税标识)反馈海关总署。

6. 货物如未运抵离境港不再出口,启运地海关应撤销出口货物报关单,并由海关总署向税务总局提供相关电子数据。上述不再出口货物如已办理出口退税手续,出口企业应补缴税款,并向启运地海关提供税务机关出具的货物已补税证明。

对已办理出口退税手续但自启运日起超过 2 个月仍未办理结关核销手续的货物,除因不可抗力或属于上述第 6 项情形且出口企业已补缴税款外,视为未实际出口,税务机关应追缴已退税款,不再适用启运港退税政策。

7. 主管出口退税的税务机关,根据税务总局清分的正常结关核销的报关单数据,核销或调整已退税额。

(四)海关、税务部门应加强沟通,建立联系配合机制,互通企业守法诚信信息和货物异常出运情况。财政、海关和税务部门要密切跟踪启运港退税政策运行情况,对工作中出现的问题及时上报财政部(税政司)、海关总署(综合司)和税务总局(货物和劳务税司)。

附件:适用启运港退税政策的启运港(略)

财政部 交通运输部 税务总局关于海南自由贸易港国际运输船舶有关增值税政策的通知

手机阅读

2020 年 9 月 3 日 财税〔2020〕41 号

海南省财政厅,交通运输厅,国家税务总局海南省税务局,海南省海事局:

为支持海南自由贸易港建设,根据《海南自由贸易港建设总体方案》,现将国际运输船舶有关增值税政策通知如下:

一、对境内建造船舶企业向运输企业销售且同时符合下列条件的船舶,实行增值税退税政策,由购进船舶的运输企业向主管税务机关申请退税。

1. 购进船舶在"中国洋浦港"登记。2. 购进船舶从事国际运输和港澳台运输业务。

二、购进船舶运输企业的应退税额,为其购进船舶时支付的增值税额。

三、购进船舶的运输企业向主管税务机关申请退税时应提供以下资料:1. 船舶登记管理部门出具的表明船籍港为"中国洋浦港"的《船舶所有权登记证书》。2. 运输企业及购进船舶从事国际运输和港澳台运输业务的证明文件。从事国际散装液体危险货物和旅客运输的,应提交有效的《国际船舶运输经营许可证》和《国际海上运输船舶备案证明书》,从事国际集装箱和普通货物运输的,应提交有效的交通运输管理部门备案证明材料;从事内地往返港澳散装液体危险货物和普通货物运输的,应提交有效的交通运输管理部门备案证明材料;从事大陆与台湾地区间运输的,应提交有效的《台湾海峡两岸间水路运输许可证》和《台湾海峡两岸间船舶营运证》。3. 主管税务机关要求提供的其他材料。

四、运输企业购进船舶支付的增值税额,已从销项税额中抵扣的,不得申请退税;已申请退税的,不得从销项税额中抵扣。

五、运输企业不再符合该《通知》退税条件的,应向交通运输部门办理业务变更,并在条件变更次月纳税申报期内向主管税务机关办理补缴已退税款手续。

应补缴增值税额 = 购进船舶的增值税专用发票注明的税额 ×(净值÷原值)
净值 = 原值 - 累计折旧

六、运输企业按照本通知第五条规定补缴税款的,自税务机关取得解缴税款的完税凭证上注明的增值税额,准予从销项税额中抵扣。

七、税务总局可在本通知基础上制定具体的税收管理办法。

八、海南省交通、海事、税务部门要建立联系配合机制,共享监管信息,共同做好后续相关工作。

九、本通知自 2020 年 10 月 1 日起执行至 2024 年 12 月 31 日。适用政策的具体时间以《船舶所有权登记证书》的签发日期为准。

财政部　税务总局关于明确养老机构免征增值税等政策的通知①

手机阅读

2019 年 2 月 2 日　财税〔2019〕20 号

各省、自治区、直辖市、计划单列市财政厅(局),国家税务总局各省、自治区、直辖市、计划单列市税务局,新疆生产建设兵团财政局:

---

① 根据《财政部　税务总局关于延长部分税收优惠政策执行期限的公告》(财政部税务总局公告 2021 年第 6 号),本法规定的税收优惠政策凡已到期的,执行期限延长至 2023 年 12 月 31 日。

现将养老机构免征增值税等政策通知如下:

一、《营业税改征增值税试点过渡政策的规定》(财税〔2016〕36号印发)第一条第(二)项中的养老机构,包括依照《中华人民共和国老年人权益保障法》依法办理登记,并向民政部门备案的为老年人提供集中居住和照料服务的各类养老机构。

二、自2019年2月1日至2020年12月31日,医疗机构接受其他医疗机构委托,按照不高于地(市)级以上价格主管部门会同同级卫生主管部门及其他相关部门制定的医疗服务指导价格(包括政府指导价和按照规定由供需双方协商确定的价格等),提供《全国医疗服务价格项目规范》所列的各项服务,可适用《营业税改征增值税试点过渡政策的规定》(财税〔2016〕36号印发)第一条第(七)项规定的免征增值税政策。

三、自2019年2月1日至2020年12月31日,对企业集团内单位(含企业集团)之间的资金无偿借贷行为,免征增值税。

四、保险公司开办一年期以上返还性人身保险产品,按照以下规定执行:

(一)保险公司开办一年期以上返还性人身保险产品,在保险监管部门出具备案回执或批复文件前依法取得的保费收入,属于《财政部 国家税务总局关于一年期以上返还性人身保险产品营业税免税政策的通知》(财税〔2015〕86号)第一条、《营业税改征增值税试点过渡政策的规定》(财税〔2016〕36号印发)第一条第(二十一)项规定的保费收入。

(二)保险公司符合财税〔2015〕86号第一条、第二条规定免税条件,且未列入财政部、税务总局发布的免征营业税名单的,可向主管税务机关办理备案手续。

(三)保险公司开办一年期以上返还性人身保险产品,在列入财政部和税务总局发布的免征营业税名单或办理免税备案手续后,此前已缴纳营业税中尚未抵减或退还的部分,可抵减以后月份应缴纳的增值税。

五、本通知自发布之日起执行。此前已发生未处理的事项,按本通知规定执行。

财政部 税务总局关于继续实施支持 文化企业发展增值税政策的通知

手机阅读

2019年2月13日 财税〔2019〕17号

各省、自治区、直辖市、计划单列市财政厅(局),新疆生产建设兵团财政局,国家税务总局各省、自治区、直辖市、计划单列市税务局:

为贯彻落实《国务院办公厅关于印发文化体制改革中经营性文化事业单位转制为企业和进一步支持文化企业发展两个规定的通知》(国办发〔2018〕124号)有关规定,进一步深化文化体制改革,促进文化企业发展,现就继续实施支持文化企业发展的增值税政策通知如下：

一、对电影主管部门（包括中央、省、地市及县级）按照各自职能权限批准从事电影制片、发行、放映的电影集团公司（含成员企业）、电影制片厂及其他电影企业取得的销售电影拷贝（含数字拷贝）收入、转让电影版权（包括转让和许可使用）收入、电影发行收入以及在农村取得的电影放映收入，免征增值税。一般纳税人提供的城市电影放映服务，可以按现行政策规定，选择按照简易计税办法计算缴纳增值税。

二、对广播电视运营服务企业收取的有线数字电视基本收视维护费和农村有线电视基本收视费，免征增值税。

三、本通知执行期限为2019年1月1日至2023年12月31日。《财政部 税务总局关于继续执行有线电视收视费增值税政策的通知》（财税〔2017〕35号）同时废止。《财政部 税务总局关于继续实施支持文化企业发展若干税收政策的通知》（财税〔2014〕85号）自2019年1月1日起停止执行。

文化企业按照本通知规定应予减免的增值税税款，在本通知下发以前已经征收入库的，可抵减以后纳税期应缴税款或办理退库。

财政部 税务总局关于冬奥会和冬残奥会企业赞助有关增值税政策的通知

手机阅读

2019年1月18日　财税〔2019〕6号

各省、自治区、直辖市、计划单列市财政厅（局），新疆生产建设兵团财政局，国家税务总局各省、自治区、直辖市、计划单列市税务局：

根据《财政部 税务总局 海关总署关于北京2022年冬奥会和冬残奥会税收政策的通知》（财税〔2017〕60号）第三条第（二）款规定，现就冬奥会和冬残奥会企业赞助有关增值税政策明确如下：

一、对赞助企业及参与赞助的下属机构根据赞助协议及补充赞助协议向北京冬奥组委免费提供的，与北京2022年冬奥会、冬残奥会、测试赛有关的服务，免征增值税。

赞助企业及下属机构按照本通知所附《北京2022年冬奥会、冬残奥会、测试赛赞助企业及参与赞助的下属机构名单》（第一批）执行。

二、适用免征增值税政策的服务，仅限于赞助企业及下属机构与北京冬奥组委签订的赞助协议及补充赞助协议中列明的服务。

三、赞助企业及下属机构应对上述服务单独核算，未单独核算的，不得适用免税政策。

四、本通知自2017年7月12日起执行。按照本通知应予免征的增值税，凡在本通知下发以前已经征收入库的，从纳税人以后纳税期应缴纳的增值税税款中抵减。纳税人如果已经向购买方开具了增值税专用发票，应将专用发票追回后方可申请办理免税。凡专用发票无法追回的,一律照章征收增值税。

附件:北京2022年冬奥会、冬残奥会、测试赛赞助企业及参与赞助的下属机构名单(第一批)(略)

财政部 税务总局关于中国邮政储蓄银行三农金融事业部涉农贷款增值税政策的通知①

手机阅读

2018年9月12日 财税〔2018〕97号

各省、自治区、直辖市、计划单列市财政厅(局),国家税务总局各省、自治区、直辖市、计划单列市税务局,新疆生产建设兵团财政局:

为支持中国邮政储蓄银行"三农金融事业部"加大对乡村振兴的支持力度,现就中国邮政储蓄银行"三农金融事业部"涉农贷款有关增值税政策通知如下:

一、自2018年7月1日至2020年12月31日,对中国邮政储蓄银行纳入"三农金融事业部"改革的各省、自治区、直辖市、计划单列市分行下辖的县域支行,提供农户贷款、农村企业和农村各类组织贷款(具体贷款业务清单见附件)取得的利息收入,可以选择适用简易计税方法按照3%的征收率计算缴纳增值税。

二、本通知所称农户,是指长期(一年以上)居住在乡镇(不包括城关镇)行政管理区域内的住户,还包括长期居住在城关镇所辖行政村范围内的住户和户口不在本地而在本地居住一年以上的住户,国有农场的职工和农村个体工商户。位于乡镇(不包括城关镇)行政管理区域内和在城关镇所辖行政村范围内的国有经济的机关、团体、学校、企事业单位的集体户;有本地户口,但举家外出谋生一年以上的住户,无论是否保留承包耕地均不属于农户。农户以户为统计单位,既可以从事农业生产经营,也可以从事非农业生产经营。农户贷款的判定应以贷款发放时的借款人是否属于农户为准。

三、本通知所称农村企业和农村各类组织贷款,是指金融机构发放给注册在农村地区的企业及各类组织的贷款。

附件:享受增值税优惠的涉农贷款业务清单(略)

---

① 根据《财政部 税务总局关于延长部分税收优惠政策执行期限的公告》(财政部税务总局公告2021年第6号),本法规定的税收优惠政策凡已到期的,执行期限延长至2023年12月31日。

财政部 税务总局关于金融机构小微企业贷款利息收入免征增值税政策的通知①

手机阅读

2018 年 9 月 5 日　财税〔2018〕91 号

各省、自治区、直辖市、计划单列市财政厅（局），国家税务总局各省、自治区、直辖市、计划单列市税务局，新疆生产建设兵团财政局：

为进一步加大对小微企业的支持力度，现将金融机构小微企业贷款利息收入免征增值税政策通知如下：

一、自 2018 年 9 月 1 日至 2020 年 12 月 31 日，对金融机构向小型企业、微型企业和个体工商户发放小额贷款取得的利息收入，免征增值税。金融机构可以选择以下两种方法之一适用免税：

（一）对金融机构向小型企业、微型企业和个体工商户发放的，利率水平不高于人民银行同期贷款基准利率 150%（含本数）的单笔小额贷款取得的利息收入，免征增值税；高于人民银行同期贷款基准利率 150% 的单笔小额贷款取得的利息收入，按照现行政策规定缴纳增值税。

（二）对金融机构向小型企业、微型企业和个体工商户发放单笔小额贷款取得的利息收入中，不高于该笔贷款按照人民银行同期贷款基准利率 150%（含本数）计算的利息收入部分，免征增值税；超过部分按照现行政策规定缴纳增值税。

金融机构可按会计年度在以上两种方法之间选定其一作为该年的免税适用方法，一经选定，该会计年度内不得变更。

二、本通知所称金融机构，是指经人民银行、银保监会批准成立的已通过监管部门上一年度"两增两控"考核的机构（2018 年通过考核的机构名单以 2018 年上半年实现"两增两控"目标为准），以及经人民银行、银保监会、证监会批准成立的开发银行及政策性银行、外资银行和非银行业金融机构。"两增两控"是指单户授信总额 1000 万元以下（含）小微企业贷款同比增速不低于各项贷款同比增速，有贷款余额的户数不低于上年同期水平，合理控制小微企业贷款资产质量水平和贷款综合成本（包括利率和贷款相关的银行服务收费）水平。金融机构完成"两增两控"情况，以银保监会及其派出机构考核结果为准。

---

① 根据《财政部　税务总局关于延长部分税收优惠政策执行期限的公告》（财政部税务总局公告 2021 年第 6 号），本法规定的税收优惠政策凡已到期的，执行期限延长至 2023 年 12 月 31 日。

三、本通知所称小型企业、微型企业，是指符合《中小企业划型标准规定》（工信部联企业〔2011〕300号）的小型企业和微型企业。其中，资产总额和从业人员指标均以贷款发放时的实际状态确定；营业收入指标以贷款发放前12个自然月的累计数确定，不满12个自然月的，按照以下公式计算：

营业收入（年）＝企业实际存续期间营业收入／企业实际存续月数×12

四、本通知所称小额贷款，是指单户授信小于1000万元（含本数）的小型企业、微型企业或个体工商户贷款；没有授信额度的，是指单户贷款合同金额且贷款余额在1000万元（含本数）以下的贷款。

五、金融机构应将相关免税证明材料留存备查，单独核算符合免税条件的小额贷款利息收入，按现行规定向主管税务机关办理纳税申报；未单独核算的，不得免征增值税。

金融机构应依法依规享受增值税优惠政策，一经发现存在虚报或造假骗取本项税收优惠情形的，停止享受本通知有关增值税优惠政策。

金融机构应持续跟踪贷款投向，确保贷款资金真正流向小型企业、微型企业和个体工商户，贷款的实际使用主体与申请主体一致。

六、银保监会按年组织开展免税政策执行情况督察，并将督察结果及时通报财税主管部门。鼓励金融机构发放小微企业信用贷款，减少抵押担保的中间环节，切实有效降低小微企业综合融资成本。

各地税务部门要加强免税政策执行情况后续管理，对金融机构开展小微金融免税政策专项检查，发现问题的，按照现行税收法律法规进行处理，并将有关情况逐级上报国家税务总局（货物和劳务税司）。

财政部驻各地财政监察专员办要组织开展免税政策执行情况专项检查。

七、金融机构向小型企业、微型企业及个体工商户发放单户授信小于100万元（含本数），或者没有授信额度，单户贷款合同金额且贷款余额在100万元（含本数）以下的贷款取得的利息收入，可继续按照《财政部 税务总局关于支持小微企业融资有关税收政策的通知》（财税〔2017〕77号）的规定免征增值税。

财政部 税务总局关于延续动漫产业增值税政策的通知[①]

手机阅读

2018年4月19日 财税〔2018〕38号

各省、自治区、直辖市、计划单列市财政厅（局）、国家税务局、地方税务局，新疆生产建设兵团财政局：

---

① 根据《财政部 税务总局关于延长部分税收优惠政策执行期限的公告》（财政部 税务总局公告2021年第6号），本法规定的税收优惠政策凡已到期的，执行期限延长至2023年12月31日。

为促进我国动漫产业发展,继续实施动漫产业增值税政策。现将有关事项通知如下:

一、自2018年1月1日至2018年4月30日,对动漫企业增值税一般纳税人销售其自主开发生产的动漫软件,按照17%的税率征收增值税后,对其增值税实际税负超过3%的部分,实行即征即退政策。

二、自2018年5月1日至2020年12月31日,对动漫企业增值税一般纳税人销售其自主开发生产的动漫软件,按照16%的税率征收增值税后,对其增值税实际税负超过3%的部分,实行即征即退政策。

三、动漫软件出口免征增值税。

四、动漫软件,按照《财政部 国家税务总局关于软件产品增值税政策的通知》(财税〔2011〕100号)中软件产品相关规定执行。

动漫企业和自主开发、生产动漫产品的认定标准和认定程序,按照《文化部 财政部 国家税务总局关于印发〈动漫企业认定管理办法(试行)〉的通知》(文市发〔2008〕51号)的规定执行。

五、《财政部 国家税务总局关于动漫产业增值税和营业税政策的通知》(财税〔2013〕98号)到期停止执行。

财政部 税务总局关于调整增值税税率的通知[①]

2018年4月4日 财税〔2018〕32号

各省、自治区、直辖市、计划单列市财政厅(局)、国家税务局、地方税务局,新疆生产建设兵团财政局:

为完善增值税制度,现将调整增值税税率有关政策通知如下:

一、纳税人发生增值税应税销售行为或者进口货物,原适用17%和11%税率的,税率分别调整为16%、10%。

二、纳税人购进农产品,原适用11%扣除率的,扣除率调整为10%。

三、纳税人购进用于生产销售或委托加工16%税率货物的农产品,按照12%的扣除率计算进项税额。

四、原适用17%税率且出口退税率为17%的出口货物,出口退税率调整至16%。原适用11%税率且出口退税率为11%的出口货物、跨境应税行为,出口退税率调整至10%。

五、外贸企业2018年7月31日前出口的第四条所涉货物、销售的第四条所涉跨境应税行为,购进时已按调整前税率征收增值税的,执行调整前的出口

---

① 根据《关于深化增值税改革有关政策的公告》(财政部 税务总局 海关总署公告2019年第39号)等一系列最新文件,增值税税率有所调整。

退税率；购进时已按调整后税率征收增值税的，执行调整后的出口退税率。生产企业2018年7月31日前出口的第四条所涉货物、销售的第四条所涉跨境应税行为，执行调整前的出口退税率。

调整出口货物退税率的执行时间及出口货物的时间，以出口货物报关单上注明的出口日期为准，调整跨境应税行为退税率的执行时间及销售跨境应税行为的时间，以出口发票的开具日期为准。

六、本通知自2018年5月1日起执行。此前有关规定与本通知规定的增值税税率、扣除率、出口退税率不一致的，以本通知为准。

七、各地要高度重视增值税税率调整工作，做好实施前的各项准备以及实施过程中的监测分析、宣传解释等工作，确保增值税税率调整工作平稳、有序推进。如遇问题，请及时上报财政部和税务总局。

财政部　税务总局关于租入固定资产进项税额抵扣等增值税政策的通知①

手机阅读

2017年12月25日　财税〔2017〕90号

各省、自治区、直辖市、计划单列市财政厅（局）、国家税务局、地方税务局，新疆生产建设兵团财务局：

现将租入固定资产进项税额抵扣等增值税政策通知如下：

一、自2018年1月1日起，纳税人租入固定资产、不动产，既用于一般计税方法计税项目，又用于简易计税方法计税项目、免征增值税项目、集体福利或者个人消费的，其进项税额准予从销项税额中全额抵扣。

二、自2018年1月1日起，纳税人已售票但客户逾期未消费取得的运输逾期票证收入，按照"交通运输服务"缴纳增值税。纳税人为客户办理退票而向客户收取的退票费、手续费等收入，按照"其他现代服务"缴纳增值税。

三、自2018年1月1日起，航空运输销售代理企业提供境外航段机票代理服务，以取得的全部价款和价外费用，扣除向客户收取并支付给其他单位或者个人的境外航段机票结算款和相关费用后的余额为销售额。其中，支付给境内单位或者个人的款项，以发票或行程单为合法有效凭证；支付给境外单位或者个人的款项，以签收单据为合法有效凭证，税务机关对签收单据有疑义的，可以要求其提供境外公证机构的确认证明。

航空运输销售代理企业，是指根据《航空运输销售代理资质认可办法》取得中国航空运输协会颁发的"航空运输销售代理业务资质认可证书"，接受中

---

① 根据《财政部　税务总局关于延续实施普惠金融有关税收优惠政策的公告》（财政部　税务总局公告2020年第22号），本法规定的税收优惠政策于2019年12月31日执行到期的，实施期限延长至2023年12月31日。

国航空运输企业或通航中国的外国航空运输企业委托,依照双方签订的委托销售代理合同提供代理服务的企业。

四、自2016年5月1日至2017年6月30日,纳税人采取转包、出租、互换、转让、入股等方式将承包地流转给农业生产者用于农业生产,免征增值税。本通知下发前已征的增值税,可抵减以后月份应缴纳的增值税,或办理退税。

五、根据《财政部 税务总局关于资管产品增值税有关问题的通知》(财税〔2017〕56号)有关规定,自2018年1月1日起,资管产品管理人运营资管产品提供的贷款服务、发生的部分金融商品转让业务,按照以下规定确定销售额:

(一)提供贷款服务,以2018年1月1日起产生的利息及利息性质的收入为销售额;

(二)转让2017年12月31日前取得的股票(不包括限售股)、债券、基金、非货物期货,可以选择按照实际买入价计算销售额,或以2017年最后一个交易日的股票收盘价(2017年最后一个交易日处于停牌期间的股票,为停牌前最后一个交易日收盘价)、债券估值(中债金融估值中心有限公司或中证指数有限公司提供的债券估值)、基金份额净值、非货物期货结算价格作为买入价计算销售额。

六、自2018年1月1日至2019年12月31日,纳税人为农户、小型企业、微型企业及个体工商户借款、发行债券提供融资担保取得的担保费收入,以及为上述融资担保(以下称"原担保")提供再担保取得的再担保费收入,免征增值税。再担保合同对应多个原担保合同的,原担保合同应全部适用免征增值税政策。否则,再担保合同应按规定缴纳增值税。

纳税人应将相关免税证明材料留存备查,单独核算符合免税条件的融资担保费和再担保费收入,按现行规定向主管税务机关办理纳税申报;未单独核算的,不得免征增值税。

农户,是指长期(一年以上)居住在乡镇(不包括城关镇)行政管理区域内的住户,还包括长期居住在城关镇所辖行政村范围内的住户和户口不在本地而在本地居住一年以上的住户,国有农场的职工。位于乡镇(不包括城关镇)行政管理区域内和在城关镇所辖行政村范围内的国有经济的机关、团体、学校、企事业单位的集体户;有本地户口,但举家外出谋生一年以上的住户,无论是否保留承包耕地均不属于农户。农户以户为统计单位,既可以从事农业生产经营,也可以从事非农业生产经营。农户担保、再担保的判定应以原担保生效时的被担保人是否属于农户为准。

小型企业、微型企业,是指符合《中小企业划型标准规定》(工信部联企业〔2011〕300号)的小型企业和微型企业。其中,资产总额和从业人员指标均以原担保生效时的实际状态确定;营业收入指标以原担保生效前12个自然月的累计数确定,不满12个自然月的,按照以下公式计算:

营业收入(年)=企业实际存续期间营业收入/企业实际存续月数×12

《财政部 税务总局关于全面推开营业税改征增值税试点的通知》(财税〔2016〕36号)附件3《营业税改征增值税试点过渡政策的规定》第一条第(二十四)款规定的中小企业信用担保增值税免税政策自2018年1月1日起停

止执行。纳税人享受中小企业信用担保增值税免税政策在2017年12月31日前未满3年的,可以继续享受至3年期满为止。

七、自2018年1月1日起,纳税人支付的道路、桥、闸通行费,按照以下规定抵扣进项税额:

(一)纳税人支付的道路通行费,按照收费公路通行费增值税电子普通发票上注明的增值税额抵扣进项税额。

2018年1月1日至6月30日,纳税人支付的高速公路通行费,如暂未能取得收费公路通行费增值税电子普通发票,可凭取得的通行费发票(不含财政票据,下同)上注明的收费金额按照下列公式计算可抵扣的进项税额:

高速公路通行费可抵扣进项税额=高速公路通行费发票上注明的金额÷(1+3%)×3%

2018年1月1日至12月31日,纳税人支付的一级、二级公路通行费,如暂未能取得收费公路通行费增值税电子普通发票,可凭取得的通行费发票上注明的收费金额按照下列公式计算可抵扣进项税额:

一级、二级公路通行费可抵扣进项税额=一级、二级公路通行费发票上注明的金额÷(1+5%)×5%

(二)纳税人支付的桥、闸通行费,暂凭取得的通行费发票上注明的收费金额按照下列公式计算可抵扣的进项税额:

桥、闸通行费可抵扣进项税额=桥、闸通行费发票上注明的金额÷(1+5%)×5%

(三)本通知所称通行费,是指有关单位依法或者依规设立并收取的过路、过桥和过闸费用。

《财政部 国家税务总局关于收费公路通行费增值税抵扣有关问题的通知》(财税〔2016〕86号)自2018年1月1日起停止执行。

八、自2016年5月1日起,社会团体收取的会费,免征增值税。本通知下发前已征的增值税,可抵减以后月份应缴纳的增值税,或办理退税。

社会团体,是指依照国家有关法律法规设立或登记并取得《社会团体法人登记证书》的非营利法人。会费,是指社会团体在国家法律法规、政策许可的范围内,依照社团章程的规定,收取的个人会员、单位会员和团体会员的会费。

社会团体开展经营服务性活动取得的其他收入,一律照章缴纳增值税。

财政部 税务总局关于建筑服务等营改增试点政策的通知

手机阅读

2017年7月11日 财税〔2017〕58号

各省、自治区、直辖市、计划单列市财政厅(局)、国家税务局、地方税务局,新疆生产建设兵团财务局:

现将营改增试点期间建筑服务等政策补充通知如下：

一、建筑工程总承包单位为房屋建筑的地基与基础、主体结构提供工程服务，建设单位自行采购全部或部分钢材、混凝土、砌体材料、预制构件的，适用简易计税方法计税。

地基与基础、主体结构的范围，按照《建筑工程施工质量验收统一标准》（GB 50300—2013）附录 B《建筑工程的分部工程、分项工程划分》中的"地基与基础""主体结构"分部工程的范围执行。

二、《营业税改征增值税试点实施办法》（财税〔2016〕36号印发）第四十五条第（二）项修改为"纳税人提供租赁服务采取预收款方式的，其纳税义务发生时间为收到预收款的当天"。

三、纳税人提供建筑服务取得预收款，应在收到预收款时，以取得的预收款扣除支付的分包款后的余额，按照本条第三款规定的预征率预缴增值税。

按照现行规定应在建筑服务发生地预缴增值税的项目，纳税人收到预收款时在建筑服务发生地预缴增值税。按照现行规定无需在建筑服务发生地预缴增值税的项目，纳税人收到预收款时在机构所在地预缴增值税。

适用一般计税方法计税的项目预征率为2%，适用简易计税方法计税的项目预征率为3%。

四、纳税人采取转包、出租、互换、转让、入股等方式将承包地流转给农业生产者用于农业生产，免征增值税。

五、自2018年1月1日起，金融机构开展贴现、转贴现业务，以其实际持有票据期间取得的利息收入作为贷款服务销售额计算缴纳增值税。此前贴现机构已就贴现利息收入全额缴纳增值税的票据，转贴现机构转贴现利息收入继续免征增值税。

六、本通知除第五条外，自2017年7月1日起执行。《营业税改征增值税试点实施办法》（财税〔2016〕36号印发）第七条自2017年7月1日起废止。《营业税改征增值税试点过渡政策的规定》（财税〔2016〕36号印发）第一条第（二十三）项第4点自2018年1月1日起废止。

财政部　税务总局关于资管产品增值税有关问题的通知

手机阅读

2017年6月30日　财税〔2017〕56号

各省、自治区、直辖市、计划单列市财政厅（局）、国家税务局、地方税务局，新疆生产建设兵团财务局：

现将资管产品增值税有关问题通知如下：

一、资管产品管理人（以下称管理人）运营资管产品过程中发生的增值税应税行为（以下称资管产品运营业务），暂适用简易计税方法，按照3%的征收率缴纳增值税。

资管产品管理人,包括银行、信托公司、公募基金管理公司及其子公司、证券公司及其子公司、期货公司及其子公司、私募基金管理人、保险资产管理公司、专业保险资产管理机构、养老保险公司。

资管产品,包括银行理财产品、资金信托(包括集合资金信托、单一资金信托)、财产权信托、公开募集证券投资基金、特定客户资产管理计划、集合资产管理计划、定向资产管理计划、私募投资基金、债权投资计划、股权投资计划、股债结合型投资计划、资产支持计划、组合类保险资产管理产品、养老保障管理产品。

财政部和税务总局规定的其他资管产品管理人及资管产品。

二、管理人接受投资者委托或信托对受托资产提供的管理服务以及管理人发生的除本通知第一条规定的其他增值税应税行为(以下称其他业务),按照现行规定缴纳增值税。

三、管理人应分别核算资管产品运营业务和其他业务的销售额和增值税应纳税额。未分别核算的,资管产品运营业务不得适用本通知第一条规定。

四、管理人可选择分别或汇总核算资管产品运营业务销售额和增值税应纳税额。

五、管理人应按照规定的纳税期限,汇总申报缴纳资管产品运营业务和其他业务增值税。

六、本通知自2018年1月1日起施行。

对资管产品在2018年1月1日前运营过程中发生的增值税应税行为,未缴纳增值税的,不再缴纳;已缴纳增值税的,已纳税额从资管产品管理人以后月份的增值税应纳税额中抵减。

财政部 税务总局关于简并增值税税率有关政策的通知

手机阅读

2017年4月28日 财税〔2017〕37号

各省、自治区、直辖市、计划单列市财政厅(局)、国家税务局、地方税务局,新疆生产建设兵团财务局:

自2017年7月1日起,简并增值税税率结构,取消13%的增值税税率。现将有关政策通知如下:

一、纳税人销售或者进口下列货物,税率为11%:

农产品(含粮食)、自来水、暖气、石油液化气、天然气、食用植物油、冷气、热水、煤气、居民用煤炭制品、食用盐、农机、饲料、农药、农膜、化肥、沼气、二甲醚、图书、报纸、杂志、音像制品、电子出版物。

上述货物的具体范围见本通知附件1。

二、纳税人购进农产品，按下列规定抵扣进项税额：

（一）除本条第（二）项规定外，纳税人购进农产品，取得一般纳税人开具的增值税专用发票或海关进口增值税专用缴款书的，以增值税专用发票或海关进口增值税专用缴款书上注明的增值税额为进项税额；从按照简易计税方法依照3%征收率计算缴纳增值税的小规模纳税人取得增值税专用发票的，以增值税专用发票上注明的金额和11%的扣除率计算进项税额；取得（开具）农产品销售发票或收购发票的，以农产品销售发票或收购发票上注明的农产品买价和11%的扣除率计算进项税额。

（二）营业税改征增值税试点期间，纳税人购进用于生产销售或委托受托加工17%税率货物的农产品维持原扣除力度不变。

（三）继续推进农产品增值税进项税额核定扣除试点，纳税人购进农产品进项税额已实行核定扣除的，仍按照《财政部 国家税务总局关于在部分行业试行农产品增值税进项税额核定扣除办法的通知》（财税〔2012〕38号）、《财政部 国家税务总局关于扩大农产品增值税进项税额核定扣除试点行业范围的通知》（财税〔2013〕57号）执行。其中，《农产品增值税进项税额核定扣除试点实施办法》（财税〔2012〕38号印发）第四条第（二）项规定的扣除率调整为11%；第（三）项规定的扣除率调整为按本条第（一）项、第（二）项规定执行。

（四）纳税人从批发、零售环节购进适用免征增值税政策的蔬菜、部分鲜活肉蛋而取得的普通发票，不得作为计算抵扣进项税额的凭证。

（五）纳税人购进农产品既用于生产销售或委托受托加工17%税率货物又用于生产销售其他货物服务的，应当分别核算用于生产销售或委托受托加工17%税率货物和其他货物服务的农产品进项税额。未分别核算的，统一以增值税专用发票或海关进口增值税专用缴款书上注明的增值税额为进项税额，或以农产品收购发票或销售发票上注明的农产品买价和11%的扣除率计算进项税额。

（六）《中华人民共和国增值税暂行条例》第八条第二款第（三）项和本通知所称销售发票，是指农业生产者销售自产农产品适用免征增值税政策而开具的普通发票。

三、本通知附件2所列货物的出口退税率调整为11%。出口货物适用的出口退税率，以出口货物报关单上注明的出口日期界定。

外贸企业2017年8月31日前出口本通知附件2所列货物，购进时已按13%税率征收增值税的，执行13%出口退税率；购进时已按11%税率征收增值税的，执行11%出口退税率。生产企业2017年8月31日前出口本通知附件2所列货物，执行13%出口退税率。出口货物的时间，按照出口货物报关单上注明的出口日期执行。

四、本通知自2017年7月1日起执行。此前有关规定与本通知规定的增值税税率、扣除率、相关货物具体范围不一致的，以本通知为准。《财政部 国家税务总局关于免征部分鲜活肉蛋产品流通环节增值税政策的通知》（财税〔2012〕75号）第三条同时废止。

五、各地要高度重视简并增值税税率工作，切实加强组织领导，周密安排,明确责任。做好实施前的各项准备以及实施过程中的监测分析、宣传解释等工作,确保简并增值税税率平稳、有序推进。遇到问题请及时向财政部和税务总局反映。

附件: 1. 适用11%增值税税率货物范围注释(略)
   2. 出口退税率调整产品清单(略)

财政部 国家税务总局关于明确金融、房地产开发、教育辅助服务等增值税政策的通知

手机阅读

2016年12月21日 财税〔2016〕140号

各省、自治区、直辖市、计划单列市财政厅(局)、国家税务局,地方税务局,新疆生产建设兵团财务局:

现将营改增试点期间有关金融、房地产开发、教育辅助服务等政策补充通知如下:

一、《销售服务、无形资产、不动产注释》(财税〔2016〕36号)第一条第(五)项第1点所称"保本收益、报酬、资金占用费、补偿金",是指合同中明确承诺到期本金可全部收回的投资收益。金融商品持有期间(含到期)取得的非保本的上述收益,不属于利息或利息性质的收入,不征收增值税。

二、纳税人购入基金、信托、理财产品等各类资产管理产品持有至到期,不属于《销售服务、无形资产、不动产注释》(财税〔2016〕36号)第一条第(五)项第4点所称的金融商品转让。

三、证券公司、保险公司、金融租赁公司、证券基金管理公司、证券投资基金以及其他经人民银行、银监会、证监会、保监会批准成立且经营金融保险业务的机构发放贷款后,自结息日起90天内发生的应收未收利息按现行规定缴纳增值税,自结息日起90天后发生的应收未收利息暂不缴纳增值税,待实际收到利息时按规定缴纳增值税。

四、资管产品运营过程中发生的增值税应税行为,以资管产品管理人为增值税纳税人。

五、纳税人2016年1—4月份转让金融商品出现的负差,可结转下一纳税期,与2016年5—12月份转让金融商品销售额相抵。

六、《财政部 国家税务总局关于全面推开营业税改征增值税试点的通知》(财税〔2016〕36号)所称"人民银行、银监会或者商务部批准"、"商务部授权的省级商务主管部门和国家经济技术开发区批准"从事融资租赁业务(含融资性售后回租业务)的试点纳税人(含试点纳税人中的一般纳税人),包括经上述部门备案从事融资租赁业务的试点纳税人。

七、《营业税改征增值税试点有关事项的规定》(财税〔2016〕36号)第

一条第（三）项第10点中"向政府部门支付的土地价款"，包括土地受让人向政府部门支付的征地和拆迁补偿费用、土地前期开发费用和土地出让收益等。

房地产开发企业中的一般纳税人销售其开发的房地产项目（选择简易计税方法的房地产老项目除外），在取得土地时向其他单位或个人支付的拆迁补偿费用也允许在计算销售额时扣除。纳税人按上述规定扣除拆迁补偿费用时，应提供拆迁协议、拆迁双方支付和取得拆迁补偿费用凭证等能够证明拆迁补偿费用真实性的材料。

八、房地产开发企业（包括多个房地产开发企业组成的联合体）受让土地向政府部门支付土地价款后，设立项目公司对该受让土地进行开发，同时符合下列条件的，可由项目公司按规定扣除房地产开发企业向政府部门支付的土地价款。

（一）房地产开发企业、项目公司、政府部门三方签订变更协议或补充合同，将土地受让人变更为项目公司；

（二）政府部门出让土地的用途、规划等条件不变的情况下，签署变更协议或补充合同时，土地价款总额不变；

（三）项目公司的全部股权由受让土地的房地产开发企业持有。

九、提供餐饮服务的纳税人销售的外卖食品，按照"餐饮服务"缴纳增值税。

十、宾馆、旅馆、旅社、度假村和其他经营性住宿场所提供会议场地及配套服务的活动，按照"会议展览服务"缴纳增值税。

十一、纳税人在游览场所经营索道、摆渡车、电瓶车、游船等取得的收入，按照"文化体育服务"缴纳增值税。

十二、非企业性单位中的一般纳税人提供的研发和技术服务、信息技术服务、鉴证咨询服务，以及销售技术、著作权等无形资产，可以选择简易计税方法按照3%征收率计算缴纳增值税。

非企业性单位中的一般纳税人提供《营业税改征增值税试点过渡政策的规定》（财税〔2016〕36号）第一条第（二十六）项中的"技术转让、技术开发和与之相关的技术咨询、技术服务"，可以参照上述规定，选择简易计税方法按照3%征收率计算缴纳增值税。

十三、一般纳税人提供教育辅助服务，可以选择简易计税方法按照3%征收率计算缴纳增值税。

十四、纳税人提供武装守护押运服务，按照"安全保护服务"缴纳增值税。

十五、物业服务企业为业主提供的装修服务，按照"建筑服务"缴纳增值税。

十六、纳税人将建筑施工设备出租给他人使用并配备操作人员的，按照"建筑服务"缴纳增值税。

十七、自2017年1月1日起，生产企业销售自产的海洋工程结构物，或者融资租赁企业及其设立的项目子公司、金融租赁公司及其设立的项目子公司购买并以融资租赁方式出租的国内生产企业生产的海洋工程结构物，应按规定缴纳增值税,不再适用《财政部 国家税务总局关于出口货物劳务增值税和消费税政策的通知》(财税〔2012〕39号)或者《财政部 国家税务总局关于在全国开展融资租赁货物出口退税政策试点的通知》(财税〔2014〕62号)规定的增值税出口退税政策,但购买方或者承租方为按实物征收增值税的中外合作油(气)田开采企业的除外。

2017年1月1日前签订的海洋工程结构物销售合同或者融资租赁合同,在合同到期前,可继续按现行相关出口退税政策执行。

十八、本通知除第十七条规定的政策外,其他均自2016年5月1日起执行。此前已征的应予免征或不征的增值税,可抵减纳税人以后月份应缴纳的增值税。

财政部 国家税务总局关于金融机构同业往来等增值税政策的补充通知

2016年6月30日 财税〔2016〕70号

各省、自治区、直辖市、计划单列市财政厅(局)、国家税务局、地方税务局,新疆生产建设兵团财务局:

经研究,现将营改增试点期间有关金融业政策补充通知如下:

一、金融机构开展下列业务取得的利息收入,属于《营业税改征增值税试点过渡政策的规定》(财税〔2016〕36号,以下简称《过渡政策的规定》)第一条第(二十三)项所称的金融同业往来利息收入:

(一)同业存款。

同业存款,是指金融机构之间开展的同业资金存入与存出业务,其中资金存入方仅为具有吸收存款资格的金融机构。

(二)同业借款。

同业借款,是指法律法规赋予此项业务范围的金融机构开展的同业资金借出和借入业务。此条款所称"法律法规赋予此项业务范围的金融机构"主要是指农村信用社之间以及在金融机构营业执照列示的业务范围中有反映为"向金融机构借款"业务的金融机构。

(三)同业代付。

同业代付,是指商业银行(受托方)接受金融机构(委托方)的委托向企业客户付款,委托方在约定还款日偿还代付款项本息的资金融通行为。

(四)买断式买入返售金融商品。

买断式买入返售金融商品,是指金融商品持有人(正回购方)将债券等金融商品卖给债券购买方(逆回购方)的同时,交易双方约定在未来某一日期,正回购方再以约定价格从逆回购方买回相等数量同种债券等金融商品的交易行为。

（五）持有金融债券。

金融债券，是指依法在中华人民共和国境内设立的金融机构法人在全国银行间和交易所债券市场发行的、按约定还本付息的有价证券。

（六）同业存单。

同业存单，是指银行业存款类金融机构法人在全国银行间市场上发行的记账式定期存款凭证。

二、商业银行购买央行票据、与央行开展货币掉期和货币互存等业务属于《过渡政策的规定》第一条第（二十三）款第1项所称的金融机构与人民银行所发生的资金往来业务。

三、境内银行与其境外的总机构、母公司之间，以及境内银行与其境外的分支机构、全资子公司之间的资金往来业务属于《过渡政策的规定》第一条第（二十三）款第2项所称的银行联行往来业务。

四、人民币合格境外投资者（RQFII）委托境内公司在我国从事证券买卖业务，以及经人民银行认可的境外机构投资银行间本币市场取得的收入属于《过渡政策的规定》第一条第（二十二）款所称的金融商品转让收入。

银行间本币市场包括货币市场、债券市场以及衍生品市场。

五、本通知自2016年5月1日起执行。

财政部 国家税务总局关于进一步明确全面推开营改增试点有关再保险、不动产租赁和非学历教育等政策的通知

手机阅读

2016年6月18日　财税〔2016〕68号

各省、自治区、直辖市、计划单列市财政厅（局）、国家税务局、地方税务局，新疆生产建设兵团财务局：

经研究，现将营改增试点期间有关再保险、不动产租赁和非学历教育等政策补充通知如下：

一、再保险服务

（一）境内保险公司向境外保险公司提供的完全在境外消费的再保险服务，免征增值税。

（二）试点纳税人提供再保险服务（境内保险公司向境外保险公司提供的再保险服务除外），实行与原保险服务一致的增值税政策。再保险合同对应多个原保险合同的，所有原保险合同均适用免征增值税政策时，该再保险合同适用免征增值税政策。否则，该再保险合同应按规定缴纳增值税。

原保险服务，是指保险分出方与投保人之间直接签订保险合同而建立保险

关系的业务活动。

二、不动产经营租赁服务

1. 房地产开发企业中的一般纳税人,出租自行开发的房地产老项目,可以选择适用简易计税方法,按照5%的征收率计算应纳税额。纳税人出租自行开发的房地产老项目与其机构所在地不在同一县(市)的,应按照上述计税方法在不动产所在地预缴税款后,向机构所在地主管税务机关进行纳税申报。

房地产开发企业中的一般纳税人,出租其2016年5月1日后自行开发的与机构所在地不在同一县(市)的房地产项目,应按照3%预征率在不动产所在地预缴税款后,向机构所在地主管税务机关进行纳税申报。

2. 房地产开发企业中的小规模纳税人,出租自行开发的房地产项目,按照5%的征收率计算应纳税额。纳税人出租自行开发的房地产项目与其机构所在地不在同一县(市)的,应按照上述计税方法在不动产所在地预缴税款后,向机构所在地主管税务机关进行纳税申报。

三、一般纳税人提供非学历教育服务,可以选择适用简易计税方法按照3%征收率计算应纳税额。

四、纳税人提供安全保护服务,比照劳务派遣服务政策执行。

五、各党派、共青团、工会、妇联、中科协、青联、台联、侨联收取党费、团费、会费,以及政府间国际组织收取会费,属于非经营活动,不征收增值税。

六、本通知自2016年5月1日起执行。

财政部 国家税务总局关于促进残疾人就业增值税优惠政策的通知

手机阅读

2016年5月5日 财税〔2016〕52号

各省、自治区、直辖市、计划单列市财政厅(局)、国家税务局,新疆生产建设兵团财务局:

为继续发挥税收政策促进残疾人就业的作用,进一步保障残疾人权益,经国务院批准,决定对促进残疾人就业的增值税政策进行调整完善。现将有关政策通知如下:

一、对安置残疾人的单位和个体工商户(以下称纳税人),实行由税务机关按纳税人安置残疾人的人数,限额即征即退增值税的办法。

安置的每位残疾人每月可退还的增值税具体限额,由县级以上税务机关根据纳税人所在区县(含县级市、旗,下同)适用的经省(含自治区、直辖市、计划单列市,下同)人民政府批准的月最低工资标准的4倍确定。

二、享受税收优惠政策的条件

(一)纳税人(除盲人按摩机构外)月安置的残疾人占在职职工人数的比

例不低于25%（含25%），并且安置的残疾人人数不少于10人（含10人）；

盲人按摩机构月安置的残疾人占在职职工人数的比例不低于25%（含25%），并且安置的残疾人人数不少于5人（含5人）。

（二）依法与安置的每位残疾人签订了一年以上（含一年）的劳动合同或服务协议。

（三）为安置的每位残疾人按月足额缴纳了基本养老保险、基本医疗保险、失业保险、工伤保险和生育保险等社会保险。

（四）通过银行等金融机构向安置的每位残疾人，按月支付了不低于纳税人所在区县适用的经省人民政府批准的月最低工资标准的工资。

三、《财政部　国家税务总局关于教育税收政策的通知》（财税〔2004〕39号）第一条第7项规定的特殊教育学校举办的企业，只要符合本通知第二条第（一）项第一款规定的条件，即可享受本通知第一条规定的增值税优惠政策。这类企业在计算残疾人人数时可将在企业上岗工作的特殊教育学校的全日制在校学生计算在内，在计算企业在职职工人数时也要将上述学生计算在内。

四、纳税人中纳税信用等级为税务机关评定的C级或D级的，不得享受本通知第一条、第三条规定的政策。

五、纳税人按照纳税期限向主管国税机关申请退还增值税。本纳税期已交增值税额不足退还的，可在本纳税年度内以前纳税期已交增值税扣除已退增值税的余额中退还，仍不足退还的可结转本纳税年度内以后纳税期退还，但不得结转以后年度退还。纳税期限不为按月的，只能对其符合条件的月份退还增值税。

六、本通知第一条规定的增值税优惠政策仅适用于生产销售货物，提供加工、修理修配劳务，以及提供营改增现代服务和生活服务税目（不含文化体育服务和娱乐服务）范围的服务取得的收入之和，占其增值税收入的比例达到50%的纳税人，但不适用于上述纳税人直接销售外购货物（包括商品批发和零售）以及销售委托加工的货物取得的收入。

纳税人应当分别核算上述享受税收优惠政策和不得享受税收优惠政策业务的销售额，不能分别核算的，不得享受本通知规定的优惠政策。

七、如果既适用促进残疾人就业增值税优惠政策，又适用重点群体、退役士兵、随军家属、军转干部等支持就业的增值税优惠政策的，纳税人可自行选择适用的优惠政策，但不能累加执行。一经选定，36个月内不得变更。

八、残疾人个人提供的加工、修理修配劳务，免征增值税。

九、税务机关发现已享受本通知增值税优惠政策的纳税人，存在不符合本通知第二条、第三条规定条件，或者采用伪造或重复使用残疾人证、残疾军人证等手段骗取本通知规定的增值税优惠的，应将纳税人发生上述违法违规行为的纳税期内按本通知已享受到的退税全额追缴入库，并自发现当月起36个月内停止其享受本通知规定的各项税收优惠。

十、本通知有关定义

（一）残疾人，是指法定劳动年龄内，持有《中华人民共和国残疾人证》或者《中华人民共和国残疾军人证（1至8级）》的自然人，包括具有劳动条件和劳动意愿的精神残疾人。

(二)残疾人个人,是指自然人。

(三)在职职工人数,是指与纳税人建立劳动关系并依法签订劳动合同或者服务协议的雇员人数。

(四)特殊教育学校举办的企业,是指特殊教育学校主要为在校学生提供实习场所、并由学校出资自办、由学校负责经营管理、经营收入全部归学校所有的企业。

十一、本通知规定的增值税优惠政策的具体征收管理办法,由国家税务总局制定。

十二、本通知自 2016 年 5 月 1 日起执行,《财政部 国家税务总局关于促进残疾人就业税收优惠政策的通知》(财税〔2007〕92 号)、《财政部 国家税务总局关于将铁路运输和邮政业纳入营业税改征增值税试点的通知》(财税〔2013〕106 号)附件 3 第二条第(二)项同时废止。纳税人 2016 年 5 月 1 日前执行财税〔2007〕92 号和财税〔2013〕106 号文件发生的应退未退的增值税余额,可按照本通知第五条规定执行。

财政部 国家税务总局关于进一步明确全面推开营改增试点有关劳务派遣服务、收费公路通行费抵扣等政策的通知

手机阅读

2016 年 4 月 30 日 财税〔2016〕47 号

各省、自治区、直辖市、计划单列市财政厅(局)、国家税务局、地方税务局,新疆生产建设兵团财务局:

经研究,现将营改增试点期间劳务派遣服务等政策补充通知如下:

一、劳务派遣服务政策

一般纳税人提供劳务派遣服务,可以按照《财政部 国家税务总局关于全面推开营业税改征增值税试点的通知》(财税〔2016〕36 号)的有关规定,以取得的全部价款和价外费用为销售额,按照一般计税方法计算缴纳增值税;也可以选择差额纳税,以取得的全部价款和价外费用,扣除代用工单位支付给劳务派遣员工的工资、福利和为其办理社会保险及住房公积金后的余额为销售额,按照简易计税方法依 5% 的征收率计算缴纳增值税。

小规模纳税人提供劳务派遣服务,可以按照《财政部 国家税务总局关于全面推开营业税改征增值税试点的通知》(财税〔2016〕36 号)的有关规定,以取得的全部价款和价外费用为销售额,按照简易计税方法依 3% 的征收率计算缴纳增值税;也可以选择差额纳税,以取得的全部价款和价外费用,扣除代用工单位支付给劳务派遣员工的工资、福利和为其办理社会保险及住房公积金后的余额为销售额,按照简易计税方法依 5% 的征收率计算缴纳增值税。

选择差额纳税的纳税人,向用工单位收取用于支付给劳务派遣员工工资、福利和为其办理社会保险及住房公积金的费用,不得开具增值税专用发票,可以开具普通发票。

劳务派遣服务,是指劳务派遣公司为了满足用工单位对于各类灵活用工的需求,将员工派遣至用工单位,接受用工单位管理并为其工作的服务。

二、收费公路通行费抵扣及征收政策

(一)2016年5月1日至7月31日,一般纳税人支付的道路、桥、闸通行费,暂凭取得的通行费发票(不含财政票据,下同)上注明的收费金额按照下列公式计算可抵扣的进项税额:

高速公路通行费可抵扣进项税额 = 高速公路通行费发票上注明的金额 ÷ (1 + 3%) × 3%

一级公路、二级公路、桥、闸通行费可抵扣进项税额 = 一级公路、二级公路、桥、闸通行费发票上注明的金额 ÷ (1 + 5%) × 5%

通行费,是指有关单位依法或者依规设立并收取的过路、过桥和过闸费用。

(二)一般纳税人收取试点前开工的一级公路、二级公路、桥、闸通行费,可以选择适用简易计税方法,按照5%的征收率计算缴纳增值税。

试点前开工,是指相关施工许可证注明的合同开工日期在2016年4月30日前。

三、其他政策

(一)纳税人提供人力资源外包服务,按照经纪代理服务缴纳增值税,其销售额不包括受客户单位委托代为向客户单位员工发放的工资和代理缴纳的社会保险、住房公积金。向委托方收取并代为发放的工资和代理缴纳的社会保险、住房公积金,不得开具增值税专用发票,可以开具普通发票。

一般纳税人提供人力资源外包服务,可以选择适用简易计税方法,按照5%的征收率计算缴纳增值税。

(二)纳税人以经营租赁方式将土地出租给他人使用,按照不动产经营租赁服务缴纳增值税。

纳税人转让2016年4月30日前取得的土地使用权,可以选择适用简易计税方法,以取得的全部价款和价外费用减去取得该土地使用权的原价后的余额为销售额,按照5%的征收率计算缴纳增值税。

(三)一般纳税人2016年4月30日前签订的不动产融资租赁合同,或以2016年4月30日前取得的不动产提供的融资租赁服务,可以选择适用简易计税方法,按照5%的征收率计算缴纳增值税。

(四)一般纳税人提供管道运输服务和有形动产融资租赁服务,按照《营业税改征增值税试点过渡政策的规定》(财税〔2013〕106号)第二条有关规定适用的增值税实际税负超过3%部分即征即退政策,在2016年1月1日至4月30日期间继续执行。

四、本通知规定的内容,除另有规定执行时间外,自2016年5月1日起执行。

财政部　国家税务总局关于进一步明确全面推开营改增试点金融业有关政策的通知

2016年4月29日　财税〔2016〕46号

各省、自治区、直辖市、计划单列市财政厅（局）、国家税务局、地方税务局，新疆生产建设兵团财务局：

经研究，现将营改增试点期间有关金融业政策补充通知如下：

一、金融机构开展下列业务取得的利息收入，属于《营业税改征增值税试点过渡政策的规定》（财税〔2016〕36号，以下简称《过渡政策的规定》）第一条第（二十三）项所称的金融同业往来利息收入：

（一）质押式买入返售金融商品。

质押式买入返售金融商品，是指交易双方进行的以债券等金融商品为权利质押的一种短期资金融通业务。

（二）持有政策性金融债券。

政策性金融债券，是指开发性、政策性金融机构发行的债券。

二、《过渡政策的规定》第一条第（二十一）项中，享受免征增值税的一年期以及以上返还本利的人身保险包括其他年金保险，其他年金保险是指养老年金以外的年金保险。

三、农村信用社、村镇银行、农村资金互助社、由银行业机构全资发起设立的贷款公司、法人机构在县（县级市、区、旗）及县以下地区的农村合作银行和农村商业银行提供金融服务收入，可以选择适用简易计税方法按照3%的征收率计算缴纳增值税。

村镇银行，是指经中国银行业监督管理委员会依据有关法律、法规批准，由境内外金融机构、境内非金融机构企业法人、境内自然人出资，在农村地区设立的主要为当地农民、农业和农村经济发展提供金融服务的银行业金融机构。

农村资金互助社，是指经银行业监督管理机构批准，由乡（镇）、行政村农民和农村小企业自愿入股组成，为社员提供存款、贷款、结算等业务的社区互助性银行业金融机构。

由银行业机构全资发起设立的贷款公司，是指经中国银行业监督管理委员会依据有关法律、法规批准，由境内商业银行或农村合作银行在农村地区设立的专门为县域农民、农业和农村经济发展提供贷款服务的非银行业金融机构。

县（县级市、区、旗），不包括直辖市和地级市所辖城区。

四、对中国农业银行纳入"三农金融事业部"改革试点的各省、自治区、直辖市、计划单列市分行下辖的县域支行和新疆生产建设兵团分行下辖的县域支行(也称县事业部),提供农户贷款、农村企业和农村各类组织贷款(具体贷款业务清单见附件)取得的利息收入,可以选择适用简易计税方法按照3%的征收率计算缴纳增值税。

农户贷款,是指金融机构发放给农户的贷款,但不包括按照《过渡政策的规定》第一条第(十九)项规定的免征增值税的农户小额贷款。

农户,是指《过渡政策的规定》第一条第(十九)项所称的农户。

农村企业和农村各类组织贷款,是指金融机构发放给注册在农村地区的企业及各类组织的贷款。

五、本通知自2016年5月1日起执行。

附件:享受增值税优惠的涉农贷款业务清单(略)

财政部　国家税务总局关于营业税改征增值税试点若干政策的通知

2016年3月23日　财税〔2016〕39号

各省、自治区、直辖市、计划单列市财政厅(局)、国家税务局、地方税务局,新疆生产建设兵团财务局:

现将营业税改征增值税试点若干政策明确如下:

一、中国移动通信集团公司、中国联合网络通信集团有限公司、中国电信集团公司及其成员单位通过手机短信公益特服号为公益性机构(名单见附件1)接受捐款,以其取得的全部价款和价外费用,扣除支付给公益性机构捐款后的余额为销售额。其接受的捐款,不得开具增值税专用发票。

二、中国证券登记结算公司的销售额,不包括以下资金项目:按规定提取的证券结算风险基金;代收代付的证券公司资金交收违约垫付资金利息;结算过程中代收代付的资金交收违约罚息。

三、中国农业发展银行总行及其各分支机构提供涉农贷款(具体涉农贷款业务清单见附件2)取得的利息收入,可以选择适用简易计税方法按照3%的征收率计算缴纳增值税。

四、中国海洋石油总公司及所属单位海上自营油田开采的原油、天然气,停止按实物征收增值税,改为按照《增值税暂行条例》及其实施细则缴纳增值税。

五、美国ABS船级社在非营利宗旨不变、中国船级社在美国享受同等免税待遇的前提下,在中国境内提供的船检服务免征增值税。

六、青藏铁路公司提供的铁路运输服务免征增值税。

七、中国邮政集团公司及其所属邮政企业提供的邮政普遍服务和邮政特殊服务，免征增值税。

八、2016年12月31日前，中和农信项目管理有限公司和中国扶贫基金会举办的农户自立服务社（中心）以及中和农信项目管理有限公司独资成立的小额贷款公司从事农户小额贷款取得的利息收入，免征增值税。

所称小额贷款，是指单笔且该农户贷款余额总额在10万元（含）以下的贷款。

所称农户，是指长期（一年以上）居住在乡镇（不包括城关镇）行政管理区域内的住户，还包括长期居住在城关镇所辖行政村范围内的住户和户口不在本地而在本地居住一年以上的住户，国有农场的职工和农村个体工商户。位于乡镇（不包括城关镇）行政管理区域内和在城关镇所辖行政村范围内的国有经济的机关、团体、学校、企事业单位的集体户；有本地户口，但举家外出谋生一年以上的住户，无论是否保留承包耕地均不属于农户。农户以户为统计单位，既可以从事农业生产经营，也可以从事非农业生产经营。农户贷款的判定应以贷款发放时的承贷主体是否属于农户为准。

九、中国信达资产管理股份有限公司、中国华融资产管理股份有限公司、中国长城资产管理公司和中国东方资产管理公司及各自经批准分设于各地的分支机构（以下称资产公司），在收购、承接和处置剩余政策性剥离不良资产和改制银行剥离不良资产过程中开展的以下业务，免征增值税：

（一）接受相关国有银行的不良债权，借款方以货物、不动产、无形资产、有价证券和票据等抵充贷款本息的，资产公司销售、转让该货物、不动产、无形资产、有价证券、票据以及利用该货物、不动产从事的融资租赁业务。

（二）接受相关国有银行的不良债权取得的利息。

（三）资产公司所属的投资咨询类公司，为本公司收购、承接、处置不良资产而提供的资产、项目评估和审计服务。

中国长城资产管理公司和中国东方资产管理公司如经国务院批准改制后，继承其权利、义务的主体及其分支机构处置剩余政策性剥离不良资产和改制银行剥离不良资产，比照上述政策执行。

上述政策性剥离不良资产，是指资产公司按照国务院规定的范围和额度，以账面价值进行收购的相关国有银行的不良资产。

上述改制银行剥离不良资产，是指资产公司按照《中国银行和中国建设银行改制过程中可疑类贷款处置管理办法》（财金〔2004〕53号）、《中国工商银行改制过程中可疑类贷款处置管理办法》（银发〔2005〕148号）规定及中国交通银行股份制改造时国务院确定的不良资产的范围和额度收购的不良资产。

上述处置不良资产，是指资产公司按照有关法律、行政法规，为使不良资产的价值得到实现而采取的债权转移的措施，具体包括运用出售、置换、资产重组、债转股、证券化等方法对贷款及其抵押品进行处置。

资产公司（含中国长城资产管理公司和中国东方资产管理公司如经国务院批准改制后继承其权利、义务的主体）除收购、承接、处置本通知规定的政策性剥离不良资产和改制银行剥离不良资产业务外，从事其他经营业务应一律依法纳税。

除另有规定者外,资产公司所属、附属企业,不得享受资产公司免征增值税的政策。

十、全国社会保障基金理事会、全国社会保障基金投资管理人运用全国社会保障基金买卖证券投资基金、股票、债券取得的金融商品转让收入,免征增值税。

十一、对下列国际航运保险业务免征增值税:

1. 注册在上海、天津的保险企业从事国际航运保险业务。

2. 注册在深圳市的保险企业向注册在前海深港现代服务业合作区的企业提供国际航运保险业务。

3. 注册在平潭的保险企业向注册在平潭的企业提供国际航运保险业务。

十二、上述政策除已规定期限的外,其他均在营业税改征增值税试点期间执行。

本通知自2016年5月1日起执行。

附件:1. 手机短信公益特服号及公益性机构名单(略)

2. 中国农业发展银行实行增值税简易征收的涉农贷款业务清单(略)

财政部 国家税务总局关于全面推开营业税改征增值税试点的通知①

手机阅读

2016年3月23日 财税〔2016〕36号

各省、自治区、直辖市、计划单列市财政厅(局)、国家税务局、地方税务局,新疆生产建设兵团财务局:

经国务院批准,自2016年5月1日起,在全国范围内全面推开营业税改征增值税(以下称营改增)试点,建筑业、房地产业、金融业、生活服务业等

---

① 根据《关于建筑服务等营改增试点政策的通知》(财税〔2017〕58号),本法附件1《营业税改征增值税试点实施办法》第四十五条第(二)项改为"纳税人提供租赁服务采取预收款方式的,其纳税义务发生时间为收到预收款的当天";第7条自2017年7月1日起被废止;本法附件3《营业税改征增值税试点过渡政策的规定》第一条第(二十三)项第4点自2018年1月1日起被废止。

根据《关于深化增值税改革有关政策的公告》(财政部 税务总局 海关总署公告2019年第39号),本法中《营业税改征增值税试点有关事项的规定》第一条第(四)项第1点、第二条第(一)项第1点自2019年4月1日起停止执行;《营业税改征增值税试点实施办法》第二十七条第(六)项和《营业税改征增值税试点有关事项的规定》(财税〔2016〕36号印发)第二条第(一)项第5点中"购进的旅客运输服务、贷款服务、餐饮服务、居民日常服务和娱乐服务"修改为"购进的贷款服务、餐饮服务、居民日常服务和娱乐服务"。

全部营业税纳税人,纳入试点范围,由缴纳营业税改为缴纳增值税。现将《营业税改征增值税试点实施办法》、《营业税改征增值税试点有关事项的规定》、《营业税改征增值税试点过渡政策的规定》和《跨境应税行为适用增值税零税率和免税政策的规定》印发你们,请遵照执行。

本通知附件规定的内容,除另有规定执行时间外,自2016年5月1日起执行。《财政部 国家税务总局关于将铁路运输和邮政业纳入营业税改征增值税试点的通知》(财税〔2013〕106号)、《财政部 国家税务总局关于铁路运输和邮政业营业税改征增值税试点有关政策的补充通知》(财税〔2013〕121号)、《财政部 国家税务总局关于将电信业纳入营业税改征增值税试点的通知》(财税〔2014〕43号)、《财政部 国家税务总局关于国际水路运输增值税零税率政策的补充通知》(财税〔2014〕50号)和《财政部 国家税务总局关于影视等出口服务适用增值税零税率政策的通知》(财税〔2015〕118号),除另有规定的条款外,相应废止。

各地要高度重视营改增试点工作,切实加强试点工作的组织领导,周密安排,明确责任,采取各种有效措施,做好试点前的各项准备以及试点过程中的监测分析和宣传解释等工作,确保改革的平稳、有序、顺利进行。遇到问题请及时向财政部和国家税务总局反映。

附件: 1. 营业税改征增值税试点实施办法
   2. 营业税改征增值税试点有关事项的规定
   3. 营业税改征增值税试点过渡政策的规定
   4. 跨境应税行为适用增值税零税率和免税政策的规定

附件1:

营业税改征增值税试点实施办法

第一章 纳税人和扣缴义务人

第一条 在中华人民共和国境内(以下称境内)销售服务、无形资产或者不动产(以下称应税行为)的单位和个人,为增值税纳税人,应当按照本办法缴纳增值税,不缴纳营业税。

单位,是指企业、行政单位、事业单位、军事单位、社会团体及其他单位。

个人,是指个体工商户和其他个人。

第二条 单位以承包、承租、挂靠方式经营的,承包人、承租人、挂靠人(以下统称承包人)以发包人、出租人、被挂靠人(以下统称发包人)名义对外经营并由发包人承担相关法律责任的,以该发包人为纳税人。否则,以承包人为纳税人。

第三条 纳税人分为一般纳税人和小规模纳税人。

应税行为的年应征增值税销售额(以下称应税销售额)超过财政部和国家税务总局规定标准的纳税人为一般纳税人,未超过规定标准的纳税人为小规模纳税人。

年应税销售额超过规定标准的其他个人不属于一般纳税人。年应税销售额超过规定标准但不经常发生应税行为的单位和个体工商户可选择按照小规模纳税人纳税。

第四条 年应税销售额未超过规定标准的纳税人，会计核算健全，能够提供准确税务资料的，可以向主管税务机关办理一般纳税人资格登记，成为一般纳税人。

会计核算健全，是指能够按照国家统一的会计制度规定设置账簿，根据合法、有效凭证核算。

第五条 符合一般纳税人条件的纳税人应当向主管税务机关办理一般纳税人资格登记。具体登记办法由国家税务总局制定。

除国家税务总局另有规定外，一经登记为一般纳税人后，不得转为小规模纳税人。

第六条 中华人民共和国境外（以下称境外）单位或者个人在境内发生应税行为，在境内未设有经营机构的，以购买方为增值税扣缴义务人。财政部和国家税务总局另有规定的除外。

第七条 两个或者两个以上的纳税人，经财政部和国家税务总局批准可以视为一个纳税人合并纳税。具体办法由财政部和国家税务总局另行制定。

第八条 纳税人应当按照国家统一的会计制度进行增值税会计核算。

第二章 征税范围

第九条 应税行为的具体范围，按照本办法所附的《销售服务、无形资产、不动产注释》执行。

第十条 销售服务、无形资产或者不动产，是指有偿提供服务、有偿转让无形资产或者不动产，但属于下列非经营活动的情形除外：

（一）行政单位收取的同时满足以下条件的政府性基金或者行政事业性收费。

1. 由国务院或者财政部批准设立的政府性基金，由国务院或者省级人民政府及其财政、价格主管部门批准设立的行政事业性收费；

2. 收取时开具省级以上（含省级）财政部门监（印）制的财政票据；

3. 所收款项全额上缴财政。

（二）单位或者个体工商户聘用的员工为本单位或者雇主提供取得工资的服务。

（三）单位或者个体工商户为聘用的员工提供服务。

（四）财政部和国家税务总局规定的其他情形。

第十一条 有偿，是指取得货币、货物或者其他经济利益。

第十二条 在境内销售服务、无形资产或者不动产，是指：

（一）服务（租赁不动产除外）或者无形资产（自然资源使用权除外）的销售方或者购买方在境内；

（二）所销售或者租赁的不动产在境内；

（三）所销售自然资源使用权的自然资源在境内；

（四）财政部和国家税务总局规定的其他情形。

第十三条 下列情形不属于在境内销售服务或无形资产：

（一）境外单位或者个人向境内单位或者个人销售完全在境外发生的服务。

（二）境外单位或者个人向境内单位或者个人销售完全在境外使用的无形资产。

（三）境外单位或者个人向境内单位或者个人出租完全在境外使用的有形动产。

（四）财政部和国家税务总局规定的其他情形。

第十四条 下列情形视同销售服务、无形资产或者不动产：

（一）单位或者个体工商户向其他单位或者个人无偿提供服务，但用于公益事业或者以社会公众为对象的除外。

（二）单位或者个人向其他单位或者个人无偿转让无形资产或者不动产，但用于公益事业或者以社会公众为对象的除外。

（三）财政部和国家税务总局规定的其他情形。

第三章　税率和征收率

第十五条 增值税税率：

（一）纳税人发生应税行为，除本条第（二）项、第（三）项、第（四）项规定外，税率为6%。

（二）提供交通运输、邮政、基础电信、建筑、不动产租赁服务，销售不动产，转让土地使用权，税率为11%。

（三）提供有形动产租赁服务，税率为17%。

（四）境内单位和个人发生的跨境应税行为，税率为零。具体范围由财政部和国家税务总局另行规定。

第十六条 增值税征收率为3%，财政部和国家税务总局另有规定的除外。

第四章　应纳税额的计算

第一节　一般性规定

第十七条 增值税的计税方法，包括一般计税方法和简易计税方法。

第十八条 一般纳税人发生应税行为适用一般计税方法计税。

一般纳税人发生财政部和国家税务总局规定的特定应税行为，可以选择适用简易计税方法计税，但一经选择，36个月内不得变更。

第十九条 小规模纳税人发生应税行为适用简易计税方法计税。

第二十条 境外单位或者个人在境内发生应税行为，在境内未设有经营机构的，扣缴义务人按照下列公式计算应扣缴税额：

应扣缴税额 = 购买方支付的价款 ÷ (1 + 税率) × 税率

第二节　一般计税方法

第二十一条 一般计税方法的应纳税额，是指当期销项税额抵扣当期进项税额后的余额。应纳税额计算公式：

应纳税额 = 当期销项税额 − 当期进项税额

当期销项税额小于当期进项税额不足抵扣时,其不足部分可以结转下期继续抵扣。

第二十二条 销项税额,是指纳税人发生应税行为按照销售额和增值税税率计算并收取的增值税税额。销项税额计算公式:

销项税额 = 销售额 × 税率

第二十三条 一般计税方法的销售额不包括销项税额,纳税人采用销售额和销项税额合并定价方法的,按照下列公式计算销售额:

销售额 = 含税销售额 ÷ (1 + 税率)

第二十四条 进项税额,是指纳税人购进货物、加工修理修配劳务、服务、无形资产或者不动产,支付或者负担的增值税税额。

第二十五条 下列进项税额准予从销项税额中抵扣:

(一)从销售方取得的增值税专用发票(含税控机动车销售统一发票,下同)上注明的增值税额。

(二)从海关取得的海关进口增值税专用缴款书上注明的增值税额。

(三)购进农产品,除取得增值税专用发票或者海关进口增值税专用缴款书外,按照农产品收购发票或者销售发票上注明的农产品买价和13%的扣除率计算的进项税额。计算公式为:

进项税额 = 买价 × 扣除率

买价,是指纳税人购进农产品在农产品收购发票或者销售发票上注明的价款和按照规定缴纳的烟叶税。

购进农产品,按照《农产品增值税进项税额核定扣除试点实施办法》抵扣进项税额的除外。

(四)从境外单位或者个人购进服务、无形资产或者不动产,自税务机关或者扣缴义务人取得的解缴税款的完税凭证上注明的增值税额。

第二十六条 纳税人取得的增值税扣税凭证不符合法律、行政法规或者国家税务总局有关规定的,其进项税额不得从销项税额中抵扣。

增值税扣税凭证,是指增值税专用发票、海关进口增值税专用缴款书、农产品收购发票、农产品销售发票和完税凭证。

纳税人凭完税凭证抵扣进项税额的,应当具备书面合同、付款证明和境外单位的对账单或者发票。资料不全的,其进项税额不得从销项税额中抵扣。

第二十七条 下列项目的进项税额不得从销项税额中抵扣:

(一)用于简易计税方法计税项目、免征增值税项目、集体福利或者个人消费的购进货物、加工修理修配劳务、服务、无形资产和不动产。其中涉及的固定资产、无形资产、不动产,仅指专用于上述项目的固定资产、无形资产(不包括其他权益性无形资产)、不动产。

纳税人的交际应酬消费属于个人消费。

(二)非正常损失的购进货物,以及相关的加工修理修配劳务和交通运输服务。

(三)非正常损失的在产品、产成品所耗用的购进货物(不包括固定资产)、加工修理修配劳务和交通运输服务。

(四)非正常损失的不动产,以及该不动产所耗用的购进货物、设计服务和建筑服务。

（五）非正常损失的不动产在建工程所耗用的购进货物、设计服务和建筑服务。

纳税人新建、改建、扩建、修缮、装饰不动产，均属于不动产在建工程。

（六）购进的旅客运输服务、贷款服务、餐饮服务、居民日常服务和娱乐服务。

（七）财政部和国家税务总局规定的其他情形。

本条第（四）项、第（五）项所称货物，是指构成不动产实体的材料和设备，包括建筑装饰材料和给排水、采暖、卫生、通风、照明、通讯、煤气、消防、中央空调、电梯、电气、智能化楼宇设备及配套设施。

第二十八条 不动产、无形资产的具体范围，按照本办法所附的《销售服务、无形资产或者不动产注释》执行。

固定资产，是指使用期限超过12个月的机器、机械、运输工具以及其他与生产经营有关的设备、工具、器具等有形动产。

非正常损失，是指因管理不善造成货物被盗、丢失、霉烂变质，以及因违反法律法规造成货物或者不动产被依法没收、销毁、拆除的情形。

第二十九条 适用一般计税方法的纳税人，兼营简易计税方法计税项目、免征增值税项目而无法划分不得抵扣的进项税额，按照下列公式计算不得抵扣的进项税额：

不得抵扣的进项税额 = 当期无法划分的全部进项税额 × (当期简易计税方法计税项目销售额 + 免征增值税项目销售额) ÷ 当期全部销售额

主管税务机关可以按照上述公式依据年度数据对不得抵扣的进项税额进行清算。

第三十条 已抵扣进项税额的购进货物（不含固定资产）、劳务、服务，发生本办法第二十七条规定情形（简易计税方法计税项目、免征增值税项目除外）的，应当将该进项税额从当期进项税额中扣减；无法确定该进项税额的，按照当期实际成本计算应扣减的进项税额。

第三十一条 已抵扣进项税额的固定资产、无形资产或者不动产，发生本办法第二十七条规定情形的，按下列公式计算不得抵扣的进项税额：

不得抵扣的进项税额 = 固定资产、无形资产或者不动产净值 × 适用税率

固定资产、无形资产或者不动产净值，是指纳税人根据财务会计制度计提折旧或摊销后的余额。

第三十二条 纳税人适用一般计税方法计税的，因销售折让、中止或者退回而退还给购买方的增值税额，应当从当期的销项税额中扣减；因销售折让、中止或者退回而收回的增值税额，应当从当期的进项税额中扣减。

第三十三条 有下列情形之一者，应当按照销售额和增值税税率计算应纳税额，不得抵扣进项税额，也不得使用增值税专用发票：

（一）一般纳税人会计核算不健全，或者不能够提供准确税务资料的。

（二）应当办理一般纳税人资格登记而未办理的。

第三节 简易计税方法

第三十四条 简易计税方法的应纳税额，是指按照销售额和增值税征收率

计算的增值税额，不得抵扣进项税额。应纳税额计算公式：

应纳税额 = 销售额 × 征收率

第三十五条 简易计税方法的销售额不包括其应纳税额，纳税人采用销售额和应纳税额合并定价方法的，按照下列公式计算销售额：

销售额 = 含税销售额 ÷ (1 + 征收率)

第三十六条 纳税人适用简易计税方法计税的，因销售折让、中止或者退回而退还给购买方的销售额，应当从当期销售额中扣减。扣减当期销售额后仍有余额造成多缴的税款，可以从以后的应纳税额中扣减。

第四节 销售额的确定

第三十七条 销售额，是指纳税人发生应税行为取得的全部价款和价外费用，财政部和国家税务总局另有规定的除外。

价外费用，是指价外收取的各种性质的收费，但不包括以下项目：

（一）代为收取并符合本办法第十条规定的政府性基金或者行政事业性收费。

（二）以委托方名义开具发票代委托方收取的款项。

第三十八条 销售额以人民币计算。

纳税人按照人民币以外的货币结算销售额的，应当折合成人民币计算，折合率可以选择销售额发生的当天或者当月1日的人民币汇率中间价。纳税人应当在事先确定采用何种折合率，确定后12个月内不得变更。

第三十九条 纳税人兼营销售货物、劳务、服务、无形资产或者不动产，适用不同税率或者征收率的，应当分别核算适用不同税率或者征收率的销售额；未分别核算的，从高适用税率。

第四十条 一项销售行为如果既涉及服务又涉及货物，为混合销售。从事货物的生产、批发或者零售的单位和个体工商户的混合销售行为，按照销售货物缴纳增值税；其他单位和个体工商户的混合销售行为，按照销售服务缴纳增值税。

本条所称从事货物的生产、批发或者零售的单位和个体工商户，包括以从事货物的生产、批发或者零售为主，并兼营销售服务的单位和个体工商户在内。

第四十一条 纳税人兼营免税、减税项目的，应当分别核算免税、减税项目的销售额；未分别核算的，不得免税、减税。

第四十二条 纳税人发生应税行为，开具增值税专用发票后，发生开票有误或者销售折让、中止、退回等情形的，应当按照国家税务总局的规定开具红字增值税专用发票；未按照规定开具红字增值税专用发票的，不得按照本办法第三十二条和第三十六条的规定扣减销项税额或者销售额。

第四十三条 纳税人发生应税行为，将价款和折扣额在同一张发票上分别注明的，以折扣后的价款为销售额；未在同一张发票上分别注明的，以价款为销售额，不得扣减折扣额。

第四十四条 纳税人发生应税行为价格明显偏低或者偏高且不具有合理商业目的的，或者发生本办法第十四条所列行为而无销售额的，主管税务机关有权按照下列顺序确定销售额：

（一）按照纳税人最近时期销售同类服务、无形资产或者不动产的平均价格确定。

（二）按照其他纳税人最近时期销售同类服务、无形资产或者不动产的平均价格确定。

（三）按照组成计税价格确定。组成计税价格的公式为：

组成计税价格 = 成本 × （1 + 成本利润率）

成本利润率由国家税务总局确定。

不具有合理商业目的，是指以谋取税收利益为主要目的，通过人为安排，减少、免除、推迟缴纳增值税税款，或者增加退还增值税税款。

第五章 纳税义务、扣缴义务发生时间和纳税地点

第四十五条 增值税纳税义务、扣缴义务发生时间为：

（一）纳税人发生应税行为并收讫销售款项或者取得索取销售款项凭据的当天；先开具发票的，为开具发票的当天。

收讫销售款项，是指纳税人销售服务、无形资产、不动产过程中或者完成后收到款项。

取得索取销售款项凭据的当天，是指书面合同确定的付款日期；未签订书面合同或者书面合同未确定付款日期的，为服务、无形资产转让完成的当天或者不动产权属变更的当天。

（二）纳税人提供建筑服务、租赁服务采取预收款方式的，其纳税义务发生时间为收到预收款的当天。

（三）纳税人从事金融商品转让的，为金融商品所有权转移的当天。

（四）纳税人发生本办法第十四条规定情形的，其纳税义务发生时间为服务、无形资产转让完成的当天或者不动产权属变更的当天。

（五）增值税扣缴义务发生时间为纳税人增值税纳税义务发生的当天。

第四十六条 增值税纳税地点为：

（一）固定业户应当向其机构所在地或者居住地主管税务机关申报纳税。总机构和分支机构不在同一县（市）的，应当分别向各自所在地的主管税务机关申报纳税；经财政部和国家税务总局或者其授权的财政和税务机关批准，可以由总机构汇总向总机构所在地的主管税务机关申报纳税。

（二）非固定业户应当向应税行为发生地主管税务机关申报纳税；未申报纳税的，由其机构所在地或者居住地主管税务机关补征税款。

（三）其他个人提供建筑服务，销售或者租赁不动产，转让自然资源使用权，应向建筑服务发生地、不动产所在地、自然资源所在地主管税务机关申报纳税。

（四）扣缴义务人应当向其机构所在地或者居住地主管税务机关申报缴纳扣缴的税款。

第四十七条 增值税的纳税期限分别为1日、3日、5日、10日、15日、1个月或者1个季度。纳税人的具体纳税期限，由主管税务机关根据纳税人应纳税额的大小分别核定。以1个季度为纳税期限的规定适用于小规模纳税人、银行、财务公司、信托投资公司、信用社，以及财政部和国家税务总局规定的

其他纳税人。不能按照固定期限纳税的,可以按次纳税。

纳税人以 1 个月或者 1 个季度为 1 个纳税期的,自期满之日起 15 日内申报纳税;以 1 日、3 日、5 日、10 日或者 15 日为 1 个纳税期的,自期满之日起 5 日内预缴税款,于次月 1 日起 15 日内申报纳税并结清上月应纳税款。

扣缴义务人解缴税款的期限,按照前两款规定执行。

第六章 税收减免的处理

第四十八条 纳税人发生应税行为适用免税、减税规定的,可以放弃免税、减税,依照本办法的规定缴纳增值税。放弃免税、减税后,36 个月内不得再申请免税、减税。

纳税人发生应税行为同时适用免税和零税率规定的,纳税人可以选择适用免税或者零税率。

第四十九条 个人发生应税行为的销售额未达到增值税起征点的,免征增值税;达到起征点的,全额计算缴纳增值税。

增值税起征点不适用于登记为一般纳税人的个体工商户。

第五十条 增值税起征点幅度如下:

(一)按期纳税的,为月销售额 5000 ~ 20000 元(含本数)。

(二)按次纳税的,为每次(日)销售额 300 ~ 500 元(含本数)。

起征点的调整由财政部和国家税务总局规定。省、自治区、直辖市财政厅(局)和国家税务局应当在规定的幅度内,根据实际情况确定本地区适用的起征点,并报财政部和国家税务总局备案。

对增值税小规模纳税人中月销售额未达到 2 万元的企业或非企业性单位,免征增值税。2017 年 12 月 31 日前,对月销售额 2 万元(含本数)至 3 万元的增值税小规模纳税人,免征增值税。

第七章 征 收 管 理

第五十一条 营业税改征的增值税,由国家税务局负责征收。纳税人销售取得的不动产和其他个人出租不动产的增值税,国家税务局暂委托地方税务局代为征收。

第五十二条 纳税人发生适用零税率的应税行为,应当按期向主管税务机关申报办理退(免)税,具体办法由财政部和国家税务总局制定。

第五十三条 纳税人发生应税行为,应当向索取增值税专用发票的购买方开具增值税专用发票,并在增值税专用发票上分别注明销售额和销项税额。

属于下列情形之一的,不得开具增值税专用发票:

(一)向消费者个人销售服务、无形资产或者不动产。

(二)适用免征增值税规定的应税行为。

第五十四条 小规模纳税人发生应税行为,购买方索取增值税专用发票的,可以向主管税务机关申请代开。

第五十五条 纳税人增值税的征收管理,按照本办法和《中华人民共和国税收征收管理法》及现行增值税征收管理有关规定执行。

附：

销售服务、无形资产、不动产注释

一、销售服务

销售服务，是指提供交通运输服务、邮政服务、电信服务、建筑服务、金融服务、现代服务、生活服务。

（一）交通运输服务。

交通运输服务，是指利用运输工具将货物或者旅客送达目的地，使其空间位置得到转移的业务活动。包括陆路运输服务、水路运输服务、航空运输服务和管道运输服务。

1. 陆路运输服务。

陆路运输服务，是指通过陆路（地上或者地下）运送货物或旅客的运输业务活动，包括铁路运输服务和其他陆路运输服务。

（1）铁路运输服务，是指通过铁路运送货物或者旅客的运输业务活动。

（2）其他陆路运输服务，是指铁路运输以外的陆路运输业务活动。包括公路运输、缆车运输、索道运输、地铁运输、城市轻轨运输等。

出租车公司向使用本公司自有出租车的出租车司机收取的管理费用，按照陆路运输服务缴纳增值税。

2. 水路运输服务。

水路运输服务，是指通过江、河、湖、川等天然、人工水道或者海洋航道运送货物或者旅客的运输业务活动。

水路运输的程租、期租业务，属于水路运输服务。

程租业务，是指运输企业为租船人完成某一特定航次的运输任务并收取租赁费的业务。

期租业务，是指运输企业将配备有操作人员的船舶承租给他人使用一定期限，承租期内听候承租方调遣，不论是否经营，均按天向承租方收取租赁费，发生的固定费用均由船东负担的业务。

3. 航空运输服务。

航空运输服务，是指通过空中航线运送货物或者旅客的运输业务活动。

航空运输的湿租业务，属于航空运输服务。

湿租业务，是指航空运输企业将配备有机组人员的飞机承租给他人使用一定期限，承租期内听候承租方调遣，不论是否经营，均按一定标准向承租方收取租赁费，发生的固定费用均由承租方承担的业务。

航天运输服务，按照航空运输服务缴纳增值税。

航天运输服务，是指利用火箭等载体将卫星、空间探测器等空间飞行器发射到空间轨道的业务活动。

4. 管道运输服务。

管道运输服务，是指通过管道设施输送气体、液体、固体物质的运输业务活动。

无运输工具承运业务，按照交通运输服务缴纳增值税。

无运输工具承运业务,是指经营者以承运人身份与托运人签订运输服务合同,收取运费并承担承运人责任,然后委托实际承运人完成运输服务的经营活动。

(二)邮政服务。

邮政服务,是指中国邮政集团公司及其所属邮政企业提供邮件寄递、邮政汇兑和机要通信等邮政基本服务的业务活动。包括邮政普遍服务、邮政特殊服务和其他邮政服务。

1. 邮政普遍服务。

邮政普遍服务,是指函件、包裹等邮件寄递,以及邮票发行、报刊发行和邮政汇兑等业务活动。

函件,是指信函、印刷品、邮资封片卡、无名址函件和邮政小包等。

包裹,是指按照封装上的名址递送给特定个人或者单位的独立封装的物品,其重量不超过五十千克,任何一边的尺寸不超过一百五十厘米,长、宽、高合计不超过三百厘米。

2. 邮政特殊服务。

邮政特殊服务,是指义务兵平常信函、机要通信、盲人读物和革命烈士遗物的寄递等业务活动。

3. 其他邮政服务。

其他邮政服务,是指邮册等邮品销售、邮政代理等业务活动。

(三)电信服务。

电信服务,是指利用有线、无线的电磁系统或者光电系统等各种通信网络资源,提供语音通话服务,传送、发射、接收或者应用图像、短信等电子数据和信息的业务活动。包括基础电信服务和增值电信服务。

1. 基础电信服务。

基础电信服务,是指利用固网、移动网、卫星、互联网,提供语音通话服务的业务活动,以及出租或者出售带宽、波长等网络元素的业务活动。

2. 增值电信服务。

增值电信服务,是指利用固网、移动网、卫星、互联网、有线电视网络,提供短信和彩信服务、电子数据和信息的传输及应用服务、互联网接入服务等业务活动。

卫星电视信号落地转接服务,按照增值电信服务缴纳增值税。

(四)建筑服务。

建筑服务,是指各类建筑物、构筑物及其附属设施的建造、修缮、装饰、线路、管道、设备、设施等的安装以及其他工程作业的业务活动。包括工程服务、安装服务、修缮服务、装饰服务和其他建筑服务。

1. 工程服务。

工程服务,是指新建、改建各种建筑物、构筑物的工程作业,包括与建筑物相连的各种设备或者支柱、操作平台的安装或者装设工程作业,以及各种窑炉和金属结构工程作业。

2. 安装服务。

安装服务,是指生产设备、动力设备、起重设备、运输设备、传动设备、医疗实验设备以及其他各种设备、设施的装配、安置工程作业，包括与被安装设备相连的工作台、梯子、栏杆的装设工程作业，以及被安装设备的绝缘、防腐、保温、油漆等工程作业。

固定电话、有线电视、宽带、水、电、燃气、暖气等经营者向用户收取的安装费、初装费、开户费、扩容费以及类似收费，按照安装服务缴纳增值税。

3. 修缮服务。

修缮服务，是指对建筑物、构筑物进行修补、加固、养护、改善，使之恢复原来的使用价值或者延长其使用期限的工程作业。

4. 装饰服务。

装饰服务，是指对建筑物、构筑物进行修饰装修，使之美观或者具有特定用途的工程作业。

5. 其他建筑服务。

其他建筑服务，是指上列工程作业之外的各种工程作业服务，如钻井（打井）、拆除建筑物或者构筑物、平整土地、园林绿化、疏浚（不包括航道疏浚）、建筑物平移、搭脚手架、爆破、矿山穿孔、表面附着物（包括岩层、土层、沙层等）剥离和清理等工程作业。

（五）金融服务。

金融服务，是指经营金融保险的业务活动。包括贷款服务、直接收费金融服务、保险服务和金融商品转让。

1. 贷款服务。

贷款，是指将资金贷与他人使用而取得利息收入的业务活动。

各种占用、拆借资金取得的收入，包括金融商品持有期间（含到期）利息（保本收益、报酬、资金占用费、补偿金等）收入、信用卡透支利息收入、买入返售金融商品利息收入、融资融券收取的利息收入，以及融资性售后回租、押汇、罚息、票据贴现、转贷等业务取得的利息及利息性质的收入，按照贷款服务缴纳增值税。

融资性售后回租，是指承租方以融资为目的，将资产出售给从事融资性售后回租业务的企业后，从事融资性售后回租业务的企业将该资产出租给承租方的业务活动。

以货币资金投资收取的固定利润或者保底利润，按照贷款服务缴纳增值税。

2. 直接收费金融服务。

直接收费金融服务，是指为货币资金融通及其他金融业务提供相关服务并且收取费用的业务活动。包括提供货币兑换、账户管理、电子银行、信用卡、信用证、财务担保、资产管理、信托管理、基金管理、金融交易场所（平台）管理、资金结算、资金清算、金融支付等服务。

3. 保险服务。

保险服务，是指投保人根据合同约定，向保险人支付保险费，保险人对于合同约定的可能发生的事故因其发生所造成的财产损失承担赔偿保险金责任，或者当被保险人死亡、伤残、疾病或者达到合同约定的年龄、期限等条件时承担给付保险金责任的商业保险行为。包括人身保险服务和财产保险服务。

人身保险服务,是指以人的寿命和身体为保险标的的保险业务活动。

财产保险服务,是指以财产及其有关利益为保险标的的保险业务活动。

4. 金融商品转让。

金融商品转让,是指转让外汇、有价证券、非货物期货和其他金融商品所有权的业务活动。

其他金融商品转让包括基金、信托、理财产品等各类资产管理产品和各种金融衍生品的转让。

(六)现代服务。

现代服务,是指围绕制造业、文化产业、现代物流产业等提供技术性、知识性服务的业务活动。包括研发和技术服务、信息技术服务、文化创意服务、物流辅助服务、租赁服务、鉴证咨询服务、广播影视服务、商务辅助服务和其他现代服务。

1. 研发和技术服务。

研发和技术服务,包括研发服务、合同能源管理服务、工程勘察勘探服务、专业技术服务。

(1)研发服务,也称技术开发服务,是指就新技术、新产品、新工艺或者新材料及其系统进行研究与试验开发的业务活动。

(2)合同能源管理服务,是指节能服务公司与用能单位以契约形式约定节能目标,节能服务公司提供必要的服务,用能单位以节能效果支付节能服务公司投入及其合理报酬的业务活动。

(3)工程勘察勘探服务,是指在采矿、工程施工前后,对地形、地质构造、地下资源蕴藏情况进行实地调查的业务活动。

(4)专业技术服务,是指气象服务、地震服务、海洋服务、测绘服务、城市规划、环境与生态监测服务等专项技术服务。

2. 信息技术服务。

信息技术服务,是指利用计算机、通信网络等技术对信息进行生产、收集、处理、加工、存储、运输、检索和利用,并提供信息服务的业务活动。包括软件服务、电路设计及测试服务、信息系统服务、业务流程管理服务和信息系统增值服务。

(1)软件服务,是指提供软件开发服务、软件维护服务、软件测试服务的业务活动。

(2)电路设计及测试服务,是指提供集成电路和电子电路产品设计、测试及相关技术支持服务的业务活动。

(3)信息系统服务,是指提供信息系统集成、网络管理、网站内容维护、桌面管理与维护、信息系统应用、基础信息技术管理平台整合、信息技术基础设施管理、数据中心、托管中心、信息安全服务、在线杀毒、虚拟主机等业务活动。包括网站对非自有的网络游戏提供的网络运营服务。

(4)业务流程管理服务,是指依托信息技术提供的人力资源管理、财务经济管理、审计管理、税务管理、物流信息管理、经营信息管理和呼叫中心等服务的活动。

(5)信息系统增值服务,是指利用信息系统资源为用户附加提供的信息技术服务。包括数据处理、分析和整合、数据库管理、数据备份、数据存储、容灾服务、电子商务平台等。

3. 文化创意服务。

文化创意服务,包括设计服务、知识产权服务、广告服务和会议展览服务。

(1) 设计服务,是指把计划、规划、设想通过文字、语言、图画、声音、视觉等形式传递出来的业务活动。包括工业设计、内部管理设计、业务运作设计、供应链设计、造型设计、服装设计、环境设计、平面设计、包装设计、动漫设计、网游设计、展示设计、网站设计、机械设计、工程设计、广告设计、创意策划、文印晒图等。

(2) 知识产权服务,是指处理知识产权事务的业务活动。包括对专利、商标、著作权、软件、集成电路布图设计的登记、鉴定、评估、认证、检索服务。

(3) 广告服务,是指利用图书、报纸、杂志、广播、电视、电影、幻灯、路牌、招贴、橱窗、霓虹灯、灯箱、互联网等各种形式为客户的商品、经营服务项目、文体节目或者通告、声明等委托事项进行宣传和提供相关服务的业务活动。包括广告代理和广告的发布、播映、宣传、展示等。

(4) 会议展览服务,是指为商品流通、促销、展示、经贸洽谈、民间交流、企业沟通、国际往来等举办或者组织安排的各类展览和会议的业务活动。

4. 物流辅助服务。

物流辅助服务,包括航空服务、港口码头服务、货运客运场站服务、打捞救助服务、装卸搬运服务、仓储服务和收派服务。

(1) 航空服务,包括航空地面服务和通用航空服务。

航空地面服务,是指航空公司、飞机场、民航管理局、航站等向在境内航行或者在境内机场停留的境内外飞机或者其他飞行器提供的导航等劳务性地面服务的业务活动。包括旅客安全检查服务、停机坪管理服务、机场候机厅管理服务、飞机清洗消毒服务、空中飞行管理服务、飞机起降服务、飞行通讯服务、地面信号服务、飞机安全服务、飞机跑道管理服务、空中交通管理服务等。

通用航空服务,是指为专业工作提供飞行服务的业务活动,包括航空摄影、航空培训、航空测量、航空勘探、航空护林、航空吊挂播洒、航空降雨、航空气象探测、航空海洋监测、航空科学实验等。

(2) 港口码头服务,是指港务船舶调度服务、船舶通讯服务、航道管理服务、航道疏浚服务、灯塔管理服务、航标管理服务、船舶引航服务、理货服务、系缆绳服务、停泊和移泊服务、海上船舶溢油清除服务、水上交通管理服务、船只专业清洗消毒检测服务和防止船只漏油服务等为船只提供服务的业务活动。

港口设施经营人收取的港口设施保安费按照港口码头服务缴纳增值税。

(3) 货运客运场站服务,是指货运客运场站提供货物配载服务、运输组织服务、中转换乘服务、车辆调度服务、票务服务、货物打包整理、铁路线路使用服务、加挂铁路客车服务、铁路行包专列发送服务、铁路到达和中转服务、铁路车辆编解服务、车辆挂运服务、铁路接触网服务、铁路机车牵引服务等业务活动。

（4）打捞救助服务，是指提供船舶人员救助、船舶财产救助、水上救助和沉船沉物打捞服务的业务活动。

（5）装卸搬运服务，是指使用装卸搬运工具或者人力、畜力将货物在运输工具之间、装卸现场之间或者运输工具与装卸现场之间进行装卸和搬运的业务活动。

（6）仓储服务，是指利用仓库、货场或者其他场所代客贮放、保管货物的业务活动。

（7）收派服务，是指接受寄件人委托，在承诺的时限内完成函件和包裹的收件、分拣、派送服务的业务活动。

收件服务，是指从寄件人收取函件和包裹，并运送到服务提供方同城的集散中心的业务活动。

分拣服务，是指服务提供方在其集散中心对函件和包裹进行归类、分发的业务活动。

派送服务，是指服务提供方从其集散中心将函件和包裹送达同城的收件人的业务活动。

5. 租赁服务。

租赁服务，包括融资租赁服务和经营租赁服务。

（1）融资租赁服务，是指具有融资性质和所有权转移特点的租赁活动。即出租人根据承租人所要求的规格、型号、性能等条件购入有形动产或者不动产租赁给承租人，合同期内租赁物所有权属于出租人，承租人只拥有使用权，合同期满付清租金后，承租人有权按照残值购入租赁物，以拥有其所有权。不论出租人是否将租赁物销售给承租人，均属于融资租赁。

按照标的物的不同，融资租赁服务可分为有形动产融资租赁服务和不动产融资租赁服务。

融资性售后回租不按照本税目缴纳增值税。

（2）经营租赁服务，是指在约定时间内将有形动产或者不动产转让他人使用且租赁物所有权不变更的业务活动。

按照标的物的不同，经营租赁服务可分为有形动产经营租赁服务和不动产经营租赁服务。

将建筑物、构筑物等不动产或者飞机、车辆等有形动产的广告位出租给其他单位或者个人用于发布广告，按照经营租赁服务缴纳增值税。

车辆停放服务、道路通行服务（包括过路费、过桥费、过闸费）等按照不动产经营租赁服务缴纳增值税。

水路运输的光租业务、航空运输的干租业务，属于经营租赁。

光租业务，是指运输企业将船舶在约定的时间内出租给他人使用，不配备操作人员，不承担运输过程中发生的各项费用，只收取固定租赁费的业务活动。

干租业务，是指航空运输企业将飞机在约定的时间内出租给他人使用，不配备机组人员，不承担运输过程中发生的各项费用，只收取固定租赁费的业务活动。

6. 鉴证咨询服务。

鉴证咨询服务,包括认证服务、鉴证服务和咨询服务。

(1) 认证服务,是指具有专业资质的单位利用检测、检验、计量等技术,证明产品、服务、管理体系符合相关技术规范、相关技术规范的强制性要求或者标准的业务活动。

(2) 鉴证服务,是指具有专业资质的单位受托对相关事项进行鉴证,发表具有证明力的意见的业务活动。包括会计鉴证、税务鉴证、法律鉴证、职业技能鉴定、工程造价鉴证、工程监理、资产评估、环境评估、房地产土地评估、建筑图纸审核、医疗事故鉴定等。

(3) 咨询服务,是指提供信息、建议、策划、顾问等服务的活动。包括金融、软件、技术、财务、税收、法律、内部管理、业务运作、流程管理、健康等方面的咨询。

翻译服务和市场调查服务按照咨询服务缴纳增值税。

7. 广播影视服务。

广播影视服务,包括广播影视节目(作品)的制作服务、发行服务和播映(含放映,下同)服务。

(1) 广播影视节目(作品)制作服务,是指进行专题(特别节目)、专栏、综艺、体育、动画片、广播剧、电视剧、电影等广播影视节目和作品制作的服务。具体包括与广播影视节目和作品相关的策划、采编、拍摄、录音、音视频文字图片素材制作、场景布置、后期的剪辑、翻译(编译)、字幕制作、片头、片尾、片花制作、特效制作、影片修复、编目和确权等业务活动。

(2) 广播影视节目(作品)发行服务,是指以分账、买断、委托等方式,向影院、电台、电视台、网站等单位和个人发行广播影视节目(作品)以及转让体育赛事等活动的报道及播映权的业务活动。

(3) 广播影视节目(作品)播映服务,是指在影院、剧院、录像厅及其他场所播映广播影视节目(作品),以及通过电台、电视台、卫星通信、互联网、有线电视等无线或者有线装置播映广播影视节目(作品)的业务活动。

8. 商务辅助服务。

商务辅助服务,包括企业管理服务、经纪代理服务、人力资源服务、安全保护服务。

(1) 企业管理服务,是指提供总部管理、投资与资产管理、市场管理、物业管理、日常综合管理等服务的业务活动。

(2) 经纪代理服务,是指各类经纪、中介、代理服务。包括金融代理、知识产权代理、货物运输代理、代理报关、法律代理、房地产中介、职业中介、婚姻中介、代理记账、拍卖等。

货物运输代理服务,是指接受货物收货人、发货人、船舶所有人、船舶承租人或者船舶经营人的委托,以委托人的名义,为委托人办理货物运输、装卸、仓储和船舶进出港口、引航、靠泊等相关手续的业务活动。

代理报关服务,是指接受进出口货物的收、发货人委托,代为办理报关手续的业务活动。

（3）人力资源服务，是指提供公共就业、劳务派遣、人才委托招聘、劳动力外包等服务的业务活动。

（4）安全保护服务，是指提供保护人身安全和财产安全，维护社会治安等的业务活动。包括场所住宅保安、特种保安、安全系统监控以及其他安保服务。

9. 其他现代服务。

其他现代服务，是指除研发和技术服务、信息技术服务、文化创意服务、物流辅助服务、租赁服务、鉴证咨询服务、广播影视服务和商务辅助服务以外的现代服务。

（七）生活服务。

生活服务，是指为满足城乡居民日常生活需求提供的各类服务活动。包括文化体育服务、教育医疗服务、旅游娱乐服务、餐饮住宿服务、居民日常服务和其他生活服务。

1. 文化体育服务。

文化体育服务，包括文化服务和体育服务。

（1）文化服务，是指为满足社会公众文化生活需求提供的各种服务。包括：文艺创作、文艺表演、文化比赛，图书馆的图书和资料借阅，档案馆的档案管理，文物及非物质遗产保护，组织举办宗教活动、科技活动、文化活动，提供游览场所。

（2）体育服务，是指组织举办体育比赛、体育表演、体育活动，以及提供体育训练、体育指导、体育管理的业务活动。

2. 教育医疗服务。

教育医疗服务，包括教育服务和医疗服务。

（1）教育服务，是指提供学历教育服务、非学历教育服务、教育辅助服务的业务活动。

学历教育服务，是指根据教育行政管理部门确定或者认可的招生和教学计划组织教学，并颁发相应学历证书的业务活动。包括初等教育、初级中等教育、高级中等教育、高等教育等。

非学历教育服务，包括学前教育、各类培训、演讲、讲座、报告会等。

教育辅助服务，包括教育测评、考试、招生等服务。

（2）医疗服务，是指提供医学检查、诊断、治疗、康复、预防、保健、接生、计划生育、防疫服务等方面的服务，以及与这些服务有关的提供药品、医用材料器具、救护车、病房住宿和伙食的业务。

3. 旅游娱乐服务。

旅游娱乐服务，包括旅游服务和娱乐服务。

（1）旅游服务，是指根据旅游者的要求，组织安排交通、游览、住宿、餐饮、购物、文娱、商务等服务的业务活动。

（2）娱乐服务，是为娱乐活动同时提供场所和服务的业务。

具体包括：歌厅、舞厅、夜总会、酒吧、台球、高尔夫球、保龄球、游艺（包括射击、狩猎、跑马、游戏机、蹦极、卡丁车、热气球、动力伞、射箭、飞镖）。

4. 餐饮住宿服务。

餐饮住宿服务，包括餐饮服务和住宿服务。

（1）餐饮服务，是指通过同时提供饮食和饮食场所的方式为消费者提供饮食消费服务的业务活动。

（2）住宿服务，是指提供住宿场所及配套服务等的活动。包括宾馆、旅馆、旅社、度假村和其他经营性住宿场所提供的住宿服务。

5. 居民日常服务。

居民日常服务，是指主要为满足居民个人及其家庭日常生活需求提供的服务，包括市容市政管理、家政、婚庆、养老、殡葬、照料和护理、救助救济、美容美发、按摩、桑拿、氧吧、足疗、沐浴、洗染、摄影扩印等服务。

6. 其他生活服务。

其他生活服务，是指除文化体育服务、教育医疗服务、旅游娱乐服务、餐饮住宿服务和居民日常服务之外的生活服务。

二、销售无形资产

销售无形资产，是指转让无形资产所有权或者使用权的业务活动。无形资产，是指不具实物形态，但能带来经济利益的资产，包括技术、商标、著作权、商誉、自然资源使用权和其他权益性无形资产。

技术，包括专利技术和非专利技术。

自然资源使用权，包括土地使用权、海域使用权、探矿权、采矿权、取水权和其他自然资源使用权。

其他权益性无形资产，包括基础设施资产经营权、公共事业特许权、配额、经营权（包括特许经营权、连锁经营权、其他经营权）、经销权、分销权、代理权、会员权、席位权、网络游戏虚拟道具、域名、名称权、肖像权、冠名权、转会费等。

三、销售不动产

销售不动产，是指转让不动产所有权的业务活动。不动产，是指不能移动或者移动后会引起性质、形状改变的财产，包括建筑物、构筑物等。

建筑物，包括住宅、商业营业用房、办公楼等可供居住、工作或者进行其他活动的建造物。

构筑物，包括道路、桥梁、隧道、水坝等建造物。

转让建筑物有限产权或者永久使用权的，转让在建的建筑物或者构筑物所有权的，以及在转让建筑物或者构筑物时一并转让其所占土地的使用权的，按照销售不动产缴纳增值税。

附件2：

营业税改征增值税试点有关事项的规定

一、营改增试点期间，试点纳税人［指按照《营业税改征增值税试点实施办法》（以下称《试点实施办法》）缴纳增值税的纳税人］有关政策

（一）兼营。

试点纳税人销售货物、加工修理修配劳务、服务、无形资产或者不动产适用不同税率或者征收率的，应当分别核算适用不同税率或者征收率的销售额，

未分别核算销售额的,按照以下方法适用税率或者征收率:

1. 兼有不同税率的销售货物、加工修理修配劳务、服务、无形资产或者不动产,从高适用税率。

2. 兼有不同征收率的销售货物、加工修理修配劳务、服务、无形资产或者不动产,从高适用征收率。

3. 兼有不同税率和征收率的销售货物、加工修理修配劳务、服务、无形资产或者不动产,从高适用税率。

(二)不征收增值税项目。

1. 根据国家指令无偿提供的铁路运输服务、航空运输服务,属于《试点实施办法》第十四条规定的用于公益事业的服务。

2. 存款利息。

3. 被保险人获得的保险赔付。

4. 房地产主管部门或者其指定机构、公积金管理中心、开发企业以及物业管理单位代收的住宅专项维修资金。

5. 在资产重组过程中,通过合并、分立、出售、置换等方式,将全部或者部分实物资产以及与其相关联的债权、负债和劳动力一并转让给其他单位和个人,其中涉及的不动产、土地使用权转让行为。

(三)销售额。

1. 贷款服务,以提供贷款服务取得的全部利息及利息性质的收入为销售额。

2. 直接收费金融服务,以提供直接收费金融服务收取的手续费、佣金、酬金、管理费、服务费、经手费、开户费、过户费、结算费、转托管费等各类费用为销售额。

3. 金融商品转让,按照卖出价扣除买入价后的余额为销售额。

转让金融商品出现的正负差,按盈亏相抵后的余额为销售额。若相抵后出现负差,可结转下一纳税期与下期转让金融商品销售额相抵,但年末时仍出现负差的,不得转入下一个会计年度。

金融商品的买入价,可以选择按照加权平均法或者移动加权平均法进行核算,选择后36个月内不得变更。

金融商品转让,不得开具增值税专用发票。

4. 经纪代理服务,以取得的全部价款和价外费用,扣除向委托方收取并代为支付的政府性基金或者行政事业性收费后的余额为销售额。向委托方收取的政府性基金或者行政事业性收费,不得开具增值税专用发票。

5. 融资租赁和融资性售后回租业务。

(1)经人民银行、银监会或者商务部批准从事融资租赁业务的试点纳税人,提供融资租赁服务,以取得的全部价款和价外费用,扣除支付的借款利息(包括外汇借款和人民币借款利息)、发行债券利息和车辆购置税后的余额为销售额。

(2)经人民银行、银监会或者商务部批准从事融资租赁业务的试点纳税人,提供融资性售后回租服务,以取得的全部价款和价外费用(不含本金),扣除对外支付的借款利息(包括外汇借款和人民币借款利息)、发行债券利息后的余额作为销售额。

（3）试点纳税人根据2016年4月30日前签订的有形动产融资性售后回租合同，在合同到期前提供的有形动产融资性售后回租服务，可继续按照有形动产融资租赁服务缴纳增值税。

继续按照有形动产融资租赁服务缴纳增值税的试点纳税人，经人民银行、银监会或者商务部批准从事融资租赁业务的，根据2016年4月30日前签订的有形动产融资性售后回租合同，在合同到期前提供的有形动产融资性售后回租服务，可以选择以下方法之一计算销售额：

①以向承租方收取的全部价款和价外费用，扣除向承租方收取的价款本金，以及对外支付的借款利息（包括外汇借款和人民币借款利息）、发行债券利息后的余额为销售额。

纳税人提供有形动产融资性售后回租服务，计算当期销售额时可以扣除的价款本金，为书面合同约定的当期应当收取的本金。无书面合同或者书面合同没有约定的，为当期实际收取的本金。

试点纳税人提供有形动产融资性售后回租服务，向承租方收取的有形动产价款本金，不得开具增值税专用发票，可以开具普通发票。

②以向承租方收取的全部价款和价外费用，扣除支付的借款利息（包括外汇借款和人民币借款利息）、发行债券利息后的余额为销售额。

（4）经商务部授权的省级商务主管部门和国家经济技术开发区批准的从事融资租赁业务的试点纳税人，2016年5月1日后实收资本达到1.7亿元的，从达到标准的当月起按照上述第（1）、（2）、（3）点规定执行；2016年5月1日后实收资本未达到1.7亿元但注册资本达到1.7亿元的，在2016年7月31日前仍可按照上述第（1）、（2）、（3）点规定执行，2016年8月1日后开展的融资租赁业务和融资性售后回租业务不得按照上述第（1）、（2）、（3）点规定执行。

6. 航空运输企业的销售额，不包括代收的机场建设费和代售其他航空运输企业客票而代收转付的价款。

7. 试点纳税人中的一般纳税人（以下称一般纳税人）提供客运场站服务，以其取得的全部价款和价外费用，扣除支付给承运方运费后的余额为销售额。

8. 试点纳税人提供旅游服务，可以选择以取得的全部价款和价外费用，扣除向旅游服务购买方收取并支付给其他单位或者个人的住宿费、餐饮费、交通费、签证费、门票费和支付给其他接团旅游企业的旅游费用后的余额为销售额。

选择上述办法计算销售额的试点纳税人，向旅游服务购买方收取并支付的上述费用，不得开具增值税专用发票，可以开具普通发票。

9. 试点纳税人提供建筑服务适用简易计税方法的，以取得的全部价款和价外费用扣除支付的分包款后的余额为销售额。

10. 房地产开发企业中的一般纳税人销售其开发的房地产项目（选择简易计税方法的房地产老项目除外），以取得的全部价款和价外费用，扣除受让土地时向政府部门支付的土地价款后的余额为销售额。

房地产老项目，是指《建筑工程施工许可证》注明的合同开工日期在

2016 年 4 月 30 日前的房地产项目。

11. 试点纳税人按照上述 4-10 款的规定从全部价款和价外费用中扣除的价款，应当取得符合法律、行政法规和国家税务总局规定的有效凭证。否则，不得扣除。

上述凭证是指：

（1）支付给境内单位或者个人的款项，以发票为合法有效凭证。

（2）支付给境外单位或者个人的款项，以该单位或者个人的签收单据为合法有效凭证，税务机关对签收单据有疑议的，可以要求其提供境外公证机构的确认证明。

（3）缴纳的税款，以完税凭证为合法有效凭证。

（4）扣除的政府性基金、行政事业性收费或者向政府支付的土地价款，以省级以上（含省级）财政部门监（印）制的财政票据为合法有效凭证。

（5）国家税务总局规定的其他凭证。

纳税人取得的上述凭证属于增值税扣税凭证的，其进项税额不得从销项税额中抵扣。

（四）进项税额。

1. 适用一般计税方法的试点纳税人，2016 年 5 月 1 日后取得并在会计制度上按固定资产核算的不动产或者 2016 年 5 月 1 日后取得的不动产在建工程，其进项税额应自取得之日起分 2 年从销项税额中抵扣，第一年抵扣比例为 60%，第二年抵扣比例为 40%。

取得不动产，包括以直接购买、接受捐赠、接受投资入股、自建以及抵债等各种形式取得不动产，不包括房地产开发企业自行开发的房地产项目。

融资租入的不动产以及在施工现场修建的临时建筑物、构筑物，其进项税额不适用上述分 2 年抵扣的规定。

2. 按照《试点实施办法》第二十七条第（一）项规定不得抵扣且未抵扣进项税额的固定资产、无形资产、不动产，发生用途改变，用于允许抵扣进项税额的应税项目，可在用途改变的次月按照下列公式计算可以抵扣的进项税额：

可以抵扣的进项税额 = 固定资产、无形资产、不动产净值/(1 + 适用税率) × 适用税率

上述可以抵扣的进项税额应取得合法有效的增值税扣税凭证。

3. 纳税人接受贷款服务向贷款方支付的与该笔贷款直接相关的投融资顾问费、手续费、咨询费等费用，其进项税额不得从销项税额中抵扣。

（五）一般纳税人资格登记。

《试点实施办法》第三条规定的年应税销售额标准为 500 万元（含本数）。财政部和国家税务总局可以对年应税销售额标准进行调整。

（六）计税方法。

一般纳税人发生下列应税行为可以选择适用简易计税方法计税：

1. 公共交通运输服务。

公共交通运输服务，包括轮客渡、公交客运、地铁、城市轻轨、出租车、长途客运、班车。

班车，是指按固定路线、固定时间运营并在固定站点停靠的运送旅客的陆

路运输服务。

2. 经认定的动漫企业为开发动漫产品提供的动漫脚本编撰、形象设计、背景设计、动画设计、分镜、动画制作、摄制、描线、上色、画面合成、配音、配乐、音效合成、剪辑、字幕制作、压缩转码（面向网络动漫、手机动漫格式适配）服务，以及在境内转让动漫版权（包括动漫品牌、形象或者内容的授权及再授权）。

动漫企业和自主开发、生产动漫产品的认定标准和认定程序，按照《文化部　财政部　国家税务总局关于印发〈动漫企业认定管理办法（试行）〉的通知》（文市发〔2008〕51号）的规定执行。

3. 电影放映服务、仓储服务、装卸搬运服务、收派服务和文化体育服务。

4. 以纳入营改增试点之日前取得的有形动产为标的物提供的经营租赁服务。

5. 在纳入营改增试点之日前签订的尚未执行完毕的有形动产租赁合同。

（七）建筑服务。

1. 一般纳税人以清包工方式提供的建筑服务，可以选择适用简易计税方法计税。

以清包工方式提供建筑服务，是指施工方不采购建筑工程所需的材料或只采购辅助材料，并收取人工费、管理费或者其他费用的建筑服务。

2. 一般纳税人为甲供工程提供的建筑服务，可以选择适用简易计税方法计税。

甲供工程，是指全部或部分设备、材料、动力由工程发包方自行采购的建筑工程。

3. 一般纳税人为建筑工程老项目提供的建筑服务，可以选择适用简易计税方法计税。

建筑工程老项目，是指：

（1）《建筑工程施工许可证》注明的合同开工日期在2016年4月30日前的建筑工程项目；

（2）未取得《建筑工程施工许可证》的，建筑工程承包合同注明的开工日期在2016年4月30日前的建筑工程项目。

4. 一般纳税人跨县（市）提供建筑服务，适用一般计税方法计税的，应以取得的全部价款和价外费用为销售额计算应纳税额。纳税人应以取得的全部价款和价外费用扣除支付的分包款后的余额，按照2%的预征率在建筑服务发生地预缴税款后，向机构所在地主管税务机关进行纳税申报。

5. 一般纳税人跨县（市）提供建筑服务，选择适用简易计税方法计税的，应以取得的全部价款和价外费用扣除支付的分包款后的余额为销售额，按照3%的征收率计算应纳税额。纳税人应按照上述计税方法在建筑服务发生地预缴税款后，向机构所在地主管税务机关进行纳税申报。

6. 试点纳税人中的小规模纳税人（以下称小规模纳税人）跨县（市）提供建筑服务，以取得的全部价款和价外费用扣除支付的分包款后的余额为销售额，按照3%的征收率计算应纳税额。纳税人应按照上述计税方法在建筑服务发生地预缴税款后，向机构所在地主管税务机关进行纳税申报。

（八）销售不动产。

1. 一般纳税人销售其2016年4月30日前取得（不含自建）的不动产，可以选择适用简易计税方法,以取得的全部价款和价外费用减去该项不动产购置原价或者取得不动产时的作价后的余额为销售额,按照5%的征收率计算应纳税额。纳税人应按照上述计税方法在不动产所在地预缴税款后,向机构所在地主管税务机关进行纳税申报。

2. 一般纳税人销售其2016年4月30日前自建的不动产,可以选择适用简易计税方法,以取得的全部价款和价外费用为销售额,按照5%的征收率计算应纳税额。纳税人应按照上述计税方法在不动产所在地预缴税款后,向机构所在地主管税务机关进行纳税申报。

3. 一般纳税人销售其2016年5月1日后取得(不含自建)的不动产,应适用一般计税方法,以取得的全部价款和价外费用为销售额计算应纳税额。纳税人应以取得的全部价款和价外费用减去该项不动产购置原价或者取得不动产时的作价后的余额,按照5%的预征率在不动产所在地预缴税款后,向机构所在地主管税务机关进行纳税申报。

4. 一般纳税人销售其2016年5月1日后自建的不动产,应适用一般计税方法,以取得的全部价款和价外费用为销售额计算应纳税额。纳税人应以取得的全部价款和价外费用,按照5%的预征率在不动产所在地预缴税款后,向机构所在地主管税务机关进行纳税申报。

5. 小规模纳税人销售其取得(不含自建)的不动产(不含个体工商户销售购买的住房和其他个人销售不动产),应以取得的全部价款和价外费用减去该项不动产购置原价或者取得不动产时的作价后的余额为销售额,按照5%的征收率计算应纳税额。纳税人应按照上述计税方法在不动产所在地预缴税款后,向机构所在地主管税务机关进行纳税申报。

6. 小规模纳税人销售其自建的不动产,应以取得的全部价款和价外费用为销售额,按照5%的征收率计算应纳税额。纳税人应按照上述计税方法在不动产所在地预缴税款后,向机构所在地主管税务机关进行纳税申报。

7. 房地产开发企业中的一般纳税人,销售自行开发的房地产老项目,可以选择适用简易计税方法按照5%的征收率计税。

8. 房地产开发企业中的小规模纳税人,销售自行开发的房地产项目,按照5%的征收率计税。

9. 房地产开发企业采取预收款方式销售所开发的房地产项目,在收到预收款时按照3%的预征率预缴增值税。

10. 个体工商户销售购买的住房,应按照附件3《营业税改征增值税试点过渡政策的规定》第五条的规定征免增值税。纳税人应按照上述计税方法在不动产所在地预缴税款后,向机构所在地主管税务机关进行纳税申报。

11. 其他个人销售其取得(不含自建)的不动产(不含其购买的住房),应以取得的全部价款和价外费用减去该项不动产购置原价或者取得不动产时的作价后的余额为销售额,按照5%的征收率计算应纳税额。

(九)不动产经营租赁服务。

1. 一般纳税人出租其2016年4月30日前取得的不动产,可以选择适用简易计税方法,按照5%的征收率计算应纳税额。纳税人出租其2016年4月30日前取得的与机构所在地不在同一县(市)的不动产,应按照上述计税方法在不动产所在地预缴税款后,向机构所在地主管税务机关进行纳税申报。

2. 公路经营企业中的一般纳税人收取试点前开工的高速公路的车辆通行费,可以选择适用简易计税方法,减按3%的征收率计算应纳税额。

试点前开工的高速公路,是指相关施工许可证明上注明的合同开工日期在2016年4月30日前的高速公路。

3. 一般纳税人出租其2016年5月1日后取得的、与机构所在地不在同一县(市)的不动产,应按照3%的预征率在不动产所在地预缴税款后,向机构所在地主管税务机关进行纳税申报。

4. 小规模纳税人出租其取得的不动产(不含个人出租住房),应按照5%的征收率计算应纳税额。纳税人出租与机构所在地不在同一县(市)的不动产,应按照上述计税方法在不动产所在地预缴税款后,向机构所在地主管税务机关进行纳税申报。

5. 其他个人出租其取得的不动产(不含住房),应按照5%的征收率计算应纳税额。

6. 个人出租住房,应按照5%的征收率减按1.5%计算应纳税额。

(十)一般纳税人销售其2016年4月30日前取得的不动产(不含自建),适用一般计税方法计税的,以取得的全部价款和价外费用为销售额计算应纳税额。上述纳税人应以取得的全部价款和价外费用减去该项不动产购置原价或者取得不动产时的作价后的余额,按照5%的预征率在不动产所在地预缴税款后,向机构所在地主管税务机关进行纳税申报。

房地产开发企业中的一般纳税人销售房地产老项目,以及一般纳税人出租其2016年4月30日前取得的不动产,适用一般计税方法计税的,应以取得的全部价款和价外费用,按照3%的预征率在不动产所在地预缴税款后,向机构所在地主管税务机关进行纳税申报。

一般纳税人销售其2016年4月30日前自建的不动产,适用一般计税方法计税的,应以取得的全部价款和价外费用为销售额计算应纳税额。纳税人应以取得的全部价款和价外费用,按照5%的预征率在不动产所在地预缴税款后,向机构所在地主管税务机关进行纳税申报。

(十一)一般纳税人跨省(自治区、直辖市或者计划单列市)提供建筑服务或者销售、出租取得的与机构所在地不在同一省(自治区、直辖市或者计划单列市)的不动产,在机构所在地申报纳税时,计算的应纳税额小于已预缴税额,且差额较大的,由国家税务总局通知建筑服务发生地或者不动产所在地省级税务机关,在一定时期内暂停预缴增值税。

(十二)纳税地点。

属于固定业户的试点纳税人,总分支机构不在同一县(市),但在同一省(自治区、直辖市、计划单列市)范围内的,经省(自治区、直辖市、计划单列市)财政厅(局)和国家税务局批准,可以由总机构汇总向总机构所在地的主管税务机关申报缴纳增值税。

(十三)试点前发生的业务。

1. 试点纳税人发生应税行为,按照国家有关营业税政策规定差额征收营业税的,因取得的全部价款和价外费用不足以抵减允许扣除项目金额,截至纳入营改增试点之日前尚未扣除的部分,不得在计算试点纳税人增值税应税销售额时抵减,应当向原主管地税机关申请退还营业税。

2. 试点纳税人发生应税行为,在纳入营改增试点之日前已缴纳营业税,营改增试点后因发生退款减除营业额的,应当向原主管地税机关申请退还已缴纳的营业税。

3. 试点纳税人纳入营改增试点之日前发生的应税行为,因税收检查等原因需要补缴税款的,应按照营业税政策规定补缴营业税。

(十四)销售使用过的固定资产。

一般纳税人销售自己使用过的、纳入营改增试点之日前取得的固定资产,按照现行旧货相关增值税政策执行。

使用过的固定资产,是指纳税人符合《试点实施办法》第二十八条规定并根据财务会计制度已经计提折旧的固定资产。

(十五)扣缴增值税适用税率。

境内的购买方为境外单位和个人扣缴增值税的,按照适用税率扣缴增值税。

(十六)其他规定。

1. 试点纳税人销售电信服务时,附带赠送用户识别卡、电信终端等货物或者电信服务的,应将其取得的全部价款和价外费用进行分别核算,按各自适用的税率计算缴纳增值税。

2. 油气田企业发生应税行为,适用《试点实施办法》规定的增值税税率,不再适用《财政部 国家税务总局关于印发〈油气田企业增值税管理办法〉的通知》(财税〔2009〕8号)规定的增值税税率。

二、原增值税纳税人〔指按照《中华人民共和国增值税暂行条例》(国务院令第538号)(以下称《增值税暂行条例》)缴纳增值税的纳税人〕有关政策

(一)进项税额。

1. 原增值税一般纳税人购进服务、无形资产或者不动产,取得的增值税专用发票上注明的增值税额为进项税额,准予从销项税额中抵扣。

2016年5月1日后取得并在会计制度上按固定资产核算的不动产或者2016年5月1日后取得的不动产在建工程,其进项税额应自取得之日起分2年从销项税额中抵扣,第一年抵扣比例为60%,第二年抵扣比例为40%。

融资租入的不动产以及在施工现场修建的临时建筑物、构筑物,其进项税额不适用上述分2年抵扣的规定。

2. 原增值税一般纳税人自用的应征消费税的摩托车、汽车、游艇,其进项税额准予从销项税额中抵扣。

3. 原增值税一般纳税人从境外单位或者个人购进服务、无形资产或者不动产,按照规定应当扣缴增值税的,准予从销项税额中抵扣的进项税额为自税务机关或者扣缴义务人取得的解缴税款的完税凭证上注明的增值税额。

纳税人凭完税凭证抵扣进项税额的,应当具备书面合同、付款证明和境外单位的对账单或者发票。资料不全的,其进项税额不得从销项税额中抵扣。

4. 原增值税一般纳税人购进货物或者接受加工修理修配劳务,用于《销

售服务、无形资产或者不动产注释》所列项目的，不属于《增值税暂行条例》第十条所称的用于非增值税应税项目，其进项税额准予从销项税额中抵扣。

5. 原增值税一般纳税人购进服务、无形资产或者不动产，下列项目的进项税额不得从销项税额中抵扣：

（1）用于简易计税方法计税项目、免征增值税项目、集体福利或者个人消费。其中涉及的无形资产、不动产，仅指专用于上述项目的无形资产（不包括其他权益性无形资产）、不动产。

纳税人的交际应酬消费属于个人消费。

（2）非正常损失的购进货物，以及相关的加工修理修配劳务和交通运输服务。

（3）非正常损失的在产品、产成品所耗用的购进货物（不包括固定资产）、加工修理修配劳务和交通运输服务。

（4）非正常损失的不动产，以及该不动产所耗用的购进货物、设计服务和建筑服务。

（5）非正常损失的不动产在建工程所耗用的购进货物、设计服务和建筑服务。

纳税人新建、改建、扩建、修缮、装饰不动产，均属于不动产在建工程。

（6）购进的旅客运输服务、贷款服务、餐饮服务、居民日常服务和娱乐服务。

（7）财政部和国家税务总局规定的其他情形。

上述第（4）点、第（5）点所称货物，是指构成不动产实体的材料和设备，包括建筑装饰材料和给排水、采暖、卫生、通风、照明、通讯、煤气、消防、中央空调、电梯、电气、智能化楼宇设备及配套设施。

纳税人接受贷款服务向贷款方支付的与该笔贷款直接相关的投融资顾问费、手续费、咨询费等费用，其进项税额不得从销项税额中抵扣。

6. 已抵扣进项税额的购进服务，发生上述第5点规定情形（简易计税方法计税项目、免征增值税项目除外）的，应当将该进项税额从当期进项税额中扣减；无法确定该进项税额的，按照当期实际成本计算应扣减的进项税额。

7. 已抵扣进项税额的无形资产或者不动产，发生上述第5点规定情形的，按照下列公式计算不得抵扣的进项税额：

不得抵扣的进项税额 = 无形资产或者不动产净值 × 适用税率

8. 按照《增值税暂行条例》第十条和上述第5点不得抵扣且未抵扣进项税额的固定资产、无形资产、不动产，发生用途改变，用于允许抵扣进项税额的应税项目，可在用途改变的次月按照下列公式，依据合法有效的增值税扣税凭证，计算可以抵扣的进项税额：

可以抵扣的进项税额 = 固定资产、无形资产、不动产净值/(1 + 适用税率) × 适用税率

上述可以抵扣的进项税额应取得合法有效的增值税扣税凭证。

（二）增值税期末留抵税额。

原增值税一般纳税人兼有销售服务、无形资产或者不动产的，截止到纳入营改增试点之日前的增值税期末留抵税额，不得从销售服务、无形资产或者不

动产的销项税额中抵扣。

(三)混合销售。

一项销售行为如果既涉及货物又涉及服务,为混合销售。从事货物的生产、批发或者零售的单位和个体工商户的混合销售行为,按照销售货物缴纳增值税;其他单位和个体工商户的混合销售行为,按照销售服务缴纳增值税。

上述从事货物的生产、批发或者零售的单位和个体工商户,包括以从事货物的生产、批发或者零售为主,并兼营销售服务的单位和个体工商户在内。

附件3:

营业税改征增值税试点过渡政策的规定

一、下列项目免征增值税

(一)托儿所、幼儿园提供的保育和教育服务。

托儿所、幼儿园,是指经县级以上教育部门审批成立、取得办园许可证的实施0-6岁学前教育的机构,包括公办和民办的托儿所、幼儿园、学前班、幼儿班、保育院、幼儿院。

公办托儿所、幼儿园免征增值税的收入是指,在省级财政部门和价格主管部门审核报省级人民政府批准的收费标准以内收取的教育费、保育费。

民办托儿所、幼儿园免征增值税的收入是指,在报经当地有关部门备案并公示的收费标准范围内收取的教育费、保育费。

超过规定收费标准的收费,以开办实验班、特色班和兴趣班等为由另外收取的费用以及与幼儿入园挂钩的赞助费、支教费等超过规定范围的收入,不属于免征增值税的收入。

(二)养老机构提供的养老服务。

养老机构,是指依照民政部《养老机构设立许可办法》(民政部令第48号)设立并依法办理登记的为老年人提供集中居住和照料服务的各类养老机构;养老服务,是指上述养老机构按照民政部《养老机构管理办法》(民政部令第49号)的规定,为收住的老年人提供的生活照料、康复护理、精神慰藉、文化娱乐等服务。

(三)残疾人福利机构提供的育养服务。

(四)婚姻介绍服务。

(五)殡葬服务。

殡葬服务,是指收费标准由各地价格主管部门会同有关部门核定,或者实行政府指导价管理的遗体接运(含抬尸、消毒)、遗体整容、遗体防腐、存放(含冷藏)、火化、骨灰寄存、吊唁设施设备租赁、墓穴租赁及管理等服务。

(六)残疾人员本人为社会提供的服务。

(七)医疗机构提供的医疗服务。

医疗机构,是指依据国务院《医疗机构管理条例》(国务院令第149号)及卫生部《医疗机构管理条例实施细则》(卫生部令第35号)的规定,经登记取得《医疗机构执业许可证》的机构,以及军队、武警部队各级各类医疗机构。具体包括：各级各类医院、门诊部（所）、社区卫生服务中心（站）、急救中心（站）、城乡卫生院、护理院（所）、疗养院、临床检验中心，各级政府及有关部门举办的卫生防疫站（疾病控制中心）、各种专科疾病防治站（所）、各级政府举办的妇幼保健所（站）、母婴保健机构、儿童保健机构，各级政府举办的血站（血液中心）等医疗机构。

本项所称的医疗服务，是指医疗机构按照不高于地（市）级以上价格主管部门会同同级卫生主管部门及其他相关部门制定的医疗服务指导价格（包括政府指导价和按照规定由供需双方协商确定的价格等）为就医者提供《全国医疗服务价格项目规范》所列的各项服务，以及医疗机构向社会提供卫生防疫、卫生检疫的服务。

（八）从事学历教育的学校提供的教育服务。

1. 学历教育，是指受教育者经过国家教育考试或者国家规定的其他入学方式，进入国家有关部门批准的学校或者其他教育机构学习，获得国家承认的学历证书的教育形式。具体包括：

（1）初等教育：普通小学、成人小学。

（2）初级中等教育：普通初中、职业初中、成人初中。

（3）高级中等教育：普通高中、成人高中和中等职业学校（包括普通中专、成人中专、职业高中、技工学校）。

（4）高等教育：普通本专科、成人本专科、网络本专科、研究生（博士、硕士）、高等教育自学考试、高等教育学历文凭考试。

2. 从事学历教育的学校，是指：

（1）普通学校。

（2）经地（市）级以上人民政府或者同级政府的教育行政部门批准成立、国家承认其学员学历的各类学校。

（3）经省级及以上人力资源社会保障行政部门批准成立的技工学校、高级技工学校。

（4）经省级人民政府批准成立的技师学院。

上述学校均包括符合规定的从事学历教育的民办学校，但不包括职业培训机构等国家不承认学历的教育机构。

3. 提供教育服务免征增值税的收入，是指对列入规定招生计划的在籍学生提供学历教育服务取得的收入，具体包括：经有关部门审核批准并按规定标准收取的学费、住宿费、课本费、作业本费、考试报名费收入，以及学校食堂提供餐饮服务取得的伙食费收入。除此之外的收入，包括学校以各种名义收取的赞助费、择校费等，不属于免征增值税的范围。

学校食堂是指依照《学校食堂与学生集体用餐卫生管理规定》（教育部令第14号）管理的学校食堂。

（九）学生勤工俭学提供的服务。

（十）农业机耕、排灌、病虫害防治、植物保护、农牧保险以及相关技术培训业务，家禽、牲畜、水生动物的配种和疾病防治。

农业机耕，是指在农业、林业、牧业中使用农业机械进行耕作（包括耕耘、种植、收割、脱粒、植物保护等）的业务；排灌，是指对农田进行灌溉或者排涝的业务；病虫害防治，是指从事农业、林业、牧业、渔业的病虫害测报和防治的业务；农牧保险，是指为种植业、养殖业、牧业种植和饲养的动植物提供保险的业务；相关技术培训，是指与农业机耕、排灌、病虫害防治、植物保护业务相关以及为使农民获得农牧保险知识的技术培训业务；家禽、牲畜、水生动物的配种和疾病防治业务的免税范围，包括与该项服务有关的提供药品和医疗用具的业务。

（十一）纪念馆、博物馆、文化馆、文物保护单位管理机构、美术馆、展览馆、书画院、图书馆在自己的场所提供文化体育服务取得的第一道门票收入。

（十二）寺院、宫观、清真寺和教堂举办文化、宗教活动的门票收入。

（十三）行政单位之外的其他单位收取的符合《试点实施办法》第十条规定条件的政府性基金和行政事业性收费。

（十四）个人转让著作权。

（十五）个人销售自建自用住房。

（十六）2018年12月31日前，公共租赁住房经营管理单位出租公共租赁住房。

公共租赁住房，是指纳入省、自治区、直辖市、计划单列市人民政府及新疆生产建设兵团批准的公共租赁住房发展规划和年度计划，并按照《关于加快发展公共租赁住房的指导意见》（建保〔2010〕87号）和市、县人民政府制定的具体管理办法进行管理的公共租赁住房。

（十七）台湾航运公司、航空公司从事海峡两岸海上直航、空中直航业务在大陆取得的运输收入。

台湾航运公司，是指取得交通运输部颁发的"台湾海峡两岸间水路运输许可证"且该许可证上注明的公司登记地址在台湾的航运公司。

台湾航空公司，是指取得中国民用航空局颁发的"经营许可"或者依据《海峡两岸空运协议》和《海峡两岸空运补充协议》规定，批准经营两岸旅客、货物和邮件不定期（包机）运输业务，且公司登记地址在台湾的航空公司。

（十八）纳税人提供的直接或者间接国际货物运输代理服务。

1. 纳税人提供直接或者间接国际货物运输代理服务，向委托方收取的全部国际货物运输代理服务收入，以及向国际运输承运人支付的国际运输费用，必须通过金融机构进行结算。

2. 纳税人为大陆与香港、澳门、台湾地区之间的货物运输提供的货物运输代理服务参照国际货物运输代理服务有关规定执行。

3. 委托方索取发票的，纳税人应当就国际货物运输代理服务收入向委托方全额开具增值税普通发票。

（十九）以下利息收入。

1. 2016年12月31日前，金融机构农户小额贷款。

小额贷款，是指单笔且该农户贷款余额总额在10万元（含本数）以下的贷款。

所称农户，是指长期（一年以上）居住在乡镇（不包括城关镇）行政管理区域内的住户,还包括长期居住在城关镇所辖行政村范围内的住户和户口不在本地而在本地居住一年以上的住户,国有农场的职工和农村个体工商户。位于乡镇(不包括城关镇)行政管理区域内和在城关镇所辖行政村范围内的国有经济的机关、团体、学校、企事业单位的集体户;有本地户口,但举家外出谋生一年以上的住户,无论是否保留承包耕地均不属于农户。农户以户为统计单位,既可以从事农业生产经营,也可以从事非农业生产经营。农户贷款的判定应以贷款发放时的承贷主体是否属于农户为准。

2. 国家助学贷款。

3. 国债、地方政府债。

4. 人民银行对金融机构的贷款。

5. 住房公积金管理中心用住房公积金在指定的委托银行发放的个人住房贷款。

6. 外汇管理部门在从事国家外汇储备经营过程中,委托金融机构发放的外汇贷款。

7. 统借统还业务中,企业集团或企业集团中的核心企业以及集团所属财务公司按不高于支付给金融机构的借款利率水平或者支付的债券票面利率水平,向企业集团或者集团内下属单位收取的利息。

统借方向资金使用单位收取的利息,高于支付给金融机构借款利率水平或者支付的债券票面利率水平的,应全额缴纳增值税。

统借统还业务,是指:

(1)企业集团或者企业集团中的核心企业向金融机构借款或对外发行债券取得资金后,将所借资金分拨给下属单位(包括独立核算单位和非独立核算单位,下同),并向下属单位收取用于归还金融机构或债券购买方本息的业务。

(2)企业集团向金融机构借款或对外发行债券取得资金后,由集团所属财务公司与企业集团或者集团内下属单位签订统借统还贷款合同并分拨资金,并向企业集团或者集团内下属单位收取本息,再转付企业集团,由企业集团统一归还金融机构或债券购买方的业务。

(二十)被撤销金融机构以货物、不动产、无形资产、有价证券、票据等财产清偿债务。

被撤销金融机构,是指经人民银行、银监会依法决定撤销的金融机构及其分设于各地的分支机构,包括被依法撤销的商业银行、信托投资公司、财务公司、金融租赁公司、城市信用社和农村信用社。除另有规定外,被撤销金融机构所属、附属企业,不享受被撤销金融机构增值税免税政策。

(二十一)保险公司开办的一年期以上人身保险产品取得的保费收入。

一年期以上人身保险,是指保险期间为一年期及以上返还本利的人寿保险、养老年金保险,以及保险期间为一年期及以上的健康保险。

人寿保险,是指以人的寿命为保险标的的人身保险。

养老年金保险,是指以养老保障为目的,以被保险人生存为给付保险金条件,并按约定的时间间隔分期给付生存保险金的人身保险。养老年金保险应当同时符合下列条件:

1. 保险合同约定给付被保险人生存保险金的年龄不得小于国家规定的退

休年龄。

2. 相邻两次给付的时间间隔不得超过一年。

健康保险,是指以因健康原因导致损失为给付保险金条件的人身保险。

上述免税政策实行备案管理,具体备案管理办法按照《国家税务总局关于一年期以上返还性人身保险产品免征营业税审批事项取消后有关管理问题的公告》(国家税务总局公告2015年第65号)规定执行。

(二十二)下列金融商品转让收入。

1. 合格境外投资者(QFII)委托境内公司在我国从事证券买卖业务。

2. 香港市场投资者(包括单位和个人)通过沪港通买卖上海证券交易所上市A股。

3. 对香港市场投资者(包括单位和个人)通过基金互认买卖内地基金份额。

4. 证券投资基金(封闭式证券投资基金,开放式证券投资基金)管理人运用基金买卖股票、债券。

5. 个人从事金融商品转让业务。

(二十三)金融同业往来利息收入。

1. 金融机构与人民银行所发生的资金往来业务。包括人民银行对一般金融机构贷款,以及人民银行对商业银行的再贴现等。

2. 银行联行往来业务。同一银行系统内部不同行、处之间所发生的资金账务往来业务。

3. 金融机构间的资金往来业务。是指经人民银行批准,进入全国银行间同业拆借市场的金融机构之间通过全国统一的同业拆借网络进行的短期(一年以下含一年)无担保资金融通行为。

4. 金融机构之间开展的转贴现业务。

金融机构是指:

(1)银行:包括人民银行、商业银行、政策性银行。

(2)信用合作社。

(3)证券公司。

(4)金融租赁公司、证券基金管理公司、财务公司、信托投资公司、证券投资基金。

(5)保险公司。

(6)其他经人民银行、银监会、证监会、保监会批准成立且经营金融保险业务的机构等。

(二十四)同时符合下列条件的担保机构从事中小企业信用担保或者再担保业务取得的收入(不含信用评级、咨询、培训等收入)3年内免征增值税:

1. 已取得监管部门颁发的融资性担保机构经营许可证,依法登记注册为企(事)业法人,实收资本超过2000万元。

2. 平均年担保费率不超过银行同期贷款基准利率的50%。平均年担保费率=本期担保费收入/(期初担保余额+本期增加担保金额)×100%。

3. 连续合规经营2年以上,资金主要用于担保业务,具备健全的内部管理制度和为中小企业提供担保的能力,经营业绩突出,对受保项目具有完善的事前评估、事中监控、事后追偿与处置机制。

4. 为中小企业提供的累计担保贷款额占其两年累计担保业务总额的80%以上，单笔800万元以下的累计担保贷款额占其累计担保业务总额的50%以上。

5. 对单个受保企业提供的担保余额不超过担保机构实收资本总额的10%，且平均单笔担保责任金额最多不超过3000万元人民币。

6. 担保责任余额不低于其净资产的3倍，且代偿率不超过2%。

担保机构免征增值税政策采取备案管理方式。符合条件的担保机构应到所在地县（市）主管税务机关和同级中小企业管理部门履行规定的备案手续，自完成备案手续之日起，享受3年免征增值税政策。3年免税期满后，符合条件的担保机构可按规定程序办理备案手续后继续享受该项政策。

具体备案管理办法按《国家税务总局关于中小企业信用担保机构免征营业税审批事项取消后有关管理问题的公告》（国家税务总局公告2015年第69号）规定执行，其中税务机关的备案管理部门统一调整为县（市）级国家税务局。

（二十五）国家商品储备管理单位及其直属企业承担商品储备任务，从中央或者地方财政取得的利息补贴收入和价差补贴收入。

国家商品储备管理单位及其直属企业，是指接受中央、省、市、县四级政府有关部门（或者政府指定管理单位）委托，承担粮（含大豆）、食用油、棉、糖、肉、盐（限于中央储备）等6种商品储备任务，并按有关政策收储、销售上述6种储备商品，取得财政储备经费或者补贴的商品储备企业。利息补贴收入，是指国家商品储备管理单位及其直属企业因承担上述商品储备任务从金融机构贷款，并从中央或者地方财政取得的用于偿还贷款利息的贴息收入。价差补贴收入包括销售价差补贴收入和轮换价差补贴收入。销售价差补贴收入，是指按照中央或者地方政府指令销售上述储备商品时，由于销售收入小于库存成本而从中央或者地方财政获得的全额价差补贴收入。轮换价差补贴收入，是指根据要求定期组织政策性储备商品轮换而从中央或者地方财政取得的商品新陈品质价差补贴收入。

（二十六）纳税人提供技术转让、技术开发和与之相关的技术咨询、技术服务。

1. 技术转让、技术开发，是指《销售服务、无形资产、不动产注释》中"转让技术"、"研发服务"范围内的业务活动。技术咨询，是指就特定技术项目提供可行性论证、技术预测、专题技术调查、分析评价报告等业务活动。

与技术转让、技术开发相关的技术咨询、技术服务，是指转让方（或者受托方）根据技术转让或者开发合同的规定，为帮助受让方（或者委托方）掌握所转让（或者委托开发）的技术，而提供的技术咨询、技术服务业务，且这部分技术咨询、技术服务的价款与技术转让或者技术开发的价款应当在同一张发票上开具。

2. 备案程序。试点纳税人申请免征增值税时，须持技术转让、开发的书面合同，到纳税人所在地省级科技主管部门进行认定，并持有关的书面合同和科技主管部门审核意见证明文件报主管税务机关备查。

（二十七）同时符合下列条件的合同能源管理服务：

1. 节能服务公司实施合同能源管理项目相关技术，应当符合国家质量监督检验检疫总局和国家标准化管理委员会发布的《合同能源管理技术通则》（GB/T 24915—2010）规定的技术要求。

2. 节能服务公司与用能企业签订节能效益分享型合同，其合同格式和内容，符合《中华人民共和国合同法》和《合同能源管理技术通则》（GB/T 24915—2010）等规定。

（二十八）2017年12月31日前，科普单位的门票收入，以及县级及以上党政部门和科协开展科普活动的门票收入。

科普单位，是指科技馆、自然博物馆，对公众开放的天文馆（站、台）、气象台（站）、地震台（站），以及高等院校、科研机构对公众开放的科普基地。

科普活动，是指利用各种传媒以浅显的、让公众易于理解、接受和参与的方式，向普通大众介绍自然科学和社会科学知识，推广科学技术的应用，倡导科学方法，传播科学思想，弘扬科学精神的活动。

（二十九）政府举办的从事学历教育的高等、中等和初等学校（不含下属单位），举办进修班、培训班取得的全部归该学校所有的收入。

全部归该学校所有，是指举办进修班、培训班取得的全部收入进入该学校统一账户，并纳入预算全额上缴财政专户管理，同时由该学校对有关票据进行统一管理和开具。

举办进修班、培训班取得的收入进入该学校下属部门自行开设账户的，不予免征增值税。

（三十）政府举办的职业学校设立的主要为在校学生提供实习场所、并由学校出资自办、由学校负责经营管理、经营收入归学校所有的企业，从事《销售服务、无形资产或者不动产注释》中"现代服务"（不含融资租赁服务、广告服务和其他现代服务）、"生活服务"（不含文化体育服务、其他生活服务和桑拿、氧吧）业务活动取得的收入。

（三十一）家政服务企业由员工制家政服务员提供家政服务取得的收入。

家政服务企业，是指在企业营业执照的规定经营范围中包括家政服务内容的企业。

员工制家政服务员，是指同时符合下列3个条件的家政服务员：

1. 依法与家政服务企业签订半年及半年以上的劳动合同或者服务协议，且在该企业实际上岗工作。

2. 家政服务企业为其按月足额缴纳了企业所在地人民政府根据国家政策规定的基本养老保险、基本医疗保险、工伤保险、失业保险等社会保险。对已享受新型农村养老保险和新型农村合作医疗等社会保险或者下岗职工原单位继续为其缴纳社会保险的家政服务员，如果本人书面提出不再缴纳企业所在地人民政府根据国家政策规定的相应的社会保险，并出具其所在乡镇或者原单位开具的已缴纳相关保险的证明，可视同家政服务企业已为其按月足额缴纳了相应的社会保险。

3. 家政服务企业通过金融机构向其实际支付不低于企业所在地适用的经省级人民政府批准的最低工资标准的工资。

（三十二）福利彩票、体育彩票的发行收入。

（三十三）军队空余房产租赁收入。

（三十四）为了配合国家住房制度改革，企业、行政事业单位按房改成本价、标准价出售住房取得的收入。

（三十五）将土地使用权转让给农业生产者用于农业生产。

（三十六）涉及家庭财产分割的个人无偿转让不动产、土地使用权。

家庭财产分割，包括下列情形：离婚财产分割；无偿赠与配偶、父母、子女、祖父母、外祖父母、孙子女、外孙子女、兄弟姐妹；无偿赠与对其承担直接抚养或者赡养义务的抚养人或者赡养人；房屋产权所有人死亡，法定继承人、遗嘱继承人或者受遗赠人依法取得房屋产权。

（三十七）土地所有者出让土地使用权和土地使用者将土地使用权归还给土地所有者。

（三十八）县级以上地方人民政府或自然资源行政主管部门出让、转让或收回自然资源使用权（不含土地使用权）。

（三十九）随军家属就业。

1. 为安置随军家属就业而新开办的企业，自领取税务登记证之日起，其提供的应税服务3年内免征增值税。

享受税收优惠政策的企业，随军家属必须占企业总人数的60%（含）以上，并有军（含）以上政治和后勤机关出具的证明。

2. 从事个体经营的随军家属，自办理税务登记事项之日起，其提供的应税服务3年内免征增值税。

随军家属必须有师以上政治机关出具的可以表明其身份的证明。

按照上述规定，每一名随军家属可以享受一次免税政策。

（四十）军队转业干部就业。

1. 从事个体经营的军队转业干部，自领取税务登记证之日起，其提供的应税服务3年内免征增值税。

2. 为安置自主择业的军队转业干部就业而新开办的企业，凡安置自主择业的军队转业干部占企业总人数60%（含）以上的，自领取税务登记证之日起，其提供的应税服务3年内免征增值税。

享受上述优惠政策的自主择业的军队转业干部必须持有师以上部队颁发的转业证件。

二、增值税即征即退

（一）一般纳税人提供管道运输服务，对其增值税实际税负超过3%的部分实行增值税即征即退政策。

（二）经人民银行、银监会或者商务部批准从事融资租赁业务的试点纳税人中的一般纳税人，提供有形动产融资租赁服务和有形动产融资性售后回租服务，对其增值税实际税负超过3%的部分实行增值税即征即退政策。商务部授权的省级商务主管部门和国家经济技术开发区批准的从事融资租赁业务和融资性售后回租业务的试点纳税人中的一般纳税人，2016年5月1日后实收资本达到1.7亿元的，从达到标准的当月起按照上述规定执行；2016年5月1日后实收资本未达到1.7亿元但注册资本达到1.7亿元的，在2016年7月31日前仍可按照上述规定执行，2016年8月1日后开展的有形动产融资租赁业务和有形动产融资性售后回租业务不得按照上述规定执行。

（三）本规定所称增值税实际税负，是指纳税人当期提供应税服务实际缴纳的增值税额占纳税人当期提供应税服务取得的全部价款和价外费用的比例。

三、扣减增值税规定

（一）退役士兵创业就业。

1. 对自主就业退役士兵从事个体经营的，在 3 年内按每户每年 8000 元为限额依次扣减其当年实际应缴纳的增值税、城市维护建设税、教育费附加、地方教育附加和个人所得税。限额标准最高可上浮 20%，各省、自治区、直辖市人民政府可根据本地区实际情况在此幅度内确定具体限额标准，并报财政部和国家税务总局备案。

纳税人年度应缴纳税款小于上述扣减限额的，以其实际缴纳的税款为限；大于上述扣减限额的，应以上述扣减限额为限。纳税人的实际经营期不足一年的，应当以实际月份换算其减免税限额。换算公式为：减免税限额 = 年度减免税限额 ÷ 12 × 实际经营月数。

纳税人在享受税收优惠政策的当月，持《中国人民解放军义务兵退出现役证》或《中国人民解放军士官退出现役证》以及税务机关要求的相关材料向主管税务机关备案。

2. 对商贸企业、服务型企业、劳动就业服务企业中的加工型企业和街道社区具有加工性质的小型企业实体，在新增加的岗位中，当年新招用自主就业退役士兵，与其签订 1 年以上期限劳动合同并依法缴纳社会保险费的，在 3 年内按实际招用人数予以定额依次扣减增值税、城市维护建设税、教育费附加、地方教育附加和企业所得税优惠。定额标准为每人每年 4000 元，最高可上浮 50%，各省、自治区、直辖市人民政府可根据本地区实际情况在此幅度内确定具体定额标准，并报财政部和国家税务总局备案。

本条所称服务型企业是指从事《销售服务、无形资产、不动产注释》中"不动产租赁服务"、"商务辅助服务"（不含货物运输代理和代理报关服务）、"生活服务"（不含文化体育服务）范围内业务活动的企业以及按照《民办非企业单位登记管理暂行条例》（国务院令第 251 号）登记成立的民办非企业单位。

纳税人按企业招用人数和签订的劳动合同时间核定企业减免税总额，在核定减免税总额内每月依次扣减增值税、城市维护建设税、教育费附加和地方教育附加。纳税人实际应缴纳的增值税、城市维护建设税、教育费附加和地方教育附加小于核定减免税总额的，以实际应缴纳的增值税、城市维护建设税、教育费附加和地方教育附加为限；实际应缴纳的增值税、城市维护建设税、教育费附加和地方教育附加大于核定减免税总额的，以核定减免税总额为限。

纳税年度终了，如果企业实际减免的增值税、城市维护建设税、教育费附加和地方教育附加小于核定的减免税总额，企业在企业所得税汇算清缴时扣减企业所得税。当年扣减不足的，不再结转以后年度扣减。

计算公式为：企业减免税总额 = Σ每名自主就业退役士兵本年度在本企业工作月份 ÷ 12 × 定额标准。

企业自招用自主就业退役士兵的次月起享受税收优惠政策，并于享受税收优惠政策的当月，持下列材料向主管税务机关备案：

（1）新招用自主就业退役士兵的《中国人民解放军义务兵退出现役证》或《中国人民解放军士官退出现役证》。

（2）企业与新招用自主就业退役士兵签订的劳动合同（副本），企业为职工缴纳的社会保险费记录。

（3）自主就业退役士兵本年度在企业工作时间表。

（4）主管税务机关要求的其他相关材料。

3. 上述所称自主就业退役士兵是指依照《退役士兵安置条例》（国务院、中央军委令第608号）的规定退出现役并按自主就业方式安置的退役士兵。

4. 上述税收优惠政策的执行期限为2016年5月1日至2016年12月31日，纳税人在2016年12月31日未享受满3年的，可继续享受至3年期满为止。

按照《财政部 国家税务总局 民政部关于调整完善扶持自主就业退役士兵创业就业有关税收政策的通知》（财税〔2014〕42号）规定享受营业税优惠政策的纳税人，自2016年5月1日起按照上述规定享受增值税优惠政策，在2016年12月31日未享受满3年的，可继续享受至3年期满为止。

《财政部 国家税务总局关于将铁路运输和邮政业纳入营业税改征增值税试点的通知》（财税〔2013〕106号）附件3第一条第（十二）项城镇退役士兵就业免征增值税政策，自2014年7月1日起停止执行。在2014年6月30日未享受满3年的，可继续享受至3年期满为止。

（二）重点群体创业就业。

1. 对持《就业创业证》（注明"自主创业税收政策"或"毕业年度内自主创业税收政策"）或2015年1月27日前取得的《就业失业登记证》（注明"自主创业税收政策"或附着《高校毕业生自主创业证》）的人员从事个体经营的，在3年内按每户每年8000元为限额依次扣减其当年实际应缴纳的增值税、城市维护建设税、教育费附加、地方教育附加和个人所得税。限额标准最高可上浮20%，各省、自治区、直辖市人民政府可根据本地区实际情况在此幅度内确定具体限额标准，并报财政部和国家税务总局备案。

纳税人年度应缴纳税款小于上述扣减限额的，以其实际缴纳的税款为限；大于上述扣减限额的，应以上述扣减限额为限。

上述人员是指：

（1）在人力资源社会保障部门公共就业服务机构登记失业半年以上的人员。

（2）零就业家庭、享受城市居民最低生活保障家庭劳动年龄内的登记失业人员。

（3）毕业年度内高校毕业生。高校毕业生是指实施高等学历教育的普通高等学校、成人高等学校毕业的学生；毕业年度是指毕业所在自然年，即1月1日至12月31日。

2. 对商贸企业、服务型企业、劳动就业服务企业中的加工型企业和街道社区具有加工性质的小型企业实体，在新增加的岗位中，当年新招用在人力资源社会保障部门公共就业服务机构登记失业半年以上且持《就业创业证》或2015年1月27日前取得的《就业失业登记证》（注明"企业吸纳税收政策"）人员，与其签订1年以上期限劳动合同并依法缴纳社会保险费的，在3年内按实际招用人数予以定额依次扣减增值税、城市维护建设税、教育费附加、地方教育附加和企业所得税优惠。定额标准为每人每年 4000 元，最高可上浮 30%，各省、自治区、直辖市人民政府可根据本地区实际情况在此幅度内确定具体定额标准，并报财政部和国家税务总局备案。

按上述标准计算的税收扣减额应在企业当年实际应缴纳的增值税、城市维护建设税、教育费附加、地方教育附加和企业所得税税额中扣减，当年扣减不足的，不得结转下年使用。

本条所称服务型企业是指从事《销售服务、无形资产、不动产注释》中"不动产租赁服务"、"商务辅助服务"（不含货物运输代理和代理报关服务）、"生活服务"（不含文化体育服务）范围内业务活动的企业以及按照《民办非企业单位登记管理暂行条例》（国务院令第 251 号）登记成立的民办非企业单位。

3. 享受上述优惠政策的人员按以下规定申领《就业创业证》：

（1）按照《就业服务与就业管理规定》（劳动和社会保障部令第 28 号）第六十三条的规定，在法定劳动年龄内，有劳动能力，有就业要求，处于无业状态的城镇常住人员，在公共就业服务机构进行失业登记，申领《就业创业证》。其中，农村进城务工人员和其他非本地户籍人员在常住地稳定就业满 6 个月的，失业后可以在常住地登记。

（2）零就业家庭凭社区出具的证明，城镇低保家庭凭低保证明，在公共就业服务机构登记失业，申领《就业创业证》。

（3）毕业年度内高校毕业生在校期间凭学生证向公共就业服务机构按规定申领《就业创业证》，或委托所在高校就业指导中心向公共就业服务机构按规定代为其申领《就业创业证》；毕业年度内高校毕业生离校后直接向公共就业服务机构按规定申领《就业创业证》。

（4）上述人员申领相关凭证后，由就业和创业地人力资源社会保障部门对人员范围、就业失业状态、已享受政策情况进行核实，在《就业创业证》上注明"自主创业税收政策"、"毕业年度内自主创业税收政策"或"企业吸纳税收政策"字样，同时符合自主创业和企业吸纳税收政策条件的，可同时加注；主管税务机关在《就业创业证》上加盖戳记，注明减免税所属时间。

4. 上述税收优惠政策的执行期限为 2016 年 5 月 1 日至 2016 年 12 月 31 日，纳税人在 2016 年 12 月 31 日未享受满 3 年的，可继续享受至 3 年期满为止。

按照《财政部　国家税务总局　人力资源社会保障部关于继续实施支持和促进重点群体创业就业有关税收政策的通知》（财税〔2014〕39 号）规定享受营业税优惠政策的纳税人，自 2016 年 5 月 1 日起按照上述规定享受增值税优惠政策，在 2016 年 12 月 31 日未享受满 3 年的，可继续享受至 3 年期满为止。

《财政部　国家税务总局关于将铁路运输和邮政业纳入营业税改征增值税试点的通知》（财税〔2013〕106 号）附件 3 第一条第（十三）项失业人员就业增值税优惠政策，自 2014 年 1 月 1 日起停止执行。在 2013 年 12 月 31 日未享受满 3 年的，可继续享受至 3 年期满为止。

四、金融企业发放贷款后，自结息日起 90 天内发生的应收未收利息按现行规定缴纳增值税，自结息日起 90 天后发生的应收未收利息暂不缴纳增值税，待实际收到利息时按规定缴纳增值税。

上述所称金融企业，是指银行（包括国有、集体、股份制、合资、外资银行以及其他所有制形式的银行)、城市信用社、农村信用社、信托投资公司、财务公司。

五、个人将购买不足 2 年的住房对外销售的,按照 5% 的征收率全额缴纳增值税;个人将购买 2 年以上(含 2 年)的住房对外销售的,免征增值税。上述政策适用于北京市、上海市、广州市和深圳市之外的地区。

个人将购买不足 2 年的住房对外销售的,按照 5% 的征收率全额缴纳增值税;个人将购买 2 年以上(含 2 年)的非普通住房对外销售的,以销售收入减去购买住房价款后的差额按照 5% 的征收率缴纳增值税;个人将购买 2 年以上(含 2 年)的普通住房对外销售的,免征增值税。上述政策仅适用于北京市、上海市、广州市和深圳市。

办理免税的具体程序、购买房屋的时间、开具发票、非购买形式取得住房行为及其他相关税收管理规定,按照《国务院办公厅转发建设部等部门关于做好稳定住房价格工作意见的通知》(国办发〔2005〕26 号)、《国家税务总局 财政部 建设部关于加强房地产税收管理的通知》(国税发〔2005〕89 号)和《国家税务总局关于房地产税收政策执行中几个具体问题的通知》(国税发〔2005〕172 号)的有关规定执行。

六、上述增值税优惠政策除已规定期限的项目和第五条政策外,其他均在营改增试点期间执行。如果试点纳税人在纳入营改增试点之日前已经按照有关政策规定享受了营业税税收优惠,在剩余税收优惠政策期限内,按照本规定享受有关增值税优惠。

附件 4:

跨境应税行为适用增值税零税率和免税政策的规定

一、中华人民共和国境内(以下称境内)的单位和个人销售的下列服务和无形资产,适用增值税零税率:
(一)国际运输服务。
国际运输服务,是指:
1. 在境内载运旅客或者货物出境。
2. 在境外载运旅客或者货物入境。
3. 在境外载运旅客或者货物。
(二)航天运输服务。
(三)向境外单位提供的完全在境外消费的下列服务:
1. 研发服务。
2. 合同能源管理服务。
3. 设计服务。
4. 广播影视节目(作品)的制作和发行服务。
5. 软件服务。
6. 电路设计及测试服务。
7. 信息系统服务。

8. 业务流程管理服务。

9. 离岸服务外包业务。

离岸服务外包业务,包括信息技术外包服务(ITO)、技术性业务流程外包服务(BPO)、技术性知识流程外包服务(KPO),其所涉及的具体业务活动,按照《销售服务、无形资产、不动产注释》相对应的业务活动执行。

10. 转让技术。

(四)财政部和国家税务总局规定的其他服务。

二、境内的单位和个人销售的下列服务和无形资产免征增值税,但财政部和国家税务总局规定适用增值税零税率的除外:

(一)下列服务:

1. 工程项目在境外的建筑服务。
2. 工程项目在境外的工程监理服务。
3. 工程、矿产资源在境外的工程勘察勘探服务。
4. 会议展览地点在境外的会议展览服务。
5. 存储地点在境外的仓储服务。
6. 标的物在境外使用的有形动产租赁服务。
7. 在境外提供的广播影视节目(作品)的播映服务。
8. 在境外提供的文化体育服务、教育医疗服务、旅游服务。

(二)为出口货物提供的邮政服务、收派服务、保险服务。

为出口货物提供的保险服务,包括出口货物保险和出口信用保险。

(三)向境外单位提供的完全在境外消费的下列服务和无形资产:

1. 电信服务。
2. 知识产权服务。
3. 物流辅助服务(仓储服务、收派服务除外)。
4. 鉴证咨询服务。
5. 专业技术服务。
6. 商务辅助服务。
7. 广告投放地在境外的广告服务。
8. 无形资产。

(四)以无运输工具承运方式提供的国际运输服务。

(五)为境外单位之间的货币资金融通及其他金融业务提供的直接收费金融服务,且该服务与境内的货物、无形资产和不动产无关。

(六)财政部和国家税务总局规定的其他服务。

三、按照国家有关规定应取得相关资质的国际运输服务项目,纳税人取得相关资质的,适用增值税零税率政策,未取得的,适用增值税免税政策。

境内的单位或个人提供程租服务,如果租赁的交通工具用于国际运输服务和港澳台运输服务,由出租方按规定申请适用增值税零税率。

境内的单位和个人向境内单位或个人提供期租、湿租服务,如果承租方利用租赁的交通工具向其他单位或个人提供国际运输服务和港澳台运输服务,由承租方适用增值税零税率。境内的单位或个人向境外单位或个人提供期租、湿租服务,由出租方适用增值税零税率。

境内单位和个人以无运输工具承运方式提供的国际运输服务，由境内实际承运人适用增值税零税率；无运输工具承运业务的经营者适用增值税免税政策。

四、境内的单位和个人提供适用增值税零税率的服务或者无形资产，如果属于适用简易计税方法的，实行免征增值税办法。如果属于适用增值税一般计税方法的，生产企业实行免抵退税办法，外贸企业外购服务或者无形资产出口实行免退税办法，外贸企业直接将服务或自行研发的无形资产出口，视同生产企业连同其出口货物统一实行免抵退税办法。

服务和无形资产的退税率为其按照《试点实施办法》第十五条第（一）至（三）项规定适用的增值税税率。实行退（免）办法的服务和无形资产，如果主管税务机关认定出口价格偏高的，有权按照核定的出口价格计算退（免）税，核定的出口价格低于外贸企业购进价格的，低于部分对应的进项税额不予退税，转入成本。

五、境内的单位和个人销售适用增值税零税率的服务或无形资产的，可以放弃适用增值税零税率，选择免税或按规定缴纳增值税。放弃适用增值税零税率后，36个月内不得再申请适用增值税零税率。

六、境内的单位和个人销售适用增值税零税率的服务或无形资产，按月向主管退税的税务机关申报办理增值税退（免）税手续。具体管理办法由国家税务总局商财政部另行制定。

七、本规定所称完全在境外消费，是指：

（一）服务的实际接受方在境外，且与境内的货物和不动产无关。

（二）无形资产完全在境外使用，且与境内的货物和不动产无关。

（三）财政部和国家税务总局规定的其他情形。

八、境内单位和个人发生的与香港、澳门、台湾有关的应税行为，除本文另有规定外，参照上述规定执行。

九、2016年4月30日前签订的合同，符合《财政部　国家税务总局关于将铁路运输和邮政业纳入营业税改征增值税试点的通知》（财税〔2013〕106号）附件4和《财政部　国家税务总局关于影视等出口服务适用增值税零税率政策的通知》（财税〔2015〕118号）规定的零税率或者免税政策条件的，在合同到期前可以继续享受零税率或者免税政策。

财政部　国家税务总局关于煤炭采掘企业增值税进项税额抵扣有关事项的通知

手机阅读

2015年11月2日　财税〔2015〕117号

各省、自治区、直辖市、计划单列市财政厅（局）、国家税务局，新疆生产建设兵团财务局：

为统一煤炭采掘企业增值税进项税额抵扣政策,便于政策理解和执行,经研究,现就有关事项明确如下:

一、煤炭采掘企业购进的下列项目,其进项税额允许从销项税额中抵扣:

(一)巷道附属设备及其相关的应税货物、劳务和服务;

(二)用于除开拓巷道以外的其他巷道建设和掘进,或者用于巷道回填、露天煤矿生态恢复的应税货物、劳务和服务。

二、本通知所称的巷道,是指为采矿提升、运输、通风、排水、动力供应、瓦斯治理等而掘进的通道,包括开拓巷道和其他巷道。其中,开拓巷道,是指为整个矿井或一个开采水平(阶段)服务的巷道。所称的巷道附属设备,是指以巷道为载体的给排水、采暖、降温、卫生、通风、照明、通讯、消防、电梯、电气、瓦斯抽排等设备。

三、本通知自 2015 年 11 月 1 日起执行。

财政部 国家税务总局关于印发《资源综合利用产品和劳务增值税优惠目录》的通知[①]

手机阅读

2015 年 6 月 12 日 财税〔2015〕78 号

各省、自治区、直辖市、计划单列市财政厅(局)、国家税务局,新疆生产建设兵团财务局:

为了落实国务院精神,进一步推动资源综合利用和节能减排,规范和优化增值税政策,决定对资源综合利用产品和劳务增值税优惠政策进行整合和调整。现将有关政策统一明确如下:

一、纳税人销售自产的资源综合利用产品和提供资源综合利用劳务(以下称销售综合利用产品和劳务),可享受增值税即征即退政策。具体综合利用的资源名称、综合利用产品和劳务名称、技术标准和相关条件、退税比例等按照本通知所附《资源综合利用产品和劳务增值税优惠目录》(以下简称《目录》)的相关规定执行。

二、纳税人从事《目录》所列的资源综合利用项目,其申请享受本通知规定的增值税即征即退政策时,应同时符合下列条件:

(一)属于增值税一般纳税人。

(二)销售综合利用产品和劳务,不属于国家发展改革委《产业结构调整

---

① 根据《财政部 税务总局关于资源综合利用增值税政策的公告》(财政部 税务总局公告 2019 年第 90 号),本法附件《资源综合利用产品和劳务增值税优惠目录》3.12 "废玻璃"项目退税比例调整为 70%;第二条第二项中,"《产业结构调整指导目录》中的禁止类、限制类项目"修改为"《产业结构调整指导目录》中的淘汰类、限制类项目"。

指导目录》中的禁止类、限制类项目。

（三）销售综合利用产品和劳务，不属于环境保护部《环境保护综合名录》中的"高污染、高环境风险"产品或者重污染工艺。

（四）综合利用的资源，属于环境保护部《国家危险废物名录》列明的危险废物，应当取得省级及以上环境保护部门颁发的《危险废物经营许可证》，且许可经营范围包括该危险废物的利用。

（五）纳税信用等级不属于税务机关评定的 C 级或 D 级。

纳税人在办理退税事宜时，应向主管税务机关提供其符合本条规定的上述条件以及《目录》规定的技术标准和相关条件的书面声明材料，未提供书面声明材料或者出具虚假材料的，税务机关不得给予退税。

三、已享受本通知规定的增值税即征即退政策的纳税人，自不符合本通知第二条规定的条件以及《目录》规定的技术标准和相关条件的次月起，不再享受本通知规定的增值税即征即退政策。

四、已享受本通知规定的增值税即征即退政策的纳税人，因违反税收、环境保护的法律法规受到处罚（警告或单次 1 万元以下罚款除外）的，自处罚决定下达的次月起 36 个月内，不得享受本通知规定的增值税即征即退政策。

五、纳税人应当单独核算适用增值税即征即退政策的综合利用产品和劳务的销售额和应纳税额。未单独核算的，不得享受本通知规定的增值税即征即退政策。

六、各省、自治区、直辖市、计划单列市税务机关应于每年 2 月底之前在其网站上，将本地区上一年度所有享受本通知规定的增值税即征即退政策的纳税人，按下列项目予以公示：纳税人名称、纳税人识别号、综合利用的资源名称、数量，综合利用产品和劳务名称。

七、本通知自 2015 年 7 月 1 日起执行。《财政部 国家税务总局关于资源综合利用及其他产品增值税政策的通知》（财税〔2008〕156 号）、《财政部 国家税务总局关于资源综合利用及其他产品增值税政策的补充的通知》（财税〔2009〕163 号）、《财政部 国家税务总局关于调整完善资源综合利用及劳务增值税政策的通知》（财税〔2011〕115 号）、《财政部 国家税务总局关于享受资源综合利用增值税优惠政策的纳税人执行污染物排放标准的通知》（财税〔2013〕23 号）同时废止。上述文件废止前，纳税人因主管部门取消《资源综合利用认定证书》，或者因环保部门不再出具环保核查证明文件的原因，未能办理相关退（免）税事宜的，可不以《资源综合利用认定证书》或环保核查证明文件作为享受税收优惠政策的条件，继续享受上述文件规定的优惠政策。

附件：资源综合利用产品和劳务增值税优惠目录（略）

财政部 国家税务总局关于风力发电增值税政策的通知

2015年6月12日 财税〔2015〕74号

各省、自治区、直辖市、计划单列市财政厅(局)、国家税务局,新疆生产建设兵团财务局:

为鼓励利用风力发电,促进相关产业健康发展,现将风力发电增值税政策通知如下:

自2015年7月1日起,对纳税人销售自产的利用风力生产的电力产品,实行增值税即征即退50%的政策。

请遵照执行。

财政部 国家税务总局关于新型墙体材料增值税政策的通知

2015年6月12日 财税〔2015〕73号

各省、自治区、直辖市、计划单列市财政厅(局)、国家税务局,新疆生产建设兵团财务局:

为加快推广新型墙体材料,促进能源节约和耕地保护,现就部分新型墙体材料增值税政策明确如下:

一、对纳税人销售自产的列入本通知所附《享受增值税即征即退政策的新型墙体材料目录》(以下简称《目录》)的新型墙体材料,实行增值税即征即退50%的政策。

二、纳税人销售自产的《目录》所列新型墙体材料,其申请享受本通知规定的增值税优惠政策时,应同时符合下列条件:

(一)销售自产的新型墙体材料,不属于国家发展和改革委员会《产业结构调整指导目录》中的禁止类、限制类项目。

(二)销售自产的新型墙体材料,不属于环境保护部《环境保护综合名录》中的"高污染、高环境风险"产品或者重污染工艺。

(三)纳税信用等级不属于税务机关评定的C级或D级。

纳税人在办理退税事宜时,应向主管税务机关提供其符合上述条件的书面声明材料,未提供书面声明材料或者出具虚假材料的,税务机关不得给予退税。

三、已享受本通知规定的增值税即征即退政策的纳税人,自不符合本通知第二条规定条件的次月起,不再享受本通知规定的增值税即征即退政策。

四、纳税人应当单独核算享受本通知规定的增值税即征即退政策的新型墙体材料的销售额和应纳税额。未按规定单独核算的,不得享受本通知规定的增值税即征即退政策。

五、各省、自治区、直辖市、计划单列市税务机关应于每年2月底之前在其网站上,将享受本通知规定的增值税即征即退政策的纳税人按下列项目予以公示:纳税人名称、纳税人识别号、新型墙体材料的名称。

六、已享受本通知规定的增值税即征即退政策的纳税人,因违反税收、环境保护的法律法规受到处罚(警告或单次1万元以下罚款除外),自处罚决定下达的次月起36个月内,不得享受本通知规定的增值税即征即退政策。

七、《目录》所列新型墙体材料适用的国家标准、行业标准,如在执行过程中有更新、替换,统一按新的国家标准、行业标准执行。

八、本通知自2015年7月1日起执行。

附件:享受增值税即征即退政策的新型墙体材料目录(略)

财政部 国家税务总局关于原油和铁矿石期货保税交割业务增值税政策的通知

2015年4月8日 财税〔2015〕35号

各省、自治区、直辖市、计划单列市财政厅(局)、国家税务局:

根据国务院批复精神,现将原油和铁矿石期货保税交割业务有关增值税政策通知如下:

一、上海国际能源交易中心股份有限公司的会员和客户通过上海国际能源交易中心股份有限公司交易的原油期货保税交割业务,大连商品交易所的会员和客户通过大连商品交易所交易的铁矿石期货保税交割业务,暂免征收增值税。

二、期货保税交割的销售方,在向主管税务机关申报纳税时,应出具当期期货保税交割的书面说明、上海国际能源交易中心股份有限公司或大连商品交易所的交割结算单、保税仓单等资料。

三、上述期货交易中实际交割的原油和铁矿石,如果发生进口或者出口的,统一按照现行货物进出口税收政策执行。非保税货物发生的期货实物交割仍按《国家税务总局关于下发〈货物期货征收增值税具体办法〉的通知》(国税发〔1994〕244号)的规定执行。

四、本通知自2015年4月1日起执行。

财政部 国家税务总局关于创新药后续免费使用有关增值税政策的通知

2015年1月26日 财税〔2015〕4号

各省、自治区、直辖市、计划单列市财政厅（局）、国家税务局，新疆生产建设兵团财务局：

为鼓励创新药的研发和使用，结合其大量存在"后续免费用药临床研究"的特点，现将有关增值税政策通知如下：

一、药品生产企业销售自产创新药的销售额，为向购买方收取的全部价款和价外费用，其提供给患者后续免费使用的相同创新药，不属于增值税视同销售范围。

二、本通知所称创新药，是指经国家食品药品监督管理部门批准注册、获批前未曾在中国境内外上市销售，通过合成或者半合成方法制得的原料药及其制剂。

三、药品生产企业免费提供创新药，应保留如下资料，以备税务机关查验：

（一）国家食品药品监督管理部门颁发的注明注册分类为1.1类的药品注册批件；

（二）后续免费提供创新药的实施流程；

（三）第三方（创新药代保管的医院、药品经销单位等）出具免费用药确认证明，以及患者在第三方登记、领取创新药的记录。

四、本通知自2015年1月1日起执行。此前已发生并处理的事项，不再作调整；未处理的，按本通知规定执行。

财政部 国家税务总局关于简并增值税征收率政策的通知

2014年6月13日 财税〔2014〕57号

各省、自治区、直辖市、计划单列市财政厅（局）、国家税务局，新疆生产建设兵团财务局：

为进一步规范税制、公平税负，经国务院批准，决定简并和统一增值税征收率，将6%和4%的增值税征收率统一调整为3%。现将有关事项通知如下：

一、《财政部 国家税务总局关于部分货物适用增值税低税率和简易办法征收增值税政策的通知》（财税〔2009〕9号）第二条第（一）项和第（二）

项中"按照简易办法依照4%征收率减半征收增值税"调整为"按照简易办法依照3%征收率减按2%征收增值税"。

《财政部 国家税务总局关于全国实施增值税转型改革若干问题的通知》(财税〔2008〕170号)第四条第(二)项和第(三)项中"按照4%征收率减半征收增值税"调整为"按照简易办法依照3%征收率减按2%征收增值税"。

二、财税〔2009〕9号文件第二条第(三)项和第三条"依照6%征收率"调整为"依照3%征收率"。

三、财税〔2009〕9号文件第二条第(四)项"依照4%征收率"调整为"依照3%征收率"。

四、本通知自2014年7月1日起执行。

财政部 国家税务总局关于免征储备大豆增值税政策的通知

手机阅读

2014年5月8日 财税〔2014〕38号

各省、自治区、直辖市、计划单列市财政厅(局)、国家税务局,新疆生产建设兵团财务局:

经国务院批准,现就储备大豆增值税政策通知如下:

一、《财政部 国家税务总局关于粮食企业增值税征免问题的通知》(财税字〔1999〕198号)第一条规定的增值税免税政策适用范围由粮食扩大到粮食和大豆,并可对免税业务开具增值税专用发票。

二、本通知自2014年5月1日起执行。本通知执行前发生的大豆销售行为,税务机关已处理的,不再调整;尚未处理的,按本通知第一条规定执行。

财政部 国家税务总局关于利用石脑油和燃料油生产乙烯芳烃类产品有关增值税政策的通知

手机阅读

2014年2月17日 财税〔2014〕17号

各省、自治区、直辖市、计划单列市财政厅(局)、国家税务局:

为解决因石脑油、燃料油征收消费税形成的增值税进项税额无法抵扣的问题,经国务院批准,决定对外购(含进口,下同)石脑油、燃料油生产乙烯、芳烃类化工产品的企业实行增值税退税政策。现将有关事项通知如下:

一、自2014年3月1日起,对外购用于生产乙烯、芳烃类化工产品(以下称特定化工产品)的石脑油、燃料油(以下称 2 类油品),且使用 2 类油品生产特定化工产品的产量占本企业用石脑油、燃料油生产各类产品总量的 50%(含)以上的企业,其外购 2 类油品的价格中消费税部分对应的增值税额,予以退还。

予以退还的增值税额 = 已缴纳消费税的 2 类油品数量 × 2 类油品消费税单位税额 × 17%

二、对符合本通知第一条规定条件的企业,在 2014 年 2 月 28 日前形成的增值税期末留抵税额,可在不超过其购进 2 类油品的价格中消费税部分对应的增值税的规模下,申请一次性退还。

2 类油品的价格中消费税部分对应的增值税,根据国家对 2 类油品开征消费税以来企业购进的已缴纳消费税的 2 类油品数量和消费税单位税额计算。

增值税期末留抵税额,根据主管税务机关认可的增值税纳税申报表的金额计算。

三、退还增值税的申请和审批

符合本通知第一条规定条件的企业,应于每月纳税申报期结束后 10 个工作日内向主管税务机关申请退税。

企业申请退税时,应提交下列资料:购进合同、进口协议、增值税专用发票、进口货物报关单,海关进口增值税专用缴款书、外购的 2 类油品已缴纳消费税的证明材料等购进 2 类油品相关的资料。

主管税务机关接到企业申请后,应认真审核企业提供的相关资料和申请退还的增值税额的正确与否,审核无误后,由县(区、市)级主管税务机关审批。

四、企业收到退税款项的当月,应将退税额从增值税进项税额中转出,未按规定转出的,按《中华人民共和国税收征收管理法》有关规定承担相应法律责任。

五、退还的增值税税额由中央和地方按照现行增值税分享比例共同负担。

六、各地财政、税务机关应密切跟踪政策执行情况,对发现的问题,及时向财政部和国家税务总局反馈。

财政部 国家税务总局关于暂免征收部分小微企业增值税和营业税的通知

手机阅读

2013 年 7 月 29 日 财税〔2013〕52 号

各省、自治区、直辖市、计划单列市财政厅(局)、国家税务局、地方税务局,新疆生产建设兵团财务局:

为进一步扶持小微企业发展,经国务院批准,自 2013 年 8 月 1 日起,对增值税小规模纳税人中月销售额不超过 2 万元的企业或非企业性单位,暂免征收增值税;对营业税纳税人中月营业额不超过 2 万元的企业或非企业性单位,暂免征收营业税。

请遵照执行。

财政部　国家税务总局关于熊猫普制金币免征增值税政策的通知

2012年12月28日　财税〔2012〕97号

各省、自治区、直辖市、计划单列市财政厅（局）、国家税务局，新疆生产建设兵团财务局：

为完善投资性黄金相关税收政策，经国务院批准，自2012年1月1日起，对符合条件的纳税人销售的熊猫普制金币免征增值税。现将有关政策通知如下：

一、熊猫普制金币是指由黄金制成并同时符合以下条件的法定货币：

1. 由中国人民银行发行；

2. 生产质量为普制；

3. 正面主体图案为天坛祈年殿，并刊国名、年号。背面主体图案为熊猫，并刊面额、规格及成色。规格包括1盎司、1/2盎司、1/4盎司、1/10盎司和1/20盎司，对应面额分别为500元、200元、100元、50元、20元。黄金成色为99.9%。

二、纳税人的具体条件以及熊猫普制金币免征增值税的具体管理办法由国家税务总局另行制定。

三、文到之日前，纳税人已缴纳的应予免征的增值税税款，可在今后增值税应纳税额中抵减，或者按规定办理退库。纳税人已向购买方开具了增值税专用发票的，应将增值税专用发票追回后方可申请免税；凡增值税专用发票未追回的，不予免税。

财政部　国家税务总局关于免征部分鲜活肉蛋产品流通环节增值税政策的通知①

2012年9月27日　财税〔2012〕75号

各省、自治区、直辖市、计划单列市财政厅（局）、国家税务局，新疆生产建设兵团财务局：

---

① 根据《关于简并增值税税率有关政策的通知》（财税〔2017〕37号），本法第三条被废止。

经国务院批准,自 2012 年 10 月 1 日起,免征部分鲜活肉蛋产品流通环节增值税。现将有关事项通知如下:

一、对从事农产品批发、零售的纳税人销售的部分鲜活肉蛋产品免征增值税。

免征增值税的鲜活肉产品,是指猪、牛、羊、鸡、鸭、鹅及其整块或者分割的鲜肉、冷藏或者冷冻肉,内脏、头、尾、骨、蹄、翅、爪等组织。

免征增值税的鲜活蛋产品,是指鸡蛋、鸭蛋、鹅蛋,包括鲜蛋、冷藏蛋以及对其进行破壳分离的蛋液、蛋黄和蛋壳。

上述产品中不包括《中华人民共和国野生动物保护法》所规定的国家珍贵、濒危野生动物及其鲜活肉类、蛋类产品。

二、从事农产品批发、零售的纳税人既销售本通知第一条规定的部分鲜活肉蛋产品又销售其他增值税应税货物的,应分别核算上述鲜活肉蛋产品和其他增值税应税货物的销售额;未分别核算的,不得享受部分鲜活肉蛋产品增值税免税政策。

三、《中华人民共和国增值税暂行条例》第八条所列准予从销项税额中扣除的进项税额的第(三)项所称的"销售发票",是指小规模纳税人销售农产品依照 3% 征收率按简易办法计算缴纳增值税而自行开具或委托税务机关代开的普通发票。批发、零售纳税人享受免税政策后开具的普通发票不得作为计算抵扣进项税额的凭证。

财政部 国家税务总局关于增值税税控系统专用设备和技术维护费用抵减增值税税额有关政策的通知

手机阅读

2012 年 2 月 7 日 财税〔2012〕15 号

各省、自治区、直辖市、计划单列市财政厅(局)、国家税务局,新疆生产建设兵团财务局:

为减轻纳税人负担,经国务院批准,自 2011 年 12 月 1 日起,增值税纳税人购买增值税税控系统专用设备支付的费用以及缴纳的技术维护费(以下称二项费用)可在增值税应纳税额中全额抵减。现将有关政策通知如下:

一、增值税纳税人 2011 年 12 月 1 日(含,下同)以后初次购买增值税税控系统专用设备(包括分开票机)支付的费用,可凭购买增值税税控系统专用设备取得的增值税专用发票,在增值税应纳税额中全额抵减(抵减额为价税合计额),不足抵减的可结转下期继续抵减。增值税纳税人非初次购买增值税税控系统专用设备支付的费用,由其自行负担,不得在增值税应纳税额中抵减。

增值税税控系统包括:增值税防伪税控系统、货物运输业增值税专用发票税控系统、机动车销售统一发票税控系统和公路、内河货物运输业发票税控系统。

增值税防伪税控系统的专用设备包括金税卡、IC 卡、读卡器或金税盘和报税盘;货物运输业增值税专用发票税控系统专用设备包括税控盘和报税盘;机动车销售统一发票税控系统和公路、内河货物运输业发票税控系统专用设备包括税控盘和传输盘。

二、增值税纳税人 2011 年 12 月 1 日以后缴纳的技术维护费(不含补缴的 2011 年 11 月 30 日以前的技术维护费),可凭技术维护服务单位开具的技术维护费发票,在增值税应纳税额中全额抵减,不足抵减的可结转下期继续抵减。技术维护费按照价格主管部门核定的标准执行。

三、增值税一般纳税人支付的二项费用在增值税应纳税额中全额抵减的,其增值税专用发票不作为增值税抵扣凭证,其进项税额不得从销项税额中抵扣。

四、纳税人购买的增值税税控系统专用设备自购买之日起 3 年内因质量问题无法正常使用的,由专用设备供应商负责免费维修,无法维修的免费更换。

五、纳税人在填写纳税申报表时,对可在增值税应纳税额中全额抵减的增值税税控系统专用设备费用以及技术维护费,应按以下要求填报:

增值税一般纳税人将抵减金额填入《增值税纳税申报表(适用于增值税一般纳税人)》第 23 栏"应纳税额减征额"。当本期减征额小于或等于第 19 栏"应纳税额"与第 21 栏"简易征收办法计算的应纳税额"之和时,按本期减征额实际填写;当本期减征额大于第 19 栏"应纳税额"与第 21 栏"简易征收办法计算的应纳税额"之和时,按本期第 19 栏与第 21 栏之和填写,本期减征额不足抵减部分结转下期继续抵减。

小规模纳税人将抵减金额填入《增值税纳税申报表(适用于小规模纳税人)》第 11 栏"本期应纳税额减征额"。当本期减征额小于或等于第 10 栏"本期应纳税额"时,按本期减征额实际填写;当本期减征额大于第 10 栏"本期应纳税额"时,按本期第 10 栏填写,本期减征额不足抵减部分结转下期继续抵减。

六、主管税务机关要加强纳税申报环节的审核,对于纳税人申报抵减税款的,应重点审核其是否重复抵减以及抵减金额是否正确。

七、税务机关要加强对纳税人的宣传辅导,确保该项政策措施落实到位。

财政部　国家税务总局关于免征蔬菜流通环节增值税有关问题的通知

手机阅读

2011 年 12 月 31 日　财税〔2011〕137 号

各省、自治区、直辖市、计划单列市财政厅(局)、国家税务局,新疆生产建设兵团财务局:

经国务院批准,自 2012 年 1 月 1 日起,免征蔬菜流通环节增值税。现将有关事项通知如下：

一、对从事蔬菜批发、零售的纳税人销售的蔬菜免征增值税。

蔬菜是指可作副食的草本、木本植物，包括各种蔬菜、菌类植物和少数可作副食的木本植物。蔬菜的主要品种参照《蔬菜主要品种目录》（见附件）执行。

经挑选、清洗、切分、晾晒、包装、脱水、冷藏、冷冻等工序加工的蔬菜，属于本通知所述蔬菜的范围。

各种蔬菜罐头不属于本通知所述蔬菜的范围。蔬菜罐头是指蔬菜经处理、装罐、密封、杀菌或无菌包装而制成的食品。

二、纳税人既销售蔬菜又销售其他增值税应税货物的，应分别核算蔬菜和其他增值税应税货物的销售额；未分别核算的，不得享受蔬菜增值税免税政策。

附件：蔬菜主要品种目录（略）

财政部 国家税务总局关于退还集成电路企业采购设备增值税期末留抵税额的通知

2011年11月14日 财税〔2011〕107号

北京、天津、内蒙古、大连、上海、江苏、安徽、厦门、湖北、深圳、重庆、广东省（自治区、直辖市、计划单列市）财政厅（局）、国家税务局，财政部驻北京、天津、内蒙古、大连、上海、江苏、安徽、厦门、湖北、深圳、重庆、广东省（自治区、直辖市、计划单列市）财政监察专员办事处：

为落实《国务院关于印发进一步鼓励软件产业和集成电路产业发展若干政策的通知》（国发〔2011〕4号）有关要求，解决集成电路重大项目企业采购设备引起的增值税进项税额占用资金问题，决定对其因购进设备形成的增值税期末留抵税额予以退还。现将有关事项通知如下：

一、对国家批准的集成电路重大项目企业（具体名单见附件）因购进设备形成的增值税期末留抵税额（以下称购进设备留抵税额）准予退还。购进的设备应属于《中华人民共和国增值税暂行条例实施细则》第二十一条第二款规定的固定资产范围。

二、准予退还的购进设备留抵税额的计算

企业当期购进设备进项税额大于当期增值税纳税申报表"期末留抵税额"的，当期准予退还的购进设备留抵税额为期末留抵税额；企业当期购进设备进项税额小于当期增值税纳税申报表"期末留抵税额"的，当期准予退还的购进设备留抵税额为当期购进设备进项税额。

当期购进设备进项税额，是指企业取得的按照现行规定允许在当期抵扣的增值税专用发票或海关进口增值税专用缴款书（限于2009年1月1日及以后开具的）上注明的增值税额。

三、退还购进设备留抵税额的申请和审批

（一）企业应于每月申报期结束后 10 个工作日内向主管税务机关申请退还购进设备留抵税额。

主管税务机关接到企业申请后，应审核企业提供的增值税专用发票或海关进口增值税专用缴款书是否符合现行政策规定，其注明的设备名称与企业实际购进的设备是否一致，申请退还的购进设备留抵税额是否正确。审核无误后，由县（区、市）级主管税务机关审批。

（二）企业收到退税款项的当月，应将退税额从增值税进项税额中转出。未转出的，按照《中华人民共和国税收征收管理法》有关规定承担相应法律责任。

（三）企业首次申请退还购进设备留抵税额时，可将 2009 年以来形成的购进设备留抵税额，按照上述规定一次性申请退还。

四、退还的购进设备留抵税额由中央和地方按照现行增值税分享比例共同负担。

五、本通知自 2011 年 11 月 1 日起执行。

附件：国家批准的集成电路重大项目企业名单（略）

财政部 国家税务总局关于软件产品增值税政策的通知

手机阅读

2011 年 10 月 13 日　财税〔2011〕100 号

各省、自治区、直辖市、计划单列市财政厅（局）、国家税务局、地方税务局，新疆生产建设兵团财务局：

为落实《国务院关于印发进一步鼓励软件产业和集成电路产业发展若干政策的通知》（国发〔2011〕4 号）的有关精神，进一步促进软件产业发展，推动我国信息化建设，现将软件产品增值税政策通知如下：

一、软件产品增值税政策

（一）增值税一般纳税人销售其自行开发生产的软件产品，按 17% 税率征收增值税后，对其增值税实际税负超过 3% 的部分实行即征即退政策。

（二）增值税一般纳税人将进口软件产品进行本地化改造后对外销售，其销售的软件产品可享受本条第一款规定的增值税即征即退政策。

本地化改造是指对进口软件产品进行重新设计、改进、转换等，单纯对进口软件产品进行汉字化处理不包括在内。

（三）纳税人受托开发软件产品，著作权属于受托方的征收增值税，著作权属于委托方或属于双方共同拥有的不征收增值税；对经过国家版权局注册登记，纳税人在销售时一并转让著作权、所有权的，不征收增值税。

二、软件产品界定及分类

本通知所称软件产品，是指信息处理程序及相关文档和数据。软件产品包括计算机软件产品、信息系统和嵌入式软件产品。嵌入式软件产品是指嵌入在计算机硬件、机器设备中并随其一并销售,构成计算机硬件、机器设备组成部分的软件产品。

三、满足下列条件的软件产品,经主管税务机关审核批准,可以享受本通知规定的增值税政策:

1. 取得省级软件产业主管部门认可的软件检测机构出具的检测证明材料;
2. 取得软件产业主管部门颁发的《软件产品登记证书》或著作权行政管理部门颁发的《计算机软件著作权登记证书》。

四、软件产品增值税即征即退税额的计算

(一) 软件产品增值税即征即退税额的计算方法:

即征即退税额 = 当期软件产品增值税应纳税额 - 当期软件产品销售额 × 3%

当期软件产品增值税应纳税额 = 当期软件产品销项税额 - 当期软件产品可抵扣进项税额

当期软件产品销项税额 = 当期软件产品销售额 × 17%

(二) 嵌入式软件产品增值税即征即退税额的计算:

1. 嵌入式软件产品增值税即征即退税额的计算方法

即征即退税额 = 当期嵌入式软件产品增值税应纳税额 - 当期嵌入式软件产品销售额 × 3%

当期嵌入式软件产品增值税应纳税额 = 当期嵌入式软件产品销项税额 - 当期嵌入式软件产品可抵扣进项税额

当期嵌入式软件产品销项税额 = 当期嵌入式软件产品销售额 × 17%

2. 当期嵌入式软件产品销售额的计算公式

当期嵌入式软件产品销售额 = 当期嵌入式软件产品与计算机硬件、机器设备销售额合计 - 当期计算机硬件、机器设备销售额

计算机硬件、机器设备销售额按下列顺序确定:

①按纳税人最近同期同类货物的平均销售价格计算确定;
②按其他纳税人最近同期同类货物的平均销售价格计算确定;
③按计算机硬件、机器设备组成计税价格计算确定。

计算机硬件、机器设备组成计税价格 = 计算机硬件、机器设备成本 × (1 + 10%)

五、按照上述办法计算,即征即退税额大于零时,税务机关应按规定,及时办理退税手续。

六、增值税一般纳税人在销售软件产品的同时销售其他货物或者应税劳务的,对于无法划分的进项税额,应按照实际成本或销售收入比例确定软件产品应分摊的进项税额;对专用于软件产品开发生产设备及工具的进项税额,不得进行分摊。纳税人应将选定的分摊方式报主管税务机关备案,并自备案之日起一年内不得变更。

专用于软件产品开发生产的设备及工具,包括但不限于用于软件设计的计算机设备、读写打印具设备、工具软件、软件平台和测试设备。

七、对增值税一般纳税人随同计算机硬件、机器设备一并销售嵌入式软件

产品，如果适用本通知规定按照组成计税价格计算确定计算机硬件、机器设备销售额的，应当分别核算嵌入式软件产品与计算机硬件、机器设备部分的成本。凡未分别核算或者核算不清的，不得享受本通知规定的增值税政策。

八、各省、自治区、直辖市、计划单列市税务机关可根据本通知规定，制定软件产品增值税即征即退的管理办法。主管税务机关可对享受本通知规定增值税政策的纳税人进行定期或不定期检查。纳税人凡弄虚作假骗取享受本通知规定增值税政策的，税务机关除根据现行规定进行处罚外，自发生上述违法违规行为年度起，取消其享受本通知规定增值税政策的资格，纳税人三年内不得再次申请。

九、本通知自 2011 年 1 月 1 日起执行。《财政部 国家税务总局关于贯彻落实〈中共中央 国务院关于加强技术创新，发展高科技，实现产业化的决定〉有关税收问题的通知》（财税字〔1999〕273 号）第一条、《财政部 国家税务总局 海关总署关于鼓励软件产业和集成电路产业发展有关税收政策问题的通知》（财税〔2000〕25 号）第一条第一款、《国家税务总局关于明确电子出版物属于软件征税范围的通知》（国税函〔2000〕168 号）、《财政部 国家税务总局关于增值税若干政策的通知》（财税〔2005〕165 号）第十一条第一款和第三款、《财政部 国家税务总局关于嵌入式软件增值税政策问题的通知》（财税〔2006〕174 号）、《财政部 国家税务总局关于嵌入式软件增值税政策的通知》（财税〔2008〕92 号）、《财政部 国家税务总局关于扶持动漫产业发展有关税收政策问题的通知》（财税〔2009〕65 号）第一条同时废止。

财政部 国家税务总局关于收购烟叶支付的价外补贴进项税额抵扣问题的通知

手机阅读

2011 年 3 月 2 日　财税〔2011〕21 号

各省、自治区、直辖市、计划单列市财政厅（局）、国家税务局、地方税务局，新疆生产建设兵团财务局：

根据有关方面的反映，现将收购烟叶给烟农的生产投入补贴增值税进项税额抵扣问题明确如下：

烟叶收购单位收购烟叶时按照国家有关规定以现金形式直接补贴烟农的生产投入补贴（以下简称价外补贴），属于农产品买价，为《中华人民共和国增值税暂行条例实施细则》（财政部 国家税务总局令第 50 号）第十七条中"价款"的一部分。烟叶收购单位，应将价外补贴与烟叶收购价格在同一张农产品收购发票或者销售发票上分别注明，否则，价外补贴不得计算增值税进项税额进行抵扣。

本通知自 2009 年 1 月 1 日起执行。

财政部 国家税务总局关于上海期货交易所开展期货保税交割业务有关增值税问题的通知

2010年12月2日 财税〔2010〕108号

各省、自治区、直辖市、计划单列市财政厅（局）、国家税务局：

根据《国务院关于推进上海加快发展现代服务业和先进制造业建设国际金融中心和国际航运中心的意见》（国发〔2009〕19号）有关精神，上海期货交易所将试点开展期货保税交割业务。现将有关增值税问题通知如下：

一、期货保税交割是指以海关特殊监管区域或场所内处于保税监管状态的货物为期货实物交割标的物的期货实物交割。

二、上海期货交易所的会员和客户通过上海期货交易所交易的期货保税交割标的物，仍按保税货物暂免征收增值税。

期货保税交割的销售方，在向主管税务机关申报纳税时，应出具当期期货保税交割的书面说明及上海期货交易所交割单、保税仓单等资料。

三、非保税货物发生的期货实物交割仍按《国家税务总局关于下发〈货物期货征收增值税具体办法〉的通知》（国税发〔1994〕244号）的规定执行。

四、本通知自2010年12月1日起执行。

财政部 国家税务总局关于部分货物适用增值税低税率和简易办法征收增值税政策的通知①

2009年1月19日 财税〔2009〕9号

各省、自治区、直辖市、计划单列市财政厅（局）、国家税务局，新疆生产建设兵团财务局：

---

① 根据《关于出口货物劳务增值税和消费税政策的通知》（财税〔2012〕39号），本法第二条第（四）项第3点被废止。

根据《关于简并增值税征收率政策的通知》（财税〔2014〕57号），本法第二条第（一）项和第（二）项中"按照简易办法依照4%征收率减半征收增值税"调整为"按照简易办法依照3%征收率减按2%征收增值税"。

根据《中华人民共和国增值税暂行条例》（国务院令538号，以下简称条例）和《中华人民共和国增值税暂行条例实施细则》（财政部国家税务总局令50号）的规定和国务院的有关精神，为做好相关增值税政策规定的衔接，加强征收管理，现将部分货物适用增值税税率和实行增值税简易征收办法的有关事项明确如下：

一、下列货物继续适用13%的增值税税率：

（一）农产品。

农产品，是指种植业、养殖业、林业、牧业、水产业生产的各种植物、动物的初级产品。具体征税范围暂继续按照《财政部国家税务总局关于印发〈农业产品征税范围注释〉的通知》（财税字〔1995〕52号）及现行相关规定执行。

（二）音像制品。

音像制品，是指正式出版的录有内容的录音带、录像带、唱片、激光唱盘和激光视盘。

（三）电子出版物。

电子出版物，是指以数字代码方式，使用计算机应用程序，将图文声像等内容信息编辑加工后存储在具有确定的物理形态的磁、光、电等介质上，通过内嵌在计算机、手机、电子阅读设备、电子显示设备、数字音/视频播放设备、电子游戏机、导航仪以及其他具有类似功能的设备上读取使用，具有交互功能，用以表达思想、普及知识和积累文化的大众传播媒体。载体形态和格式主要包括只读光盘（CD只读光盘CD-ROM、交互式光盘CD-I、照片光盘Photo-CD、高密度只读光盘DVD-ROM、蓝光只读光盘HD-DVD ROM和BD ROM）、一次写入式光盘（一次写入CD光盘CD-R、一次写入高密度光盘DVD-R、一次写入蓝光光盘HD-DVD/R、BD-R）、可擦写光盘（可擦写CD光盘CD-RW、可擦写高密度光盘DVD-RW、可擦写蓝光光盘HDDVD-RW和BD-RW、磁光盘MO）、软磁盘（FD）、硬磁盘（HD）、集成电路卡（CF卡、MD卡、SM卡、MMC卡、RS-MMC卡、MS卡、SD卡、XD卡、T-Flash卡、记忆棒）和各种存储芯片。

（四）二甲醚。

二甲醚，是指化学分子式为CH3OCH3，常温常压下为具有轻微醚香味、易燃、无毒、无腐蚀性的气体。

二、下列按简易办法征收增值税的优惠政策继续执行，不得抵扣进项税额：

（一）纳税人销售自己使用过的物品，按下列政策执行：

1. 一般纳税人销售自己使用过的属于条例第十条规定不得抵扣且未抵扣进项税额的固定资产，按简易办法依4%征收率减半征收增值税。

一般纳税人销售自己使用过的其他固定资产，按照《财政部 国家税务总局关于全国实施增值税转型改革若干问题的通知》（财税〔2008〕170号）第四条的规定执行。

一般纳税人销售自己使用过的除固定资产以外的物品，应当按照适用税率征收增值税。

2. 小规模纳税人（除其他个人外，下同）销售自己使用过的固定资产，减按 2% 征收率征收增值税。

小规模纳税人销售自己使用过的除固定资产以外的物品，应按 3% 的征收率征收增值税。

（二）纳税人销售旧货，按照简易办法依照 4% 征收率减半征收增值税。

所称旧货，是指进入二次流通的具有部分使用价值的货物（含旧汽车、旧摩托车和旧游艇），但不包括自己使用过的物品。

（三）一般纳税人销售自产的下列货物，可选择按照简易办法依照 6% 征收率计算缴纳增值税：

1. 县级及县级以下小型水力发电单位生产的电力。小型水力发电单位，是指各类投资主体建设的装机容量为 5 万千瓦以下（含 5 万千瓦）的小型水力发电单位。

2. 建筑用和生产建筑材料所用的砂、土、石料。

3. 以自己采掘的砂、土、石料或其他矿物连续生产的砖、瓦、石灰（不含粘土实心砖、瓦）。

4. 用微生物、微生物代谢产物、动物毒素、人或动物的血液或组织制成的生物制品。

5. 自来水。

6. 商品混凝土（仅限于以水泥为原料生产的水泥混凝土）。

一般纳税人选择简易办法计算缴纳增值税后，36 个月内不得变更。

（四）一般纳税人销售货物属于下列情形之一的，暂按简易办法依照 4% 征收率计算缴纳增值税：

1. 寄售商店代销寄售物品（包括居民个人寄售的物品在内）；

2. 典当业销售死当物品；

3. 经国务院或国务院授权机关批准的免税商店零售的免税品。

三、对属于一般纳税人的自来水公司销售自来水按简易办法依照 6% 征收率征收增值税，不得抵扣其购进自来水取得增值税扣税凭证上注明的增值税税款。

四、本通知自 2009 年 1 月 1 日起执行。《财政部 国家税务总局关于调整农业产品增值税税率和若干项目征免增值税的通知》[财税字（94）004 号]、《财政部 国家税务总局关于自来水征收增值税问题的通知》[（94）财税字第 014 号]、《财政部 国家税务总局关于增值税、营业税若干政策规定的通知》[（94）财税字第 026 号] 第九条和第十条、《国家税务总局关于印发〈增值税问题解答（之一）〉的通知》（国税函发〔1995〕288 号）附件第十条、《国家税务总局关于调整部分按简易办法征收增值税的特定货物销售行为征收率的通知》（国税发〔1998〕122 号）、《国家税务总局关于县以下小水电电力产品增值税征税问题的批复》（国税函〔1998〕843 号）、《国家税务总局关于商品混凝土实行简易办法征收增值税问题的通知》（国税发〔2000〕37 号）、《财政部 国家税务总局关于旧货和旧机动车增值税政策的通知》（财税〔2002〕29 号）、《国家税务总局关于自来水行业增值税政策问题的通知》（国税发〔2002〕56 号）、《财政部 国家税务总局关于宣传文化增值税和营业税优惠政策的通知》(财税〔2006〕153号)第一条、《国家税务总局关于明确县以下小型水力发电单位具体标准的批复》(国税函〔2006〕47号)、《国家税务总局关于商品混凝土征收增值税有关问题的通知》(国税函〔2007〕599号)、《财政部国家税务总局关于二甲醚增值税适用税率问题的通知》(财税〔2008〕72号)同时废止。

财政部 国家税务总局关于全国实施增值税转型改革若干问题的通知[①]

2008年12月19日 财税〔2008〕170号

各省、自治区、直辖市、计划单列市财政厅(局)、国家税务局,新疆生产建设兵团财务局:

为推进增值税制度完善,促进国民经济平稳较快发展,国务院决定,自2009年1月1日起,在全国实施增值税转型改革。为保证改革实施到位,现将有关问题通知如下:

一、自2009年1月1日起,增值税一般纳税人(以下简称纳税人)购进(包括接受捐赠、实物投资,下同)或者自制(包括改扩建、安装,下同)固定资产发生的进项税额(以下简称固定资产进项税额),可根据《中华人民共和国增值税暂行条例》(国务院令第538号,以下简称条例)和《中华人民共和国增值税暂行条例实施细则》(财政部 国家税务总局令第50号,以下简称细则)的有关规定,凭增值税专用发票、海关进口增值税专用缴款书和运输费结算单据(以下简称增值税扣税凭证)从销项税额中抵扣,其进项税额应当记入"应交税金—应交增值税(进项税额)"科目。

二、纳税人允许抵扣的固定资产进项税额,是指纳税人2009年1月1日以后(含1月1日,下同)实际发生,并取得2009年1月1日以后开具的增值税扣税凭证上注明的或者依据增值税扣税凭证计算的增值税税额。

三、东北老工业基地、中部六省老工业基地城市、内蒙古自治区东部地区已纳入扩大增值税抵扣范围试点的纳税人,2009年1月1日以后发生的固定资产进项税额,不再采取退税方式,其2008年12月31日以前(含12月31日,下同)发生的待抵扣固定资产进项税额期末余额,应于2009年1月份一次性转入"应交税金—应交增值税(进项税额)"科目。

四、自2009年1月1日起,纳税人销售自己使用过的固定资产(以下简称已使用过的固定资产),应区分不同情形征收增值税:

---

① 根据《关于简并增值税征收率政策的通知》(财税〔2014〕57号),本法中第四条第(二)项和第(三)项中"按照4%征收率减半征收增值税"调整为"按照简易办法依照3%征收率减按2%征收增值税"。

(一)销售自己使用过的2009年1月1日以后购进或者自制的固定资产,按照适用税率征收增值税;

(二)2008年12月31日以前未纳入扩大增值税抵扣范围试点的纳税人,销售自己使用过的2008年12月31日以前购进或者自制的固定资产,按照4%征收率减半征收增值税;

(三)2008年12月31日以前已纳入扩大增值税抵扣范围试点的纳税人,销售自己使用过的在本地区扩大增值税抵扣范围试点以前购进或者自制的固定资产,按照4%征收率减半征收增值税;销售自己使用过的在本地区扩大增值税抵扣范围试点以后购进或者自制的固定资产,按照适用税率征收增值税。

本通知所称已使用过的固定资产,是指纳税人根据财务会计制度已经计提折旧的固定资产。

五、纳税人已抵扣进项税额的固定资产发生条例第十条(一)至(三)项所列情形的,应在当月按下列公式计算不得抵扣的进项税额:

不得抵扣的进项税额 = 固定资产净值 × 适用税率

本通知所称固定资产净值,是指纳税人按照财务会计制度计提折旧后计算的固定资产净值。

六、纳税人发生细则第四条规定固定资产视同销售行为,对已使用过的固定资产无法确定销售额的,以固定资产净值为销售额。

七、自2009年1月1日起,进口设备增值税免税政策和外商投资企业采购国产设备增值税退税政策停止执行。具体办法,财政部、国家税务总局另行发文明确。

八、本通知自2009年1月1日起执行。《财政部 国家税务总局关于印发〈东北地区扩大增值税抵扣范围若干问题的规定〉的通知》(财税〔2004〕156号)、《财政部 国家税务总局关于印发〈2004年东北地区扩大增值税抵扣范围暂行办法〉的通知》(财税〔2004〕168号)、《财政部 国家税务总局关于进一步落实东北地区扩大增值税抵扣范围政策的紧急通知》(财税〔2004〕226号)、《财政部 国家税务总局关于东北地区军品和高新技术产品生产企业实施扩大增值税抵扣范围有关问题的通知》(财税〔2004〕227号)、《国家税务总局关于开展扩大增值税抵扣范围企业认定工作的通知》(国税函〔2004〕143号)、《财政部 国家税务总局关于2005年东北地区扩大增值税抵扣范围有关问题的通知》(财税〔2005〕28号)、《财政部 国家税务总局关于2005年东北地区扩大增值税抵扣范围固定资产进项税额退税问题的通知》(财税〔2005〕176号)、《财政部 国家税务总局关于东北地区军品和高新技术产品生产企业实施扩大增值税抵扣范围有关问题的通知》(财税〔2006〕15号)、《财政部 国家税务总局关于2006年东北地区固定资产进项税额退税问题的通知》(财税〔2006〕156号)、《财政部 国家税务总局关于印发〈中部地区扩大增值税抵扣范围暂行办法〉的通知》(财税〔2007〕75号)、《财政部 国家税务总局关于扩大增值税抵扣范围地区2007年固定资产抵扣(退税)有关问题的补充通知》(财税〔2007〕128号)、《国家税务总局关于印发〈扩大增值税抵扣范围暂行管理办法〉的通知》(国税发〔2007〕62号)、《财政部国家税务总局关于印发〈内蒙古东部地区扩大增值税抵扣范围暂行办法〉的通知》(财税〔2008〕94号)、《财政部 国家税务总局关于印发〈汶川地震受灾严重地区扩大增值税抵扣范围暂行办法〉的通知》(财税〔2008〕108号)、《财政部 国家税务总局关于2008年东北中部和蒙东地区扩大增值税抵扣范围固定资产进项税额退税问题的通知》(财税〔2008〕141号)同时废止。

财政部 国家税务总局关于有机肥产品免征增值税的通知①

手机阅读

2008年4月29日 财税〔2008〕56号

各省、自治区、直辖市、计划单列市财政厅(局)、国家税务局,新疆生产建设兵团财务局:

为科学调整农业施肥结构,改善农业生态环境,经国务院批准,现将有机肥产品有关增值税政策通知如下:

一、自2008年6月1日起,纳税人生产销售和批发、零售有机肥产品免征增值税。

二、享受上述免税政策的有机肥产品是指有机肥料、有机–无机复混肥料和生物有机肥。

(一)有机肥料

指来源于植物和(或)动物,施于土壤以提供植物营养为主要功能的含碳物料。

(二)有机–无机复混肥料

指由有机和无机肥料混合和(或)化合制成的含有一定量有机肥料的复混肥料。

(三)生物有机肥

指特定功能微生物与主要以动植物残体(如禽畜粪便、农作物秸秆等)为来源并经无害化处理、腐熟的有机物料复合而成的一类兼具微生物肥料和有机肥效应的肥料。

三、享受免税政策的纳税人应按照《中华人民共和国增值税暂行条例》(国务院令〔1993〕第134号)、《中华人民共和国增值税暂行条例实施细则》(财法字〔1993〕第38号)等规定,单独核算有机肥产品的销售额。未单独核算销售额的,不得免税。

四、纳税人销售免税的有机肥产品,应按规定开具普通发票,不得开具增值税专用发票。

---

① 根据《财政部 国家税务总局关于公布若干废止和失效的增值税规范性文件目录的通知》(财税〔2009〕17号),本法第三条被废止。

五、纳税人申请免征增值税,应向主管税务机关提供以下资料,凡不能提供的,一律不得免税。

(一)生产有机肥产品的纳税人。

1. 由农业部或省、自治区、直辖市农业行政主管部门批准核发的在有效期内的肥料登记证复印件,并出示原件。

2. 由肥料产品质量检验机构一年内出具的有机肥产品质量技术检测合格报告原件。出具报告的肥料产品质量检验机构须通过相关资质认定。

3. 在省、自治区、直辖市外销售有机肥产品的,还应提供在销售使用地省级农业行政主管部门办理备案的证明原件。

(二)批发、零售有机肥产品的纳税人。

1. 生产企业提供的在有效期内的肥料登记证复印件。

2. 生产企业提供的产品质量技术检验合格报告原件。

3. 在省、自治区、直辖市外销售有机肥产品的,还应提供在销售使用地省级农业行政主管部门办理备案的证明复印件。

六、主管税务机关应加强对享受免征增值税政策纳税人的后续管理,不定期对企业经营情况进行核实。凡经核实所提供的肥料登记证、产品质量技术检测合格报告、备案证明失效的,应停止其享受免税资格,恢复照章征税。

请遵照执行。

财政部 国家税务总局关于黄金期货交易有关税收政策的通知

2008年2月2日 财税〔2008〕5号

上海市财政局、国家税务局:

经国务院批准,自2008年1月1日起,上海期货交易所黄金期货交易发生实物交割时,比照现行上海黄金交易所黄金交易的税收政策执行。现将有关政策明确如下:

一、上海期货交易所会员和客户通过上海期货交易所销售标准黄金(持上海期货交易所开具的《黄金结算专用发票》),发生实物交割但未出库的,免征增值税;发生实物交割并已出库的,由税务机关按照实际交割价格代开增值税专用发票,并实行增值税即征即退的政策,同时免征城市维护建设税和教育费附加。增值税专用发票中的单价、金额和税额的计算公式分别如下:

单价 = 实际交割单价 ÷ (1 + 增值税税率)

金额 = 数量 × 单价

税额 = 金额 × 税率

实际交割单价是指不含上海期货交易所收取的手续费的单位价格。

其中，标准黄金是指：成色为AU9999、AU9995、AU999、AU995；规格为50克、100克、1公斤、3公斤、12.5公斤的黄金。

二、上海期货交易所黄金期货交易的增值税征收管理办法及增值税专用发票管理办法由国家税务总局另行制定。

财政部　国家税务总局关于免征滴灌带和滴灌管产品增值税的通知

2007年5月30日　财税〔2007〕83号

各省、自治区、直辖市、计划单列市财政厅（局）、国家税务局，新疆生产建设兵团财务局：

为节约水资源，促进农业节水灌溉，发展农业生产，经国务院批准，现将滴灌带和滴灌管产品有关增值税政策问题通知如下：

一、自2007年7月1日起，纳税人生产销售和批发、零售滴灌带和滴灌管产品免征增值税。

滴灌带和滴灌管产品是指农业节水滴灌系统专用的、具有制造过程中加工的孔口或其他出流装置、能够以滴状或连续流状出水的水带和水管产品。滴灌带和滴灌管产品按照国家有关质量技术标准要求进行生产，并与PVC管（主管）、PE管（辅管）、承插管件、过滤器等部件组成为滴灌系统。

二、享受免税政策的纳税人应按照《中华人民共和国增值税暂行条例》及其实施细则等规定，单独核算滴灌带和滴灌管产品的销售额。未单独核算销售额的，不得免税。

三、纳税人销售免税的滴灌带和滴灌管产品，应一律开具普通发票，不得开具增值税专用发票。

四、生产滴灌带和滴灌管产品的纳税人申请办理免征增值税时，应向主管税务机关报送由产品质量检验机构出具的质量技术检测合格报告，出具报告的产品质量检验机构须通过省以上质量技术监督部门的相关资质认定。批发和零售滴灌带和滴灌管产品的纳税人申请办理免征增值税时，应向主管税务机关报送由生产企业提供的质量技术检测合格报告原件或复印件。未取得质量技术检测合格报告的，不得免税。

五、税务机关应加强对享受免税政策纳税人的后续管理，不定期对企业经营情况进行核实，凡经核实产品质量不符合有关质量技术标准要求的，应停止其继续享受免税政策的资格，依法恢复征税。

请遵照执行。

财政部 国家税务总局关于中国科技资料进出口总公司销售进口图书享受免征国内销售环节增值税政策的通知

2004年3月30日 财税〔2004〕69号

天津市财政局、国家税务局:

经国务院批准,自2004年1月1日起,对中国科技资料进出口总公司为科研单位、大专院校进口的用于科研、教学的图书、文献、报刊及其他资料(包括只读光盘、缩微平片、胶卷、地球资源卫星照片、科技和教学声像制品)免征国内销售环节增值税。

请遵照执行。

财政部 国家税务总局关于不带动力的手扶拖拉机和三轮农用运输车增值税政策的通知

2002年6月6日 财税〔2002〕89号

各省、自治区、直辖市、计划单列市财政厅(局)、国家税务局:

近来接到部分地区反映,要求对不带动力的手扶拖拉机和三轮农用运输车是否属于"农机"的问题予以明确,经研究,现明确如下:

不带动力的手扶拖拉机(也称"手扶拖拉机底盘")和三轮农用运输车(指以单缸柴油机为动力装置的三个车轮的农用运输车辆)属于"农机",应按有关"农机"的增值税政策规定征免增值税。

本通知自2002年6月1日起执行。

财政部 国家税务总局关于饲料产品免征增值税问题的通知①

2001年7月12日　财税〔2001〕121号

各省、自治区、直辖市、计划单列市财政厅（局）、国家税务局，新疆生产建设兵团财务局：

根据国务院关于部分饲料产品继续免征增值税的批示，现将免税饲料产品范围及国内环节饲料免征增值税的管理办法明确如下：

一、免税饲料产品范围包括：

（一）单一大宗饲料。指以一种动物、植物、微生物或矿物质为来源的产品或其副产品。其范围仅限于糠麸、酒糟、鱼粉、草饲料、饲料级磷酸氢钙及除豆粕以外的菜子粕、棉子粕、向日葵粕、花生粕等粕类产品。

（二）混合饲料。指由两种以上单一大宗饲料、粮食、粮食副产品及饲料添加剂按照一定比例配置，其中单一大宗饲料、粮食及粮食副产品的参兑比例不低于95%的饲料。

（三）配合饲料。指根据不同的饲养对象，饲养对象的不同生长发育阶段的营养需要，将多种饲料原料按饲料配方经工业生产后，形成的能满足饲养动物全部营养需要（除水分外）的饲料。

（四）复合预混料。指能够按照国家有关饲料产品的标准要求量；全面提供动物饲养相应阶段所需微量元素（4种或以上）、维生素（8种或以上），由微量元素、维生素、氨基酸和非营养性添加剂中任何两类或两类以上的组分与载体或稀释剂按一定比例配置的均匀混合物。

（五）浓缩饲料。指由蛋白质、复合预混料及矿物质等按一定比例配制的均匀混合物。

二、原有的饲料生产企业及新办的饲料生产企业，应凭省级税务机关认可的饲料质量检测机构出具的饲料产品合格证明，向所在地主管税务机关提出免税申请，经省级国家税务局审核批准后，由企业所在地主管税务机关办理免征增值税手续。饲料生产企业饲料产品需检测品种由省级税务机关根据本地区的具体情况确定。

---

① 依据本法设定的相关审批事项已分别被列入《国务院关于第三批取消和调整行政审批项目的决定》（国发〔2004〕16号）的附件1《国务院决定取消的行政审批项目目录（385项）》和《国务院关于取消第二批行政审批项目和改变一批行政审批项目管理方式的决定》（国发〔2003〕5号）的附件1《国务院决定取消的第二批行政审批项目目录（406项）》。

三、本通知自 2001 年 8 月 1 日起执行。2001 年 8 月 1 日前免税饲料范围及豆粕的征税问题，仍按照《国家税务总局关于修订"饲料"注释及加强饲料征免增值税管理问题的通知》（国税发〔1999〕39 号）执行。

财政部　国家税务总局关于若干农业生产资料征免增值税政策的通知①

手机阅读

2001 年 7 月 20 日　财税〔2001〕113 号

各省、自治区、直辖市、计划单列市财政厅（局）、国家税务局，新疆生产建设兵团财政局，财政部驻各省、自治区、直辖市、计划单列市财政监察专员办事处：

为支持农业生产发展，经国务院批准，现就若干农业生产资料征免增值税的政策通知如下：

一、下列货物免征增值税：

1. 农膜。

2. 生产销售的除尿素以外的氮肥、除磷酸二铵以外的磷肥、钾肥以及以免税化肥为主要原料的复混肥（企业生产复混肥产品所用的免税化肥成本占原料中全部化肥成本的比重高于 70%）。

"复混肥"是指用化学方法或物理方法加工制成的氮、磷、钾三种养分中至少有两种养分标明的肥料，包括仅用化学方法制成的复合肥和仅用物理方法制成的混合肥（也称掺合肥）。

3. 生产销售的阿维菌素、胺菊酯、百菌清、苯噻酰草按、节嘧磺隆、草除灵、吨虫琳、丙烯菊酯、哒螨灵、代森锰锌、稻瘟灵、敌百虫、丁草胺、啶虫脒、多抗霉素、二甲戊乐灵、二嗪磷、氟乐足、高效氯氰菊酯、炔螨特、甲多丹、甲基硫菌灵、甲基异柳磷、甲（乙）基毒死蜱、甲（乙）基嘧啶磷、精恶唑禾草灵、精喹禾灵、井冈霉素、咪鲜胺、灭多威、灭蝇胺、苜蓿银纹夜蛾核型多角体病毒、噻磺隆、三氟氯氰菊酯、三唑磷、三唑酮、杀虫单、杀虫双、顺式氯氰菊酯、涕灭威、烯唑醇、辛硫磷、辛酰溴苯腈、异丙甲草胺、乙阿合剂、乙草胺、乙酰甲胺磷、莠去津。

4. 批发和零售的种子、种苗、化肥、农药、农机。

二、对生产销售的尿素统一征收增值税，并在 2001—2002 年两年内实行增值税先征后退的政策。2001 年对征收的税款全额退还，2002 年退还 50%，

---

① 根据《财政部　海关总署　国家税务总局关于农药税收政策的通知》（财税〔2003〕186 号），第一条第 3 项关于对国产农药免征生产环节增值税的政策停止执行。

根据《关于对化肥恢复征收增值税政策的通知》（财税〔2015〕90 号），本法规第一条第 2 项和第 4 项"化肥"的规定停止执行。

自2003年起停止退还政策。增值税具体退税事宜，由财政部驻各地财政监察专员办事处按财政部、国家税务总局、中国人民银行《关于税制改革后对某些企业实行"先征后退"有关预算管理问题的暂行规定的通知》[（94）财预字第55号]的有关规定办理。

三、对原征收增值税的尿素生产企业生产销售的尿素，实行增值税先征后退政策从2001年1月1日起执行；对原免征增值税的尿素征税企业生产销售的尿素，恢复征收增值税和实行先征后退政策以及对农业生产资料免征增值税政策，自2001年8月1日起执行，《关于延续若干增值税免税政策的通知》（财税明电〔2000〕6号）第四条同时停止执行。

财政部 国家税务总局关于污水处理费有关增值税政策的通知

手机阅读

2001年6月19日　财税〔2001〕97号

各省、自治区、直辖市、计划单列市财政厅（局）、国家税务局，新疆生产建设兵团财务局：

为了切实加强和改进城市供水、节水和水污染防治工作，促进社会经济的可持续发展，加快城市污水处理设施的建设步伐，根据《国务院关于加强城市供水节水和水污染防治工作的通知》（国发〔2000〕36号）的规定，对各级政府及主管部门委托自来水厂（公司）随水费收取的污水处理费，免征增值税。

本通知自2001年7月1日起执行，此前对上述污水处理费未征税的一律不再补征。

财政部 国家税务总局关于铁路货车修理免征增值税的通知

手机阅读

2001年4月3日　财税〔2001〕54号

各省、自治区、直辖市、计划单列市财政厅（局）、国家税务局：

为支持我国铁路建设，经国务院批准，从2001年1月1日起对铁路系统内部单位为本系统修理货车的业务免征增值税。

请遵照执行。

财政部 国家税务总局关于豆粕等粕类产品征免增值税政策的通知

手机阅读

2001年8月7日 财税〔2001〕30号

海关总署,各省、自治区、直辖市、计划单列市财政(局)、国家税务局:

经国务院批准,现将饲料产品征免增值税问题通知如下:

一、自2000年6月1日起,饲料产品分为征收增值税和免征增值税两类。

二、进口和国内生产的饲料,一律执行同样的征税或免税政策。

三、自2000年6月1日起,豆粕属于征收增值税的饲料产品,进口或国内生产豆粕,均按13%的税率征收增值税。其它粕类属于免税饲料产品,免征增值税,已征收入库的税款做退库处理。

四、为保护纳税人的经济利益,对纳税人2000年6月1日至9月30日期间销售的国内生产的豆粕以及在此期间定货并进口的豆粕,凭有效凭证,仍免征增值税,已征收入库的增值税给予退还。

五、自2000年6月1日起,《国家税务总局关于修改国家税务总局关于修订"饲料"注释及加强饲料征免增值税管理问题的通知的通知》(国税发〔2000〕93号)第二条的规定停止执行。

财政部 国家税务总局关于飞机维修增值税问题的通知

手机阅读

2000年10月12日 财税〔2000〕102号

各省、自治区、直辖市、计划单列市财政厅(局)、国家税务局:

经国务院批准,现将有关飞机维修劳务的增值税政策问题通知如下:

为支持飞机维修行业的发展,决定自2000年1月1日起对飞机维修劳务增值税实际税负超过6%的部分实行由税务机关即征即退的政策。

请遵照执行。

财政部 国家税务总局关于中国经济图书进出口公司、中国出版对外贸易总公司销售给大专院校和科研单位的进口书刊资料免征增值税的通知

手机阅读

1999年9月29日 财税字〔1999〕255号

北京市财政局、国家税务局：

经国务院批准，自1999年1月1日起，对中国经济图书进出口公司、中国出版对外贸易总公司为大专院校和科研单位免税进口的图书、报刊等资料，在其销售给上述院校和单位时，免征国内销售环节的增值税。

请遵照执行。

财政部 国家税务总局关于粮食企业增值税征免问题的通知[①]

手机阅读

1999年6月29日 财税字〔1999〕198号

各省、自治区、直辖市、计划单列市财政厅（局），国家税务局，新疆生产建设兵团：

为支持和配合粮食流通体制改革，经国务院批准，现就粮食增值税政策调整的有关问题通知如下：

一、国有粮食购销企业必须按顺价原则销售粮食。对承担粮食收储任务的国有粮食购销企业销售的粮食免征增值税。免征增值税的国有粮食购销企业，由县（市）国家税务局会同同级财政、粮食部门审核确定。

---

① 根据《国家税务总局关于国有粮食购销企业销售粮食免征增值税审批事项取消后有关管理事项的公告》（国家税务总局公告2015年第42号），本法第一条中"免征增值税的国有粮食购销企业，由县（市）国家税务局会同同级财政、粮食部门审核确定"内容被废止。

依据本法设定的相关审批事项已被列入《国务院关于取消和调整一批行政审批项目等事项的决定》（国发〔2015〕11号）的附件1《国务院决定取消和下放管理层级的行政审批项目目录（共计94项）》。

审批享受免税优惠的国有粮食购销企业时,税务机关应按规定缴销其《增值税专用发票领购簿》,并收缴其库存未用的增值税专用发票予以注销;兼营其他应税货物的,须重新核定其增值税专用发票用量。

二、对其他粮食企业经营粮食,除下列项目免征增值税外,一律征收增值税。

(一)军队用粮:指凭军用粮票和军粮供应证按军供价供应中国人民解放军和中国人民武装警察部队的粮食。

(二)救灾救济粮:指经县(含)以上人民政府批准,凭救灾救济粮票(证)按规定的销售价格向需救助的灾民供应的粮食。

(三)水库移民口粮:指经县(含)以上人民政府批准,凭水库移民口粮票(证)按规定的销售价格供应给水库移民的粮食。

三、对销售食用植物油业务,除政府储备食用植物油的销售继续免征增值税外,一律照章征收增值税。

四、对粮油加工业务,一律照章征收增值税。

五、承担粮食收储任务的国有粮食购销企业和经营本通知所列免税项目的其他粮食经营企业,以及有政府储备食用植物油销售业务的企业,均需经主管税务机关审核认定免税资格,未报经主管税务机关审核认定,不得免税。享受免税优惠的企业,应按期进行免税申报,违反者取消其免税资格。

粮食部门应向同级国家税务局提供军队用粮、救灾救济粮、水库移民口粮的单位、供应数量等有关资料,经国家税务局审核无误后予以免税。

六、属于增值税一般纳税人的生产、经营单位从国有粮食购销企业购进的免税粮食,可依据购销企业开具的销售发票注明的销售额按13%的扣除率计算抵扣进项税额;购进的免税食用植物油,不得计算抵扣进项税额。

七、各省、自治区、直辖市、计划单列市国家税务局可依据本通知和增值税法规的有关规定制定具体执行办法,并报财政部、国家税务总局备案。

本通知从1999年8月1日起执行。

财政部 国家税务总局关于北京中科进出口公司销售给高等学校、科研单位和北京图书馆的进口图书报刊资料免征增值税问题的通知

手机阅读

1998年4月14日 财税字〔1998〕69号

北京市国家税务局:

经国务院批准,自1998年1月1日起,对北京中科进出口公司销售给高等学校、科研单位和北京图书馆的进口图书、报刊资料给予免征增值税的照

顾。文到之前已征收入库的增值税税款由征收机关予以退还。

财政部 国家税务总局关于中国国际图书贸易总公司销售给高等学校、教育科研单位和北京图书馆的进口图书报刊资料免征增值税问题的通知

1998年4月14日 财税字〔1998〕68号

北京市国家税务局，深圳市国家税务局，上海市国家税务局：

经国务院批准，自1998年1月1日起，对中国国际图书贸易总公司销售给高等学校、教育科研单位和北京图书馆的进口图书、报刊资料给予免征增值税的照顾。文到之前已征收入库的增值税税款由征收机关予以退还。

财政部 国家税务总局关于中国教育图书进出口公司销售给高等学校、教育科研单位和北京图书馆的进口图书报刊资料免征增值税问题的通知

1998年4月8日 财税字〔1998〕67号

北京市国家税务局、深圳市国家税务局：

经国务院批准，自1998年1月1日起，对中国教育图书进出口公司销售给高等学校、教育科研单位和北京图书馆的进口图书、报刊资料给予免征增值税的照顾。今年已征收入库的增值税税款由征收机关予以退还。

财政部 国家税务总局关于免征农村电网维护费增值税问题的通知

1998年3月5日 财税字〔1998〕47号

各省、自治区、直辖市、计划单列市财政厅（局）、国家税务局：

根据国务院的指示精神，经研究决定，从 1998 年 1 月 1 日起，对农村电管站在收取电价时一并向用户收取的农村电网维护费（包括低压线路损耗和维护费以及电工经费）给予免征增值税的照顾。

对 1998 年 1 月 1 日前未征收入库的增值税税款，不再征收入库。

财政部　国家税务总局关于中国图书进出口总公司销售给科研教学单位的进口书刊资料免征增值税问题的通知

手机阅读

1997 年 3 月 28 日　财税字〔1997〕66 号

北京、上海、广州、西安、深圳市国家税务局：

根据国务院国办通〔1994〕8 号关于对中国图书进出口总公司为国务院各部委、各直属机构及各省、自治区、直辖市所属科研机构和大专院校进口用于科研、教学的书刊给予免征增值税照顾的精神，经研究决定，对中国图书进出口总公司销售给国务院各部委、各直属机构及各省、自治区、直辖市所属科研机构和大专院校的进口科研、教学书刊给予免征增值税的照顾。

对 1994 年、1995 年、1996 年已征收入库的税款（包括城市维护建设税和教育费附加）由税务机关开具收入退还书，按原税款入库渠道分别退还给企业。请依照执行。

财政部　国家税务总局关于罚没物品征免增值税问题的通知

手机阅读

1995 年 9 月 4 日　财税字〔1995〕69 号

各省、自治区、直辖市、计划单列市财政厅（局）、国家税务局、地方税务局，财政部驻各省、自治区、直辖市财政监察专员办事处：

根据现行罚没财物管理制度和税收制度的有关规定，现对各级行政执法机关、政法机关和经济管理部门（以下简称执罚部门和单位）依照国家有关法律、法规查处各类违法、违章案件的罚没物品变价收入征收增值税问题规定如下：

一、执罚部门和单位查处的属于一般商业部门经营的商品，具备拍卖条件的，由执罚部门或单位商同级财政部门同意后，公开拍卖。其拍卖收入作为罚没收入由执罚部门和单位如数上缴财政，不予征税。对经营单位购入拍卖物品再销售的应照章征收增值税。

二、执罚部门和单位查处的属于一般商业部门经营的商品,不具备拍卖条件的,由执罚部门、财政部门、国家指定销售单位会同有关部门按质论价,交由国家指定销售单位纳入正常销售渠道变价处理。执罚部门按商定价格所取得的变价收入作为罚没收入如数上缴财政,不予征税。国家指定销售单位将罚没物品纳入正常销售渠道销售的,应照章征收增值税。

三、执罚部门和单位查处的属于专管机关管理或专营企业经营的财物,如金银(不包括金银首饰)、外币、有价证券、非禁止出口文物,应交由专管机关或专营企业收兑或收购。执罚部门和单位按收兑或收购价所取得的收入作为罚没收入如数上缴财政,不予征税。专管机关或专营企业经营上述物品中属于应征增值税的货物,应照章征收增值税。

本通知自文到之日起执行。

财政部　国家税务总局关于印发《农业产品征税范围注释》的通知

手机阅读

1995年6月15日　财税字〔1995〕52号

各省、自治区、直辖市和计划单列市财政厅(局)、国家税务局:

根据《财政部、国家税务总局关于调整农业产品增值税税率和若干项目征免增值税的通知》(财税字〔1994〕004号)的规定,从1994年5月1日起,农业产品增值税税率已由17%调整为13%。现将《农业产品征税范围注释》(以下简称注释)印发给你们,并就有关问题明确如下:

一、《中华人民共和国增值税暂行条例》第十六条所列免税项目的第一项所称的"农业生产者销售的自产农业产品",是指直接从事植物的种植、收割和动物的饲养、捕捞的单位和个人销售的注释所列的自产农业产品;对上述单位和个人销售的外购的农业产品,以及单位和个人外购农业产品生产、加工后销售的仍然属于注释所列的农业产品,不属于免税的范围,应当按照规定税率征收增值税。

二、农业生产者用自产的茶青再经筛分、风选、拣剔、碎块、干燥、匀堆等工序精制而成的精制茶,不得按照农业生产者销售的自产农业产品免税的规定执行,应当按照规定的税率征税。

本通知从1995年7月1日起执行,原各地国家税务局规定的农业产品范围同时废止。

附件:《农业产品征税范围注释》(略)

财政部　国家税务总局关于增值税几个税收政策问题的通知[①]

手机阅读

1994年10月18日　〔1994〕财税字第60号

各省、自治区、直辖市财政厅、国家税务局,各计划单列市财政局、国家税务局:

根据国务院批示精神,经研究,现对几个增值税政策问题明确如下:

一、增值税一般纳税人1994年5月1日以后销售应税货物而支付的运输费用,除《中华人民共和国增值税暂行条例实施细则》第十二条所规定的不并入销售额的代垫运费以外,可按(94)财税字第012号《关于运输费用和废旧物资准予抵扣进项税额问题的通知》中有关规定,依10%的扣除率计算进项税额予以抵扣。

纳税人购买或销售免税货物所发生的运输费用,不得计算进项税额抵扣。

二、供残疾人专用的假肢、轮椅、矫型器(包括上肢矫型器、下肢矫型器、脊椎侧弯矫型器),免征增值税。

三、对国家定点企业(名单见附件)生产和经销单位经销的专供少数民族饮用的边销茶,免征增值税。

边销茶,是指以黑茶、红茶末、老青茶、绿茶经蒸制、加压、发酵、压制成不同形状,专门销往边疆少数民族地区的紧压茶。

四、对农业产品收购单位在收购价格之外按规定缴纳的农业特产税,准予并入农业产品的买价,计算进项税额扣除。

五、铁路工附业单位,凡是向其所在铁路局内部其他单位提供的货物或应税劳务,1995年底前暂免征收增值税;向其所在铁路局以外销售的货物或应税劳务,应照章征收增值税。

上款所称铁路工附业,是指直接为铁路运输生产服务的工业性和非工业性生产经营单位,主要包括工业性生产和加工修理修配、材料供应、生活供应等。

六、农用水泵、农用柴油机按农机产品依13%的税率征收增值税。

农用水泵是指主要用于农业生产的水泵,包括农村水井用泵、农田作业面潜水泵、农用轻便离心泵、与喷灌机配套的喷灌自吸泵。其他水泵不属于农机产品征税范围。

农用柴油机是指主要配套于农田拖拉机、田间作业机具、农副产品加工机

[①] 根据《财政部　国家税务总局关于公布若干废止和失效的增值税规范性文件目录的通知》(财税〔2009〕17号),本法第一条、第四条、第五条被废止。

械以及排灌机械，以柴油为燃料，油缸数在3缸以下（含3缸）的往复式内燃动力机械。4缸以上（含4缸）柴油机不属于农机产品征税范围。

七、本通知除第一条外，从1994年1月1日起执行。

附件：免征边销茶增值税的十六个定点厂名单（略）

财政部　国家税务总局关于增值税、营业税若干政策规定的通知①

1994年5月5日　〔1994〕财税字第26号

各省、自治区、直辖市、计划单列市财政厅（局）、税务局：

新税制实施以来，各地陆续反映了一些增值税、营业税执行中出现的问题。经研究，现将有关政策问题规定如下。

一、关于集邮商品征税问题

集邮商品，包括邮票、小型张、小本票、明信片、首日封、邮折、集邮簿、邮盘、邮票目录、护邮袋、贴片及其他集邮商品。

集邮商品的生产、调拨征收增值税。邮政部门销售集邮商品，征收营业税；邮政部门以外的其他单位与个人销售集邮商品，征收增值税。

二、关于报刊发行征税问题

邮政部门发行报刊，征收营业税；其他单位和个人发行报刊，征收增值税。

三、关于销售无线寻呼机、移动电话征税问题

电信单位（电信局及经电信局批准的其他从事电信业务的单位）自己销售无线寻呼机、移动电话，并为客户提供有关的电信劳务服务的，属于混合销售，征收营业税；对单纯销售无线寻呼机、移动电话，不提供有关的电信劳务服务的，征收增值税。

四、关于混合销售征税问题

（一）根据增值税暂行条例实施细则（以下简称细则）第五条的规定，"以从事货物的生产、批发或零售为主，并兼营非应税劳务的企业、企业性单位及个体经营者"的混合销售行为，应视为销售货物征收增值税。此条规定所

---

① 根据《财政部　国家税务总局关于部分货物适用增值税低税率和简易办法征收增值税政策的通知》（财税〔2009〕9号），本法第九条和第十条被废止。

根据《财政部　国家税务总局关于公布若干废止和失效的增值税规范性文件目录的通知》（财税〔2009〕17号），本法第四条第（一）项、第六条第（二）项、第八条、第十一条被废止。

根据《财政部　国家税务总局关于公布若干废止和失效的营业税规范性文件的通知》（财税〔2009〕61号），本法第四条第二项、第十一条被废止。

说的"以从事货物的生产、批发或零售为主,并兼营非应税劳务",是指纳税人的年货物销售额与非增值税应税劳务营业额的合计数中,年货物销售额超过50%,非增值税应税劳务营业额不到50%。

(二)从事运输业务的单位与个人,发生销售货物并负责运输所售货物的混合销售行为,征收增值税。

五、关于代购货物征税问题

代购货物行为,凡同时具备以下条件的,不征收增值税;不同时具备以下条件的,无论会计制度规定如何核算,均征收增值税。

(一)受托方不垫付资金;

(二)销货方将发票开具给委托方,并由受托方将该项发票转交给委托方;

(三)受托方按销售方实际收取的销售额和增值税额(如系代理进口货物则为海关代征的增值税额)与委托方结算货款,并另外收取手续费。

六、关于棕榈油、棉籽油和粮食复制品征税问题

(一)棕榈油、棉籽油按照食用植物油13%的税率征收增值税;

(二)切面、饺子皮、米粉等经简单加工的粮食复制品,比照粮食13%的税率征收增值税。粮食复制品是指以粮食为原料经简单加工的生食品,不包括挂面和以粮食为原料加工的速冻食品、副食品。粮食复制品的具体范围,由国家税务总局各省、自治区、直辖市、计划单列市直属分局根据上述原则确定,并上报财政部和国家税务总局备案。

七、关于出口"国务院另有规定的货物"征税问题

根据增值税暂行条例第二条:"纳税人出口国务院另有规定的货物,不得适用零税率"的规定,纳税人出口的原油;援外出口货物;国家禁止出口的货物,包括天然牛黄、麝香、铜及铜基合金、白金等;糖,应按规定征收增值税。

八、关于外购农业产品的进项税额处理问题

增值税一般纳税人向小规模纳税人购买的农业产品,可视为免税农业产品按10%的扣除率计算进项税额。

九、关于寄售物品和死当物品征税问题

寄售商店代销的寄售物品(包括居民个人寄售的物品在内)、典当业销售的死当物品,无论销售单位是否属于一般纳税人,均按简易办法依照6%的征收率计算缴纳增值税,并且不得开具专用发票。

十、关于销售自己使用过的固定资产征税问题

单位和个体经营者销售自己使用过的游艇、摩托车和应征消费税的汽车,无论销售者是否属于一般纳税人,一律按简易办法依照6%的征收率计算缴纳增值税,并且不得开具专用发票。销售自己使用过的其他属于货物的固定资产,暂免征收增值税。

十一、关于人民币折合率问题

纳税人按外汇结算销售额的,其销售额的人民币折合率为中国人民银行公布的市场汇价。

十二、本规定自1994年6月1日起执行。

国家税务总局关于修改若干增值税规范性文件引用法规规章条款依据的通知

手机阅读

2009年2月5日　国税发〔2009〕10号

各省、自治区、直辖市和计划单列市国家税务局：

2009年1月1日起，《中华人民共和国增值税暂行条例》（国务院令第538号）和《中华人民共和国增值税暂行条例实施细则》（财政部　国家税务总局令第50号）正式实施。此前国家税务总局发布的部分增值税规范性文件所引用的条例及细则条款依据已发生变化，需要根据修订后的条例及细则进行修改。现将有关修改内容明确如下：

一、《国家税务总局关于饮食业征收流转税问题的通知》（国税发〔1996〕202号）第二条中"按《增值税暂行条例实施细则》第六条和《营业税暂行条例实施细则》第六条"修改为"按《增值税暂行条例实施细则》第七条和《营业税暂行条例实施细则》第八条"。

二、《国家税务总局关于卫生防疫站调拨生物制品及药械征收增值税的批复》（国税函〔1999〕191号）中"根据《中华人民共和国增值税暂行条例实施细则》第二十四条及有关规定，对卫生防疫站调拨生物制品和药械，可按照小规模商业企业4%的增值税征收率征收增值税。"修改为"根据《中华人民共和国增值税暂行条例实施细则》第二十九条及有关规定，对卫生防疫站调拨生物制品和药械，可按照小规模纳税人3%的增值税征收率征收增值税。"

三、《国家税务总局关于外国企业来华参展后销售展品有关税务处理问题的批复》（国税函〔1999〕207号）第一条中"按小规模纳税人所适用的6%征收率"修改为"按小规模纳税人所适用的3%征收率"。

四、《国家税务总局关于增值税一般纳税人恢复抵扣进项税额资格后有关问题的批复》（国税函〔2000〕584号）中"《中华人民共和国增值税暂行条例实施细则》第三十条规定：'一般纳税人有下列情形之一者，应按销售额依照增值税税率计算应纳税额，不得抵扣进项税额，也不得使用增值税专用发票：（一）会计核算不健全，或者不能够提供准确税务资料的；（二）符合一般纳税人条件，但不申请办理一般纳税人认定手续的。'"修改为"《中华人民共和国增值税暂行条例实施细则》第三十四条规定：有下列情形之一者，应按销售额依照增值税税率计算应纳税额，不得抵扣进项税额，也不得使用增值税专用发票：（一）一般纳税人会计核算不健全，或者不能够提供准确税务资料的；（二）除本细则第二十九条规定外，纳税人销售额超过小规模纳税人标准，未申请办理一般纳税人认定手续的。"

五、《国家税务总局关于企业改制中资产评估减值发生的流动资产损失进项税额抵扣问题的批复》(国税函〔2002〕1103号)中"《中华人民共和国增值税暂行条例实施细则》第二十一条规定:'非正常损失是指生产、经营过程中正常损耗外的损失'"修改为"《中华人民共和国增值税暂行条例实施细则》第二十四条规定,非正常损失是指因管理不善造成被盗、丢失、霉烂变质的损失。"

六、《国家税务总局关于增值税起征点调整后有关问题的批复》(国税函〔2003〕1396号)第二条"《中华人民共和国增值税暂行条例》第十八条规定"修改为"《中华人民共和国增值税暂行条例》第十七条规定"。

七、《国家税务总局关于加强新办商贸企业增值税征收管理有关问题的紧急通知》(国税发明电〔2004〕37号)第三条第(三)款有关企业增购专用发票必须按专用发票销售额的4%预缴增值税的规定,修改为按3%预缴增值税。

八、《国家税务总局关于加强新办商贸企业增值税征收管理有关问题的补充通知》(国税发明电〔2004〕62号)第七条第一款有关辅导期一般纳税人增购增值税专用发票按4%征收率计算预缴税款的规定,修改为按3%征收率计算预缴税款。

九、《国家税务总局关于取消小规模企业销售货物或应税劳务由税务所代开增值税专用发票审批后有关问题的通知》(国税函〔2004〕895号)第一条"增值税征收率4%(商业)或6%(其他)"修改为"增值税征收率3%"。

十、《国家税务总局关于加强煤炭行业税收管理的通知》(国税发〔2005〕153号)第一条"根据《中华人民共和国增值税暂行条例实施细则》第三十条的规定"修改为"根据《中华人民共和国增值税暂行条例实施细则》第三十四条的规定"。

十一、《国家税务总局关于纳税人进口货物增值税进项税额抵扣有关问题的通知》(国税函〔2007〕350号)中"纳税人从海关取得的完税凭证"修改为"纳税人从海关取得的海关进口增值税专用缴款书","进口货物取得的合法海关完税凭证"修改为"进口货物取得的合法海关进口增值税专用缴款书"。

国家税务总局关于退耕还林还草补助粮免征增值税问题的通知

2001年11月26日　国税发〔2001〕131号

各省、自治区、直辖市和计划单列市国家税务局:

按照国务院规定,退耕还林还草试点工作实行"退耕还林、封山绿化、以粮代赈、个体承包"的方针,对退耕户根据退耕面积由国家无偿提供粮食补助。因此，为粮食部门经营的退耕还林还草补助粮，凡符合国家规定标准的，比照"救灾救济粮"免征增值税。

国家税务总局关于修订"饲料"注释及加强饲料征免增值税管理问题的通知[①]

手机阅读

1999年3月8日　国税发〔1999〕39号

各省、自治区、直辖市和计划单列市国家税务局：

随着我国饲料工业的发展，饲料的品种和生产特点发生了较大变化，为了支持饲料工业发展，进一步明确和规范饲料的征免增值税范围，加强对饲料免征增值税的管理，现将对《增值税部分货物征税范围注释》（国税发〔1993〕151号）中饲料注释的修订及饲料免征增值税的管理办法明确如下：

一、饲料指用于动物饲养的产品或其加工品。

本货物的范围包括：

1. 单一大宗饲料。指以一种动物、植物、微生物或矿物质为来源的产品或其副产品。其范围仅限于糠麸、酒糟、油饼、骨粉、鱼粉、饲料级磷酸氢钙。

2. 混合饲料。指由两种以上单一大宗饲料、粮食、粮食副产品及饲料添加剂按照一定比例配置，其中单一大宗饲料、粮食及粮食副产品的参兑比例不低于95%的饲料。

3. 配合饲料。指根据不同的饲养对象，饲养对象的不同生长发育阶段的营养需要，将多种饲料原料按饲料配方经工业生产后，形成的能满足饲养动物全部营养需要（除水分外）的饲料。

4. 复合预混料。指能够按照国家有关饲料产品的标准要求量，全面提供动物饲养相应阶段所需微量元素（4种或以上）、维生素（8种或以上），由微量元素、维生素、氨基酸和非营养性添加剂中任何两类或两类以上的组分与载体或稀释剂按一定比例配置的均匀混合物。

5. 浓缩饲料。指由蛋白质、复合预混料及矿物质等按一定比例配制的均匀混合物。

用于动物饲养的粮食、饲料添加剂不属于本货物的范围。

二、原有的饲料生产企业及新办的饲料生产企业，应凭省级饲料质量检测机构出具的饲料产品合格证明及饲料工业管理部门审核意见，向所在地主管税务机关提出免税申请，经省级国家税务局审核批准后，由企业所在地主管税务

[①] 根据《国家税务总局关于修改〈国家税务总局关于修订"饲料"注释及加强饲料征免增值税管理问题的通知〉的通知》（国税发〔2000〕93号），本法第三条中的"本通知自1999年1月1日起执行"被修改为"本通知自发布之日起执行"。

机关办理免征增值税手续。

三、本通知自1999年1月1日起执行。此前,各地执行的饲料免税范围与本通知不一致的,可按饲料的销售对象确定征免,即:凡销售给饲料生产企业、饲养单位及个体养殖户的饲料,免征增值税,销售给其他单位的一律征税。

国家税务总局关于印发《黄金交易增值税征收管理办法》的通知

2002年10月28日　国税发明电〔2002〕47号

各省、自治区、直辖市、计划单列市国家税务:

为了贯彻国务院关于黄金体制改革决定的要求,加强黄金交易的增值税征收管理,并根据财政部、国家税务总局《关于黄金税收政策问题的通知》的规定,现将《黄金交易所黄金交易增值税征收管理办法》印发给你们,请遵照执行。各地在对黄金征收增值税的过程中如发现问题,应及时上报国家税务总局。

附件:《黄金交易所黄金交易增值税征收管理办法》

附件:

《黄金交易所黄金交易增值税征收管理办法》

一、关于黄金交易的品种

1. 标准黄金产品

四种成色:AU9999、AU9995、AU999、AU995。

五种规格:50克、100克、1公斤、3公斤、12.5公斤。

2. 非标准黄金产品

除上述四种成色、五种规格以外的黄金产品。

二、关于黄金交易的有关征税规定

1. 为便于增值税的征收管理,按照黄金交易所章程规定注册登记的会员以及按照黄金交易所章程规定登记备案的客户,通过黄金交易所进行的标准黄金产品交易〔并持有黄金交易所开具的《黄金交易结算发票》(结算联)〕,未发生实物交割的,由卖出方会员单位或客户按实际成交价格向黄金交易所开具普通发票,并免征增值税;如发生实物交割的,由黄金交易所主管税务机关代黄金交易所按照实际成交价格向具有增值税一般纳税人资格的提货方会员单位或客户开具增值税专用发票(增值税专用发票的发票联、记账联、存根联由黄金交易所留存,抵扣联传递给提货方会员单位)。对提货方会员单位或客户为非增值税一般纳税人的,不得开具增值税专用发票。

"标准黄金实物交割"是指:会员单位或客户将在黄金交易所已成交的黄

金从黄金交易所指定的金库提取黄金的行为。

2. 黄金交易所交易环节发生标准黄金实物交割，应按实际成交价格开具增值税专用发票，实际成交价格为所提取黄金买卖双方按规定报价方式所成交的价格，不包括交易费、仓储费等费用。为准确计算所提黄金的实际成交价格，黄金交易所应按后进先出法原则确定。

3. 为便于增值税的征收管理，在黄金交易所开业初期，对非黄金生产会员单位或客户（不包括银行系统），应按本单位的黄金实际使用量从黄金交易所的指定金库提取黄金。对没有按本单位黄金实际使用量而从黄金交易所指定金库多提取的黄金，不得再向黄金交易所指定的金库存入黄金进行交易，包括黄金交易所开业之前非黄金生产会员单位或客户（不包括银行系统）在本单位的库存黄金。

4. 黄金交易所可享受增值税即征即返的优惠政策，同时免征城市建设维护税、教育费附加。

5. 对纳税人不通过黄金交易所销售标准黄金的，不享受增值税即征即退和免征城市建设维护税、教育费附加的政策。

三、会员单位和客户增值税进项税额的核算

1. 对会员单位（中国人民银行和黄金生产企业除外）或客户应在黄金交易所黄金交易的进项税额实行单独核算，对按取得的黄金交易所开具的增值税专用发票上注明的增值税税额（包括相对应的买入量）单独记账。对会员或客户从黄金交易所购入黄金（指发生实物交割）再通过黄金交易所卖出时，应计算通过黄金交易所卖出黄金进项税额的转出额，并从当期进项税额中转出，同时计入成本；对企业当期账面进项税额小于通过下列公式计算出的应转出的进项税额，其差额部分应当立即补征入库。

应转出的进项税额 = 单位进项税额 × 当期黄金卖出量

单位进项税额 = 购入黄金的累计进项税额 ÷ 累计黄金购入额

2. 对会员单位（中国人民银行和黄金生产企业除外）或客户通过黄金交易所销售企业原有库存黄金，应按实际成交价格计算相应的进项税金转出额，并从当期进项税额中转出，计入成本。

应转出的进项税额 = 销售库存黄金实际成交价格 ÷ (1 + 17%) × 17%

四、增值税一般纳税人的认定

1. 为便于增值税的征收管理，黄金交易所应向所在地的主管税务机关申请办理增值税一般纳税人的认定手续，并申请印制《黄金交易结算发票》。

2. 会员单位和客户符合增值税一般纳税人认定资格的，可向其所在地的主管税务机关申请办理增值税一般纳税人的认定手续。

会员和客户在黄金交易所所在地设有分支机构的，并由分支机构进行黄金交易的，对符合增值税一般纳税人资格的分支机构可向黄金交易所的主管税务机关申请办理一般纳税人的认定手续。

五、关于税务机关代开增值税专用发票

黄金交易所主管税务机关代开增值税专用发票中的单价、金额和税额的计算公式：

单价 = 实际成交单价 ÷ (1 + 增值税税率)

金额 = 数额 × 单价

税额＝金额×税率

单价小数点后保留四位。

六、对会员单位和客户应按黄金交易所开具的《黄金交易结算发票》作为会计记账凭证进行财务核算；对买入方会员单位和客户取得税务部门代开的增值税专用发票（增值税专用发票的发票联、记账联、存根联由黄金交易所留存，抵扣联传递给提货方会员单位），只作为核算进项税额的凭证，不得作为财务核算的凭证。

七、会员单位和客户未发生实物交割的，应凭黄金交易所开具的《黄金交易结算发票》（结算联），向会员单位和客户所在地税务机关办理免税手续。

八、为便于增值税的征收管理，黄金交易所应加强对会员单位和客户的基础管理工作，会员单位的自营黄金交易与代理客户的黄金交易应分别进行核算。

国家税务总局关于橄榄油适用税率问题的批复

手机阅读

2010年4月8日　国税函〔2010〕144号

四川省国家税务局：

你局《关于橄榄油适用税率的请示》（川国税发〔2010〕5号）收悉。经研究，批复如下：

根据《国家税务总局关于印发〈增值税部分货物征税范围注释〉的通知》（国税发〔1993〕151号）的规定，橄榄油可按照食用植物油13%的税率①征收增值税。

国家税务总局关于人工合成牛胚胎适用增值税税率问题的通知

手机阅读

2010年3月4日　国税函〔2010〕97号

各省、自治区、直辖市和计划单列市国家税务局：

现就销售合成牛胚胎征免增值税问题，通知如下：

---

① 根据《中华人民共和国增值税暂行条例（2017年修订）》《财政部　国家税务总局关于调整增值税税率的通知》（财税〔2018〕32号）、《关于深化增值税改革有关政策的公告》（财政部　税务总局　海关总署公告2019年第39号）等一系列最新文件，该增值税税率有所调整。

人工合成牛胚胎属于《农业产品征税范围注释》（财税字〔1995〕52号）第二条第（五）款规定的动物类"其他动物组织"，人工合成牛胚胎的生产过程属于农业生产，纳税人销售自产人工合成牛胚胎应免征增值税。

国家税务总局关于粕类产品征免增值税问题的通知

2010年2月20日　国税函〔2010〕75号

各省、自治区、直辖市和计划单列市国家税务局：

近接部分地区反映，各地对粕类产品征免增值税政策存在理解不一致的问题。经研究，现明确如下：

一、豆粕属于征收增值税的饲料产品，除豆粕以外的其他粕类饲料产品，均免征增值税。

二、本通知自2010年1月1日起执行。《国家税务总局关于出口甜菜粕准予退税的批复》（国税函〔2002〕716号）同时废止。

国家税务总局关于农村电网维护费征免增值税问题的通知

2009年10月23日　国税函〔2009〕591号

各省、自治区、直辖市和计划单列市国家税务局：

据反映，部分地区的农村电管站改制后，农村电网维护费原由农村电管站收取改为由电网公司或者农电公司等其他单位收取（以下称其他单位）。对其他单位收取的农村电网维护费是否免征增值税问题，现明确如下：

根据《财政部　国家税务总局关于免征农村电网维护费增值税问题的通知》（财税字〔1998〕47号）规定，对农村电管站在收取电价时一并向用户收取的农村电网维护费（包括低压线路损耗和维护费以及电工经费）免征增值税。鉴于部分地区农村电网维护费改由其他单位收取后，只是收费的主体发生了变化，收取方法、对象以及使用用途均未发生变化，为保持政策的一致性，对其他单位收取的农村电网维护费免征增值税，不得开具增值税专用发票。

国家税务总局关于供应非临床用血增值税政策问题的批复①

手机阅读

2009年8月24日　国税函〔2009〕456号

广西壮族自治区国家税务局：

你局《关于纳税人供应非临床用人体血液如何征收增值税问题的请示》（桂国税发〔2009〕76号）已悉。按照国家卫生部门有关规定，你局请示文所述供应非临床用人体血液的纳税人系指单采血浆站，其经审批设立后可以采集非临床用的原料血浆并供应血液制品生产单位用于生产血液制品。现将有关增值税政策问题批复如下：

一、人体血液的增值税适用税率为17％。

二、属于增值税一般纳税人的单采血浆站销售非临床用人体血液，可以按照简易办法依照6％征收率计算应纳税额，但不得对外开具增值税专用发票；也可以按照销项税额抵扣进项税额的办法依照增值税适用税率计算应纳税额。

纳税人选择计算缴纳增值税的办法后，36个月内不得变更。

国家税务总局关于核桃油适用税率问题的批复②

手机阅读

2009年8月21日　国税函〔2009〕455号

四川省国家税务局：

---

① 根据《国家税务总局关于简并增值税征收率有关问题的公告》（国家税务总局公告2014年第36号）、《中华人民共和国增值税暂行条例（2017年修订）》《财政部　国家税务总局关于调整增值税税率的通知》（财税〔2018〕32号）、《关于深化增值税改革有关政策的公告》（财政部　税务总局　海关总署公告2019年第39号）等一系列文件，增值税税率和征收率均有所调整。

② 根据《中华人民共和国增值税暂行条例（2017年修订）》《财政部　国家税务总局关于调整增值税税率的通知》（财税〔2018〕32号）、《关于深化增值税改革有关政策的公告》（财政部　税务总局　海关总署公告2019年第39号）等一系列最新文件，该增值税税率有所调整。

你局《关于核桃油适用税率问题的请示》(川国税发〔2009〕70 号)收悉,经研究,批复如下:

核桃油按照食用植物油 13% 的税率征收增值税。

国家税务总局关于挂面适用增值税税率问题的通知

2008 年 12 月 8 日　国税函〔2008〕1007 号

各省、自治区、直辖市和计划单列市国家税务局:

近接部分地区询问挂面适用增值税税率问题,经研究,明确如下:

一、挂面按照粮食复制品适用 13% 的增值税税率①。

二、本通知自发布之日起执行。

国家税务总局关于饲料级磷酸二氢钙产品增值税政策问题的通知

2007 年 1 月 8 日　国税函〔2007〕10 号

各省、自治区、直辖市和计划单列市国家税务局:

近接部分地区询问,饲料级磷酸二氢钙产品用于水产品饲养、补充水产品所需的钙、磷等微量元素,与饲料级磷酸氢钙产品的生产用料、工艺等基本相同,是否应按照饲料级磷酸氢钙免税。现将饲料级磷酸二氢钙产品增值税政策通知如下:

一、对饲料级磷酸二氢钙产品可按照现行"单一大宗饲料"的增值税政策规定,免征增值税。

二、纳税人销售饲料级磷酸二氢钙产品,不得开具增值税专用发票;凡开具专用发票的,不得享受免征增值税政策,应照章全额缴纳增值税。

本通知自 2007 年 1 月 1 日起执行。

---

① 根据《中华人民共和国增值税暂行条例(2017 年修订)》《财政部　国家税务总局关于调整增值税税率的通知》(财税〔2018〕32 号)、《关于深化增值税改革有关政策的公告》(财政部　税务总局　海关总署公告 2019 年第 39 号)等一系列最新文件,该增值税税率有所调整。

国家税务总局关于矿物质微量元素舔砖免征增值税问题的批复

2005年11月30日　国税函〔2005〕1127号

内蒙古自治区国家税务局：

你局《关于企业进口饲料国内销售如何免征增值税问题的请示》（内国税流字〔2005〕1号）收悉。经研究，批复如下：

矿物质微量元素舔砖，是以四种以上微量元素、非营养性添加剂和载体为原料，经高压浓缩制成的块状预混物，可供牛、羊等牲畜直接食用，应按照"饲料"免征增值税。

国家税务总局关于农户手工编织的竹制和竹芒藤柳坯具征收增值税问题的批复

2005年1月28日　国税函〔2005〕56号

广东省国家税务局：

你局《关于农民手工编织的竹芒藤柳坯具是否属于自产农产品问题的请示》（粤国税发〔2001〕226号）收悉。经研究，批复如下：

对于农民个人按照竹器企业提供样品规格，自产或购买竹、芒、藤、木条等，再通过手工简单编织成竹制或竹芒藤柳混合坯具的，属于自产农业初级产品，应当免征销售环节增值税。收购坯具的竹器企业可以凭开具的农产品收购凭证计算进项税额抵扣。

国家税务总局关于增值税一般纳税人销售软件产品向购买方收取的培训费等费用享受增值税即征即退政策的批复

2004年5月12日　国税函〔2004〕553号

北京市国家税务局：

你局《关于增值税一般纳税人销售软件产品向购买方收取培训费、维护费等价外费用可否享受增值税即征即退政策的请示》(京国税发〔2003〕32号)收悉。现批复如下:

增值税一般纳税人在销售软件产品的同时向购买方收取的培训费、维护费等费用,应按现行规定征收增值税,也应享受软件产品增值税即征即退的政策。

国家税务总局关于饲用鱼油产品免征增值税的批复

手机阅读

2003年12月29日　国税函〔2003〕1395号

福建省国家税务局:

你局《关于"饲用鱼油"产品免征增值税问题的请示》(闽国税发〔2003〕214号)收悉。经研究,现批复如下:

饲用鱼油是鱼粉生产过程中的副产品,主要用于水产养殖和肉鸡饲养,属于单一大宗饲料。经研究,自2003年1月1日起,对饲用鱼油产品按照现行"单一大宗饲料"的增值税政策规定,免予征收增值税。

特此批复。

国家税务总局关于茴油、毛椰子油适用增值税税率的批复

手机阅读

2003年4月18日　国税函〔2003〕426号

广西壮族自治区国家税务局:

你局《关于茴油适用增值税税率问题的请示》(桂国税发〔2003〕62号)和《关于毛椰子油适用增值税税率问题的请示》(桂国税发〔2003〕72号)收悉,经研究,现批复如下:

茴油是八角树枝叶、果实简单加工后的农业产品,毛椰子油是椰子经初加工而成的农业产品,二者均属于农业初级产品,可按13%的税率①征收增值税。

---

①　根据《中华人民共和国增值税暂行条例(2017年修订)》《财政部　国家税务总局关于调整增值税税率的通知》(财税〔2018〕32号)、《关于深化增值税改革有关政策的公告》(财政部　税务总局　海关总署公告2019年第39号)等一系列最新文件,该增值税税率有所调整。

国家税务总局关于企业改制中资产评估减值发生的流动资产损失进项税额抵扣问题的批复①

2002年12月20日　国税函〔2002〕1103号

广西壮族自治区国家税务局：

你局《关于广西壮族自治区企业改制中资产评估减值发生的流动资产损失进项税额是否可以抵扣问题的请示》（桂园税发〔2002〕288号）收悉，经研究，现批复如下：

《中华人民共和国增值税暂行条例实施细则》第二十一条规定："非正常损失是指生产、经营过程中正常损耗外的损失"。对于企业由于资产评估减值而发生流动资产损失，如果流动资产未丢失或损坏，只是由于市场发生变化，价格降低，价值量减少，则不属于《中华人民共和国增值税暂行条例实施细则》中规定的非正常损失，不作进项税额转出处理。

国家税务总局关于政府储备食用植物油销售业务开具增值税专用发票问题的通知

2002年6月10日　国税函〔2002〕531号

各省、自治区、直辖市和计划单列市国家税务局：

为支持中央储备食用植物油的正常运作，现就政府储备食用植物油销售业务开具增值税专用发票问题通知如下：

自2002年6月1日起，对中国储备粮总公司及各分公司所属的政府储备食用植物油承储企业，按照国家指令计划销售的政府储备食用植物油，可比照国家税务总局《关于国有粮食购销企业开具粮食销售发票有关问题的通知》

---

① 根据《国家税务总局关于修改若干增值税规范性文件引用法规规章条款依据的通知》（国税发〔2009〕10号），本法中"《中华人民共和国增值税暂行条例实施细则》第二十一条规定：'非正常损失是指生产、经营过程中正常损耗外的损失'"修改为"《中华人民共和国增值税暂行条例实施细则》第二十四条规定，非正常损失是指因管理不善造成被盗、丢失、霉烂变质的损失。"

(国税明电〔1999〕10号）及国家税务总局《关于加强国有粮食购销企业增值税管理有关问题的通知》（国税函〔1999〕560号）的有关规定执行，允许其开具增值税专用发票并纳入增值税防伪税控系统管理。

国家税务总局关于卫生防疫站调拨生物制品及药械征收增值税的批复①

1999年4月19日　国税函〔1999〕191号

湖南省国家税务局：

你局《关于对卫生防疫站调拨生物制品及药械是否征收增值税问题的请示》（湘国税函〔1999〕4号）收悉，现批复如下：

卫生防疫站调拨生物制品和药械，属于销售货物行为，应当按照现行税收法规的规定征收增值税。根据《中华人民共和国增值税暂行条例实施细则》第二十四条及有关规定，对卫生防疫站调拨生物制品和药械，可按照小规模商业企业4%的增值税征收率征收增值税。对卫生防疫站调拨或发放的由政府财政负担的免费防疫苗不征收增值税。

---

① 根据《国家税务总局关于修改若干增值税规范性文件引用法规规章条款依据的通知》（国税发〔2009〕10号），本法中"根据《中华人民共和国增值税暂行条例实施细则》第二十四条及有关规定，对卫生防疫站调拨生物制品和药械，可按照小规模商业企业4%的增值税征收率征收增值税。"被修改为"根据《中华人民共和国增值税暂行条例实施细则》第二十九条及有关规定，对卫生防疫站调拨生物制品和药械，可按照小规模纳税人3%的增值税征收率征收增值税。"

消 费 税

中华人民共和国消费税暂行条例

手机阅读

(1993年12月13日中华人民共和国国务院令第135号发布 2008年11月5日国务院第34次常务会议修订通过)

第一条 在中华人民共和国境内生产、委托加工和进口本条例规定的消费品的单位和个人,以及国务院确定的销售本条例规定的消费品的其他单位和个人,为消费税的纳税人,应当依照本条例缴纳消费税。

第二条 消费税的税目、税率,依照本条例所附的《消费税税目税率表》执行。

消费税税目、税率的调整,由国务院决定。

第三条 纳税人兼营不同税率的应当缴纳消费税的消费品(以下简称应税消费品),应当分别核算不同税率应税消费品的销售额、销售数量;未分别核算销售额、销售数量,或者将不同税率的应税消费品组成成套消费品销售的,从高适用税率。

第四条 纳税人生产的应税消费品,于纳税人销售时纳税。纳税人自产自用的应税消费品,用于连续生产应税消费品的,不纳税;用于其他方面的,于移送使用时纳税。

委托加工的应税消费品,除受托方为个人外,由受托方在向委托方交货时代收代缴税款。委托加工的应税消费品,委托方用于连续生产应税消费品的,所纳税款准予按规定抵扣。

进口的应税消费品,于报关进口时纳税。

第五条 消费税实行从价定率、从量定额,或者从价定率和从量定额复合计税(以下简称复合计税)的办法计算应纳税额。应纳税额计算公式:

实行从价定率办法计算的应纳税额=销售额×比例税率

实行从量定额办法计算的应纳税额=销售数量×定额税率

实行复合计税办法计算的应纳税额=销售额×比例税率+销售数量×定额税率

纳税人销售的应税消费品,以人民币计算销售额。纳税人以人民币以外的货币结算销售额的,应当折合成人民币计算。

第六条 销售额为纳税人销售应税消费品向买方收取的全部价款和价外

费用。

第七条 纳税人自产自用的应税消费品，按照纳税人生产的同类消费品的销售价格计算纳税；没有同类消费品销售价格的，按照组成计税价格计算纳税。

实行从价定率办法计算纳税的组成计税价格计算公式：

组成计税价格 =（成本 + 利润）÷（1 – 比例税率）

实行复合计税办法计算纳税的组成计税价格计算公式：

组成计税价格 =（成本 + 利润 + 自产自用数量 × 定额税率）÷（1 – 比例税率）

第八条 委托加工的应税消费品，按照受托方的同类消费品的销售价格计算纳税；没有同类消费品销售价格的，按照组成计税价格计算纳税。

实行从价定率办法计算纳税的组成计税价格计算公式：

组成计税价格 =（材料成本 + 加工费）÷（1 – 比例税率）

实行复合计税办法计算纳税的组成计税价格计算公式：

组成计税价格 =（材料成本 + 加工费 + 委托加工数量 × 定额税率）÷（1 – 比例税率）

第九条 进口的应税消费品，按照组成计税价格计算纳税。

实行从价定率办法计算纳税的组成计税价格计算公式：

组成计税价格 =（关税完税价格 + 关税）÷（1 – 消费税比例税率）

实行复合计税办法计算纳税的组成计税价格计算公式：

组成计税价格 =（关税完税价格 + 关税 + 进口数量 × 消费税定额税率）÷（1 – 消费税比例税率）

第十条 纳税人应税消费品的计税价格明显偏低并无正当理由的，由主管税务机关核定其计税价格。

第十一条 对纳税人出口应税消费品，免征消费税；国务院另有规定的除外。出口应税消费品的免税办法，由国务院财政、税务主管部门规定。

第十二条 消费税由税务机关征收，进口的应税消费品的消费税由海关代征。

个人携带或者邮寄进境的应税消费品的消费税，连同关税一并计征。具体办法由国务院关税税则委员会会同有关部门制定。

第十三条 纳税人销售的应税消费品，以及自产自用的应税消费品，除国务院财政、税务主管部门另有规定外，应当向纳税人机构所在地或者居住地的主管税务机关申报纳税。

委托加工的应税消费品，除受托方为个人外，由受托方向机构所在地或者居住地的主管税务机关解缴消费税款。

进口的应税消费品，应当向报关地海关申报纳税。

第十四条 消费税的纳税期限分别为 1 日、3 日、5 日、10 日、15 日、1 个月或者 1 个季度。纳税人的具体纳税期限，由主管税务机关根据纳税人应纳税额的大小分别核定；不能按照固定期限纳税的，可以按次纳税。

纳税人以 1 个月或者 1 个季度为 1 个纳税期的，自期满之日起 15 日内申报纳税；以 1 日、3 日、5 日、10 日或者 15 日为 1 个纳税期的，自期满之日起 5

日内预缴税款，于次月 1 日起 15 日内申报纳税并结清上月应纳税款。

第十五条 纳税人进口应税消费品，应当自海关填发海关进口消费税专用缴款书之日起 15 日内缴纳税款。

第十六条 消费税的征收管理，依照《中华人民共和国税收征收管理法》及本条例有关规定执行。

第十七条 本条例自 2009 年 1 月 1 日起施行。

附：

消费税税目税率表

税　目	税　率
一、烟 1. 卷烟 　（1）甲类卷烟 　（2）乙类卷烟 2. 雪茄烟 3. 烟丝	 45% 加 0.003 元/支 30% 加 0.003 元/支 25% 30%
二、酒及酒精 1. 白酒 2. 黄酒 3. 啤酒 　（1）甲类啤酒 　（2）乙类啤酒 4. 其他酒 5. 酒精	 20% 加 0.5 元/500 克（或者 500 毫升） 240 元/吨 250 元/吨 220 元/吨 10% 5%
三、化妆品	30%
四、贵重首饰及珠宝玉石 1. 金银首饰、铂金首饰和钻石及钻石饰品 2. 其他贵重首饰和珠宝玉石	 5% 10%
五、鞭炮、焰火	15%
六、成品油 1. 汽油 　（1）含铅汽油 　（2）无铅汽油 2. 柴油 3. 航空煤油 4. 石脑油 5. 溶剂油 6. 润滑油 7. 燃料油	 0.28 元/升 0.20 元/升 0.10 元/升 0.10 元/升 0.20 元/升 0.20 元/升 0.20 元/升 0.10 元/升

续表

税　目	税　率
七、汽车轮胎	3%
八、摩托车 1. 气缸容量（排气量，下同）在250毫升（含250毫升）以下的 2. 气缸容量在250毫升以上的	3% 10%
九、小汽车 1. 乘用车 　（1）气缸容量（排气量，下同）在1.0升（含1.0升）以下的 　（2）气缸容量在1.0升以上至1.5升（含1.5升）的 　（3）气缸容量在1.5升以上至2.0升（含2.0升）的 　（4）气缸容量在2.0升以上至2.5升（含2.5升）的 　（5）气缸容量在2.5升以上至3.0升（含3.0升）的 　（6）气缸容量在3.0升以上至4.0升（含4.0升）的 　（7）气缸容量在4.0升以上的 2. 中轻型商用客车	 1% 3% 5% 9% 12% 25% 40% 5%
十、高尔夫球及球具	10%
十一、高档手表	20%
十二、游艇	10%
十三、木制一次性筷子	5%
十四、实木地板	5%

中华人民共和国消费税暂行条例实施细则[①]

手机阅读

[1993年12月25日财政部文件（93）财法字第39号发布
2008年12月15日中华人民共和国财政部、
国家税务总局令第51号修订并公布]

第一条　根据《中华人民共和国消费税暂行条例》（以下简称条例），制定本细则。

---

① 依据本法设定的相关事项已被列入《国务院关于取消和调整一批行政审批项目等事项的决定》（国发〔2014〕50号）的附件1《国务院决定取消和下放管理层级的行政审批项目目录（共计58项）》。

第二条 条例第一条所称单位,是指企业、行政单位、事业单位、军事单位、社会团体及其他单位。

条例第一条所称个人,是指个体工商户及其他个人。

条例第一条所称在中华人民共和国境内,是指生产、委托加工和进口属于应当缴纳消费税的消费品的起运地或者所在地在境内。

第三条 条例所附《消费税税目税率表》中所列应税消费品的具体征税范围,由财政部、国家税务总局确定。

第四条 条例第三条所称纳税人兼营不同税率的应当缴纳消费税的消费品,是指纳税人生产销售两种税率以上的应税消费品。

第五条 条例第四条第一款所称销售,是指有偿转让应税消费品的所有权。

前款所称有偿,是指从购买方取得货币、货物或者其他经济利益。

第六条 条例第四条第一款所称用于连续生产应税消费品,是指纳税人将自产自用的应税消费品作为直接材料生产最终应税消费品,自产自用应税消费品构成最终应税消费品的实体。

条例第四条第一款所称用于其他方面,是指纳税人将自产自用应税消费品用于生产非应税消费品、在建工程、管理部门、非生产机构、提供劳务、馈赠、赞助、集资、广告、样品、职工福利、奖励等方面。

第七条 条例第四条第二款所称委托加工的应税消费品,是指由委托方提供原料和主要材料,受托方只收取加工费和代垫部分辅助材料加工的应税消费品。对于由受托方提供原材料生产的应税消费品,或者受托方先将原材料卖给委托方,然后再接受加工的应税消费品,以及由受托方以委托方名义购进原材料生产的应税消费品,不论在财务上是否作销售处理,都不得作为委托加工应税消费品,而应当按照销售自制应税消费品缴纳消费税。

委托加工的应税消费品直接出售的,不再缴纳消费税。

委托个人加工的应税消费品,由委托方收回后缴纳消费税。

第八条 消费税纳税义务发生时间,根据条例第四条的规定,分列如下:

(一)纳税人销售应税消费品的,按不同的销售结算方式分别为:

1. 采取赊销和分期收款结算方式的,为书面合同约定的收款日期的当天,书面合同没有约定收款日期或者无书面合同的,为发出应税消费品的当天;

2. 采取预收货款结算方式的,为发出应税消费品的当天;

3. 采取托收承付和委托银行收款方式的,为发出应税消费品并办妥托收手续的当天;

4. 采取其他结算方式的,为收讫销售款或者取得索取销售款凭据的当天。

(二)纳税人自产自用应税消费品的,为移送使用的当天。

(三)纳税人委托加工应税消费品的,为纳税人提货的当天。

(四)纳税人进口应税消费品的,为报关进口的当天。

第九条 条例第五条第一款所称销售数量,是指应税消费品的数量。具体为:

(一)销售应税消费品的,为应税消费品的销售数量;

(二)自产自用应税消费品的,为应税消费品的移送使用数量;

(三) 委托加工应税消费品的,为纳税人收回的应税消费品数量;
(四) 进口应税消费品的,为海关核定的应税消费品进口征税数量。

第十条 实行从量定额办法计算应纳税额的应税消费品,计量单位的换算标准如下:

(一) 黄酒 1 吨 = 962 升
(二) 啤酒 1 吨 = 988 升
(三) 汽油 1 吨 = 1388 升
(四) 柴油 1 吨 = 1176 升
(五) 航空煤油 1 吨 = 1246 升
(六) 石脑油 1 吨 = 1385 升
(七) 溶剂油 1 吨 = 1282 升
(八) 润滑油 1 吨 = 1126 升
(九) 燃料油 1 吨 = 1015 升

第十一条 纳税人销售的应税消费品,以人民币以外的货币结算销售额的,其销售额的人民币折合率可以选择销售额发生的当天或者当月 1 日的人民币汇率中间价。纳税人应在事先确定采用何种折合率,确定后 1 年内不得变更。

第十二条 条例第六条所称销售额,不包括应向购货方收取的增值税税款。如果纳税人应税消费品的销售额中未扣除增值税税款或者因不得开具增值税专用发票而发生价款和增值税税款合并收取的,在计算消费税时,应当换算为不含增值税税款的销售额。其换算公式为:

应税消费品的销售额 = 含增值税的销售额 ÷ (1 + 增值税税率或者征收率)

第十三条 应税消费品连同包装物销售的,无论包装物是否单独计价以及在会计上如何核算,均应并入应税消费品的销售额中缴纳消费税。如果包装物不作价随同产品销售,而是收取押金,此项押金则不应并入应税消费品的销售额中征税。但对因逾期未收回的包装物不再退还的或者已收取的时间超过 12 个月的押金,应并入应税消费品的销售额,按照应税消费品的适用税率缴纳消费税。

对既作价随同应税消费品销售,又另外收取押金的包装物的押金,凡纳税人在规定的期限内没有退还的,均应并入应税消费品的销售额,按照应税消费品的适用税率缴纳消费税。

第十四条 条例第六条所称价外费用,是指价外向购买方收取的手续费、补贴、基金、集资费、返还利润、奖励费、违约金、滞纳金、延期付款利息、赔偿金、代收款项、代垫款项、包装费、包装物租金、储备费、优质费、运输装卸费以及其他各种性质的价外收费。但下列项目不包括在内:

(一) 同时符合以下条件的代垫运输费用:
1. 承运部门的运输费用发票开具给购买方的;
2. 纳税人将该项发票转交给购买方的。

(二) 同时符合以下条件代为收取的政府性基金或者行政事业性收费:
1. 由国务院或者财政部批准设立的政府性基金,由国务院或省级人民政府及其财政、价格主管部门批准设立的行政事业性收费;

2. 收取时开具省级以上财政部门印制的财政票据；

3. 所收款项全额上缴财政。

第十五条 条例第七条第一款所称纳税人自产自用的应税消费品，是指依照条例第四条第一款规定于移送使用时纳税的应税消费品。

条例第七条第一款、第八条第一款所称同类消费品的销售价格，是指纳税人或者代收代缴义务人当月销售的同类消费品的销售价格，如果当月同类消费品各期销售价格高低不同，应按销售数量加权平均计算。但销售的应税消费品有下列情况之一的，不得列入加权平均计算：

（一）销售价格明显偏低并无正当理由的；

（二）无销售价格的。

如果当月无销售或者当月未完结，应按照同类消费品上月或者最近月份的销售价格计算纳税。

第十六条 条例第七条所称成本，是指应税消费品的产品生产成本。

第十七条 条例第七条所称利润，是指根据应税消费品的全国平均成本利润率计算的利润。应税消费品全国平均成本利润率由国家税务总局确定。

第十八条 条例第八条所称材料成本，是指委托方所提供加工材料的实际成本。

委托加工应税消费品的纳税人，必须在委托加工合同上如实注明（或者以其他方式提供）材料成本，凡未提供材料成本的，受托方主管税务机关有权核定其材料成本。

第十九条 条例第八条所称加工费，是指受托方加工应税消费品向委托方所收取的全部费用（包括代垫辅助材料的实际成本）。

第二十条 条例第九条所称关税完税价格，是指海关核定的关税计税价格。

第二十一条 条例第十条所称应税消费品的计税价格的核定权限规定如下：

（一）卷烟、白酒和小汽车的计税价格由国家税务总局核定，送财政部备案；

（二）其他应税消费品的计税价格由省、自治区和直辖市国家税务局核定；

（三）进口的应税消费品的计税价格由海关核定。

第二十二条 出口的应税消费品办理退税后，发生退关，或者国外退货进口时予以免税的，报关出口者必须及时向其机构所在地或者居住地主管税务机关申报补缴已退的消费税税款。

纳税人直接出口的应税消费品办理免税后，发生退关或者国外退货，进口时已予以免税的，经机构所在地或者居住地主管税务机关批准，可暂不办理补税，待其转为国内销售时，再申报补缴消费税。

第二十三条 纳税人销售的应税消费品，如因质量等原因由购买者退回时，经机构所在地或者居住地主管税务机关审核批准后，可退还已缴纳的消费税税款。

第二十四条 纳税人到外县（市）销售或者委托外县（市）代销自产应税消费品的，于应税消费品销售后，向机构所在地或者居住地主管税务机关申报纳税。

纳税人的总机构与分支机构不在同一县（市）的，应当分别向各自机构所在地的主管税务机关申报纳税；经财政部、国家税务总局或者其授权的财政、税务机关批准，可以由总机构汇总向总机构所在地的主管税务机关申报纳税。

委托个人加工的应税消费品，由委托方向其机构所在地或者居住地主管税务机关申报纳税。

进口的应税消费品，由进口人或者其代理人向报关地海关申报纳税。

第二十五条 本细则自2009年1月1日起施行。

国家税务总局关于消费税有关政策问题的公告①

手机阅读

2012年11月6日　国家税务总局公告2012年第47号

现将消费税有关政策公告如下：

一、纳税人以原油或其他原料生产加工的在常温常压条件下（25℃／一个标准大气压）呈液态状（沥青除外）的产品，按以下原则划分是否征收消费税：

（一）产品符合汽油、柴油、石脑油、溶剂油、航空煤油、润滑油和燃料油征收规定的，按相应的汽油、柴油、石脑油、溶剂油、航空煤油、润滑油和燃料油的规定征收消费税；

（二）本条第（一）项规定以外的产品，符合该产品的国家标准或石油化工行业标准的相应规定（包括产品的名称、质量标准与相应的标准一致），且纳税人事先将省级以上（含）质量技术监督部门出具的相关产品质量检验证明报主管税务机关进行备案的，不征收消费税；否则，视同石脑油征收消费税。

二、纳税人以原油或其他原料生产加工的产品如以沥青产品对外销售时，该产品符合沥青产品的国家标准或石油化工行业标准的相应规定（包括名称、型号和质量标准等与相应标准一致），且纳税人事先将省级以上（含）质量技

---

① 根据《国家税务总局关于取消两项消费税审批事项后有关管理问题的公告》（国家税务局公告2015年第39号），本法中，第一条第（二）款及第二条中"且纳税人事先将省级以上（含）质量技术监督部门出具的相关产品质量检验证明报主管税务机关进行备案的"被废止。

依据本法设定的相关事项已被列入《国务院关于取消和调整一批行政审批项目等事项的决定》（国发〔2015〕11号）的附件1《国务院决定取消和下放管理层级的行政审批项目目录（共计94项）》。

术监督部门出具的相关产品质量检验证明报主管税务机关进行备案的,不征收消费税;否则,视同燃料油征收消费税。

三、工业企业以外的单位和个人的下列行为视为应税消费品的生产行为,按规定征收消费税:

(一)将外购的消费税非应税产品以消费税应税产品对外销售的;

(二)将外购的消费税低税率应税产品以高税率应税产品对外销售的。

四、本公告自2013年1月1日起执行。

特此公告。

国家税务总局关于发布《用于生产乙烯、芳烃类化工产品的石脑油、燃料油退(免)消费税暂行办法》的公告①

手机阅读

2012年7月12日　国家税务总局公告2012年第36号

根据《财政部　中国人民银行　国家税务总局关于延续执行部分石脑油、燃料油消费税政策的通知》(财税〔2011〕87号)的规定,现将国家税务总局制定的《用于生产乙烯、芳烃类化工产品的石脑油、燃料油退(免)消费税暂行办法》(以下简称暂行办法)予以发布,自2011年10月1日起施行。同时对有关问题明确如下:

一、石脑油、燃料油生产企业(以下简称生产企业)在2011年1月1日至9月30日期间(以增值税专用发票开具日期为准,下同)销售给乙烯、芳烃类产品生产企业(以下简称使用企业)的石脑油、燃料油,仍按《国家税务总局关于印发〈石脑油消费税免税管理办法〉的通知》(国税发〔2008〕45号)执行。补办《石脑油使用管理证明单》(以下简称证明单)的工作应于2012年8月31日前完成。

生产企业取得《证明单》并已缴纳消费税的,税务机关予以退还消费税或准予抵减下期消费税;未缴纳消费税并未取得《证明单》的,生产企业应补缴消费税。

使用企业在2011年1月1日至9月30日期间购入的国产石脑油、燃料油不得申请退税。

---

①　根据《国家税务总局关于取消乙烯、芳烃生产企业退税资格认定审批事项有关管理问题的公告》(国家税务总局公告2015年第54号),本法第三条被废止。

根据《国家税务总局关于成品油消费税征收管理有关问题的公告》(国家税务总局公告2018年第1号),本法第十一条、第二十七条被废止。

根据《国家税务总局关于修改部分税收规范性文件的公告》(国家税务总局公告2018年第31号),本法中"国家税务局"的内容修改为"税务局"。

二、2012年8月31日前，主管税务机关应将资格备案的石脑油、燃料油退（免）消费税的使用企业名称和纳税人识别号逐级上报国家税务总局（货物和劳务税司）。

三、在石脑油、燃料油汉字防伪版专用发票开票系统推行之前，《暂行办法》第十七条中有关开具"DDZG"汉字防伪版专用发票的规定和开具普通版增值税专用发票先征税后核实再抵顶之规定暂不执行。生产企业执行定点直供计划销售石脑油、燃料油，并开具普通版增值税专用发票的，免征消费税。

四、生产企业应于2012年8月15日前将2011年10月1日至2012年7月31日期间销售石脑油、燃料油开具的增值税专用发票填报《过渡期生产企业销售石脑油、燃料油缴纳消费税明细表》（见附表）报送主管税务机关。主管税务机关审核后于2012年8月31日前逐级上报国家税务总局。

五、使用企业主管税务机关应根据国家税务总局下发的《过渡期生产企业销售石脑油、燃料油缴纳消费税明细表》与企业报送的《使用企业外购石脑油、燃料油凭证明细表》信息进行比对，比对相符的按《暂行办法》第十五条规定办理退税。比对不符的应进行核查，核查相符后方可办理退税。

六、主管税务机关应认真核实使用企业2011年9月30日和2012年7月31日的石脑油、燃料油库存情况。使用企业申请2011年10月至2012年7月期间消费税退税时，应将2011年9月30日采购国产石脑油、燃料油的库存数量填报《石脑油、燃料油生产、外购、耗用、库存月度统计表》"二、外购数量统计"项"期初库存数量"的"免税油品"栏内。

各地对执行中遇到的情况和问题，请及时报告税务总局（货物和劳务税司）。

特此公告。

用于生产乙烯、芳烃类化工产品的石脑油、燃料油退（免）消费税暂行办法

第一条 根据《中华人民共和国税收征收管理法》及其实施细则、《中华人民共和国消费税暂行条例》及其实施细则、《国家税务总局关于印发〈税收减免管理办法〉（试行）的通知》（国税发〔2005〕129号）、《财政部 中国人民银行 国家税务总局关于延续执行部分石脑油、燃料油消费税政策的通知》（财税〔2011〕87号）以及相关规定，制定本办法。

第二条 本办法所称石脑油、燃料油消费税适用《中华人民共和国消费税暂行条例》之《消费税税目税率（税额）表》中"成品油"税目项下"石脑油"、"燃料油"子目。

第三条 境内使用石脑油、燃料油生产乙烯、芳烃类化工产品的企业，包括将自产石脑油、燃料油用于连续生产乙烯、芳烃类化工产品的企业（以下简称使用企业），符合财税〔2011〕87号文件退（免）消费税规定且需要申请退（免）消费税的，须按本办法规定向当地主管国家税务局（以下简称主管税务机关）办理退（免）消费税资格备案（以下简称资格备案）。未经资格备案的使用企业，不得申请退（免）消费税。

第四条 境内生产石脑油、燃料油的企业（以下简称生产企业）对外销售（包括对外销售用于生产乙烯、芳烃类化工产品的石脑油、燃料油）或用于其他方面的石脑油、燃料油征收消费税。但下列情形免征消费税：

（一）生产企业将自产的石脑油、燃料油用于本企业连续生产乙烯、芳烃类化工产品的；

（二）生产企业按照国家税务总局下发石脑油、燃料油定点直供计划（以下简称：定点直供计划）销售自产石脑油、燃料油的。

第五条 使用企业将外购的含税石脑油、燃料油用于生产乙烯、芳烃类化工产品，且生产的乙烯、芳烃类化工产品产量占本企业用石脑油、燃料油生产全部产品总量的50%以上（含）的，按实际耗用量计算退还所含消费税。

第六条 符合下列条件的使用企业可以提请资格备案：

（一）营业执照登记的经营范围包含生产乙烯、芳烃类化工产品；

（二）持有省级以上安全生产监督管理部门颁发的相关产品《危险化学品安全生产许可证》；

（三）拥有生产乙烯、芳烃类化工产品的生产装置或设备，包括裂解装置、连续重整装置、芳烃抽提装置、PX装置等；

（四）用石脑油、燃料油生产乙烯、芳烃类化工产品的产量占本企业用石脑油、燃料油生产全部产品总量的50%以上（含）；

（五）承诺接受税务机关对产品的抽检；

（六）国家税务总局规定的其他情形。

第七条 使用企业提请资格备案，应向主管税务机关申报《石脑油、燃料油消费税退（免）税资格备案表》（附件1），并提供下列资料：

（一）石脑油、燃料油用于生产乙烯、芳烃类化工产品的工艺设计方案、装置工艺流程以及相关生产设备情况；

（二）石脑油、燃料油用于生产乙烯、芳烃类化工产品的物料平衡图，要求标注每套生产装置的投入产出比例及年处理能力；

（三）原料储罐、产成品储罐和产成品仓库的分布图、用途、储存容量的相关资料；

（四）乙烯、芳烃类化工产品生产装置的全部流量计的安装位置图和计量方法说明，以及原材料密度的测量和计算方法说明；

（五）上一年度用石脑油、燃料油生产乙烯、芳烃类化工产品的分品种的销售明细表；

（六）本办法第六条所列相关部门批件（证书）的原件及复印件；

（七）税务机关要求的其他相关资料。

第八条 本办法颁布后的新办企业，符合本办法第六条第一、二、三、五、六项的要求，且能够提供本办法第七条第一、二、三、四、六、七项所列资料的，可申请资格备案。

第九条 使用单位申报的备案资料被税务机关受理，即取得退（免）消费税资格。主管税务机关有权对备案资料的真实性进行检查。

第十条 《石脑油、燃料油消费税退（免）税资格备案表》所列以下备案事项发生变化的，使用企业应于30日内向主管税务机关办理备案事项变更：

（一）单位名称（不包括变更纳税人识别号）；
（二）产品类型；
（三）原材料类型；
（四）生产装置、流量计数量；
（五）石脑油、燃料油库容；
（六）附列资料目录所含的资质证件。

第十一条 主管税务机关每月底将资格备案信息（包括已备案、变更和注销）上报地市国家税务局，由地市国家税务局汇总上报省国家税务局备案。省国家税务局次月底前汇总报国家税务总局（货物和劳务税司）备案。

第十二条 退还用于生产乙烯、芳烃类化工产品的石脑油、燃料油消费税工作，由使用企业所在地主管税务机关负责。

第十三条 资格备案的使用企业每月应向主管税务机关填报《石脑油、燃料油生产、外购、耗用、库存月度统计表》（附件2）、《乙烯、芳烃生产装置投入产出流量计统计表》（附件3）和《使用企业外购石脑油、燃料油凭证明细表》（附件4）。申请退税的使用企业，在纳税申报期结束后，应向主管税务机关填报《用于生产乙烯、芳烃类化工产品的石脑油、燃料油消费税退税申请表》（附件5）。

第十四条 退还使用企业石脑油、燃料油所含消费税计算公式为：

应退还消费税税额 = 实际耗用石脑油或燃料油数量 × 石脑油或燃料油消费税单位税额

其中：实际耗用石脑油、燃料油数量 = 当期投入乙烯、芳烃生产装置的全部数量 − 当期耗用的自产数量 − 当期耗用的外购免税数量

第十五条 主管税务机关受理使用企业退税申请资料后，应在15个工作日内完成以下工作：

（一）开展消费税"一窗式"比对工作，具体比对指标为：

1.《石脑油、燃料油生产、外购、耗用、库存月度统计表》中填报的石脑油、燃料油生产乙烯、芳烃类化工产品的产量占本企业用石脑油、燃料油生产全部产品总量的比例是否达到50%；

2.《使用企业外购石脑油、燃料油凭证明细表》中"免税购入"和"含税购入"项的"汉字防伪版增值税专用发票"的"货物名称、数量"与主管税务机关采集认证的汉字防伪版增值税专用发票的货物名称、数量比对是否一致；

3.《使用企业外购石脑油、燃料油凭证明细表》中"免税购入"和"含税购入"项的"普通版增值税专用发票"的"发票代码、发票号码、认证日期、销货方纳税人识别号"与主管税务机关采集认证的普通版增值税专用发票信息比对是否一致；

4.《使用企业外购石脑油、燃料油凭证明细表》中"含税购入"项的"海关进口消费税专用缴款书"所关联的"进口增值税专用缴款书号码"与主管税务机关采集的海关进口增值税专用缴款书信息比对，是否存在和一致；

5.《石脑油、燃料油生产、外购、耗用、库存月度统计表》、《乙烯、芳烃生产装置投入产出流量计统计表》、《使用企业外购石脑油、燃料油凭证明细

表》、《用于生产乙烯、芳烃类化工产品的石脑油、燃料油消费税退税申请表》表内、表间数据关系计算是否准确。

（二）消费税"一窗式"比对相符的，开具"收入退还书"（预算科目：101020121 成品油消费税退税），后附《用于生产乙烯、芳烃类化工产品的石脑油、燃料油消费税退税申请表》，转交当地国库部门。国库部门按规定从中央预算收入中退付税款。

（三）消费税"一窗式"比对不符的，主管税务机关应当及时告知使用企业并退还其资料。

第十六条 生产企业将自产石脑油、燃料油用于本企业连续生产乙烯、芳烃类化工产品的，按当期投入生产装置的实际移送量免征消费税。

第十七条 生产企业执行定点直供计划，销售石脑油、燃料油的数量在计划限额内，且开具有"DDZG"标识的汉字防伪版增值税专用发票的，免征消费税。

开具普通版增值税专用发票的，应当先行申报缴纳消费税。经主管税务机关核实，确认使用企业购进的石脑油、燃料油已作免税油品核算的，其已申报缴纳消费税的数量可抵顶下期应纳消费税的应税数量。

未开具增值税专用发票或开具其他发票的，不得免征消费税。

第十八条 生产企业发生将自产的石脑油、燃料油用于本企业连续生产乙烯、芳烃类化工产品的，应按月填报《石脑油、燃料油生产、外购、耗用、库存月度统计表》和《乙烯、芳烃生产装置投入产出流量计统计表》；如执行定点直供计划销售石脑油、燃料油，且开具普通版增值税专用发票的，应按月填报《生产企业定点直供石脑油、燃料油开具普通版增值税专用发票明细表》（附件6），作为《成品油消费税纳税申报表》的附列资料一同报送。

第十九条 主管税务机关在受理生产企业纳税申报资料时，应核对以下内容：

（一）《成品油消费税纳税申报表》、《石脑油、燃料油生产、外购、耗用、库存月度统计表》和《乙烯、芳烃生产装置投入产出流量计统计表》、《生产企业定点直供石脑油、燃料油开具普通版增值税专用发票明细表》表内、表间数据关系计算是否准确；

（二）《石脑油、燃料油生产、外购、耗用、库存月度统计表》中"本期执行定点直供计划数量"的累计数是否超过定点直供计划限额；

（三）《石脑油、燃料油生产、外购、耗用、库存月度统计表》中"其中：汉字防伪版增值税专用发票的油品数量"与当期开具有"DDZG"标识的汉字防伪版增值税专用发票记载的数量是否一致；

（四）将《生产企业定点直供石脑油、燃料油开具普通版增值税专用发票明细表》中发票信息发送给使用企业主管税务机关进行核查；根据反馈的核查结果，对使用企业已作免税油品核算的，将允许抵顶下期应纳消费税应税数量的具体数量书面通知生产企业。

第二十条 生产企业对外销售和用于其他方面的石脑油、燃料油耗用量，减去用于本企业连续生产乙烯、芳烃类化工产品的耗用量，减去执行定点直供计划且开具"DDZG"标识的汉字防伪版增值税专用发票的数量，为应当缴纳消费税的数量。

生产企业实际执行定点直供计划时,超出国家税务总局核发定点直供计划量的,或将自产石脑油、燃料油未用于生产乙烯、芳烃类化工产品的,不得免征消费税。

第二十一条 每年11月30日前,企业总部应将下一年度的《石脑油、燃料油定点直供计划表》(附件7)上报国家税务总局(货物和劳务司)。年度内定点直供计划的调整,需提前30日报国家税务总局。

第二十二条 生产企业、使用企业应建立石脑油、燃料油移送使用台账(以下简称台账)。分别记录自产、外购(分别登记外购含税数量和外购免税数量)、移送使用石脑油、燃料油数量。

第二十三条 使用企业将外购的免税石脑油、燃料油未用于生产乙烯、芳烃类化工产品(不包库存)或者对外销售的,应按规定征收消费税。

第二十四条 使用企业生产乙烯、芳烃类化工产品过程中所生产的应税产品,应按规定征收消费税。外购的含税石脑油、燃料油生产乙烯、芳烃类化工产品且已经退税的,在生产乙烯、芳烃类化工产品过程中生产的应税产品不得再扣除外购石脑油、燃料油已纳消费税税额。

第二十五条 使用企业用于生产乙烯、芳烃类化工产品的石脑油、燃料油既有免税又有含税的,应分别核算,未分别核算或未准确核算的不予退税。

第二十六条 使用企业申请退税的国内采购的含税石脑油、燃料油,应取得经主管税务机关认证的汉字防伪版增值税专用发票或普通版增值税专用发票,发票应注明石脑油、燃料油及数量。未取得、未认证或发票未注明石脑油、燃料油及数量的,不予退税。

使用企业申请退税的进口的含税石脑油、燃料油,必须取得海关进口消费税、增值税专用缴款书,且申报抵扣了增值税进项税,专用缴款书应注明石脑油、燃料油及数量。未取得、未申报抵扣或专用缴款书未注明石脑油、燃料油及数量的,不予退税。

第二十七条 主管税务机关按月填制《用于生产乙烯、芳烃类化工产品的石脑油、燃料油退(免)税汇总表》(附件8),逐级上报至国家税务总局。

第二十八条 主管税务机关应加强石脑油、燃料油退(免)消费税的日常管理,对已办理退税的乙烯、芳烃生产企业,当地国税稽查部门和货物劳务税管理部门,每季度要对其退税业务的真实性进行检查,防止企业骗取退税款。检查的内容主要包括:

(一)使用企业申报的实际耗用量与全部外购量、库存量进行比对,应当符合实际耗用量≤期初库存+本期外购量(含自产)-本期销售-期末库存量;

使用企业申报的退税额应不大于外购含税石脑油、燃料油所含消费税税额;

(二)将使用企业实际产成品数据信息与利用产品收率计算原材料实际投入量信息进行比对,两者符合投入产出比例关系;

(三)将使用企业申报的实际耗用信息与石脑油、燃料油的出入库信息、生产计量信息及财务会计信息进行比对,符合逻辑关系;

(四)将使用企业申报的实际耗用信息与装置生产能力信息进行比对,符合逻辑关系；

（五）将使用企业本期外购石脑油、燃料油数量与相关增值税专用发票的抵扣信息进行比对，符合逻辑关系；

（六）生产企业免税销售石脑油、燃料油开具的增值税专用发票信息与总局定点直供计划规定的销售对象、供应数量等信息进行比对，两者销售对象应当一致，销售数量应等于或小于定点直供计划数量；

（七）使用企业外购免税的石脑油、燃料油数量信息与定点直供计划信息及相关的增值税专用发票信息进行比对，增值税专用发票开具的销售对象应当与定点直供计划规定的一致，其数量应等于或小于定点直供计划数量；

（八）使用企业申报的外购免税石脑油、燃料油数量信息与定点直供计划数量信息进行比对，免税数量应等于或小于定点直供计划。

第二十九条 被检查企业与主管税务机关在产品界定上如果发生歧义，企业应根据税务机关的要求实施对其产品的抽检。

检验样品由税务人员与企业财务人员、技术人员共同实地提取样品一式两份，经双方确认签封，其中一份交具有检测资质的第三方检测机构检测，检测报告由企业提供给主管税务机关；另一份由主管税务机关留存。

第三十条 使用企业发生下列行为之一的，主管税务机关应暂停或取消使用企业的退（免）税资格：

（一）注销税务登记的，取消退（免）税资格；

（二）主管税务机关实地核查结果与使用企业申报的备案资料不一致的，暂停或取消退（免）资格；

（三）使用企业不再以石脑油、燃料油生产乙烯、芳烃类化工产品或不再生产乙烯、芳烃类化工产品的，经申请取消退（免）税资格；

（四）经税务机关检查发现存在骗取国家退税款的，取消退（免）税资格；

（五）未办理备案变更登记备案事项，经主管税务机关通知在30日内仍未改正的，暂停退（免）税资格；

（六）未按月向主管税务机关报送《石脑油、燃料油生产、外购、耗用、库存月度统计表》和《乙烯、芳烃生产装置投入产出流量计统计表》、《使用企业外购石脑油、燃料油凭证明细表》的，暂停退（免）税资格；

（七）不接受税务机关的产品抽检，不能提供税务机关要求的检测报告的，暂停退（免）税资格。

第三十一条 使用企业被取消退（免）税资格的，其库存的免税石脑油、燃料油应当征收消费税。

第三十二条 本办法由国家税务总局负责解释。各省、自治区、直辖市、计划单列市国家税务局可依据本办法制定具体实施办法。

第三十三条 本办法自2011年10月1日起执行。《国家税务总局〈关于印发石脑油消费税免税管理办法〉的通知》（国税发〔2008〕45号）同时废止。

附件：用于生产乙烯、芳烃类化工产品的石脑油、燃料油退（免）消费税暂行办法（附表1－8）（略）

国家税务总局关于绝缘油类产品不征收消费税问题的公告

手机阅读

2010年8月30日　国家税务总局公告2010年第12号

现将有关消费税征收范围问题公告如下：

变压器油、导热类油等绝缘油类产品不属于《财政部　国家税务总局关于提高成品油消费税税率的通知》（财税〔2008〕167号）规定的应征消费税的"润滑油"，不征收消费税。

本公告自2010年10月1日起执行。《国家税务总局关于对绝缘油类产品征收消费税问题的批复》（国税函〔2010〕76号）文件同时废止。此前未征消费税的不得补征，已征的消费税税款可抵顶以后纳税期其他货物的应交消费税。

特此公告。

财政部　税务总局关于延长对废矿物油再生油品免征消费税政策实施期限的通知

手机阅读

2018年12月7日　财税〔2018〕144号

各省、自治区、直辖市、计划单列市财政厅（局），国家税务总局各省、自治区、直辖市、计划单列市税务局，新疆生产建设兵团财政局：

为进一步促进资源综合利用和环境保护，经国务院批准，《财政部　国家税务总局关于对废矿物油再生油品免征消费税的通知》（财税〔2013〕105号）实施期限延长5年，自2018年11月1日至2023年10月31日止。自2018年11月1日至本通知下发前，纳税人已经缴纳的消费税，符合本通知免税规定的予以退还。

财政部　国家税务总局关于调整化妆品消费税政策的通知

手机阅读

2016年9月30日　财税〔2016〕103号

各省、自治区、直辖市、计划单列市财政厅（局）、国家税务局，新疆生产建设兵团财务局：

为了引导合理消费，经国务院批准，现将化妆品消费税政策调整有关事项通知如下：

一、取消对普通美容、修饰类化妆品征收消费税，将"化妆品"税目名称更名为"高档化妆品"。征收范围包括高档美容、修饰类化妆品、高档护肤类化妆品和成套化妆品。税率调整为15%。

高档美容、修饰类化妆品和高档护肤类化妆品是指生产（进口）环节销售（完税）价格（不含增值税）在10元/毫升（克）或15元/片（张）及以上的美容、修饰类化妆品和护肤类化妆品。

二、本通知自2016年10月1日起执行。

财政部　国家税务总局关于对利用废弃的动植物油生产纯生物柴油免征消费税政策执行中有关问题的通知

手机阅读

2016年3月18日　财税〔2016〕35号

各省、自治区、直辖市、计划单列市财政厅（局）、国家税务局，新疆生产建设兵团财务局：

《财政部　国家税务总局关于对利用废弃的动植物油生产纯生物柴油免征消费税的通知》（财税〔2010〕118号）第一条第二项中"《柴油机燃料调合生物柴油（BD100）》"是指"《柴油机燃料调合用生物柴油（BD100）》"，请遵照执行。

财政部　国家税务总局关于对电池、涂料征收消费税的通知

手机阅读

2015年1月26日　财税〔2015〕16号

各省、自治区、直辖市、计划单列市财政厅（局）、国家税务局、新疆生产建设兵团财务局：

为促进节能环保，经国务院批准，自2015年2月1日起对电池、涂料征收消费税。现将有关事项通知如下：

一、将电池、涂料列入消费税征收范围（具体税目注释见附件），在生产、委托加工和进口环节征收，适用税率均为4%。

二、对无汞原电池、金属氢化物镍蓄电池（又称"氢镍蓄电池"或"镍氢蓄电池"）、锂原电池、锂离子蓄电池、太阳能电池、燃料电池和全钒液流电池免征消费税。

2015年12月31日前对铅蓄电池缓征消费税；自2016年1月1日起，对铅蓄电池按4%税率征收消费税。

对施工状态下挥发性有机物（Volatile Organic Compounds，VOC）含量低于420克/升（含）的涂料免征消费税。

三、除上述规定外，电池、涂料消费税征收管理的其他事项依照《中华人民共和国消费税暂行条例》、《中华人民共和国消费税暂行条例实施细则》等相关规定执行。

附件：1. 电池税目征收范围注释（略）
　　　2. 涂料税目征收范围注释（略）

财政部　国家税务总局关于继续提高成品油消费税的通知

手机阅读

2015年1月12日　财税〔2015〕11号

各省、自治区、直辖市、计划单列市财政厅（局）、国家税务局，新疆生产建设兵团财务局：

为促进环境治理和节能减排，现将提高成品油消费税问题通知如下：

一、将汽油、石脑油、溶剂油和润滑油的消费税单位税额由1.4元/升提高到1.52元/升。

二、将柴油、航空煤油和燃料油的消费税单位税额由 1.1 元/升提高到 1.2 元/升。航空煤油继续暂缓征收。

三、本通知自 2015 年 1 月 13 日起执行。

附件：1. 成品油消费税税目税率表（略）

2. 成品油进口环节消费税税率表（略）

财政部　国家税务总局关于调整消费税政策的通知

2014 年 11 月 25 日　财税〔2014〕93 号

各省、自治区、直辖市、计划单列市财政厅（局）、国家税务局，新疆生产建设兵团财务局：

经国务院批准，现将消费税政策调整事项通知如下：

一、取消气缸容量 250 毫升（不含）以下的小排量摩托车消费税。气缸容量 250 毫升和 250 毫升（不含）以上的摩托车继续分别按 3% 和 10% 的税率征收消费税。

二、取消汽车轮胎税目。

三、取消车用含铅汽油消费税，汽油税目不再划分二级子目，统一按照无铅汽油税率征收消费税。

四、取消酒精消费税。取消酒精消费税后，"酒及酒精"品目相应改为"酒"，并继续按现行消费税政策执行。

五、本通知自 2014 年 12 月 1 日起执行。

财政部　国家税务总局关于以外购或委托加工汽、柴油连续生产汽、柴油允许抵扣消费税政策问题的通知

2014 年 2 月 19 日　财税〔2014〕15 号

各省、自治区、直辖市、计划单列市财政厅（局）、国家税务局、地方税务局，新疆生产建设兵团财务局：

为支持汽油、柴油质量升级，应对大气污染问题，经国务院批准，自 2014 年 1 月 1 日起，以外购或委托加工收回的已税汽油、柴油为原料连续生产汽油、柴油，准予从汽、柴油消费税应纳税额中扣除原料已纳的消费税税款。自 2014 年 1 月 1 日起至本通知下发前，纳税人符合本通知规定准予抵扣的消费

税,可以从后续月份应纳消费税款中抵扣。

请遵照执行。

财政部 国家税务总局关于对废矿物油再生油品免征消费税的通知[①]

2013年12月12日 财税〔2013〕105号

各省、自治区、直辖市、计划单列市财政厅(局)、国家税务局,新疆生产建设兵团财务局:

为促进资源综合利用和环境保护,经国务院批准,自2013年11月1日至2018年10月31日,对以回收的废矿物油为原料生产的润滑油基础油、汽油、柴油等工业油料免征消费税。现将有关政策通知如下:

一、废矿物油,是指工业生产领域机械设备及汽车、船舶等交通运输设备使用后失去或降低功效更换下来的废润滑油。

二、纳税人利用废矿物油生产的润滑油基础油、汽油、柴油等工业油料免征消费税,应同时符合下列条件:

(一)纳税人必须取得省级以上(含省级)环境保护部门颁发的《危险废物(综合)经营许可证》,且该证件上核准生产经营范围应包括"利用"或"综合经营"字样。生产经营范围为"综合经营"的纳税人,还应同时提供颁发《危险废物(综合)经营许可证》的环境保护部门出具的能证明其生产经营范围包括"利用"的材料。

纳税人在申请办理免征消费税备案时,应同时提交污染物排放地环境保护部门确定的该纳税人应予执行的污染物排放标准,以及污染物排放地环境保护部门在此前6个月以内出具的该纳税人的污染物排放符合上述标准的证明材料。

纳税人回收的废矿物油应具备能显示其名称、特性、数量、接受日期等项目的《危险废物转移联单》。

(二)生产原料中废矿物油重量必须占到90%以上。产成品中必须包括润滑油基础油,且每吨废矿物油生产的润滑油基础油应不少于0.65吨。

(三)利用废矿物油生产的产品与利用其他原料生产的产品应分别核算。

三、符合本通知第二条规定的纳税人销售免税油品时,应在增值税专用发票上注明产品名称,并在产品名称后加注"(废矿物油)"。

四、符合本通知第二条规定的纳税人利用废矿物油生产的润滑油基础油连续加工生产润滑油,或纳税人(包括符合本通知第二条规定的纳税人及其他纳税人)外购利用废矿物油生产的润滑油基础油加工生产润滑油,在申报润滑油

---

① 根据《关于延长对废矿物油再生油品免征消费税政策实施期限的通知》(财税〔2018〕144号),延长本法规实施日期至2023年10月31日。

消费税额时按当期销售的润滑油数量扣减其耗用的符合本通知规定的润滑油基础油数量的余额计算缴纳消费税。

五、对未达到相应的污染物排放标准或被取消《危险废物（综合）经营许可证》的纳税人，自发生违规排放行为之日或《危险废物（综合）经营许可证》被取消之日起，取消其享受本通知规定的免征消费税政策的资格，且三年内不得再次申请。纳税人自发生违规排放行为之日起已申请并办理免税的，应予追缴。

六、各级税务机关应采取严密措施，对享受本通知规定的免征消费税政策的纳税人加强动态监管。凡经核实纳税人弄虚作假骗享受本通知规定的免征消费税政策的，税务机关追缴其此前骗取的免税税款，并自纳税人发生上述违法违规行为年度起，取消其享受本通知规定的免征消费税政策的资格，且纳税人三年内不得再次申请。

发生违规排放行为之日，是指已由污染物排放地环境保护部门查证确认的、纳税人发生未达到应予执行的污染物排放标准行为的当日。

七、自2013年11月1日至本通知下发前，纳税人已经缴纳的消费税，符合本通知免税规定的予以退还。

财政部　中国人民银行　国家税务总局关于延续执行部分石脑油燃料油消费税政策的通知①

2011年9月15日　财税〔2011〕87号

各省、自治区、直辖市、计划单列市财政厅（局）、国家税务局，中国人民银行上海总部，各分行、营业管理部，省会（首府）城市中心支行，各副省级城市中心支行：

为促进我国烯烃类化工行业的发展，经国务院批准，现将用于生产乙烯、芳烃类化工产品的石脑油、燃料油消费税退（免）税政策延续问题明确如下：

一、自2011年10月1日起，对生产石脑油、燃料油的企业（以下简称生产企业）对外销售的用于生产乙烯、芳烃类化工产品的石脑油、燃料油，恢复征收消费税。

二、自2011年10月1日起，生产企业自产石脑油、燃料油用于生产乙烯、芳烃类化工产品的，按实际耗用数量暂免征消费税。

---

① 根据《财政部　中国人民银行　海关总署　国家税务总局关于完善石脑油　燃料油生产乙烯　芳烃类化工产品消费税退税政策的通知》（财税〔2013〕2号），本法规与财税〔2013〕2号文件不一致的，按财税〔2013〕2号执行。

三、自 2011 年 10 月 1 日起，对使用石脑油、燃料油生产乙烯、芳烃的企业（以下简称使用企业）购进并用于生产乙烯、芳烃类化工产品的石脑油、燃料油，按实际耗用数量暂退还所含消费税。

退还石脑油、燃料油所含消费税计算公式为：

应退还消费税税额 = 石脑油、燃料油实际耗用数量 × 石脑油、燃料油消费税单位税额。

使用企业所在地主管国家税务局（以下简称主管税务机关）负责退税工作。主管税务机关根据使用企业石脑油、燃料油实际耗用量核定应退税金额，并开具"收入退还书"（预算科目为：101020121 成品油消费税退税），后附退税审批表、退税申请书等，送交当地国库部门。国库部门审核后从中央预算收入中退付税款。

四、2011 年 1 月 1 日至 9 月 30 日，生产企业销售给使用企业用于生产乙烯、芳烃类化工产品的石脑油、燃料油，仍按《财政部 国家税务总局关于提高成品油消费税税率后相关成品油消费税政策的通知》（财税〔2008〕168号）、《财政部 国家税务总局关于调整部分燃料油消费税政策的通知》（财税〔2010〕66 号）和《国家税务总局关于印发〈石脑油消费税免税管理办法〉的通知》（国税发〔2008〕45 号）规定免征消费税。

五、在 2011 年 1 月 1 日至 9 月 30 日期间，对使用企业购进的用于生产乙烯、芳烃类化工产品的已含消费税石脑油、燃料油，按照本通知第三条规定退还。

六、主管税务机关要对使用企业 2011 年 1 月 1 日至 9 月 30 日购进石脑油、燃料油的库存情况认真检查核实，对耗用库存的已享受退（免）消费税的石脑油、燃料油，不得退税。

七、2010 年 12 月 31 日前，生产企业自营进口或委托代理进口的石脑油、燃料油消费税应退未退的，仍按《财政部 国家税务总局关于提高成品油消费税税率后相关成品油消费税政策的通知》（财税〔2008〕168 号）、《财政部 国家税务总局关于调整部分燃料油消费税政策的通知》（财税〔2010〕66 号）、《财政部 国家税务总局关于调整成品油进口环节消费税的通知》（财关税〔2008〕103 号）、《财政部关于调整部分进口燃料油消费税政策的通知》（财关税〔2010〕56 号）和《财政部 海关总署 国家税务总局关于进口石脑油消费税先征后返有关问题的通知》（财预〔2009〕347 号）继续退还。

八、用石脑油、燃料油生产乙烯、芳烃类化工产品的产量占本企业用石脑油、燃料油生产产品总量的 50% 以上（含 50%）的企业，享受本通知规定的退（免）消费税政策。符合本条规定条件的企业，应在本通知下发后到主管税务机关提请退（免）税资格认定。

九、乙烯类化工产品是指乙烯、丙烯、丁二烯及衍生品；芳烃类化工产品是指苯、甲苯、二甲苯、重芳烃、混合芳烃及衍生品。

十、使用企业生产乙烯、芳烃类化工产品过程中所生产的消费税应税产品，照章缴纳消费税。

十一、用于生产乙烯、芳烃类化工产品的石脑油、燃料油消费税具体退（免）税管理办法，由国家税务总局另行制定。

十二、财政部驻各地财政监察专员办事处要加强对消费税退（免）税政策执行情况的监督检查。各级国家税务局要加强对消费税退（免）税的组织、监督，严格管理，堵塞漏洞。对于发现并经查实的骗取退（免）税的行为，依法处罚，并取消退（免）消费税的资格。

财政部　国家税务总局关于明确废弃动植物油生产纯生物柴油免征消费税适用范围的通知

手机阅读

2011年6月15日　财税〔2011〕46号

各省、自治区、直辖市、计划单列市财政厅（局）、国家税务局，新疆生产建设兵团财务局，财政部驻各省、自治区、直辖市、计划单列市监察专员办事处：

为方便税收征管，现将《财政部　国家税务总局关于对利用废弃的动植物油生产纯生物柴油免征消费税的通知》（财税〔2010〕118号）所称"废弃的动物油和植物油"的范围明确如下：

一、餐饮、食品加工单位及家庭产生的不允许食用的动植物油脂。主要包括泔水油、煎炸废弃油、地沟油和抽油烟机凝析油等。

二、利用动物屠宰分割和皮革加工修削的废弃物处理提炼的油脂，以及肉类加工过程中产生的非食用油脂。

三、食用油脂精炼加工过程中产生的脂肪酸、甘油脂及含少量杂质的混合物。主要包括酸化油、脂肪酸、棕榈酸化油、棕榈油脂肪酸、白土油及脱臭馏出物等。

四、油料加工或油脂储存过程中产生的不符合食用标准的油脂。

特此通知，请遵照执行。

财政部　国家税务总局关于对油（气）田企业生产自用成品油先征后返消费税的通知

手机阅读

2011年2月25日　财税〔2011〕7号

各省、自治区、直辖市、计划单列市财政厅（局）、国家税务局，新疆生产建设兵团财务局：

经国务院批准，现对油（气）田企业生产自用成品油先征后返消费税问题通知如下：

一、自2009年1月1日起，对油（气）田企业在开采原油过程中耗用的内购成品油，暂按实际缴纳成品油消费税的税额，全额返还所含消费税。

二、享受税收返还政策的成品油必须同时符合以下三个条件：

（一）由油（气）田企业所隶属的集团公司（总厂）内部的成品油生产企业生产；

（二）从集团公司（总厂）内部购买；

（三）油（气）田企业在地质勘探、钻井作业和开采作业过程中，作为燃料、动力（不含运输）耗用。

三、油（气）田企业所隶属的集团公司（总厂）向财政部驻当地财政监察专员办事处统一申请税收返还。具体退税办法由财政部另行制定。

财政部　国家税务总局关于对利用废弃的动植物油生产纯生物柴油免征消费税的通知

手机阅读

2010年12月17日　财税〔2010〕118号

各省、自治区、直辖市、计划单列市财政厅（局）、国家税务局，新疆生产建设兵团财务局：

经国务院批准，对利用废弃的动物油和植物油为原料生产的纯生物柴油免征消费税。现将有关政策通知如下：

一、从2009年1月1日起，对同时符合下列条件的纯生物柴油免征消费税：

（一）生产原料中废弃的动物油和植物油用量所占比重不低于70%。

（二）生产的纯生物柴油符合国家《柴油机燃料调合生物柴油（BD100）》标准。

二、对不符合本通知第一条规定的生物柴油，或者以柴油、柴油组分调合生产的生物柴油照章征收消费税。

三、从2009年1月1日至本通知下发前，生物柴油生产企业已经缴纳的消费税，符合本通知第一条免税规定的予以退还。

财政部　国家税务总局关于对成品油生产企业生产自用油免征消费税的通知

手机阅读

2010年11月1日　财税〔2010〕98号

各省、自治区、直辖市、计划单列市财政厅（局）、国家税务局，新疆生产建设兵团财务局：

经国务院批准，对成品油生产企业生产自用油免征消费税。现将有关政策通知如下：

一、从2009年1月1日起，对成品油生产企业在生产成品油过程中，作为燃料、动力及原料消耗掉的自产成品油，免征消费税。对用于其他用途或直接对外销售的成品油照章征收消费税。

二、从2009年1月1日到本通知下发前，成品油生产企业生产自用油已经缴纳的消费税，符合上述免税规定的，予以退还。

财政部　国家税务总局关于提高成品油消费税税率后相关成品油消费税政策的通知

手机阅读

2008年12月19日　财税〔2008〕168号

各省、自治区、直辖市、计划单列市财政厅（局）、国家税务局，新疆生产建设兵团财务局：

根据《国务院关于实施成品油价格和税费改革的通知》（国发〔2008〕37号），现将提高成品油消费税税率后相关成品油消费税政策问题通知如下：

一、自2009年1月1日起对进口石脑油恢复征收消费税。

二、2009年1月1日至2010年12月31日，对国产的用作乙烯、芳烃类产品原料的石脑油免征消费税，生产企业直接对外销售的不作为乙烯、芳烃类产品原料的石脑油应按规定征收消费税；对进口的用作乙烯、芳烃类产品原料的石脑油已缴纳的消费税予以返还，具体办法由财政部会同海关总署和国家税务总局另行制定。

乙烯类产品具体是指乙烯、丙烯和丁二烯；芳烃类产品具体是指苯、甲苯、二甲苯。

三、航空煤油暂缓征收消费税。

四、对用外购或委托加工收回的已税汽油生产的乙醇汽油免税。用自产汽油生产的乙醇汽油，按照生产乙醇汽油所耗用的汽油数量申报纳税。

五、对外购或委托加工收回的汽油、柴油用于连续生产甲醇汽油、生物柴油，准予从消费税应纳税额中扣除原料已纳的消费税税款。

六、2008年12月31日以前生产企业库存的用于生产应税消费品的外购或委托加工收回的石脑油、润滑油、燃料油原料，其已缴纳的消费税，准予在2008年12月税款所属期按照石脑油、润滑油每升0.2元和燃料油每升0.1元一次性计算扣除。

七、本通知自2009年1月1日起执行，原消费税政策规定与本通知有抵触的按照本通知的规定执行。

下列文件或文件的部分内容自本通知执行之日起同时废止：

（一）财政部　国家税务总局《关于调整含铅汽油消费税税率的通知》（财税字〔1998〕163号）

（二）国家税务总局《关于印发修订后的〈汽油、柴油消费税征税范围注释〉的通知》（国税发〔1998〕192号）

（三）国家税务总局《关于生物柴油征收消费税问题的批复》（国税函〔2005〕39号）

（四）财政部　国家税务总局《关于调整和完善消费税政策的通知》（财税〔2006〕33号）第一条第二款的第1项成品油新增子目的适用税率（单位税额）和附件的第六条

（五）财政部　国家税务总局《关于消费税若干具体政策的通知》（财税〔2006〕125号）第五条

（六）国家税务总局《关于生物柴油征收消费税问题的批复》（国税函〔2006〕1183号）

（七）财政部　国家税务总局《关于调整部分成品油消费税政策的通知》（财税〔2008〕19号）第二条中关于进口石脑油免征消费税的规定

（八）国家税务总局《关于印发〈石脑油消费税免税管理办法〉的通知》（国税发〔2008〕45号）第四条

车辆购置税

中华人民共和国车辆购置税法

手机阅读

（2018年12月29日第十三届全国人民代表大会常务委员会第七次会议通过，同日中华人民共和国主席令第十九号公布）

第一条 在中华人民共和国境内购置汽车、有轨电车、汽车挂车、排气量超过一百五十毫升的摩托车（以下统称应税车辆）的单位和个人，为车辆购置税的纳税人，应当依照本法规定缴纳车辆购置税。

第二条 本法所称购置，是指以购买、进口、自产、受赠、获奖或者其他方式取得并自用应税车辆的行为。

第三条 车辆购置税实行一次性征收。购置已征车辆购置税的车辆，不再征收车辆购置税。

第四条 车辆购置税的税率为百分之十。

第五条 车辆购置税的应纳税额按照应税车辆的计税价格乘以税率计算。

第六条 应税车辆的计税价格，按照下列规定确定：

（一）纳税人购买自用应税车辆的计税价格，为纳税人实际支付给销售者的全部价款，不包括增值税税款；

（二）纳税人进口自用应税车辆的计税价格，为关税完税价格加上关税和消费税；

（三）纳税人自产自用应税车辆的计税价格，按照纳税人生产的同类应税车辆的销售价格确定，不包括增值税税款；

（四）纳税人以受赠、获奖或者其他方式取得自用应税车辆的计税价格，按照购置应税车辆时相关凭证载明的价格确定，不包括增值税税款。

第七条 纳税人申报的应税车辆计税价格明显偏低，又无正当理由的，由税务机关依照《中华人民共和国税收征收管理法》的规定核定其应纳税额。

第八条 纳税人以外汇结算应税车辆价款的，按照申报纳税之日的人民币汇率中间价折合成人民币计算缴纳税款。

第九条 下列车辆免征车辆购置税：

（一）依照法律规定应当予以免税的外国驻华使馆、领事馆和国际组织驻华机构及其有关人员自用的车辆；

（二）中国人民解放军和中国人民武装警察部队列入装备订货计划的车辆；

（三）悬挂应急救援专用号牌的国家综合性消防救援车辆；

（四）设有固定装置的非运输专用作业车辆；

（五）城市公交企业购置的公共汽电车辆。

根据国民经济和社会发展的需要，国务院可以规定减征或者其他免征车辆购置税的情形，报全国人民代表大会常务委员会备案。

第十条 车辆购置税由税务机关负责征收。

第十一条 纳税人购置应税车辆，应当向车辆登记地的主管税务机关申报缴纳车辆购置税；购置不需要办理车辆登记的应税车辆的，应当向纳税人所在地的主管税务机关申报缴纳车辆购置税。

第十二条 车辆购置税的纳税义务发生时间为纳税人购置应税车辆的当日。纳税人应当自纳税义务发生之日起六十日内申报缴纳车辆购置税。

第十三条 纳税人应当在向公安机关交通管理部门办理车辆注册登记前，缴纳车辆购置税。

公安机关交通管理部门办理车辆注册登记，应当根据税务机关提供的应税车辆完税或者免税电子信息对纳税人申请登记的车辆信息进行核对，核对无误后依法办理车辆注册登记。

第十四条 免税、减税车辆因转让、改变用途等原因不再属于免税、减税范围的，纳税人应当在办理车辆转移登记或者变更登记前缴纳车辆购置税。计税价格以免税、减税车辆初次办理纳税申报时确定的计税价格为基准，每满一年扣减百分之十。

第十五条 纳税人将已征车辆购置税的车辆退回车辆生产企业或者销售企业的，可以向主管税务机关申请退还车辆购置税。退税额以已缴税款为基准，自缴纳税款之日至申请退税之日，每满一年扣减百分之十。

第十六条 税务机关和公安、商务、海关、工业和信息化等部门应当建立应税车辆信息共享和工作配合机制，及时交换应税车辆和纳税信息资料。

第十七条 车辆购置税的征收管理，依照本法和《中华人民共和国税收征收管理法》的规定执行。

第十八条 纳税人、税务机关及其工作人员违反本法规定的，依照《中华人民共和国税收征收管理法》和有关法律法规的规定追究法律责任。

第十九条 本法自 2019 年 7 月 1 日起施行。2000 年 10 月 22 日国务院公布的《中华人民共和国车辆购置税暂行条例》同时废止。

财政部　税务总局　工业和信息化部关于设有固定装置的非运输专用作业车辆免征车辆购置税有关政策的公告

手机阅读

2020 年 7 月 1 日　财政部　税务总局　工业和信息化部公告 2020 年第 35 号

为贯彻落实《中华人民共和国车辆购置税法》，现就设有固定装置的非运输专用作业车辆免征车辆购置税有关政策公告如下：

一、设有固定装置的非运输专用作业车辆，是指采用焊接、铆接或者螺栓连接等方式固定安装专用设备或者器具，不以载运人员或者货物为主要目的，在设计和制造上用于专项作业的车辆。

二、免征车辆购置税的设有固定装置的非运输专用作业车辆，通过发布《免征车辆购置税的设有固定装置的非运输专用作业车辆目录》（以下简称《目录》）实施管理。有关列入《目录》车辆的技术要求、《目录》的编列与管理等事项，由税务总局会同工业和信息化部另行规定。

三、列入《目录》的设有固定装置的非运输专用作业车辆，车辆生产企业、进口车辆经销商或个人（以下简称"申请人"）在上传《机动车整车出厂合格证》或进口机动车《车辆电子信息单》（以下简称车辆电子信息）时，将"是否列入《免征车辆购置税的设有固定装置的非运输专用作业车辆目录》"字段标注"是"（即免税标识）。工业和信息化部对申请人上传的车辆电子信息中的免税标识进行审核，并将通过审核的信息传送给税务总局。税务机关依据工业和信息化部审核后的免税标识以及办理车辆购置税纳税申报需要提供的其他资料，为纳税人办理车辆购置税免税手续。

四、申请人应当保证车辆电子信息与车辆产品相一致，对因提供虚假信息等造成车辆购置税税款流失的，依照《中华人民共和国税收征收管理法》及其实施细则予以处理。

五、从事《目录》管理、免税标识审核和办理免税手续的工作人员履行职责时，存在滥用职权、玩忽职守、徇私舞弊等违法违纪行为的，按照《中华人民共和国公务员法》、《中华人民共和国监察法》等国家有关规定追究相应责任；涉嫌犯罪的，移送司法机关处理。

六、本公告自2021年1月1日起施行。

财政部　税务总局　工业和信息化部关于新能源汽车免征车辆购置税有关政策的公告

手机阅读

2020年4月16日　财政部　税务总局　工业和信息化部公告2020年第21号

为支持新能源汽车产业发展，促进汽车消费，现就新能源汽车免征车辆购置税有关政策公告如下：

一、自2021年1月1日至2022年12月31日，对购置的新能源汽车免征车辆购置税。免征车辆购置税的新能源汽车是指纯电动汽车、插电式混合动力（含增程式）汽车、燃料电池汽车。

二、免征车辆购置税的新能源汽车，通过工业和信息化部、税务总局发布

《免征车辆购置税的新能源汽车车型目录》（以下简称《目录》）实施管理。自《目录》发布之日起，购置列入《目录》的新能源汽车免征车辆购置税；购置时间为机动车销售统一发票（或有效凭证）上注明的日期。

三、对已列入《目录》的新能源汽车，新能源汽车生产企业或进口新能源汽车经销商（以下简称汽车企业）在上传《机动车整车出厂合格证》或进口机动车《车辆电子信息单》（以下简称车辆电子信息）时，在"是否符合免征车辆购置税条件"字段标注"是"（即免税标识）。工业和信息化部对汽车企业上传的车辆电子信息中的免税标识进行审核，并将通过审核的信息传送至税务总局。税务机关依据工业和信息化部审核后的免税标识和机动车统一销售发票（或有效凭证），办理车辆购置税免税手续。

四、汽车企业应当保证车辆电子信息与车辆产品相一致，对因提供虚假信息或资料造成车辆购置税税款流失的，依照《中华人民共和国税收征收管理法》及其实施细则予以处理。

五、从事《目录》管理、免税标识审核和办理免税手续的工作人员履行职责时，存在滥用职权、玩忽职守、徇私舞弊等违法违纪行为的，按照《中华人民共和国公务员法》《中华人民共和国监察法》等国家有关规定追究相应责任；涉嫌犯罪的，移送司法机关处理。

六、本公告自2021年1月1日起施行。2020年12月31日前已列入《目录》的新能源汽车免征车辆购置税政策继续有效。

财政部　税务总局　工业和信息化部关于对挂车减征车辆购置税的公告[①]

手机阅读

2018年5月25日　财政部　税务总局
工业和信息化部公告2018年第69号

为促进甩挂运输发展，提高物流效率和降低物流成本，现将减征挂车车辆购置税有关事项公告如下：

一、自2018年7月1日至2021年6月30日，对购置挂车减半征收车辆购置税。购置日期按照《机动车销售统一发票》《海关关税专用缴款书》或者其他有效凭证的开具日期确定。

二、本公告所称挂车，是指由汽车牵引才能正常使用且用于载运货物的无动力车辆。

三、对挂车产品通过标注减征车辆购置税标识进行管理，具体要求如下：

---

① 根据《财政部　税务总局关于延长部分税收优惠政策执行期限的公告》（财政部税务总局公告2021年第6号），本法规定的税收优惠政策于2021年6月30日到期后，执行期限延长至2023年12月31日。

（一）标注减税标识。

1. 国产挂车：企业上传《机动车整车出厂合格证》信息时，在"是否属于减征车辆购置税挂车"字段标注"是"（即减税标识）。

2. 进口挂车：汽车经销商或个人上传《进口机动车车辆电子信息单》时，在"是否属于减征车辆购置税挂车"字段标注"是"（即减税标识）。

（二）工业和信息化部对企业和个人上传的《机动车整车出厂合格证》或者《进口机动车车辆电子信息单》中减税标识进行核实，并将核实的信息传送给国家税务总局。

（三）税务机关依据工业和信息化部核实后的减税标识以及办理车辆购置税纳税申报需提供的其他资料，办理车辆购置税减征手续。

四、在《机动车整车出厂合格证》或者《进口机动车车辆电子信息单》中标注挂车减税标识的企业和个人，应当保证车辆产品与合格证信息或者车辆电子信息相一致。对提供虚假信息等手段骗取减征车辆购置税的企业和个人，经查实后，依照相关法律法规规定予以处罚。

工业和信息化部 财政部 国家税务总局关于对《免征车辆购置税的新能源汽车车型目录》实施动态管理的公告

2018年3月30日 工业和信息化部 财政部
国家税务总局公告2018年第17号

为进一步加强《免征车辆购置税的新能源汽车车型目录》（以下简称《目录》）管理，建立健全动态管理机制，现将有关事项公告如下：

一、《目录》实施动态管理

（一）为加强《目录》动态管理，工业和信息化部、税务总局对2017年1月1日以前列入《目录》后截至本公告发布之日无产量或进口量的车型、2017年1月1日及以后列入《目录》后12个月内无产量或进口量的车型，经公示5个工作日无异议后，从《目录》中予以撤销。

（二）从《目录》撤销的车型，自公告发布之日起，机动车合格证信息管理系统将不再接收带有免税标识的撤销车型信息，税务机关不再为其办理免征车辆购置税优惠手续。

（三）已从《目录》撤销但需恢复资格的车型，企业要按政策要求重新申报，经审查通过后列入《目录》。

（四）购置新车时已享受购置税优惠的车辆，后续转让、交易时不再补缴车辆购置税。

（五）工业和信息化部将对《目录》内企业、车型加强事后监督检查，如发现存在违反相关标准法规的，工业和信息化部、税务总局将按照相关要求予以处理处罚。

二、其他事项

(一) 列入《目录》的车型,自公告发布之日起,企业上传机动车整车出厂合格证信息应进行标注免税标识。如未标注,机动车合格证信息管理系统将不予接收。

(二)《目录》组织申报、宣贯培训,及具体技术审查、监督检查工作,现委托工业和信息化部装备工业发展中心承担。

财政部 国家税务总局 工业和信息化部 科技部关于免征新能源汽车车辆购置税的公告

手机阅读

2017年12月26日 财政部 国家税务总局 工业和信息化部 科技部公告2017年第172号

为贯彻落实党的十九大精神,进一步支持新能源汽车创新发展,经国务院同意,现将免征新能源汽车车辆购置税有关事项公告如下:

一、自2018年1月1日至2020年12月31日,对购置的新能源汽车免征车辆购置税。

二、对免征车辆购置税的新能源汽车,通过发布《免征车辆购置税的新能源汽车车型目录》(以下简称《目录》) 实施管理。2017年12月31日之前已列入《目录》的新能源汽车,对其免征车辆购置税政策继续有效。

三、2018年1月1日起列入《目录》的新能源汽车须同时符合以下条件:

(一) 获得许可在中国境内销售的纯电动汽车、插电式(含增程式)混合动力汽车、燃料电池汽车。

(二) 符合新能源汽车产品技术要求(附件1)。

(三) 通过新能源汽车专项检测,达到新能源汽车产品专项检验标准(附件2)。

(四) 新能源汽车生产企业或进口新能源汽车经销商(以下简称企业)在产品质量保证、产品一致性、售后服务、安全监测、动力电池回收利用等方面符合相关要求(附件3)。

财政部、税务总局、工业和信息化部、科技部根据新能源汽车标准体系发展、技术进步和车型变化等情况,适时调整列入《目录》的新能源汽车条件。

四、企业应当向工业和信息化部提交《目录》申请报告(附件4),并对申报材料的真实性和产品质量负责。工业和信息化部会同税务总局组织技术专家进行审查,通过审查的车型列入《目录》,并由工业和信息化部、税务总局发布。

五、对列入《目录》的新能源汽车,企业上传机动车整车出厂合格证信息时,在"是否列入《免征车辆购置税的新能源汽车车型目录》"字段标注

"是"（即免税标识）。工业和信息化部对企业上传的机动车整车出厂合格证信息中的免税标识进行审核，并将通过审核的信息传送税务总局。税务机关依据工业和信息化部审核后的免税标识和机动车统一销售发票（或有效凭证）办理免税手续。

六、对产品与申报材料不符、产品性能指标未达到要求、提供其他虚假信息等手段骗取列入《目录》车型资格的企业，取消免征车辆购置税申请资格，并依照相关法律法规规定予以处理处罚。对已销售产品在使用中存在安全隐患、发生安全事故的，视事故性质、严重程度等依法采取停止生产、责令立即改正、暂停或者取消免征车辆购置税申请资格等处理处罚措施。

七、从事《目录》申请报告审查、审核，办理免税审核的工作人员履行职责时，存在滥用职权、玩忽职守、徇私舞弊等违法违纪行为的，按照《公务员法》《行政监察法》等国家有关规定追究相应责任；涉嫌犯罪的，移送司法机关处理。

附件：1. 新能源汽车产品技术要求（略）
2. 新能源汽车产品专项检验标准目录（略）
3. 新能源汽车企业要求（略）
4.《免征车辆购置税的新能源汽车车型目录》申请报告（略）

财政部　税务总局关于继续执行的车辆购置税优惠政策的公告

2019 年 6 月 28 日　财政部　税务总局公告 2019 年第 75 号

为贯彻落实《中华人民共和国车辆购置税法》，现将继续执行的车辆购置税优惠政策公告如下：

1. 回国服务的在外留学人员用现汇购买 1 辆个人自用国产小汽车和长期来华定居专家进口 1 辆自用小汽车免征车辆购置税。防汛部门和森林消防部门用于指挥、检查、调度、报汛（警）、联络的由指定厂家生产的设有固定装置的指定型号的车辆免征车辆购置税。具体操作按照《财政部　国家税务总局关于防汛专用等车辆免征车辆购置税的通知》（财税〔2001〕39 号）有关规定执行。

2. 自 2018 年 1 月 1 日至 2020 年 12 月 31 日，对购置新能源汽车免征车辆购置税。具体操作按照《财政部　税务总局　工业和信息化部　科技部关于免征新能源汽车车辆购置税的公告》（财政部　税务总局　工业和信息化部　科技部公告 2017 年第 172 号）有关规定执行。

3. 自 2018 年 7 月 1 日至 2021 年 6 月 30 日，对购置挂车减半征收车辆购置税。具体操作按照《财政部　税务总局　工业和信息化部关于对挂车减征车辆购置税的公告》（财政部　税务总局　工业和信息化部公告 2018 年第 69 号）有关规定执行。

4. 中国妇女发展基金会"母亲健康快车"项目的流动医疗车免征车辆购

置税。

5. 北京2022年冬奥会和冬残奥会组织委员会新购置车辆免征车辆购置税。
6. 原公安现役部队和原武警黄金、森林、水电部队改制后换发地方机动车牌证的车辆（公安消防、武警森林部队执行灭火救援任务的车辆除外），一次性免征车辆购置税。

本公告自2019年7月1日起施行。

财政部　税务总局关于车辆购置税有关具体政策的公告

手机阅读

2019年5月23日　财政部　税务总局公告2019年第71号

为贯彻落实《中华人民共和国车辆购置税法》，现就车辆购置税有关具体政策公告如下：

一、地铁、轻轨等城市轨道交通车辆，装载机、平地机、挖掘机、推土机等轮式专用机械车，以及起重机（吊车）、叉车、电动摩托车，不属于应税车辆。

二、纳税人购买自用应税车辆实际支付给销售者的全部价款，依据纳税人购买应税车辆时相关凭证载明的价格确定，不包括增值税税款。

三、纳税人进口自用应税车辆，是指纳税人直接从境外进口或者委托代理进口自用的应税车辆，不包括在境内购买的进口车辆。

四、纳税人自产自用应税车辆的计税价格，按照同类应税车辆（即车辆配置序列号相同的车辆）的销售价格确定，不包括增值税税款；没有同类应税车辆销售价格的，按照组成计税价格确定。组成计税价格计算公式如下：

组成计税价格 ＝ 成本 × (1 ＋ 成本利润率)

属于应征消费税的应税车辆，其组成计税价格中应加计消费税税额。

上述公式中的成本利润率，由国家税务总局各省、自治区、直辖市和计划单列市税务局确定。

五、城市公交企业购置的公共汽电车辆免征车辆购置税中的城市公交企业，是指由县级以上（含县级）人民政府交通运输主管部门认定的，依法取得城市公交经营资格，为公众提供公交出行服务，并纳入《城市公共交通管理部门与城市公交企业名录》的企业；公共汽电车辆是指按规定的线路、站点票价营运，用于公共交通服务，为运输乘客设计和制造的车辆，包括公共汽车、无轨电车和有轨电车。

六、车辆购置税的纳税义务发生时间以纳税人购置应税车辆所取得的车辆相关凭证上注明的时间为准。

七、已经办理免税、减税手续的车辆因转让、改变用途等原因不再属于免税、减税范围的，纳税人、纳税义务发生时间、应纳税额按以下规定执行：

（一）发生转让行为的，受让人为车辆购置税纳税人；未发生转让行为的，车辆所有人为车辆购置税纳税人。

（二）纳税义务发生时间为车辆转让或者用途改变等情形发生之日。

（三）应纳税额计算公式如下：

应纳税额 = 初次办理纳税申报时确定的计税价格 × (1 − 使用年限 × 10%) × 10% − 已纳税额

应纳税额不得为负数。

使用年限的计算方法是，自纳税人初次办理纳税申报之日起，至不再属于免税、减税范围的情形发生之日止。使用年限取整计算，不满一年的不计算在内。

八、已征车辆购置税的车辆退回车辆生产或销售企业，纳税人申请退还车辆购置税的，应退税额计算公式如下：

应退税额 = 已纳税额 × (1 − 使用年限 × 10%)

应退税额不得为负数。

使用年限的计算方法是，自纳税人缴纳税款之日起，至申请退税之日止。

九、本公告自 2019 年 7 月 1 日起施行。

国家税务总局　交通运输部关于城市公交企业购置公共汽电车辆免征车辆购置税有关事项的公告

手机阅读

2019 年 6 月 6 日　国家税务总局
交通运输部公告 2019 年第 22 号

根据《中华人民共和国车辆购置税法》《财政部　税务总局关于车辆购置税有关具体政策的公告》（财政部　税务总局公告 2019 年第 71 号）的相关规定，现就城市公交企业购置的公共汽电车辆免征车辆购置税有关事项公告如下：

一、国家税务总局各省、自治区、直辖市和计划单列市税务局（以下简称"省税务局"）与本地区交通运输主管部门应当相互配合，共同做好城市公交企业购置公共汽电车辆免征车辆购置税工作。

二、《城市公共交通管理部门与城市公交企业名录》（以下简称《名录》，见附件 1）是税务机关确定申报企业是否为城市公交企业的依据，各省、自治区、直辖市交通运输厅（委）（以下简称省交通厅）负责组织编制本地区《名录》。

三、各县级以上（含县级）人民政府交通运输主管部门认定城市公交企业并逐级报送《名录》信息。省交通厅定期汇总、公示本地区城市公交企业新增、退出、变更等信息，并及时将调整后的《名录》函送省税务局。《名录》的函送时间和方式由省税务局和省交通厅共同商定。

省税务局应当及时将《名录》下发至所属各级税务机关。

四、城市公交企业所在地县级以上（含县级）交通运输主管部门按照财政部、税务总局2019年第71号公告的有关规定，依据公共汽电车辆购置计划和采购合同等资料，为城市公交企业购置的符合《公共汽车类型划分及等级评定》标准的公共汽车、无轨电车和有轨电车出具《公共汽电车辆认定表》（见附件2）。

五、税务机关依据《公共汽电车辆认定表》以及办理车辆购置税纳税申报需要提供的其他资料，为已经列入《名录》的城市公交企业购置的公共汽电车辆，办理车辆购置免税手续。

六、城市公交企业为新购置的公共汽电车辆办理免税手续后，因车辆转让、改变用途等导致免税条件消失的，纳税人应当到税务机关重新办理申报纳税手续。未按规定办理的，依照相关规定处理。

七、本公告自2019年7月1日起施行。为做好本公告实施工作，省交通厅应当按照本公告《名录》格式重新汇总编制《名录》，并于2019年7月1日之前函送省税务局。

《国家税务总局　交通运输部关于城市公交企业购置公共汽电车辆免征车辆购置税有关问题的通知》（税总发〔2016〕157号），自2019年7月1日起停止执行。

特此公告。

附件：1. 城市公共交通管理部门与城市公交企业名录（略）
　　　2. 公共汽电车辆认定表（略）

财政部　国家税务总局关于农用三轮车免征车辆购置税的通知

手机阅读

2004年9月7日　财税〔2004〕66号

各省、自治区、直辖市、计划单列市财政厅（局）、国家税务局、交通厅（局、委），新疆生产建设兵团财务局，上海、天津市市政管理局：

为促进农业生产发展，切实减轻农民负担，经国务院批准，自2004年10月1日起对农用三轮车免征车辆购置税。农用三轮车是指：柴油发动机，功率不大于7.4kw，载重量不大于500kg，最高车速不大于40km/h的三个车轮的机动车。

请遵照执行。

财政部 国家税务总局关于防汛专用等车辆免征车辆购置税的通知

2001年3月16日 财税〔2001〕39号

各省、自治区、直辖市、计划单列市财政厅（局）、国家税务局、交通厅（局、委），天津、上海市市政管理局：

经国务院批准，对下列车辆免征车辆购置税：

一、防汛部门和森林消防部门用于指挥、检查、调度、报汛（警）、联络的由指定厂家生产的设有固定装置的指定型号的车辆（以下简称防汛专用车和森林消防专用车）；

二、回国服务的在外留学人员用现汇购买1辆个人自用国产小汽车；

三、长期来华定居专家进口1辆自用小汽车。

防汛专用车和森林消防专用车的型号和配置数量、流向，每年由财政部和国家税务总局共同下达。车辆注册登记地车辆购置税征收部门据此办理免征车辆购置税手续。

本通知自发文之日起执行。

进出口税收

中华人民共和国进出口关税条例①

手机阅读

(2003年11月23日中华人民共和国国务院令第392号公布 根据2011年1月8日《国务院关于废止和修改部分行政法规的决定》第一次修订 根据2013年12月7日《国务院关于修改部分行政法规的决定》第二次修订 根据2016年2月6日《国务院关于修改部分行政法规的决定》第三次修订 根据2017年3月1日《国务院关于修改和废止部分行政法规的决定》第四次修订)

第一章 总 则

第一条 为了贯彻对外开放政策,促进对外经济贸易和国民经济的发展,根据《中华人民共和国海关法》(以下简称《海关法》)的有关规定,制定本条例。

第二条 中华人民共和国准许进出口的货物、进境物品,除法律、行政法规另有规定外,海关依照本条例规定征收进出口关税。

第三条 国务院制定《中华人民共和国进出口税则》(以下简称《税则》)、《中华人民共和国进境物品进口税税率表》(以下简称《进境物品进口税税率表》),规定关税的税目、税则号列和税率,作为本条例的组成部分。

第四条 国务院设立关税税则委员会,负责《税则》和《进境物品进口税税率表》的税目、税则号列和税率的调整和解释,报国务院批准后执行;决定实行暂定税率的货物、税率和期限;决定关税配额税率;决定征收反倾销税、反补贴税、保障措施关税、报复性关税以及决定实施其他关税措施;决定特殊情况下税率的适用,以及履行国务院规定的其他职责。

第五条 进口货物的收货人、出口货物的发货人、进境物品的所有人,是

---

① 根据《国务院关于在中国(海南)自由贸易试验区暂时调整实施有关行政法规规定的通知》(国函〔2020〕88号),至2024年12月31日,在中国(海南)自由贸易试验区暂时调整实施本条例第四十二条的有关规定,对中国(海南)自由贸易试验区内自驾游进境游艇实行免担保政策。

关税的纳税义务人。

第六条 海关及其工作人员应当依照法定职权和法定程序履行关税征管职责，维护国家利益，保护纳税人合法权益，依法接受监督。

第七条 纳税义务人有权要求海关对其商业秘密予以保密，海关应当依法为纳税义务人保密。

第八条 海关对检举或者协助查获违反本条例行为的单位和个人，应当按照规定给予奖励，并负责保密。

第二章 进出口货物关税税率的设置和适用

第九条 进口关税设置最惠国税率、协定税率、特惠税率、普通税率、关税配额税率等税率。对进口货物在一定期限内可以实行暂定税率。

出口关税设置出口税率。对出口货物在一定期限内可以实行暂定税率。

第十条 原产于共同适用最惠国待遇条款的世界贸易组织成员的进口货物，原产于与中华人民共和国签订含有相互给予最惠国待遇条款的双边贸易协定的国家或者地区的进口货物，以及原产于中华人民共和国境内的进口货物，适用最惠国税率。

原产于与中华人民共和国签订含有关税优惠条款的区域性贸易协定的国家或者地区的进口货物，适用协定税率。

原产于与中华人民共和国签订含有特殊关税优惠条款的贸易协定的国家或者地区的进口货物，适用特惠税率。

原产于本条第一款、第二款和第三款所列以外国家或者地区的进口货物，以及原产地不明的进口货物，适用普通税率。

第十一条 适用最惠国税率的进口货物有暂定税率的，应当适用暂定税率；适用协定税率、特惠税率的进口货物有暂定税率的，应当从低适用税率；适用普通税率的进口货物，不适用暂定税率。

适用出口税率的出口货物有暂定税率的，应当适用暂定税率。

第十二条 按照国家规定实行关税配额管理的进口货物，关税配额内的，适用关税配额税率；关税配额外的，其税率的适用按照本条例第十条、第十一条的规定执行。

第十三条 按照有关法律、行政法规的规定对进口货物采取反倾销、反补贴、保障措施的，其税率的适用按照《中华人民共和国反倾销条例》、《中华人民共和国反补贴条例》和《中华人民共和国保障措施条例》的有关规定执行。

第十四条 任何国家或者地区违反与中华人民共和国签订或者共同参加的贸易协定及相关协定，对中华人民共和国在贸易方面采取禁止、限制、加征关税或者其他影响正常贸易的措施的，对原产于该国家或者地区的进口货物可以征收报复性关税，适用报复性关税税率。

征收报复性关税的货物、适用国别、税率、期限和征收办法，由国务院关税税则委员会决定并公布。

第十五条 进出口货物，应当适用海关接受该货物申报进口或者出口之日实施的税率。

进口货物到达前，经海关核准先行申报的，应当适用装载该货物的运输工具申报进境之日实施的税率。

转关运输货物税率的适用日期，由海关总署另行规定。

第十六条 有下列情形之一，需缴纳税款的，应当适用海关接受申报办理纳税手续之日实施的税率：

（一）保税货物经批准不复运出境的；

（二）减免税货物经批准转让或者移作他用的；

（三）暂时进境货物经批准不复运出境，以及暂时出境货物经批准不复运进境的；

（四）租赁进口货物，分期缴纳税款的。

第十七条 补征和退还进出口货物关税，应当按照本条例第十五条或者第十六条的规定确定适用的税率。

因纳税义务人违反规定需要追征税款的，应当适用该行为发生之日实施的税率；行为发生之日不能确定的，适用海关发现该行为之日实施的税率。

第三章 进出口货物完税价格的确定

第十八条 进口货物的完税价格由海关以符合本条第三款所列条件的成交价格以及该货物运抵中华人民共和国境内输入地点起卸前的运输及其相关费用、保险费为基础审查确定。

进口货物的成交价格，是指卖方向中华人民共和国境内销售该货物时买方为进口该货物向卖方实付、应付的，并按照本条例第十九条、第二十条规定调整后的价款总额，包括直接支付的价款和间接支付的价款。

进口货物的成交价格应当符合下列条件：

（一）对买方处置或者使用该货物不予限制，但法律、行政法规规定实施的限制、对货物转售地域的限制和对货物价格无实质性影响的限制除外；

（二）该货物的成交价格没有因搭售或者其他因素的影响而无法确定；

（三）卖方不得从买方直接或者间接获得因该货物进口后转售、处置或者使用而产生的任何收益，或者虽有收益但能够按照本条例第十九条、第二十条的规定进行调整；

（四）买卖双方没有特殊关系，或者虽有特殊关系但未对成交价格产生影响。

第十九条 进口货物的下列费用应当计入完税价格：

（一）由买方负担的购货佣金以外的佣金和经纪费；

（二）由买方负担的在审查确定完税价格时与该货物视为一体的容器的费用；

（三）由买方负担的包装材料费用和包装劳务费用；

（四）与该货物的生产和向中华人民共和国境内销售有关的，由买方以免费或者以低于成本的方式提供并可以按适当比例分摊的料件、工具、模具、消耗材料及类似货物的价款，以及在境外开发、设计等相关服务的费用；

（五）作为该货物向中华人民共和国境内销售的条件，买方必须支付的、与该货物有关的特许权使用费；

（六）卖方直接或者间接从买方获得的该货物进口后转售、处置或者使用的收益。

第二十条 进口时在货物的价款中列明的下列税收、费用，不计入该货物的完税价格：

（一）厂房、机械、设备等货物进口后进行建设、安装、装配、维修和技术服务的费用；

（二）进口货物运抵境内输入地点起卸后的运输及其相关费用、保险费；

（三）进口关税及国内税收。

第二十一条 进口货物的成交价格不符合本条例第十八条第三款规定条件的，或者成交价格不能确定的，海关经了解有关情况，并与纳税义务人进行价格磋商后，依次以下列价格估定该货物的完税价格：

（一）与该货物同时或者大约同时向中华人民共和国境内销售的相同货物的成交价格。

（二）与该货物同时或者大约同时向中华人民共和国境内销售的类似货物的成交价格。

（三）与该货物进口的同时或者大约同时，将该进口货物、相同或者类似进口货物在第一级销售环节销售给无特殊关系买方最大销售总量的单位价格，但应当扣除本条例第二十二条规定的项目。

（四）按照下列各项总和计算的价格：生产该货物所使用的料件成本和加工费用，向中华人民共和国境内销售同等级或者同种类货物通常的利润和一般费用，该货物运抵境内输入地点起卸前的运输及其相关费用、保险费。

（五）以合理方法估定的价格。

纳税义务人向海关提供有关资料后，可以提出申请，颠倒前款第（三）项和第（四）项的适用次序。

第二十二条 按照本条例第二十一条第一款第（三）项规定估定完税价格，应当扣除的项目是指：

（一）同等级或者同种类货物在中华人民共和国境内第一级销售环节销售时通常的利润和一般费用以及通常支付的佣金；

（二）进口货物运抵境内输入地点起卸后的运输及其相关费用、保险费；

（三）进口关税及国内税收。

第二十三条 以租赁方式进口的货物，以海关审查确定的该货物的租金作为完税价格。

纳税义务人要求一次性缴纳税款的，纳税义务人可以选择按照本条例第二十一条的规定估定完税价格，或者按照海关审查确定的租金总额作为完税价格。

第二十四条 运往境外加工的货物，出境时已向海关报明并在海关规定的期限内复运进境的，应当以境外加工费和料件费以及复运进境的运输及其相关费用和保险费审查确定完税价格。

第二十五条 运往境外修理的机械器具、运输工具或者其他货物，出境时已向海关报明并在海关规定的期限内复运进境的，应当以境外修理费和料件费审查确定完税价格。

第二十六条 出口货物的完税价格由海关以该货物的成交价格以及该货物运至中华人民共和国境内输出地点装载前的运输及其相关费用、保险费为基础审查确定。

出口货物的成交价格,是指该货物出口时卖方为出口该货物应当向买方直接收取和间接收取的价款总额。

出口关税不计入完税价格。

第二十七条 出口货物的成交价格不能确定的,海关经了解有关情况,并与纳税义务人进行价格磋商后,依次以下列价格估定该货物的完税价格:

(一)与该货物同时或者大约同时向同一国家或者地区出口的相同货物的成交价格。

(二)与该货物同时或者大约同时向同一国家或者地区出口的类似货物的成交价格。

(三)按照下列各项总和计算的价格:境内生产相同或者类似货物的料件成本、加工费用,通常的利润和一般费用,境内发生的运输及其相关费用、保险费。

(四)以合理方法估定的价格。

第二十八条 按照本条例规定计入或者不计入完税价格的成本、费用、税收,应当以客观、可量化的数据为依据。

第四章 进出口货物关税的征收

第二十九条 进口货物的纳税义务人应当自运输工具申报进境之日起 14 日内,出口货物的纳税义务人除海关特准的外,应当在货物运抵海关监管区后、装货的 24 小时以前,向货物的进出境地海关申报。进出口货物转关运输的,按照海关总署的规定执行。

进口货物到达前,纳税义务人经海关核准可以先行申报。具体办法由海关总署另行规定。

第三十条 纳税义务人应当依法如实向海关申报,并按照海关的规定提供有关确定完税价格、进行商品归类、确定原产地以及采取反倾销、反补贴或者保障措施等所需的资料;必要时,海关可以要求纳税义务人补充申报。

第三十一条 纳税义务人应当按照《税则》规定的目录条文和归类总规则、类注、章注、子目注释以及其他归类注释,对其申报的进出口货物进行商品归类,并归入相应的税则号列;海关应当依法审核确定该货物的商品归类。

第三十二条 海关可以要求纳税义务人提供确定商品归类所需的有关资料;必要时,海关可以组织化验、检验,并将海关认定的化验、检验结果作为商品归类的依据。

第三十三条 海关为审查申报价格的真实性和准确性,可以查阅、复制与进出口货物有关的合同、发票、账册、结付汇凭证、单据、业务函电、录音录像制品和其他反映买卖双方关系及交易活动的资料。

海关对纳税义务人申报的价格有怀疑并且所涉关税数额较大的,经直属海关关长或者其授权的隶属海关关长批准,凭海关总署统一格式的协助查询账户通知书及有关工作人员的工作证件,可以查询纳税义务人在银行或者其他金融机构开立的单位账户的资金往来情况,并向银行业监督管理机构通报有关情况。

第三十四条　海关对纳税义务人申报的价格有怀疑的,应当将怀疑的理由书面告知纳税义务人,要求其在规定的期限内书面作出说明、提供有关资料。

纳税义务人在规定的期限内未作说明、未提供有关资料的,或者海关仍有理由怀疑申报价格的真实性和准确性的,海关可以不接受纳税义务人申报的价格,并按照本条例第三章的规定估定完税价格。

第三十五条　海关审查确定进出口货物的完税价格后,纳税义务人可以以书面形式要求海关就如何确定其进出口货物的完税价格作出书面说明,海关应当向纳税义务人作出书面说明。

第三十六条　进出口货物关税,以从价计征、从量计征或者国家规定的其他方式征收。

从价计征的计算公式为:应纳税额 = 完税价格 × 关税税率

从量计征的计算公式为:应纳税额 = 货物数量 × 单位税额

第三十七条　纳税义务人应当自海关填发税款缴款书之日起 15 日内向指定银行缴纳税款。纳税义务人未按期缴纳税款的,从滞纳税款之日起,按日加收滞纳税款万分之五的滞纳金。

海关可以对纳税义务人欠缴税款的情况予以公告。

海关征收关税、滞纳金等,应当制发缴款凭证,缴款凭证格式由海关总署规定。

第三十八条　海关征收关税、滞纳金等,应当按人民币计征。

进出口货物的成交价格以及有关费用以外币计价的,以中国人民银行公布的基准汇率折合为人民币计算完税价格;以基准汇率币种以外的外币计价的,按照国家有关规定套算为人民币计算完税价格。适用汇率的日期由海关总署规定。

第三十九条　纳税义务人因不可抗力或者在国家税收政策调整的情形下,不能按期缴纳税款的,经依法提供税款担保后,可以延期缴纳税款,但是最长不得超过 6 个月。

第四十条　进出口货物的纳税义务人在规定的纳税期限内有明显的转移、藏匿其应税货物以及其他财产迹象的,海关可以责令纳税义务人提供担保;纳税义务人不能提供担保的,海关可以按照《海关法》第六十一条的规定采取税收保全措施。

纳税义务人、担保人自缴纳税款期限届满之日起超过 3 个月仍未缴纳税款的,海关可以按照《海关法》第六十条的规定采取强制措施。

第四十一条　加工贸易的进口料件按照国家规定保税进口的,其制成品或者进口料件未在规定的期限内出口的,海关按照规定征收进口关税。

加工贸易的进口料件进境时按照国家规定征收进口关税的,其制成品或者进口料件在规定的期限内出口的,海关按照有关规定退还进境时已征收的关税税款。

第四十二条　暂时进境或者暂时出境的下列货物,在进境或者出境时纳税义务人向海关缴纳相当于应纳税款的保证金或者提供其他担保的,可以暂不缴纳关税，并应当自进境或者出境之日起6个月内复运出境或者复运进境；需要延长复运出境或者复运进境期限的，纳税义务人应当根据海关总署的规定向海关办理延期手续：

（一）在展览会、交易会、会议及类似活动中展示或者使用的货物；
（二）文化、体育交流活动中使用的表演、比赛用品；
（三）进行新闻报道或者摄制电影、电视节目使用的仪器、设备及用品；
（四）开展科研、教学、医疗活动使用的仪器、设备及用品；
（五）在本款第（一）项至第（四）项所列活动中使用的交通工具及特种车辆；
（六）货样；
（七）供安装、调试、检测设备时使用的仪器、工具；
（八）盛装货物的容器；
（九）其他用于非商业目的的货物。

第一款所列暂时进境货物在规定的期限内未复运出境的，或者暂时出境货物在规定的期限内未复运进境的，海关应当依法征收关税。

第一款所列可以暂时免征关税范围以外的其他暂时进境货物，应当按照该货物的完税价格和其在境内滞留时间与折旧时间的比例计算征收进口关税。具体办法由海关总署规定。

第四十三条 因品质或者规格原因，出口货物自出口之日起1年内原状复运进境的，不征收进口关税。

因品质或者规格原因，进口货物自进口之日起1年内原状复运出境的，不征收出口关税。

第四十四条 因残损、短少、品质不良或者规格不符原因，由进出口货物的发货人、承运人或者保险公司免费补偿或者更换的相同货物，进出口时不征收关税。被免费更换的原进口货物不退运出境或者原出口货物不退运进境的，海关应当对原进出口货物重新按照规定征收关税。

第四十五条 下列进出口货物，免征关税：
（一）关税税额在人民币50元以下的一票货物；
（二）无商业价值的广告品和货样；
（三）外国政府、国际组织无偿赠送的物资；
（四）在海关放行前损失的货物；
（五）进出境运输工具装载的途中必需的燃料、物料和饮食用品。

在海关放行前遭受损坏的货物，可以根据海关认定的受损程度减征关税。

法律规定的其他免征或者减征关税的货物，海关根据规定予以免征或者减征。

第四十六条 特定地区、特定企业或者有特定用途的进出口货物减征或者免征关税，以及临时减征或者免征关税，按照国务院的有关规定执行。

第四十七条 进口货物减征或者免征进口环节海关代征税，按照有关法律、行政法规的规定执行。

第四十八条 纳税义务人进出口减免税货物的，除另有规定外，应当在进出口该货物之前，按照规定持有关文件向海关办理减免税审批手续。经海关审查符合规定的,予以减征或者免征关税。

第四十九条 需由海关监管使用的减免税进口货物,在监管年限内转让或者移作他用需要补税的,海关应当根据该货物进口时间折旧估价,补征进口关税。

特定减免税进口货物的监管年限由海关总署规定。

第五十条 有下列情形之一的,纳税义务人自缴纳税款之日起1年内,可以申请退还关税,并应当以书面形式向海关说明理由,提供原缴款凭证及相关资料:

(一)已征进口关税的货物,因品质或者规格原因,原状退货复运出境的;

(二)已征出口关税的货物,因品质或者规格原因,原状退货复运进境,并已重新缴纳因出口而退还的国内环节有关税收的;

(三)已征出口关税的货物,因故未装运出口,申报退关的。

海关应当自受理退税申请之日起30日内查实并通知纳税义务人办理退还手续。纳税义务人应当自收到通知之日起3个月内办理有关退税手续。

按照其他有关法律、行政法规规定应当退还关税的,海关应当按照有关法律、行政法规的规定退税。

第五十一条 进出口货物放行后,海关发现少征或者漏征税款的,应当自缴纳税款或者货物放行之日起1年内,向纳税义务人补征税款。但因纳税义务人违反规定造成少征或者漏征税款的,海关可以自缴纳税款或者货物放行之日起3年内追征税款,并从缴纳税款或者货物放行之日起按日加收少征或者漏征税款万分之五的滞纳金。

海关发现海关监管货物因纳税义务人违反规定造成少征或者漏征税款的,应当自纳税义务人应缴纳税款之日起3年内追征税款,并从应缴纳税款之日起按日加收少征或者漏征税款万分之五的滞纳金。

第五十二条 海关发现多征税款的,应当立即通知纳税义务人办理退还手续。

纳税义务人发现多缴税款的,自缴纳税款之日起1年内,可以以书面形式要求海关退还多缴的税款并加算银行同期活期存款利息;海关应当自受理退税申请之日起30日内查实并通知纳税义务人办理退还手续。

纳税义务人应当自收到通知之日起3个月内办理有关退税手续。

第五十三条 按照本条例第五十条、第五十二条的规定退还税款、利息涉及从国库中退库的,按照法律、行政法规有关国库管理的规定执行。

第五十四条 报关企业接受纳税义务人的委托,以纳税义务人的名义办理报关纳税手续,因报关企业违反规定而造成海关少征、漏征税款的,报关企业对少征或者漏征的税款、滞纳金与纳税义务人承担纳税的连带责任。

报关企业接受纳税义务人的委托,以报关企业的名义办理报关纳税手续的,报关企业与纳税义务人承担纳税的连带责任。

除不可抗力外,在保管海关监管货物期间,海关监管货物损毁或者灭失的,对海关监管货物负有保管义务的人应当承担相应的纳税责任。

第五十五条 欠税的纳税义务人,有合并、分立情形的,在合并、分立前,应当向海关报告,依法缴清税款。纳税义务人合并时未缴清税款的,由合并后的法人或者其他组织继续履行未履行的纳税义务；纳税义务人分立时未缴清税款的，分立后的法人或者其他组织对未履行的纳税义务承担连带责任。

纳税义务人在减免税货物、保税货物监管期间，有合并、分立或者其他资产重组情形的，应当向海关报告。按照规定需要缴税的，应当依法缴清税款；按照规定可以继续享受减免税、保税待遇的，应当到海关办理变更纳税义务人的手续。

纳税义务人欠税或者在减免税货物、保税货物监管期间，有撤销、解散、破产或者其他依法终止经营情形的，应当在清算前向海关报告。海关应当依法对纳税义务人的应缴税款予以清缴。

第五章　进境物品进口税的征收

第五十六条　进境物品的关税以及进口环节海关代征税合并为进口税，由海关依法征收。

第五十七条　海关总署规定数额以内的个人自用进境物品，免征进口税。

超过海关总署规定数额但仍在合理数量以内的个人自用进境物品，由进境物品的纳税义务人在进境物品放行前按照规定缴纳进口税。

超过合理、自用数量的进境物品应当按照进口货物依法办理相关手续。

国务院关税税则委员会规定按货物征税的进境物品，按照本条例第二章至第四章的规定征收关税。

第五十八条　进境物品的纳税义务人是指，携带物品进境的入境人员、进境邮递物品的收件人以及以其他方式进口物品的收件人。

第五十九条　进境物品的纳税义务人可以自行办理纳税手续，也可以委托他人办理纳税手续。接受委托的人应当遵守本章对纳税义务人的各项规定。

第六十条　进口税从价计征。

进口税的计算公式为：进口税税额＝完税价格×进口税税率

第六十一条　海关应当按照《进境物品进口税税率表》及海关总署制定的《中华人民共和国进境物品归类表》、《中华人民共和国进境物品完税价格表》对进境物品进行归类、确定完税价格和确定适用税率。

第六十二条　进境物品，适用海关填发税款缴款书之日实施的税率和完税价格。

第六十三条　进口税的减征、免征、补征、追征、退还以及对暂准进境物品征收进口税参照本条例对货物征收进口关税的有关规定执行。

第六章　附　　则

第六十四条　纳税义务人、担保人对海关确定纳税义务人、确定完税价格、商品归类、确定原产地、适用税率或者汇率、减征或者免征税款、补征、退税、征收滞纳金、确定计征方式以及确定纳税地点有异议的，应当缴纳税款，并可以依法向上一级海关申请复议。对复议决定不服的，可以依法向人民法院提起诉讼。

第六十五条　进口环节海关代征税的征收管理，适用关税征收管理的规定。

第六十六条 有违反本条例规定行为的,按照《海关法》、《中华人民共和国海关行政处罚实施条例》和其他有关法律、行政法规的规定处罚。

第六十七条 本条例自2004年1月1日起施行。1992年3月18日国务院修订发布的《中华人民共和国进出口关税条例》同时废止。

中华人民共和国海关对出口加工区监管的暂行办法

手机阅读

(2000年4月27日国务院批准 2000年5月24日海关总署令第81号公布 2002年6月21日国务院批准第一次修订 根据2003年9月2日《国务院关于修改〈中华人民共和国海关对出口加工区监管的暂行办法〉的决定》第二次修订 根据2011年1月8日《国务院关于废止和修改部分行政法规的决定》第三次修订)

第一章 总 则

第一条 为加强与完善加工贸易管理,规范海关对出口加工区的监管,促进出口加工区的健康发展,鼓励扩大外贸出口,根据《中华人民共和国海关法》和国家有关法律、法规,制定本办法。

第二条 为防止重复建设,在中华人民共和国境内设立出口加工区(以下简称加工区),只能设在已经国务院批准的现有经济技术开发区内,并由省(自治区、直辖市)人民政府报国务院批准。

第三条 加工区是海关监管的特定区域。海关在加工区内设立机构,并依照本办法,对进、出区的货物及区内相关场所实行24小时监管。

第四条 加工区与中华人民共和国境内的其他地区(以下简称区外)之间,须设置符合海关监管要求的隔离设施及闭路电视监控系统。经海关总署对加工区的隔离设施验收合格后,方可开展加工区有关业务。

第五条 区内设置加工区管理委员会和出口加工企业、专为出口加工企业生产提供服务的仓储企业以及经海关核准专门从事加工区内货物进、出的运输企业。

除安全保卫人员和企业值班人员外,其他人员不得在加工区内居住。不得建立营业性的生活消费设施。

第六条 区内不得经营商业零售、一般贸易、转口贸易及其他与加工区无关的业务。

第七条 在加工区内设立的企业(以下简称区内企业),应向海关办理注册手续。

第八条 区内企业应当依据《中华人民共和国会计法》及国家有关法律、

法规的规定,设置符合海关监管要求的账簿、报表。凭合法、有效凭证记账并进行核算,记录本企业有关进、出加工区货物和物品的库存、转让、转移、销售、加工、使用和损耗等情况。

第九条 加工区实行计算机联网管理和海关稽查制度。

区内企业应建立符合海关监管要求的电子计算机管理数据库,并与海关实行电子计算机联网,进行电子数据交换。

第十条 区内企业开展加工贸易业务不实行加工贸易银行保证金台账制度,海关不实行《加工贸易登记手册》管理。

第十一条 海关对进、出加工区的货物、物品、运输工具、人员及区内有关场所,有权依照《中华人民共和国海关法》的规定进行检查、查验。

第十二条 国家对区内加工产品不征收增值税。

第十三条 国家禁止进、出口的货物、物品,不得进、出加工区。

第二章 对加工区与境外之间进出货物的监管

第十四条 加工区与境外之间进、出的货物,由货主或其代理人根据加工区管理委员会的批件,填写进、出境货物备案清单,向主管海关备案。备案清单由海关总署统一制发。

第十五条 海关对加工区与境外之间进、出的货物,按照直通式或转关运输的办法进行监管。

第十六条 加工区与境外之间进、出的货物,除实行出口被动配额管理的外,不实行进出口配额、许可证件管理。

第十七条 从境外进入加工区的货物,其进口关税和进口环节税,除法律、法规另有规定外,按照下列规定办理:

(一)区内生产性的基础设施建设项目所需的机器、设备和建设生产厂房、仓储设施所需的基建物资,予以免税;

(二)区内企业生产所需的机器、设备、模具及其维修用零配件,予以免税;

(三)区内企业为加工出口产品所需的原材料、零部件、元器件、包装物料及消耗性材料,予以保税;

(四)区内企业和行政管理机构自用合理数量的办公用品,予以免税;

(五)区内企业和行政管理机构自用的交通运输工具、生活消费用品,按进口货物的有关规定办理报关手续,海关予以照章征税。

第十八条 除法律、法规另有规定外,区内企业加工的制成品及其在加工生产过程中产生的边角料、余料、残次品、废品等销往境外的,免征出口关税。

第三章 对加工区与区外之间进出货物的监管

第十九条 对加工区运往区外的货物,海关按照对进口货物的有关规定办理报关手续,并按照制成品征税。如属许可证件管理商品,还应向海关出具有效的进口许可证件。

第二十条 区内企业的加工产品和在加工生产过程中产生的边角料、残次品、废品等应复运出境。因特殊情况需要运往区外时,由企业申请,经主管海关核准后,按内销时的状态确定归类并征税。如属进口许可证件管理商品,免领进口许可证件。如属《限制进口类可用作原料的废物目录》所列商品,应按现行规定向环保部门申领进口许可证件。对无商业价值的边角料和废品,需运往区外销毁的,应凭加工区管理委员会和环保部门的批件,向主管海关办理出区手续,海关予以免进口许可证件、免税。

第二十一条 区内企业在确有需要时,可将有关模具、半成品等运往区外进行加工。经加工区主管海关关长批准,由接受委托的区外企业向加工区主管海关缴纳货物应征关税和进口环节增值税等值保证金或保函后办理出区手续。

委托区外企业加工的期限由加工区主管海关参照合同期限核定。货物加工完毕后应按期运回区内。区内企业凭出区时填写的委托区外加工申请书及有关单证,向加工区主管海关办理验放核销手续。加工区主管海关在办理验放核销手续后,应及时退还保证金或保函。

第二十二条 区内企业销往区外的机器、设备、模具等,按照国家现行进口政策及有关规定办理。

第二十三条 区内企业经主管海关批准,可在区外进行产品的测试、检验和展示活动。测试、检验和展示的产品,应比照海关对暂时进口货物的管理规定办理出区手续。

第二十四条 区内使用的机器、设备、模具和办公用品等,须运往区外进行维修、测试或检验时,区内企业或管理机构应填写《出口加工区货物运往区外维修查验联系单》,向主管海关提出申请,并经主管海关核准、登记、查验后,方可将机器、设备、模具和办公用品等运往区外维修、测试或检验。

区内企业将模具运往区外维修、测试或检验时,应留存模具所生产产品的样品,以备海关对运回区内的模具进行核查。

运往区外维修、测试或检验的机器、设备、模具和办公用品等,不得用于区外加工生产和使用。

第二十五条 运往区外维修、测试或检验的机器、设备、模具和办公用品等,应自运出之日起2个月内运回加工区。因特殊情况不能如期运回的,区内企业应于期限届满前7天内,向主管海关说明情况,并申请延期。申请延期以1次为限,延长期限不得超过1个月。

第二十六条 运往区外维修的机器、设备、模具和办公用品等,运回区内时,要以海关能辨认其为原物或同一规格的新零件、配件或附件为限,但更换新零件、配件或附件的,原零件、配件或附件应一并运回区内。

第二十七条 从区外进入加工区的货物视同出口,办理出口报关手续。其出口退税,除法律、法规另有规定外,按照以下规定办理:

(一)从区外进入加工区供区内企业使用的国产机器、设备、原材料、零部件、元器件、包装物料以及建造基础设施、加工企业和行政管理部门生产、办公用房所需合理数量的基建物资等,海关按照对出口货物的有关规定办理报关手续,并签发出口退税报关单。区外企业凭报关单出口退税联向税务部门申请办理出口退(免)税手续,具体退(免)税管理办法由国家税务总局另行下达。

（二）从区外进入加工区供区内企业和行政管理机构使用的生活消费用品、交通运输工具等，海关不予签发出口退税报关单。

（三）从区外进入加工区的进口机器、设备、原材料、零部件、元器件、包装物料、基建物资等，区外企业应当向海关提供上述货物或物品的清单，并办理出口报关手续，经海关查验后放行。上述货物或物品，已经缴纳的进口环节税，不予退还。

（四）因国内技术无法达到产品要求、须将国家禁止出口或统一经营商品运至加工区内进行某项工序加工的，应报经商务部批准，海关比照出料加工管理办法进行监管，其运入加工区的货物，不予签发出口退税报关单。

第二十八条　从区外进入加工区的货物、物品，应运入加工区内海关指定仓库或地点，区外企业填写出口报关单，并持境内购货发票、装箱单，向加工区的主管海关办理报关手续。

第二十九条　从区外进入加工区的货物，须经区内企业进行实质性加工后，方可运出境外。

第四章　对加工区内货物的监管

第三十条　区内企业进、出加工区的货物须向其主管海关如实申报，海关依据备案清单及有关单证，对区内企业进、出加工区的货物进行查验、放行和核销。

海关对进、出加工区货物的备案、报关、查验、放行、核销手续应在区内办理。

第三十一条　加工区内的货物可在区内企业之间转让、转移，双方当事人须事先将转让、转移货物的具体品名、数量、金额等有关事项向海关备案。

第三十二条　区内加工企业，不得将未经实质性加工的进口原材料、零部件销往区外。区内从事仓储服务的企业，不得将仓储的原材料、零部件提供给区外企业。

第三十三条　区内企业自开展出口加工业务或仓储业务之日起，每半年持本企业账册和有关单据，向其主管海关办理一次核销手续。

第三十四条　进入加工区的货物，在加工、储存期间，因不可抗力造成短少、损毁的，区内加工企业或仓储企业应自发现之日起10日内报告主管海关，并说明理由。经海关核实确认后，准其在账册内减除。

第五章　对加工区之间往来货物的监管

第三十五条　加工区之间货物的往来，应由收、发货物双方联名向转出区主管海关提出申请。经海关核准后，按照转关运输的有关规定办理。

第三十六条　货物转关至其他加工区时，转入区主管海关在核对封志完整及单货相符后，即予放行入厂或入库。

第三十七条　加工区之间往来的货物不能按照转关运输办理的，转入区主管海关应向收货企业收取货物等值的担保金。货物运抵转入区并经海关核对无误后，主管海关应在10个工作日内，将担保金退还企业。

第六章 对进、出加工区运输工具和个人携带物品的监管

第三十八条 运输工具和人员应经海关指定的专用通道进、出加工区。

第三十九条 从加工区运往境外的加工产品及由加工区运往区外的货物，经海关查验放行后，应交由经海关核准、并由设立于区内的专营运输企业承运。下列货物经主管海关查验后，可由企业指派专人携带或自行运输：

（一）价值1万美元及以下的小额物品；

（二）因品质不合格复运区外退换的物品；

（三）已办理进口纳税手续的物品；

（四）其他经海关核准的物品。

第四十条 进、出加工区货物的运输工具的负责人，应持企业法人营业执照和运输工具的名称、数量、牌照号码及驾驶员姓名等清单，向海关办理登记备案手续。

承运加工区货物进、出加工区或转关运输的所有运输企业的经营人，应遵守海关有关运输工具及其所载货物的管理规定，并承担相关的法律责任。

第四十一条 未经海关批准，从加工区到区外的运输工具和人员不得运输、携带加工区内货物出区。

第七章 附 则

第四十二条 从境外运入加工区的货物和从加工区运出境外的货物列入进、出口统计。从区外运入加工区和从加工区运往区外的货物，实施单项统计。统计办法由海关总署另行制定。

第四十三条 违反本办法规定的，由海关依照《中华人民共和国海关法》及《中华人民共和国海关行政处罚实施条例》的有关规定进行处理。

第四十四条 本办法自2000年5月24日起施行。

国务院关税税则委员会 财政部国家税务总局关于体育用品进口税收问题的通知

1995年3月24日 税委会〔1995〕5号

海关总署：

为发展体育运动，提高我国国家队的训练水平和比赛成绩，根据国务院国发〔1994〕64号文件精神，现对体育用品进口税收问题通知如下：

一、国家体委所属国家专业队进口的（包括国际体育组织赠送和国外厂商赞助）和中国人民解放军总参谋部所属军事体育工作大队进口的特需体育器材（含测试仪器）和特种比赛专用服装，予以免征进口关税和增值税（但国家另

有规定不予减免税的商品除外），其他物品应照章征税。

二、按第一条规定自行进口的物品，由海关总署会同国务院关税税则委员会办公室和财政部、国家税务总局每年根据实际情况核定一次进口金额总量，总量以内的免税进口，超出总量的部分照章征税。

三、按第一条规定接受赠送和赞助的物品，由国家体委汇总后，统一向海关总署申报，海关总署会同国务院关税税则委员会办公室和财政部、国家税务总局，征求有关生产部门意见并列出可享受免税进口的物品清单，国家体委按清单免税进口。

四、以上免税进口的物品只限于国家专业队、军事体育工作大队训练和比赛专用，不得倒卖和移作他用，违者由海关按《海关法》及有关法规处理。

五、对国家体委及所属系统接受外国政府和华侨、港澳台同胞捐赠物品的征免税问题，按国家有关规定办理。

六、本通知规定的办法自1995年1月1日起实施，以前执行的有关体育用品免税问题的规定，自本规定实施之日起停止执行。

国务院关税税则委员会关于降低日用消费品进口关税的公告

手机阅读

2018年5月31日　税委会公告〔2018〕4号

为进一步满足人民美好生活需要，推动供给侧结构性改革，主动扩大开放，自2018年7月1日起，降低部分进口日用消费品的最惠国税率，涉及1449个税目。因最惠国税率调整，自2018年7月1日起，取消210项进口商品最惠国暂定税率，其余商品最惠国暂定税率继续实施。具体税目及税率调整情况见附件。

特此公告。

附件：1. 进口日用消费品最惠国税率调整表（略）
　　　2. 进口商品最惠国暂定税率调整表（略）

国务院关税税则委员会关于降低药品进口关税的公告

手机阅读

2018年4月23日　税委会公告〔2018〕2号

根据《中华人民共和国进出口关税条例》相关规定，为减轻广大患者特别是癌症患者药费负担并有更多用药选择，自2018年5月1日起，以暂定税率方式将包括抗癌药在内的所有普通药品、具有抗癌作用的生物碱类药品及有实际进口的中成药进口关税降为零，具体税目及税率调整情况见附件。

特此公告。

附件：进口药品最惠国暂定税率调整表（略）

中华人民共和国海关对保税物流园区的管理办法

（2005年11月28日海关总署令第134号发布 根据2010年3月15日海关总署令第190号公布的《海关总署关于修改〈中华人民共和国海关对保税物流园区的管理办法〉的决定》第一次修正 根据2017年12月20日海关总署令第235号公布的《海关总署关于修改部分规章的决定》第二次修正 根据2018年5月29日海关总署令第240号《海关总署关于修改部分规章的决定》第三次修正）

第一章 总 则

第一条 为了规范海关对保税物流园区及其进出货物、保税物流园区企业及其经营行为的管理，根据《中华人民共和国海关法》和有关法律、行政法规的规定，制定本办法。

第二条 本办法所称的保税物流园区（以下简称园区）是指经国务院批准，在保税区规划面积或者毗邻保税区的特定港区内设立的、专门发展现代国际物流业的海关特殊监管区域。

第三条 海关在园区派驻机构，依照本办法对进出园区的货物、运输工具、个人携带物品及园区内相关场所实施监管。

第四条 园区与中华人民共和国境内的其他地区（以下简称区外）之间，应当设置符合海关监管要求的卡口、围网隔离设施、视频监控系统及其他海关监管所需的设施。

第五条 园区内设立仓库、堆场、查验场和必要的业务指挥调度操作场所，不得建立工业生产加工场所和商业性消费设施。

海关、园区行政管理机构及其经营主体、在园区内设立的企业（以下简称园区企业）等单位的办公场所应当设置在园区规划面积内、围网外的园区综合办公区内。除安全保卫人员和相关部门、企业值班人员外，其他人员不得在园区内居住。

第六条 经海关总署会同国务院有关部门对本办法第四条、第五条第一款规定的有关设施、场所验收合格后，园区可以开展有关业务。

第七条 园区可以开展下列业务：

（一）存储进出口货物及其他未办结海关手续货物；

（二）对所存货物开展流通性简单加工和增值服务；

（三）国际转口贸易；

（四）国际采购、分销和配送；

（五）国际中转；

（六）检测、维修；

（七）商品展示；

（八）经海关批准的其他国际物流业务。

第八条 园区内不得开展商业零售、加工制造、翻新、拆解及其他与园区无关的业务。

第九条 有下列情形的，园区企业应当在规定的时间内书面报告园区主管海关并办理相关手续：

（一）遭遇不可抗力等灾害；

（二）海关监管货物被行政执法部门或者司法机关采取查封、扣押等强制措施；

（三）海关监管货物被盗窃；

（四）法律、行政法规规定的其他情形。

上述情形的报告时间，第（一）项在发生之日起5个工作日内，第（二）至（四）项在发生之日起3个工作日内。

第十条 对园区与区外之间进出的海关监管货物，园区主管海关可以要求企业提供相应的担保。

第十一条 法律、行政法规禁止进出口的货物、物品不得进出园区。

第二章 海关对园区企业的管理

第十二条 园区企业应当具备下列条件：

（一）具有企业法人资格；

（二）在园区内拥有专门的营业场所。

第十三条 特殊情况下，经园区主管海关核准，区外法人企业可以依法在园区内设立分支机构。

第十四条 园区企业变更营业场所面积、地址、名称、组织机构、性质、法定代表人等注册登记内容的，应当在变更后5个工作日内向主管海关书面报告。

园区企业有前款以外的其他变更情形的，应当按照法律、行政法规的有关规定向园区主管海关报告并办理相关手续。

第十五条 海关对园区企业实行电子账册监管制度和计算机联网管理制度。

园区行政管理机构或者其经营主体应当在海关指导下通过"电子口岸"建立供海关、园区企业及其他相关部门进行电子数据交换和信息共享的计算机公共信息平台。

园区企业应当建立符合海关监管要求的计算机管理系统，提供供海关查阅数据的终端设备，按照海关规定的认证方式和数据标准与海关进行联网。

第十六条 园区企业应当依照《中华人民共和国会计法》及有关法律、行政法规的规定，规范财务管理，设置符合海关监管要求的账簿、报表，记录本企业的财务状况和有关进出园区货物、物品的库存、转让、转移、销售、简单加工、使用等情况，如实填写有关单证、账册，凭合法、有效的凭证记账和核算。

园区企业应当编制月度货物进、出、转、存情况表，并定期报送园区主管海关。

第三章 海关对进出园区货物的监管

第一节 对园区与境外之间进出货物的监管

第十七条 海关对园区与境外之间进、出的货物实行备案制管理，但园区自用的免税进口货物、国际中转货物或者法律、行政法规另有规定的货物除外。境外货物到港后，园区企业（或者其代理人）可以先凭舱单将货物直接运至园区，再凭进境货物备案清单向园区主管海关办理申报手续。

第十八条 园区与境外之间进出的货物，应当按照规定向海关办理相关手续。

第十九条 园区内开展整箱进出、二次拼箱等国际中转业务的，由开展此项业务的企业向海关发送电子舱单数据，园区企业向园区主管海关申请提箱、集运等，凭舱单等单证办理进出境申报手续。

第二十条 从园区运往境外的货物，除法律、行政法规另有规定外，免征出口关税。

第二十一条 下列货物、物品从境外进入园区，海关予以办理免税手续：

（一）园区的基础设施建设项目所需的设备、物资等；

（二）园区企业为开展业务所需的机器、装卸设备、仓储设施、管理设备及其维修用消耗品、零配件及工具；

（三）园区行政管理机构及其经营主体和园区企业自用合理数量的办公用品。

第二十二条 下列货物从境外进入园区，海关予以办理保税手续：

（一）园区企业为开展业务所需的货物及其包装物料；

（二）加工贸易进口货物；

（三）转口贸易货物；

（四）外商暂存货物；

（五）供应国际航行船舶和航空器的物料、维修用零配件；

（六）进口寄售货物；

（七）进境检测、维修货物及其零配件；

（八）供看样订货的展览品、样品；

（九）未办结海关手续的一般贸易货物；

（十）经海关批准的其他进境货物。

第二十三条 园区行政管理机构及其经营主体和园区企业从境外进口的自用交通运输工具、生活消费用品，按一般贸易进口货物的有关规定向海关办理申报手续。

第二十四条 园区与境外之间进出的货物,不实行进出口许可证件管理,但法律、行政法规、规章另有规定的除外。

第二节 对园区与区外之间进出货物的监管

第二十五条 园区与区外之间进出的货物,由园区企业或者区外收、发货人(或者其代理人)按照规定向海关办理相关手续。

第二十六条 园区货物运往区外视同进口,园区企业或者区外收货人(或者其代理人)按照规定向海关办理相关手续,海关按照货物出园区时的实际监管方式的有关规定办理。

第二十七条 园区企业跨关区配送货物或者异地企业跨关区到园区提取货物的,应当按照规定向海关办理相关手续。

第二十八条 除法律、行政法规、规章规定不得集中申报的货物外,园区企业少批量、多批次进、出货物的,经园区主管海关批准可以办理集中申报手续,并适用每次货物进出口时海关接受该货物申报之日实施的税率、汇率。集中申报的期限不得超过1个月,且不得跨年度办理。

第二十九条 区外货物运入园区视同出口,由园区企业或者区外发货人(或者其代理人)按照规定向海关办理相关手续。属于应当征收出口关税的商品,海关按照有关规定征收出口关税;属于许可证件管理的商品,应当取得有效的出口许可证件,海关对有关出口许可证件电子数据进行系统自动比对验核,但法律、行政法规、规章另有规定在出境申报环节验核出口许可证件的除外。

境内区外货物、设备以出口报关方式进入园区的,其出口退税按照国家有关规定办理。境内区外货物、设备属于原进口货物、设备的,原已缴纳的关税、进口环节海关代征税海关不予退还。

第三十条 从园区到区外的货物涉及免税的,海关按照进口免税货物的有关规定办理。

第三十一条 经园区主管海关批准,园区企业可以在园区综合办公区专用的展示场所举办商品展示活动。展示的货物应当在园区主管海关备案,并接受海关监管。

园区企业在区外其他地方举办商品展示活动的,应当比照海关对暂时进口货物的管理规定办理有关手续。

第三十二条 园区行政管理机构及其经营主体和园区企业使用的机器、设备和办公用品等,需要运往区外进行检测、维修的,应当向园区主管海关提出申请,经园区主管海关核准、登记后可以运往区外。

第三十三条 运往区外检测、维修的机器、设备和办公用品等不得留在区外使用,并自运出之日起60日内运回园区。因特殊情况不能如期运回的,园区行政管理机构及其经营主体和园区企业应当于期满前10日内,以书面形式向园区主管海关申请延期,延长期限不得超过30日。

第三十四条 检测、维修完毕运回园区的机器、设备等应当为原物。有更换新零配件或者附件的,原零配件或者附件应当一并运回园区。

对在区外更换的国产零配件或者附件,如需退税,由企业按照出口货物的有关规定办理手续。

第三十五条 区外原进口货物需要退运出境或者原出口货物需要复运进境的,不得经过园区进出境或者进入园区存储。

根据无代价抵偿货物规定进行更换的区外原进口货物,留在区外不退运出境的,也不得进入园区。

第三节 对园区内货物的监管

第三十六条 园区内货物可以自由流转。园区企业转让、转移货物时应当将货物的具体品名、数量、金额等有关事项向海关进行电子数据备案,并在转让、转移后向海关办理报核手续。

第三十七条 未经园区主管海关许可,园区企业不得将所存货物抵押、质押、留置、移作他用或者进行其他处置。

按照本办法第二十一条规定免税进入园区的货物、物品,适用本条前款的规定。

第三十八条 园区企业可以对所存货物开展流通性简单加工和增值服务,包括分级分类、分拆分拣、分装、计量、组合包装、打膜、加刷唛码、刷贴标志、改换包装、拼装等具有商业增值的辅助性作业。

第三十九条 申请在园区内开展维修业务的企业应当具有企业法人资格,并在园区主管海关登记备案。在园区内开展保税维修业务的企业,海关按照相关规定进行监管。

第四十条 园区企业自开展业务之日起,应当每年向园区主管海关办理报核手续。园区主管海关应当自受理报核申请之日起30日内予以核库。企业有关账册、原始数据应当自核库结束之日起至少保留3年。

第四十一条 进入园区的国内出口货物尚未办理退税手续的,因品质或者规格原因需要退还出口企业时,园区企业应当在货物申报进入园区之日起1年内提出申请,并提供出口企业所在地主管税务部门出具的未办理出口退税证明,经园区主管海关批准后,可以办理退运手续,且无需缴纳进口关税、进口环节增值税和消费税;海关已征收出口关税的,应当予以退还。货物以转关方式进入园区的,园区企业出具启运地海关退运联系单后,园区主管海关办理相关手续。

进境货物未经流通性简单加工,需原状退运出境的,园区企业可以向园区主管海关申请办理退运手续。

已办理出口退税的货物或者已经流通性简单加工的货物(包括进境货物)如需退运,按照进出口货物的有关规定办理海关手续。

第四十二条 除已经流通性简单加工的货物外,区外进入园区的货物,因质量、规格型号与合同不符等原因,需原状返还出口企业进行更换的,园区企业应当在货物申报进入园区之日起1年内向园区主管海关申请办理退换手续。海关按照《中华人民共和国海关进出口货物征税管理办法》的有关规定办理。

更换的货物进入园区时,可以免领出口许可证件,免征出口关税。

第四十三条 除法律、行政法规规定不得声明放弃的货物外,园区企业可以申请放弃货物。

放弃货物由园区主管海关依法提取变卖,变卖收入由海关按照有关规定处理。依法变卖后,企业凭放弃该批货物的申请和园区主管海关提取变卖该货物的有关单证办理核销手续;因无使用价值无法变卖并经海关核准的,由企业自行处理,园区主管海关直接办理核销手续。放弃货物在海关提取变卖前所需的仓储等费用,由企业自行承担。

对按照规定应当销毁的放弃货物,由企业负责销毁,园区主管海关可以派员监督。园区主管海关凭有关主管部门的证明材料办理核销手续。

第四十四条 因不可抗力造成园区货物损坏、损毁、灭失的,园区企业应当及时书面报告园区主管海关,说明理由并提供保险、灾害鉴定部门的有关证明。经园区主管海关核实确认后,按照下列规定处理:

(一)货物灭失,或者虽未灭失但完全失去使用价值的,海关予以办理核销和免税手续;

(二)进境货物损坏、损毁,失去原使用价值但可以再利用的,园区企业可以向园区主管海关办理退运手续。如不退运出境并要求运往区外的,由园区企业提出申请,并经园区主管海关核准,根据受灾货物的使用价值进行估价、征税后运出园区外;

(三)区外进入园区的货物损坏、损毁,失去原使用价值但可以再利用,且需向出口企业进行退换的,可以退换为与损坏货物同一品名、规格、数量、价格的货物,并向园区主管海关办理退运手续。

需退运到区外的,如属于尚未办理出口退税手续的,可以向园区主管海关办理退运手续;如属已经办理出口退税手续的,按照本条第(二)项进境货物运往区外的有关规定办理。

第四十五条 因保管不善等非不可抗力因素造成货物损坏、损毁、灭失的,按下列规定办理:

(一)对于从境外进入园区的货物,园区企业应当按照一般贸易进口货物的规定,以货物进入园区时海关接受申报之日适用的税率、汇率,依法向海关缴纳损毁、灭失货物原价值的关税、进口环节增值税和消费税;

(二)对于从区外进入园区的货物,园区企业应当重新缴纳因出口而退还的国内环节有关税收,海关据此办理核销手续。

第四十六条 除国家另有规定外,园区货物不设存储期限。

第四节 对园区与其他海关特殊监管区域、保税监管场所之间往来货物的监管

第四十七条 海关对于园区与海关特殊监管区域或者保税监管场所之间往来的货物,继续实行保税监管。但货物从未实行国内货物入区(仓)环节出口退税制度的海关特殊监管区域或者保税监管场所转入园区的,按照货物实际离境的有关规定办理申报手续。

第四十八条 园区与其他海关特殊监管区域、保税监管场所之间的货物交易、流转,不征收进出口环节和国内流通环节的有关税收。

第四章 对进出园区运输工具和人员携带货物、物品的监管

第四十九条 运输工具和人员应当经海关指定的专用通道进出园区。

第五十条 对园区和其他口岸、海关特殊监管区域或者保税监管场所之间进出的货物,应当由经海关备案或者核准的运输工具承运。承运人应当遵守海关有关运输工具及其所载货物的管理规定。

第五十一条 园区与区外非海关特殊监管区域或者保税监管场所之间货物的往来,企业可以使用其他非海关监管车辆承运。承运车辆进出园区通道时应当经海关登记,海关可以对货物和承运车辆进行查验、检查。

第五十二条 下列货物进出园区时,按照海关规定办理相关手续并经园区主管海关查验后,可以由园区企业指派专人携带或者自行运输:

(一)价值1万美元及以下的小额货物;
(二)因品质不合格复运区外退换的货物;
(三)已办理进口纳税手续的货物;
(四)企业不要求出口退税的货物;
(五)其他经海关核准的货物。

第五章 附 则

第五十三条 除国际中转货物和其他另有规定的货物外,从境外运入园区的货物和从园区运往境外的货物列入海关进出口统计。从区外运入园区和从园区运往区外的货物,列入海关单项统计。

园区企业之间转让、转移的货物,以及园区与其他海关特殊监管区域或者保税监管场所之间往来的货物,不列入海关统计。

第五十四条 本办法下列用语的含义:

园区综合办公区,是指园区行政管理机构或者其经营主体在园区围网外投资建立,供海关、园区企业和其他有关机构使用的具有办公、商务、报关、商品展示等功能的场所。

拼箱,是指从境外启运的国际集装箱中转货物,在中转港存放期间由园区企业根据收发货人指令单独进行流通性简单加工和增值服务,或者与中转港所在国、地区的其他进口或者出口货物重新组合拼箱后,再次装船集中运往境外同一目的港的物流活动。

核库,是指经企业申请,由海关盘查企业实际库存,并对海关及企业电子账册进、出、转、存的数据进行比对确认的行为。

保税监管场所,是指经海关批准设立的保税物流中心(A、B型)、保税仓库、出口监管仓库及其他保税监管场所。

第五十五条 违反本办法规定,构成走私或者违反海关监管规定行为的,海关按照《中华人民共和国海关法》《中华人民共和国海关行政处罚实施条例》的有关规定进行处理;构成犯罪的,依法追究刑事责任。

第五十六条 本办法由海关总署负责解释。

第五十七条 本办法自2006年1月1日起施行。

中华人民共和国海关保税港区管理暂行办法

手机阅读

（2007年9月3日海关总署令第164号发布 根据2010年3月15日海关总署令第191号公布的《海关总署关于修改〈中华人民共和国海关保税港区管理暂行办法〉的决定》第一次修正 根据2017年12月20日海关总署令第235号公布的《海关总署关于修改部分规章的决定》第二次修正 根据2018年5月29日海关总署令第240号《海关总署关于修改部分规章的决定》第三次修正）

第一章 总 则

第一条 为了规范海关对保税港区的管理，根据《中华人民共和国海关法》（以下简称海关法）和有关法律、行政法规的规定，制定本办法。

第二条 本办法所称的保税港区是指经国务院批准，设立在国家对外开放的口岸港区和与之相连的特定区域内，具有口岸、物流、加工等功能的海关特殊监管区域。

第三条 海关依照本办法对进出保税港区的运输工具、货物、物品以及保税港区内企业、场所进行监管。

第四条 保税港区实行封闭式管理。保税港区与中华人民共和国关境内的其他地区（以下称区外）之间，应当设置符合海关监管要求的卡口、围网、视频监控系统以及海关监管所需的其他设施。

第五条 保税港区内不得居住人员。除保障保税港区内人员正常工作、生活需要的非营利性设施外，保税港区内不得建立商业性生活消费设施和开展商业零售业务。

海关及其他行政管理机构的办公场所应当设置在保税港区围网以外。

第六条 保税港区管理机构应当建立信息共享的计算机公共信息平台，并通过"电子口岸"实现区内企业及相关单位与海关之间的电子数据交换。

第七条 保税港区的基础和监管设施、场所等应当符合《海关特殊监管区域基础和监管设施验收标准》。经海关总署会同国务院有关部门验收合格后，保税港区可以开展有关业务。

第八条 保税港区内可以开展下列业务：

（一）存储进出口货物和其他未办结海关手续的货物；

（二）国际转口贸易；

（三）国际采购、分销和配送；

（四）国际中转；
（五）检测和售后服务维修；
（六）商品展示；
（七）研发、加工、制造；
（八）港口作业；
（九）经海关批准的其他业务。

第九条 保税港区内企业（以下简称区内企业）应当具有法人资格。特殊情况下，经保税港区主管海关核准，区外法人企业可以依法在保税港区内设立分支机构。

第十条 海关对区内企业实行计算机联网管理制度和海关稽查制度。

区内企业应当应用符合海关监管要求的计算机管理系统，提供供海关查阅数据的终端设备和计算机应用的软件接口，按照海关规定的认证方式和数据标准与海关进行联网，并确保数据真实、准确、有效。

海关依法对区内企业开展海关稽查，监督区内企业规范管理和守法自律。

第十一条 区内企业应当按照《中华人民共和国会计法》及有关法律、行政法规的规定，规范财务管理，设置符合海关监管要求的账册和报表，记录本企业的财务状况和有关进出保税港区货物、物品的库存、转让、转移、销售、加工和使用等情况，如实填写有关单证、账册，凭合法、有效的凭证记账和核算。

第十二条 保税港区内港口企业、航运企业的经营和相关活动应当符合有关法律、行政法规和海关监管的规定。

第十三条 国家禁止进出口的货物、物品不得进出保税港区。

第十四条 区内企业的生产经营活动应当符合国家产业发展要求，不得开展高耗能、高污染和资源性产品以及列入《加工贸易禁止类商品目录》商品的加工贸易业务。

第二章 对保税港区与境外之间进出货物的监管

第十五条 保税港区与境外之间进出的货物应当按照规定向海关办理相关手续。

第十六条 海关对保税港区与境外之间进出的货物实行备案制管理，对从境外进入保税港区的货物予以保税，但本办法第十七条、第十八条和第三十八条规定的情形除外。

按照本条前款规定实行备案制管理的，货物的收发货人或者代理人应当如实填写进出境货物备案清单，向海关备案。

第十七条 除法律、行政法规另有规定外，下列货物从境外进入保税港区，海关免征进口关税和进口环节海关代征税：

（一）区内生产性的基础设施建设项目所需的机器、设备和建设生产厂房、仓储设施所需的基建物资；

（二）区内企业生产所需的机器、设备、模具及其维修用零配件；

（三）区内企业和行政管理机构自用合理数量的办公用品。

第十八条 从境外进入保税港区，供区内企业和行政管理机构自用的交通运输工具、生活消费用品，按进口货物的有关规定办理报关手续，海关按照有关规定征收进口关税和进口环节海关代征税。

第十九条 从保税港区运往境外的货物免征出口关税，但法律、行政法规另有规定的除外。

第二十条 保税港区与境外之间进出的货物，不实行进出口配额、许可证件管理，但法律、行政法规和规章另有规定的除外。

对于同一配额、许可证件项下的货物，海关在进区环节已经验核配额、许可证件的，在出境环节不再验核配额、许可证件。

第三章 对保税港区与区外之间进出货物的监管

第二十一条 保税港区与区外之间进出的货物，区内企业或者区外收发货人按照规定向海关办理相关手续。需要征税的，除另有规定外，区内企业或者区外收发货人按照货物进出区时的实际状态缴纳税款；属于配额、许可证件管理商品的，区内企业或者区外收货人还应当取得配额、许可证件。海关对有关许可证件电子数据进行系统自动比对验核。对于同一配额、许可证件项下的货物，海关在进境环节已经验核配额、许可证件的，在出区环节不再验核配额、许可证件。

第二十二条 海关监管货物从保税港区与区外之间进出的，保税港区主管海关可以要求提供相应的担保。

第二十三条 区内企业在加工生产过程中产生的边角料、废品，以及加工生产、储存、运输等过程中产生的包装物料，区内企业提出书面申请且经海关批准的，可以运往区外，海关按出区时的实际状态征税。属于进口配额、许可证件管理商品的，免领进口配额、许可证件；属于列入《禁止进口废物目录》的废物以及其他危险废物需出区进行处置的，有关企业凭保税港区行政管理机构以及所在地的市级环保部门批件等材料，向海关办理出区手续。

区内企业在加工生产过程中产生的残次品、副产品出区内销的，海关按内销时的实际状态征税。属于进口配额、许可证件管理的，企业应当取得进口配额、许可证件。海关对有关进口许可证件电子数据进行系统自动比对验核。

第二十四条 经保税港区运往区外的优惠贸易协定项下货物，符合海关总署相关原产地管理规定的，可以申请享受协定税率或者特惠税率。

第二十五条 经海关核准，区内企业可以办理集中申报手续。实行集中申报的区内企业应当对1个自然月内的申报清单数据进行归并，填制进出口货物报关单，在次月底前向海关办理集中申报手续。

集中申报适用报关单集中申报之日实施的税率、汇率，集中申报不得跨年度办理。

第二十六条 境内区外货物、设备以出口报关方式进入保税港区的，其出口退税按照国家有关规定办理；境内区外货物、设备属于原进口货物、设备的，原已缴纳的关税、进口环节海关代征税海关不予退还。

除另有规定外，海关对前款货物比照保税货物进行管理，对前款设备比照减免税设备进行管理。

第二十七条 经保税港区主管海关批准，区内企业可以在保税港区综合办公区专用的展示场所举办商品展示活动。展示的货物应当在海关备案，并接受海关监管。

区内企业在区外其他地方举办商品展示活动的，应当比照海关对暂时进境货物的管理规定办理有关手续。

第二十八条 保税港区内使用的机器、设备、模具和办公用品等海关监管货物，可以比照进境修理货物的有关规定，运往区外进行检测、维修。区内企业将模具运往区外进行检测、维修的，应当留存模具所生产产品的样品或者图片资料。

运往区外进行检测、维修的机器、设备、模具和办公用品等，不得在区外用于加工生产和使用，并且应当自运出之日起60日内运回保税港区。因特殊情况不能如期运回的，区内企业或者保税港区行政管理机构应当在期限届满前7日内，以书面形式向海关申请延期，延长期限不得超过30日。

检测、维修完毕运回保税港区的机器、设备、模具和办公用品等应当为原物。有更换新零件、配件或者附件的，原零件、配件或者附件应当一并运回保税港区。对在区外更换的国产零件、配件或者附件，需要退税的，由企业按照出口货物的有关规定办理手续。

第二十九条 区内企业需要将模具、原材料、半成品等运往区外进行加工的，应当在开展外发加工前，凭承揽加工合同或者协议、区内企业签章确认的承揽企业生产能力状况等材料，向保税港区主管海关办理外发加工手续。

委托区外企业加工的期限不得超过合同或者协议有效期，加工完毕后的货物应当按期运回保税港区。在区外开展外发加工产生的边角料、废品、残次品、副产品不运回保税港区的，海关应当按照实际状态征税。区内企业凭出区时委托区外加工申请书以及有关单证，向海关办理验放核销手续。

第四章 对保税港区内货物的监管

第三十条 保税港区内货物可以自由流转。区内企业转让、转移货物的，双方企业应当及时向海关报送转让、转移货物的品名、数量、金额等电子数据信息。

第三十一条 区内企业设立电子账册，电子账册的备案、核销等作业按有关规定执行，海关对保税港区内加工贸易货物不实行单耗标准管理。区内企业应当自开展业务之日起，定期向海关报送货物的进区、出区和储存情况。

第三十二条 申请在保税港区内开展维修业务的企业应当具有企业法人资格，并在保税港区主管海关登记备案。在保税港区内开展保税维修业务的企业，海关按照相关规定进行监管。

第三十三条 区内企业申请放弃的货物，经海关及有关主管部门核准后，由保税港区主管海关依法提取变卖，变卖收入由海关按照有关规定处理，但法律、行政法规和海关规章规定不得放弃的货物除外。

第三十四条 因不可抗力造成保税港区货物损毁、灭失的，区内企业应当及时书面报告保税港区主管海关，说明情况并提供灾害鉴定部门的有关证明。经保税港区主管海关核实确认后，按照下列规定处理：

（一）货物灭失，或者虽未灭失但完全失去使用价值的，海关予以办理核销和免税手续；

（二）进境货物损毁，失去部分使用价值的，区内企业可以向海关办理退运手续。如不退运出境并要求运往区外的，由区内企业提出申请，经保税港区主管海关核准，按照海关审定的价格进行征税；

（三）区外进入保税港区的货物损毁，失去部分使用价值，且需向出口企业进行退换的，可以退换为与损毁货物相同或者类似的货物，并向保税港区主管海关办理退运手续。

需退运到区外的，属于尚未办理出口退税手续的，可以向保税港区主管海关办理退运手续；属于已经办理出口退税手续的，按照本条第一款第（二）项进境货物运往区外的有关规定办理。

第三十五条 因保管不善等非不可抗力因素造成货物损毁、灭失的，区内企业应当及时书面报告保税港区主管海关，说明情况。经保税港区主管海关核实确认后，按照下列规定办理：

（一）从境外进入保税港区的货物，区内企业应当按照一般贸易进口货物的规定，按照海关审定的货物损毁或灭失前的完税价格，以货物损毁或灭失之日适用的税率、汇率缴纳关税、进口环节海关代征税；

（二）从区外进入保税港区的货物，区内企业应当重新缴纳因出口而退还的国内环节有关税收，海关据此办理核销手续，已缴纳出口关税的，不予以退还。

第三十六条 除国家另有规定外，保税港区货物不设存储期限。

第三十七条 海关对于保税港区与其他海关特殊监管区域或者保税监管场所之间往来的货物，实行保税监管。但货物从未实行国内货物入区（仓）环节出口退税制度的海关特殊监管区域或者保税监管场所转入保税港区的，视同货物实际离境。

保税港区与其他海关特殊监管区域或者保税监管场所之间的流转货物，不征收进出口环节的有关税收。

第五章 对直接进出口货物以及进出保税港区运输工具和个人携带货物、物品的监管

第三十八条 通过保税港区直接进出口的货物，海关按照进出口的有关规定进行监管；出口货物的发货人或者其代理人可以在货物运抵保税港区前向海关申报。

第三十九条 运输工具和个人进出保税港区的，应当接受海关监管和检查。

第四十条 进出境运输工具服务人员及进出境旅客携带个人物品进出保税港区的，海关按照进出境旅客行李物品的有关规定进行监管。

第四十一条 保税港区与区外之间进出的下列货物，经海关批准，可以由区内企业指派专人携带或者自行运输：

（一）价值1万美元以下的小额货物；

（二）因品质不合格复运区外退换的货物；

（三）已办理进口纳税手续的货物；

（四）企业不要求出口退税的货物；

（五）其他经海关批准的货物。

第六章 附 则

第四十二条 从境外运入保税港区的货物和从保税港区运往境外的货物列入海关进出口统计,但法律、行政法规和海关规章另有规定的除外。从区外运入保税港区和从保税港区运往区外的货物,列入海关单项统计。

区内企业之间转让、转移的货物,以及保税港区与其他海关特殊监管区域或者保税监管场所之间往来的货物,不列入海关统计。

第四十三条 违反本办法,构成走私行为、违反海关监管规定行为或者其他违反海关法行为的,由海关依照海关法和《中华人民共和国海关行政处罚实施条例》的有关规定予以处理;构成犯罪的,依法追究刑事责任。

第四十四条 经国务院批准设立在内陆地区的具有保税港区功能的综合保税区,参照本办法进行管理。

第四十五条 本办法由海关总署负责解释。

第四十六条 本办法自 2007 年 10 月 3 日起施行。

保税区海关监管办法①

1997 年 8 月 1 日　海关总署令第 65 号

第一章 总 则

第一条 为了加强与完善海关对保税区的监管,促进保税区的健康发展,根据海关法和其他有关法律的规定,制定本办法。

第二条 在中华人民共和国境内设立保税区,必须经国务院批准。

第三条 保税区是海关监管的特定区域。海关依照本办法对进出保税区的货物、运输工具、个人携带物品实施监管。

保税区与中华人民共和国境内的其他地区(以下简称非保税区)之间,应当设置符合海关监管要求的隔离设施。

第四条 保税区内仅设置保税区行政管理机构和企业。除安全保卫人员外,其他人员不得在保税区内居住。

第五条 在保税区内设立的企业(以下简称区内企业),应当向海关办理注册手续。

区内企业应当依照国家有关法律、行政法规的规定设置帐簿、编制报表,凭合法、有效凭证记帐并进行核算,记录有关进出保税区货物和物品的库存、

---

① 根据《国务院关于废止和修改部分行政法规的决定》(国务院令第 588 号),本法第二十八条中的"《中华人民共和国海关法行政处罚实施细则》"被修改为"《中华人民共和国海关行政处罚实施条例》"。

转让、转移、销售、加工、使用和损耗等情况。

第六条 保税区实行海关稽查制度。

区内企业应当与海关实行电子计算机联网,进行电子数据交换。

第七条 海关对进出保税区的货物、物品、运输工具、人员及区内有关场所,有权依照海关法的规定进行检查、查验。

第八条 国家禁止进出口的货物、物品,不得进出保税区。

第二章 对保税区与境外之间进出货物的监管

第九条 海关对保税区与境外之间进出的货物,实施简便、有效的监管。

第十条 保税区与境外之进出的货物,由货物的收货人、发货人或其代理人向海关备案。

第十一条 对保税区与境外之间进出的货物,除实行出口被动配额管理的外,不实行进出口配额、许可证管理。

第十二条 从境外进入保税区的货物,其进口关税和进口环节税收,除法律、行政法规另有规定外,按照下列规定办理:

(一)区内生产性的基础设施建设项目所需的机器、设备和其他基建物资,予以免税;

(二)区内企业自用的生产、管理设备和自用合理数量的办公用品及其所需的维修零配件,生产用燃料,建设生产厂房、仓储设施所需的物资、设备,予以免税;

(三)保税区行政管理机构自用合理数据的管理设备和办公用品及其所需的维修零配件,予以免税;

(四)区内企业为加工出口产品所需的原材料、零部件、元器件、包装物件,予以保税。

前款第(一)项至第(四)项规定范围内外的货物或者物品从境外进入保税区,应当依法纳税。

转口货物和在保税区内储存的货物按照保税货物管理。

第三章 对保税区与非保税区之间进出货物的监管

第十三条 从保税区进入非保税区的货物,按照进口货物办理手续;从非保税区进入保税区的货物,按照出口货物办理手续,出口退税按照国家有关规定办理。

海关对保税区与非保税区之间进出的货物,按照国家有关进出口管理的规定实施监管。

第十四条 从非保税区进入保税区供区内使用的机器、设备、基建物资和物品,使用单位应当向海关提供上述货物或者物品的清单,经海关查验后放行。

前款货物或者物品,已经缴纳进口关税和进口环节税收的,已纳税款不予退还。

第十五条 保税区的货物需从非保税区口岸进出口或者保税区内的货物运往另一保税区的,应当事先向海关提出书面申请,经海关批准后,按照海关转关运输及有关规定办理。

第四章 对保税区内货物的监管

第十六条 保税区的货物可以在区内企业之间转让、转移；双方当事人应当就转让、转移事项向海关备案。

第十七条 保税区内的转口货物可以在区内仓库或者区内其他场所进行分级、挑选、刷贴标志、改换包装形式等简单加工。

第十八条 区内企业在保税区内举办境外商品和非保税区商品的展示活动，展示的商品应当接受海关监管。

第五章 对保税区加工贸易货物的管理

第十九条 区内加工企业应当向海关办理所需料、件进出保税区备案手续。

第二十条 区内加工企业生产属于被动配额管理的出口产品，应当事先经国务院有关部门批准。

第二十一条 区内加工企业加工的制成品及其在加工过程中产生的边角余料运往境外时，应当按照国家有关规定向海关办理手续；在法律、行政法规另有规定外，免征出口关税。

区内加工企业将区内加工的制成品、副次品或者在加工过程中产生的边角余料运往非保税区时，应当按照国家有关规定向海关办理进口报关手续，并依法纳税。

第二十二条 区内加工企业全部用境外运入料、件加工的制成品销往非保税区时，海关按照进口制成品征税。

用含有境外运入料、件加工的制成品销往非保税区时，海关对其制成品按照所含境外运入料、件征税；对所含境外运入料、件的品名、数量、价值申报不实的，海关按照进口制成品征税。

第二十三条 区内加工企业委托非保税区企业或者接受非保税区企业委托进行加工业务，应当事先经海关批准，并符合下列条件：

（一）在区内拥有生产场所，并已经正式开展加工业务；

（二）委托非保税区企业的加工业务，主要工序应当在区内进行；

（三）委托非保税区企业加工业务的期限为6个月；有特殊情况需要延长期限的，应当向海关申请展期，展期期限为6个月。在非保税区加工完毕的产品应当运回保税区；需要从非保税区直接出口的，应当向海关办理核销手续；

（四）接受非保税区企业委托加工的，由区内加工企业向海关办理委托加工料、件的备案手续，委托加工的料、件及产品应当与区内企业的料、件及产品分别建立帐册并分别使用。加工完毕的产品应当运回非保税区企业，并由区内加工企业向海关销案。

第二十四条 海关对区内加工企业进料加工、来料加工业务，不实行加工贸易银行保证金台账制度。

委托非保税区企业进行加工业务的，由非保税区企业向当地海关办理合同登记备案手续，并实行加工贸易银行保证金台账制度。

第六章 对进出保税区运输工具和个人携带物品的监管

第二十五条 运输工具和人员进出保税区，应当经由海关指定的专用通道,并接受海关检查。

第二十六条 进出保税区的运输工具的负责人,应当持保税区主管机关批准的证件连同运输工具的名称、数量、牌照号码及驾驶员姓名等清单,向海关办理登记备案手续。

第二十七条 未经海关批准,从保税区到非保税区的运输工具和人员不得运输、携带保税区内的免税货物、物品,保税货物,以及用保税料、件生产的产品。

第七章 附 则

第二十八条 违反本办法规定的,由海关依照《中华人民共和国海关法》及《中华人民共和国海关法行政处罚实施细则》的规定处理;情节严重的,海关可以取消区内企业在海关的注册资格。

第二十九条 本办法规定的有关备案的具体办法,由海关总署制定。

第三十条 本办法自发布之日起施行。《中华人民共和国对进出上海外高桥保税区货物、运输工具和个人携带物品的管理办法》同时废止。

财政部 海关总署 税务总局关于因新冠肺炎疫情不可抗力出口退运货物税收规定的公告

手机阅读

2020年11月2日 财政部 海关总署
税务总局公告2020年第41号

经国务院批准,关于因新冠肺炎疫情不可抗力出口退运货物的相关税收规定,公告如下:

一、对自2020年1月1日起至2020年12月31日申报出口,因新冠肺炎疫情不可抗力原因,自出口之日起1年内原状复运进境的货物,不征收进口关税和进口环节增值税、消费税,出口时已征收出口关税的,退还出口关税。

二、对符合第一条规定的货物,已办理出口退税的,按现行规定补缴已退(免)增值税、消费税税款。

三、自本公告发布之日起,符合第一条规定的退运货物申报进口时,企业向海关申请办理不征税手续的,应当事先取得主管税务机关出具的出口货物已补税(未退税)证明。

四、自2020年1月1日起至本公告发布之日,符合第一条规定的退运货物已征收的进口关税和进口环节增值税、消费税,依企业申请予以退还。其中,未申报抵扣进口环节增值税、消费税的,应当事先取得主管税务机关出具的《因新冠肺炎疫情不可抗力出口货物退运已征增值税、消费税未抵扣证明》(见附件),向海关申请办理退还已征进口关税和进口环节增值税、消费税手续;已申报抵扣进口环节增值税、消费税的,仅向海关申请办理退还已征进口关税。进口收货人应在 2021 年 6 月 30 日前向海关办理退税手续。

五、符合第一条、第三条和第四条规定的货物,进口收货人应提交退运原因书面说明,证明其因新冠肺炎疫情不可抗力原因退运,海关凭其说明按退运货物办理上述手续。

六、本公告由财政部会同海关总署、税务总局负责解释。

附件:因新冠肺炎疫情不可抗力出口货物退运已征增值税、消费税未抵扣证明(略)

财政部 海关总署 税务总局 药监局关于发布第二批适用增值税政策的抗癌药品和罕见病药品清单的公告

手机阅读

2020 年 9 月 30 日 财政部 海关总署
税务总局 药监局公告 2020 年第 39 号

为鼓励制药产业发展,降低患者用药成本,自 2020 年 10 月 1 日起,本公告附件 1 中的抗癌药品和罕见病药品,按照《财政部 海关总署 税务总局 国家药品监督管理局关于抗癌药品增值税政策的通知》(财税〔2018〕47 号)、《财政部 海关总署 税务总局 药监局关于罕见病药品增值税政策的通知》(财税〔2019〕24 号)规定执行相关增值税政策。上述通知已发布的部分抗癌药品和罕见病药品按附件 2 确定税号。

特此公告。

附件:1. 抗癌药品和罕见病药品清单(第二批)(略)
      2. 抗癌药品和罕见病药品(第一批)税号修正清单(略)

财政部 商务部 海关总署 国家税务总局 国家旅游局关于口岸进境免税店政策的公告

手机阅读

2016 年 2 月 18 日 财政部 商务部 海关总署
国家税务总局 国家旅游局公告 2016 年第 19 号

为满足国内消费需求,丰富国内消费者购物选择,方便国内消费者在境内购买国外产品,决定增设和恢复口岸进境免税店,合理扩大免税品种,增加一定数量的免税购物额。经国务院批准，现将口岸进境免税店政策公告如下：

一、口岸进境免税店

口岸进境免税店是设立在对外开放的机场、陆路和水运口岸隔离区域，按规定对进境旅客免进口税购物的经营场所。国家对口岸进境免税店实行特许经营。

二、销售对象及条件

口岸进境免税店的适用对象是尚未办理海关进境手续的旅客。在口岸进境免税店购物必须同时符合以下条件：

1. 进境旅客持进出境有效证件和搭乘公共运输交通工具的凭证购买；未搭乘公共运输交通工具的，进境旅客持进出境有效证件购买。

2. 进出境有效证件指护照、往来港澳通行证或往来台湾通行证。

3. 购物应按规定取得购物凭证。

三、免税税种

关税、进口环节增值税和消费税。

四、免税商品品类

免税商品以便于携带的个人消费品为主，具体商品品类和限购数量见附表。

五、免税购物金额

在维持居民旅客进境物品5000元人民币免税限额不变基础上，允许其在口岸进境免税店增加一定数量的免税购物额，连同境外免税购物额总计不超过8000元人民币。

六、购物流程

进境旅客在口岸进境免税店购物后，由本人随身携带入境。在同一口岸既有出境免税店又有进境免税店，进境旅客在出境免税店预订寄存后，在进境时付款提取的，视为在口岸进境免税店购物。

本公告自2016年2月18日起执行。

特此公告。

附表：口岸进境免税店经营品类（略）

慈善捐赠物资免征进口税收暂行办法

手机阅读

2015年12月23日　财政部　海关总署
国家税务总局公告2015年第102号

经国务院批准，现公布《慈善捐赠物资免征进口税收暂行办法》，自2016年4月1日起实施。《财政部　国家税务总局　海关总署关于发布〈扶贫、慈善性捐赠物资免征进口税收暂行办法〉的通知》（财税〔2000〕152号）同时废止。

附件：慈善捐赠物资免征进口税收暂行办法

附件：

慈善捐赠物资免征进口税收暂行办法

第一条 为促进慈善事业的健康发展，支持慈善事业发挥扶贫济困积极作用，规范对慈善事业捐赠物资的进口管理，根据《中华人民共和国公益事业捐赠法》、《中华人民共和国海关法》和《中华人民共和国进出口关税条例》等有关规定，制定本办法。

第二条 对境外捐赠人无偿向受赠人捐赠的直接用于慈善事业的物资，免征进口关税和进口环节增值税。

第三条 本办法所称慈善事业是指非营利的慈善救助等社会慈善和福利事业，包括以捐赠财产方式自愿开展的下列慈善活动：

（一）扶贫济困，扶助老幼病残等困难群体；

（二）促进教育、科学、文化、卫生、体育等事业的发展；

（三）防治污染和其他公害，保护和改善环境；

（四）符合社会公共利益的其他慈善活动。

第四条 本办法所称境外捐赠人是指中华人民共和国关境外的自然人、法人或者其他组织。

第五条 本办法所称受赠人是指：

（一）国务院有关部门和各省、自治区、直辖市人民政府。

（二）中国红十字会总会、中华全国妇女联合会、中国残疾人联合会、中华慈善总会、中国初级卫生保健基金会、中国宋庆龄基金会和中国癌症基金会。

（三）经民政部或省级民政部门登记注册且被评定为5A级的以人道救助和发展慈善事业为宗旨的社会团体或基金会。民政部或省级民政部门负责出具证明有关社会团体或基金会符合本办法规定的受赠人条件的文件。

第六条 本办法所称用于慈善事业的物资是指：

（一）衣服、被褥、鞋帽、帐篷、手套、睡袋、毛毯及其他生活必需用品等。

（二）食品类及饮用水（调味品、水产品、水果、饮料、烟酒等除外）。

（三）医疗类包括医疗药品、医疗器械、医疗书籍和资料。其中，对于医疗药品及医疗器械捐赠进口，按照相关部门有关规定执行。

（四）直接用于公共图书馆、公共博物馆、各类职业学校、高中、初中、小学、幼儿园教育的教学仪器、教材、图书、资料和一般学习用品。其中，教学仪器是指专用于教学的检验、观察、计量、演示用的仪器和器具；一般学习用品是指用于各类职业学校、高中、初中、小学、幼儿园教学和学生专用的文具、教具、体育用品、婴幼儿玩具、标本、模型、切片、各类学习软件、实验室用器皿和试剂、学生校服（含鞋帽）和书包等。

（五）直接用于环境保护的专用仪器。包括环保系统专用的空气质量与污染源废气监测仪器及治理设备、环境水质与污水监测仪器及治理设备、环境污染事故应急监测仪器、固体废物监测仪器及处置设备、辐射防护与电磁辐射监测仪器及设备、生态保护监测仪器及设备、噪声及振动监测仪器和实验室通用分析仪器及设备。

（六）经国务院批准的其他直接用于慈善事业的物资。

本办法所称用于慈善事业的物资不包括国家明令停止减免进口税收的特定商品以及汽车、生产性设备、生产性原材料及半成品等。捐赠物资应为未经使用的物品（其中，食品类及饮用水、医疗药品应在保质期内），在捐赠物资内不得夹带危害环境、公共卫生和社会道德及进行政治渗透等违禁物品。

第七条 国际和外国医疗机构在我国从事慈善和人道医疗救助活动，供免费使用的医疗药品和器械及在治疗过程中使用的消耗性的医用卫生材料比照本办法执行。

第八条 符合本办法规定的进口捐赠物资，由受赠人向海关申请办理减免税手续，海关按规定进行审核确认。经审核同意免税进口的捐赠物资，由海关按规定进行监管。

第九条 进口的捐赠物资按国家规定属于配额、特定登记和进口许可证管理的商品的，受赠人应当向有关部门申请配额、登记证明和进口许可证，海关凭证验放。

第十条 经审核同意免税进口的捐赠物资，依照《中华人民共和国公益事业捐赠法》第三章有关条款进行使用和管理。

第十一条 免税进口的捐赠物资，未经海关审核同意，不得擅自转让、抵押、质押、移作他用或者进行其他处置。如有违反，按国家有关法律、法规和海关相关管理规定处理。

第十二条 本办法由财政部会同海关总署、国家税务总局解释。

第十三条 海关总署根据本办法制定具体实施办法。

第十四条 本办法自2016年4月1日起施行，《财政部　国家税务总局　海关总署关于发布〈扶贫、慈善性捐赠物资免征进口税收暂行办法〉的通知》（财税〔2000〕152号）同时废止。

国有公益性收藏单位进口藏品免税暂行规定

手机阅读

2009年1月20日　财政部　海关总署
国家税务总局公告2009年第2号

《国有公益性收藏单位进口藏品免税暂行规定》经国务院批准，现予以公布施行。《财政部　国家税务总局　海关总署关于印发国有文物收藏单位接受境外捐赠、归还和从境外追索的中国文物进口免税暂行办法的通知》（财税〔2002〕81号）经国务院批准同时停止执行。

特此公告。

附件：1. 国有公益性收藏单位进口藏品免税暂行规定
　　　2. 免税进口藏品备案表（略）

附件1：

国有公益性收藏单位进口藏品免税暂行规定

第一条 为贯彻落实科学发展观，弘扬和传承中外传统文化艺术，提高民族文化软实力，促进我国对文物和艺术品等进口藏品的收藏和保护事业的健康发展，特制定本规定。

第二条 国有公益性收藏单位以从事永久收藏、展示和研究等公益性活动为目的，以接受境外捐赠、归还、追索和购买等方式进口的藏品，免征进口关税和进口环节增值税、消费税。

第三条 本规定所称国有公益性收藏单位，是指：

（一）国家有关部门和省、自治区、直辖市、计划单列市相关部门所属的国有公益性图书馆、博物馆、纪念馆及美术馆（以下简称省级以上国有公益性收藏单位）。

省级以上国有公益性收藏单位的名单，由财政部会同国务院有关部门以公告的形式发布。

（二）财政部会同国务院有关部门核定的其他国有公益性收藏单位。

第四条 本规定所称的藏品，是指具有收藏价值的各种材质的器皿和器具、钱币、砖瓦、石刻、印章封泥、拓本（片）、碑帖、法帖、艺术品、工艺美术品、典图、文献、古籍善本、照片、邮品、邮驿用品、徽章、家具、服装、服饰、织绣品、皮毛、民族文物、古生物化石标本和其他物品。

第五条 国有公益性收藏单位进口与其收藏范围相应的藏品，方能享受本规定的税收政策。

第六条 符合规定的国有公益性收藏单位进口藏品，应持捐赠、归还、追索和购买等有效进口证明及海关规定的其他有关文件办理海关手续。免税进口藏品属于海关监管货物。

第七条 国有公益性收藏单位免税进口的藏品应依照《中华人民共和国文物保护法》、《中华人民共和国文物保护法实施条例》和《博物馆管理办法》进行管理，建立藏品登记备案制度。免税进口藏品入境30个工作日内须记入藏品总账——进口藏品子账，列入本单位内部年度审计必审科目。同时按规定格式（见附表）报送主管文化文物行政管理部门备案，并抄报海关。

第八条 国有公益性收藏单位免税进口的藏品应永久收藏，并仅用于非营利性展示和科学研究等公益性活动，不得转让、抵押、质押或出租。

第九条 免税进口藏品如需在国有公益性收藏单位之间依照国家有关法律法规的规定进行调拨、交换、借用，应依照法律法规的规定履行相关手续，同时报送主管文化文物行政管理部门备案，并抄报海关。

国有公益性收藏单位将免税进口藏品转让、抵押、质押或出租的，由海关依照国家有关法律法规的规定予以处罚；构成犯罪的，依法追究刑事责任。

对于有上述违法违规行为的单位,在 1 年内不得享受本税收优惠政策;被依法追究刑事责任的,在 3 年内不得享受本税收优惠政策。

第十条 海关总署根据本规定制定具体实施细则。

第十一条 本规定由财政部会同海关总署和国家税务总局负责解释。

第十二条 本规定自公布之日起施行。

财政部 税务总局关于提高部分产品出口退税率的公告

手机阅读

2020 年 3 月 17 日 财政部 税务总局公告 2020 年第 15 号

现就提高部分产品出口退税率有关事项公告如下:

一、将瓷制卫生器具等 1084 项产品出口退税率提高至 13%;将植物生长调节剂等 380 项产品出口退税率提高至 9%。具体产品清单见附件。

二、本公告自 2020 年 3 月 20 日起实施。本公告所列货物适用的出口退税率,以出口货物报关单上注明的出口日期界定。

附件:提高出口退税率的产品清单(略)

财政部关于实施境外旅客购物离境退税政策的公告

手机阅读

2015 年 1 月 6 日 财政部公告 2015 年第 3 号

为落实《国务院关于促进旅游业改革发展的若干意见》(国发〔2014〕31 号)中"研究完善境外旅客购物离境退税政策,将实施范围扩大至全国符合条件的地区"的要求,完善增值税制度,促进旅游业发展,决定在全国符合条件的地区实施境外旅客购物离境退税政策(以下称离境退税政策)。经商海关总署和国家税务总局,现将有关事项公告如下:

一、离境退税政策,是指境外旅客在离境口岸离境时,对其在退税商店购买的退税物品退还增值税的政策。

境外旅客,是指在我国境内连续居住不超过 183 天的外国人和港澳台同胞。

离境口岸,是指实施离境退税政策的地区正式对外开放并设有退税代理机构的口岸,包括航空口岸、水运口岸和陆地口岸。

退税物品,是指由境外旅客本人在退税商店购买且符合退税条件的个人物品,但不包括下列物品:

（一）《中华人民共和国禁止、限制进出境物品表》所列的禁止、限制出境物品；

（二）退税商店销售的适用增值税免税政策的物品；

（三）财政部、海关总署、国家税务总局规定的其他物品。

二、境外旅客申请退税，应当同时符合以下条件：

（一）同一境外旅客同一日在同一退税商店购买的退税物品金额达到500元人民币；

（二）退税物品尚未启用或消费；

（三）离境日距退税物品购买日不超过90天；

（四）所购退税物品由境外旅客本人随身携带或随行托运出境。

三、退税物品的退税率为11%。应退增值税额的计算公式：

应退增值税额＝退税物品销售发票金额（含增值税）×退税率

四、离境退税的具体流程。

（一）退税物品购买。境外旅客在退税商店购买退税物品后，需要申请退税的，应当向退税商店索取境外旅客购物离境退税申请单和销售发票。

（二）海关验核确认。境外旅客在离境口岸离境时，应当主动持退税物品、境外旅客购物离境退税申请单、退税物品销售发票向海关申报并接受海关监管。海关验核无误后，在境外旅客购物离境退税申请单上签章。

（三）代理机构退税。无论是本地购物本地离境还是本地购物异地离境，离境退税均由设在办理境外旅客离境手续的离境口岸隔离区内的退税代理机构统一办理。境外旅客凭护照等本人有效身份证件、海关验核签章的境外旅客购物离境退税申请单、退税物品销售发票向退税代理机构申请办理增值税退税。

退税代理机构对相关信息审核无误后，为境外旅客办理增值税退税，并先行垫付退税资金。退税代理机构可在增值税退税款中扣减必要的退税手续费。

（四）税务部门结算。退税代理机构应定期向省级（即省、自治区、直辖市、计划单列市，下同）税务部门申请办理增值税退税结算。省级税务部门对退税代理机构提交的材料审核无误后，按规定向退税代理机构退付其垫付的增值税退税款，并将退付情况通报省级财政部门。

五、退税币种为人民币。退税方式包括现金退税和银行转账退税两种方式。

退税额未超过10000元的，可自行选择退税方式。退税额超过10000元的，以银行转账方式退税。

六、省级税务部门会同财政、海关等相关部门按照公平、公开、公正的原则选择退税代理机构，充分发挥市场作用，引入竞争机制，提高退税代理机构提供服务的水平。退税代理机构的具体条件，由国家税务总局商财政部和海关总署制定。未选择退税代理机构的，由税务部门直接办理增值税退税。

七、符合条件的商店报经省级税务部门备案即可成为退税商店。退税商店的具体条件由国家税务总局商财政部制定。

八、离境退税政策退税管理办法由国家税务总局会同财政部和海关总署制定，并由国家税务总局公布实施。离境退税业务海关监管办法由海关总署会同财政部和国家税务总局制定，并由海关总署公布实施。

九、同时符合以下条件的地区,省级人民政府将离境退税政策实施方案(包括拟实施日期、离境口岸、退税代理机构、办理退税场所、退税手续费负担机制、退税商店选择情况和离境退税信息管理系统试运行情况等)报财政部、海关总署和国家税务总局备案:

(一)省级人民政府同意实施离境退税政策,提交实施方案,自行负担必要的费用支出,并为海关、税务监管提供相关条件;

(二)建立有效的部门联合工作机制,在省级人民政府统一领导下,由财政部门会同海关、税务等有关部门共同协调推进,确保本地区工作平稳有序开展;

(三)使用国家税务总局商海关总署确定的跨部门、跨地区的互联互通的离境退税信息管理系统;

(四)财政部、海关总署和国家税务总局要求的其他条件。

十、离境旅客购物所退增值税款,由中央与实际办理退税地按现行出口退税负担机制共同负担。

十一、本公告公布之日起,财政部、海关总署和国家税务总局开始受理符合条件的地区的备案,并及时发布纳入离境退税政策范围的地区名单和实施日期。纳入离境退税政策范围的地区应按照本公告的规定组织落实,并可结合本地区实际情况对相关内容予以进一步明确。

财政部关于在海南开展境外旅客购物离境退税政策试点的公告

手机阅读

2010 年 12 月 21 日　　财政部公告 2010 年第 88 号

为推进海南国际旅游岛建设,国务院决定在海南省开展境外旅客购物离境退税政策(以下简称离境退税政策)试点。离境退税政策是指对境外旅客在退税定点商店购买的随身携运出境的退税物品,按规定退税的政策。财政部经商商务部、海关总署和国家税务总局,现就试点工作的有关事项公告如下:

一、离境退税政策的基本流程和适用条件

(一)离境退税政策的基本流程。离境退税政策的基本流程包括购物申请退税、海关验核确认、代理机构退税和集中退税结算四个环节。

(二)离境退税政策的适用条件。境外旅客要取得退税,应当同时符合以下条件:

1. 在退税定点商店购买退税物品,购物金额达到起退点,并且按规定取得境外旅客购物离境退税申请单等退税凭证;

2. 在离境口岸办理离境手续,离境前退税物品尚未启用或消费;

3. 离境日距退税物品购买日不超过 90 天;

4. 所购退税物品由境外旅客本人随身携运出境;

5. 所购退税物品经海关验核并在境外旅客购物离境退税申请单上签章;

6. 在指定的退税代理机构办理退税。

二、境外旅客、离境口岸、退税定点商店和退税物品

（一）境外旅客。境外旅客是指在我国境内连续居住不超过183天的外国人和港澳台同胞。

（二）离境口岸。离境口岸暂为试点地区正式对外开放的空港口岸。

（三）退税定点商店。退税定点商店是指经相关部门认定的，按规定向境外旅客销售退税物品的商店。

（四）退税物品。退税物品是指国家允许携带出境并享受退税政策的个人生活物品，但食品、饮料、水果、烟、酒、汽车、摩托车等不包括在内。退税物品目录详见附件。

三、退税税种、退税率、应退税额计算和起退点

（一）退税税种、退税率和应退税额计算。离境退税税种为增值税，退税率统一为11%。应退税额计算公式：

应退税额＝普通销售发票金额（含增值税）×退税率

（二）起退点。起退点是指同一境外旅客同一日在同一退税定点商店购买退税物品可以享受退税的最低购物金额。起退点暂定为800元人民币。

四、退税代理机构、退税方式和币种选择

（一）退税代理机构。退税代理机构是指经相关部门认定的，按规定为境外旅客办理退税的机构。

（二）退税方式和币种选择。境外旅客在办理退税时可按本公告规定自行选择退税方式和币种。退税方式包括现金退税和银行转账退税两种方式。退税币种包括人民币或自由流通的主要外币。

离境退税政策试点管理办法由国家税务总局会同财政部、商务部、海关总署商海南省人民政府另行公布。

本公告自2011年1月1日起执行。

特此公告。

附件：退税物品目录（略）

国家税务总局关于跨境电子商务综合试验区零售出口企业所得税核定征收有关问题的公告

手机阅读

2019年10月26日　国家税务总局公告2019年第36号

为支持跨境电子商务健康发展，推动外贸模式创新，有效配合《财政部 税务总局 商务部 海关总署关于跨境电子商务综合试验区零售出口货物税收政策的通知》（财税〔2018〕103号）落实工作，现就跨境电子商务综合试验区（以下简称"综试区"）内的跨境电子商务零售出口企业（以下简称"跨境

电商企业")核定征收企业所得税有关问题公告如下:

一、综试区内的跨境电商企业,同时符合下列条件的,试行核定征收企业所得税办法:

(一)在综试区注册,并在注册地跨境电子商务线上综合服务平台登记出口货物日期、名称、计量单位、数量、单价、金额的;

(二)出口货物通过综试区所在地海关办理电子商务出口申报手续的;

(三)出口货物未取得有效进货凭证,其增值税、消费税享受免税政策的。

二、综试区内核定征收的跨境电商企业应准确核算收入总额,并采用应税所得率方式核定征收企业所得税。应税所得率统一按照4%确定。

三、税务机关应按照有关规定,及时完成综试区跨境电商企业核定征收企业所得税的鉴定工作。

四、综试区内实行核定征收的跨境电商企业符合小型微利企业优惠政策条件的,可享受小型微利企业所得税优惠政策;其取得的收入属于《中华人民共和国企业所得税法》第二十六条规定的免税收入的,可享受免税收入优惠政策。

五、本公告所称综试区,是指经国务院批准的跨境电子商务综合试验区;本公告所称跨境电商企业,是指自建跨境电子商务销售平台或利用第三方跨境电子商务平台开展电子商务出口的企业。

六、本公告自2020年1月1日起施行。

特此公告。

国家税务总局关于统一小规模纳税人标准有关出口退(免)税问题的公告

手机阅读

2018年4月22日　国家税务总局公告2018年第20号

根据《财政部　税务总局关于统一增值税小规模纳税人标准的通知》(财税〔2018〕33号)、《国家税务总局关于统一小规模纳税人标准等若干增值税问题的公告》(国家税务总局公告2018年第18号)及现行出口退(免)税有关规定,现将统一小规模纳税人标准有关出口退(免)税问题公告如下:

一、一般纳税人转登记为小规模纳税人(以下称转登记纳税人)的,其在一般纳税人期间出口适用增值税退(免)税政策的货物劳务、发生适用增值税零税率跨境应税行为(以下称出口货物劳务、服务),继续按照现行规定申报和办理出口退(免)税相关事项。

自转登记日期起,转登记纳税人出口货物劳务、服务,适用增值税免税规定,按照现行小规模纳税人的有关规定办理增值税纳税申报。

出口货物劳务、服务的时间,按以下原则确定:属于向海关报关出口的货物劳务,以出口货物报关单上注明的出口日期为准;属于非报关出口销售的货物、发生适用增值税零税率跨境应税行为,以出口发票或普通发票的开具时间为准；属于保税区内出口企业或其他单位出口的货物以及经保税区出口的货物，以货物离境时海关出具的出境货物备案清单上注明的出口日期为准。

二、原实行免抵退税办法的转登记纳税人在一般纳税人期间出口货物劳务、服务，尚未申报抵扣的进项税额以及转登记日当期的期末留抵税额，计入"应交税费—待抵扣进项税额"，并参与免抵退税计算。上述尚未申报抵扣的进项税额应符合国家税务总局公告2018年第18号第四条第二款的规定。

上述转登记纳税人发生国家税务总局公告2018年第18号第五条所述情形、按照本公告第一条第一款规定申报办理出口退（免）税或者退运等情形，需要调整"应交税费—待抵扣进项税额"的，应据实调整，准确核算"应交税费—待抵扣进项税额"的变动情况。

三、原实行免退税办法的转登记纳税人在一般纳税人期间出口货物劳务、服务，尚未申报免退税的进项税额可继续申报免退税。

上述尚未申报免退税的进项税额应符合国家税务总局公告2018年第18号第四条第二款的规定。其中，用于申报免退税的海关进口增值税专用缴款书，转登记纳税人不申请进行电子信息稽核比对，应经主管税务机关查询，确认与海关进口增值税专用缴款书电子信息相符且未被用于抵扣或退税。

四、转登记纳税人结清出口退（免）税款后，应按照规定办理出口退（免）税备案变更。

委托外贸综合服务企业（以下称综服企业）代办退税的转登记纳税人，应在综服企业主管税务机关按规定向综服企业结清该转登记纳税人的代办退税款后，按照规定办理委托代办退税备案撤回。

五、转登记纳税人再次登记为一般纳税人的，应比照新发生出口退（免）税业务的出口企业或其他单位，办理出口退（免）税有关事宜。

六、本公告自2018年5月1日起施行。

特此公告。

国家税务总局关于发布《营业税改征增值税跨境应税行为增值税免税管理办法（试行）》的公告①

手机阅读

2016年5月6日　国家税务总局公告2016年第29号

国家税务总局制定了《营业税改征增值税跨境应税行为增值税免税管理办

---

① 根据《国家税务总局关于修改部分税收规范性文件的公告》（国家税务总局公告2018年第31号），本法中"国家税务局"的内容修改为"税务局"。

法（试行）》，现予以公布，自 2016 年 5 月 1 日起施行。《国家税务总局关于重新发布〈营业税改征增值税跨境应税服务增值税免税管理办法（试行）〉的公告》（国家税务总局公告 2014 年第 49 号）同时废止。

特此公告。

附件：1. 跨境应税行为免税备案表（略）
   2. 放弃适用增值税零税率声明（略）

营业税改征增值税跨境应税行为增值税免税管理办法（试行）

第一条 中华人民共和国境内（以下简称境内）的单位和个人（以下称纳税人）发生跨境应税行为，适用本办法。

第二条 下列跨境应税行为免征增值税：

（一）工程项目在境外的建筑服务。

工程总承包方和工程分包方为施工地点在境外的工程项目提供的建筑服务，均属于工程项目在境外的建筑服务。

（二）工程项目在境外的工程监理服务。

（三）工程、矿产资源在境外的工程勘察勘探服务。

（四）会议展览地点在境外的会议展览服务。

为客户参加在境外举办的会议、展览而提供的组织安排服务，属于会议展览地点在境外的会议展览服务。

（五）存储地点在境外的仓储服务。

（六）标的物在境外使用的有形动产租赁服务。

（七）在境外提供的广播影视节目（作品）的播映服务。

在境外提供的广播影视节目（作品）播映服务，是指在境外的影院、剧院、录像厅及其他场所播映广播影视节目（作品）。

通过境内的电台、电视台、卫星通信、互联网、有线电视等无线或者有线装置向境外播映广播影视节目（作品），不属于在境外提供的广播影视节目（作品）播映服务。

（八）在境外提供的文化体育服务、教育医疗服务、旅游服务。

在境外提供的文化体育服务和教育医疗服务，是指纳税人在境外现场提供的文化体育服务和教育医疗服务。

为参加在境外举办的科技活动、文化活动、文化演出、文化比赛、体育比赛、体育表演、体育活动而提供的组织安排服务，属于在境外提供的文化体育服务。

通过境内的电台、电视台、卫星通信、互联网、有线电视等媒体向境外单位或个人提供的文化体育服务或教育医疗服务，不属于在境外提供的文化体育服务、教育医疗服务。

（九）为出口货物提供的邮政服务、收派服务、保险服务。

1. 为出口货物提供的邮政服务，是指：

（1）寄递函件、包裹等邮件出境。

（2）向境外发行邮票。

（3）出口邮册等邮品。

2. 为出口货物提供的收派服务，是指为出境的函件、包裹提供的收件、分拣、派送服务。

纳税人为出口货物提供收派服务，免税销售额为其向寄件人收取的全部价款和价外费用。

3. 为出口货物提供的保险服务，包括出口货物保险和出口信用保险。

（十）向境外单位销售的完全在境外消费的电信服务。

纳税人向境外单位或者个人提供的电信服务，通过境外电信单位结算费用的，服务接受方为境外电信单位，属于完全在境外消费的电信服务。

（十一）向境外单位销售的完全在境外消费的知识产权服务。

服务实际接受方为境内单位或者个人的知识产权服务，不属于完全在境外消费的知识产权服务。

（十二）向境外单位销售的完全在境外消费的物流辅助服务（仓储服务、收派服务除外）。

境外单位从事国际运输和港澳台运输业务经停我国机场、码头、车站、领空、内河、海域时，纳税人向其提供的航空地面服务、港口码头服务、货运客运站场服务、打捞救助服务、装卸搬运服务，属于完全在境外消费的物流辅助服务。

（十三）向境外单位销售的完全在境外消费的鉴证咨询服务。

下列情形不属于完全在境外消费的鉴证咨询服务：

1. 服务的实际接受方为境内单位或者个人。
2. 对境内的货物或不动产进行的认证服务、鉴证服务和咨询服务。

（十四）向境外单位销售的完全在境外消费的专业技术服务。

下列情形不属于完全在境外消费的专业技术服务：

1. 服务的实际接受方为境内单位或者个人。
2. 对境内的天气情况、地震情况、海洋情况、环境和生态情况进行的气象服务、地震服务、海洋服务、环境和生态监测服务。
3. 为境内的地形地貌、地质构造、水文、矿藏等进行的测绘服务。
4. 为境内的城、乡、镇提供的城市规划服务。

（十五）向境外单位销售的完全在境外消费的商务辅助服务。

1. 纳税人向境外单位提供的代理报关服务和货物运输代理服务，属于完全在境外消费的代理报关服务和货物运输代理服务。
2. 纳税人向境外单位提供的外派海员服务，属于完全在境外消费的人力资源服务。外派海员服务，是指境内单位派出属于本单位员工的海员，为境外单位在境外提供的船舶驾驶和船舶管理等服务。
3. 纳税人以对外劳务合作方式，向境外单位提供的完全在境外发生的人力资源服务，属于完全在境外消费的人力资源服务。对外劳务合作，是指境内单位与境外单位签订劳务合作合同，按照合同约定组织和协助中国公民赴境外工作的活动。
4. 下列情形不属于完全在境外消费的商务辅助服务：

（1）服务的实际接受方为境内单位或者个人。

（2）对境内不动产的投资与资产管理服务、物业管理服务、房地产中介服务。

（3）拍卖境内货物或不动产过程中提供的经纪代理服务。

（4）为境内货物或不动产的物权纠纷提供的法律代理服务。

（5）为境内货物或不动产提供的安全保护服务。

（十六）向境外单位销售的广告投放地在境外的广告服务。

广告投放地在境外的广告服务，是指为在境外发布的广告提供的广告服务。

（十七）向境外单位销售的完全在境外消费的无形资产（技术除外）。

下列情形不属于向境外单位销售的完全在境外消费的无形资产：

1. 无形资产未完全在境外使用。

2. 所转让的自然资源使用权与境内自然资源相关。

3. 所转让的基础设施资产经营权、公共事业特许权与境内货物或不动产相关。

4. 向境外单位转让在境内销售货物、应税劳务、服务、无形资产或不动产的配额、经营权、经销权、分销权、代理权。

（十八）为境外单位之间的货币资金融通及其他金融业务提供的直接收费金融服务，且该服务与境内的货物、无形资产和不动产无关。

为境外单位之间、境外单位和个人之间的外币、人民币资金往来提供的资金清算、资金结算、金融支付、账户管理服务，属于为境外单位之间的货币资金融通及其他金融业务提供的直接收费金融服务。

（十九）属于以下情形的国际运输服务：

1. 以无运输工具承运方式提供的国际运输服务。

2. 以水路运输方式提供国际运输服务但未取得《国际船舶运输经营许可证》的。

3. 以公路运输方式提供国际运输服务但未取得《道路运输经营许可证》或者《国际汽车运输行车许可证》，或者《道路运输经营许可证》的经营范围未包括"国际运输"的。

4. 以航空运输方式提供国际运输服务但未取得《公共航空运输企业经营许可证》，或者其经营范围未包括"国际航空客货邮运输业务"的。

5. 以航空运输方式提供国际运输服务但未持有《通用航空经营许可证》，或者其经营范围未包括"公务飞行"的。

（二十）符合零税率政策但适用简易计税方法或声明放弃适用零税率选择免税的下列应税行为：

1. 国际运输服务。

2. 航天运输服务。

3. 向境外单位提供的完全在境外消费的下列服务：

（1）研发服务；

（2）合同能源管理服务；

（3）设计服务；

（4）广播影视节目（作品）的制作和发行服务；

(5) 软件服务；
(6) 电路设计及测试服务；
(7) 信息系统服务；
(8) 业务流程管理服务；
(9) 离岸服务外包业务。

4. 向境外单位转让完全在境外消费的技术。

第三条 纳税人向国内海关特殊监管区域内的单位或者个人销售服务、无形资产，不属于跨境应税行为，应照章征收增值税。

第四条 2016年4月30日前签订的合同，符合《财政部 国家税务总局关于将铁路运输和邮政业纳入营业税改征增值税试点的通知》（财税〔2013〕106号）附件4和《财政部 国家税务总局关于影视等出口服务适用增值税零税率政策的通知》（财税〔2015〕118号）规定的免税政策条件的，在合同到期前可以继续享受免税政策。

第五条 纳税人发生本办法第二条所列跨境应税行为，除第（九）项、第（二十）项外，必须签订跨境销售服务或无形资产书面合同。否则，不予免征增值税。

纳税人向外国航空运输企业提供空中飞行管理服务，以中国民用航空局下发的航班计划或者中国民用航空局清算中心临时来华飞行记录，为跨境销售服务书面合同。

纳税人向外国航空运输企业提供物流辅助服务（除空中飞行管理服务外），与经中国民用航空局批准设立的外国航空运输企业常驻代表机构签订的书面合同，属于与服务接受方签订跨境销售服务书面合同。外国航空运输企业临时来华飞行，未签订跨境服务书面合同的，以中国民用航空局清算中心临时来华飞行记录为跨境销售服务书面合同。

施工地点在境外的工程项目，工程分包方应提供工程项目在境外的证明、与发包方签订的建筑合同原件及复印件等资料，作为跨境销售服务书面合同。

第六条 纳税人向境外单位销售服务或无形资产，按本办法规定免征增值税的，该项销售服务或无形资产的全部收入应从境外取得，否则，不予免征增值税。

下列情形视同从境外取得收入：

（一）纳税人向外国航空运输企业提供物流辅助服务，从中国民用航空局清算中心、中国航空结算有限责任公司或者经中国民用航空局批准设立的外国航空运输企业常驻代表机构取得的收入。

（二）纳税人与境外关联单位发生跨境应税行为，从境内第三方结算公司取得的收入。上述所称第三方结算公司，是指承担跨国企业集团内部成员单位资金集中运营管理职能的资金结算公司，包括财务公司、资金池、资金结算中心等。

（三）纳税人向外国船舶运输企业提供物流辅助服务，通过外国船舶运输企业指定的境内代理公司结算取得的收入。

（四）国家税务总局规定的其他情形。

第七条 纳税人发生跨境应税行为免征增值税的，应单独核算跨境应税行为的销售额,准确计算不得抵扣的进项税额,其免税收入不得开具增值税专用发票。

纳税人为出口货物提供收派服务,按照下列公式计算不得抵扣的进项税额:

不得抵扣的进项税额 = 当期无法划分的全部进项税额 ×
(当期简易计税方法计税项目销售额 + 免征增值税项目销售额 −
为出口货物提供收派服务支付给境外合作方的费用) ÷ 当期全部销售额

第八条 纳税人发生免征增值税跨境应税行为,除提供第二条第(二十)项所列服务外,应在首次享受免税的纳税申报期内或在各省、自治区、直辖市和计划单列市国家税务局规定的申报征期后的其他期限内,到主管税务机关办理跨境应税行为免税备案手续,同时提交以下备案材料:

(一)《跨境应税行为免税备案表》(附件1);

(二)本办法第五条规定的跨境销售服务或无形资产的合同原件及复印件;

(三)提供本办法第二条第(一)项至第(八)项和第(十六)项服务,应提交服务地点在境外的证明材料原件及复印件;

(四)提供本办法第二条规定的国际运输服务,应提交实际发生相关业务的证明材料;

(五)向境外单位销售服务或无形资产,应提交服务或无形资产购买方的机构所在地在境外的证明材料;

(六)国家税务总局规定的其他资料。

第九条 纳税人发生第二条第(二十)项所列应税行为的,应在首次享受免税的纳税申报期内或在各省、自治区、直辖市和计划单列市国家税务局规定的申报征期后的其他期限内,到主管税务机关办理跨境应税行为免税备案手续,同时提交以下备案材料:

(一)已向办理增值税免抵退税或免退税的主管税务机关备案的《放弃适用增值税零税率声明》(附件2);

(二)该项应税行为享受零税率到主管税务机关办理增值税免抵退税或免退税申报时需报送的材料和原始凭证。

第十条 按照本办法第八条规定提交备案的跨境销售服务或无形资产合同原件为外文的,应提供中文翻译件并由法定代表人(负责人)签字或者单位盖章。

纳税人无法提供本办法第八条规定的境外资料原件的,可只提供复印件,注明"复印件与原件一致"字样,并由法定代表人(负责人)签字或者单位盖章;境外资料原件为外文的,应提供中文翻译件并由法定代表人(负责人)签字或者单位盖章。

主管税务机关对提交的境外证明材料有明显疑义的,可以要求纳税人提供境外公证部门出具的证明材料。

第十一条 纳税人办理跨境应税行为免税备案手续时,主管税务机关应当根据以下情况分别做出处理:

(一)备案材料存在错误的,应当告知并允许纳税人更正。

(二)备案材料不齐全或者不符合规定形式的,应当场一次性告知纳税人补正。

（三）备案材料齐全、符合规定形式的，或者纳税人按照税务机关的要求提交全部补正备案材料的，应当受理纳税人的备案，并将有关资料原件退还纳税人。

（四）按照税务机关的要求补正后的备案材料仍不符合本办法第八、九、十条规定的，应当对纳税人的本次跨境应税行为免税备案不予受理，并将所有报送材料退还纳税人。

第十二条 主管税务机关受理或者不予受理纳税人跨境应税行为免税备案，应当出具加盖本机关专用印章和注明日期的书面凭证。

第十三条 原签订的跨境销售服务或无形资产合同发生变更，或者跨境销售服务或无形资产的有关情况发生变化，变化后仍属于本办法第二条规定的免税范围的，纳税人应向主管税务机关重新办理跨境应税行为免税备案手续。

第十四条 纳税人应当完整保存本办法第八、九、十条要求的各项材料。纳税人在税务机关后续管理中不能提供上述材料的，不得享受本办法规定的免税政策，对已享受的减免税款应予补缴，并依照《中华人民共和国税收征收管理法》的有关规定处理。

第十五条 纳税人发生跨境应税行为享受免税的，应当按规定进行纳税申报。纳税人享受免税到期或实际经营情况不再符合本办法规定的免税条件的，应当停止享受免税，并按照规定申报纳税。

第十六条 纳税人发生实际经营情况不符合本办法规定的免税条件、采用欺骗手段获取免税、或者享受减免税条件发生变化未及时向税务机关报告，以及未按照本办法规定履行相关程序自行减免税的，税务机关依照《中华人民共和国税收征收管理法》有关规定予以处理。

第十七条 税务机关应高度重视跨境应税行为增值税免税管理工作，针对纳税人的备案材料，采取案头分析、日常检查、重点稽查等方式，加强对纳税人业务真实性的核实，发现问题的，按照现行有关规定处理。

第十八条 纳税人发生的与香港、澳门、台湾有关的应税行为，参照本办法执行。

第十九条 本办法自 2016 年 5 月 1 日起施行。此前，纳税人发生符合本办法第四条规定的免税跨境应税行为，已办理免税备案手续的，不再重新办理免税备案手续。纳税人发生符合本办法第二条和第四条规定的免税跨境应税行为，未办理免税备案手续但已进行免税申报的，按照本办法规定补办备案手续；未进行免税申报的，按照本办法规定办理跨境服务备案手续后，可以申请退还已缴税款或者抵减以后的应纳税额；已开具增值税专用发票的，应将全部联次追回后方可办理跨境应税行为免税备案手续。

国家税务总局关于发布《境外旅客购物离境退税管理办法（试行）》的公告①

2015年6月2日　国家税务总局公告2015年第41号

为落实国务院关于实施境外旅客购物离境退税政策的决定，经商财政部、海关总署同意，国家税务总局制定了《境外旅客购物离境退税管理办法（试行）》，现予发布。请各省级人民政府依财政部、海关总署、国家税务总局有关规定，开展相关准备工作，制定实施方案，报财政部、海关总署和国家税务总局备案。

国家税务总局商海关总署确定的跨部门、跨地区的互连互通的离境退税信息管理系统发布之前，各省级人民政府如果自行组织力量开发软件或利用其他省开发的软件，能满足离境退税管理需要的，可先行试点使用，待离境退税信息管理系统发布后，再进行切换。

海南省实施本办法之日起，《国家税务总局关于发布〈境外旅客购物离境退税海南试点管理办法〉的公告》（国家税务总局公告2010年第28号）废止。

特此公告。

附件：1. 境外旅客购物离境退税商店备案表（略）
　　　2. 退税商店标识规范（略）
　　　3. 境外旅客购物离境退税申请单（略）
　　　4. 离境退税机构标识规范（略）
　　　5. 境外旅客购物离境退税收款回执单（略）
　　　6. 境外旅客购物离境退税结算申报表（略）

境外旅客购物离境退税管理办法（试行）

第一章　总　　则

第一条　为贯彻落实国务院关于实施境外旅客购物离境退税政策的决定，根据《财政部关于实施境外旅客购物离境退税政策的公告》（财政部公告2015年第3号），制定本办法。

第二条　本办法所称：

---

① 根据《国家税务总局关于修改部分税收规范性文件的公告》（国家税务总局公告2018年第31号），全文及附件1《境外旅客购物离境退税商店备案表》中"国家税务局""国税局""主管国税机关"的内容修改为"税务局""税务局""主管税务机关"。

境外旅客，是指在我国境内连续居住不超过183天的外国人和港澳台同胞。

有效身份证件，是指标注或能够采集境外旅客最后入境日期的护照、港澳居民来往内地通行证、台湾居民来往大陆通行证等。

退税物品，是指由境外旅客本人在退税商店购买且符合退税条件的个人物品，但不包括下列物品：

（一）《中华人民共和国禁止、限制进出境物品表》所列的禁止、限制出境物品；

（二）退税商店销售的适用增值税免税政策的物品；

（三）财政部、海关总署、国家税务总局规定的其他物品。

退税商店，是指报省、自治区、直辖市和计划单列市国家税务局（以下简称省国税局）备案、境外旅客从其购买退税物品离境可申请退税的企业。

离境退税管理系统，是指符合《财政部关于实施境外旅客离境退税政策的公告》（财政部公告2015年第3号）有关条件的用于离境退税管理的计算机管理系统。

退税代理机构，是指省国税局会同财政、海关等相关部门按照公平、公开、公正的原则选择的离境退税代理机构。

第二章 退税商店的备案、变更与终止

第三条 符合以下条件的企业，经省国税局备案后即可成为退税商店。

（一）具有增值税一般纳税人资格；

（二）纳税信用等级在B级以上；

（三）同意安装、使用离境退税管理系统，并保证系统应当具备的运行条件，能够及时、准确地向主管国税机关报送相关信息；

（四）已经安装并使用增值税发票系统升级版；

（五）同意单独设置退税物品销售明细账，并准确核算。

第四条 符合条件且有意向备案的企业，填写《境外旅客购物离境退税商店备案表》（附件1）并附以下资料直接或委托退税代理机构向主管国税机关报送：

（一）主管国税机关出具的符合第三条第（一）、（二）和（四）款的书面证明；

（二）同意做到第三条第（三）、（五）款的书面同意书。

主管国税机关受理后应当在5个工作日内逐级报送至省国税局备案。省国税局应在收到备案资料15个工作日内审核备案条件，并对不符合备案条件的企业通知主管国税机关告知申请备案的企业。

第五条 省国税局向退税商店颁发统一的退税商店标识（退税商店标识规范见附件2）。退税商店应当在其经营场所显著位置悬挂退税商店标识，便于境外旅客识别。

第六条 退税商店备案资料所载内容发生变化的，应自有关变更之日起10日内，持相关证件及资料向主管国税机关办理变更手续。主管国税机关办理变更手续后，应在5个工作日内将变更情况逐级报省国税局。

退税商店发生解散、破产、撤销以及其他情形，应持相关证件及资料向主

管国税机关申请办理税务登记注销手续，由省国税局终止其退税商店备案，并收回退税商店标识，注销其境外旅客购物离境退税管理系统用户。

第七条 退税商店存在以下情形之一的，由主管国税机关提出意见逐级报省国税局终止其退税商店备案，并收回退税商店标识，注销其境外旅客购物离境退税管理系统用户。

（一）不符合本办法第三条规定条件的情形；

（二）未按规定开具《境外旅客购物离境退税申请单》（附件3，以下简称《离境退税申请单》）；

（三）开具《离境退税申请单》后，未按规定将对应发票抄报税；

（四）备案后发生因偷税、骗取出口退税等税收违法行为受到行政、刑事处理的。

第三章 离境退税申请单管理

第八条 境外旅客在退税商店购买退税物品，需要离境退税的，应当在离境前凭本人的有效身份证件及购买退税物品的增值税普通发票（由增值税发票系统升级版开具），向退税商店索取《离境退税申请单》。

第九条 《离境退税申请单》由退税商店通过离境退税管理系统开具，加盖发票专用章，交境外旅客。

退税商店开具《离境退税申请单》时，要核对境外旅客有效身份证件，同时将以下信息采集到离境退税管理系统：

（一）境外旅客有效身份证件信息以及其上标注或能够采集的最后入境日期；

（二）境外旅客购买的退税物品信息以及对应的增值税普通发票号码。

第十条 具有以下情形之一的，退税商店不得开具《离境退税申请单》：

（一）境外旅客不能出示本人有效身份证件；

（二）凭有效身份证件不能确定境外旅客最后入境日期的；

（三）购买日距境外旅客最后入境日超过183天；

（四）退税物品销售发票开具日期早于境外旅客最后入境日；

（五）销售给境外旅客的货物不属于退税物品范围；

（六）境外旅客不能出示购买退税物品的增值税普通发票（由增值税发票系统升级版开具）；

（七）同一境外旅客同一日在同一退税商店内购买退税物品的金额未达到500元人民币。

第十一条 退税商店在向境外旅客开具《离境退税申请单》后，如发生境外旅客退货等需作废销售发票或红字冲销等情形的，在作废销售发票的同时，需将作废或冲销发票对应的《离境退税申请单》同时作废。

第十二条 已办理离境退税的销售发票，退税商店不得作废或对该发票开具红字发票冲销。

第四章 退税代理机构的选择、变更与终止

第十三条 具备以下条件的银行，可以申请成为退税代理机构：

（一）能够在离境口岸隔离区内具备办理退税业务的场所和相关设施；

（二）具备离境退税管理系统运行的条件，能够及时、准确地向主管国税机关报送相关信息；

（三）遵守税收法律法规规定，三年内未因发生税收违法行为受到行政、刑事处理的；

（四）愿意先行垫付退税资金。

第十四条 退税代理机构由省国税局会同财政、海关等部门，按照公平、公开、公正的原则选择，并由省国税局公告。

第十五条 完成选定手续后，省国税局应与选定的退税代理机构签订服务协议，服务期限为两年。

第十六条 主管国税机关应加强对退税代理机构的管理，发现退税代理机构存在以下情形之一的，应逐级上报省国税局，省国税局会商同级财政、海关等部门后终止其退税代理服务，注销其离境退税管理系统用户：

（一）不符合本办法第十三条规定条件的情形；

（二）未按规定申报境外旅客离境退税结算；

（三）境外旅客离境退税结算申报资料未按规定留存备查；

（四）将境外旅客不符合规定的离境退税申请办理了退税，并申报境外旅客离境退税结算；

（五）在服务期间发生税收违法行为受到行政、刑事处理的；

（六）未履行与省国税局签订的服务协议。

第十七条 退税代理机构应当在离境口岸隔离区内设置专用场所，并在显著位置用中英文做出明显标识（退税代理机构标识规范见附件4）。退税代理机构设置标识应符合海关监管要求。

第五章 离境退税的办理流程

第十八条 境外旅客离境时，应向海关办理退税物品验核确认手续。

第十九条 境外旅客向退税代理机构申请办理离境退税时，须提交以下资料：

（一）本人有效身份证件；

（二）经海关验核签章的《离境退税申请单》。

第二十条 退税代理机构接到境外旅客离境退税申请的，应首先采集申请离境退税的境外旅客本人有效身份证件信息，并在核对以下内容无误后，按海关确认意见办理退税：

（一）提供的离境退税资料齐全；

（二）《离境退税申请单》上所载境外旅客信息与采集申请离境退税的境外旅客本人有效身份证件信息一致；

（三）《离境退税申请单》经海关验核签章；

（四）境外旅客离境日距最后入境日未超过183天；

（五）退税物品购买日距离境日未超过90天；

（六）《离境退税申请单》与离境退税管理系统比对一致。

第二十一条 退税款的计算。以离境的退税物品的增值税普通发票金额

（含增值税）为依据，退税率为11%，计算应退增值税额。计算公式为：

应退增值税额＝离境的退税物品销售发票金额（含增值税）×退税率
实退增值税额＝应退增值税额－退税代理机构办理退税手续费

第二十二条 退税币种为人民币。退税金额超过10000元人民币的，退税代理机构应以银行转账方式退税。退税金额未超过10000元人民币的，根据境外旅客选择，退税代理机构采用现金退税或银行转账方式退税。

境外旅客领取或者办理领取退税款时，应当签字确认《境外旅客购物离境退税收款回执单》（附件5）。

第二十三条 若离境退税管理系统因故不能及时提供相关信息比对时，退税代理机构可先按照本办法第二十一条规定计算应退增值税额，在系统可提供相关信息并比对无误后在系统中确认，并采取银行转账方式办理退税。

第二十四条 退税代理机构办理退税应于每月15日前，通过离境退税管理系统将上月为境外旅客办理离境退税金额生成《境外旅客购物离境退税结算申报表》（附件6），报送主管国税机关，作为申报境外旅客离境退税结算的依据。同时将以下资料装订成册，留存备查：

（一）《境外旅客购物离境退税结算申报表》；
（二）经海关验核签章的《离境退税申请单》；
（三）经境外旅客签字确认的《境外旅客购物离境退税收款回执单》。

第二十五条 退税代理机构首次向主管国税机关申报境外旅客离境退税结算时，应首先提交与省国税局签订的服务协议、《出口退（免）税备案表》进行备案。

第二十六条 主管国税机关对退税代理机构提交的境外旅客购物离境退税结算申报数据审核、比对无误后，按照规定开具《税收收入退还书》，向退税代理机构办理退付。省国税局应按月将离境退税情况通报同级财政机关。

第六章　信息传递与交换

第二十七条 主管国税机关、海关、退税代理机构和退税商店应传递与交换相关信息。

第二十八条 退税商店通过离境退税管理系统开具境外旅客购物离境退税申请单，并实时向主管国税机关传送相关信息。

第二十九条 退税代理机构通过离境退税管理系统为境外旅客办理离境退税，并实时向主管国税机关传送相关信息。

第七章　附　　则

第三十条 本办法自发布之日起执行。

国家税务总局关于《出口货物劳务增值税和消费税管理办法》有关问题的公告[①]

2013年3月13日 国家税务总局公告2013年第12号

为准确执行出口货物劳务税收政策,进一步规范管理,国家税务总局细化、完善了《出口货物劳务增值税和消费税管理办法》(国家税务总局公告2012年第24号,以下简称《管理办法》)有关条款,现公告如下:

一、出口退(免)税资格认定

(一)出口企业或其他单位申请办理出口退(免)税资格认定时,除提供《管理办法》规定的资料外,还应提供《出口退(免)税资格认定申请表》电子数据。

(二)出口企业或其他单位申请变更退(免)税办法的,经主管税务机关批准变更的次月起按照变更后的退(免)税办法申报退(免)税。企业应将批准变更前全部出口货物按变更前退(免)税办法申报退(免)税,变更后不得申报变更前出口货物退(免)税。

原执行免退税办法的企业,在批准变更次月的增值税纳税申报期内可将原计入出口库存账的且未申报免退税的出口货物向主管税务机关申请开具《出口转内销证明》。

---

① 根据《国家税务总局关于优化整合出口退税信息系统 更好服务纳税人有关事项的公告》(国家税务总局公告2021年第15号),本法第四条、附件21被废止。

根据《国家税务总局关于出口退(免)税申报有关问题的公告》(国家税务总局公告2018年第16号),本法第二条第(二)项、第(十八)项、第二条第(十)项第3目被废止。

根据《国家税务总局关于公布失效废止的税务部门规章和税收规范性文件目录的决定》(国家税务总局令第42号),第五条第(一)(十)项被废止。

根据《国家税务总局关于逾期未申报的出口退(免)税可延期申报的公告》(国家税务总局公告2015年第44号),本法第二条第(十八)项中出口企业或其他单位提出的出口退(免)税延期申请,需经省、自治区、直辖市、计划单列市国家税务局批准的规定,停止执行。

根据《国家税务总局关于出口退(免)税有关问题的公告》(国家税务总局公告2015年第29号),本法第五条第(十四)项被废止。

根据《国家税务总局关于调整出口退(免)税申报办法的公告》(国家税务总局公告2013年第61号),本法与国家税务总局公告2013年第61号相冲突的内容被废止。

原执行免抵退税办法的企业，应将批准变更当月的《免抵退税申报汇总表》中"当期应退税额"填报在批准变更次月的《增值税纳税申报表》"免、抵、退应退税额"栏中。

企业按照变更前退（免）税办法已申报但在批准变更前未审核办理的退（免）税，主管税务机关对其按照原退（免）税办法单独审核、审批办理。对原执行免抵退税办法的企业，主管税务机关对已按免抵退税办法申报的退（免）税应全部按规定审核通过后，一次性审批办理退（免）税。

退（免）税办法由免抵退税变更为免退税的，批准变更前已通过认证的增值税专用发票或取得的海关进口增值税专用缴款书，出口企业或其他单位不得作为申报免退税的原始凭证。

（三）出口企业申请注销出口退（免）税认定资格但不需要注销税务登记的，按《管理办法》第三条第（五）项相关规定办理。

二、出口退（免）税申报

（一）出口企业或其他单位应使用出口退税申报系统办理出口货物劳务退（免）税、免税申报业务及申请开具相关证明业务。《管理办法》及本公告中要求出口企业或其他单位报送的电子数据应均通过出口退税申报系统生成、报送。在出口退税申报系统信息生成、报送功能升级完成前，涉及需报送的电子数据，可暂报送纸质资料。

出口退税申报系统可从国家税务总局网站免费下载或由主管税务机关免费提供。

（二）出口企业或其他单位应先通过税务机关提供的远程预申报服务进行退（免）税预申报，在排除录入错误后，方可进行正式申报。税务机关不能提供远程预申报服务的，企业可到主管税务机关进行预申报。

出口企业或其他单位退（免）税凭证电子信息不齐的出口货物劳务，可进行正式退（免）税申报，但退（免）税需在税务机关按规定对电子信息审核通过后方能办理。

（三）在出口货物报关单上的申报日期和出口日期期间，若海关调整商品代码，导致出口货物报关单上的商品代码与调整后的商品代码不一致的，出口企业或其他单位应按照出口货物报关单上列明的商品代码申报退（免）税，并同时报送《海关出口商品代码、名称、退税率调整对应表》（附件1）及电子数据。

（四）出口企业或其他单位进行正式退（免）税申报时须提供的原始凭证，应按明细申报表载明的申报顺序装订成册。

（五）2013年5月1日以后报关出口的货物（以出口货物报关单上的出口日期为准），除下款规定以外，出口企业或其他单位申报出口退（免）税提供的出口货物报关单上的第一计量单位、第二计量单位，及出口企业申报的计量单位，至少有一个应同与其匹配的增值税专用发票上的计量单位相符，且上述出口货物报关单、增值税专用发票上的商品名称须相符，否则不得申报出口退（免）税。

如属同一货物的多种零部件需要合并报关为同一商品名称的，企业应将出口货物报关单、增值税专用发票上不同商品名称的相关性及不同计量单位的折算标准向主管税务机关书面报告，经主管税务机关确认后，可申报退（免）税。

（六）受托方将代理多家企业出口的货物集中一笔报关出口的，委托方可提供该出口货物报关单的复印件申报出口退（免）税。

（七）出口企业或其他单位出口并按会计规定做销售的货物，须在做销售的次月进行增值税纳税申报。生产企业还需办理免抵退税相关申报及消费税免税申报（属于消费税应税货物的）。《管理办法》第四条第（一）项第一款和第五条第（一）项第一款与此冲突的规定，停止执行。

《管理办法》第四条第（一）项第二款和第五条第（一）项第二款中的"逾期"是指超过次年4月30日前最后一个增值税纳税申报期截止之日。

（八）属于增值税一般纳税人的集成电路设计、软件设计、动漫设计企业及其他高新技术企业出口适用增值税退（免）税政策的货物，实行免抵退税办法，按《管理办法》第四条及本公告有关规定申报出口退（免）税。

（九）生产企业申报免抵退税时，若报送的《生产企业出口货物免、抵、退税申报明细表》中的离岸价与相应出口货物报关单上的离岸价不一致的，应按主管税务机关的要求填报《出口货物离岸价差异原因说明表》（附件2）及电子数据。

（十）从事进料加工业务的生产企业，自2013年7月1日起，按下列规定办理进料加工出口货物退（免）税的申报及手（账）册核销业务。《管理办法》第四条第（三）项停止执行。2013年7月1日以前，企业已经在主管税务机关办理登记手续的进料加工手（账）册，按原办法办理免抵退税申报、进口料件申报、手（账）册核销（电子账册核销指海关办结一个周期核销手续后的核销）。

1. 进料加工计划分配率的确定

2012年1月1日至2013年6月15日已在税务机关办理过进料加工手（账）册核销的企业，2013年度进料加工业务的计划分配率为该期间税务机关已核销的全部手（账）册的加权平均实际分配率。主管税务机关应在2013年7月1日以前，计算并与企业确认2013年度进料加工业务的计划分配率。

2012年1月1日至2013年6月15日未在税务机关办理进料加工业务手（账）册核销的企业，当年进料加工业务的计划分配率为2013年7月1日后首份进料加工手（账）册的计划分配率。企业应在首次申报2013年7月1日以后进料加工手（账）册的进料加工出口货物免抵退税前，向主管税务机关报送《进料加工企业计划分配率备案表》（附件3）及其电子数据。

2. 进料加工出口货物的免抵退税申报

对进料加工出口货物，企业应以出口货物人民币离岸价扣除出口货物耗用的保税进口料件金额的余额为增值税退（免）税的计税依据。按《管理办法》第四条的有关规定，办理免抵退税相关申报。

进料加工出口货物耗用的保税进口料件金额＝进料加工出口货物人民币离岸价×进料加工计划分配率

计算不得免征和抵扣税额时，应按当期全部出口货物的离岸价扣除当期全部进料加工出口货物耗用的保税进口料件金额后的余额乘以征退税率之差计算。进料加工出口货物收齐有关凭证申报免抵退税时，以收齐凭证的进料加工出口货物人民币离岸价扣除其耗用的保税进口料件金额后的余额计算免抵退税额。

3. 年度进料加工业务的核销

自2014年起，企业应在本年度4月20日前，向主管税务机关报送《生产企业进料加工业务免抵退税核销申报表》（附件4）及电子数据，申请办理上年度海关已核销的进料加工手（账）册项下的进料加工业务核销手续。企业申请核销后，主管税务机关不再受理其上一年度进料加工出口货物的免抵退税申报。4月20日之后仍未申请核销的，该企业的出口退（免）税业务，主管税务机关暂不办理，待其申请核销后，方可办理。

主管税务机关受理核销申请后，应通过出口退税审核系统提取海关联网监管加工贸易电子数据中的进料加工"电子账册（电子化手册）核销数据"以及进料加工业务的进、出口货物报关单数据，计算生成《进料加工手（账）册实际分配率反馈表》（附件5），交企业确认。

企业应及时根据进料加工手（账）册实际发生的进出口情况对反馈表中手（账）册实际分配率进行核对。经核对相符的，企业应对该手（账）册进行确认；核对不相符的，企业应提供该手（账）册的实际进出口情况。核对完成后，企业应在《进料加工手（账）册实际分配率反馈表》中填写确认意见及需要补充的内容，加盖公章后交主管税务机关。

主管税务机关对于企业未确认相符的手（账）册，应提取海关联网监管加工贸易电子数据中的该手（账）册的进料加工"电子账册（电子化手册）核销数据"以及进、出口货物报关单数据，反馈给企业。对反馈的数据缺失或与纸质报关单不一致的，企业应及时向报关海关申请查询，并根据该手（账）册实际发生的进出口情况将缺失或不一致的数据填写《已核销手（账）册海关数据调整报告表（进口报关单/出口报关单）》（附件6-1，附件6-2），报送至主管税务机关，同时附送电子数据、相关报关单原件、向报关海关查询情况的书面说明。

主管税务机关应将企业报送的《已核销手（账）册海关数据调整报告表》电子数据读入出口退税审核系统，重新计算生成《进料加工手（账）册实际分配率反馈表》。在企业对手（账）册的实际分配率确认后，主管税务机关按照企业确认的实际分配率对进料加工业务进行核销，并将《生产企业进料加工业务免抵退税核销表》（附件7）交企业。企业应在次月根据该表调整前期免抵退税额及不得免征和抵扣税额。

主管税务机关完成年度核销后，企业应以《生产企业进料加工业务免抵退税核销表》中的"上年度已核销手（账）册综合实际分配率"，作为当年度进料加工计划分配率。

4. 企业申请注销或变更退（免）税办法的，应在申请注销或变更退（免）税办法前按照上述办法进行进料加工业务的核销。

（十一）符合《财政部　国家税务总局关于出口货物劳务增值税和消费税政策的通知》（财税〔2012〕39号）第九条第（四）项规定的生产企业，应在交通运输工具和机器设备出口合同签订后，报送《先退税后核销资格申请表》（见附件8）及电子数据，经主管税务机关审核同意后，按照以下规定办理出口免抵退税申报、核销：

1. 企业应在交通运输工具或机器设备自会计上做销售后，与其他出口货物劳务一并向主管税务机关办理免抵退税申报（在《生产企业出口货物免、抵、退税申报明细表》"出口收汇核销单号"栏中填写出口合同号，"业务类型"栏填写"XTHH"），并附送下列资料：

（1）出口合同（复印件，仅第一次申报时提供）；
（2）企业财务会计制度（复印件，仅第一次申报时提供）；
（3）出口销售明细账（复印件）；
（4）《先退税后核销企业免抵退税申报附表》（附件9）及其电子数据；
（5）年度财务报表（年度结束后至4月30日前报送）；
（6）收款凭证（复印件，取得预付款的提供）；
（7）主管税务机关要求提供的其他资料。

2. 交通工具或机器设备报关出口之日起3个月内，企业应在增值税纳税申报期，按《管理办法》第四条规定收齐有关单证，申报免抵退税，办理已退（免）税的核销。

（十二）已申报免抵退税的出口货物发生退运，及需改为免税或征税的，应在上述情形发生的次月增值税纳税申报期内用负数申报冲减原免抵退税申报数据，并按现行会计制度的有关规定进行相应调整。《管理办法》第四条第（五）项与此冲突的规定停止执行。

（十三）免税品经营企业应根据《企业法人营业执照》规定的经营货物范围，填写《免税品经营企业销售货物退税备案表》（附件10）并生成电子数据，报主管税务机关备案。如企业的经营范围发生变化，应在变化之日后的首个增值税纳税申报期内进行补充填报。

（十四）用于对外承包工程项目的出口货物，由出口企业申请退（免）税。出口企业如属于分包单位的，申请退（免）税时，须补充提供分包合同（协议）。本项规定自2012年1月1日起开始执行。《管理办法》第六条第二款第（二）项与此冲突的规定，停止执行。

（十五）销售给海上石油天然气开采企业自产的海洋工程结构物，生产企业申报出口退（免）税时，应在《生产企业出口货物免、抵、退税申报明细表》的"备注栏"中填写购货企业的纳税人识别号和购货企业名称。

（十六）申报修理修配船舶退（免）税的，应提供在修理修配业务中使用零部件、原材料的贸易方式为"一般贸易"的出口货物报关单。出口货物报关单中"标记唛码及备注"栏注明修理船舶或被修理船舶名称的，以被修理船舶作为出口货物。

（十七）为国外（地区）企业的飞机（船舶）提供航线维护（航次维修）的货物劳务，出口企业（维修企业）申报退（免）税时应将国外（地区）企业名称、航班号（船名）填写在《生产企业出口货物免、抵、退税申报明细表》的第22栏"备注"中，并提供以下资料：

1. 与被维修的国外（地区）企业签订的维修合同；
2. 出口发票；
3. 国外（地区）企业的航班机长或外轮船长签字确认的维修单据〔须注

明国外（地区）企业名称和航班号（船名）〕。

（十八）出口企业或其他单位发生的真实出口货物劳务，由于以下原因造成在规定期限内未收齐证单无法申报出口退（免）税的，应在退（免）税申报期限截止之日向主管税务机关提出申请，并提供相关举证材料，经主管税务机关审核、逐级上报省级国家税务局批准后，可进行出口退（免）税申报。本项规定从 2011 年 1 月 1 日起执行。2011 年 1 月 1 日前发生的同样情形的出口货务劳务，出口企业可在 2013 年 6 月 30 日前按照本项规定办理退（免）税申报，逾期的，主管税务机关不再受理此类申报。

1. 自然灾害、社会突发事件等不可抗力因素；
2. 出口退（免）税申报凭证被盗、抢，或者因邮寄丢失、误递；
3. 有关司法、行政机关在办理业务或者检查中，扣押出口退（免）税申报凭证；
4. 买卖双方因经济纠纷，未能按时取得出口退（免）税申报凭证；
5. 由于企业办税人员伤亡、突发危重疾病或者擅自离职，未能办理交接手续，导致不能按期提供出口退（免）税申报凭证；
6. 由于企业向海关提出修改出口货物报关单申请，在退（免）税期限截止之日海关未完成修改，导致不能按期提供出口货物报关单；
7. 国家税务总局规定的其他情形。

三、适用免税政策的出口货物劳务申报

（一）《管理办法》第十一条第（七）项中"未在规定的纳税申报期内按规定申报免税"是指出口企业或其他单位未在报关出口之日的次月至次年 5 月 31 日前的各增值税纳税申报期内填报《免税出口货物劳务明细表》（附件 11），提供正式申报电子数据，向主管税务机关办理免税申报手续。

（二）出口企业或其他单位在按《管理办法》第九条第（二）项规定办理免税申报手续时，应将以下凭证按《免税出口货物劳务明细表》载明的申报顺序装订成册，留存企业备查：

1. 出口货物报关单（如无法提供出口退税联的，可提供其他联次代替）；
2. 出口发票；
3. 委托出口的货物，还应提供受托方主管税务机关出具的代理出口货物证明；
4. 属购进货物直接出口的，还应提供相应的合法有效的进货凭证。合法有效的进货凭证包括增值税专用发票、增值税普通发票及其他普通发票、海关进口增值税专用缴款书、农产品收购发票、政府非税收入票据；
5. 以旅游购物贸易方式报关出口的货物暂不提供上述第 2、4 项凭证。

（三）出口企业或其他单位申报的出口货物免税销售额与出口货物报关单上的离岸价不一致（来料加工出口货物除外）的，应在报送《免税出口货物劳务明细表》的同时报送《出口货物离岸价差异原因说明表》及电子数据。

（四）主管税务机关已受理出口企业或其他单位的退（免）税申报，但在免税申报期限之后审核发现按规定不予退（免）税的出口货物，若符合免税条件，企业可在主管税务机关审核不予退（免）税的次月申报免税。

（五）出口企业从事来料加工委托加工业务的，应在海关签发来料加工核销结案通知书之日（以结案日期为准）起至次月的增值税纳税申报期内，提供出口货物报关单的非"出口退税专用"联原件或复印件，按照《管理办法》第九条第（四）项第 2 目第（2）规定办理来料加工出口货物免税核销手续。未按规定办理来料加工出口货物免税核销手续或经主管税务机关审核不予办理免税核销的，应按规定补缴来料加工加工费的增值税。

（六）出口企业或其他单位按照《管理办法》第十一条第（八）项规定放弃免税的，应向主管税务机关报送《出口货物劳务放弃免税权声明表》（附件12），办理备案手续。自备案次月起执行征税政策，36 个月内不得变更。

四、有关单证证明办理

委托出口货物发生退运的，应由委托方向主管税务机关申请开具《出口货物退运已补税（未退税）证明》转交受托方，受托方凭该证明向主管税务机关申请开具《出口货物退运已补税（未退税）证明》。《管理办法》第十条第（三）项与此冲突的内容停止执行。

五、其他补充规定

（一）符合《管理办法》第十一条第（三）项规定的集团公司，集团公司总部在申请认定时应提供以下资料：

1.《集团公司成员企业认定申请表》（附件13）及电子申报数据；
2. 集团公司总部及其控股的生产企业的营业执照副本复印件；
3. 集团公司总部及其控股的生产企业的《出口退（免）税资格认定表》复印件；
4. 集团公司总部及其控股生产企业的章程复印件；
5. 主管税务机关要求报送的其他资料。

（二）外贸企业在 2012 年 6 月 30 日以前签订的委托加工业务合同，如果在 2012 年 7 月 1 日以后收回加工货物并在 2013 年 6 月 30 日前出口的，按 2012 年 6 月 30 日以前的规定申报出口退（免）税。外贸企业须在 2013 年 4 月 30 日前向主管税务机关提供上述合同进行备案。

（三）为适应货物贸易外汇管理制度改革，《管理办法》中涉及到出口收汇核销单的规定不再执行。

2012 年 8 月 1 日后报关出口的货物，以及截至 2012 年 7 月 31 日未到出口收汇核销期限或者已到出口收汇核销期限的但未核销的 2012 年 8 月 1 日前报关出口的货物，出口企业或其他单位在申报出口退（免）税、免税时，不填写《管理办法》附件中涉及出口收汇核销单的报表栏目。

（四）经税务机关审核发现的出口退（免）税疑点，出口企业或其他单位应按照主管税务机关的要求接受约谈、提供书面说明情况、报送《生产企业出口业务自查表》（附件14）或《外贸企业出口业务自查表》（附件15）及电子数据。

出口货物的供货企业主管税务机关按照规定需要对供货的真实性及纳税情况进行核实的，供货企业应填报《供货企业自查表》（附件16），具备条件的，应按照主管税务机关的要求同时报送电子数据。

（五）主管税务机关发现出口企业或其他单位的出口业务有以下情形之一的，该笔出口业务暂不办理出口退（免）税。已办理的，主管税务机关可按照所涉及的退税额对该企业其他已审核通过的应退税款暂缓办理出口退（免）税，无其他应退税款或应退税款小于所涉及退税额的，可由出口企业提供差额部分的担保。待税务机关核实排除相应疑点后，方可办理退（免）税或解除担保。

1. 因涉嫌骗取出口退税被税务机关稽查部门立案查处未结案；
2. 因涉嫌出口走私被海关立案查处未结案；
3. 出口货物报关单、出口发票、海运提单等出口单证的商品名称、数量、金额等内容与进口国家（或地区）的进口报关数据不符；
4. 涉嫌将低退税率出口货物以高退税率出口货物报关；
5. 出口货物的供货企业存在涉嫌虚开增值税专用发票等需要对其供货的真实性及纳税情况进行核实的疑点。

（六）主管税务机关发现出口企业或其他单位购进出口的货物劳务存在财税〔2012〕39号文件第七条第（一）项第4目、第5目和第7目情形之一的，该批出口货物劳务的出口货物报关单上所载明的其他货物，主管税务机关须排除骗税疑点后，方能办理退（免）税。

（七）出口企业或其他单位被列为非正常户的，主管税务机关对该企业暂不办理出口退税。

（八）出口企业或其他单位未按规定进行单证备案（因出口货物的成交方式特性，企业没有有关备案单证的情况除外）的出口货物，不得申报退（免）税，适用免税政策。已申报退（免）税的，应用负数申报冲减原申报。

（九）出口企业或其他单位出口的货物劳务，主管税务机关如果发现有下列情形之一的，按财税〔2012〕39号文件第七条第（一）项第4目和第5目规定，适用增值税征税政策。查实属于偷骗税的，应按相应的规定处理。

1. 提供的增值税专用发票、海关进口增值税专用缴款书等进货凭证为虚开或伪造；
2. 提供的增值税专用发票是在供货企业税务登记被注销或被认定为非正常户之后开具；
3. 提供的增值税专用发票抵扣联上的内容与供货企业记账联上的内容不符；
4. 提供的增值税专用发票上载明的货物劳务与供货企业实际销售的货物劳务不符；
5. 提供的增值税专用发票上的金额与实际购进交易的金额不符；
6. 提供的增值税专用发票上的货物名称、数量与供货企业的发货单、出库单及相关国内运输单据等凭证上的相关内容不符，数量属合理损溢的除外；
7. 出口货物报关单上的出口日期早于申报退税匹配的进货凭证上所列货物的发货时间（供货企业发货时间）或生产企业自产货物发货时间；
8. 出口货物报关单上载明的出口货物与申报退税匹配的进货凭证上载明的货物或生产企业自产货物不符；
9. 出口货物报关单上的商品名称、数量、重量与出口运输单据载明的不符，数量、重量属合理损溢的除外；
10. 生产企业出口自产货物的，其生产设备、工具不能生产该种货物；
11. 供货企业销售的自产货物，其生产设备、工具不能生产该种货物；
12. 供货企业销售的外购货物，其购进业务为虚假业务；

13. 供货企业销售的委托加工收回货物，其委托加工业务为虚假业务；

14. 出口货物的提单或运单等备案单证为伪造、虚假；

15. 出口货物报关单是通过报关行等单位将他人出口的货物虚构为本企业出口货物的手段取得。

（十）以边境小额贸易方式代理外国企业、外国自然人报关出口的货物（国家取消出口退税的货物除外），可按下列规定办理备案手续，办理过备案的上述货物，不进行增值税和消费税的纳税、免税申报。

1. 边境地区出口企业应在货物出口之前，提供下列资料向主管税务机关办理备案登记手续：

（1）企业相关人员签字、盖有单位公章且填写内容齐全的纸质《以边境小额贸易方式代理外国企业、外国自然人报关出口货物备案登记表》（见附件17）及电子数据；

（2）代理出口协议原件及复印件。代理出口协议以外文拟定的，需同时提供中文翻译版本。

（3）委托方经办人护照或外国边民的边民证原件和复印件。

2. 边境地区出口企业应在货物报关出口之日（以出口货物报关单上的出口日期为准）次月起至次年4月30日前的各增值税纳税申报期内，提供下列资料向主管税务机关办理代理报关备案核销手续：

（1）企业相关人员签字、盖有单位公章且填写内容齐全的纸质《以边境小额贸易方式代理外国企业、外国自然人报关出口货物备案核销表》（见附件18）及电子数据；

（2）出口货物报关单（出口退税专用联，以人民币结算的为盖有海关验讫章其他联次）。

3. 边境地区出口企业代理报关出口的货物属国家明确取消出口退（免）税的，按有关规定适用增值税、消费税征税政策。

4. 边境地区出口企业在2011年1月1日至本公告执行之日代理外国企业、外国自然人报关出口的货物（以出口货物报关单上的出口日期为准），应在2013年4月30日前的各增值税纳税申报期内，提供本项第2目所列的资料，向主管税务机关办理代理报关备案核销手续。

5. 边境地区出口企业未按照本项规定办理代理报关备案登记、备案核销的，主管税务机关可取消其按照代理报关备案管理的资格，并可按《中华人民共和国税收征收管理法》第六十二条等有关规定处理。

（十一）出口企业或其他单位出口财税〔2012〕39号文件第九条第（二）项第6目所列货物的，如果出口货物有两种及两种以上原材料为财税〔2012〕39号文件附件9所列原材料的，按主要原材料适用政策执行。主要原材料是指出口货物材料成本中比例最高的原材料。

（十二）输入特殊区域的水电气，区内生产企业用于出租、出让厂房的，不得申报退税，进项税额须转入成本。

（十三）出口企业或其他单位可填报《出口企业或其他单位选择出口退税业务提醒信息申请表》（见附件19），向主管税务机关申请免费的出口退税业务提醒服务。已申请出口退税业务提醒服务的，企业负责人、联系电话、邮箱等相关信息发生变化时,应及时向主管税务机关申请变更。

出口企业或其他单位应按照国家制发的出口退(免)税相关政策和管理规定办理出口退(免)税业务。主管税务机关提供的出口退税业务提醒服务仅为出口企业和其他单位参考,不作为办理出口退(免)税的依据。

(十四)出口企业或其他单位应于每年11月15日至30日,根据本年度实际出口情况及次年计划出口情况,向主管税务机关填报《出口企业预计出口情况报告表》(见附件20)及电子数据。

(十五)《管理办法》及本公告中要求同时提供原件和复印件的资料,出口企业或其他单位提供的复印件上应注明"与原件相符"字样,并加盖企业公章。主管税务机关在核对复印件与原件相符后,将原件退回,留存复印件。

六、本公告除已明确执行时间的规定外,其他规定自2013年4月1日起执行,《废止文件目录》(见附件22)所列文件条款同时废止。

特此公告。

附件:(略)

1. 海关出口商品代码、名称、退税率调整对应表
2. 出口货物离岸价差异原因说明表
3. 进料加工企业计划分配率备案表
4. 生产企业进料加工业务免抵退税核销申报表
5. 进料加工手(账)册实际分配率反馈表
6-1. 已核销手(账)册海关数据调整报告表(进口报关单)
6-2. 已核销手(账)册海关数据调整报告表(出口报关单)
7. 生产企业进料加工业务免抵退税核销表
8. 先退税后核销资格申请表
9. 先退税后核销企业免抵退税申报附表
10. 免税品经营企业销售货物退税备案表
11. 免税出口货物劳务明细表
12. 出口货物劳务放弃免税权声明表
13. 集团公司成员企业认定申请表
14. 生产企业出口业务自查表
15. 外贸企业出口业务自查表
16. 供货企业自查表
17. 以边境小额贸易方式代理外国企业、外国自然人报关出口货物备案登记表
18. 以边境小额贸易方式代理外国企业、外国自然人报关出口货物备案核销表
19. 出口企业或其他单位选择出口退税业务提醒信息申请表
20. 出口企业预计出口情况报告表
21. 退(免)税货物、标识对照表
22. 废止文件目录

海关总署关于调整大嶝对台小额商品交易市场税收政策的公告

2012年10月31日　海关总署公告2012年第52号

国务院批准,自2012年11月1日起,对大嶝对台小额商品交易市场税收政策进行调整,具体调整内容如下:

一、进入大嶝对台小额商品交易市场的人员每日免税携带入境的原产于台湾的商品总值,由目前每人每日3000元人民币提高到每人每日6000元人民币。

二、交易市场的部分商品需在数量限制内携带入境(详见附件)。

特此公告。

附件:大嶝对台小额商品交易市场携带入境数量限制商品清单(略)

海关总署关于对海关支持软件产业和集成电路产业发展的有关政策规定和措施的公告

2011年5月12日　海关总署公告2011年第30号

为贯彻落实《国务院关于印发进一步鼓励软件产业和集成电路产业发展若干政策的通知》(国发〔2011〕4号)精神,进一步推动我国软件产业和集成电路产业的发展,增强信息产业创新能力和国际竞争力,现将海关支持软件产业和集成电路产业发展的有关政策规定和措施公告如下:

一、经认定的软件企业进口所需的自用设备,以及按照合同随设备进口的技术(含软件)及配套件、备件,不需出具确认书,不占用投资总额,除《外商投资项目不予免税的进口商品目录》和《国内投资项目不予免税的进口商品目录》所列商品外,免征进口关税,照章征收进口环节增值税。

软件企业向其所在地海关申请办理免税手续时,应当提交企业营业执照、相关主管部门认定有关企业为软件企业的证明文件以及年审合格的证明文件等相关材料。企业未能按照规定向海关提交齐全、有效材料的,海关不予受理申请。

二、经认定的线宽小于0.25微米或投资额超过80亿元人民币的集成电路生产企业和经认定的线宽小于0.8微米(含)的集成电路生产企业,其进口自用生产性原材料、消耗品,净化室专用建筑材料、配套系统,以及集成电路生产设备零、配件,可以继续按照《海关总署关于集成电路生产企业进口自用生产性原材料等享受税收优惠政策的通知》(署税发〔2002〕328号)、《海关总署关于集成电路生产企业进口净化室专用建筑材料等享受税收优惠政策的通知》(署税发〔2002〕329号)和《财政部 海关总署 国家税务总局 信息产业部关于线宽小于0.8微米(含)集成电路企业进口自用生产性原材料、消耗品享受税收优惠政策的通知》(财关税〔2004〕45号)的有关规定向企业所在地海关申请办理免征关税和进口环节增值税的相关手续。

三、经认定的集成电路设计企业和符合条件的软件企业的进口料件,符合现行法律、法规和政策规定的,可享受保税政策。

四、软件企业和集成电路设计企业需要临时进口的自用设备(包括开发测试设备、软硬件环境、样机及部件、元器件等),经地市级商务主管部门确认,软件企业和集成电路设计企业可以向海关申请上述设备按暂时进境货物监管,其进口税收按现行法规执行。

五、符合条件的软件企业和集成电路企业可以向货物进、出口地海关申请预约通关服务。

六、本公告内容自发布之日起实施。

特此公告。

海关总署关于进口粗铜中含金部分免征进口环节增值税有关问题的公告

手机阅读

2009年10月30日 海关总署公告2009年第69号

经国务院批准,自2009年11月1日起,对进口粗铜中所含的黄金价值部分免征进口环节增值税,非黄金价值部分仍照章征收进口环节增值税。现就有关事项公告如下:

一、享受上述进口税收优惠政策的粗铜仅指归入税则号列74020000项下的锭状未精炼铜。

二、进口锭状未精炼铜的进口货物收货人,需在相关货物申报进口前先就作价情况向海关提交书面说明并提交以下有关单证,方能享受上述进口税收优惠政策:

(一)分别列明锭状未精炼铜所含黄金及其他成分各自比例或含量的商检证书;

(二)单独列明锭状未精炼铜所含黄金成分价值的合同或发票;

(三)海关需要的其他相关证明文件。

三、进口货物收货人在向海关申报进口锭状未精炼铜时,其中所含黄金价值部分的商品编码应填报为7402000001，非黄金价值部分的商品编码应填报为7402000090。进口货物收货人向海关申报进口税则号列74020000项下其他商品时，商品编码应填报为7402000090。

四、上述锭状未精炼铜的黄金成分在合同中必须单独作价，进口时应对该批货物按商品编码7402000001（锭状未精炼铜中的黄金价值部分）和7402000090（锭状未精炼铜中的非黄金价值部分）在同一报关单内分项申报。申报数量应分别按照有关商检证书认定的黄金成分和其他成分的比例或含量分拆计算的数量填写；运输及相关费用、保险费一律计入商品编码7402000090项下非黄金价值部分的完税价格中。

五、对于不能提供本公告第二条所列单证的，进口锭状未精炼铜按商品编码7402000090填报，并按进口总价征收进口环节增值税；暂时无法提供本公告第二条所列单证的，进口时可先按进口总价缴纳全额保证金后放行货物。

六、自2009年11月1日起，海关总署公告2003年第29号、2007年第14号和第60号规定的黄金伴生矿，在向海关申报进口时有关事先提交相关单证、分项数量填报、完税价格计算等事项也按照本公告第二条和第四条的有关规定执行。

特此公告。

海关总署关于进口镍矿砂、钴矿砂、锑矿砂及它们的精矿享受黄金伴生矿税收优惠政策的公告

手机阅读

2007年11月16日　海关总署公告2007年第60号

2003年，为贯彻国务院关于黄金体制改革的决定要求，海关总署发布了关于免征进口黄金（含标准黄金）和黄金矿砂（含伴生矿）进口环节增值税的公告（海关总署2003年第29号公告）。其中明确黄金伴生矿仅指《中华人民共和国进出口税则》中税则号列26030000（铜矿砂及其精矿）的黄金伴生矿，同时作出了相关管理规定。2007年3月，海关总署发布了2007年第14号公告，明确进口税则号列26070000项下的铅矿砂及其精矿，也可以享受黄金伴生矿税收优惠政策。

根据上述关于黄金和黄金矿砂的进口税收政策和近年来我国镍、钴及锑工业发展的情况，经研究决定，自2007年12月1日起，进口镍矿砂、钴矿砂、锑矿砂及它们的精矿享受黄金伴生矿税收优惠政策，即进口上述货物中所含的黄金价值部分免征进口环节增值税，非黄金价值部分照章征收进口环节增值税。现就有关事项公告如下：

一、上述享受进口税收优惠政策的镍矿砂及其精矿是指税则号列26040000项下的货物；钴矿砂及其精矿是指税则号列26050000项下的货物；锑矿砂及

其精矿是指税则号列 26171090 项下的货物，不包括税则号列 26171010 所列的生锑。

二、进口货物收货人在向海关申报进口上述镍矿砂及其精矿时，其中所含黄金价值部分的商品编码应填报为 2604000001，非黄金价值部分的商品编码应填报为 2604000090。

进口上述钴矿砂及其精矿时，其中所含黄金价值部分的商品编码应填报为 2605000001，非黄金价值部分的商品编码应填报为 2605000090。

进口上述锑矿砂及其精矿时，其中所含黄金价值部分的商品编码应填报为 2617109001，非黄金价值部分的商品编码应填报为 2617109090。

三、其他相关事项，按照海关总署 2003 年第 29 号公告的有关规定办理。

特此公告。

关于进口铅矿砂及其精矿享受黄金伴生矿税收优惠政策事宜

2007 年 3 月 30 日　海关总署公告 2007 年第 14 号

2003 年，为贯彻国务院关于黄金体制改革的决定要求，海关总署发布了关于免征进口黄金（含标准黄金）和黄金矿砂（含伴生矿）进口环节增值税的公告（海关总署 2003 年第 29 号公告）。其中明确黄金伴生矿仅指《中华人民共和国进出口税则》中税则号列 26030000（铜矿砂及其精矿）的黄金伴生矿，同时作出了相关管理规定。

根据上述关于黄金和黄金矿砂的进口税收政策和近年来我国铅工业发展的情况及存在的问题，经研究，自 2007 年 4 月 1 日起，进口铅矿砂及其精矿享受黄金伴生矿税收优惠政策，即进口铅矿砂及其精矿中所含的黄金价值部分免征进口环节增值税，非黄金价值部分照章征收进口环节增值税。现就有关事项公告如下：

一、上述享受进口税收优惠政策的铅矿砂及其精矿是指税则号列 26070000 项下的货物。

二、进口货物收货人在向海关申报进口上述铅矿砂及其精矿时，其中所含黄金价值部分的商品编码应填报为 2607000001，非黄金价值部分的商品编码应填报为 2607000090。

三、其他相关事项，按照海关总署 2003 年第 29 号公告的有关规定办理。

特此公告。

海关总署关于对进口黄金和黄金矿砂免征进口环节增值税有关问题的公告

2003年4月21日 海关总署公告2003年第29号

接财政部通知,自2003年1月1日起,对进口黄金(含标准黄金)和黄金矿砂(含伴生矿)免征进口环节增值税。现就有关问题公告如下:

一、免征进口环节增值税的货品范围:

(一)黄金是指海关商品编号71081100、71081200、71081300项下的货物;黄金矿砂是指海关商品编号26169000项下的部分货物,商品应符合原冶金工业部金精矿标准YB2430-88的规定,进口时应按商品编号26169000.10(黄金矿砂)申报;26169000项下的其他货物,按商品编号26169000.90(其他贵金属矿砂及其精矿)申报。

(二)黄金伴生矿仅指海关商品编号26030000(铜精矿)的黄金伴生矿,对其中黄金价值部分免征进口环节增值税,非黄金价值部分照章征收进口环节增值税。

前述货品的黄金成分在合同中必须单独作价,进口时应对该批货物按商品编号26030000.10(铜矿砂及其精矿中的黄金价值部分)和26030000.90(铜矿砂及其精矿中的非黄金价值部分)在同一报关单内分项申报,数量也按价值同比例分拆。应计入完税价格的其他费用按两者的价值比例分摊。

二、海关对进口铜精矿所含的黄金伴生矿实行价格预审核制度。进口货物收货人需在进口前填写《进口货物价格申报单》,并书面说明作价情况,同时向海关提交以下有关单证:

(一)分别列明矿砂所含黄金及其他成分各自比例或含量的商检证书;

(二)单独列明矿砂所含黄金成分价值的合同或发票;

(三)海关需要的其他相关证明文件。

三、进口合同中黄金未单独作价或进口货物收货人提供的文件中无法说明黄金伴生矿价值的铜精矿,按其他铜精矿填报,并按进口总价征收进口环节增值税。进口时暂时无法提供上述第二条所列单证的,可先按其他铜精矿全额征收保证金。

四、对于2003年1月1日后进口应予免征进口环节增值税的黄金矿砂(含伴生矿)已予征税的,海关按本公告有关规定审核属实的,可凭主管税务部门不予抵扣的证明,对不予抵扣黄金的增值税予以退还。

特此公告。

财政部 海关总署 税务总局关于中国国际消费品博览会展期内销售的进口展品税收优惠政策的通知

2021年4月26日 财关税〔2021〕32号

海南省财政厅,海口海关,国家税务总局海南省税务局,海南国际经济发展局:

为贯彻落实《海南自由贸易港建设总体方案》,经国务院同意,现将中国国际消费品博览会(以下称消博会)展期内销售的进口展品税收政策通知如下:

一、全岛封关运作前,对消博会展期内销售的规定上限以内的进口展品免征进口关税、进口环节增值税和消费税。每个展商享受税收优惠政策的展品销售上限按附件规定执行。享受税收优惠政策的展品不包括国家禁止进口商品、濒危动植物及其产品、烟、酒和汽车。

二、对展期内销售的超出附件规定数量或金额上限的展品,以及展期内未销售且在展期结束后又不退运出境的展品,按照国家有关规定照章征税。

三、参展企业名单及展期内销售的展品清单,由海南国际经济发展局或其指定单位向海口海关统一报送。

四、本通知自印发之日起执行。

附件:中国国际消费品博览会享受税收优惠政策的进口展品清单(略)

财政部 海关总署 税务总局关于"十四五"期间种子种源进口税收政策的通知

2021年4月21日 财关税〔2021〕29号

各省、自治区、直辖市、计划单列市财政厅(局),新疆生产建设兵团财政局,海关总署广东分署、各直属海关,国家税务总局各省、自治区、直辖市、计划单列市税务局,财政部各地监管局,国家税务总局驻各地特派员办事处:

为提高农业质量效益和竞争力,支持引进和推广良种,现将有关进口税收政策通知如下:

一、自 2021 年 1 月 1 日至 2025 年 12 月 31 日，对符合《进口种子种源免征增值税商品清单》的进口种子种源免征进口环节增值税。

二、《进口种子种源免征增值税商品清单》由农业农村部会同财政部、海关总署、税务总局、林草局另行制定印发，并根据农林业发展情况动态调整。

三、第一批印发的《进口种子种源免征增值税商品清单》自 2021 年 1 月 1 日起实施，至该清单印发之日后 30 日内已征应免税款，准予退还。申请退税的进口单位，应当事先取得主管税务机关出具的《"十四五"期间种子种源进口税收政策项下进口商品已征进口环节增值税未抵扣情况表》（见附件），向海关申请办理退还已征进口环节增值税手续。

四、以后批次印发的清单，自印发之日后第 20 日起实施。

五、对本政策项下进口的种子种源，海关不再按特定减免税货物进行后续监管。

六、农业农村部、林草局加强政策执行情况评估。

七、财政等有关部门及其工作人员在政策执行过程中，存在违反执行免税政策规定的行为，以及滥用职权、玩忽职守、徇私舞弊等违法违纪行为的，依照国家有关规定追究相应责任；涉嫌犯罪的，依法追究刑事责任。

附件："十四五"期间种子种源进口税收政策项下进口商品已征进口环节增值税未抵扣情况表（略）

财政部　海关总署　税务总局关于"十四五"期间种用野生动植物种源和军警用工作犬进口税收政策的通知

2021 年 4 月 12 日　财关税〔2021〕28 号

各省、自治区、直辖市、计划单列市财政厅（局），新疆生产建设兵团财政局，海关总署广东分署、各直属海关，国家税务总局各省、自治区、直辖市、计划单列市税务局，财政部各地监管局，国家税务总局驻各地特派员办事处：

为加强物种资源保护，支持军警用工作犬进口利用，现将有关进口税收政策及管理措施通知如下：

一、自 2021 年 1 月 1 日至 2025 年 12 月 31 日，对具备研究和培育繁殖条件的动植物科研院所、动物园、植物园、专业动植物保护单位、养殖场、种植园进口的用于科研、育种、繁殖的野生动植物种源，以及军队、公安、安全部门（含缉私警察）进口的军警用工作犬、工作犬精液及胚胎，免征进口环节增值税。

二、《进口种用野生动植物种源免税商品清单》由林草局会同财政部、海关总署、税务总局另行制定印发，并适时动态调整。

三、申请免税进口野生动植物种源的单位，应向林草局提出申请，林草局会同财政部、海关总署、税务总局确定进口单位名单后,由林草局函告海关总署(需注明批次),抄送财政部、税务总局。

林草局函告的第一批名单,以及林草局会同财政部、海关总署、税务总局另行制定印发的第一批《进口种用野生动植物种源免税商品清单》,自2021年1月1日起实施,至第一批名单印发之日后30日内已征的应免税款,准予退还。以后批次的名单、清单,自印发之日后第20日起实施。

四、申请免税进口军警用工作犬(税则号列01061910)、工作犬精液(税则号列05119910)及胚胎(税则号列05119920)的单位,应向公安部、安全部或中央军委政治工作部(以下称主管部门)提出申请,主管部门确定进口单位名单后,出具有关工作犬和工作犬精液及胚胎属于免税范围的确认文件。有关确认文件格式由主管部门向海关总署备案。自2021年1月1日起至本通知印发之日后30日内已征的应免税款,准予退还。

五、取得免税资格的进口单位应按照海关有关规定,办理相关种用野生动植物种源和军警用工作犬的减免税手续。本通知第三、四条规定的已征应免税款,依进口单位申请准予退还。其中,已征税进口且尚未申报增值税进项税额抵扣的,应事先取得主管税务机关出具的《"十四五"期间种用野生动植物种源和军警用工作犬进口税收政策项下进口商品已征进口环节增值税未抵扣情况表》(见附件),向海关申请办理退还已征进口环节增值税手续。

六、进口单位发生名称、经营范围变更等情形的,应在政策有效期内及时将有关变更情况说明分别报送本通知第三、四条中确定该进口单位名单的相关部门。相关部门确定变更后的单位自变更登记之日起能否继续享受政策,确定结果每年至少分两批函告海关总署(并注明变更登记日期),抄送财政部、税务总局。

七、进口单位应按有关规定使用免税进口商品,如违反规定,将免税进口野生动植物种源和军警用工作犬相关商品擅自转让、移作他用或者进行其他处置,被依法追究刑事责任的,在本通知剩余有效期限内停止享受政策。

八、免税进口单位如存在以虚假情况获得免税资格,经林草局或主管部门查实后,函告海关总署,抄送财政部、税务总局,自函告之日起,该单位在本通知剩余有效期限内停止享受政策。

九、财政等有关部门及其工作人员在政策执行过程中,存在违反执行免税政策规定的行为,以及滥用职权、玩忽职守、徇私舞弊等违法违纪行为的,依照国家有关规定追究相应责任;涉嫌犯罪的,依法追究刑事责任。

十、林草局、主管部门加强政策执行情况评估。

附件:"十四五"期间种用野生动植物种源和军警用工作犬进口税收政策项下进口商品已征进口环节增值税未抵扣情况表(略)

财政部　海关总署　税务总局关于"十四五"期间支持科普事业发展进口税收政策的通知

手机阅读

2021 年 4 月 9 日　财关税〔2021〕26 号

各省、自治区、直辖市、计划单列市财政厅（局）、新疆生产建设兵团财政局，海关总署广东分署、各直属海关，国家税务总局各省、自治区、直辖市、计划单列市税务局，财政部各地监管局，国家税务总局驻各地特派员办事处：

为支持科普事业发展，现将有关进口税收政策通知如下：

一、自 2021 年 1 月 1 日至 2025 年 12 月 31 日，对公众开放的科技馆、自然博物馆、天文馆（站、台）、气象台（站）、地震台（站），以及高校和科研机构所属对外开放的科普基地，进口以下商品免征进口关税和进口环节增值税：

（一）为从境外购买自用科普影视作品播映权而进口的拷贝、工作带、硬盘，以及以其他形式进口自用的承载科普影视作品的拷贝、工作带、硬盘。

（二）国内不能生产或性能不能满足需求的自用科普仪器设备、科普展品、科普专用软件等科普用品。

二、第一条中的科普影视作品、科普用品是指符合科学技术普及法规定，以普及科学知识、倡导科学方法、传播科学思想、弘扬科学精神为宗旨的影视作品、科普仪器设备、科普展品、科普专用软件等用品。

三、第一条第一项中的科普影视作品相关免税进口商品清单见附件。第一条第二项中的科普用品由科技部会同有关部门核定。

四、"十四五"期间支持科普事业发展进口税收政策管理办法由财政部、海关总署、税务总局会同有关部门另行制定印发。

附件：科普影视作品相关免税进口商品清单（2021 年版）（略）

财政部　海关总署　税务总局关于"十四五"期间支持科技创新进口税收政策的通知

手机阅读

2021 年 4 月 15 日　财关税〔2021〕23 号

各省、自治区、直辖市、计划单列市财政厅（局）、新疆生产建设兵团财政局，海关总署广东分署、各直属海关，国家税务总局各省、自治区、直辖市、计划单列市税务局，财政部各地监管局，国家税务总局驻各地特派员办事处：

为深入实施科教兴国战略、创新驱动发展战略，支持科技创新，现将有关进口税收政策通知如下：

一、对科学研究机构、技术开发机构、学校、党校（行政学院）、图书馆进口国内不能生产或性能不能满足需求的科学研究、科技开发和教学用品，免征进口关税和进口环节增值税、消费税。

二、对出版物进口单位为科研院所、学校、党校（行政学院）、图书馆进口用于科研、教学的图书、资料等，免征进口环节增值税。

三、本通知第一、二条所称科学研究机构、技术开发机构、学校、党校（行政学院）、图书馆是指：

（一）从事科学研究工作的中央级、省级、地市级科研院所（含其具有独立法人资格的图书馆、研究生院）。

（二）国家实验室，国家重点实验室，企业国家重点实验室，国家产业创新中心，国家技术创新中心，国家制造业创新中心，国家临床医学研究中心，国家工程研究中心，国家工程技术研究中心，国家企业技术中心，国家中小企业公共服务示范平台（技术类）。

（三）科技体制改革过程中转制为企业和进入企业的主要从事科学研究和技术开发工作的机构。

（四）科技部会同民政部核定或者省级科技主管部门会同省级民政、财政、税务部门和社会研发机构所在地直属海关核定的科技类民办非企业单位性质的社会研发机构；省级科技主管部门会同省级财政、税务部门和社会研发机构所在地直属海关核定的事业单位性质的社会研发机构。

（五）省级商务主管部门会同省级财政、税务部门和外资研发中心所在地直属海关核定的外资研发中心。

（六）国家承认学历的实施专科及以上高等学历教育的高等学校及其具有独立法人资格的分校、异地办学机构。

（七）县级及以上党校（行政学院）。

（八）地市级及以上公共图书馆。

四、本通知第二条所称出版物进口单位是指中央宣传部核定的具有出版物进口许可的出版物进口单位，科研院所是指第三条第一项规定的机构。

五、本通知第一、二条规定的免税进口商品实行清单管理。免税进口商品清单由财政部、海关总署、税务总局征求有关部门意见后另行制定印发，并动态调整。

六、经海关审核同意，科学研究机构、技术开发机构、学校、党校（行政学院）、图书馆可将免税进口的科学研究、科技开发和教学用品用于其他单位的科学研究、科技开发和教学活动。

对纳入国家网络管理平台统一管理、符合本通知规定的免税进口科研仪器设备，符合科技部会同海关总署制定的纳入国家网络管理平台免税进口科研仪器设备开放共享管理有关规定的，可以用于其他单位的科学研究、科技开发和教学活动。

经海关审核同意,科学研究机构、技术开发机构、学校以科学研究或教学为目的,可将免税进口的医疗检测、分析仪器及其附件、配套设备用于其附属、所属医院的临床活动,或用于开展临床实验所需依托的其分立前附属、所属医院的临床活动。其中,大中型医疗检测、分析仪器,限每所医院每3年每种1台。

七、"十四五"期间支持科技创新进口税收政策管理办法由财政部、海关总署、税务总局会同有关部门另行制定印发。

八、本通知有效期为2021年1月1日至2025年12月31日。

财政部 海关总署 税务总局关于"十四五"期间中西部地区国际性展会展期内销售的进口展品税收优惠政策的通知

2021年3月31日 财关税〔2021〕21号

内蒙古、吉林、黑龙江、湖南、广西、云南、青海、宁夏、新疆等省(自治区)财政厅,海关总署广东分署、各直属海关,国家税务总局内蒙古、吉林、黑龙江、湖南、广西、云南、青海、宁夏、新疆等省(自治区)税务局:

现就"十四五"期间中西部地区国际性展会展期内销售的进口展品税收优惠政策通知如下:

一、对中国—东盟博览会(以下称东盟博览会)、中国—东北亚博览会(以下称东北亚博览会)、中国—俄罗斯博览会(以下称中俄博览会)、中国—阿拉伯国家博览会(以下称中阿博览会)、中国—南亚博览会暨中国昆明进出口商品交易会(以下称南亚博览会)、中国(青海)藏毯国际展览会(以下称藏毯展览会)、中国—亚欧博览会(以下称亚欧博览会)、中国—蒙古国博览会(以下称中蒙博览会)、中国—非洲经贸博览会(以下称中非博览会),在展期内销售的免税额度内的进口展品免征进口关税和进口环节增值税、消费税。享受税收优惠的展品不包括国家禁止进口商品、濒危动植物及其产品、烟、酒、汽车以及列入《进口不予免税的重大技术装备和产品目录》的商品。

二、享受税收优惠政策的展品清单类别范围和销售额度等规定见附件1和附件2。其中,附件1适用于东盟博览会,附件2适用于东北亚博览会、中俄博览会、中阿博览会、南亚博览会、藏毯展览会、亚欧博览会、中蒙博览会和中非博览会。

三、对展期内销售的超出享受税收优惠政策的展品清单类别范围或销售额度的展品,以及展期内未销售且在展期结束后又不退运出境的展品,按照国家有关规定照章征税。

四、对享受政策的展期内销售进口展品,海关不再按特定减免税货物进行后续监管。

附件: 1. 中西部地区国际性展会享受税收优惠政策的展品清单(一)(略)

2. 中西部地区国际性展会享受税收优惠政策的展品清单(二)(略)

财政部 海关总署 税务总局关于2021—2030年支持新型显示产业发展进口税收政策的通知

2021年3月31日 财关税〔2021〕19号

各省、自治区、直辖市、计划单列市财政厅(局)、新疆生产建设兵团财政局,海关总署广东分署、各直属海关,国家税务总局各省、自治区、直辖市、计划单列市税务局,财政部各地监管局,国家税务总局驻各地特派员办事处:

为加快壮大新一代信息技术,支持新型显示产业发展,现将有关进口税收政策通知如下:

一、自2021年1月1日至2030年12月31日,对新型显示器件(即薄膜晶体管液晶显示器件、有源矩阵有机发光二极管显示器件、Micro-LED显示器件,下同)生产企业进口国内不能生产或性能不能满足需求的自用生产性(含研发用,下同)原材料、消耗品和净化室配套系统、生产设备(包括进口设备和国产设备)零配件,对新型显示产业的关键原材料、零配件(即靶材、光刻胶、掩模版、偏光片、彩色滤光膜)生产企业进口国内不能生产或性能不能满足需求的自用生产性原材料、消耗品,免征进口关税。

根据国内产业发展、技术进步等情况,财政部、海关总署、税务总局将会同国家发展改革委、工业和信息化部对上述关键原材料、零配件类型适时调整。

二、承建新型显示器件重大项目的企业自2021年1月1日至2030年12月31日期间进口新设备,除《国内投资项目不予免税的进口商品目录》、《外商投资项目不予免税的进口商品目录》和《进口不予免税的重大技术装备和产品目录》所列商品外,对未缴纳的税款提供海关认可的税款担保,准予在首台设备进口之后的6年(连续72个月)期限内分期缴纳进口环节增值税,6年内每年(连续12个月)依次缴纳进口环节增值税总额的0%、20%、20%、20%、20%、20%,自首台设备进口之日起已经缴纳的税款不予退还。在分期纳税期间,海关对准予分期缴纳的税款不予征收滞纳金。

三、第一条中所述国内不能生产或性能不能满足需求的免税进口商品清单,由工业和信息化部会同国家发展改革委、财政部、海关总署、税务总局另行制定印发,并动态调整。

四、2021—2030 年支持新型显示产业发展进口税收政策管理办法由财政部、海关总署、税务总局会同国家发展改革委、工业和信息化部另行制定印发。

财政部 海关总署 税务总局关于"十四五"期间能源资源勘探开发利用进口税收政策的通知

手机阅读

2021 年 4 月 12 日 财关税〔2021〕17 号

各省、自治区、直辖市、计划单列市财政厅(局)、发展改革委,海关总署广东分署、各直属海关,国家税务总局各省、自治区、直辖市、计划单列市税务局,各省、自治区、直辖市能源局,新疆生产建设兵团财政局、发展改革委,财政部各地监管局,国家税务总局驻各地特派员办事处:

为完善能源产供储销体系,加强国内油气勘探开发,支持天然气进口利用,现将有关进口税收政策通知如下:

一、对在我国陆上特定地区(具体区域见附件)进行石油(天然气)勘探开发作业的自营项目,进口国内不能生产或性能不能满足需求的,并直接用于勘探开发作业的设备(包括按照合同随设备进口的技术资料)、仪器、零附件、专用工具,免征进口关税;在经国家批准的陆上石油(天然气)中标区块(对外谈判的合作区块视为中标区块)内进行石油(天然气)勘探开发作业的中外合作项目,进口国内不能生产或性能不能满足需求的,并直接用于勘探开发作业的设备(包括按照合同随设备进口的技术资料)、仪器、零附件、专用工具,免征进口关税和进口环节增值税。

二、对在我国海洋(指我国内海、领海、大陆架以及其他海洋资源管辖海域,包括浅海滩涂,下同)进行石油(天然气)勘探开发作业的项目(包括 1994 年 12 月 31 日之前批准的对外合作"老项目"),以及海上油气管道应急救援项目,进口国内不能生产或性能不能满足需求的,并直接用于勘探开发作业或应急救援的设备(包括按照合同随设备进口的技术资料)、仪器、零附件、专用工具,免征进口关税和进口环节增值税。

三、对在我国境内进行煤层气勘探开发作业的项目,进口国内不能生产或性能不能满足需求的,并直接用于勘探开发作业的设备(包括按照合同随设备进口的技术资料)、仪器、零附件、专用工具,免征进口关税和进口环节增值税。

四、对经国家发展改革委核(批)准建设的跨境天然气管道和进口液化天然气接收储运装置项目,以及经省级政府核准的进口液化天然气接收储运装置扩建项目进口的天然气（包括管道天然气和液化天然气，下同），按一定比例返还进口环节增值税。具体返还比例如下：

（一）属于 2014 年底前签订且经国家发展改革委确定的长贸气合同项下的进口天然气，进口环节增值税按 70% 的比例予以返还。

（二）对其他天然气，在进口价格高于参考基准值的情况下，进口环节增值税按该项目进口价格和参考基准值的倒挂比例予以返还。倒挂比例的计算公式为：倒挂比例 =（进口价格 - 参考基准值）/ 进口价格 ×100%，相关计算以一个季度为一周期。

五、本通知第一条、第二条、第三条规定的设备（包括按照合同随设备进口的技术资料）、仪器、零附件、专用工具的免税进口商品清单，由工业和信息化部会同财政部、海关总署、税务总局、国家能源局另行制定并联合印发。第一批免税进口商品清单自 2021 年 1 月 1 日实施，至第一批免税进口商品清单印发之日后 30 日内已征应免税款，依进口单位申请准予退还。以后批次的免税进口商品清单，自印发之日后第 20 日起实施。

六、符合本通知第一条、第二条、第三条规定并取得免税资格的单位可向主管海关提出申请，选择放弃免征进口环节增值税，只免征进口关税。有关单位主动放弃免征进口环节增值税后，36 个月内不得再次申请免征进口环节增值税。

七、"十四五"期间能源资源勘探开发利用进口税收政策管理办法由财政部会同有关部门另行制定印发。

八、本通知有效期为 2021 年 1 月 1 日至 2025 年 12 月 31 日。

附件：享受能源资源勘探开发利用进口税收政策的陆上特定地区（略）

财政部　海关总署关于 2021—2030 年支持民用航空维修用航空器材进口税收政策的通知

手机阅读

2021 年 3 月 31 日　财关税〔2021〕15 号

各省、自治区、直辖市、计划单列市财政厅（局），新疆生产建设兵团财政局，海关总署广东分署、各直属海关：

为加快壮大航空产业，促进我国民用航空运输、维修等产业发展，现将有关进口税收政策内容通知如下：

一、自 2021 年 1 月 1 日至 2030 年 12 月 31 日，对民用飞机整机设计制造企业、国内航空公司、维修单位、航空器材分销商进口国内不能生产或性能不能满足需求的维修用航空器材，免征进口关税。

二、本通知第一条所述民用飞机整机设计制造企业、国内航空公司、维修单位、航空器材分销商是指：

（一）从事民用飞机整机设计制造的企业及其所属单位，且其生产产品的相关型号已取得中国民航局批准的型号合格证（TC）。

（二）中国民航局批准的国内航空公司。

（三）持有中国民用航空维修许可证的维修单位。

（四）符合中国民航局管理要求的航空器材分销商。

三、本通知第一条所述维修用航空器材是指专门用于维修民用飞机、民用飞机部件的器材，包括动力装置（发动机、辅助动力装置）、起落架等部件，以及标准件、原材料等消耗器材。范围仅限定于飞机的机载设备及其零部件、原材料，不包括地勤系统所使用的设备及其零部件。

航空器材一般具备中国民航局（CAAC）、美国联邦航空局（FAA）、欧盟航空安全局（EASA）、加拿大民用航空局（TCCA）、巴西民用航空局等民航局颁发的适航证明文件或俄罗斯、乌克兰等民航制造和维修单位签发的履历本。具有制造单位出具产品合格证明的标准件、原材料也属于航空器材范围。

免税进口的维修用航空器材清单，由中国民航局会同工业和信息化部、财政部、海关总署另行制定印发。

四、对本通知项下的免税进口维修用航空器材，海关不再按特定减免税货物进行后续监管。

五、本通知有关的政策管理办法由财政部会同有关部门另行制定印发。

财政部　海关总署　税务总局关于 2021—2030 年抗艾滋病病毒药物进口税收政策的通知

2021 年 3 月 29 日　财关税〔2021〕13 号

北京市财政局，北京海关，国家税务总局北京市税务局：

为坚持基本医疗卫生事业公益属性，支持艾滋病防治工作，自 2021 年 1 月 1 日至 2030 年 12 月 31 日，对卫生健康委委托进口的抗艾滋病病毒药物，免征进口关税和进口环节增值税。享受免税政策的抗艾滋病病毒药物名录及委托进口单位由卫生健康委确定，并送财政部、海关总署、税务总局。

财政部 海关总署 税务总局关于海南自由贸易港自用生产设备"零关税"政策的通知

手机阅读

2021年2月24日　财关税〔2021〕7号

海南省财政厅、海口海关、国家税务总局海南省税务局：

为贯彻《海南自由贸易港建设总体方案》，经国务院同意，现将海南自由贸易港自用生产设备"零关税"政策通知如下：

一、全岛封关运作前，对海南自由贸易港注册登记并具有独立法人资格的企业进口自用的生产设备，除法律法规和相关规定明确不予免税、国家规定禁止进口的商品，以及本通知所附《海南自由贸易港"零关税"自用生产设备负面清单》所列设备外，免征关税、进口环节增值税和消费税。

二、本通知所称生产设备，是指基础设施建设、加工制造、研发设计、检测维修、物流仓储、医疗服务、文体旅游等生产经营活动所需的设备，包括《中华人民共和国进出口税则》第八十四、八十五和九十章中除家用电器及设备零件、部件、附件、元器件外的其他商品。

三、符合第一条规定条件的企业名单以及从事附件涵盖行业的企业名单，由海南省发展改革、工业和信息化等主管部门会同海南省财政厅、海口海关、国家税务总局海南省税务局确定，动态调整，并函告海口海关。

四、《海南自由贸易港"零关税"自用生产设备负面清单》详见附件。清单内容由财政部、海关总署、税务总局会同相关部门，根据海南自由贸易港实际需要和监管条件进行动态调整。

五、《进口不予免税的重大技术装备和产品目录》、《外商投资项目不予免税的进口商品目录》以及《国内投资项目不予免税的进口商品目录》，暂不适用于海南自由贸易港自用生产设备"零关税"政策。符合本政策规定条件的企业，进口上述三个目录内的设备，可免征关税、进口环节增值税和消费税。

六、为便于执行，财政部、海关总署将会同有关部门另行明确第二条中家用电器及设备零件、部件、附件、元器件商品范围。

七、"零关税"生产设备限海南自由贸易港符合政策规定条件的企业在海南自由贸易港内自用，并接受海关监管。因企业破产等原因，确需转让的，转让前应征得海关同意并办理相关手续。其中，转让给不符合政策规定条件主体的，还应按规定补缴进口相关税款。转让"零关税"生产设备，照章征收国内环节增值税、消费税。

八、企业进口"零关税"自用生产设备，自愿缴纳进口环节增值税和消费税的，可在报关时提出申请。

九、海南省相关部门应通过信息化等手段加强监管、防控风险、及时查处违规行为，确保生产设备"零关税"政策平稳运行，并加强省内相关部门信息互联互通，共享符合政策条件的企业、"零关税"生产设备的监管等信息。

十、本通知自公布之日起实施。

附件：海南自由贸易港"零关税"自用生产设备负面清单（略）

财政部 国家发展改革委 工业和信息化部 海关总署 税务总局关于支持集成电路产业和软件产业发展进口税收政策管理办法的通知

手机阅读

2021年3月22日 财关税〔2021〕5号

各省、自治区、直辖市、计划单列市财政厅（局）、发展改革委、工业和信息化主管部门，新疆生产建设兵团财政局、发展改革委、工业和信息化局，海关总署广东分署、各直属海关，国家税务总局各省、自治区、直辖市、计划单列市税务局，财政部各地监管局，国家税务总局驻各地特派员办事处：

为落实《财政部 海关总署 税务总局关于支持集成电路产业和软件产业发展进口税收政策的通知》（财关税〔2021〕4号，以下称《通知》），现将政策管理办法通知如下：

一、国家发展改革委会同工业和信息化部、财政部、海关总署、税务总局制定并联合印发享受免征进口关税的集成电路生产企业、先进封装测试企业和集成电路产业的关键原材料、零配件生产企业清单。

二、国家发展改革委、工业和信息化部会同财政部、海关总署、税务总局制定并联合印发享受免征进口关税的国家鼓励的重点集成电路设计企业和软件企业清单。

三、工业和信息化部会同国家发展改革委、财政部、海关总署、税务总局制定并联合印发国内不能生产或性能不能满足需求的自用生产性（含研发用）原材料、消耗品和净化室专用建筑材料、配套系统及生产设备（包括进口设备和国产设备）零配件的免税进口商品清单。

四、国家发展改革委会同工业和信息化部制定可享受进口新设备进口环节增值税分期纳税的集成电路重大项目标准和享受分期纳税承建企业的条件，并根据上述标准、条件确定集成电路重大项目建议名单和承建企业建议名单，函告财政部，抄送海关总署、税务总局。财政部会同海关总署、税务总局确定集成电路重大项目名单和承建企业名单，通知省级（包括省、自治区、直辖市、计划单列市、新疆生产建设兵团，下同）财政厅（局）、企业所在地直属海关、省级税务局。

承建企业应于承建的集成电路重大项目项下申请享受分期纳税的首台新设备进口3个月前，向省级财政厅（局）提出申请，附项目投资金额、进口设备时间、年度进口新设备金额、年度进口新设备进口环节增值税额、税款担保方案等信息，抄送企业所在地直属海关、省级税务局。省级财政厅（局）会同企业所在地直属海关、省级税务局初核后报送财政部，抄送海关总署、税务总局。

财政部会同海关总署、税务总局确定集成电路重大项目的分期纳税方案（包括项目名称、承建企业名称、分期纳税起止时间、分期纳税总税额、每季度纳税额等），通知省级财政厅（局）、企业所在地直属海关、省级税务局，由企业所在地直属海关告知相关企业。

分期纳税方案实施中，如项目名称发生变更，承建企业发生名称、经营范围变更等情形的，承建企业应在完成变更登记之日起60日内，向省级财政厅（局）、企业所在地直属海关、省级税务局报送变更情况说明，申请变更分期纳税方案相应内容。省级财政厅（局）会同企业所在地直属海关、省级税务局确定变更结果，并由省级财政厅（局）函告企业所在地直属海关，抄送省级税务局，报财政部、海关总署、税务总局备案。企业所在地直属海关将变更结果告知承建企业。承建企业超过本款前述时间报送变更情况说明的，省级财政厅（局）、企业所在地直属海关、省级税务局不予受理，该项目不再享受分期纳税，已进口设备的未缴纳税款应在完成变更登记次月起3个月内缴纳完毕。

享受分期纳税的进口新设备，应在企业所在地直属海关关区内申报进口。按海关事务担保的规定，承建企业对未缴纳的税款应提供海关认可的税款担保。海关对准予分期缴纳的税款不予征收滞纳金。承建企业在最后一次纳税时，由海关完成该项目全部应纳税款的汇算清缴。如违反规定，逾期未及时缴纳税款的，该项目不再享受分期纳税，已进口设备的未缴纳税款应在逾期未缴纳情形发生次月起3个月内缴纳完毕。

五、《通知》第一条第（五）项和第三条中的企业进口设备，同时适用申报进口当期的《国内投资项目不予免税的进口商品目录》、《外商投资项目不予免税的进口商品目录》、《进口不予免税的重大技术装备和产品目录》所列商品的累积范围。

六、免税进口企业应按照海关有关规定，办理有关进口商品的减免税手续。

七、本办法第一、二条中，国家发展改革委牵头制定或者国家发展改革委、工业和信息化部牵头制定的第一批免税进口企业清单自2020年7月27日实施，至该清单印发之日后30日内，已征的应免关税税款准予退还。本办法第三条中，工业和信息化部牵头制定的第一批免税进口商品清单自2020年7月27日实施。以后批次制定的免税进口企业清单、免税进口商品清单，分别自其印发之日后第20日起实施。

八、本办法第一、二条中的免税进口企业发生名称、经营范围变更等情形的，应自完成变更登记之日起60日内，将有关变更情况说明报送牵头部门。牵头部门分别按照本办法第一、二条规定，确定变更后的企业自变更登记之日起能否继续享受政策。企业超过本条前述时间报送变更情况说明的,牵头部门不予受理,该企业自变更登记之日起停止享受政策。确定结果或不予受理情况由牵头部门函告海关总署(确定结果较多时,每年至少分两批函告),抄送第一、二条中其他部门。

九、免税进口企业应按有关规定使用免税进口商品,如违反规定,将免税进口商品擅自转让、移作他用或者进行其他处置,被依法追究刑事责任的,在《通知》剩余有效期限内停止享受政策。

十、免税进口企业如存在以虚报情况获得免税资格,由国家发展改革委会同工业和信息化部、财政部、海关总署、税务总局等部门查实后,国家发展改革委函告海关总署,自函告之日起,该企业在《通知》剩余有效期限内停止享受政策。

十一、财政等有关部门及其工作人员在政策执行过程中,存在违反执行政策规定的行为,以及滥用职权、玩忽职守、徇私舞弊等违法违纪行为的,依照国家有关规定追究相应责任;涉嫌犯罪的,依法追究刑事责任。

十二、本办法有效期为 2020 年 7 月 27 日至 2030 年 12 月 31 日。

财政部　海关总署　税务总局关于支持集成电路产业和软件产业发展进口税收政策的通知

手机阅读

2021 年 3 月 16 日　财关税〔2021〕4 号

各省、自治区、直辖市、计划单列市财政厅(局),新疆生产建设兵团财政局,海关总署广东分署、各直属海关,国家税务总局各省、自治区、直辖市、计划单列市税务局,财政部各地监管局,国家税务总局驻各地特派员办事处:

为贯彻落实《国务院关于印发新时期促进集成电路产业和软件产业高质量发展若干政策的通知》(国发〔2020〕8号),经国务院同意,现将有关进口税收政策通知如下:

一、对下列情形,免征进口关税:

(一)集成电路线宽小于 65 纳米(含,下同)的逻辑电路、存储器生产企业,以及线宽小于 0.25 微米的特色工艺(即模拟、数模混合、高压、射频、功率、光电集成、图像传感、微机电系统、绝缘体上硅工艺)集成电路生产企业,进口国内不能生产或性能不能满足需求的自用生产性(含研发用,下同)原材料、消耗品,净化室专用建筑材料、配套系统和集成电路生产设备(包括进口设备和国产设备)零配件。

(二)集成电路线宽小于 0.5 微米的化合物集成电路生产企业和先进封装测试企业,进口国内不能生产或性能不能满足需求的自用生产性原材料、消耗品。

（三）集成电路产业的关键原材料、零配件（即靶材、光刻胶、掩模版、封装载板、抛光垫、抛光液、8英寸及以上硅单晶、8英寸及以上硅片）生产企业，进口国内不能生产或性能不能满足需求的自用生产性原材料、消耗品。

（四）集成电路用光刻胶、掩模版、8英寸及以上硅片生产企业，进口国内不能生产或性能不能满足需求的净化室专用建筑材料、配套系统和生产设备（包括进口设备和国产设备）零配件。

（五）国家鼓励的重点集成电路设计企业和软件企业，以及符合本条第（一）、（二）项的企业（集成电路生产企业和先进封装测试企业）进口自用设备，及按照合同随设备进口的技术（含软件）及配套件、备件，但《国内投资项目不予免税的进口商品目录》、《外商投资项目不予免税的进口商品目录》和《进口不予免税的重大技术装备和产品目录》所列商品除外。上述进口商品不占用投资总额，相关项目不需出具项目确认书。

二、根据国内产业发展、技术进步等情况，财政部、海关总署、税务总局将会同国家发展改革委、工业和信息化部对本通知第一条中的特色工艺类型和关键原材料、零配件类型适时调整。

三、承建集成电路重大项目的企业自2020年7月27日至2030年12月31日期间进口新设备，除《国内投资项目不予免税的进口商品目录》、《外商投资项目不予免税的进口商品目录》和《进口不予免税的重大技术装备和产品目录》所列商品外，对未缴纳的税款提供海关认可的税款担保，准予在首台设备进口之后的6年（连续72个月）期限内分期缴纳进口环节增值税，6年内每年（连续12个月）依次缴纳进口环节增值税总额的0%、20%、20%、20%、20%、20%，自首台设备进口之日起已经缴纳的税款不予退还。在分期纳税期间，海关对准予分期缴纳的税款不予征收滞纳金。

四、支持集成电路产业和软件产业发展进口税收政策管理办法由财政部、海关总署、税务总局会同国家发展改革委、工业和信息化部另行制定印发。

五、本通知自2020年7月27日至2030年12月31日实施。自2020年7月27日，至第一批免税进口企业清单印发之日后30日内，已征的应免关税税款准予退还。

六、自2021年4月1日起，《财政部关于部分集成电路生产企业进口自用生产性原材料消耗品税收政策的通知》（财税〔2002〕136号）、《财政部关于部分集成电路生产企业进口净化室专用建筑材料等物资税收政策问题的通知》（财税〔2002〕152号）、《财政部 海关总署 国家税务总局信息产业部关于线宽小于0.8微米（含）集成电路企业进口自用生产性原材料消耗品享受税收优惠政策的通知》（财关税〔2004〕45号）、《财政部 发展改革委工业和信息化部 海关总署 国家税务总局关于调整集成电路生产企业进口自用生产性原材料消耗品免税商品清单的通知》（财关税〔2015〕46号）废止。

自2020年7月27日至2021年3月31日，既可享受本条上述4个文件相关政策又可享受本通知第一条第（一）、（二）项相关政策的免税进口企业，对同一张报关单，自主选择适用本条上述4个文件相关政策或本通知第一条第（一）、（二）项相关政策，不得累计享受税收优惠。

财政部 海关总署 税务总局关于海南自由贸易港原辅料"零关税"政策的通知

手机阅读

2020 年 11 月 11 日 财关税〔2020〕42 号

海南省财政厅、海口海关、国家税务总局海南省税务局：

为贯彻落实《海南自由贸易港建设总体方案》，经国务院同意，现将海南自由贸易港原辅料"零关税"政策通知如下：

一、在全岛封关运作前，对在海南自由贸易港注册登记并具有独立法人资格的企业，进口用于生产自用、以"两头在外"模式进行生产加工活动或以"两头在外"模式进行服务贸易过程中所消耗的原辅料，免征进口关税、进口环节增值税和消费税。

二、"零关税"原辅料实行正面清单管理，具体范围见附件。清单内容由财政部会同有关部门根据海南实际需要和监管条件进行动态调整。

三、附件所列零部件，适用原辅料"零关税"政策，应当用于航空器、船舶的维修（含相关零部件维修），满足下列条件之一的，免征进口关税、进口环节增值税和消费税：

（一）用于维修从境外进入境内并复运出境的航空器、船舶（含相关零部件）；

（二）用于维修以海南为主营运基地的航空企业所运营的航空器（含相关零部件）；

（三）用于维修在海南注册登记具有独立法人资格的船运公司所运营的以海南省内港口为船籍港的船舶（含相关零部件）。

四、"零关税"原辅料仅限海南自由贸易港内企业生产使用，接受海关监管，不得在岛内转让或出岛。因企业破产等原因，确需转让或出岛的，应经批准及办理补缴税款等手续。以"零关税"原辅料加工制造的货物，在岛内销售或销往内地的，需补缴其对应原辅料的进口关税、进口环节增值税和消费税，照章征收国内环节增值税、消费税。"零关税"原辅料加工制造的货物出口，按现行出口货物有关税收政策执行。

五、企业进口正面清单所列原辅料，自愿缴纳进口环节增值税和消费税的，可在报关时提出申请。

六、相关部门应通过信息化等手段加强监管，防控可能的风险、及时查处违规行为，确保原辅料"零关税"政策平稳运行。海南省相关部门应加强信息互联互通，共享航空器、船舶等监管信息。

七、本通知自 2020 年 12 月 1 日起执行。

附件：海南自由贸易港"零关税"原辅料清单（略）

财政部　海关总署　税务总局关于中国国际进口博览会展期内销售的进口展品税收优惠政策的通知

手机阅读

2020 年 10 月 12 日　财关税〔2020〕38 号

上海市财政局、上海海关、国家税务总局上海市税务局、中国国际进口博览局、国家会展中心（上海）有限责任公司：

为支持举办中国国际进口博览会（以下简称进博会），经国务院批准，现就有关税收政策通知如下：

一、对进博会展期内销售的合理数量的进口展品免征进口关税、进口环节增值税和消费税。享受税收优惠的展品不包括国家禁止进口商品，濒危动植物及其产品，烟、酒、汽车以及列入《进口不予免税的重大技术装备和产品目录》的商品。

二、每个展商享受税收优惠的销售数量或限额，按附件规定执行。附件所列 1～5 类展品，每个展商享受税收优惠政策的销售数量不超过列表规定；其他展品每个展商享受税收优惠政策的销售限额不超过 2 万美元。

三、对展期内销售的超出政策规定数量或限额的展品，以及展期内未销售且在展期结束后又不退运出境的展品，按照国家有关规定照章征税。

四、参展企业名单及展期内销售的展品清单，由承办单位中国国际进口博览局和国家会展中心（上海）有限责任公司向上海海关统一报送。

本通知自印发之日起执行。

附件：中国国际进口博览会享受税收优惠政策的展品清单（略）

财政部　海关总署　税务总局关于2020 年中国国际服务贸易交易会展期内销售的进口展品税收优惠政策的通知

手机阅读

2020 年 9 月 4 日　财关税〔2020〕36 号

北京市财政局、北京海关、国家税务总局北京市税务局、北京市国际服务贸易事务中心：

为支持 2020 年中国国际服务贸易交易会（以下简称服贸会）顺利举办，经国务院批准，现将有关问题通知如下：

一、对在 2020 年服贸会展期内销售的限额内的进口展品（不包括国家禁止进口商品、濒危动植物及其产品、烟、酒和汽车）免征进口关税、进口环节增值税和消费税。

二、附件所列参展企业享受上述税收优惠政策的销售限额不超过列表额度。其他参展企业享受税收优惠政策的销售限额不超过 2 万美元，具体企业名单由北京市国际服务贸易事务中心确定。

三、对展期内销售的超出享受税收优惠政策的销售限额的展品，以及展期内未销售且在展期结束后又不退运出境的展品，按照国家有关规定照章征税。

附件：2020 年中国国际服务贸易交易会享受税收优惠政策的展品清单（略）

财政部　科技部　发展改革委　海关总署　税务总局关于取消科技重大专项进口税收政策免税额度管理的通知

手机阅读

2019 年 12 月 17 日　财关税〔2019〕52 号

各省、自治区、直辖市、计划单列市财政厅（局）、科技厅（委、局）、发展改革委，新疆生产建设兵团财政局、科技局、发展改革委，海关总署广东分署、各直属海关，国家税务总局各省、自治区、直辖市、计划单列市税务局，财政部各地监管局，国家税务总局驻各地特派员办事处：

为进一步发挥进口税收政策效用，适应市场经济规律要求，对《财政部　科技部　国家发展改革委　海关总署　国家税务总局关于科技重大专项进口税收政策的通知》（财关税〔2010〕28 号）修订如下：

（一）删除通知附件第五条第 1 项中"，且进口数量在合理范围内"。

（二）删除通知附件第六条中"和涉及的进口税款"。

（三）修改通知附件第十条第二段中"免税额度内"为"范围内"。

（四）删除通知附件附 1"科技重大专项项目（课题）进口物资确认函"中"免税进口物资额度："。

（五）删除通知附件附 2 第 3 条中"，申请免税进口金额、免税税款"。

（六）删除通知附件附 2 表 1 和表 2 中"进口数量、进口金额、进口税额"三列，删除"注：进口金额货币单位：万美元；进口税额货币单位：万元"。

本通知自印发之日起执行。

财政部 工业和信息化部 海关总署 税务总局 能源局关于调整重大技术装备①进口税收政策有关目录的通知

2019年11月26日 财关税〔2019〕38号

各省、自治区、直辖市、计划单列市财政厅(局)、工业和信息化主管部门,新疆生产建设兵团财政局,海关总署广东分署、各直属海关,国家税务总局各省、自治区、直辖市、计划单列市税务局,财政部各省、自治区、直辖市、计划单列市监管局:

根据近年来国内装备制造业及其配套产业的发展情况,在广泛听取产业主管部门、行业协会、企业代表等方面意见的基础上,财政部、工业和信息化部、海关总署、税务总局、能源局决定对重大技术装备进口税收政策有关目录进行修订。现通知如下:

一、《国家支持发展的重大技术装备和产品目录(2019年修订)》(见附件1)和《重大技术装备和产品进口关键零部件、原材料商品目录(2019年修订)》(见附件2)自2020年1月1日起执行,符合规定条件的国内企业为生产本通知附件1所列装备或产品而确有必要进口附件2所列商品,免征关税和进口环节增值税。附件1、2中列明执行年限的,有关装备、产品、零部件、原材料免税执行期限截至该年度12月31日。

二、《进口不予免税的重大技术装备和产品目录(2019年修订)》(见附件3)自2020年1月1日起执行。对2020年1月1日以后(含1月1日)批准的按照或比照《国务院关于调整进口设备税收政策的通知》(国发〔1997〕37号)有关规定享受进口税收优惠政策的下列项目和企业,进口附件3所列自用设备以及按照合同随上述设备进口的技术及配套件、备件,一律照章征收进口税收:

(一)国家鼓励发展的国内投资项目和外商投资项目;
(二)外国政府贷款和国际金融组织贷款项目;
(三)由外商提供不作价进口设备的加工贸易企业;
(四)中西部地区外商投资优势产业项目;
(五)《海关总署关于进一步鼓励外商投资有关进口税收政策的通知》(署

---

① 根据《关于适当延长〈进口不予免税的重大技术装备和产品目录(2018年修订)〉适用时间的通知》(财关税〔2020〕28号),本文附件三《进口不予免税的重大技术装备和产品目录(2019年修订)》生效时间推迟至2021年1月1日。在2020年1月1日至2020年12月31日期间继续适用《进口不予免税的重大技术装备和产品目录(2018年修订)》的规定。

税〔1999〕791号）规定的外商投资企业和外商投资设立的研究中心利用自有资金进行技术改造项目。

为保证《进口不予免税的重大技术装备和产品目录（2019年修订）》调整前已批准的上述项目顺利实施，对2019年12月31日前（含12月31日）批准的上述项目和企业在2020年6月30日前（含6月30日）进口设备，继续按照《财政部　发展改革委　工业和信息化部　海关总署　税务总局　能源局关于调整重大技术装备进口税收政策有关目录的通知》（财关税〔2018〕42号）附件3和《财政部　国家发展改革委　海关总署　国家税务总局关于调整〈国内投资项目不予免税的进口商品目录〉的公告》（2012年第83号）执行。

自2020年7月1日起对上述项目和企业进口《进口不予免税的重大技术装备和产品目录（2019年修订）》中所列设备，一律照章征收进口税收。为保证政策执行的统一性，对有关项目和企业进口商品需对照《进口不予免税的重大技术装备和产品目录（2019年修订）》和《国内投资项目不予免税的进口商品目录（2012年调整）》审核征免税的，《进口不予免税的重大技术装备和产品目录（2019年修订）》与《国内投资项目不予免税的进口商品目录（2012年调整）》所列商品名称相同，或仅在《进口不予免税的重大技术装备和产品目录（2019年修订）》中列名的商品，一律以《进口不予免税的重大技术装备和产品目录（2019年修订）》所列商品及其技术规格指标为准。

三、自2020年1月1日起，《财政部　发展改革委　工业和信息化部　海关总署　税务总局　能源局关于调整重大技术装备进口税收政策有关目录的通知》（财关税〔2018〕42号）予以废止。

附件：1. 国家支持发展的重大技术装备和产品目录（2019年修订）（略）
  2. 重大技术装备和产品进口关键零部件、原材料商品目录（2019年修订）（略）
  3. 进口不予免税的重大技术装备和产品目录（2019年修订）（略）

财政部　海关总署　税务总局关于调整部分项目可享受返税政策进口天然气数量的通知

手机阅读

2019年3月21日　财关税〔2019〕12号

各省、自治区、直辖市、计划单列市财政厅（局），海关总署广东分署、各直属海关，国家税务总局各省、自治区、直辖市、计划单列市税务局，财政部驻各省、自治区、直辖市、计划单列市财政监察专员办事处：

为贯彻落实《国务院关于促进天然气协调稳定发展的若干意见》（国发〔2018〕31号）的文件精神，根据《财政部　海关总署　国家税务总局关于对

2011—2020年期间进口天然气及2010年底前"中亚气"项目进口天然气按比例返还进口环节增值税有关问题的通知》(财关税〔2011〕39号)和《财政部 海关总署 国家税务总局关于调整进口天然气税收优惠政策有关问题的通知》(财关税〔2013〕74号)中的有关规定,现对上述政策中部分项目进口天然气的年度进口规模予以调整,具体如下:

一、自2019年1月1日起,将浙江液化天然气项目可享受政策的进口规模调整为700万吨/年,将唐山液化天然气项目、天津液化天然气项目、广西液化天然气项目、天津浮式液化天然气项目、上海液化天然气项目可享受政策的进口规模调整为600万吨/年。

二、浙江液化天然气项目、唐山液化天然气项目、天津浮式液化天然气项目、上海液化天然气项目可享受政策的2018年度进口量分别为547.2万吨、546.6万吨、353.5万吨、398.5万吨。

特此通知。

财政部 海关总署 税务总局关于完善跨境电子商务零售进口税收政策的通知

手机阅读

2018年11月29日 财关税〔2018〕49号

各省、自治区、直辖市、计划单列市财政厅(局),新疆生产建设兵团财政局,海关总署广东分署、各直属海关,国家税务总局各省、自治区、直辖市、计划单列市税务局,国家税务总局驻各地特派员办事处:

为促进跨境电子商务零售进口行业的健康发展,营造公平竞争的市场环境,现将完善跨境电子商务零售进口税收政策有关事项通知如下:

一、将跨境电子商务零售进口商品的单次交易限值由人民币2000元提高至5000元,年度交易限值由人民币20000元提高至26000元。

二、完税价格超过5000元单次交易限值但低于26000元年度交易限值,且订单下仅一件商品时,可以自跨境电商零售渠道进口,按照货物税率全额征收关税和进口环节增值税、消费税,交易额计入年度交易总额,但年度交易总额超过年度交易限值的,应按一般贸易管理。

三、已经购买的电商进口商品属于消费者个人使用的最终商品,不得进入国内市场再次销售;原则上不允许网购保税进口商品在海关特殊监管区域外开展"网购保税+线下自提"模式。

四、其他事项请继续按照《财政部 海关总署 税务总局关于跨境电子商务零售进口税收政策的通知》(财关税〔2016〕18号)有关规定执行。

五、为适应跨境电商发展,财政部会同有关部门对《跨境电子商务零售进口商品清单》进行了调整,将另行公布。

本通知自 2019 年 1 月 1 日起执行。

特此通知。

财政部　国家税务总局关于调整化妆品进口环节消费税的通知

2016 年 9 月 30 日　财关税〔2016〕48 号

海关总署：

为引导合理消费，经国务院批准，对化妆品的消费税政策进行调整，现将有关问题通知如下：

一、调整化妆品进口环节消费税税目税率，具体如下：

（一）将征收范围调整为高档美容修饰类化妆品、高档护肤类化妆品。高档美容修饰类和高档护肤类化妆品界定标准为进口完税价格在 10 元/毫升（克）或 15 元/片（张）及以上。调整后的税目见附件。

（二）将进口环节消费税税率由 30% 下调为 15%。

二、本通知自 2016 年 10 月 1 日起执行。

附件：化妆品进口环节消费税税目税率表（略）

财政部　海关总署　国家税务总局关于新型显示器件项目进口设备增值税分期纳税政策的通知

2016 年 6 月 1 日　财关税〔2016〕30 号

各省、自治区、直辖市、计划单列市财政厅（局）、国家税务局，新疆生产建设兵团财务局，海关总署广东分署、各直属海关，财政部驻各省、自治区、直辖市、计划单列市财政监察专员办事处：

为落实中央经济工作会议有关精神，推进新常态下信息技术产业实体经济发展，促进产业结构优化升级，支持国内新型显示器件生产企业降低税费成本，更好地参与国际竞争，经国务院批准，现将新型显示器件项目进口设备增值税分期纳税的有关政策通知如下：

一、对新型显示器件项目于 2015 年 1 月 1 日至 2018 年 12 月 31 日期间进口的关键新设备，准予在首台设备进口之后的 6 年（连续 72 个月）期限内，分期缴纳进口环节增值税，6 年内每年（连续 12 个月）依次缴纳进口环节增值税总额的 0%、20%、20%、20%、20%、20%，期间允许企业缴纳税款超过上述比例。

二、新型显示器件生产企业在分期纳税期间，按海关事务担保的规定，对未缴纳的税款提供海关认可的银行保证金或银行保函形式的税款担保，不予征收缓税利息和滞纳金。

三、对企业已经缴纳的进口环节增值税不予退还。

四、上述分期纳税有关政策的具体操作办法依照《关于新型显示器件项目进口设备增值税分期纳税的暂行规定》（见附件）执行。

附件：关于新型显示器件项目进口设备增值税分期纳税的暂行规定（略）

财政部　海关总署　国家税务总局关于跨境电子商务零售进口税收政策的通知

2016年3月24日　财关税〔2016〕18号

各省、自治区、直辖市、计划单列市财政厅（局）、国家税务局，新疆生产建设兵团财务局，海关总署广东分署、各直属海关：

为营造公平竞争的市场环境，促进跨境电子商务零售进口健康发展，经国务院批准，现将跨境电子商务零售（企业对消费者，即B2C）进口税收政策有关事项通知如下：

一、跨境电子商务零售进口商品按照货物征收关税和进口环节增值税、消费税，购买跨境电子商务零售进口商品的个人作为纳税义务人，实际交易价格（包括货物零售价格、运费和保险费）作为完税价格，电子商务企业、电子商务交易平台企业或物流企业可作为代收代缴义务人。

二、跨境电子商务零售进口税收政策适用于从其他国家或地区进口的、《跨境电子商务零售进口商品清单》范围内的以下商品：

（一）所有通过与海关联网的电子商务交易平台交易，能够实现交易、支付、物流电子信息"三单"比对的跨境电子商务零售进口商品；

（二）未通过与海关联网的电子商务交易平台交易，但快递、邮政企业能够统一提供交易、支付、物流等电子信息，并承诺承担相应法律责任进境的跨境电子商务零售进口商品。

不属于跨境电子商务零售进口的个人物品以及无法提供交易、支付、物流等电子信息的跨境电子商务零售进口商品，按现行规定执行。

三、跨境电子商务零售进口商品的单次交易限值为人民币2000元，个人年度交易限值为人民币20000元。在限值以内进口的跨境电子商务零售进口商品，关税税率暂设为0%；进口环节增值税、消费税取消免征税额，暂按法定应纳税额的70%征收。超过单次限值、累加后超过个人年度限值的单次交易，以及完税价格超过2000元限值的单个不可分割商品，均按照一般贸易方式全额征税。

四、跨境电子商务零售进口商品自海关放行之日起 30 日内退货的，可申请退税，并相应调整个人年度交易总额。

五、跨境电子商务零售进口商品购买人（订购人）的身份信息应进行认证；未进行认证的，购买人（订购人）身份信息应与付款人一致。

六、《跨境电子商务零售进口商品清单》将由财政部商有关部门另行公布。

七、本通知自 2016 年 4 月 8 日起执行。

特此通知。

财政部　商务部　海关总署　国家税务总局　国家旅游局关于印发《口岸进境免税店管理暂行办法》的通知

2016 年 2 月 18 日　财关税〔2016〕8 号

各省、自治区、直辖市、计划单列市财政厅（局）、商务主管部门、国家税务局、旅游局，新疆生产建设兵团财务局，海关总署广东分署、各直属海关，财政部驻各省、自治区、直辖市、计划单列市财政监察专员办事处：

2015 年 4 月 28 日国务院第 90 次常务会议决定，增设和恢复口岸进境免税店。财政部会同商务部、海关总署、国家税务总局、国家旅游局研究提出了口岸进境免税店政策和增设方案。

国务院同意在广州白云、杭州萧山、成都双流、青岛流亭、南京禄口、深圳宝安、昆明长水、重庆江北、天津滨海、大连周水子、沈阳桃仙、西安咸阳和乌鲁木齐地窝堡等机场口岸，深圳福田、皇岗、沙头角、文锦渡口岸，珠海闸口口岸，黑河口岸等水陆口岸各设 1 家口岸进境免税店［《国务院关于口岸进境免税店政策和增设方案的批复》（国函〔2015〕221 号）〕。

为落实国务院决定，规范管理口岸进境免税店，确保口岸进境免税店政策的顺利实施，现印发《口岸进境免税店管理暂行办法》，请遵照执行。

附件：口岸进境免税店管理暂行办法

附件：

口岸进境免税店管理暂行办法

第一条　为规范口岸进境免税店管理工作，依照有关法律法规和我国口岸进境免税店政策，制定本办法。

第二条　口岸进境免税店，指设立在对外开放的机场、水运和陆路口岸隔离区域，按规定对进境旅客免我进口购物的经营场所。口岸进境免税店具体经营适用对象、商品品种、免税税种、金额数量等应严格按照口岸进境免税店政策的有关规定执行。

第三条 国家对口岸进境免税店实行特许经营。国家统筹安排口岸进境免税店的布局和建设。口岸进境免税店的布局选址应根据出入境旅客流量，结合区域布局因素，满足节约资源、保护环境、有序竞争、避免浪费、便于监管的要求。

第四条 除国务院另有规定外，对原经国务院批准具有免税品经营资质，且近3年有连续经营口岸和市内进出境免税店业绩的企业，放开经营免税店的地域和类别限制，准予这些企业平等竞标口岸进境免税店经营权。口岸进境免税店必须由具有免税品经营资质的企业绝对控股（持股比例大于50%）。

第五条 设立口岸进境免税店的数量、口岸和营业场所的规模控制，由财政部会同商务部、海关总署、国家税务总局和国家旅游局提出意见报国务院审批。

第六条 经营口岸进境免税店应当符合海关监管要求，经海关批准，并办理注册手续。

第七条 口岸进境免税店一般由机场或其他招标人通过招标方式确定经营主体。如果不具备招标条件，比如在进出境客流量较小、开店面积有限等特殊情况下，可提出申请并报财政部核准，按照《中华人民共和国政府采购法》规定的竞争性谈判等其他方式确定经营主体。

第八条 新设立或经营合同到期的口岸进境免税店经营主体经招标或核准后，招标人或口岸业主与免税品经营企业每次签约的经营期限不超过10年。协议到期后不得自动续约，应根据本办法第七条的规定重新确定经营主体。

第九条 招标人或口岸业主经招标或采用其他经核准的方式与免税品经营企业达成协议后，应向财政部、商务部、海关总署、国家税务总局和国家旅游局备案。备案时需提交以下材料：

（一）经营主体合作协议（包括各股东持股比例、经营主体业务关联互补情况等。独资设立免税店除外）；

（二）经营主体的基本情况（包括企业性质、营业范围、生产经营，资产负债等方面）；

（三）口岸与经营主体设立口岸进境免税店的协议。

第十条 经营主体的股权结构、经营状况等基本情况发生重大变化时，应向财政部、商务部、海关总署、国家税务总局和国家旅游局报告。

第十一条 自国务院批准设立口岸进境免税店的规模控制之日起，机场或其他招标人应在6个月内完成招标。经营口岸进境免税店自海关批准之日起，经营主体应在1年内完成免税店建设并开始营业。经批准设立的口岸进境免税店无正当理由未按照上述时限要求对外营业的，或者暂停经营1年以上的，机场或其他招标人按照本办法第五条、第六条和第七条的规定重新办理审批手续、确定经营主体。

第十二条 口岸进境免税店原则上不得扩大营业场所面积，不得设立分店和分柜台。确需扩大营业场所面积、设立分店和分柜台的，按照本办法第五条、第六条规定的开设新店程序审批。

第十三条 口岸进境免税店缴纳免税商品特许经营费办法,暂按《财政部关于印发〈免税商品特许经营费缴纳办法〉的通知》(财企〔2004〕241号)和《财政部关于印发〈免税商品特许经营费缴纳办法〉的补充通知》(财企〔2006〕70号)规定执行。

第十四条 财政部、商务部、海关总署、国家税务总局和国家旅游局应加强相互联系和信息交换,并根据职责分工,加强协作配合,对口岸进境免税店工作实施有效管理。

第十五条 财政部、商务部、海关总署、国家税务总局和国家旅游局可以定期对口岸进境免税店经营情况进行核查,发现违反相关法律法规和规章制度的,依法予以处罚。

第十六条 本办法由财政部、商务部、海关总署、国家税务总局和国家旅游局负责解释。

第十七条 本办法自2016年2月18日起施行。

财政部 国家税务总局关于对电池、涂料征收进口环节消费税的通知

手机阅读

2015年1月29日 财关税〔2015〕4号

海关总署:

经国务院批准,对电池、涂料征收进口环节消费税,现将有关事项通知如下:

一、自2015年2月1日起对电池(铅蓄电池除外)、涂料征收进口环节消费税,适用税率均为4%。

对无汞原电池、金属氢化物镍蓄电池(又称"氢镍蓄电池"或"镍氢蓄电池")、锂原电池、锂离子蓄电池、太阳能电池、燃料电池、全钒液流电池以及施工状态下挥发性有机物含量低于420克/升(含)的涂料免征进口环节消费税。

二、自2016年1月1日起对铅蓄电池(税则号列:85071000、85072000)征收进口环节消费税,适用税率为4%。

电池、涂料进口环节消费税税目税率表分别见附件1、附件2。

特此通知。

附件:1. 电池进口环节消费税目率表(略)

2. 涂料进口环节消费税目率表(略)

财政部 海关总署 国家税务总局关于在苏州工业园综合保税区、重庆两路寸滩保税港区开展促进贸易多元化试点有关政策问题的通知

手机阅读

2014年12月19日 财关税〔2014〕65号

江苏省、重庆市财政厅（局）、国家税务局，南京海关、重庆海关：

为贯彻落实《国务院关于同意在苏州工业园综合保税区重庆两路寸滩保税港区开展调整相关税收规定促进贸易多元化试点的批复》（国函〔2014〕125号）精神，现就在苏州工业园综合保税区、重庆两路寸滩保税港区开展调整相关税收规定促进贸易多元化试点的有关事项通知如下：

一、在苏州工业园综合保税区、重庆两路寸滩保税港区开展调整相关税收规定促进贸易多元化的试点。

二、在苏州工业园综合保税区、重庆两路寸滩保税港区现有规划面积内划出专门区域作为贸易功能区，开展贸易、物流和流通性简单加工等业务，实行以下税收政策：

（一）除法律、法规和现行政策另有规定外，从境外、海关特殊监管区域以及保税监管场所进入贸易功能区的货物予以保税。

（二）允许非保税货物进入贸易功能区运作，从境内区外进入贸易功能区的货物在其实际离境后凭出口货物报关单（出口退税专用）予以退税，给予贸易功能区内符合条件的企业增值税一般纳税人资格。

（三）从境外、海关特殊监管区域以及保税监管场所进入贸易功能区内的保税货物（以下简称保税货物）在贸易功能区内销售时，继续予以保税；保税货物内销时，海关按其进入贸易功能区时的状态征收进口税款，同时税务部门按国内销售货物的规定征收增值税。

（四）除保税货物外，货物（包括含有保税货物的货物）在贸易功能区内销售或内销时，税务部门按国内销售货物的规定征收增值税；内销的货物中含有保税货物的，海关按保税货物进入贸易功能区时的状态征收进口税款。

（五）贸易功能区不再执行综合保税区、保税港区进口机器、设备、基建物资等的免税政策。

三、苏州工业园综合保税区、重庆两路寸滩保税港区贸易功能区范围的确定、隔离监管设施及管理系统的验收等工作，由海关总署会同财政部、税务总局组织实施。上述税收政策在贸易功能区正式通过验收后执行。

四、江苏省、重庆市财政厅（局）、国家税务局和南京海关、重庆海关要

积极推进落实上述税收政策,并切实做好相关监管和服务工作。海关、税务等部门要加强信息共享、互换。税务部门要加强对贸易功能区增值税的征管。财政部、海关总署、税务总局将及时对试点情况进行总结、评估,不断完善政策措施和具体监管办法,经实践检验政策可行、措施成熟后,适时研究提出在其他综合保税区、保税港区扩大试点的意见。

财政部 海关总署 国家税务总局关于租赁企业进口飞机有关税收政策的通知

2014年5月13日 财关税〔2014〕16号

各省、自治区、直辖市、计划单列市财政厅(局)、国家税务局,新疆生产建设兵团财务局,海关总署广东分署、各直属海关,财政部驻各省、自治区、直辖市、计划单列市财政监察专员办事处:

经国务院批准,自2014年1月1日起,租赁企业一般贸易项下进口飞机并租给国内航空公司使用的,享受与国内航空公司进口飞机同等税收优惠政策,即进口空载重量在25吨以上的飞机减按5%征收进口环节增值税。自2014年1月1日以来,对已按17%税率征收进口环节增值税的上述飞机,超出5%税率的已征税款,尚未申报增值税进项税额抵扣的,可以退还。租赁企业申请退税时,应附送主管税务机关出具的进口飞机所缴纳增值税未抵扣证明(格式见附件)。

海关特殊监管区域内租赁企业从境外购买并租给国内航空公司使用的、空载重量在25吨以上、不能实际入区的飞机,不实施进口保税政策,减按5%征收进口环节增值税。

附件:租赁企业进口飞机增值税进项税额未抵扣证明(略)

财政部 海关总署 国家税务总局关于平潭综合实验区有关进口税收政策的通知

2013年9月3日 财关税〔2013〕62号

福建省财政厅、福州海关、福建省国家税务局:

为贯彻落实《平潭综合实验区总体发展规划》中的相关政策,现就平潭综

合实验区有关进口货物税收政策通知如下:

一、有关进口税收政策

平潭综合实验区的有关进口税收政策,除法律、法规和现行政策另有规定外,按照下列规定办理:

1. 对从境外进入平潭与生产有关的下列货物实行备案管理,给予免税:平潭综合实验区内(以下简称区内)生产性的基础设施建设项目所需的机器、设备和建设生产厂房、仓储设施所需的基建物资;区内生产企业运营所需的机器、设备、模具及其维修用零配件;区内从事研发设计、检测维修、物流、服务外包等企业进口所需的机器、设备等货物。在"一线"不予免税的货物清单具体见本通知第二条。

2. 对从境外进入平潭与生产有关的下列货物实行备案管理,给予保税:区内企业为加工出口产品所需的原材料、零部件、元器件、包装物料及消耗性材料;区内物流企业进口用于流转的货物。在"一线"不予保税的货物清单具体见本通知第三条。

3. 货物从平潭进入内地按有关规定办理进口报关手续,按实际报验状态征税,在"一线"已完税的生活消费类等货物除外。

4. 平潭企业将免税、保税的货物(包括用免税、保税的料件生产的货物)销售给个人的,应按进口货物的有关规定补齐相应的进口税款。

5. 对设在平潭的企业生产、加工并经"二线"销往内地的货物照章征收进口环节增值税、消费税。根据企业申请,试行对该内销货物按其对应进口料件或按实际报验状态征收关税政策,经实际操作并不断完善后再正式实施。

二、在"一线"不予免税的货物清单

在"一线"不予免税的货物包括:

1. 法律、行政法规和相关规定明确不予免税的货物。

2. 国家规定禁止进口的商品。

3. 商业性房地产开发项目进口的货物,即兴建宾馆饭店、写字楼、别墅、公寓、住宅、商业购物场所、娱乐服务业场馆、餐饮业店馆以及其他商业性房地产项目进口的建设物资、设备(如电梯、空调、水泥、钢材、大理石、灯具等建筑材料和装饰装修材料)。

4. 生活消费类货物,具体如下:

序号	商品名称	税则号列	备注
1	活动物;动物产品	第一章至第四章全部税号	
2	食用蔬菜、根及块茎	第七章全部税号	
3	食用水果及坚果;柑橘属水果或甜瓜的果皮	第八章全部税号	

续表

序号	商品名称	税则号列	备注
4	咖啡、茶、马黛茶及调味香料;谷物	第九章全部税号;第十章全部税号	
5	制粉工业产品;麦芽;淀粉;菊粉;面筋	第十一章全部税号	
6	含油子仁及果实;杂项子仁及果实	1201-1208;1211-1213	
7	动、植物油、脂及其分解产品;精致的食用油脂	1501-1517	
8	食品;饮料、酒及醋;烟草、烟草及烟草代用品的制品	第十六章至第二十二章全部税号;第二十四章全部税号;25010011	
9	成品油	2710	
10	药品	第三十章全部税号	
11	精油及香膏;芳香料制品及化妆品	3301;3303-3307	
12	肥皂、洗涤剂等	第三十四章全部税号	
13	烟火制品;火柴	36041000;3605	
14	塑料浴缸、淋浴盘等;塑料制的餐具、厨房用具等	3922;3924-3926	
15	硫化橡胶制的卫生及医疗用品	4014	
16	衣箱、提箱、小手袋等;皮革或再生皮革制的衣服及衣着附件	4202-4203	
17	毛皮制的衣服、衣着附件及其他制品;人造毛皮及其制品	4303-4304	
18	木制的画框、相框、镜框等;木制餐具及厨房用具;衣架	4414;4419;44211000	
19	软木制品	4503-4504	

续表

序号	商品名称	税则号列	备注
20	稻草、秸杆、针茅或其他编结材料制品等	第四十六章全部税号	
21	卫生纸、面巾纸等	4803；4817－4820	
22	书籍、报纸等	32159010；第四十九章全部税号	
23	羊毛、棉花、毛条	5101；51031010；52010000；52030000；51051000、51052100、51052900	
24	地毯及纺织材料的其他铺地制品；特种机织物；簇绒织物等	第五十七章全部税号；第五十八章全部税号	
25	针织物及钩编织物；针织或钩编的服装及衣着附件；非针织物或非钩编的服装及衣着附件	第六十章至六十二章全部税号	
26	其他纺织制成品等	6301－6304；6306－6309	
27	鞋、帽、伞、杖、鞭及其零件；已加工的羽毛及其制品；人造花；人发制品	第六十四章全部税号；6504－6507；第六十六章至六十七章全部税号	
28	陶瓷产品	6910－6912	
29	玻璃制品	7013；70200091、70200099	
30	天然或养殖珍珠、宝石或半宝石、贵金属、包贵金属及其制品	第七十一章中除7112之外的其他全部税号	
31	钢铁制品	7323－7324	
32	铜制品	7418、74199950	
33	铝制品	7615	
34	家用工具；厨房或餐桌用具；非电动的贱金属铃、钟等	82055100；8210；82119100；8213；8214；8215；83013000；8306	
35	空调器；家用型冷藏箱；家用洗碟机；家用型洗衣机；家用型缝纫机等家用器具	84151010－84158300；84181010－84182990、84183021、84183029、84184021、84184029、84185000；84212110、84213910、84219910；84221100、84231000、84248910；8450；84511000；84521010－84521099；84529011－84529019	

续表

序号	商品名称	税则号列	备注
36	微型计算机及外设；电子计算器	84433110、84433190、84433211、84433212、84433213、84433219、8470；84713000、84714140、84714940、84715040、84716050、84716060、84716071、84716072、84716090、84717090、85235110、85235120、85258013、85284100、85285110、85285190、85286100	税号84716090仅指IC卡读入器；税号84717090仅指移动硬盘；税号85258013仅指计算机用网络摄像头
37	家用电动器具；手提式电灯；电话机；音响设备；录像机；放像机；磁带；数据存储器件等；摄像机；电视机	8509－8510；85121000；8513；85161010－85162100、85162920、85162931－85162939、85163100、85164000－85167990；85171100－85171220、85171800、85176299、85176910、85176990、85181000－85185000；8519；8521；8523；85258012－85258018、85258022－85258029、85258032－85258039；8527；85284910、85284990、85285910、85285990、85286910、85286990、85287110－85287300	税号85176990仅指可视电话
38	车辆	8701－8703；8711－8712；8715；87161000	
39	航空器	8801；88021100－88024020；8804	
40	船舶	8901；8903	
41	相机或摄录一体机镜头；望远镜；照相机	85258022－85258029；90021131、90021139；90051000；90064000、90065100、90065300、90065990	
42	钟表	9101－9103、9105－9106	
43	乐器	9201－9208	
44	座具；其他家具；弹簧床垫、寝具等；灯具；活动房屋	94012010－94018090；94032000、94034000－94038990；9404；94051000－94052000、94053000；9406	

续表

序号	商品名称	税则号列	备注
45	玩具、游戏品、运动用品	第九十五章全部税号	
46	画笔、毛笔及化妆用的类似笔;旅行用具;纽扣;圆珠笔;铅笔;打火机等	96033010－96033090;9605;9606;9608;9609;9613－9617;9619	
47	艺术品、收藏品及古物	第九十七章全部税号	

5. 20种不予减免税的商品中未列入上述生活消费类货物清单的其他商品。

6. 其他与生产无关的货物。

三、在"一线"不予保税的货物清单

在"一线"不予保税的货物包括:

1. 法律、行政法规和相关规定明确不予保税的货物。

2. 国家规定禁止进口的商品。

3. 商业性房地产开发项目进口的货物,即兴建宾馆饭店、写字楼、别墅、公寓、住宅、商业购物场所、娱乐服务业场馆、餐饮业店馆以及其他商业性房地产项目进口的建设物资、设备(如电梯、空调、水泥、钢材、大理石、灯具等建筑材料和装饰装修材料)。

4. 区内个人、企业和行政管理机构自用的生活消费类用品(具体商品范围同第二条中的"4"和"5")。

5. 列入加工贸易禁止类目录的商品。

6. 其他与生产无关的货物。

四、其他有关事项

根据政策执行的实际情况,并在保持政策相对稳定的前提下,由财政部会同有关部门适时调整在"一线"不予免税的货物清单和在"一线"不予保税的货物清单。

本通知自平潭综合实验区相关监管设施验收合格、正式开关运行之日起执行。

特此通知。

财政部 国家税务总局关于调整进口飞机有关增值税政策的通知

手机阅读

2013年8月29日 财关税〔2013〕53号

海关总署、民航局:

经国务院批准,自2013年8月30日起,对按此前规定所有减按4%征收进口环节增值税的空载重量在25吨以上的进口飞机,调整为按5%征收进口环节增值税。同时,停止执行《财政部 国家税务总局关于调整国内航空公司进口飞机有关增值税政策的通知》(财关税〔2004〕43号)。

财政部 海关总署 国家税务总局关于横琴开发有关进口税收政策的通知

手机阅读

2013年5月20日 财关税〔2013〕17号

广东省财政厅,海关总署广东分署、拱北海关,广东省国家税务局:

为贯彻落实《国务院关于横琴开发有关政策的批复》(国函〔2011〕85号)精神,现就横琴开发有关进口货物税收政策通知如下:

一、有关进口税收政策

横琴开发的有关进口税收政策,除法律、法规和现行政策另有规定外,按照下列规定办理:

1. 对从境外进入横琴与生产有关的下列货物实行备案管理,给予免税:横琴区内(以下简称区内)生产性的基础设施建设项目所需的机器、设备和建设生产厂房、仓储设施所需的基建物资;区内生产企业运营所需的机器、设备、模具及其维修用零配件;区内从事研发设计、检测维修、物流、服务外包等企业进口所需的机器、设备等货物。在"一线"不予免税的货物清单具体见本通知第二条。

2. 对从境外进入横琴与生产有关的下列货物实行备案管理,给予保税:区内企业为加工出口产品所需的原材料、零部件、元器件、包装物料及消耗性材料;区内物流企业进口用于流转的货物。在"一线"不予保税的货物清单具体见本通知第三条。

3. 货物从横琴进入内地按有关规定办理进口报关手续,按实际报验状态征税,在"一线"已完税的生活消费类等货物除外。

4. 横琴企业将免税、保税的货物(包括用免税、保税的料件生产的货物)销售给个人的,应按进口货物的有关规定补齐相应的进口税款。

5. 对设在横琴的企业生产、加工并经"二线"销往内地的货物照章征收进口环节增值税、消费税。根据企业申请,试行对该内销货物按其对应进口料件或按实际报验状态征收关税政策,经实际操作并不断完善后再正式实施。

二、在"一线"不予免税的货物清单

在"一线"不予免税的货物包括:

1. 法律、行政法规和相关规定明确不予免税的货物。

2. 国家规定禁止进口的商品。

3. 商业性房地产开发项目进口的货物,即兴建宾馆饭店、写字楼、别墅、公寓、住宅、商业购物场所、娱乐服务业场馆、餐饮业店馆以及其他商业性房地产项目进口的建设物资、设备(如电梯、空调、水泥、钢材、大理石、灯具等建筑材料和装饰装修材料)。

4. 生活消费类货物,具体如下:

序号	商品名称	税则号列	备注
1	活动物;动物产品	第一章至第四章全部税号	
2	食用蔬菜、根及块茎	第七章全部税号	
3	食用水果及坚果;柑橘属水果或甜瓜的果皮	第八章全部税号	
4	咖啡、茶、马黛茶及调味香料;谷物	第九章全部税号;第十章全部税号	
5	制粉工业产品;麦芽;淀粉;菊粉;面筋	第十一章全部税号	
6	含油子仁及果实;杂项子仁及果实	1201-1208;1211-1213	
7	动、植物油、脂及其分解产品;精致的食用油脂	1501-1517	
8	食品;饮料、酒及醋;烟草、烟草及烟草代用品的制品	第十六章至第二十二章全部税号;第二十四章全部税号;25010011	
9	成品油	2710	
10	药品	第三十章全部税号	
11	精油及香膏;芳香料制品及化妆品	3301;3303-3307	
12	肥皂、洗涤剂等	第三十四章全部税号	
13	烟火制品;火柴	36041000;3605	
14	塑料浴缸、淋浴盘等;塑料制的餐具、厨房用具等	3922;3924-3926	
15	硫化橡胶制的卫生及医疗用品	4014	
16	衣箱、提箱、小手袋等;皮革或再生皮革制的衣服及衣着附件	4202-4203	
17	毛皮制的衣服、衣着附件及其他制品;人造毛皮及其制品	4303-4304	
18	木制的画框、相框、镜框等;木制餐具及厨房用具;衣架	4414;4419;44211000	

续表

序号	商品名称	税则号列	备注
19	软木制品	4503－4504	
20	稻草、秸杆、针茅或其他编结材料制品等	第四十六章全部税号	
21	卫生纸、面巾纸等	4803；4817－4820	
22	书籍、报纸等	32159010；第四十九章全部税号	
23	羊毛、棉花、毛条	5101；51031010；52010000；52030000；51051000、51052100、51052900	
24	地毯及纺织材料的其他铺地制品；特种机织物；簇绒织物等	第五十七章全部税号；第五十八章全部税号	
25	针织物及钩编织物；针织或钩编的服装及衣着附件；非针织物或非钩编的服装及衣着附件	第六十章至六十二章全部税号	
26	其他纺织制成品等	6301－6304；6306－6309	
27	鞋、帽、伞、杖、鞭及其零件；已加工的羽毛及其制品；人造花；人发制品	第六十四章全部税号；6504－6507；第六十六章至六十七章全部税号	
28	陶瓷产品	6910－6912	
29	玻璃制品	7013；70200091、70200099	
30	天然或养殖珍珠、宝石或半宝石、贵金属、包贵金属及其制品；	第七十一章中除7112之外的其他全部税号	
31	钢铁制品	7323－7324	
32	铜制品	7418、74199950	
33	铝制品	7615	
34	家用工具；厨房或餐桌用具；非电动的贱金属铃、钟等	82055100；8210；82119100；8213；8214；8215；83013000；8306	
35	空调器；家用型冷藏箱；家用洗碗机；家用型洗衣机；家用型缝纫机等家用器具	84151010－84158300；84181010－84182990；84183021、84183029、84184021、84184029、84185000；84212110、84213910、84219910、84221100、84231000、84248910；8450；84511000；84521010－84521099；84529011－84529019	

续表

序号	商品名称	税则号列	备注
36	微型计算机及外设；电子计算器	84433110、84433190、84433211、84433212、84433213、84433219；8470；84713000、84714140、84714940、84715040、84716050、84716060、84716071、84716072、84716090、84717090、85235110、85235120、85258013、85284100、85285110、85285190、85286100	税号84716090仅指IC卡读入器；税号84717090仅指移动硬盘；税号85258013仅指计算机用网络摄像头
37	家用电动器具；手提式电灯；电话机；音响设备；录像机；放像机；磁带；数据存储器件等；摄像机；电视机	8509－8510；85121000；8513；85161010－85162100、85162920、85162931－85162939、85163100、85164000－85167990；85171100－85171220、85171800、85176299、85176910、85176990、85181000－85185000、8519；8521；8523；85258012－85258013、85258022－85258029、85258032－85258039；8527、85284910、85284990、85285910、85285990、85286910、85286990、85287110－85287300	税号85176990仅指可视电话
38	车辆	8701－8703；8711－8712；8715；87161000	
39	航空器	8801；88021100－88024020；8804	
40	船舶	8901；8903	
41	相机或摄录一体机镜头；望远镜；照相机	85258022－85258029；90021131、90021139；90051000；90064000、90065100、90065300、90065990	
42	钟表	9101－9103、9105－9106	
43	乐器	9201－9208	
44	座具；其他家具；弹簧床垫、寝具等；灯具；活动房屋	94012010－94018090；94032000、94034050－94038990、9404；94051000－94052000、94053000；9406	
45	玩具、游戏品、运动用品	第九十五章全部税号	

续表

序号	商品名称	税则号列	备注
46	画笔、毛笔及化妆用的类似笔；旅行用具；纽扣；圆珠笔；铅笔；打火机等	96033010－96033090；9605；9606；9608；9609；9613－9617；9619	
47	艺术品、收藏品及古物	第九十七章全部税号	

5. 20 种不予减免税的商品中未列入上述生活消费类货物清单的其他商品。

6. 其他与生产无关的货物。

三、在"一线"不予保税的货物清单

在"一线"不予保税的货物包括：

1. 法律、行政法规和相关规定明确不予保税的货物。

2. 国家规定禁止进口的商品。

3. 商业性房地产开发项目进口的货物，即兴建宾馆饭店、写字楼、别墅、公寓、住宅、商业购物场所、娱乐服务业场馆、餐饮业店馆以及其他商业性房地产项目进口的建设物资、设备（如电梯、空调、水泥、钢材、大理石、灯具等建筑材料和装饰装修材料）。

4. 区内个人、企业和行政管理机构自用的生活消费类用品（具体商品范围同第二条中的"4"和"5"）。

5. 列入加工贸易禁止类目录的商品。

6. 其他与生产无关的货物。

四、其他有关事项

根据政策执行的实际情况，并在保持政策相对稳定的前提下，由财政部会同有关部门适时调整在"一线"不予免税的货物清单和在"一线"不予保税的货物清单。

本通知自横琴相关监管设施验收合格、正式开关运行之日起执行。

特此通知。

财政部关于调整大嶝对台小额商品交易市场税收政策问题的通知

手机阅读

2012 年 10 月 23 日　财关税〔2012〕55 号

海关总署：

经国务院批准，现就大嶝对台小额商品交易市场（以下简称"大嶝市场"）税收政策调整问题通知如下：

一、进入大嶝市场的人员每日免税携带入境的台湾原产商品总值由目前的

每人每日人民币 3000 元提高到每人每日 6000 元;

二、《大嶝对台小额商品交易市场携带入境数量限制商品清单》见附件;

三、本通知自 2012 年 11 月 1 日起实施。

附件:大嶝对台小额商品交易市场携带入境数量限制商品清单(略)

财政部 科技部 国家发展改革委 海关总署 国家税务总局关于科技 重大专项进口税收政策的通知①

2010 年 7 月 24 日 财关税〔2010〕28 号

各省、自治区、直辖市、计划单列市财政厅(局)、科技厅(委、局)、发展改革委、国家税务局,新疆生产建设兵团财务局、科技局、发展改革委,海关总署广东分署、各直属海关:

为贯彻落实国务院关于实施《国家中长期科学和技术发展规划纲要(2006—2020 年)》若干配套政策中有关科技重大专项进口税收政策的要求,扶持国家重大战略产品、关键共性技术和重大工程的研究开发,营造激励自主创新的环境,特制定《科技重大专项进口税收政策暂行规定》(见附件,以下简称《暂行规定》),现将有关事项通知如下:

一、自 2010 年 7 月 15 日起,对承担《国家中长期科学和技术发展规划纲要(2006—2020 年)》中民口科技重大专项项目(课题)的企业和大专院校、科研院所等事业单位(以下简称项目承担单位)使用中央财政拨款、地方财政资金、单位自筹资金以及其他渠道获得的资金进口项目(课题)所需国内不能生产的关键设备(含软件工具及技术)、零部件、原材料,免征进口关税和进口环节增值税。

二、项目承担单位在 2010 年 7 月 15 日至 2011 年 12 月 31 日期间进口物资申请享受免税政策的,应在 2010 年 9 月 1 日前向科技重大专项项目牵头组织单位提交申请文件,具体申请程序和要求见《暂行规定》,逾期不予受理。符合条件的项目承担单位自 2010 年 7 月 15 日起享受进口免税政策,可凭牵头组织单位出具的已受理申请的证明文件,向海关申请凭税款担保办理有关进口物

---

① 根据《关于取消科技重大专项进口税收政策免税额度管理的通知》(财关税〔2019〕52 号),删除通知附件第五条第 1 项中",且进口数量在合理范围内"。删除通知附件第六条中"和涉及的进口税款"。修改通知附件第十条第二段中"免税额度内"为"范围内"。删除通知附件附 1"科技重大专项项目(课题)进口物资确认函"中"免税进口物资额度:"。删除通知附件附 2 第 3 条中",申请免税进口金额、免税税款"。删除通知附件附 2 表 1 和表 2 中"进口数量、进口金额、进口税额"三列,删除"注:进口金额货币单位:万美元;进口税额货币单位:万元"。

资先予放行手续。

三、科技重大专项牵头组织单位应按《暂行规定》有关要求，受理和审核项目承担单位的申请文件，并在2010年10月1日前向财政部报送科技重大专项免税进口物资需求清单。财政部会同科技部、发展改革委、海关总署、国家税务总局等有关部门按照《暂行规定》有关要求，及时研究制定各科技重大专项免税进口物资清单。

四、项目承担单位应当在进口物资前按照有关规定，持有关材料向其所在地海关申请办理免税审批手续。

附件：科技重大专项进口税收政策暂行规定（略）

财政部 海关总署 国家税务总局关于外国政府贷款和国际金融组织贷款项目进口设备增值税政策的通知

2009年11月16日　财关税〔2009〕63号

各省、自治区、直辖市、计划单列市财政厅（局）、国家税务局，新疆生产建设兵团财务局，海关总署广东分署、各直属海关：

经国务院批准，自2009年1月1日起，对按有关规定其增值税进项税额无法抵扣的外国政府和国际金融组织贷款项目进口的自用设备，继续按《国务院关于调整进口设备税收政策的通知》（国发〔1997〕37号）中的相关规定执行，即除《外商投资项目不予免税的进口商品目录》所列商品外，免征进口环节增值税。

外国政府贷款和国际金融组织贷款项目单位利用外国政府贷款和国际金融组织贷款项目进口的设备，申请免征进口环节增值税的，按如下方式办理手续：

一、对于附件1所列贷款项目单位可以按相关规定到海关直接办理免征进口环节增值税的手续。

二、对于附件1所列的贷款项目单位以外的其他外国政府贷款和国际金融组织贷款项目单位，首先经主管国家税务局审核后报地（市）级国税主管机关认定其购置设备缴纳的增值税进项税额因不属于增值税一般纳税人或该项目项下进口设备完全用于增值税免税业务等因素而无法抵扣，并为其出具税务确认书（税务确认书格式见附件2）后，方可按相关规定到海关办理进口设备免征进口环节增值税的手续。

三、2009年1月1日以后进口的外国政府和国际金融组织贷款项目项下设备，符合本通知上述免税条件和相关要求的，在补办海关免税审批手续后，已征收的进口环节增值税准予退还。但对于按照重大技术装备专项进口税收政策有关进口整机征收关税和进口环节增值税的规定，外国政府和国际金融组织贷款项目项下进口属于专项政策规定征税范围内的设备不能享受本通知免征进环节增值税的待遇,已征收的进口环节增值税不予退还。

附件:1. 部分外国政府贷款和国际金融组织贷款项目单位清单(略)
2. 外国政府贷款和国际金融组织贷款项目单位税务确认书(格式)(略)

财政部 国家税务总局关于免征进口粗铜含金部分进口环节增值税的通知

手机阅读

2009年9月28日 财关税〔2009〕60号

海关总署:

经国务院批准,自2009年11月1日起,对进口粗铜(税则号列:ex74020000,货品名称:未精炼铜)中所含的黄金价值部分免征进口环节增值税。

财政部 海关总署 国家税务总局关于促进边境贸易发展有关财税政策的通知

手机阅读

2008年10月30日 财关税〔2008〕90号

内蒙古、辽宁、吉林、黑龙江、广西、海南、西藏、新疆、云南省(自治区)财政厅、国家税务局,呼和浩特、满洲里、大连、长春、哈尔滨、南宁、海口、昆明、拉萨、乌鲁木齐海关:

为贯彻落实科学发展观,构建社会主义和谐社会,根据《国务院关于促进边境地区经济贸易发展问题的批复》(国函〔2008〕92号)的精神,现就进一步促进边境贸易发展有关财税政策通知如下:

一、加大对边境贸易发展的财政支持力度

在现行边境地区专项转移支付的基础上增加资金规模,加大对边境贸易发展的支持力度,为企业的发展创造良好的外部环境。2008年全年按20亿元掌握,实际执行期为两个月;以后年度在此基础上建立与口岸过货量等因素挂钩的适度增长机制。具体办法由财政部会同有关部门另行制定。地方财政部门要结合本地实际,并根据支持边境贸易发展和边境小额贸易企业能力建设的要求,认真落实中央补助资金,切实发挥资金使用效益。要充分利用财政和审计部门的监督检查力量,保证专项转移支付的资金能真正发挥促进边境贸易发展的作用。

二、提高边境地区边民互市进口免税额度

边民通过互市贸易进口的生活用品,每人每日价值在人民币 8000 元以下的,免征进口关税和进口环节税。为加强管理,由财政部会同有关部门研究制定边民互市进出口商品不予免税的清单,有关部门应对政策执行情况进行及时跟踪、分析。

三、关于边境小额贸易进口税收问题

以边境小额贸易方式进口的商品,进口关税和进口环节税照章征收。

本通知自 2008 年 11 月 1 日起执行,由财政部、海关总署和税务总局负责解释。

特此通知。

财政部　国家税务总局关于调整部分乘用车进口环节消费税的通知

2008 年 8 月 11 日　财关税〔2008〕73 号

海关总署:

经国务院批准,自 2008 年 9 月 1 日起,对部分乘用车进口环节消费税进行调整,现将有关事项通知如下:

一、将气缸容量(排气量,下同)1.0 升以下(含 1.0 升)的乘用车进口环节消费税税率由 3% 下调至 1%;

二、将气缸容量 3.0 升以上(不含 3.0 升)至 4.0 升(含 4.0 升)的乘用车进口环节消费税税率由 15% 上调至 25%;

三、将气缸容量 4.0 升以上的乘用车进口环节消费税税率由 20% 上调至 40%。

乘用车进口环节消费税税目、税率调整对照表见附件。

附件:乘用车进口环节消费税税目、税率调整对照表(略)

财政部　国家税务总局关于矿物质微量元素舔砖免征进口环节增值税的通知

2006 年 12 月 12 日　财关税〔2006〕73 号

海关总署:

为支持国内畜牧业的发展并根据《财政部　国家税务总局关于豆粕等粕类

产品征免增值税政策的通知》（财税〔2001〕30号）第二条的有关规定，自2007年1月1日起，对进口的矿物质微量元素舔砖（税号ex38249090）免征进口环节增值税。

矿物质微量元素舔砖是以四种以上微量元素、非营养性添加剂和载体为原料，经高压浓缩制成的块状预混物，供牛、羊等直接食用。

财政部　国家税务总局关于进口环节消费税有关问题的通知

手机阅读

2006年3月30日　财关税〔2006〕22号

海关总署：

为适应社会经济形势的客观发展需要，进一步完善消费税制，经国务院批准，对消费税税目、税率及相关政策进行调整。根据《财政部　国家税务总局关于调整和完善消费税政策的通知》（财税〔2006〕33号），现将进口环节征收消费税的有关问题通知如下：

一、新增对高尔夫球及球具、高档手表、游艇、木制一次性筷子、实木地板、石脑油、溶剂油、润滑油、燃料油、航空煤油等产品征收消费税，停止对护肤护发品征收消费税，调整汽车、摩托车、汽车轮胎、白酒的消费税税率；石脑油、溶剂油、润滑油、燃料油暂按应纳消费税额的30%征收；航空煤油暂缓征收消费税；子午线轮胎免征消费税。

二、调整后征收进口环节消费税的商品共14类，具体税目税率见附件。

三、关于进口环节消费税税收政策问题，按《财政部　海关总署　国家税务总局关于印发〈关于进口货物进口环节海关代征税税收政策问题的规定〉的通知》（财关税〔2004〕7号）的有关规定执行。

四、本通知自2006年4月1日起执行。原有规定与本通知有抵触的，以本通知为准。

附件：进口环节消费税应税商品税目税率表（略）

财政部　国家税务总局关于对宫内节育器免征进口环节增值税的通知

手机阅读

2004年4月12日　财关税〔2004〕17号

海关总署：

根据我国增值税条例，"避孕药品和用具"属于增值税免征税目，现特予以明确。即从2004年5月1日起,对"宫内节育器"(税则号90189080)免征进口环节增值税,此前所征税款不予退回。

请通知各海关遵照执行。

财政部 海关总署 国家税务总局关于印发《关于进口货物进口环节海关代征税税收政策问题的规定》的通知

手机阅读

2004年3月16日 财关税〔2004〕7号

各省、自治区、直辖市、计划单列市财政厅(局)、国家税务局,海关广东分署,海关总署驻天津、上海特派办,各直属海关:

《关于进口货物进口环节海关代征税税收政策问题的规定》已经国务院批准。现印发给你们,请遵照执行。

附件:关于进口货物进口环节海关代征税税收政策问题的规定

附件:

关于进口货物进口环节海关代征税税收政策问题的规定

一、经海关批准暂时进境的下列货物,在进境时纳税义务人向海关缴纳相当于应纳税款的保证金或者提供其他担保的,可以暂不缴纳进口环节增值税和消费税,并应当自进境之日起6个月内复运出境;经纳税义务人申请,海关可以根据海关总署的规定延长复运出境的期限:

(一)在展览会、交易会、会议及类似活动中展示或者使用的货物;

(二)文化、体育交流活动中使用的表演、比赛用品;

(三)进行新闻报道或者摄制电影、电视节目使用的仪器、设备及用品;

(四)开展科研、教学、医疗活动使用的仪器、设备及用品;

(五)在本款第(一)项至第(四)项所列活动中使用的交通工具及特种车辆;

(六)货样;

(七)供安装、调试、检测设备时使用的仪器、工具;

(八)盛装货物的容器;

(九)其他用于非商业目的的货物。

上述所列暂准进境货物在规定的期限内未复运出境的,海关应当依法征收进口环节增值税和消费税。

上述所列可以暂时免征进口环节增值税和消费税范围以外的其他暂准进境货物,应当按照该货物的组成计税价格和其在境内滞留时间与折旧时间的比例分别计算征收进口环节增值税和消费税。

二、因残损、短少、品质不良或者规格不符原因,由进口货物的发货人、承运人或者保险公司免费补偿或者更换的相同货物,进口时不征收进口环节增值税和消费税。被免费更换的原进口货物不退运出境的,海关应当对原进口货物重新按规定征收进口环节增值税和消费税。

三、进口环节增值税税额在人民币50元以下的一票货物,免征进口环节增值税;消费税税额在人民币50元以下的一票货物,免征进口环节消费税。

四、无商业价值的广告品和货样免征进口环节增值税和消费税。

五、外国政府、国际组织无偿赠送的物资免征进口环节增值税和消费税。

六、在海关放行前损失的进口货物免征进口环节增值税和消费税;在海关放行前遭受损坏的货物,可以按海关认定的进口货物受损后的实际价值确定进口环节增值税和消费税组成计税价格公式中的关税完税价格和关税,并依法计征进口环节增值税和消费税。

七、进境运输工具装载的途中必需的燃料、物料和饮食用品免征进口环节增值税和消费税。

八、有关法律、行政法规规定进口货物减征或者免征进口环节海关代征税的,海关按照规定执行。

九、本规定自2004年1月1日起施行。

财政部 海关总署 税务总局 药监局关于罕见病药品增值税政策的通知

手机阅读

2019年2月20日 财税〔2019〕24号

各省、自治区、直辖市、计划单列市财政厅(局),新疆生产建设兵团财政局,海关总署广东分署、各直属海关,国家税务总局各省、自治区、直辖市、计划单列市税务局:

为鼓励罕见病制药产业发展,降低患者用药成本,现将罕见病药品增值税政策通知如下:

一、自2019年3月1日起,增值税一般纳税人生产销售和批发、零售罕见病药品,可选择按照简易办法依照3%征收率计算缴纳增值税。上述纳税人选择简易办法计算缴纳增值税后,36个月内不得变更。

二、自2019年3月1日起,对进口罕见病药品,减按3%征收进口环节增值税。

三、纳税人应单独核算罕见病药品的销售额。未单独核算的,不得适用本通知第一条规定的简易征收政策。

四、本通知所称罕见病药品,是指经国家药品监督管理部门批准注册的罕见病药品制剂及原料药。罕见病药品清单(第一批)见附件。罕见病药品范围实行动态调整,由财政部、海关总署、税务总局、药监局根据变化情况适时明确。

附件:罕见病药品清单(第一批)(略)

财政部 税务总局关于境外机构投资境内债券市场企业所得税、增值税政策的通知

2018年11月7日 财税〔2018〕108号

各省、自治区、直辖市、计划单列市财政厅(局),国家税务总局各省、自治区、直辖市、计划单列市税务局,新疆生产建设兵团财政局:

为进一步推动债券市场对外开放,现将有关税收政策通知如下:

自2018年11月7日起至2021年11月6日止,对境外机构投资境内债券市场取得的债券利息收入暂免征收企业所得税和增值税。

上述暂免征收企业所得税的范围不包括境外机构在境内设立的机构、场所取得的与该机构、场所有实际联系的债券利息。

财政部 税务总局 商务部 海关总署关于跨境电子商务综合试验区零售出口货物税收政策的通知

2018年9月28日 财税〔2018〕103号

各省、自治区、直辖市、计划单列市财政厅(局)、商务主管部门,国家税务总局各省、自治区、直辖市、计划单列市税务局,国家税务总局驻各地特派员办事处,海关总署广东分署、各直属海关:

为进一步促进跨境电子商务健康快速发展,培育贸易新业态新模式,现将跨境电子商务综合试验区(以下简称综试区)内的跨境电子商务零售出口(以下简称电子商务出口)货物有关税收政策通知如下:

一、对综试区电子商务出口企业出口未取得有效进货凭证的货物,同时符合下列条件的,试行增值税、消费税免税政策:

(一)电子商务出口企业在综试区注册,并在注册地跨境电子商务线上综合服务平台登记出口日期、货物名称、计量单位、数量、单价、金额。

(二)出口货物通过综试区所在地海关办理电子商务出口申报手续。

（三）出口货物不属于财政部和税务总局根据国务院决定明确取消出口退（免）税的货物。

二、各综试区建设领导小组办公室和商务主管部门应统筹推进部门之间的沟通协作和相关政策落实，加快建立电子商务出口统计监测体系，促进跨境电子商务健康快速发展。

三、海关总署定期将电子商务出口商品申报清单电子信息传输给税务总局。各综试区税务机关根据税务总局清分的出口商品申报清单电子信息加强出口货物免税管理。具体免税管理办法由省级税务部门商财政、商务部门制定。

四、本通知所称综试区，是指经国务院批准的跨境电子商务综合试验区；本通知所称电子商务出口企业，是指自建跨境电子商务销售平台或利用第三方跨境电子商务平台开展电子商务出口的单位和个体工商户。

五、本通知自2018年10月1日起执行，具体日期以出口商品申报清单注明的出口日期为准。

财政部　税务总局　科技部关于企业委托境外研究开发费用税前加计扣除有关政策问题的通知

手机阅读

2018年6月25日　财税〔2018〕64号

各省、自治区、直辖市、计划单列市财政厅（局）、科技厅（局），国家税务总局各省、自治区、直辖市、计划单列市税务局，新疆生产建设兵团财政局、科技局：

为进一步激励企业加大研发投入，加强创新能力开放合作，现就企业委托境外进行研发活动发生的研究开发费用（以下简称研发费用）企业所得税前加计扣除有关政策问题通知如下：

一、委托境外进行研发活动所发生的费用，按照费用实际发生额的80%计入委托方的委托境外研发费用。委托境外研发费用不超过境内符合条件的研发费用三分之二的部分，可以按规定在企业所得税前加计扣除。

上述费用实际发生额应按照独立交易原则确定。委托方与受托方存在关联关系的，受托方应向委托方提供研发项目费用支出明细情况。

二、委托境外进行研发活动应签订技术开发合同，并由委托方到科技行政主管部门进行登记。相关事项按技术合同认定登记管理办法及技术合同认定规则执行。

三、企业应在年度申报享受优惠时，按照《国家税务总局关于发布修订后的〈企业所得税优惠政策事项办理办法〉的公告》（国家税务总局公告2018年第23号）的规定办理有关手续，并留存备查以下资料：

（一）企业委托研发项目计划书和企业有权部门立项的决议文件；

（二）委托研究开发专门机构或项目组的编制情况和研发人员名单；
（三）经科技行政主管部门登记的委托境外研发合同；
（四）"研发支出"辅助账及汇总表；
（五）委托境外研发银行支付凭证和受托方开具的收款凭据；
（六）当年委托研发项目的进展情况等资料。

企业如果已取得地市级（含）以上科技行政主管部门出具的鉴定意见，应作为资料留存备查。

四、企业对委托境外研发费用以及留存备查资料的真实性、合法性承担法律责任。

五、委托境外研发费用加计扣除其他政策口径和管理要求按照《财政部 国家税务总局 科技部关于完善研究开发费用税前加计扣除政策的通知》（财税〔2015〕119号）、《财政部 税务总局 科技部关于提高科技型中小企业研究开发费用税前加计扣除比例的通知》（财税〔2017〕34号）、《国家税务总局关于企业研究开发费用税前加计扣除政策有关问题的公告》（国家税务总局公告2015年第97号）等文件规定执行。

六、本通知所称委托境外进行研发活动不包括委托境外个人进行的研发活动。

七、本通知自2018年1月1日起执行。财税〔2015〕119号文件第二条中"企业委托境外机构或个人进行研发活动所发生的费用，不得加计扣除"的规定同时废止。

财政部　海关总署　税务总局　国家药品监督管理局关于抗癌药品增值税政策的通知

2018年4月27日　财税〔2018〕47号

各省、自治区、直辖市、计划单列市财政厅（局）、国家税务局，海关总署广东分署、各直属海关，新疆生产建设兵团财政局：

为鼓励抗癌制药产业发展，降低患者用药成本，现将抗癌药品增值税政策通知如下：

一、自2018年5月1日起，增值税一般纳税人生产销售和批发、零售抗癌药品，可选择按照简易办法依照3%征收率计算缴纳增值税。上述纳税人选择简易办法计算缴纳增值税后，36个月内不得变更。

二、自2018年5月1日起，对进口抗癌药品，减按3%征收进口环节增值税。

三、纳税人应单独核算抗癌药品的销售额。未单独核算的，不得适用本通知第一条规定的简易征收政策。

四、本通知所称抗癌药品，是指经国家药品监督管理部门批准注册的抗癌制剂及原料药。抗癌药品清单（第一批）见附件。抗癌药品范围实行动态调整，由财政部、海关总署、税务总局、国家药品监督管理局根据变化情况适时明确。

附件：抗癌药品清单（第一批）（略）

财政部　税务总局　证监会关于支持原油等货物期货市场对外开放税收政策的通知①

2018年3月13日　财税〔2018〕21号

各省、自治区、直辖市、计划单列市财政厅（局）、国家税务局、地方税务局，新疆生产建设兵团财政局：

为支持原油等货物期货市场对外开放，现将有关税收政策通知如下：

一、对在中国境内未设立机构、场所的，或者虽设立机构、场所但取得的所得与其所设机构、场所没有实际联系的境外机构投资者（包括境外经纪机构），从事中国境内原油期货交易取得的所得（不含实物交割所得），暂不征收企业所得税；对境外经纪机构在境外为境外投资者提供中国境内原油期货经纪业务取得的佣金所得，不属于来源于中国境内的劳务所得，不征收企业所得税。

二、自原油期货对外开放之日起，对境外个人投资者投资中国境内原油期货取得的所得，三年内暂免征收个人所得税。

三、经国务院批准对外开放的其他货物期货品种，按照本通知规定的税收政策执行。

四、本通知自发布之日起施行。

财政部　税务总局关于完善企业境外所得税收抵免政策问题的通知

2017年12月28日　财税〔2017〕84号

各省、自治区、直辖市、计划单列市财政厅（局）、国家税务局、地方税务局，

---

① 根据《财政部　税务总局关于延长部分税收优惠政策执行期限的公告》（财政部税务总局公告2021年第6号），本法规定的税收优惠政策凡已经到期的，执行期限延长至2023年12月31日。

新疆生产建设兵团财务局:

根据《中华人民共和国企业所得税法》及其实施条例和《财政部 国家税务总局关于企业境外所得税收抵免有关问题的通知》(财税〔2009〕125号)的有关规定,现就完善我国企业境外所得税收抵免政策问题通知如下:

一、企业可以选择按国(地区)别分别计算[即"分国(地区)不分项"],或者不按国(地区)别汇总计算[即"不分国(地区)不分项"]其来源于境外的应纳税所得额,并按照财税〔2009〕125号文件第八条规定的税率,分别计算其可抵免境外所得税税额和抵免限额。上述方式一经选择,5年内不得改变。

企业选择采用不同于以前年度的方式(以下简称新方式)计算可抵免境外所得税税额和抵免限额时,对该企业以前年度按照财税〔2009〕125号文件规定没有抵免完的余额,可在税法规定结转的剩余年限内,按新方式计算的抵免限额中继续结转抵免。

二、企业在境外取得的股息所得,在按规定计算该企业境外股息所得的可抵免所得税额和抵免限额时,由该企业直接或者间接持有20%以上股份的外国企业,限于按照财税〔2009〕125号文件第六条规定的持股方式确定的五层外国企业,即:

第一层:企业直接持有20%以上股份的外国企业;

第二层至第五层:单一上一层外国企业直接持有20%以上股份,且由该企业直接持有或通过一个或多个符合财税〔2009〕125号文件第六条规定持股方式的外国企业间接持有总和达到20%以上股份的外国企业。

三、企业境外所得税收抵免的其他事项,按照财税〔2009〕125号文件的有关规定执行。

四、本通知自2017年1月1日起执行。

财政部 税务总局关于外国驻华使(领)馆及其馆员在华购买货物和服务增值税退税政策有关问题的补充通知

手机阅读

2017年9月29日 财税〔2017〕74号

各省、自治区、直辖市、计划单列市财政厅(局)、国家税务局,新疆生产建设兵团财务局:

经研究,现就《财政部 国家税务总局关于外国驻华使(领)馆及其馆员在华购买货物和服务增值税退税政策的通知》(财税〔2016〕51号)有关问题补充通知如下:

一、使（领）馆馆员个人购买货物和服务，除车辆和房租外，每人每年申报退税销售金额（含税价格）不超过18万元人民币。

二、使（领）馆及其馆员购买货物和服务，增值税退税额为发票上注明的税额，发票上未注明税额的，为按照不含税销售额和增值税征收率计算的税额。购买电力、燃气、汽油、柴油，发票上未注明税额的，增值税退税额为按照不含税销售额和相关产品增值税适用税率计算的税额。

三、本通知自2017年10月1日起执行。具体以退税申报受理的时间为准。《财政部　国家税务总局关于外国驻华使（领）馆及其馆员在华购买货物和服务增值税退税政策的通知》（财税〔2016〕51号）第三条第2点和第四条同时停止执行。

财政部　国家税务总局关于外国驻华使（领）馆及其馆员在华购买货物和服务增值税退税政策的通知①

2016年4月29日　财税〔2016〕51号

各省、自治区、直辖市、计划单列市财政厅（局）、国家税务局，新疆生产建设兵团财务局：

根据《维也纳外交关系公约》、《维也纳领事关系公约》、《中华人民共和国外交特权与豁免条例》、《中华人民共和国领事特权与豁免条例》、《中华人民共和国增值税暂行条例》和《财政部　国家税务总局关于全面推开营业税改征增值税试点的通知》（财税〔2016〕36号）等有关规定，现就外国驻华使（领）馆及其馆员在华购买货物和服务增值税退税政策通知如下：

一、中华人民共和国政府在互惠对等原则的基础上，对外国驻华使（领）馆及其馆员在中华人民共和国境内购买的货物和服务，实行增值税退税政策。

二、本通知第一条所称货物和服务，是指按规定征收增值税、属于合理自用范围内的生活办公类货物和服务。生活办公类货物和服务，是指为满足日常生活、办公需求购买的货物和服务。工业用机器设备、金融服务以及其他财政部和国家税务总局规定的货物和服务，不属于生活办公类货物和服务。

三、外国驻华使（领）馆及其馆员申请增值税退税的生活办公类货物和服务，应符合以下要求：

1. 除自来水、电、燃气、暖气、汽油、柴油外，购买货物申请退税单张发票的销售金额（含税价格）应当超过800元（含800元）人民币；购买服务申

---

① 根据《关于外国驻华使（领）馆及其馆员在华购买货物和服务增值税退税政策有关问题的补充通知》（财税〔2017〕74号），本法第三条第2点和第四条停止执行。

请退税单张发票的销售金额(含税价格)应当超过300元(含300元)人民币。

2. 使(领)馆馆员个人购买货物和服务,除车辆外,每人每年申报退税销售金额(含税价格)不超过12万元人民币。

3. 非增值税免税货物和服务。

四、增值税退税额,为增值税发票上注明的税额。增值税发票上未注明税额的,为按照不含税销售额和增值税征收率计算的税额。

五、本通知所称馆员,是指外国驻华使(领)馆的外交代表(领事官员)及行政技术人员,但是中国公民的或在中国永久居留的除外。外交代表(领事官员)和行政技术人员是指《中华人民共和国外交特权与豁免条例》第二十八条第(五)、(六)项和《中华人民共和国领事特权与豁免条例》第二十八条第(四)、(五)项规定的人员。

六、各国际组织驻华代表机构及其人员按照有关协定享有免税待遇的,可参照执行上述政策。

七、外国驻华使(领)馆及其馆员、国际组织驻华代表机构及其人员在华购买货物和服务增值税退税的具体管理办法,由国家税务总局商财政部、外交部另行制定。如中外双方需就退税问题另行制定协议的,由外交部商财政部、国家税务总局予以明确。

八、本通知自2016年5月1日起执行。《财政部 国家税务总局关于外国驻华使领馆及外交人员购买的自用汽柴油增值税实行零税率的通知》(财税字〔1994〕100号)、《财政部 国家税务总局关于外国驻华使(领)馆及其外交人员购买中国产物品有关退税问题的通知》(财税字〔1997〕81号)和《财政部 国家税务总局关于国际组织驻华代表机构及其官员购买中国产物品有关退税问题的通知》(财税字〔1998〕71号)同时废止。

财政部 国家税务总局 证监会关于QFII和RQFII取得中国境内的股票等权益性投资资产转让所得暂免征收企业所得税问题的通知

手机阅读

2014年10月31日 财税〔2014〕79号

各省、自治区、直辖市、计划单列市财政厅(局)、国家税务局、地方税务局,新疆生产建设兵团财务局,中国证券登记结算公司:

经国务院批准,从2014年11月17日起,对合格境外机构投资者(简称QFII)、人民币合格境外机构投资者(简称RQFII)取得来源于中国境内的股票等权益性投资资产转让所得,暂免征收企业所得税。在2014年11月17日之前QFII和RQFII取得的上述所得应依法征收企业所得税。

本通知适用于在中国境内未设立机构、场所,或者在中国境内虽设立机构、场所,但取得的上述所得与其所设机构、场所没有实际联系的 QFII、RQFII。

财政部 国家税务总局关于出口货物劳务增值税和消费税政策的通知①

手机阅读

2012 年 5 月 25 日 财税〔2012〕39 号

各省、自治区、直辖市、计划单列市财政厅(局)、国家税务局,新疆生产建设兵团财务局:

为便于征纳双方系统、准确地了解和执行出口税收政策,财政部和国家税务总局对近年来陆续制定的一系列出口货物、对外提供加工修理修配劳务(以下统称出口货物劳务,包括视同出口货物)增值税和消费税政策进行了梳理归类,并对在实际操作中反映的个别问题做了明确。现将有关事项通知如下:

一、适用增值税退(免)税政策的出口货物劳务

对下列出口货物劳务,除适用本通知第六条和第七条规定的外,实行免征和退还增值税〔以下称增值税退(免)税〕政策:

(一)出口企业出口货物。

本通知所称出口企业,是指依法办理工商登记、税务登记、对外贸易经营者备案登记,自营或委托出口货物的单位或个体工商户,以及依法办理工商登记、税务登记但未办理对外贸易经营者备案登记,委托出口货物的生产企业。

本通知所称出口货物,是指donde海关报关后实际离境并销售给境外单位或个人的货物,分为自营出口货物和委托出口货物两类。

本通知所称生产企业,是指具有生产能力(包括加工修理修配能力)的单位或个体工商户。

(二)出口企业或其他单位视同出口货物。具体是指:

1. 出口企业对外援助、对外承包、境外投资的出口货物。

2. 出口企业经海关报关进入国家批准的出口加工区、保税物流园区、保税港区、综合保税区、珠澳跨境工业区(珠海园区)、中哈霍尔果斯国际边境合作中心(中方配套区域)、保税物流中心(B型)(以下统称特殊区域)并销售给特殊区域内单位或境外单位、个人的货物。

3. 免税品经营企业销售的货物〔国家规定不允许经营和限制出口的货物(见附件1)、卷烟和超出免税品经营企业《企业法人营业执照》规定经营范围

---

① 根据《关于以贵金属和宝石为主要原材料的货物出口退税政策的通知》(财税〔2014〕98号),本法中,第九条第(二)款第6项及附件9被废止。

根据《财政部 税务总局关于明确国有农用地出租等增值税政策的公告》(财政部税务总局公告2020年第2号),本法中,第六条第(一)项第3点、第七条第(一)项第6点及第九条第(二)项第2点的规定相应停止执行。

的货物除外]。具体是指：（1）中国免税品（集团）有限责任公司向海关报关运入海关监管仓库，专供其经国家批准设立的统一经营、统一组织进货、统一制定零售价格、统一管理的免税店销售的货物；（2）国家批准的除中国免税品（集团）有限责任公司外的免税品经营企业，向海关报关运入海关监管仓库，专供其所属的首都机场口岸海关隔离区内的免税店销售的货物；（3）国家批准的除中国免税品（集团）有限责任公司外的免税品经营企业所属的上海虹桥、浦东机场海关隔离区内的免税店销售的货物。

4. 出口企业或其他单位销售给用于国际金融组织或外国政府贷款国际招标建设项目的中标机电产品（以下称中标机电产品）。上述中标机电产品，包括外国企业中标再分包给出口企业或其他单位的机电产品。贷款机构和中标机电产品的具体范围见附件2。

5. 生产企业向海上石油天然气开采企业销售的自产的海洋工程结构物。海洋工程结构物和海上石油天然气开采企业的具体范围见附件3。

6. 出口企业或其他单位销售给国际运输企业用于国际运输工具上的货物。上述规定暂仅适用于外轮供应公司、远洋运输供应公司销售给外轮、远洋国轮的货物，国内航空供应公司生产销售给国内和国外航空公司国际航班的航空食品。

7. 出口企业或其他单位销售给特殊区域内生产企业生产耗用且不向海关报关而输入特殊区域的水（包括蒸汽）、电力、燃气（以下称输入特殊区域的水电气）。

除本通知及财政部和国家税务总局另有规定外，视同出口货物适用出口货物的各项规定。

（三）出口企业对外提供加工修理修配劳务。

对外提供加工修理修配劳务，是指对进境复出口货物或从事国际运输的运输工具进行的加工修理修配。

二、增值税退（免）税办法

适用增值税退（免）税政策的出口货物劳务，按照下列规定实行增值税免抵退税或免退税办法。

（一）免抵退税办法。生产企业出口自产货物和视同自产货物（视同自产货物的具体范围见附件4）及对外提供加工修理修配劳务，以及列名生产企业（具体范围见附件5）出口非自产货物，免征增值税，相应的进项税额抵减应纳增值税额（不包括适用增值税即征即退、先征后退政策的应纳增值税额），未抵减完的部分予以退还。

（二）免退税办法。不具有生产能力的出口企业（以下称外贸企业）或其他单位出口货物劳务，免征增值税，相应的进项税额予以退还。

三、增值税出口退税率

（一）除财政部和国家税务总局根据国务院决定而明确的增值税出口退税率（以下称退税率）外，出口货物的退税率为其适用税率。国家税务总局根据上述规定将退税率通过出口货物劳务退税率文库予以发布，供征纳双方执行。退税率有调整的，除另有规定外，其执行时间以货物（包括被加工修理修配的货物）出口货物报关单（出口退税专用）上注明的出口日期为准。

（二）退税率的特殊规定：

1. 外贸企业购进按简易办法征税的出口货物、从小规模纳税人购进的出口货物,其退税率分别为简易办法实际执行的征收率、小规模纳税人征收率。上述出口货物取得增值税专用发票的,退税率按照增值税专用发票上的税率和出口货物退税率孰低的原则确定。

2. 出口企业委托加工修理修配货物,其加工修理修配费用的退税率,为出口货物的退税率。

3. 中标机电产品、出口企业向海关报关进入特殊区域销售给特殊区域内生产企业生产耗用的列名原材料(以下称列名原材料,其具体范围见附件6)、输入特殊区域的水电气,其退税率为适用税率。如果国家调整列名原材料的退税率,列名原材料应当自调整之日起按调整后的退税率执行。

4. 海洋工程结构物退税率的适用,见附件3。

(三)适用不同退税率的货物劳务,应分开报关、核算并申报退(免)税,未分开报关、核算或划分不清的,从低适用退税率。

四、增值税退(免)税的计税依据

出口货物劳务的增值税退(免)税的计税依据,按出口货物劳务的出口发票(外销发票)、其他普通发票或购进出口货物劳务的增值税专用发票、海关进口增值税专用缴款书确定。

(一)生产企业出口货物劳务(进料加工复出口货物除外)增值税退(免)税的计税依据,为出口货物劳务的实际离岸价(FOB)。实际离岸价应以出口发票上的离岸价为准,但如果出口发票不能反映实际离岸价,主管税务机关有权予以核定。

(二)生产企业进料加工复出口货物增值税退(免)税的计税依据,按出口货物的离岸价(FOB)扣除出口货物所含的海关保税进口料件的金额后确定。

本通知所称海关保税进口料件,是指海关以进料加工贸易方式监管的出口企业从境外和特殊区域等进口的料件。包括出口企业从境外单位或个人购买并从海关保税仓库提取且办理海关进料加工手续的料件,以及保税区外的出口企业从保税区内的企业购进并办理海关进料加工手续的进口料件。

(三)生产企业国内购进无进项税额且不计提进项税额的免税原材料加工后出口的货物的计税依据,按出口货物的离岸价(FOB)扣除出口货物所含的国内购进免税原材料的金额后确定。

(四)外贸企业出口货物(委托加工修理修配货物除外)增值税退(免)税的计税依据,为购进出口货物的增值税专用发票注明的金额或海关进口增值税专用缴款书注明的完税价格。

(五)外贸企业出口委托加工修理修配货物增值税退(免)税的计税依据,为加工修理修配费用增值税专用发票注明的金额。外贸企业应将加工修理修配使用的原材料(进料加工海关保税进口料件除外)作价销售给受托加工修理修配的生产企业,受托加工修理修配的生产企业应将原材料成本并入加工修理修配费用开具发票。

(六)出口进项税额未计算抵扣的已使用过的设备增值税退(免)税的计税依据,按下列公式确定:

退(免)税计税依据=增值税专用发票上的金额或海关进口增值税专用缴款书注明的完税价格×已使用过的设备固定资产净值÷已使用过的设备原值

已使用过的设备固定资产净值＝已使用过的设备原值－已使用过的设备已提累计折旧

本通知所称已使用过的设备，是指出口企业根据财务会计制度已经计提折旧的固定资产。

（七）免税品经营企业销售的货物增值税退（免）税的计税依据，为购进货物的增值税专用发票注明的金额或海关进口增值税专用缴款书注明的完税价格。

（八）中标机电产品增值税退（免）税的计税依据，生产企业为销售机电产品的普通发票注明的金额，外贸企业为购进货物的增值税专用发票注明的金额或海关进口增值税专用缴款书注明的完税价格。

（九）生产企业向海上石油天然气开采企业销售的自产的海洋工程结构物增值税退（免）税的计税依据，为销售海洋工程结构物的普通发票注明的金额。

（十）输入特殊区域的水电气增值税退（免）税的计税依据，为作为购买方的特殊区域内生产企业购进水（包括蒸汽）、电力、燃气的增值税专用发票注明的金额。

五、增值税免抵退税和免退税的计算

（一）生产企业出口货物劳务增值税免抵退税，依下列公式计算：

1. 当期应纳税额的计算

当期应纳税额＝当期销项税额－（当期进项税额－当期不得免征和抵扣税额）

当期不得免征和抵扣税额＝当期出口货物离岸价×外汇人民币折合率×（出口货物适用税率－出口货物退税率）－当期不得免征和抵扣税额抵减额

当期不得免征和抵扣税额抵减额＝当期免税购进原材料价格×（出口货物适用税率－出口货物退税率）

2. 当期免抵退税额的计算

当期免抵退税额＝当期出口货物离岸价×外汇人民币折合率×出口货物退税率－当期免抵退税额抵减额

当期免抵退税额抵减额＝当期免税购进原材料价格×出口货物退税率

3. 当期应退税额和免抵税额的计算

（1）当期期末留抵税额≤当期免抵退税额，则

当期应退税额＝当期期末留抵税额

当期免抵税额＝当期免抵退税额－当期应退税额

（2）当期期末留抵税额＞当期免抵退税额，则

当期应退税额＝当期免抵退税额

当期免抵税额＝0

当期期末留抵税额为当期增值税纳税申报表中"期末留抵税额"。

4. 当期免税购进原材料价格包括当期国内购进的无进项税额且不计提进项税额的免税原材料的价格和当期进料加工保税进口料件的价格，其中当期进料加工保税进口料件的价格为组成计税价格。

当期进料加工保税进口料件的组成计税价格＝当期进口料件到岸价格＋海关实征关税＋海关实征消费税

（1）采用"实耗法"的，当期进料加工保税进口料件的组成计税价格为

当期进料加工出口货物耗用的进口料件组成计税价格。其计算公式为：

当期进料加工保税进口料件的组成计税价格 = 当期进料加工出口货物离岸价 × 外汇人民币折合率 × 计划分配率

计划分配率 = 计划进口总值 ÷ 计划出口总值 × 100%

实行纸质手册和电子化手册的生产企业，应根据海关签发的加工贸易手册或加工贸易电子化纸质单证所列的计划进出口总值计算计划分配率。

实行电子账册的生产企业，计划分配率按前一期已核销的实际分配率确定；新启用电子账册的，计划分配率按前一期已核销的纸质手册或电子化手册的实际分配率确定。

（2）采用"购进法"的，当期进料加工保税进口料件的组成计税价格为当期实际购进的进料加工进口料件的组成计税价格。

若当期实际不得免征和抵扣税额抵减额大于当期出口货物离岸价 × 外汇人民币折合率 ×（出口货物适用税率 - 出口货物退税率）的，则：

当期不得免征和抵扣税额抵减额 = 当期出口货物离岸价 × 外汇人民币折合率 ×（出口货物适用税率 - 出口货物退税率）

（二）外贸企业出口货物劳务增值税免退税，依下列公式计算：

1. 外贸企业出口委托加工修理修配货物以外的货物：

增值税应退税额 = 增值税退（免）税计税依据 × 出口货物退税率

2. 外贸企业出口委托加工修理修配货物：

出口委托加工修理修配货物的增值税应退税额 = 委托加工修理修配的增值税退（免）税计税依据 × 出口货物退税率

（三）退税率低于适用税率的，相应计算出的差额部分的税款计入出口货物劳务成本。

（四）出口企业既有适用增值税免抵退项目，也有增值税即征即退、先征后退项目的，增值税即征即退和先征后退项目不参与出口项目免抵退税计算。出口企业应分别核算增值税免抵退项目和增值税即征即退、先征后退项目，并分别申请享受增值税即征即退、先征后退和免抵退税政策。

用于增值税即征即退或者先征后退项目的进项税额无法划分的，按下列公式计算：

无法划分进项税额中用于增值税即征即退或者先征后退项目的部分 = 当月无法划分的全部进项税额 × 当月增值税即征即退或者先征后退项目销售额 ÷ 当月全部销售额、营业额合计

六、适用增值税免税政策的出口货物劳务

对符合下列条件的出口货物劳务，除适用本通知第七条规定外，按下列规定实行免征增值税（以下称增值税免税）政策：

（一）适用范围。

适用增值税免税政策的出口货物劳务，是指：

1. 出口企业或其他单位出口规定的货物，具体是指：

（1）增值税小规模纳税人出口的货物。

（2）避孕药品和用具，古旧图书。

（3）软件产品。其具体范围是指海关税则号前四位为"9803"的货物。

(4) 含黄金、铂金成分的货物，钻石及其饰品。其具体范围见附件7。

(5) 国家计划内出口的卷烟。其具体范围见附件8。

(6) 已使用过的设备。其具体范围是指购进时未取得增值税专用发票、海关进口增值税专用缴款书但其他相关单证齐全的已使用过的设备。

(7) 非出口企业委托出口的货物。

(8) 非列名生产企业出口的非视同自产货物。

(9) 农业生产者自产农产品［农产品的具体范围按照《农业产品征税范围注释》（财税〔1995〕52号）的规定执行］。

(10) 油画、花生果仁、黑大豆等财政部和国家税务总局规定的出口免税的货物。

(11) 外贸企业取得普通发票、废旧物资收购凭证、农产品收购发票、政府非税收入票据的货物。

(12) 来料加工复出口的货物。

(13) 特殊区域内的企业出口的特殊区域内的货物。

(14) 以人民币现金作为结算方式的边境地区出口企业从所在省（自治区）的边境口岸出口到接壤国家的一般贸易和边境小额贸易出口货物。

(15) 以旅游购物贸易方式报关出口的货物。

2. 出口企业或其他单位视同出口的下列货物劳务：

(1) 国家批准设立的免税店销售的免税货物［包括进口免税货物和已实现退（免）税的货物］。

(2) 特殊区域内的企业为境外的单位或个人提供加工修理修配劳务。

(3) 同一特殊区域、不同特殊区域内的企业之间销售特殊区域内的货物。

3. 出口企业或其他单位未按规定申报或未补齐增值税退（免）税凭证的出口货物劳务。

具体是指：

(1) 未在国家税务总局规定的期限内申报增值税退（免）税的出口货物劳务。

(2) 未在规定期限内申报开具《代理出口货物证明》的出口货物劳务。

(3) 已申报增值税退（免）税，却未在国家税务总局规定的期限内向税务机关补齐增值税退（免）税凭证的出口货物劳务。

对于适用增值税免税政策的出口货物劳务，出口企业或其他单位可以依照现行增值税有关规定放弃免税，并依照本通知第七条的规定缴纳增值税。

(二) 进项税额的处理计算。

1. 适用增值税免税政策的出口货物劳务，其进项税额不得抵扣和退税，应当转入成本。

2. 出口卷烟，依下列公式计算：

不得抵扣的进项税额 = 出口卷烟含消费税金额 ÷（出口卷烟含消费税金额 + 内销卷烟销售额）× 当期全部进项税额

(1) 当生产企业销售的出口卷烟在国内有同类产品销售价格时

出口卷烟含消费税金额 = 出口销售数量 × 销售价格

"销售价格"为同类产品生产企业国内实际调拨价格。如实际调拨价格低于税务机关公示的计税价格的,"销售价格"为税务机关公示的计税价格;高于公示计税价格的,销售价格为实际调拨价格。

(2) 当生产企业销售的出口卷烟在国内没有同类产品销售价格时:

出口卷烟含税金额 =(出口销售额 + 出口销售数量 × 消费税定额税率)÷(1 - 消费税比例税率)

"出口销售额"以出口发票上的离岸价为准。若出口发票不能如实反映离岸价,生产企业应按实际离岸价计算,否则,税务机关有权按照有关规定予以核定调整。

3. 除出口卷烟外,适用增值税免税政策的其他出口货物劳务的计算,按照增值税免税政策的统一规定执行。其中,如果涉及销售额,除来料加工复出口货物为其加工费收入外,其他均为出口离岸价或销售额。

七、适用增值税征税政策的出口货物劳务

下列出口货物劳务,不适用增值税退(免)税和免税政策,按下列规定及视同内销货物征税的其他规定征收增值税(以下称增值税征税):

(一)适用范围。

适用增值税征税政策的出口货物劳务,是指:

1. 出口企业出口或视同出口财政部和国家税务总局根据国务院决定明确的取消出口退(免)税的货物〔不包括来料加工复出口货物、中标机电产品、列名原材料、输入特殊区域的水电气、海洋工程结构物〕。

2. 出口企业或其他单位销售给特殊区域内的生活消费用品和交通运输工具。

3. 出口企业或其他单位因骗取出口退税被税务机关停止办理增值税退(免)税期间出口的货物。

4. 出口企业或其他单位提供虚假备案单证的货物。

5. 出口企业或其他单位增值税退(免)税凭证有伪造或内容不实的货物。

6. 出口企业或其他单位未在国家税务总局规定期限内申报免税核销以及经主管税务机关审核不予免税核销的出口卷烟。

7. 出口企业或其他单位具有以下情形之一的出口货物劳务:

(1) 将空白的出口货物报关单、出口收汇核销单等退(免)税凭证交由除签有委托合同的货代公司、报关行,或由境外进口方指定的货代公司(提供合同约定或者其他相关证明)以外的其他单位或个人使用的。

(2) 以自营名义出口,其出口业务实质上是由本企业及其投资的企业以外的单位或个人借该出口企业名义操作完成的。

(3) 以自营名义出口,其出口的同一批货物既签订购货合同,又签订代理出口合同(或协议)的。

(4) 出口货物在海关验放后,自己或委托货代承运人对该笔货物的海运提单或其他运输单据等上的品名、规格等进行修改,造成出口货物报关单与海运提单或其他运输单据有关内容不符的。

(5) 以自营名义出口,但不承担出口货物的质量、收款或退税风险之一的,即出口货物发生质量问题不承担购买方的索赔责任(合同中有约定质量责任承担者除外);不承担未按期收款导致不能核销的责任(合同中有约定收款责任承担者除外);不承担因申报出口退(免)税的资料、单证等出现问题造成不退税责任的。

（6）未实质参与出口经营活动、接受并从事由中间人介绍的其他出口业务，但仍以自营名义出口的。

（二）应纳增值税的计算。

适用增值税征税政策的出口货物劳务，其应纳增值税按下列办法计算：

1. 一般纳税人出口货物

销项税额 =（出口货物离岸价 – 出口货物耗用的进料加工保税进口料件金额）÷（1 + 适用税率）× 适用税率

出口货物若已按征退税率之差计算不得免征和抵扣税额并已经转入成本的，相应的税额应转回进项税额。

（1）出口货物耗用的进料加工保税进口料件金额 = 主营业务成本 ×（投入的保税进口料件金额 ÷ 生产成本）

主营业务成本、生产成本均为不予退（免）税的进料加工出口货物的主营业务成本、生产成本。当耗用的保税进口料件金额大于不予退（免）税的进料加工出口货物金额时，耗用的保税进口料件金额为不予退（免）税的进料加工出口货物金额。

（2）出口企业应分别核算内销货物和增值税征税的出口货物的生产成本、主营业务成本。未分别核算的，其相应的生产成本、主营业务成本由主管税务机关核定。

进料加工手册海关核销后，出口企业应对出口货物耗用的保税进口料件金额进行清算。清算公式为：

清算耗用的保税进口料件总额 = 实际保税进口料件总额 – 退（免）税出口货物耗用的保税进口料件总额 – 进料加工副产品耗用的保税进口料件总额

若耗用的保税进口料件总额与各纳税期扣减的保税进口料件金额之和存在差额时，应在清算的当期相应调整销项税额。当耗用的保税进口料件总额大于出口货物离岸金额时，其差额部分不得扣减其他出口货物金额。

2. 小规模纳税人出口货物

应纳税额 = 出口货物离岸价 ÷（1 + 征收率）× 征收率

八、适用消费税退（免）税或征税政策的出口货物

适用本通知第一条、第六条或第七条规定的出口货物，如果属于消费税应税消费品，实行下列消费税政策：

（一）适用范围。

1. 出口企业出口或视同出口适用增值税退（免）税的货物，免征消费税，如果属于购进出口的货物，退还前一环节对其已征的消费税。

2. 出口企业出口或视同出口适用增值税免税政策的货物，免征消费税，但不退还其以前环节已征的消费税，且不允许在内销应税消费品应纳消费税款中抵扣。

3. 出口企业出口或视同出口适用增值税征税政策的货物，应按规定缴纳消费税，不退还其以前环节已征的消费税，且不允许在内销应税消费品应纳消费税款中抵扣。

（二）消费税退税的计税依据。

出口货物的消费税应退税额的计税依据，按购进出口货物的消费税专用缴

款书和海关进口消费税专用缴款书确定。

属于从价定率计征消费税的,为已征且未在内销应税消费品应纳税额中抵扣的购进出口货物金额;属于从量定额计征消费税的,为已征且未在内销应税消费品应纳税额中抵扣的购进出口货物数量;属于复合计征消费税的,按从价定率和从量定额的计税依据分别确定。

(三)消费税退税的计算。

消费税应退税额 = 从价定率计征消费税的退税计税依据 × 比例税率 + 从量定额计征消费税的退税计税依据 × 定额税率

九、出口货物劳务增值税和消费税政策的其他规定

(一)认定和申报。

1. 适用本通知规定的增值税退(免)税或免税、消费税退(免)税或免税政策的出口企业或其他单位,应办理退(免)税认定。

2. 经过认定的出口企业及其他单位,应在规定的增值税纳税申报期内向主管税务机关申报增值税退(免)税和免税、消费税退(免)税和免税。委托出口的货物,由委托方申报增值税退(免)税和免税、消费税退(免)税和免税。输入特殊区域的水电气,由作为购买方的特殊区域内生产企业申报退税。

3. 出口企业或其他单位骗取国家出口退税款的,经省级以上税务机关批准可以停止其退(免)税资格。

(二)若干征、退(免)税规定。

1. 出口企业或其他单位退(免)税认定之前的出口货物劳务,在办理退(免)税认定后,可按规定适用增值税退(免)税或免税及消费税退(免)税政策。

2. 出口企业或其他单位出口货物劳务适用免税政策的,除特殊区域内企业出口的特殊区域内货物、出口企业或其他单位视同出口的免征增值税的货物劳务外,如果未按规定申报免税,应视同内销货物和加工修理修配劳务征收增值税、消费税。

3. 开展进料加工业务的出口企业若发生未经海关批准将海关保税进口料件作价销售给其他企业加工的,应按规定征收增值税、消费税。

4. 卷烟出口企业经主管税务机关批准按国家批准的免税出口卷烟计划购进的卷烟免征增值税、消费税。

5. 发生增值税、消费税不应退税或免税但已实际退税或免税的,出口企业和其他单位应当补缴已退或已免税款。

6. 出口企业和其他单位出口的货物(不包括本通知附件7所列货物),如果原材料成本80%以上为附件9所列原料的,应执行该原料的增值税、消费税政策,上述出口货物的增值税退税率为附件9所列该原料海关税则号在出口货物劳务退税率文库中对应的退税率。

7. 国家批准的免税品经营企业销售给免税店的进口免税货物免征增值税。

(三)外贸企业核算要求。

外贸企业应单独设账核算出口货物的购进金额和进项税额,若购进货物时不能确定是用于出口的,先记入出口库存账,用于其他用途时应从出口库存转出。

(四)符合条件的生产企业已签订出口合同的交通运输工具和机器设备,在其退税凭证尚未收集齐全的情况下,可凭出口合同、销售明细账等,向主管

税务机关申报免抵退税。在货物向海关报关出口后，应按规定申报退（免）税，并办理已退（免）税的核销手续。多退（免）的税款，应予追回。生产企业申请时应同时满足以下条件：

1. 已取得增值税一般纳税人资格。
2. 已持续经营 2 年及 2 年以上。
3. 生产的交通运输工具和机器设备生产周期在 1 年及 1 年以上。
4. 上一年度净资产大于同期出口货物增值税、消费税退税额之和的 3 倍。
5. 持续经营以来从未发生逃税、骗取出口退税、虚开增值税专用发票或农产品收购发票、接受虚开增值税专用发票（善意取得虚开增值税专用发票除外）行为。

十、出口企业及其他单位具体认定办法及出口退（免）税具体管理办法，由国家税务总局另行制定。

十一、本通知除第一条第（二）项关于国内航空供应公司生产销售给国内和国外航空公司国际航班的航空食品适用增值税退（免）税政策、第六条第（一）项关于国家批准设立的免税店销售的免税货物、出口企业或其他单位未按规定申报或未补齐增值税退（免）税凭证的出口货物劳务、第九条第（二）项关于国家批准的免税品经营企业销售给免税店的进口免税货物适用增值税免税政策的有关规定自 2011 年 1 月 1 日起执行外，其他规定均自 2012 年 7 月 1 日起实施。《废止的文件和条款目录》（见附件 10）所列的相应文件同时废止。

附件：1. 国家规定不允许经营和限制出口的货物（略）
2. 贷款机构和中标机电产品的具体范围（略）
3. 海洋工程结构物和海上石油天然气开采企业的具体范围（略）
4. 视同自产货物的具体范围（略）
5. 列名生产企业的具体范围（略）
6. 列名原材料的具体范围（略）
7. 含黄金、铂金成分的货物和钻石及其饰品的具体范围（略）
8. 国家计划内出口的卷烟的具体范围（略）
9. 原料名称和海关税则号表（略）
10. 废止的文件和条款目录（略）

财政部　国家税务总局关于高新技术企业境外所得适用税率及税收抵免问题的通知

手机阅读

2011 年 5 月 31 日　财税〔2011〕47 号

各省、自治区、直辖市、计划单列市财政厅（局）、国家税务局、地方税务局，新疆生产建设兵团财务局：

根据《中华人民共和国企业所得税法》及其实施条例,以及《财政部国家税务总局关于企业境外所得税收抵免有关问题的通知》(财税〔2009〕125号)的有关规定,现就高新技术企业境外所得适用税率及税收抵免有关问题补充明确如下:

一、以境内、境外全部生产经营活动有关的研究开发费用总额、总收入、销售收入总额、高新技术产品(服务)收入等指标申请并经认定的高新技术企业,其来源于境外的所得可以享受高新技术企业所得税优惠政策,即对其来源于境外所得可以按照15%的优惠税率缴纳企业所得税,在计算境外抵免限额时,可按照15%的优惠税率计算境内外应纳税总额。

二、上述高新技术企业境外所得税收抵免的其他事项,仍按照财税〔2009〕125号文件的有关规定执行。

三、本通知所称高新技术企业,是指依照《中华人民共和国企业所得税法》及其实施条例规定,经认定机构按照《高新技术企业认定管理办法》(国科发火〔2008〕172号)和《高新技术企业认定管理工作指引》(国科发火〔2008〕362号)认定取得高新技术企业证书并正在享受企业所得税15%税率优惠的企业。

四、本通知自2010年1月1日起执行。

财政部 国家税务总局关于企业境外所得税收抵免有关问题的通知[①]

手机阅读

2009年12月25日 财税〔2009〕125号

各省、自治区、直辖市、计划单列市财政厅(局)、国家税务局、地方税务局,新疆生产建设兵团财务局:

根据《中华人民共和国企业所得税法》(以下简称企业所得税法)及《中华人民共和国企业所得税法实施条例》(以下简称实施条例)的有关规定,现就企业取得境外所得计征企业所得税时抵免境外已纳或负担所得税额的有关问题通知如下:

一、居民企业以及非居民企业在中国境内设立的机构、场所(以下统称企业)依照企业所得税法第二十三条、第二十四条的有关规定,应在其应纳税额中抵免在境外缴纳的所得税额的,适用本通知。

二、企业应按照企业所得税法及其实施条例、税收协定以及本通知的规定,准确计算下列当期与抵免境外所得税有关的项目后,确定当期实际可抵免分国(地区)别的境外所得税税额和抵免限额:

---

① 根据《国家税务总局关于企业境外所得适用简易征收和饶让抵免的核准事项取消后有关后续管理问题的公告》(国家税务总局公告2015年第70号),本法第十条中"经企业申请,主管税务机关核准"的规定被废止。

(一)境内所得的应纳税所得额(以下称境内应纳税所得额)和分国(地区)别的境外所得的应纳税所得额(以下称境外应纳税所得额);

(二)分国(地区)别的可抵免境外所得税税额;

(三)分国(地区)别的境外所得税的抵免限额。

企业不能准确计算上述项目实际可抵免分国(地区)别的境外所得税税额的,在相应国家(地区)缴纳的税收均不得在该企业当期应纳税额中抵免,也不得结转以后年度抵免。

三、企业应就其按照实施条例第七条规定确定的中国境外所得(境外税前所得),按以下规定计算实施条例第七十八条规定的境外应纳税所得额:

(一)居民企业在境外投资设立不具有独立纳税地位的分支机构,其来源于境外的所得,以境外收入总额扣除与取得境外收入有关的各项合理支出后的余额为应纳税所得额。各项收入、支出按企业所得税法及实施条例的有关规定确定。

居民企业在境外设立不具有独立纳税地位的分支机构取得的各项境外所得,无论是否汇回中国境内,均应计入该企业所属纳税年度的境外应纳税所得额。

(二)居民企业应就其来源于境外的股息、红利等权益性投资收益,以及利息、租金、特许权使用费、转让财产等收入,扣除按照企业所得税法及实施条例等规定计算的与取得该项收入有关的各项合理支出后的余额为应纳税所得额。来源于境外的股息、红利等权益性投资收益,应按被投资方作出利润分配决定的日期确认收入实现;来源于境外的利息、租金、特许权使用费、转让财产等收入,应按有关合同约定应付交易对价款的日期确认收入实现。

(三)非居民企业在境内设立机构、场所的,应就其发生在境外但与境内所设机构、场所有实际联系的各项应税所得,比照上述第(二)项的规定计算相应的应纳税所得额。

(四)在计算境外应纳税所得额时,企业为取得境内、外所得而在境内、境外发生的共同支出,与取得境外应税所得有关的、合理的部分,应在境内、境外[分国(地区)别,下同]应税所得之间,按照合理比例进行分摊后扣除。

(五)在汇总计算境外应纳税所得额时,企业在境外同一国家(地区)设立不具有独立纳税地位的分支机构,按照企业所得税法及实施条例的有关规定计算的亏损,不得抵减其境内或他国(地区)的应纳税所得额,但可以用同一国家(地区)其他项目或以后年度的所得按规定弥补。

四、可抵免境外所得税税额,是指企业来源于中国境外的所得依照中国境外税收法律以及相关规定应当缴纳并已实际缴纳的企业所得税性质的税款。但不包括:

(一)按照境外所得税法律及相关规定属于错缴或错征的境外所得税税款;

(二)按照税收协定规定不应征收的境外所得税税款;

(三)因少缴或迟缴境外所得税而加收的利息、滞纳金或罚款;

(四)境外所得税纳税人或者其利害关系人从境外征税主体得到实际返还或补偿的境外所得税税款;

（五）按照我国企业所得税法及其实施条例规定，已经免征我国企业所得税的境外所得负担的境外所得税税款；

（六）按照国务院财政、税务主管部门有关规定已经从企业境外应纳税所得额中扣除的境外所得税税款。

五、居民企业在按照企业所得税法第二十四条规定用境外所得间接负担的税额进行税收抵免时，其取得的境外投资收益实际间接负担的税额，是指根据直接或者间接持股方式合计持股20%以上（含20%，下同）的规定层级的外国企业股份，由此应分得的股息、红利等权益性投资收益中，从最低一层外国企业起逐层计算的属于由上一层企业负担的税额，其计算公式如下：

本层企业所纳税额属于由一家上一层企业负担的税额 =（本层企业就利润和投资收益所实际缴纳的税额 + 符合本通知规定的由本层企业间接负担的税额）× 本层企业向一家上一层企业分配的股息（红利）÷ 本层企业所得税后利润额

六、除国务院财政、税务主管部门另有规定外，按照实施条例第八十条规定由居民企业直接或者间接持有20%以上股份的外国企业，限于符合以下持股方式的三层外国企业：

第一层：单一居民企业直接持有20%以上股份的外国企业；

第二层：单一第一层外国企业直接持有20%以上股份，且由单一居民企业直接持有或通过一个或多个符合本条规定持股条件的外国企业间接持有总和达到20%以上股份的外国企业；

第三层：单一第二层外国企业直接持有20%以上股份，且由单一居民企业直接持有或通过一个或多个符合本条规定持股条件的外国企业间接持有总和达到20%以上股份的外国企业。

七、居民企业从与我国政府订立税收协定（或安排）的国家（地区）取得的所得，按照该国（地区）税收法律受了免税或减税待遇，且该免税或减税的数额按照税收协定规定应视同已缴税额在中国的应纳税额中抵免的，该免税或减税数额可作为企业实际缴纳的境外所得税额用于办理税收抵免。

八、企业应按照企业所得税法及其实施条例和本通知的有关规定分国（地区）别计算境外税额的抵免限额。

某国（地区）所得税抵免限额 = 中国境内、境外所得依照企业所得税法及实施条例的规定计算的应纳税总额 × 来源于某国（地区）的应纳税所得额 ÷ 中国境内、境外应纳税所得总额

据以计算上述公式中"中国境内、境外所得依照企业所得税法及实施条例的规定计算的应纳税总额"的税率，除国务院财政、税务主管部门另有规定外，应为企业所得税法第四条第一款规定的税率。

企业按照企业所得税法及其实施条例和本通知的有关规定计算的当期境内、境外应纳税所得总额小于零的，应以零计算当期境内、境外应纳税所得总额，其当期境外所得税的抵免限额也为零。

九、在计算实际应抵免的境外已缴纳和间接负担的所得税税额时，企业在境外一国（地区）当年缴纳和间接负担的符合规定的所得税税款低于所计算的该国（地区）抵免限额的，应以该项税额作为境外所得税抵免额从企业应纳税

总额中据实抵免;超过抵免限额的,当年应以抵免限额作为境外所得税抵免额进行抵免,超过抵免限额的余额允许从次年起在连续五个纳税年度内,用每年度抵免限额抵免当年应抵免额后的余额进行抵补。

十、属于下列情形的,经企业申请,主管税务机关核准,可以采取简易办法对境外所得已纳税额计算抵免:

(一)企业从境外取得营业利润所得以及符合境外税额间接抵免条件的股息所得,虽有所得来源国(地区)政府机关核发的具有纳税性质的凭证或证明,但因客观原因无法真实、准确地确认应当缴纳并已经实际缴纳的境外所得税税额的,除就该所得直接缴纳及间接负担的税额在所得来源国(地区)的实际有效税率低于我国企业所得税法第四条第一款规定税率50%以上的外,可按境外应纳税所得额的12.5%作为抵免限额,企业按该国(地区)税务机关或政府机关核发具有纳税性质凭证或证明的金额,其不超过抵免限额的部分,准予抵免;超过的部分不得抵免。

属于本款规定以外的股息、利息、租金、特许权使用费、转让财产等投资性所得,均应按本通知的其他规定计算境外税额抵免。

(二)企业从境外取得营业利润所得以及符合境外税额间接抵免条件的股息所得,凡就该所得缴纳及间接负担的税额在所得来源国(地区)的法定税率且其实际有效税率明显高于我国的,可直接以按本通知规定计算的境外应纳税所得额和我国企业所得税法规定的税率计算的抵免限额作为可抵免的已在境外实际缴纳的企业所得税税额。具体国家(地区)名单见附件。财政部、国家税务总局可根据实际情况适时对名单进行调整。

属于本款规定以外的股息、利息、租金、特许权使用费、转让财产等投资性所得,均应按本通知的其他规定计算境外税额抵免。

十一、企业在境外投资设立不具有独立纳税地位的分支机构,其计算生产、经营所得的纳税年度与我国规定的纳税年度不一致的,与我国纳税年度当年度相对应的境外纳税年度,应为在我国有关纳税年度中任何一日结束的境外纳税年度。

企业取得上款以外的境外所得实际缴纳或间接负担的境外所得税,应在该项境外所得实现日所在的我国对应纳税年度的应纳税额中计算抵免。

十二、企业抵免境外所得税额后实际应纳所得税额的计算公式为:

企业实际应纳所得税额 = 企业境内外所得应纳税总额 – 企业所得税减免、抵免优惠税额 – 境外所得税抵免额

十三、本通知所称不具有独立纳税地位,是指根据企业设立地法律不具有独立法人地位或者按照税收协定规定不认定为对方国家(地区)的税收居民。

十四、企业取得来源于中国香港、澳门、台湾地区的应税所得,参照本通知执行。

十五、中华人民共和国政府同外国政府订立的有关税收的协定与本通知有不同规定的,依照协定的规定办理。

十六、本通知自2008年1月1日起执行。

附件:法定税率明显高于我国的境外所得来源国(地区)名单(略)

财政部 海关总署 国家税务总局关于保税物流中心（B型）扩大试点期间适用税收政策的通知

2007年8月30日 财税〔2007〕125号

各省、自治区、直辖市、计划单列市财政厅（局）、国家税务局，新疆生产建设兵团财务局，海关广东分署、各直属海关：

经国务院批准，按照总量控制、统筹兼顾、稳步推进的原则，扩大海关保税物流中心（B型）（以下简称物流中心）试点工作，并实行与苏州工业园区物流中心相同的税收政策。现就扩大试点期间有关税收政策明确如下：

一、国内货物进入物流中心视同出口，享受出口退税政策，海关按规定签发出口退税报关单（出口退税专用联）。企业凭报关单出口退税联向主管出口退税的税务部门申请办理出口退（免）税手续。

二、物流中心内的货物进入内地，视同进口，海关在货物出物流中心时，依据货物的实际状态，按照有关政策规定对视同进口货物办理进口报关以及征、免税，或保税等验放手续。

三、上述政策规定的具体税收管理事宜，按照《国家税务总局关于印发保税物流中心（B型）税收管理办法的通知》（国税发〔2004〕150号）的规定执行（见附件）。

四、对此前已经批准设立并通过验收的苏州高新区和南京龙潭港保税物流中心（B型），从2007年8月1日起适用上述税收政策；对北京空港保税物流中心（B型）以及扩大试点期间经批准设立的物流中心，均自验收通过之日起适用上述税收政策。

五、在扩大试点期间，当地海关与国税部门务必认真做好试点工作，对出现的问题应及时报告海关总署加工贸易及保税监管司和国家税务总局进出口税收管理司。

特此通知。

附件：国家税务总局关于印发《保税物流中心（B型）税收理办法》的通知（国税发〔2004〕150号）（略）

财政部　国家税务总局关于外国政府和国际组织无偿援助项目在华采购物资免征增值税的补充通知

2005年1月21日　财税〔2005〕13号

各省、自治区、直辖市、计划单列市财政厅（局）、国家税务局，新疆生产建设兵团财务局：

　　2001年，财政部、国家税务总局、原外经贸部联合发出了《关于外国政府和国际组织无偿援助项目在华采购物资免征增值税问题的通知》（财税〔2002〕2号），明确了外国政府和国际组织无偿援助项目在华采购物资免征增值税政策。现就财政部归口管理的世界银行等国际组织和外国政府对华财政合作项下的无偿援助项目在华采购物资的免税申报审批程序，补充规定如下：

　　一、由财政部归口管理的外国政府和国际组织无偿援助项目在华采购物资免征增值税，按照财税〔2002〕2号文件所附《外国政府和国际组织无偿援助项目在国内采购货物免征增值税的管理办法（试行）》中的有关规定执行。即，在项目确立之后，由援助项目所需物资的采购方（以下简称购货方）通过项目单位共同向财政部主管部门和国家税务总局同时提交免税采购申请，内容包括：援助项目名称、援助方、受援单位、购货方与供货方签定的销售合同（复印件）等，并填报《外国政府和国际组织无偿援助项目在华采购货物明细表》，供货方在销售合同签订后，将合同（复印件）送交企业所在地税务机关备案。财政部主管部门在接到购货方和项目单位的免税采购申请后，对项目有关内容的真实性、采购货物是否属援助项目所需等内容进行审核；审核无误后，向国家税务总局出具申请内容无误的证明材料。国家税务总局接到购货方和项目单位的免税申请以及财政部主管部门出具的证明材料后，通过供货方所在地主管税务部门对免税申请所购货物的有关情况进行核实，并向国家税务总局出具证明材料，如所在地主管税务部门出具的证明材料与财政部出具的证明材料的相关内容一致，国家税务总局向供货方所在地主管税务机关下发供货方销售有关货物免征增值税的文件，同时抄送财政部主管部门、购货方和项目单位。

　　二、其他免税事宜均按照财税〔2002〕2号文件的有关规定执行。

　　三、增补财税〔2002〕2号文件的《国际组织名单》。

　　增加：欧洲投资银行（European Investment Bank 简称 EIB）

　　全球环境基金（Global Environment Facility 简称 GEF）

　　四、以上规定自文到之日起执行。

　　此外，财税〔2002〕2号文件的《国际组织名单》中的个别国际组织的名

称英文拼写有误,现更正如下:

1. 国际复兴开发银行(世界银行)的英文拼写为:

International Bank for Reconstruction and Development 简称 IBRD (World Bank)

2. 国际金融公司的英文拼写为:

International Finance Corporation 简称 IFC

3. 亚洲开发银行的英文拼写为:

Asian Development Bank 简称 ADB

特此通知。

财政部 国家税务总局关于外籍个人取得港澳地区住房等补贴征免个人所得税的通知

手机阅读

2004 年 1 月 29 日 财税〔2004〕29 号

广东省财政厅、地方税务局,深圳市财政局、地方税务局:

香港、澳门地区与内地地理位置毗邻,交通便利,在内地企业工作的部分外籍人员选择居住在港、澳地区,每个工作日往返于内地与港澳之间。对此类外籍个人在港澳专区居住时公司给予住房、伙食、洗衣等非现金形式或实报实销形式的补贴,能否按照有关规定免予征收个人所得税问题,经研究,现明确如下:

一、受雇于我国境内企业的外籍个人(不包括香港澳门居民个人),因家庭等原因居住在香港、澳门,每个工作日往返于内地与香港、澳门等地区,由此境内企业(包括其关联企业)给予在香港或澳门住房、伙食、洗衣、搬迁等非现金形式或实报实销形式的补贴,凡能提供有效凭证的,经主管税务机关审核确认后,可以依照《财政部 国家税务总局关于个人所得税若干政策问题的通知》〔(94)财税字第020号〕第二条以及《国管税务总局关于外籍个人取得有关补贴征免个人所得税执行问题的通知》(国税发〔1997〕54号)第一条、第二条的规定,免予征收个人所得税。

二、第一条所述外籍个人就其在香港或澳门进行语言培训、子女教育而取得的费用补贴,凡能提供有效支出凭证等材料的,经主管税务机关审核确认为合理的部分,可以依照上述(94)财税字第020号通知第二条以及国税发〔1997〕54号通知第五条的规定,免予征收个人所得税。

三、本通知自2004年1月1日起执行。

财政部 国家税务总局关于中央电视台等单位从境外购买电视节目播映权而进口的电视节目工作带进口环节增值税问题的通知

2003年4月24日 财税〔2003〕83号

海关总署:

近来,中央电视台等有关单位要求对其进口的电视节目工作带进口环节增值税问题予以明确。经研究,现通知如下:

根据增值税、营业税暂行条例和其他有关政策的规定,对境内单位从境外购买电视节目播映权而进口的电视节目工作带,不征收进口环节增值税。

本通知自2003年1月1日执行。

财政部 国家税务总局 对外贸易经济合作部关于外国政府和国际组织无偿援助项目在华采购物资免征增值税问题的通知

2002年1月11日 财税〔2002〕2号

各省、自治区、直辖市、计划单列市财政厅(局)、国家税务局,新疆生产建设兵团财务局:

为促进我国接受外国政府和国际组织无偿援助工作的开展,保证援助项目的顺利实施,经国务院批准,自2001年8月1日起,对外国政府和国际组织无偿援助项目在国内采购的货物免征增值税,同时允许销售免税货物的单位,将免税货物的进项税额在其他内销货物的销项税额中抵扣。

现将《外国政府和国际组织无偿援助项目在国内采购货物免征增值税的管理办法》印发给你们,请遵照执行。

附件:外国政府和国际组织无偿援助项目在国内采购货物免征增值税的管理办法(试行)

附件：

外国政府和国际组织无偿援助项目在国内
采购货物免征增值税的管理办法（试行）

一、为促进我国接受外国政府和国际组织无偿援助工作的开展，做好外国政府和国际组织无偿援助项目在国内采购货物免征增值税的工作，特制定本办法。

二、本办法适用于外国政府和国际组织（具体名单见附件一）对我国提供的无偿援助项目在我国关境内所采购的货物，以及为此提供货物的国内企业（以下简称供货方）。

三、在无偿援助项目确立之后，援助项目所需物资的采购方（以下简称购货方）通过项目单位共同向对外贸易经济合作部和国家税务总局同时提交免税采购申请，内容包括：援助项目名称、援助方、受援单位、购货方与供货方签订的销售合同（复印件）等，并填报《外国政府和国际组织无偿援助项目在华采购货物明细表》（见附件二）。如委托他人采购，需提交委托协议和实际购货方的情况，包括购货方的单位名称、地址、联系人及联系电话等。

供货方在销售合同签订后，将合同（复印件）送交企业所在地税务机关备案。

四、对外贸易经济合作部在接到购货方和项目单位的免税采购申请后，对项目有关内容的真实性、采购货物是否属援助项目所需等内容进行审核。审核无误后，对外贸易经济合作部向国家税务总局出具申请内容无误的证明材料。

五、国家税务总局接到购货方和项目单位的免税采购申请和对外贸易经济合作部出具的证明材料后，通过供货方所在地主管税务部门对免税申请所购货物的有关情况进行核实。如主管税务部门出具的证明材料与对外贸易经济合作部出具的证明材料的相关内容一致，国家税务总局向供货方所在地主管税务机关下发供货方销售有关货物免征增值税的文件，同时抄送财政部、对外贸易经济合作部和购货方。

六、供货方凭购货方出示的免税文件，按照文件的规定，以不含增值税的价格向购货方销售货物。

供货方应向其主管税务机关提出免税申请。供货方所在地主管税务机关凭国家税务总局下发的免税文件为供货方办理免征销项税及进项税额抵扣手续。

七、购货方和项目单位提交免税采购申请和《外国政府和国际组织无偿援助项目在华采购货物明细表》后，其内容不允许随意变更。如确需变更，应按本办法规定程序另行报送审批。

八、免税采购的货物必须用于规定的援助项目，不得销售或用于其他项目，否则视同骗税，依照《中华人民共和国税收征收管理法》第六十六条的有关规定处理。

九、本办法自 2001 年 8 月 1 日起执行。

附件：一、国际组织名单（略）
　　　二、外国政府和国际组织无偿援助项目在华采购货物明细表（略）

财政部 国家税务总局关于免征饲料进口环节增值税的通知

手机阅读

2001年8月14日 财税〔2001〕82号

海关总署：

经国务院批准，对《进口饲料免征增值税范围》（见附表）所列进口饲料范围免征进口环节增值税。序号1-13的商品，自2001年1月1日起执行；序号14-15的商品，自2001年8月1日起执行。此前进口的饲料，请按本通知规定退补进口环节增值税。

附件：进口饲料免征增值税的商品范围（略）

财政部 国家税务总局 中国人民银行关于配售出口黄金有关税收规定的通知

手机阅读

2000年7月28日 财税〔2000〕3号

各省、自治区、直辖市、计划单列市财政厅（局），国家税务局，中国人民银行各分行、营业管理部，各省会（首府）城市中心支行，深圳市中心支行，新疆生产建设兵团财务局：

经国务院批准，现就配售出口黄金的有关税收规定通知如下：

一、停止执行《财政部 国家税务总局 中国人民银行关于人民银行配售黄金征税问题的通知》〔（94）财税字第018号〕第四条的有关规定。

二、对按国际市场价格配售的黄金免征增值税，银行不开具增值税专用发票。

三、对出口黄金及出口金饰品的黄金原料部分不再予以出口退税，对此前已经报关出口的仍按原规定办理退税。

四、本通知自2000年6月20日起执行。此前规定凡与本通知规定不符的，一律按本通知规定执行。

财政部 国务院关税税则委员会 国家税务总局 海关总署关于印发《关于救灾捐赠物资免征进口税收的暂行办法》的通知

手机阅读

1998年6月29日　财税字〔1998〕98号

民政部、中国红十字会、中华全国妇女联合会：

经国务院批准，现将《关于救灾捐赠物资免征进口税收的暂行办法》（见附件）印发给你们，请按照执行。

附件：《关于救灾捐赠物资免征进口税收的暂行办法》

附件

关于救灾捐赠物资免征进口税收的暂行办法

第一条　为有利于灾区紧急救援，规范救灾捐赠进口物资的管理，制定本办法。

第二条　对外国民间团体、企业、友好人士和华侨、香港居民和台湾、澳门同胞无偿向我境内受灾地区捐赠的直接用于救灾的物资，在合理数量范围内，免征进口关税和进口环节增值税、消费税。

第三条　享受救灾捐赠物资进口免税的区域限于新华社对外发布和民政部《中国灾情信息》公布的受灾地区。

第四条　免税进口的救灾捐赠物资限于：

（一）食品类（不包括调味品、水产品、水果、饮料、酒等）；

（二）新的服装、被褥、鞋帽、帐篷、手套、睡袋、毛毯及其他维持基本生活的必需用品等；

（三）药品类（包括治疗、消毒、抗菌等）、疫苗、白蛋白、急救用医疗器械、消杀灭药械等；

（四）抢救工具（包括担架、橡皮艇、救生衣等）；

（五）经国务院批准的其他直接用于灾区救援的物资。

第五条　救灾捐赠物资进口免税的审批管理。

（一）救灾捐赠进口物资一般应由民政部（中国国际减灾十年委员会）提出免税申请，对于来自国际和友好国家及香港特别行政区、台湾、澳门红十字会和妇女组织捐赠的物资分别由中国红十字会、中华全国妇女联合会提出免税申请，海关总署依照本规定进行审核并办理免税手续。免税进口的救灾捐赠物资按渠道分别由民政部（如涉及国务院有关部门，民政部应会同相关部门）、中华红十字会、中华全国妇女联合会负责接收、管理并及时发送给受灾地区。

（二）接受的捐赠物资，按国家规定属配额、特定登记和进口许可证管理的商品，应向有关部门申请配额、登记证明和进口许可证，海关凭证验放。

第六条　各地区、各有关部门要加强管理，不得以任何形式将免税进口的救灾捐赠物资转让、出售、出租或移作他用，如违反上述规定，由海关按《中华人民共和国海关法》有关条款规定处理。

第七条　外国政府、国际组织无偿捐赠的救灾物资按《中华人民共和国海关法》第三十九条和《中华人民共和国增值税暂行条例》第十六条有关规定执行，不适用本办法。

第八条　本办法由财政部会同国务院关税税则委员会、国家税务总局、海关总署负责解释。

第九条　本办法自发布之日起施行。

财政部　国家税务总局关于进口金精矿砂暂免征收进口环节增值税的通知

手机阅读

1997年5月5日　财税字〔1997〕68号

海关总署：

经国务院批准，财政部、国家税务总局联合下发了《关于继续对部分资源综合利用产品等实行增值税优惠政策的通知》（财税字〔1996〕020号）。根据通知的有关规定，从1996年1月1日起，对经国家批准进口的金精矿砂暂免征收进口环节增值税。从上述免征期到文到之日前已征的税款准予退还。

请通知有关海关执行。

国家税务总局关于外商投资企业和外国企业原有若干税收优惠政策取消后有关事项处理的通知

手机阅读

2008年2月27日　国税发〔2008〕23号

各省、自治区、直辖市和计划单列市国家税务局，广东、海南省地方税务局，深圳市地方税务局：

根据《中华人民共和国企业所得税法》及其实施条例、《中华人民共和国税收征收管理法》及其实施细则和《国务院关于实施企业所得税过渡优惠政策的通知》(国发〔2007〕39 号)的有关规定,现就外商投资企业和外国企业原执行的若干税收优惠政策取消后的税务处理问题通知如下。

一、关于原外商投资企业的外国投资者再投资退税政策的处理

外国投资者从外商投资企业取得的税后利润直接再投资本企业增加注册资本,或者作为资本投资开办其他外商投资企业,凡在 2007 年底以前完成再投资事项,并在国家工商管理部门完成变更或注册登记的,可以按照《中华人民共和国外商投资企业和外国企业所得税法》及其有关规定,给予办理再投资退税。对在 2007 年底以前用 2007 年度预分配利润进行再投资的,不给予退税。

二、关于外国企业从我国取得的利息、特许权使用费等所得免征企业所得税的处理

外国企业向我国转让专有技术或提供贷款等取得所得,凡上述事项所涉及的合同是在 2007 年底以前签订,且符合《中华人民共和国外商投资企业和外国企业所得税法》规定免税条件,经税务机关批准给予免税的,在合同有效期内可继续给予免税,但不包括延期、补充合同或扩大的条款。各主管税务机关应做好合同执行跟踪管理工作,及时开具完税证明。

三、关于享受定期减免税优惠的外商投资企业在 2008 年后条件发生变化的处理

外商投资企业按照《中华人民共和国外商投资企业和外国企业所得税法》规定享受定期减免税优惠,2008 年后,企业生产经营业务性质或经营期发生变化,导致其不符合《中华人民共和国外商投资企业和外国企业所得税法》规定条件的,仍应依据《中华人民共和国外商投资企业和外国企业所得税法》规定补缴其此前(包括在优惠过渡期内)已经享受的定期减免税税款。各主管税务机关在每年对这类企业进行汇算清缴时,应对其经营业务内容和经营期限等变化情况进行审核。

国家税务总局关于外籍个人和港澳台居民个人储蓄存款利息所得适用协定税率有关问题的补充通知

2007 年 8 月 7 日 国税函〔2007〕872 号

各省、自治区、直辖市和计划单列市国家税务局、地方税务局:

近日,国务院第 502 号令将个人储蓄存款利息所得的税率进行了调整。现将外籍个人和港澳台居民个人储蓄存款利息个人所得税的有关问题补充通知如下:

一、外籍个人和港澳台居民个人从中国境内取得储蓄存款的利息所得,其居民国(地区)与我国(内地)签订的税收协定(包括内地与香港特别行政区和澳门特别行政区分别签订的税收安排)规定的税率低于我国法律法规规定

的税率的,可以享受协定待遇,但须提交享受税收协定待遇申请表;协定税率高于我国法律法规规定的税率的,按我国法律法规规定的税率执行。

二、本通知所称外籍个人和港澳台居民个人是指根据《中华人民共和国个人所得税法》第一条第二款和税收协定的规定,仅就从中国境内取得的所得缴纳个人所得税的个人。

三、本通知附件的协定税率是对国税发〔1999〕201号和国税发〔2000〕031号文件附表的汇总和更新。

本通知自文发之日起执行。

附件:我国对外税收协定(含内地与香港、澳门的税收安排)关于利息所得适用税率一览表(略)

国家税务总局关于外籍个人持有中国境内上市公司股票所取得的股息有关税收问题的函

1994年7月26日 国税函发〔1994〕440号

国家体改委、国家证券委、中国证监会:

1994年6月28日体改函生〔1994〕63号《关于印发〈企业到境外上市工作经验座谈会会议纪要〉的通知》收悉。关于《企业到境外上市工作经验座谈会会议纪要》中提出的H股、B股的股利分配继续免交个人所得税问题,我局曾以国税发〔1993〕045号《国家税务总局关于外商投资企业、外国企业和外籍个人取得股票(股权)转让收益和股息所得税收问题的通知》明确:对持有B股或海外股(包括H股)的外籍个人,从发行该B股或海外股的中国境内企业所取得的股息(红利)所得,暂免征收个人所得税。目前仍按此文执行。

特此函告。

企业所得税

中华人民共和国企业所得税法

手机阅读

（2007年3月16日第十届全国人民代表大会第五次会议通过 根据2017年2月24日第十二届全国人民代表大会常务委员会第二十六次会议《关于修改〈中华人民共和国企业所得税法〉的决定》第一次修正 根据2018年12月29日第十三届全国人民代表大会常务委员会第七次会议《关于修改〈中华人民共和国电力法〉等四部法律的决定》第二次修正）

第一章 总 则

第一条 在中华人民共和国境内，企业和其他取得收入的组织（以下统称企业）为企业所得税的纳税人，依照本法的规定缴纳企业所得税。

个人独资企业、合伙企业不适用本法。

第二条 企业分为居民企业和非居民企业。

本法所称居民企业，是指依法在中国境内成立，或者依照外国（地区）法律成立但实际管理机构在中国境内的企业。

本法所称非居民企业，是指依照外国（地区）法律成立且实际管理机构不在中国境内，但在中国境内设立机构、场所的，或者在中国境内未设立机构、场所，但有来源于中国境内所得的企业。

第三条 居民企业应当就其来源于中国境内、境外的所得缴纳企业所得税。

非居民企业在中国境内设立机构、场所的，应当就其所设机构、场所取得的来源于中国境内的所得，以及发生在中国境外但与其所设机构、场所有实际联系的所得，缴纳企业所得税。

非居民企业在中国境内未设立机构、场所的，或者虽设立机构、场所但取得的所得与其所设机构、场所没有实际联系的，应当就其来源于中国境内的所得缴纳企业所得税。

第四条 企业所得税的税率为25%。

非居民企业取得本法第三条第三款规定的所得，适用税率为20%。

第二章 应纳税所得额

第五条 企业每一纳税年度的收入总额，减除不征税收入、免税收入、各项扣除以及允许弥补的以前年度亏损后的余额,为应纳税所得额。

第六条 企业以货币形式和非货币形式从各种来源取得的收入,为收入总额。包括:

(一) 销售货物收入;
(二) 提供劳务收入;
(三) 转让财产收入;
(四) 股息、红利等权益性投资收益;
(五) 利息收入;
(六) 租金收入;
(七) 特许权使用费收入;
(八) 接受捐赠收入;
(九) 其他收入。

第七条 收入总额中的下列收入为不征税收入:

(一) 财政拨款;
(二) 依法收取并纳入财政管理的行政事业性收费、政府性基金;
(三) 国务院规定的其他不征税收入。

第八条 企业实际发生的与取得收入有关的、合理的支出,包括成本、费用、税金、损失和其他支出,准予在计算应纳税所得额时扣除。

第九条 企业发生的公益性捐赠支出,在年度利润总额12%以内的部分,准予在计算应纳税所得额时扣除;超过年度利润总额12%的部分,准予结转以后三年内在计算应纳税所得额时扣除。

第十条 在计算应纳税所得额时,下列支出不得扣除:

(一) 向投资者支付的股息、红利等权益性投资收益款项;
(二) 企业所得税税款;
(三) 税收滞纳金;
(四) 罚金、罚款和被没收财物的损失;
(五) 本法第九条规定以外的捐赠支出;
(六) 赞助支出;
(七) 未经核定的准备金支出;
(八) 与取得收入无关的其他支出。

第十一条 在计算应纳税所得额时,企业按照规定计算的固定资产折旧,准予扣除。

下列固定资产不得计算折旧扣除:

(一) 房屋、建筑物以外未投入使用的固定资产;
(二) 以经营租赁方式租入的固定资产;
(三) 以融资租赁方式租出的固定资产;
(四) 已足额提取折旧仍继续使用的固定资产;
(五) 与经营活动无关的固定资产;
(六) 单独估价作为固定资产入账的土地;
(七) 其他不得计算折旧扣除的固定资产。

第十二条 在计算应纳税所得额时,企业按照规定计算的无形资产摊销费用，准予扣除。

下列无形资产不得计算摊销费用扣除：

（一）自行开发的支出已在计算应纳税所得额时扣除的无形资产；

（二）自创商誉；

（三）与经营活动无关的无形资产；

（四）其他不得计算摊销费用扣除的无形资产。

第十三条 在计算应纳税所得额时，企业发生的下列支出作为长期待摊费用，按照规定摊销的，准予扣除：

（一）已足额提取折旧的固定资产的改建支出；

（二）租入固定资产的改建支出；

（三）固定资产的大修理支出；

（四）其他应当作为长期待摊费用的支出。

第十四条 企业对外投资期间，投资资产的成本在计算应纳税所得额时不得扣除。

第十五条 企业使用或者销售存货，按照规定计算的存货成本，准予在计算应纳税所得额时扣除。

第十六条 企业转让资产，该项资产的净值，准予在计算应纳税所得额时扣除。

第十七条 企业在汇总计算缴纳企业所得税时，其境外营业机构的亏损不得抵减境内营业机构的盈利。

第十八条 企业纳税年度发生的亏损，准予向以后年度结转，用以后年度的所得弥补，但结转年限最长不得超过五年。

第十九条 非居民企业取得本法第三条第三款规定的所得，按照下列方法计算其应纳税所得额：

（一）股息、红利等权益性投资收益和利息、租金、特许权使用费所得，以收入全额为应纳税所得额；

（二）转让财产所得，以收入全额减除财产净值后的余额为应纳税所得额；

（三）其他所得，参照前两项规定的方法计算应纳税所得额。

第二十条 本章规定的收入、扣除的具体范围、标准和资产的税务处理的具体办法，由国务院财政、税务主管部门规定。

第二十一条 在计算应纳税所得额时，企业财务、会计处理办法与税收法律、行政法规的规定不一致的，应当依照税收法律、行政法规的规定计算。

第三章 应纳税额

第二十二条 企业的应纳税所得额乘以适用税率，减除依照本法关于税收优惠的规定减免和抵免的税额后的余额，为应纳税额。

第二十三条 企业取得的下列所得已在境外缴纳的所得税税额，可以从其当期应纳税额中抵免，抵免限额为该项所得依照本法规定计算的应纳税额；超过抵免限额的部分，可以在以后五个年度内，用每年度抵免限额抵免当年应抵税额后的余额进行抵补：

（一）居民企业来源于中国境外的应税所得；

（二）非居民企业在中国境内设立机构、场所，取得发生在中国境外但与该机构、场所有实际联系的应税所得。

第二十四条 居民企业从其直接或者间接控制的外国企业分得的来源于中国境外的股息、红利等权益性投资收益，外国企业在境外实际缴纳的所得税税额中属于该项所得负担的部分，可以作为该居民企业的可抵免境外所得税税额，在本法第二十三条规定的抵免限额内抵免。

第四章 税收优惠

第二十五条 国家对重点扶持和鼓励发展的产业和项目，给予企业所得税优惠。

第二十六条 企业的下列收入为免税收入：

（一）国债利息收入；

（二）符合条件的居民企业之间的股息、红利等权益性投资收益；

（三）在中国境内设立机构、场所的非居民企业从居民企业取得与该机构、场所有实际联系的股息、红利等权益性投资收益；

（四）符合条件的非营利组织的收入。

第二十七条 企业的下列所得，可以免征、减征企业所得税：

（一）从事农、林、牧、渔业项目的所得；

（二）从事国家重点扶持的公共基础设施项目投资经营的所得；

（三）从事符合条件的环境保护、节能节水项目的所得；

（四）符合条件的技术转让所得；

（五）本法第三条第三款规定的所得。

第二十八条 符合条件的小型微利企业，减按20%的税率征收企业所得税。

国家需要重点扶持的高新技术企业，减按15%的税率征收企业所得税。

第二十九条 民族自治地方的自治机关对本民族自治地方的企业应缴纳的企业所得税中属于地方分享的部分，可以决定减征或者免征。自治州、自治县决定减征或者免征的，须报省、自治区、直辖市人民政府批准。

第三十条 企业的下列支出，可以在计算应纳税所得额时加计扣除：

（一）开发新技术、新产品、新工艺发生的研究开发费用；

（二）安置残疾人员及国家鼓励安置的其他就业人员所支付的工资。

第三十一条 创业投资企业从事国家需要重点扶持和鼓励的创业投资，可以按投资额的一定比例抵扣应纳税所得额。

第三十二条 企业的固定资产由于技术进步等原因，确需加速折旧的，可以缩短折旧年限或者采取加速折旧的方法。

第三十三条 企业综合利用资源，生产符合国家产业政策规定的产品所取得的收入，可以在计算应纳税所得额时减计收入。

第三十四条 企业购置用于环境保护、节能节水、安全生产等专用设备的投资额，可以按一定比例实行税额抵免。

第三十五条 本法规定的税收优惠的具体办法，由国务院规定。

第三十六条 根据国民经济和社会发展的需要，或者由于突发事件等原因对企业经营活动产生重大影响的，国务院可以制定企业所得税专项优惠政策，报全国人民代表大会常务委员会备案。

第五章 源泉扣缴

第三十七条 对非居民企业取得本法第三条第三款规定的所得应缴纳的所得税，实行源泉扣缴，以支付人为扣缴义务人。税款由扣缴义务人在每次支付或者到期应支付时，从支付或者到期应支付的款项中扣缴。

第三十八条 对非居民企业在中国境内取得工程作业和劳务所得应缴纳的所得税，税务机关可以指定工程价款或者劳务费的支付人为扣缴义务人。

第三十九条 依照本法第三十七条、第三十八条规定应当扣缴的所得税，扣缴义务人未依法扣缴或者无法履行扣缴义务的，由纳税人在所得发生地缴纳。纳税人未依法缴纳的，税务机关可以从该纳税人在中国境内其他收入项目的支付人应付的款项中，追缴该纳税人的应纳税款。

第四十条 扣缴义务人每次代扣的税款，应当自代扣之日起七日内缴入国库，并向所在地的税务机关报送扣缴企业所得税报告表。

第六章 特别纳税调整

第四十一条 企业与其关联方之间的业务往来，不符合独立交易原则而减少企业或者其关联方应纳税收入或者所得额的，税务机关有权按照合理方法调整。

企业与其关联方共同开发、受让无形资产，或者共同提供、接受劳务发生的成本，在计算应纳税所得额时应当按照独立交易原则进行分摊。

第四十二条 企业可以向税务机关提出与其关联方之间业务往来的定价原则和计算方法，税务机关与企业协商、确认后，达成预约定价安排。

第四十三条 企业向税务机关报送年度企业所得税纳税申报表时，应当就其与关联方之间的业务往来，附送年度关联业务往来报告表。

税务机关在进行关联业务调查时，企业及其关联方，以及与关联业务调查有关的其他企业，应当按照规定提供相关资料。

第四十四条 企业不提供与其关联方之间业务往来资料，或者提供虚假、不完整资料，未能真实反映其关联业务往来情况的，税务机关有权依法核定其应纳税所得额。

第四十五条 由居民企业，或者由居民企业和中国居民控制的设立在实际税负明显低于本法第四条第一款规定税率水平的国家（地区）的企业，并非由于合理的经营需要而对利润不作分配或者减少分配的，上述利润中应归属于该居民企业的部分，应当计入该居民企业的当期收入。

第四十六条 企业从其关联方接受的债权性投资与权益性投资的比例超过规定标准而发生的利息支出，不得在计算应纳税所得额时扣除。

第四十七条 企业实施其他不具有合理商业目的的安排而减少其应纳税收入或者所得额的，税务机关有权按照合理方法调整。

第四十八条 税务机关依照本章规定作出纳税调整，需要补征税款的，应当补征税款，并按照国务院规定加收利息。

第七章 征收管理

第四十九条 企业所得税的征收管理除本法规定外,依照《中华人民共和国税收征收管理法》的规定执行。

第五十条 除税收法律、行政法规另有规定外,居民企业以企业登记注册地为纳税地点;但登记注册地在境外的,以实际管理机构所在地为纳税地点。

居民企业在中国境内设立不具有法人资格的营业机构的,应当汇总计算并缴纳企业所得税。

第五十一条 非居民企业取得本法第三条第二款规定的所得,以机构、场所所在地为纳税地点。非居民企业在中国境内设立两个或者两个以上机构、场所,符合国务院税务主管部门规定条件的,可以选择由其主要机构、场所汇总缴纳企业所得税。

非居民企业取得本法第三条第三款规定的所得,以扣缴义务人所在地为纳税地点。

第五十二条 除国务院另有规定外,企业之间不得合并缴纳企业所得税。

第五十三条 企业所得税按纳税年度计算。纳税年度自公历1月1日起至12月31日止。

企业在一个纳税年度中间开业,或者终止经营活动,使该纳税年度的实际经营期不足十二个月的,应当以其实际经营期为一个纳税年度。

企业依法清算时,应当以清算期间作为一个纳税年度。

第五十四条 企业所得税分月或者分季预缴。

企业应当自月份或者季度终了之日起十五日内,向税务机关报送预缴企业所得税纳税申报表,预缴税款。

企业应当自年度终了之日起五个月内,向税务机关报送年度企业所得税纳税申报表,并汇算清缴,结清应缴应退税款。

企业在报送企业所得税纳税申报表时,应当按照规定附送财务会计报告和其他有关资料。

第五十五条 企业在年度中间终止经营活动的,应当自实际经营终止之日起六十日内,向税务机关办理当期企业所得税汇算清缴。

企业应当在办理注销登记前,就其清算所得向税务机关申报并依法缴纳企业所得税。

第五十六条 依照本法缴纳的企业所得税,以人民币计算。所得以人民币以外的货币计算的,应当折合成人民币计算并缴纳税款。

第八章 附 则

第五十七条 本法公布前已经批准设立的企业,依照当时的税收法律、行政法规规定,享受低税率优惠的,按照国务院规定,可以在本法施行后五年内,逐步过渡到本法规定的税率;享受定期减免税优惠的,按照国务院规定,可以在本法施行后继续享受到期满为止,但因未获利而尚未享受优惠的,优惠期限从本法施行年度起计算。

法律设置的发展对外经济合作和技术交流的特定地区内,以及国务院已规定执行上述地区特殊政策的地区内新设立的国家需要重点扶持的高新技术企业，可以享受过渡性税收优惠，具体办法由国务院规定。

国家已确定的其他鼓励类企业，可以按照国务院规定享受减免税优惠。

第五十八条 中华人民共和国政府同外国政府订立的有关税收的协定与本法有不同规定的，依照协定的规定办理。

第五十九条 国务院根据本法制定实施条例。

第六十条 本法自2008年1月1日起施行。1991年4月9日第七届全国人民代表大会第四次会议通过的《中华人民共和国外商投资企业和外国企业所得税法》和1993年12月13日国务院发布的《中华人民共和国企业所得税暂行条例》同时废止。

中华人民共和国企业所得税法实施条例

手机阅读

(2007年12月6日中华人民共和国国务院令第512号公布
根据2019年4月23日《国务院关于修改部分行政
法规的决定》修订)

第一章 总 则

第一条 根据《中华人民共和国企业所得税法》（以下简称企业所得税法）的规定，制定本条例。

第二条 企业所得税法第一条所称个人独资企业、合伙企业，是指依照中国法律、行政法规成立的个人独资企业、合伙企业。

第三条 企业所得税法第二条所称依法在中国境内成立的企业，包括依照中国法律、行政法规在中国境内成立的企业、事业单位、社会团体以及其他取得收入的组织。

企业所得税法第二条所称依照外国（地区）法律成立的企业，包括依照外国（地区）法律成立的企业和其他取得收入的组织。

第四条 企业所得税法第二条所称实际管理机构，是指对企业的生产经营、人员、账务、财产等实施实质性全面管理和控制的机构。

第五条 企业所得税法第二条第三款所称机构、场所，是指在中国境内从事生产经营活动的机构、场所，包括：

（一）管理机构、营业机构、办事机构；

（二）工厂、农场、开采自然资源的场所；

（三）提供劳务的场所；

（四）从事建筑、安装、装配、修理、勘探等工程作业的场所；

（五）其他从事生产经营活动的机构、场所。

非居民企业委托营业代理人在中国境内从事生产经营活动的，包括委托单位或者个人经常代其签订合同，或者储存、交付货物等，该营业代理人视为非居民企业在中国境内设立的机构、场所。

第六条 企业所得税法第三条所称所得，包括销售货物所得、提供劳务所得、转让财产所得、股息红利等权益性投资所得、利息所得、租金所得、特许权使用费所得、接受捐赠所得和其他所得。

第七条 企业所得税法第三条所称来源于中国境内、境外的所得，按照以下原则确定：

（一）销售货物所得，按照交易活动发生地确定；

（二）提供劳务所得，按照劳务发生地确定；

（三）转让财产所得，不动产转让所得按照不动产所在地确定，动产转让所得按照转让动产的企业或者机构、场所所在地确定，权益性投资资产转让所得按照被投资企业所在地确定；

（四）股息、红利等权益性投资所得，按照分配所得的企业所在地确定；

（五）利息所得、租金所得、特许权使用费所得，按照负担、支付所得的企业或者机构、场所所在地确定，或者按照负担、支付所得的个人的住所地确定；

（六）其他所得，由国务院财政、税务主管部门确定。

第八条 企业所得税法第三条所称实际联系，是指非居民企业在中国境内设立的机构、场所拥有据以取得所得的股权、债权，以及拥有、管理、控制据以取得所得的财产等。

第二章 应纳税所得额

第一节 一般规定

第九条 企业应纳税所得额的计算，以权责发生制为原则，属于当期的收入和费用，不论款项是否收付，均作为当期的收入和费用；不属于当期的收入和费用，即使款项已经在当期收付，均不作为当期的收入和费用。本条例和国务院财政、税务主管部门另有规定的除外。

第十条 企业所得税法第五条所称亏损，是指企业依照企业所得税法和本条例的规定将每一纳税年度的收入总额减除不征税收入、免税收入和各项扣除后小于零的数额。

第十一条 企业所得税法第五十五条所称清算所得，是指企业的全部资产可变现价值或者交易价格减除资产净值、清算费用以及相关税费等后的余额。

投资方企业从被清算企业分得的剩余资产，其中相当于从被清算企业累计未分配利润和累计盈余公积中应当分得的部分，应当确认为股息所得；剩余资产减除上述股息所得后的余额，超过或者低于投资成本的部分，应当确认为投资资产转让所得或者损失。

第二节 收 入

第十二条 企业所得税法第六条所称企业取得收入的货币形式，包括现金、存款、应收账款、应收票据、准备持有至到期的债券投资以及债务的豁免等。

企业所得税法第六条所称企业取得收入的非货币形式，包括固定资产、生物资产、无形资产、股权投资、存货、不准备持有至到期的债券投资、劳务以及有关权益等。

第十三条 企业所得税法第六条所称企业以非货币形式取得的收入，应当按照公允价值确定收入额。

前款所称公允价值，是指按照市场价格确定的价值。

第十四条 企业所得税法第六条第（一）项所称销售货物收入，是指企业销售商品、产品、原材料、包装物、低值易耗品以及其他存货取得的收入。

第十五条 企业所得税法第六条第（二）项所称提供劳务收入，是指企业从事建筑安装、修理修配、交通运输、仓储租赁、金融保险、邮电通信、咨询经纪、文化体育、科学研究、技术服务、教育培训、餐饮住宿、中介代理、卫生保健、社区服务、旅游、娱乐、加工以及其他劳务服务活动取得的收入。

第十六条 企业所得税法第六条第（三）项所称转让财产收入，是指企业转让固定资产、生物资产、无形资产、股权、债权等财产取得的收入。

第十七条 企业所得税法第六条第（四）项所称股息、红利等权益性投资收益，是指企业因权益性投资从被投资方取得的收入。

股息、红利等权益性投资收益，除国务院财政、税务主管部门另有规定外，按照被投资方作出利润分配决定的日期确认收入的实现。

第十八条 企业所得税法第六条第（五）项所称利息收入，是指企业将资金提供他人使用但不构成权益性投资，或者因他人占用本企业资金取得的收入，包括存款利息、贷款利息、债券利息、欠款利息等收入。

利息收入，按照合同约定的债务人应付利息的日期确认收入的实现。

第十九条 企业所得税法第六条第（六）项所称租金收入，是指企业提供固定资产、包装物或者其他有形资产的使用权取得的收入。

租金收入，按照合同约定的承租人应付租金的日期确认收入的实现。

第二十条 企业所得税法第六条第（七）项所称特许权使用费收入，是指企业提供专利权、非专利技术、商标权、著作权以及其他特许权的使用权取得的收入。

特许权使用费收入，按照合同约定的特许权使用人应付特许权使用费的日期确认收入的实现。

第二十一条 企业所得税法第六条第（八）项所称接受捐赠收入，是指企业接受的来自其他企业、组织或者个人无偿给予的货币性资产、非货币性资产。

接受捐赠收入，按照实际收到捐赠资产的日期确认收入的实现。

第二十二条 企业所得税法第六条第（九）项所称其他收入，是指企业取得的除企业所得税法第六条第（一）项至第（八）项规定的收入外的其他收入，包括企业资产溢余收入、逾期未退包装物押金收入、确实无法偿付的应付款项、已作坏账损失处理后又收回的应收款项、债务重组收入、补贴收入、违约金收入、汇兑收益等。

第二十三条 企业的下列生产经营业务可以分期确认收入的实现：

（一）以分期收款方式销售货物的，按照合同约定的收款日期确认收入的实现；

（二）企业受托加工制造大型机械设备、船舶、飞机，以及从事建筑、安装、装配工程业务或者提供其他劳务等，持续时间超过12个月的，按照纳税年度内完工进度或者完成的工作量确认收入的实现。

第二十四条 采取产品分成方式取得收入的，按照企业分得产品的日期确认收入的实现，其收入额按照产品的公允价值确定。

第二十五条 企业发生非货币性资产交换，以及将货物、财产、劳务用于捐赠、偿债、赞助、集资、广告、样品、职工福利或者利润分配等用途的，应当视同销售货物、转让财产或者提供劳务，但国务院财政、税务主管部门另有规定的除外。

第二十六条 企业所得税法第七条第（一）项所称财政拨款，是指各级人民政府对纳入预算管理的事业单位、社会团体等组织拨付的财政资金，但国务院和国务院财政、税务主管部门另有规定的除外。

企业所得税法第七条第（二）项所称行政事业性收费，是指依照法律法规等有关规定，按照国务院规定程序批准，在实施社会公共管理，以及在向公民、法人或者其他组织提供特定公共服务过程中，向特定对象收取并纳入财政管理的费用。

企业所得税法第七条第（二）项所称政府性基金，是指企业依照法律、行政法规等有关规定，代政府收取的具有专项用途的财政资金。

企业所得税法第七条第（三）项所称国务院规定的其他不征税收入，是指企业取得的，由国务院财政、税务主管部门规定专项用途并经国务院批准的财政性资金。

第三节 扣 除

第二十七条 企业所得税法第八条所称有关的支出，是指与取得收入直接相关的支出。

企业所得税法第八条所称合理的支出，是指符合生产经营活动常规，应当计入当期损益或者有关资产成本的必要和正常的支出。

第二十八条 企业发生的支出应当区分收益性支出和资本性支出。收益性支出在发生当期直接扣除；资本性支出应当分期扣除或者计入有关资产成本，不得在发生当期直接扣除。

企业的不征税收入用于支出所形成的费用或者财产，不得扣除或者计算对应的折旧、摊销扣除。

除企业所得税法和本条例另有规定外，企业实际发生的成本、费用、税金、损失和其他支出，不得重复扣除。

第二十九条 企业所得税法第八条所称成本，是指企业在生产经营活动中发生的销售成本、销货成本、业务支出以及其他耗费。

第三十条 企业所得税法第八条所称费用，是指企业在生产经营活动中发生的销售费用、管理费用和财务费用，已经计入成本的有关费用除外。

第三十一条 企业所得税法第八条所称税金，是指企业发生的除企业所得税和允许抵扣的增值税以外的各项税金及其附加。

第三十二条 企业所得税法第八条所称损失，是指企业在生产经营活动中发生的固定资产和存货的盘亏、毁损、报废损失，转让财产损失，呆账损失，坏账损失，自然灾害等不可抗力因素造成的损失以及其他损失。

企业发生的损失，减除责任人赔偿和保险赔款后的余额，依照国务院财政、税务主管部门的规定扣除。

企业已经作为损失处理的资产，在以后纳税年度又全部收回或者部分收回时，应当计入当期收入。

第三十三条 企业所得税法第八条所称其他支出，是指除成本、费用、税金、损失外，企业在生产经营活动中发生的与生产经营活动有关的、合理的支出。

第三十四条 企业发生的合理的工资薪金支出，准予扣除。

前款所称工资薪金，是指企业每一纳税年度支付给在本企业任职或者受雇的员工的所有现金形式或者非现金形式的劳动报酬，包括基本工资、奖金、津贴、补贴、年终加薪、加班工资，以及与员工任职或者受雇有关的其他支出。

第三十五条 企业依照国务院有关主管部门或者省级人民政府规定的范围和标准为职工缴纳的基本养老保险费、基本医疗保险费、失业保险费、工伤保险费、生育保险费等基本社会保险费和住房公积金，准予扣除。

企业为投资者或者职工支付的补充养老保险费、补充医疗保险费，在国务院财政、税务主管部门规定的范围和标准内，准予扣除。

第三十六条 除企业依照国家有关规定为特殊工种职工支付的人身安全保险费和国务院财政、税务主管部门规定可以扣除的其他商业保险费外，企业为投资者或者职工支付的商业保险费，不得扣除。

第三十七条 企业在生产经营活动中发生的合理的不需要资本化的借款费用，准予扣除。

企业为购置、建造固定资产、无形资产和经过12个月以上的建造才能达到预定可销售状态的存货发生借款的，在有关资产购置、建造期间发生的合理的借款费用，应当作为资本性支出计入有关资产的成本，并依照本条例的规定扣除。

第三十八条 企业在生产经营活动中发生的下列利息支出，准予扣除：

（一）非金融企业向金融企业借款的利息支出、金融企业的各项存款利息支出和同业拆借利息支出、企业经批准发行债券的利息支出；

（二）非金融企业向非金融企业借款的利息支出，不超过按照金融企业同期同类贷款利率计算的数额的部分。

第三十九条 企业在货币交易中，以及纳税年度终了时将人民币以外的货币性资产、负债按照期末即期人民币汇率中间价折算为人民币时产生的汇兑损失，除已经计入有关资产成本以及与向所有者进行利润分配相关的部分外，准予扣除。

第四十条 企业发生的职工福利费支出，不超过工资薪金总额14%的部分，准予扣除。

第四十一条 企业拨缴的工会经费，不超过工资薪金总额2%的部分，准予扣除。

第四十二条 除国务院财政、税务主管部门另有规定外，企业发生的职工教育经费支出，不超过工资薪金总额2.5%的部分，准予扣除；超过部分，准予在以后纳税年度结转扣除。

第四十三条 企业发生的与生产经营活动有关的业务招待费支出，按照发生额的60%扣除，但最高不得超过当年销售（营业）收入的5‰。

第四十四条 企业发生的符合条件的广告费和业务宣传费支出，除国务院财政、税务主管部门另有规定外，不超过当年销售（营业）收入15%的部分，准予扣除；超过部分，准予在以后纳税年度结转扣除。

第四十五条 企业依照法律、行政法规有关规定提取的用于环境保护、生态恢复等方面的专项资金，准予扣除。上述专项资金提取后改变用途的，不得扣除。

第四十六条 企业参加财产保险，按照规定缴纳的保险费，准予扣除。

第四十七条 企业根据生产经营活动的需要租入固定资产支付的租赁费，按照以下方法扣除：

（一）以经营租赁方式租入固定资产发生的租赁费支出，按照租赁期限均匀扣除；

（二）以融资租赁方式租入固定资产发生的租赁费支出，按照规定构成融资租入固定资产价值的部分应当提取折旧费用，分期扣除。

第四十八条 企业发生的合理的劳动保护支出，准予扣除。

第四十九条 企业之间支付的管理费、企业内营业机构之间支付的租金和特许权使用费，以及非银行企业内营业机构之间支付的利息，不得扣除。

第五十条 非居民企业在中国境内设立的机构、场所，就其中国境外总机构发生的与该机构、场所生产经营有关的费用，能够提供总机构出具的费用汇集范围、定额、分配依据和方法等证明文件，并合理分摊的，准予扣除。

第五十一条 企业所得税法第九条所称公益性捐赠，是指企业通过公益性社会组织或者县级以上人民政府及其部门，用于符合法律规定的慈善活动、公益事业的捐赠。

第五十二条 本条例第五十一条所称公益性社会组织，是指同时符合下列条件的慈善组织以及其他社会组织：

（一）依法登记，具有法人资格；

（二）以发展公益事业为宗旨，且不以营利为目的；

（三）全部资产及其增值为该法人所有；

（四）收益和营运结余主要用于符合该法人设立目的的事业；

（五）终止后的剩余财产不归属任何个人或者营利组织；

（六）不经营与其设立目的无关的业务；

（七）有健全的财务会计制度；

（八）捐赠者不以任何形式参与该法人财产的分配；

（九）国务院财政、税务主管部门会同国务院民政部门等登记管理部门规定的其他条件。

第五十三条 企业当年发生以及以前年度结转的公益性捐赠支出，不超过年度利润总额12%的部分，准予扣除。

年度利润总额，是指企业依照国家统一会计制度的规定计算的年度会计利润。

第五十四条 企业所得税法第十条第（六）项所称赞助支出，是指企业发生的与生产经营活动无关的各种非广告性质支出。

第五十五条 企业所得税法第十条第（七）项所称未经核定的准备金支出，是指不符合国务院财政、税务主管部门规定的各项资产减值准备、风险准备等准备金支出。

第四节 资产的税务处理

第五十六条 企业的各项资产，包括固定资产、生物资产、无形资产、长期待摊费用、投资资产、存货等，以历史成本为计税基础。

前款所称历史成本，是指企业取得该项资产时实际发生的支出。

企业持有各项资产期间资产增值或者减值，除国务院财政、税务主管部门规定可以确认损益外，不得调整该资产的计税基础。

第五十七条 企业所得税法第十一条所称固定资产，是指企业为生产产品、提供劳务、出租或者经营管理而持有的、使用时间超过12个月的非货币性资产，包括房屋、建筑物、机器、机械、运输工具以及其他与生产经营活动有关的设备、器具、工具等。

第五十八条 固定资产按照以下方法确定计税基础：

（一）外购的固定资产，以购买价款和支付的相关税费以及直接归属于使该资产达到预定用途发生的其他支出为计税基础；

（二）自行建造的固定资产，以竣工结算前发生的支出为计税基础；

（三）融资租入的固定资产，以租赁合同约定的付款总额和承租人在签订租赁合同过程中发生的相关费用为计税基础，租赁合同未约定付款总额的，以该资产的公允价值和承租人在签订租赁合同过程中发生的相关费用为计税基础；

（四）盘盈的固定资产，以同类固定资产的重置完全价值为计税基础；

（五）通过捐赠、投资、非货币性资产交换、债务重组等方式取得的固定资产，以该资产的公允价值和支付的相关税费为计税基础；

（六）改建的固定资产，除企业所得税法第十三条第（一）项和第（二）项规定的支出外，以改建过程中发生的改建支出增加计税基础。

第五十九条 固定资产按照直线法计算的折旧，准予扣除。

企业应当自固定资产投入使用月份的次月起计算折旧；停止使用的固定资产，应当自停止使用月份的次月起停止计算折旧。

企业应当根据固定资产的性质和使用情况，合理确定固定资产的预计净残值。固定资产的预计净残值一经确定，不得变更。

第六十条 除国务院财政、税务主管部门另有规定外，固定资产计算折旧的最低年限如下：

（一）房屋、建筑物，为20年；

（二）飞机、火车、轮船、机器、机械和其他生产设备，为10年；

（三）与生产经营活动有关的器具、工具、家具等，为5年；

（四）飞机、火车、轮船以外的运输工具，为4年；

（五）电子设备，为3年。

第六十一条 从事开采石油、天然气等矿产资源的企业，在开始商业性生产前发生的费用和有关固定资产的折耗、折旧方法，由国务院财政、税务主管部门另行规定。

第六十二条 生产性生物资产按照以下方法确定计税基础：

（一）外购的生产性生物资产，以购买价款和支付的相关税费为计税基础；

（二）通过捐赠、投资、非货币性资产交换、债务重组等方式取得的生产性生物资产，以该资产的公允价值和支付的相关税费为计税基础。

前款所称生产性生物资产，是指企业为生产农产品、提供劳务或者出租等而持有的生物资产，包括经济林、薪炭林、产畜和役畜等。

第六十三条 生产性生物资产按照直线法计算的折旧，准予扣除。

企业应当自生产性生物资产投入使用月份的次月起计算折旧；停止使用的生产性生物资产，应当自停止使用月份的次月起停止计算折旧。

企业应当根据生产性生物资产的性质和使用情况，合理确定生产性生物资产的预计净残值。生产性生物资产的预计净残值一经确定，不得变更。

第六十四条 生产性生物资产计算折旧的最低年限如下：

（一）林木类生产性生物资产，为10年；

（二）畜类生产性生物资产，为3年。

第六十五条 企业所得税法第十二条所称无形资产，是指企业为生产产品、提供劳务、出租或者经营管理而持有的、没有实物形态的非货币性长期资产，包括专利权、商标权、著作权、土地使用权、非专利技术、商誉等。

第六十六条 无形资产按照以下方法确定计税基础：

（一）外购的无形资产，以购买价款和支付的相关税费以及直接归属于使该资产达到预定用途发生的其他支出为计税基础；

（二）自行开发的无形资产，以开发过程中该资产符合资本化条件后至达到预定用途前发生的支出为计税基础；

（三）通过捐赠、投资、非货币性资产交换、债务重组等方式取得的无形资产，以该资产的公允价值和支付的相关税费为计税基础。

第六十七条 无形资产按照直线法计算的摊销费用，准予扣除。

无形资产的摊销年限不得低于10年。

作为投资或者受让的无形资产，有关法律规定或者合同约定了使用年限的，可以按照规定或者约定的使用年限分期摊销。

外购商誉的支出，在企业整体转让或者清算时，准予扣除。

第六十八条 企业所得税法第十三条第（一）项和第（二）项所称固定资产的改建支出，是指改变房屋或者建筑物结构、延长使用年限等发生的支出。

企业所得税法第十三条第（一）项规定的支出，按照固定资产预计尚可使用年限分期摊销；第（二）项规定的支出，按照合同约定的剩余租赁期限分期摊销。

改建的固定资产延长使用年限的，除企业所得税法第十三条第（一）项和第（二）项规定外，应当适当延长折旧年限。

第六十九条 企业所得税法第十三条第（三）项所称固定资产的大修理支

出，是指同时符合下列条件的支出：

（一）修理支出达到取得固定资产时的计税基础50%以上；

（二）修理后固定资产的使用年限延长2年以上。

企业所得税法第十三条第（三）项规定的支出，按照固定资产尚可使用年限分期摊销。

第七十条 企业所得税法第十三条第（四）项所称其他应当作为长期待摊费用的支出，自支出发生月份的次月起，分期摊销，摊销年限不得低于3年。

第七十一条 企业所得税法第十四条所称投资资产，是指企业对外进行权益性投资和债权性投资形成的资产。

企业在转让或者处置投资资产时，投资资产的成本，准予扣除。

投资资产按照以下方法确定成本：

（一）通过支付现金方式取得的投资资产，以购买价款为成本；

（二）通过支付现金以外的方式取得的投资资产，以该资产的公允价值和支付的相关税费为成本。

第七十二条 企业所得税法第十五条所称存货，是指企业持有以备出售的产品或者商品、处在生产过程中的在产品、在生产或者提供劳务过程中耗用的材料和物料等。

存货按照以下方法确定成本：

（一）通过支付现金方式取得的存货，以购买价款和支付的相关税费为成本；

（二）通过支付现金以外的方式取得的存货，以该存货的公允价值和支付的相关税费为成本；

（三）生产性生物资产收获的农产品，以产出或者采收过程中发生的材料费、人工费和分摊的间接费用等必要支出为成本。

第七十三条 企业使用或者销售的存货的成本计算方法，可以在先进先出法、加权平均法、个别计价法中选用一种。计价方法一经选用，不得随意变更。

第七十四条 企业所得税法第十六条所称资产的净值和第十九条所称财产净值，是指有关资产、财产的计税基础减除已经按照规定扣除的折旧、折耗、摊销、准备金等后的余额。

第七十五条 除国务院财政、税务主管部门另有规定外，企业在重组过程中，应当在交易发生时确认有关资产的转让所得或者损失，相关资产应当按照交易价格重新确定计税基础。

第三章 应 纳 税 额

第七十六条 企业所得税法第二十二条规定的应纳税额的计算公式为：

应纳税额 = 应纳税所得额 × 适用税率 − 减免税额 − 抵免税额

公式中的减免税额和抵免税额，是指依照企业所得税法和国务院的税收优惠规定减征、免征和抵免的应纳税额。

第七十七条 企业所得税法第二十三条所称已在境外缴纳的所得税税额，是指企业来源于中国境外的所得依照中国境外税收法律以及相关规定应当缴纳并已经实际缴纳的企业所得税性质的税款。

第七十八条 企业所得税法第二十三条所称抵免限额，是指企业来源于中国境外的所得，依照企业所得税法和本条例的规定计算的应纳税额。除国务院财政、税务主管部门另有规定外，该抵免限额应当分国（地区）不分项计算，计算公式如下：

抵免限额＝中国境内、境外所得依照企业所得税法和本条例的规定计算的应纳税总额×来源于某国（地区）的应纳税所得额÷中国境内、境外应纳税所得总额

第七十九条 企业所得税法第二十三条所称5个年度，是指从企业取得的来源于中国境外的所得，已经在中国境外缴纳的企业所得税性质的税额超过抵免限额的当年的次年起连续5个纳税年度。

第八十条 企业所得税法第二十四条所称直接控制，是指居民企业直接持有外国企业20％以上股份。

企业所得税法第二十四条所称间接控制，是指居民企业以间接持股方式持有外国企业20％以上股份，具体认定办法由国务院财政、税务主管部门另行制定。

第八十一条 企业依照企业所得税法第二十三条、第二十四条的规定抵免企业所得税税额时，应当提供中国境外税务机关出具的税款所属年度的有关纳税凭证。

第四章 税 收 优 惠

第八十二条 企业所得税法第二十六条第（一）项所称国债利息收入，是指企业持有国务院财政部门发行的国债取得的利息收入。

第八十三条 企业所得税法第二十六条第（二）项所称符合条件的居民企业之间的股息、红利等权益性投资收益，是指居民企业直接投资于其他居民企业取得的投资收益。企业所得税法第二十六条第（二）项和第（三）项所称股息、红利等权益性投资收益，不包括连续持有居民企业公开发行并上市流通的股票不足12个月取得的投资收益。

第八十四条 企业所得税法第二十六条第（四）项所称符合条件的非营利组织，是指同时符合下列条件的组织：

（一）依法履行非营利组织登记手续；

（二）从事公益性或者非营利性活动；

（三）取得的收入除用于与该组织有关的、合理的支出外，全部用于登记核定或者章程规定的公益性或者非营利性事业；

（四）财产及其孳息不用于分配；

（五）按照登记核定或者章程规定，该组织注销后的剩余财产用于公益性或者非营利性目的，或者由登记管理机关转赠给与该组织性质、宗旨相同的组织，并向社会公告；

（六）投入人对投入该组织的财产不保留或者享有任何财产权利；

（七）工作人员工资福利开支控制在规定的比例内，不变相分配该组织的财产。

前款规定的非营利组织的认定管理办法由国务院财政、税务主管部门会同

国务院有关部门制定。

第八十五条 企业所得税法第二十六条第（四）项所称符合条件的非营利组织的收入，不包括非营利组织从事营利性活动取得的收入，但国务院财政、税务主管部门另有规定的除外。

第八十六条 企业所得税法第二十七条第（一）项规定的企业从事农、林、牧、渔业项目的所得，可以免征、减征企业所得税，是指：

（一）企业从事下列项目的所得，免征企业所得税：

1. 蔬菜、谷物、薯类、油料、豆类、棉花、麻类、糖料、水果、坚果的种植；

2. 农作物新品种的选育；

3. 中药材的种植；

4. 林木的培育和种植；

5. 牲畜、家禽的饲养；

6. 林产品的采集；

7. 灌溉、农产品初加工、兽医、农技推广、农机作业和维修等农、林、牧、渔服务业项目；

8. 远洋捕捞。

（二）企业从事下列项目的所得，减半征收企业所得税：

1. 花卉、茶以及其他饮料作物和香料作物的种植；

2. 海水养殖、内陆养殖。

企业从事国家限制和禁止发展的项目，不得享受本条规定的企业所得税优惠。

第八十七条 企业所得税法第二十七条第（二）项所称国家重点扶持的公共基础设施项目，是指《公共基础设施项目企业所得税优惠目录》规定的港口码头、机场、铁路、公路、城市公共交通、电力、水利等项目。

企业从事前款规定的国家重点扶持的公共基础设施项目的投资经营的所得，自项目取得第一笔生产经营收入所属纳税年度起，第一年至第三年免征企业所得税，第四年至第六年减半征收企业所得税。

企业承包经营、承包建设和内部自建自用本条规定的项目，不得享受本条规定的企业所得税优惠。

第八十八条 企业所得税法第二十七条第（三）项所称符合条件的环境保护、节能节水项目，包括公共污水处理、公共垃圾处理、沼气综合开发利用、节能减排技术改造、海水淡化等。项目的具体条件和范围由国务院财政、税务主管部门商国务院有关部门制订，报国务院批准后公布施行。

企业从事前款规定的符合条件的环境保护、节能节水项目的所得，自项目取得第一笔生产经营收入所属纳税年度起，第一年至第三年免征企业所得税，第四年至第六年减半征收企业所得税。

第八十九条 依照本条例第八十七条和第八十八条规定享受减免税优惠的项目，在减免税期限内转让的，受让方自受让之日起，可以在剩余期限内享受规定的减免税优惠；减免税期限届满后转让的，受让方不得就该项目重复享受减免税优惠。

第九十条 企业所得税法第二十七条第（四）项所称符合条件的技术转让所得免征、减征企业所得税，是指一个纳税年度内，居民企业技术转让所得不超过500万元的部分，免征企业所得税；超过500万元的部分，减半征收企业所得税。

第九十一条 非居民企业取得企业所得税法第二十七条第（五）项规定的所得，减按10%的税率征收企业所得税。

下列所得可以免征企业所得税：

（一）外国政府向中国政府提供贷款取得的利息所得；

（二）国际金融组织向中国政府和居民企业提供优惠贷款取得的利息所得；

（三）经国务院批准的其他所得。

第九十二条 企业所得税法第二十八条第一款所称符合条件的小型微利企业，是指从事国家非限制和禁止行业，并符合下列条件的企业：

（一）工业企业，年度应纳税所得额不超过30万元，从业人数不超过100人，资产总额不超过3000万元；

（二）其他企业，年度应纳税所得额不超过30万元，从业人数不超过80人，资产总额不超过1000万元。

第九十三条 企业所得税法第二十八条第二款所称国家需要重点扶持的高新技术企业，是指拥有核心自主知识产权，并同时符合下列条件的企业：

（一）产品（服务）属于《国家重点支持的高新技术领域》规定的范围；

（二）研究开发费用占销售收入的比例不低于规定比例；

（三）高新技术产品（服务）收入占企业总收入的比例不低于规定比例；

（四）科技人员占企业职工总数的比例不低于规定比例；

（五）高新技术企业认定管理办法规定的其他条件。

《国家重点支持的高新技术领域》和高新技术企业认定管理办法由国务院科技、财政、税务主管部门商国务院有关部门制订，报国务院批准后公布施行。

第九十四条 企业所得税法第二十九条所称民族自治地方，是指依照《中华人民共和国民族区域自治法》的规定，实行民族区域自治的自治区、自治州、自治县。

对民族自治地方内国家限制和禁止行业的企业，不得减征或者免征企业所得税。

第九十五条 企业所得税法第三十条第（一）项所称研究开发费用的加计扣除，是指企业为开发新技术、新产品、新工艺发生的研究开发费用，未形成无形资产计入当期损益的，在按照规定据实扣除的基础上，按照研究开发费用的50%加计扣除；形成无形资产的，按照无形资产成本的150%摊销。

第九十六条 企业所得税法第三十条第（二）项所称企业安置残疾人员所支付的工资的加计扣除，是指企业安置残疾人员的，在按照支付给残疾职工工资据实扣除的基础上，按照支付给残疾职工工资的100%加计扣除。残疾人员的范围适用《中华人民共和国残疾人保障法》的有关规定。

企业所得税法第三十条第（二）项所称企业安置国家鼓励安置的其他就业人员所支付的工资的加计扣除办法，由国务院另行规定。

第九十七条 企业所得税法第三十一条所称抵扣应纳税所得额,是指创业投资企业采取股权投资方式投资于未上市的中小高新技术企业 2 年以上的,可以按照其投资额的 70% 在股权持有满 2 年的当年抵扣该创业投资企业的应纳税所得额;当年不足抵扣的,可以在以后纳税年度结转抵扣。

第九十八条 企业所得税法第三十二条所称可以采取缩短折旧年限或者采取加速折旧的方法的固定资产,包括:

(一)由于技术进步,产品更新换代较快的固定资产;

(二)常年处于强震动、高腐蚀状态的固定资产。

采取缩短折旧年限方法的,最低折旧年限不得低于本条例第六十条规定折旧年限的 60%;采取加速折旧方法的,可以采取双倍余额递减法或者年数总和法。

第九十九条 企业所得税法第三十三条所称减计收入,是指企业以《资源综合利用企业所得税优惠目录》规定的资源作为主要原材料,生产国家非限制和禁止并符合国家和行业相关标准的产品取得的收入,减按 90% 计入收入总额。

前款所称原材料占生产产品材料的比例不得低于《资源综合利用企业所得税优惠目录》规定的标准。

第一百条 企业所得税法第三十四条所称税额抵免,是指企业购置并实际使用《环境保护专用设备企业所得税优惠目录》、《节能节水专用设备企业所得税优惠目录》和《安全生产专用设备企业所得税优惠目录》规定的环境保护、节能节水、安全生产等专用设备的,该专用设备的投资额的 10% 可以从企业当年的应纳税额中抵免;当年不足抵免的,可以在以后 5 个纳税年度结转抵免。

享受前款规定的企业所得税优惠的企业,应当实际购置并自身实际投入使用前款规定的专用设备;企业购置上述专用设备在 5 年内转让、出租的,应当停止享受企业所得税优惠,并补缴已经抵免的企业所得税税款。

第一百零一条 本章第八十七条、第九十九条、第一百条规定的企业所得税优惠目录,由国务院财政、税务主管部门商国务院有关部门制订,报国务院批准后公布施行。

第一百零二条 企业同时从事适用不同企业所得税待遇的项目的,其优惠项目应当单独计算所得,并合理分摊企业的期间费用;没有单独计算的,不得享受企业所得税优惠。

第五章 源 泉 扣 缴

第一百零三条 依照企业所得税法对非居民企业应当缴纳的企业所得税实行源泉扣缴的,应当依照企业所得税法第十九条的规定计算应纳税所得额。

企业所得税法第十九条所称收入全额,是指非居民企业向支付人收取的全部价款和价外费用。

第一百零四条 企业所得税法第三十七条所称支付人,是指依照有关法律规定或者合同约定对非居民企业直接负有支付相关款项义务的单位或者个人。

第一百零五条 企业所得税法第三十七条所称支付,包括现金支付、汇拨支付、转账支付和权益兑价支付等货币支付和非货币支付。

企业所得税法第三十七条所称到期应支付的款项,是指支付人按照权责发生制原则应当计入相关成本、费用的应付款项。

第一百零六条 企业所得税法第三十八条规定的可以指定扣缴义务人的情形,包括:

(一)预计工程作业或者提供劳务期限不足一个纳税年度,且有证据表明不履行纳税义务的;

(二)没有办理税务登记或者临时税务登记,且未委托中国境内的代理人履行纳税义务的;

(三)未按照规定期限办理企业所得税纳税申报或者预缴申报的。

前款规定的扣缴义务人,由县级以上税务机关指定,并同时告知扣缴义务人所扣税款的计算依据、计算方法、扣缴期限和扣缴方式。

第一百零七条 企业所得税法第三十九条所称所得发生地,是指依照本条例第七条规定的原则确定的所得发生地。在中国境内存在多处所得发生地的,由纳税人选择其中之一申报缴纳企业所得税。

第一百零八条 企业所得税法第三十九条所称该纳税人在中国境内其他收入,是指该纳税人在中国境内取得的其他各种来源的收入。

税务机关在追缴该纳税人应纳税款时,应当将追缴理由、追缴数额、缴纳期限和缴纳方式等告知该纳税人。

第六章 特别纳税调整

第一百零九条 企业所得税法第四十一条所称关联方,是指与企业有下列关联关系之一的企业、其他组织或者个人:

(一)在资金、经营、购销等方面存在直接或者间接的控制关系;

(二)直接或者间接地同为第三者控制;

(三)在利益上具有相关联的其他关系。

第一百一十条 企业所得税法第四十一条所称独立交易原则,是指没有关联关系的交易各方,按照公平成交价格和营业常规进行业务往来遵循的原则。

第一百一十一条 企业所得税法第四十一条所称合理方法,包括:

(一)可比非受控价格法,是指按照没有关联关系的交易各方进行相同或者类似业务往来的价格进行定价的方法;

(二)再销售价格法,是指按照从关联方购进商品再销售给没有关联关系的交易方的价格,减除相同或者类似业务的销售毛利进行定价的方法;

(三)成本加成法,是指按照成本加合理的费用和利润进行定价的方法;

(四)交易净利润法,是指按照没有关联关系的交易各方进行相同或者类似业务往来取得的净利润水平确定利润的方法;

(五)利润分割法,是指将企业与其关联方的合并利润或者亏损在各方之间采用合理标准进行分配的方法;

(六)其他符合独立交易原则的方法。

第一百一十二条 企业可以依照企业所得税法第四十一条第二款的规定,按照独立交易原则与其关联方分摊共同发生的成本,达成成本分摊协议。

企业与其关联方分摊成本时,应当按照成本与预期收益相配比的原则进行分摊,并在税务机关规定的期限内,按照税务机关的要求报送有关资料。

企业与其关联方分摊成本时违反本条第一款、第二款规定的,其自行分摊的成本不得在计算应纳税所得额时扣除。

第一百一十三条 企业所得税法第四十二条所称预约定价安排,是指企业就其未来年度关联交易的定价原则和计算方法,向税务机关提出申请,与税务机关按照独立交易原则协商、确认后达成的协议。

第一百一十四条 企业所得税法第四十三条所称相关资料,包括:

(一) 与关联业务往来有关的价格、费用的制定标准、计算方法和说明等同期资料;

(二) 关联业务往来所涉及的财产、财产使用权、劳务等的再销售(转让)价格或者最终销售(转让)价格的相关资料;

(三) 与关联业务调查有关的其他企业应当提供的与被调查企业可比的产品价格、定价方式以及利润水平等资料;

(四) 其他与关联业务往来有关的资料。

企业所得税法第四十三条所称与关联业务调查有关的其他企业,是指与被调查企业在生产经营内容和方式上相类似的企业。

企业应当在税务机关规定的期限内提供与关联业务往来有关的价格、费用的制定标准、计算方法和说明等资料。关联方以及与关联业务调查有关的其他企业应当在税务机关与其约定的期限内提供相关资料。

第一百一十五条 税务机关依照企业所得税法第四十四条的规定核定企业的应纳税所得额时,可以采用下列方法:

(一) 参照同类或者类似企业的利润率水平核定;

(二) 按照企业成本加合理的费用和利润的方法核定;

(三) 按照关联企业集团整体利润的合理比例核定;

(四) 按照其他合理方法核定。

企业对税务机关按照前款规定的方法核定的应纳税所得额有异议的,应当提供相关证据,经税务机关认定后,调整核定的应纳税所得额。

第一百一十六条 企业所得税法第四十五条所称中国居民,是指根据《中华人民共和国个人所得税法》的规定,就其从中国境内、境外取得的所得在中国缴纳个人所得税的个人。

第一百一十七条 企业所得税法第四十五条所称控制,包括:

(一) 居民企业或者中国居民直接或者间接单一持有外国企业10%以上有表决权股份,且由其共同持有该外国企业50%以上股份;

(二) 居民企业,或者居民企业和中国居民持股比例没有达到第(一)项规定的标准,但在股份、资金、经营、购销等方面对该外国企业构成实质控制。

第一百一十八条 企业所得税法第四十五条所称实际税负明显低于企业所得税法第四条第一款规定税率水平,是指低于企业所得税法第四条第一款规定税率的50%。

第一百一十九条 企业所得税法第四十六条所称债权性投资,是指企业直接或者间接从关联方获得的,需要偿还本金和支付利息或者需要以其他具有支付利息性质的方式予以补偿的融资。

企业间接从关联方获得的债权性投资,包括:
(一)关联方通过无关联第三方提供的债权性投资;
(二)无关联第三方提供的、由关联方担保且负有连带责任的债权性投资;
(三)其他间接从关联方获得的具有负债实质的债权性投资。

企业所得税法第四十六条所称权益性投资,是指企业接受的不需要偿还本金和支付利息,投资人对企业净资产拥有所有权的投资。

企业所得税法第四十六条所称标准,由国务院财政、税务主管部门另行规定。

第一百二十条 企业所得税法第四十七条所称不具有合理商业目的,是指以减少、免除或者推迟缴纳税款为主要目的。

第一百二十一条 税务机关根据税收法律、行政法规的规定,对企业作出特别纳税调整的,应当对补征的税款,自税款所属纳税年度的次年6月1日起至补缴税款之日止的期间,按日加收利息。

前款规定加收的利息,不得在计算应纳税所得额时扣除。

第一百二十二条 企业所得税法第四十八条所称利息,应当按照税款所属纳税年度中国人民银行公布的与补税期间同期的人民币贷款基准利率加5个百分点计算。

企业依照企业所得税法第四十三条和本条例的规定提供有关资料的,可以只按前款规定的人民币贷款基准利率计算利息。

第一百二十三条 企业与其关联方之间的业务往来,不符合独立交易原则,或者企业实施其他不具有合理商业目的安排的,税务机关有权在该业务发生的纳税年度起10年内,进行纳税调整。

第七章 征收管理

第一百二十四条 企业所得税法第五十条所称企业登记注册地,是指企业依照国家有关规定登记注册的住所地。

第一百二十五条 企业汇总计算并缴纳企业所得税时,应当统一核算应纳税所得额,具体办法由国务院财政、税务主管部门另行制定。

第一百二十六条 企业所得税法第五十一条所称主要机构、场所,应当同时符合下列条件:
(一)对其他各机构、场所的生产经营活动负有监督管理责任;
(二)设有完整的账簿、凭证,能够准确反映各机构、场所的收入、成本、费用和盈亏情况。

第一百二十七条 企业所得税分月或者分季预缴,由税务机关具体核定。

企业根据企业所得税法第五十四条规定分月或者分季预缴企业所得税时,应当按照月度或者季度的实际利润额预缴;按照月度或者季度的实际利润额预缴有困难的,可以按照上一纳税年度应纳税所得额的月度或者季度平均额预缴,或者按照经税务机关认可的其他方法预缴。预缴方法一经确定,该纳税年度内不得随意变更。

第一百二十八条 企业在纳税年度内无论盈利或者亏损,都应当依照企业所得税法第五十四条规定的期限,向税务机关报送预缴企业所得税纳税申报表、年度企业所得税纳税申报表、财务会计报告和税务机关规定应当报送的其他有关资料。

第一百二十九条 企业所得以人民币以外的货币计算的,预缴企业所得税时,应当按照月度或者季度最后一日的人民币汇率中间价,折合成人民币计算应纳税所得额。年度终了汇算清缴时,对已经按照月度或者季度预缴税款的,不再重新折合计算,只就该纳税年度内未缴纳企业所得税的部分,按照纳税年度最后一日的人民币汇率中间价,折合成人民币计算应纳税所得额。

经税务机关检查确认,企业少计或者多计前款规定的所得的,应当按照检查确认补税或者退税时的上一个月最后一日的人民币汇率中间价,将少计或者多计的所得折合成人民币计算应纳税所得额,再计算应补缴或者应退的税款。

第八章 附 则

第一百三十条 企业所得税法第五十七条第一款所称本法公布前已经批准设立的企业,是指企业所得税法公布前已经完成登记注册的企业。

第一百三十一条 在香港特别行政区、澳门特别行政区和台湾地区成立的企业,参照适用企业所得税法第二条第二款、第三款的有关规定。

第一百三十二条 本条例自 2008 年 1 月 1 日起施行。1991 年 6 月 30 日国务院发布的《中华人民共和国外商投资企业和外国企业所得税法实施细则》和 1994 年 2 月 4 日财政部发布的《中华人民共和国企业所得税暂行条例实施细则》同时废止。

国务院关于经济特区和上海浦东新区新设立高新技术企业实行过渡性税收优惠的通知

手机阅读

2007 年 12 月 26 日 国发〔2007〕40 号

各省、自治区、直辖市人民政府,国务院各部委、各直属机构:

根据《中华人民共和国企业所得税法》第五十七条的有关规定,国务院决定对法律设置的发展对外经济合作和技术交流的特定地区内,以及国务院已规定执行上述地区特殊政策的地区内新设立的国家需要重点扶持的高新技术企业,实行过渡性税收优惠。现就有关问题通知如下:

一、法律设置的发展对外经济合作和技术交流的特定地区,是指深圳、珠海、汕头、厦门和海南经济特区;国务院已规定执行上述地区特殊政策的地区,是指上海浦东新区。

二、对经济特区和上海浦东新区内在 2008 年 1 月 1 日(含)之后完成登记注册的国家需要重点扶持的高新技术企业(以下简称新设高新技术企业),

在经济特区和上海浦东新区内取得的所得,自取得第一笔生产经营收入所属纳税年度起,第一年至第二年免征企业所得税,第三年至第五年按照25%的法定税率减半征收企业所得税。

国家需要重点扶持的高新技术企业,是指拥有核心自主知识产权,同时符合《中华人民共和国企业所得税法实施条例》第九十三条规定的条件,并按照《高新技术企业认定管理办法》认定的高新技术企业。

三、经济特区和上海浦东新区内新设高新技术企业同时在经济特区和上海浦东新区以外的地区从事生产经营的,应当单独计算其在经济特区和上海浦东新区内取得的所得,并合理分摊企业的期间费用;没有单独计算的,不得享受企业所得税优惠。

四、经济特区和上海浦东新区内新设高新技术企业在按照本通知的规定享受过渡性税收优惠期间,由于复审或抽查不合格而不再具有高新技术企业资格的,从其不再具有高新技术企业资格年度起,停止享受过渡性税收优惠;以后再次被认定为高新技术企业的,不得继续享受或者重新享受过渡性税收优惠。

五、本通知自 2008 年 1 月 1 日起执行。

国务院关于实施企业所得税过渡优惠政策的通知

手机阅读

2007 年 12 月 26 日　国发〔2007〕39 号

各省、自治区、直辖市人民政府,国务院各部委、各直属机构:

《中华人民共和国企业所得税法》(以下简称新税法)和《中华人民共和国企业所得税法实施条例》(以下简称实施条例)将于 2008 年 1 月 1 日起施行。根据新税法第五十七条规定,现对企业所得税优惠政策过渡问题通知如下:

一、新税法公布前批准设立的企业税收优惠过渡办法

企业按照原税收法律、行政法规和具有行政法规效力文件规定享受的企业所得税优惠政策,按以下办法实施过渡:

自 2008 年 1 月 1 日起,原享受低税率优惠政策的企业,在新税法施行后 5 年内逐步过渡到法定税率。其中:享受企业所得税 15% 税率的企业,2008 年按 18% 税率执行,2009 年按 20% 税率执行,2010 年按 22% 税率执行,2011 年按 24% 税率执行,2012 年按 25% 税率执行;原执行 24% 税率的企业,2008 年起按 25% 税率执行。

自 2008 年 1 月 1 日起,原享受企业所得税"两免三减半"、"五免五减半"等定期减免税优惠的企业,新税法施行后继续按原税收法律、行政法规及相关文件规定的优惠办法及年限享受至期满为止,但因未获利而尚未享受税收优惠的,其优惠期限从 2008 年度起计算。

享受上述过渡优惠政策的企业，是指 2007 年 3 月 16 日以前经工商等登记管理机关登记设立的企业；实施过渡优惠政策的项目和范围按《实施企业所得税过渡优惠政策表》（见附表）执行。

二、继续执行西部大开发税收优惠政策

根据国务院实施西部大开发有关文件精神，财政部、税务总局和海关总署联合下发的《财政部　国家税务总局　海关总署关于西部大开发税收优惠政策问题的通知》（财税〔2001〕202 号）中规定的西部大开发企业所得税优惠政策继续执行。

三、实施企业税收过渡优惠政策的其他规定

享受企业所得税过渡优惠政策的企业，应按照新税法和实施条例中有关收入和扣除的规定计算应纳税所得额，并按本通知第一部分规定计算享受税收优惠。

企业所得税过渡优惠政策与新税法及实施条例规定的优惠政策存在交叉的，由企业选择最优惠的政策执行，不得叠加享受，且一经选择，不得改变。

附表：实施企业所得税过渡优惠政策表（略）

财政部　税务总局　民政部关于生产和装配伤残人员专门用品企业免征企业所得税的公告

2021 年 4 月 2 日　财政部　税务总局
民政部公告 2021 年第 14 号

为帮助伤残人员康复或者恢复残疾肢体功能，现对生产和装配伤残人员专门用品的企业免征企业所得税政策明确如下：

一、自 2021 年 1 月 1 日至 2023 年 12 月 31 日期间，对符合下列条件的居民企业，免征企业所得税：

1. 生产和装配伤残人员专门用品，且在民政部发布的《中国伤残人员专门用品目录》范围之内。

2. 以销售本企业生产或者装配的伤残人员专门用品为主，其所取得的年度伤残人员专门用品销售收入（不含出口取得的收入）占企业收入总额 60%以上。

收入总额，是指《中华人民共和国企业所得税法》第六条规定的收入总额。

3. 企业账证健全，能够准确、完整地向主管税务机关提供纳税资料，且本企业生产或者装配的伤残人员专门用品所取得的收入能够单独、准确核算。

4. 企业拥有假肢制作师、矫形器制作师资格证书的专业技术人员不得少于 1 人；其企业生产人员如超过 20 人，则其拥有假肢制作师、矫形器制作师资格证书的专业技术人员不得少于全部生产人员的1/6。

5. 具有与业务相适应的测量取型、模型加工、接受腔成型、打磨、对线组装、功能训练等生产装配专用设备和工具。

6. 具有独立的接待室、假肢或者矫形器（辅助器具）制作室和假肢功能训练室，使用面积不少于115平方米。

二、符合本公告规定条件的企业，按照《国家税务总局关于发布修订后的〈企业所得税优惠政策事项办理办法〉的公告》（国家税务总局公告2018年第23号）的规定，采取"自行判别、申报享受、相关资料留存备查"的办理方式享受税收优惠政策。

附件：中国伤残人员专门用品目录（略）

财政部 税务总局关于进一步完善研发费用税前加计扣除政策的公告

2021年3月31日 财政部 税务总局公告2021年第13号

为进一步激励企业加大研发投入，支持科技创新，现就企业研发费用税前加计扣除政策有关问题公告如下：

一、制造业企业开展研发活动中实际发生的研发费用，未形成无形资产计入当期损益的，在按规定据实扣除的基础上，自2021年1月1日起，再按照实际发生额的100%在税前加计扣除；形成无形资产的，自2021年1月1日起，按照无形资产成本的200%在税前摊销。

本条所称制造业企业，是指以制造业业务为主营业务，享受优惠当年主营业务收入占收入总额的比例达到50%以上的企业。制造业的范围按照《国民经济行业分类》（GB/T 4754—2017）确定，如国家有关部门更新《国民经济行业分类》，从其规定。收入总额按照企业所得税法第六条规定执行。

二、企业预缴申报当年第3季度（按季预缴）或9月份（按月预缴）企业所得税时，可以自行选择就当年上半年研发费用享受加计扣除优惠政策，采取"自行判别、申报享受、相关资料留存备查"办理方式。

符合条件的企业可以自行计算加计扣除金额，填报《中华人民共和国企业所得税月（季）度预缴纳税申报表（A类）》享受税收优惠，并根据享受加计扣除优惠的研发费用情况（上半年）填写《研发费用加计扣除优惠明细表》（A107012）。《研发费用加计扣除优惠明细表》（A107012）与相关政策规定的其他资料一并留存备查。

企业办理第3季度或9月份预缴申报时，未选择享受研发费用加计扣除优惠政策的，可在次年办理汇算清缴时统一享受。

三、企业享受研发费用加计扣除政策的其他政策口径和管理要求，按照《财政部 国家税务总局 科技部关于完善研究开发费用税前加计扣除政策的通知》(财税〔2015〕119号)、《财政部 税务总局 科技部关于企业委托境外研究开发费用税前加计扣除有关政策问题的通知》(财税〔2018〕64号)等文件相关规定执行。

四、本公告自2021年1月1日起执行。

特此公告。

财政部 税务总局 民政部关于公益性捐赠税前扣除资格确认有关衔接事项的公告

手机阅读

2021年2月4日 财政部 税务总局 民政部公告2021年第3号

为鼓励社会公益性捐赠,做好《财政部 税务总局 民政部关于公益性捐赠税前扣除有关事项的公告》(财政部 税务总局 民政部公告2020年第27号)与相关文件的衔接工作,并考虑新冠肺炎疫情影响,现就有关事项公告如下:

一、确认2020年度—2022年度公益性捐赠税前扣除资格时,部分条件可按照以下规定执行:

(一)在民政部门依法登记的慈善组织和其他社会组织(以下统称社会组织)2018年和2019年的公益慈善事业支出和管理费用比例,可按照《民政部 财政部 国家税务总局关于印发〈关于慈善组织开展慈善活动年度支出和管理费用的规定〉的通知》(民发〔2016〕189号)有关规定执行。

(二)社会组织2018年至本公告发布之日最近一期的评估等级达到3A以上(含3A)。对于2019年成立的社会组织,以及2019年至本公告发布之日已接受评估但尚未出具结论的社会组织,确认资格时可暂不考虑其评估等级。

(三)确认公益性捐赠税前扣除资格时,可暂不考虑社会组织的非营利组织免税资格。

(四)按照本条取得公益性捐赠税前扣除资格的,在资格有效期内,应取得3A以上(含3A)评估等级,且取得非营利组织免税资格。

二、确认2021年度—2023年度公益性捐赠税前扣除资格时,社会组织2019年和2020年的公益慈善事业支出和管理费用比例,可按照《民政部 财政部 国家税务总局关于印发〈关于慈善组织开展慈善活动年度支出和管理费用的规定〉的通知》(民发〔2016〕189号)有关规定执行。

三、本公告自2020年1月1日起执行。

特此公告。

财政部 税务总局 发展改革委 工业和信息化部关于促进集成电路产业和软件产业高质量发展企业所得税政策的公告

手机阅读

2020年12月11日 财政部 税务总局 发展改革委 工业和信息化部公告2020年第45号

根据《国务院关于印发新时期促进集成电路产业和软件产业高质量发展若干政策的通知》(国发〔2020〕8号)有关要求,为促进集成电路产业和软件产业高质量发展,现就有关企业所得税政策问题公告如下:

一、国家鼓励的集成电路线宽小于28纳米(含),且经营期在15年以上的集成电路生产企业或项目,第一年至第十年免征企业所得税;国家鼓励的集成电路线宽小于65纳米(含),且经营期在15年以上的集成电路生产企业或项目,第一年至第五年免征企业所得税,第六年至第十年按照25%的法定税率减半征收企业所得税;国家鼓励的集成电路线宽小于130纳米(含),且经营期在10年以上的集成电路生产企业或项目,第一年至第二年免征企业所得税,第三年至第五年按照25%的法定税率减半征收企业所得税。

对于按照集成电路生产企业享受税收优惠政策的,优惠期自获利年度起计算;对于按照集成电路生产项目享受税收优惠政策的,优惠期自项目取得第一笔生产经营收入所属纳税年度起计算,集成电路生产项目需单独进行会计核算、计算所得,并合理分摊期间费用。

国家鼓励的集成电路生产企业或项目清单由国家发展改革委、工业和信息化部会同财政部、税务总局等相关部门制定。

二、国家鼓励的线宽小于130纳米(含)的集成电路生产企业,属于国家鼓励的集成电路生产企业清单年度之前5个纳税年度发生的尚未弥补完的亏损,准予向以后年度结转,总结转年限最长不得超过10年。

三、国家鼓励的集成电路设计、装备、材料、封装、测试企业和软件企业,自获利年度起,第一年至第二年免征企业所得税,第三年至第五年按照25%的法定税率减半征收企业所得税。

国家鼓励的集成电路设计、装备、材料、封装、测试企业和软件企业条件,由工业和信息化部会同国家发展改革委、财政部、税务总局等相关部门制定。

四、国家鼓励的重点集成电路设计企业和软件企业,自获利年度起,第一年至第五年免征企业所得税，接续年度减按10%的税率征收企业所得税。

国家鼓励的重点集成电路设计和软件企业清单由国家发展改革委、工业和信息化部会同财政部、税务总局等相关部门制定。

五、符合原有政策条件且在2019年（含）之前已经进入优惠期的企业或项目，2020年（含）起可按原有政策规定继续享受至期满为止，如也符合本公告第一条至第四条规定，可按本公告规定享受相关优惠，其中定期减免税优惠，可按本公告规定计算优惠期，并就剩余期限享受优惠至期满为止。符合原有政策条件，2019年（含）之前尚未进入优惠期的企业或项目，2020年（含）起不再执行原有政策。

六、集成电路企业或项目、软件企业按照本公告规定同时符合多项定期减免税优惠政策条件的，由企业选择其中一项政策享受相关优惠。其中，已经进入优惠期的，可由企业在剩余期限内选择其中一项政策享受相关优惠。

七、本公告规定的优惠，采取清单进行管理的，由国家发展改革委、工业和信息化部于每年3月底前按规定向财政部、税务总局提供上一年度可享受优惠的企业和项目清单；不采取清单进行管理的，税务机关按照财税〔2016〕49号第十条的规定转请发展改革、工业和信息化部门进行核查。

八、集成电路企业或项目、软件企业按照原有政策规定享受优惠的，税务机关按照财税〔2016〕49号第十条的规定转请发展改革、工业和信息化部门进行核查。

九、本公告所称原有政策，包括：《财政部　国家税务总局关于进一步鼓励软件产业和集成电路产业发展企业所得税政策的通知》（财税〔2012〕27号）、《财政部　国家税务总局　发展改革委　工业和信息化部关于进一步鼓励集成电路产业发展企业所得税政策的通知》（财税〔2015〕6号）、《财政部　国家税务总局　发展改革委　工业和信息化部关于软件和集成电路产业企业所得税优惠政策有关问题的通知》（财税〔2016〕49号）、《财政部　税务总局　国家发展改革委　工业和信息化部关于集成电路生产企业有关企业所得税政策问题的通知》（财税〔2018〕27号）、《财政部　税务总局关于集成电路设计和软件产业企业所得税政策的公告》（财政部　税务总局公告2019年第68号）、《财政部　税务总局关于集成电路设计企业和软件企业2019年度企业所得税汇算清缴适用政策的公告》（财政部　税务总局公告2020年第29号）。

十、本公告自2020年1月1日起执行。财税〔2012〕27号第二条中"经认定后，减按15%的税率征收企业所得税"的规定和第四条"国家规划布局内的重点软件企业和集成电路设计企业，如当年未享受免税优惠的，可减按10%的税率征收企业所得税"同时停止执行。

财政部　税务总局　国家发展改革委关于延续西部大开发企业所得税政策的公告

2020年4月23日　财政部　税务总局
国家发展改革委公告2020年第23号

为贯彻落实党中央、国务院关于新时代推进西部大开发形成新格局有关精神，现将延续西部大开发企业所得税政策公告如下：

一、自2021年1月1日至2030年12月31日，对设在西部地区的鼓励类产业企业减按15%的税率征收企业所得税。本条所称鼓励类产业企业是指以《西部地区鼓励类产业目录》中规定的产业项目为主营业务，且其主营业务收入占企业收入总额60%以上的企业。

二、《西部地区鼓励类产业目录》由发展改革委牵头制定。该目录在本公告执行期限内修订的，自修订版实施之日起按新版本执行。

三、税务机关在后续管理中，不能准确判定企业主营业务是否属于国家鼓励类产业项目时，可提请发展改革等相关部门出具意见。对不符合税收优惠政策规定条件的，由税务机关按税收征收管理法及有关规定进行相应处理。具体办法由省级发展改革、税务部门另行制定。

四、本公告所称西部地区包括内蒙古自治区、广西壮族自治区、重庆市、四川省、贵州省、云南省、西藏自治区、陕西省、甘肃省、青海省、宁夏回族自治区、新疆维吾尔自治区和新疆生产建设兵团。湖南省湘西土家族苗族自治州、湖北省恩施土家族苗族自治州、吉林省延边朝鲜族自治州和江西省赣州市，可以比照西部地区的企业所得税政策执行。

五、本公告自2021年1月1日起执行。《财政部　海关总署　国家税务总局关于深入实施西部大开发战略有关税收政策问题的通知》（财税〔2011〕58号）、《财政部　海关总署　国家税务总局关于赣州市执行西部大开发税收政策问题的通知》（财税〔2013〕4号）中的企业所得税政策规定自2021年1月1日起停止执行。

特此公告。

财政部 税务总局 国家发展改革委 生态环境部关于从事污染防治的第三方企业所得税政策问题的公告

手机阅读

2019年4月13日 财政部 税务总局 国家发展改革委 生态环境部公告2019年第60号

为鼓励污染防治企业的专业化、规模化发展，更好支持生态文明建设，现将有关企业所得税政策问题公告如下：

一、对符合条件的从事污染防治的第三方企业（以下称第三方防治企业）减按15%的税率征收企业所得税。

本公告所称第三方防治企业是指受排污企业或政府委托，负责环境污染治理设施（包括自动连续监测设施，下同）运营维护的企业。

二、本公告所称第三方防治企业应当同时符合以下条件：

（一）在中国境内（不包括港、澳、台地区）依法注册的居民企业；

（二）具有1年以上连续从事环境污染治理设施运营实践，且能够保证设施正常运行；

（三）具有至少5名从事本领域工作且具有环保相关专业中级及以上技术职称的技术人员，或者至少2名从事本领域工作且具有环保相关专业高级及以上技术职称的技术人员；

（四）从事环境保护设施运营服务的年度营业收入占总收入的比例不低于60%；

（五）具备检验能力，拥有自有实验室，仪器配置可满足运行服务范围内常规污染物指标的检测需求；

（六）保证其运营的环境保护设施正常运行，使污染物排放指标能够连续稳定达到国家或者地方规定的排放标准要求；

（七）具有良好的纳税信用，近三年内纳税信用等级未被评定为C级或D级。

三、第三方防治企业，自行判断其是否符合上述条件，符合条件的可以申报享受税收优惠，相关资料留存备查。税务部门依法开展后续管理过程中，可转请生态环境部门进行核查，生态环境部门可以委托专业机构开展相关核查工作，具体办法由税务总局会同国家发展改革委、生态环境部制定。

四、本公告执行期限自2019年1月1日起至2021年12月31日止。

特此公告。

财政部 税务总局 国务院扶贫办关于企业扶贫捐赠所得税税前扣除政策的公告①

2019年4月2日 财政部 税务总局
国务院扶贫办公告2019年第49号

为支持脱贫攻坚,现就企业扶贫捐赠支出的所得税税前扣除政策公告如下:

一、自2019年1月1日至2022年12月31日,企业通过公益性社会组织或者县级(含县级)以上人民政府及其组成部门和直属机构,用于目标脱贫地区的扶贫捐赠支出,准予在计算企业所得税应纳税所得额时据实扣除。在政策执行期限内,目标脱贫地区实现脱贫的,可继续适用上述政策。

"目标脱贫地区"包括832个国家扶贫开发工作重点县、集中连片特困地区县(新疆阿克苏地区6县1市享受片区政策)和建档立卡贫困村。

二、企业同时发生扶贫捐赠支出和其他公益性捐赠支出,在计算公益性捐赠支出年度扣除限额时,符合上述条件的扶贫捐赠支出不计算在内。

三、企业在2015年1月1日至2018年12月31日期间已发生的符合上述条件的扶贫捐赠支出,尚未在计算企业所得税应纳税所得额时扣除的部分,可执行上述企业所得税政策。

特此公告。

财政部 税务总局关于广告费和业务宣传费支出税前扣除有关事项的公告

2020年11月27日 财政部
税务总局公告2020年第43号

根据《中华人民共和国企业所得税法》及其实施条例,现就广告费和业务

---

① 根据《关于延长部分扶贫税收优惠政策执行期限的公告》(财政部 税务总局 人力资源社会保障部 国家乡村振兴局公告2021年第18号),本法规定的税收优惠政策执行期限延长至2025年12月31日。

宣传费支出税前扣除有关事项公告如下：

一、对化妆品制造或销售、医药制造和饮料制造（不含酒类制造）企业发生的广告费和业务宣传费支出，不超过当年销售（营业）收入30%的部分，准予扣除；超过部分，准予在以后纳税年度结转扣除。

二、对签订广告费和业务宣传费分摊协议（以下简称分摊协议）的关联企业，其中一方发生的不超过当年销售（营业）收入税前扣除限额比例内的广告费和业务宣传费支出可以在本企业扣除，也可以将其中的部分或全部按照分摊协议归集至另一方扣除。另一方在计算本企业广告费和业务宣传费支出企业所得税税前扣除限额时，可将按照上述办法归集至本企业的广告费和业务宣传费不计算在内。

三、烟草企业的烟草广告费和业务宣传费支出，一律不得在计算应纳税所得额时扣除。

四、本通知自2021年1月1日起至2025年12月31日止执行。《财政部 税务总局关于广告费和业务宣传费支出税前扣除政策的通知》（财税〔2017〕41号）自2021年1月1日起废止。

财政部 税务总局关于金融企业贷款损失准备金企业所得税税前扣除有关政策的公告①

2019年8月23日 财政部 税务总局公告2019年第86号

根据《中华人民共和国企业所得税法》及《中华人民共和国企业所得税法实施条例》的有关规定，现就政策性银行、商业银行、财务公司、城乡信用社和金融租赁公司等金融企业提取的贷款损失准备金的企业所得税税前扣除政策公告如下：

一、准予税前提取贷款损失准备金的贷款资产范围包括：

（一）贷款（含抵押、质押、保证、信用等贷款）；

（二）银行卡透支、贴现、信用垫款（含银行承兑汇票垫款、信用证垫款、担保垫款等）、进出口押汇、同业拆出、应收融资租赁款等具有贷款特征的风险资产；

（三）由金融企业转贷并承担对外还款责任的国外贷款，包括国际金融组织贷款、外国买方信贷、外国政府贷款、日本国际协力银行不附条件贷款和外国政府混合贷款等资产。

---

① 根据《财政部 税务总局关于延长部分税收优惠政策执行期限的公告》（财政部税务总局公告2021年第6号），本法规定的准备金企业所得税税前扣除政策到期后继续执行。

二、金融企业准予当年税前扣除的贷款损失准备金计算公式如下：

准予当年税前扣除的贷款损失准备金＝本年末准予提取贷款损失准备金的贷款资产余额×1%－截至上年末已在税前扣除的贷款损失准备金的余额

金融企业按上述公式计算的数额如为负数，应当相应调增当年应纳税所得额。

三、金融企业的委托贷款、代理贷款、国债投资、应收股利、上交央行准备金以及金融企业剥离的债权和股权、应收财政贴息、央行款项等不承担风险和损失的资产，以及除本公告第一条列举资产之外的其他风险资产，不得提取贷款损失准备金在税前扣除。

四、金融企业发生的符合条件的贷款损失，应先冲减已在税前扣除的贷款损失准备金，不足冲减部分可据实在计算当年应纳税所得额时扣除。

五、金融企业涉农贷款和中小企业贷款损失准备金的税前扣除政策，凡按照《财政部　税务总局关于金融企业涉农贷款和中小企业贷款损失准备金税前扣除有关政策的公告》（财政部　税务总局公告2019年第85号）的规定执行的，不再适用本公告第一条至第四条的规定。

六、本公告自2019年1月1日起执行至2023年12月31日。

特此公告。

财政部　税务总局关于金融企业涉农贷款和中小企业贷款损失准备金税前扣除有关政策的公告①

手机阅读

2019年8月23日　财政部　税务总局公告2019年第85号

根据《中华人民共和国企业所得税法》及《中华人民共和国企业所得税法实施条例》的有关规定，现就金融企业涉农贷款和中小企业贷款损失准备金的企业所得税税前扣除政策公告如下：

一、金融企业根据《贷款风险分类指引》（银监发〔2007〕54号），对其涉农贷款和中小企业贷款进行风险分类后，按照以下比例计提的贷款损失准备金，准予在计算应纳税所得额时扣除：

（一）关注类贷款，计提比例为2%；

（二）次级类贷款，计提比例为25%；

（三）可疑类贷款，计提比例为50%；

（四）损失类贷款，计提比例为100%。

---

① 根据《财政部　税务总局关于延长部分税收优惠政策执行期限的公告》（财政部税务总局公告2021年第6号），本法规定的准备金企业所得税税前扣除政策到期后继续执行。

二、本公告所称涉农贷款,是指《涉农贷款专项统计制度》(银发〔2007〕246号)统计的以下贷款:

(一)农户贷款;

(二)农村企业及各类组织贷款。

本条所称农户贷款,是指金融企业发放给农户的所有贷款。农户贷款的判定应以贷款发放时的承贷主体是否属于农户为准。农户,是指长期(一年以上)居住在乡镇(不包括城关镇)行政管理区域内的住户,还包括长期居住在城关镇所辖行政范围内的住户和户口不在本地而在本地居住一年以上的住户,国有农场的职工和农村个体工商户。位于乡镇(不包括城关镇)行政管理区域内和在城关镇所辖行政范围内的国有经济的机关、团体、学校、企事业单位的集体户;有本地户口,但举家外出谋生一年以上的住户,无论是否保留承包耕地均不属于农户。农户以户为统计单位,既可以从事农业生产经营,也可以从事非农业生产经营。

本条所称农村企业及各类组织贷款,是指金融企业发放给注册地位于农村区域的企业及各类组织的所有贷款。农村区域,是指除地级及以上城市的城市行政区及其市辖建制镇之外的区域。

三、本公告所称中小企业贷款,是指金融企业对年销售额和资产总额均不超过2亿元的企业的贷款。

四、金融企业发生的符合条件的涉农贷款和中小企业贷款损失,应先冲减已在税前扣除的贷款损失准备金,不足冲减部分可据实在计算应纳税所得额时扣除。

五、本公告自2019年1月1日起执行至2023年12月31日。

特此公告。

财政部 税务总局关于保险企业手续费及佣金支出税前扣除政策的公告

手机阅读

2019年5月28日 财政部 税务总局公告2019年第72号

现就保险企业发生的手续费及佣金支出企业所得税税前扣除政策公告如下:

一、保险企业发生与其经营活动有关的手续费及佣金支出,不超过当年全部保费收入扣除退保金等后余额的18%(含本数)的部分,在计算应纳税所得额时准予扣除;超过部分,允许结转以后年度扣除。

二、保险企业发生的手续费及佣金支出税前扣除的其他事项继续按照《财政部 国家税务总局关于企业手续费及佣金支出税前扣除政策的通知》(财税〔2009〕29号)中第二条至第五条相关规定处理。保险企业应建立健全手续费及佣金的相关管理制度,并加强手续费及佣金结转扣除的台账管理。

三、本公告自2019年1月1日起执行。《财政部 国家税务总局关于企手续费及佣金支出税前扣除政策的通知》（财税〔2009〕29号）第一条中关于保险企业手续费及佣金税前扣除的政策和第六条同时废止。保险企业2018年度汇算清缴按照本公告规定执行。

特此公告。

财政部　税务总局关于集成电路设计和软件产业企业所得税政策的公告

手机阅读

2019年5月17日　财政部　税务总局公告2019年第68号

为支持集成电路设计和软件产业发展，现就有关企业所得税政策公告如下：

一、依法成立且符合条件的集成电路设计企业和软件企业，在2018年12月31日前自获利年度起计算优惠期，第一年至第二年免征企业所得税，第三年至第五年按照25%的法定税率减半征收企业所得税，并享受至期满为止。

二、本公告第一条所称"符合条件"，是指符合《财政部　国家税务总局关于进一步鼓励软件产业和集成电路产业发展企业所得税政策的通知》（财税〔2012〕27号）和《财政部　国家税务总局　发展改革委　工业和信息化部关于软件和集成电路产业企业所得税优惠政策有关问题的通知》（财税〔2016〕49号）规定的条件。

特此公告。

财政部　税务总局关于扩大固定资产加速折旧优惠政策适用范围的公告

手机阅读

2019年4月23日　财政部　税务总局公告2019年第66号

为支持制造业企业加快技术改造和设备更新，现就有关固定资产加速折旧政策公告如下：

一、自2019年1月1日起，适用《财政部　国家税务总局关于完善固定资产加速折旧企业所得税政策的通知》（财税〔2014〕75号）和《财政部　国家税务总局关于进一步完善固定资产加速折旧企业所得税政策的通知》（财税〔2015〕106号）规定固定资产加速折旧优惠的行业范围，扩大至全部制造业领域。

二、制造业按照国家统计局《国民经济行业分类与代码（GB/T 4754—2017）》确定。今后国家有关部门更新国民经济行业分类与代码，从其规定。

三、本公告发布前，制造业企业未享受固定资产加速折旧优惠的，可自本公告发布后在月（季）度预缴申报时享受优惠或在2019年度汇算清缴时享受优惠。

特此公告。

财政部　税务总局关于永续债企业所得税政策问题的公告

手机阅读

2019年4月16日　财政部　税务总局公告2019年第64号

进一步明确永续债的企业所得税政策适用，根据《中华人民共和国企业所得税法》及其实施条例的有关规定，现就有关问题公告如下：

一、企业发行的永续债，可以适用股息、红利企业所得税政策，即：投资方取得的永续债利息收入属于股息、红利性质，按照现行企业所得税政策相关规定进行处理，其中，发行方和投资方均为居民企业的，永续债利息收入可以适用企业所得税法规定的居民企业之间的股息、红利等权益性投资收益免征企业所得税规定；同时发行方支付的永续债利息支出不得在企业所得税税前扣除。

二、企业发行符合规定条件的永续债，也可以按照债券利息适用企业所得税政策，即：发行方支付的永续债利息支出准予在其企业所得税税前扣除；投资方取得的永续债利息收入应当依法纳税。

三、本公告第二条所称符合规定条件的永续债，是指符合下列条件中5条（含）以上的永续债：

（一）被投资企业对该项投资具有还本义务；

（二）有明确约定的利率和付息频率；

（三）有一定的投资期限；

（四）投资方对被投资企业净资产不拥有所有权；

（五）投资方不参与被投资企业日常生产经营活动；

（六）被投资企业可以赎回，或满足特定条件后可以赎回；

（七）被投资企业将该项投资计入负债；

（八）该项投资不承担被投资企业股东同等的经营风险；

（九）该项投资的清偿顺序位于被投资企业股东持有的股份之前。

四、企业发行永续债，应当将其适用的税收处理方法在证券交易所、银行间债券市场等发行市场的发行文件中向投资方予以披露。

五、发行永续债的企业对每一永续债产品的税收处理方法一经确定，不得变更。企业对永续债采取的税收处理办法与会计核算方式不一致的，发行方、投资方在进行税收处理时须作出相应纳税调整。

六、本公告所称永续债是指经国家发展改革委员会、中国人民银行、中国银行保险监督管理委员会、中国证券监督管理委员会核准，或经中国银行间市场交易商协会注册、中国证券监督管理委员会授权的证券自律组织备案，依照法定程序发行、附赎回（续期）选择权或无明确到期日的债券，包括可续期企业债、可续期公司债、永续债务融资工具（含永续票据）、无固定期限资本债券等。

七、本公告自2019年1月1日起施行。

国家税务总局关于实施小型微利企业普惠性所得税减免政策有关问题的公告①

手机阅读

2019年1月18日　国家税务总局公告2019年第2号

根据《中华人民共和国企业所得税法》及其实施条例、《财政部　税务总局关于实施小微企业普惠性税收减免政策的通知》（财税〔2019〕13号，以下简称《通知》）等规定，现就小型微利企业普惠性所得税减免政策有关问题公告如下：

一、自2019年1月1日至2021年12月31日，对小型微利企业年应纳税所得额不超过100万元的部分，减按25%计入应纳税所得额，按20%的税率缴纳企业所得税；对年应纳税所得额超过100万元但不超过300万元的部分，减按50%计入应纳税所得额，按20%的税率缴纳企业所得税。

小型微利企业无论按查账征收方式或核定征收方式缴纳企业所得税，均可享受上述优惠政策。

二、本公告所称小型微利企业是指从事国家非限制和禁止行业，且同时符合年度应纳税所得额不超过300万元、从业人数不超过300人、资产总额不超过5000万元等三个条件的企业。

三、小型微利企业所得税统一实行按季度预缴。

预缴企业所得税时，小型微利企业的资产总额、从业人数、年度应纳税所得额指标，暂按当年度截至本期申报所属期末的情况进行判断。其中，资产总额、从业人数指标比照《通知》第二条中"全年季度平均值"的计算公式，计算截至本期申报所属期末的季度平均值；年度应纳税所得额指标暂按截至本期申报所属期末不超过300万元的标准判断。

四、原不符合小型微利企业条件的企业，在年度中间预缴企业所得税时，按本公告第三条规定判断符合小型微利企业条件的，应按照截至本期申报所属期末累计情况计算享受小型微利企业所得税减免政策。当年度此前期间因不符合小型微利企业条件而多预缴的企业所得税税款，可在以后季度应预缴的企业所得税税款中抵减。

按月度预缴企业所得税的企业，在当年度4月、7月、10月预缴申报时，

---

① 本法规第一条规定与《国家税务总局关于落实支持小型微利企业和个体工商户发展所得税优惠政策有关事项的公告》（国家税务总局公告2021年第8号）不一致的，依照《国家税务总局关于落实支持小型微利企业和个体工商户发展所得优惠政策有关事项的公告》（国家税务总局公告2021年第8号）规定执行。

如果按照本公告第三条规定判断符合小型微利企业条件的,下一个预缴申报期起调整为按季度预缴申报,一经调整,当年度内不再变更。

五、小型微利企业在预缴和汇算清缴企业所得税时,通过填写纳税申报表相关内容,即可享受小型微利企业所得税减免政策。

六、实行核定应纳所得税额征收的企业,根据小型微利企业所得税减免政策规定需要调减定额的,由主管税务机关按照程序调整,并及时将调整情况告知企业。

七、企业预缴企业所得税时已享受小型微利企业所得税减免政策,汇算清缴企业所得税时不符合《通知》第二条规定的,应当按照规定补缴企业所得税税款。

八、《国家税务总局关于贯彻落实进一步扩大小型微利企业所得税优惠政策范围有关征管问题的公告》(国家税务总局公告2018年第40号)在2018年度企业所得税汇算清缴结束后废止。

特此公告。

国家税务总局关于设备 器具扣除有关企业所得税政策执行问题的公告

手机阅读

2018年8月23日　国家税务总局公告2018年第46号

根据《中华人民共和国企业所得税法》及其实施条例(以下简称企业所得税法及其实施条例)、《财政部　税务总局关于设备 器具扣除有关企业所得税政策的通知》(财税〔2018〕54号)规定,现就设备、器具扣除有关企业所得税政策执行问题公告如下:

一、企业在2018年1月1日至2020年12月31日期间新购进的设备、器具,单位价值不超过500万元的,允许一次性计入当期成本费用在计算应纳税所得额时扣除,不再分年度计算折旧(以下简称一次性税前扣除政策)。

(一)所称设备、器具,是指除房屋、建筑物以外的固定资产(以下简称固定资产);所称购进,包括以货币形式购进或自行建造,其中以货币形式购进的固定资产包括购进的使用过的固定资产;以货币形式购进的固定资产,以购买价款和支付的相关税费以及直接归属于使该资产达到预定用途发生的其他支出确定单位价值,自行建造的固定资产,以竣工结算前发生的支出确定单位价值。

(二)固定资产购进时点按以下原则确认:以货币形式购进的固定资产,除采取分期付款或赊销方式购进外,按发票开具时间确认;以分期付款或赊销方式购进的固定资产,按固定资产到货时间确认;自行建造的固定资产,按竣工结算时间确认。

二、固定资产在投入使用月份的次月所属年度一次性税前扣除。

三、企业选择享受一次性税前扣除政策的,其资产的税务处理可与会计处理不一致。

四、企业根据自身生产经营核算需要,可自行选择享受一次性税前扣除政策。未选择享受一次性税前扣除政策的,以后年度不得再变更。

五、企业按照《国家税务总局关于发布修订后的〈企业所得税优惠政策事项办理办法〉的公告》(国家税务总局公告2018年第23号)的规定办理享受政策的相关手续,主要留存备查资料如下:

(一)有关固定资产购进时点的资料(如以货币形式购进固定资产的发票,以分期付款或赊销方式购进固定资产的到货时间说明,自行建造固定资产的竣工决算情况说明等);

(二)固定资产记账凭证;

(三)核算有关资产税务处理与会计处理差异的台账。

六、单位价值超过500万元的固定资产,仍按照企业所得税法及其实施条例、《财政部 国家税务总局关于完善固定资产加速折旧企业所得税政策的通知》(财税〔2014〕75号)、《财政部 国家税务总局关于进一步完善固定资产加速折旧企业所得税政策的通知》(财税〔2015〕106号)、《国家税务总局关于固定资产加速折旧税收政策有关问题的公告》(国家税务总局公告2014年第64号)、《国家税务总局关于进一步完善固定资产加速折旧企业所得税政策有关问题的公告》(国家税务总局公告2015年第68号)等相关规定执行。

特此公告。

国家税务总局关于许可使用权技术转让所得企业所得税有关问题的公告

2015年11月16日 国家税务总局公告2015年第82号

根据《中华人民共和国企业所得税法》及其实施条例、《财政部 国家税务总局关于将国家自主创新示范区有关税收试点政策推广到全国范围实施的通知》(财税〔2015〕116号)规定,现就许可使用权技术转让所得企业所得税有关问题公告如下:

一、自2015年10月1日起,全国范围内的居民企业转让5年(含,下同)以上非独占许可使用权取得的技术转让所得,纳入享受企业所得税优惠的技术转让所得范围。居民企业的年度技术转让所得不超过500万元的部分,免征企业所得税;超过500万元的部分,减半征收企业所得税。

所称技术包括专利(含国防专利)、计算机软件著作权、集成电路布图设计专有权、植物新品种权、生物医药新品种,以及财政部和国家税务总局确定的其他技术。其中,专利是指法律授予独占权的发明、实用新型以及非简单改变产品图案和形状的外观设计。

二、企业转让符合条件的 5 年以上非独占许可使用权的技术，限于其拥有所有权的技术。技术所有权的权属由国务院行政主管部门确定。其中，专利由国家知识产权局确定权属；国防专利由总装备部确定权属；计算机软件著作权由国家版权局确定权属；集成电路布图设计专有权由国家知识产权局确定权属；植物新品种权由农业部确定权属；生物医药新品种由国家食品药品监督管理总局确定权属。

三、符合条件的 5 年以上非独占许可使用权技术转让所得应按以下方法计算：

技术转让所得 = 技术转让收入 – 无形资产摊销费用 – 相关税费 – 应分摊期间费用

技术转让收入是指转让方履行技术转让合同后获得的价款，不包括销售或转让设备、仪器、零部件、原材料等非技术性收入。不属于与技术转让项目密不可分的技术咨询、服务、培训等收入，不得计入技术转让收入。技术许可使用权转让收入，应按转让协议约定的许可使用权人应付许可使用权使用费的日期确认收入的实现。

无形资产摊销费用是指该无形资产按税法规定当年计算摊销的费用。涉及自用和对外许可使用的，应按照受益原则合理划分。

相关税费是指技术转让过程中实际发生的有关税费，包括除企业所得税和允许抵扣的增值税以外的各项税金及其附加、合同签订费用、律师费等相关费用。

应分摊期间费用（不含无形资产摊销费用和相关税费）是指技术转让按照当年销售收入占比分摊的期间费用。

四、企业享受技术转让所得企业所得税优惠的其他相关问题，仍按照《国家税务总局关于技术转让所得减免企业所得税有关问题的通知》（国税函〔2009〕212 号）、《财政部 国家税务总局关于居民企业技术转让有关企业所得税政策问题的通知》（财税〔2010〕111 号）、《国家税务总局关于技术转让所得减免企业所得税有关问题的公告》（国家税务总局公告 2013 年第 62 号）规定执行。

五、本公告自 2015 年 10 月 1 日起施行。本公告实施之日起，企业转让 5 年以上非独占许可使用权确认的技术转让收入，按本公告执行。

特此公告。

国家税务总局关于金融企业涉农贷款和中小企业贷款损失税前扣除问题的公告

手机阅读

2015 年 4 月 27 日　国家税务总局公告 2015 年第 25 号

为鼓励金融企业加大对涉农贷款和中小企业贷款力度，及时处置涉农贷款和中小企业贷款损失，增强金融企业抵御风险能力，根据《中华人民共和国企业所得税法》及其实施条例、《财政部　国家税务总局关于企业资产损失税前扣除政策的通知》（财税〔2009〕57号）、《国家税务总局关于发布〈企业资产损失所得税税前扣除管理办法〉的公告》（国家税务总局公告2011年第25号）的规定，现就金融企业涉农贷款和中小企业贷款损失所得税前扣除问题公告如下：

一、金融企业涉农贷款、中小企业贷款逾期1年以上，经追索无法收回，应依据涉农贷款、中小企业贷款分类证明，按下列规定计算确认贷款损失进行税前扣除：

（一）单户贷款余额不超过300万元（含300万元）的，应依据向借款人和担保人的有关原始追索记录（包括司法追索、电话追索、信件追索和上门追索等原始记录之一，并由经办人和负责人共同签章确认），计算确认损失进行税前扣除。

（二）单户贷款余额超过300万元至1000万元（含1000万元）的，应依据有关原始追索记录（应当包括司法追索记录，并由经办人和负责人共同签章确认），计算确认损失进行税前扣除。

（三）单户贷款余额超过1000万元的，仍按《国家税务总局关于发布〈企业资产损失所得税税前扣除管理办法〉的公告》（国家税务总局公告2011年第25号）有关规定计算确认损失进行税前扣除。

二、金融企业涉农贷款和中小企业贷款的分类标准，按照《财政部　国家税务总局关于金融企业涉农贷款和中小企业贷款损失准备金税前扣除有关问题的通知》（财税〔2015〕3号）规定执行。

三、金融企业应当建立健全贷款损失内部核销管理制度，严格内部责任认定和追究，及时收集、整理、编制、审核、申报、保存资产损失税前扣除证据材料。

对不符合法定条件扣除的贷款损失，或弄虚作假进行税前扣除的，应追溯调整以前年度的税务处理，并按《中华人民共和国税收征收管理法》有关规定进行处罚。

四、本公告适用2014年度及以后年度涉农贷款和中小企业贷款损失的税前扣除。

特此公告。

国家税务总局关于企业所得税应纳税所得额若干问题的公告

手机阅读

2014年5月23日　国家税务总局公告2014年第29号

根据《中华人民共和国企业所得税法》及其实施条例（以下简称税法）的规定，现将企业所得税应纳税所得额若干问题公告如下：

一、企业接收政府划入资产的企业所得税处理

（一）县级以上人民政府（包括政府有关部门，下同）将国有资产明确以股权投资方式投入企业，企业应作为国家资本金（包括资本公积）处理。该项资产如为非货币性资产，应按政府确定的接收价值确定计税基础。

（二）县级以上人民政府将国有资产无偿划入企业，凡指定专门用途并按《财政部　国家税务总局关于专项用途财政性资金企业所得税处理问题的通知》（财税〔2011〕70号）规定进行管理的，企业可作为不征税收入进行企业所得税处理。其中，该项资产属于非货币性资产的，应按政府确定的接收价值计算不征税收入。

县级以上人民政府将国有资产无偿划入企业，属于上述（一）、（二）项以外情形的，应按政府确定的接收价值计入当期收入总额计算缴纳企业所得税。政府没有确定接收价值的，按资产的公允价值计算确定应税收入。

二、企业接收股东划入资产的企业所得税处理

（一）企业接收股东划入资产（包括股东赠予资产、上市公司在股权分置改革过程中接收原非流通股股东和新非流通股股东赠予的资产、股东放弃本企业的股权，下同），凡合同、协议约定作为资本金（包括资本公积）且在会计上已做实际处理的，不计入企业的收入总额，企业应按公允价值确定该项资产的计税基础。

（二）企业接收股东划入资产，凡作为收入处理的，应按公允价值计入收入总额，计算缴纳企业所得税，同时按公允价值确定该项资产的计税基础。

三、保险企业准备金支出的企业所得税处理

根据《财政部　国家税务总局关于保险公司准备金支出企业所得税税前扣除有关政策问题的通知》（财税〔2012〕45号）有关规定，保险企业未到期责任准备金、寿险责任准备金、长期健康险责任准备金、已发生已报告未决赔款准备金和已发生未报告未决赔款准备金应按财政部下发的企业会计有关规定计算扣除。

保险企业在计算扣除上述各项准备金时，凡未执行财政部有关会计规定仍执行中国保险监督管理委员会有关监管规定的，应将两者之间的差额调整当期应纳税所得额。

四、核电厂操纵员培养费的企业所得税处理

核力发电企业为培养核电厂操纵员发生的培养费用，可作为企业的发电成本在税前扣除。企业应将核电厂操纵员培养费与员工的职工教育经费严格区分，单独核算，员工实际发生的职工教育经费支出不得计入核电厂操纵员培养费直接扣除。

五、固定资产折旧的企业所得税处理

（一）企业固定资产会计折旧年限如果短于税法规定的最低折旧年限，其按会计折旧年限计提的折旧高于按税法规定的最低折旧年限计提的折旧部分，应调增当期应纳税所得额；企业固定资产会计折旧年限已期满且会计折旧已提足，但税法规定的最低折旧年限尚未到期且税收折旧尚未足额扣除，其未足额扣除的部分准予在剩余的税收折旧年限继续按规定扣除。

（二）企业固定资产会计折旧年限如果长于税法规定的最低折旧年限，其

折旧应按会计折旧年限计算扣除,税法另有规定除外。

(三)企业按会计规定提取的固定资产减值准备,不得税前扣除,其折旧仍按税法确定的固定资产计税基础计算扣除。

(四)企业按税法规定实行加速折旧的,其按加速折旧办法计算的折旧额可全额在税前扣除。

(五)石油天然气开采企业在计提油气资产折耗(折旧)时,由于会计与税法规定计算方法不同导致的折耗(折旧)差异,应按税法规定进行纳税调整。

六、施行时间

本公告适用于 2013 年度及以后年度企业所得税汇算清缴。

企业 2013 年度汇算清缴前接收政府或股东划入资产,尚未进行企业所得税处理的,可按本公告执行。对于手续不齐全、证据不清的,企业应在 2014 年 12 月 31 日前补充完善。企业凡在 2014 年 12 月 31 日前不能补充完善的,一律作为应税收入或计入收入总额进行企业所得税处理。

特此公告。

国家税务总局关于企业政策性搬迁所得税有关问题的公告

手机阅读

2013 年 3 月 12 日　国家税务总局公告 2013 年第 11 号

现就《国家税务总局关于发布〈企业政策性搬迁所得税管理办法〉的公告》(国家税务总局 2012 年第 40 号公告)贯彻落实过程中有关问题,公告如下:

一、凡在国家税务总局 2012 年第 40 号公告生效前已经签订搬迁协议且尚未完成搬迁清算的企业政策性搬迁项目,企业在重建或恢复生产过程中购置的各类资产,可以作为搬迁支出,从搬迁收入中扣除。但购置的各类资产,应剔除该搬迁补偿收入后,作为该资产的计税基础,并按规定计算折旧或费用摊销。凡在国家税务总局 2012 年第 40 号公告生效后签订搬迁协议的政策性搬迁项目,应按国家税务总局 2012 年第 40 号公告有关规定执行。

二、企业政策性搬迁被征用的资产,采取资产置换的,其换入资产的计税成本按被征用资产的净值,加上换入资产所支付的税费(涉及补价,还应加上补价款)计算确定。

三、本公告自 2012 年 10 月 1 日起执行。国家税务总局 2012 年第 40 号公告第二十六条同时废止。

国家税务总局关于发布《企业政策性搬迁所得税管理办法》的公告[①]

手机阅读

2012年8月10日　国家税务总局公告2012年第40号

现将《企业政策性搬迁所得税管理办法》予以发布,自2012年10月1日起施行。

特此公告。

企业政策性搬迁所得税管理办法

第一章　总　　则

第一条　为规范企业政策性搬迁的所得税征收管理,根据《中华人民共和国企业所得税法》(以下简称《企业所得税法》)及其实施条例的有关规定,制定本办法。

第二条　本办法执行范围仅限于企业政策性搬迁过程中涉及的所得税征收管理事项,不包括企业自行搬迁或商业性搬迁等非政策性搬迁的税务处理事项。

第三条　企业政策性搬迁,是指由于社会公共利益的需要,在政府主导下企业进行整体搬迁或部分搬迁。企业由于下列需要之一,提供相关文件证明资料的,属于政策性搬迁:

(一) 国防和外交的需要;

(二) 由政府组织实施的能源、交通、水利等基础设施的需要;

(三) 由政府组织实施的科技、教育、文化、卫生、体育、环境和资源保护、防灾减灾、文物保护、社会福利、市政公用等公共事业的需要;

(四) 由政府组织实施的保障性安居工程建设的需要;

(五) 由政府依照《中华人民共和国城乡规划法》有关规定组织实施的对危房集中、基础设施落后等地段进行旧城区改建的需要;

(六) 法律、行政法规规定的其他公共利益的需要。

第四条　企业应按本办法的要求,就政策性搬迁过程中涉及的搬迁收入、搬迁支出、搬迁资产税务处理、搬迁所得等所得税征收管理事项,单独进行税务管理和核算。不能单独进行税务管理和核算的,应视为企业自行搬迁或商业

---

①　根据《国家税务总局关于企业政策性搬迁所得税有关问题的公告》(国家税务总局公告2013年第11号),本法第二十六条被废止。

性搬迁等非政策性搬迁进行所得税处理，不得执行本办法规定。

第二章 搬迁收入

第五条 企业的搬迁收入，包括搬迁过程中从本企业以外（包括政府或其他单位）取得的搬迁补偿收入，以及本企业搬迁资产处置收入等。

第六条 企业取得的搬迁补偿收入，是指企业由于搬迁取得的货币性和非货币性补偿收入。具体包括：

（一）对被征用资产价值的补偿；

（二）因搬迁、安置而给予的补偿；

（三）对停产停业形成的损失而给予的补偿；

（四）资产搬迁过程中遭到毁损而取得的保险赔款；

（五）其他补偿收入。

第七条 企业搬迁资产处置收入，是指企业由于搬迁而处置企业各类资产所取得的收入。

企业由于搬迁处置存货而取得的收入，应按正常经营活动取得的收入进行所得税处理，不作为企业搬迁收入。

第三章 搬迁支出

第八条 企业的搬迁支出，包括搬迁费用支出以及由于搬迁所发生的企业资产处置支出。

第九条 搬迁费用支出，是指企业搬迁期间所发生的各项费用，包括安置职工实际发生的费用、停工期间支付给职工的工资及福利费、临时存放搬迁资产而发生的费用、各类资产搬迁安装费用以及其他与搬迁相关的费用。

第十条 资产处置支出，是指企业由于搬迁而处置各类资产所发生的支出，包括变卖及处置各类资产的净值、处置过程中所发生的税费等支出。

企业由于搬迁而报废的资产，如无转让价值，其净值作为企业的资产处置支出。

第四章 搬迁资产税务处理

第十一条 企业搬迁的资产，简单安装或不需要安装即可继续使用的，在该项资产重新投入使用后，就其净值按《企业所得税法》及其实施条例规定的该资产尚未折旧或摊销的年限，继续计提折旧或摊销。

第十二条 企业搬迁的资产，需要进行大修理后才能重新使用的，应就该资产的净值，加上大修理过程所发生的支出，为该资产的计税成本。在该项资产重新投入使用后，按该资产尚可使用的年限，计提折旧或摊销。

第十三条 企业搬迁中被征用的土地，采取土地置换的，换入土地的计税成本按被征用土地的净值，以及该换入土地投入使用前所发生的各项费用支出，为该换入土地的计税成本，在该换入土地投入使用后，按《企业所得税法》及其实施条例规定年限摊销。

第十四条 企业搬迁期间新购置的各类资产，应按《企业所得税法》及其实施条例等有关规定，计算确定资产的计税成本及折旧或摊销年限。

企业发生的购置资产支出,不得从搬迁收入中扣除。

第五章 应税所得

第十五条 企业在搬迁期间发生的搬迁收入和搬迁支出,可以暂不计入当期应纳税所得额,而在完成搬迁的年度,对搬迁收入和支出进行汇总清算。

第十六条 企业的搬迁收入,扣除搬迁支出后的余额,为企业的搬迁所得。

企业应在搬迁完成年度,将搬迁所得计入当年度企业应纳税所得额计算纳税。

第十七条 下列情形之一的,为搬迁完成年度,企业应进行搬迁清算,计算搬迁所得:

(一)从搬迁开始,5年内(包括搬迁当年度)任何一年完成搬迁的。

(二)从搬迁开始,搬迁时间满5年(包括搬迁当年度)的年度。

第十八条 企业搬迁收入扣除搬迁支出后为负数的,应为搬迁损失。搬迁损失可在下列方法中选择其一进行税务处理:

(一)在搬迁完成年度,一次性作为损失进行扣除。

(二)自搬迁完成年度起分3个年度,均匀在税前扣除。

上述方法由企业自行选择,但一经选定,不得改变。

第十九条 企业同时符合下列条件的,视为已经完成搬迁:

(一)搬迁规划已基本完成;

(二)当年生产经营收入占规划搬迁前年度生产经营收入50%以上。

第二十条 企业边搬迁、边生产的,搬迁年度应从实际开始搬迁的年度计算。

第二十一条 企业以前年度发生尚未弥补的亏损的,凡企业由于搬迁停止生产经营无所得的,从搬迁年度次年起,至搬迁完成年度前一年度止,可作为停止生产经营活动年度,从法定亏损结转弥补年限中减除;企业边搬迁、边生产的,其亏损结转年度应连续计算。

第六章 征收管理

第二十二条 企业应当自搬迁开始年度,至次年5月31日前,向主管税务机关(包括迁出地和迁入地)报送政策性搬迁依据、搬迁规划等相关材料。逾期未报的,除特殊原因并经主管税务机关认可外,按非政策性搬迁处理,不得执行本办法的规定。

第二十三条 企业应向主管税务机关报送的政策性搬迁依据、搬迁规划等相关材料,包括:

(一)政府搬迁文件或公告;

(二)搬迁重置总体规划;

(三)拆迁补偿协议;

(四)资产处置计划;

(五)其他与搬迁相关的事项。

第二十四条 企业迁出地和迁入地主管税务机关发生变化的,由迁入地主管税务机关负责企业搬迁清算。

第二十五条 企业搬迁完成当年,其向主管税务机关报送企业所得税年度纳税申报表时,应同时报送《企业政策性搬迁清算损益表》(表样附后)及相关材料。

第二十六条 企业在本办法生效前尚未完成搬迁的,符合本办法规定的搬迁事项,一律按本办法执行。本办法生效年度以前已经完成搬迁且已按原规定进行税务处理的,不再调整。

第二十七条 本办法未规定的企业搬迁税务事项,按照《企业所得税法》及其实施条例等相关规定进行税务处理。

第二十八条 本办法施行后,《国家税务总局关于企业政策性搬迁或处置收入有关企业所得税处理问题的通知》(国税函〔2009〕118号)同时废止。

附件:中华人民共和国企业政策性搬迁清算损益表(略)

国家税务总局关于实施农、林、牧、渔业项目企业所得税优惠问题的公告

手机阅读

2011年9月13日　国家税务总局公告2011年第48号

根据《中华人民共和国企业所得税法》(以下简称企业所得税法)及《中华人民共和国企业所得税法实施条例》(以下简称实施条例)的规定,现对企业(含企业性质的农民专业合作社,下同)从事农、林、牧、渔业项目的所得,实施企业所得税优惠政策和征收管理中的有关事项公告如下:

一、企业从事实施条例第八十六条规定的享受税收优惠的农、林、牧、渔业项目,除另有规定外,参照《国民经济行业分类》(GB/T 4754—2002)的规定标准执行。

企业从事农、林、牧、渔业项目,凡属于《产业结构调整指导目录(2011年版)》(国家发展和改革委员会令第9号)中限制和淘汰类的项目,不得享受实施条例第八十六条规定的优惠政策。

二、企业从事农作物新品种选育的免税所得,是指企业对农作物进行品种和育种材料选育形成的成果,以及由这些成果形成的种子(苗)等繁殖材料的生产、初加工、销售一体化取得的所得。

三、企业从事林木的培育和种植的免税所得,是指企业对树木、竹子的育种和育苗、抚育和管理以及规模造林活动取得的所得,包括企业通过拍卖或收购方式取得林木所有权并经过一定的生长周期,对林木进行再培育取得的所得。

四、企业从事下列项目所得的税务处理

(一)猪、兔的饲养,按"牲畜、家禽的饲养"项目处理;

(二)饲养牲畜、家禽产生的分泌物、排泄物,按"牲畜、家禽的饲养"

项目处理；

（三）观赏性作物的种植，按"花卉、茶及其他饮料作物和香料作物的种植"项目处理；

（四）"牲畜、家禽的饲养"以外的生物养殖项目，按"海水养殖、内陆养殖"项目处理。

五、农产品初加工相关事项的税务处理

（一）企业根据委托合同，受托对符合《财政部 国家税务总局关于发布享受企业所得税优惠政策的农产品初加工范围（试行）的通知》（财税〔2008〕149号）和《财政部 国家税务总局关于享受企业所得税优惠的农产品初加工有关范围的补充通知》（财税〔2011〕26号）规定的农产品进行初加工服务，其所收取的加工费，可以按照农产品初加工的免税项目处理。

（二）财税〔2008〕149号文件规定的"油料植物初加工"工序包括"冷却、过滤"等；"糖料植物初加工"工序包括"过滤、吸附、解析、碳脱、浓缩、干燥"等，其适用时间按照财税〔2011〕26号文件规定执行。

（三）企业从事实施条例第八十六条第（二）项适用企业所得税减半优惠的种植、养殖项目，并直接进行初加工且符合农产品初加工目录范围的，企业应合理划分不同项目的各项成本、费用支出，分别核算种植、养殖项目和初加工项目的所得，并各按适用的政策享受税收优惠。

（四）企业对外购茶叶进行筛选、分装、包装后进行销售的所得，不享受农产品初加工的优惠政策。

六、对取得农业部颁发的"远洋渔业企业资格证书"并在有效期内的远洋渔业企业，从事远洋捕捞业务取得的所得免征企业所得税。

七、购入农产品进行再种植、养殖的税务处理

企业将购入的农、林、牧、渔产品，在自有或租用的场地进行育肥、育秧等再种植、养殖，经过一定的生长周期，使其生物形态发生变化，且并非由于本环节对农产品进行加工而明显增加了产品的使用价值的，可视为农产品的种植、养殖项目享受相应的税收优惠。

主管税务机关对企业进行农产品的再种植、养殖是否符合上述条件难以确定的，可要求企业提供县级以上农、林、牧、渔业政府主管部门的确认意见。

八、企业同时从事适用不同企业所得税政策规定项目的，应分别核算，单独计算优惠项目的计税依据及优惠数额；分别核算不清的，可由主管税务机关按照比例分摊法或其他合理方法进行核定。

九、企业委托其他企业或个人从事实施条例第八十六条规定农、林、牧、渔业项目取得的所得，可享受相应的税收优惠政策。

企业受托从事实施条例第八十六条规定农、林、牧、渔业项目取得的收入，比照委托方享受相应的税收优惠政策。

十、企业购买农产品后直接进行销售的贸易活动产生的所得，不能享受农、林、牧、渔业项目的税收优惠政策。

十一、除本公告第五条第二项的特别规定外，公告自2011年1月1日起执行。

特此公告。

国家税务总局关于金融企业贷款利息收入确认问题的公告

2010年11月5日　国家税务总局公告2010年第23号

根据《中华人民共和国企业所得税法》及其实施条例的规定,现对金融企业贷款利息收入所得税处理问题公告如下:

一、金融企业按规定发放的贷款,属于未逾期贷款(含展期,下同),应根据先收利息后收本金的原则,按贷款合同确认的利率和结算利息的期限计算利息,并于债务人应付利息的日期确认收入的实现;属于逾期贷款,其逾期后发生的应收利息,应于实际收到的日期,或者虽未实际收到,但会计上确认为利息收入的日期,确认收入的实现。

二、金融企业已确认为利息收入的应收利息,逾期90天仍未收回,且会计上已冲减了当期利息收入的,准予抵扣当期应纳税所得额。

三、金融企业已冲减了利息收入的应收未收利息,以后年度收回时,应计入当期应纳税所得额计算纳税。

四、本公告自发布之日起30日后施行。

特此公告。

国家税务总局关于"公司+农户"经营模式企业所得税优惠问题的公告

2010年7月9日　国家税务总局公告2010年第2号

现就有关"公司+农户"模式企业所得税优惠问题公告如下:

目前,一些企业采取"公司+农户"经营模式从事牲畜、家禽的饲养,即公司与农户签订委托养殖合同,向农户提供畜禽苗、饲料、兽药及疫苗等(所有权〈产权〉仍属于公司),农户将畜禽养大成为成品后交付公司回收。鉴于采取"公司+农户"经营模式的企业,虽不直接从事畜禽的养殖,但系委托农户饲养,并承担诸如市场、管理、采购、销售等经营职责及绝大部分经营管理风险,公司和农户是劳务外包关系。为此,对此类以"公司+农户"经营模式从事农、林、牧、渔业项目生产的企业,可以按照《中华人民共和国企业所得税法实施条例》第八十六条的有关规定,享受减免企业所得税优惠政策。

本公告自2010年1月1日起施行。

财政部 税务总局关于中国（上海）自贸试验区临港新片区重点产业企业所得税政策的通知

手机阅读

2020年7月13日 财税〔2020〕38号

上海市财政局、国家税务总局上海市税务局：

根据《国务院关于印发中国（上海）自由贸易试验区临港新片区总体方案的通知》（国发〔2019〕15号）有关要求，现就中国（上海）自由贸易试验区临港新片区（以下称"新片区"）内重点产业企业所得税政策通知如下：

一、对新片区内从事集成电路、人工智能、生物医药、民用航空等关键领域核心环节相关产品（技术）业务，并开展实质性生产或研发活动的符合条件的法人企业，自设立之日起5年内减按15%的税率征收企业所得税。

二、本通知所称"符合条件的法人企业"必须同时满足以下第（一）、（二）项条件，以及第（三）项或第（四）项条件中任一子条件：

（一）自2020年1月1日起在新片区内注册登记（不包括从外区域迁入新片区的企业），主营业务为从事《新片区集成电路、人工智能、生物医药、民用航空关键领域核心环节目录》（以下简称《目录》）中相关领域环节实质性生产或研发活动的法人企业。

实质性生产或研发活动是指，企业拥有固定生产经营场所、固定工作人员，具备与生产或研发活动相匹配的软硬件支撑条件，并在此基础上开展相关业务。

（二）企业主要研发或销售产品中至少包含1项关键产品（技术）。

关键产品（技术）是指在集成电路、人工智能、生物医药、民用航空等重点领域产业链中起到重要作用或不可或缺的产品（技术）。

（三）企业投资主体条件：

1. 企业投资主体在国际细分市场影响力排名前列，技术实力居于业内前列；

2. 企业投资主体在国内细分市场居于领先地位，技术实力在业内领先。

（四）企业研发生产条件：

1. 企业拥有领军人才及核心团队骨干，在国内外相关领域长期从事科研生产工作；

2. 企业拥有核心关键技术，对其主要产品具备建立自主知识产权体系的能力；

3. 企业具备推进产业链核心供应商多元化，牵引国内产业升级能力；

4. 企业具备高端供给能力，核心技术指标达到国际前列或国内领先；

5. 企业研发成果（技术或产品）已被国际国内一线终端设备制造商采用或已经开展紧密实质性合作（包括资本、科研、项目等领域）；

6. 企业获得国家或省级政府科技或产业化专项资金、政府性投资基金或取得知名投融资机构投资。

三、上海市财税部门会同产业主管部门制定重点产业企业认定具体操作管理办法，并报财政部、税务总局备案。

四、本通知自 2020 年 1 月 1 日起实施。2019 年 12 月 31 日前已在新片区注册登记且从事《目录》所列业务的实质性生产或研发活动的符合条件的法人企业，可自 2020 年至该企业设立满 5 年期限内按照本通知执行。

附件：《新片区集成电路、人工智能、生物医药、民用航空关键领域核心环节目录》（略）

财政部 税务总局关于海南自由贸易港企业所得税优惠政策的通知

手机阅读

2020 年 6 月 23 日 财税〔2020〕31 号

海南省财政厅，国家税务总局海南省税务局：

为支持海南自由贸易港建设，现就有关企业所得税优惠政策通知如下：

一、对注册在海南自由贸易港并实质性运营的鼓励类产业企业，减按 15%的税率征收企业所得税。

本条所称鼓励类产业企业，是指以海南自由贸易港鼓励类产业目录中规定的产业项目为主营业务，且其主营业务收入占企业收入总额 60% 以上的企业。所称实质性运营，是指企业的实际管理机构设在海南自由贸易港，并对企业生产经营、人员、账簿、财产等实施实质性全面管理和控制。对不符合实质性运营的企业，不得享受优惠。

海南自由贸易港鼓励类产业目录包括《产业结构调整指导目录（2019 年本）》、《鼓励外商投资产业目录（2019 年版）》和海南自由贸易港新增鼓励类产业目录。上述目录在本通知执行期限内修订的，自修订版实施之日起按新版本执行。

对总机构设在海南自由贸易港的符合条件的企业，仅就其设在海南自由贸易港的总机构和分支机构的所得，适用 15% 税率；对总机构设在海南自由贸易港以外的企业，仅就其设在海南自由贸易港内的符合条件的分支机构的所得，适用 15% 税率。具体征管办法按照税务总局有关规定执行。

二、对在海南自由贸易港设立的旅游业、现代服务业、高新技术产业企业新增境外直接投资取得的所得，免征企业所得税。

本条所称新增境外直接投资所得应当符合以下条件：

（一）从境外新设分支机构取得的营业利润；或从持股比例超过 20%

(含)的境外子公司分回的,与新增境外直接投资相对应的股息所得。

(二)被投资国(地区)的企业所得税法定税率不低于5%。

本条所称旅游业、现代服务业、高新技术产业,按照海南自由贸易港鼓励类产业目录执行。

三、对在海南自由贸易港设立的企业,新购置(含自建、自行开发)固定资产或无形资产,单位价值不超过500万元(含)的,允许一次性计入当期成本费用在计算应纳税所得额时扣除,不再分年度计算折旧和摊销;新购置(含自建、自行开发)固定资产或无形资产,单位价值超过500万元的,可以缩短折旧、摊销年限或采取加速折旧、摊销的方法。

本条所称固定资产,是指除房屋、建筑物以外的固定资产。

四、本通知自2020年1月1日起执行至2024年12月31日。

财政部 税务总局关于上海国际能源交易中心有关风险准备金和期货投资者保障基金支出企业所得税税前扣除政策问题的通知[①]

手机阅读

2019年3月29日 财税〔2019〕32号

各省、自治区、直辖市、计划单列市财政厅(局),国家税务总局各省、自治区、直辖市、计划单列市税务局,新疆生产建设兵团财政局:

根据《中华人民共和国企业所得税法》和《中华人民共和国企业所得税法实施条例》的有关规定,现就上海国际能源交易中心股份有限公司(以下称上海国际能源交易中心)风险准备金和期货投资者保障基金支出企业所得税税前扣除有关政策问题明确如下:

一、上海国际能源交易中心依据《期货交易管理条例》、《期货交易所管理办法》和《商品期货交易财务管理暂行规定》的有关规定,按其向会员收取手续费收入的20%计提的风险准备金,在风险准备金余额达到有关规定的额度内,准予在企业所得税税前扣除。

二、上海国际能源交易中心依据《期货投资者保障基金管理办法》和《关于明确期货投资者保障基金缴纳比例有关事项的规定》的有关规定,按其向期货公司会员收取的交易手续费的2%缴纳的期货投资者保障基金,在基金总额达到有关规定的额度内,准予在企业所得税税前扣除。

三、上述准备金如发生清算、退还,应按规定补征企业所得税。

---

① 根据《财政部 税务总局关于延长部分税收优惠政策执行期限的公告》(财政部税务总局公告2021年第6号),本法规定的准备金企业所得税税前扣除政策到期后继续执行。

四、本通知自2019年1月1日起至2020年12月31日止执行。上海国际能源交易中心于2018年3月上市交易后提取的符合本通知规定的风险准备金和期货投资者保障基金，可按本通知规定执行。

财政部　税务总局　国家发展改革委商务部关于扩大境外投资者以分配利润直接投资暂不征收预提所得税政策适用范围的通知

手机阅读

2018年9月29日　财税〔2018〕102号

各省、自治区、直辖市、计划单列市财政厅（局）、发展改革委、商务主管部门，国家税务总局各省、自治区、直辖市、计划单列市税务局，新疆生产建设兵团财政局、发展改革委、商务局：

为贯彻落实党中央、国务院决策部署，进一步鼓励境外投资者在华投资，现就境外投资者以分配利润直接投资暂不征收预提所得税政策问题通知如下：

一、对境外投资者从中国境内居民企业分配的利润，用于境内直接投资暂不征收预提所得税政策的适用范围，由外商投资鼓励类项目扩大至所有非禁止外商投资的项目和领域。

二、境外投资者暂不征收预提所得税须同时满足以下条件：

（一）境外投资者以分得利润进行的直接投资，包括境外投资者以分得利润进行的增资、新建、股权收购等权益性投资行为，但不包括新增、转增、收购上市公司股份（符合条件的战略投资除外）。具体是指：

1. 新增或转增中国境内居民企业实收资本或者资本公积；
2. 在中国境内投资新建居民企业；
3. 从非关联方收购中国境内居民企业股权；
4. 财政部、税务总局规定的其他方式。

境外投资者采取上述投资行为所投资的企业统称为被投资企业。

（二）境外投资者分得的利润属于中国境内居民企业向投资者实际分配已经实现的留存收益而形成的股息、红利等权益性投资收益。

（三）境外投资者用于直接投资的利润以现金形式支付的，相关款项从利润分配企业的账户直接转入被投资企业或股权转让方账户，在直接投资前不得在境内外其他账户周转；境外投资者用于直接投资的利润以实物、有价证券等非现金形式支付的，相关资产所有权直接从利润分配企业转入被投资企业或股权转让方，在直接投资前不得由其他企业、个人代为持有或临时持有。

三、境外投资者符合本通知第二条规定条件的，应按照税收管理要求进行申报并如实向利润分配企业提供其符合政策条件的资料。利润分配企业经适当审核后认为境外投资者符合本通知规定的,可暂不按照企业所得税法第三十七条规定扣缴预提所得税,并向其主管税务机关履行备案手续。

四、税务部门依法加强后续管理。境外投资者已享受本通知规定的暂不征收预提所得税政策,经税务部门后续管理核实不符合规定条件的,除属于利润分配企业责任外,视为境外投资者未按照规定申报缴纳企业所得税,依法追究延迟纳税责任,税款延迟缴纳期限自相关利润支付之日起计算。

五、境外投资者按照本通知规定可以享受暂不征收预提所得税政策但未实际享受的,可在实际缴纳相关税款之日起三年内申请追补享受该政策,退还已缴纳的税款。

六、境外投资者通过股权转让、回购、清算等方式实际收回享受暂不征收预提所得税政策待遇的直接投资,在实际收取相应款项后7日内,按规定程序向税务部门申报补缴递延的税款。

七、境外投资者享受本通知规定的暂不征收预提所得税政策待遇后,被投资企业发生重组符合特殊性重组条件,并实际按照特殊性重组进行税务处理的,可继续享受暂不征收预提所得税政策待遇,不按本通知第六条规定补缴递延的税款。

八、本通知所称"境外投资者",是指适用《企业所得税法》第三条第三款规定的非居民企业;本通知所称"中国境内居民企业",是指依法在中国境内成立的居民企业。

九、本通知自2018年1月1日起执行。《财政部 税务总局 国家发展改革委 商务部关于境外投资者以分配利润直接投资暂不征收预提所得税政策问题的通知》(财税〔2017〕88号)同时废止。境外投资者在2018年1月1日(含当日)以后取得的股息、红利等权益性投资收益可适用本通知,已缴税款按本通知第五条规定执行。

财政部 税务总局 科技部关于提高研究开发费用税前加计扣除比例的通知①

手机阅读

2018年9月20日 财税〔2018〕99号

各省、自治区、直辖市、计划单列市财政厅(局)、科技厅(局),国家税务总局各省、自治区、直辖市、计划单列市税务局,新疆生产建设兵团财政局、

---

① 根据《财政部 税务总局关于延长部分税收优惠政策执行期限的公告》(财政部税务总局公告2021年第6号),本法规定的税收优惠政策凡已到期的,执行期限延长至2023年12月31日。

科技局:

为进一步激励企业加大研发投入,支持科技创新,现就提高企业研究开发费用(以下简称研发费用)税前加计扣除比例有关问题通知如下:

一、企业开展研发活动中实际发生的研发费用,未形成无形资产计入当期损益的,在按规定据实扣除的基础上,在2018年1月1日至2020年12月31日期间,再按照实际发生额的75%在税前加计扣除;形成无形资产的,在上述期间按照无形资产成本的175%在税前摊销。

二、企业享受研发费用税前加计扣除政策的其他政策口径和管理要求按照《财政部 国家税务总局 科技部关于完善研究开发费用税前加计扣除政策的通知》(财税〔2015〕119号)、《财政部 税务总局 科技部关于企业委托境外研究开发费用税前加计扣除有关政策问题的通知》(财税〔2018〕64号)、《国家税务总局关于企业研究开发费用税前加计扣除政策有关问题的公告》(国家税务总局公告2015年第97号)等文件规定执行。

财政部 税务总局 应急管理部关于印发《安全生产专用设备企业所得税优惠目录(2018年版)》的通知

2018年8月15日 财税〔2018〕84号

各省、自治区、直辖市、计划单列市财政厅(局)、应急管理部门,国家税务总局各省、自治区、直辖市、计划单列市税务局,新疆生产建设兵团财政局、应急管理部门,各省级煤矿安全监察局:

经国务院同意,现就安全生产专用设备企业所得税优惠目录(以下简称优惠目录)调整完善事项及有关政策问题通知如下:

一、对企业购置并实际使用安全生产专用设备享受企业所得税抵免优惠政策的适用目录进行适当调整,统一按《安全生产专用设备企业所得税优惠目录(2018年版)》(见附件)执行。

二、企业购置安全生产专用设备,自行判断其是否符合税收优惠政策规定条件,自行申报享受税收优惠,相关资料留存备查,税务部门依法加强后续管理。

三、建立部门协调配合机制,切实落实安全生产专用设备税收抵免优惠政策。税务部门在执行税收优惠政策过程中,不能准确判定企业购置的专用设备是否符合相关技术指标等税收优惠政策规定条件的,可提请地方应急管理部门和驻地煤矿安全监察部门报请应急管理部,由应急管理部会同有关行业部门委托专业机构出具技术鉴定意见,相关部门应积极配合。对不符合税收优惠政策规定条件的,由税务部门按税收征收管理法及有关规定进行相应处理。

四、本通知所称税收优惠政策规定条件,是指2018年版优惠目录所规定的设备名称、性能参数和执行标准。

五、本通知自 2018 年 1 月 1 日起施行,《安全生产专用设备企业所得税优惠目录（2008 年版）》同时废止。企业在 2018 年 1 月 1 日至 2018 年 8 月 31 日期间购置的安全生产专用设备，符合 2008 年版优惠目录规定的，仍可享受税收优惠。

附件：安全生产专用设备企业所得税优惠目录（2018 年版）（略）

财政部　税务总局关于延长高新技术企业和科技型中小企业亏损结转年限的通知

手机阅读

2018 年 7 月 11 日　财税〔2018〕76 号

各省、自治区、直辖市、计划单列市财政厅（局），国家税务总局各省、自治区、直辖市、计划单列市税务局，新疆生产建设兵团财政局：

为支持高新技术企业和科技型中小企业发展，现就高新技术企业和科技型中小企业亏损结转年限政策通知如下：

一、自 2018 年 1 月 1 日起，当年具备高新技术企业或科技型中小企业资格（以下统称资格）的企业，其具备资格年度之前 5 个年度发生的尚未弥补完的亏损，准予结转以后年度弥补，最长结转年限由 5 年延长至 10 年。

二、本通知所称高新技术企业，是指按照《科技部　财政部　国家税务总局关于修订印发〈高新技术企业认定管理办法〉的通知》（国科发火〔2016〕32 号）规定认定的高新技术企业；所称科技型中小企业，是指按照《科技部　财政部　国家税务总局关于印发〈科技型中小企业评价办法〉的通知》（国科发政〔2017〕115 号）规定取得科技型中小企业登记编号的企业。

三、本通知自 2018 年 1 月 1 日开始执行。

财政部　税务总局关于设备、器具扣除有关企业所得税政策的通知[①]

手机阅读

2018 年 5 月 7 日　财税〔2018〕54 号

各省、自治区、直辖市、计划单列市财政厅（局）、国家税务局、地方税务局，

---

① 根据《财政部　税务总局关于延长部分税收优惠政策执行期限的公告》（财政部税务总局公告 2021 年第 6 号），本法规定的税收优惠政策凡已经到期的，执行期限延长至 2023 年 12 月 31 日。

新疆生产建设兵团财政局:

为引导企业加大设备、器具投资力度,现就有关企业所得税政策通知如下:

一、企业在2018年1月1日至2020年12月31日期间新购进的设备、器具,单位价值不超过500万元的,允许一次性计入当期成本费用在计算应纳税所得额时扣除,不再分年度计算折旧;单位价值超过500万元的,仍按企业所得税法实施条例、《财政部 国家税务总局关于完善固定资产加速折旧企业所得税政策的通知》(财税〔2014〕75号)、《财政部 国家税务总局关于进一步完善固定资产加速折旧企业所得税政策的通知》(财税〔2015〕106号)等相关规定执行。

二、本通知所称设备、器具,是指除房屋、建筑物以外的固定资产。

财政部 税务总局关于企业职工教育经费税前扣除政策的通知

手机阅读

2018年5月7日 财税〔2018〕51号

各省、自治区、直辖市、计划单列市财政厅(局)、国家税务局、地方税务局,新疆生产建设兵团财政局:

为鼓励企业加大职工教育投入,现就企业职工教育经费税前扣除政策通知如下:

一、企业发生的职工教育经费支出,不超过工资薪金总额8%的部分,准予在计算企业所得税应纳税所得额时扣除;超过部分,准予在以后纳税年度结转扣除。

二、本通知自2018年1月1日起执行。

财政部 税务总局 商务部 科技部 国家发展改革委关于将服务贸易创新发展试点地区技术先进型服务企业所得税政策推广至全国实施的通知

手机阅读

2018年5月19日 财税〔2018〕44号

各省、自治区、直辖市、计划单列市财政厅(局)、国家税务局、地方税务局、商务主管部门、科技厅(委、局)、发展改革委,新疆生产建设兵团财政局、

商务局、科技局、发展改革委:

为进一步推动服务贸易创新发展、优化外贸结构,现就服务贸易类技术先进型服务企业所得税优惠政策通知如下:

一、自2018年1月1日起,对经认定的技术先进型服务企业(服务贸易类),减按15%的税率征收企业所得税。

二、本通知所称技术先进型服务企业(服务贸易类)须符合的条件及认定管理事项,按照《财政部 税务总局 商务部 科技部 国家发展改革委关于将技术先进型服务企业所得税政策推广至全国实施的通知》(财税〔2017〕79号)的相关规定执行。其中,企业须满足的技术先进型服务业务领域范围按照本通知所附《技术先进型服务业务领域范围(服务贸易类)》执行。

三、省级科技部门应会同本级商务、财政、税务和发展改革部门及时将《技术先进型服务业务领域范围(服务贸易类)》增补入本地区技术先进型服务企业认定管理办法,并据此开展认定管理工作。省级人民政府财政、税务、商务、科技和发展改革部门应加强沟通与协作,发现新情况、新问题及时上报财政部、税务总局、商务部、科技部和国家发展改革委。

四、省级科技、商务、财政、税务和发展改革部门及其工作人员在认定技术先进型服务企业工作中,存在违法违纪行为的,按照《公务员法》《行政监察法》等国家有关规定追究相应责任;涉嫌犯罪的,移送司法机关处理。

附件:技术先进型服务业务领域范围(服务贸易类)(略)

财政部 税务总局 国家发展改革委 工业和信息化部关于集成电路生产企业有关企业所得税政策问题的通知

2018年3月28日 财税〔2018〕27号

各省、自治区、直辖市、计划单列市财政厅(局)、国家税务局、地方税务局、发展改革委、工业和信息化主管部门,新疆生产建设兵团财政局、发展改革委、工业和信息化委员会:

为进一步支持集成电路产业发展,现就有关企业所得税政策问题通知如下:

一、2018年1月1日后投资新设的集成电路线宽小于130纳米,且经营期在10年以上的集成电路生产企业或项目,第一年至第二年免征企业所得税,第三年至第五年按照25%的法定税率减半征收企业所得税,并享受至期满为止。

二、2018年1月1日后投资新设的集成电路线宽小于65纳米或投资额超过150亿元,且经营期在15年以上的集成电路生产企业或项目,第一年至第五年免征企业所得税,第六年至第十年按照25%的法定税率减半征收企业所得税,并享受至期满为止。

三、对于按照集成电路生产企业享受本通知第一条、第二条税收优惠政策的,优惠期自企业获利年度起计算;对于按照集成电路生产项目享受上述优惠的,优惠期自项目取得第一笔生产经营收入所属纳税年度起计算。

四、享受本通知第一条、第二条税收优惠政策的集成电路生产项目,其主体企业应符合集成电路生产企业条件,且能够对该项目单独进行会计核算、计算所得,并合理分摊期间费用。

五、2017年12月31日前设立但未获利的集成电路线宽小于0.25微米或投资额超过80亿元,且经营期在15年以上的集成电路生产企业,自获利年度起第一年至第五年免征企业所得税,第六年至第十年按照25%的法定税率减半征收企业所得税,并享受至期满为止。

六、2017年12月31日前设立但未获利的集成电路线宽小于0.8微米(含)的集成电路生产企业,自获利年度起第一年至第二年免征企业所得税,第三年至第五年按照25%的法定税率减半征收企业所得税,并享受至期满为止。

七、享受本通知规定税收优惠政策的集成电路生产企业的范围和条件,按照《财政部 国家税务总局 发展改革委 工业和信息化部关于软件和集成电路产业企业所得税优惠政策有关问题的通知》(财税〔2016〕49号)第二条执行;财税〔2016〕49号文件第二条第(二)项中"具有劳动合同关系"调整为"具有劳动合同关系或劳务派遣、聘用关系",第(三)项中汇算清缴年度研究开发费用总额占企业销售(营业)收入总额(主营业务收入与其他业务收入之和)的比例由"不低于5%"调整为"不低于2%",同时企业应持续加强研发活动,不断提高研发能力。

八、集成电路生产企业或项目享受上述企业所得税优惠的有关管理问题,按照财税〔2016〕49号文件和税务总局关于办理企业所得税优惠政策事项的相关规定执行。

九、本通知自2018年1月1日起执行。

财政部 税务总局关于公益性捐赠支出企业所得税税前结转扣除有关政策的通知

手机阅读

2018年2月11日 财税〔2018〕15号

各省、自治区、直辖市、计划单列市财政厅(局)、国家税务局、地方税务局,新疆生产建设兵团财政局:

根据《中华人民共和国企业所得税法》和《中华人民共和国企业所得税法实施条例》的有关规定,现就公益性捐赠支出企业所得税税前结转扣除有关政策通知如下:

一、企业通过公益性社会组织或者县级(含县级)以上人民政府及其组成部门和直属机构,用于慈善活动、公益事业的捐赠支出,在年度利润总额12%

以内的部分，准予在计算应纳税所得额时扣除；超过年度利润总额12%的部分，准予结转以后三年内在计算应纳税所得额时扣除。

本条所称公益性社会组织，应当依法取得公益性捐赠税前扣除资格。

本条所称年度利润总额，是指企业依照国家统一会计制度的规定计算的大于零的数额。

二、企业当年发生及以前年度结转的公益性捐赠支出，准予在当年税前扣除的部分，不能超过企业当年年度利润总额的12%。

三、企业发生的公益性捐赠支出未在当年税前扣除的部分，准予向以后年度结转扣除，但结转年限自捐赠发生年度的次年起计算最长不得超过三年。

四、企业在对公益性捐赠支出计算扣除时，应先扣除以前年度结转的捐赠支出，再扣除当年发生的捐赠支出。

五、本通知自2017年1月1日起执行。2016年9月1日至2016年12月31日发生的公益性捐赠支出未在2016年税前扣除的部分，可按本通知执行。

财政部　税务总局关于非营利组织免税资格认定管理有关问题的通知

2018年2月7日　财税〔2018〕13号

各省、自治区、直辖市、计划单列市财政厅（局）、国家税务局、地方税务局，新疆生产建设兵团财政局：

根据《中华人民共和国企业所得税法》第二十六条及《中华人民共和国企业所得税法实施条例》第八十四条的规定，现对非营利组织免税资格认定管理有关问题明确如下：

一、依据本通知认定的符合条件的非营利组织，必须同时满足以下条件：

（一）依照国家有关法律法规设立或登记的事业单位、社会团体、基金会、社会服务机构、宗教活动场所、宗教院校以及财政部、税务总局认定的其他非营利组织；

（二）从事公益性或者非营利性活动；

（三）取得的收入除用于与该组织有关的、合理的支出外，全部用于登记核定或者章程规定的公益性或者非营利性事业；

（四）财产及其孳息不用于分配，但不包括合理的工资薪金支出；

（五）按照登记核定或者章程规定，该组织注销后的剩余财产用于公益性或者非营利性目的，或者由登记管理机关采取转赠与该组织性质、宗旨相同的组织等处置方式，并向社会公告；

（六）投入人对投入该组织的财产不保留或者享有任何财产权利，本款所称投入人是指除各级人民政府及其部门外的法人、自然人和其他组织；

（七）工作人员工资福利开支控制在规定的比例内，不变相分配该组织的财产,其中:工作人员平均工资薪金水平不得超过税务登记所在地的地市级(含地市级)以上地区的同行业同类组织平均工资水平的两倍,工作人员福利按照国家有关规定执行;

(八)对取得的应纳税收入及其有关的成本、费用、损失应与免税收入及其有关的成本、费用、损失分别核算。

二、经省级(含省级)以上登记管理机关批准设立或登记的非营利组织,凡符合规定条件的,应向其所在地省级税务主管机关提出免税资格申请,并提供本通知规定的相关材料;经地市级或县级登记管理机关批准设立或登记的非营利组织,凡符合规定条件的,分别向其所在地的地市级或县级税务主管机关提出免税资格申请,并提供本通知规定的相关材料。

财政、税务部门按照上述管理权限,对非营利组织享受免税的资格联合进行审核确认,并定期予以公布。

三、申请享受免税资格的非营利组织,需报送以下材料:

(一)申请报告;

(二)事业单位、社会团体、基金会、社会服务机构的组织章程或宗教活动场所、宗教院校的管理制度;

(三)非营利组织注册登记证件的复印件;

(四)上一年度的资金来源及使用情况、公益活动和非营利活动的明细情况;

(五)上一年度的工资薪金情况专项报告,包括薪酬制度、工作人员整体平均工资薪金水平、工资福利占总支出比例、重要人员工资薪金信息(至少包括工资薪金水平排名前10的人员);

(六)具有资质的中介机构鉴证的上一年度财务报表和审计报告;

(七)登记管理机关出具的事业单位、社会团体、基金会、社会服务机构、宗教活动场所、宗教院校上一年度符合相关法律法规和国家政策的事业发展情况或非营利活动的材料;

(八)财政、税务部门要求提供的其他材料。

当年新设立或登记的非营利组织需提供本条第(一)项至第(三)项规定的材料及本条第(四)项、第(五)项规定的申请当年的材料,不需提供本条第(六)项、第(七)项规定的材料。

四、非营利组织免税优惠资格的有效期为五年。非营利组织应在免税优惠资格期满后六个月内提出复审申请,不提出复审申请或复审不合格的,其享受免税优惠的资格到期自动失效。

非营利组织免税资格复审,按照初次申请免税优惠资格的规定办理。

五、非营利组织必须按照《中华人民共和国税收征收管理法》及《中华人民共和国税收征收管理法实施细则》等有关规定,办理税务登记,按期进行纳税申报。取得免税资格的非营利组织应按照规定向主管税务机关办理免税手续,免税条件发生变化的,应当自发生变化之日起十五日内向主管税务机关报告;不再符合免税条件的,应当依法履行纳税义务;未依法纳税的,主管税务机关应当予以追缴。取得免税资格的非营利组织注销时,剩余财产处置违反本通知第一条第五项规定的,主管税务机关应追缴其应纳企业所得税款。

有关部门在日常管理过程中,发现非营利组织享受优惠年度不符合本通知规定的免税条件的,应提请核准该非营利组织免税资格的财政、税务部门,由其进行复核。

核准非营利组织免税资格的财政、税务部门根据本通知规定的管理权限,对非营利组织的免税优惠资格进行复核,复核不合格的,相应年度不得享受税收优惠政策。

六、已认定的享受免税优惠政策的非营利组织有下述情形之一的,应自该情形发生年度起取消其资格:

(一)登记管理机关在后续管理中发现非营利组织不符合相关法律法规和国家政策的;

(二)在申请认定过程中提供虚假信息的;

(三)纳税信用等级为税务部门评定的 C 级或 D 级的;

(四)通过关联交易或非关联交易和服务活动,变相转移、隐匿、分配该组织财产的;

(五)被登记管理机关列入严重违法失信名单的;

(六)从事非法政治活动的。

因上述(一)项至第(五)项规定的情形被取消免税优惠资格的非营利组织,财政、税务部门自其被取消资格的次年起一年内不再受理该组织的认定申请;因上述(六)项规定的情形被取消免税优惠资格的非营利组织,财政、税务部门将不再受理该组织的认定申请。

被取消免税优惠资格的非营利组织,应当依法履行纳税义务;未依法纳税的,主管税务机关应当自其存在取消免税优惠资格情形的当年起予以追缴。

七、各级财政、税务部门及其工作人员在认定非营利组织免税资格工作中,存在违法违纪行为的,按照《公务员法》《行政监察法》等国家有关规定追究相应责任;涉嫌犯罪的,移送司法机关处理。

八、本通知自 2018 年 1 月 1 日起执行。《财政部 国家税务总局关于非营利组织免税资格认定管理有关问题的通知》(财税〔2014〕13 号)同时废止。

财政部 税务总局 商务部 科技部 国家发展改革委关于将技术先进型服务企业所得税政策推广至全国实施的通知

手机阅读

2017 年 11 月 2 日 财税〔2017〕79 号

各省、自治区、直辖市、计划单列市财政厅(局)、国家税务局、地方税务局、商务主管部门、科技厅(委、局)、发展改革委,新疆生产建设兵团财务局、

商务局、科技局、发展改革委:

为贯彻落实《国务院关于促进外资增长若干措施的通知》(国发〔2017〕39号)要求,发挥外资对优化服务贸易结构的积极作用,引导外资更多投向高技术、高附加值服务业,促进企业技术创新和技术服务能力的提升,增强我国服务业的综合竞争力,现就技术先进型服务企业有关企业所得税政策问题通知如下:

一、自2017年1月1日起,在全国范围内实行以下企业所得税优惠政策:

1. 对经认定的技术先进型服务企业,减按15%的税率征收企业所得税。

2. 经认定的技术先进型服务企业发生的职工教育经费支出,不超过工资薪金总额8%的部分,准予在计算应纳税所得额时扣除;超过部分,准予在以后纳税年度结转扣除。

二、享受本通知第一条规定的企业所得税优惠政策的技术先进型服务企业必须同时符合以下条件:

1. 在中国境内(不包括港、澳、台地区)注册的法人企业;

2. 从事《技术先进型服务业务认定范围(试行)》(详见附件)中的一种或多种技术先进型服务业务,采用先进技术或具备较强的研发能力;

3. 具有大专以上学历的员工占企业职工总数的50%以上;

4. 从事《技术先进型服务业务认定范围(试行)》中的技术先进型服务业务取得的收入占企业当年总收入的50%以上;

5. 从事离岸服务外包业务取得的收入不低于企业当年总收入的35%。

从事离岸服务外包业务取得的收入,是指企业根据境外单位与其签订的委托合同,由本企业或其直接转包的企业为境外单位提供《技术先进型服务业务认定范围(试行)》中所规定的信息技术外包服务(ITO)、技术性业务流程外包服务(BPO)和技术性知识流程外包服务(KPO),而从上述境外单位取得的收入。

三、技术先进型服务企业的认定管理

1. 省级科技部门会同本级商务、财政、税务和发展改革部门根据本通知规定制定本省(自治区、直辖市、计划单列市)技术先进型服务企业认定管理办法,并负责本地区技术先进型服务企业的认定管理工作。各省(自治区、直辖市、计划单列市)技术先进型服务企业认定管理办法应报科技部、商务部、财政部、税务总局和国家发展改革委备案。

2. 符合条件的技术先进型服务企业应向所在省级科技部门提出申请,由省级科技部门会同本级商务、财政、税务和发展改革部门联合评审后发文认定,并将认定企业名单及有关情况通过科技部"全国技术先进型服务企业业务办理管理平台"备案,科技部与商务部、财政部、税务总局和国家发展改革委共享备案信息。符合条件的技术先进型服务企业须在商务部"服务贸易统计监测管理信息系统(服务外包信息管理应用)"中填报企业基本信息,按时报送数据。

3. 经认定的技术先进型服务企业,持相关认定文件向所在地主管税务机关办理享受本通知第一条规定的企业所得税优惠政策事宜。享受企业所得税优惠的技术先进型服务企业条件发生变化的,应当自发生变化之日起15日内向主管税务机关报告；不再符合享受税收优惠条件的，应当依法履行纳税义务。主管税务机关在执行税收优惠政策过程中，发现企业不具备技术先进型服务企业资格的，应提请认定机构复核。复核后确认不符合认定条件的，应取消企业享受税收优惠政策的资格。

4. 省级科技、商务、财政、税务和发展改革部门对经认定并享受税收优惠政策的技术先进型服务企业应做好跟踪管理，对变更经营范围、合并、分立、转业、迁移的企业，如不再符合认定条件，应及时取消其享受税收优惠政策的资格。

5. 省级财政、税务、商务、科技和发展改革部门要认真贯彻落实本通知的各项规定，在认定工作中对内外资企业一视同仁，平等对待，切实做好沟通与协作工作。在政策实施过程中发现问题，要及时反映上报财政部、税务总局、商务部、科技部和国家发展改革委。

6. 省级科技、商务、财政、税务和发展改革部门及其工作人员在认定技术先进型服务企业工作中，存在违法违纪行为的，按照《公务员法》《行政监察法》等国家有关规定追究相应责任；涉嫌犯罪的，移送司法机关处理。

7. 本通知印发后，各地应按照本通知规定于 2017 年 12 月 31 日前出台本省（自治区、直辖市、计划单列市）技术先进型服务企业认定管理办法并据此开展认定工作。现有 31 个中国服务外包示范城市已认定的 2017 年度技术先进型服务企业继续有效。从 2018 年 1 月 1 日起，中国服务外包示范城市技术先进型服务企业认定管理工作依照所在省（自治区、直辖市、计划单列市）制定的管理办法实施。

附件：技术先进型服务业务认定范围（试行）（略）

财政部　税务总局　国家发展改革委　工业和信息化部　环境保护部关于印发《节能节水和环境保护专用设备企业所得税优惠目录（2017 年版）》的通知

手机阅读

2017 年 9 月 6 日　财税〔2017〕71 号

各省、自治区、直辖市、计划单列市财政厅（局）、国家税务局、地方税务局、发展改革委、工业和信息化主管部门、环境保护厅（局），新疆生产建设兵团财务局、发展改革委、工业和信息化委员会、环境保护局：

经国务院同意，现就节能节水和环境保护专用设备企业所得税优惠目录调整完善事项及有关政策问题通知如下：

一、对企业购置并实际使用节能节水和环境保护专用设备享受企业所得税抵免优惠政策的适用目录进行适当调整，统一按《节能节水专用设备企业所得税优惠目录（2017年版）》（附件1）和《环境保护专用设备企业所得税优惠目录（2017年版）》（附件2）执行。

二、按照国务院关于简化行政审批的要求，进一步优化优惠管理机制，实行企业自行申报并直接享受优惠、税务部门强化后续管理的机制。企业购置节能节水和环境保护专用设备，应自行判断是否符合税收优惠政策规定条件，按规定向税务部门履行企业所得税优惠备案手续后直接享受税收优惠，税务部门采取税收风险管理、稽查、纳税评估等方式强化后续管理。

三、建立部门协调配合机制，切实落实节能节水和环境保护专用设备税收抵免优惠政策。税务部门在执行税收优惠政策过程中，不能准确判定企业购置的专用设备是否符合相关技术指标等税收优惠政策规定条件的，可提请地市级（含）以上发展改革、工业和信息化、环境保护等部门，由其委托专业机构出具技术鉴定意见，相关部门应积极配合。对不符合税收优惠政策规定条件的，由税务机关按《税收征管法》及有关规定进行相应处理。

四、本通知所称税收优惠政策规定条件，是指《节能节水专用设备企业所得税优惠目录（2017年版）》和《环境保护专用设备企业所得税优惠目录（2017年版）》所规定的设备类别、设备名称、性能参数、应用领域和执行标准。

五、本通知自2017年1月1日起施行。《节能节水专用设备企业所得税优惠目录（2008年版）》和《环境保护专用设备企业所得税优惠目录（2008年版）》自2017年10月1日起废止，企业在2017年1月1日至2017年9月30日购置的专用设备符合2008年版优惠目录规定的，也可享受税收优惠。

附件：1. 节能节水专用设备企业所得税优惠目录（2017年版）（略）
   2. 环境保护专用设备企业所得税优惠目录（2017年版）（略）

财政部　税务总局　科技部关于提高科技型中小企业研究开发费用税前加计扣除比例的通知

手机阅读

2017年5月2日　财税〔2017〕34号

各省、自治区、直辖市、计划单列市财政厅（局）、国家税务局、地方税务局、科技厅（局），新疆生产建设兵团财务局、科技局：

为进一步激励中小企业加大研发投入，支持科技创新，现就提高科技型中小企业研究开发费用（以下简称研发费用）税前加计扣除比例有关问题通知如下：

一、科技型中小企业开展研发活动中实际发生的研发费用，未形成无形资产计入当期损益的，在按规定据实扣除的基础上，在2017年1月1日至2019年12月31日期间，再按照实际发生额的75%在税前加计扣除；形成无形资产的，在上述期间按照无形资产成本的175%在税前摊销。

二、科技型中小企业享受研发费用税前加计扣除政策的其他政策口径按照《财政部 国家税务总局 科技部关于完善研究开发费用税前加计扣除政策的通知》（财税〔2015〕119号）规定执行。

三、科技型中小企业条件和管理办法由科技部、财政部和国家税务总局另行发布。科技、财政和税务部门应建立信息共享机制，及时共享科技型中小企业的相关信息，加强协调配合，保障优惠政策落实到位。

财政部　税务总局关于证券行业准备金支出企业所得税税前扣除有关政策问题的通知①

手机阅读

2017年3月21日　财税〔2017〕23号

各省、自治区、直辖市、计划单列市财政厅（局）、国家税务局、地方税务局，新疆生产建设兵团财务局：

根据《中华人民共和国企业所得税法》和《中华人民共和国企业所得税法实施条例》的有关规定，现就证券行业准备金支出企业所得税税前扣除有关政策问题明确如下：

一、证券类准备金

（一）证券交易所风险基金。

上海、深圳证券交易所依据《证券交易所风险基金管理暂行办法》（证监发〔2000〕22号）的有关规定，按证券交易所交易收取经手费的20%、会员年费的10%提取的证券交易所风险基金，在各基金净资产不超过10亿元的额度内，准予在企业所得税税前扣除。

（二）证券结算风险基金。

1. 中国证券登记结算公司所属上海分公司、深圳分公司依据《证券结算风险基金管理办法》（证监发〔2006〕65号）的有关规定，按证券登记结算公司业务收入的20%提取的证券结算风险基金，在各基金净资产不超过30亿元的额度内，准予在企业所得税税前扣除。

2. 证券公司依据《证券结算风险基金管理办法》（证监发〔2006〕65号）的有关规定，作为结算会员按人民币普通股和基金成交金额的十万分之三、国债现货成交金额的十万分之一、1天期国债回购成交金额的千万分之五、

---

① 根据《财政部　税务总局关于延长部分税收优惠政策执行期限的公告》（财政部税务总局公告2021年第6号），本法规定的准备金企业所得税税前扣除政策到期后继续执行。

2天期国债回购成交额的千万分之十、3天期国债回购成交额的千万分之十五、4天期国债回购成交额的千万分之二十、7天期国债回购成交额的千万分之五十、14天期国债回购成交额的十万分之一、28天期国债回购成交额的十万分之二、91天期国债回购成交额的十万分之六、182天期国债回购成交额的十万分之十二逐日交纳的证券结算风险基金，准予在企业所得税税前扣除。

（三）证券投资者保护基金。

1. 上海、深圳证券交易所依据《证券投资者保护基金管理办法》（证监会令第27号、第124号）的有关规定，在风险基金分别达到规定的上限后，按交易经手费的20%缴纳的证券投资者保护基金，准予在企业所得税税前扣除。

2. 证券公司依据《证券投资者保护基金管理办法》（证监会令第27号、第124号）的有关规定，按其营业收入0.5%—5%缴纳的证券投资者保护基金，准予在企业所得税税前扣除。

二、期货类准备金

（一）期货交易所风险准备金。

大连商品交易所、郑州商品交易所和中国金融期货交易所依据《期货交易管理条例》（国务院令第489号）、《期货交易所管理办法》（证监会令第42号）和《商品期货交易财务管理暂行规定》（财商字〔1997〕44号）的有关规定，上海期货交易所依据《期货交易管理条例》（国务院令第489号）、《期货交易所管理办法》（证监会令第42号）和《关于调整上海期货交易所风险准备金规模的批复》（证监函〔2009〕407号）的有关规定，分别按向会员收取手续费收入的20%计提的风险准备金，在风险准备金余额达到有关规定的额度内，准予在企业所得税税前扣除。

（二）期货公司风险准备金。

期货公司依据《期货公司管理办法》（证监会令第43号）和《商品期货交易财务管理暂行规定》（财商字〔1997〕44号）的有关规定，从其收取的交易手续费收入减去应付期货交易所手续费后的净收入的5%提取的期货公司风险准备金，准予在企业所得税税前扣除。

（三）期货投资者保障基金。

1. 上海期货交易所、大连商品交易所、郑州商品交易所和中国金融期货交易所依据《期货投资者保障基金管理办法》（证监会令第38号、第129号）和《关于明确期货投资者保障基金缴纳比例有关事项的规定》（证监会　财政部公告〔2016〕26号）的有关规定，按其向期货公司会员收取的交易手续费的2%（2016年12月8日前按3%）缴纳的期货投资者保障基金，在基金总额达到有关规定的额度内，准予在企业所得税税前扣除。

2. 期货公司依据《期货投资者保障基金管理办法》（证监会令第38号、第129号）和《关于明确期货投资者保障基金缴纳比例有关事项的规定》（证监会　财政部公告〔2016〕26号）的有关规定，从其收取的交易手续费中按照代理交易额的亿分之五至亿分之十的比例（2016年12月8日前按千万分之五至千万分之十的比例）缴纳的期货投资者保障基金，在基金总额达到有关规定的额度内,准予在企业所得税税前扣除。

三、上述准备金如发生清算、退送,应按规定补征企业所得税。

四、本通知自2016年1月1日起至2020年12月31日止执行。《财政部国家税务总局关于证券行业准备金支出企业所得税税前扣除有关政策问题的通知》(财税〔2012〕11号)同时废止。

财政部 税务总局关于中小企业融资(信用)担保机构有关准备金企业所得税税前扣除政策的通知①

手机阅读

2017年3月21日 财税〔2017〕22号

各省、自治区、直辖市、计划单列市财政厅(局)、国家税务局、地方税务局,新疆生产建设兵团财务局:

根据《中华人民共和国企业所得税法》和《中华人民共和国企业所得税法实施条例》的有关规定,现就中小企业融资(信用)担保机构有关准备金企业所得税税前扣除政策问题通知如下:

一、符合条件的中小企业融资(信用)担保机构按照不超过当年年末担保责任余额1%的比例计提的担保赔偿准备,允许在企业所得税税前扣除,同时将上年度计提的担保赔偿准备余额转为当期收入。

二、符合条件的中小企业融资(信用)担保机构按照不超过当年担保费收入50%的比例计提的未到期责任准备,允许在企业所得税税前扣除,同时将上年度计提的未到期责任准备余额转为当期收入。

三、中小企业融资(信用)担保机构实际发生的代偿损失,符合税收法律法规关于资产损失税前扣除政策规定的,应冲减已在税前扣除的担保赔偿准备,不足冲减部分据实在企业所得税税前扣除。

四、本通知所称符合条件的中小企业融资(信用)担保机构,必须同时满足以下条件:

(一)符合《融资性担保公司管理暂行办法》(银监会等七部委令2010年第3号)相关规定,并具有融资性担保机构监管部门颁发的经营许可证;

(二)以中小企业为主要服务对象,当年中小企业信用担保业务和再担保业务发生额占当年信用担保业务发生总额的70%以上(上述收入不包括信用评级、咨询、培训等收入);

---

① 根据《财政部 税务总局关于延长部分税收优惠政策执行期限的公告》(财政部税务总局公告2021年第6号),本法规定的准备金企业所得税税前扣除政策到期后继续执行。

（三）中小企业融资担保业务的平均年担保费率不超过银行同期贷款基准利率的50%；

（四）财政、税务部门规定的其他条件。

五、申请享受本通知规定的准备金税前扣除政策的中小企业融资（信用）担保机构，在汇算清缴时，需报送法人执照副本复印件、融资性担保机构监管部门颁发的经营许可证复印件、年度会计报表和担保业务情况（包括担保业务明细和风险准备金提取等），以及财政、税务部门要求提供的其他材料。

六、本通知自2016年1月1日起至2020年12月31日止执行。《财政部 国家税务总局关于中小企业信用担保机构有关准备金企业所得税税前扣除政策的通知》（财税〔2012〕25号）同时废止。

财政部 国家税务总局 国家发展改革委关于垃圾填埋沼气发电列入《环境保护、节能节水项目企业所得税优惠目录（试行）》的通知

手机阅读

2016年12月1日 财税〔2016〕131号

各省、自治区、直辖市、计划单列市财政厅（局）、国家税务局、地方税务局、发展改革委，新疆生产建设兵团财务局、发展改革委：

按照国务院促进民间投资健康发展的有关决定精神，落实垃圾填埋沼气发电项目所得税政策，现将有关问题通知如下：

一、将垃圾填埋沼气发电项目列入《财政部 国家税务总局 国家发展改革委关于公布环境保护节能节水项目企业所得税优惠目录（试行）的通知》（财税〔2009〕166号）规定的"沼气综合开发利用"范围。

二、企业从事垃圾填埋沼气发电项目取得的所得，符合《环境保护、节能节水项目企业所得税优惠目录（试行）》规定优惠政策条件的，可依照规定享受企业所得税优惠。

本通知自2016年1月1日起执行。

财政部 国家税务总局关于保险公司准备金支出企业所得税税前扣除有关政策问题的通知[①]

2016年11月2日 财税〔2016〕114号

各省、自治区、直辖市、计划单列市财政（局）、国家税务局、地方税务局、新疆生产建设兵团财务局：

根据《中华人民共和国企业所得税法》和《中华人民共和国企业所得税法实施条例》的有关规定，现就保险公司准备金支出企业所得税税前扣除有关问题明确如下：

一、保险公司按下列规定缴纳的保险保障基金，准予据实税前扣除：

1. 非投资型财产保险业务，不得超过保费收入的0.8%；投资型财产保险业务，有保证收益的，不得超过业务收入的0.08%，无保证收益的，不得超过业务收入的0.05%。

2. 有保证收益的人寿保险业务，不得超过业务收入的0.15%；无保证收益的人寿保险业务，不得超过业务收入的0.05%。

3. 短期健康保险业务，不得超过保费收入的0.8%；长期健康保险业务，不得超过保费收入的0.15%。

4. 非投资型意外伤害保险业务，不得超过保费收入的0.8%；投资型意外伤害保险业务，有保证收益的，不得超过业务收入的0.08%，无保证收益的，不得超过业务收入的0.05%。

保险保障基金，是指按照《中华人民共和国保险法》和《保险保障基金管理办法》规定缴纳形成的，在规定情形下用于救助保单持有人、保单受让公司或者处置保险业风险的非政府性行业风险救助基金。

保费收入，是指投保人按照保险合同约定，向保险公司支付的保险费。

业务收入，是指投保人按照保险合同约定，为购买相应的保险产品支付给保险公司的全部金额。

非投资型财产保险业务，是指仅具有保险保障功能而不具有投资理财功能的财产保险业务。

投资型财产保险业务，是指兼具有保险保障与投资理财功能的财产保险业务。

[①] 根据《财政部 税务总局关于延长部分税收优惠政策执行期限的公告》（财政部 税务总局公告2021年第6号），本法规定的准备金企业所得税税前扣除政策到期后继续执行。

有保证收益,是指保险产品在投资收益方面提供固定收益或最低收益保障。

无保证收益,是指保险产品在投资收益方面不提供收益保证,投保人承担全部投资风险。

二、保险公司有下列情形之一的,其缴纳的保险保障基金不得在税前扣除:

1. 财产保险公司的保险保障基金余额达到公司总资产6%的。
2. 人身保险公司的保险保障基金余额达到公司总资产1%的。

三、保险公司按国务院财政部门的相关规定提取的未到期责任准备金、寿险责任准备金、长期健康险责任准备金、已发生已报案未决赔款准备金和已发生未报案未决赔款准备金,准予在税前扣除。

1. 未到期责任准备金、寿险责任准备金、长期健康险责任准备金依据经中国保监会核准任职资格的精算师或出具专项审计报告的中介机构确定的金额提取。

未到期责任准备金,是指保险人为尚未终止的非寿险保险责任提取的准备金。

寿险责任准备金,是指保险人为尚未终止的人寿保险责任提取的准备金。

长期健康险责任准备金,是指保险人为尚未终止的长期健康保险责任提取的准备金。

2. 已发生已报案未决赔款准备金,按最高不超过当期已经提出的保险赔款或者给付金额的100%提取;已发生未报案未决赔款准备金按不超过当年实际赔款支出额的8%提取。

已发生已报案未决赔款准备金,是指保险人为非寿险保险事故已经发生并已向保险人提出索赔、尚未结案的赔案提取的准备金。

已发生未报案未决赔款准备金,是指保险人为非寿险保险事故已经发生、尚未向保险人提出索赔的赔案提取的准备金。

四、保险公司经营财政给予保费补贴的农业保险,按不超过财政部门规定的农业保险大灾风险准备金(简称大灾准备金)计提比例,计提的大灾准备金,准予在企业所得税前据实扣除。具体计算公式如下:

本年度扣除的大灾准备金 = 本年度保费收入 × 规定比例 − 上年度已在税前扣除的大灾准备金结存余额

按上述公式计算的数额如为负数,应调增当年应纳税所得额。

财政给予保费补贴的农业保险,是指各级财政按照中央财政农业保险保费补贴政策规定给予保费补贴的种植业、养殖业、林业等农业保险。

规定比例,是指按照《财政部关于印发〈农业保险大灾风险准备金管理办法〉的通知》(财金〔2013〕129号)规定的计提比例。

五、保险公司实际发生的各种保险赔款、给付,应首先冲抵按规定提取的准备金,不足冲抵部分,准予在当年税前扣除。

六、本通知自2016年1月1日至2020年12月31日执行。

财政部 国家税务总局关于银行业金融机构存款保险保费企业所得税税前扣除有关政策问题的通知

手机阅读

2016年10月8日 财税〔2016〕106号

各省、自治区、直辖市、计划单列市财政厅（局）、国家税务局、地方税务局，新疆生产兵团财务局：

根据《中华人民共和国企业所得税法》及《中华人民共和国企业所得税法实施条例》的有关规定，现就银行业金融机构存款保险保费企业所得税税前扣除政策问题明确如下：

一、银行业金融机构依据《存款保险条例》的有关规定，按照不超过万分之一点六的存款保险费率，计算交纳的存款保险保费，准予在企业所得税税前扣除。

二、准予在企业所得税税前扣除的存款保险保费计算公式如下：

准予在企业所得税税前扣除的存款保险保费 = 保费基数 × 存款保险费率

保费基数以中国人民银行核定的数额为准。

三、准予在企业所得税税前扣除的存款保险保费，不包括存款保险保费滞纳金。

四、银行业金融机构是指《存款保险条例》规定在我国境内设立的商业银行、农村合作银行、农村信用合作社等吸收存款的银行业金融机构。

五、本通知自2015年5月1日起执行。

财政部 国家税务总局 国家发展改革委 工业和信息化部关于完善新疆困难地区重点鼓励发展产业企业所得税优惠目录的通知

手机阅读

2016年7月29日 财税〔2016〕85号

新疆维吾尔自治区财政厅、国家税务局、地方税务局、发展和改革委员会、经济和信息化委员会，新疆生产建设兵团财务局、发展和改革委员会、工业和信息化委员会：

为进一步推动新疆经济发展,经国务院批准,现对新疆困难地区重点鼓励发展产业企业所得税优惠目录调整事项及有关政策问题通知如下:

一、对新疆困难地区及新疆喀什、霍尔果斯两个特殊经济开发区新办企业所得税优惠政策的适用目录进行适当调整,统一按《新疆困难地区重点鼓励发展产业企业所得税优惠目录(试行)(2016 版)》执行。

二、享受新疆困难地区及新疆喀什、霍尔果斯两个特殊经济开发区重点鼓励发展产业企业所得税优惠政策的企业,涉及外商投资的,应符合现行外商投资产业政策相关规定。

三、本通知自 2016 年 1 月 1 日起施行。

附件:新疆困难地区重点鼓励发展产业企业所得税优惠目录(试行)(2016 版)(略)

财政部 国家税务总局 发展改革委 工业和信息化部关于软件和集成电路产业企业所得税优惠政策有关问题的通知①

手机阅读

2016 年 5 月 4 日 财税〔2016〕49 号

各省、自治区、直辖市、计划单列市财政厅(局)、国家税务局、地方税务局、发展改革委、工业和信息化主管部门:

按照《国务院关于取消和调整一批行政审批项目等事项的决定》(国发〔2015〕11 号)和《国务院关于取消非行政许可审批事项的决定》(国发〔2015〕27 号)规定,集成电路生产企业、集成电路设计企业、软件企业、国家规划布局内的重点软件企业和集成电路设计企业(以下统称软件、集成电路企业)的税收优惠资格认定等非行政许可审批已经取消。为做好《财政部 国家税务总局关于进一步鼓励软件产业和集成电路产业发展企业所得税政策的通知》(财税〔2012〕27 号)规定的企业所得税优惠政策落实工作,现将有关问题通知如下:

一、享受财税〔2012〕27 号文件规定的税收优惠政策的软件、集成电路企业,每年汇算清缴时应按照《国家税务总局关于发布〈企业所得税优惠政策事项办理办法〉的公告》(国家税务总局公告 2015 年第 76 号)规定向税务机关备案,同时提交《享受企业所得税优惠政策的软件和集成电路企业备案资料

---

① 根据《关于集成电路生产企业有关企业所得税政策问题的通知》(财税〔2018〕27 号),本法第二条第(二)项中"具有劳动合同关系"调整为"具有劳动合同关系或劳务派遣、聘用关系",第(三)项中汇算清缴年度研究开发费用总额占企业销售(营业)收入总额(主营业务收入与其他业务收入之和)的比例由"不低于 5%"调整为"不低于 2%"。

明细表》（见附件）规定的备案资料。

为切实加强优惠资格认定取消后的管理工作，在软件、集成电路企业享受优惠政策后，税务部门转请发展改革、工业和信息化部门进行核查。对经核查不符合软件、集成电路企业条件的，由税务部门追缴其已经享受的企业所得税优惠，并按照税收征管法的规定进行处理。

二、财税〔2012〕27号文件所称集成电路生产企业，是指以单片集成电路、多芯片集成电路、混合集成电路制造为主营业务并同时符合下列条件的企业：

（一）在中国境内（不包括港、澳、台地区）依法注册并在发展改革、工业和信息化部门备案的居民企业；

（二）汇算清缴年度具有劳动合同关系且具有大学专科以上学历职工人数占企业月平均职工总人数的比例不低于40%，其中研究开发人员占企业月平均职工总数的比例不低于20%；

（三）拥有核心关键技术，并以此为基础开展经营活动，且汇算清缴年度研究开发费用总额占企业销售（营业）收入（主营业务收入与其他业务收入之和，下同）总额的比例不低于5%；其中，企业在中国境内发生的研究开发费用金额占研究开发费用总额的比例不低于60%；

（四）汇算清缴年度集成电路制造销售（营业）收入占企业收入总额的比例不低于60%；

（五）具有保证产品生产的手段和能力，并获得有关资质认证（包括ISO质量体系认证）；

（六）汇算清缴年度未发生重大安全、重大质量事故或严重环境违法行为。

三、财税〔2012〕27号文件所称集成电路设计企业是指以集成电路设计为主营业务并同时符合下列条件的企业：

（一）在中国境内（不包括港、澳、台地区）依法注册的居民企业；

（二）汇算清缴年度具有劳动合同关系且具有大学专科以上学历的职工人数占企业月平均职工总人数的比例不低40%，其中研究开发人员占企业月平均职工总数的比例不低于20%；

（三）拥有核心关键技术，并以此为基础开展经营活动，且汇算清缴年度研究开发费用总额占企业销售（营业）收入总额的比例不低于6%；其中，企业在中国境内发生的研究开发费用金额占研究开发费用总额的比例不低于60%；

（四）汇算清缴年度集成电路设计销售（营业）收入占企业收入总额的比例不低于60%，其中集成电路自主设计销售（营业）收入占企业收入总额的比例不低于50%；

（五）主营业务拥有自主知识产权；

（六）具有与集成电路设计相适应的软硬件设施等开发环境（如EDA工具、服务器或工作站等）；

（七）汇算清缴年度未发生重大安全、重大质量事故或严重环境违法行为。

四、财税〔2012〕27号文件所称软件企业是指以软件产品开发销售（营业）为主营业务并同时符合下列条件的企业：

（一）在中国境内（不包括港、澳、台地区）依法注册的居民企业；

（二）汇算清缴年度具有劳动合同关系且具有大学专科以上学历的职工人数占企业月平均职工总人数的比例不低于40%，其中研究开发人员占企业月平均职工总数的比例不低于20%；

（三）拥有核心关键技术，并以此为基础开展经营活动，且汇算清缴年度研究开发费用总额占企业销售（营业）收入总额的比例不低于6%；其中，企业在中国境内发生的研究开发费用金额占研究开发费用总额的比例不低于60%；

（四）汇算清缴年度软件产品开发销售（营业）收入占企业收入总额的比例不低于50%（嵌入式软件产品和信息系统集成产品开发销售（营业）收入占企业收入总额的比例不低于40%），其中：软件产品自主开发销售（营业）收入占企业收入总额的比例不低于40%（嵌入式软件产品和信息系统集成产品开发销售（营业）收入占企业收入总额的比例不低于30%）；

（五）主营业务拥有自主知识产权；

（六）具有与软件开发相适应软硬件设施等开发环境（如合法的开发工具等）；

（七）汇算清缴年度未发生重大安全、重大质量事故或严重环境违法行为。

五、财税〔2012〕27号文件所称国家规划布局内重点集成电路设计企业除符合本通知第三条规定，还应至少符合下列条件中的一项：

（一）汇算清缴年度集成电路设计销售（营业）收入不低于2亿元，年应纳税所得额不低于1000万元，研究开发人员占月平均职工总数的比例不低于25%；

（二）在国家规定的重点集成电路设计领域内，汇算清缴年度集成电路设计销售（营业）收入不低于2000万元，应纳税所得额不低于250万元，研究开发人员占月平均职工总数的比例不低于35%，企业在中国境内发生的研发开发费用金额占研究开发费用总额的比例不低于70%。

六、财税〔2012〕27号文件所称国家规划布局内重点软件企业是除符合本通知第四条规定，还应至少符合下列条件中的一项：

（一）汇算清缴年度软件产品开发销售（营业）收入不低于2亿元，应纳税所得额不低于1000万元，研究开发人员占职工总数的比例不低于25%；

（二）在国家规定的重点软件领域内，汇算清缴年度软件产品开发销售（营业）收入不低于5000万元，应纳税所得额不低于250万元，研究开发人员占企业月平均职工总数的比例不低于25%，企业在中国境内发生的研发开发费用金额占研究开发费用总额的比例不低于70%；

（三）汇算清缴年度软件出口收入总额不低于800万美元，软件出口收入总额占本企业年度收入总额比例不低于50%，研究开发人员占企业月平均职工总数的比例不低于25%。

七、国家规定的重点软件领域及重点集成电路设计领域，由国家发展改革委、工业和信息化部会同财政部、税务总局根据国家产业规划和布局确定，并实行动态调整。

八、软件、集成电路企业规定条件中所称研究开发费用政策口径，2015年度仍按《国家税务总局关于印发〈企业研究开发费用税前扣除管理办法（试行）〉的通知》（国税发〔2008〕116号）和《财政部 国家税务总局关于研究开发费用税前加计扣除有关政策的通知》（财税〔2013〕70号）的规定执行，2016年及以后年度按照《财政部 国家税务总局 科技部关于完善研究开发费用税前加计扣除政策的通知》（财税〔2015〕119号）的规定执行。

九、软件、集成电路企业应从企业的获利年度起计算定期减免税优惠期。如获利年度不符合优惠条件的，应自首次符合软件、集成电路企业条件的年度起，在其优惠期的剩余年限内享受相应的减免税优惠。

十、省级（自治区、直辖市、计划单列市，下同）财政、税务、发展改革和工业和信息化部门应密切配合，通过建立核查机制并有效运用核查结果，切实加强对软件、集成电路企业的后续管理工作。

（一）省级税务部门应在每年3月20日前和6月20日前分两批将汇算清缴年度已申报享受软件、集成电路企业税收优惠政策的企业名单及其备案资料提交省级发展改革、工业和信息化部门。其中，享受软件企业、集成电路设计企业税收优惠政策的名单及备案资料提交给省级工业和信息化部门，省级工业和信息化部门组织专家或者委托第三方机构对名单内企业是否符合条件进行核查；享受其他优惠政策的名单及备案资料提交给省级发展改革部门，省级发展改革部门会同工业和信息化部门共同组织专家或者委托第三方机构对名单内企业是否符合条件进行核查。

2015年度享受优惠政策的企业名单和备案资料，省级税务部门可在2016年6月20日前一次性提交给省级发展改革、工业和信息化部门。

（二）省级发展改革、工业和信息化部门应在收到享受优惠政策的企业名单和备案资料两个月内将复核结果反馈省级税务部门（第一批名单复核结果应在汇算清缴期结束前反馈）。

（三）每年10月底前，省级财政、税务、发展改革、工业和信息化部门应将核查结果及税收优惠落实情况联合汇总上报财政部、税务总局、国家发展改革委、工业和信息化部。

如遇特殊情况汇算清缴延期的，上述期限可相应顺延。

（四）省级财政、税务、发展改革、工业和信息化部门可以根据本通知规定，结合当地实际，制定具体操作管理办法，并报财政部、税务总局、发展改革委、工业和信息化部备案。

十一、国家税务总局公告2015年第76号所附《企业所得税优惠事项备案管理目录（2015年版）》第38、41、42、43、46项软件、集成电路企业优惠政策不再作为"定期减免税优惠备案管理事项"管理，本通知执行前已经履行备案等相关手续的，在享受税收优惠的年度仍应按照本通知的规定办理备案手续。

十二、本通知自2015年1月1日起执行。《财政部 国家税务总局关于进一步鼓励软件产业和集成电路产业发展企业所得税政策的通知》（财税〔2012〕27号）第九条、第十条、第十一条、第十三条、第十七条、第十八条、第十九条和第二十条停止执行。国家税务总局公告 2015 年第 76 号所附《企业所得税优惠事项备案管理目录（2015 年版）》第 38 项至 43 项及第 46 至 48 项软件、集成电路企业优惠政策的"备案资料"、"主要留存备查资料"规定停止执行。

附件：享受企业所得税优惠政策的软件和集成电路企业备案资料明细表（略）

财政部　国家税务总局　科技部关于完善研究开发费用税前加计扣除政策的通知①

手机阅读

2015 年 11 月 2 日　财税〔2015〕119 号

各省、自治区、直辖市、计划单列市财政厅（局）、国家税务局、地方税务局、科技厅（局），新疆生产建设兵团财务局、科技局：

根据《中华人民共和国企业所得税法》及其实施条例有关规定，为进一步贯彻落实《中共中央　国务院关于深化体制机制改革加快实施创新驱动发展战略的若干意见》精神，更好地鼓励企业开展研究开发活动（以下简称研发活动）和规范企业研究开发费用（以下简称研发费用）加计扣除优惠政策执行，现就企业研发费用税前加计扣除有关问题通知如下：

一、研发活动及研发费用归集范围

本通知所称研发活动，是指企业为获得科学与技术新知识，创造性运用科学技术新知识，或实质性改进技术、产品（服务）、工艺而持续进行的具有明确目标的系统性活动。

（一）允许加计扣除的研发费用。

企业开展研发活动中实际发生的研发费用，未形成无形资产计入当期损益的，在按规定据实扣除的基础上，按照本年度实际发生额的 50%，从本年度应纳税所得额中扣除；形成无形资产的，按照无形资产成本的 150% 在税前摊销。研发费用的具体范围包括：

1. 人员人工费用。

直接从事研发活动人员的工资薪金、基本养老保险费、基本医疗保险费、失业保险费、工伤保险费、生育保险费和住房公积金，以及外聘研发人员的劳务费用。

---

① 根据《关于企业委托境外研究开发费用税前加计扣除有关政策问题的通知》（财税〔2018〕64 号），本法第二条中"企业委托境外机构或个人进行研发活动所发生的费用，不得加计扣除"的规定被废止。

2. 直接投入费用。

（1）研发活动直接消耗的材料、燃料和动力费用。

（2）用于中间试验和产品试制的模具、工艺装备开发及制造费，不构成固定资产的样品、样机及一般测试手段购置费，试制产品的检验费。

（3）用于研发活动的仪器、设备的运行维护、调整、检验、维修等费用，以及通过经营租赁方式租入的用于研发活动的仪器、设备租赁费。

3. 折旧费用。

用于研发活动的仪器、设备的折旧费。

4. 无形资产摊销。

用于研发活动的软件、专利权、非专利技术（包括许可证、专有技术、设计和计算方法等）的摊销费用。

5. 新产品设计费、新工艺规程制定费、新药研制的临床试验费、勘探开发技术的现场试验费。

6. 其他相关费用。

与研发活动直接相关的其他费用，如技术图书资料费、资料翻译费、专家咨询费、高新科技研发保险费，研发成果的检索、分析、评议、论证、鉴定、评审、评估、验收费用，知识产权的申请费、注册费、代理费，差旅费、会议费等。此项费用总额不得超过可加计扣除研发费用总额的10%。

7. 财政部和国家税务总局规定的其他费用。

（二）下列活动不适用税前加计扣除政策。

1. 企业产品（服务）的常规性升级。

2. 对某项科研成果的直接应用，如直接采用公开的新工艺、材料、装置、产品、服务或知识等。

3. 企业在商品化后为顾客提供的技术支持活动。

4. 对现存产品、服务、技术、材料或工艺流程进行的重复或简单改变。

5. 市场调查研究、效率调查或管理研究。

6. 作为工业（服务）流程环节或常规的质量控制、测试分析、维修维护。

7. 社会科学、艺术或人文学方面的研究。

二、特别事项的处理

1. 企业委托外部机构或个人进行研发活动所发生的费用，按照费用实际发生额的80%计入委托方研发费用并计算加计扣除，受托方不得再进行加计扣除。委托外部研究开发费用实际发生额应按照独立交易原则确定。

委托方与受托方存在关联关系的，受托方应向委托方提供研发项目费用支出明细情况。

企业委托境外机构或个人进行研发活动所发生的费用，不得加计扣除。

2. 企业共同合作开发的项目，由合作各方就自身实际承担的研发费用分别计算加计扣除。

3. 企业集团根据生产经营和科技开发的实际情况，对技术要求高、投资数额大，需要集中研发的项目，其实际发生的研发费用，可以按照权利和义务相一致、费用支出和收益分享相配比的原则，合理确定研发费用的分摊方法，在受益成员企业间进行分摊，由相关成员企业分别计算加计扣除。

4. 企业为获得创新性、创意性、突破性的产品进行创意设计活动而发生的相关费用，可按照本通知规定进行税前加计扣除。

创意设计活动是指多媒体软件、动漫游戏软件开发，数字动漫、游戏设计制作；房屋建筑工程设计（绿色建筑评价标准为三星）、风景园林工程专项设计；工业设计、多媒体设计、动漫及衍生产品设计、模型设计等。

三、会计核算与管理

1. 企业应按照国家财务会计制度要求，对研发支出进行会计处理；同时，对享受加计扣除的研发费用按研发项目设置辅助账，准确归集核算当年可加计扣除的各项研发费用实际发生额。企业在一个纳税年度内进行多项研发活动的，应按照不同研发项目分别归集可加计扣除的研发费用。

2. 企业应对研发费用和生产经营费用分别核算，准确、合理归集各项费用支出，对划分不清的，不得实行加计扣除。

四、不适用税前加计扣除政策的行业

1. 烟草制造业。
2. 住宿和餐饮业。
3. 批发和零售业。
4. 房地产业。
5. 租赁和商务服务业。
6. 娱乐业。
7. 财政部和国家税务总局规定的其他行业。

上述行业以《国民经济行业分类与代码（GB/4754—2011）》为准，并随之更新。

五、管理事项及征管要求

1. 本通知适用于会计核算健全、实行查账征收并能够准确归集研发费用的居民企业。

2. 企业研发费用各项目的实际发生额归集不准确、汇总额计算不准确的，税务机关有权对其税前扣除额或加计扣除额进行合理调整。

3. 税务机关对企业享受加计扣除优惠的研发项目有异议的，可以转请地市级（含）以上科技行政主管部门出具鉴定意见，科技部门应及时回复意见。企业承担省部级（含）以上科研项目的，以及以前年度已鉴定的跨年度研发项目，不再需要鉴定。

4. 企业符合本通知规定的研发费用加计扣除条件而在 2016 年 1 月 1 日以后未及时享受该项税收优惠的，可以追溯享受并履行备案手续，追溯期限最长为 3 年。

5. 税务部门应加强研发费用加计扣除优惠政策的后续管理，定期开展核查，年度核查面不得低于 20%。

六、执行时间

本通知自 2016 年 1 月 1 日起执行。《国家税务总局关于印发〈企业研究开发费用税前扣除管理办法（试行）〉的通知》（国税发〔2008〕116 号）和《财政部 国家税务总局关于研究开发费用税前加计扣除有关政策问题的通知》（财税〔2013〕70 号）同时废止。

财政部 国家税务总局关于进一步完善固定资产加速折旧企业所得税政策的通知

2015年9月17日 财税〔2015〕106号

各省、自治区、直辖市、计划单列市财政厅（局）、国家税务局、地方税务局，新疆生产建设兵团财务局：

根据国务院常务会议的有关决定精神，现就有关固定资产加速折旧企业所得税政策问题通知如下：

一、对轻工、纺织、机械、汽车等四个领域重点行业（具体范围见附件）的企业2015年1月1日后新购进的固定资产，可由企业选择缩短折旧年限或采取加速折旧的方法。

二、对上述行业的小型微利企业2015年1月1日后新购进的研发和生产经营共用的仪器、设备，单位价值不超过100万元的，允许一次性计入当期成本费用在计算应纳税所得额时扣除，不再分年度计算折旧；单位价值超过100万元的，可由企业选择缩短折旧年限或采取加速折旧的方法。

三、企业按本通知第一条、第二条规定缩短折旧年限的，最低折旧年限不得低于企业所得税法实施条例第六十条规定折旧年限的60%；采取加速折旧方法的，可采取双倍余额递减法或者年数总和法。

按照企业所得税法及其实施条例有关规定，企业根据自身生产经营需要，也可选择不实行加速折旧政策。

四、本通知自2015年1月1日起执行。2015年前3季度按本通知规定未能计算办理的，统一在2015年第4季度预缴申报时享受优惠或2015年度汇算清缴时办理。

附件：轻工、纺织、机械、汽车四个领域重点行业范围（略）

财政部 国家税务总局 发展改革委 工业和信息化部关于进一步鼓励集成电路产业发展企业所得税政策的通知

2015年3月2日 财税〔2015〕6号

各省、自治区、直辖市、计划单列市财政厅（局）、国家税务局、地方税务局、发展改革委、工业和信息化主管部门：

根据《中华人民共和国企业所得税法》及其实施条例和《国务院关于印发进一步鼓励软件产业和集成电路产业发展若干政策的通知》（国发〔2011〕4号）、《国家集成电路产业发展推进纲要》精神，为进一步推动科技创新和产业结构升级，促进信息技术产业发展，现将进一步鼓励集成电路产业发展的企业所得税政策通知如下：

一、符合条件的集成电路封装、测试企业以及集成电路关键专用材料生产企业、集成电路专用设备生产企业，在2017年（含2017年）前实现获利的，自获利年度起，第一年至第二年免征企业所得税，第三年至第五年按照25%的法定税率减半征收企业所得税，并享受至期满为止；2017年前未实现获利的，自2017年起计算优惠期，享受至期满为止。

二、本通知所称符合条件的集成电路封装、测试企业，必须同时满足以下条件：

1. 2014年1月1日后依法在中国境内成立的法人企业；
2. 签订劳动合同关系且具有大学专科以上学历的职工人数占企业当年月平均职工总人数的比例不低于40%，其中，研究开发人员占企业当年月平均职工总数的比例不低于20%；
3. 拥有核心关键技术，并以此为基础开展经营活动，且当年度的研究开发费用总额占企业销售（营业）收入（主营业务收入与其他业务收入之和，下同）总额的比例不低于3.5%，其中，企业在中国境内发生的研究开发费用金额占研究开发费用总额的比例不低于60%；
4. 集成电路封装、测试销售（营业）收入占企业收入总额的比例不低于60%；
5. 具有保证产品生产的手段和能力，并获得有关资质认证（包括ISO质量体系认证、人力资源能力认证等）；
6. 具有与集成电路封装、测试相适应的经营场所、软硬件设施等基本条件。

三、本通知所称符合条件的集成电路关键专用材料生产企业或集成电路专用设备生产企业，必须同时满足以下条件：

1. 2014年1月1日后依法在中国境内成立的法人企业；
2. 签订劳动合同关系且具有大学专科以上学历的职工人数占企业当年月平均职工总人数的比例不低于40%，其中，研究开发人员占企业当年月平均职工总数的比例不低于20%；
3. 拥有核心关键技术，并以此为基础开展经营活动，且当年度的研究开发费用总额占企业销售（营业）收入总额的比例不低于5%，其中，企业在中国境内发生的研究开发费用金额占研究开发费用总额的比例不低于60%；
4. 集成电路关键专用材料或专用设备销售收入占企业销售（营业）收入总额的比例不低于30%；
5. 具有保证集成电路关键专用材料或专用设备产品生产的手段和能力，并获得有关资质认证（包括ISO质量体系认证、人力资源能力认证等）；
6. 具有与集成电路关键专用材料或专用设备生产相适应的经营场所、软硬件设施等基本条件。

集成电路关键专用材料或专用设备的范围,分别按照《集成电路关键专用材料企业所得税优惠目录》(附件1)、《集成电路专用设备企业所得税优惠目录》(附件2)的规定执行。

四、符合本通知规定条件的企业,应在年度终了之日起4个月内,按照本通知及企业所得税相关税收优惠政策管理的规定,凭省级相关部门出具的证明向主管税务机关办理减免税手续。省级相关部门证明出具办法,由各省(自治区、直辖市、计划单列市)发展改革委、工业和信息化主管部门会同财政、税务等部门研究确定。

五、享受上述税收优惠的企业有下述情况之一的,应取消其享受税收优惠的资格,并补缴存在以下行为所属年度已减免的企业所得税税款:

1. 在申请认定过程中提供虚假信息的;
2. 有偷、骗税等行为的;
3. 发生重大安全、质量事故的;
4. 有环境等违法、违规行为,受到有关部门处罚的。

六、享受税收优惠的企业,其税收优惠条件发生变化的,应当自发生变化之日起巧日内向主管税务机关报告;不再符合税收优惠条件的,应当依法履行纳税义务;未依法纳税的,主管税务机关应当予以追缴。同时,主管税务机关在执行税收优惠政策过程中,发现企业不符合享受税收优惠条件的,可暂停企业享受的相关税收优惠,并提请相关部门进行有关条件复核。

七、集成电路封装、测试企业以及集成电路关键专用材料生产企业、集成电路专用设备生产企业等依照本通知规定可以享受的企业所得税优惠政策与其他定期减免税优惠政策存在交叉的,由企业选择一项最优惠政策执行,不叠加享受。

八、本通知自2014年1月1日起执行。

附件:1. 集成电路关键专用材料企业所得税优惠目录(略)
2. 集成电路专用设备企业所得税优惠目录(略)

财政部 国家税务总局关于非货币性资产投资企业所得税政策问题的通知

2014年12月31日 财税〔2014〕116号

各省、自治区、直辖市、计划单列市财政厅(局)、国家税务局、地方税务局,新疆生产建设兵团财务局:

为贯彻落实《国务院关于进一步优化企业兼并重组市场环境的意见》(国发〔2014〕14号),根据《中华人民共和国企业所得税法》及其实施条例有关规定,现就非货币性资产投资涉及的企业所得税政策问题明确如下:

一、居民企业(以下简称企业)以非货币性资产对外投资确认的非货币性资产转让所得，可在不超过 5 年期限内，分期均匀计入相应年度的应纳税所得额，按规定计算缴纳企业所得税。

二、企业以非货币性资产对外投资，应对非货币性资产进行评估并按评估后的公允价值扣除计税基础后的余额，计算确认非货币性资产转让所得。

企业以非货币性资产对外投资，应于投资协议生效并办理股权登记手续时，确认非货币性资产转让收入的实现。

三、企业以非货币性资产对外投资而取得被投资企业的股权，应以非货币性资产的原计税成本为计税基础，加上每年确认的非货币性资产转让所得，逐年进行调整。

被投资企业取得非货币性资产的计税基础，应按非货币性资产的公允价值确定。

四、企业在对外投资 5 年内转让上述股权或投资收回的，应停止执行递延纳税政策，并就递延期内尚未确认的非货币性资产转让所得，在转让股权或投资收回当年的企业所得税年度汇算清缴时，一次性计算缴纳企业所得税；企业在计算股权转让所得时，可按本通知第三条第一款规定将股权的计税基础一次调整到位。

企业在对外投资 5 年内注销的，应停止执行递延纳税政策，并就递延期内尚未确认的非货币性资产转让所得，在注销当年的企业所得税年度汇算清缴时，一次性计算缴纳企业所得税。

五、本通知所称非货币性资产，是指现金、银行存款、应收账款、应收票据以及准备持有至到期的债券投资等货币性资产以外的资产。

本通知所称非货币性资产投资，限于以非货币性资产出资设立新的居民企业，或将非货币性资产注入现存的居民企业。

六、企业发生非货币性资产投资，符合《财政部　国家税务总局关于企业重组业务企业所得税处理若干问题的通知》（财税〔2009〕59 号）等文件规定的特殊性税务处理条件的，也可选择按特殊性税务处理规定执行。

七、本通知自 2014 年 1 月 1 日起执行。本通知发布前尚未处理的非货币性资产投资，符合本通知规定的可按本通知执行。

财政部　国家税务总局关于促进企业重组有关企业所得税处理问题的通知

2014 年 12 月 25 日　　财税〔2014〕109 号

各省、自治区、直辖市、计划单列市财政厅（局）、国家税务局、地方税务局，新疆生产建设兵团财务局：

为贯彻落实《国务院关于进一步优化企业兼并重组市场环境的意见》（国发〔2014〕14 号），根据《中华人民共和国企业所得税法》及其实施条例有关

规定,现就企业重组有关企业所得税处理问题明确如下:

一、关于股权收购

将《财政部 国家税务总局关于企业重组业务企业所得税处理若干问题的通知》(财税〔2009〕59号)第六条第(二)项中有关"股权收购,收购企业购买的股权不低于被收购企业全部股权的75%"规定调整为"股权收购,收购企业购买的股权不低于被收购企业全部股权的50%"。

二、关于资产收购

将财税〔2009〕59号文件第六条第(三)项中有关"资产收购,受让企业收购的资产不低于转让企业全部资产的75%"规定调整为"资产收购,受让企业收购的资产不低于转让企业全部资产的50%"。

三、关于股权、资产划转

对100%直接控制的居民企业之间,以及受同一或相同多家居民企业100%直接控制的居民企业之间按账面净值划转股权或资产,凡具有合理商业目的、不以减少、免除或者推迟缴纳税款为主要目的,股权或资产划转后连续12个月内不改变被划转股权或资产原来实质性经营活动,且划出方企业和划入方企业均未在会计上确认损益的,可以选择按以下规定进行特殊性税务处理:

1. 划出方企业和划入方企业均不确认所得。

2. 划入方企业取得被划转股权或资产的计税基础,以被划转股权或资产的原账面净值确定。

3. 划入方企业取得的被划转资产,应按其原账面净值计算折旧扣除。

四、本通知自2014年1月1日起执行。本通知发布前尚未处理的企业重组,符合本通知规定的可按本通知执行。

财政部 国家税务总局关于完善固定资产加速折旧企业所得税政策的通知

手机阅读

2014年10月20日 财税〔2014〕75号

各省、自治区、直辖市、计划单列市财政厅(局)、国家税务局、地方税务局,新疆生产建设兵团财务局:

为贯彻落实国务院完善固定资产加速折旧政策精神,现就有关固定资产加速折旧企业所得税政策问题通知如下:

一、对生物药品制造业,专用设备制造业,铁路、船舶、航空航天和其他运输设备制造业,计算机、通信和其他电子设备制造业,仪器仪表制造业,信息传输、软件和信息技术服务业等6个行业的企业2014年1月1日后新购进的固定资产,可缩短折旧年限或采取加速折旧的方法。

对上述6个行业的小型微利企业2014年1月1日后新购进的研发和生产经营共用的仪器、设备,单位价值不超过100万元的,允许一次性计入当期成本费用在计算应纳税所得额时扣除,不再分年度计算折旧;单位价值超过100万元的,可缩短折旧年限或采取加速折旧的方法。

二、对所有行业企业2014年1月1日后新购进的专门用于研发的仪器、设备,单位价值不超过100万元的,允许一次性计入当期成本费用在计算应纳税所得额时扣除,不再分年度计算折旧;单位价值超过100万元的,可缩短折旧年限或采取加速折旧的方法。

三、对所有行业企业持有的单位价值不超过5000元的固定资产,允许一次性计入当期成本费用在计算应纳税所得额时扣除,不再分年度计算折旧。

四、企业按本通知第一条、第二条规定缩短折旧年限的,最低折旧年限不得低于企业所得税法实施条例第六十条规定折旧年限的60%;采取加速折旧方法的,可采取双倍余额递减法或者年数总和法。本通知第一至三条规定之外的企业固定资产加速折旧所得税处理问题,继续按照企业所得税法及其实施条例和现行税收政策规定执行。

五、本通知自2014年1月1日起执行。

财政部　国家税务总局关于公共基础设施项目享受企业所得税优惠政策问题的补充通知

2014年7月4日　财税〔2014〕55号

各省、自治区、直辖市、计划单列市财政厅(局)、国家税务局、地方税务局新疆生产建设兵团财务局:

根据《中华人民共和国企业所得税法》和《中华人民共和国企业所得税法实施条例》(国务院令512号)的有关规定,现就企业享受公共设施项目企业所得税优惠政策有关问题补充通知如下:

一、企业投资经营符合《公共基础设施项目企业所得税优惠目录》规定条件和标准的公共基础设施项目,采用一次核准、分批次(如码头、泊位、航站楼、跑道、路段、发电机组等)建设的,凡同时符合以下条件的,可按每一批次为单位计算所得,并享受企业所得税"三免三减半"优惠:

(一)不同批次在空间上相互独立;

(二)每一批次自身具备取得收入的功能;

(三)以每一批次为单位进行会计核算,单独计算所得,并合理分摊期间费用。

二、公共基础设施项目企业所得税"三免三减半"优化的其他问题，继续按《财政部 国家税务总局关于执行公共基础设施企业所得税优惠目录有关问题的通知》（财税〔2008〕46号）、《国家税务总局关于实施国家重点扶持的公共基础设施项目企业所得税优惠问题的通知》（国税发〔2009〕80号）、《财政部 国家税务总局关于公共基础设施项目和环境保护、节能节水项目企业所得税优惠政策问题的通知》（财税〔2012〕10号）的规定执行。

请遵照执行。

财政部 国家税务总局关于2014—2015年铁路建设债券利息收入企业所得税政策的通知

2014年1月29日 财税〔2014〕2号

各省、自治区、直辖市、计划单列市财政厅（局）、国家税务局、地方税务局，新疆生产建设兵团财务局：

根据《研究"十二五"后三年铁路建设总体安排有关问题的会议纪要》（国阅〔2012〕80号）和《国务院关于组建中国铁路总公司有关问题的批复》（国函〔2013〕47号），现就企业取得中国铁路建设债券利息收入有关企业所得税政策通知如下：

一、对企业持有2014年和2015年发行的中国铁路建设债券取得的利息收入，减半征收企业所得税。

二、中国铁路建设债券是指经国家发展改革委核准，以中国铁路总公司为发行和偿还主体的债券。

请遵照执行。

财政部 国家税务总局关于企业参与政府统一组织的棚户区改造有关企业所得税政策问题的通知

2013年9月30日 财税〔2013〕65号

各省、自治区、直辖市、计划单列市财政厅（局）、国家税务局、地方税务局，新疆生产建设兵团财务局：

根据《国务院关于加快棚户区改造工作的意见》（国发〔2013〕25号）精神，为鼓励企业参与政府统一组织的棚户区（危房）改造工作，帮助解决低收入家庭住房困难，现将企业参与政府统一组织的工矿（含中央下放煤矿）棚户区改造、林区棚户区改造、垦区危房改造有关企业所得税政策问题通知如下：

一、企业参与政府统一组织的工矿（含中央下放煤矿）棚户区改造、林区棚户区改造、垦区危房改造并同时符合一定条件的棚户区改造支出，准予在企业所得税前扣除。

二、本通知所称同时符合一定条件的棚户区改造支出，是指同时满足以下条件的棚户区改造支出：

（一）棚户区位于远离城镇、交通不便，市政公用、教育医疗等社会公共服务缺乏城镇依托的独立矿区、林区或垦区；

（二）该独立矿区、林区或垦区不具备商业性房地产开发条件；

（三）棚户区市政排水、给水、供电、供暖、供气、垃圾处理、绿化、消防等市政服务或公共配套设施不齐全；

（四）棚户区房屋集中连片户数不低于50户，其中，实际在该棚户区居住且在本地区无其他住房的职工（含离退休职工）户数占总户数的比例不低于75%；

（五）棚户区房屋按照《房屋完损等级评定标准》和《危险房屋鉴定标准》评定属于危险房屋、严重损坏房屋的套内面积不低于该片棚户区建筑面积的25%；

（六）棚户区改造已纳入地方政府保障性安居工程建设规划和年度计划，并由地方政府牵头按照保障性住房标准组织实施；异地建设的，原棚户区土地由地方政府统一规划使用或者按规定实行土地复垦、生态恢复。

三、在企业所得税年度纳税申报时，企业应向主管税务机关提供其棚户区改造支出同时符合本通知第二条规定条件的书面说明材料。

四、本通知自2013年1月1日起施行。2012年1月10日财政部与国家税务总局颁布的《关于企业参与政府统一组织的棚户区改造支出企业所得税税前扣除政策有关问题的通知》（财税〔2012〕12号）同时废止。

财政部　国家税务总局关于地方政府债券利息免征所得税问题的通知

手机阅读

2013年2月6日　财税〔2013〕5号

各省、自治区、直辖市、计划单列市财政厅（局）、国家税务局、地方税务局，新疆生产建设兵团财务局：

经国务院批准，现就地方政府债券利息有关所得税政策通知如下：

一、对企业和个人取得的2012年及以后年度发行的地方政府债券利息收人,免征企业所得税和个人所得税。

二、地方政府债券是指经国务院批准同意,以省、自治区、直辖市和计划单列市政府为发行和偿还主体的债券。

财政部 国家税务总局关于进一步鼓励软件产业和集成电路产业发展企业所得税政策的通知①

2012年4月20日 财税〔2012〕27号

各省、自治区、直辖市、计划单列市财政厅(局)、国家税务局、地方税务局:

根据《中华人民共和国企业所得税法》及其实施条例和《国务院关于印发进一步鼓励软件产业和集成电路产业发展若干政策的通知》(国发〔2011〕4号)精神,为进一步推动科技创新和产业结构升级,促进信息技术产业发展,现将鼓励软件产业和集成电路产业发展的企业所得税政策通知如下:

一、集成电路线宽小于0.8微米(含)的集成电路生产企业,经认定后,在2017年12月31日前自获利年度起计算优惠期,第一年至第二年免征企业所得税,第三年至第五年按照25%的法定税率减半征收企业所得税,并享受至期满为止。

二、集成电路线宽小于0.25微米或投资额超过80亿元的集成电路生产企业,经认定后,减按15%的税率征收企业所得税,其中经营期在15年以上的,在2017年12月31日前自获利年度起计算优惠期,第一年至第五年免征企业所得税,第六年至第十年按照25%的法定税率减半征收企业所得税,并享受至期满为止。

三、我国境内新办的集成电路设计企业和符合条件的软件企业,经认定后,在2017年12月31日前自获利年度起计算优惠期,第一年至第二年免征企业所得税,第三年至第五年按照25%的法定税率减半征收企业所得税,并享受至期满为止。

四、国家规划布局内的重点软件企业和集成电路设计企业,如当年未享受

---

① 根据《关于软件和集成电路产业企业所得税优惠政策有关问题的通知》(财税〔2016〕49号),本法第九条、第十条、第十一条、第十三条、第十七条、第十八条、第十九条和第二十条停止执行。

根据《关于促进集成电路产业和软件产业高质量发展企业所得税政策的公告》(财政部 税务总局 发展改革委 工业和信息化部公告2020年第45号),本法第二条中"经认定后,减按15%的税率征收企业所得税"的规定和第四条"国家规划布局内的重点软件企业和集成电路设计企业,如当年未享受免税优惠的,可减按10%的税率征收企业所得税"停止执行。

免税优惠的，可减按10%的税率征收企业所得税。

五、符合条件的软件企业按照《财政部 国家税务总局关于软件产品增值税政策的通知》（财税〔2011〕100号）规定取得的即征即退增值税款，由企业专项用于软件产品研发和扩大再生产并单独进行核算，可以作为不征税收入，在计算应纳税所得额时从收入总额中减除。

六、集成电路设计企业和符合条件软件企业的职工培训费用，应单独进行核算并按实际发生额在计算应纳税所得额时扣除。

七、企业外购的软件，凡符合固定资产或无形资产确认条件的，可以按照固定资产或无形资产进行核算，其折旧或摊销年限可以适当缩短，最短可为2年（含）。

八、集成电路生产企业的生产设备，其折旧年限可以适当缩短，最短可为3年（含）。

九、本通知所称集成电路生产企业，是指以单片集成电路、多芯片集成电路、混合集成电路制造为主营业务并同时符合下列条件的企业：

（一）依法在中国境内成立并经认定取得集成电路生产企业资质的法人企业；

（二）签订劳动合同关系且具有大学专科以上学历的职工人数占企业当年月平均职工总人数的比例不低于40%，其中研究开发人员占企业当年月平均职工总数的比例不低于20%；

（三）拥有核心关键技术，并以此为基础开展经营活动，且当年度的研究开发费用总额占企业销售（营业）收入（主营业务收入与其他业务收入之和，下同）总额的比例不低于5%；其中，企业在中国境内发生的研究开发费用金额占研究开发费用总额的比例不低于60%；

（四）集成电路制造销售（营业）收入占企业收入总额的比例不低于60%；

（五）具有保证产品生产的手段和能力，并获得有关资质认证（包括ISO质量体系认证、人力资源能力认证等）；

（六）具有与集成电路生产相适应的经营场所、软硬件设施等基本条件。

《集成电路生产企业认定管理办法》由发展改革委、工业和信息化部、财政部、税务总局会同有关部门另行制定。

十、本通知所称集成电路设计企业或符合条件的软件企业，是指以集成电路设计或软件产品开发为主营业务并同时符合下列条件的企业：

（一）2011年1月1日后依法在中国境内成立并经认定取得集成电路设计企业资质或软件企业资质的法人企业；

（二）签订劳动合同关系且具有大学专科以上学历的职工人数占企业当年月平均职工总人数的比例不低于40%，其中研究开发人员占企业当年月平均职工总数的比例不低于20%；

（三）拥有核心关键技术，并以此为基础开展经营活动，且当年度的研究开发费用总额占企业销售（营业）收入总额的比例不低于6%；其中，企业在中国境内发生的研究开发费用金额占研究开发费用总额的比例不低于60%；

（四）集成电路设计企业的集成电路设计销售（营业）收入占企业收入总

额的比例不低于60%,其中集成电路自主设计销售(营业)收入占企业收入总额的比例不低于50%;软件企业的软件产品开发销售(营业)收入占企业收入总额的比例一般不低于50%(嵌入式软件产品和信息系统集成产品开发销售(营业)收入占企业收入总额的比例不低于40%),其中软件产品自主开发销售(营业)收入占企业收入总额的比例一般不低于40%(嵌入式软件产品和信息系统集成产品开发销售(营业)收入占企业收入总额的比例不低于30%);

(五)主营业务拥有自主知识产权,其中软件产品拥有省级软件产业主管部门认可的软件检测机构出具的检测证明材料和软件产业主管部门颁发的《软件产品登记证书》;

(六)具有保证设计产品质量的手段和能力,并建立符合集成电路或软件工程要求的质量管理体系并提供有效运行的过程文档记录;

(七)具有与集成电路设计或者软件开发相适应的生产经营场所、软硬件设施等开发环境(如EDA工具、合法的开发工具等),以及与所提供服务相关的技术支撑环境;

《集成电路设计企业认定管理办法》、《软件企业认定管理办法》由工业和信息化部、发展改革委、财政部、税务总局会同有关部门另行制定。

十一、国家规划布局内重点软件企业和集成电路设计企业在满足本通知第十条规定条件的基础上,由发展改革委、工业和信息化部、财政部、税务总局等部门根据国家规划布局支持领域的要求,结合企业年度集成电路设计销售(营业)收入或软件产品开发销售(营业)收入、盈利等情况进行综合评比,实行总量控制、择优认定。

《国家规划布局内重点软件企业和集成电路设计企业认定管理办法》由发展改革委、工业和信息化部、财政部、税务总局会同有关部门另行制定。

十二、本通知所称新办企业认定标准按照《财政部 国家税务总局关于享受企业所得税优惠政策的新办企业认定标准的通知》(财税〔2006〕1号)规定执行。

十三、本通知所称研究开发费用政策口径按照《国家税务总局关于印发〈企业研究开发费用税前扣除管理办法(试行)〉的通知》(国税发〔2008〕116号)规定执行。

十四、本通知所称获利年度,是指该企业当年应纳税所得额大于零的纳税年度。

十五、本通知所称集成电路设计销售(营业)收入,是指集成电路企业从事集成电路(IC)功能研发、设计并销售的收入。

十六、本通知所称软件产品开发销售(营业)收入,是指软件企业从事计算机软件、信息系统或嵌入式软件等软件产品开发并销售的收入,以及信息系统集成服务、信息技术咨询服务、数据处理和存储服务等技术服务收入。

十七、符合本通知规定须经认定后享受税收优惠的企业,应在获利年度当年或次年的企业所得税汇算清缴之前取得相关认定资质。如果在获利年度次年的企业所得税汇算清缴之前取得相关认定资质,该企业可从获利年度起享受相应的定期减免税优惠;如果在获利年度次年的企业所得税汇算清缴之后取得相关认定资质,该企业应在取得相关认定资质起,就其从获利年度起计算的优惠期的剩余年限享受相应的定期减免优惠。

十八、符合本通知规定条件的企业,应在年度终了之日起4个月内,按照本通知及《国家税务总局关于企业所得税减免税管理问题的通知》(国税发〔2008〕111号)的规定,向主管税务机关办理减免税手续。在办理减免税手续时,企业应提供具有法律效力的证明材料。

十九、享受上述税收优惠的企业有下述情况之一的,应取消其享受税收优惠的资格,并补缴已减免的企业所得税税款:

(一)在申请认定过程中提供虚假信息的;

(二)有偷、骗税等行为的;

(三)发生重大安全、质量事故的;

(四)有环境等违法、违规行为,受到有关部门处罚的。

二十、享受税收优惠的企业,其税收优惠条件发生变化的,应当自发生变化之日起15日内向主管税务机关报告;不再符合税收优惠条件的,应当依法履行纳税义务;未依法纳税的,主管税务机关应当予以追缴。同时,主管税务机关在执行税收优惠政策过程中,发现企业不符合享受税收优惠条件的,可暂停企业享受的相关税收优惠。

二十一、在2010年12月31日前,依照《财政部 国家税务总局关于企业所得税若干优惠政策的通知》(财税〔2008〕1号)第一条规定,经认定并可享受原定期减免税优惠的企业,可在本通知施行后继续享受至期满为止。

二十二、集成电路生产企业、集成电路设计企业、软件企业等依照本通知规定可以享受的企业所得税优惠政策与企业所得税其他相同方式优惠政策存在交叉的,由企业选择一项最优惠政策执行,不叠加享受。

二十三、本通知自2011年1月1日起执行。《财政部 国家税务总局关于企业所得税若干优惠政策的通知》(财税〔2008〕1号)第一条第(一)项至第(九)项自2011年1月1日起停止执行。

财政部 国家税务总局关于公共基础设施项目和环境保护节能节水项目企业所得税优惠政策问题的通知

2012年1月5日 财税〔2012〕10号

各省、自治区、直辖市、计划单列市财政厅(局)、国家税务局、地方税务局,新疆生产建设兵团财务局:

根据《中华人民共和国企业所得税法》(以下简称新税法)和《中华人民共和国企业所得税法实施条例》(国务院令第512号)的有关规定,现就企业享受公共基础设施项目和环境保护、节能节水项目企业所得税优惠政策问题通

知如下:

一、企业从事符合《公共基础设施项目企业所得税优惠目录》规定、于 2007 年 12 月 31 日前已经批准的公共基础设施项目投资经营的所得,以及从事符合《环境保护、节能节水项目企业所得税优惠目录》规定、于 2007 年 12 月 31 日前已经批准的环境保护、节能节水项目的所得,可在该项目取得第一笔生产经营收入所属纳税年度起,按新税法规定计算的企业所得税"三免三减半"优惠期间内,自 2008 年 1 月 1 日起享受其剩余年限的减免企业所得税优惠。

二、如企业既符合享受上述税收优惠政策的条件,又符合享受《国务院关于实施企业所得税过渡优惠政策的通知》(国发〔2007〕39 号)第一条规定的企业所得税过渡优惠政策的条件,由企业选择最优惠的政策执行,不得叠加享受。

财政部 国家税务总局关于新疆喀什霍尔果斯两个特殊经济开发区企业所得税优惠政策的通知

2011 年 11 月 29 日 财税〔2011〕112 号

新疆维吾尔自治区财政厅、国家税务局、地方税务局,新疆生产建设兵团财务局:

为推进新疆跨越式发展和长治久安,贯彻落实《中共中央 国务院关于推进新疆跨越式发展和长治久安的意见》(中发〔2010〕9 号)和《国务院关于支持喀什霍尔果斯经济开发区建设的若干意见》(国发〔2011〕33 号)精神,现就新疆喀什、霍尔果斯两个特殊经济开发区有关企业所得税优惠政策通知如下:

一、2010 年 1 月 1 日至 2020 年 12 月 31 日,对在新疆喀什、霍尔果斯两个特殊经济开发区内新办的属于《新疆困难地区重点鼓励发展产业企业所得税优惠目录》(以下简称《目录》)范围内的企业,自取得第一笔生产经营收入所属纳税年度起,五年内免征企业所得税。

第一笔生产经营收入,是指产业项目已建成并投入运营后所取得的第一笔收入。

二、属于《目录》范围内的企业是指以《目录》中规定的产业项目为主营业务,其主营业务收入占企业收入总额 70% 以上的企业。

三、对难以界定是否属于《目录》范围的项目,税务机关应当要求企业提供省级以上(含省级)有关行业主管部门出具的证明文件,并结合其他相关材料进行认定。

财政部 国家税务总局关于铁路建设债券利息收入企业所得税政策的通知

2011年10月10日 财税〔2011〕99号

各省、自治区、直辖市、计划单列市财政厅(局)、国家税务局、地方税务局,新疆生产建设兵团财务局:

经国务院批准,现就企业取得中国铁路建设债券利息收入有关企业所得税政策通知如下:

一、对企业持有2011—2013年发行的中国铁路建设债券取得的利息收入,减半征收企业所得税。

二、中国铁路建设债券是指经国家发展改革委核准,以铁道部为发行和偿还主体的债券。

请遵照执行。

财政部 国家税务总局关于专项用途财政性资金企业所得税处理问题的通知

2011年9月7日 财税〔2011〕70号

各省、自治区、直辖市、计划单列市财政厅(局)、国家税务局、地方税务局,新疆生产建设兵团财务局:

根据《中华人民共和国企业所得税法》及《中华人民共和国企业所得税法实施条例》(国务院令第512号,以下简称实施条例)的有关规定,经国务院批准,现就企业取得的专项用途财政性资金企业所得税处理问题通知如下:

一、企业从县级以上各级人民政府财政部门及其他部门取得的应计入收入总额的财政性资金,凡同时符合以下条件的,可以作为不征税收入,在计算应纳税所得额时从收入总额中减除:

(一)企业能够提供规定资金专项用途的资金拨付文件;

(二)财政部门或其他拨付资金的政府部门对该资金有专门的资金管理办法或具体管理要求;

(三)企业对该资金以及以该资金发生的支出单独进行核算。

二、根据实施条例第二十八条的规定,上述不征税收入用于支出所形成的费用,不得在计算应纳税所得额时扣除;用于支出所形成的资产,其计算的折旧、摊销不得在计算应纳税所得额时扣除。

三、企业将符合本通知第一条规定条件的财政性资金作不征税收入处理后，在5年（60个月）内未发生支出且未缴回财政部门或其他拨付资金的政府部门的部分，应计入取得该资金第六年的应税收入总额；计入应税收入总额的财政性资金发生的支出，允许在计算应纳税所得额时扣除。

四、本通知自2011年1月1日起执行。

财政部　国家税务总局关于新疆困难地区新办企业所得税优惠政策的通知

手机阅读

2011年6月17日　财税〔2011〕53号

新疆维吾尔自治区财政厅、国家税务局、地方税务局，新疆生产建设兵团财务局：

为推进新疆跨越式发展和长治久安，根据中共中央、国务院关于支持新疆经济社会发展的指示精神，现就新疆困难地区有关企业所得税优惠政策通知如下：

一、2010年1月1日至2020年12月31日，对在新疆困难地区新办的属于《新疆困难地区重点鼓励发展产业企业所得税优惠目录》（以下简称《目录》）范围内的企业，自取得第一笔生产经营收入所属纳税年度起，第一年至第二年免征企业所得税，第三年至第五年减半征收企业所得税。

二、新疆困难地区包括南疆三地州、其他国家扶贫开发重点县和边境县市。

三、属于《目录》范围内的企业是指以《目录》中规定的产业项目为主营业务，其主营业务收入占企业收入总额70%以上的企业。

四、第一笔生产经营收入，是指新疆困难地区重点鼓励发展产业项目已建成并投入运营后所取得的第一笔收入。

五、按照本通知规定享受企业所得税定期减免税政策的企业，在减半期内，按照企业所得税25%的法定税率计算的应纳税额减半征税。

六、财政部、国家税务总局会同有关部门研究制订《目录》，经国务院批准后公布实施，并根据新疆经济社会发展需要及企业所得税优惠政策实施情况适时调整。

七、对难以界定是否属于《目录》范围的项目，税务机关应当要求企业提供省级以上（含省级）有关行业主管部门出具的证明文件，并结合其他相关材料进行认定。

财政部 国家税务总局关于享受企业所得税优惠的农产品初加工有关范围的补充通知

2011 年 5 月 11 日　财税〔2011〕26 号

各省、自治区、直辖市、计划单列市财政厅（局）、国家税务局、地方税务局，新疆生产建设兵团财务局：

为进一步规范农产品初加工企业所得税优惠政策，现就《财政部　国家税务总局关于发布享受企业所得税优惠政策的农产品初加工范围（试行）的通知》（财税〔2008〕149 号，以下简称《范围》）涉及的有关事项细化如下（以下序数对应《范围》中的序数）：

一、种植业类

（一）粮食初加工。

1. 小麦初加工。

《范围》规定的小麦初加工产品还包括麸皮、麦糠、麦仁。

2. 稻米初加工。

《范围》规定的稻米初加工产品还包括稻糠（砻糠、米糠和统糠）。

4. 薯类初加工。

《范围》规定的薯类初加工产品还包括变性淀粉以外的薯类淀粉。

＊薯类淀粉生产企业需达到国家环保标准，且年产量在一万吨以上。

6. 其他类粮食初加工。

《范围》规定的杂粮还包括大麦、糯米、青稞、芝麻、核桃；相应的初加工产品还包括大麦芽、糯米粉、青稞粉、芝麻粉、核桃粉。

（三）园艺植物初加工。

2. 水果初加工。

《范围》规定的新鲜水果包括番茄。

（四）油料植物初加工。

《范围》规定的粮食副产品还包括玉米胚芽、小麦胚芽。

（五）糖料植物初加工。

《范围》规定的甜菊又名甜叶菊。

（八）纤维植物初加工。

2. 麻类初加工。

《范围》规定的麻类作物还包括芦苇。

3. 蚕茧初加工。

《范围》规定的蚕包括蚕茧，生丝包括厂丝。

二、畜牧业类

（一）畜禽类初加工。

1. 肉类初加工。

《范围》规定的肉类初加工产品还包括火腿等风干肉、猪牛羊杂骨。

三、本通知自 2010 年 1 月 1 日起执行。

财政部　国家税务总局关于居民企业技术转让有关企业所得税政策问题的通知

2010 年 12 月 31 日　　财税〔2010〕111 号

各省、自治区、直辖市、计划单列市财政厅（局）、国家税务局、地方税务局，新疆生产建设兵团财务局：

根据《中华人民共和国企业所得税法》（以下简称企业所得税法）及《中华人民共和国企业所得税法实施条例》（国务院令第 512 号，以下简称实施条例）的有关规定，现就符合条件的技术转让所得减免企业所得税有关问题通知如下：

一、技术转让的范围，包括居民企业转让专利技术、计算机软件著作权、集成电路布图设计权、植物新品种、生物医药新品种，以及财政部和国家税务总局确定的其他技术。

其中：专利技术，是指法律授予独占权的发明、实用新型和非简单改变产品图案的外观设计。

二、本通知所称技术转让，是指居民企业转让其拥有符合本通知第一条规定技术的所有权或 5 年以上（含 5 年）全球独占许可使用权的行为。

三、技术转让应签订技术转让合同。其中，境内的技术转让须经省级以上（含省级）科技部门认定登记，跨境的技术转让须经省级以上（含省级）商务部门认定登记，涉及财政经费支持产生技术的转让，需省级以上（含省级）科技部门审批。

居民企业技术出口应由有关部门按照商务部、科技部发布的《中国禁止出口限制出口技术目录》（商务部　科技部令 2008 年第 12 号）进行审查。居民企业取得禁止出口和限制出口技术转让所得，不享受技术转让减免企业所得税优惠政策。

四、居民企业从直接或间接持有股权之和达到 100% 的关联方取得的技术转让所得，不享受技术转让减免企业所得税优惠政策。

五、本通知自 2008 年 1 月 1 日起执行。

财政部　国家税务总局关于非营利组织企业所得税免税收入问题的通知

手机阅读

2009 年 11 月 11 日　财税〔2009〕122 号

各省、自治区、直辖市、计划单列市财政厅（局）、国家税务局、地方税务局，新疆生产建设兵团财务局：

根据《中华人民共和国企业所得税法》第二十六条及《中华人民共和国企业所得税法实施条例》（国务院令第 512 号）第八十五条的规定，现将符合条件的非营利组织企业所得税免税收入范围明确如下：

一、非营利组织的下列收入为免税收入：

（一）接受其他单位或者个人捐赠的收入；

（二）除《中华人民共和国企业所得税法》第七条规定的财政拨款以外的其他政府补助收入，但不包括因政府购买服务取得的收入；

（三）按照省级以上民政、财政部门规定收取的会费；

（四）不征税收入和免税收入孳生的银行存款利息收入；

（五）财政部、国家税务总局规定的其他收入。

二、本通知从 2008 年 1 月 1 日起执行。

财政部　国家税务总局关于安置残疾人员就业有关企业所得税优惠政策问题的通知[①]

手机阅读

2009 年 4 月 30 日　财税〔2009〕70 号

各省、自治区、直辖市、计划单列市财政厅（局）、国家税务局、地方税务局，新疆生产建设兵团财务局：

根据《中华人民共和国企业所得税法》和《中华人民共和国企业所得税法实施条例》（国务院令第 512 号）的有关规定，现就企业安置残疾人员就业

---

① 依据本法设定的相关事项已被列入《国务院关于第二批取消 152 项中央指定地方实施行政审批事项的决定》（国发〔2016〕9 号）的附件《国务院决定第二批取消中央指定地方实施的行政审批事项目录（共计 152 项）》。

有关企业所得税优惠政策问题,通知如下:

一、企业安置残疾人员的,在按照支付给残疾职工工资据实扣除的基础上,可以在计算应纳税所得额时按照支付给残疾职工工资的100%加计扣除。

企业就支付给残疾职工的工资,在进行企业所得税预缴申报时,允许据实计算扣除;在年度终了进行企业所得税年度申报和汇算清缴时,再依照本条第一款的规定计算加计扣除。

二、残疾人员的范围适用《中华人民共和国残疾人保障法》的有关规定。

三、企业享受安置残疾职工工资100%加计扣除应同时具备如下条件:

(一)依法与安置的每位残疾人签订了1年以上(含1年)的劳动合同或服务协议,并且安置的每位残疾人在企业实际上岗工作。

(二)为安置的每位残疾人按月足额缴纳了企业所在区县人民政府根据国家政策规定的基本养老保险、基本医疗保险、失业保险和工伤保险等社会保险。

(三)定期通过银行等金融机构向安置的每位残疾人实际支付了不低于企业所在区县适用的经省级人民政府批准的最低工资标准的工资。

(四)具备安置残疾人上岗工作的基本设施。

四、企业应在年度终了进行企业所得税年度申报和汇算清缴时,向主管税务机关报送本通知第四条规定的相关资料、已安置残疾职工名单及其《中华人民共和国残疾人证》或《中华人民共和国残疾军人证(1至8级)》复印件和主管税务机关要求提供的其他资料,办理享受企业所得税加计扣除优惠的备案手续。

五、在企业汇算清缴结束后,主管税务机关在对企业进行日常管理、纳税评估和纳税检查时,应对安置残疾人员企业所得税加计扣除优惠的情况进行核实。

六、本通知自2008年1月1日起执行。

财政部 国家税务总局关于执行企业所得税优惠政策若干问题的通知①

手机阅读

2009年4月24日 财税〔2009〕69号

各省、自治区、直辖市、计划单列市财政厅(局)、国家税务局、地方税务局,新疆生产建设兵团财务局:

---

① 根据《关于扩大小型微利企业减半征收企业所得税范围有关问题的公告》(国家税务总局公告2014年第23号),本法第八条废止。

根据《财政部 国家税务总局关于小型微利企业所得税优惠政策的通知》(财税〔2015〕34号),本法第七条停止执行。

根据《中华人民共和国企业所得税法》(以下简称企业所得税法)及《中华人民共和国企业所得税法实施条例》(国务院令第512号,以下简称实施条例)的有关规定,现就企业所得税优惠政策执行中有关问题通知如下:

一、执行《国务院关于实施企业所得税过渡优惠政策的通知》(国发〔2007〕39号)规定的过渡优惠政策及西部大开发优惠政策的企业,在定期减免税的减半期内,可以按照企业适用税率计算的应纳税额减半征税。其他各类情形的定期减免税,均应按照企业所得税25%的法定税率计算的应纳税额减半征税。

二、《国务院关于实施企业所得税过渡优惠政策的通知》(国发〔2007〕39号)第三条所称不得叠加享受,且一经选择,不得改变的税收优惠情形,限于企业所得税过渡优惠政策与企业所得税法及其实施条例中规定的定期减免税和减低税率类的税收优惠。

企业所得税法及其实施条例中规定的各项税收优惠,凡企业符合规定条件的,可以同时享受。

三、企业在享受过渡税收优惠过程中发生合并、分立、重组等情形的,按照《财政部国家税务总局关于企业重组业务企业所得税处理若干问题的通知》(财税〔2009〕59号)的统一规定执行。

四、2008年1月1日以后,居民企业之间分配属于2007年度及以前年度的累积未分配利润而形成的股息、红利等权益性投资收益,均应按照企业所得税法第二十六条及实施条例第十七条、第八十三条的规定处理。

五、企业在2007年3月16日之前设立的分支机构单独依据原内、外资企业所得税法的优惠规定已享受有关税收优惠的,凡符合《国务院关于实施企业所得税过渡优惠政策的通知》(国发〔2007〕39号)所列政策条件的,该分支机构可以单独享受国发〔2007〕39号规定的企业所得税过渡优惠政策。

六、实施条例第九十一条第(二)项所称国际金融组织,包括国际货币基金组织、世界银行、亚洲开发银行、国际开发协会、国际农业发展基金、欧洲投资银行以及财政部和国家税务总局确定的其他国际金融组织;所称优惠贷款,是指低于金融企业同期同类贷款利率水平的贷款。

七、实施条例第九十二条第(一)项和第(二)项所称从业人数,是指与企业建立劳动关系的职工人数和企业接受的劳务派遣用工人数之和;从业人数和资产总额指标,按企业全年月平均值确定,具体计算公式如下:

月平均值=(月初值+月末值)÷2
全年月平均值=全年各月平均值之和÷12

年度中间开业或者终止经营活动的,以其实际经营期作为一个纳税年度确定上述相关指标。

八、企业所得税法第二十八条规定的小型微利企业待遇,应适用于具备建账核算自身应纳税所得额条件的企业,按照《企业所得税核定征收办法》(国税发〔2008〕30号)缴纳企业所得税的企业,在不具备准确核算应纳税所得额条件前,暂不适用小型微利企业适用税率。

九、2007年底前设立的软件生产企业和集成电路生产企业,经认定后可以按《财政部 国家税务总局关于企业所得税若干优惠政策的通知》(财税

〔2008〕1号）的规定享受企业所得税定期减免税优惠政策。在2007年度或以前年度已获利并开始享受定期减免税优惠政策的，可自2008年度起继续享受至期满为止。

十、实施条例第一百条规定的购置并实际使用的环境保护、节能节水和安全生产专用设备，包括承租方企业以融资租赁方式租入的、并在融资租赁合同中约定租赁期届满时租赁设备所有权转移给承租方企业，且符合规定条件的上述专用设备。凡融资租赁期届满后租赁设备所有权未转移至承租方企业的，承租方企业应停止享受抵免企业所得税优惠，并补缴已经抵免的企业所得税税款。

十一、实施条例第九十七条所称投资于未上市的中小高新技术企业2年以上的，包括发生在2008年1月1日以前满2年的投资；所称中小高新技术企业是指按照《高新技术企业认定管理办法》（国科发火〔2008〕172号）和《高新技术企业认定管理工作指引》（国科发火〔2008〕362号）取得高新技术企业资格，且年销售额和资产总额均不超过2亿元、从业人数不超过500人的企业，其中2007年底前已取得高新技术企业资格的，在其规定有效期内不需重新认定。

十二、本通知自2008年1月1日起执行。

财政部　国家税务总局关于企业重组业务企业所得税处理若干问题的通知①

2009年4月30日　财税〔2009〕59号

各省、自治区、直辖市、计划单列市财政厅（局）、国家税务局、地方税务局，新疆生产建设兵团财务局：

根据《中华人民共和国企业所得税法》第二十条和《中华人民共和国企业所得税法实施条例》（国务院令第512号）第七十五条规定，现就企业重组所涉及的企业所得税具体处理问题通知如下：

一、本通知所称企业重组，是指企业在日常经营活动以外发生的法律结构或经济结构重大改变的交易，包括企业法律形式改变、债务重组、股权收购、资产收购、合并、分立等。

---

① 根据《财政部　国家税务总局关于促进企业重组有关企业所得税处理问题的通知》（财税〔2014〕109号），本法第六条第（二）项中有关"股权收购，收购企业购买的股权不低于被收购企业全部股权的75%"规定调整为"股权收购，收购企业购买的股权不低于被收购企业全部股权的50%"。第六条第（三）项中有关"资产收购，受让企业收购的资产不低于转让企业全部资产的75%"规定调整为"资产收购，受让企业收购的资产不低于转让企业全部资产的50%"。

（一）企业法律形式改变，是指企业注册名称、住所以及企业组织形式等的简单改变，但符合本通知规定其他重组的类型除外。

（二）债务重组，是指在债务人发生财务困难的情况下，债权人按照其与债务人达成的书面协议或者法院裁定书，就其债务人的债务作出让步的事项。

（三）股权收购，是指一家企业（以下称为收购企业）购买另一家企业（以下称为被收购企业）的股权，以实现对被收购企业控制的交易。收购企业支付对价的形式包括股权支付、非股权支付或两者的组合。

（四）资产收购，是指一家企业（以下称为受让企业）购买另一家企业（以下称为转让企业）实质经营性资产的交易。受让企业支付对价的形式包括股权支付、非股权支付或两者的组合。

（五）合并，是指一家或多家企业（以下称为被合并企业）将其全部资产和负债转让给另一家现存或新设企业（以下称为合并企业），被合并企业股东换取合并企业的股权或非股权支付，实现两个或两个以上企业的依法合并。

（六）分立，是指一家企业（以下称为被分立企业）将部分或全部资产分离转让给现存或新设的企业（以下称为分立企业），被分立企业股东换取分立企业的股权或非股权支付，实现企业的依法分立。

二、本通知所称股权支付，是指企业重组中购买、换取资产的一方支付的对价中，以本企业或其控股企业的股权、股份作为支付的形式；所称非股权支付，是指以本企业的现金、银行存款、应收款项、本企业或其控股企业股权和股份以外的有价证券、存货、固定资产、其他资产以及承担债务等作为支付的形式。

三、企业重组的税务处理区分不同条件分别适用一般性税务处理规定和特殊性税务处理规定。

四、企业重组，除符合本通知规定适用特殊性税务处理规定的外，按以下规定进行税务处理：

（一）企业由法人转变为个人独资企业、合伙企业等非法人组织，或将登记注册地转移至中华人民共和国境外（包括港澳台地区），应视同企业进行清算、分配，股东重新投资成立新企业。企业的全部资产以及股东投资的计税基础均应以公允价值为基础确定。

企业发生其他法律形式简单改变的，可直接变更税务登记，除另有规定外，有关企业所得税纳税事项（包括亏损结转、税收优惠等权益和义务）由变更后企业承继，但因住所发生变化而不符合税收优惠条件的除外。

（二）企业债务重组，相关交易应按以下规定处理：

1. 以非货币资产清偿债务，应当分解为转让相关非货币性资产、按非货币性资产公允价值清偿债务两项业务，确认相关资产的所得或损失。

2. 发生债权转股权的，应当分解为债务清偿和股权投资两项业务，确认有关债务清偿所得或损失。

3. 债务人应当按照支付的债务清偿额低于债务计税基础的差额，确认债务重组所得；债权人应当按照收到的债务清偿额低于债权计税基础的差额，确认债务重组损失。

4. 债务人的相关所得税纳税事项原则上保持不变。

（三）企业股权收购、资产收购重组交易，相关交易应按以下规定处理：

1. 被收购方应确认股权、资产转让所得或损失。

2. 收购方取得股权或资产的计税基础应以公允价值为基础确定。

3. 被收购企业的相关所得税事项原则上保持不变。

（四）企业合并，当事各方应按下列规定处理：

1. 合并企业应按公允价值确定接受被合并企业各项资产和负债的计税基础。

2. 被合并企业及其股东都应按清算进行所得税处理。

3. 被合并企业的亏损不得在合并企业结转弥补。

（五）企业分立，当事各方应按下列规定处理：

1. 被分立企业对分立出去资产应按公允价值确认资产转让所得或损失。

2. 分立企业应按公允价值确认接受资产的计税基础。

3. 被分立企业继续存在时，其股东取得的对价应视同被分立企业分配进行处理。

4. 被分立企业不再继续存在时，被分立企业及其股东都应按清算进行所得税处理。

5. 企业分立相关企业的亏损不得相互结转弥补。

五、企业重组同时符合下列条件的，适用特殊性税务处理规定：

（一）具有合理的商业目的，且不以减少、免除或者推迟缴纳税款为主要目的。

（二）被收购、合并或分立部分的资产或股权比例符合本通知规定的比例。

（三）企业重组后的连续 12 个月内不改变重组资产原来的实质性经营活动。

（四）重组交易对价中涉及股权支付金额符合本通知规定比例。

（五）企业重组中取得股权支付的原主要股东，在重组后连续 12 个月内，不得转让所取得的股权。

六、企业重组符合本通知第五条规定条件的，交易各方对其交易中的股权支付部分，可以按以下规定进行特殊性税务处理：

（一）企业债务重组确认的应纳税所得额占该企业当年应纳税所得额 50% 以上，可以在 5 个纳税年度的期间内，均匀计入各年度的应纳税所得额。

企业发生债权转股权业务，对债务清偿和股权投资两项业务暂不确认有关债务清偿所得或损失，股权投资的计税基础以原债权的计税基础确定。企业的其他相关所得税事项保持不变。

（二）股权收购，收购企业购买的股权不低于被收购企业全部股权的 75%，且收购企业在该股权收购发生时的股权支付金额不低于其交易支付总额的 85%，可以选择按以下规定处理：

1. 被收购企业的股东取得收购企业股权的计税基础，以被收购股权的原有计税基础确定。

2. 收购企业取得被收购企业股权的计税基础，以被收购股权的原有计税基础确定。

3. 收购企业、被收购企业的原有各项资产和负债的计税基础和其他相关所得税事项保持不变。

（三）资产收购，受让企业收购的资产不低于转让企业全部资产的75%，且受让企业在该资产收购发生时的股权支付金额不低于其交易支付总额的85%，可以选择按以下规定处理：

1. 转让企业取得受让企业股权的计税基础，以被转让资产的原有计税基础确定。

2. 受让企业取得转让企业资产的计税基础，以被转让资产的原有计税基础确定。

（四）企业合并，企业股东在该企业合并发生时取得的股权支付金额不低于其交易支付总额的85%，以及同一控制下且不需要支付对价的企业合并，可以选择按以下规定处理：

1. 合并企业接受被合并企业资产和负债的计税基础，以被合并企业的原有计税基础确定。

2. 被合并企业合并前的相关所得税事项由合并企业承继。

3. 可由合并企业弥补的被合并企业亏损的限额＝被合并企业净资产公允价值×截至合并业务发生当年年末国家发行的最长期限的国债利率。

4. 被合并企业股东取得合并企业股权的计税基础，以其原持有的被合并企业股权的计税基础确定。

（五）企业分立，被分立企业所有股东按原持股比例取得分立企业的股权，分立企业和被分立企业均不改变原来的实质经营活动，且被分立企业股东在该企业分立发生时取得的股权支付金额不低于其交易支付总额的85%，可以选择按以下规定处理：

1. 分立企业接受被分立企业资产和负债的计税基础，以被分立企业的原有计税基础确定。

2. 被分立企业已分立出去资产相应的所得税事项由分立企业承继。

3. 被分立企业未超过法定弥补期限的亏损额可按分立资产占全部资产的比例进行分配，由分立企业继续弥补。

4. 被分立企业的股东取得分立企业的股权（以下简称"新股"），如需部分或全部放弃原持有的被分立企业的股权（以下简称"旧股"），"新股"的计税基础应以放弃"旧股"的计税基础确定。如不需放弃"旧股"，则其取得"新股"的计税基础可从以下两种方法中选择确定：直接将"新股"的计税基础确定为零；或者以被分立企业分立出去的净资产占被分立企业全部净资产的比例先调减原持有的"旧股"的计税基础，再将调减的计税基础平均分配到"新股"上。

（六）重组交易各方按本条（一）至（五）项规定对交易中股权支付暂不确认有关资产的转让所得或损失的，其非股权支付仍应在交易当期确认相应的资产转让所得或损失，并调整相应资产的计税基础。

非股权支付对应的资产转让所得或损失＝（被转让资产的公允价值－被转让资产的计税基础）×（非股权支付金额÷被转让资产的公允价值）

七、企业发生涉及中国境内与境外之间（包括港澳台地区）的股权和资产收购交易，除应符合本通知第五条规定的条件外，还应同时符合下列条件，才可选择适用特殊性税务处理规定：

（一）非居民企业向其100%直接控股的另一非居民企业转让其拥有的居民企业股权，没有因此造成以后该项股权转让所得预提税负担变化，且转让方非居民企业向主管税务机关书面承诺在3年（含3年）内不转让其拥有受让方非居民企业的股权；

（二）非居民企业向与其具有100%直接控股关系的居民企业转让其拥有的另一居民企业股权；

（三）居民企业以其拥有的资产或股权向其100%直接控股的非居民企业进行投资；

（四）财政部、国家税务总局核准的其他情形。

八、本通知第七条第（三）项所指的居民企业以其拥有的资产或股权向其100%直接控股关系的非居民企业进行投资，其资产或股权转让收益如选择特殊性税务处理，可以在10个纳税年度内均匀计入各年度应纳税所得额。

九、在企业吸收合并中，合并后的存续企业性质及适用税收优惠的条件未发生改变的，可以继续享受合并前该企业剩余期限的税收优惠，其优惠金额按存续企业合并前一年的应纳税所得额（亏损计为零）计算。

在企业存续分立中，分立后的存续企业性质及适用税收优惠的条件未发生改变的，可以继续享受分立前该企业剩余期限的税收优惠，其优惠金额按该企业分立前一年的应纳税所得额（亏损计为零）乘以分立后存续企业资产占分立前该企业全部资产的比例计算。

十、企业在重组发生前后连续12个月内分步对其资产、股权进行交易，应根据实质重于形式原则将上述交易作为一项企业重组交易进行处理。

十一、企业发生符合本通知规定的特殊性重组条件并选择特殊性税务处理的，当事各方应在该重组业务完成当年企业所得税年度申报时，向主管税务机关提交书面备案资料，证明其符合各类特殊性重组规定的条件。企业未按规定书面备案的，一律不得按特殊重组业务进行税务处理。

十二、对企业在重组过程中涉及的需要特别处理的企业所得税事项，由国务院财政、税务主管部门另行规定。

十三、本通知自2008年1月1日起执行。

财政部　国家税务总局关于开采油（气）资源企业费用和有关固定资产折耗、摊销、折旧税务处理问题的通知

手机阅读

2009年4月12日　财税〔2009〕49号

各省、自治区、直辖市、计划单列市财政厅（局）、国家税务局、地方税务局，新疆生产建设兵团财务局：

根据《中华人民共和国企业所得税法实施条例》（国务院令第512号，以下简称《实施条例》）第六十一条的规定，现就从事开采石油、天然气（包括煤层气，下同）的矿产资源油气企业（以下简称油气企业）在开始商业性生产前发生的费用和有关固定资产的折耗、摊销、折旧方法通知如下：

一、本通知所称费用和有关固定资产，是指油气企业在开始商业性生产前取得矿区权益和勘探、开发的支出所形成的费用和固定资产。

本通知所称商业性生产，是指油（气）田（井）经过勘探、开发、稳定生产并商业销售石油、天然气的阶段。

二、关于矿区权益支出的折耗

（一）矿区权益支出，是指油气企业为了取得在矿区内的探矿权、采矿权、土地或海域使用权等所发生的各项支出，包括有偿取得各类矿区权益的使用费、相关中介费或其他可直接归属于矿区权益的合理支出。

（二）油气企业在开始商业性生产前发生的矿区权益支出，可在发生的当期，从本企业其他油（气）田收入中扣除；或者自对应的油（气）田开始商业性生产月份的次月起，分3年按直线法计提的折耗准予扣除。

（三）油气企业对其发生的矿区权益支出未选择在发生的当期扣除的，由于未发现商业性油（气）构造而终止作业，其尚未计提折耗的剩余部分，可在终止作业的当年作为损失扣除。

三、关于勘探支出的摊销

（一）勘探支出，是指油气企业为了识别勘探区域或探明油气储量而进行的地质调查、地球物理勘探、钻井勘探活动以及其他相关活动所发生的各项支出。

（二）油气企业在开始商业性生产前发生的勘探支出（不包括预计可形成资产的钻井勘探支出），可在发生的当期，从本企业其他油（气）田收入中扣除；或者自对应的油（气）田开始商业性生产月份的次月起，分3年按直线法计提的摊销准予扣除。

（三）油气企业对其发生的勘探支出未选择在发生的当期扣除的，由于未发现商业性油（气）构造而终止作业，其尚未摊销的剩余部分，可在终止作业的当年作为损失扣除。

（四）油气企业的钻井勘探支出，凡确定该井可作商业性生产，且该钻井勘探支出形成的资产符合《实施条例》第五十七条规定条件的，应当将该钻井勘探支出结转为开发资产的成本，按照本通知第四条的规定计提折旧。

四、关于开发资产的折旧

（一）开发支出，是指油气企业为了取得已探明矿区中的油气而建造或更新井及相关设施活动所发生的各项支出。

（二）油气企业在开始商业性生产之前发生的开发支出，可不分用途，全部累计作为开发资产的成本，自对应的油（气）田开始商业性生产月份的次月起，可不留残值，按直线法计提的折旧准予扣除，其最低折旧年限为8年。

（三）油气企业终止本油（气）田生产的，其开发资产尚未计提折旧的剩余部分可在该油（气）田终止生产的当年作为损失扣除。

五、油气企业应按照本通知规定选择有关费用和资产的折耗、摊销、折旧方法和年限,一经确定,不得变更。

六、油气企业在本油(气)田进入商业性生产之后对本油(气)田新发生的矿区权益、勘探支出、开发支出,按照本通知规定处理。

七、本通知自发布之日起实施。《实施条例》实施之日至本通知发布之日前,油气企业矿区权益、勘探、开发等费用和固定资产的折耗、摊销、折旧方法和年限事项按本通知规定处理。

《实施条例》实施之日前,油气企业矿区权益、勘探、开发等费用和固定资产已发生且开始摊销或计提的折耗、折旧,不做调整。对没有摊销完的费用和继续使用的矿区权益和有关固定资产,可以就其尚未摊销或计提折耗、折旧的余额,按本通知规定处理。

财政部 国家税务总局关于中国清洁发展机制基金及清洁发展机制项目实施企业有关企业所得税政策问题的通知

手机阅读

2009年3月23日 财税〔2009〕30号

各省、自治区、直辖市、计划单列市财政厅(局)、国家税务局、地方税务局,新疆生产建设兵团财务局:

经国务院批准,现就中国清洁发展机制基金(以下简称清洁基金)和清洁发展机制项目(以下简称CDM项目)实施企业的有关企业所得税政策明确如下:

一、关于清洁基金的企业所得税政策

对清洁基金取得的下列收入,免征企业所得税:

(一)CDM项目温室气体减排量转让收入上缴国家的部分;

(二)国际金融组织赠款收入;

(三)基金资金的存款利息收入、购买国债的利息收入;

(四)国内外机构、组织和个人的捐赠收入。

二、关于CDM项目实施企业的企业所得税政策

(一)CDM项目实施企业按照《清洁发展机制项目运行管理办法》(发展改革委、科技部、外交部、财政部令第37号)的规定,将温室气体减排量的转让收入,按照以下比例上缴给国家的部分,准予在计算应纳税所得额时扣除:

1. 氢氟碳化物(HFC)和全氟碳化物(PFC)类项目,为温室气体减排量转让收入的65%;

2. 氧化亚氮(N2O)类项目,为温室气体减排量转让收入的30%;

3.《清洁发展机制项目运行管理办法》第四条规定的重点领域以及植树造

林项目等类清洁发展机制项目，为温室气体减排量转让收入的2%。

（二）对企业实施的将温室气体减排量转让收入的65%上缴给国家的HFC和PFC类CDM项目，以及将温室气体减排量转让收入的30%上缴给国家的N2O类CDM项目，其实施该类CDM项目的所得，自项目取得第一笔减排量转让收入所属纳税年度起，第一年至第三年免征企业所得税，第四年至第六年减半征收企业所得税。

企业实施CDM项目的所得，是指企业实施CDM项目取得的温室气体减排量转让收入扣除上缴国家的部分，再扣除企业实施CDM项目发生的相关成本、费用后的净所得。

企业应单独核算其享受优惠的CDM项目的所得，并合理分摊有关期间费用，没有单独核算的，不得享受上述企业所得税优惠政策。

三、本通知自2007年1月1日起执行。

财政部 国家税务总局关于财政性资金、行政事业性收费、政府性基金有关企业所得税政策问题的通知

2008年12月16日　财税〔2008〕151号

各省、自治区、直辖市、计划单列市财政厅（局）、国家税务局、地方税务局，新疆生产建设兵团财务局：

根据《中华人民共和国企业所得税法》及《中华人民共和国企业所得税法实施条例》的有关规定，现对财政性资金、行政事业性收费、政府性基金有关企业所得税政策问题明确如下：

一、财政性资金

（一）企业取得的各类财政性资金，除属于国家投资和资金使用后要求归还本金的以外，均应计入企业当年收入总额。

（二）对企业取得的由国务院财政、税务主管部门规定专项用途并经国务院批准的财政性资金，准予作为不征税收入，在计算应纳税所得额时从收入总额中减除。

（三）纳入预算管理的事业单位、社会团体等组织按照核定的预算和经费报领关系收到的由财政部门或上级单位拨入的财政补助收入，准予作为不征税收入，在计算应纳税所得额时从收入总额中减除，但国务院和国务院财政、税务主管部门另有规定的除外。

本条所称财政性资金，是指企业取得的来源于政府及其有关部门的财政补助、补贴、贷款贴息，以及其他各类财政专项资金，包括直接减免的增值税和即征即退、先征后退、先征后返的各种税收，但不包括企业按规定取得的出口退税款；所称国家投资，是指国家以投资者身份投入企业、并按有关规定相应

增加企业实收资本（股本）的直接投资。

二、关于政府性基金和行政事业性收费

（一）企业按照规定缴纳的、由国务院或财政部批准设立的政府性基金以及由国务院和省、自治区、直辖市人民政府及其财政、价格主管部门批准设立的行政事业性收费，准予在计算应纳税所得额时扣除。

企业缴纳的不符合上述审批管理权限设立的基金、收费，不得在计算应纳税所得额时扣除。

（二）企业收取的各种基金、收费，应计入企业当年收入总额。

（三）对企业依照法律、法规及国务院有关规定收取并上缴财政的政府性基金和行政事业性收费，准予作为不征税收入，于上缴财政的当年在计算应纳税所得额时从收入总额中减除；未上缴财政的部分，不得从收入总额中减除。

三、企业的不征税收入用于支出所形成的费用，不得在计算应纳税所得额时扣除；企业的不征税收入用于支出所形成的资产，其计算的折旧、摊销不得在计算应纳税所得额时扣除。

四、本通知自 2008 年 1 月 1 日起执行。

财政部　国家税务总局关于发布享受企业所得税优惠政策的农产品初加工范围（试行）的通知

手机阅读

2008 年 11 月 20 日　财税〔2008〕149 号

各省、自治区、直辖市、计划单列市财政厅（局）、国家税务局、地方税务局，新疆生产建设兵团财务局：

根据《中华人民共和国企业所得税法》及其实施条例的规定，为贯彻落实农、林、牧、渔业项目企业所得税优惠政策，现将《享受企业所得税优惠政策的农产品初加工范围（试行）》印发给你们，自 2008 年 1 月 1 日起执行。

各地财政、税务机关对《享受企业所得税优惠政策的农产品初加工范围（试行）》执行中发现的新情况、新问题应及时向国务院财政、税务主管部门反馈，国务院财政、税务主管部门会同有关部门将根据经济社会发展需要，适时对《享受企业所得税优惠政策的农产品初加工范围（试行）》内的项目进行调整和修订。

附件：享受企业所得税优惠政策的农产品初加工范围（试行）(2008 年版)

附件：

享受企业所得税优惠政策的农产品初加工范围（试行）（2008 年版）

一、种植业类

（一）粮食初加工

1. 小麦初加工。通过对小麦进行清理、配麦、磨粉、筛理、分级、包装等简单加工处理，制成的小麦面粉及各种专用粉。

2. 稻米初加工。通过对稻谷进行清理、脱壳、碾米（或不碾米）、烘干、分级、包装等简单加工处理，制成的成品粮及其初制品，具体包括大米、蒸谷米。

3. 玉米初加工。通过对玉米籽粒进行清理、浸泡、粉碎、分离、脱水、干燥、分级、包装等简单加工处理，生产的玉米粉、玉米碴、玉米片等；鲜嫩玉米经筛选、脱皮、洗涤、速冻、分级、包装等简单加工处理，生产的鲜食玉米（速冻粘玉米、甜玉米、花色玉米、玉米籽粒）。

4. 薯类初加工。通过对马铃薯、甘薯等薯类进行清洗、去皮、磋磨、切制、干燥、冷冻、分级、包装等简单加工处理，制成薯类初级制品。具体包括：薯粉、薯片、薯条。

5. 食用豆类初加工。通过对大豆、绿豆、红小豆等食用豆类进行清理去杂、浸洗、晾晒、分级、包装等简单加工处理，制成的豆面粉、黄豆芽、绿豆芽。

6. 其他类粮食初加工。通过对燕麦、荞麦、高粱、谷子等杂粮进行清理去杂、脱壳、烘干、磨粉、轧片、冷却、包装等简单加工处理，制成的燕麦米、燕麦粉、燕麦麸皮、燕麦片、荞麦米、荞麦面、小米、小米面、高粱米、高粱面。

（二）林木产品初加工

通过将伐倒的乔木、竹（含活立木、竹）去枝、去梢、去皮、去叶、锯段等简单加工处理，制成的原木、原竹、锯材。

（三）园艺植物初加工

1. 蔬菜初加工

（1）将新鲜蔬菜通过清洗、挑选、切割、预冷、分级、包装等简单加工处理，制成净菜、切割蔬菜。

（2）利用冷藏设施，将新鲜蔬菜通过低温贮藏，以备淡季供应的速冻蔬菜，如速冻茄果类、叶类、豆类、瓜类、葱蒜类、柿子椒、蒜苔。

（3）将植物的根、茎、叶、花、果、种子和食用菌通过干制等简单加工处理，制成的初制干菜，如黄花菜、玉兰片、萝卜干、冬菜、梅干菜、木耳、香菇、平菇。

* 以蔬菜为原料制作的各类蔬菜罐头（罐头是指以金属罐、玻璃瓶、经排气密封的各种食品。下同）及碾磨后的园艺植物（如胡椒粉、花椒粉等）不属于初加工范围。

2. 水果初加工。通过对新鲜水果（含各类山野果）清洗、脱壳、切块

（片）、分类、储藏保鲜、速冻、干燥、分级、包装等简单加工处理，制成的各类水果、果干、原浆果汁、果仁、坚果。

3. 花卉及观赏植物初加工。通过对观赏用、绿化及其它各种用途的花卉及植物进行保鲜、储藏、烘干、分级、包装等简单加工处理，制成的各类鲜、干花。

（四）油料植物初加工

通过对菜籽、花生、大豆、葵花籽、蓖麻籽、芝麻、胡麻籽、茶子、桐子、棉籽、红花籽及米糠等粮食的副产品等，进行清理、热炒、磨坯、榨油（搅油、墩油）、浸出等简单加工处理，制成的植物毛油和饼粕等副产品。具体包括菜籽油、花生油、豆油、葵花油、蓖麻籽油、芝麻油、胡麻籽油、茶子油、桐子油、棉籽油、红花油、米糠油以及油料饼粕、豆饼、棉籽饼。

＊精炼植物油不属于初加工范围。

（五）糖料植物初加工

通过对各种糖料植物，如甘蔗、甜菜、甜菊等，进行清洗、切割、压榨等简单加工处理，制成的制糖初级原料产品。

（六）茶叶初加工

通过对茶树上采摘下来的鲜叶和嫩芽进行杀青（萎凋、摇青）、揉捻、发酵、烘干、分级、包装等简单加工处理，制成的初制毛茶。

＊精制茶、边销茶、紧压茶和掺兑各种药物的茶及茶饮料不属于初加工范围。

（七）药用植物初加工

通过对各种药用植物的根、茎、皮、叶、花、果实、种子等，进行挑选、整理、捆扎、清洗、凉晒、切碎、蒸煮、炒制等简单加工处理，制成的片、丝、块、段等中药材。

＊加工的各类中成药不属于初加工范围。

（八）纤维植物初加工

1. 棉花初加工。通过轧花、剥绒等脱绒工序简单加工处理，制成的皮棉、短绒、棉籽。

2. 麻类初加工。通过对各种麻类作物（大麻、黄麻、槿麻、苎麻、苘麻、亚麻、罗布麻、蕉麻、剑麻等）进行脱胶、抽丝等简单加工处理，制成的干（洗）麻、纱条、丝、绳。

3. 蚕茧初加工。通过烘干、杀蛹、缫丝、煮剥、拉丝等简单加工处理，制成的蚕、蛹、生丝、丝棉。

（九）热带、南亚热带作物初加工

通过对热带、南亚热带作物去除杂质、脱水、干燥、分级、包装等简单加工处理，制成的工业初级原料。具体包括：天然橡胶生胶和天然浓缩胶乳、生咖啡豆、胡椒籽、肉桂油、桉油、香茅油、木薯淀粉、木薯干片、坚果。

二、畜牧业类

（一）畜禽类初加工

1. 肉类初加工。通过对畜禽类动物（包括各类牲畜、家禽和人工驯养、繁殖的野生动物以及其他经济动物）宰杀、去头、去蹄、去皮、去内脏、分割、切块或切片、冷藏或冷冻、分级、包装等简单加工处理,制成的分割肉、保鲜肉、冷藏肉、冷冻肉、绞肉、肉块、肉片、肉丁。

2. 蛋类初加工。通过对鲜蛋进行清洗、干燥、分级、包装、冷藏等简单加工处理,制成的各种分级、包装的鲜蛋、冷藏蛋。

3. 奶类初加工。通过对鲜奶进行净化、均质、杀菌或灭菌、灌装等简单加工处理,制成的巴氏杀菌奶、超高温灭菌奶。

4. 皮类初加工。通过对畜禽类动物皮张剥取、浸泡、刮里、晾干或熏干等简单加工处理,制成的生皮、生皮张。

5. 毛类初加工。通过对畜禽类动物毛、绒或羽绒分级、去杂、清洗等简单加工处理,制成的洗净毛、洗净绒或羽绒。

6. 蜂产品初加工。通过去杂、过滤、浓缩、熔化、磨碎、冷冻简单加工处理,制成的蜂蜜、蜂蜡、蜂胶、蜂花粉。

*肉类罐头、肉类熟制品、蛋类罐头、各类酸奶、奶酪、奶油、王浆粉、各种蜂产品口服液、胶囊不属于初加工范围。

(二)饲料类初加工

1. 植物类饲料初加工。通过碾磨、破碎、压榨、干燥、酿制、发酵等简单加工处理,制成的糠麸、饼粕、糟渣、树叶粉。

2. 动物类饲料初加工。通过破碎、烘干、制粉等简单加工处理,制成的鱼粉、虾粉、骨粉、肉粉、血粉、羽毛粉、乳清粉。

3. 添加剂类初加工。通过粉碎、发酵、干燥等简单加工处理,制成的矿石粉、饲用酵母。

(三)牧草类初加工

通过对牧草、牧草种籽、农作物秸秆等,进行收割、打捆、粉碎、压块、成粒、分选、青贮、氨化、微化等简单加工处理,制成的干草、草捆、草粉、草块或草饼、草颗粒、牧草种籽以及草皮、秸秆粉(块、粒)。

三、渔业类

(一)水生动物初加工

将水产动物(鱼、虾、蟹、鳖、贝、棘皮类、软体类、腔肠类、两栖类、海兽类动物等)整体或去头、去鳞(皮、壳)、去内脏、去骨(刺)、擂溃或切块、切片,经冰鲜、冷冻、冷藏等保鲜防腐处理、包装等简单加工处理,制成的水产动物初制品。

*熟制的水产品和各类水产品的罐头以及调味烤制的水产食品不属于初加工范围。

(二)水生植物初加工

将水生植物(海带、裙带菜、紫菜、龙须菜、麒麟菜、江篱、浒苔、羊栖菜、莼菜等)整体或去根、去边梢、切段,经热烫、冷冻、冷藏等保鲜防腐处理、包装等简单加工处理的初制品,以及整体或去根、去边梢、切段、经晾晒、干燥(脱水)、包装、粉碎等简单加工处理的初制品。

*罐装(包括软罐)产品不属于初加工范围。

财政部 国家税务总局关于全国社会保障基金有关企业所得税问题的通知

2008年11月21日 财税〔2008〕136号

各省、自治区、直辖市、计划单列市财政厅（局）、国家税务局、地方税务局，新疆生产建设兵团财务局：

经国务院同意，现对全国社会保障基金理事会（简称社保基金理事会）管理的社会保障基金（简称社保基金）的有关企业所得税问题通知如下：

一、对社保基金理事会、社保基金投资管理人管理的社保基金银行存款利息收入，社保基金从证券市场中取得的收入，包括买卖证券投资基金、股票、债券的差价收入，证券投资基金红利收入，股票的股息、红利收入，债券的利息收入及产业投资基金收益、信托投资收益等其他投资收入，作为企业所得税不征税收入。

二、对社保基金投资管理人、社保基金托管人从事社保基金管理活动取得的收入，依照税法的规定征收企业所得税。

三、本通知从2008年1月1日起执行。

财政部 国家税务总局关于执行公共基础设施项目企业所得税优惠目录有关问题的通知

2008年9月23日 财税〔2008〕46号

各省、自治区、直辖市、计划单列市财政厅（局）、国家税务局、地方税务局，新疆生产建设兵团财务局：

根据《中华人民共和国企业所得税法》（以下简称企业所得税法）和《中华人民共和国企业所得税法实施条例》（国务院令第512号）的有关规定，经国务院批准，财政部、税务总局、发展改革委公布了《公共基础设施项目企业所得税优惠目录》（以下简称《目录》）。现将执行《目录》的有关问题通知如下：

一、企业从事《目录》内符合相关条件和技术标准及国家投资管理相关规定、于2008年1月1日后经批准的公共基础设施项目，其投资经营的所得，自该项目取得第一笔生产经营收入所属纳税年度起，第一年至第三年免征企业所得税，第四年至第六年减半征收企业所得税。

第一笔生产经营收入，是指公共基础设施项目已建成并投入运营后所取得的第一笔收入。

二、企业同时从事不在《目录》范围内的项目取得的所得，应与享受优惠的公共基础设施项目所得分开核算，并合理分摊期间费用，没有分开核算的，不得享受上述企业所得税优惠政策。

三、企业承包经营、承包建设和内部自建自用公共基础设施项目，不得享受上述企业所得税优惠。

四、根据经济社会发展需要及企业所得税优惠政策实施情况，国务院财政、税务主管部门会同国家发展改革委等有关部门适时对《目录》内的项目进行调整和修订，并在报国务院批准后对《目录》进行更新。

财政部　国家税务总局关于企业所得税若干优惠政策的通知①

手机阅读

2008年2月22日　财税〔2008〕1号

各省、自治区、直辖市，计划单列市财政厅（局）、国家税务局、地方税务局，新疆生产建设兵团财务局：

根据《中华人民共和国企业所得税法》第三十六条的规定，经国务院批准，现将有关企业所得税优惠政策问题通知如下：

一、关于鼓励软件产业和集成电路产业发展的优惠政策

（一）软件生产企业实行增值税即征即退政策所退还的税款，由企业用于研究开发软件产品和扩大再生产，不作为企业所得税应税收入，不予征收企业所得税。

（二）我国境内新办软件生产企业经认定后，自获利年度起，第一年和第二年免征企业所得税，第三年至第五年减半征收企业所得税。

（三）国家规划布局内的重点软件生产企业，如当年未享受免税优惠的，减按10%的税率征收企业所得税。

（四）软件生产企业的职工培训费用，可按实际发生额在计算应纳税所得额时扣除。

（五）企事业单位购进软件，凡符合固定资产或无形资产确认条件的，可以按照固定资产或无形资产进行核算，经主管税务机关核准，其折旧或摊销年限可以适当缩短，最短可为2年。

---

① 根据《关于进一步鼓励软件产业和集成电路产业发展企业所得税政策的通知》（财税〔2012〕27号），本法第一条第（一）项至第（九）项自2011年1月1日起停止执行。

（六）集成电路设计企业视同软件企业，享受上述软件企业的有关企业所得税政策。

（七）集成电路生产企业的生产性设备，经主管税务机关核准，其折旧年限可以适当缩短，最短可为3年。

（八）投资额超过80亿元人民币或集成电路线宽小于0.25um的集成电路生产企业，可以减按15%的税率缴纳企业所得税，其中，经营期在15年以上的，从开始获利的年度起，第一年至第五年免征企业所得税，第六年至第十年减半征收企业所得税。

（九）对生产线宽小于0.8微米（含）集成电路产品的生产企业，经认定后，自获利年度起，第一年和第二年免征企业所得税，第三年至第五年减半征收企业所得税。

已经享受自获利年度起企业所得税"两免三减半"政策的企业，不再重复执行本条规定。

（十）自2008年1月1日起至2010年底，对集成电路生产企业、封装企业的投资者，以其取得的缴纳企业所得税后的利润，直接投资于本企业增加注册资本，或作为资本投资开办其他集成电路生产企业、封装企业，经营期不少于5年的，按40%的比例退还其再投资部分已缴纳的企业所得税税款。再投资不满5年撤出该项投资的，追缴已退的企业所得税税款。

自2008年1月1日起至2010年底，对国内外经济组织作为投资者，以其在境内取得的缴纳企业所得税后的利润，作为资本投资于西部地区开办集成电路生产企业、封装企业或软件产品生产企业，经营期不少于5年的，按80%的比例退还其再投资部分已缴纳的企业所得税税款。再投资不满5年撤出该项投资的，追缴已退的企业所得税税款。

二、关于鼓励证券投资基金发展的优惠政策

（一）对证券投资基金从证券市场中取得的收入，包括买卖股票、债券的差价收入，股权的股息、红利收入，债券的利息收入及其他收入，暂不征收企业所得税。

（二）对投资者从证券投资基金分配中取得的收入，暂不征收企业所得税。

（三）对证券投资基金管理人运用基金买卖股票、债券的差价收入，暂不征收企业所得税。

三、关于其他有关行业、企业的优惠政策

为保证部分行业、企业税收优惠政策执行的连续性，对原有关就业再就业，奥运会和世博会，社会公益，债转股、清产核资、重组、改制、转制等企业改革，涉农和国家储备，其他单项优惠政策共6类定期企业所得税优惠政策（见附件），自2008年1月1日起，继续按原优惠政策规定的办法和时间执行到期。

四、关于外国投资者从外商投资企业取得利润的优惠政策

2008年1月1日之前外商投资企业形成的累积未分配利润，在2008年以后分配给外国投资者的，免征企业所得税；2008年及以后年度外商投资企业新增利润分配给外国投资者的，依法缴纳企业所得税。

五、除《中华人民共和国企业所得税法》、《中华人民共和国企业所得税

法实施条例》、《国务院关于实施企业所得税过渡优惠政策的通知》（国发〔2007〕39号），《国务院关于经济特区和上海浦东新区新设立高新技术企业实行过渡性税收优惠的通知》（国发〔2007〕40号）及本通知规定的优惠政策以外，2008年1月1日之前实施的其他企业所得税优惠政策一律废止。各地区、各部门一律不得越权制定企业所得税的优惠政策。

附件：执行到期的企业所得税优惠政策表（略）

国家税务总局关于实施创业投资企业所得税优惠问题的通知[①]

2009年4月30日　国税发〔2009〕87号

各省、自治区、直辖市和计划单列市国家税务局、地方税务局：

为落实创业投资企业所得税优惠政策，促进创业投资企业的发展，根据《中华人民共和国企业所得税法》及其实施条例等有关规定，现就创业投资企业所得税优惠的有关问题通知如下：

一、创业投资企业是指依照《创业投资企业管理暂行办法》（国家发展和改革委员会等10部委令2005年第39号，以下简称《暂行办法》）和《外商投资创业投资企业管理规定》（商务部等5部委令2003年第2号）在中华人民共和国境内设立的专门从事创业投资活动的企业或其他经济组织。

二、创业投资企业采取股权投资方式投资于未上市的中小高新技术企业2年（24个月）以上，凡符合以下条件的，可以按照其对中小高新技术企业投资额的70%，在股权持有满2年的当年抵扣该创业投资企业的应纳税所得额；当年不足抵扣的，可以在以后纳税年度结转抵扣。

（一）经营范围符合《暂行办法》规定，且工商登记为"创业投资有限责任公司"、"创业投资股份有限公司"等专业性法人创业投资企业。

（二）按照《暂行办法》规定的条件和程序完成备案，经备案管理部门年度检查核实，投资运作符合《暂行办法》的有关规定。

（三）创业投资企业投资的中小高新技术企业，除应按照科技部、财政部、国家税务总局《关于印发〈高新技术企业认定管理办法〉的通知》（国科发火〔2008〕172号）和《关于印发〈高新技术企业认定管理工作指引〉的通知》（国科发火〔2008〕362号）的规定，通过高新技术企业认定以外，还应符合职工人数不超过500人，年销售（营业）额不超过2亿元，资产总额不超过2亿元的条件。

2007年底前按原有规定取得高新技术企业资格的中小高新技术企业，且在

[①] 根据《国家税务总局关于公布失效废止的税务部门规章和税收规范性文件目录的决定》（国家税务总局令第42号），本法废止第四条。

2008年继续符合新的高新技术企业标准的,向其投资满24个月的计算,可自创业投资企业实际向其投资的时间起计算。

(四)财政部、国家税务总局规定的其他条件。

三、中小企业接受创业投资之后,经认定符合高新技术企业标准的,应自其被认定为高新技术企业的年度起,计算创业投资企业的投资期限。该期限内中小企业接受创业投资后,企业规模超过中小企业标准,但仍符合高新技术企业标准的,不影响创业投资企业享受有关税收优惠。

四、创业投资企业申请享受投资抵扣应纳税所得额,应在其报送申请投资抵扣应纳税所得额年度纳税申报表以前,向主管税务机关报送以下资料备案:

(一)经备案管理部门核实后出具的年检合格通知书(副本);

(二)关于创业投资企业投资运作情况的说明;

(三)中小高新技术企业投资合同或章程的复印件、实际所投资金验资报告等相关材料;

(四)中小高新技术企业基本情况(包括企业职工人数、年销售(营业)额、资产总额等)说明;

(五)由省、自治区、直辖市和计划单列市高新技术企业认定管理机构出具的中小高新技术企业有效的高新技术企业证书(复印件)。

五、本通知自2008年1月1日起执行。

国家税务总局关于实施国家重点扶持的公共基础设施项目企业所得税优惠问题的通知[①]

2009年4月16日 国税发〔2009〕80号

各省、自治区、直辖市和计划单列市国家税务局、地方税务局:

为贯彻落实《中华人民共和国企业所得税法》及其实施条例关于国家重点扶持的公共基础设施项目企业所得税优惠政策,促进国家重点扶持的公共基础设施项目建设,现将实施该项优惠政策的有关问题通知如下:

一、对居民企业(以下简称企业)经有关部门批准,从事符合《公共基础设施项目企业所得税优惠目录》(以下简称《目录》)规定范围、条件和标准的公共基础设施项目的投资经营所得,自该项目取得第一笔生产经营收入所属纳税年度起,第一年至第三年免征企业所得税,第四年至第六年减半征收企业所得税。

---

① 根据《国家税务总局关于公布失效废止的税务部门规章和税收规范性文件目录的决定》(国家税务总局令第42号),本法废止第七条。

企业从事承包经营、承包建设和内部自建自用《目录》规定项目的所得，不得享受前款规定的企业所得税优惠。

二、本通知所称第一笔生产经营收入，是指公共基础设施项目建成并投入运营（包括试运营）后所取得的第一笔主营业务收入。

三、本通知所称承包经营，是指与从事该项目经营的法人主体相独立的另一法人经营主体，通过承包该项目的经营管理而取得劳务性收益的经营活动。

四、本通知所称承包建设，是指与从事该项目经营的法人主体相独立的另一法人经营主体，通过承包该项目的工程建设而取得建筑劳务收益的经营活动。

五、本通知所称内部自建自用，是指项目的建设仅作为本企业主体经营业务的设施，满足本企业自身的生产经营活动需要，而不属于向他人提供公共服务业务的公共基础设施建设项目。

六、企业同时从事不在《目录》范围的生产经营项目取得的所得，应与享受优惠的公共基础设施项目经营所得分开核算，并合理分摊企业的期间共同费用；没有单独核算的，不得享受上述企业所得税优惠。

期间共同费用的合理分摊比例可以按照投资额、销售收入、资产额、人员工资等参数确定。上述比例一经确定，不得随意变更。凡特殊情况需要改变的，需报主管税务机关核准。

七、从事《目录》范围项目投资的居民企业应于从该项目取得的第一笔生产经营收入后15日内向主管税务机关备案并报送如下材料后，方可享受有关企业所得税优惠：

（一）有关部门批准该项目文件复印件；

（二）该项目完工验收报告复印件；

（三）该项目投资额验资报告复印件；

（四）税务机关要求提供的其他资料。

八、企业因生产经营发生变化或因《目录》调整，不再符合本办法规定减免税条件的，企业应当自发生变化15日内向主管税务机关提交书面报告并停止享受优惠，依法缴纳企业所得税。

九、企业在减免税期限内转让所享受减免税优惠的项目，受让方承续经营该项目的，可自受让之日起，在剩余优惠期限内享受规定的减免税优惠；减免税期限届满后转让的，受让方不得就该项目重复享受减免税优惠。

十、税务机关应结合纳税检查、执法检查或其他专项检查，每年定期对企业享受公共基础设施项目企业所得税减免税款事项进行核查，核查的主要内容包括：

（一）企业是否继续符合减免所得税的资格条件，所提供的有关情况证明材料是否真实。

（二）企业享受减免企业所得税的条件发生变化时，是否及时将变化情况报送税务机关，并根据本办法规定对适用优惠进行了调整。

十一、企业实际经营情况不符合企业所得税减免税规定条件的或采取虚假申报等手段获取减免税的、享受减免税条件发生变化未及时向税务机关报告的，以及未按本办法规定程序报送备案资料而自行减免税的，企业主管税务机关应按照税收征管法有关规定进行处理。

十二、本通知自2008年1月1日起执行。

国家税务总局关于环境保护 节能节水 安全生产等专用设备投资抵免 企业所得税有关问题的通知

2010年6月2日 国税函〔2010〕256号

各省、自治区、直辖市和计划单列市国家税务局、地方税务局：

现就环境保护、节能节水、安全生产等专用设备投资抵免企业所得税的有关问题通知如下：

根据《财政部 国家税务总局关于全国实施增值税转型改革若干问题的通知》（财税〔2008〕2170号）规定，自2009年1月1日起，增值税一般纳税人购进固定资产发生的进项税额可从其销项税额中抵扣，因此，自2009年1月1日起，纳税人购进并实际使用《环境保护专用设备企业所得税优惠目录》、《节能节水专用设备企业所得税优惠目录》和《安全生产专用设备企业所得税优惠目录》范围内的专用设备并取得增值税专用发票的，在按照《财政部 国家税务总局关于执行环境保护专用设备企业所得税优惠目录 节能节水专用设备企业所得税优惠目录和安全生产专用设备企业所得税优惠目录有关问题的通知》（财税〔2008〕248号）第二条规定进行税额抵免时，如增值税进项税额允许抵扣，其专用设备投资额不再包括增值税进项税额；如增值税进项税额不允许抵扣，其专用设备投资额应为增值税专用发票上注明的价税合计金额。企业购买专用设备取得普通发票的，其专用设备投资额为普通发票上注明的金额。

国家税务总局关于股权分置改革中 上市公司取得资产及债务豁免对价 收入征免所得税问题的批复

2009年7月13日 国税函〔2009〕375号

四川省地方税务局：

你局《关于股权分置改革中上市公司取得资产及债务豁免对价收入是否征收所得税问题的请示》（川地税发〔2009〕25号）收悉，经研究，批复如下：

根据《财政部　国家税务总局关于企业所得税若干优惠政策的通知》（财税〔2008〕1号）的规定，《财政部　国家税务总局关于股权分置试点改革有关税收政策问题的通知》（财税〔2005〕103号）的有关规定，自2008年1月1日起继续执行到股权分置试点改革结束。

股权分置改革中，上市公司因股权分置改革而接受的非流通股股东作为对价注入资产和被非流通股股东豁免债务，上市公司应增加注册资本或资本公积，不征收企业所得税。

个人所得税

中华人民共和国个人所得税法

手机阅读

（1980年9月10日第五届全国人民代表大会第三次会议通过　根据1993年10月31日第八届全国人民代表大会常务委员会第四次会议《关于修改〈中华人民共和国个人所得税法〉的决定》第一次修正　根据1999年8月30日第九届全国人民代表大会常务委员会第十一次会议《关于修改〈中华人民共和国个人所得税法〉的决定》第二次修正　根据2005年10月27日第十届全国人民代表大会常务委员会第十八次会议《关于修改〈中华人民共和国个人所得税法〉的决定》第三次修正　根据2007年6月29日第十届全国人民代表大会常务委员会第二十八次会议《关于修改〈中华人民共和国个人所得税法〉的决定》第四次修正　根据2007年12月29日第十届全国人民代表大会常务委员会第三十一次会议《关于修改〈中华人民共和国个人所得税法〉的决定》第五次修正　根据2011年6月30日第十一届全国人民代表大会常务委员会第二十一次会议《关于修改〈中华人民共和国个人所得税法〉的决定》第六次修正　根据2018年8月31日第十三届全国人民代表大会常务委员会第五次会议《关于修改〈中华人民共和国个人所得税法〉的决定》第七次修正）

第一条　在中国境内有住所，或者无住所而一个纳税年度内在中国境内居住累计满一百八十三天的个人，为居民个人。居民个人从中国境内和境外取得的所得，依照本法规定缴纳个人所得税。

在中国境内无住所又不居住，或者无住所而一个纳税年度内在中国境内居住累计不满一百八十三天的个人，为非居民个人。非居民个人从中国境内取得的所得，依照本法规定缴纳个人所得税。

纳税年度，自公历一月一日起至十二月三十一日止。

第二条　下列各项个人所得，应当缴纳个人所得税：

（一）工资、薪金所得；

（二）劳务报酬所得；

（三）稿酬所得；

（四）特许权使用费所得；

（五）经营所得；

（六）利息、股息、红利所得；

（七）财产租赁所得；

（八）财产转让所得；

（九）偶然所得。

居民个人取得前款第一项至第四项所得（以下称综合所得），按纳税年度合并计算个人所得税；非居民个人取得前款第一项至第四项所得，按月或者按次分项计算个人所得税。纳税人取得前款第五项至第九项所得，依照本法规定分别计算个人所得税。

第三条 个人所得税的税率：

（一）综合所得，适用百分之三至百分之四十五的超额累进税率（税率表附后）；

（二）经营所得，适用百分之五至百分之三十五的超额累进税率（税率表附后）；

（三）利息、股息、红利所得，财产租赁所得，财产转让所得和偶然所得，适用比例税率，税率为百分之二十。

第四条 下列各项个人所得，免征个人所得税：

（一）省级人民政府、国务院部委和中国人民解放军军以上单位，以及外国组织、国际组织颁发的科学、教育、技术、文化、卫生、体育、环境保护等方面的奖金；

（二）国债和国家发行的金融债券利息；

（三）按照国家统一规定发给的补贴、津贴；

（四）福利费、抚恤金、救济金；

（五）保险赔款；

（六）军人的转业费、复员费、退役金；

（七）按照国家统一规定发给干部、职工的安家费、退职费、基本养老金或者退休费、离休费、离休生活补助费；

（八）依照有关法律规定应予免税的各国驻华使馆、领事馆的外交代表、领事官员和其他人员的所得；

（九）中国政府参加的国际公约、签订的协议中规定免税的所得；

（十）国务院规定的其他免税所得。

前款第十项免税规定，由国务院报全国人民代表大会常务委员会备案。

第五条 有下列情形之一的，可以减征个人所得税，具体幅度和期限，由省、自治区、直辖市人民政府规定，并报同级人民代表大会常务委员会备案：

（一）残疾、孤老人员和烈属的所得；

（二）因自然灾害遭受重大损失的。

国务院可以规定其他减税情形，报全国人民代表大会常务委员会备案。

第六条 应纳税所得额的计算：

（一）居民个人的综合所得，以每一纳税年度的收入额减除费用六万元以及专项扣除、专项附加扣除和依法确定的其他扣除后的余额，为应纳税所得额。

（二）非居民个人的工资、薪金所得，以每月收入额减除费用五千元后的余额为应纳税所得额；劳务报酬所得、稿酬所得、特许权使用费所得，以每次收入额为应纳税所得额。

（三）经营所得，以每一纳税年度的收入总额减除成本、费用以及损失后的余额，为应纳税所得额。

（四）财产租赁所得，每次收入不超过四千元的，减除费用八百元；四千元以上的，减除百分之二十的费用，其余额为应纳税所得额。

（五）财产转让所得，以转让财产的收入额减除财产原值和合理费用后的余额，为应纳税所得额。

（六）利息、股息、红利所得和偶然所得，以每次收入额为应纳税所得额。

劳务报酬所得、稿酬所得、特许权使用费所得以收入减除百分之二十的费用后的余额为收入额。稿酬所得的收入额减按百分之七十计算。

个人将其所得对教育、扶贫、济困等公益慈善事业进行捐赠，捐赠额未超过纳税人申报的应纳税所得额百分之三十的部分，可以从其应纳税所得额中扣除；国务院规定对公益慈善事业捐赠实行全额税前扣除的，从其规定。

本条第一款第一项规定的专项扣除，包括居民个人按照国家规定的范围和标准缴纳的基本养老保险、基本医疗保险、失业保险等社会保险费和住房公积金等；专项附加扣除，包括子女教育、继续教育、大病医疗、住房贷款利息或者住房租金、赡养老人等支出，具体范围、标准和实施步骤由国务院确定，并报全国人民代表大会常务委员会备案。

第七条 居民个人从中国境外取得的所得，可以从其应纳税额中抵免已在境外缴纳的个人所得税税额，但抵免额不得超过该纳税人境外所得依照本法规定计算的应纳税额。

第八条 有下列情形之一的，税务机关有权按照合理方法进行纳税调整：

（一）个人与其关联方之间的业务往来不符合独立交易原则而减少本人或者其关联方应纳税额，且无正当理由；

（二）居民个人控制的，或者居民个人和居民企业共同控制的设立在实际税负明显偏低的国家（地区）的企业，无合理经营需要，对应当归属于居民个人的利润不作分配或者减少分配；

（三）个人实施其他不具有合理商业目的的安排而获取不当税收利益。

税务机关依照前款规定作出纳税调整，需要补征税款的，应当补征税款，并依法加收利息。

第九条 个人所得税以所得人为纳税人，以支付所得的单位或者个人为扣缴义务人。

纳税人有中国公民身份号码的，以中国公民身份号码为纳税人识别号；纳税人没有中国公民身份号码的，由税务机关赋予其纳税人识别号。扣缴义务人扣缴税款时，纳税人应当向扣缴义务人提供纳税人识别号。

第十条 有下列情形之一的，纳税人应当依法办理纳税申报：

（一）取得综合所得需要办理汇算清缴；

（二）取得应税所得没有扣缴义务人；

（三）取得应税所得，扣缴义务人未扣缴税款；

（四）取得境外所得；

（五）因移居境外注销中国户籍；

（六）非居民个人在中国境内从两处以上取得工资、薪金所得；

（七）国务院规定的其他情形。

扣缴义务人应当按照国家规定办理全员全额扣缴申报，并向纳税人提供其个人所得和已扣缴税款等信息。

第十一条 居民个人取得综合所得，按年计算个人所得税；有扣缴义务人的，由扣缴义务人按月或者按次预扣预缴税款；需要办理汇算清缴的，应当在取得所得的次年三月一日至六月三十日内办理汇算清缴。预扣预缴办法由国务院税务主管部门制定。

居民个人向扣缴义务人提供专项附加扣除信息的，扣缴义务人按月预扣预缴税款时应当按照规定予以扣除，不得拒绝。

非居民个人取得工资、薪金所得，劳务报酬所得，稿酬所得和特许权使用费所得，有扣缴义务人的，由扣缴义务人按月或者按次代扣代缴税款，不办理汇算清缴。

第十二条 纳税人取得经营所得，按年计算个人所得税，由纳税人在月度或者季度终了后十五日内向税务机关报送纳税申报表，并预缴税款；在取得所得的次年三月三十一日前办理汇算清缴。

纳税人取得利息、股息、红利所得，财产租赁所得，财产转让所得和偶然所得，按月或者按次计算个人所得税，有扣缴义务人的，由扣缴义务人按月或者按次代扣代缴税款。

第十三条 纳税人取得应税所得没有扣缴义务人的，应当在取得所得的次月十五日内向税务机关报送纳税申报表，并缴纳税款。

纳税人取得应税所得，扣缴义务人未扣缴税款的，纳税人应当在取得所得的次年六月三十日前，缴纳税款；税务机关通知限期缴纳的，纳税人应当按照期限缴纳税款。

居民个人从中国境外取得所得的，应当在取得所得的次年三月一日至六月三十日内申报纳税。

非居民个人在中国境内从两处以上取得工资、薪金所得的，应当在取得所得的次月十五日内申报纳税。

纳税人因移居境外注销中国户籍的，应当在注销中国户籍前办理税款清算。

第十四条 扣缴义务人每月或者每次预扣、代扣的税款，应当在次月十五日内缴入国库，并向税务机关报送扣缴个人所得税申报表。

纳税人办理汇算清缴退税或者扣缴义务人为纳税人办理汇算清缴退税的，税务机关审核后，按照国库管理的有关规定办理退税。

第十五条 公安、人民银行、金融监督管理等相关部门应当协助税务机关确认纳税人的身份、金融账户信息。教育、卫生、医疗保障、民政、人力资源社会保障、住房城乡建设、公安、人民银行、金融监督管理等相关部门应当向税务机关提供纳税人子女教育、继续教育、大病医疗、住房贷款利息、住房租金、赡养老人等专项附加扣除信息。

个人转让不动产的，税务机关应当根据不动产登记等相关信息核验应缴的个人所得税，登记机构办理转移登记时，应当查验与该不动产转让相关的个人所得税的完税凭证。个人转让股权办理变更登记的,市场主体登记机关应当查验与该股权交易相关的个人所得税的完税凭证。

有关部门依法将纳税人、扣缴义务人遵守本法的情况纳入信用信息系统,并实施联合激励或者惩戒。

第十六条 各项所得的计算,以人民币为单位。所得为人民币以外的货币的,按照人民币汇率中间价折合成人民币缴纳税款。

第十七条 对扣缴义务人按照所扣缴的税款,付给百分之二的手续费。

第十八条 对储蓄存款利息所得开征、减征、停征个人所得税及其具体办法,由国务院规定,并报全国人民代表大会常务委员会备案。

第十九条 纳税人、扣缴义务人和税务机关及其工作人员违反本法规定的,依照《中华人民共和国税收征收管理法》和有关法律法规的规定追究法律责任。

第二十条 个人所得税的征收管理,依照本法和《中华人民共和国税收征收管理法》的规定执行。

第二十一条 国务院根据本法制定实施条例。

第二十二条 本法自公布之日起施行。

个人所得税税率表一
(综合所得适用)

级数	全年应纳税所得额	税率(%)
1	不超过36000元的	3
2	超过36000元至144000元的部分	10
3	超过144000元至300000元的部分	20
4	超过300000元至420000元的部分	25
5	超过420000元至660000元的部分	30
6	超过660000元至960000元的部分	35
7	超过960000元的部分	45

个人所得税税率表二
(经营所得适用)

级数	全年应纳税所得额	税率(%)
1	不超过30000元的	5
2	超过30000元至90000元的部分	10
3	超过90000元至300000元的部分	20
4	超过300000元至500000元的部分	30
5	超过500000元的部分	35

中华人民共和国个人所得税法实施条例

手机阅读

(1994年1月28日中华人民共和国国务院令第142号发布 根据2005年12月19日《国务院关于修改〈中华人民共和国个人所得税法实施条例〉的决定》第一次修订 根据2008年2月18日《国务院关于修改〈中华人民共和国个人所得税法实施条例〉的决定》第二次修订 根据2011年7月19日《国务院关于修改〈中华人民共和国个人所得税法实施条例〉的决定》第三次修订 2018年12月18日中华人民共和国国务院令第707号第四次修订)

第一条 根据《中华人民共和国个人所得税法》(以下简称个人所得税法),制定本条例。

第二条 个人所得税法所称在中国境内有住所,是指因户籍、家庭、经济利益关系而在中国境内习惯性居住;所称从中国境内和境外取得的所得,分别是指来源于中国境内的所得和来源于中国境外的所得。

第三条 除国务院财政、税务主管部门另有规定外,下列所得,不论支付地点是否在中国境内,均为来源于中国境内的所得:

(一)因任职、受雇、履约等在中国境内提供劳务取得的所得;

(二)将财产出租给承租人在中国境内使用而取得的所得;

(三)许可各种特许权在中国境内使用而取得的所得;

(四)转让中国境内的不动产等财产或者在中国境内转让其他财产取得的所得;

(五)从中国境内企业、事业单位、其他组织以及居民个人取得的利息、股息、红利所得。

第四条 在中国境内无住所的个人,在中国境内居住累计满183天的年度连续不满六年的,经向主管税务机关备案,其来源于中国境外且由境外单位或者个人支付的所得,免予缴纳个人所得税;在中国境内居住累计满183天的任一年度中有一次离境超过30天的,其在中国境内居住累计满183天的年度的连续年限重新起算。

第五条 在中国境内无住所的个人,在一个纳税年度内在中国境内居住累计不超过90天的,其来源于中国境内的所得,由境外雇主支付并且不由该雇主在中国境内的机构、场所负担的部分,免予缴纳个人所得税。

第六条 个人所得税法规定的各项个人所得的范围:

(一)工资、薪金所得,是指个人因任职或者受雇取得的工资、薪金、奖金、年终加薪、劳动分红、津贴、补贴以及与任职或者受雇有关的其他所得。

(二)劳务报酬所得,是指个人从事劳务取得的所得,包括从事设计、装潢、安装、制图、化验、测试、医疗、法律、会计、咨询、讲学、翻译、审稿、书画、雕刻、影视、录音、录像、演出、表演、广告、展览、技术服务、介绍服务、经纪服务、代办服务以及其他劳务取得的所得。

（三）稿酬所得，是指个人因其作品以图书、报刊等形式出版、发表而取得的所得。

（四）特许权使用费所得，是指个人提供专利权、商标权、著作权、非专利技术以及其他特许权的使用权取得的所得；提供著作权的使用权取得的所得，不包括稿酬所得。

（五）经营所得，是指：

1. 个体工商户从事生产、经营活动取得的所得，个人独资企业投资人、合伙企业的个人合伙人来源于境内注册的个人独资企业、合伙企业生产、经营的所得；

2. 个人依法从事办学、医疗、咨询以及其他有偿服务活动取得的所得；

3. 个人对企业、事业单位承包经营、承租经营以及转包、转租取得的所得；

4. 个人从事其他生产、经营活动取得的所得。

（六）利息、股息、红利所得，是指个人拥有债权、股权等而取得的利息、股息、红利所得。

（七）财产租赁所得，是指个人出租不动产、机器设备、车船以及其他财产取得的所得。

（八）财产转让所得，是指个人转让有价证券、股权、合伙企业中的财产份额、不动产、机器设备、车船以及其他财产取得的所得。

（九）偶然所得，是指个人得奖、中奖、中彩以及其他偶然性质的所得。

个人取得的所得，难以界定应纳税所得项目的，由国务院税务主管部门确定。

第七条 对股票转让所得征收个人所得税的办法，由国务院另行规定，并报全国人民代表大会常务委员会备案。

第八条 个人所得的形式，包括现金、实物、有价证券和其他形式的经济利益；所得为实物的，应当按照取得的凭证上所注明的价格计算应纳税所得额，无凭证的实物或者凭证上所注明的价格明显偏低的，参照市场价格核定应纳税所得额；所得为有价证券的，根据票面价格和市场价格核定应纳税所得额；所得为其他形式的经济利益的，参照市场价格核定应纳税所得额。

第九条 个人所得税法第四条第一款第二项所称国债利息，是指个人持有中华人民共和国财政部发行的债券而取得的利息；所称国家发行的金融债券利息，是指个人持有经国务院批准发行的金融债券而取得的利息。

第十条 个人所得税法第四条第一款第三项所称按照国家统一规定发给的补贴、津贴，是指按照国务院规定发给的政府特殊津贴、院士津贴，以及国务院规定免予缴纳个人所得税的其他补贴、津贴。

第十一条 个人所得税法第四条第一款第四项所称福利费，是指根据国家有关规定，从企业、事业单位、国家机关、社会组织提留的福利费或者工会经费中支付给个人的生活补助费；所称救济金，是指各级人民政府民政部门支付给个人的生活困难补助费。

第十二条 个人所得税法第四条第一款第八项所称依照有关法律规定应予免税的各国驻华使馆、领事馆的外交代表、领事官员和其他人员的所得,是指依照《中华人民共和国外交特权与豁免条例》和《中华人民共和国领事特权与豁免条例》规定免税的所得。

第十三条 个人所得税法第六条第一款第一项所称依法确定的其他扣除,包括个人缴付符合国家规定的企业年金、职业年金,个人购买符合国家规定的商业健康保险、税收递延型商业养老保险的支出,以及国务院规定可以扣除的其他项目。

专项扣除、专项附加扣除和依法确定的其他扣除,以居民个人一个纳税年度的应纳税所得额为限额;一个纳税年度扣除不完的,不结转以后年度扣除。

第十四条 个人所得税法第六条第一款第二项、第四项、第六项所称每次,分别按照下列方法确定:

(一)劳务报酬所得、稿酬所得、特许权使用费所得,属于一次性收入的,以取得该项收入为一次;属于同一项目连续性收入的,以一个月内取得的收入为一次。

(二)财产租赁所得,以一个月内取得的收入为一次。

(三)利息、股息、红利所得,以支付利息、股息、红利时取得的收入为一次。

(四)偶然所得,以每次取得该项收入为一次。

第十五条 个人所得税法第六条第一款第三项所称成本、费用,是指生产、经营活动中发生的各项直接支出和分配计入成本的间接费用以及销售费用、管理费用、财务费用;所称损失,是指生产、经营活动中发生的固定资产和存货的盘亏、毁损、报废损失,转让财产损失,坏账损失,自然灾害等不可抗力因素造成的损失以及其他损失。

取得经营所得的个人,没有综合所得的,计算其每一纳税年度的应纳税所得额时,应当减除费用6万元、专项扣除、专项附加扣除以及依法确定的其他扣除。专项附加扣除在办理汇算清缴时减除。

从事生产、经营活动,未提供完整、准确的纳税资料,不能正确计算应纳税所得额的,由主管税务机关核定应纳税所得额或者应纳税额。

第十六条 个人所得税法第六条第一款第五项规定的财产原值,按照下列方法确定:

(一)有价证券,为买入价以及买入时按照规定交纳的有关费用;

(二)建筑物,为建造费或者购进价格以及其他有关费用;

(三)土地使用权,为取得土地使用权所支付的金额、开发土地的费用以及其他有关费用;

(四)机器设备、车船,为购进价格、运输费、安装费以及其他有关费用。

其他财产,参照前款规定的方法确定财产原值。

纳税人未提供完整、准确的财产原值凭证,不能按照本条第一款规定的方法确定财产原值的,由主管税务机关核定财产原值。

个人所得税法第六条第一款第五项所称合理费用,是指卖出财产时按照规定支付的有关税费。

第十七条 财产转让所得，按照一次转让财产的收入额减除财产原值和合理费用后的余额计算纳税。

第十八条 两个以上的个人共同取得同一项收入的，应当对每个人取得的收入分别按照个人所得税法的规定计算纳税。

第十九条 个人所得税法第六条第三款所称个人将其所得对教育、扶贫、济困等公益慈善事业进行捐赠，是指个人将其所得通过中国境内的公益性社会组织、国家机关向教育、扶贫、济困等公益慈善事业的捐赠；所称应纳税所得额，是指计算扣除捐赠额之前的应纳税所得额。

第二十条 居民个人从中国境内和境外取得的综合所得、经营所得，应当分别合并计算应纳税额；从中国境内和境外取得的其他所得，应当分别单独计算应纳税额。

第二十一条 个人所得税法第七条所称已在境外缴纳的个人所得税税额，是指居民个人来源于中国境外的所得，依照该所得来源国家（地区）的法律应当缴纳并且实际已经缴纳的所得税税额。

个人所得税法第七条所称纳税人境外所得依照本法规定计算的应纳税额，是居民个人抵免已在境外缴纳的综合所得、经营所得以及其他所得的所得税税额的限额（以下简称抵免限额）。除国务院财政、税务主管部门另有规定外，来源于中国境外一个国家（地区）的综合所得抵免限额、经营所得抵免限额以及其他所得抵免限额之和，为来源于该国家（地区）所得的抵免限额。

居民个人在中国境外一个国家（地区）实际已经缴纳的个人所得税税额，低于依照前款规定计算出的来源于该国家（地区）所得的抵免限额的，应当在中国缴纳差额部分的税款；超过来源于该国家（地区）所得的抵免限额的，其超过部分不得在本纳税年度的应纳税额中抵免，但是可以在以后纳税年度来源于该国家（地区）所得的抵免限额的余额中补扣。补扣期限最长不得超过五年。

第二十二条 居民个人申请抵免已在境外缴纳的个人所得税税额，应当提供境外税务机关出具的税款所属年度的有关纳税凭证。

第二十三条 个人所得税法第八条第二款规定的利息，应当按照税款所属纳税申报期最后一日中国人民银行公布的与补税期间同期的人民币贷款基准利率计算，自税款纳税申报期满次日起至补缴税款期限届满之日止按日加收。纳税人在补缴税款期限届满前补缴税款的，利息加收至补缴税款之日。

第二十四条 扣缴义务人向个人支付应税款项时，应当依照个人所得税法规定预扣或者代扣税款，按时缴库，并专项记载备查。

前款所称支付，包括现金支付、汇拨支付、转账支付和以有价证券、实物以及其他形式的支付。

第二十五条 取得综合所得需要办理汇算清缴的情形包括：

（一）从两处以上取得综合所得，且综合所得年收入额减除专项扣除的余额超过 6 万元；

（二）取得劳务报酬所得、稿酬所得、特许权使用费所得中一项或者多项所得，且综合所得年收入额减除专项扣除的余额超过 6 万元；

（三）纳税年度内预缴税额低于应纳税额；

（四）纳税人申请退税。

纳税人申请退税，应当提供其在中国境内开设的银行账户，并在汇算清缴地就地办理税款退库。

汇算清缴的具体办法由国务院税务主管部门制定。

第二十六条 个人所得税法第十条第二款所称全员全额扣缴申报，是指扣缴义务人在代扣款的次月十五日内，向主管税务机关报送其支付所得的所有个人的有关信息、支付所得数额、扣除事项和数额、扣缴税款的具体数额和总额以及其他相关涉税信息资料。

第二十七条 纳税人办理纳税申报的地点以及其他有关事项的具体办法，由国务院税务主管部门制定。

第二十八条 居民个人取得工资、薪金所得时，可以向扣缴义务人提供专项附加扣除有关信息，由扣缴义务人扣缴税款时减除专项附加扣除。纳税人同时从两处以上取得工资、薪金所得，并由扣缴义务人减除专项附加扣除的，对同一专项附加扣除项目，在一个纳税年度内只能选择从一处取得的所得中减除。

居民个人取得劳务报酬所得、稿酬所得、特许权使用费所得，应当在汇算清缴时向税务机关提供有关信息，减除专项附加扣除。

第二十九条 纳税人可以委托扣缴义务人或者其他单位和个人办理汇算清缴。

第三十条 扣缴义务人应当按照纳税人提供的信息计算办理扣缴申报，不得擅自更改纳税人提供的信息。

纳税人发现扣缴义务人提供或者扣缴申报的个人信息、所得、扣缴税款等与实际情况不符的，有权要求扣缴义务人修改。扣缴义务人拒绝修改的，纳税人应当报告税务机关，税务机关应当及时处理。

纳税人、扣缴义务人应当按照规定保存与专项附加扣除相关的资料。税务机关可以对纳税人提供的专项附加扣除信息进行抽查，具体办法由国务院税务主管部门另行规定。税务机关发现纳税人提供虚假信息的，应当责令改正并通知扣缴义务人；情节严重的，有关部门应当依法予以处理，纳入信用信息系统并实施联合惩戒。

第三十一条 纳税人申请退税时提供的汇算清缴信息有错误的，税务机关应当告知其更正；纳税人更正的，税务机关应当及时办理退税。

扣缴义务人未将扣缴的税款解缴入库的，不影响纳税人按照规定申请退税，税务机关应当凭纳税人提供的有关资料办理退税。

第三十二条 所得为人民币以外货币的，按照办理纳税申报或者扣缴申报的上一月最后一日人民币汇率中间价，折合成人民币计算应纳税所得额。年度终了后办理汇算清缴的，对已经按月、按季或者按次预缴税款的人民币以外货币所得，不再重新折算；对应当补缴税款的所得部分，按照上一纳税年度最后一日人民币汇率中间价，折合成人民币计算应纳税所得额。

第三十三条 税务机关按照个人所得税法第十七条的规定付给扣缴义务人手续费，应当填开退还书；扣缴义务人凭退还书，按照国库管理有关规定办理退库手续。

第三十四条　个人所得税纳税申报表、扣缴个人所得税报告表和个人所得税完税凭证式样，由国务院税务主管部门统一制定。

第三十五条　军队人员个人所得税征收事宜，按照有关规定执行。

第三十六条　本条例自2019年1月1日起施行。

国务院关于修改《对储蓄存款利息所得征收个人所得税的实施办法》的决定

手机阅读

2007年7月20日　国务院令第502号

国务院决定对《对储蓄存款利息所得征收个人所得税的实施办法》做如下修改：

一、第四条修改为："对储蓄存款利息所得征收个人所得税，减按5%的比例税率执行。减征幅度的调整由国务院决定。"

二、第八条第一款修改为："扣缴义务人在向储户结付利息时，依法代扣代缴税款。"

增加一款，作为第二款："前款所称结付利息，包括储户取款时结付利息、活期存款结息日结付利息和办理储蓄存款自动转存业务时结付利息等。"

三、第十三条修改为："本办法所称储蓄机构，是指经国务院银行业监督管理机构批准的商业银行、城市信用合作社和农村信用合作社等吸收公众存款的金融机构。"

四、第十四条修改为："储蓄存款在1999年10月31日前孳生的利息所得，不征收个人所得税；储蓄存款在1999年11月1日至2007年8月14日孳生的利息所得，按照20%的比例税率征收个人所得税；储蓄存款在2007年8月15日后孳生的利息所得，按照5%的比例税率征收个人所得税。"

此外，对个别条文的文字做了修改。

本决定自2007年8月15日起施行。

《对储蓄存款利息所得征收个人所得税的实施办法》根据本决定做相应的修订，重新公布。

对储蓄存款利息所得征收个人所得税的实施办法（2007修订）

（1999年9月30日中华人民共和国国务院令第272号发布
根据2007年7月20日中华人民共和国国务院令第502号公布的
《国务院关于修改〈对储蓄存款利息所得征收个人所得税的
实施办法〉的决定》修订）

第一条　根据《中华人民共和国个人所得税法》第十二条的规定，制定本办法。

第二条 从中华人民共和国境内的储蓄机构取得人民币、外币储蓄存款利息所得的个人,应当依照本办法缴纳个人所得税。

第三条 对储蓄存款利息所得征收个人所得税的计税依据为纳税人取得的人民币、外币储蓄存款利息所得。

第四条 对储蓄存款利息所得征收个人所得税,减按5%的比例税率执行。减征幅度的调整由国务院决定。

第五条 对个人取得的教育储蓄存款利息所得以及国务院财政部门确定的其他专项储蓄存款或者储蓄性专项基金存款的利息所得,免征个人所得税。

前款所称教育储蓄是指个人按照国家有关规定在指定银行开户、存入规定数额资金、用于教育目的的专项储蓄。

第六条 对储蓄存款利息所得,按照每次取得的利息所得额计征个人所得税。

第七条 对储蓄存款利息所得征收个人所得税,以结付利息的储蓄机构为扣缴义务人,实行代扣代缴。

第八条 扣缴义务人在向储户结付利息时,依法代扣代缴税款。

前款所称结付利息,包括储户取款时结付利息、活期存款结息日结付利息和办理储蓄存款自动转存业务时结付利息等。

扣缴义务人代扣税款,应当在给储户的利息结付单上注明。

第九条 扣缴义务人每月代扣的税款,应当在次月7日内缴入中央国库,并向当地主管税务机关报送代扣代缴税款报告表;代扣的税款为外币的,应当折合成人民币缴入中央国库。

第十条 对扣缴义务人按照所扣缴的税款,付给2%的手续费。

第十一条 税务机关应当加强对扣缴义务人代扣代缴税款情况的监督和检查,扣缴义务人应当积极予以配合,如实反映情况,提供有关资料,不得拒绝、隐瞒。

第十二条 对储蓄存款利息所得征收的个人所得税,由国家税务局依照《中华人民共和国税收征收管理法》、《中华人民共和国个人所得税法》及本办法的规定负责征收管理。

第十三条 本办法所称储蓄机构,是指经国务院银行业监督管理机构批准的商业银行、城市信用合作社和农村信用合作社等吸收公众存款的金融机构。

第十四条 储蓄存款在1999年10月31日前孳生的利息所得,不征收个人所得税;储蓄存款在1999年11月1日至2007年8月14日孳生的利息所得,按照20%的比例税率征收个人所得税;储蓄存款在2007年8月15日后孳生的利息所得,按照5%的比例税率征收个人所得税。

第十五条 本办法自1999年11月1日起施行。

国务院关于印发《个人所得税专项附加扣除暂行办法》的通知

手机阅读

2018年12月13日 国发〔2018〕41号

各省、自治区、直辖市人民政府,国务院各部委、各直属机构:

现将《个人所得税专项附加扣除暂行办法》印发给你们,请认真贯彻执行。

个人所得税专项附加扣除暂行办法

第一章 总 则

第一条 根据《中华人民共和国个人所得税法》(以下简称个人所得税法)规定,制定本办法。

第二条 本办法所称个人所得税专项附加扣除,是指个人所得税法规定的子女教育、继续教育、大病医疗、住房贷款利息或者住房租金、赡养老人等6项专项附加扣除。

第三条 个人所得税专项附加扣除遵循公平合理、利于民生、简便易行的原则。

第四条 根据教育、医疗、住房、养老等民生支出变化情况,适时调整专项附加扣除范围和标准。

第二章 子女教育

第五条 纳税人的子女接受全日制学历教育的相关支出,按照每个子女每月1000元的标准定额扣除。

学历教育包括义务教育(小学、初中教育)、高中阶段教育(普通高中、中等职业、技工教育)、高等教育(大学专科、大学本科、硕士研究生、博士研究生教育)。

年满3岁至小学入学前处于学前教育阶段的子女,按本条第一款规定执行。

第六条 父母可以选择由其中一方按扣除标准的100%扣除,也可以选择由双方分别按扣除标准的50%扣除,具体扣除方式在一个纳税年度内不能变更。

第七条 纳税人子女在中国境外接受教育的,纳税人应当留存境外学校录取通知书、留学签证等相关教育的证明资料备查。

第三章 继续教育

第八条 纳税人在中国境内接受学历（学位）继续教育的支出，在学历（学位）教育期间按照每月 400 元定额扣除。同一学历（学位）继续教育的扣除期限不能超过 48 个月。纳税人接受技能人员职业资格继续教育、专业技术人员职业资格继续教育的支出，在取得相关证书的当年，按照 3600 元定额扣除。

第九条 个人接受本科及以下学历（学位）继续教育，符合本办法规定扣除条件的，可以选择由其父母扣除，也可以选择由本人扣除。

第十条 纳税人接受技能人员职业资格继续教育、专业技术人员职业资格继续教育的，应当留存相关证书等资料备查。

第四章 大病医疗

第十一条 在一个纳税年度内，纳税人发生的与基本医保相关的医药费用支出，扣除医保报销后个人负担（指医保目录范围内的自付部分）累计超过 15000 元的部分，由纳税人在办理年度汇算清缴时，在 80000 元限额内据实扣除。

第十二条 纳税人发生的医药费用支出可以选择由本人或者其配偶扣除；未成年子女发生的医药费用支出可以选择由其父母一方扣除。

纳税人及其配偶、未成年子女发生的医药费用支出，按本办法第十一条规定分别计算扣除额。

第十三条 纳税人应当留存医药服务收费及医保报销相关票据原件（或者复印件）等资料备查。医疗保障部门应当向患者提供在医疗保障信息系统记录的本人年度医药费用信息查询服务。

第五章 住房贷款利息

第十四条 纳税人本人或者配偶单独或者共同使用商业银行或者住房公积金个人住房贷款为本人或者其配偶购买中国境内住房，发生的首套住房贷款利息支出，在实际发生贷款利息的年度，按照每月 1000 元的标准定额扣除，扣除期限最长不超过 240 个月。纳税人只能享受一次首套住房贷款的利息扣除。

本办法所称首套住房贷款是指购买住房享受首套住房贷款利率的住房贷款。

第十五条 经夫妻双方约定，可以选择由其中一方扣除，具体扣除方式在一个纳税年度内不能变更。

夫妻双方婚前分别购买住房发生的首套住房贷款，其贷款利息支出，婚后可以选择其中一套购买的住房，由购买方按扣除标准的 100% 扣除，也可以由夫妻双方对各自购买的住房分别按扣除标准的 50% 扣除，具体扣除方式在一个纳税年度内不能变更。

第十六条 纳税人应当留存住房贷款合同、贷款还款支出凭证备查。

第六章 住房租金

第十七条 纳税人在主要工作城市没有自有住房而发生的住房租金支出,可以按照以下标准定额扣除:

(一)直辖市、省会(首府)城市、计划单列市以及国务院确定的其他城市,扣除标准为每月1500元;

(二)除第一项所列城市以外,市辖区户籍人口超过100万的城市,扣除标准为每月1100元;市辖区户籍人口不超过100万的城市,扣除标准为每月800元。

纳税人的配偶在纳税人的主要工作城市有自有住房的,视同纳税人在主要工作城市有自有住房。

市辖区户籍人口,以国家统计局公布的数据为准。

第十八条 本办法所称主要工作城市是指纳税人任职受雇的直辖市、计划单列市、副省级城市、地级市(地区、州、盟)全部行政区域范围;纳税人无任职受雇单位的,为受理其综合所得汇算清缴的税务机关所在城市。

夫妻双方主要工作城市相同的,只能由一方扣除住房租金支出。

第十九条 住房租金支出由签订租赁住房合同的承租人扣除。

第二十条 纳税人及其配偶在一个纳税年度内不能同时分别享受住房贷款利息和住房租金专项附加扣除。

第二十一条 纳税人应当留存住房租赁合同、协议等有关资料备查。

第七章 赡养老人

第二十二条 纳税人赡养一位及以上被赡养人的赡养支出,统一按照以下标准定额扣除:

(一)纳税人为独生子女的,按照每月2000元的标准定额扣除;

(二)纳税人为非独生子女的,由其与兄弟姐妹分摊每月2000元的扣除额度,每人分摊的额度不能超过每月1000元。可以由赡养人均摊或者约定分摊,也可以由被赡养人指定分摊。约定或者指定分摊的须签订书面分摊协议,指定分摊优先于约定分摊。具体分摊方式和额度在一个纳税年度内不能变更。

第二十三条 本办法所称被赡养人是指年满60岁的父母,以及子女均已去世的年满60岁的祖父母、外祖父母。

第八章 保障措施

第二十四条 纳税人向收款单位索取发票、财政票据、支出凭证,收款单位不能拒绝提供。

第二十五条 纳税人首次享受专项附加扣除,应当将专项附加扣除相关信息提交扣缴义务人或者税务机关,扣缴义务人应当及时将相关信息报送税务机关,纳税人对所提交信息的真实性、准确性、完整性负责。专项附加扣除信息发生变化的,纳税人应当及时向扣缴义务人或者税务机关提供相关信息。

前款所称专项附加扣除相关信息,包括纳税人本人、配偶、子女、被赡养人等个人身份信息,以及国务院税务主管部门规定的其他与专项附加扣除相关的信息。

本办法规定纳税人需要留存备查的相关资料应当留存五年。

第二十六条 有关部门和单位有责任和义务向税务部门提供或者协助核实以下与专项附加扣除有关的信息:

(一)公安部门有关户籍人口基本信息、户成员关系信息、出入境证件信息、相关出国人员信息、户籍人口死亡标识等信息;

(二)卫生健康部门有关出生医学证明信息、独生子女信息;

(三)民政部门、外交部门、法院有关婚姻状况信息;

(四)教育部门有关学生学籍信息(包括学历继续教育学生学籍、考籍信息)、在相关部门备案的境外教育机构资质信息;

(五)人力资源社会保障等部门有关技工院校学生学籍信息、技能人员职业资格继续教育信息、专业技术人员职业资格继续教育信息;

(六)住房城乡建设部门有关房屋(含公租房)租赁信息、住房公积金管理机构有关住房公积金贷款还款支出信息;

(七)自然资源部门有关不动产登记信息;

(八)人民银行、金融监督管理部门有关住房商业贷款还款支出信息;

(九)医疗保障部门有关在医疗保障信息系统记录的个人负担的医药费用信息;

(十)国务院税务主管部门确定需要提供的其他涉税信息。

上述数据信息的格式、标准、共享方式,由国务院税务主管部门及各省、自治区、直辖市和计划单列市税务局商有关部门确定。

有关部门和单位拥有专项附加扣除涉税信息,但未按规定要求向税务部门提供的,拥有涉税信息的部门或者单位的主要负责人及相关人员承担相应责任。

第二十七条 扣缴义务人发现纳税人提供的信息与实际情况不符的,可以要求纳税人修改。纳税人拒绝修改的,扣缴义务人应当报告税务机关,税务机关应当及时处理。

第二十八条 税务机关核查专项附加扣除情况时,纳税人任职受雇单位所在地、经常居住地、户籍所在地的公安派出所、居民委员会或者村民委员会等有关单位和个人应当协助核查。

第九章 附 则

第二十九条 本办法所称父母,是指生父母、继父母、养父母。本办法所称子女,是指婚生子女、非婚生子女、继子女、养子女。父母之外的其他人担任未成年人的监护人的,比照本办法规定执行。

第三十条 个人所得税专项附加扣除额一个纳税年度扣除不完的,不能结转以后年度扣除。

第三十一条 个人所得税专项附加扣除具体操作办法,由国务院税务主管部门另行制定。

第三十二条 本办法自2019年1月1日起施行。

财政部　税务总局关于支持新型冠状病毒感染的肺炎疫情防控有关个人所得税政策的公告[①]

手机阅读

2020年2月6日　财政部　税务总局公告2020年第10号

为支持新型冠状病毒感染的肺炎疫情防控工作,现就有关个人所得税政策公告如下:

一、对参加疫情防治工作的医务人员和防疫工作者按照政府规定标准取得的临时性工作补助和奖金,免征个人所得税。政府规定标准包括各级政府规定的补助和奖金标准。

对省级及省级以上人民政府规定的对参与疫情防控人员的临时性工作补助和奖金,比照执行。

二、单位发给个人用于预防新型冠状病毒感染的肺炎的药品、医疗用品和防护用品等实物(不包括现金),不计入工资、薪金收入,免征个人所得税。

三、本公告自2020年1月1日起施行,截止日期视疫情情况另行公告。

财政部　税务总局关于境外所得有关个人所得税政策的公告

手机阅读

2020年1月17日　财政部　税务总局公告2020年第3号

为贯彻落实《中华人民共和国个人所得税法》和《中华人民共和国个人所得税法实施条例》(以下称个人所得税法及其实施条例),现将境外所得有关个人所得税政策公告如下:

一、下列所得,为来源于中国境外的所得:
(一)因任职、受雇、履约等在中国境外提供劳务取得的所得;
(二)中国境外企业以及其他组织支付且负担的稿酬所得;
(三)许可各种特许权在中国境外使用而取得的所得;
(四)在中国境外从事生产、经营活动而取得的与生产、经营活动相关的

[①] 根据《财政部　税务总局关于延续实施应对疫情部分税费优惠政策的公告》(财政部　税务总局公告2021年第7号),本法规定的税收优惠政策,凡已经到期的,执行期限延长至2021年12月31日。

所得；

（五）从中国境外企业、其他组织以及非居民个人取得的利息、股息、红利所得；

（六）将财产出租给承租人在中国境外使用而取得的所得；

（七）转让中国境外的不动产、转让对中国境外企业以及其他组织投资形成的股票、股权以及其他权益性资产（以下称权益性资产）或者在中国境外转让其他财产取得的所得。但转让对中国境外企业以及其他组织投资形成的权益性资产，该权益性资产被转让前三年（连续 36 个公历月份）内的任一时间，被投资企业或其他组织的资产公允价值 50% 以上直接或间接来自位于中国境内的不动产的，取得的所得为来源于中国境内的所得；

（八）中国境外企业、其他组织以及非居民个人支付且负担的偶然所得；

（九）财政部、税务总局另有规定的，按照相关规定执行。

二、居民个人应当依照个人所得税法及其实施条例规定，按照以下方法计算当期境内和境外所得应纳税额：

（一）居民个人来源于中国境外的综合所得，应当与境内综合所得合并计算应纳税额；

（二）居民个人来源于中国境外的经营所得，应当与境内经营所得合并计算应纳税额。居民个人来源于境外的经营所得，按照个人所得税法及其实施条例的有关规定计算的亏损，不得抵减其境内或他国（地区）的应纳税所得额，但可以用来源于同一国家（地区）以后年度的经营所得按中国税法规定弥补；

（三）居民个人来源于中国境外的利息、股息、红利所得，财产租赁所得，财产转让所得和偶然所得（以下称其他分类所得），不与境内所得合并，应当分别单独计算应纳税额。

三、居民个人在一个纳税年度内来源于中国境外的所得，依照所得来源国家（地区）税收法律规定在中国境外已缴纳的所得税税额允许在抵免限额内从其该纳税年度应纳税额中抵免。

居民个人来源于一国（地区）的综合所得、经营所得以及其他分类所得项目的应纳税额为其抵免限额，按照下列公式计算：

（一）来源于一国（地区）综合所得的抵免限额 = 中国境内和境外综合所得依照本公告第二条规定计算的综合所得应纳税额 × 来源于该国（地区）的综合所得收入额 ÷ 中国境内和境外综合所得收入额合计

（二）来源于一国（地区）经营所得的抵免限额 = 中国境内和境外经营所得依照本公告第二条规定计算的经营所得应纳税额 × 来源于该国（地区）的经营所得应纳税所得额 ÷ 中国境内和境外经营所得应纳税所得额合计

（三）来源于一国（地区）其他分类所得的抵免限额 = 该国（地区）的其他分类所得依照本公告第二条规定计算的应纳税额

（四）来源于一国（地区）所得的抵免限额 = 来源于该国（地区）综合所得抵免限额 + 来源于该国（地区）经营所得抵免限额 + 来源于该国（地区）其他分类所得抵免限额

四、可抵免的境外所得税税额，是指居民个人取得境外所得，依照该所得来源国（地区）税收法律应当缴纳且实际已经缴纳的所得税性质的税额。可抵免的境外所得税额不包括以下情形：

（一）按照境外所得税法律属于错缴或错征的境外所得税税额；

（二）按照我国政府签订的避免双重征税协定以及内地与香港、澳门签订的避免双重征税安排（以下统称税收协定）规定不应征收的境外所得税税额；

（三）因少缴或迟缴境外所得税而追加的利息、滞纳金或罚款；

（四）境外所得税纳税人或者其利害关系人从境外征税主体得到实际返还或补偿的境外所得税税款；

（五）按照我国个人所得税法及其实施条例规定，已经免税的境外所得负担的境外所得税税款。

五、居民个人从与我国签订税收协定的国家（地区）取得的所得，按照该国（地区）税收法律享受免税或减税待遇，且该免税或减税的数额按照税收协定饶让条款规定应视同已缴税额在中国的应纳税额中抵免的，该免税或减税数额可作为居民个人实际缴纳的境外所得税税额按规定申报税收抵免。

六、居民个人一个纳税年度内来源于一国（地区）的所得实际已经缴纳的所得税税额，低于依照本公告第三条规定计算出的来源于该国（地区）该纳税年度所得的抵免限额的，应以实际缴纳税额作为抵免额进行抵免；超过来源于该国（地区）该纳税年度所得的抵免限额的，应在限额内进行抵免，超过部分可以在以后五个纳税年度内结转抵免。

七、居民个人从中国境外取得所得的，应当在取得所得的次年3月1日至6月30日内申报纳税。

八、居民个人取得境外所得，应当向中国境内任职、受雇单位所在地主管税务机关办理纳税申报；在中国境内没有任职、受雇单位的，向户籍所在地或中国境内经常居住地主管税务机关办理纳税申报；户籍所在地与中国境内经常居住地不一致的，选择其中一地主管税务机关办理纳税申报；在中国境内没有户籍的，向中国境内经常居住地主管税务机关办理纳税申报。

九、居民个人取得境外所得的境外纳税年度与公历年度不一致的，取得境外所得的境外纳税年度最后一日所在的公历年度，为境外所得对应的我国纳税年度。

十、居民个人申报境外所得税收抵免时，除另有规定外，应当提供境外征税主体出具的税款所属年度的完税证明、税收缴款书或者纳税记录等纳税凭证，未提供符合要求的纳税凭证，不予抵免。

居民个人已申报境外所得、未进行税收抵免，在以后纳税年度取得纳税凭证并申报境外所得税收抵免的，可以追溯至该境外所得所属纳税年度进行抵免，但追溯年度不得超过五年。自取得该项境外所得的五个年度内，境外征税主体出具的税款所属纳税年度纳税凭证载明的实际缴纳税额发生变化的，按实际缴纳税额重新计算并办理补退税，不加收税收滞纳金，不退还利息。

纳税人确实无法提供纳税凭证的，可同时凭境外所得纳税申报表（或者境外征税主体确认的缴费通知书）以及对应的银行缴款凭证办理境外所得抵免事宜。

十一、居民个人被境内企业、单位、其他组织（以下称派出单位）派往境外工作，取得的工资薪金所得或者劳务报酬所得，由派出单位或者其他境内单位支付或负担的,派出单位或者其他境内单位应按照个人所得税法及其实施条例规定预扣预缴税款。

居民个人被派出单位派往境外工作,取得的工资薪金所得或者劳务报酬所得,由境外单位支付或负担的,如果境外单位为境外任职、受雇的中方机构(以下称中方机构)的,可以由境外任职、受雇的中方机构预扣税款,并委托派出单位向主管税务机关申报纳税。中方机构未预扣税款的或者境外单位不是中方机构的,派出单位应当于次年2月28日前向其主管税务机关报送外派人员情况,包括:外派人员的姓名、身份证件类型及身份证件号码、职务、派往国家和地区、境外工作单位名称和地址、派遣期限、境内外收入及缴税情况等。

中方机构包括中国境内企业、事业单位、其他经济组织以及国家机关所属的境外分支机构、子公司、使(领)馆、代表处等。

十二、居民个人取得来源于境外的所得或者实际已经在境外缴纳的所得税税额为人民币以外货币,应当按照《中华人民共和国个人所得税法实施条例》第三十二条折合计算。

十三、纳税人和扣缴义务人未按本公告规定申报缴纳、扣缴境外所得个人所得税以及报送资料的,按照《中华人民共和国税收征收管理法》和个人所得税法及其实施条例等有关规定处理,并按规定纳入个人纳税信用管理。

十四、本公告适用于2019年度及以后年度税收处理事宜。以前年度尚未抵免完毕的税额,可按本公告第六条规定处理。下列文件或文件条款同时废止:

1.《财政部 国家税务总局关于个人股票期权所得征收个人所得税问题的通知》(财税〔2005〕35号)第三条

2.《国家税务总局关于境外所得征收个人所得税若干问题的通知》(国税发〔1994〕44号)

3.《国家税务总局关于企业和个人的外币收入如何折合成人民币计算缴纳税款问题的通知》(国税发〔1995〕173号)

特此公告。

财政部 税务总局关于公益慈善事业捐赠个人所得税政策的公告

手机阅读

2019年12月30日 财政部 税务总局公告2019年第99号

为贯彻落实《中华人民共和国个人所得税法》及其实施条例有关规定,现将公益慈善事业捐赠有关个人所得税政策公告如下:

一、个人通过中华人民共和国境内公益性社会组织、县级以上人民政府及其部门等国家机关,向教育、扶贫、济困等公益慈善事业的捐赠(以下简称公益捐赠），发生的公益捐赠支出，可以按照个人所得税法有关规定在计算应纳税所得额时扣除。

前款所称境内公益性社会组织，包括依法设立或登记并按规定条件和程序取得公益性捐赠税前扣除资格的慈善组织、其他社会组织和群众团体。

二、个人发生的公益捐赠支出金额，按照以下规定确定：

（一）捐赠货币性资产的，按照实际捐赠金额确定；

（二）捐赠股权、房产的，按照个人持有股权、房产的财产原值确定；

（三）捐赠除股权、房产以外的其他非货币性资产的，按照非货币性资产的市场价格确定。

三、居民个人按照以下规定扣除公益捐赠支出：

（一）居民个人发生的公益捐赠支出可以在财产租赁所得、财产转让所得、利息股息红利所得、偶然所得（以下统称分类所得）、综合所得或者经营所得中扣除。在当期一个所得项目扣除不完的公益捐赠支出，可以按规定在其他所得项目中继续扣除；

（二）居民个人发生的公益捐赠支出，在综合所得、经营所得中扣除的，扣除限额分别为当年综合所得、当年经营所得应纳税所得额的百分之三十；在分类所得中扣除的，扣除限额为当月分类所得应纳税所得额的百分之三十；

（三）居民个人根据各项所得的收入、公益捐赠支出、适用税率等情况，自行决定在综合所得、分类所得、经营所得中扣除的公益捐赠支出的顺序。

四、居民个人在综合所得中扣除公益捐赠支出的，应按以下规定处理：

（一）居民个人取得工资薪金所得的，可以选择在预扣预缴时扣除，也可以选择在年度汇算清缴时扣除。

居民个人选择在预扣预缴时扣除的，应按照累计预扣法计算扣除限额，其捐赠当月的扣除限额为截止当月累计应纳税所得额的百分之三十（全额扣除的从其规定，下同）。个人从两处以上取得工资薪金所得，选择其中一处扣除，选择后当年不得变更。

（二）居民个人取得劳务报酬所得、稿酬所得、特许权使用费所得的，预扣预缴时不扣除公益捐赠支出，统一在汇算清缴时扣除。

（三）居民个人取得全年一次性奖金、股权激励等所得，且按规定采取不并入综合所得而单独计税方式处理的，公益捐赠支出扣除比照本公告分类所得的扣除规定处理。

五、居民个人发生的公益捐赠支出，可在捐赠当月取得的分类所得中扣除。当月分类所得应扣除未扣除的公益捐赠支出，可以按照以下规定追补扣除：

（一）扣缴义务人已经代扣但尚未解缴税款的，居民个人可以向扣缴义务人提出追补扣除申请，退还已扣税款。

（二）扣缴义务人已经代扣且解缴税款的，居民个人可以在公益捐赠之日起90日内提请扣缴义务人向征收税款的税务机关办理更正申报追补扣除，税务机关和扣缴义务人应当予以办理。

（三）居民个人自行申报纳税的，可以在公益捐赠之日起90日内向主管税务机关办理更正申报追补扣除。

居民个人捐赠当月有多项多次分类所得的,应先在其中一项一次分类所得中扣除。已经在分类所得中扣除的公益捐赠支出,不再调整到其他所得中扣除。

六、在经营所得中扣除公益捐赠支出,应按以下规定处理:

(一)个体工商户发生的公益捐赠支出,在其经营所得中扣除。

(二)个人独资企业、合伙企业发生的公益捐赠支出,其个人投资者应当按照捐赠年度合伙企业的分配比例(个人独资企业分配比例为百分之百),计算归属于每一个人投资者的公益捐赠支出,个人投资者应将其归属的个人独资企业、合伙企业公益捐赠支出和本人需要在经营所得扣除的其他公益捐赠支出合并,在其经营所得中扣除。

(三)在经营所得中扣除公益捐赠支出的,可以选择在预缴税款时扣除,也可以选择在汇算清缴时扣除。

(四)经营所得采取核定征收方式的,不扣除公益捐赠支出。

七、非居民个人发生的公益捐赠支出,未超过其在公益捐赠支出发生的当月应纳税所得额百分之三十的部分,可以从其应纳税所得额中扣除。扣除不完的公益捐赠支出,可以在经营所得中继续扣除。

非居民个人按规定可以在应纳税所得额中扣除公益捐赠支出而未实际扣除的,可按照本公告第五条规定追补扣除。

八、国务院规定对公益捐赠全额税前扣除的,按照规定执行。个人同时发生按百分之三十扣除和全额扣除的公益捐赠支出,自行选择扣除次序。

九、公益性社会组织、国家机关在接受个人捐赠时,应当按照规定开具捐赠票据;个人索取捐赠票据的,应予以开具。

个人发生公益捐赠时不能及时取得捐赠票据的,可以暂时凭公益捐赠银行支付凭证扣除,并向扣缴义务人提供公益捐赠银行支付凭证复印件。个人应在捐赠之日起90日内向扣缴义务人补充提供捐赠票据,如果个人未按规定提供捐赠票据的,扣缴义务人应在30日内向主管税务机关报告。

机关、企事业单位统一组织员工开展公益捐赠的,纳税人可以凭汇总开具的捐赠票据和员工明细单扣除。

十、个人通过扣缴义务人享受公益捐赠扣除政策,应当告知扣缴义务人符合条件可扣除的公益捐赠支出金额,并提供捐赠票据的复印件,其中捐赠股权、房产的还应出示财产原值证明。扣缴义务人应当按照规定在预扣预缴、代扣代缴税款时予扣除,并将公益捐赠扣除金额告知纳税人。

个人自行办理或扣缴义务人为个人办理公益捐赠扣除的,应当在申报时一并报送《个人所得税公益慈善事业捐赠扣除明细表》(见附件)。个人应留存捐赠票据,留存期限为五年。

十一、本公告自2019年1月1日起施行。个人自2019年1月1日至本公告发布之日期间发生的公益捐赠支出,按照本公告规定可以在分类所得中扣除但未扣除的,可以在2020年1月31日前通过扣缴义务人向征收税款的税务机关提出追补扣除申请,税务机关应当按规定予以办理。

特此公告。

附件:个人所得税公益慈善事业捐赠扣除明细表(略)

财政部　税务总局关于个人所得税综合所得汇算清缴涉及有关政策问题的公告

2019年12月7日　财政部　税务总局公告2019年第94号

为贯彻落实修改后的《中华人民共和国个人所得税法》,进一步减轻纳税人的税收负担,现就个人所得税综合所得汇算清缴涉及有关政策问题公告如下:

一、2019年1月1日至2020年12月31日居民个人取得的综合所得,年度综合所得收入不超过12万元且需要汇算清缴补税的,或者年度汇算清缴补税金额不超过400元的,居民个人可免于办理个人所得税综合所得汇算清缴。居民个人取得综合所得时存在扣缴义务人未依法预扣预缴税款的情形除外。

二、残疾、孤老人员和烈属取得综合所得办理汇算清缴时,汇算清缴地与预扣预缴地规定不一致的,用预扣预缴地规定计算的减免税额与用汇算清缴地规定计算的减免税额相比较,按照孰高值确定减免税额。

三、居民个人填报专项附加扣除信息存在明显错误,经税务机关通知,居民个人拒不更正或者不说明情况的,税务机关可暂停纳税人享受专项附加扣除。居民个人按规定更正相关信息或者说明情况后,经税务机关确认,居民个人可继续享受专项附加扣除,以前月份未享受扣除的,可按规定追补扣除。

四、本公告第一条适用于2019年度和2020年度的综合所得年度汇算清缴。其他事项适用于2019年度及以后年度的综合所得年度汇算清缴。

特此公告。

财政部　税务总局　证监会关于继续执行沪港、深港股票市场交易互联互通机制和内地与香港基金互认有关个人所得税政策的公告

2019年12月4日　财政部公告2019年第93号

现就继续执行沪港股票市场交易互联互通机制(以下称沪港通)、深港股票市场交易互联互通机制(以下简称深港通)以及内地与香港基金互认(以下简称基金互认)有关个人所得税政策公告如下:

对内地个人投资者通过沪港通、深港通投资香港联交所上市股票取得的转让差价所得和通过基金互认买卖香港基金份额取得的转让差价所得,自2019年12月5日起至2022年12月31日止,继续暂免征收个人所得税。

特此公告。

财政部　税务总局关于个人取得有关收入适用个人所得税应税所得项目的公告

2019年6月13日　财政部　税务总局公告2019年第74号

为贯彻落实修改后的《中华人民共和国个人所得税法》,做好政策衔接工作,现将个人取得的有关收入适用个人所得税应税所得项目的事项公告如下:

一、个人为单位或他人提供担保获得收入,按照"偶然所得"项目计算缴纳个人所得税。

二、房屋产权所有人将房屋产权无偿赠与他人的,受赠人因无偿受赠房屋取得的受赠收入,按照"偶然所得"项目计算缴纳个人所得税。按照《财政部　国家税务总局关于个人无偿受赠房屋有关个人所得税问题的通知》(财税〔2009〕78号)第一条规定,符合以下情形的,对当事双方不征收个人所得税:

(一)房屋产权所有人将房屋产权无偿赠与配偶、父母、子女、祖父母、外祖父母、孙子女、外孙子女、兄弟姐妹;

(二)房屋产权所有人将房屋产权无偿赠与对其承担直接抚养或者赡养义务的抚养人或者赡养人;

(三)房屋产权所有人死亡,依法取得房屋产权的法定继承人、遗嘱继承人或者受遗赠人。

前款所称受赠收入的应纳税所得额按照《财政部　国家税务总局关于个人无偿受赠房屋有关个人所得税问题的通知》(财税〔2009〕78号)第四条规定计算。

三、企业在业务宣传、广告等活动中,随机向本单位以外的个人赠送礼品(包括网络红包,下同),以及企业在年会、座谈会、庆典以及其他活动中向本单位以外的个人赠送礼品,个人取得的礼品收入,按照"偶然所得"项目计算缴纳个人所得税,但企业赠送的具有价格折扣或折让性质的消费券、代金券、抵用券、优惠券等礼品除外。

前款所称礼品收入的应纳税所得额按照《财政部　国家税务总局关于企业促销展业赠送礼品有关个人所得税问题的通知》(财税〔2011〕50号)第三条规定计算。

四、个人按照《财政部　税务总局　人力资源社会保障部　中国银行保险监督管理委员会　证监会关于开展个人税收递延型商业养老保险试点的通知》

(财税〔2018〕22号)的规定,领取的税收递延型商业养老保险的养老金收入,其中25%部分予以免税,其余75%部分按照10%的比例税率计算缴纳个人所得税,税款计入"工资、薪金所得"项目,由保险机构代扣代缴后,在个人购买税延养老保险的机构所在地办理全员全额扣缴申报。

五、本公告自2019年1月1日起执行。下列文件或文件条款同时废止:

(一)《财政部 国家税务总局关于银行部门以超过国家利率支付给储户的揽储奖金征收个人所得税问题的批复》(财税字〔1995〕64号);

(二)《国家税务总局对中国科学院院士荣誉奖金征收个人所得税问题的复函》(国税函〔1995〕351号);

(三)《国家税务总局关于未分配的投资者收益和个人人寿保险收入征收个人所得税问题的批复》(国税函〔1998〕546号)第二条;

(四)《国家税务总局关于个人所得税有关政策问题的通知》(国税发〔1999〕58号)第三条;

(五)《国家税务总局关于股民从证券公司取得的回扣收入征收个人所得税问题的批复》(国税函〔1999〕627号);

(六)《财政部 国家税务总局关于个人所得税有关问题的批复》(财税〔2005〕94号)第二条;

(七)《国家税务总局关于个人取得解除商品房买卖合同违约金征收个人所得税问题的批复》(国税函〔2006〕865号);

(八)《财政部 国家税务总局关于个人无偿受赠房屋有关个人所得税问题的通知》(财税〔2009〕78号)第三条;

(九)《财政部 国家税务总局关于企业促销展业赠送礼品有关个人所得税问题的通知》(财税〔2011〕50号)第二条第1项、第2项;

(十)《财政部 税务总局 人力资源社会保障部 中国银行保险监督管理委员会 证监会关于开展个人税收递延型商业养老保险试点的通知》(财税〔2018〕22号)第一条第(二)项第3点第二段;

(十一)《国家税务总局关于开展个人税收递延型商业养老保险试点有关征管问题的公告》(国家税务总局公告2018年第21号)第二条。

特此公告。

国家税务总局关于股权奖励和转增股本个人所得税征管问题的公告

手机阅读

2015年11月16日 国家税务总局公告2015年第80号

为贯彻落实《财政部 国家税务总局关于将国家自主创新示范区有关税收试点政策推广到全国范围实施的通知》(财税〔2015〕116号)规定,现就股权奖励和转增股本个人所得税征管有关问题公告如下:

一、关于股权奖励

(一)股权奖励的计税价格参照获得股权时的公平市场价格确定,具体按以下方法确定:

1. 上市公司股票的公平市场价格,按照取得股票当日的收盘价确定。取得股票当日为非交易时间的,按照上一个交易日收盘价确定。

2. 非上市公司股权的公平市场价格,依次按照净资产法、类比法和其他合理方法确定。

(二)计算股权奖励应纳税额时,规定月份数按员工在企业的实际工作月份数确定。员工在企业工作月份数超过12个月的,按12个月计算。

二、关于转增股本

(一)非上市及未在全国中小企业股份转让系统挂牌的中小高新技术企业以未分配利润、盈余公积、资本公积向个人股东转增股本,并符合财税〔2015〕116号文件有关规定的,纳税人可分期缴纳个人所得税;非上市及未在全国中小企业股份转让系统挂牌的其他企业转增股本,应及时代扣代缴个人所得税。

(二)上市公司或在全国中小企业股份转让系统挂牌的企业转增股本(不含以股票发行溢价形成的资本公积转增股本),按现行有关股息红利差别化政策执行。

三、关于备案办理

(一)获得股权奖励的企业技术人员、企业转增股本涉及的股东需要分期缴纳个人所得税的,应自行制定分期缴税计划,由企业于发生股权奖励、转增股本的次月15日内,向主管税务机关办理分期缴税备案手续。

办理股权奖励分期缴税,企业应向主管税务机关报送高新技术企业认定证书、股东大会或董事会决议、《个人所得税分期缴纳备案表(股权奖励)》、相关技术人员参与技术活动的说明材料、企业股权奖励计划、能够证明股权或股票价格的有关材料、企业转化科技成果的说明、最近一期企业财务报表等。

办理转增股本分期缴税,企业应向主管税务机关报送高新技术企业认定证书、股东大会或董事会决议、《个人所得税分期缴纳备案表(转增股本)》、上年度及转增股本当月企业财务报表、转增股本有关情况说明等。

高新技术企业认定证书、股东大会或董事会决议的原件,主管税务机关进行形式审核后退还企业,复印件及其他有关资料税务机关留存。

(二)纳税人分期缴税期间需要变更原分期缴税计划的,应重新制定分期缴税计划,由企业向主管税务机关重新报送《个人所得税分期缴纳备案表》。

四、关于代扣代缴

(一)企业在填写《扣缴个人所得税报告表》时,应将纳税人取得股权奖励或转增股本情况单独填列,并在"备注"栏中注明"股权奖励"或"转增股本"字样。

(二)纳税人在分期缴税期间取得分红或转让股权的,企业应及时代扣股权奖励或转增股本尚未缴清的个人所得税,并于次月15日内向主管税务机关申报纳税。

本公告自 2016 年 1 月 1 日起施行。

特此公告。

附件：1.《个人所得税分期缴纳备案表（股权奖励）》及填报说明（略）

2.《个人所得税分期缴纳备案表（转增股本）》及填报说明（略）

国家税务总局关于个人投资者收购企业股权后将原盈余积累转增股本个人所得税问题的公告

2013 年 5 月 7 日　国家税务总局公告 2013 年第 23 号

根据《中华人民共和国个人所得税法》及有关规定，对个人投资者收购企业股权后，将企业原有盈余积累转增股本有关个人所得税问题公告如下：

一、1 名或多名个人投资者以股权收购方式取得被收购企业 100% 股权，股权收购前，被收购企业原账面金额中的"资本公积、盈余公积、未分配利润"等盈余积累未转增股本，而在股权交易时将其一并计入股权转让价格并履行了所得税纳税义务。股权收购后，企业将原账面金额中的盈余积累向个人投资者（新股东，下同）转增股本，有关个人所得税问题区分以下情形处理：

（一）新股东以不低于净资产价格收购股权的，企业原盈余积累已全部计入股权交易价格，新股东取得盈余积累转增股本的部分，不征收个人所得税。

（二）新股东以低于净资产价格收购股权的，企业原盈余积累中，对于股权收购价格减去原股本的差额部分已经计入股权交易价格，新股东取得盈余积累转增股本的部分，不征收个人所得税；对于股权收购价格低于原所有者权益的差额部分未计入股权交易价格，新股东取得盈余积累转增股本的部分，应按照"利息、股息、红利所得"项目征收个人所得税。

新股东以低于净资产价格收购企业股权后转增股本，应按照下列顺序进行，即：先转增应税的盈余积累部分，然后再转增免税的盈余积累部分。

二、新股东将所持股权转让时，其财产原值为其收购企业股权实际支付的对价及相关税费。

三、企业发生股权交易及转增股本等事项后，应在次月 15 日内，将股东及其股权变化情况、股权交易前原账面记载的盈余积累数额、转增股本数额及扣缴税款情况报告主管税务机关。

四、本公告自发布后 30 日起施行。此前尚未处理的涉税事项按本公告执行。

特此公告。

国家税务总局关于执行内地与港澳间税收安排涉及个人受雇所得有关问题的公告

手机阅读

2012年4月26日　国家税务总局公告2012年第16号

为了解决往来内地与港、澳间跨境工作个人双重征税问题,根据内地与香港、澳门签署的关于对所得避免双重征税和防止偷漏税安排(以下简称《安排》)受雇所得条款(与澳门间安排为非独立个人劳务条款,以下统称受雇所得条款)的有关规定,经与相关税务主管当局协商,现就在港、澳受雇或在内地与港、澳间双重受雇的港澳税收居民执行《安排》受雇所得条款涉及的居民个人所得税问题公告如下:

一、执行《安排》受雇所得条款相关规定及计税方法

(一)港澳税收居民在内地从事相关活动取得所得,根据《安排》受雇所得条款第一款的规定,应仅就归属于内地工作期间的所得,在内地缴纳个人所得税。计算公式为:

应纳税额=(当期境内外工资薪金应纳税所得额×适用税率-速算扣除数)×当期境内实际停留天数÷当期公历天数

(二)港澳税收居民在内地从事相关活动取得所得,根据《安排》受雇所得条款第二款的规定,可就符合条件部分在内地免予征税;内地征税部分的计算公式为:

应纳税额=(当期境内外工资薪金应纳税所得额×适用税率-速算扣除数)×(当期境内实际停留天数÷当期公历天数)×(当期境内支付工资÷当期境内外支付工资总额)

二、有关公式项目或用语的解释

(一)"当期":指按国内税收规定计算工资薪金所得应纳税所得额的当个所属期间。

(二)"当期境内外工资薪金应纳税所得额":指应当计入当期的工资薪金收入按照国内税收规定计算的应纳税所得额。

(三)"适用税率"和"速算扣除数"均按照国内税收规定确定。

(四)"当期境内支付工资":指当期境内外支付工资总额中由境内居民或常设机构支付或负担的部分。

(五)"当期境内外支付工资总额":指应当计入当期的工资薪金收入总额,包括未做任何费用减除计算的各种境内外来源数额。

(六)"当期境内实际停留天数"指港澳税收居民当期在内地的实际停留天数,但对其入境、离境、往返或多次往返境内外的当日,按半天计算为当期境内实际停留天数。

(七)"当期公历天数"指当期包含的全部公历天数,不因当日实际停留地是否在境内而做任何扣减。

三、一次取得跨多个计税期间收入

港澳税收居民一次取得跨多个计税期间的各种形式的奖金、加薪、劳动分红等(以下统称奖金,不包括应按每个计税期间支付的奖金),仍应以按照国内税收规定确定的计税期间作为执行"安排"规定的所属期间,并分别情况适用本公告第一条第(一)项或第(二)项公式计算个人所得税应纳税额。在适用本公告上述公式时,公式中"当期境内实际停留天数"指在据以获取该奖金的期间中属于在境内实际停留的天数;"当期公历天数"指据以获取该奖金的期间所包含的全部公历天数。

四、备案报告

港澳税收居民在每次按本公告规定享受《安排》相关待遇时,应该按照《非居民享受税收协定待遇管理办法(试行)(国税发〔2009〕124号)的有关规定,向主管税务机关备案,并按照《国家税务总局关于在中国境内无住所的个人计算缴纳个人所得税若干具体问题的通知》(国税函发〔1995〕125号)第五条规定提供有关资料。

五、执行日期

本公告适用于自2012年6月1日起取得的工资薪金所得。

港澳税收居民执行上述规定在计算缴纳个人所得税时不再执行下列文件条款规定,但在处理与《安排》受雇所得条款规定无关税务问题时,下列文件条款规定的效力不受本公告影响:

(一)《国家税务总局关于在中国境内无住所的个人取得工资薪金所得纳税义务问题的通知》(国税发〔1994〕148号)第二条、第三条和第六条;

(二)《国家税务总局关于在中国境内无住所的个人计算缴纳个人所得税若干具体问题的通知》(国税函发〔1995〕125号)第一条和第二条;

(三)《国家税务总局关于三井物产(株)大连事务所外籍雇员取得数月奖金确定纳税义务问题的批复》(国税函发〔1997〕546号)第一条;

(四)《国家税务总局关于在中国境内无住所的个人执行税收协定和个人所得税法若干问题的通知》(国税发〔2004〕97号)第二条以及第三条第一款第(一)项和第(二)项。

国家税务总局关于第五届黄汲清青年地质科学技术奖奖金免征个人所得税问题的公告

手机阅读

2012年1月31日 国家税务总局公告2012年第4号

现将第五届黄汲清青年地质科学技术奖奖金免征个人所得税有关问题公告

如下：

为奖励在我国地质学领域做出重要贡献的杰出青年地质工作者，由国土资源部主管的黄汲清青年地质科学技术奖基金管理委员会根据《黄汲清青年地质科学技术奖基金章程》、《黄汲清青年地质科学技术奖奖励条例》规定，经过专家初评、社会公示和评奖委员会终评，第五届黄汲清青年地质科学技术奖共评出 15 位获奖者，每人奖金 1 万元人民币。根据《中华人民共和国个人所得税法》第四条第一项关于国务院部委颁发的科学、教育、技术等方面的奖金免征个人所得税的规定，对第五届黄汲清青年地质科学技术奖获奖者（详见附件）所获奖金，免予征收个人所得税。

同时，为了贯彻落实国家行政审批制度改革有关要求，对国土资源部和黄汲清青年地质科学技术奖基金管理委员会严格按照黄汲清青年地质科学技术奖基金章程、奖励条例和评奖办法，在以后年度评选出的上述奖项奖金收入，一律按照个人所得税法的有关规定直接免予征收个人所得税，无须报送审批；如果主办单位和评奖办法以后年度发生变化的，主办单位应重新报国家税务总局审核确认。

特此公告。

附件：第五届黄汲清青年地质科学技术奖获奖者名单（略）

财政部　税务总局关于海南自由贸易港高端紧缺人才个人所得税政策的通知

2020 年 6 月 23 日　财税〔2020〕32 号

海南省财政厅，国家税务总局海南省税务局：

为支持海南自由贸易港建设，现就有关个人所得税优惠政策通知如下：

一、对在海南自由贸易港工作的高端人才和紧缺人才，其个人所得税实际税负超过 15% 的部分，予以免征。

二、享受上述优惠政策的所得包括来源于海南自由贸易港的综合所得（包括工资薪金、劳务报酬、稿酬、特许权使用费四项所得）、经营所得以及经海南省认定的人才补贴性所得。

三、纳税人在海南省办理个人所得税年度汇算清缴时享受上述优惠政策。

四、对享受上述优惠政策的高端人才和紧缺人才实行清单管理，由海南省商财政部、税务总局制定具体管理办法。

五、本通知自 2020 年 1 月 1 日起执行至 2024 年 12 月 31 日。

财政部 税务总局关于粤港澳大湾区个人所得税优惠政策的通知

2019年3月14日 财税〔2019〕31号

广东省、深圳市财政厅(局),国家税务总局广东省、深圳市税务局:

为支持粤港澳大湾区建设,现就大湾区有关个人所得税优惠政策通知如下:

一、广东省、深圳市按内地与香港个人所得税税负差额,对在大湾区工作的境外(含港澳台,下同)高端人才和紧缺人才给予补贴,该补贴免征个人所得税。

二、在大湾区工作的境外高端人才和紧缺人才的认定和补贴办法,按照广东省、深圳市的有关规定执行。

三、本通知适用范围包括广东省广州市、深圳市、珠海市、佛山市、惠州市、东莞市、中山市、江门市和肇庆市等大湾区珠三角九市。

四、本通知自2019年1月1日起至2023年12月31日止执行。《财政部 国家税务总局关于广东横琴新区个人所得税优惠政策的通知》(财税〔2014〕23号)、《财政部 国家税务总局关于深圳前海深港现代服务业合作区个人所得税优惠政策的通知》(财税〔2014〕25号)自2019年1月1日起废止。

财政部 税务总局 发展改革委 证监会关于创业投资企业个人合伙人所得税政策问题的通知

2019年1月10日 财税〔2019〕8号

各省、自治区、直辖市、计划单列市财政厅(局)、发展改革委、证券监督管理机构,国家税务总局各省、自治区、直辖市、计划单列市税务局,新疆生产建设兵团财政局、发展改革委:

为进一步支持创业投资企业(含创投基金,以下统称创投企业)发展,现将有关个人所得税政策问题通知如下:

一、创投企业可以选择按单一投资基金核算或者按创投企业年度所得整体核算两种方式之一,对其个人合伙人来源于创投企业的所得计算个人所得税应纳税额。

本通知所称创投企业,是指符合《创业投资企业管理暂行办法》(发展改革委等10部门令第39号)或者《私募投资基金监督管理暂行办法》(证监会令第105号)关于创业投资企业(基金)的有关规定,并按照上述规定完成备案且规范运作的合伙制创业投资企业(基金)。

二、创投企业选择按单一投资基金核算的,其个人合伙人从该基金应分得的股权转让所得和股息红利所得,按照20%税率计算缴纳个人所得税。

创投企业选择按年度所得整体核算的,其个人合伙人应从创投企业取得的所得,按照"经营所得"项目、5%~35%的超额累进税率计算缴纳个人所得税。

三、单一投资基金核算,是指单一投资基金(包括不以基金名义设立的创投企业)在一个纳税年度内从不同创业投资项目取得的股权转让所得和股息红利所得按下述方法分别核算纳税:

(一)股权转让所得。单个投资项目的股权转让所得,按年度股权转让收入扣除对应股权原值和转让环节合理费用后的余额计算,股权原值和转让环节合理费用的确定方法,参照股权转让所得个人所得税有关政策规定执行;单一投资基金的股权转让所得,按一个纳税年度内不同投资项目的所得和损失相互抵减后的余额计算,余额大于或等于零的,即确认为该基金的年度股权转让所得;余额小于零的,该基金年度股权转让所得按零计算且不能跨年结转。

个人合伙人按照其应从基金年度股权转让所得中分得的份额计算其应纳税额,并由创投企业在次年3月31日前代扣代缴个人所得税。如符合《财政部 税务总局关于创业投资企业和天使投资个人有关税收政策的通知》(财税〔2018〕55号)规定条件的,创投企业个人合伙人可以按照被转让项目对应投资额的70%抵扣其应从基金年度股权转让所得中分得的份额后再计算其应纳税额,当期不足抵扣的,不得向以后年度结转。

(二)股息红利所得。单一投资基金的股息红利所得,以其来源于所投资项目分配的股息、红利收入以及其他固定收益类证券等收入的全额计算。

个人合伙人按照其应从基金股息红利所得中分得的份额计算其应纳税额,并由创投企业按次代扣代缴个人所得税。

(三)除前述可以扣除的成本、费用之外,单一投资基金发生的包括投资基金管理人的管理费和业绩报酬在内的其他支出,不得在核算时扣除。

本条规定的单一投资基金核算方法仅适用于计算创投企业个人合伙人的应纳税额。

四、创投企业年度所得整体核算,是指将创投企业以每一纳税年度的收入总额减除成本、费用以及损失后,计算应分配给个人合伙人的所得。如符合《财政部 税务总局关于创业投资企业和天使投资个人有关税收政策的通知》(财税〔2018〕55号)规定条件的,创投企业个人合伙人可以按照被转让项目对应投资额的70%抵扣其可以从创投企业应分得的经营所得后再计算其应纳税额。年度核算亏损的,准予按有关规定向以后年度结转。

按照"经营所得"项目计税的个人合伙人,没有综合所得的,可依法减除基本减除费用、专项扣除、专项附加扣除以及国务院确定的其他扣除。从多处取得经营所得的,应汇总计算个人所得税,只减除一次上述费用和扣除。

五、创投企业选择按单一投资基金核算或按创投企业年度所得整体核算后,3年内不能变更。

六、创投企业选择按单一投资基金核算的,应当在按照本通知第一条规定完成备案的30日内,向主管税务机关进行核算方式备案;未按规定备案的,视同选择按创投企业年度所得整体核算。2019年1月1日前已经完成备案的创投企业,选择按单一投资基金核算的,应当在2019年3月1日前向主管税务机关进行核算方式备案。创投企业选择一种核算方式满3年需要调整的,应当在满3年的次年1月31日前,重新向主管税务机关备案。

七、税务部门依法开展税收征管和后续管理工作,可转请发展改革部门、证券监督管理部门对创投企业及其所投项目是否符合有关规定进行核查,发展改革部门、证券监督管理部门应当予以配合。

八、本通知执行期限为2019年1月1日起至2023年12月31日止。

财政部　税务总局关于个人所得税法修改后有关优惠政策衔接问题的通知

2018年12月27日　财税〔2018〕164号

各省、自治区、直辖市、计划单列市财政厅(局),国家税务总局各省、自治区、直辖市、计划单列市税务局,新疆生产建设兵团财政局:

为贯彻落实修改后的《中华人民共和国个人所得税法》,现将个人所得税优惠政策衔接有关事项通知如下:

一、关于全年一次性奖金、中央企业负责人年度绩效薪金延期兑现收入和任期奖励的政策

(一)居民个人取得全年一次性奖金,符合《国家税务总局关于调整个人取得全年一次性奖金等计算征收个人所得税方法问题的通知》(国税发〔2005〕9号)规定的,在2021年12月31日前,不并入当年综合所得,以全年一次性奖金收入除以12个月得到的数额,按照本通知所附按月换算后的综合所得税率表(以下简称月度税率表),确定适用税率和速算扣除数,单独计算纳税。计算公式为:

应纳税额 = 全年一次性奖金收入 × 适用税率 − 速算扣除数

居民个人取得全年一次性奖金,也可以选择并入当年综合所得计算纳税。

自2022年1月1日起,居民个人取得全年一次性奖金,应并入当年综合所得计算缴纳个人所得税。

(二)中央企业负责人取得年度绩效薪金延期兑现收入和任期奖励,符合《国家税务总局关于中央企业负责人年度绩效薪金延期兑现收入和任期奖励征

收个人所得税问题的通知》（国税发〔2007〕118号）规定的，在2021年12月31日前，参照本通知第一条第（一）项执行；2022年1月1日之后的政策另行明确。

二、关于上市公司股权激励的政策

（一）居民个人取得股票期权、股票增值权、限制性股票、股权奖励等股权激励（以下简称股权激励），符合《财政部 国家税务总局关于个人股票期权所得征收个人所得税问题的通知》（财税〔2005〕35号）、《财政部 国家税务总局关于股票增值权所得和限制性股票所得征收个人所得税有关问题的通知》（财税〔2009〕5号）、《财政部 国家税务总局关于将国家自主创新示范区有关税收试点政策推广到全国范围实施的通知》（财税〔2015〕116号）第四条、《财政部 国家税务总局关于完善股权激励和技术入股有关所得税政策的通知》（财税〔2016〕101号）第四条第（一）项规定的相关条件的，在2021年12月31日前，不并入当年综合所得，全额单独适用综合所得税率表，计算纳税。计算公式为：

应纳税额 = 股权激励收入 × 适用税率 − 速算扣除数

（二）居民个人一个纳税年度内取得两次以上（含两次）股权激励的，应合并按本通知第二条第（一）项规定计算纳税。

（三）2022年1月1日之后的股权激励政策另行明确。

三、关于保险营销员、证券经纪人佣金收入的政策

保险营销员、证券经纪人取得的佣金收入，属于劳务报酬所得，以不含增值税的收入减除20%的费用后的余额为收入额，收入额减去展业成本以及附加税费后，并入当年综合所得，计算缴纳个人所得税。保险营销员、证券经纪人展业成本按照收入额的25%计算。

扣缴义务人向保险营销员、证券经纪人支付佣金收入时，应按照《个人所得税扣缴申报管理办法（试行）》（国家税务总局公告2018年第61号）规定的累计预扣法计算预扣税款。

四、关于个人领取企业年金、职业年金的政策

个人达到国家规定的退休年龄，领取的企业年金、职业年金，符合《财政部 人力资源社会保障部 国家税务总局关于企业年金职业年金个人所得税有关问题的通知》（财税〔2013〕103号）规定的，不并入综合所得，全额单独计算应纳税款。其中按月领取的，适用月度税率表计算纳税；按季领取的，平均分摊计入各月，按每月领取额适用月度税率表计算纳税；按年领取的，适用综合所得税率表计算纳税。

个人因出境定居而一次性领取的年金个人账户资金，或个人死亡后，其指定的受益人或法定继承人一次性领取的年金个人账户余额，适用综合所得税率表计算纳税。对个人除上述特殊原因外一次性领取年金个人账户资金或余额的，适用月度税率表计算纳税。

五、关于解除劳动关系、提前退休、内部退养的一次性补偿收入的政策

（一）个人与用人单位解除劳动关系取得一次性补偿收入（包括用人单位发放的经济补偿金、生活补助费和其他补助费），在当地上年职工平均工资3倍数额以内的部分，免征个人所得税；超过3倍数额的部分，不并入当年综合

所得，单独适用综合所得税率表，计算纳税。

（二）个人办理提前退休手续而取得的一次性补贴收入，应按照办理提前退休手续至法定离退休年龄之间实际年度数平均分摊，确定适用税率和速算扣除数，单独适用综合所得税率表，计算纳税。计算公式：

应纳税额={[（一次性补贴收入÷办理提前退休手续至法定退休年龄的实际年度数）-费用扣除标准]×适用税率-速算扣除数}×办理提前退休手续至法定退休年龄的实际年度数

（三）个人办理内部退养手续而取得的一次性补贴收入，按照《国家税务总局关于个人所得税有关政策问题的通知》（国税发〔1999〕58号）规定计算纳税。

六、关于单位低价向职工售房的政策

单位按低于购置或建造成本价格出售住房给职工，职工因此而少支出的差价部分，符合《财政部 国家税务总局关于单位低价向职工售房有关个人所得税问题的通知》（财税〔2007〕13号）第二条规定的，不并入当年综合所得，以差价收入除以12个月得到的数额，按照月度税率表确定适用税率和速算扣除数，单独计算纳税。计算公式为：

应纳税额=职工实际支付的购房价款低于该房屋的购置或建造成本价格的差额×适用税率-速算扣除数

七、关于外籍个人有关津补贴的政策

（一）2019年1月1日至2021年12月31日期间，外籍个人符合居民个人条件的，可以选择享受个人所得税专项附加扣除，也可以选择按照《财政部 国家税务总局关于个人所得税若干政策问题的通知》（财税〔1994〕20号）、《国家税务总局关于外籍个人取得有关补贴征免个人所得税执行问题的通知》（国税发〔1997〕54号）和《财政部 国家税务总局关于外籍个人取得港澳地区住房等补贴征免个人所得税的通知》（财税〔2004〕29号）规定，享受住房补贴、语言训练费、子女教育费等津补贴免税优惠政策，但不得同时享受。外籍个人一经选择，在一个纳税年度内不得变更。

（二）自2022年1月1日起，外籍个人不再享受住房补贴、语言训练费、子女教育费津补贴免税优惠政策，应按规定享受专项附加扣除。

八、除上述衔接事项外，其他个人所得税优惠政策继续按照原文件规定执行。

九、本通知自2019年1月1日起执行。下列文件或文件条款同时废止：

（一）《财政部 国家税务总局关于个人与用人单位解除劳动关系取得的一次性补偿收入征免个人所得税问题的通知》（财税〔2001〕157号）第一条；

（二）《财政部 国家税务总局关于个人股票期权所得征收个人所得税问题的通知》（财税〔2005〕35号）第四条第（一）项；

（三）《财政部 国家税务总局关于单位低价向职工售房有关个人所得税问题的通知》（财税〔2007〕13号）第三条；

（四）《财政部 人力资源社会保障部 国家税务总局关于企业年金职业年金个人所得税有关问题的通知》（财税〔2013〕103号）第三条第1项和第3项；

(五)《国家税务总局关于个人认购股票等有价证券而从雇主取得折扣或补贴收入有关征收个人所得税问题的通知》(国税发〔1998〕9号);

(六)《国家税务总局关于保险企业营销员(非雇员)取得的收入计征个人所得税问题的通知》(国税发〔1998〕13号);

(七)《国家税务总局关于个人因解除劳动合同取得经济补偿金征收个人所得税问题的通知》(国税发〔1999〕178号);

(八)《国家税务总局关于国有企业职工因解除劳动合同取得一次性补偿收入征免个人所得税问题的通知》(国税发〔2000〕77号);

(九)《国家税务总局关于调整个人取得全年一次性奖金等计算征收个人所得税方法问题的通知》(国税发〔2005〕9号)第二条;

(十)《国家税务总局关于保险营销员取得佣金收入征免个人所得税问题的通知》(国税函〔2006〕454号);

(十一)《国家税务总局关于个人股票期权所得缴纳个人所得税有关问题的补充通知》(国税函〔2006〕902号)第七条、第八条;

(十二)《国家税务总局关于中央企业负责人年度绩效薪金延期兑现收入和任期奖励征收个人所得税问题的通知》(国税发〔2007〕118号)第一条;

(十三)《国家税务总局关于个人提前退休取得补贴收入个人所得税问题的公告》(国家税务总局公告2011年第6号)第二条;

(十四)《国家税务总局关于证券经纪人佣金收入征收个人所得税问题的公告》(国家税务总局公告2012年第45号)。

附件:按月换算后的综合所得税率表(略)

财政部 税务总局 证监会关于继续执行内地与香港基金互认有关个人所得税政策的通知

手机阅读

2018年12月17日　财税〔2018〕154号

各省、自治区、直辖市、计划单列市财政厅(局),新疆生产建设兵团财政局,国家税务总局各省、自治区、直辖市、计划单列市税务局,上海、深圳证券交易所,中国证券登记结算公司:

现就内地与香港基金互认有关个人所得税政策明确如下:

对内地个人投资者通过基金互认买卖香港基金份额取得的转让差价所得,自2018年12月18日起至2019年12月4日止,继续暂免征收个人所得税。

财政部 税务总局 证监会关于个人转让全国中小企业股份转让系统挂牌公司股票有关个人所得税政策的通知

手机阅读

2018年11月30日 财税〔2018〕137号

各省、自治区、直辖市、计划单列市财政厅(局),国家税务总局各省、自治区、直辖市、计划单列市税务局,新疆生产建设兵团财政局,全国中小企业股份转让系统有限责任公司,中国证券登记结算有限责任公司:

为促进全国中小企业股份转让系统(以下简称新三板)长期稳定发展,现就个人转让新三板挂牌公司股票有关个人所得税政策通知如下:

一、自2018年11月1日(含)起,对个人转让新三板挂牌公司非原始股取得的所得,暂免征收个人所得税。

本通知所称非原始股是指个人在新三板挂牌公司挂牌后取得的股票,以及由上述股票孳生的送、转股。

二、对个人转让新三板挂牌公司原始股取得的所得,按照"财产转让所得",适用20%的比例税率征收个人所得税。

本通知所称原始股是指个人在新三板挂牌公司挂牌前取得的股票,以及在该公司挂牌前和挂牌后由上述股票孳生的送、转股。

三、2019年9月1日之前,个人转让新三板挂牌公司原始股的个人所得税,征收管理办法按照现行股权转让所得有关规定执行,以股票受让方为扣缴义务人,由被投资企业所在地税务机关负责征收管理。

自2019年9月1日(含)起,个人转让新三板挂牌公司原始股的个人所得税,以股票托管的证券机构为扣缴义务人,由股票托管的证券机构所在地主管税务机关负责征收管理。具体征收管理办法参照《财政部 国家税务总局 证监会关于转让上市公司限售股所得征收个人所得税有关问题的通知》(财税〔2009〕167号)和《财政部 国家税务总局 证监会关于个人转让上市公司限售股所得征收个人所得税有关问题的补充通知》(财税〔2010〕70号)有关规定执行。

四、2018年11月1日之前,个人转让新三板挂牌公司非原始股,尚未进行税收处理的,可比照本通知第一条规定执行,已经进行相关税收处理的,不再进行税收调整。

五、中国证券登记结算公司应当在登记结算系统内明确区分新三板原始股和非原始股。中国证券登记结算公司、证券公司及其分支机构应当积极配合财政、税务部门做好相关工作。

财政部 税务总局 科技部关于科技人员取得职务科技成果转化现金奖励有关个人所得税政策的通知

2018年5月29日 财税〔2018〕58号

各省、自治区、直辖市、计划单列市财政厅（局）、地方税务局、科技厅（委、局），新疆生产建设兵团财政局、科技局：

为进一步支持国家大众创业、万众创新战略的实施，促进科技成果转化，现将科技人员取得职务科技成果转化现金奖励有关个人所得税政策通知如下：

一、依法批准设立的非营利性研究开发机构和高等学校（以下简称非营利性科研机构和高校）根据《中华人民共和国促进科技成果转化法》规定，从职务科技成果转化收入中给予科技人员的现金奖励，可减按50%计入科技人员当月"工资、薪金所得"，依法缴纳个人所得税。

二、非营利性科研机构和高校包括国家设立的科研机构和高校、民办非营利性科研机构和高校。

三、国家设立的科研机构和高校是指利用财政性资金设立的、取得《事业单位法人证书》的科研机构和公办高校，包括中央和地方所属科研机构和高校。

四、民办非营利性科研机构和高校，是指同时满足以下条件的科研机构和高校：

（一）根据《民办非企业单位登记管理暂行条例》在民政部门登记，并取得《民办非企业单位登记证书》。

（二）对于民办非营利性科研机构，其《民办非企业单位登记证书》记载的业务范围应属于"科学研究与技术开发、成果转让、科技咨询与服务、科技成果评估"范围。对业务范围存在争议的，由税务机关转请县级（含）以上科技行政主管部门确认。

对于民办非营利性高校，应取得教育主管部门颁发的《民办学校办学许可证》，《民办学校办学许可证》记载学校类型为"高等学校"。

（三）经认定取得企业所得税非营利组织免税资格。

五、科技人员享受本通知规定税收优惠政策，须同时符合以下条件：

（一）科技人员是指非营利性科研机构和高校中对完成或转化职务科技成果作出重要贡献的人员。非营利性科研机构和高校应按规定公示有关科技人员名单及相关信息（国防专利转化除外），具体公示办法由科技部会同财政部、税务总局制定。

（二）科技成果是指专利技术（含国防专利）、计算机软件著作权、集成电路布图设计专有权、植物新品种权、生物医药新品种，以及科技部、财政部、税务总局确定的其他技术成果。

（三）科技成果转化是指非营利性科研机构和高校向他人转让科技成果或者许可他人使用科技成果。现金奖励是指非营利性科研机构和高校在取得科技成果转化收入三年（36个月）内奖励给科技人员的现金。

（四）非营利性科研机构和高校转化科技成果，应当签订技术合同，并根据《技术合同认定登记管理办法》，在技术合同登记机构进行审核登记，并取得技术合同认定登记证明。

非营利性科研机构和高校应健全科技成果转化的资金核算，不得将正常工资、奖金等收入列入科技人员职务科技成果转化现金奖励享受税收优惠。

六、非营利性科研机构和高校向科技人员发放现金奖励时，应按个人所得税法规定代扣代缴个人所得税，并按规定向税务机关履行备案手续。

七、本通知自2018年7月1日起施行。本通知施行前非营利性科研机构和高校取得的科技成果转化收入，自施行后36个月内给科技人员发放现金奖励，符合本通知规定的其他条件的，适用本通知。

财政部　税务总局　人力资源社会保障部中国银行保险监督管理委员会　证监会关于开展个人税收递延型商业养老保险试点的通知①

手机阅读

2018年4月2日　财税〔2018〕22号

上海市、江苏省、福建省、厦门市财政厅（局）、地方税务局、人力资源社会保障厅（局）、银监局、证监局、保监局：

为贯彻落实党的十九大精神，推进多层次养老保险体系建设，对养老保险第三支柱进行有益探索，现就开展个人税收递延型商业养老保险试点有关问题通知如下：

一、关于试点政策

（一）试点地区及时间。

自2018年5月1日起，在上海市、福建省（含厦门市）和苏州工业园区实施个人税收递延型商业养老保险试点。试点期限暂定一年。

---

① 根据《关于个人取得有关收入适用个人所得税应税所得项目的公告》（财政部税务总局公告2019年第74号），本法第一条第（二）项第3点第二段被废止。

（二）试点政策内容。

对试点地区个人通过个人商业养老资金账户购买符合规定的商业养老保险产品的支出，允许在一定标准内税前扣除；计入个人商业养老资金账户的投资收益，暂不征收个人所得税；个人领取商业养老金时再征收个人所得税。具体规定如下：

1. 个人缴费税前扣除标准。取得工资薪金、连续性劳务报酬所得的个人，其缴纳的保费准予在申报扣除当月计算应纳税所得额时予以限额据实扣除，扣除限额按照当月工资薪金、连续性劳务报酬收入的6%和1000元孰低办法确定。取得个体工商户生产经营所得、对企事业单位的承包承租经营所得的个体工商户业主、个人独资企业投资者、合伙企业自然人合伙人和承包承租经营者，其缴纳的保费准予在申报扣除当年计算应纳税所得额时予以限额据实扣除，扣除限额按照不超过当年应税收入的6%和12000元孰低办法确定。

2. 账户资金收益暂不征税。计入个人商业养老资金账户的投资收益，在缴费期间暂不征收个人所得税。

3. 个人领取商业养老金征税。个人达到国家规定的退休年龄时，可按月或按年领取商业养老金，领取期限原则上为终身或不少于15年。个人身故、发生保险合同约定的全残或罹患重大疾病的，可以一次性领取商业养老金。

对个人达到规定条件时领取的商业养老金收入，其中25%部分予以免税，其余75%部分按照10%的比例税率计算缴纳个人所得税，税款计入"其他所得"项目。

（三）试点政策适用对象。

适用试点税收政策的纳税人，是指在试点地区取得工资薪金、连续性劳务报酬所得的个人，以及取得个体工商户生产经营所得、对企事业单位的承包承租经营所得的个体工商户业主、个人独资企业投资者、合伙企业自然人合伙人和承包承租经营者，其工资薪金、连续性劳务报酬的个人所得税扣缴单位，或者个体工商户、承包承租单位、个人独资企业、合伙企业的实际经营地均位于试点地区内。

取得连续性劳务报酬所得，是指纳税人连续6个月以上（含6个月）为同一单位提供劳务而取得的所得。

（四）试点期间个人商业养老资金账户和信息平台。

1. 个人商业养老资金账户是由纳税人指定的、用于归集税收递延型商业养老保险缴费、收益以及资金领取等的商业银行个人专用账户。该账户封闭运行，与居民身份证件绑定，具有唯一性。

2. 试点期间使用中国保险信息技术管理有限责任公司建立的信息平台（以下简称"中保信平台"）。个人商业养老资金账户在中保信平台进行登记，校验其唯一性。个人商业养老资金账户变更银行须经中保信平台校验后，进行账户结转，每年允许结转一次。中保信平台与税务系统、商业保险机构和商业银行对接，提供账户管理、信息查询、税务稽核、外部监管等基础性服务。

（五）试点期间商业养老保险产品及管理。

个人商业养老保险产品按稳健型产品为主、风险型产品为辅的原则选择,采取名录方式确定。试点期间的产品是指由保险公司开发,符合"收益稳健、长期锁定、终身领取、精算平衡"原则,满足参保人对养老账户资金安全性、收益性和长期性管理要求的商业养老保险产品。具体商业养老保险产品指引由中国银行保险监督管理委员会提出,商财政部、人社部、税务总局后发布。

(六)试点期间税收征管。

1. 关于缴费税前扣除。个人购买符合规定的商业养老保险产品、享受递延纳税优惠时,以中保信平台出具的税延养老扣除凭证为扣税凭据。取得工资、薪金所得和连续性劳务报酬所得的个人,应及时将相关凭证提供给扣缴单位。扣缴单位应按照本通知有关要求,认真落实个人税收递延型商业养老保险试点政策,为纳税人办理税前扣除有关事项。

个人在试点地区范围内从两处或者两处以上取得所得的,只能选择在其中一处享受试点政策。

2. 关于领取商业养老金时的税款征收。个人按规定领取商业养老金时,由保险公司代扣代缴其应缴的个人所得税。

二、试点期间其他相关准备工作

试点期间,中国银行保险监督管理委员会、证监会做好相关准备工作,完善养老账户管理制度,制定银行、公募基金类产品指引等相关规定,指导相关金融机构产品开发。做好中国证券登记结算有限责任公司信息平台(以下简称"中登公司平台")与商业银行、税务等信息系统的对接准备工作。同时,由人社部、财政部牵头,联合税务总局、中国银行保险监督管理委员会、证监会等单位,共同研究建立第三支柱制度和管理服务信息平台。

试点结束后,根据试点情况,结合养老保险第三支柱制度建设的有关情况,有序扩大参与的金融机构和产品范围,将公募基金等产品纳入个人商业养老账户投资范围,相应将中登公司平台作为信息平台,与中保信平台同步运行。第三支柱制度和管理服务信息平台建成以后,中登公司平台、中保信平台与第三支柱制度和管理服务信息平台对接,实现养老保险第三支柱宏观监管。

三、部门协作

(一)信息平台应向税务机关提供个人税收递延型商业养老保险有关信息,并配合税务机关做好相关税收征管工作。

(二)保险公司在销售个人税收递延型商业养老保险产品时,应为购买商业养老保险产品的个人开具发票和保单凭证,载明产品名称及缴费金额等信息。保险公司与信息平台实时对接,保证信息真实准确。

(三)试点地区财政、人社、税务、金融监管等相关部门应各司其职,密切配合,认真组织落实本通知,并及时总结、动态评估试点经验。对实施过程中遇到的困难和问题,及时向财政部、人社部、税务总局和金融监管部门反映。

财政部 税务总局 证监会关于继续执行沪港股票市场交易互联互通机制有关个人所得税政策的通知

手机阅读

2017年11月1日　财税〔2017〕78号

各省、自治区、直辖市、计划单列市财政厅（局）、国家税务局、地方税务局，新疆生产建设兵团财务局，上海、深圳证券交易所，中国证券登记结算公司：

现就沪港股票市场交易互联互通机制（以下简称沪港通）有关个人所得税政策明确如下：

对内地个人投资者通过沪港通投资香港联交所上市股票取得的转让差价所得，自2017年11月17日起至2019年12月4日止，继续暂免征收个人所得税。

财政部 税务总局 保监会关于将商业健康保险个人所得税试点政策推广到全国范围实施的通知

手机阅读

2017年4月28日　财税〔2017〕39号

各省、自治区、直辖市、计划单列市财政厅（局）、地方税务局、保监局，新疆生产建设兵团财务局：

自2017年7月1日起，将商业健康保险个人所得税试点政策推广到全国范围实施。现将有关问题通知如下：

一、关于政策内容

对个人购买符合规定的商业健康保险产品的支出，允许在当年（月）计算应纳税所得额时予以税前扣除，扣除限额为2400元/年（200元/月）。单位统一为员工购买符合规定的商业健康保险产品的支出，应分别计入员工个人工资薪金，视同个人购买，按上述限额予以扣除。

2400元/年（200元/月）的限额扣除为个人所得税法规定减除费用标准之外的扣除。

二、关于适用对象

适用商业健康保险税收优惠政策的纳税人，是指取得工资薪金所得、连续性劳务报酬所得的个人,以及取得个体工商户生产经营所得、对企事业单位的承包承租经营所得的个体工商户业主、个人独资企业投资者、合伙企业合伙人和承包承租经营者。

三、关于商业健康保险产品的规范和条件

符合规定的商业健康保险产品,是指保险公司参照个人税收优惠型健康保险产品指引框架及示范条款(见附件)开发的、符合下列条件的健康保险产品:

(一)健康保险产品采取具有保障功能并设立有最低保证收益账户的万能险方式,包含医疗保险和个人账户积累两项责任。被保险人个人账户由其所投保的保险公司负责管理维护。

(二)被保险人为16周岁以上、未满法定退休年龄的纳税人群。保险公司不得因被保险人既往病史拒保,并保证续保。

(三)医疗保险保障责任范围包括被保险人医保所在地基本医疗保险基金支付范围内的自付费用及部分基本医疗保险基金支付范围外的费用,费用的报销范围、比例和额度由各保险公司根据具体产品特点自行确定。

(四)同一款健康保险产品,可依据被保险人的不同情况,设置不同的保险金额,具体保险金额下限由保监会规定。

(五)健康保险产品坚持"保本微利"原则,对医疗保险部分的简单赔付率低于规定比例的,保险公司要将实际赔付率与规定比例之间的差额部分返还到被保险人的个人账户。

根据目标人群已有保障项目和保障需求的不同,符合规定的健康保险产品共有三类,分别适用于:1. 对公费医疗或基本医疗保险报销后个人负担的医疗费用有报销意愿的人群;2. 对公费医疗或基本医疗保险报销后个人负担的特定大额医疗费用有报销意愿的人群;3. 未参加公费医疗或基本医疗保险,对个人负担的医疗费用有报销意愿的人群。

符合上述条件的个人税收优惠型健康保险产品,保险公司应按《保险法》规定程序上报保监会审批。

四、关于税收征管

(一)单位统一组织为员工购买或者单位和个人共同负担购买符合规定的商业健康保险产品,单位负担部分应当实名计入个人工资薪金明细清单,视同个人购买,并自购买产品次月起,在不超过200元/月的标准内按月扣除。一年内保费金额超过2400元的部分,不得税前扣除。以后年度续保时,按上述规定执行。个人自行退保时,应及时告知扣缴单位。个人相关退保信息保险公司应及时传递给税务机关。

(二)取得工资薪金所得或连续性劳务报酬所得的个人,自行购买符合规定的商业健康保险产品的,应当及时向代扣代缴单位提供保单凭证。扣缴单位自个人提交保单凭证的次月起,在不超过200元/月的标准内按月扣除。一年内保费金额超过2400元的部分,不得税前扣除。以后年度续保时,按上述规定执行。个人自行退保时,应及时告知扣缴义务人。

(三)个体工商户业主、企事业单位承包承租经营者、个人独资和合伙企业投资者自行购买符合条件的商业健康保险产品的,在不超过2400元/年的标准内据实扣除。一年内保费金额超过2400元的部分,不得税前扣除。以后年度续保时,按上述规定执行。

五、关于部门协作

商业健康保险个人所得税税前扣除政策涉及环节和部门多,各相关部门应密切配合,切实落实好商业健康保险个人所得税政策。

(一)财政、税务、保监部门要做好商业健康保险个人所得税优惠政策宣传解释,优化服务。税务、保监部门应建立信息共享机制,及时共享商业健康保险涉税信息。

(二)保险公司在销售商业健康保险产品时,要为购买健康保险的个人开具发票和保单凭证,载明产品名称及缴费金额等信息,作为个人税前扣除的凭据。保险公司要与商业健康保险信息平台保持实时对接,保证信息真实准确。

(三)扣缴单位应按照本通知及税务机关有关要求,认真落实商业健康保险个人所得税前扣除政策。

(四)保险公司或商业健康保险信息平台应向税务机关提供个人购买商业健康保险的相关信息,并配合税务机关做好相关税收征管工作。

六、关于实施时间

本通知自2017年7月1日起执行。自2016年1月1日起开展商业健康保险个人所得税政策试点的地区,自2017年7月1日起继续按本通知规定的政策执行。《财政部 国家税务总局 保监会关于开展商业健康保险个人所得税政策试点工作的通知》(财税〔2015〕56号)、《财政部 国家税务总局 保监会关于实施商业健康保险个人所得税政策试点的通知》(财税〔2015〕126号)同时废止。

附件:1. 个人税收优惠型健康保险产品指引框架(略)
2. 个人税收优惠型健康保险(万能型)A款(略)
3. 个人税收优惠型健康保险(万能型)B款(略)
4. 个人税收优惠型健康保险(万能型)C款(略)

财政部 国家税务总局 证监会关于上市公司股息红利差别化个人所得税政策有关问题的通知[①]

手机阅读

2015年9月7日 财税〔2015〕101号

各省、自治区、直辖市、计划单列市财政厅(局)、国家税务局、地方税务局、新疆生产建设兵团财务局,上海、深圳证券交易所,全国中小企业股份转让系

---

① 根据《关于继续实施全国中小企业股份转让系统挂牌公司股息红利差别化个人所得税政策的公告》(财税〔2014〕48号),本法规第四条被废止。

统有限责任公司,中国证券登记结算公司:

经国务院批准,现就上市公司股息红利差别化个人所得税政策等有关问题通知如下:

一、个人从公开发行和转让市场取得的上市公司股票,持股期限超过1年的,股息红利所得暂免征收个人所得税。

个人从公开发行和转让市场取得的上市公司股票,持股期限在1个月以内(含1个月)的,其股息红利所得全额计入应纳税所得额;持股期限在1个月以上至1年(含1年)的,暂减按50%计入应纳税所得额;上述所得统一适用20%的税率计征个人所得税。

二、上市公司派发股息红利时,对个人持股1年以内(含1年)的,上市公司暂不扣缴个人所得税;待个人转让股票时,证券登记结算公司根据其持股期限计算应纳税额,由证券公司等股份托管机构从个人资金账户中扣收并划付证券登记结算公司,证券登记结算公司应于次月5个工作日内划付上市公司,上市公司在收到税款当月的法定申报期内向主管税务机关申报缴纳。

三、上市公司股息红利差别化个人所得税政策其他有关操作事项,按照《财政部 国家税务总局 证监会关于实施上市公司股息红利差别化个人所得税政策有关问题的通知》(财税〔2012〕85号)的相关规定执行。

四、全国中小企业股份转让系统挂牌公司股息红利差别化个人所得税政策,按照本通知规定执行。其他有关操作事项,按照《财政部 国家税务总局 证监会关于实施全国中小企业股份转让系统挂牌公司股息红利差别化个人所得税政策有关问题的通知》(财税〔2014〕48号)的相关规定执行。

五、本通知自2015年9月8日起施行。

上市公司派发股息红利,股权登记日在2015年9月8日之后的,股息红利所得按照本通知的规定执行。本通知实施之日个人投资者证券账户已持有的上市公司股票,其持股时间自取得之日起计算。

财政部 国家税务总局关于个人非货币性资产投资有关个人所得税政策的通知

手机阅读

2015年3月30日 财税〔2015〕41号

各省、自治区、直辖市、计划单列市财政厅(局)、地方税务局,新疆生产建设兵团财务局:

为进一步鼓励和引导民间个人投资,经国务院批准,将在上海自由贸易试验区试点的个人非货币性资产投资分期缴税政策推广至全国。现就个人非货币性资产投资有关个人所得税政策通知如下:

一、个人以非货币性资产投资,属于个人转让非货币性资产和投资同时发生。对个人转让非货币性资产的所得,应按照"财产转让所得"项目,依法计算缴纳个人所得税。

二、个人以非货币性资产投资，应按评估后的公允价值确认非货币性资产转让收入。非货币性资产转让收入减除该资产原值及合理税费后的余额为应纳税所得额。

个人以非货币性资产投资，应于非货币性资产转让、取得被投资企业股权时，确认非货币性资产转让收入的实现。

三、个人应在发生上述应税行为的次月15日内向主管税务机关申报纳税。纳税人一次性缴税有困难的，可合理确定分期缴纳计划并报主管税务机关备案后，自发生上述应税行为之日起不超过5个公历年度内（含）分期缴纳个人所得税。

四、个人以非货币性资产投资交易过程中取得现金补价的，现金部分应优先用于缴税；现金不足以缴纳的部分，可分期缴纳。

个人在分期缴税期间转让其持有的上述全部或部分股权，并取得现金收入的，该现金收入应优先用于缴纳尚未缴清的税款。

五、本通知所称非货币性资产，是指现金、银行存款等货币性资产以外的资产，包括股权、不动产、技术发明成果以及其他形式的非货币性资产。

本通知所称非货币性资产投资，包括以非货币性资产出资设立新的企业，以及以非货币性资产出资参与企业增资扩股、定向增发股票、股权置换、重组改制等投资行为。

六、本通知规定的分期缴税政策自2015年4月1日起施行。对2015年4月1日之前发生的个人非货币性资产投资，尚未进行税收处理且自发生上述应税行为之日起期限未超过5年的，可在剩余的期限内分期缴纳其应纳税款。

财政部　国家税务总局关于福建平潭综合实验区个人所得税优惠政策的通知[①]

手机阅读

2014年3月28日　财税〔2014〕24号

福建省财政厅、地方税务局：

根据国务院有关批复精神，现就福建平潭综合实验区有关个人所得税政策通知如下：

一、在平潭综合实验区工作的台湾居民，应按照《中华人民共和国个人所得税法》的有关规定，缴纳个人所得税。

二、福建省人民政府根据《国务院关于平潭综合实验区总体发展规划的批

---

① 根据《财政部　税务总局关于延长部分税收优惠政策执行期限的公告》（财政部税务总局公告2021年第6号），本法规定的税收优惠政策，执行期限延长至2025年12月31日。

复》(国函〔2011〕142号)以及《平潭综合实验区总体发展规划》有关规定,按不超过内地与台湾地区个人所得税负差额,给予在平潭综合实验区工作的台湾居民的补贴,免征个人所得税。

三、本通知所称台湾居民,是指持有《台湾居民来往大陆通行证》的个人。

四、本通知所称平潭综合实验区是指国务院2011年11月批复的《平潭综合实验区总体发展规划》规划的平潭综合实验区范围。

五、本通知自2013年1月1日起至2020年12月31日止执行。

财政部 人力资源社会保障部 国家税务总局关于企业年金、职业年金个人所得税有关问题的通知①

手机阅读

2013年12月6日 财税〔2013〕103号

各省、自治区、直辖市、计划单列市财政厅(局)、人力资源社会保障厅(局)、地方税务局,新疆生产建设兵团财务局、人力资源社会保障局:

为促进我国多层次养老保险体系的发展,根据个人所得税法相关规定,现就企业年金和职业年金个人所得税有关问题通知如下:

一、企业年金和职业年金缴费的个人所得税处理

1. 企业和事业单位(以下统称单位)根据国家有关政策规定的办法和标准,为在本单位任职或者受雇的全体职工缴付的企业年金或职业年金(以下统称年金)单位缴费部分,在计入个人账户时,个人暂不缴纳个人所得税。

2. 个人根据国家有关政策规定缴付的年金个人缴费部分,在不超过本人缴费工资计税基数的4%标准内的部分,暂从个人当期的应纳税所得额中扣除。

3. 超过本通知第一条第1项和第2项规定的标准缴付的年金单位缴费和个人缴费部分,应并入个人当期的工资、薪金所得,依法计征个人所得税。税款由建立年金的单位代扣代缴,并向主管税务机关申报解缴。

4. 企业年金个人缴费工资计税基数为本人上一年度月平均工资。月平均工资按国家统计局规定列入工资总额统计的项目计算。月平均工资超过职工工作地所在设区城市上一年度职工月平均工资300%以上的部分,不计入个人缴费工资计税基数。

职业年金个人缴费工资计税基数为职工岗位工资和薪级工资之和。职工岗位工资和薪级工资之和超过职工工作地所在设区城市上一年度职工月平均工

---

① 根据《关于个人所得税法修改后有关优惠政策衔接问题的通知》(财税〔2018〕164号),本法第三条第1项和第3项被废止。

300%以上的部分,不计入个人缴费工资计税基数。

二、年金基金投资运营收益的个人所得税处理

年金基金投资运营收益分配计入个人账户时,个人暂不缴纳个人所得税。

三、领取年金的个人所得税处理

1. 个人达到国家规定的退休年龄,在本通知实施之后按月领取的年金,全额按照"工资、薪金所得"项目适用的税率,计征个人所得税;在本通知实施之后按年或按季领取的年金,平均分摊计入各月,每月领取额全额按照"工资、薪金所得"项目适用的税率,计征个人所得税。

2. 对单位和个人在本通知实施之前开始缴付年金缴费,个人在本通知实施之后领取年金的,允许其从领取的年金中减除在本通知实施之前缴付的年金单位缴费和个人缴费且已经缴纳个人所得税的部分,就其余额按照本通知第三条第1项的规定征税。在个人分期领取年金的情况下,可按本通知实施之前缴付的年金缴费金额占全部缴费金额的百分比减计当期的应纳税所得额,减计后的余额,按照本通知第三条第1项的规定,计算缴纳个人所得税。

3. 对个人因出境定居而一次性领取的年金个人账户资金,或个人死亡后,其指定的受益人或法定继承人一次性领取的年金个人账户余额,允许领取人将一次性领取的年金个人账户资金或余额按12个月分摊到各月,就其每月分摊额,按照本通知第三条第1项和第2项的规定计算缴纳个人所得税。对个人除上述特殊原因外一次性领取年金个人账户资金或余额的,则不允许采取分摊的方法,而是就其一次性领取的总额,单独作为一个月的工资薪金所得,按照本通知第三条第1项和第2项的规定,计算缴纳个人所得税。

4. 个人领取年金时,其应纳税款由受托人代表委托人委托托管人代扣代缴。年金账户管理人应及时向托管人提供个人年金缴费及对应的个人所得税纳税明细。托管人根据受托人指令及账户管理人提供的资料,按照规定计算扣缴个人当期领取年金待遇的应纳税款,并向托管人所在地主管税务机关申报解缴。

5. 建立年金计划的单位、年金托管人,应按照个人所得税法和税收征收管理法的有关规定,实行全员全额扣缴明细申报。受托人有责任协调相关管理人依法向税务机关办理扣缴申报、提供相关资料。

四、建立年金计划的单位应于建立年金计划的次月15日内,向其所在地主管税务机关报送年金方案、人力资源社会保障部门出具的方案备案函、计划确认函以及主管税务机关要求报送的其他相关资料。年金方案、受托人、托管人发生变化的,应于发生变化的次月15日内重新向其主管税务机关报送上述资料。

五、财政、税务、人力资源社会保障等相关部门以及年金机构之间要加强协调,通力合作,共同做好政策实施各项工作。

六、本通知所称企业年金,是指根据《企业年金试行办法》(原劳动和社会保障部令第20号)的规定,企业及其职工在依法参加基本养老保险的基础上,自愿建立的补充养老保险制度。所称职业年金是指根据《事业单位职业年金试行办法》(国办发〔2011〕37号)的规定,事业单位及其工作人员在依法参加基本养老保险的基础上,建立的补充养老保险制度。

七、本通知自 2014 年 1 月 1 日起执行。《国家税务总局关于企业年金个人所得税征收管理有关问题的通知》（国税函〔2009〕694 号）、《国家税务总局关于企业年金个人所得税有关问题补充规定的公告》（国家税务总局公告 2011 年第 9 号）同时废止。

财政部　国家税务总局　证监会关于实施上市公司股息红利差别化个人所得税政策有关问题的通知

手机阅读

2012 年 11 月 16 日　财税〔2012〕85 号

经国务院批准，现就实施上市公司股息红利差别化个人所得税政策有关问题通知如下：

一、个人从公开发行和转让市场取得的上市公司股票，持股期限在 1 个月以内（含 1 个月）的，其股息红利所得全额计入应纳税所得额；持股期限在 1 个月以上至 1 年（含 1 年）的，暂减按 50% 计入应纳税所得额；持股期限超过 1 年的，暂减按 25% 计入应纳税所得额。上述所得统一适用 20% 的税率计征个人所得税。

前款所称上市公司是指在上海证券交易所、深圳证券交易所挂牌交易的上市公司；持股期限是指个人从公开发行和转让市场取得上市公司股票之日至转让交割该股票之日前一日的持有时间。

二、上市公司派发股息红利时，对截止股权登记日个人已持股超过 1 年的，其股息红利所得，按 25% 计入应纳税所得额。对截止股权登记日个人持股 1 年以内（含 1 年）且尚未转让的，税款分两步代扣代缴：第一步，上市公司派发股息红利时，统一暂按 25% 计入应纳税所得额，计算并代扣税款。第二步，个人转让股票时，证券登记结算公司根据其持股期限计算实际应纳税额，超过已扣缴税款的部分，由证券公司等股份托管机构从个人资金账户中扣收并划付证券登记结算公司，证券登记结算公司应于次月 5 个工作日内划付上市公司，上市公司在收到税款当月的法定申报期内向主管税务机关申报缴纳。

个人应在资金账户留足资金，依法履行纳税义务。证券公司等股份托管机构应依法划扣税款，对个人资金账户暂无资金或资金不足的，证券公司等股份托管机构应当及时通知个人补足资金，并划扣税款。

三、个人转让股票时，按照先进先出的原则计算持股期限，即证券账户中先取得的股票视为先转让。

应纳税所得额以个人投资者证券账户为单位计算，持股数量以每日日终结算后个人投资者证券账户的持有记录为准，证券账户取得或转让的股份数为每日日终结算后的净增（减）股份数。

四、对个人持有的上市公司限售股，解禁后取得的股息红利，按照本通知规定计算纳税，持股时间自解禁日起计算；解禁前取得的股息红利继续暂减按50%计入应纳税所得额，适用20%的税率计征个人所得税。

前款所称限售股，是指财税〔2009〕167号文件和财税〔2010〕70号文件规定的限售股。

五、证券投资基金从上市公司取得的股息红利所得，按照本通知规定计征个人所得税。

六、本通知所称个人从公开发行和转让市场取得的上市公司股票包括：

（一）通过证券交易所集中交易系统或大宗交易系统取得的股票；

（二）通过协议转让取得的股票；

（三）因司法扣划取得的股票；

（四）因依法继承或家庭财产分割取得的股票；

（五）通过收购取得的股票；

（六）权证行权取得的股票；

（七）使用可转换公司债券转换的股票；

（八）取得发行的股票、配股、股份股利及公积金转增股本；

（九）持有从代办股份转让系统转到主板市场（或中小板、创业板市场）的股票；

（十）上市公司合并，个人持有的被合并公司股票转换的合并后公司股票；

（十一）上市公司分立，个人持有的被分立公司股票转换的分立后公司股票；

（十二）其他从公开发行和转让市场取得的股票。

七、本通知所称转让股票包括下列情形：

（一）通过证券交易所集中交易系统或大宗交易系统转让股票；

（二）协议转让股票；

（三）持有的股票被司法扣划；

（四）因依法继承、捐赠或家庭财产分割让渡股票所有权；

（五）用股票接受要约收购；

（六）行使现金选择权将股票转让给提供现金选择权的第三方；

（七）用股票认购或申购交易型开放式指数基金（ETF）份额；

（八）其他具有转让实质的情形。

八、本通知所称年（月）是指自然年（月），即持股一年是指从上一年某月某日至本年同月同日的前一日连续持股，持股一个月是指从上月某日至本月同日的前一日连续持股。

九、财政、税务、证监等部门要加强协调、通力合作，切实做好政策实施的各项工作。

上市公司、证券登记结算公司以及证券公司等股份托管机构应积极配合税务机关做好股息红利个人所得税征收管理工作。

十、本通知自2013年1月1日起施行。上市公司派发股息红利，股权登记日在2013年1月1日之后的，股息红利所得按照本通知的规定执行。本通知实施之日个人投资者证券账户已持有的上市公司股票，其持股时间自取得之日起计算。

《财政部 国家税务总局关于股息红利个人所得税有关政策的通知》（财

税〔2005〕102号）和《财政部　国家税务总局关于股息红利有关个人所得税政策的补充通知》（财税〔2005〕107号）在本通知实施之日同时废止。

财政部　国家税务总局关于工伤职工取得的工伤保险待遇有关个人所得税政策的通知

2012年5月3日　财税〔2012〕40号

各省、自治区、直辖市、计划单列市财政厅（局）、地方税务局，新疆生产建设兵团财务局：

为贯彻落实《工伤保险条例》（国务院令第586号），根据个人所得税法第四条中"经国务院财政部门批准免税的所得"的规定，现就工伤职工取得的工伤保险待遇有关个人所得税政策通知如下：

一、对工伤职工及其近亲属按照《工伤保险条例》（国务院令第586号）规定取得的工伤保险待遇，免征个人所得税。

二、本通知第一条所称的工伤保险待遇，包括工伤职工按照《工伤保险条例》（国务院令第586号）规定取得的一次性伤残补助金、伤残津贴、一次性工伤医疗补助金、一次性伤残就业补助金、工伤医疗待遇、住院伙食补助费、外地就医交通食宿费用、工伤康复费用、辅助器具费用、生活护理费等，以及职工因工死亡，其近亲属按照《工伤保险条例》（国务院令第586号）规定取得的丧葬补助金、供养亲属抚恤金和一次性工亡补助金等。

三、本通知自2011年1月1日起执行。对2011年1月1日之后已征税款，由纳税人向主管税务机关提出申请，主管税务机关按相关规定予以退还。

财政部　国家税务总局关于企业促销展业赠送礼品有关个人所得税问题的通知[①]

2011年6月9日　财税〔2011〕50号

各省、自治区、直辖市、计划单列市财政厅（局）、地方税务局、西藏、宁夏、青海省（自治区）国家税务局，新疆生产建设兵团财务局：

---

① 根据《关于个人取得有关收入适用个人所得税应税所得项目的公告》（财政部税务总局公告2019年第74号），本法第二条第1项、第2项被废止。

根据《中华人民共和国个人所得税法》及其实施条例有关规定，现对企业和单位（包括企业、事业单位、社会团体、个人独资企业、合伙企业和个体工商户等，以下简称企业）在营销活动中以折扣折让、赠品、抽奖等方式，向个人赠送现金、消费券、物品、服务等（以下简称礼品）有关个人所得税问题通知如下：

一、企业在销售商品（产品）和提供服务过程中向个人赠送礼品，属于下列情形之一的，不征收个人所得税：

1. 企业通过价格折扣、折让方式向个人销售商品（产品）和提供服务；

2. 企业在向个人销售商品（产品）和提供服务的同时给予赠品，如通信企业对个人购买手机赠话费、入网费，或者购话费赠手机等；

3. 企业对累积消费达到一定额度的个人按消费积分反馈礼品。

二、企业向个人赠送礼品，属于下列情形之一的，取得该项所得的个人应依法缴纳个人所得税，税款由赠送礼品的企业代扣代缴：

1. 企业在业务宣传、广告等活动中，随机向本单位以外的个人赠送礼品，对个人取得的礼品所得，按照"其他所得"项目，全额适用20%的税率缴纳个人所得税。

2. 企业在年会、座谈会、庆典以及其他活动中向本单位以外的个人赠送礼品，对个人取得的礼品所得，按照"其他所得"项目，全额适用20%的税率缴纳个人所得税。

3. 企业对累积消费达到一定额度的顾客，给予额外抽奖机会，个人的获奖所得，按照"偶然所得"项目，全额适用20%的税率缴纳个人所得税。

三、企业赠送的礼品是自产产品（服务）的，按该产品（服务）的市场销售价格确定个人的应税所得；是外购商品（服务）的，按该商品（服务）的实际购置价格确定个人的应税所得。

四、本通知自发布之日起执行。《国家税务总局关于个人所得税有关问题的批复》（国税函〔2000〕57号）、《国家税务总局关于个人所得税若干政策问题的批复》（国税函〔2002〕629号）第二条同时废止。

财政部　国家税务总局关于个人独资企业和合伙企业投资者取得种植业、养殖业饲养业、捕捞业所得有关个人所得税问题的批复

2010年11月2日　财税〔2010〕96号

福建省财政厅、地方税务局：

福建省地方税务局《关于个人独资和合伙企业投资者取得的"四业"经营所得征免个人所得税问题的请示》（闽地税发〔2009〕157号）收悉。经研

究，批复如下：

根据《国务院关于个人独资企业和合伙企业征收所得税问题的通知》（国发〔2000〕16号）、《财政部 国家税务总局关于个人所得税若干政策问题的通知》（财税字〔1994〕020号）和《财政部 国家税务总局关于农村税费改革试点地区有关个人所得税问题的通知》（财税〔2004〕30号）等有关规定，对个人独资企业和合伙企业从事种植业、养殖业、饲养业和捕捞业（以下简称"四业"），其投资者取得的"四业"所得暂不征收个人所得税。

财政部 国家税务总局关于个人无偿受赠房屋有关个人所得税问题的通知①

手机阅读

2009年5月25日 财税〔2009〕78号

各省、自治区、直辖市、计划单列市财政厅（局）、地方税务局，宁夏、西藏、青海省（自治区）国家税务局，新疆生产建设兵团财务局：

为了加强个人所得税征管，堵塞税收漏洞，根据《中华人民共和国个人所得税法》有关规定，现就个人无偿受赠房屋有关个人所得税问题通知如下：

一、以下情形的房屋产权无偿赠与，对当事双方不征收个人所得税：

（一）房屋产权所有人将房屋产权无偿赠与配偶、父母、子女、祖父母、外祖父母、孙子女、外孙子女、兄弟姐妹；

（二）房屋产权所有人将房屋产权无偿赠与对其承担直接抚养或者赡养义务的抚养人或者赡养人；

（三）房屋产权所有人死亡，依法取得房屋产权的法定继承人、遗嘱继承人或者受遗赠人。

二、赠与双方办理免税手续时，应向税务机关提交以下资料：

（一）《国家税务总局关于加强房地产交易个人无偿赠与不动产税收管理有关问题的通知》（国税发〔2006〕144号）第一条规定的相关证明材料；

（二）赠与双方当事人的有效身份证件；

（三）属于本通知第一条第（一）项规定情形的，还须提供公证机构出具的赠与人和受赠人亲属关系的公证书（原件）。

（四）属于本通知第一条第（二）项规定情形的，还须提供公证机构出具的抚养关系或者赡养关系公证书（原件），或者乡镇政府或街道办事处出具的抚养关系或者赡养关系证明。

税务机关应当认真审核赠与双方提供的上述资料，资料齐全并且填写正确的，在提交的《个人无偿赠与不动产登记表》上签字盖章后复印留存，原件退

---

① 根据《关于个人取得有关收入适用个人所得税应税所得项目的公告》（财政部 税务总局公告2019年第74号），本法第三条被废止。

还提交人，同时办理个人所得税不征税手续。

三、除本通知第一条规定情形以外，房屋产权所有人将房屋产权无偿赠与他人的，受赠人因无偿受赠房屋取得的受赠所得，按照"经国务院财政部门确定征税的其他所得"项目缴纳个人所得税，税率为20%。

四、对受赠人无偿受赠房屋计征个人所得税时，其应纳税所得额为房地产赠与合同上标明的赠与房屋价值减除赠与过程中受赠人支付的相关税费后的余额。赠与合同标明的房屋价值明显低于市场价格或房地产赠与合同未标明赠与房屋价值的，税务机关可依据受赠房屋的市场评估价格或采取其他合理方式确定受赠人的应纳税所得额。

五、受赠人转让受赠房屋的，以其转让受赠房屋的收入减除原捐赠人取得该房屋的实际购置成本以及赠与和转让过程中受赠人支付的相关税费后的余额，为受赠人的应纳税所得额，依法计征个人所得税。受赠人转让受赠房屋价格明显偏低且无正当理由的，税务机关可以依据该房屋的市场评估价格或其他合理方式确定的价格核定其转让收入。

六、本通知自发布之日起执行。

财政部　国家税务总局关于股票增值权所得和限制性股票所得征收个人所得税有关问题的通知

手机阅读

2009年1月7日　财税〔2009〕5号

各省、自治区、直辖市、计划单列市财政厅（局）、地方税务局，宁夏、西藏、青海省（自治区）国家税务局，新疆生产建设兵团财务局：

根据《中华人民共和国个人所得税法》、《中华人民共和国税收征收管理法》等有关规定，现就股票增值权所得和限制性股票所得征收个人所得税有关问题通知如下：

一、对于个人从上市公司（含境内、外上市公司，下同）取得的股票增值权所得和限制性股票所得，比照《财政部　国家税务总局关于个人股票期权所得征收个人所得税问题的通知》（财税〔2005〕35号）、《国家税务总局关于个人股票期权所得缴纳个人所得税有关问题的补充通知》（国税函〔2006〕902号）的有关规定，计算征收个人所得税。

二、本通知所称股票增值权，是指上市公司授予公司员工在未来一定时期和约定条件下，获得规定数量的股票价格上升所带来收益的权利。被授权人在约定条件下行权，上市公司按照行权日与授权日二级市场股票差价乘以授权股票数量，发放给被授权人现金。

三、本通知所称限制性股票，是指上市公司按照股权激励计划约定的条件，授予公司员工一定数量本公司的股票。

四、实施股票增值权计划或限制性股票计划的境内上市公司,应在向中国证监会报备的同时,将企业股票增值权计划、限制性股票计划或实施方案等有关资料报送主管税务机关备案。

五、实施股票增值权计划或限制性股票计划的境内上市公司,应在做好个人所得税扣缴工作的同时,按照《国家税务总局关于印发〈个人所得税全员全额扣缴申报管理暂行办法〉的通知》(国税发〔2005〕205号)的有关规定,向主管税务机关报送其员工行权等涉税信息。

财政部　国家税务总局关于证券市场个人投资者证券交易结算资金利息所得有关个人所得税政策的通知

手机阅读

2008年10月26日　财税〔2008〕140号

各省、自治区、直辖市、计划单列市财政厅(局)、地方税务局,西藏、宁夏、青海省(自治区)国家税务局,新疆生产建设兵团财务局:

根据《中华人民共和国个人所得税法》有关规定,经国务院批准,现就证券市场个人投资者取得的证券交易结算资金利息所得有关个人所得税政策通知如下:

自2008年10月9日起,对证券市场个人投资者取得的证券交易结算资金利息所得,暂免征收个人所得税,即证券市场个人投资者的证券交易结算资金在2008年10月9日后(含10月9日)孳生的利息所得,暂免征收个人所得税。

财政部　国家税务总局关于储蓄存款利息所得有关个人所得税政策的通知

手机阅读

2008年10月9日　财税〔2008〕132号

各省、自治区、直辖市、计划单列市财政厅(局)、国家税务局,新疆生产建设兵团财务局:

为配合国家宏观调控政策需要,经国务院批准,自2008年10月9日起,对储蓄存款利息所得暂免征收个人所得税。即储蓄存款在1999年10月31日前孳生的利息所得,不征收个人所得税;储蓄存款在1999年11月1日至2007年8月14日孳生的利息所得,按照20%的比例税率征收个人所得税;储蓄存款在2007年8月15日至2008年10月8日孳生的利息所得,按照5%的比例税率征收个人所得税;储蓄存款在2008年10月9日后(含10月9日)孳生的利息所得,暂免征收个人所得税。

财政部　国家税务总局关于生育津贴和生育医疗费有关个人所得税政策的通知

手机阅读

2008年3月7日　财税〔2008〕8号

各省、自治区、直辖市、计划单列市财政厅（局）、地方税务局，新疆生产建设兵团财务局：

根据《中华人民共和国个人所得税法》有关规定，经国务院批准，现就生育津贴和生育医疗费有关个人所得税政策通知如下：

一、生育妇女按照县级以上人民政府根据国家有关规定制定的生育保险办法，取得的生育津贴、生育医疗费或其他属于生育保险性质的津贴、补贴，免征个人所得税。

二、上述规定自发文之日起执行。

财政部　国家税务总局关于高级专家延长离休退休期间取得工资薪金所得有关个人所得税问题的通知

手机阅读

2008年7月1日　财税〔2008〕7号

各省、自治区、直辖市、计划单列市财政厅（局）、地方税务局，西藏、宁夏、青海省（自治区）国家税务局，新疆生产建设兵团财务局：

近来一些地区反映，对高级专家延长离休退休期间取得的工资、薪金所得，有关征免个人所得税政策口径问题需进一步明确。

经研究，现就有关政策问题明确如下：

一、《财政部　国家税务总局关于个人所得税若干政策问题的通知》（财税字〔1994〕20号）第二条第（七）项中所称延长离休退休年龄的高级专家是指：

（一）享受国家发放的政府特殊津贴的专家、学者；

（二）中国科学院、中国工程院院士。

二、高级专家延长离休退休期间取得的工资薪金所得，其免征个人所得税政策口径按下列标准执行：

（一）对高级专家从其劳动人事关系所在单位取得的，单位按国家有关规定向职工统一发放的工资、薪金、奖金、津贴、补贴等收入，视同离休、退休

工资,免征个人所得税;

(二)除上述第(一)项所述收入以外各种名目的津补贴收入等,以及高级专家从其劳动人事关系所在单位之外的其他地方取得的培训费、讲课费、顾问费、稿酬等各种收入,依法计征个人所得税。

三、高级专家从两处以上取得应税工资、薪金所得以及具有税法规定应当自行纳税申报的其他情形的,应在税法规定的期限内自行向主管税务机关办理纳税申报。

财政部 国家税务总局关于个人取得有奖发票奖金征免个人所得税问题的通知

手机阅读

2007年2月27日 财税〔2007〕34号

各省、自治区、直辖市、计划单列市财政厅(局)、地方税务局,新疆生产建设兵团财务局:

为促进有奖发票的使用和推广,鼓励单位和个人依法开具发票,规范发票管理,现就个人取得有奖发票奖金征免个人所得税问题通知如下:

一、个人取得单张有奖发票奖金所得不超过800元(含800元)的,暂免征收个人所得税;个人取得单张有奖发票奖金所得超过800元的,应全额按照个人所得税法规定的"偶然所得"目征收个人所得税。

二、税务机关或其指定的有奖发票兑奖机构,是有奖发票奖金所得个人所得税的扣缴义务人,应依法认真做好个人所得税代扣代缴工作。

财政部 国家税务总局关于单位低价向职工售房有关个人所得税问题的通知①

手机阅读

2007年2月8日 财税〔2007〕13号

各省、自治区、直辖市、计划单列市财政厅(局)、地方税务局:

近日部分地区来文反映,一些企事业单位将自建住房以低于购置或建造成

---

① 根据《关于个人所得税法修改后有关优惠政策衔接问题的通知》(财税〔2018〕164号),本法第三条被废止。

本价格销售给职工,对此是否征收个人所得税希望予以明确。经研究,现对有关政策问题的处理明确如下:

一、根据住房制度改革政策的有关规定,国家机关、企事业单位及其他组织(以下简称单位)在住房制度改革期间,按照所在地县级以上人民政府规定的房改成本价格向职工出售公有住房,职工因支付的房改成本价格低于房屋建造成本价格或市场价格而取得的差价收益,免征个人所得税。

二、除本通知第一条规定情形外,根据《中华人民共和国个人所得税法》及其实施条例的有关规定,单位按低于购置或建造成本价格出售住房给职工,职工因此而少支出的差价部分,属于个人所得税应税所得,应按照"工资、薪金所得"项目缴纳个人所得税。

前款所称差价部分,是指职工实际支付的购房价款低于该房屋的购置或建造成本价格的差额。

三、对职工取得的上述应税所得,比照《国家税务总局关于调整个人取得全年一次性奖金等计算征收个人所得税方法问题的通知》(国税发〔2005〕9号)规定的全年一次性奖金的征收办法,计算征收个人所得税,即先将全部所得数额除以12,按其商数并根据个人所得税法规定的税率表确定适用的税率和速算扣除数,再根据全部所得数额、适用的税率和速算扣除数,按照税法规定计算征税。

四、本通知自印发之日起执行。此前未征税款不再追征,已征税款不予退还。

请遵照执行。

财政部 国家税务总局关于基本养老保险费、基本医疗保险费、失业保险费、住房公积金有关个人所得税政策的通知

2006年6月27日 财税〔2006〕10号

各省、自治区、直辖市、计划单列市财政厅(局)、国家税务局、地方税务局,财政部驻各省、自治区、直辖市、计划单列市财政监察专员办事处,新疆生产建设兵团财务局:

根据国务院2005年12月公布的《中华人民共和国个人所得税法实施条例》有关规定,现对基本养老保险费、基本医疗保险费、失业保险费、住房公积金有关个人所得税政策问题通知如下:

一、企事业单位按照国家或省(自治区、直辖市)人民政府规定的缴费比例或办法实际缴付的基本养老保险费、基本医疗保险费和失业保险费,免征个

人所得税;个人按照国家或省(自治区、直辖市)人民政府规定的缴费比例或办法实际缴付的基本养老保险费、基本医疗保险费和失业保险费,允许在个人应纳税所得额中扣除。

企事业单位和个人超过规定的比例和标准缴付的基本养老保险费、基本医疗保险费和失业保险费,应将超过部分并入个人当期的工资、薪金收入,计征个人所得税。

二、根据《住房公积金管理条例》、《建设部 财政部 中国人民银行关于住房公积金管理若干具体问题的指导意见》(建金管〔2005〕5号)等规定精神,单位和个人分别在不超过职工本人上一年度月平均工资12%的幅度内,其实际缴存的住房公积金,允许在个人应纳税所得额中扣除。单位和职工个人缴存住房公积金的月平均工资不得超过职工工作地所在设区城市上一年度职工月平均工资的3倍,具体标准按照各地有关规定执行。

单位和个人超过上述规定比例和标准缴付的住房公积金,应将超过部分并入个人当期的工资、薪金收入,计征个人所得税。

三、个人实际领(支)取原提存的基本养老保险金、基本医疗保险金、失业保险金和住房公积金时,免征个人所得税。

四、上述职工工资口径按照国家统计局规定列入工资总额统计的项目计算。

五、各级财政、税务机关要按照依法治税的要求,严格执行本通知的各项规定。对于各地擅自提高上述保险费和住房公积金税前扣除标准的,财政、税务机关应予坚决纠正。

六、本通知发布后,《财政部 国家税务总局关于住房公积金 医疗保险金 养老保险金征收个人所得税问题的通知》(财税字〔1997〕144号)第一条、第二条和《国家税务总局关于失业保险费(金)征免个人所得税问题的通知》(国税发〔2000〕83号)同时废止。

财政部 国家税务总局关于城镇房屋拆迁有关税收政策的通知[①]

手机阅读

2005年3月22日 财税〔2005〕45号

各省、自治区、直辖市、计划单列市财政厅(局)、地方税务局,新疆生产建设兵团财务局:

经国务院批准,现将城镇房屋拆迁有关税收政策通知如下:

---

① 根据《财政部 国家税务总局关于企业以售后回租方式进行融资等有关契税政策的通知》(财税〔2012〕82号),第二条被废止。

一、对被拆迁人按照国家有关城镇房屋拆迁管理办法规定的标准取得的拆迁补偿款,免征个人所得税。

二、对拆迁居民因拆迁重新购置住房的,对购房成交价格中相当于拆迁补偿款的部分免征契税,成交价格超过拆迁补偿款的,对超过部分征收契税。

请遵照执行。

财政部　国家税务总局关于个人股票期权所得征收个人所得税问题的通知①

手机阅读

2005 年 3 月 28 日　财税〔2005〕35 号

各省、自治区、直辖市、计划单列市财政厅（局）、地方税务局：

为适应企业（包括内资企业、外商投资企业和外国企业在中国境内设立的机构场所）薪酬制度改革,加强个人所得税征管,现对企业员工（包括在中国境内有住所和无住所的个人）参与企业股票期权计划而取得的所得征收个人所得税问题通知如下：

一、关于员工股票期权所得征税问题

实施股票期权计划企业授予该企业员工的股票期权所得,应按《中华人民共和国个人所得税法》及其实施条例有关规定征收个人所得税。

企业员工股票期权（以下简称股票期权）是指上市公司按照规定的程序授予本公司及其控股企业员工的一项权利,该权利允许被授权员工在未来时间内以某一特定价格购买本公司一定数量的股票。

上述"某一特定价格"被称为"授予价"或"施权价",即根据股票期权计划可以购买股票的价格,一般为股票期权授予日的市场价格或该价格的折扣价格,也可以是按照事先设定的计算方法约定的价格；"授予日",也称"授权日",是指公司授予员工上述权利的日期；"行权",也称"执行",是指员工根据股票期权计划选择购买股票的过程；员工行使上述权利的当日为"行权日",也称"购买日"。

二、关于股票期权所得性质的确认及其具体征税规定

（一）员工接受实施股票期权计划企业授予的股票期权时,除另有规定外,一般不作为应税所得征税。

---

① 根据《关于个人所得税法修改后有关优惠政策衔接问题的通知》（财税〔2018〕164号）,本法第四条第（一）项被废止。

根据《关于境外所得有关个人所得税政策的公告》（财政部　税务总局公告2020年第3号）,本法第三条被废止。

（二）员工行权时，其从企业取得股票的实际购买价（施权价）低于购买日公平市场价（指该股票当日的收盘价，下同）的差额，是因员工在企业的表现和业绩情况而取得的与任职、受雇有关的所得，应按"工资、薪金所得"适用的规定计算缴纳个人所得税。

对因特殊情况，员工在行权日之前将股票期权转让的，以股票期权的转让净收入，作为工资薪金所得征收个人所得税。

员工行权日所在期间的工资薪金所得，应按下列公式计算工资薪金应纳税所得额：

股票期权形式的工资薪金应纳税所得额 =（行权股票的每股市场价 - 员工取得该股票期权支付的每股施权价）× 股票数量

（三）员工将行权后的股票再转让时获得的高于购买日公平市场价的差额，是因个人在证券二级市场上转让股票等有价证券而获得的所得，应按照"财产转让所得"适用的征免规定计算缴纳个人所得税。

（四）员工因拥有股权而参与企业税后利润分配取得的所得，应按照"利息、股息、红利所得"适用的规定计算缴纳个人所得税。

三、关于工资薪金所得境内外来源划分

按照《国家税务局关于在中国境内无住所个人以有价证券形式取得工资薪金所得确定纳税义务有关问题的通知》（国税函〔2000〕190号）有关规定，需对员工因参加企业股票期权计划而取得的工资薪金所得确定境内或境外来源的，应按照该员工据以取得上述工资薪金所得的境内、外工作期间月份数比例计算划分。

四、关于应纳税款的计算

（一）认购股票所得（行权所得）的税款计算。员工因参加股票期权计划而从中国境内取得的所得，按本通知规定应按工资薪金所得计算纳税的，对该股票期权形式的工资薪金所得可区别于所在月份的其他工资薪金所得，单独按下列公式计算当月应纳税款：

应纳税额 =（股票期权形式的工资薪金应纳税所得额/规定月份数 × 适用税率 - 速算扣除数）× 规定月份数

上款公式中的规定月份数，是指员工取得来源于中国境内的股票期权形式工资薪金所得的境内工作期间月份数，长于12个月的，按12个月计算；上款公式中的适用税率和速算扣除数，以股票期权形式的工资薪金应纳税所得额除以规定月份数后的商数，对照《国家税务总局关于印发〈征收个人所得税若干问题〉的通知》（国税发〔1994〕089号）所附税率表确定。

（二）转让股票（销售）取得所得的税款计算。对于员工转让股票等有价证券取得的所得，应按现行税法和政策规定征免个人所得税。即：个人将行权后的境内上市公司股票再行转让而取得的所得，暂不征收个人所得税；个人转让境外上市公司的股票而取得的所得，应按税法的规定计算应纳税所得额和应纳税额，依法缴纳税款。

（三）参与税后利润分配取得所得的税款计算。员工因拥有股权参与税后利润分配而取得的股息、红利所得，除依照有关规定可以免税或减税的外，应全额按规定税率计算纳税。

五、关于征收管理

（一）扣缴义务人。实施股票期权计划的境内企业为个人所得税的扣缴义务人，应按税法规定履行代扣代缴个人所得税的义务。

（二）自行申报纳税。员工从两处或两处以上取得股票期权形式的工资薪金所得和没有扣缴义务人的，该个人应在个人所得税法规定的纳税申报期限内自行申报缴纳税款。

（三）报送有关资料。实施股票期权计划的境内企业，应在股票期权计划实施之前，将企业的股票期权计划或实施方案、股票期权协议书、授权通知书等资料报送主管税务机关；应在员工行权之前，将股票期权行权通知书和行权调整通知书等资料报送主管税务机关。

扣缴义务人和自行申报纳税的个人在申报纳税或代扣代缴税款时，应在税法规定的纳税申报期限内，将个人接受或转让的股票期权以及认购的股票情况（包括种类、数量、施权价格、行权价格、市场价格、转让价格等）报送主管税务机关。

（四）处罚。实施股票期权计划的企业和因股票期权计划而取得应税所得的自行申报员工，未按规定报送上述有关报表和资料，未履行申报纳税义务或者扣缴税款义务的，按《中华人民共和国税收征收管理法》及其实施细则的有关规定进行处理。

六、关于执行时间

本通知自2005年7月1日起执行。《国家税务总局关于个人认购股票等有价证券而从雇主取得折扣或补贴收入有关征收个人所得税问题的通知》（国税发〔1998〕9号）的规定与本通知不一致的，按本通知规定执行。

财政部　国家税务总局关于农村税费改革试点地区有关个人所得税问题的通知

手机阅读

2004年1月17日　财税〔2004〕30号

各省、自治区、直辖市、计划单列市财政厅（局）、地方税务局：

为贯彻落实中央农村工作会议和中共中央、国务院《关于促进农民增加收入若干政策的意见》（中发〔2004〕1号）精神，切实减轻农民负担，推进农村税费改革工作，经研究，现就农村税费改革试点期间取消农业特产税、免征农业税后的个人所得税政策问题明确如下：

一、农村税费改革试点期间，取消农业特产税、减征或免征农业税后，对个人或个体户从事种植业、养殖业、饲养业、捕捞业，且经营项目属于农业税（包括农业特产税）、牧业税征税范围的，其取得的"四业"所得暂不征收个人所得税。

二、各地要认真落实本通知的有关规定,在农村广为宣传国家税收政策,切实减轻农民负担,增加农民收入,大力支持农村税费改革。

三、本通知自 2004 年 1 月 1 日起执行,以前规定与本通知有抵触的,按本通知规定执行。

财政部 国家税务总局关于个人与用人单位解除劳动关系取得的一次性补偿收入征免个人所得税问题的通知[①]

手机阅读

2001 年 9 月 10 日 财税〔2001〕157 号

各省、自治区、直辖市、计划单列市财政厅(局)、地方税务局,新疆生产建设兵团财务局:

为进一步支持企业、事业单位、机关、社会团体等用人单位推进劳动人事制度改革,妥善安置有关人员,维护社会稳定,现对个人因与用人单位解除劳动关系而取得的一次性补偿收入征免个人所得税的有关问题通知如下:

一、个人因与用人单位解除劳动关系而取得的一次性补偿收入(包括用人单位发放的经济补偿金、生活补助费和其他补助费用),其收入在当地上年职工平均工资 3 倍数额以内的部分,免征个人所得税;超过的部分按照《国家税务总局关于个人因解除劳动合同取得经济补偿金征收个人所得税问题的通知》(国税发〔1999〕178 号)的有关规定,计算征收个人所得税。

二、个人领取一次性补偿收入时按照国家和地方政府规定的比例实际缴纳的住房公积金、医疗保险费、基本养老保险费、失业保险费,可以在计征其一次性补偿收入的个人所得税时予以扣除。

三、企业依照国家有关法律规定宣告破产,企业职工从该破产企业取得的一次性安置费收入,免征个人所得税。

本通知自 2001 年 10 月 1 日起执行。以前规定与本通知规定不符的,一律按本通知规定执行。对于此前已发生而尚未进行税务处理的一次性补偿收入也按本通知规定执行。

---

① 根据《关于个人所得税法修改后有关优惠政策衔接问题的通知》(财税〔2018〕164 号),本法第一条被废止。

财政部 国家税务总局 建设部关于个人出售住房所得征收个人所得税有关问题的通知①

1999年12月2日 财税字〔1999〕278号

各省、自治区、直辖市、计划单列市财政厅（局）、国家税务局、地方税务局、建委（建设厅），各直辖市房地局：

为促进我国居民住宅市场的健康发展，经国务院批准，现就个人出售住房所得征收个人所得税的有关问题通知如下：

一、根据个人所得税法的规定，个人出售自有住房取得的所得应按照"财产转让所得"项目征收个人所得税。

二、个人出售自有住房的应纳税所得额，按下列原则确定：

（一）个人出售除已购公有住房以外的其他自有住房，其应纳税所得额按照个人所得税法的有关规定确定。

（二）个人出售已购公有住房，其应纳税所得额为个人出售已购公有住房的销售价，减除住房面积标准的经济适用住房价款、原支付超过住房面积标准的房价款、向财政或原产权单位缴纳的所得收益以及税法规定的合理费用后的余额。

已购公有住房是指城镇职工根据国家和县级（含县级）以上人民政府有关城镇住房制度改革政策规定，按照成本价（或标准）购买的公有住房。

经济适用住房价格按县级（含县级）以上地方人民政府规定的标准确定。

（三）职工以成本价（或标准价）出资的集资合作建房、安居工程住房、经济适用住房以及拆迁安置住房，按照已购公有住房确定应纳税所得额。

三、为鼓励个人换购住房，对出售自有住房并拟在现住房出售后1年内按市场价重新购房的纳税人，其出售现住房所应缴纳的个人所得税，视其重新购房的价值可全部或部分予以免税，具体办法为：

（一）个人出售现住房所应缴纳的个人所得税税款，应在办理产权过户手续前，以纳税保证金形式向当地主管税务机关缴纳。税务机关在收取纳税保证金时，应向纳税人正式开具"中华人民共和国纳税保证金收据"，并纳入专户存储。

（二）个人出售现住房后1年内重新购房的，按照购房金融大小相应退还

---

① 根据《财政部 国家税务总局 住房和城乡建设部关于调整房地产交易环节契税 个人所得税优惠政策的通知》（财税〔2010〕94号），本法第三条被废止。

纳税保证金。购房金额大于或等于原住房销售额（原住房为已购公有住房的，原住房销售额应扣除已按规定向财政或原产权单位缴纳的所得收益。下同）的，全部退还纳税保证金；购房金额小于原住房销售额的，按照购房金额占原住房销售额的比例退还纳税保证金，余额作为个人所得税缴入国库。

（三）个人出售现住房后1年内未重新购房的，所缴纳的纳税保证金全部作为个人所得税缴入国库。

（四）个人在申请退还纳税保证金时，应向主管总务机关提供合法、有效的售房、购房合同和主管税务机关要求提供的其他有关证明材料，经主管税务机关审核确认后方可办理纳税保证金退还手续。

（五）跨行政区域售、购住房又符合退还纳税保证金条件的个人，应向纳税保证金缴纳地主管税务机关申请退还纳税保证金。

四、对个人转让自用5年以上、并且是家庭唯一生活用房取得的所得，继续免征个人所得税。

五、为了确保有关住房转让的个人所得税政策得到全面、正确的实施，各级房地产交易管理部门应与税务机关加强协作、配合，主管税务机关需要有关本地区房地产交易情况的，房地产交易管理部门应及时提供。

财政部　国家税务总局关于住房公积金、医疗保险金、基本养老保险金、失业保险基金个人账户存款利息所得免征个人所得税的通知

手机阅读

1999年10月8日　财税字〔1999〕267号

各省、自治区、直辖市和计划单列市财政厅（局）、国家税务局、地方税务局：

根据国务院《对储蓄存款利息所得征收个人所得税的实施办法》第五条"对个人取得的教育储蓄利息所得以及国务院财政部门确定的其他专项储蓄存款或者储蓄性专项基金存款的利息所得，免征个人所得税"的规定，为了保证和支持社会保障制度和住房制度改革的顺利实施，现明确按照国家或省级地方政府规定的比例缴付的下列专项基金或资金存入银行个人账户所取得的利息收入免征个人所得税：

一、住房公积金；

二、医疗保险金；

三、基本养老保险金；

四、失业保险基金。

财政部 国家税务总局关于中国科学院、中国工程院资深院士津贴免征个人所得税的通知

1998年7月2日 财税字〔1998〕118号

各省、自治区、直辖市、计划单列市财政厅（局）、国家税务局、地方税务局，财政部驻各省、自治区、直辖市、计划单列市财政监察专员办事处：

为尊重知识、尊重人才，体现党和政府对老年院士的关心和爱护，对依据《国务院关于在中国科学院、中国工程院院士中实行资深院士制度的通知》（国发〔1998〕8号）的规定，发给中国科学院资深院士和中国工程院资深院士每人每年1万元的资深院士津贴免予征收个人所得税。

财政部 国家税务总局关于个人转让股票所得继续暂免征收个人所得税的通知

1998年3月20日 财税字〔1998〕61号

各省、自治区、直辖市、计划单列市财政厅（局）、国家税务局、地方税务局：

为了配合企业改制，促进股票市场的稳健发展，经报国务院批准，从1997年1月1日起，对个人转让上市公司股票取得的所得继续暂免征收个人所得税

财政部 国家税务总局关于个人取得体育彩票中奖所得征免个人所得税问题的通知

1998年4月27日 财税字〔1998〕12号

各省、自治区、直辖市、计划单列市财政厅（局）、国家税务局、地方税务局

为了有利于动员全社会力量资助和发展我国的体育事业，经研究决定，对个人购买体育彩票中奖收入的所得税政策作如下调整：凡一次中奖收入不超过

1 万元的，暂免征收个人所得税；超过 1 万元的，应按税法规定全额征收个人所得税。

本规定自 1998 年 4 月 1 日起执行。

财政部　国家税务总局关于国际青少年消除贫困奖免征个人所得税的通知

1997 年 3 月 21 日　财税字〔1997〕51 号

中国青少年发展基金会：

你基金会《关于免除"国际青少年消除贫困奖"个人所得税的申请》收悉。经研究，现批复如下：

考虑到"国际青少年消除贫困奖"是由联合国开发计划署和中国青少年发展基金会共同设立，旨在表彰奖励在与贫困斗争上取得突出成绩的青少年，根据《中华人民共和国个人所得税法》第 4 条第 1 款的规定，特对个人取得的"国际青少年消除贫困奖"，视同从国际组织取得的教育、文化方面的奖金，免予征收个人所得税。

财政部　国家税务总局关于西藏特殊津贴免征个人所得税的批复

1996 年 10 月 30 日　财税字〔1996〕91 号

西藏自治区国家税务局：

你局《关于西藏特殊津贴免征个人所得税的请示》（藏国税发〔96〕第 116 号）收悉，经研究，批复如下：

经国务院批准，自 1994 年 1 月 1 日起发放的西藏特殊津贴，体现了党中央、国务院对西藏各族职工的关怀，对进一步促进西藏的改革、发展和稳定具有重要意义，因此，根据《中华人民共和国个人所得税法》和《中华人民共和国个人所得税法实施条例》的规定，对在你区区域内工作的机关、事业单位职工、按照国家统一规定取得的西藏特殊津贴，免征个人所得税。

财政部 国家税务总局关于发给见义勇为者的奖金免征个人所得税问题的通知

1995年8月20日 财税字〔1995〕25号

目前,各级政府和社会各界对见义勇为者给予奖励的事例越来越多,各地要求对此明确税收征免政策。经研究,现通知如下:

为了鼓励广大人民群众见义勇为,维护社会治安,对乡、镇(含乡、镇)以上人民政府或经县(含县)以上人民政府主管部门批准成立的有机构、有章程的见义勇为基金会或者类似组织,奖励见义勇为者的奖金或奖品,经主管税务机关核准,免予征收个人所得税。

财政部 国家税务总局关于个人所得税若干政策问题的通知①

1994年5月13日 财税字〔1994〕20号

各省、自治区、直辖市财政厅(局)、税务局,各计划单列市财政局、税务局,海洋石油税务管理局各分局:

根据《中华人民共和国个人所得税法》及其《实施条例》的有关规定精神,现将个人所得税的若干政策问题通知如下:

一、关于对个体工商户的征税问题

(一)个体工商户业主的费用扣除标准和从业人员的工资扣除标准,由各省、自治区、直辖市税务局确定。个体工商户在生产、经营期间借款的利息支出,凡有合法证明的,不高于按金融机构同类、同期贷款利率计算的数额的部分,准予扣除。

(二)个体工商户或个人专营种植业、养殖业、饲养业、捕捞业,其经营项目属于农业税(包括农业特产税,下同)、牧业税征税范围并已征收了农业税、牧业税的,不再征收个人所得税;不属于农业税、牧业税征税范围的,应对其所得征收个人所得税。兼营上述四业与四业的所得单独核算的,比照上述原则办理,对于属于征收个人所得税的,应与其他行业的生产、经营所得合并

---

① 依据本法设定的行政审批项目已被列入《国务院关于第三批取消和调整行政审批项目的决定》的附件1《国务院决定取消的行政审批项目目录(385项)》。

计征个人所得税;对于四业的所得不能单独核算的,应就其全部所得计征个人所得税。

(三)个体工商户与企业联营而分得的利润,按利息、股息、红利所得项目征收个人所得税。

(四)个体工商户和从事生产、经营的个人,取得与生产、经营活动无关的各项应税所得,应按规定分别计算征收个人所得税。

二、下列所得,暂免征收个人所得税:

(一)外籍个人以非现金形式或实报实销形式取得的住房补贴、伙食补贴、搬迁费、洗衣费。

(二)外籍个人按合理标准取得的境内、外出差补贴。

(三)外籍个人取得的探亲费、语言训练费、子女教育费等,经当地税务机关审核批准为合理的部分。

(四)个人举报、协查各种违法、犯罪行为而获得的奖金。

(五)个人办理代扣代缴税款手续,按规定取得的扣缴手续费。

(六)个人转让自用达五年以上、并且是唯一的家庭生活用房取得的所得。

(七)对按国发〔1983〕141号《国务院关于高级专家离休退休若干问题的暂行规定》和国办发〔1991〕40号《国务院办公厅关于杰出高级专家暂缓离退休审批问题的通知》精神,达到离休、退休年龄,但确因工作需要,适当延长离休退休年龄的高级专家(指享受国家发放的政府特殊津贴的专家、学者),其在延长离休退休期间的工资、薪金所得,视同退休工资、离休工资免征个人所得税。

(八)外籍个人从外商投资企业取得的股息、红利所得。

(九)凡符合下列条件之一的外籍专家取得的工资、薪金所得可免征个人所得税:

1. 根据世界银行专项贷款协议由世界银行直接派往我国工作的外国专家;
2. 联合国组织直接派往我国工作的专家;
3. 为联合国援助项目来华工作的专家;
4. 援助国派往我国专为该国无偿援助项目工作的专家;
5. 根据两国政府签订文化交流项目来华工作两年以内的文教专家,其工资、薪金所得由该国负担的;
6. 根据我国大专院校国际交流项目来华工作两年以内的文教专家,其工资、薪金所得由该国负担的;
7. 通过民间科研协定来华工作的专家,其工资、薪金所得由该国政府机构负担的。

三、关于中介费扣除问题

对个人从事技术转让、提供劳务等过程中所支付的中介费,如能提供有效、合法凭证的,允许从其所得中扣除。

四、对个人从基层供销社、农村信用社取得的利息或股息、红利收入是否征收个人所得税,由各省、自治区、直辖市税务局报请政府确定,报财政部、国家税务总局备案。

国家税务总局关于明确个人所得税若干政策执行问题的通知

2009年8月17日　国税发〔2009〕121号

各省、自治区、直辖市和计划单列市地方税务局,西藏、宁夏、青海省(自治区)国家税务局:

近期,部分地区反映个人所得税若干政策执行口径不够明确,为公平税负,加强征管,根据《中华人民共和国个人所得税法》及其实施条例等相关规定,现就个人所得税若干政策执行口径问题通知如下:

一、《国家税务总局关于个人所得税若干政策问题的批复》(国税函〔2002〕629号)第一条有关"双薪制"计税方法停止执行。

二、关于董事费征税问题

(一)《国家税务总局关于印发〈征收个人所得税若干问题的规定〉的通知》(国税发〔1994〕089号)第八条规定的董事费按劳务报酬所得项目征税方法,仅适用于个人担任公司董事、监事,且不在公司任职、受雇的情形。

(二)个人在公司(包括关联公司)任职、受雇,同时兼任董事、监事的,应将董事费、监事费与个人工资收入合并,统一按工资、薪金所得项目缴纳个人所得税。

(三)《国家税务总局关于外商投资企业的董事担任直接管理职务征收个人所得税问题的通知》(国税发〔1996〕214号)第一条停止执行。

三、关于华侨身份界定和适用附加费用扣除问题

(一)华侨身份的界定

根据《国务院侨务办公室关于印发〈关于界定华侨外籍华人归侨侨眷身份的规定〉的通知》(国侨发〔2009〕5号)的规定,华侨是指定居在国外的中国公民。具体界定如下:

1. "定居"是指中国公民已取得住在国长期或者永久居留权,并已在住在国连续居留两年,两年内累计居留不少于18个月。

2. 中国公民虽未取得住在国长期或者永久居留权,但已取得住在国连续5年以上(含5年)合法居留资格,5年内在住在国累计居留不少于30个月,视为华侨。

3. 中国公民出国留学(包括公派和自费)在外学习期间,或因公务出国(包括外派劳务人员)在外工作期间,均不视为华侨。

(二)关于华侨适用附加扣除费用问题

对符合国侨发〔2009〕5号文件规定的华侨身份的人员,其在中国工作期

间取得的工资、薪金所得，税务机关可根据纳税人提供的证明其华侨身份的有关证明材料，按照《中华人民共和国个人所得税法实施条例》第三十条规定在计算征收个人所得税时，适用附加扣除费用。

四、关于个人转让离婚析产房屋的征税问题

（一）通过离婚析产的方式分割房屋产权是夫妻双方对共同共有财产的处置，个人因离婚办理房屋产权过户手续，不征收个人所得税。

（二）个人转让离婚析产房屋所取得的收入，允许扣除其相应的财产原值和合理费用后，余额按照规定的税率缴纳个人所得税；其相应的财产原值，为房屋初次购置全部原值和相关税费之和乘以转让者占房屋所有权的比例。

（三）个人转让离婚析产房屋所取得的收入，符合家庭生活自用五年以上唯一住房的，可以申请免征个人所得税，其购置时间按照《国家税务总局关于房地产税收政策执行中几个具体问题的通知》（国税发〔2005〕172号）执行。

国家税务总局关于代扣代缴储蓄存款利息所得个人所得税手续费收入征免税问题的通知

2001年3月16日　国税发〔2001〕31号

各省、自治区、直辖市和计划单列市国家税务局、地方税务局：

近据各地税务部门反映，部分储蓄机构要求明确代扣代缴储蓄存款利息所得个人所得税（以下简称利息税）取得手续费收入的征免税政策。为完善税收政策，进一步加强对利息征税的管理，现将代扣代缴利息税手续费收入的征免税政策明确如下：

一、根据《国务院对储蓄存款利息所得征收个人所得税的实施办法》的规定，储蓄机构代扣代缴利息税，可按所扣税款的2%取得手续费。对储蓄机构取得的手续费收入，应分别按照《中华人民共和国营业税暂行条例》和《中华人民共和国企业所得税暂行条例》的有关规定征收营业税和企业所得税。

二、储蓄机构内从事代扣代缴工作的办税人员取得的扣缴利息税手续费所得免征个人所得税。

国家税务总局关于企业改组改制过程中个人取得的量化资产征收个人所得税问题的通知

手机阅读

2000年3月29日　国税发〔2000〕60号

根据国家有关规定，允许集体所有制企业在改制为股份合作制企业时可以将有关资产量化给职工个人。为了支持企业改组改制的顺利进行，对于企业在这一改革过程中个人取得量化资产的有关个人所得税问题，现明确如下：

一、对职工个人以股份形式取得的仅作为分红依据，不拥有所有权的企业量化资产，不征收个人所得税。

二、对职工个人以股份形式取得的拥有所有权的企业量化资产，暂缓征收个人所得税；待个人将股份转让时，就其转让收入额，减除个人取得该股份时实际支付的费用支出和合理转让费用后的余额，按"财产转让所得"项目计征个人所得税。

三、对职工个人以股份形式取得的企业量化资产参与企业分配而获得的股息、红利，应按"利息、股息、红利"项目征收个人所得税。

国家税务总局关于远洋运输船员工资薪金所得个人所得税费用扣除问题的通知

手机阅读

1999年10月25日　国税发〔1999〕202号

近据反映，各地在对远洋运输船员（含国轮船员和外派船员，下同）工资、薪金所得征收个人所得税时，费用扣除标准掌握不一。为了统一个人所得税政策，维护税法的统一性，经研究，现进一步明确如下：

一、根据《中华人民共和国个人所得税法》及其实施条例的规定，对远洋运输船员取得的工资、薪金所得采取按年计算、分月预缴的方式计征个人所得税。

二、考虑到远洋运输具有跨国流动的特性，因此，对远洋运输船员每月的工资、薪金收入在统一扣除800元费用的基础上，准予再扣除税法规定的附加减除费用标准。

三、由于船员的伙食费统一用于集体用餐，不发给个人，故特案允许该项补贴不计入船员工个人的应纳税工资、薪金收入。

本通知自2000年1月1日起执行。

国家税务总局关于促进科技成果转化有关个人所得税问题的通知①

手机阅读

1999年7月1日　国税发〔1999〕125号

各省、自治区、直辖市和计划单列市地方税务局：

为便于《财政部　国家税务总局关于促进科技成果转化有关税收政策的通知》（财税字〔1999〕45号）的贯彻执行，现将有关个人所得税的问题明确如下：

一、科研机构、高等学校转化职务科技成果以股份或出资比例等股权形式给予科技人员个人奖励，经主管税务机关审核后，暂不征收个人所得税。

为了便于主管税务机关审核，奖励单位或获奖人应向主管税务机关提供有关部门根据国家科委和国家工商行政管理局联合制定的《关于以高新技术成果出资入股若干问题的规定》（国科发政字〔1997〕326号）和科学技术部和国家工商行政管理局联合制定的《〈关于以高新技术成果出资入股若干问题的规定〉实施办法》（国科发政字〔1998〕171号）出具的《出资入股高新技术成果认定书》、工商行政管理部门办理的企业登记手续及经工商行政管理机关登记注册的评估机构的技术成果价值评估报告和确认书。不提供上述资料的，不得享受暂不征收个人所得税优惠政策。

上述科研机构是指按中央机构编制委员会和国家科学技术委员会《关于科研事业单位机构设置审批事项的通知》（中编办发〔1997〕14号）的规定设置审批的自然科学研究事业单位机构。

上述高等学校是指全日制普通高等学校（包括大学、专门学院和高等专科学校）。

二、在获奖人按股份、出资比例获得分红时，对其所得按"利息、股息、红利所得"应税项目征收个人所得税。

三、获奖人转让股权、出资比例，对其所得按"财产转让所得"应税项目征收个人所得税，财产原值为零。

---

① 根据《国家税务总局关于取消促进科技成果转化暂不征收个人所得税审核权有关问题的通知》（国税函〔2007〕833号）的规定，本法第一条的审核权自2007年8月1日起停止执行。

根据《关于废止以高新技术成果出资入股有关文件的通知》（国科发政字〔2006〕150号），本法附件2和3被废止。

四、享受上述优惠政策的科技人员必须是科研机构和高等学校的在编正式职工。

附件：1. 中央机构编制委员会办公室、国家科学技术委员会关于科研事业单位机构设置审批事项的通知（略）

2. 国家科委、国家工商行政管理局关于印发《关于以高新技术成果出资入股若干问题的规定》的通知（略）

3. 科学技术部、国家工商行政管理局关于印发《〈关于以高新技术成果出资入股若干问题的规定〉实施办法》的通知（略）

国家税务总局关于个人所得税有关政策问题的通知①

手机阅读

1999年4月9日　国税发〔1999〕58号

近接一些地区请示要求，对个人所得税有关政策作出规定。经研究，现明确如下：

一、关于企业减员增效和行政、事业单位、社会团体在机构改革过程中实行内部退养办法人员取得收入征税问题

实行内部退养的个人在其办理内部退养手续后至法定离退休年龄之间从原任职单位取得的工资、薪金，不属于离退休工资，应按"工资、薪金所得"项目计征个人所得税。

个人在办理内部退养手续后从原任职单位取得的一次性收入，应按办理内部退养手续后至法定离退休年龄之间的所属月份进行平均，并与领取当月的"工资、薪金"所得合并后减除当月费用扣除标准，以余额为基数确定适用税率，再将当月工资、薪金加上取得的一次性收入，减去费用扣除标准，按适用税率计征个人所得税。

个人在办理内部退养手续后至法定离退休年龄之间重新就业取得的"工资、薪金"所得，应与其从原任职单位取得的同一月份的"工资、薪金"所得合并，并依法自行向主管税务机关申报缴纳个人所得税。

二、关于个人取得公务交通、通讯补贴收入征税问题

个人因公务用车和通讯制度改革而取得的公务用车、通讯补贴收入，扣除一定标准的公务费用后，按照"工资、薪金"所得项目计征个人所得税。按月发放的，并入当月"工资、薪金"所得计征个人所得税；不按月发放的，分解

---

① 根据《国家税务总局关于修改部分税收规范性文件的公告》（国家税务总局公告2018年第31号），本法第二条中的"省级地方税务局"修改为"省税务局"。

根据《关于个人取得有关收入适用个人所得税应税所得项目的公告》（财政部　税务总局公告2019年第74号），本法第三条被废止。

到所属月份并与该月份"工资、薪金"所得合并后计征个人所得税。

公务费用的扣除标准,由省级地方税务局根据纳税人公务交通、通讯费用的实际发生情况调查测算,报经省级人民政府批准后确定,并报国家税务总局备案。

三、关于个人取得无赔款优待收入征税问题

对于个人因任职单位缴纳有关保险费用而取得的无赔款优待收入,按照"其他所得"应税项目计征个人所得税。

对于个人自己缴纳有关商业保险费(保费全部返还个人的保险除外)而取得的无赔款优待收入,不作为个人的应纳税收入,不征收个人所得税。

国家税务总局关于社会福利有奖募捐发行收入税收问题的通知[①]

1994年5月23日　国税发〔1994〕127号

各省、自治区、直辖市税务局,深圳、厦门、大连、青岛、宁波、重庆市税务局:

按民政部来函,要求对社会福利有奖募捐取得收入继续给予免税照顾。新税制实施后,对社会福利有奖募捐发行收入的税收问题,明确如下:

一、营业税

根据新的营业税条例规定,对社会福利有奖募捐的发行收入不征营业税,对代销单位取得的手续费收入应按规定征收营业税。

二、所得税

对社会福利有奖募捐的发行收入考虑政策的连续性,"八五"期间免征企业所得税。

对个人购买社会福利有奖募捐奖券一次中奖收入不超过10000元的暂免征收个人所得税,对一次中奖收入超过10000元的,应按税法规定全额征税。本规定从6月1日起执行。凡以前已征个人所得税的,可不退税;未征个人所得税的,不补税。

三、固定资产投资方向调节税

根据投资方向调节税暂行条例规定,对社会福利设施投资适用零税率。

---

① 根据《国家税务总局关于公布全文失效废止和部分条款废止的税收规范性文件目录的公告》(国家税务总局公告2016年第34号),本法中营业税、企业所得税、固定资产投资方向调节税内容被废止。

国家税务总局关于印发《征收个人所得税若干问题的规定》的通知[①]

1994年3月31日 国税发〔1994〕89号

各省、自治区、直辖市税务局,各计划单列市税务局,海洋石油税务管理局各分局:

现将我们制定的《征收个人所得税若干问题的规定》印发给你们,请认真遵照执行。本规定自1994年1月1日起施行。

为了更好地贯彻执行《中华人民共和国个人所得税法》(以下简称税法)及其实施条例(以下简称条例),认真做好个人所得税的征收管理,根据税法及条例的规定精神,现将一些具体问题明确如下:

一、关于如何掌握"习惯性居住"的问题

条例第二条规定,在中国境内有住所的个人,是指因户籍、家庭、经济利益关系而在中国境内习惯性居住的个人。所谓习惯性居住,是判定纳税义务人是居民或非居民的一个法律意义上的标准,不是指实际居住或在某一个特定时期内的居住地。如因学习、工作、探亲、旅游等而在中国境外居住的,在其原因消除之后,必须回到中国境内居住的个人,则中国即为该纳税人习惯性居住地。

二、关于工资、薪金所得的征税问题

条例第八条第一款第一项对工资、薪金所得的具体内容和征税范围作了明确规定,应严格按照规定进行征税。对于补贴、津贴等一些具体收入项目应否计入工资、薪金所得的征税范围问题,按下述情况掌握执行:

(一)条例第十三条规定,对按照国务院规定发给的政府特殊津贴和国务院规定免纳个人所得税的补贴、津贴,免予征收个人所得税。其他各种补贴、津贴均应计入工资、薪金所得项目征税。

(二)下列不属于工资、薪金性质的补贴、津贴或者不属于纳税人本人工资、薪金所得项目的收入,不征税:

[①] 根据《国家税务总局关于贯彻执行修改后的个人所得税法有关问题的公告》(国家税务总局公告2011年第46号),本法规税率表一、税率表二被失效废止。

根据《国家税务总局关于公布全文废止和部分条款废止的税务部门规章目录的决定》(国家税务总局令第40号),本法第十二条所附税率表一、税率表二,第十三条,第十五条被废止。

依据本法设定的相关事项已被列入《国务院关于第三批取消和调整行政审批项目的决定》(国发〔2004〕16号)的附件1《国务院决定取消的行政审批项目目录(385项)》。

1. 独生子女补贴；

2. 执行公务员工资制度未纳入基本工资总额的补贴、津贴差额和家属成员的副食品补贴；

3. 托儿补助费；

4. 差旅费津贴、误餐补助。

三、关于在外商投资企业、外国企业和外国驻华机构工作的中方人员取得的工资、薪金所得的征税问题

（一）在外商投资企业、外国企业和外国驻华机构工作的中方人员取得的工资、薪金收入，凡是由雇佣单位和派遣单位分别支付的，支付单位应依照税法第八条的规定代扣代缴个人所得税。按照税法第六条第一款第一项的规定，纳税义务人应以每月全部工资、薪金收入减除规定费用后的余额为应纳税所得额。为了有利于征管，对雇佣单位和派遣单位分别支付工资、薪金的，采取由支付者中的一方减除费用的方法，即只由雇佣单位在支付工资、薪金时，按税法规定减除费用，计算扣缴个人所得税；派遣单位支付的工资、薪金不再减除费用，以支付全额直接确定适用税率，计算扣缴个人所得税。

上述纳税义务人，应持两处支付单位提供的原始明细工资、薪金单（书）和完税凭证原件，选择并固定到一地税务机关申报每月工资、薪金收入，汇算清缴其工资、薪金收入的个人所得税，多退少补。具体申报期限，由各省、自治区、直辖市税务局确定。

（二）对外商投资企业、外国企业和外国驻华机构发放给中方工作人员的工资、薪金所得，应全额征税。但对可以提供有效合同或有关凭证，能够证明其工资、薪金所得的一部分按照有关规定上交派遣（介绍）单位的，可扣除其实际上交的部分，按其余额计征个人所得税。

四、关于稿酬所得的征税问题

（一）个人每次以图书、报刊方式出版、发表同一作品（文字作品、书画作品、摄影作品以及其他作品），不论出版单位是预付还是分笔支付稿酬，或者加印该作品后再付稿酬，均应合并其稿酬所得按一次计征个人所得税。在两处或两处以上出版、发表或再版同一作品而取得稿酬所得，则可分别各处取得的所得或再版所得按分次所得计征个人所得税。

（二）个人的同一作品在报刊上连载，应合并其因连载而取得的所有稿酬所得为一次，按税法规定计征个人所得税。在其连载之后又出书取得稿酬所得，或先出书后连载取得稿酬所得，应视同再版稿酬分次计征个人所得税。

（三）作者去世后，对取得其遗作稿酬的个人，按稿酬所得征收个人所得税。

五、关于拍卖文稿所得的征税问题

作者将自己的文字作品手稿原件或复印件公开拍卖（竞价）取得的所得，应按特许权使用费所得项目征收个人所得税。

六、关于财产租凭所得的征税问题

（一）纳税义务人在出租财产过程中缴纳的税金和国家能源交通重点建设基金、国家预算调节基金、教育费附加，可持完税（缴款）凭证，从其财产租赁收入中扣除。

（二）纳税义务人出租财产取得财产租赁收入，在计算征税时，除可依法减除规定费用和有关税、费外，还准予扣除能够提供有效、准确凭证，证明由纳税义务人负担的该出租财产实际开支的修缮费用。允许扣除的修缮费用，以每次 800 元为限，一次扣除不完的，准予在下一次继续扣除，直至扣完为止。

（三）确认财产租赁所得的纳税义务人，应以产权凭证为依据。无产权凭证的，由主管税务机关根据实际情况确定纳税义务人。

（四）产权所有人死亡，在未办理产权继承手续期间，该财产出租而有租金收入的，以领取租金的个人为纳税义务人。

七、关于如何确定转让债权财产原值的问题

转让债权，采用加权平均法确定其应予减除的财产原值和合理费用。即以纳税人购进的同一种类债券买入价和买进过程中缴纳的税费总和，除以纳税人购进的该种类债券数量之和，乘以纳税人卖出的该种类债券数量，再加上卖出的该种类债券过程中缴纳的税费。用公式表示为：

一次卖出某一种类债券允许扣除的买入价和费用 = 纳税人购进的该种类债券买入价和买进过程中交纳的税费总和/纳税人购进的该种类债券总数量 × 一次卖出的该种类债券的数量 + 卖出该种类债券过程中缴纳的税费

八、关于董事费的征税问题

个人由于担任董事职务所取得的董事费收入，属于劳务报酬所得性质，按照劳务报酬所得项目征收个人所得税。

九、关于个人取得不同项目劳务报酬所得的征税问题

条例第二十一条第一款第一项中所述的"同一项目"，是指劳务报酬所得列举具体劳务项目中的某一单项，个人兼有不同的劳务报酬所得，应当分别减除费用，计算缴纳个人所得税。

十、关于外籍纳税人在中国几地工作如何确定纳税地点的问题

（一）在几地工作或提供劳务的临时来华人员，应以税法所规定的申报纳税的日期为准，在某一地达到申报纳税的日期，即在该地申报纳税。但准予其提出申请，经批准后，也可固定在一地申报纳税。

（二）凡由在华企业或办事机构发放工资、薪金的外籍纳税人，由在华企业或办事机构集中向当地税务机关申报纳税。

十一、关于派发红股的征税问题

股份制企业在分配股息、红利时，以股票形式向股东个人支付应得的股息、红利（即派发红股），应以派发红股的股票票面金额为收入额，按利息、股息、红利项目计征个人所得税。

十二、关于运用速算扣除数法计算应纳税额的问题

为简便计算应纳个人所得税额，可对适用超额累进税率的工资、薪金所得，个体工商户的生产、经营所得，对企业事业单位的承包经营、承租经营所得，以及适用加成征收税率的劳务报酬所得，运用速算扣除数法计算其应纳税额。应纳税额的计算公式为：

应纳税额 = 应纳税所得额 × 适用税率 − 速算扣除数

适用超额累进税率的应税所得计算应纳税额的速算扣除数，详见附表一、二、三。

十三、关于纳税人一次取得属于数月的奖金或年终加薪、劳动分红的征税问题

纳税人一次取得属于数月的奖金或年终加薪、劳动分红、一般应将全部奖金或年终加薪、劳动分红同当月份的工资、薪金合并计征个人所得税。但对于合并计算后提高适用税率的，可采取以月份所属奖金或年终加薪、劳动分红加当月份工资、薪金，减去当月份费用扣除标准后的余额为基数确定适用税率，然后，将当月份工资、薪金加上全部奖金或年终加薪、劳动分红，减去当月份费用扣除标准后的余额，按适用税率计算征收个人所得税。对按上述方法计算无应纳税所得额的，免予征税。

十四、关于单位或个人为纳税义务人负担税款的计征办法问题

单位或个人为纳税义务人负担个人所得税税款，应将纳税义务人取得的不含税收入换算为应纳税所得额，计算征收个人所得税。计算公式如下：

1. 应纳税所得额＝(不含税收入额－费用扣除标准－速算扣除数)÷(1－税率)

2. 应纳税额＝应纳税所得额×适用税率－速算扣除数

公式1中的税率，是指不含税所得按不含税级距（详见所附税率表一、二、三）对应的税率；公式2中的税率，是指应纳税所得额按含税级距对应的税率。

十五、关于纳税人所得为外国货币如何办理退税和补税的问题

（一）纳税人所得为外国货币并已按照中国人民银行公布的外汇牌价以外国货币兑换成人民币缴纳税款后，如发生多缴税款需要办理退税，凡属于1993年12月31日以前取得应税所得的，可以将应退的人民币税款，按照缴纳税款时的外汇牌价（买入价，以下同）折合成外国货币，再将该外国货币数额按照填开退税凭证当日的外汇牌价折合成人民币退还税款；凡属于1994年1月1日以后取得应税所得的，应直接退还多缴的人民币税款。

（二）纳税人所得为外国货币的，发生少缴税款需要办理补税时，除依照税法规定汇算清缴以外的，应当按照填开补税凭证前一月最后一日的外汇牌价折合成人民币计算应纳税所得额补缴税款。

十六、关于在境内、境外分别取得工资、薪金所得，如何计征税款的问题

纳税义务人在境内、境外同时取得工资、薪金所得的，应根据条例第五条规定的原则，判断其境内、境外取得的所得是否来源于一国的所得。纳税义务人能够提供在境内、境外同时任职或者受雇及其工资、薪金标准的有效证明文件，可判定其所得是来源于境内和境外所得，应按税法和条例的规定分别减除费用并计算纳税；不能提供上述证明文件的，应视为来源于一国的所得，如其任职或者受雇单位在中国境内，应为来源于中国境内的所得，如其任职或受雇单位在中国境外，应为来源于中国境外的所得。

十七、关于承包、承租期不足一年如何计征税款的问题

实行承包、承租经营的纳税义务人，应以每一纳税年度取得的承包、承租经营所得计算纳税，在一个纳税年度内，承包、承租经营不足十二个月的，以其实际承包、承租经营的月份数为一个纳税年度计算纳税。计算公式为：

应纳税所得额＝该年度承包、承租经营收入额－(800×该年度实际承包、

承租经或月份数)

应纳税额＝应纳税所得额×适用税率－速算扣除数

十八、关于利息、股息、红利的扣缴义务人问题

利息、股息、红利所得实行源泉扣缴的征收方式,其扣缴义务人应是直接向纳税义务人支付利息、股息、红利的单位。

十九、关于工资、薪金所得与劳务报酬所得的区分问题

工资、薪金所得是属于非独立个人劳务活动,即在机关、团体、学校、部队、企事业单位及其他组织中任职、受雇而得到的报酬;劳务报酬所得则是个人独立从事各种技艺、提供各项劳务取得的报酬。两者的主要区别在于,前者存在雇佣与被雇佣关系,后者则不存在这种关系。

二十、以前规定与本规定抵触的,按本规定执行。

税率表一

（工资、薪金所得适用）

级数	含税级距	不含税级距	税率(%)	速算扣除数
1	不超过500元的	不超过475元的	5	0
2	超过500元至2000元的部分	超过475元至1825元的部分	10	25
3	超过2000元至5000元的部分	超过1825元至4375元的部分	15	125
4	超过5000元至20000元的部分	超过4375元至16375元的部分	20	375
5	超过20000元至40000元的部分	超过16375元至31375元的部分	25	1375
6	超过40000元至60000元的部分	超过31375元至45375元的部分	30	3375
7	超过60000元至80000元的部分	超过45375元至58375元的部分	35	6375
8	超过80000元至100000元的部分	超过58375元至70375元的部分	40	10375
9	超过100000元的部分	超过70375元的部分	45	15375

注：1. 表中所列含税级距与不含税级距,均为按照税法规定减除有关费用后的所得额。

2. 含税级距适用于由纳税人负担税款的工资、薪金所得;不含税级距适用于由他人（单位）代付税款的工资、薪金所得。

税率表二
(个体工商户的生产、经营所得和对企事业单位的承包经营、承租经营所得适用)

级数	含税级距	不含税级距	税率(%)	速算扣除数
1	不超过 5000 元的	不超过 4750 元的	5	0
2	超过 5000 元至 10000 元的部分	超过 4750 元至 9250 元的部分	10	250
3	超过 10000 元至 30000 元的部分	超过 9250 元至 25250 元的部分	20	1250
4	超过 30000 元至 50000 元的部分	超过 25250 元至 39250 元的部分	30	4250
5	超过 50000 元的部分	超过 39250 元的部分	35	6750

注：1. 表中所列含税级距与不含税级距，均为按照税法规定减除有关费用（成本、损失）后的所得额。

2. 含税级距适用于个体工商户的生产、经营所得和由纳税人负担税款的承包经营、承租经营所得；不含税级距适用于由他人（单位）代付税款的承包经营、承租经营所得。

税率表三
(营务报酬所得适用)

级数	含税级距	不含税级距	税率(%)	速算扣除数
1	不超过 20000 元的	不超过 16000 元的	20	0
2	超过 20000 元至 50000 元的部分	超过 16000 元至 37000 元的部分	30	2000
3	超过 50000 元的部分	超过 37000 元的部分	40	7000

注：1. 表中的含税级距、不含税级距，均为按照税法规定减除有关费用后的所得额。

2. 含税级距适用于由纳税人负担税款的劳务报酬所得；不含税级距适用于由他人（单位）代付税款的劳务报酬所得。

国家税务总局关于中华宝钢环境优秀奖奖金免征个人所得税问题的通知

手机阅读

2010 年 4 月 6 日　国税函〔2010〕130 号

各省、自治区、直辖市和计划单列市地方税务局：

现对中华宝钢环境优秀奖获奖者奖金免征个人所得税的问题通知如下：

为表彰和奖励为我国环境保护事业做出重大贡献者,促进环境保护事业的发展,经环境保护部批准,中华环境保护基金会设立了中华环境奖(现冠名为中华宝钢环境奖)。由全国人大环境与资源保护委员会、全国政协人口资源环境委员会、教育部、民政部、环境保护部、文化部、国家广播电影电视总局、中华全国总工会、共青团中央、全国妇联等13家单位组成组织委员会,对其评选工作进行指导。该奖评选办公室设在中华环境保护基金会。目前第六届中华宝钢环境奖评选工作已经结束,评选出中华宝钢环境优秀奖获奖者个人7名,每人奖金5万元。

根据《中华人民共和国个人所得税法》第四条第一项有关规定,对第六届中华宝钢环境优秀奖获奖者个人所获奖金(详见附件),免予征收个人所得税。

为贯彻行政审批制度改革精神,对中华环境保护基金会严格按照中华环境奖评奖办法,在以后年度评选出的上述奖项奖金收入,一律按照个人所得税法的有关规定直接免予征收个人所得税,无须报送审批。主办单位和评奖办法以后年度发生变化的,主办单位应重新报国家税务总局审核确认。

国家税务总局关于个人股票期权所得缴纳个人所得税有关问题的补充通知[①]

手机阅读

2006年9月30日　国税函〔2006〕902号

各省、自治区、直辖市和计划单列市地方税务局:

关于员工取得股票期权所得有关个人所得税处理问题,《财政部 国家税务总局关于个人股票期权所得征收个人所得税问题的通知》(财税〔2005〕35号)已经做出规定。现就有关执行问题补充通知如下:

一、员工接受雇主(含上市公司和非上市公司)授予的股票期权,凡该股票期权指定的股票为上市公司(含境内、外上市公司)股票的,均应按照财税〔2005〕35号文件进行税务处理。

二、财税〔2005〕35号文件第二条第(二)项所述"股票期权的转让净收入",一般是指股票期权转让收入。如果员工以折价购入方式取得股票期权的,可以股票期权转让收入扣除折价购入股票期权时实际支付的价款后的余额,作为股票期权的转让净收入。

三、财税〔2005〕35号文件第二条第(二)项公式中所述"员工取得该股票期权支付的每股施权价",一般是指员工行使股票期权购买股票实际支付

---

① 根据《关于个人所得税法修改后有关优惠政策衔接问题的通知》(财税〔2018〕164号),本法第七条、第八条被废止。

的每股价格。如果员工以折价购入方式取得股票期权的，上述施权价可包括员工折价购入股票期权时实际支付的价格。

四、凡取得股票期权的员工在行权日不实际买卖股票，而按行权日股票期权所指定股票的市场价与施权价之间的差额，直接从授权企业取得价差收益的，该项价差收益应作为员工取得的股票期权形式的工资薪金所得，按照财税〔2005〕35号文件的有关规定计算缴纳个人所得税。

五、在确定员工取得股票期权所得的来源地时，按照财税〔2005〕35号文件第三条规定需划分境、内外工作期间月份数。该境、内外工作期间月份总数是指员工按企业股票期权计划规定，在可行权以前须履行工作义务的月份总数。

六、部分股票期权在授权时即约定可以转让，且在境内或境外存在公开市场及挂牌价格（以下称可公开交易的股票期权）。员工接受该可公开交易的股票期权时，应作为财税〔2005〕35号文件第二条第（一）项所述的另有规定情形，按以下规定进行税务处理：

（一）员工取得可公开交易的股票期权，属于员工已实际取得有确定价值的财产，应按授权日股票期权的市场价格，作为员工授权日所在月份的工资薪金所得，并按财税〔2005〕35号文件第四条第（一）项规定计算缴纳个人所得税。如果员工以折价购入方式取得股票期权的，可以授权日股票期权的市场价格扣除折价购入股票期权时实际支付的价款后的余额，作为授权日所在月份的工资薪金所得。

（二）员工取得上述可公开交易的股票期权后，转让该股票期权所取得的所得，属于财产转让所得，按财税〔2005〕35号文件第四条第（二）项规定进行税务处理。

（三）员工取得本条第（一）项所述可公开交易的股票期权后，实际行使该股票期权购买股票时，不再计算缴纳个人所得税。

七、员工以在一个公历月份中取得的股票期权形式工资薪金所得为一次。员工在一个纳税年度中多次取得股票期权形式工资薪金所得的，其在该纳税年度内首次取得股票期权形式的工资薪金所得应按财税〔2005〕35号文件第四条第（一）项规定的公式计算应纳税款；本年度内以后每次取得股票期权形式的工资薪金所得，应按以下公式计算应纳税款：

应纳税款＝（本纳税年度内取得的股票期权形式工资薪金所得累计应纳税所得额÷规定月份数×适用税率－速算扣除数）×规定月份数－本纳税年度内股票期权形式的工资薪金所得累计已纳税款

上款公式中的本纳税年度内取得的股票期权形式工资薪金所得累计应纳税所得额，包括本次及本次以前各次取得的股票期权形式工资薪金所得应纳税所得额；上款公式中的规定月份数，是指员工取得来源于中国境内的股票期权形式工资薪金所得的境内工作期间月份数，长于12个月的，按12个月计算；上款公式中的适用税率和速算扣除数，以本纳税年度内取得的股票期权形式工资薪金所得累计应纳税所得额除以规定月份数后的商数，对照《国家税务总局关于印发征收个人所得税若干问题的规定的通知》（国税发〔1994〕089号）所附税率表确定；上款公式中的本纳税年度内股票期权形式的工资薪金所得累计已纳税款，不含本次股票期权形式的工资薪金所得应纳税款。

八、员工多次取得或者一次取得多项来源于中国境内的股票期权形式工资薪金所得，而且各次或各项股票期权形式工资薪金所得的境内工作期间月份数不相同的，以境内工作期间月份数的加权平均数为财税〔2005〕35号文件第四条第（一）项规定公式和本通知第七条规定公式中的规定月份数，但最长不超过12个月，计算公式如下：

规定月份数 = $\sum$ 各次或各项股票期权形式工资薪金应纳税所得额与该次或该项所得境内工作期间月份数的乘积/ $\sum$ 各次或各项股票期权形式工资薪金应纳税所得额

国家税务总局关于陈嘉庚科学奖获奖个人取得的奖金收入免征个人所得税的通知

手机阅读

2006年6月9日　国税函〔2006〕561号

北京、山东省（市）地方税务局：

近接中国科学院《关于申请免征陈嘉庚科学奖奖金个人所得税的函》（科发学部字〔2006〕107号）。经研究，通知如下：

陈嘉庚基金会由中国科学院为业务主管部门，实行理事会负责制，由科技部、财政部、教育部、中国科学院、中国工程院、国家自然科学基金委员会、中国科学技术协会、中国银行等部门及中国科学院各学部主任和院士组成理事会，下设评选委员会。该基金会的主要职责是设立陈嘉庚科学奖，以奖励取得杰出科技成果的我国优秀科学家，促进中国科学技术事业的发展。该奖共设6个奖项，每个奖项奖金30万元人民币。目前，该奖已评选出2006年度陈嘉庚数理、生命、地球和信息技术科学4个奖项，共4人。

根据《中华人民共和国个人所得税法》第四条第一款的规定，对陈嘉庚科学奖2006年度获奖者个人取得的奖金收入（见附件），免予征收个人所得税。

在陈嘉庚科学奖业务主管、组织结构、评选办法不变的情况下，以后年度的陈嘉庚科学奖获奖个人的奖金收入，可根据《中华人民共和国个人所得税法》第四条第一款的规定，继续免征个人所得税。

附件：2006年度陈嘉庚科学奖获奖名单及奖金额（略）

国家税务总局关于个人取得"母亲河（波司登）奖"奖金所得免征个人所得税问题的批复

手机阅读

2003年8月18日　国税函〔2003〕961号

北京市地方税务局：

你局《关于中国青年乡镇企业家协会向个人发放"母亲河（波司登）奖"奖金是否征税问题的请示》（京地税个〔2003〕244号）收悉。经研究，现批复如下：

中国青年乡镇企业家协会是共青团中央直属的社会团体，其组织评选的"母亲河（波司登）奖"是经共青团中央、全国人大环资委、国家环保总局等九部门联合批准设立的环境保护方面的奖项。依据《中华人民共和国个人所得税法》第四条第一款规定，该奖项可以认定为国务院部委颁发的环境保护方面的奖金。个人取得的上述奖金收入，免予征收个人所得税。

国家税务总局关于"长江小小科学家"奖金免征个人所得税的通知

手机阅读

2000年9月4日　国税函〔2000〕688号

各省、自治区、直辖市和计划单列市地方税务局：

近接教育部来函，称由教育部和李嘉诚基金会主办、中国科协承办"长江小小科学家"活动，奖励全国（包括香港、澳门特别行政区）初中、高中、中等师范学校、中等专业学校、职业中学、技工学校的在校学生近年来完成的，并申报参加全国评选和展示的获奖优秀科技创新和科学研究项目。每次活动评出一等奖1名，奖金为25万元人民币（其中奖励学生个人5万元人民币，奖励学生所在学校20万元人民币）；二等奖25名，奖金为6万元人民币（其中奖励学生个人1万元人民币，奖励学生所在学校5万元人民币）；三等奖50名，奖金为3.5万元人民币（其中奖励学生个人5千元人民币，奖励学生所在学校3万元人民币）；提名奖100名，奖金为9千元人民币（其中奖励学生个人1500元人民币，奖励学生所在学校7500元人民币）。教育部为此申请对上述奖金免征个人所得税。经研究，现通知如下：

根据《中华人民共和国个人所得税法》第四条第一款关于国务院部委颁发

的科学等方面的奖金免税的规定,对学生个人参与"长江小小科学家"活动并获得的奖金,免予征收个人所得税。

国家税务总局关于"特聘教授奖金"免征个人所得税的通知

手机阅读

1999年8月3日　国税函〔1999〕525号

各省、自治区、直辖市和计划单列市地方税务局:

近接教育部来函,称由教育部与香港实业家李嘉诚先生及其领导的长江基建(集团)有限公司合作建立的"长江学者奖励计划"实施高等教育特聘教授岗位制度,根据教育部1999年6月10日印发的《高等学校特聘教授岗位制度实施办法》规定,"特聘教授在聘期内享受特聘教授奖金",标准为每人每年10万元人民币,要求对其免予征收个人所得税。经研究,现通知如下:

一、根据个人所得税法第四条第一项的有关规定,对教育部颁发的"特聘教授奖金"免予征收个人所得税。

二、本通知自文到之日起执行。对文到之日前已征个人所得税的,不再退税。

三、各地应加强对该免税项目的监管,要求设岗的高等学校将聘任的特聘教授名单、聘任合同及发放奖金的情况报当地主管税务机关。

国家税务总局关于明确残疾人所得征免个人所得税范围的批复

手机阅读

1999年5月21日　国税函〔1999〕329号

河南省地方税务局:

你局《关于如何确定残疾人所得征免个人所得税的范围的请示》(豫地税函〔1999〕067号)收悉。经研究,现批复如下:

根据《中华人民共和国个人所得税法》(以下简称税法)第五条第一款及其实施条例第十六条的规定,经省级人民政府批准可减征个人所得税的残疾、孤老人员和烈属的所得仅限于劳动所得,具体所得项目为:工资、薪金所得;个体工商户的生产经营所得;对企事业单位的承包经营、承租经营所得;劳务报酬所得;稿酬所得;特许权使用费所得。

税法第二条所列的其他各项所得,不属减征照顾的范围。

国家税务总局关于"长江学者奖励计划"有关个人收入免征个人所得税的通知

1998年10月27日　国税函发〔1998〕632号

各省、自治区、直辖市和计划单列市地方税务局:

近接教育部《关于申请"长江学者奖励计划"有关个人收入免纳个人所得税的函》(教人函〔1998〕23号)。为配合"211工程"建设,吸引和培养杰出人才,加速高校中青年学科带头人队伍建设,教育部和香港实业家李嘉诚先生共同筹资建立了"长江学者奖励计划"。该计划包括实行特聘教授岗位制度和设立"长江学者成就奖"两项内容。即是经过一定审核程序,在全国高等学校国家重点学科中,面向国内、外公开招聘学术造诣深、发展潜力大、具有领导本学科在其前沿领域赶超或保持国际先进水平能力的中青年杰出人才,作为特聘教授,在聘期内享受每年10万元人民币的特聘教授岗位津贴,同时享受学校按照国家有关规定提供的工资、保险、福利等待遇;特聘教授任职期间取得重大成就、作出重大贡献,将获得由教育部会同李嘉诚先生审定并公布的每年一次的"长江学者成就奖",每次一等奖1名,奖金为100万元人民币,二等奖30名,每人奖金为50万元人民币。教育部提出对特聘教授岗位津贴和"长江学者成就奖"的奖金给予免征个人所得税照顾。根据上述情况,经研究,现通知如下:

一、按照个人所得税法的规定,特聘教授取得的岗位津贴应并入其当月的工资、薪金所得计征个人所得税,税款由所在学校代扣代缴。

二、为了鼓励特聘教授积极履行岗位职责,带领本学科在其前沿领域赶超或保持国际先进水平,对特聘教授获得"长江学者成就奖"的奖金,可视为国务院部委颁发的教育方面的奖金,免予征收个人所得税。

教育部在颁发"长江学者成就奖"之前,将获奖人员名单及有关情况报我局一份,由我局通知有关地区免予征税。

国家税务总局关于曾宪梓教育基金会教师奖免征个人所得税的函

1994年6月29日　国税函发〔1994〕376号

国家教育委员会:

你委教外港〔1994〕249号《关于建议对曾宪梓教育基金会教师奖获得者

免征个人收入调节税的函》收悉，经研究，函复如下：

一、根据八届全国人大常委会第四次会议关于修改《中华人民共和国个人所得税法》的决定，个人的应税所得从 1994 年 1 月 1 日起征收个人所得税，个人收入调节税暂行条例已废止，不再执行。

二、曾宪梓教育基金会致力于发展中国的教育事业，评选教师奖具有严格的程序，奖金由国家教委颁发，根据个人所得税法第四条的规定，对个人获得曾宪梓教育基金会教师奖的奖金，可视为国务院部委颁发的教育方面的奖金，免予征收个人所得税。

土地增值税

中华人民共和国土地增值税暂行条例

手机阅读

(1993年12月13日中华人民共和国国务院令第138号发布
根据2011年1月8日《国务院关于废止和修改部分
行政法规的决定》修订)

第一条 为了规范土地、房地产市场交易秩序,合理调节土地增值收益,维护国家权益,制定本条例。

第二条 转让国有土地使用权、地上的建筑物及其附着物(以下简称转让房地产)并取得收入的单位和个人,为土地增值税的纳税义务人(以下简称纳税人),应当依照本条例缴纳土地增值税。

第三条 土地增值税按照纳税人转让房地产所取得的增值额和本条例第七条规定的税率计算征收。

第四条 纳税人转让房地产所取得的收入减除本条例第六条规定扣除项目金额后的余额,为增值额。

第五条 纳税人转让房地产所取得的收入,包括货币收入、实物收入和其他收入。

第六条 计算增值额的扣除项目:

(一)取得土地使用权所支付的金额;

(二)开发土地的成本、费用;

(三)新建房及配套设施的成本、费用,或者旧房及建筑物的评估价格;

(四)与转让房地产有关的税金;

(五)财政部规定的其他扣除项目。

第七条 土地增值税实行四级超率累进税率:

增值额未超过扣除项目金额50%的部分,税率为30%。

增值额超过扣除项目金额50%、未超过扣除项目金额100%的部分,税率为40%。

增值额超过扣除项目金额100%、未超过扣除项目金额200%的部分,税率为50%。

增值额超过扣除项目金额200%的部分,税率为60%。

第八条 有下列情形之一的,免征土地增值税:

(一)纳税人建造普通标准住宅出售,增值额未超过扣除项目金额20%的;

（二）因国家建设需要依法征收、收回的房地产。

第九条 纳税人有下列情形之一的，按照房地产评估价格计算征收：

（一）隐瞒、虚报房地产成交价格的；

（二）提供扣除项目金额不实的；

（三）转让房地产的成交价格低于房地产评估价格，又无正当理由的。

第十条 纳税人应当自转让房地产合同签订之日起7日内向房地产所在地主管税务机关办理纳税申报，并在税务机关核定的期限内缴纳土地增值税。

第十一条 土地增值税由税务机关征收。土地管理部门、房产管理部门应当向税务机关提供有关资料，并协助税务机关依法征收土地增值税。

第十二条 纳税人未按照本条例缴纳土地增值税的，土地管理部门、房产管理部门不得办理有关的权属变更手续。

第十三条 土地增值税的征收管理，依据《中华人民共和国税收征收管理法》及本条例有关规定执行。

第十四条 本条例由财政部负责解释，实施细则由财政部制定。

第十五条 本条例自1994年1月1日起施行。各地区的土地增值费征收办法，与本条例相抵触的，同时停止执行。

财政部　税务总局关于继续实施企业改制重组有关土地增值税政策的公告

手机阅读

2021年5月31日　财政部　税务总局公告2021年第21号

为支持企业改制重组，优化市场环境，现就继续执行有关土地增值税政策公告如下：

一、企业按照《中华人民共和国公司法》有关规定整体改制，包括非公司制企业改制为有限责任公司或股份有限公司，有限责任公司变更为股份有限公司，股份有限公司变更为有限责任公司，对改制前的企业将国有土地使用权、地上的建筑物及其附着物（以下称房地产）转移、变更到改制后的企业，暂不征土地增值税。

本公告所称整体改制是指不改变原企业的投资主体，并承继原企业权利、义务的行为。

二、按照法律规定或者合同约定，两个或两个以上企业合并为一个企业，且原企业投资主体存续的，对原企业将房地产转移、变更到合并后的企业，暂不征土地增值税。

三、按照法律规定或者合同约定，企业分设为两个或两个以上与原企业投资主体相同的企业，对原企业将房地产转移、变更到分立后的企业，暂不征土地增值税。

四、单位、个人在改制重组时以房地产作价入股进行投资，对其将房地产转移、变更到被投资的企业,暂不征土地增值税。

五、上述改制重组有关土地增值税政策不适用于房地产转移任意一方为房地产开发企业的情形。

六、改制重组后再转让房地产并申报缴纳土地增值税时,对"取得土地使用权所支付的金额",按照改制重组前取得该宗国有土地使用权所支付的地价款和按国家统一规定缴纳的有关费用确定;经批准以国有土地使用权作价出资入股的,为作价入股时县级及以上自然资源部门批准的评估价格。按购房发票确定扣除项目金额的,按照改制重组前购房发票所载金额并从购买年度起至本次转让年度止每年加计5%计算扣除项目金额,购买年度是指购房发票所载日期的当年。

七、纳税人享受上述税收政策,应按税务机关规定办理。

八、本公告所称不改变原企业投资主体、投资主体相同,是指企业改制重组前后出资人不发生变动,出资人的出资比例可以发生变动;投资主体存续,是指原企业出资人必须存在于改制重组后的企业,出资人的出资比例可以发生变动。

九、本公告执行期限为2021年1月1日至2023年12月31日。企业改制重组过程中涉及的土地增值税尚未处理的,符合本公告规定可按本公告执行。

财政部 国家税务总局关于中国中信集团公司重组改制过程中土地增值税等政策的通知

手机阅读

2013年1月18日 财税〔2013〕3号

各省、自治区、直辖市、计划单列市财政厅(局)、地方税务局,西藏、宁夏、青海省(自治区)国家税务局,新疆生产建设兵团财务局:

为支持企业重组改制,根据国务院批复精神,现就中国中信集团公司(以下简称中信集团)重组改制过程涉及的土地增值税、契税、印花税政策通知如下:

一、在中信集团整体改制为中国中信集团有限公司(以下简称中信有限)过程中,对中信集团无偿转移到中信有限的房地产,以及中信集团无偿转移到中国中信股份有限公司(以下简称中信股份)的房地产,不征土地增值税。

在中信集团通过股权投资方式将符合境外上市条件的资产等注入中信股份过程中,对中信集团涉及的土地增值税(房地产开发企业销售房地产除外),予以免征。

二、中信集团重组改制过程中涉及的契税和印花税,按现行政策规定执行。

财政部　国家税务总局关于土地增值税若干问题的通知[①]

2006年3月2日　财税〔2006〕21号

各省、自治区、直辖市、计划单列市财政厅（局）、地方税务局，新疆生产建设兵团财务局：

根据《中华人民共和国土地增值税暂行条例》（以下简称《条例》）及其实施细则和有关规定精神，现将土地增值税有关问题明确如下：

一、关于纳税人建造普通标准住宅出售和居民个人转让普通住宅的征免税问题

《条例》第八条中"普通标准住宅"和《财政部　国家税务总局关于调整房地产市场若干税收政策的通知》（财税字〔1999〕210号）第三条中"普通住宅"的认定，一律按各省、自治区、直辖市人民政府根据《国务院办公厅转发建设部等部门关于做好稳定住房价格工作意见的通知》（国办发〔2005〕26号）制定并对社会公布的"中小套型、中低价位普通住房"的标准执行。纳税人既建造普通住宅，又建造其他商品房的，应分别核算土地增值额。

在本文件发布之日前已向房地产所在地地方税务机关提出免税申请，并经税务机关按各省、自治区、直辖市人民政府原来确定的普通标准住宅的标准审核确定，免征土地增值税的普通标准住宅，不做追溯调整。

二、关于转让旧房准予扣除项目的计算问题

纳税人转让旧房及建筑物，凡不能取得评估价格，但能提供购房发票的，经当地税务部门确认，《条例》第六条第（一）、（三）项规定的扣除项目的金额，可按发票所载金额并从购买年度起至转让年度止每年加计5%计算。对纳税人购房时缴纳的契税，凡能提供契税完税凭证的，准予作为"与转让房地产有关的税金"予以扣除，但不作为加计5%的基数。

对于转让旧房及建筑物，既没有评估价格，又不能提供购房发票的，地方税务机关可以根据《中华人民共和国税收征收管理法》（以下简称《税收征管法》）第三十五条的规定，实行核定征收。

三、关于土地增值税的预征和清算问题

各地要进一步完善土地增值税预征办法，根据本地区房地产业增值水平和市场发展情况，区别普通住房、非普通住房和商用房等不同类型，科学合理地确定预征率，并适时调整。工程项目竣工结算后，应及时进行清算，多退

[①] 根据《财政部　国家税务总局关于企业改制重组有关土地增值税政策的通知》（财税〔2015〕5号），本法中，第五条被废止。

少补。

对未按预征规定期限预缴税款的,应根据《税收征管法》及其实施细则的有关规定,从限定的缴纳税款期限届满的次日起,加收滞纳金。

对已竣工验收的房地产项目,凡转让的房地产的建筑面积占整个项目可售建筑面积的比例在85%以上的,税务机关可以要求纳税人按照转让房地产的收入与扣除项目金额配比的原则,对已转让的房地产进行土地增值税的清算。具体清算办法由各省、自治区、直辖市和计划单列市地方税务局规定。

四、关于因城市实施规划、国家建设需要而搬迁,纳税人自行转让房地产的征免税问题

《中华人民共和国土地增值税暂行条例实施细则》第十一条第四款所称:因"城市实施规划"而搬迁,是指因旧城改造或因企业污染、扰民(指产生过量废气、废水、废渣和噪音,使城市居民生活受到一定危害),而由政府或政府有关主管部门根据已审批通过的城市规划确定进行搬迁的情况;因"国家建设的需要"而搬迁,是指因实施国务院、省级人民政府、国务院有关部委批准的建设项目而进行搬迁的情况。

五、关于以房地产进行投资或联营的征免税问题

对于以土地(房地产)作价入股进行投资或联营的,凡所投资、联营的企业从事房地产开发的,或者房地产开发企业以其建造的商品房进行投资和联营的,均不适用《财政部 国家税务总局关于土地增值税一些具体问题规定的通知》(财税字〔1995〕048号)第一条暂免征收土地增值税的规定。

六、本文自2006年3月2日起执行

财政部 国家税务总局关于土地增值税一些具体问题规定的通知①

手机阅读

1995年5月25日 财税字〔1995〕48号

各省、自治区、直辖市、计划单列市财政厅(局)、国家税务局、地方税务局,扬州培训中心、长春税务学院:

按照《中华人民共和国土地增值税暂行条例》(以下简称条例)和《中华人民共和国土地增值税暂行条例实施细则》(以下简称细则)的规定,现对土地增值税一些具体问题规定如下:

一、关于以房地产进行投资、联营的征免税问题

对于以房地产进行投资、联营的,投资、联营的一方以土地(房地产)作价入股进行投资或作为联营条件,将房地产转让到所投资、联营的企业中时,

---

① 根据《财政部 国家税务总局关于企业改制重组有关土地增值税政策的通知》(财税〔2015〕5号),本法第一条、第三条被废止。

暂免征收土地增值税。对投资、联营企业将上述房地产再转让的,应征收土地增值税。

二、关于合作建房的征免税问题

对于一方出地,一方出资金,双方合作建房,建成后按比例分房自用的,暂免征收土地增值税;建成后转让的,应征收土地增值税。

三、关于企业兼并转让房地产的征免税问题

在企业兼并中,对被兼并企业将房地产转让到兼并企业中的,暂免征收土地增值税。

四、关于细则中"赠与"所包括的范围问题

细则所称的"赠与"是指如下情况:

(一)房产所有人、土地使用权所有人将房屋产权、土地使用权赠与直系亲属或承担直接赡养义务人的。

(二)房产所有人、土地使用权所有人通过中国境内非营利的社会团体、国家机关将房屋产权、土地使用权赠与教育、民政和其他社会福利、公益事业的。

上述社会团体是指中国青少年发展基金会、希望工程基金会、宋庆龄基金会、减灾委员会、中国红十字会、中国残疾人联合会、全国老年基金会、老区促进会以及经民政部门批准成立的其他非营利的公益性组织。

五、关于个人互换住房的征免税问题

对个人之间互换自有居住用房地产的,经当地税务机关核实,可以免征土地增值税。

六、关于地方政府要求房地产开发企业代收的费用如何计征土地增值税的问题

对于县级及县级以上人民政府要求房地产开发企业在售房时代收的各项费用,如果代收费用是计入房价中向购买方一并收取的,可作为转让房地产所取得的收入计税;如果代收费用未计入房价中,而是在房价之外单独收取的,可以不作为转让房地产的收入。

对于代收费用作为转让收入计税的,在计算扣除项目金额时,可予以扣除,但不允许作为加计20%扣除的基数;对于代收费用未作为转让房地产的收入计税的,在计算增值额时不允许扣除代收费用。

七、关于新建房与旧房的界定问题

新建房是指建成后未使用的房产。凡是已使用一定时间或达到一定磨损程度的房产均属旧房。使用时间和磨损程度标准可由各省、自治区、直辖市财政厅(局)和地方税务局具体规定。

八、关于扣除项目金额中的利息支出如何计算问题

(一)利息的上浮幅度按国家的有关规定执行,超过上浮幅度的部分不允许扣除;

(二)对于超过贷款期限的利息部分和加罚的利息不允许扣除。

九、关于计算增值额时扣除已缴纳印花税的问题

细则中规定允许扣除的印花税,是指在转让房地产时缴纳的印花税。房地产开发企业按照《施工、房地产开发企业财务制度》的有关规定,其缴纳的印

花税列入管理费用，已相应予以扣除。其他的土地增值税纳税义务人在计算土地增值税时允许扣除在转让时缴纳的印花税。

十、关于转让旧房如何确定扣除项目金额的问题

转让旧房的，应按房屋及建筑物的评估价格、取得土地使用权所支付的地价款和按国家统一规定交纳的有关费用以及在转让环节缴纳的税金作为扣除项目金额计征土地增值税。对取得土地使用权时未支付地价款或不能提供已支付的地价款凭据的，不允许扣除取得土地使用权所支付的金额。

十一、关于已缴纳的契税可否在计税时扣除的问题

对于个人购入房地产再转让的，其在购入时已缴纳的契税，在旧房及建筑物的评估价中已包括了此项因素，在计征土地增值税时，不另作为"与转让房地产有关的税金"予以扣除。

十二、关于评估费用可否在计算增值额时扣除的问题

纳税人转让旧房及建筑物时因计算纳税的需要而对房地产进行评估，其支付的评估费用允许在计算增值额时予以扣除。对条例第九条规定的纳税人隐瞒、虚报房地产成交价格等情节而按房地产评估价格计算征收土地增值税所发生的评估费用，不允许在计算土地增值税时予以扣除。

十三、关于既建普通标准住宅又搞其他类型房地产开发的如何计税的问题

对纳税人既建普通标准住宅又搞其他房地产开发的，应分别核算增值额。不分别核算增值额或不能准确核算增值额的，其建造的普通标准住宅不能适用条例第八条（一）项的免税规定。

十四、关于预售房地产所取得的收入是否申报纳税的问题

根据细则的规定，对纳税人在项目全部竣工结算前转让房地产取得的收入可以预征土地增值税。具体办法由各省、自治区、直辖市地方税务局根据当地情况制定。因此，对纳税人预售房地产所取得的收入，当地税务机关规定预征土地增值税的，纳税人应当到主管税务机关办理纳税申报，并按规定比例预交，待办理决算后，多退少补；当地税务机关规定不预征土地增值税的，也应在取得收入时先到税务机关登记或备案。

十五、关于分期收款的外币收入如何折合人民币的问题

对于取得的收入为外国货币的，依照细则规定，以取得收入当天或当月一日国家公布的市场汇价折合人民币，据以计算土地增值税税额。对于以分期收款形式取得的外币收入，也应按实际收款日或收款当月一日国家公布的市场汇价折合人民币。

十六、关于纳税期限的问题

根据条例第十条、第十二条和细则第十五条的规定，税务机关核定的纳税期限，应在纳税人签订房地产转让合同之后、办理房地产权属转让（即过户及登记）手续之前。

十七、关于财政部、国家税务总局《关于对1994年1月1日前签订开发及转让合同的房地产征免土地增值税的通知》（财法字〔1995〕7号）适用范围的问题

该通知规定的适用范围，限于房地产开发企业转让新建房地产的行为，非房地产开发企业或房地产开发企业转让存量房地产的，不适用此规定。

国家税务总局关于土地增值税清算有关问题的通知

2010年5月19日　国税函〔2010〕220号

各省、自治区、直辖市地方税务局,宁夏、西藏、青海省(自治区)国家税务局:

为了进一步做好土地增值税清算工作,根据《中华人民共和国土地增值税暂行条例》及实施细则的规定,现将土地增值税清算工作中有关问题通知如下:

一、关于土地增值税清算时收入确认的问题

土地增值税清算时,已全额开具商品房销售发票的,按照发票所载金额确认收入;未开具发票或未全额开具发票的,以交易双方签订的销售合同所载的售房金额及其他收益确认收入。销售合同所载商品房面积与有关部门实际测量面积不一致,在清算前已发生补、退房款的,应在计算土地增值税时予以调整。

二、房地产开发企业未支付的质量保证金,其扣除项目金额的确定问题

房地产开发企业在工程竣工验收后,根据合同约定,扣留建筑安装施工企业一定比例的工程款,作为开发项目的质量保证金,在计算土地增值税时,建筑安装施工企业就质量保证金对房地产开发企业开具发票的,按发票所载金额予以扣除;未开具发票的,扣留的质保金不得计算扣除。

三、房地产开发费用的扣除问题

(一)财务费用中的利息支出,凡能够按转让房地产项目计算分摊并提供金融机构证明的,允许据实扣除,但最高不能超过按商业银行同类同期贷款利率计算的金额。其他房地产开发费用,在按照"取得土地使用权所支付的金额"与"房地产开发成本"金额之和的5%以内计算扣除。

(二)凡不能按转让房地产项目计算分摊利息支出或不能提供金融机构证明的,房地产开发费用在按"取得土地使用权所支付的金额"与"房地产开发成本"金额之和的10%以内计算扣除。

全部使用自有资金,没有利息支出的,按照以上方法扣除。

上述具体适用的比例按省级人民政府此前规定的比例执行。

(三)房地产开发企业既向金融机构借款,又有其他借款的,其房地产开发费用计算扣除时不能同时适用本条(一)、(二)项所述两种办法。

(四)土地增值税清算时,已经计入房地产开发成本的利息支出,应调整至财务费用中计算扣除。

四、房地产企业逾期开发缴纳的土地闲置费的扣除问题

房地产开发企业逾期开发缴纳的土地闲置费不得扣除。

五、房地产开发企业取得土地使用权时支付的契税的扣除问题

房地产开发企业为取得土地使用权所支付的契税,应视同"按国家统一规

定交纳的有关费用",计入"取得土地使用权所支付的金额"中扣除。

六、关于拆迁安置土地增值税计算问题

(一)房地产企业用建造的本项目房地产安置回迁户的,安置用房视同销售处理,按《国家税务总局关于房地产开发企业土地增值税清算管理有关问题的通知》(国税发〔2006〕187号)第三条第(一)款规定确认收入,同时将此确认为房地产开发项目的拆迁补偿费。房地产开发企业支付给回迁户的补差价款,计入拆迁补偿费;回迁户支付给房地产开发企业的补差价款,应抵减本项目拆迁补偿费。

(二)开发企业采取异地安置,异地安置的房屋属于自行开发建造的,房屋价值按国税发〔2006〕187号第三条第(一)款的规定计算,计入本项目的拆迁补偿费;异地安置的房屋属于购入的,以实际支付的购房支出计入拆迁补偿费。

(三)货币安置拆迁的,房地产开发企业凭合法有效凭据计入拆迁补偿费。

七、关于转让旧房准予扣除项目的加计问题

《财政部 国家税务总局关于土地增值税若干问题的通知》(财税〔2006〕21号)第二条第一款规定"纳税人转让旧房及建筑物,凡不能取得评估价格,但能提供购房发票的,经当地税务部门确认,《条例》第六条第(一)、(三)项规定的扣除项目的金额,可按发票所载金额并从购买年度起至转让年度止每年加计5%计算"。计算扣除项目时"每年"按购房发票所载日期起至售房发票开具之日止,每满12个月计一年;超过一年,未满12个月但超过6个月的,可以视同为一年。

八、土地增值税清算后应补缴的土地增值税加收滞纳金问题

纳税人按规定预缴土地增值税后,清算补缴的土地增值税,在主管税务机关规定的期限内补缴的,不加收滞纳金。

房 产 税

中华人民共和国房产税暂行条例

(1986年9月15日国务院发布 根据2011年1月8日《国务院关于废止和修改部分行政法规的决定》修订)

手机阅读

第一条 房产税在城市、县城、建制镇和工矿区征收。

第二条 房产税由产权所有人缴纳。产权属于全民所有的,由经营管理的单位缴纳。产权出典的,由承典人缴纳。产权所有人、承典人不在房产所在地的,或者产权未确定及租典纠纷未解决的,由房产代管人或者使用人缴纳。

前款列举的产权所有人、经营管理单位、承典人、房产代管人或者使用人,统称为纳税义务人(以下简称纳税人)。

第三条 房产税依照房产原值一次减除10%至30%后的余值计算缴纳。具体减除幅度,由省、自治区、直辖市人民政府规定。

没有房产原值作为依据的,由房产所在地税务机关参考同类房产核定。

房产出租的,以房产租金收入为房产税的计税依据。

第四条 房产税的税率,依照房产余值计算缴纳的,税率为1.2%;依照房产租金收入计算缴纳的,税率为12%。

第五条 下列房产免纳房产税:

一、国家机关、人民团体、军队自用的房产;

二、由国家财政部门拨付事业经费的单位自用的房产;

三、宗教寺庙、公园、名胜古迹自用的房产;

四、个人所有非营业用的房产;

五、经财政部批准免税的其他房产。

第六条 除本条例第五条规定者外,纳税人纳税确有困难的,可由省、自治区、直辖市人民政府确定,定期减征或者免征房产税。

第七条 房产税按年征收、分期缴纳。纳税期限由省、自治区、直辖市人民政府规定。

第八条 房产税的征收管理,依照《中华人民共和国税收征收管理法》的规定办理。

第九条 房产税由房产所在地的税务机关征收。

第十条 本条例由财政部负责解释;施行细则由省、自治区、直辖市人民政府制定,抄送财政部备案。

第十一条 本条例自1986年10月1日起施行。

财政部　国家税务总局关于明确免征房产税、城镇土地使用税的铁路运输企业范围的补充通知

2006年3月8日　财税〔2006〕17号

各省、自治区、直辖市、计划单列市财政厅（局）、地方税务局，新疆生产建设兵团财务局：

根据铁路运输体制改革情况，现将享受免征房产税、城镇土地使用税政策的铁道部所属铁路运输企业的范围补充通知如下：

一、享受免征房产税、城镇土地使用税优惠政策的铁道部所属铁路运输企业是指铁路局及国有铁路运输控股公司（含广铁〈集团〉公司、青藏铁路公司、大秦铁路股份有限公司、广深铁路股份有限公司等，具体包括客货、编组站、车务、机务、工务、电务、水电、供电、列车、客运、车辆段）、铁路办事处、中铁集装箱运输有限责任公司、中铁特货运输有限责任公司、中铁快运股份有限公司。

二、本通知自发文之日起执行。《财政部　国家税务总局关于明确免征房产税、城镇土地使用税的铁路运输企业范围及有关问题的通知》（财税〔2004〕36号）第一条停止执行。此前已征税款不予退还，未征税款不再补征。

财政部　国家税务总局关于具备房屋功能的地下建筑征收房产税的通知

2005年12月23日　财税〔2005〕181号

各省、自治区、直辖市、计划单列市财政厅（局）、地方税务局，新疆生产建设兵团财务局：

为了统一税收政策，规范税收管理，现将具备房屋功能的地下建筑的房产税政策明确如下：

一、凡在房产税征收范围内的具备房屋功能的地下建筑，包括与地上房屋相连的地下建筑以及完全建在地面以下的建筑、地下人防设施等，均应当依照有关规定征收房产税。

上述具备房屋功能的地下建筑是指有屋面和维护结构，能够遮风避雨，可供人们在其中生产、经营、工作、学习、娱乐、居住或储藏物资的场所。

二、自用的地下建筑，按以下方式计税：

1. 工业用途房产，以房屋原价的50%~60%作为应税房产原值。

应纳房产税的税额 = 应税房产原值 × [1 - (10%~30%)] × 1.2%

2. 商业和其他用途房产，以房屋原价的70%~80%作为应税房产原值。

应纳房产税的税额 = 应税房产原值 × [1 - (10%~30%)] × 1.2%

房屋原价折算为应税房产原值的具体比例，由各省、自治区、直辖市和计划单列市财政和地方税务部门在上述幅度内自行确定。

3. 对于与地上房屋相连的地下建筑，如房屋的地下室、地下停车场、商场的地下部分等，应将地下部分与地上房屋视为一个整体按照地上房屋建筑的有关规定计算征收房产税。

三、出租的地下建筑，按照出租地上房屋建筑的有关规定计算征收房产税。

四、本通知自2006年1月1日起执行，《财政部 税务总局关于房产税若干具体问题的解释和暂行规定》（〔86〕财税地字第008号）第十一条同时废止。

财政部关于对军队房产征免房产税的通知

1987年3月7日　财税〔1987〕32号

根据国务院国发〔1986〕90号《中华人民共和国房产税暂行条例》规定，军队自有自用的房产免征房产税。现对军队其他房产征免房产税问题通知如下：

一、军队出租的房产、军办企业（包括军办集体企业）的房产、军队与地方联营或合资企业等的房产，均应依照规定征收房产税。

二、军队无租出借的房产，由使用人代缴房产税。

三、军需工厂的房产，为照顾实际情况，凡生产军品的，免征房产税；生产经营民品的，依照规定征收房产税；既生产军品又生产经营民品的，可按各占比例划分征免房产税。

四、军人服务社的房产，专为军人和军人家属服务的免征房产税对外营业的应按规定征收房产税。

五、军队实行企业经营的招待所（包括饭店、宾馆），根据财政部和中国人民解放军总后勤部财税〔1984〕79号、财政部〔1984〕312号文件的精神，区别为军内服务和对军外营业各占的比例征免房产税。

六、在征收军队房产税的工作中，有关申报表、资料应妥善保管，注意保密。

财政部税务总局关于对房管部门经租的居民住房暂缓征收房产税的通知

手机阅读

1987年12月1日　〔87〕财税地字第030号

各省、自治区、直辖市税务局,各计划单列市税务局,加发南京、成都市税务局,海洋石油税务局各分局:

为了有利于房租改革和照顾房管部门经租的居民住房目前收取租金偏低的际情况,经研究确定:从一九八八年一月一日起,对房管部门经租的居民住房,在房租调整改革之前收取租金偏低的,可暂缓征收房产税;对房管部门经租的其他非营业用房,是否给予照顾,可由各省、自治区、直辖市根据当地具体情况按税收管理体制的规定办理。

财政部税务总局关于对司法部所属的劳改劳教单位征免房产税问题的补充通知

手机阅读

1987年12月1日　〔87〕财税地字第029号

我局〔87〕财税地字第021号文对司法部所属劳改单位征免房产税的问题已作了具体规定。现将有关司法部所属劳教单位征免房产税的问题,补充规定如下:

1. 由国家财政拨付事业经费的劳教单位,免征房产税。
2. 经费实行自收自支的劳教单位,在规定的免税期满后,应比照我局〔87〕财税地字第021号文对劳改单位征免房产税的规定办理。

财政部税务总局关于对司法部所属的劳改劳教单位征免房产税问题的通知

手机阅读

1987年9月19日　〔87〕财税地字第021号

现对司法部所属的劳改劳教单位征免房产税问题作如下通知:

一、对少年犯管教所的房产，免征房产税。

二、对劳改工厂、劳改农场等单位，凡作为管教或生活用房产，例如：办公室、警卫室、职工宿舍、犯人宿舍、储藏室、食堂、礼堂、图书室、阅览室、浴室、理发室、医务室等，均免征房产税；凡作为生产经营用房产，例如：厂房、仓库、门市部等，应征收房产税。

三、对监狱的房产，若主要用于关押犯人，只有极少部分用于生产经营的，可从宽掌握，免征房产税。但对设在监狱外部的门市部、营业部等生产经营用房产，应征收房产税，对生产规模较大的监狱，可以比照本通知第二条办理。具体由各省、自治区、直辖市税务局根据情况确定。

财政部税务总局关于对武警部队房产征免房产税的通知

手机阅读

1987年7月22日　〔87〕财税地字第012号

各省、自治区、直辖市税务局，各计划单列市税务局，加发南京市税务局，海洋石油税务局各分局：

根据《中华人民共和国房产税暂行条例》的有关规定，结合中国人民武装警察部队（以下简称武警部队）的性质，经研究，决定对其房产征免房产税问题，可比照对军队房产征免税的规定办理。现通知如下：

一、武警部队的工厂，专门为武警部门内部生产武器、弹药、军训器材、部队装备（指人员装备、军械装具、马装具）的，免征房产税。生产其他产品的，均按规定征收房产税。

二、武警部队与其他单位联营或合资办企业的房产，应征收房产税。

三、武警部队出租的房产，应征收房产税；无租出借的房产，由使用人代缴。

四、武警部队所办服务社的房产，专为武警内部人员及其家属服务的，免征房产税，对外营业的应征收房产税。

五、武警部队的招待所，专门接待武警内部人员的免征房产税；对外营业的，应征收房产税；二者兼有的，按各占比例划分征免税。

财政部税务总局关于房产税若干具体问题的解释和暂行规定①

手机阅读

1986年9月25日 〔86〕财税地字第008号

一、关于城市、县城、建制镇、工矿区的解释

城市是指经国务院批准设立的市。

县城是指未设立建制镇的县人民政府所在地。

建制镇是指经省、自治区、直辖市人民政府批准设立的建制镇。

工矿区是指工商业比较发达、人口比较集中,符合国务院规定的建制镇标准,但尚未设立镇建制的大中型工矿企业所在地。

开征房产税的工矿区须经省、自治区、直辖市人民政府批准。

开征房产税的工矿区须经省、自治区、直辖市人民政府批准。

二、关于城市、建制镇征税范围的解释

城市的征税范围为市区、郊区和市辖县县城。不包括农村。

建制镇的征税范围为镇人民政府所在地。不包括所辖的行政村。

三、关于人民团体的解释

人民团体是指经国务院授权的政府部门批准设立或登记备案并由国家拨付行政事业费的各种社会团体。

---

① 根据《国家税务总局关于房产税部分行政审批项目取消后加强后续管理工作的通知》(国税函〔2004〕839号),本法第二十四条中的"经税务机关审核"被删去。

根据《财政部 国家税务总局关于调整房产税有关减免税政策的通知》(财税〔2004〕140号),本法第十八条关于对微利企业和亏损企业的房产"可由地方根据实际情况在一定期限内暂免征收房产税"和第二十条"企业停产、撤消后,对他们原有的房产闲置不用的,经省、自治区、直辖市税务局批准可暂不征收房产税"的规定被废止。

根据《财政部 国家税务总局关于具备房屋功能的地下建筑征收房产税的通知》(财税〔2005〕181号),本法第十一条被废止。

根据《财政部 国家税务总局关于房产税城镇土地使用税有关问题的通知》(财税〔2008〕152号),本法第十五条被废止。

根据《财政部 国家税务总局关于房产税 城镇土地使用税有关问题的通知》(财税〔2009〕128号),本法第七条被废止。

根据《关于公布全文失效废止 部分条款失效废止的税收规范性文件目录的公告》(国家税务总局公告2011年第2号),本法第五条,第七条,第十一条,第十五条,第十八条,第二十条被废止;第二十四条中的"税务机关审核"被废止。

依据本法设定的相关事项已被列入《国务院关于第三批取消和调整行政审批项目的决定》(国发〔2004〕16号)的附件1《国务院决定取消的行政审批项目目录(385项)》。

四、关于由国家财政部门拨付事业经费的单位,是否包括由国家财政部门拨付事业经费,实行差额预算管理的事业单位

实行差额预算管理的事业单位,虽然有一定的收入,但收入不够本身经费开支的部分,还要由国家财政部门拨付经费补助。因此,对实行差额预算管理的事业单位,也属于是由国家财政部门拨付事业经费的单位,对其本身自用的房产免征房产税。

五、关于由国家财政部门拨付事业经费的单位,其经费来源实行自收自支后,有无减免税优待

由国家财政部门拨付事业经费的单位,其经费来源实行自收自支后,应征收房产税。但为了鼓励事业单位经济自立,由国家财政部门拨付事业经费的单位,其经费来源实行自收自支后,从事业单位经费实行自收自支的年度起,免征房产税3年。

六、关于免税单位自用房产的解释

国家机关,人民团体,军队自用的房产,是指这些单位本身的办公用房和公务用房。

事业单位自用的房产,是指这些单位本身的业务用房。

宗教寺庙自用的房产,是指举行宗教仪式等的房屋和宗教人员使用的生活用房屋。

公园,名胜古迹自用的房产,是指供公共参观游览的房屋及其管理单位的办公用房屋。

上述免税单位出租的房产以及非本身业务用的生产,营业用房产不属于免税范围,应征收房产税。

七、关于纳税单位和个人无租使用其他单位的房产,如何征收房产税

纳税单位和个人无租使用房产管理部门,免税单位及纳税单位的房产,应由使用人代缴纳房产税。

八、关于房产不在一地的纳税人,如何确定纳税地点

房产税暂行条例第九条规定,房产税由房产所在地的税务机关征收。房产不在一地的纳税人,应按房产的座落地点,分别向房产所在地的税务机关缴纳房产税。

九、关于在开征地区范围之外的工厂,仓库,可否征收房产税

根据房产税暂行条例的规定,不在开征地区范围之内的工厂,仓库,不应征收房产税。

十、关于企业办的各类学校,医院,托儿所,幼儿园自用的房产,可否免征房产税

企业办的各类学校,医院,托儿所,幼儿园自用的房产,可以比照由国家财政部门拨付事业经费的单位自用的房产,免征房产税。

十一、关于作营业用的地下人防设施,应否征收房产税

为鼓励利用地下人防设施,暂不征收房产税。

十二、关于个人所有的房产用于出租的,应否征收房产税

个人出租的房产,不分用途,均应征收房产税。

十三、关于个人所有的居住房屋,可否由当地核定面积标准,就超过面积标

准的部分征收房产税

根据房产税暂行条例规定,个人所有的非营业用的房产免征房产税。因此,对个人所有的居住用房,不分面积多少,均免征房产税。

十四、关于个人所有的出租房屋,是按房产余值计算缴纳房产税还是按房产租金收入计算缴纳房产税

根据房产税暂行条例规定,房产出租的,以房产租金收入为房产税的计税依据。因此,个人出租房屋,应按房屋租金收入征税。

十五、关于房产原值如何确定?房产原值是指纳税人按照会计制度规定,在账簿固定资产科目中记载的房屋原价。对纳税人未按会计制度规定记载的,在计征房产税时,应按规定调整房产原值,对房产原值明显不合理的,应重新予以评估。根据财税〔2008〕152号文件规定,本条失效。

十六、关于毁损不堪居住的房屋和危险房屋,可否免征房产税

经有关部门鉴定,对毁损不堪居住的房屋和危险房屋,在停止使用后,可免征房产税。

十七、关于依照房产原值一次减除10%至30%后的余值计算缴纳房产税,其减除幅度,可否按照房屋的新旧程度分别确定?对有些房屋的减除幅度,可否超过这个规定

根据房产税暂行条例规定,具体减除幅度以及是否区别房屋新旧程度分别确定减除幅度,由省,自治区,直辖市人民政府规定,减除幅度只能在10%至30%以内。

十八、关于对微利企业和亏损企业的房产,可否免征房产税

房产税属于财产税性质的税,对微利企业和亏损企业的房产,依照规定应征收房产税,以促进企业改善经营管理,提高经济效益。但为了照顾企业的实际负担能力,可由地方根据实际情况在一定期限内暂免征收房产税。

十九、关于新建的房屋如何征税

纳税人自建的房屋,自建成之次月起征收房产税。

纳税人委托施工企业建设的房屋,从办理验收手续之次月起征收房产税。

纳税人在办理验收手续前已使用或出租,出借的新建房屋,应按规定征收房产税。

二十、关于企业停产,撤销后应否停征房产税

企业停产,撤销后,对他们原有的房产闲置不用的,经省,自治区,直辖市税务局批准可暂不征收房产税;如果这些房产转给其他征税单位使用或者企业恢复生产的时候,应依照规定征收房产税。

二十一、关于基建工地的临时性房屋,应否征收房产税

凡是在基建工地为基建工地服务的各种工棚,材料棚,休息棚和办公室,食堂,茶炉房,汽车房等临时性房屋,不论是施工企业自行建造还是由基建单位出资建造交施工企业使用的,在施工期间,一律免征房产税。但是,如果在基建工程结束以后,施工企业将这种临时性房屋交还或者估价转让给基建单位的,应当从基建单位接收的次月起,依照规定征收房产税。

二十二、关于公园,名胜古迹中附设的营业单位使用或出租的房产,应否征收房产税

公园，名胜古迹中附设的营业单位，如影剧院，饮食部，茶社，照像馆等所使用的房产及出租的房产，应征收房产税。

二十三、关于房产出租，由承租人修理，不支付房租，应否征收房产税

承租人使用房产，以支付修理费抵交房产租金，仍应由房产的产权所有人依照规定缴纳房产税。

二十四、关于房屋大修停用期间，可否免征房产税

房屋大修停用在半年以上的，经纳税人申请，税务机关审核，在大修期间可免征房产税。

二十五、关于纳税单位与免税单位共同使用的房屋，如何征收房产税

纳税单位与免税单位共同使用的房屋，按各自使用的部分划分，分别征收或免征房产税。

国家税务总局关于房产税部分行政审批项目取消后加强后续管理工作的通知①

手机阅读

2004年6月23日　国税函〔2004〕839号

各省、自治区、直辖市和计划单列市地方税务局：

为贯彻执行《国务院关于第三批取消和调整行政审批项目的决定》（国发〔2004〕16号），做好房产税有关行政审批项目取消后的管理工作，现就有关问题通知如下：

一、对《财政部税务总局关于房产税若干具体问题的解释和暂行规定》（〔86〕财税地字第008号）第二十四条关于"房屋大修停用在半年以上的，经纳税人申请，税务机关审核，在大修期间可免征房产税"的规定作适当修改，取消经税务机关审核的内容。

纳税人因房屋大修导致连续停用半年以上的，在房屋大修期间免征房产税，免征税额由纳税人在申报缴纳房产税时自行计算扣除，并在申报表附表或备注栏中作相应说明。

二、纳税人房屋大修停用半年以上需要免征房产税的，应在房屋大修前向主管税务机关报送相关的证明材料，包括大修房屋的名称、座落地点、产权证编号、房产原值、用途、房屋大修的原因、大修合同及大修的起止时间等信息和资料，以备税务机关查验。具体报送材料由各省、自治区、直辖市和计划单列市地方税务局确定。

---

① 根据《国家税务总局关于修改部分税收规范性文件的公告》（国家税务总局公告2018年第31号），本法第二条和第五条中的"地方税务局"修改为"税务局"。

三、税务机关要加强房产税的税源管理,摸清纳税人房屋的使用状况,并设立房产税税源管理台账。有条件的地方要充分利用信息化手段,建立房产税信息管理系统,及时掌握房产税的申报、纳税、免税情况,加强税源管理。

四、税务机关应对报告大修的房屋加强跟踪管理和检查,如发现虚假情况,按《中华人民共和国税收征收管理法》的有关规定处理。

五、各省、自治区、直辖市和计划单列市地方税务局应根据本通知的精神制定具体的管理办法,并告知房产税的纳税人。

六、本通知自 2004 年 7 月 1 日起执行。

城镇土地使用税

中华人民共和国城镇土地使用税暂行条例

手机阅读

（1988年9月27日中华人民共和国国务院令第17号发布 根据2006年12月31日《国务院关于修改〈中华人民共和国城镇土地使用税暂行条例〉的决定》第一次修订 根据2011年1月8日《国务院关于废止和修改部分行政法规的决定》第二次修订 根据2013年12月7日《国务院关于修改部分行政法规的决定》第三次修订 根据2019年3月2日《国务院关于修改部分行政法规的决定》第四次修订）

第一条 为了合理利用城镇土地，调节土地级差收入，提高土地使用效益，加强土地管理，制定本条例。

第二条 在城市、县城、建制镇、工矿区范围内使用土地的单位和个人，为城镇土地使用税（以下简称土地使用税）的纳税人，应当依照本条例的规定缴纳土地使用税。

前款所称单位，包括国有企业、集体企业、私营企业、股份制企业、外商投资企业、外国企业以及其他企业和事业单位、社会团体、国家机关、军队以及其他单位；所称个人，包括个体工商户以及其他个人。

第三条 土地使用税以纳税人实际占用的土地面积为计税依据，依照规定税额计算征收。

前款土地占用面积的组织测量工作，由省、自治区、直辖市人民政府根据实际情况确定。

第四条 土地使用税每平方米年税额如下：

（一）大城市1.5元至30元；
（二）中等城市1.2元至24元；
（三）小城市0.9元至18元；
（四）县城、建制镇、工矿区0.6元至12元。

第五条 省、自治区、直辖市人民政府，应当在本条例第四条规定的税额幅度内，根据市政建设状况、经济繁荣程度等条件，确定所辖地区的适用税额幅度。

市、县人民政府应当根据实际情况，将本地区土地划分为若干等级，在省、自治区、直辖市人民政府确定的税额幅度内，制定相应的适用税额标准，报省、自治区、直辖市人民政府批准执行。

经省、自治区、直辖市人民政府批准，经济落后地区土地使用税的适用税额标准可以适当降低，但降低额不得超过本条例第四条规定最低税额的30%。经济发达地区土地使用税的适用税额标准可以适当提高，但须报经财政部批准。

第六条 下列土地免缴土地使用税：

（一）国家机关、人民团体、军队自用的土地；

（二）由国家财政部门拨付事业经费的单位自用的土地；

（三）宗教寺庙、公园、名胜古迹自用的土地；

（四）市政街道、广场、绿化地带等公共用地；

（五）直接用于农、林、牧、渔业的生产用地；

（六）经批准开山填海整治的土地和改造的废弃土地，从使用的月份起免缴土地使用税5年至10年；

（七）由财政部另行规定免税的能源、交通、水利设施用地和其他用地。

第七条 除本条例第六条规定外，纳税人缴纳土地使用税确有困难需要定期减免的，由县以上税务机关批准。

第八条 土地使用税按年计算、分期缴纳。缴纳期限由省、自治区、直辖市人民政府确定。

第九条 新征收的土地，依照下列规定缴纳土地使用税：

（一）征收的耕地，自批准征收之日起满1年时开始缴纳土地使用税；

（二）征收的非耕地，自批准征收次月起缴纳土地使用税。

第十条 土地使用税由土地所在地的税务机关征收。土地管理机关应当向土地所在地的税务机关提供土地使用权属资料。

第十一条 土地使用税的征收管理，依照《中华人民共和国税收征收管理法》及本条例的规定执行。

第十二条 土地使用税收入纳入财政预算管理。

第十三条 本条例的实施办法由省、自治区、直辖市人民政府制定。

第十四条 本条例自1988年11月1日起施行，各地制定的土地使用费办法同时停止执行。

财政部　税务总局关于继续实施物流企业大宗商品仓储设施用地城镇土地使用税优惠政策的公告

手机阅读

2020年3月13日　财政部　税务总局公告2020年第16号

为进一步促进物流业健康发展，现就物流企业大宗商品仓储设施用地城镇土地使用税政策公告如下：

一、自2020年1月1日起至2022年12月31日止，对物流企业自有（包括自用和出租）或承租的大宗商品仓储设施用地，减按所属土地等级适用税额标准的50%计征城镇土地使用税。

二、本公告所称物流企业，是指至少从事仓储或运输一种经营业务，为工农业生产、流通、进出口和居民生活提供仓储、配送等第三方物流服务，实行独立核算、独立承担民事责任，并在工商部门注册登记为物流、仓储或运输的专业物流企业。

本公告所称大宗商品仓储设施，是指同一仓储设施占地面积在6000平方米及以上，且主要储存粮食、棉花、油料、糖料、蔬菜、水果、肉类、水产品、化肥、农药、种子、饲料等农产品和农业生产资料，煤炭、焦炭、矿砂、非金属矿产品、原油、成品油、化工原料、木材、橡胶、纸浆及纸制品、钢材、水泥、有色金属、建材、塑料、纺织原料等矿产品和工业原材料的仓储设施。

本公告所称仓储设施用地，包括仓库库区内的各类仓房（含配送中心）、油罐（池）、货场、晒场（堆场）、罩棚等储存设施和铁路专用线、码头、道路、装卸搬运区域等物流作业配套设施的用地。

三、物流企业的办公、生活区用地及其他非直接用于大宗商品仓储的土地，不属于本公告规定的减税范围，应按规定征收城镇土地使用税。

四、本公告印发之日前已缴纳的应予减征的税款，在纳税人以后应缴税款中抵减或者予以退还。

五、纳税人享受本公告规定的减税政策，应按规定进行减免税申报，并将不动产权属证明、土地用途证明、租赁协议等资料留存备查。

国家税务总局关于下放城镇土地使用税困难减免税审批权限有关事项的公告①

手机阅读

2014年1月8日 国家税务总局公告2014年第1号

根据《国务院关于取消和下放一批行政审批项目的决定》（国发〔2013〕44号）及《国务院关于修改部分行政法规的决定》（国务院令第645号），决定把城镇土地使用税困难减免税（以下简称困难减免税）审批权限下放至县以上地方税务机关。现将有关事项公告如下：

一、各省、自治区、直辖市和计划单列市地方税务机关（以下简称省地方税务机关）要根据纳税困难类型、减免税金额大小及本地区管理实际，按照减

---

① 根据《国家税务总局关于修改部分税收规范性文件的公告》（国家税务总局公告2018年第31号），本法中的"地方税务机关"修改为"税务机关"。

负提效、放管结合的原则,合理确定省、市、县地方税务机关的审批权限,做到审批严格规范、纳税人办理方便。

二、困难减免税按年审批,纳税人申请困难减免税应在规定时限内向主管税务机关或有权审批的税务机关提交书面申请并报送相关资料。纳税人报送的资料应真实、准确、齐全。

三、申请困难减免税的情形、办理流程、时限及其他事项由省地方税务机关确定。省地方税务机关在确定申请困难减免税情形时要符合国家关于调整产业结构和促进土地节约集约利用的要求。对因风、火、水、地震等造成的严重自然灾害或其他不可抗力因素遭受重大损失、从事国家鼓励和扶持产业或社会公益事业发生严重亏损,缴纳城镇土地使用税确有困难的,可给予定期减免税。对从事国家限制或不鼓励发展的产业不予减免税。

四、省地方税务机关要按照本公告的要求尽快修订并公布本地区困难减免税审批管理办法,明确困难减免税的审批权限、申请困难减免税的情形、办理流程及时限等。同时,要加强困难减免税审批的后续管理和监督,坚决杜绝违法违规审批。要建立健全审批管理和风险防范制度。要加大检查力度,及时发现和解决问题,不断完善本地区困难减免税审批管理办法。

五、负责困难减免税审批的地方税务机关要坚持服务与管理并重的原则,切实做好审批工作。要加强宣传和解释,及时让纳税人知晓申请困难减免税的情形、受理机关、办理流程、需报送的资料等。要优化困难减免税审批流程,简化审批手续,创新审批管理工作方式,推进网上审批。同时,要加强困难减免税审批的事中事后管理,明确各部门、各岗位的职责和权限,严格过错追究。要设立困难减免税审批台账,定期向上级地方税务机关报送困难减免税批准情况。要加强对困难减免税对象的动态管理,对经批准减免税的纳税人进行跟踪评估。对情形发生变化的,要重新进行审核;对骗取减免税的,应及时追缴税款并按规定予以处罚。

六、本公告未涉及的事项,按照《国家税务总局关于印发〈税收减免管理办法(试行)〉的通知》(国税发〔2005〕129号)及有关规定执行。

本公告自2014年1月1日起施行。《国家税务总局关于下放城镇土地使用税困难减免审批项目管理层级后有关问题的通知》(国税函〔2004〕940号)同时废止。

特此公告。

财政部 税务总局关于继续对城市公交站场道路客运站场、城市轨道交通系统减免城镇土地使用税优惠政策的通知

手机阅读

2019年1月31日 财税〔2019〕11号

各省、自治区、直辖市、单列市财政厅（局），国家税务总局各省、自治区、直辖市、计划单列市税务局，新疆生产建设兵团财政局：

为支持公共交通发展，现将城市公交站场、道路客运站场、城市轨道交通系统城镇土地使用税优惠政策通知如下：

一、对城市公交站场、道路客运站场、城市轨道交通系统运营用地，免征城镇土地使用税。

二、城市公交站场运营用地，包括城市公交首末车站、停车场、保养场、站场办公用地、生产辅助用地。

道路客运站场运营用地，包括站前广场、停车场、发车位、站务用地、站场办公用地、生产辅助用地。

城市轨道交通系统运营用地，包括车站（含出入口、通道、公共配套及附属设施）、运营控制中心、车辆基地（含单独的综合维修中心、车辆段）以及线路用地，不包括购物中心、商铺等商业设施用地。

三、城市公交站场、道路客运站场，是指经县级以上（含县级）人民政府交通运输主管部门等批准建设的，为公众及旅客、运输经营者提供站务服务的场所。

城市轨道交通系统，是指依规定批准建设的，采用专用轨道导向运行的城市公共客运交通系统，包括地铁系统、轻轨系统、单轨系统、有轨电车、磁浮系统、自动导向轨道系统、市域快速轨道系统，不包括旅游景区等单位内部为特定人群服务的轨道系统。

四、纳税人享受本通知规定的免税政策，应按规定进行免税申报，并将不动产权属证明、土地用途证明等资料留存备查。

五、本通知执行期限为2019年1月1日至2021年12月31日。

财政部　税务总局关于中国兵器工业集团公司和中国兵器装备集团公司所属企业城镇土地使用税政策的通知

手机阅读

2019年1月9日　财税〔2019〕10号

各省、自治区、直辖市、单列市财政厅（局），国家税务总局各省、自治区、直辖市、计划单列市税务局，新疆生产建设兵团财政局：

自2019年1月1日起至2021年12月31日止，对中国兵器工业集团公司和中国兵器装备集团公司所属专门生产枪炮弹、火炸药、引信、火工品的企业，除办公、生活区用地外，其他用地继续免征城镇土地使用税。

企业享受本通知规定的免税政策，应按规定进行免税申报，并将不动产权属证明、土地用途证明等资料留存备查。

财政部　国家税务总局关于石油天然气生产企业城镇土地使用税政策的通知

手机阅读

2015年6月29日　财税〔2015〕76号

各省、自治区、直辖市、计划单列市财政厅（局）、地方税务局，西藏、宁夏自治区国家税务局，新疆生产建设兵团财务局：

经研究，现就石油天然气（含页岩气、煤层气）生产企业用地城镇土地使用税政策通知如下：

一、下列石油天然气生产建设用地暂免征收城镇土地使用税：

1. 地质勘探、钻井、井下作业、油气田地面工程等施工临时用地；
2. 企业厂区以外的铁路专用线、公路及输油（气、水）管道用地；
3. 油气长输管线用地。

二、在城市、县城、建制镇以外工矿区内的消防、防洪排涝、防风、防沙设施用地，暂免征收城镇土地使用税。

三、享受上述税收优惠的用地，用于非税收优惠用途的，不得享受本通知规定的税收优惠。

四、除上述第一条、第二条列举免税的土地外，其他油气生产及办公、生活区用地，依照规定征收城镇土地使用税。

五、地方人民政府应按照城镇土地使用税有关规定，确定工矿区范围。对在工矿区范围内的油气生产、办公、生活用地,其税额标准不得高于相邻的县城、建制镇的适用税额标准。

六、石油天然气生产企业应按照有关税收减免管理规定向主管税务机关备案免税土地情况。

七、本通知自2015年7月1日起执行。原国家税务局《关于对中国石油天然气总公司所属单位用地征免土地使用税问题的通知》(〔89〕国税地字第088号)、《关于对中国海洋石油总公司及其所属公司用地征免土地使用税问题的规定》(〔90〕国税油发003号)同时废止。

对〔89〕国税地字第088号和〔90〕国税油发003号文件规定免税,但按本通知规定应当征税的土地,自2015年7月1日至2016年12月31日,按应纳税额减半征收城镇土地使用税;自2017年1月1日起,全额征收城镇土地使用税。

财政部　国家税务总局关于房改房用地未办理土地使用权过户期间城镇土地使用税政策的通知

2013年8月2日　财税〔2013〕44号

各省、自治区、直辖市、计划单列市财政厅(局)、地方税务局,西藏、宁夏、青海省(自治区)国家税务局,新疆生产建设兵团财务局:

经研究,现就房改房用地未办理土地使用权过户期间的城镇土地使用税政策通知如下:

应税单位按照国家住房制度改革有关规定,将住房出售给职工并按规定进行核销账务处理后,住房用地在未办理土地使用权过户期间的城镇土地使用税征免,比照各省、自治区、直辖市对个人所有住房用地的现行政策执行。

财政部　国家税务总局关于核电站用地征免城镇土地使用税的通知

2007年9月10日　财税〔2007〕124号

各省、自治区、直辖市、计划单列市财政厅(局)、地方税务局,新疆生产建设兵团财务局:

经研究,现将核电站用地城镇土地使用税政策明确如下:

一、对核电站的核岛、常规岛、辅助厂房和通讯设施用地(不包括地下线路用地),生活、办公用地按规定征收城镇土地使用税,其他用地免征城镇土地使用税。

二、对核电站应税土地在基建期内减半征收城镇土地使用税。

三、本通知自发文之日起执行。

财政部 国家税务总局关于对中国航空、航天、船舶工业总公司所属军工企业免征土地使用税的若干规定的通知

1995年5月29日 财税字〔1995〕27号

各省、自治区、直辖市及计划单列市财政厅（局）、地方税务局：

按照国务院国函〔1994〕93号《国务院关于对军工科研生产调整改革问题的批复》中"军品科研生产及其相应附属设施用地，原则上免征土地使用税"的精神，结合军工企业的实际情况，根据《中华人民共和国城镇土地使用税暂行条例》第六条第七款"由财政部另行规定免税的能源、交通、水利设施用地和其他用地"的规定，现对中国航空工业总公司、中国航天工业总公司、中国船舶工业总公司的所属军工企业征免土地使用税的有关问题，规定如下：

一、对军品的科研生产专用的厂房、车间、仓库等建筑物用地和周围专属用地，及其相应的供水、供电、供气、供暖、供煤、供油、专用公路、专用铁路等附属设施用地，免征土地使用税；对满足军工产品性能实验所需的靶场、试验场、调试场、危险品销毁场等用地，及因安全要求所需的安全距离用地，免征土地使用税。

二、对科研生产中军品、民品共用无法分清的厂房、车间、仓库等建筑物用地和周围专属用地，及其相应的供水、供电、供气、供暖、供煤、供油、专用公路、专用铁路等附属设施用地，按比例减征土地使用税。具体办法，在应纳土地使用税额内按军品销售额占销售总额的比例，相应减征土地使用税，计算公式为：

减征税额 = 应纳税额 × 军品销售额/销售总额

三、上述科研生产企业的军品销售额及土地使用税的减免，由当地税务征收机关商同级财政部门核批。

四、此规定1995年1月1日起执行。

国家税务局关于对盐场、盐矿征免城镇土地使用税问题的通知

手机阅读

1989年12月22日　〔89〕国税地字第141号

各省、自治区、直辖市税务局,各计划单列省辖市税务局,海洋石油税务管理局各分局:

根据《中华人民共和国城镇土地使用税暂行条例》第六条规定,经研究,现对盐场、盐矿用地征免土地使用税的问题,规定如下:

一、对盐场、盐矿的生产厂房、办公、生活区用地,应照章征收土地使用税。

二、对盐场的盐滩、盐矿的矿井用地,暂免征收土地使用税。

三、对盐场、盐矿的其他用地,由省、自治区、直辖市税务局根据实际情况,确定征收土地使用税或给予定期减征、免征的照顾。

国家税务局关于印发《关于土地使用税若干具体问题的补充规定》的通知①

手机阅读

1989年12月21日　〔89〕国税地字第140号

各省、自治区、直辖市税务局,各计划单列省辖市税务局,海洋石油税务管理局各分局:

为了便于各地进一步贯彻执行《中华人民共和国城镇土地使用税暂行条例》,我局根据各地提出的问题和意见,拟定了《关于土地使用税若干具体问题的补充规定》,现予印发。请你们结合当地具体情况,研究贯彻执行。

---

① 根据《关于公布全文失效废止　部分条款失效废止的税收规范性文件目录的公告》(国家税务总局公告2011年第2号),本法第四条、第六条、第九条废止;第十条、第十二条中"经各省、自治区、直辖市税务局审批"的内容失效。

根据《财政部　国家税务总局关于企业范围内荒山　林地　湖泊等占地城镇土地使用税有关政策的通知》(财税〔2014〕1号),本法第十二条被废止。

根据《国家税务总局关于公布全文失效废止和部分条款废止的税收规范性文件目录的公告》(国家税务总局公告2016年第34号),本法第十条被废止。

附件：

关于土地使用税若干具体问题的补充规定

根据《中华人民共和国城镇土地使用税暂行条例》的规定，现将若干具体问题明确如下：

一、关于对免税单位与纳税单位之间无偿使用的土地应否征税问题

对免税单位无偿使用纳税单位的土地（如公安、海关等单位使用铁路、民航等单位的土地），免征土地使用税，对纳税单位无偿使用免税单位的土地，纳税单位应照章缴纳土地使用税。

二、关于对纳税单位与免税单位共同使用多层建筑用地的征税问题

纳税单位与免税单位共同使用共有使用权土地上的多层建筑，对纳税单位可按其占用的建筑面积占建筑总面积的比例计征土地使用税。

三、关于对缴纳农业税的土地应否征税问题

凡在开征范围内的土地，除直接用于农、林、牧、渔业的按规定免予征税以外，不论是否缴纳农业税，均应照章征收土地使用税。

四、关于对基建项目在建期间的用地应否征税问题

对基建项目在建期间使用的土地，原则上应照章征收土地使用税。但对有些基建项目，特别是国家产业政策扶持发展的大型基建项目占地面积大，建设周期长，在建期间又没有经营收入，为照顾其实际情况，对纳税人纳税确有困难的，可由各省、自治区、直辖市税务局根据具体情况予以免征或减征土地使用税，对已经完工或已经使用的建设项目，其用地应照章征收土地使用税。

五、关于对城镇内的集贸市场（农贸市场）用地应否征税问题

城镇内的集贸市场（农贸市场）用地，按规定应征收土地使用税。为了促进集贸市场的发展及照顾各地的不同情况，各省、自治区、直辖市税务局可根据具体情况自行确定对集贸市场用地征收或者免征土地使用税。

六、关于对房地产开发公司建造商品房的用地应否征税问题

房地产开发公司建造商品房的用地，原则上应按规定计征土地使用税。但在商品房出售之前纳税确有困难的，其用地是否给予缓征或减征、免征照顾，可由各省、自治区、直辖市税务局根据从严的原则结合具体情况确定。

七、关于对落实私房政策后已归还产权，但房主尚未能收回的房屋的用地，可否给予减免税照顾问题

原房管部门代管的私房，落实政策后，有些私房产权已归还给房主，但由于各种原因，房屋仍由原住户居住，并且住户仍是按照房管部门在房租调整改革之前确定的租金标准向房主交纳租金。对这类房屋用地，房主缴纳土地使用税确有困难的，可由各省、自治区、直辖市税务局根据实际情况，给予定期减征或免征土地使用税的照顾。

八、关于对防火、防爆、防毒等安全防范用地应否征税问题

对于各类危险品仓库、厂房所需的防火、防爆、防毒等安全防范用地，可由各省、自治区、直辖市税务局确定，暂免征收土地使用税；对仓库库区、厂房本身用地，应照章征收土地使用税。

九、关于对关闭、撤销的企业占地应否征税问题

企业关闭、撤销后,其占地未作他用的,经各省、自治区、直辖市税务局批准,可暂免征收土地使用税;如土地转让给其他单位使用或企业重新用于生产经营的,应依照规定征收土地使用税。

十、关于对搬迁企业的用地应如何征税问题

企业搬迁后,其原有场地和新场地都使用的,均应照章征收土地使用税;原有场地不使用的,经各省、自治区、直辖市税务局审批,可暂免征收土地使用税。

十一、关于对企业的铁路专用线、公路等用地应否征税问题

对企业的铁路专用线、公路等用地,除另有规定者外,在企业厂区(包括生产、办公及生活区)以内的,应照章征收土地使用税;在厂区以外、与社会公用地段未加隔离的,暂免征收土地使用税。

十二、关于对企业范围内的荒山、林地、湖泊等占地应否征收土地使用税问题

对企业范围内的荒山、林地、湖泊等占地,尚未利用的,经各省、自治区、直辖市税务局审批,可暂免征收土地使用税。

十三、关于对企业的绿化用地可否免征土地使用税问题

对企业厂区(包括生产、办公及生活区)以内的绿化用地,应照章征收土地使用税;厂区以外的公共绿化用地和向社会开放的公园用地,暂免征收土地使用税。

国家税务局关于对交通部门的港口用地征免土地使用税问题的规定[①]

1989年11月13日　〔89〕国税地字第123号

根据《中华人民共和国城镇土地使用税暂行条例》第六条规定,现对交通部门的港口用地征免土地使用税问题,规定如下:

一、对港口的码头(即泊位,包括岸边码头,伸入水中的浮码头,堤岸,堤坝,栈桥等)用地,免征土地使用税。

二、对港口的露天堆货场用地,原则上应征收土地使用税,企业纳税确有困难的,可由省,自治区,直辖市税务局根据其实际情况,给予定期减征或免征土地使用税的照顾。

三、除上述规定外,港口的其他用地,应按规定征收土地使用税。

---

① 根据《关于公布全文失效废止　部分条款失效废止的税收规范性文件目录的公告》(国家税务总局公告2011年第2号),本法第二条废止。

国家税务局关于对矿山企业征免土地使用税问题的通知

1989年11月10日　〔89〕国税地字第122号

各省、自治区、直辖市税务局,各计划单列省辖市税务局,海洋石油税务管理局各分局:

根据《中华人民共和国城镇土地使用税暂行条例》第六条的规定,现对矿山企业(包括黑色冶金矿和有色金属矿及除煤矿外的其他非金属矿)的用地征免土地使用税问题,通知如下:

一、对矿山的采矿场、排土场、尾矿库、炸药库的安全区、采区运矿及运岩公路、尾矿输送管道及回水系统用地,免征土地使用税。

二、对矿山企业采掘地下矿造成的塌陷地以及荒山占地,在未利用之前,暂免征收土地使用税。

三、除上述规定外,对矿山企业的其他生产用地及办公、生活区用地,应照章征收土地使用税。

国家税务局关于对司法部所属的劳改劳教单位征免土地使用税问题的规定①

1989年11月10日　〔89〕国税地字第119号

各省、自治区、直辖市税务局,各计划单列省辖市税务局,海洋石油税务管理局各分局:

根据《中华人民共和国城镇土地使用税暂行条例》第六条的规定,结合劳改劳教单位的特点,现对司法部所属的劳改劳教单位征免城镇土地使用税问题规定如下:

一、对少年犯管教所的用地和由国家财政部门拨付事业经费的劳教单位自用的土地,免征土地使用税。

二、对劳改单位及经费实行自收自支的劳教单位的工厂、农场等。凡属于管教或生活用地,例如,办公室、警卫室、职工宿舍、犯人宿舍、储蓄室、食堂、礼堂、图书室、阅览室、浴室、理发室、医务室等房屋、建筑物用地及其

---

① 根据《关于公布全文失效废止　部分条款失效废止的税收规范性文件目录的公告》(国家税务总局公告2011年第2号),本法第二条部分内容:"凡是生产经营用地,……应照章征收土地使用税。"被废止。

周围土地,均免征土地使用税;凡是生产经营用地,例如:厂房、仓库、门市部等房屋、建筑物用地及其周围土地,应征收土地使用税。管教或生活用地与生产经营用地不能划分开的,应照章征收土地使用税。

三、对监狱的用地,若主要用于关押犯人,只有极少部分用于生产经营的,可从宽掌握,免征土地使用税。但对设在监狱外部的门市部,营业部等生产经营用地,应征收土地使用税;对生产设施较大的监狱,可以比照本规定第二条办理。具体由各省、自治区、直辖市税务局根据情况确定。

国家税务局关于对煤炭企业用地征免土地使用税问题的规定①

1989年8月23日 〔89〕国税地字第89号

各省、自治区、直辖市税务局,各计划单列省辖市税务局,海洋石油税务管理局各分局:

根据《中华人民共和国城镇土地使用税暂行条例》第六条的有关规定,结合煤炭企业用地的特点,现对中国统配煤矿总公司、东北内蒙古煤炭工业联合公司所属的煤炭企业征免土地使用税问题,规定如下:

一、煤炭企业的矸石山、排土场用地,防排水沟用地,矿区办公、生活区以外的公路、铁路专用线、轻便道和输变电线路用地,火炸药库库房外安全区用地,向社会开放的公园及公共绿化带用地,暂免征收土地使用税。

二、煤炭企业的塌陷地、荒山,在未利用之前,暂缓征收土地使用税。

三、煤炭企业的报废矿井占地,经煤炭企业申请,当地税务机关审核,可以暂免征收土地使用税。但利用报废矿井搞工商业生产经营或用于居住的占地,仍应按规定征收土地使用税。

四、除上述各条列举免税的土地外、其他在开征范围内的煤炭生产及办公、生活区用地,均应依照规定征收土地使用税。

五、对于直接用于煤炭生产的占地,在1990年底前,暂按当地规定的适

---

① 根据《关于煤炭企业未利用塌陷地城镇土地使用税政策的通知》(财税〔2006〕74号),本法第二条中煤炭企业的塌陷地在未利用之前暂缓征收土地使用税的规定被废止。

根据《关于公布全文失效废止 部分条款失效废止的税收规范性文件目录的公告》(国家税务总局公告2011年第2号),本法第二条中煤炭企业的塌陷地在未利用之前暂缓征收土地使用税的规定废止。第三条"煤炭企业的报废矿井占地,经煤炭企业申请,当地税务机关审核,可以暂免征收土地使用税"和第六条"煤炭企业依照上述规定缴纳土地使用税,确实仍有困难,按照《中华人民共和国城镇土地使用税暂行条例》第七条的规定办理"的规定被废止。

用税额的低限征收土地使用税。对煤炭企业的其他占地，仍按当地规定的适用税额征收土地使用税。

六、煤炭企业依照上述规定缴纳土地使用税，确实仍有困难的，按照《中华人民共和国城镇土地使用税暂行条例》第七条的规定办理。

地方煤炭企业土地使用税的征免划分问题，由各省、自治区、直辖市税务局参照上述规定具体确定。

国家税务局关于对民航机场用地征免土地使用税问题的规定

手机阅读

1989年4月6日　〔89〕国税地字第32号

根据国务院国发〔1988〕17号《中华人民共和国城镇土地使用税暂行条例》的规定，现对民航机场用地征免土地使用税问题作如下规定：

一、机场飞行区（包括跑道、滑行道、停机坪、安全带、夜航灯光区）用地，场内外通讯导航设施用地和飞行区四周排水防洪设施用地，免征土地使用税。

二、机场道路，区分为场内、场外道路。场外道路用地免征土地使用税；场内道路用地依照规定征收土地使用税。

三、机场工作区（包括办公、生产和维修用地及候机楼、停车场）用地、生活区用地、绿化用地，均须依照规定征收土地使用税。

国家税务局关于水利设施用地征免土地使用税问题的规定

手机阅读

1989年2月3日　〔89〕国税地字第14号

各省、自治区、直辖市税务局，各计划单列市税务局，加发南京、成都市税务局，海洋石油税务管理局各分局：

为了支持水利事业发展，根据《中华人民共和国城镇土地使用税暂行条例》规定，对水利设施用地征免土地使用税问题，明确如下：

一、对水利设施及其管护用地（如水库库区、大坝、堤防、灌渠、泵站等用地），免征土地使用税；其他用地，如生产、办公、生活用地，应照章征收土地使用税。

二、对兼有发电的水利设施用地征免土地使用税问题，比照电力行业征免土地使用税的有关规定办理。

国家税务局关于电力行业征免土地使用税问题的规定

1989年2月2日　〔89〕国税地字第13号

为了便于各地贯彻土地使用税暂行条例,现将电力行业征免土地使用税问题,明确如下:

一、对火电厂厂区围墙内的用地,均应照章征收土地使用税。对厂区围墙外的灰场、输灰管、输油(气)管道、铁路专用线用地、免征土地使用税;厂区围墙外的其他用地,应照章征税。

二、对水电站的发电厂房用地(包括坝内、坝外式厂房),生产、办公、生活用地,照章征收土地使用税;

三、对供电部门输电线路用地、变电站用地,免征土地使用税。

国家税务局关于对核工业总公司所属企业征免土地使用税问题的若干规定①

1989年1月25日　〔89〕国税地字第007号

各省、自治区、直辖市税务局,各计划单列市税务局,加发南京、成都市税务局:

根据《中华人民共和国城镇土地使用税暂行条例》的规定,现对核工业总公司所属企业征免土地使用税问题规定如下:

一、对生产核系列产品的厂矿,为照顾其特殊情况,除生活区、办公区用地应依照规定征收土地使用税外,其他用地暂予免征土地使用税。

二、对除生产核系列产品厂矿以外的其他企业,如仪表企业、机械修造企业、建筑安装企业等,应依照规定征收土地使用税。

三、上述企业纳税确有困难要求照顾的,可根据《暂行条例》第七条的规

---

① 根据《国家税务总局关于发布已失效或废止的税收规范性文件目录的通知》(国税发〔2006〕62号),本法第三条被废止。

根据《关于公布全文失效废止　部分条款失效废止的税收规范性文件目录的公告》(国家税务总局公告2011年第2号),本法第三条失效。

定，由企业向所在地的税务机关提出减免税申请，经省、自治区、直辖市税务局审核后，报我局核批。

四、核工业企业所在地税务机关，应指定专人负责对核工业企业土地使用税的征管工作。有关企业的纳税资料应严格保密，妥善予以保管。

国家税务局关于印发《关于土地使用税若干具体问题的解释和暂行规定》的通知[①]

1988年10月24日　〔88〕国税地字第15号

各省、自治区、直辖市税务局，各计划单列市税务局，加发南京、成都市税务局，海洋石油税务局各分局：

为便于各地贯彻执行国务院发布的《中华人民共和国城镇土地使用税暂行条例》，经征求各地意见，国家税务局拟定了《关于土地使用税若干具体问题的解释和暂行规定》，现印发给你们，请结合本地的实际情况，研究贯彻执行。执行中有什么问题，请及时报告。

关于土地使用税若干具体问题的解释和暂行规定

一、关于城市、县城、建制镇、工矿区范围内土地的解释

城市、县城、建制镇、工矿区范围内土地，是指在这些区域范围内属于国家所有和集体所有的土地。

二、关于城市、县城、建制镇、工矿区的解释

城市是指经国务院批准设立的市。

县城是指县人民政府所在地。

建制镇是指经省、自治区、直辖市人民政府批准设立的建制镇。

工矿区是指工商业比较发达，人口比较集中，符合国务院规定的建制镇标准，但尚未设立建制镇的大中型工矿企业所在地。工矿区须经省、自治区、直辖市人民政府批准。

三、关于征税范围的解释

城市的征税范围为市区和郊区。

县城的征税范围为县人民政府所在的城镇。

---

① 根据《国家税务总局关于公布失效废止的税务部门规章和税收规范性文件目录的决定》（国家税务总局令第42号），本法废止第十七条。

根据《财政部　国家税务总局关于安置残疾人就业单位城镇土地使用税等政策的通知》（财税〔2010〕121号），本法第十八条第四项被废止。

建制镇的征税范围为镇人民政府所在地。

城市、县城、建制镇、工矿区的具体征税范围，由各省、自治区、直辖市人民政府划定。

四、关于纳税人的确定

土地使用税由拥有土地使用权的单位或个人缴纳。拥有土地使用权的纳税人不在土地所在地的，由代管人或实际使用人纳税；土地使用权未确定或权属纠纷未解决的，由实际使用人纳税；土地使用权共有的，由共有各方分别纳税。

五、关于土地使用权共有的，如何计算缴纳土地使用税

土地使用权共有的各方，应按其实际使用的土地面积占总面积的比例，分别计算缴纳土地使用税。

六、关于纳税人实际占用的土地面积的确定

纳税人实际占用的土地面积，是指由省、自治区、直辖市人民政府确定的单位组织测定的土地面积，尚未组织测量，但纳税人持有政府部门核发的土地使用证书的，以证书确认的土地面积为准；尚未核发土地使用证书的，应由纳税人据实申报土地面积。

七、关于大中小城市的解释

大、中、小城市以公安部门登记在册的非农业正式户口人数为依据，按照国务院颁布的《城市规划条例》中规定的标准划分。现行的划分标准是：市区及郊区非农业人口总计在50万以上的，为大城市；市区及郊区非农业人口总计在20万至50万的，为中等城市；市区及郊区非农业人口总计在20万以下的，为小城市。

八、关于人民团体的解释

人民团体是指经国务院授权的政府部门批准设立或登记备案并由国家拨付行政事业费的各种社会团体。

九、关于由国家财政部门拨付事业经费的单位的解释

由国家财政部门拨付事业经费的单位，是指由国家财政部门拨付经费、实行全额预算管理或差额预算管理的事业单位。不包括实行自收自支、自负盈亏的事业单位。

十、关于免税单位自用土地的解释

国家机关、人民团体、军队自用的土地，是指这些单位本身的办公用地和公务用地。

事业单位自用的土地，是指这些单位本身的业务用地。

宗教寺庙自用的土地，是指举行宗教仪式等的用地和寺庙内的宗教人员生活用地。

公园、名胜古迹自用的土地，是指供公共参观游览的用地及其管理单位的办公用地。

以上单位的生产、营业用地和其他用地，不属于免税范围，应按规定缴纳土地使用税。

十一、关于直接用于农、林、牧、渔业的生产用地的解释

直接用于农、林、牧、渔业的生产用地,是指直接从事于种植、养殖、饲养的专业用地,不包括农副产品加工场地和生活、办公用地。

十二、关于征用的耕地与非耕地的确定

征用的耕地与非耕地,以土地管理机关批准征地的文件为依据确定。

十三、关于开山填海整治的土地和改造的废弃土地及其免税期限的确定

开山填海整治的土地和改造的废弃土地,以土地管理机关出具的证明文件为依据确定;具体免税期限由各省、自治区、直辖市税务局在《土地使用税暂行条例》规定的期限内自行确定。

十四、关于纳税人使用的土地不属于同一省(自治区、直辖市)管辖范围的,如何确定纳税地点

纳税人使用的土地不属于同一省(自治区、直辖市)管辖范围的,应由纳税人分别向土地所在地的税务机关缴纳土地使用税。

在同一省(自治区、直辖市)管辖范围内,纳税人跨地区使用的土地,如何确定纳税地点,由各省、自治区、直辖市税务局确定。

十五、关于公园、名胜古迹中附设的营业单位使用的土地,应否征收土地使用税

公园、名胜古迹中附设的营业单位,如影剧院、饮食部、茶社、照相馆等使用的土地,应征收土地使用税。

十六、关于对房管部门经租的公房用地,如何征收土地使用税

房管部门经租的公房用地,凡土地使用权属于房管部门的,由房管部门缴纳土地使用税。

十七、关于企业办的学校、医院、托儿所、幼儿园自用的土地,可否免征土地使用税

企业办的学校、医院、托儿所、幼儿园,其用地能与企业其他用地明确区分的,可以比照由国家财政部门拨付事业经费的单位自用的土地,免征土地使用税。

十八、下列土地的征免税,由省、自治区、直辖市税务局确定

1. 个人所有的居住房屋及院落用地;
2. 房产管理部门在房租调整改革前经租的居民住房用地;
3. 免税单位职工家属的宿舍用地;
4. 民政部门举办的安置残疾人占一定比例的福利工厂用地;
5. 集体和个人办的各类学校、医院、托儿所、幼儿园用地。

国家税务局关于林业系统征免土地使用税问题的通知[①]

1991年11月1日　国税函发〔1991〕1404号

根据国务院《关于研究解决森工企业困难问题的会议纪要》精神，结合林业系统的实际情况，经研究，现对林业系统征免土地使用税的问题，通知如下：

一、对林区的有林地、运材道、防火道、防火设施用地，免征土地使用税。林业系统的森林公园、自然保护区，可比照公园免征土地使用税。

二、林业系统的林区贮木场、水运码头用地，原则上应按税法规定缴纳土地使用税，考虑到林业系统目前的困难，为扶持其发展，在1991年12月31日前，暂予免征土地使用税。

三、除上述列举免税的土地外，对林业系统的其他生产用地及办公、生活区用地，应照章征收土地使用税。

---

① 根据《关于公布全文失效废止　部分条款失效废止的税收规范性文件目录的公告》（国家税务总局公告2011年第2号），本法第二条失效。

耕地占用税

中华人民共和国耕地占用税法

手机阅读

(2018年12月29日第十三届全国人民代表大会常务委员会第七次会议通过,同日中华人民共和国主席令第十八号公布)

第一条 为了合理利用土地资源,加强土地管理,保护耕地,制定本法。

第二条 在中华人民共和国境内占用耕地建设建筑物、构筑物或者从事非农业建设的单位和个人,为耕地占用税的纳税人,应当依照本法规定缴纳耕地占用税。

占用耕地建设农田水利设施的,不缴纳耕地占用税。

本法所称耕地,是指用于种植农作物的土地。

第三条 耕地占用税以纳税人实际占用的耕地面积为计税依据,按照规定的适用税额一次性征收,应纳税额为纳税人实际占用的耕地面积(平方米)乘以适用税额。

第四条 耕地占用税的税额如下:

(一)人均耕地不超过一亩的地区(以县、自治县、不设区的市、市辖区为单位,下同),每平方米为十元至五十元;

(二)人均耕地超过一亩但不超过二亩的地区,每平方米为八元至四十元;

(三)人均耕地超过二亩但不超过三亩的地区,每平方米为六元至三十元;

(四)人均耕地超过三亩的地区,每平方米为五元至二十五元。

各地区耕地占用税的适用税额,由省、自治区、直辖市人民政府根据人均耕地面积和经济发展等情况,在前款规定的税额幅度内提出,报同级人民代表大会常务委员会决定,并报全国人民代表大会常务委员会和国务院备案。各省、自治区、直辖市耕地占用税适用税额的平均水平,不得低于本法所附《各省、自治区、直辖市耕地占用税平均税额表》规定的平均税额。

第五条 在人均耕地低于零点五亩的地区,省、自治区、直辖市可以根据当地经济发展情况,适当提高耕地占用税的适用税额,但提高的部分不得超过本法第四条第二款确定的适用税额的百分之五十。具体适用税额按照本法第四条第二款规定的程序确定。

第六条 占用基本农田的,应当按照本法第四条第二款或者第五条确定的当地适用税额,加按百分之一百五十征收。

第七条 军事设施、学校、幼儿园、社会福利机构、医疗机构占用耕地，免征耕地占用税。

铁路线路、公路线路、飞机场跑道、停机坪、港口、航道、水利工程占用耕地，减按每平方米二元的税额征收耕地占用税。

农村居民在规定用地标准以内占用耕地新建自用住宅，按照当地适用税额减半征收耕地占用税；其中农村居民经批准搬迁，新建自用住宅占用耕地不超过原宅基地面积的部分，免征耕地占用税。

农村烈士遗属、因公牺牲军人遗属、残疾军人以及符合农村最低生活保障条件的农村居民，在规定用地标准以内新建自用住宅，免征耕地占用税。

根据国民经济和社会发展的需要，国务院可以规定免征或者减征耕地占用税的其他情形，报全国人民代表大会常务委员会备案。

第八条 依照本法第七条第一款、第二款规定免征或者减征耕地占用税后，纳税人改变原占地用途，不再属于免征或者减征耕地占用税情形的，应当按照当地适用税额补缴耕地占用税。

第九条 耕地占用税由税务机关负责征收。

第十条 耕地占用税的纳税义务发生时间为纳税人收到自然资源主管部门办理占用耕地手续的书面通知的当日。纳税人应当自纳税义务发生之日起三十日内申报缴纳耕地占用税。

自然资源主管部门凭耕地占用税完税凭证或者免税凭证和其他有关文件发放建设用地批准书。

第十一条 纳税人因建设项目施工或者地质勘查临时占用耕地，应当依照本法的规定缴纳耕地占用税。纳税人在批准临时占用耕地期满之日起一年内依法复垦，恢复种植条件的，全额退还已经缴纳的耕地占用税。

第十二条 占用园地、林地、草地、农田水利用地、养殖水面、渔业水域滩涂以及其他农用地建设建筑物、构筑物或者从事非农业建设的，依照本法的规定缴纳耕地占用税。

占用前款规定的农用地的，适用税额可以适当低于本地区按照本法第四条第二款确定的适用税额，但降低的部分不得超过百分之五十。具体适用税额由省、自治区、直辖市人民政府提出，报同级人民代表大会常务委员会决定，并报全国人民代表大会常务委员会和国务院备案。

占用本条第一款规定的农用地建设直接为农业生产服务的生产设施的，不缴纳耕地占用税。

第十三条 税务机关应当与相关部门建立耕地占用税涉税信息共享机制和工作配合机制。县级以上地方人民政府自然资源、农业农村、水利等相关部门应当定期向税务机关提供农用地转用、临时占地等信息，协助税务机关加强耕地占用税征收管理。

税务机关发现纳税人的纳税申报数据资料异常或者纳税人未按照规定期限申报纳税的，可以提请相关部门进行复核，相关部门应当自收到税务机关复核申请之日起三十日内向税务机关出具复核意见。

第十四条 耕地占用税的征收管理，依照本法和《中华人民共和国税收征收管理法》的规定执行。

第十五条 纳税人、税务机关及其工作人员违反本法规定的,依照《中华人民共和国税收征收管理法》和有关法律法规的规定追究法律责任。

第十六条 本法自 2019 年 9 月 1 日起施行。2007 年 12 月 1 日国务院公布的《中华人民共和国耕地占用税暂行条例》同时废止。

附:

各省、自治区、直辖市耕地占用税平均税额表

省、自治区、直辖市	平均税额(元/平方米)
上海	45
北京	40
天津	35
江苏、浙江、福建、广东	30
辽宁、湖北、湖南	25
河北、安徽、江西、山东、河南、重庆、四川	22.5
广西、海南、贵州、云南、陕西	20
山西、吉林、黑龙江	17.5
内蒙古、西藏、甘肃、青海、宁夏、新疆	12.5

财政部 税务总局 自然资源部 农业农村部 生态环境部关于发布《中华人民共和国耕地占用税法实施办法》的公告

手机阅读

2019 年 8 月 29 日 财政部 税务总局 自然资源部 农业农村部 生态环境部公告 2019 年第 81 号

为贯彻落实《中华人民共和国耕地占用税法》,财政部、税务总局、自然资源部、农业农村部、生态环境部制定了《中华人民共和国耕地占用税法实施办法》,现予以发布,自 2019 年 9 月 1 日起施行。

特此公告。

附件：

中华人民共和国耕地占用税法实施办法

第一条 为了贯彻实施《中华人民共和国耕地占用税法》（以下简称税法），制定本办法。

第二条 经批准占用耕地的，纳税人为农用地转用审批文件中标明的建设用地人；农用地转用审批文件中未标明建设用地人的，纳税人为用地申请人，其中用地申请人为各级人民政府的，由同级土地储备中心、自然资源主管部门或政府委托的其他部门、单位履行耕地占用税申报纳税义务。

未经批准占用耕地的，纳税人为实际用地人。

第三条 实际占用的耕地面积，包括经批准占用的耕地面积和未经批准占用的耕地面积。

第四条 基本农田，是指依据《基本农田保护条例》划定的基本农田保护区范围内的耕地。

第五条 免税的军事设施，具体范围为《中华人民共和国军事设施保护法》规定的军事设施。

第六条 免税的学校，具体范围包括县级以上人民政府教育行政部门批准成立的大学、中学、小学，学历性职业教育学校和特殊教育学校，以及经省级人民政府或其人力资源社会保障行政部门批准成立的技工院校。

学校内经营性场所和教职工住房占用耕地的，按照当地适用税额缴纳耕地占用税。

第七条 免税的幼儿园，具体范围限于县级以上人民政府教育行政部门批准成立的幼儿园内专门用于幼儿保育、教育的场所。

第八条 免税的社会福利机构，具体范围限于依法登记的养老服务机构、残疾人服务机构、儿童福利机构、救助管理机构、未成年人救助保护机构内，专门为老年人、残疾人、未成年人、生活无着的流浪乞讨人员提供养护、康复、托管等服务的场所。

第九条 免税的医疗机构，具体范围限于县级以上人民政府卫生健康行政部门批准设立的医疗机构内专门从事疾病诊断、治疗活动的场所及其配套设施。

医疗机构内职工住房占用耕地的，按照当地适用税额缴纳耕地占用税。

第十条 减税的铁路线路，具体范围限于铁路路基、桥梁、涵洞、隧道及其按照规定两侧留地、防火隔离带。

专用铁路和铁路专用线占用耕地的，按照当地适用税额缴纳耕地占用税。

第十一条 减税的公路线路，具体范围限于经批准建设的国道、省道、县道、乡道和属于农村公路的村道的主体工程以及两侧边沟或者截水沟。

专用公路和城区内机动车道占用耕地的，按照当地适用税额缴纳耕地占用税。

第十二条 减税的飞机场跑道、停机坪，具体范围限于经批准建设的民用机场专门用于民用航空器起降、滑行、停放的场所。

第十三条 减税的港口,具体范围限于经批准建设的港口内供船舶进出、停靠以及旅客上下、货物装卸的场所。

第十四条 减税的航道,具体范围限于在江、河、湖泊、港湾等水域内供船舶安全航行的通道。

第十五条 减税的水利工程,具体范围限于经县级以上人民政府水行政主管部门批准建设的防洪、排涝、灌溉、引(供)水、滩涂治理、水土保持、水资源保护等各类工程及其配套和附属工程的建筑物、构筑物占压地和经批准的管理范围用地。

第十六条 纳税人符合税法第七条规定情形,享受免征或者减征耕地占用税的,应当留存相关证明资料备查。

第十七条 根据税法第八条的规定,纳税人改变原占地用途,不再属于免征或减征情形的,应自改变用途之日起30日内申报补缴税款,补缴税款按改变用途的实际占用耕地面积和改变用途时当地适用税额计算。

第十八条 临时占用耕地,是指经自然资源主管部门批准,在一般不超过2年内临时使用耕地并且没有修建永久性建筑物的行为。

依法复垦应由自然资源主管部门会同有关行业管理部门认定并出具验收合格确认书。

第十九条 因挖损、采矿塌陷、压占、污染等损毁耕地属于税法所称的非农业建设,应依照税法规定缴纳耕地占用税;自然资源、农业农村等相关部门认定损毁耕地之日起3年内依法复垦或修复,恢复种植条件的,比照税法第十一条规定办理退税。

第二十条 园地,包括果园、茶园、橡胶园、其他园地。

前款的其他园地包括种植桑树、可可、咖啡、油棕、胡椒、药材等其他多年生作物的园地。

第二十一条 林地,包括乔木林地、竹林地、红树林地、森林沼泽、灌木林地、灌丛沼泽、其他林地,不包括城镇村庄范围内的绿化林木用地,铁路、公路征地范围内的林木用地,以及河流、沟渠的护堤林用地。

前款的其他林地包括疏林地、未成林地、迹地、苗圃等林地。

第二十二条 草地,包括天然牧草地、沼泽草地、人工牧草地,以及用于农业生产并已由相关行政主管部门发放使用权证的草地。

第二十三条 农田水利用地,包括农田排灌沟渠及相应附属设施用地。

第二十四条 养殖水面,包括人工开挖或者天然形成的用于水产养殖的河流水面、湖泊水面、水库水面、坑塘水面及相应附属设施用地。

第二十五条 渔业水域滩涂,包括专门用于种植或者养殖水生动植物的海水潮浸地带和滩地,以及用于种植芦苇并定期进行人工养护管理的苇田。

第二十六条 直接为农业生产服务的生产设施,是指直接为农业生产服务而建设的建筑物和构筑物。具体包括:储存农用机具和种子、苗木、木材等农业产品的仓储设施;培育、生产种子、种苗的设施;畜禽养殖设施;木材集材道、运材道;农业科研、试验、示范基地;野生动植物保护、护林、森林病虫害防治、森林防火、木材检疫的设施;专为农业生产服务的灌溉排水、供水、供电、供热、供气、通讯基础设施;农业生产者从事农业生产必需的食宿和管理设施；其他直接为农业生产服务的生产设施。

第二十七条 未经批准占用耕地的，耕地占用税纳税义务发生时间为自然资源主管部门认定的纳税人实际占用耕地的当日。

因挖损、采矿塌陷、压占、污染等损毁耕地的纳税义务发生时间为自然资源、农业农村等相关部门认定损毁耕地的当日。

第二十八条 纳税人占用耕地，应当在耕地所在地申报纳税。

第二十九条 在农用地转用环节，用地申请人能证明建设用地人符合税法第七条第一款规定的免税情形的，免征用地申请人的耕地占用税；在供地环节，建设用地人使用耕地用途符合税法第七条第一款规定的免税情形的，由用地申请人和建设用地人共同申请，按退税管理的规定退还用地申请人已经缴纳的耕地占用税。

第三十条 县级以上地方人民政府自然资源、农业农村、水利、生态环境等相关部门向税务机关提供的农用地转用、临时占地等信息，包括农用地转用信息、城市和村庄集镇按批次建设用地转而未供信息、经批准临时占地信息、改变原占地用途信息、未批先占农用地查处信息、土地损毁信息、土壤污染信息、土地复垦信息、草场使用和渔业养殖权证发放信息等。

各省、自治区、直辖市人民政府应当建立健全本地区跨部门耕地占用税部门协作和信息交换工作机制。

第三十一条 纳税人占地类型、占地面积和占地时间等纳税申报数据材料以自然资源等相关部门提供的相关材料为准；未提供相关材料或者材料信息不完整的，经主管税务机关提出申请，由自然资源等相关部门自收到申请之日起30日内出具认定意见。

第三十二条 纳税人的纳税申报数据资料异常或者纳税人未按照规定期限申报纳税的，包括下列情形：

（一）纳税人改变原占地用途，不再属于免征或者减征耕地占用税情形，未按照规定进行申报的；

（二）纳税人已申请用地但尚未获得批准先行占地开工，未按照规定进行申报的；

（三）纳税人实际占用耕地面积大于批准占用耕地面积，未按照规定进行申报的；

（四）纳税人未履行报批程序擅自占用耕地，未按照规定进行申报的；

（五）其他应提请相关部门复核的情形。

第三十三条 本办法自2019年9月1日起施行。

国家税务总局关于耕地占用税征收管理有关事项的公告

手机阅读

2019年8月30日　国家税务总局公告2019年第30号

为落实《中华人民共和国耕地占用税法》(以下简称《耕地占用税法》)及《中华人民共和国耕地占用税法实施办法》(以下简称《实施办法》),规范耕地占用税征收管理,现就有关事项公告如下:

一、耕地占用税以纳税人实际占用的属于耕地占用税征税范围的土地(以下简称"应税土地")面积为计税依据,按应税土地当地适用税额计税,实行一次性征收。

耕地占用税计算公式为:

应纳税额＝应税土地面积×适用税额。

应税土地面积包括经批准占用面积和未经批准占用面积,以平方米为单位。

当地适用税额是指省、自治区、直辖市人民代表大会常务委员会决定的应税土地所在地县级行政区的现行适用税额。

二、按照《耕地占用税法》第六条规定,加按百分之一百五十征收耕地占用税的计算公式为:应纳税额＝应税土地面积×适用税额×百分之一百五十。

三、按照《耕地占用税法》及《实施办法》的规定,免征、减征耕地占用税的部分项目按以下口径执行:

(一)免税的军事设施,是指《中华人民共和国军事设施保护法》第二条所列建筑物、场地和设备。具体包括:指挥机关,地面和地下的指挥工程、作战工程;军用机场、港口、码头;营区、训练场、试验场;军用洞库、仓库;军用通信、侦察、导航、观测台站,测量、导航、助航标志;军用公路、铁路专用线,军用通信、输电线路,军用输油、输水管道;边防、海防管控设施;国务院和中央军事委员会规定的其他军事设施。

(二)免税的社会福利机构,是指依法登记的养老服务机构、残疾人服务机构、儿童福利机构及救助管理机构、未成年人救助保护机构内专门为老年人、残疾人、未成年人及生活无着的流浪乞讨人员提供养护、康复、托管等服务的场所。

养老服务机构,是指为老年人提供养护、康复、托管等服务的老年人社会福利机构。具体包括老年社会福利院、养老院(或老人院)、老年公寓、护老院、护养院、敬老院、托老所、老年人服务中心等。

残疾人服务机构,是指为残疾人提供养护、康复、托管等服务的社会福利机构。具体包括为肢体、智力、视力、听力、语言、精神方面有残疾的人员提供康复和功能补偿的辅助器具，进行康复治疗、康复训练，承担教育、养护和托管服务的社会福利机构。

儿童福利机构，是指为孤、弃、残儿童提供养护、康复、医疗、教育、托管等服务的儿童社会福利服务机构。具体包括儿童福利院、社会福利院、SOS儿童村、孤儿学校、残疾儿童康复中心、社区特教班等。

社会救助机构，是指为生活无着的流浪乞讨人员提供寻亲、医疗、未成年人教育、离站等服务的救助管理机构。具体包括县级以上人民政府设立的救助管理站、未成年人救助保护中心等专门机构。

（三）免税的医疗机构，是指县级以上人民政府卫生健康行政部门批准设立的医疗机构内专门从事疾病诊断、治疗活动的场所及其配套设施。

（四）减税的公路线路，是指经批准建设的国道、省道、县道、乡道和属于农村公路的村道的主体工程以及两侧边沟或者截水沟。具体包括高速公路、一级公路、二级公路、三级公路、四级公路和等外公路的主体工程及两侧边沟或者截水沟。

四、根据《耕地占用税法》第八条的规定，纳税人改变原占地用途，需要补缴耕地占用税的，其纳税义务发生时间为改变用途当日，具体为：经批准改变用途的，纳税义务发生时间为纳税人收到批准文件的当日；未经批准改变用途的，纳税义务发生时间为自然资源主管部门认定纳税人改变原占地用途的当日。

五、未经批准占用应税土地的纳税人，其纳税义务发生时间为自然资源主管部门认定其实际占地的当日。

六、耕地占用税实行全国统一的纳税申报表（见附件）。

七、耕地占用税纳税人依法纳税申报时，应填报《耕地占用税纳税申报表》，同时依占用应税土地的不同情形分别提交下列材料：

（一）农用地转用审批文件复印件；

（二）临时占用耕地批准文件复印件；

（三）未经批准占用应税土地的，应提供实际占地的相关证明材料复印件。

其中第（一）项和第（二）项，纳税人提交的批准文书信息能够通过政府信息共享获取的，纳税人只需要提供上述材料的名称、文号、编码等信息供查询验证，不再提交材料复印件。

八、主管税务机关接收纳税人申报资料后，应审核资料是否齐全、是否符合法定形式、填写内容是否完整、项目间逻辑关系是否相符。审核无误的即时受理；审核发现问题的当场一次性告知应补正资料或不予受理原因。

九、耕地占用税减免优惠实行"自行判别、申报享受、有关资料留存备查"办理方式。纳税人根据政策规定自行判断是否符合优惠条件，符合条件的，纳税人申报享受税收优惠，并将有关资料留存备查。纳税人对留存材料的真实性和合法性承担法律责任。

符合耕地占用税减免条件的纳税人，应留存下列材料：

（一）军事设施占用应税土地的证明材料；

（二）学校、幼儿园、社会福利机构、医疗机构占用应税土地的证明材料；

（三）铁路线路、公路线路、飞机场跑道、停机坪、港口、航道、水利工程占用应税土地的证明材料；

(四)农村居民建房占用土地及其他相关证明材料;
(五)其他减免耕地占用税情形的证明材料。

十、纳税人符合《耕地占用税法》第十一条、《实施办法》第十九条的规定申请退税的,纳税人应提供身份证明查验,并提交以下材料复印件:

(一)税收缴款书、税收完税证明;
(二)复垦验收合格确认书。

十一、纳税人、建设用地人符合《实施办法》第二十九条规定共同申请退税的,纳税人、建设用地人应提供身份证明查验,并提交以下材料复印件:

(一)纳税人应提交税收缴款书、税收完税证明;
(二)建设用地人应提交使用耕地用途符合免税规定的证明材料。

十二、本公告自2019年9月1日起施行。《国家税务总局关于农业税、牧业税、耕地占用税、契税征收管理暂参照〈中华人民共和国税收征收管理法〉执行的通知》(国税发〔2001〕110号)、《国家税务总局关于耕地占用税征收管理有关问题的通知》(国税发〔2007〕129号)、《国家税务总局关于发布〈耕地占用税管理规程(试行)〉的公告》(国家税务总局公告2016年第2号发布,国家税务总局公告2018年第31号修改)同时废止。

特此公告。

附件:耕地占用税纳税申报表(略)

契 税

中华人民共和国契税法

手机阅读

(2020年8月11日第十三届全国人民代表大会常务委员会第二十一次会议通过,同日中华人民共和国主席令第五十二号公布)

第一条 在中华人民共和国境内转移土地、房屋权属,承受的单位和个人为契税的纳税人,应当依照本法规定缴纳契税。

第二条 本法所称转移土地、房屋权属,是指下列行为:

(一)土地使用权出让;

(二)土地使用权转让,包括出售、赠与、互换;

(三)房屋买卖、赠与、互换。

前款第二项土地使用权转让,不包括土地承包经营权和土地经营权的转移。

以作价投资(入股)、偿还债务、划转、奖励等方式转移土地、房屋权属的,应当依照本法规定征收契税。

第三条 契税税率为百分之三至百分之五。

契税的具体适用税率,由省、自治区、直辖市人民政府在前款规定的税率幅度内提出,报同级人民代表大会常务委员会决定,并报全国人民代表大会常务委员会和国务院备案。

省、自治区、直辖市可以依照前款规定的程序对不同主体、不同地区、不同类型的住房的权属转移确定差别税率。

第四条 契税的计税依据:

(一)土地使用权出让、出售,房屋买卖,为土地、房屋权属转移合同确定的成交价格,包括应交付的货币以及实物、其他经济利益对应的价款;

(二)土地使用权互换、房屋互换,为所互换的土地使用权、房屋价格的差额;

(三)土地使用权赠与、房屋赠与以及其他没有价格的转移土地、房屋权属行为,为税务机关参照土地使用权出售、房屋买卖的市场价格依法核定的价格。

纳税人申报的成交价格、互换价格差额明显偏低且无正当理由的,由税务机关依照《中华人民共和国税收征收管理法》的规定核定。

第五条 契税的应纳税额按照计税依据乘以具体适用税率计算。

第六条 有下列情形之一的，免征契税：

（一）国家机关、事业单位、社会团体、军事单位承受土地、房屋权属用于办公、教学、医疗、科研、军事设施；

（二）非营利性的学校、医疗机构、社会福利机构承受土地、房屋权属用于办公、教学、医疗、科研、养老、救助；

（三）承受荒山、荒地、荒滩土地使用权用于农、林、牧、渔业生产；

（四）婚姻关系存续期间夫妻之间变更土地、房屋权属；

（五）法定继承人通过继承承受土地、房屋权属；

（六）依照法律规定应当予以免税的外国驻华使馆、领事馆和国际组织驻华代表机构承受土地、房屋权属。

根据国民经济和社会发展的需要，国务院对居民住房需求保障、企业改制重组、灾后重建等情形可以规定免征或者减征契税，报全国人民代表大会常务委员会备案。

第七条 省、自治区、直辖市可以决定对下列情形免征或者减征契税：

（一）因土地、房屋被县级以上人民政府征收、征用，重新承受土地、房屋权属；

（二）因不可抗力灭失住房，重新承受住房权属。

前款规定的免征或者减征契税的具体办法，由省、自治区、直辖市人民政府提出，报同级人民代表大会常务委员会决定，并报全国人民代表大会常务委员会和国务院备案。

第八条 纳税人改变有关土地、房屋的用途，或者有其他不再属于本法第六条规定的免征、减征契税情形的，应当缴纳已经免征、减征的税款。

第九条 契税的纳税义务发生时间，为纳税人签订土地、房屋权属转移合同的当日，或者纳税人取得其他具有土地、房屋权属转移合同性质凭证的当日。

第十条 纳税人应当在依法办理土地、房屋权属登记手续前申报缴纳契税。

第十一条 纳税人办理纳税事宜后，税务机关应当开具契税完税凭证。纳税人办理土地、房屋权属登记，不动产登记机构应当查验契税完税、减免税凭证或者有关信息。未按照规定缴纳契税的，不动产登记机构不予办理土地、房屋权属登记。

第十二条 在依法办理土地、房屋权属登记前，权属转移合同、权属转移合同性质凭证不生效、无效、被撤销或者被解除的，纳税人可以向税务机关申请退还已缴纳的税款，税务机关应当依法办理。

第十三条 税务机关应当与相关部门建立契税涉税信息共享和工作配合机制。自然资源、住房城乡建设、民政、公安等相关部门应当及时向税务机关提供与转移土地、房屋权属有关的信息，协助税务机关加强契税征收管理。

税务机关及其工作人员对税收征收管理过程中知悉的纳税人的个人信息，应当依法予以保密，不得泄露或者非法向他人提供。

第十四条 契税由土地、房屋所在地的税务机关依照本法和《中华人民共和国税收征收管理法》的规定征收管理。

第十五条 纳税人、税务机关及其工作人员违反本法规定的,依照《中华人民共和国税收征收管理法》和有关法律法规的规定追究法律责任。

第十六条 本法自 2021 年 9 月 1 日起施行。1997 年 7 月 7 日国务院发布的《中华人民共和国契税暂行条例》同时废止。

中华人民共和国契税暂行条例[①]

(1997 年 7 月 7 日中华人民共和国国务院令第 224 号发布 根据 2019 年 3 月 2 日《国务院关于修改部分行政法规的决定》修订)

第一条 在中华人民共和国境内转移土地、房屋权属,承受的单位和个人为契税的纳税人,应当依照本条例的规定缴纳契税。

第二条 本条例所称转移土地、房屋权属是指下列行为:

(一)国有土地使用权出让;

(二)土地使用权转让,包括出售、赠与和交换;

(三)房屋买卖;

(四)房屋赠与;

(五)房屋交换。

前款第二项土地使用权转让,不包括农村集体土地承包经营权的转移。

第三条 契税税率为 3% 至 5%。

契税的适用税率,由省、自治区、直辖市人民政府在前款规定的幅度内按照本地区的实际情况确定,并报财政部和国家税务总局备案。

第四条 契税的计税依据:

(一)国有土地使用权出让、土地使用权出售、房屋买卖,为成交价格;

(二)土地使用权赠与、房屋赠与,由征收机关参照土地使用权出售、房屋买卖的市场价格核定;

(三)土地使用权交换、房屋交换,为所交换的土地使用权、房屋的价格的差额。

前款成交价格明显低于市场价格并且无正当理由的,或者所交换土地使用权、房屋的价格的差额明显不合理并且无正当理由的,由征收机关参照市场价格核定。

第五条 契税应纳税额,依照本条例第三条规定的税率和第四条规定的计税依据计算征收。应纳税额计算公式:

---

① 《中华人民共和国契税法》已由中华人民共和国第十三届全国人民代表大会常务委员会第二十一次会议于 2020 年 8 月 11 日通过,自 2021 年 9 月 1 日起施行。1997 年 7 月 7 日国务院发布的《中华人民共和国契税暂行条例》同时废止。

应纳税额 = 计税依据 × 税率

应纳税额以人民币计算。转移土地、房屋权属以外汇结算的,按照纳税义务发生之日中国人民银行公布的人民币市场汇率中间价折合成人民币计算。

第六条 有下列情形之一的,减征或者免征契税:

(一)国家机关、事业单位、社会团体、军事单位承受土地、房屋用于办公、教学、医疗、科研和军事设施的,免征;

(二)城镇职工按规定第一次购买公有住房的,免征;

(三)因不可抗力灭失住房而重新购买住房的,酌情准予减征或者免征;

(四)财政部规定的其他减征、免征契税的项目。

第七条 经批准减征、免征契税的纳税人改变有关土地、房屋的用途,不再属于本条例第六条规定的减征、免征契税范围的,应当补缴已经减征、免征的税款。

第八条 契税的纳税义务发生时间,为纳税人签订土地、房屋权属转移合同的当天,或者纳税人取得其他具有土地、房屋权属转移合同性质凭证的当天。

第九条 纳税人应当自纳税义务发生之日起10日内,向土地、房屋所在地的契税征收机关办理纳税申报,并在契税征收机关核定的期限内缴纳税款。

第十条 纳税人办理纳税事宜后,契税征收机关应当向纳税人开具契税完税凭证。

第十一条 纳税人应当持契税完税凭证和其他规定的文件材料,依法向土地管理部门、房产管理部门办理有关土地、房屋的权属变更登记手续。

纳税人未出具契税完税凭证的,土地管理部门、房产管理部门不予办理有关土地、房屋的权属变更登记手续。

第十二条 契税征收机关为土地、房屋所在地的税务机关。

土地管理部门、房产管理部门应当向契税征收机关提供有关资料,并协助契税征收机关依法征收契税。

第十三条 契税的征收管理,依照本条例和有关法律、行政法规的规定执行。

第十四条 财政部根据本条例制定细则。

第十五条 本条例自1997年10月1日起施行。1950年4月3日中央人民政府政务院发布的《契税暂行条例》同时废止。

财政部 税务总局关于贯彻实施契税法若干事项执行口径的公告

手机阅读

2021年6月30日 财政部 税务总局公告2021年第23号

为贯彻落实《中华人民共和国契税法》,现将契税若干事项执行口径公告如下:

一、关于土地、房屋权属转移

（一）征收契税的土地、房屋权属，具体为土地使用权、房屋所有权。

（二）下列情形发生土地、房屋权属转移的，承受方应当依法缴纳契税：

1. 因共有不动产份额变化的；

2. 因共有人增加或者减少的；

3. 因人民法院、仲裁委员会的生效法律文书或者监察机关出具的监察文书等因素，发生土地、房屋权属转移的。

二、关于若干计税依据的具体情形

（一）以划拨方式取得的土地使用权，经批准改为出让方式重新取得该土地使用权的，应由该土地使用权人以补缴的土地出让价款为计税依据缴纳契税。

（二）先以划拨方式取得土地使用权，后经批准转让房地产，划拨土地性质改为出让的，承受方应分别以补缴的土地出让价款和房地产权属转移合同确定的成交价格为计税依据缴纳契税。

（三）先以划拨方式取得土地使用权，后经批准转让房地产，划拨土地性质未发生改变的，承受方应以房地产权属转移合同确定的成交价格为计税依据缴纳契税。

（四）土地使用权及所附建筑物、构筑物等（包括在建的房屋、其他建筑物、构筑物和其他附着物）转让的，计税依据为承受方应交付的总价款。

（五）土地使用权出让的，计税依据包括土地出让金、土地补偿费、安置补助费、地上附着物和青苗补偿费、征收补偿费、城市基础设施配套费、实物配建房屋等应交付的货币以及实物、其他经济利益对应的价款。

（六）房屋附属设施（包括停车位、机动车库、非机动车库、顶层阁楼、储藏室及其他房屋附属设施）与房屋为同一不动产单元的，计税依据为承受方应交付的总价款，并适用与房屋相同的税率；房屋附属设施与房屋为不同不动产单元的，计税依据为转移合同确定的成交价格，并按当地确定的适用税率计税。

（七）承受已装修房屋的，应将包括装修费用在内的费用计入承受方应交付的总价款。

（八）土地使用权互换、房屋互换，互换价格相等的，互换双方计税依据为零；互换价格不相等的，以其差额为计税依据，由支付差额的一方缴纳契税。

（九）契税的计税依据不包括增值税。

三、关于免税的具体情形

（一）享受契税免税优惠的非营利性的学校、医疗机构、社会福利机构，限于上述三类单位中依法登记为事业单位、社会团体、基金会、社会服务机构等的非营利法人和非营利组织。其中：

1. 学校的具体范围为经县级以上人民政府或者其教育行政部门批准成立的大学、中学、小学、幼儿园，实施学历教育的职业教育学校、特殊教育学校、专门学校，以及经省级人民政府或者其人力资源社会保障行政部门批准成立的技工院校。

2. 医疗机构的具体范围为经县级以上人民政府卫生健康行政部门批准或者备案设立的医疗机构。

3. 社会福利机构的具体范围为依法登记的养老服务机构、残疾人服务机构、儿童福利机构、救助管理机构、未成年人救助保护机构。

(二)享受契税免税优惠的土地、房屋用途具体如下:

1. 用于办公的,限于办公室(楼)以及其他直接用于办公的土地、房屋;

2. 用于教学的,限于教室(教学楼)以及其他直接用于教学的土地、房屋;

3. 用于医疗的,限于门诊部以及其他直接用于医疗的土地、房屋;

4. 用于科研的,限于科学试验的场所以及其他直接用于科研的土地、房屋;

5. 用于军事设施的,限于直接用于《中华人民共和国军事设施保护法》规定的军事设施的土地、房屋;

6. 用于养老的,限于直接用于为老年人提供养护、康复、托管等服务的土地、房屋;

7. 用于救助的,限于直接为残疾人、未成年人、生活无着的流浪乞讨人员提供养护、康复、托管等服务的土地、房屋。

(三)纳税人符合减征或者免征契税规定的,应当按照规定进行申报。

四、关于纳税义务发生时间的具体情形

(一)因人民法院、仲裁委员会的生效法律文书或者监察机关出具的监察文书等发生土地、房屋权属转移的,纳税义务发生时间为法律文书等生效当日。

(二)因改变土地、房屋用途等情形应当缴纳已经减征、免征契税的,纳税义务发生时间为改变有关土地、房屋用途等情形的当日。

(三)因改变土地性质、容积率等土地使用条件需补缴土地出让价款,应当缴纳契税的,纳税义务发生时间为改变土地使用条件当日。

发生上述情形,按规定不再需要办理土地、房屋权属登记的,纳税人应自纳税义务发生之日起90日内申报缴纳契税。

五、关于纳税凭证、纳税信息和退税

(一)具有土地、房屋权属转移合同性质的凭证包括契约、协议、合约、单据、确认书以及其他凭证。

(二)不动产登记机构在办理土地、房屋权属登记时,应当依法查验土地、房屋的契税完税、减免税、不征税等涉税凭证或者有关信息。

(三)税务机关应当与相关部门建立契税涉税信息共享和工作配合机制。具体转移土地、房屋权属有关的信息包括:自然资源部门的土地出让、转让、征收补偿、不动产权属登记等信息,住房城乡建设部门的房屋交易等信息,民政部门的婚姻登记、社会组织登记等信息,公安部门的户籍人口基本信息。

(四)纳税人缴纳契税后发生下列情形,可依照有关法律法规申请退税:

1. 因人民法院判决或者仲裁委员会裁决导致土地、房屋权属转移行为无效、被撤销或者被解除,且土地、房屋权属变更至原权利人的;

2. 在出让土地使用权交付时，因容积率调整或实际交付面积小于合同约定面积需退还土地出让价款的；

3. 在新建商品房交付时，因实际交付面积小于合同约定面积需返还房价款的。

六、其他

本公告自2021年9月1日起施行。《财政部　国家税务总局关于契税征收中几个问题的批复》（财税字〔1998〕96号）、《财政部　国家税务总局对河南省财政厅〈关于契税有关政策问题的请示〉的批复》（财税〔2000〕14号）、《财政部　国家税务总局关于房屋附属设施有关契税政策的批复》（财税〔2004〕126号）、《财政部　国家税务总局关于土地使用权转让契税计税依据的批复》（财税〔2007〕162号）、《财政部　国家税务总局关于企业改制过程中以国家作价出资（入股）方式转移国有土地使用权有关契税问题的通知》（财税〔2008〕129号）、《财政部　国家税务总局关于购房人办理退房有关契税问题的通知》（财税〔2011〕32号）同时废止。

财政部　税务总局关于继续执行企业事业单位改制重组有关契税政策的公告

2021年4月26日　财政部　税务总局公告2021年第17号

为支持企业、事业单位改制重组，优化市场环境，现就继续执行有关契税政策公告如下：

一、企业改制

企业按照《中华人民共和国公司法》有关规定整体改制，包括非公司制企业改制为有限责任公司或股份有限公司，有限责任公司变更为股份有限公司，股份有限公司变更为有限责任公司，原企业投资主体存续并在改制（变更）后的公司中所持股权（股份）比例超过75%，且改制（变更）后公司承继原企业权利、义务的，对改制（变更）后公司承受原企业土地、房屋权属，免征契税。

二、事业单位改制

事业单位按照国家有关规定改制为企业，原投资主体存续并在改制后企业中出资（股权、股份）比例超过50%的，对改制后企业承受原事业单位土地、房屋权属，免征契税。

三、公司合并

两个或两个以上的公司，依照法律规定、合同约定，合并为一个公司，且原投资主体存续的，对合并后公司承受原合并各方土地、房屋权属，免征契税。

四、公司分立

公司依照法律规定、合同约定分立为两个或两个以上与原公司投资主体相同的公司,对分立后公司承受原公司土地、房屋权属,免征契税。

五、企业破产

企业依照有关法律法规规定实施破产,债权人(包括破产企业职工)承受破产企业抵偿债务的土地、房屋权属,免征契税;对非债权人承受破产企业土地、房屋权属,凡按照《中华人民共和国劳动法》等国家有关法律法规政策妥善安置原企业全部职工规定,与原企业全部职工签订服务年限不少于三年的劳动用工合同的,对其承受所购企业土地、房屋权属,免征契税;与原企业超过30%的职工签订服务年限不少于三年的劳动用工合同的,减半征收契税。

六、资产划转

对承受县级以上人民政府或国有资产管理部门按规定进行行政性调整、划转国有土地、房屋权属的单位,免征契税。

同一投资主体内部所属企业之间土地、房屋权属的划转,包括母公司与其全资子公司之间,同一公司所属全资子公司之间,同一自然人与其设立的个人独资企业、一人有限公司之间土地、房屋权属的划转,免征契税。

母公司以土地、房屋权属向其全资子公司增资,视同划转,免征契税。

七、债权转股权

经国务院批准实施债权转股权的企业,对债权转股权后新设立的公司承受原企业的土地、房屋权属,免征契税。

八、划拨用地出让或作价出资

以出让方式或国家作价出资(入股)方式承受原改制重组企业、事业单位划拨用地的,不属上述规定的免税范围,对承受方应按规定征收契税。

九、公司股权(股份)转让

在股权(股份)转让中,单位、个人承受公司股权(股份),公司土地、房屋权属不发生转移,不征收契税。

十、有关用语含义

本公告所称企业、公司,是指依照我国有关法律法规设立并在中国境内注册的企业、公司。

本公告所称投资主体存续,是指原改制重组企业、事业单位的出资人必须存在于改制重组后的企业,出资人的出资比例可以发生变动。

本公告所称投资主体相同,是指公司分立前后出资人不发生变动,出资人的出资比例可以发生变动。

十一、本公告自2021年1月1日起至2023年12月31日执行。自执行之日起,企业、事业单位在改制重组过程中,符合本公告规定但已缴纳契税的,可申请退税;涉及的契税尚未处理且符合本公告规定的,可按本公告执行。

财政部　国家税务总局关于夫妻之间房屋、土地权属变更有关契税政策的通知

手机阅读

2013年12月31日　财税〔2014〕4号

各省、自治区、直辖市、计划单列市财政厅（局）、地方税务局，西藏、宁夏、青海省（自治区）国家税务局，新疆生产建设兵团财务局：

经研究，现将夫妻之间房屋、土地权属变更有关契税政策通知如下：

在婚姻关系存续期间，房屋、土地权属原归夫妻一方所有，变更为夫妻双方共有或另一方所有的，或者房屋、土地权属原归夫妻双方共有，变更为其中一方所有的，或者房屋、土地权属原归夫妻双方共有，双方约定、变更共有份额的，免征契税。

本通知自发布之日起施行。《财政部　国家税务总局关于房屋　土地权属由夫妻一方所有变更为夫妻双方共有契税政策的通知》（财税〔2011〕82号）同时废止。

财政部　国家税务总局关于企业以售后回租方式进行融资等有关契税政策的通知

手机阅读

2012年12月6日　财税〔2012〕82号

各省、自治区、直辖市、计划单列市财政厅（局）、地方税务局，西藏、宁夏、青海省（自治区）国家税务局，新疆生产建设兵团财务局：

经研究，现就近期各地反映的契税政策执行中若干问题通知如下：

一、对金融租赁公司开展售后回租业务，承受承租人房屋、土地权属的，照章征税。对售后回租合同期满，承租人回购原房屋、土地权属的，免征契税。

二、以招拍挂方式出让国有土地使用权的，纳税人为最终与土地管理部门签订出让合同的土地使用权承受人。

三、市、县级人民政府根据《国有土地上房屋征收与补偿条例》有关规定征收居民房屋，居民因个人房屋被征收而选择货币补偿用以重新购置房屋，并

且购房成交价格不超过货币补偿的,对新购房屋免征契税;购房成交价格超过货币补偿的,对差价部分按规定征收契税。居民因个人房屋被征收而选择房屋产权调换,并且不缴纳房屋产权调换差价的,对新换房屋免征契税;缴纳房屋产权调换差价的,对差价部分按规定征收契税。

四、企业承受土地使用权用于房地产开发,并在该土地上代政府建设保障性住房的,计税价格为取得全部土地使用权的成交价格。

五、单位、个人以房屋、土地以外的资产增资,相应扩大其在被投资公司的股权持有比例,无论被投资公司是否变更工商登记,其房屋、土地权属不发生转移,不征收契税。

六、个体工商户的经营者将其个人名下的房屋、土地权属转移至个体工商户名下,或个体工商户将其名下的房屋、土地权属转回原经营者个人名下,免征契税。

合伙企业的合伙人将其名下的房屋、土地权属转移至合伙企业名下,或合伙企业将其名下的房屋、土地权属转回原合伙人名下,免征契税。

本通知自发文之日起执行。《财政部 国家税务总局关于城镇房屋拆迁有关税收政策的通知》(财税〔2005〕45号)第二条同时废止。

财政部 国家税务总局关于购房人办理退房有关契税问题的通知[①]

手机阅读

2011年4月26日 财税〔2011〕32号

各省、自治区、直辖市、计划单列市财政厅(局)、地方税务局,新疆生产建设兵团财务局:

根据《中华人民共和国契税暂行条例》(国务院令第224号)及其细则的规定,现对购房单位和个人办理退房有关契税问题明确如下:

对已缴纳契税的购房单位和个人,在未办理房屋权属变更登记前退房的,退还已纳契税;在办理房屋权属变更登记后退房的,不予退还已纳契税。

请遵照执行。

---

① 根据《财政部 税务总局关于贯彻实施契税法若干事项执行口径的公告》(财政部 税务总局公告2021年第23号),自2021年9月1日起,本法规废止。

财政部 国家税务总局关于中国电信集团公司和中国电信股份有限公司收购CDMA网络资产和业务有关契税政策的通知

2009年3月27日 财税〔2009〕42号

各省、自治区、直辖市、计划单列市财政厅（局）、地方税务局，新疆生产建设兵团财务局：

为支持电信体制改革，推进电信行业健康协调发展，经研究决定：对中国电信集团公司收购CDMA网络资产和中国电信股份有限公司收购CDMA网络业务过程中涉及的土地、房屋权属转移的契税予以免征。

财政部 国家税务总局关于国有土地使用权出让等有关契税问题的通知

2004年8月3日 财税〔2004〕134号

各省、自治区、直辖市、计划单列市财政厅（局）、地方税务局，新疆生产建设兵团财务局：

为了进一步明确与国有土地使用权出让相关的契税政策，推动公有住房上市的进程，现将有关契税政策通知如下：

一、出让国有土地使用权的，其契税计税价格为承受人为取得该土地使用权而支付的全部经济利益。

（一）以协议方式出让的，其契税计税价格为成交价格。成交价格包括土地出让金、土地补偿费、安置补助费、地上附着物和青苗补偿费、拆迁补偿费、市政建设配套费等承受者应支付的货币、实物、无形资产及其他经济利益。

没有成交价格或者成交价格明显偏低的，征收机关可依次按下列两种方式确定：

1. 评估价格：由政府批准设立的房地产评估机构根据相同地段、同类房地产进行综合评定，并经当地税务机关确认的价格。

2. 土地基准地价：由县以上人民政府公示的土地基准地价。

（二）以竞价方式出让的，其契税计税价格，一般应确定为竞价的成交价格，土地出让金、市政建设配套费以及各种补偿费用应包括在内。

二、先以划拨方式取得土地使用权，后经批准改为出让方式取得该土地使用权的，应依法缴纳契税，其计税依据为应补缴的土地出让金和其他出让费用。

三、已购公有住房经补缴土地出让金和其他出让费用成为完全产权住房的，免征土地权属转移的契税。

财政部　国家税务总局关于社会力量办学契税政策问题的通知

手机阅读

2001年9月8日　财税〔2001〕156号

各省、自治区、直辖市、计划单列市财政厅（局）、地方税务局，新疆生产建设兵团财务局：

根据《中华人民共和国教育法》提出的"任何组织和个人不得以营利为目的举办学校及其他教育机构"的精神，以及国务院发布的《社会力量办学条例》中关于"社会力量举办的教育机构依法享有与国家举办的教育机构平等的法律地位"的规定，对县级以上人民政府教育行政主管部门或劳动行政主管部门批准并核发《社会力量办学许可证》，由企业事业组织、社会团体及其他社会组织和公民个人利用非国家财政性教育经费面向社会举办的教育机构，其承受的土地、房屋权属用于教学的，比照《中华人民共和国契税暂行条例》第六条第（一）款的规定，免征契税。

本通知自2001年10月1日起实施。

财政部　国家税务总局关于公有制单位职工首次购买住房免征契税的通知

手机阅读

2000年11月29日　财税〔2000〕130号

各省、自治区、直辖市、计划单列市财政厅（局）、地方税务局：

为配合国家住房制度改革，减轻城镇职工购房负担，现就契税有关政策明确如下：

对各类公有制单位为解决职工住房而采取集资建房方式建成的普通住房或由单位购买的普通商品住房，经当地县以上人民政府房改部门批准、按照国家房改政策出售给本单位职工的，如属职工首次购买住房，均比照《中华人民共和国契税暂行条例》第六条第二款"城镇职工按规定第一次购买公有住房的，免征"的规定，免征契税。

本规定从发文之日起实施，此前已征税款不予退还。

财政部　国家税务总局关于免征军建离退休干部住房移交地方政府管理所涉及契税的通知

2000年6月7日　财税字〔2000〕176号

各省、自治区、直辖市和计划单列财政厅（局）、地方税务局：

根据国务院、中央军委指示精神，民政部、总后勤部等八部（委、局）日前发出的《关于印发〈移交政府安置的军队离退休干部住房保障改革实施办法〉的通知》（〔2000〕后营字第70号）规定：军队离退休干部住房由国家投资建设，军队和地方共同承担建房任务，其中军队承建部分完工后应逐步移交地方政府管理。

军队离退休干部住房移交地方政府管理是军队离退休干部住房保障和管理方式的调整，是军队住房制度改革的重要措施之一。为配合国务院、中央军委决策的顺利实施，免征军建离退休干部住房及附属用房移交地方政府管理所涉及的契税。

国家税务总局关于继承土地、房屋权属有关契税问题的批复

2004年9月2日　国税函〔2004〕1036号

河南省财政厅：

你厅《关于继承土地房屋权属是否征收契税的请示》（豫财农税〔2004〕21号）收悉，现批复如下：

一、对于《中华人民共和国继承法》规定的法定继承人（包括配偶、子女、父母、兄弟姐妹、祖父母、外祖父母）继承土地、房屋权属，不征契税。

二、按照《中华人民共和国继承法》规定，非法定继承人根据遗嘱承受死者生前的土地、房屋权属，属于赠与行为，应征收契税。

国家税务总局关于免征军队武警部队政法机关所办企业脱钩移交过程中所涉契税的批复

手机阅读

2000年6月19日 国税函〔2000〕468号

广东省财政厅:

你厅《关于军队武警部队政法机关所属企业与之脱钩时发生的房地产权属转移可否免征契税的请示》(粤财农〔2000〕77号)收悉。现批复如下:

中共中央、国务院、中央军委批准的《军队 武警部队不再从事经商活动的实施方案》(中办发〔1998〕24号)和《政法机关不再从事经商活动的实施方案》(中办发〔1998〕25号)中明确规定:军队、武警部队和政法机关所办并移交地方的企业,其资产实行无偿划拨。为贯彻党中央、国务院和中央军委的指示精神,对军队、武警部队和政法机关所办企业脱钩移交过程中所涉及的契税予以免征。

国家税务总局关于对监狱管理部门承受土地房屋直接用于监狱建设免征契税的批复

手机阅读

1999年8月23日 国税函〔1999〕572号

福建省财政厅:

你厅《关于监狱管理部门接收土地及地面建筑物是否征收契税的请示》(闽财农税〔1999〕53号)收悉。现批复如下:

监狱管理部门是对犯罪人员执行刑罚的机关,其所承担的公务有一定特殊性,除干警办公用房外,监舍也是执行公务的必备条件。因此,对监狱管理部门承受土地、房屋直接用于监狱建设,视同国家机关的办公用房建设,免征契税。

国家税务总局关于离婚后房屋权属变化是否征收契税的批复

1999年6月3日 国税函〔1999〕391号

广东省财政厅：

你厅《关于对离婚后房屋权属变化是否征收契税的请示》（粤财字〔1999〕85号）收悉，经研究，现批复如下：

根据我国婚姻法的规定，夫妻共有房屋属共同共有财产。因夫妻财产分割而将原共有房屋产权归属一方，是房产共有权的变动而不是现行契税政策规定征税的房屋产权转移行为。因此，对离婚后原共有房屋产权的归属人不征收契税。

资源税

中华人民共和国资源税法

（2019年8月26日第十三届全国人民代表大会常务委员会第十二次会议通过，同日中华人民共和国主席令第三十三号公布）

第一条 在中华人民共和国领域和中华人民共和国管辖的其他海域开发应税资源的单位和个人，为资源税的纳税人，应当依照本法规定缴纳资源税。

应税资源的具体范围，由本法所附《资源税税目税率表》（以下称《税目税率表》）确定。

第二条 资源税的税目、税率，依照《税目税率表》执行。

《税目税率表》中规定实行幅度税率的，其具体适用税率由省、自治区、直辖市人民政府统筹考虑该应税资源的品位、开采条件以及对生态环境的影响等情况，在《税目税率表》规定的税率幅度内提出，报同级人民代表大会常务委员会决定，并报全国人民代表大会常务委员会和国务院备案。《税目税率表》中规定征税对象为原矿或者选矿的，应当分别确定具体适用税率。

第三条 资源税按照《税目税率表》实行从价计征或者从量计征。

《税目税率表》中规定可以选择实行从价计征或者从量计征的，具体计征方式由省、自治区、直辖市人民政府提出，报同级人民代表大会常务委员会决定，并报全国人民代表大会常务委员会和国务院备案。

实行从价计征的，应纳税额按照应税资源产品（以下称应税产品）的销售额乘以具体适用税率计算。实行从量计征的，应纳税额按照应税产品的销售数量乘以具体适用税率计算。

应税产品为矿产品的，包括原矿和选矿产品。

第四条 纳税人开采或者生产不同税目应税产品的，应当分别核算不同税目应税产品的销售额或者销售数量；未分别核算或者不能准确提供不同税目应税产品的销售额或者销售数量的，从高适用税率。

第五条 纳税人开采或者生产应税产品自用的，应当依照本法规定缴纳资源税；但是，自用于连续生产应税产品的，不缴纳资源税。

第六条 有下列情形之一的，免征资源税：

（一）开采原油以及在油田范围内运输原油过程中用于加热的原油、天然气；

（二）煤炭开采企业因安全生产需要抽采的煤成（层）气。

有下列情形之一的，减征资源税：

（一）从低丰度油气田开采的原油、天然气，减征百分之二十资源税；

（二）高含硫天然气、三次采油和从深水油气田开采的原油、天然气，减征百分之三十资源税；

（三）稠油、高凝油减征百分之四十资源税；

（四）从衰竭期矿山开采的矿产品，减征百分之三十资源税。

根据国民经济和社会发展需要，国务院对有利于促进资源节约集约利用、保护环境等情形可以规定免征或者减征资源税，报全国人民代表大会常务委员会备案。

第七条 有下列情形之一的，省、自治区、直辖市可以决定免征或者减征资源税：

（一）纳税人开采或者生产应税产品过程中，因意外事故或者自然灾害等原因遭受重大损失；

（二）纳税人开采共伴生矿、低品位矿、尾矿。

前款规定的免征或者减征资源税的具体办法，由省、自治区、直辖市人民政府提出，报同级人民代表大会常务委员会决定，并报全国人民代表大会常务委员会和国务院备案。

第八条 纳税人的免税、减税项目，应当单独核算销售额或者销售数量；未单独核算或者不能准确提供销售额或者销售数量的，不予免税或者减税。

第九条 资源税由税务机关依照本法和《中华人民共和国税收征收管理法》的规定征收管理。

税务机关与自然资源等相关部门应当建立工作配合机制，加强资源税征收管理。

第十条 纳税人销售应税产品，纳税义务发生时间为收讫销售款或者取得索取销售款凭据的当日；自用应税产品的，纳税义务发生时间为移送应税产品的当日。

第十一条 纳税人应当向应税产品开采地或者生产地的税务机关申报缴纳资源税。

第十二条 资源税按月或者按季申报缴纳；不能按固定期限计算缴纳的，可以按次申报缴纳。

纳税人按月或者按季申报缴纳的，应当自月度或者季度终了之日起十五日内，向税务机关办理纳税申报并缴纳税款；按次申报缴纳的，应当自纳税义务发生之日起十五日内，向税务机关办理纳税申报并缴纳税款。

第十三条 纳税人、税务机关及其工作人员违反本法规定的，依照《中华人民共和国税收征收管理法》和有关法律法规的规定追究法律责任。

第十四条 国务院根据国民经济和社会发展需要，依照本法的原则，对取用地表水或者地下水的单位和个人试点征收水资源税。征收水资源税的，停止征收水资源费。

水资源税根据当地水资源状况、取用水类型和经济发展等情况实行差别税率。

水资源税试点实施办法由国务院规定，报全国人民代表大会常务委员会备案。

国务院自本法施行之日起五年内,就征收水资源税试点情况向全国人民代表大会常务委员会报告,并及时提出修改法律的建议。

第十五条 中外合作开采陆上、海上石油资源的企业依法缴纳资源税。

2011年11月1日前已依法订立中外合作开采陆上、海上石油资源合同的,在该合同有效期内,继续依照国家有关规定缴纳矿区使用费,不缴纳资源税;合同期满后,依法缴纳资源税。

第十六条 本法下列用语的含义是:

(一)低丰度油气田,包括陆上低丰度油田、陆上低丰度气田、海上低丰度油田、海上低丰度气田。陆上低丰度油田是指每平方公里原油可开采储量丰度低于二十五万立方米的油田;陆上低丰度气田是指每平方公里天然气可开采储量丰度低于二亿五千万立方米的气田;海上低丰度油田是指每平方公里原油可开采储量丰度低于六十万立方米的油田;海上低丰度气田是指每平方公里天然气可开采储量丰度低于六亿立方米的气田。

(二)高含硫天然气,是指硫化氢含量在每立方米三十克以上的天然气。

(三)三次采油,是指二次采油后继续以聚合物驱、复合驱、泡沫驱、气水交替驱、二氧化碳驱、微生物驱等方式进行采油。

(四)深水油气田,是指水深超过三百米的油气田。

(五)稠油,是指地层原油粘度大于或等于每秒五十毫帕或原油密度大于或等于每立方厘米零点九二克的原油。

(六)高凝油,是指凝固点高于四十摄氏度的原油。

(七)衰竭期矿山,是指设计开采年限超过十五年,且剩余可开采储量下降到原设计可开采储量的百分之二十以下或者剩余开采年限不超过五年的矿山。衰竭期矿山以开采企业下属的单个矿山为单位确定。

第十七条 本法自2020年9月1日起施行。1993年12月25日国务院发布的《中华人民共和国资源税暂行条例》同时废止。

附:

资源税税目税率表

税目		征税对象	税率
能源矿产	原油	原矿	6%
	天然气、页岩气、天然气水合物	原矿	6%
	煤	原矿或者选矿	2%~10%
	煤成(层)气	原矿	1%~2%
	铀、钍	原矿	4%
	油页岩、油砂、天然沥青、石煤	原矿或者选矿	1%~4%
	地热	原矿	1%~20%或者每立方米1~30元

续表

税目			征税对象	税率
金属矿产	黑色金属	铁、锰、铬、钒、钛	原矿或者选矿	1%～9%
	有色金属	铜、铅、锌、锡、镍、锑、镁、钴、铋、汞	原矿或者选矿	2%～10%
		铝土矿	原矿或者选矿	2%～9%
		钨	选矿	6.5%
		钼	选矿	8%
		金、银	原矿或者选矿	2%～6%
		铂、钯、钌、锇、铱、铑	原矿或者选矿	5%～10%
		轻稀土	选矿	7%～12%
		中重稀土	选矿	20%
		铍、锂、锆、锶、铷、铌、钽、锗、镓、铟、铊、铪、铼、镉、硒、碲	原矿或者选矿	2%～10%
非金属矿产	矿物类	高岭土	原矿或者选矿	1%～6%
		石灰岩	原矿或者选矿	1%～6%或者每吨（或者每立方米）1～10元
		磷	原矿或者选矿	3%～8%
		石墨	原矿或者选矿	3%～12%
		萤石、硫铁矿、自然硫	原矿或者选矿	1%～8%
		天然石英砂、脉石英、粉石英、水晶、工业用金刚石、冰洲石、蓝晶石、硅线石（矽线石）、长石、滑石、刚玉、菱镁矿、颜料矿物、天然碱、芒硝、钠硝石、明矾石、砷、硼、碘、溴、膨润土、硅藻土、陶瓷土、耐火粘土、铁钒土、凹凸棒石粘土、海泡石粘土、伊利石粘土、累托石粘土	原矿或者选矿	1%～12%

续表

	税目		征税对象	税率
资源税	非金属矿产	矿物类：叶蜡石、硅灰石、透辉石、珍珠岩、云母、沸石、重晶石、毒重石、方解石、蛭石、透闪石、工业用电气石、白垩、石棉、蓝石棉、红柱石、石榴子石、石膏	原矿或者选矿	2%~12%
		矿物类：其他粘土（铸型用粘土、砖瓦用粘土、陶粒用粘土、水泥配料用粘土、水泥配料用红土、水泥配料用黄土、水泥配料用泥岩、保温材料用粘土）	原矿或者选矿	1%~5%或者每吨（或者每立方米）0.1~5元
		岩石类：大理岩、花岗岩、白云岩、石英岩、砂岩、辉绿岩、安山岩、闪长岩、板岩、玄武岩、片麻岩、角闪岩、页岩、浮石、凝灰岩、黑曜岩、霞石正长岩、蛇纹岩、麦饭石、泥灰岩、含钾岩石、含钾砂页岩、天然油石、橄榄岩、松脂岩、粗面岩、辉长岩、辉石岩、正长岩、火山灰、火山渣、泥炭	原矿或者选矿	1%~10%
		岩石类：砂石	原矿或者选矿	1%~5%或者每吨（或者每立方米）0.1~5元
		宝玉石类：宝石、玉石、宝石级金刚石、玛瑙、黄玉、碧玺	原矿或者选矿	4%~20%
	水气矿产	二氧化碳气、硫化氢气、氦气、氡气	原矿	2%~5%
		矿泉水	原矿	1%~20%或者每立方米1~30元
	盐	钠盐、钾盐、镁盐、锂盐	选矿	3%~15%
		天然卤水	原矿	3%~15%或者每吨（或者每立方米）1~10元
		海盐		2%~5%

624

财政部 税务总局关于资源税有关问题执行口径的公告

手机阅读

2020年6月28日 财政部 税务总局公告2020年第34号

为贯彻落实《中华人民共和国资源税法》,现将资源税有关问题执行口径公告如下:

一、资源税应税产品(以下简称应税产品)的销售额,按照纳税人销售应税产品向购买方收取的全部价款确定,不包括增值税税款。

计入销售额中的相关运杂费用,凡取得增值税发票或者其他合法有效凭据的,准予从销售额中扣除。相关运杂费用是指应税产品从坑口或者洗选(加工)地到车站、码头或者购买方指定地点的运输费用、建设基金以及随运销产生的装卸、仓储、港杂费用。

二、纳税人自用应税产品应当缴纳资源税的情形,包括纳税人以应税产品用于非货币性资产交换、捐赠、偿债、赞助、集资、投资、广告、样品、职工福利、利润分配或者连续生产非应税产品等。

三、纳税人申报的应税产品销售额明显偏低且无正当理由的,或者有自用应税产品行为而无销售额的,主管税务机关可以按下列方法和顺序确定其应税产品销售额:

(一)按纳税人最近时期同类产品的平均销售价格确定。

(二)按其他纳税人最近时期同类产品的平均销售价格确定。

(三)按后续加工非应税产品销售价格,减去后续加工环节的成本利润后确定。

(四)按应税产品组成计税价格确定。

组成计税价格 = 成本 × (1 + 成本利润率) ÷ (1 - 资源税税率)

上述公式中的成本利润率由省、自治区、直辖市税务机关确定。

(五)按其他合理方法确定。

四、应税产品的销售数量,包括纳税人开采或者生产应税产品的实际销售数量和自用于应当缴纳资源税情形的应税产品数量。

五、纳税人外购应税产品与自采应税产品混合销售或者混合加工为应税产品销售的,在计算应税产品销售额或者销售数量时,准予扣减外购应税产品的购进金额或者购进数量;当期不足扣减的,可结转下期扣减。纳税人应当准确核算外购应税产品的购进金额或者购进数量,未准确核算的,一并计算缴纳资源税。

纳税人核算并扣减当期外购应税产品购进金额、购进数量,应当依据外购应税产品的增值税发票、海关进口增值税专用缴款书或者其他合法有效凭据。

六、纳税人开采或者生产同一税目下适用不同税率应税产品的,应当分别核算不同税率应税产品的销售额或者销售数量;未分别核算或者不能准确提供不同税率应税产品的销售额或者销售数量的,从高适用税率。

七、纳税人以自采原矿(经过采矿过程采出后未进行选矿或者加工的矿石)直接销售,或者自用于应当缴纳资源税情形的,按照原矿计征资源税。

纳税人以自采原矿洗选加工为选矿产品(通过破碎、切割、洗选、筛分、磨矿、分级、提纯、脱水、干燥等过程形成的产品,包括富集的精矿和研磨成粉、粒级成型、切割成型的原矿加工品)销售,或者将选矿产品自用于应当缴纳资源税情形的,按照选矿产品计征资源税,在原矿移送环节不缴纳资源税。对于无法区分原生岩石矿种的粒级成型砂石颗粒,按照砂石税目征收资源税。

八、纳税人开采或者生产同一应税产品,其中既有享受减免税政策的,又有不享受减免税政策的,按照免税、减税项目的产量占比等方法分别核算确定免税、减税项目的销售额或者销售数量。

九、纳税人开采或者生产同一应税产品同时符合两项或者两项以上减征资源税优惠政策的,除另有规定外,只能选择其中一项执行。

十、纳税人应当在矿产品的开采地或者海盐的生产地缴纳资源税。

十一、海上开采的原油和天然气资源税由海洋石油税务管理机构征收管理。

十二、本公告自 2020 年 9 月 1 日起施行。《财政部 国家税务总局关于实施煤炭资源税改革的通知》(财税〔2014〕72 号)、《财政部 国家税务总局关于调整原油 天然气资源税有关政策的通知》(财税〔2014〕73 号)、《财政部 国家税务总局关于实施稀土 钨 钼资源税从价计征改革的通知》(财税〔2015〕52 号)、《财政部 国家税务总局关于全面推进资源税改革的通知》(财税〔2016〕53 号)、《财政部 国家税务总局关于资源税改革具体政策问题的通知》(财税〔2016〕54 号)同时废止。

财政部 税务总局关于继续执行的资源税优惠政策的公告

手机阅读

2020 年 6 月 24 日 财政部 税务总局公告 2020 年第 32 号

《中华人民共和国资源税法》已由第十三届全国人民代表大会常务委员会第十二次会议于 2019 年 8 月 26 日通过,自 2020 年 9 月 1 日起施行。为贯彻落实资源税法,现将税法施行后继续执行的资源税优惠政策公告如下:

1. 对青藏铁路公司及其所属单位运营期间自采自用的砂、石等材料免征资源税。具体操作按《财政部 国家税务总局关于青藏铁路公司运营期间有关税收等政策问题的通知》(财税〔2007〕11 号)第三条规定执行。

2. 自2018年4月1日至2021年3月31日，对页岩气资源税减征30%。具体操作按《财政部 国家税务总局关于对页岩气减征资源税的通知》（财税〔2018〕26号）规定执行。

3. 自2019年1月1日至2021年12月31日，对增值税小规模纳税人可以在50%的税额幅度内减征资源税。具体操作按《财政部 税务总局关于实施小微企业普惠性税收减免政策的通知》（财税〔2019〕13号）有关规定执行。

4. 自2014年12月1日至2023年8月31日，对充填开采置换出来的煤炭，资源税减征50%。

特此公告。

财政部　税务总局关于对页岩气减征资源税的通知①

2018年3月29日　财税〔2018〕26号

各省、自治区、直辖市、计划单列市财政厅（局）、国家税务局、地方税务局，新疆生产建设兵团财政局：

为促进页岩气开发利用，有效增加天然气供给，经国务院同意，自2018年4月1日至2021年3月31日，对页岩气资源税（按6%的规定税率）减征30%。

请遵照执行。

财政部　税务总局　水利部关于印发《扩大水资源税改革试点实施办法》的通知

2017年11月24日　财税〔2017〕80号

北京市、天津市、山西省、内蒙古自治区、山东省、河南省、四川省、陕西省、宁夏回族自治区人民政府：

为全面贯彻落实党的十九大精神，推进资源全面节约和循环利用，推动形

---

① 根据《财政部　税务总局关于延长部分税收优惠政策执行期限的公告》（财政部　税务总局公告2021年第6号），本法规定的税收优惠政策于2021年3月31日到期后，执行期限延长至2023年12月31日。

成绿色发展方式和生活方式,按照党中央、国务院决策部署,自2017年12月1日起在北京、天津、山西、内蒙古、山东、河南、四川、陕西、宁夏等9个省(自治区、直辖市)扩大水资源税改革试点。现将《扩大水资源税改革试点实施办法》印发给你们,请遵照执行。

请你们加强对水资源税改革试点工作的领导,结合实际及时制定具体实施方案,落实工作任务和责任,精心组织、周密安排,确保试点工作顺利进行。要积极探索创新,研究重大政策问题,及时向财政部、税务总局、水利部报告试点工作进展情况。

附件:扩大水资源税改革试点实施办法

附件:

扩大水资源税改革试点实施办法

第一条 为全面贯彻落实党的十九大精神,按照党中央、国务院决策部署,加强水资源管理和保护,促进水资源节约与合理开发利用,制定本办法。

第二条 本办法适用于北京市、天津市、山西省、内蒙古自治区、河南省、山东省、四川省、陕西省、宁夏回族自治区(以下简称试点省份)的水资源税征收管理。

第三条 除本办法第四条规定的情形外,其他直接取用地表水、地下水的单位和个人,为水资源税纳税人,应当按照本办法规定缴纳水资源税。

相关纳税人应当按照《中华人民共和国水法》《取水许可和水资源费征收管理条例》等规定申领取水许可证。

第四条 下列情形,不缴纳水资源税:

(一)农村集体经济组织及其成员从本集体经济组织的水塘、水库中取用水的;

(二)家庭生活和零星散养、圈养畜禽饮用等少量取用水的;

(三)水利工程管理单位为配置或者调度水资源取水的;

(四)为保障矿井等地下工程施工安全和生产安全必须进行临时应急取用(排)水的;

(五)为消除对公共安全或者公共利益的危害临时应急取水的;

(六)为农业抗旱和维护生态与环境必须临时应急取水的。

第五条 水资源税的征税对象为地表水和地下水。

地表水是陆地表面上动态水和静态水的总称,包括江、河、湖泊(含水库)等水资源。

地下水是埋藏在地表以下各种形式的水资源。

第六条 水资源税实行从量计征,除本办法第七条规定的情形外,应纳税额的计算公式为:

应纳税额 = 实际取用水量 × 适用税额

城镇公共供水企业实际取用水量应当考虑合理损耗因素。

疏干排水的实际取用水量按照排水量确定。疏干排水是指在采矿和工程建设过程中破坏地下水层、发生地下涌水的活动。

第七条 水力发电和火力发电贯流式（不含循环式）冷却取用水应纳税额的计算公式为：

应纳税额＝实际发电量×适用税额

火力发电贯流式冷却取用水，是指火力发电企业从江河、湖泊（含水库）等水源取水，并对机组冷却后将水直接排入水源的取用水方式。火力发电循环式冷却取用水，是指火力发电企业从江河、湖泊（含水库）、地下等水源取水并引入自建冷却水塔，对机组冷却后返回冷却水塔循环利用的取用水方式。

第八条 本办法第六条、第七条所称适用税额，是指取水口所在地的适用税额。

第九条 除中央直属和跨省（区、市）水力发电取用水外，由试点省份省级人民政府统筹考虑本地区水资源状况、经济社会发展水平和水资源节约保护要求，在本办法所附《试点省份水资源税最低平均税额表》规定的最低平均税额基础上，分类确定具体适用税额。

试点省份的中央直属和跨省（区、市）水力发电取用水税额为每千瓦时0.005元。跨省（区、市）界河水电站水力发电取用水水资源税税额，与涉及的非试点省份水资源费征收标准不一致的，按较高一方标准执行。

第十条 严格控制地下水过量开采。对取用地下水从高确定税额，同一类型取用水，地下水税额要高于地表水，水资源紧缺地区地下水税额要大幅高于地表水。

超采地区的地下水税额要高于非超采地区，严重超采地区的地下水税额要大幅高于非超采地区。在超采地区和严重超采地区取用地下水的具体适用税额，由试点省份省级人民政府按照非超采地区税额的2—5倍确定。

在城镇公共供水管网覆盖地区取用地下水的，其税额要高于城镇公共供水管网未覆盖地区，原则上要高于当地同类用途的城镇公共供水价格。

除特种行业和农业生产取用水外，对其他取用地下水的纳税人，原则上应当统一税额。试点省份可根据实际情况分步实施到位。

第十一条 对特种行业取用水，从高确定税额。特种行业取用水，是指洗车、洗浴、高尔夫球场、滑雪场等取用水。

第十二条 对超计划（定额）取用水，从高确定税额。

纳税人超过水行政主管部门规定的计划（定额）取用水量，在原税额基础上加征1—3倍，具体办法由试点省份省级人民政府确定。

第十三条 对超过规定限额的农业生产取用水，以及主要供农村人口生活用水的集中式饮水工程取用水，从低确定税额。

农业生产取用水，是指种植业、畜牧业、水产养殖业、林业等取用水。

供农村人口生活用水的集中式饮水工程，是指供水规模在1000立方米/天或者供水对象1万人以上，并由企事业单位运营的农村人口生活用水供水工程。

第十四条 对回收利用的疏干排水和地源热泵取用水，从低确定税额。

第十五条 下列情形，予以免征或减征水资源税：

（一）规定限额内的农业生产取用水，免征水资源税；

（二）取用污水处理再生水，免征水资源税；

（三）除接入城镇公共供水管网以外，军队、武警部队通过其他方式取用水的，免征水资源税；

（四）抽水蓄能发电取用水，免征水资源税；

（五）采油排水经分离净化后在封闭管道回注的，免征水资源税；

（六）财政部、税务总局规定的其他免征或者减征水资源税情形。

第十六条 水资源税由税务机关依照《中华人民共和国税收征收管理法》和本办法有关规定征收管理。

第十七条 水资源税的纳税义务发生时间为纳税人取用水资源的当日。

第十八条 除农业生产取用水外，水资源税按季或者按月征收，由主管税务机关根据实际情况确定。对超过规定限额的农业生产取用水水资源税可按年征收。不能按固定期限计算纳税的，可以按次申报纳税。

纳税人应当自纳税期满或者纳税义务发生之日起15日内申报纳税。

第十九条 除本办法第二十一条规定的情形外，纳税人应当向生产经营所在地的税务机关申报缴纳水资源税。

在试点省份内取用水，其纳税地点需要调整的，由省级财政、税务部门决定。

第二十条 跨省（区、市）调度的水资源，由调入区域所在地的税务机关征收水资源税。

第二十一条 跨省（区、市）水力发电取用水的水资源税在相关省份之间的分配比例，比照《财政部关于跨省区水电项目税收分配的指导意见》（财预〔2008〕84号）明确的增值税、企业所得税等税收分配办法确定。

试点省份主管税务机关应当按照前款规定比例分配的水力发电量和税额，分别向跨省（区、市）水电站征收水资源税。

跨省（区、市）水力发电取用水涉及非试点省份水资源费征收和分配的，比照试点省份水资源税管理办法执行。

第二十二条 建立税务机关与水行政主管部门协作征税机制。

水行政主管部门应当将取用水单位和个人的取水许可、实际取用水量、超计划（定额）取用水量、违法取水处罚等水资源管理相关信息，定期送交税务机关。

纳税人根据水行政主管部门核定的实际取用水量向税务机关申报纳税。税务机关应当按照核定的实际取用水量征收水资源税，并将纳税人的申报纳税等信息定期送交水行政主管部门。

税务机关定期将纳税人申报信息与水行政主管部门送交的信息进行分析比对。征管过程中发现问题的，由税务机关与水行政主管部门联合进行核查。

第二十三条 纳税人应当安装取用水计量设施。纳税人未按规定安装取用水计量设施或者计量设施不能准确计量取用水量的，按照最大取水（排水）能力或者省级财政、税务、水行政主管部门确定的其他方法核定取用水量。

第二十四条 纳税人和税务机关、水行政主管部门及其工作人员违反本办法规定的，依照《中华人民共和国税收征收管理法》《中华人民共和国水法》等有关法律法规规定追究法律责任。

第二十五条 试点省份开征水资源税后,应当将水资源费征收标准降为零。

第二十六条 水资源税改革试点期间,可按税费平移原则对城镇公共供水征收水资源税,不增加居民生活用水和城镇公共供水企业负担。

第二十七条 水资源税改革试点期间,水资源税收入全部归属试点省份。

第二十八条 水资源税改革试点期间,水行政主管部门相关经费支出由同级财政预算统筹安排和保障。对原有水资源费征管人员,由地方人民政府统筹做好安排。

第二十九条 试点省份省级人民政府根据本办法制定具体实施办法,报财政部、税务总局和水利部备案。

第三十条 水资源税改革试点期间涉及的有关政策,由财政部会同税务总局、水利部等部门研究确定。

第三十一条 本办法自2017年12月1日起实施。

附:

试点省份水资源税最低平均税额表

单位:元/立方米

省(区、市)	地表水最低平均税额	地下水最低平均税额
北京	1.6	4
天津	0.8	4
山西	0.5	2
内蒙古	0.5	2
山东	0.4	1.5
河南	0.4	1.5
四川	0.1	0.2
陕西	0.3	0.7
宁夏	0.3	0.7

财政部 国家税务总局 水利部关于河北省水资源税改革试点有关政策的意见

2016年12月1日 财税〔2016〕130号

河北省财政厅、地方税务局、水利厅：

为确保河北省水资源税改革试点工作顺利进行，根据《财政部 国家税务总局 水利部关于印发〈水资源税改革试点办法〉的通知》（财税〔2016〕55号）有关规定，现就水资源税改革试点有关政策问题明确如下：

一、关于火力发电征税问题

对火力发电贯流式冷却取用水，按照实际发电量和适用税额标准征收水资源税；对火力发电循环式冷却取用水，按照实际取用水量和适用税额标准征收水资源税。

火力发电贯流式冷却取用水，是指发电厂从江河、湖泊（含水库）等水源取水，并对机组冷却后将水直接排入水源的取用水方式。

火力发电循环式冷却取用水，是指发电厂从江河、湖泊（含水库）、地下取水并引入自建冷却水塔，对机组冷却后返回冷却水塔循环利用的取用水方式。

二、关于农村生活集中式饮水工程征税范围问题

供水规模在1000立方米/天或供水对象1万人以上的农村生活集中式供水工程，为农村生活集中式饮水工程征税范围。

三、关于疏干排水征税问题

对疏干排水按排水量征收水资源税。

疏干排水是指在采矿和工程建设过程中，为保障地下工程施工和生产安全，将地下涌水排出的行为。

四、关于若干免税政策问题

对军队、武警部队通过自备井取用地下水暂免征收水资源税。

对抽水蓄能发电取用水暂免征收水资源税。

五、关于城镇公共供水企业水资源税计入供水成本问题

为保证城镇公共供水企业正常运营，城镇公共供水企业缴纳的水资源税应计入供水成本。具体由你省相关部门协调做好相关工作。

六、其他问题

对改革试点中涉及的有关具体操作和执行问题，包括省内跨行政区收入分配、开发区和产业园区适用税额标准、划定城镇公共供水管网覆盖范围、预交水资源费处理、水利部门经费保障等，由你省相关部门协商提出处理意见，报

省人民政府核准后实施。

请遵照执行。

财政部 国家税务总局 水利部关于印发《水资源税改革试点暂行办法》的通知

2016年5月9日 财税〔2016〕55号

河北省人民政府：

根据党中央、国务院决策部署，自2016年7月1日起在你省实施水资源税改革试点。现将《水资源税改革试点暂行办法》印发给你省，请遵照执行。

请你省按照本通知要求，切实做好水资源税改革试点工作，建立健全工作机制，及时制定实施方案和配套政策，精心组织、周密安排，确保改革试点顺利进行。对试点中出现的新情况新问题，要研究采取适当措施妥善加以解决。重大政策问题及时向财政部、国家税务总局、水利部报告。

附件：

水资源税改革试点暂行办法

第一条 为促进水资源节约、保护和合理利用，根据党中央、国务院决策部署，制定本办法。

第二条 本办法适用于河北省。

第三条 利用取水工程或者设施直接从江河、湖泊（含水库）和地下取用地表水、地下水的单位和个人，为水资源税纳税人。

纳税人应按《中华人民共和国水法》、《取水许可和水资源费征收管理条例》等规定申领取水许可证。

第四条 水资源税的征税对象为地表水和地下水。

地表水是陆地表面上动态水和静态水的总称，包括江、河、湖泊（含水库）、雪山融水等水资源。

地下水是埋藏在地表以下各种形式的水资源。

第五条 水资源税实行从量计征。应纳税额计算公式：

应纳税额＝取水口所在地税额标准×实际取用水量。

水力发电和火力发电贯流式取用水量按照实际发电量确定。

第六条 按地表水和地下水分类确定水资源税适用税额标准。

地表水分为农业、工商业、城镇公共供水、水力发电、火力发电贯流式、特种行业及其他取用地表水。地下水分为农业、工商业、城镇公共供水、特种行业及其他取用地下水。

特种行业取用水包括洗车、洗浴、高尔夫球场、滑雪场等取用水。

河北省可以在上述分类基础上,结合本地区水资源状况、产业结构和调整方向等进行细化分类。

第七条 对水力发电和火力发电贯流式以外的取用水设置最低税额标准,地表水平均不低于每立方米 0.4 元,地下水平均不低于每立方米 1.5 元。

水力发电和火力发电贯流式取用水的税额标准为每千瓦小时 0.005 元。

具体取用水分类及适用税额标准由河北省人民政府提出建议,报财政部会同有关部门确定核准。

第八条 对取用地下水从高制定税额标准。

对同一类型取用水,地下水水资源税税额标准要高于地表水,水资源紧缺地区地下水水资源税税额标准要大幅高于地表水。

超采地区的地下水水资源税税额标准要高于非超采地区,严重超采地区的地下水水资源税税额标准要大幅高于非超采地区。在超采地区和严重超采地区取用地下水(不含农业生产取用水和城镇公共供水取水)的具体适用税额标准,由河北省人民政府在非超采地区税额标准 2~5 倍幅度内提出建议,报财政部会同有关部门确定核准;超过 5 倍的,报国务院备案。

城镇公共供水管网覆盖范围内取用地下水的,水资源税税额标准要高于公共供水管网未覆盖地区,原则上要高于当地同类用途的城市供水价格。

第九条 对特种行业取用水,从高制定税额标准。

第十条 对超计划或者超定额取用水,从高制定税额标准。除水力发电、城镇公共供水取用水外,取用水单位和个人超过水行政主管部门批准的计划(定额)取用水量,在原税额标准基础上加征 1~3 倍,具体办法由河北省人民政府提出建议,报财政部会同有关部门确定核准;加征超过 3 倍的,报国务院备案。

第十一条 对超过规定限额的农业生产取用水,以及主要供农村人口生活用水的集中式饮水工程取用水,从低制定税额标准。

农业生产取用水包括种植业、畜牧业、水产养殖业、林业取用水。

第十二条 对企业回收利用的采矿排水(疏干排水)和地温空调回用水,从低制定税额标准。

第十三条 对下列取用水减免征收水资源税:

(一)对规定限额内的农业生产取用水,免征水资源税。

(二)对取用污水处理回用水、再生水等非常规水源,免征水资源税。

(三)财政部、国家税务总局规定的其他减税和免税情形。

第十四条 水资源税由地方税务机关依照《中华人民共和国税收征收管理法》和本办法有关规定征收管理。

第十五条 水资源税的纳税义务发生时间为纳税人取用水资源的当日。

第十六条 水资源税按季或者按月征收,由主管税务机关根据实际情况确定。不能按固定期限计算纳税的,可以按次申报纳税。

第十七条 在河北省区域内取用水的,水资源税由取水审批部门所在地的地方税务机关征收。其中,由流域管理机构审批取用水的,水资源税由取水口所在地的地方税务机关征收。

在河北省内纳税地点需要调整的,由省级地方税务机关决定。

第十八条 按照国务院或其授权部门批准的跨省、自治区、直辖市水量分配方案调度的水资源,水资源税由调入区域取水审批部门所在地的地方税务机关征收。

第十九条 建立地方税务机关与水行政主管部门协作征税机制。

水行政主管部门应当定期向地方税务机关提供取水许可情况和超计划(定额)取用水量,并协助地方税务机关审核纳税人实际取用水的申报信息。

纳税人根据水行政主管部门核准的实际取用水量向地方税务机关申报纳税,地方税务机关将纳税人相关申报信息与水行政主管部门核准的信息进行比对,并根据核实后的信息征税。

水资源税征管过程中发现问题的,地方税务机关和水行政主管部门联合进行核查。

第二十条 河北省开征水资源税后,将水资源费征收标准降为零。

第二十一条 水资源税改革试点期间,水行政主管部门相关经费支出由同级财政预算统筹安排和保障。对原有水资源费征管人员,由地方政府统筹做好安排。

第二十二条 河北省人民政府根据本办法制定具体实施办法,报国务院备案。

第二十三条 水资源税改革试点期间涉及的有关政策,由财政部、国家税务总局研究确定。

第二十四条 本办法自 2016 年 7 月 1 日起实施。

车 船 税

中华人民共和国车船税法

手机阅读

(2011年2月25日第十一届全国人民代表大会常务委员会第十九次会议通过 根据2019年4月23日第十三届全国人民代表大会常务委员会第十次会议《关于修改〈中华人民共和国建筑法〉等八部法律的决定》修正)

第一条 在中华人民共和国境内属于本法所附《车船税税目税额表》规定的车辆、船舶（以下简称车船）的所有人或者管理人，为车船税的纳税人，应当依照本法缴纳车船税。

第二条 车船的适用税额依照本法所附《车船税税目税额表》执行。

车辆的具体适用税额由省、自治区、直辖市人民政府依照本法所附《车船税税目税额表》规定的税额幅度和国务院的规定确定。

船舶的具体适用税额由国务院在本法所附《车船税税目税额表》规定的税额幅度内确定。

第三条 下列车船免征车船税：

（一）捕捞、养殖渔船；

（二）军队、武装警察部队专用的车船；

（三）警用车船；

（四）悬挂应急救援专用号牌的国家综合性消防救援车辆和国家综合性消防救援专用船舶；

（五）依照法律规定应当予以免税的外国驻华使领馆、国际组织驻华代表机构及其有关人员的车船。

第四条 对节约能源、使用新能源的车船可以减征或者免征车船税；对受严重自然灾害影响纳税困难以及有其他特殊原因确需减税、免税的，可以减征或者免征车船税。具体办法由国务院规定，并报全国人民代表大会常务委员会备案。

第五条 省、自治区、直辖市人民政府根据当地实际情况，可以对公共交通车船，农村居民拥有并主要在农村地区使用的摩托车、三轮汽车和低速载货汽车定期减征或者免征车船税。

第六条 从事机动车第三者责任强制保险业务的保险机构为机动车车船税的扣缴义务人，应当在收取保险费时依法代收车船税，并出具代收税款凭证。

第七条 车船税的纳税地点为车船的登记地或者车船税扣缴义务人所在

地。依法不需要办理登记的车船，车船税的纳税地点为车船的所有人或者管理人所在地。

第八条 车船税纳税义务发生时间为取得车船所有权或者管理权的当月。

第九条 车船税按年申报缴纳。具体申报纳税期限由省、自治区、直辖市人民政府规定。

第十条 公安、交通运输、农业、渔业等车船登记管理部门、船舶检验机构和车船税扣缴义务人的行业主管部门应当在提供车船有关信息等方面，协助税务机关加强车船税的征收管理。

车辆所有人或者管理人在申请办理车辆相关登记、定期检验手续时，应当向公安机关交通管理部门提交依法纳税或者免税证明。公安机关交通管理部门核查后办理相关手续。

第十一条 车船税的征收管理，依照本法和《中华人民共和国税收征收管理法》的规定执行。

第十二条 国务院根据本法制定实施条例。

第十三条 本法自 2012 年 1 月 1 日起施行。2006 年 12 月 29 日国务院公布的《中华人民共和国车船税暂行条例》同时废止。

附：

车船税税目税额表

税目		计税单位	年基准税额	备注
乘用车[按发动机汽缸容量（排气量）分档]	1.0 升（含）以下的	每辆	60 元至 360 元	核定载客人数 9 人（含）以下
	1.0 升以上至 1.6 升（含）的		300 元至 540 元	
	1.6 升以上至 2.0 升（含）的		360 元至 660 元	
	2.0 升以上至 2.5 升（含）的		660 元至 1200 元	
	2.5 升以上至 3.0 升（含）的		1200 元至 2400 元	
	3.0 升以上至 4.0 升（含）的		2400 元至 3600 元	
	4.0 升以上的		3600 元至 5400 元	

续表

税目		计税单位	年基准税额	备注
商用车	客车	每辆	480元至1440元	核定载客人数9人以上,包括电车
	货车	整备质量每吨	16元至120元	包括半挂牵引车、三轮汽车和低速载货汽车等
挂车		整备质量每吨	按照货车税额的50%计算	
其他车辆	专用作业车	整备质量每吨	16元至120元	不包括拖拉机
	轮式专用机械车		16元至120元	
摩托车		每辆	36元至180元	
船舶	机动船舶	净吨位每吨	3元至6元	拖船、非机动驳船分别按照机动船舶税额的50%计算
	游艇	艇身长度每米	600元至2000元	

财政部 税务总局关于国家综合性消防救援车辆车船税政策的通知

手机阅读

2019年2月13日 财税〔2019〕18号

各省、自治区、直辖市、计划单列市财政厅（局），新疆生产建设兵团财政局，国家税务总局各省、自治区、直辖市、计划单列市税务局：

根据《国务院办公厅关于国家综合消防救援车辆悬挂应急救援专用号牌有关事项的通知》（国办发〔2018〕114号）规定，国家综合性消防救援车辆由部队号牌改挂应急救援专用号牌的，一次性免征改挂当年车船税。

财政部　税务总局　工业和信息化部　交通运输部关于节能、新能源车船享受车船税优惠政策的通知

手机阅读

2018年7月10日　财税〔2018〕74号

各省、自治区、直辖市、计划单列市财政厅（局）、工业和信息化主管部门、交通运输厅（局），国家税务总局各省、自治区、直辖市、计划单列市税务局，新疆生产建设兵团财政局、工业和信息化委员会：

为促进节约能源，鼓励使用新能源，根据《中华人民共和国车船税法》及其实施条例有关规定，经国务院批准，现将节约能源、使用新能源（以下简称节能、新能源）车船的车船税优惠政策通知如下：

一、对节能汽车，减半征收车船税。

（一）减半征收车船税的节能乘用车应同时符合以下标准：

1. 获得许可在中国境内销售的排量为1.6升以下（含1.6升）的燃用汽油、柴油的乘用车（含非插电式混合动力、双燃料和两用燃料乘用车）；

2. 综合工况燃料消耗量应符合标准，具体要求见附件1。

（二）减半征收车船税的节能商用车应同时符合以下标准：

1. 获得许可在中国境内销售的燃用天然气、汽油、柴油的轻型和重型商用车（含非插电式混合动力、双燃料和两用燃料轻型和重型商用车）；

2. 燃用汽油、柴油的轻型和重型商用车综合工况燃料消耗量应符合标准，具体标准见附件2、附件3。

二、对新能源车船，免征车船税。

（一）免征车船税的新能源汽车是指纯电动商用车、插电式（含增程式）混合动力汽车、燃料电池商用车。纯电动乘用车和燃料电池乘用车不属于车船税征税范围，对其不征车船税。

（二）免征车船税的新能源汽车应同时符合以下标准：

1. 获得许可在中国境内销售的纯电动商用车、插电式（含增程式）混合动力汽车、燃料电池商用车；

2. 符合新能源汽车产品技术标准，具体标准见附件4；

3. 通过新能源汽车专项检测，符合新能源汽车标准，具体标准见附件5；

4. 新能源汽车生产企业或进口新能源汽车经销商在产品质量保证、产品一致性、售后服务、安全监测、动力电池回收利用等方面符合相关要求，具体要求见附件6。

（三）免征车船税的新能源船舶应符合以下标准：

船舶的主推进动力装置为纯天然气发动机。发动机采用微量柴油引燃方式

且引燃油热值占全部燃料总热值的比例不超过5%的，视同纯天然气发动机。

三、符合上述标准的节能、新能源汽车，由工业和信息化部、税务总局不定期联合发布《享受车船税减免优惠的节约能源使用新能源汽车车型目录》（以下简称《目录》）予以公告。

四、汽车生产企业或进口汽车经销商（以下简称汽车企业）可通过工业和信息化部节能与新能源汽车财税优惠目录申报管理系统，自愿提交节能车型报告、新能源车型报告（报告样本见附件7、附件8），申请将其产品列入《目录》，并对申报资料的真实性负责。

工业和信息化部、税务总局委托工业和信息化部装备工业发展中心负责《目录》组织申报、宣传培训及具体技术审查、监督检查工作。工业和信息化部装备工业发展中心审查结果在工业和信息化部网站公示5个工作日，没有异议的，列入《目录》予以发布。对产品与申报材料不符、产品性能指标未达到标准或者汽车企业提供其他虚假信息，以及列入《目录》后12个月内无产量或进口量的车型，在工业和信息化部网站公示5个工作日，没有异议的，从《目录》中予以撤销。

五、船舶检验机构在核定检验船舶主推进动力装置时，对满足本通知新能源船舶标准的，在其船用产品证书上标注"纯天然气发动机"字段；在船舶建造检验时，对船舶主推进动力装置船用产品证书上标注有"纯天然气发动机"字段的，在其检验证书服务簿中标注"纯天然气动力船舶"字段。

对使用未标记"纯天然气发动机"字段主推进动力装置的船舶，船舶所有人或者管理人认为符合本通知新能源船舶标准的，在船舶年度检验时一并向船舶检验机构提出认定申请，同时提交支撑材料，并对提供信息的真实性负责。船舶检验机构通过审核材料和现场检验予以确认，符合本通知新能源船舶标准的，在船舶检验证书服务簿中标注"纯天然气动力船舶"字段。

纳税人凭标注"纯天然气动力船舶"字段的船舶检验证书享受车船税免税优惠。

六、财政部、税务总局、工业和信息化部、交通运输部根据汽车和船舶技术进步、产业发展等因素适时调整节能、新能源车船的认定标准。在开展享受车船税减免优惠的节能、新能源车船审查和认定等相关管理工作过程中，相关部门及其工作人员存在玩忽职守、滥用职权、徇私舞弊等违法行为的，按照《公务员法》、《行政监察法》《财政违法行为处罚处分条例》等有关国家规定追究相应责任；涉嫌犯罪的，移送司法机关处理。

对提供虚假信息骗取列入《目录》资格的汽车企业，以及提供虚假资料的船舶所有人或者管理人，应依照相关法律法规予以处理。

七、本通知发布后，列入新公告的各批次《目录》（以下简称新《目录》）的节能、新能源汽车，自新《目录》公告之日起，按新《目录》和本通知相关规定享受车船税减免优惠政策。新《目录》公告后，第一批、第二批、第三批车船税优惠车型目录同时废止；新《目录》公告前已取得的列入第一批、第二批、第三批车船税优惠车型目录的节能、新能源汽车，不论是否转让，可继续享受车船税减免优惠政策。

八、本通知自发布之日起执行。《财政部　国家税务总局　工业和信息化

部关于节约能源 使用新能源车船车船税优惠政策的通知》(财税〔2015〕51号)以及财政部办公厅、税务总局办公厅、工业和信息化部办公厅《关于加强〈享受车船税减免优惠的节约能源 使用新能源汽车车型目录〉管理工作的通知》(财办税〔2017〕63号)同时废止。

  附件：1. 节能乘用车综合工况燃料消耗量限值标准（略）
    2. 节能轻型商用车综合工况燃料消耗量限值标准（略）
    3. 节能重型商用车综合工况燃料消耗量限值标准（略）
    4. 新能源汽车产品技术标准（略）
    5. 新能源汽车产品专项检验标准目录（略）
    6. 新能源汽车企业要求（略）
    7. 节能车型报告（略）
    8. 新能源车型报告（略）

印 花 税

中华人民共和国印花税法

手机阅读

（2021年6月10日第十三届全国人民代表大会常务委员会第二十九次会议通过）

第一条 在中华人民共和国境内书立应税凭证、进行证券交易的单位和个人，为印花税的纳税人，应当依照本法规定缴纳印花税。

在中华人民共和国境外书立在境内使用的应税凭证的单位和个人，应当依照本法规定缴纳印花税。

第二条 本法所称应税凭证，是指本法所附《印花税税目税率表》列明的合同、产权转移书据和营业账簿。

第三条 本法所称证券交易，是指转让在依法设立的证券交易所、国务院批准的其他全国性证券交易场所交易的股票和以股票为基础的存托凭证。

证券交易印花税对证券交易的出让方征收，不对受让方征收。

第四条 印花税的税目、税率，依照本法所附《印花税税目税率表》执行。

第五条 印花税的计税依据如下：

（一）应税合同的计税依据，为合同所列的金额，不包括列明的增值税税款；

（二）应税产权转移书据的计税依据，为产权转移书据所列的金额，不包括列明的增值税税款；

（三）应税营业账簿的计税依据，为账簿记载的实收资本（股本）、资本公积合计金额；

（四）证券交易的计税依据，为成交金额。

第六条 应税合同、产权转移书据未列明金额的，印花税的计税依据按照实际结算的金额确定。

计税依据按照前款规定仍不能确定的，按照书立合同、产权转移书据时的市场价格确定；依法应当执行政府定价或者政府指导价的，按照国家有关规定确定。

第七条 证券交易无转让价格的，按照办理过户登记手续时该证券前一个交易日收盘价计算确定计税依据；无收盘价的，按照证券面值计算确定计税依据。

第八条 印花税的应纳税额按照计税依据乘以适用税率计算。

第九条 同一应税凭证载有两个以上税目事项并分别列明金额的,按照各自适用的税目税率分别计算应纳税额;未分别列明金额的,从高适用税率。

第十条 同一应税凭证由两方以上当事人书立的,按照各自涉及的金额分别计算应纳税额。

第十一条 已缴纳印花税的营业账簿,以后年度记载的实收资本(股本)、资本公积合计金额比已缴纳印花税的实收资本(股本)、资本公积合计金额增加的,按照增加部分计算应纳税额。

第十二条 下列凭证免征印花税:

(一)应税凭证的副本或者抄本;

(二)依照法律规定应当予以免税的外国驻华使馆、领事馆和国际组织驻华代表机构为获得馆舍书立的应税凭证;

(三)中国人民解放军、中国人民武装警察部队书立的应税凭证;

(四)农民、家庭农场、农民专业合作社、农村集体经济组织、村民委员会购买农业生产资料或者销售农产品书立的买卖合同和农业保险合同;

(五)无息或者贴息借款合同、国际金融组织向中国提供优惠贷款书立的借款合同;

(六)财产所有权人将财产赠与政府、学校、社会福利机构、慈善组织书立的产权转移书据;

(七)非营利性医疗卫生机构采购药品或者卫生材料书立的买卖合同;

(八)个人与电子商务经营者订立的电子订单。

根据国民经济和社会发展的需要,国务院对居民住房需求保障、企业改制重组、破产、支持小型微型企业发展等情形可以规定减征或者免征印花税,报全国人民代表大会常务委员会备案。

第十三条 纳税人为单位的,应当向其机构所在地的主管税务机关申报缴纳印花税;纳税人为个人的,应当向应税凭证书立地或者纳税人居住地的主管税务机关申报缴纳印花税。

不动产产权发生转移的,纳税人应当向不动产所在地的主管税务机关申报缴纳印花税。

第十四条 纳税人为境外单位或者个人,在境内有代理人的,以其境内代理人为扣缴义务人;在境内没有代理人的,由纳税人自行申报缴纳印花税,具体办法由国务院税务主管部门规定。

证券登记结算机构为证券交易印花税的扣缴义务人,应当向其机构所在地的主管税务机关申报解缴税款以及银行结算的利息。

第十五条 印花税的纳税义务发生时间为纳税人书立应税凭证或者完成证券交易的当日。

证券交易印花税扣缴义务发生时间为证券交易完成的当日。

第十六条 印花税按季、按年或者按次计征。实行按季、按年计征的,纳税人应当自季度、年度终了之日起十五日内申报缴纳税款;实行按次计征的,纳税人应当自纳税义务发生之日起十五日内申报缴纳税款。

证券交易印花税按周解缴。证券交易印花税扣缴义务人应当自每周终了之日起五日内申报解缴税款以及银行结算的利息。

第十七条 印花税可以采用粘贴印花税票或者由税务机关依法开具其他完税凭证的方式缴纳。

印花税票粘贴在应税凭证上的，由纳税人在每枚税票的骑缝处盖戳注销或者画销。

印花税票由国务院税务主管部门监制。

第十八条 印花税由税务机关依照本法和《中华人民共和国税收征收管理法》的规定征收管理。

第十九条 纳税人、扣缴义务人和税务机关及其工作人员违反本法规定的，依照《中华人民共和国税收征收管理法》和有关法律、行政法规的规定追究法律责任。

第二十条 本法自2022年7月1日起施行。1988年8月6日国务院发布的《中华人民共和国印花税暂行条例》同时废止。

附：

印花税税目税率表

税目		税率	备注
合同（指书面合同）	借款合同	借款金额的万分之零点五	指银行业金融机构、经国务院银行业监督管理机构批准设立的其他金融机构与借款人（不包括同业拆借）的借款合同
	融资租赁合同	租金的万分之零点五	
	买卖合同	价款的万分之三	指动产买卖合同（不包括个人书立的动产买卖合同）
	承揽合同	报酬的万分之三	
	建设工程合同	价款的万分之三	
	运输合同	运输费用的万分之三	指货运合同和多式联运合同（不包括管道运输合同）
	技术合同	价款、报酬或者使用费的万分之三	不包括专利权、专有技术使用权转让书据
	租赁合同	租金的千分之一	
	保管合同	保管费的千分之一	
	仓储合同	仓储费的千分之一	
	财产保险合同	保险费的千分之一	不包括再保险合同

续表

税目		税率	备注
产权转移书据	土地使用权出让书据	价款的万分之五	转让包括买卖（出售）、继承、赠与、互换、分割
	土地使用权、房屋等建筑物和构筑物所有权转让书据（不包括土地承包经营权和土地经营权转移）	价款的万分之五	
	股权转让书据（不包括应缴纳证券交易印花税的）	价款的万分之五	
	商标专用权、著作权、专利权、专有技术使用权转让书据	价款的万分之三	
营业账簿		实收资本（股本）、资本公积合计金额的万分之二点五	
证券交易		成交金额的千分之一	

中华人民共和国印花税暂行条例[①]

手机阅读

（1998 年 8 月 6 日中华人民共和国国务院令第 11 号发布 根据 2011 年 1 月 8 日《国务院关于废止和修改部分行政法规的决定》修订）

第一条 在中华人民共和国境内书立、领受本条例所列举凭证的单位和个人，都是印花税的纳税义务人（以下简称纳税人），应当按照本条例规定缴纳印花税。

第二条 下列凭证为应纳税凭证：

（一）购销、加工承揽、建设工程承包、财产租赁、货物运输、仓储保管、借款、财产保险、技术合同或者具有合同性质的凭证；

（二）产权转移书据；

（三）营业账簿；

---

① 《中华人民共和国印花税法》已由中华人民共和国第十三届全国人民代表大会常务委员会第二十九次会议于 2021 年 6 月 10 日通过，自 2022 年 7 月 1 日起施行。1988 年 8 月 6 日国务院发布的《中华人民共和国印花税暂行条例》同时废止。

（四）权利、许可证照；

（五）经财政部确定征税的其他凭证。

第三条 纳税人根据应纳税凭证的性质，分别按比例税率或者按件定额计算应纳税额。具体税率、税额的确定，依照本条例所附《印花税税目税率表》执行。

应纳税额不足1角的，免纳印花税。

应纳税额在1角以上的，其税额尾数不满5分的不计，满5分的按1角计算缴纳。

第四条 下列凭证免纳印花税：

（一）已缴纳印花税的凭证的副本或者抄本；

（二）财产所有人将财产赠给政府、社会福利单位、学校所立的书据；

（三）经财政部批准免税的其他凭证。

第五条 印花税实行由纳税人根据规定自行计算应纳税额，购买并一次贴足印花税票（以下简称贴花）的缴纳办法。

为简化贴花手续，应纳税额较大或者贴花次数频繁的，纳税人可向税务机关提出申请，采取以缴款书代替贴花或者按期汇总缴纳的办法。

第六条 印花税票应当粘贴在应纳税凭证上，并由纳税人在每枚税票的骑缝处盖戳注销或者画销。

已贴用的印花税票不得重用。

第七条 应纳税凭证应当于书立或者领受时贴花。

第八条 同一凭证，由两方或者两方以上当事人签订并各执一份的，应当由各方就所执的一份各自全额贴花。

第九条 已贴花的凭证，修改后所载金额增加的，其增加部分应当补贴印花税票。

第十条 印花税由税务机关负责征收管理。

第十一条 印花税票由国家税务局监制。票面金额以人民币为单位。

第十二条 发放或者办理应纳税凭证的单位，负有监督纳税人依法纳税的义务。

第十三条 纳税人有下列行为之一的，由税务机关根据情节轻重，予以处罚：

（一）在应纳税凭证上未贴或者少贴印花税票的，税务机关除责令其补贴印花税票外，可处以应补贴印花税票金额20倍以下的罚款；

（二）违反本条例第六条第一款规定的，税务机关可处以未注销或者画销印花税票金额10倍以下的罚款；

（三）违反本条例第六条第二款规定的，税务机关可处以重用印花税票金额30倍以下的罚款。

伪造印花税票的，由税务机关提请司法机关依法追究刑事责任。

第十四条 印花税的征收管理，除本条例规定者外，依照《中华人民共和国税收征收管理法》的有关规定执行。

第十五条 本条例由财政部负责解释；施行细则由财政部制定。

第十六条 本条例自1988年10月1日起施行。

附件：印花税税目税率表

附件:

印花税税目税率表

税目	范围	税率	纳税义务人	说明
1. 购销合同	包括供应、预购、采购、购销结合及协作、调剂、补偿、易货等合同	按购销金额万分之三贴花	立合同人	
2. 加工承揽合同	包括加工、定作、修缮、修理、印刷、广告、测绘、测试等合同	按加工或承揽收入万分之五贴花	立合同人	
3. 建设工程勘察设计合同	包括勘察、设计合同	按收取费用万分之五贴花	立合同人	
4. 建筑安装工程承包合同	包括建筑、安装工程承包合同	按承包金额万分之三贴花	立合同人	
5. 财产租赁合同	包括租赁房屋、船舶、飞机、机动车辆、机械、器具、设备等合同	按租赁金额千分之一贴花。税额不足1元的按1元贴花	立合同人	
6. 货物运输合同	包括民用航空、铁路运输、海上运输、内河运输、公路运输和联运合同	按运输费用万分之五贴花	立合同人	单据作为合同使用的,按合同贴花
7. 仓储保管合同	包括仓储、保管合同	按仓储保管费用千分之一贴花	立合同人	仓单或栈单作为合同使用的,按合同贴花
8. 借款合同	银行及其他金融组织和借款人(不包括银行同业拆借)所签订的借款合同	按借款金额万分之零点五贴花	立合同人	单据作为合同使用的,按合同贴花
9. 财产保险合同	包括财产、责任、保证、信用等保险合同	按投保金额万分之零点三贴花	立合同人	单据作为合同使用的,按合同贴花
10. 技术合同	包括技术开发、转让、咨询、服务等合同	按所载金额万分之三贴花	立合同人	

续表

税目	范围	税率	纳税义务人	说明
11. 产权转移书据	包括财产所有权和版权、商标专用权、专利权、专有技术使用权等转移书据	按所载金额万分之五贴花	立据人	
12. 营业账簿	生产经营用账册	记载资金的账簿，按固定资产原值与自有流动资金总额万分之五贴花。其他账簿按件贴花5元	立账簿人	
13. 权利、许可证照	包括政府部门发给的房屋产权证、工商营业执照、商标注册证、专利证、土地使用证	按件贴花5元	领受人	

国家税务总局关于中国海洋石油总公司使用的"成品油配置计划表"有关印花税问题的公告

手机阅读

2012年12月28日　国家税务总局公告2012年第58号

中国海洋石油总公司（以下简称中国海油集团）与中国石油天然气集团、中国石油化工集团在石油和石油制品的保障和供应上，面临相同的国家宏观调控要求和监管要求，为体现公平原则，现对中国海油集团有关印花税问题公告如下：

中国海油集团与中国石油天然气集团、中国石油化工集团之间，中国海油集团内部各子公司之间，中国海油集团的各分公司和子公司之间互供石油和石油制品所使用的"成品油配置计划表"（或其他名称的表、证、单、书），暂不征收印花税。

本公告自2013年2月1日起施行。本公告生效前尚未处理的可以按本规定执行。

特此公告。

财政部 税务总局关于对营业账簿减免印花税的通知

2018年5月3日 财税〔2018〕50号

各省、自治区、直辖市、计划单列市财政厅（局）、国家税务局、地方税务局，新疆生产建设兵团财政局：

为减轻企业负担，鼓励投资创业，现就减免营业账簿印花税有关事项通知如下：

自2018年5月1日起，对按万分之五税率贴花的资金账簿减半征收印花税，对按件贴花五元的其他账簿免征印花税。

请遵照执行。

财政部 国家税务总局关于融资租赁合同有关印花税政策的通知

2015年12月24日 财税〔2015〕144号

各省、自治区、直辖市、计划单列市财政厅（局）、地方税务局，西藏、宁夏回族自治区国家税务局，新疆生产建设兵团财务局：

根据《国务院办公厅关于加快融资租赁业发展的指导意见》（国办发〔2015〕68号）有关规定，为促进融资租赁业健康发展，公平税负，现就融资租赁合同有关印花税政策通知如下：

一、对开展融资租赁业务签订的融资租赁合同（含融资性售后回租），统一按照其所载明的租金总额依照"借款合同"税目，按万分之零点五的税率计税贴花。

二、在融资性售后回租业务中，对承租人、出租人因出售租赁资产及购回租赁资产所签订的合同，不征收印花税。

三、本通知自印发之日起执行。此前未处理的事项，按照本通知规定执行。

请遵照执行。

财政部 国家税务总局关于中国华融资产管理股份有限公司改制过程中有关印花税政策的通知

手机阅读

2015年10月16日 财税〔2015〕109号

各省、自治区、直辖市、计划单列市财政厅（局）、地方税务局，西藏、宁夏回族自治区国家税务局，新疆生产建设兵团财务局：

为支持资产管理公司改制，经国务院批准，现对中国华融资产管理股份有限公司有关印花税政策通知如下：

对中国华融资产管理股份有限公司改制过程中资产评估增值转增资本涉及的印花税予以免征。对改制后再增加的资本金涉及的印花税照章征收。

财政部 国家税务总局关于组建中国铁路总公司有关印花税政策的通知

手机阅读

2015年5月25日 财税〔2015〕57号

各省、自治区、直辖市、计划单列市财政厅（局）、地方税务局，西藏、宁夏回族自治区国家税务局，新疆生产建设兵团财务局：

经国务院批准，现就组建中国铁路总公司有关印花税政策通知如下：

一、对中国铁路总公司组建时新启用（截至2013年12月31日）的资金账簿记载的资金免征印花税。

二、对中国铁路总公司在改革过程中通过控股、参股等与所属企业建立资本关系而增加的资金账簿资金免征印花税。

三、对中国铁路总公司承继的原以铁道部名义签订的尚未履行完的各类应税合同，改革后需要变更执行主体的，对仅改变执行主体、其余条款未作变动且改革前已经贴花的，不再贴花。

四、对中国铁路总公司及其所属企业因铁路改革签订的产权转移书据免予贴花。

财政部 国家税务总局关于在全国中小企业股份转让系统转让股票有关证券（股票）交易印花税政策的通知

手机阅读

2014年5月27日　财税〔2014〕47号

北京市财政局、国家税务局：

为落实国务院《关于全国中小企业股份转让系统有关问题的决定》（国发〔2013〕49号）精神，现将在全国中小企业股份转让系统转让股票有关证券（股票）交易印花税政策明确如下：

在全国中小企业股份转让系统买卖、继承、赠与股票所书立的股权转让书据，依书立时实际成交金额，由出让方按1‰的税率计算缴纳证券（股票）交易印花税。

本通知自2014年6月1日起执行。

财政部 国家税务总局关于转让优先股有关证券（股票）交易印花税政策的通知

手机阅读

2014年5月27日　财税〔2014〕46号

北京市、上海市、深圳市财政局、国家税务局：

为落实国务院《关于开展优先股试点的指导意见》（国发〔2013〕46号）精神，现将转让优先股有关证券（股票）交易印花税政策明确如下：

在上海证券交易所、深圳证券交易所、全国中小企业股份转让系统买卖、继承、赠与优先股所书立的股权转让书据，均依书立时实际成交金额，由出让方按1‰的税率计算缴纳证券（股票）交易印花税。

本通知自2014年6月1日起执行。

财政部 国家税务总局关于中国移动集团股权结构调整及盈余公积转增实收资本有关印花税政策的通知

2012年6月29日 财税〔2012〕62号

各省、自治区、直辖市、计划单列市财政厅（局）、地方税务局，新疆生产建设兵团财务局：

经国务院批准，现对中国移动集团股权结构调整及盈余公积转增实收资本有关印花税政策通知如下：

一、对2011年中国移动集团股权结构调整事项中，中国移动通信有限公司（CMC）增加的资本公积、中国移动通信集团公司及其所属公司签署的股权调整协议，免征印花税。

二、对2011年中国移动通信集团公司盈余公积转增实收资本增加的资金，免征印花税。

财政部 国家税务总局关于全国社会保障基金理事会回拨已转持国有股有关证券（股票）交易印花税问题的通知

2011年8月23日 财税〔2011〕65号

上海、深圳市财政局、国家税务局：

经研究，对全国社会保障基金理事会回拨已转持国有股有关证券（股票）交易印花税问题通知如下：

对全国社会保障基金理事会按照《财政部 国资委 证监会 社保基金会关于豁免国有创业投资机构和国有创业投资引导基金国有股转持义务有关问题的通知》（财企〔2010〕278号）的规定，回拨国有创业投资机构和国有创业投资引导基金已转持的国有股，不征收过户环节的证券（股票）交易印花税。

请遵照执行。

财政部 国家税务总局关于境内证券市场转持部分国有股充实全国社会保障基金有关证券（股票）交易印花税政策的通知

2009年8月18日 财税〔2009〕103号

上海、深圳市财政局、国家税务局、地方税务局：

经国务院批准，对有关国有股东按照《境内证券市场转持部分国有股充实全国社会保障基金实施办法》（财企〔2009〕94号）向全国社会保障基金理事会转持国有股，免征证券（股票）交易印花税。

请遵照执行。

财政部 国家税务总局关于证券投资者保护基金有关印花税政策的通知

2006年7月27日 财税〔2006〕104号

各省、自治区、直辖市、计划单列市财政厅（局）、地方税务局，新疆生产建设兵团财务局：

经国务院批准，现对证券投资者保护基金有限责任公司（以下简称保护基金公司）及其管理的证券投资者保护基金（以下简称保护基金）的有关印花税政策通知如下：

一、对保护基金公司新设立的资金账簿免征印花税。

二、对保护基金公司与中国人民银行签订的再贷款合同、与证券公司行政清算机构签订的借款合同，免征印花税。

三、对保护基金公司接收被处置证券公司财产签订的产权转移书据，免征印花税。

四、对保护基金公司以保护基金自有财产和接收的受偿资产与保险公司签订的财产保险合同，免征印花税。

五、对与保护基金公司签订上述应税合同或产权转移书据的其他当事人照章征收印花税。

财政部 国家税务总局关于对买卖封闭式证券投资基金继续予以免征印花税的通知

2004年11月5日 财税〔2004〕173号

上海、深圳市财政局、国家税务局：

为支持我国证券市场的健康发展，经研究决定，从2003年1月1日起，继续对投资者（包括个人和机构）买卖封闭式证券投资基金免征印花税。

请遵照执行。

财政部 国家税务总局关于企业改制过程中有关印花税政策的通知

2003年12月8日 财税〔2003〕183号

各省、自治区、直辖市、计划单列市财政厅（局）、地方税务局，新疆生产建设兵团财务局：

为贯彻落实国务院关于支持企业改制的指示精神，规范企业改制过程中有关税收政策，现就经县级以上人民政府及企业主管部门批准改制的企业，在改制过程中涉及的印花税政策通知如下：

一、关于资金账簿的印花税

（一）实行公司制改造的企业在改制过程中成立的新企业（重新办理法人登记的），其新启用的资金账簿记载的资金或因企业建立资本纽带关系而增加的资金，凡原已贴花的部分可不再贴花，未贴花的部分和以后新增加的资金按规定贴花。

公司制改造包括国有企业依《公司法》整体改造成国有独资有限责任公司；企业通过增资扩股或者转让部分产权，实现他人对企业的参股，将企业改造成有限责任公司或股份有限公司；企业以其部分财产和相应债务与他人组建新公司；企业将债务留在原企业，而以其优质财产与他人组建的新公司。

（二）以合并或分立方式成立的新企业，其新启用的资金账簿记载的资金，凡原已贴花的部分可不再贴花，未贴花的部分和以后新增加的资金按规定贴花。

合并包括吸收合并和新设合并。分立包括存续分立和新设分立。

（三）企业债权转股权新增加的资金按规定贴花。

（四）企业改制中经评估增加的资金按规定贴花。

（五）企业其他会计科目记载的资金转为实收资本或资本公积的资金按规定贴花。

二、关于各类应税合同的印花税

企业改制前签订但尚未履行完的各类应税合同，改制后需要变更执行主体的，对仅改变执行主体、其余条款未作变动且改制前已贴花的，不再贴花。

三、关于产权转移书据的印花税

企业因改制签订的产权转移书据免予贴花。

财政部　国家税务总局关于全国社会保障基金有关印花税政策的通知

手机阅读

2003年7月11日　财税〔2003〕134号

上海、深圳市财政局、国家税务局、地方税务局：

经国务院批准，现对全国社会保障基金理事会（以下简称"社保理事会"）管理的全国社会保障基金（以下简称"社保基金"）的有关证券（股票）交易印花税（以下简称"印花税"）政策通知如下：

一、对社保理事会委托社保基金投资管理人运用社保基金买卖证券应缴纳的印花税实行先征后返。社保理事会定期向财政部、上海市和深圳市财政局提出返还印花税的申请，即按照中央与地方印花税分享比例，属于中央收入部分，向财政部提出申请；属于地方收入部分，向上海市和深圳市财政局提出申请。具体退税程序比照财政部、国家税务总局、中国人民银行《关于税制改革后对某些企业实行"先征后退"有关预算管理问题的暂行规定的通知》（〔94〕财预字第55号）的有关规定办理。

二、对社保基金持有的证券，在社保基金证券账户之间的划拨过户，不属于印花税的征税范围，不征收印花税。

三、本通知自2003年1月1日起执行。

财政部　国家税务总局关于国家开发银行缴纳印花税问题的复函

手机阅读

1995年12月20日　财税字〔1995〕47号

国家开发银行：

你行开行财会函〔1995〕10号文《关于申请免纳印花税的函》收悉。经研究，现函复如下：

一、根据《中华人民共和国印花税暂行条例施行细则》的规定，贴息贷款合同免纳印花税。因此，经财政贴息的项目贷款合同，免征印花税。

二、资本金贷款合同，不属于免税凭证范围，应按规定缴纳印花税。

三、从目前国家政策性银行的经营状况考虑，对记载资金的账簿，一次贴花数额较大，难以承担的，经当地税务机关核准，可在三年内分次贴足印花。

国家税务局关于印花税若干具体问题的解释和规定的通知[①]

1991年9月18日　国税发〔1991〕155号

各省、自治区、直辖市税务局，各计划单列市税务局，海洋石油税务管理局各分局：

印花税暂行条例实施以来，我局相继作了一些具体规定。近据各地反映，经研究并多方面征求意见，现将有关政策问题解释和规定如下：

一、对工业、商业、物资、外贸等部门使用的调拨单是否贴花？

目前，工业、商业、物资、外贸等部门经销和调拨商品物资使用的调拨单（或其他名称的单、卡、书、表等），填开使用的情况比较复杂，既有作为部门内执行计划使用的，也有代替合同使用的。对此，应区分性质和用途确定是否贴花。凡属于明确双方供需关系，据以供货和结算，具有合同性质的凭证，应按规定贴花。各省、自治区、直辖市税务局可根据上述原则，结合实际，对各种调拨单作出具体鉴别和认定。

二、对印花税施行细则中指的"收购部门"和"农副产品"的范围如何划定？

我国农副产品种类繁多，地区间差异较大，随着经济发展，国家指定的收购部门也有所变化。对此，可由省、自治区、直辖市税务局根据当地实际情况具体划定本地区"收购部门"和"农副产品"的范围。

三、对以货换货业务签订的合同应如何计税贴花？

商品购销活动中，采用以货换货方式进行商品交易签订的合同，是反映既购又销双重经济行为的合同。对此，应按合同所载的购、销合计金额计税贴花。合同未列明金额的，应按合同所载购、销数量依照国家牌价或市场价格计算应纳税金额。

四、仓储保管业务的应税凭证如何确定？

仓储保管业务的应税凭证为仓储保管合同或作为合同使用的仓单、栈单（或称入库单等）。对有些凭证使用不规范，不便计税的，可就其结算单据作为

---

① 根据《关于公布全文失效废止　部分条款失效废止的税收规范性文件目录的公告》（国家税务总局公告2011年第2号），本法第十一条被财税〔2006〕162号废止。

计税贴花的凭证。

五、我国的"其他金融组织"是指哪些单位？

我国的其他金融组织，是指除人民银行、各专业银行以外，由中国人民银行批准设立，领取经营金融业务许可证书的单位。

六、对财政等部门的拨款改贷款业务中所签订的合同是否贴花？

财政等部门的拨款改贷款签订的借款合同，凡直接与使用单位签订的，暂不贴花；凡委托金融单位贷款，金融单位与使用单位签订的借款合同应按规定贴花。

七、对办理借款展期业务使用的借款展期合同是否贴花？

对办理借款展期业务使用的借款展期合同或其他凭证，按信贷制度规定，仅载明延期还款事项的，可暂不贴花。

八、何为"银行同业拆借"？在印花税上怎样确定同业拆借合同与非同业拆借合同的界限？

印花税税目税率表中所说的"银行同业拆借"，是指按国家信贷制度规定，银行、非银行金融机构之间相互融通短期资金的行为。同业拆借合同不属于列举征税的凭证，不贴印花。

确定同业拆借合同的依据，应以中国人民银行银发〔1990〕62号《关于印发〈同业拆借管理试行办法〉的通知》为准。凡按照规定的同业拆借期限和利率签订的同业拆借合同，不贴印花；凡不符合规定的，应按借款合同贴花。

九、对分立、合并和联营企业的资金账簿如何计税贴花？

企业发生分立、合并和联营等变更后，凡依照有关规定办理法人登记的新企业所设立的资金账簿，应于应用时按规定计税贴花；凡毋需重新进行法人登记的企业原有的资金账簿，已贴印花继续有效。

对企业兼并后并入的资金贴花问题，仍按有关规定执行。

十、"产权转移书据"税目中"财产所有权"转移书据的征税范围如何规定？

"财产所有权"转移书据的征税范围是：经政府管理机关登记注册的动产、不动产的所有权转移所立的书据，以及企业股权转让所立的书据。

十一、土地使用权出让、转让书据（合同）是否贴花？

土地使用权出让、转让书据（合同），不属于印花税列举征税的凭证，不贴印花。

十二、出版合同是否贴花？

出版合同不属于印花税列举征税的凭证，不贴印花。

十三、银行经理或代理国库业务设置的账簿是否贴花？

中国人民银行各级机构经理国库业务及委托各专业银行各级机构代理国库业务设置的账簿，不是核算银行本身经营业务的账簿，不贴印花。

十四、代理单位与委托单位签订的代理合同，是否属于应税凭证？

在代理业务中，代理单位与委托单位之间签订的委托代理合同，凡仅明确代理事项、权限和责任的，不属于应税凭证，不贴印花。

十五、怎样理解印花税施行细则中"合同在国外签订的，应在国内使用时贴花"的规定?

"合同在国外签订的,应在国内使用时贴花",是指印花税暂行条例列举征税的合同在国外签订时,不便按规定贴花,因此,应在带入境内时办理贴花完税手续。

国家税务局关于货运凭证征收印花税几个具体问题的通知

手机阅读

1990年10月12日 国税发〔1990〕173号

各省、自治区、直辖市税务局,各计划单列市税务局,海洋石油税务管理局各分局:

根据各地反映和要求,关于对货运凭证征收印花税的若干政策和征管问题,经研究并征求有关部门的意见,现具体规定如下:

一、关于应税凭证的确定

在货运业务中,凡是明确承、托运双方业务关系的运输单据均属于合同性质的凭证。鉴于目前各类货运业务使用的单据,不够规范统一,不便计税贴花,为了便于征管,现规定以运费结算凭证作为各类货运的应税凭证。

二、关于纳税人的确定

在货运业务中,凡直接办理承、托运运费结算凭证的双方,均为货运凭证印花税的纳税人。

代办承、托运业务的单位负有代理纳税的义务;代办方与委托方之间办理的运费清算单据,不缴纳印花税。

三、关于国内联运凭证的计税和缴纳

对国内各种形式的货物联运,凡在起运地统一结算全程运费的,应以全程运费作为计税依据,由起运地运费结算双方缴纳印花税;凡分程结算运费的,应以分程的运费作为计税依据,分别由办理运费结算的各方缴纳印花税。

四、关于国际货运凭证的征免税划分

(一)由我国运输企业运输的,不论在我国境内、境外起运或中转分程运输,我国运输企业所持的一份运费结算凭证,均按本程运费计算应纳税额;托运方所持的一份运费结算凭证,按全程运费计算应纳税额。

(二)由外国运输企业运输进出口货物的,外国运输企业所持的一份运费结算凭证免纳印花税;托运方所持的一份运费结算凭证应缴纳印花税。

(三)国际货运运费结算凭证在国外办理的,应在凭证转回我国境内时按规定缴纳印花税。

五、关于特殊货运凭证的免税

(一)军事物资运输。凡附有军事运输命令或使用专用的军事物资运费结算凭证,免纳印花税。

(二)抢险救灾物资运输。凡附有县级以上(含县级)人民政府抢险救灾物资运输证明文件的运费结算凭证,免纳印花税。

(三)新建铁路的工程临管线运输。为新建铁路运输施工所需物料,使用工程临管线专用运费结算凭证,免纳印花税。

六、关于代扣汇总缴纳

(一)运费结算付方应缴纳的印花税,应由运费结算收方或其代理方实行代扣汇总缴纳。

(二)运费结算凭证由交通运输管理机关或其指定的单位填开或审核的,当地税务机关应委托凭证填开或审核单位,对运费结算双方应缴纳的印花税,实行代扣汇总缴纳。

(三)在动费结算凭证类别栏目中应增列一项"印花税",将应缴纳的印花税款填入"印花税"项目中。

为了方便代扣汇总缴纳,每份运费结算凭证应纳税额不足一角的免税,超过一角的按实计缴。计算到分。

(四)代扣印花税时,当地税务机关或代扣单位应在运费结算凭证上,加盖"印花税代扣专用章"(式样附后)。专用章由县级以上(含县级)税务机关统一刻制。

七、各省、自治区、直辖市税务局,各计划单列市税务局可依据本文规定并参照〔89〕国税地字第94号《关于铁路货运凭证汇总缴纳印花税问题的联合通知》,制定具体征收管理办法。

本规定自1990年11月1日起执行。

国家税务局关于图书、报刊等征订凭证征免印花税问题的通知

手机阅读

1989年12月31日 〔89〕国税地字第142号

各省、自治区、直辖市税务局、各计划单列省辖市税务局,海洋石油税务管理局各分局:

根据《中华人民共和国印花税暂行条例》及有关规定,图书、报纸、期刊以及音像制品的出版发行业务订立的征订发行合同及其订购单据(实际发生数)属于应纳印花税的经济凭证。最近,一些地区询问,因出版发行业务比较特殊,使用的凭证也较复杂,如何征税不够明确,为此特通知如下:

一、各类出版单位与发行单位之间订立的图书、报纸、期刊以及音像制品的征订凭证（包括订购单、订数单等），应由持证双方按规定纳税。

二、各类发行单位之间，以及发行单位与订阅单位或个人之间书立的征订凭证，暂免征印花税。

三、征订凭证适用印花税"购销合同"税目，计税金额按订购数量及发行单位的进货价格计算。

四、征订凭证发生次数频繁，为简化纳税手续，可由出版发行单位采取按期汇总方式，计算缴纳印花税。实行汇总缴纳以后，购销双方个别订立的协议均不再重复计税贴花。

国家税务局关于对保险公司征收印花税有关问题的通知[①]

手机阅读

1988年12月31日 〔88〕国税地字第37号

各省、自治区、直辖市税务局，各计划单列市税务局，加发南京、成都市税务局，海洋石油税务管理局各分局：

根据《中华人民共和国印花税暂行条例》及其施行细则的规定，现将对保险公司征收印花税有关问题，具体明确如下：

一、关于自有流动资金贴花问题。按照保险公司会计制度规定，"保险总准备金"科目反映的资金即为保险公司的自有流动资金。财政拨付的部分，在总公司和省分公司核算；利润中提留的部分，分别在各级公司核算，对保险总准备金，应由各级保险公司按其账面数额计税贴花。

二、关于财产保险合同的贴花问题。目前，保险公司的财产保险分为企业财产保险、机动车辆保险、货物运输保险、家庭财产保险和农牧业保险五大类。为了支持农村保险事业的发展，照顾农牧业生产的负担，除对农林作物、牧业畜类保险合同暂不贴花外，对其他几类财产保险合同均应按照规定计税贴花。其中，家庭财产保险由单位集体办理的，均按确定的个人投保金额计税。对其他几类财产保险合同均应按照规定计税贴花。其中，家庭财产保险由单位集体办理的，均按确定的个人投保金额计税。

三、对责任保险，保证保险和信用保险合同，暂按定额五元贴花。

四、保险公司委托其他单位或者个人代办的保险业务，在与投保方签订保险合同时，应由代办单位或者个人负责代保险公司办理计税贴花手续。

---

① 根据《国家税务总局关于公布失效废止的税务部门规章和税收规范性文件目录的决定》（国家税务总局令第42号），本法第三条被废止。

国家税务局关于印花税若干具体问题的规定[①]

1988年12月12日 〔88〕国税地字第25号

各省、自治区、直辖市税务局,各计划单列市税务局,加发南京、成都市税务局,海洋石油税务管理局各分局:

根据《中华人民共和国印花税暂行条例》及其施行细则的规定,结合各地反映的实际情况,现对印花税的若干具体问题规定如下:

1. 对由受托方提供原材料的加工、定作合同,如何贴花?

由受托方提供原材料的加工、定作合同,凡在合同中分别记载加工费金额与原材料金额的,应分别按"加工承揽合同"、"购销合同"计税,两项税额相加数,即为合同应贴印花;合同中不划分加工费金额与原材料金额的,应按全部金额,依照"加工承揽合同"计税贴花。

2. 对商店、门市部的零星加工修理业务开具的修理单,是否贴花?

对商店、门市部的零星加工修理业务开具的修理单,不贴印花。

3. 房地产管理部门与个人订立的租房合同,应否贴花?

对房地产管理部门与个人订立的租房合同,凡用于生活居住的,暂免贴花;用于生产经营的,应按规定贴花。

4. 有些技术合同、租赁合同等,在签订时不能计算金额的,如何贴花?

有些合同在签订时无法确定计税金额,如技术转让合同中的转让收入,是按销售收入的一定比例收取或是按实现利润分成的;财产租赁合同,只是规定了月(天)租金标准而却无租赁期限的,对这类合同,可在签订时先按定额五元贴花,以后结算时再按实际金额计税、补贴印花。

5. 对货物运输单、仓储保管单、财产保险单、银行借据等单据,是否贴花?

对货物运输、仓储保管、财产保险、银行借款等,办理一项业务既书立合同,又开立单据的,只就合同贴花;凡不书立合同,只开立单据,以单据作为合同使用的,应按照规定贴花。

6. 运输部门承运快件行李、包裹开具的托运单据,是否贴花?

对铁路、公路、航运、水路承运快件行李、包裹开具的托运单据,暂免贴花。

[①] 根据《关于公布全文失效废止 部分条款失效废止的税收规范性文件目录的公告》(国家税务总局公告2011年第2号),本法第二十条被废止。
根据《国家税务总局关于公布失效废止的税务部门规章和税收规范性文件目录的决定》(国家税务总局令第42号),本法第十三条被废止。

7. 不兑现或不按期兑现的合同,是否贴花?

依照印花税暂行条例规定,合同签订时即应贴花,履行完税手续。因此,不论合同是否兑现或能否按期兑现,都一律按照规定贴花。

8. 1988年10月1日开征印花税以前签订的合同,10月1日以后修改合同增加金额的,是否补贴印花?

凡修改合同增加金额的,应就增加部分补贴印花。对印花税开征前签订的合同,开征后修改合同增加金额的,亦应按增加金额补贴印花。

9. 某些合同履行后,实际结算金额与合同所载金额不一致的,应否补贴印花?

依照印花税暂行条例规定,纳税人应在合同签订时按合同所载金额计税贴花。因此,对已履行并贴花的合同,发现实际结算金额与合同所载金额不一致的,一般不再补贴印花。

10. 企业租赁承包经营合同,是否贴花?

企业与主管部门等签订的租赁承包经营合同,不属于财产租赁合同,不应贴花。

11. 企业、个人出租门店、柜台等签订的合同,是否贴花?

企业、个人出租门店、柜台等签订的合同,属于财产租赁合同,应按照规定贴花。

12. 什么是副本视同正本使用?

纳税人的已缴纳印花税凭证的正本遗失或毁损,而以副本替代的,即为副本视同正本使用,应另贴印花。

13. 如何确定纳税人的自有流动资金?

对纳税人的自有流动资金,应据其所适用的财务会计制度确定。适用国营企业财务会计制度的纳税人,其自有流动资金包括国家拨入的、企业税后利润补充的、其他单位投入以及集资入股形成的流动资金。

适用其他财务会计制度的纳税人,其自有流动资金由各省、自治区、直辖市税务局按照上述原则具体确定。

14. 设置在其他部门、车间的明细分类账,如何贴花?

对采用一级核算形式的,只就财会部门设置的账簿贴花;采用分级核算形式的,除财会部门的账簿应贴花外,财会部门设置在其他部门和车间的明细分类账,亦应按规定贴花。

车间、门市部、仓库设置的不属于会计核算范围或虽属会计核算范围,但不记载金额的登记簿、统计簿、台账等,不贴印花。

15. 对会计核算采用以表代账的,应如何贴花?

对日常用单页表式记载资金活动情况,以表代账的,在未形成账簿(册)前,暂不贴花,待装订成册时,按册贴花。

16. 对记载资金的账簿、启用新账未增加资金的,是否按定额贴花?

凡是记载资金的账簿,启用新账时,资金未增加的,不再按件定额贴花。

17. 对有经营收入的事业单位使用的账簿,应如何贴花?

对有经营收入的事业单位,凡属由国家财政部门拨付事业经费、实行差额预算管理的单位,其记载经营业务的账簿,按其他账簿定额贴花,不记载经营业务的账簿不贴花;凡属经费来源实行自收自支的单位,其营业账簿,应对记载资金的账簿和其他账簿分别按规定贴花。

18. 跨地区经营的分支机构,其营业账簿应如何贴花?

跨地区经营的分支机构使用的营业账簿,应由各分支机构在其所在地缴纳印花税。对上级单位核拨资金的分支机构,其记载资金的账簿按核拨的账面资金数额计税贴花,其他账簿按定额贴花;对上级单位不核拨资金的分支机构,只就其他账簿按定额贴花。为避免对同一资金重复计税贴花,上级单位记载资金的账簿,应按扣除拨给下属机构资金数额后的其余部分计税贴花。

19. 对企业兼并的并入资金是否补贴印花?

经企业主管部门批准的国营、集体企业兼并,对并入单位的资产,凡已按资金总额贴花的,接收单位对并入的资金不再补贴印花。

20. 对微利、亏损企业,可否减免税?

对微利、亏损企业不能减免印花税。但是,对微型、亏损企业记载资金的账簿,第一次贴花数额较大,难以承担的,经当地税务机关批准,可允许在三年内分次贴足印花。

21. 对营业账簿,应在什么位置上贴花?

在营业账簿上贴印花税票,须在账簿首页右上角粘贴,不准粘贴在账夹上。

国家税务总局关于办理上市公司国有股权无偿转让暂不征收证券(股票)交易印花税有关审批事项的通知①

2004年8月2日 国税函〔2004〕941号

上海市国家税务局,深圳市国家税务局:

根据有利于加强税收管理和方便纳税人的原则,现将《国务院关于第三批取消和调整行政审批项目的决定》(国发〔2004〕16号)中列入下放管理层级的"上市公司国有股权无偿转让免征证券(股票)交易印花税的审批项目"实施后,有关政策和审批管理问题通知如下:

一、对经国务院和省级人民政府决定或批准进行的国有(含国有控股)企业改组改制而发生的上市公司国有股权无偿转让行为,暂不征收证券(股票)交易印花税。对不属于上述情况的上市公司国有股权无偿转让行为,仍应征收证券(股票)交易印花税。

---

① 根据《国家税务总局关于修改部分税收规范性文件的公告》(国家税务总局公告2018年第31号),本法第二条、附件被修订,第三条、第四条被删除。

二、凡符合暂不征收证券（股票）交易印花税条件的上市公司国有股权无偿转让行为，由转让方或受让方按本通知附件《关于上市公司国有股权无偿转让暂不征收证券（股票）交易印花税申报文件的规定》的要求，报上市公司挂牌交易所所在地的国家税务局审批。

三、上市公司挂牌交易所所在地的国家税务局按规定审批后，应按月将审批文件报国家税务总局备案。在办理上述审批过程中，遇有新情况、发现新问题应及时向国家税务总局报告。

四、国家税务总局将不定期对上市公司挂牌交易所所在地的国家税务局的审批工作进行检查、督导。

五、本规定自 2004 年 7 月 1 日起执行。《国家税务总局关于上市公司国有股权无偿转让征收证券（股票）交易印花税问题的通知》（国税发〔1999〕124 号）同时废止。

附件：关于上市公司国有股权无偿转让暂不征收证券（股票）交易印花税申报文件的规定（略）

国家税务总局关于中国石油天然气集团和中国石油化工集团使用的"成品油配置计划表"有关印花税问题的通知

手机阅读

2002 年 5 月 20 日　国税函〔2002〕424 号

各省、自治区、直辖市和计划单列市地方税务局：

按照中央统一部署和国务院深化石油石化体制改革的要求，中国石油天然气集团和中国石油化工集团（以下简称两大集团）自 1999 年开始进行了资产重组和改制上市。原有企业的性质、所属关系经过重组改制后发生了很大变化，由此涉及改制后的两大集团使用的"成品油配置计划表"如何鉴定贴花问题。鉴于两大集团使用的"成品油配置计划表"是根据国家宏观调控要求、落实国家经贸委指标而下达的石油和石油制品配置计划，根据国务院就两大集团重组改制有关税收的指示精神，本着支持企业改革、不增加企业税收负担的原则，经研究，现明确如下：

对两大集团之间、两大集团内部各子公司之间、中国石油天然气股份公司的各子公司之间、中国石油化工股份公司的各子公司之间、中国石油天然气股份公司的分公司与子公司之间、中国石油化工股份公司的分公司与子公司之间互供石油和石油制品所使用的"成品油配置计划表"（或其他名称的表、证、单、书），暂不征收印花税。

国家税务总局关于国家邮政局及所属各级邮政企业资金账簿征收印花税问题的通知

2001年5月23日　国税函〔2001〕361号

根据国务院政企分开和邮电分营的要求，邮政业务从原邮电管理局中分立出来，组建国家邮政局及所属各级邮政企业，从1999年1月1日起独立运营。鉴于邮政行业是国家公用事业，邮电分营是国家产业政策调整，引进竞争机制，提高邮政适应市场能力的重大举措，对国家邮政局及所属各级邮政企业的资金账簿涉及的印花税问题，现明确如下：

按照有关规定，纳税人新设立的资金账簿在启用时应计税贴花。为了支持邮政行业的改革和发展，对国家邮政局及所属各级邮政企业新设立的资金账簿，凡属在邮电管理局分营前已贴花的资金免征印花税，1999年1月1日以后增加的资金按规定贴花。

城市维护建设税

中华人民共和国城市维护建设税法

手机阅读

（2020年8月11日第十三届全国人民代表大会常务委员会第二十一次会议通过，同日中华人民共和国主席令第五十一号公布）

第一条 在中华人民共和国境内缴纳增值税、消费税的单位和个人，为城市维护建设税的纳税人，应当依照本法规定缴纳城市维护建设税。

第二条 城市维护建设税以纳税人依法实际缴纳的增值税、消费税税额为计税依据。

城市维护建设税的计税依据应当按照规定扣除期末留抵退税退还的增值税税额。

城市维护建设税计税依据的具体确定办法，由国务院依据本法和有关税收法律、行政法规规定，报全国人民代表大会常务委员会备案。

第三条 对进口货物或者境外单位和个人向境内销售劳务、服务、无形资产缴纳的增值税、消费税税额，不征收城市维护建设税。

第四条 城市维护建设税税率如下：

（一）纳税人所在地在市区的，税率为百分之七；

（二）纳税人所在地在县城、镇的，税率为百分之五；

（三）纳税人所在地不在市区、县城或者镇的，税率为百分之一。

前款所称纳税人所在地，是指纳税人住所地或者与纳税人生产经营活动相关的其他地点，具体地点由省、自治区、直辖市确定。

第五条 城市维护建设税的应纳税额按照计税依据乘以具体适用税率计算。

第六条 根据国民经济和社会发展的需要，国务院对重大公共基础设施建设、特殊产业和群体以及重大突发事件应对等情形可以规定减征或者免征城市维护建设税，报全国人民代表大会常务委员会备案。

第七条 城市维护建设税的纳税义务发生时间与增值税、消费税的纳税义务发生时间一致，分别与增值税、消费税同时缴纳。

第八条 城市维护建设税的扣缴义务人为负有增值税、消费税扣缴义务的单位和个人，在扣缴增值税、消费税的同时扣缴城市维护建设税。

第九条 城市维护建设税由税务机关依照本法和《中华人民共和国税收征收管理法》的规定征收管理。

第十条 纳税人、税务机关及其工作人员违反本法规定的,依照《中华人民共和国税收征收管理法》和有关法律法规的规定追究法律责任。

第十一条 本法自 2021 年 9 月 1 日起施行。1985 年 2 月 8 日国务院发布的《中华人民共和国城市维护建设税暂行条例》同时废止。

中华人民共和国城市维护建设税暂行条例①

手机阅读

(1985 年 2 月 8 日国务院发布 根据 2011 年 1 月 8 日《国务院关于废止和修改部分行政法规的决定》修订)

第一条 为了加强城市的维护建设,扩大和稳定城市维护建设资金的来源,特制定本条例。

第二条 凡缴纳消费税、增值税、营业税的单位和个人,都是城市维护建设税的纳税义务人(以下简称纳税人),都应当依照本条例的规定缴纳城市维护建设税。

第三条 城市维护建设税,以纳税人实际缴纳的消费税、增值税、营业税税额为计税依据,分别与消费税、增值税、营业税同时缴纳。

第四条 城市维护建设税税率如下:

纳税人所在地在市区的,税率为 7%;

纳税人所在地在县城、镇的,税率为 5%;

纳税人所在地不在市区、县城或镇的,税率为 1%。

第五条 城市维护建设税的征收、管理、纳税环节、奖罚等事项,比照消费税、增值税、营业税的有关规定办理。

第六条 城市维护建设税应当保证用于城市的公用事业和公共设施的维护建设,具体安排由地方人民政府确定。

第七条 按照本条例第四条第三项规定缴纳的税款,应当专用于乡镇的维护和建设。

第八条 开征城市维护建设税后,任何地区和部门,都不得再向纳税人摊派资金或物资。遇到摊派情况,纳税人有权拒绝执行。

第九条 省、自治区、直辖市人民政府可以根据本条例,制定实施细则,并送财政部备案。

第十条 本条例自 1985 年度起施行。

---

① 《中华人民共和国城市维护建设税法》已由中华人民共和国第十三届全国人民代表大会常务委员会第二十一次会议于 2020 年 8 月 11 日通过,自 2021 年 9 月 1 日起施行。1985 年 2 月 8 日国务院发布的《中华人民共和国城市维护建设税暂行条例》同时废止。

财政部关于城市维护建设税几个具体业务问题的补充规定[①]

1985年6月4日 〔85〕财税字第143号

城市维护建设税暂行条例公布后,对贯彻执行中的问题,我部已在〔85〕财税字第69号文中作了规定。现根据一些地区反映,再对几个具体业务问题,作补充规定如下:

一、关于市区、县城、镇的范围,应按行政区划作为划分标准。

二、城市维护建设税的适用税率,应按纳税人所在地的规定税率执行。但对下列两种情况,可按缴纳"三税"所在地的规定税率就地缴纳城市维护建设税:

1. 由受托方代征代扣产品税、增值税、营业税的单位和个人。
2. 流动经营等无固定纳税地点的单位和个人。

三、对出口产品退还产品税、增值税的,不退还已纳的城市维护建设税。对由于减免产品税、增值税、营业税而发生的退税,同时退还已纳的城市维护建设税。

四、城市维护建设税是以产品税,增值税,营业税的纳税额作为计税依据并同时征收的,故不应予以减免税。但对个别纳税确有困难的,可由省、市、自治区人民政府酌情予以减免税照顾。

财政部关于贯彻执行《中华人民共和国城市维护建设税暂行条例》几个具体问题的规定

1985年3月22日 〔85〕财税字第69号

为了更好地贯彻执行国务院发布的《中华人民共和国城市维护建设税暂行条例》,现就几个具体问题作如下规定:

---

① 根据《国务院关于取消第二批行政审批项目和改变一批行政审批项目管理方式的决定》(国发〔2003〕5号),本法中城市维护建设税审批项目予以取消。

一、凡由中央主管部门集中缴纳产品税、增值税、营业税的单位，如铁路运输、人民银行、工商银行、农业银行、中国银行、建设银行等五个银行总行和保险总公司等单位，在其缴纳产品税、增值税、营业税的同时，应按规定缴纳城市维护建设税。税款作为中央预算收入。

二、石油部、电力部、石化总公司、有色金属总公司直属企业缴纳的产品税、增值税、营业税，按财政部〔84〕财预字第197号文件规定，70%作为中央预算收入入库，30%作为地方预算收入入库。这些单位按产品税、增值税、营业税税额缴纳的城市维护建设税，不按比例上缴中央，一律留给地方，作为地方预算固定收入。

三、海关对进口产品代征的产品税、增值税，不征收城市维护建设税。

四、国营和集体批发企业以及其他批发单位，在批发环节代扣代缴零售环节或临时经营的营业税时，不代扣城市维护建设税，而由纳税单位或个人回到其所在地申报纳税。

五、根据全国人大常委会关于授权国务院改革工商税制发布有关税收条例草案试行的决定，国务院发布试行的税收条例草案，不适用于中外合资经营企业和外资企业。因此，对中外合资企业和外资企业不征收城市维护建设税。

六、纳税单位或个人缴纳城市维护建设税的适用税率，一律按其纳税所在地的规定税率执行。县政论设在城市市区，其在市区办的企业，按市区的规定税率计算纳税。

七、纳税人在被查补产品税、增值税、营业税和被处以罚款时，依照城市维护建设税暂行条例第五条规定，应同时对其偷漏的城市维护建设税进行补税和罚款。

八、个体商贩及个人在集市上出售商品，对其征收临时经营营业税或产品税，是否同时按其实缴税额征收城市维护建设税，由各省、自治区、直辖市人民政府根据实际情况确定。

九、纳税人所在地为工矿区的，依照城市维护建设税暂行条例第四条规定，应根据行政区划分别按照7%、5%、1%的税率缴纳城市维护建设税。

烟 叶 税

中华人民共和国烟叶税法

手机阅读

(2017年12月27日第十二届全国人民代表大会常务委员会第三十一次会议通过,同日中华人民共和国主席令第八十四号公布)

第一条 在中华人民共和国境内,依照《中华人民共和国烟草专卖法》的规定收购烟叶的单位为烟叶税的纳税人。纳税人应当依照本法规定缴纳烟叶税。

第二条 本法所称烟叶,是指烤烟叶、晾晒烟叶。

第三条 烟叶税的计税依据为纳税人收购烟叶实际支付的价款总额。

第四条 烟叶税的税率为百分之二十。

第五条 烟叶税的应纳税额按照纳税人收购烟叶实际支付的价款总额乘以税率计算。

第六条 烟叶税由税务机关依照本法和《中华人民共和国税收征收管理法》的有关规定征收管理。

第七条 纳税人应当向烟叶收购地的主管税务机关申报缴纳烟叶税。

第八条 烟叶税的纳税义务发生时间为纳税人收购烟叶的当日。

第九条 烟叶税按月计征,纳税人应当于纳税义务发生月终了之日起十五日内申报并缴纳税款。

第十条 本法自2018年7月1日起施行。2006年4月28日国务院公布的《中华人民共和国烟叶税暂行条例》同时废止。

船舶吨税

中华人民共和国船舶吨税法

手机阅读

(2017年12月27日第十二届全国人民代表大会常务委员会第三十一次会议通过 根据2018年10月26日第十三届全国人民代表大会常务委员会第六次会议《关于修改〈中华人民共和国野生动物保护法〉等十五部法律的决定》修正)

第一条 自中华人民共和国境外港口进入境内港口的船舶（以下称应税船舶），应当依照本法缴纳船舶吨税（以下简称吨税）。

第二条 吨税的税目、税率依照本法所附的《吨税税目税率表》执行。

第三条 吨税设置优惠税率和普通税率。

中华人民共和国籍的应税船舶，船籍国（地区）与中华人民共和国签订含有相互给予船舶税费最惠国待遇条款的条约或者协定的应税船舶，适用优惠税率。

其他应税船舶，适用普通税率。

第四条 吨税按照船舶净吨位和吨税执照期限征收。

应税船舶负责人在每次申报纳税时，可以按照《吨税税目税率表》选择申领一种期限的吨税执照。

第五条 吨税的应纳税额按照船舶净吨位乘以适用税率计算。

第六条 吨税由海关负责征收。海关征收吨税应当制发缴款凭证。

应税船舶负责人缴纳吨税或者提供担保后，海关按照其申领的执照期限填发吨税执照。

第七条 应税船舶在进入港口办理入境手续时，应当向海关申报纳税领取吨税执照，或者交验吨税执照（或者申请核验吨税执照电子信息）。应税船舶在离开港口办理出境手续时，应当交验吨税执照（或者申请核验吨税执照电子信息）。

应税船舶负责人申领吨税执照时，应当向海关提供下列文件：

（一）船舶国籍证书或者海事部门签发的船舶国籍证书收存证明；

（二）船舶吨位证明。

应税船舶因不可抗力在未设立海关地点停泊的，船舶负责人应当立即向附近海关报告，并在不可抗力原因消除后，依照本法规定向海关申报纳税。

第八条 吨税纳税义务发生时间为应税船舶进入港口的当日。

应税船舶在吨税执照期满后尚未离开港口的，应当申领新的吨税执照，自上一次执照期满的次日起续缴吨税。

第九条 下列船舶免征吨税：

（一）应纳税额在人民币五十元以下的船舶；

（二）自境外以购买、受赠、继承等方式取得船舶所有权的初次进口到港的空载船舶；

（三）吨税执照期满后二十四小时内不上下客货的船舶；

（四）非机动船舶（不包括非机动驳船）；

（五）捕捞、养殖渔船；

（六）避难、防疫隔离、修理、改造、终止运营或者拆解，并不上下客货的船舶；

（七）军队、武装警察部队专用或者征用的船舶；

（八）警用船舶；

（九）依照法律规定应当予以免税的外国驻华使领馆、国际组织驻华代表机构及其有关人员的船舶；

（十）国务院规定的其他船舶。

前款第十项免税规定，由国务院报全国人民代表大会常务委员会备案。

第十条 在吨税执照期限内，应税船舶发生下列情形之一的，海关按照实际发生的天数批注延长吨税执照期限：

（一）避难、防疫隔离、修理、改造，并不上下客货；

（二）军队、武装警察部队征用。

第十一条 符合本法第九条第一款第五项至第九项、第十条规定的船舶，应当提供海事部门、渔业船舶管理部门等部门、机构出具的具有法律效力的证明文件或者使用关系证明文件，申明免税或者延长吨税执照期限的依据和理由。

第十二条 应税船舶负责人应当自海关填发吨税缴款凭证之日起十五日内缴清税款。未按期缴清税款的，自滞纳税款之日起至缴清税款之日止，按日加收滞纳税款万分之五的税款滞纳金。

第十三条 应税船舶到达港口前，经海关核准先行申报并办结出入境手续的，应税船舶负责人应当向海关提供与其依法履行吨税缴纳义务相适应的担保；应税船舶到达港口后，依照本法规定向海关申报纳税。

下列财产、权利可以用于担保：

（一）人民币、可自由兑换货币；

（二）汇票、本票、支票、债券、存单；

（三）银行、非银行金融机构的保函；

（四）海关依法认可的其他财产、权利。

第十四条 应税船舶在吨税执照期限内，因修理、改造导致净吨位变化的，吨税执照继续有效。应税船舶办理出入境手续时，应当提供船舶经过修理、改造的证明文件。

第十五条 应税船舶在吨税执照期限内，因税目税率调整或者船籍改变而导致适用税率变化的，吨税执照继续有效。

因船籍改变而导致适用税率变化的，应税船舶在办理出入境手续时，应当提供船籍改变的证明文件。

第十六条 吨税执照在期满前毁损或者遗失的，应当向原发照海关书面申请核发吨税执照副本，不再补税。

第十七条 海关发现少征或者漏征税款的，应当自应税船舶应当缴纳税款之日起一年内，补征税款。但因应税船舶违反规定造成少征或者漏征税款的，海关可以自应当缴纳税款之日起三年内追征税款，并自应当缴纳税款之日起按日加征少征或者漏征税款万分之五的税款滞纳金。

海关发现多征税款的，应当在二十四小时内通知应税船舶办理退还手续，并加算银行同期活期存款利息。

应税船舶发现多缴税款的，可以自缴纳税款之日起三年内以书面形式要求海关退还多缴的税款并加算银行同期活期存款利息；海关应当自受理退税申请之日起三十日内查实并通知应税船舶办理退还手续。

应税船舶应当自收到本条第二款、第三款规定的通知之日起三个月内办理有关退还手续。

第十八条 应税船舶有下列行为之一的，由海关责令限期改正，处二千元以上三万元以下的罚款；不缴或者少缴应纳税款的，处不缴或者少缴税款百分之五十以上五倍以下的罚款，但罚款不得低于二千元：

（一）未按照规定申报纳税、领取吨税执照；

（二）未按照规定交验吨税执照（或者申请核验吨税执照电子信息）以及提供其他证明文件。

第十九条 吨税税款、税款滞纳金、罚款以人民币计算。

第二十条 吨税的征收，本法未作规定的，依照有关税收征收管理的法律、行政法规的规定执行。

第二十一条 本法及所附《吨税税目税率表》下列用语的含义：

净吨位，是指由船籍国（地区）政府签发或者授权签发的船舶吨位证明书上标明的净吨位。

非机动船舶，是指自身没有动力装置，依靠外力驱动的船舶。

非机动驳船，是指在船舶登记机关登记为驳船的非机动船舶。

捕捞、养殖渔船，是指在中华人民共和国渔业船舶管理部门登记为捕捞船或者养殖船的船舶。

拖船，是指专门用于拖（推）动运输船舶的专业作业船舶。

吨税执照期限，是指按照公历年、日计算的期间。

第二十二条 本法自 2018 年 7 月 1 日起施行。2011 年 12 月 5 日国务院公布的《中华人民共和国船舶吨税暂行条例》同时废止。

附：

吨税税目税率表

税目 (按船舶净吨位划分)	税率（元/净吨）						备注
	普通税率 (按执照期限划分)			优惠税率 (按执照期限划分)			
	1年	90日	30日	1年	90日	30日	
不超过2000净吨	12.6	4.2	2.1	9.0	3.0	1.5	1. 拖船按照发动机功率每千瓦折合净吨位0.67吨。 2. 无法提供净吨位证明文件的游艇，按照发动机功率每千瓦折合净吨位0.05吨。 3. 拖船和非机动驳船分别按相同净吨位船舶税率的50%计征税款。
超过2000净吨，但不超过10000净吨	24.0	8.0	4.0	17.4	5.8	2.9	
超过10000净吨，但不超过50000净吨	27.6	9.2	4.6	19.8	6.6	3.3	
超过50000净吨	31.8	10.6	5.3	22.8	7.6	3.8	

环境保护税

中华人民共和国环境保护税法[①]

(2016年12月25日第十二届全国人民代表大会常务委员会第二十五次会议通过 根据2018年10月26日第十三届全国人民代表大会常务委员会第六次会议《关于修改〈中华人民共和国野生动物保护法〉等十五部法律的决定》修正)

第一章 总 则

第一条 为了保护和改善环境,减少污染物排放,推进生态文明建设,制定本法。

第二条 在中华人民共和国领域和中华人民共和国管辖的其他海域,直接向环境排放应税污染物的企业事业单位和其他生产经营者为环境保护税的纳税人,应当依照本法规定缴纳环境保护税。

第三条 本法所称应税污染物,是指本法所附《环境保护税税目税额表》、《应税污染物和当量值表》规定的大气污染物、水污染物、固体废物和噪声。

第四条 有下列情形之一的,不属于直接向环境排放污染物,不缴纳相应污染物的环境保护税:

(一)企业事业单位和其他生产经营者向依法设立的污水集中处理、生活垃圾集中处理场所排放应税污染物的;

(二)企业事业单位和其他生产经营者在符合国家和地方环境保护标准的设施、场所贮存或者处置固体废物的。

第五条 依法设立的城乡污水集中处理、生活垃圾集中处理场所超过国家和地方规定的排放标准向环境排放应税污染物的,应当缴纳环境保护税。

企业事业单位和其他生产经营者贮存或者处置固体废物不符合国家和地方环境保护标准的,应当缴纳环境保护税。

---

① 根据《全国人民代表大会常务委员会关于修改〈中华人民共和国野生动物保护法〉等十五部法律的决定》(2018年10月26日发布;2018年10月26日实施),本法第二十二条中的"海洋主管部门"修改为"生态环境主管部门";第十条、第十四条、第十五条、第二十条、第二十一条、第二十三条中的"环境保护主管部门"修改为"生态环境主管部门"。

第六条 环境保护税的税目、税额，依照本法所附《环境保护税税目税额表》执行。

应税大气污染物和水污染物的具体适用税额的确定和调整，由省、自治区、直辖市人民政府统筹考虑本地区环境承载能力、污染物排放现状和经济社会生态发展目标要求，在本法所附《环境保护税税目税额表》规定的税额幅度内提出，报同级人民代表大会常务委员会决定，并报全国人民代表大会常务委员会和国务院备案。

第二章 计税依据和应纳税额

第七条 应税污染物的计税依据，按照下列方法确定：

（一）应税大气污染物按照污染物排放量折合的污染当量数确定；

（二）应税水污染物按照污染物排放量折合的污染当量数确定；

（三）应税固体废物按照固体废物的排放量确定；

（四）应税噪声按照超过国家规定标准的分贝数确定。

第八条 应税大气污染物、水污染物的污染当量数，以该污染物的排放量除以该污染物的污染当量值计算。每种应税大气污染物、水污染物的具体污染当量值，依照本法所附《应税污染物和当量值表》执行。

第九条 每一排放口或者没有排放口的应税大气污染物，按照污染当量数从大到小排序，对前三项污染物征收环境保护税。

每一排放口的应税水污染物，按照本法所附《应税污染物和当量值表》，区分第一类水污染物和其他类水污染物，按照污染当量数从大到小排序，对第一类水污染物按照前五项征收环境保护税，对其他类水污染物按照前三项征收环境保护税。

省、自治区、直辖市人民政府根据本地区污染物减排的特殊需要，可以增加同一排放口征收环境保护税的应税污染物项目数，报同级人民代表大会常务委员会决定，并报全国人民代表大会常务委员会和国务院备案。

第十条 应税大气污染物、水污染物、固体废物的排放量和噪声的分贝数，按照下列方法和顺序计算：

（一）纳税人安装使用符合国家规定和监测规范的污染物自动监测设备的，按照污染物自动监测数据计算；

（二）纳税人未安装使用污染物自动监测设备的，按照监测机构出具的符合国家有关规定和监测规范的监测数据计算；

（三）因排放污染物种类多等原因不具备监测条件的，按照国务院环境保护主管部门规定的排污系数、物料衡算方法计算；

（四）不能按照本条第一项至第三项规定的方法计算的，按照省、自治区、直辖市人民政府环境保护主管部门规定的抽样测算的方法核定计算。

第十一条 环境保护税应纳税额按照下列方法计算：

（一）应税大气污染物的应纳税额为污染当量数乘以具体适用税额；

（二）应税水污染物的应纳税额为污染当量数乘以具体适用税额；

（三）应税固体废物的应纳税额为固体废物排放量乘以具体适用税额；

（四）应税噪声的应纳税额为超过国家规定标准的分贝数对应的具体适

用税额。

第三章 税 收 减 免

第十二条 下列情形,暂予免征环境保护税:
(一)农业生产(不包括规模化养殖)排放应税污染物的;
(二)机动车、铁路机车、非道路移动机械、船舶和航空器等流动污染源排放应税污染物的;
(三)依法设立的城乡污水集中处理、生活垃圾集中处理场所排放相应应税污染物,不超过国家和地方规定的排放标准的;
(四)纳税人综合利用的固体废物,符合国家和地方环境保护标准的;
(五)国务院批准免税的其他情形。
前款第五项免税规定,由国务院报全国人民代表大会常务委员会备案。

第十三条 纳税人排放应税大气污染物或者水污染物的浓度值低于国家和地方规定的污染物排放标准百分之三十的,减按百分之七十五征收环境保护税。纳税人排放应税大气污染物或者水污染物的浓度值低于国家和地方规定的污染物排放标准百分之五十的,减按百分之五十征收环境保护税。

第四章 征 收 管 理

第十四条 环境保护税由税务机关依照《中华人民共和国税收征收管理法》和本法的有关规定征收管理。
环境保护主管部门依照本法和有关环境保护法律法规的规定负责对污染物的监测管理。
县级以上地方人民政府应当建立税务机关、环境保护主管部门和其他相关单位分工协作工作机制,加强环境保护税征收管理,保障税款及时足额入库。

第十五条 环境保护主管部门和税务机关应当建立涉税信息共享平台和工作配合机制。
环境保护主管部门应当将排污单位的排污许可、污染物排放数据、环境违法和受行政处罚情况等环境保护相关信息,定期交送税务机关。
税务机关应当将纳税人的纳税申报、税款入库、减免税额、欠缴税款以及风险疑点等环境保护税涉税信息,定期交送环境保护主管部门。

第十六条 纳税义务发生时间为纳税人排放应税污染物的当日。

第十七条 纳税人应当向应税污染物排放地的税务机关申报缴纳环境保护税。

第十八条 环境保护税按月计算,按季申报缴纳。不能按固定期限计算缴纳的,可以按次申报缴纳。
纳税人申报缴纳时,应当向税务机关报送所排放应税污染物的种类、数量,大气污染物、水污染物的浓度值,以及税务机关根据实际需要要求纳税人报送的其他纳税资料。

第十九条 纳税人按季申报缴纳的,应当自季度终了之日起十五日内,向税务机关办理纳税申报并缴纳税款。纳税人按次申报缴纳的,应当自纳税义务发生之日起十五日内,向税务机关办理纳税申报并缴纳税款。

纳税人应当依法如实办理纳税申报，对申报的真实性和完整性承担责任。

第二十条 税务机关应当将纳税人的纳税申报数据资料与环境保护主管部门交送的相关数据资料进行比对。

税务机关发现纳税人的纳税申报数据资料异常或者纳税人未按照规定期限办理纳税申报的，可以提请环境保护主管部门进行复核，环境保护主管部门应当自收到税务机关的数据资料之日起十五日内向税务机关出具复核意见。税务机关应当按照环境保护主管部门复核的数据资料调整纳税人的应纳税额。

第二十一条 依照本法第十条第四项的规定核定计算污染物排放量的，由税务机关会同环境保护主管部门核定污染物排放种类、数量和应纳税额。

第二十二条 纳税人从事海洋工程向中华人民共和国管辖海域排放应税大气污染物、水污染物或者固体废物，申报缴纳环境保护税的具体办法，由国务院税务主管部门会同国务院海洋主管部门规定。

第二十三条 纳税人和税务机关、环境保护主管部门及其工作人员违反本法规定的，依照《中华人民共和国税收征收管理法》、《中华人民共和国环境保护法》和有关法律法规的规定追究法律责任。

第二十四条 各级人民政府应当鼓励纳税人加大环境保护建设投入，对纳税人用于污染物自动监测设备的投资予以资金和政策支持。

第五章 附　则

第二十五条 本法下列用语的含义：

（一）污染当量，是指根据污染物或者污染排放活动对环境的有害程度以及处理的技术经济性，衡量不同污染物对环境污染的综合性指标或者计量单位。同一介质相同污染当量的不同污染物，其污染程度基本相当。

（二）排污系数，是指在正常技术经济和管理条件下，生产单位产品所应排放的污染物量的统计平均值。

（三）物料衡算，是指根据物质质量守恒原理对生产过程中使用的原料、生产的产品和产生的废物等进行测算的一种方法。

第二十六条 直接向环境排放应税污染物的企业事业单位和其他生产经营者，除依照本法规定缴纳环境保护税外，应当对所造成的损害依法承担责任。

第二十七条 自本法施行之日起，依照本法规定征收环境保护税，不再征收排污费。

第二十八条 本法自2018年1月1日起施行。

附表一：

环境保护税税目税额表

税目	计税单位	税额	备注
大气污染物	每污染当量	1.2元至12元	
水污染物	每污染当量	1.4元至14元	

续表

税目		计税单位	税额	备注
固体废物	煤矸石	每吨	5元	
	尾矿	每吨	15元	
	危险废物	每吨	1000元	
	冶炼渣、粉煤灰、炉渣、其他固体废物（含半固态、液态废物）	每吨	25元	
噪声	工业噪声	超标1~3分贝	每月350元	1. 一个单位边界上有多处噪声超标，根据最高一处超标声级计算应纳税额；当沿边界长度超过100米有两处以上噪声超标，按照两个单位计算应纳税额。 2. 一个单位有不同地点作业场所的，应当分别计算应纳税额，合并计征。 3. 昼、夜均超标的环境噪声，昼、夜分别计算应纳税额，累计计征。 4. 声源一个月内超标不足15天的，减半计算应纳税额。 5. 夜间频繁突发和夜间偶然突发厂界超标噪声，按等效声级和峰值噪声两种指标中超标分贝值高的一项计算应纳税额。
		超标4~6分贝	每月700元	
		超标7~9分贝	每月1400元	
		超标10~12分贝	每月2800元	
		超标13~15分贝	每月5600元	
		超标16分贝以上	每月11200元	

附表二：

应税污染表和当量值表

一、第一类水污染物污染当量值

污染物	污染当量值（千克）
1. 总汞	0.0005
2. 总镉	0.005
3. 总铬	0.04
4. 六价铬	0.02
5. 总砷	0.02
6. 总铅	0.025
7. 总镍	0.025
8. 苯并（a）芘	0.0000003
9. 总铍	0.01
10. 总银	0.02

二、第二类水污染物污染当量值

污染物	污染当量值（千克）	备注
11. 悬浮物（SS）	4	
12. 生化需氧量（BOD_5）	0.5	同一排放口中的化学需氧量、生化需氧量和总有机碳，只征收一项。
13. 化学需氧量（COD_{cr}）	1	
14. 总有机碳（TOC）	0.49	
15. 石油类	0.1	
16. 动植物油	0.16	
17. 挥发酚	0.08	
18. 总氰化物	0.05	
19. 硫化物	0.125	
20. 氨氮	0.8	
21. 氟化物	0.5	
22. 甲醛	0.125	

续表

污染物	污染当量值（千克）	备注
23. 苯胺类	0.2	
24. 硝基苯类	0.2	
25. 阴离子表面活性剂（LAS）	0.2	
26. 总铜	0.1	
27. 总锌	0.2	
28. 总锰	0.2	
29. 彩色显影剂（CD-2）	0.2	
30. 总磷	0.25	
31. 单质磷（以P计）	0.05	
32. 有机磷农药（以P计）	0.05	
33. 乐果	0.05	
34. 甲基对硫磷	0.05	
35. 马拉硫磷	0.05	
36. 对硫磷	0.05	
37. 五氯酚及五氯酚钠（以五氯酚计）	0.25	
38. 三氯甲烷	0.04	
39. 可吸附有机卤化物（AOX）（以Cl计）	0.25	
40. 四氯化碳	0.04	
41. 三氯乙烯	0.04	
42. 四氯乙烯	0.04	
43. 苯	0.02	
44. 甲苯	0.02	
45. 乙苯	0.02	
46. 邻-二甲苯	0.02	
47. 对-二甲苯	0.02	
48. 间-二甲苯	0.02	
49. 氯苯	0.02	
50. 邻二氯苯	0.02	
51. 对二氯苯	0.02	

续表

污染物	污染当量值（千克）	备注
52. 对硝基氯苯	0.02	
53. 2,4-二硝基氯苯	0.02	
54. 苯酚	0.02	
55. 间-甲酚	0.02	
56. 2,4-二氯酚	0.02	
57. 2,4,6-三氯酚	0.02	
58. 邻苯二甲酸二丁酯	0.02	
59. 邻苯二甲酸二辛酯	0.02	
60. 丙烯腈	0.125	
61. 总硒	0.02	

三、pH 值、色度、大肠菌群数、余氯量水污染物污染当量值

污染物		污染当量值（千克）	备注
1. pH 值	1. 0—1, 13—14 2. 1—2, 12—13 3. 2—3, 11—12 4. 3—4, 10—11 5. 4—5, 9—10 6. 5—6	0.06 吨污水 0.125 吨污水 0.25 吨污水 0.5 吨污水 1 吨污水 5 吨污水	pH 值 5—6 指大于等于5，小于6；pH 值 9—10 指大于9，小于等于10，其余类推。
2. 色度		5 吨水·倍	
3. 大肠菌群数（超标）		3.3 吨污水	大肠菌群数和余氯量只征收一项。
4. 余氯量（用氯消毒的医院废水）		3.3 吨污水	

四、禽畜养殖业、小型企业和第三产业水污染物污染当量值（本表仅适用于计算无法进行实际监测或者物料衡算的禽畜养殖业、小型企业和第三产业等小型排污者的水污染物污染当量数）

类型		污染当量值	备注
禽畜养殖场	1. 牛	0.1 头	仅对存栏规模大于 50 头牛、500 头猪、5000 羽鸡鸭等的禽畜养殖场征收。
	2. 猪	1 头	
	3. 鸡、鸭等家禽	30 羽	

续表

类型		污染当量值	备注
4. 小型企业		1.8 吨污水	
5. 饮食娱乐服务业		0.5 吨污水	
6. 医院	消毒	0.14 床	医院病床数大于20张的按照本表计算污染当量数。
		2.8 吨污水	
	不消毒	0.07 床	
		1.4 吨污水	

五、大气污染物污染当量值

污染物	污染当量值（千克）
1. 二氧化硫	0.95
2. 氮氧化物	0.95
3. 一氧化碳	16.7
4. 氯气	0.34
5. 氯化氢	10.75
6. 氟化物	0.87
7. 氰化氢	0.005
8. 硫酸雾	0.6
9. 铬酸雾	0.0007
10. 汞及其化合物	0.0001
11. 一般性粉尘	4
12. 石棉尘	0.53
13. 玻璃棉尘	2.13
14. 碳黑尘	0.59
15. 铅及其化合物	0.02
16. 镉及其化合物	0.03
17. 铍及其化合物	0.0004
18. 镍及其化合物	0.13
19. 锡及其化合物	0.27
20. 烟尘	2.18

续表

污染物	污染当量值（千克）
21. 苯	0.05
22. 甲苯	0.18
23. 二甲苯	0.27
24. 苯并（a）芘	0.000002
25. 甲醛	0.09
26. 乙醛	0.45
27. 丙烯醛	0.06
28. 甲醇	0.67
29. 酚类	0.35
30. 沥青烟	0.19
31. 苯胺类	0.21
32. 氯苯类	0.72
33. 硝基苯	0.17
34. 丙烯腈	0.22
35. 氯乙烯	0.55
36. 光气	0.04
37. 硫化氢	0.29
38. 氨	9.09
39. 三甲胺	0.32
40. 甲硫醇	0.04
41. 甲硫醚	0.28
42. 二甲二硫	0.28
43. 苯乙烯	25
44. 二硫化碳	20

中华人民共和国环境保护税法实施条例

(2017年12月25日中华人民共和国国务院令第693号公布)

第一章 总 则

第一条 根据《中华人民共和国环境保护税法》(以下简称环境保护税法),制定本条例。

第二条 环境保护税法所附《环境保护税目税额表》所称其他固体废物的具体范围,依照环境保护税法第六条第二款规定的程序确定。

第三条 环境保护税法第五条第一款、第十二条第一款第三项规定的城乡污水集中处理场所,是指为社会公众提供生活污水处理服务的场所,不包括为工业园区、开发区等工业聚集区域内的企业事业单位和其他生产经营者提供污水处理服务的场所,以及企业事业单位和其他生产经营者自建自用的污水处理场所。

第四条 达到省级人民政府确定的规模标准并且有污染物排放口的畜禽养殖场,应当依法缴纳环境保护税;依法对畜禽养殖废弃物进行综合利用和无害化处理的,不属于直接向环境排放污染物,不缴纳环境保护税。

第二章 计税依据

第五条 应税固体废物的计税依据,按照固体废物的排放量确定。固体废物的排放量为当期应税固体废物的产生量减去当期应税固体废物的贮存量、处置量、综合利用量的余额。

前款规定的固体废物的贮存量、处置量,是指在符合国家和地方环境保护标准的设施、场所贮存或者处置的固体废物数量;固体废物的综合利用量,是指按照国务院发展改革、工业和信息化主管部门关于资源综合利用要求以及国家和地方环境保护标准进行综合利用的固体废物数量。

第六条 纳税人有下列情形之一的,以其当期应税固体废物的产生量作为固体废物的排放量:

(一)非法倾倒应税固体废物;

(二)进行虚假纳税申报。

第七条 应税大气污染物、水污染物的计税依据,按照污染物排放量折合的污染当量数确定。

纳税人有下列情形之一的,以其当期应税大气污染物、水污染物的产生量作为污染物的排放量:

(一)未依法安装使用污染物自动监测设备或者未将污染物自动监测设备

与环境保护主管部门的监控设备联网;

(二)损毁或者擅自移动、改变污染物自动监测设备;

(三)篡改、伪造污染物监测数据;

(四)通过暗管、渗井、渗坑、灌注或者稀释排放以及不正常运行防治污染设施等方式违法排放应税污染物;

(五)进行虚假纳税申报。

第八条 从两个以上排放口排放应税污染物的,对每一排放口排放的应税污染物分别计算征收环境保护税;纳税人持有排污许可证的,其污染物排放口按照排污许可证载明的污染物排放口确定。

第九条 属于环境保护税法第十条第二项规定情形的纳税人,自行对污染物进行监测所获取的监测数据,符合国家有关规定和监测规范的,视同环境保护税法第十条第二项规定的监测机构出具的监测数据。

第三章 税收减免

第十条 环境保护税法第十三条所称应税大气污染物或者水污染物的浓度值,是指纳税人安装使用的污染物自动监测设备当月自动监测的应税大气污染物浓度值的小时平均值再平均所得数值或者应税水污染物浓度值的日平均值再平均所得数值,或者监测机构当月监测的应税大气污染物、水污染物浓度值的平均值。

依照环境保护税法第十三条的规定减征环境保护税的,前款规定的应税大气污染物浓度值的小时平均值或者应税水污染物浓度值的日平均值,以及监测机构当月每次监测的应税大气污染物、水污染物的浓度值,均不得超过国家和地方规定的污染物排放标准。

第十一条 依照环境保护税法第十三条的规定减征环境保护税的,应当对每一排放口排放的不同应税污染物分别计算。

第四章 征收管理

第十二条 税务机关依法履行环境保护税纳税申报受理、涉税信息比对、组织税款入库等职责。

环境保护主管部门依法负责应税污染物监测管理,制定和完善污染物监测规范。

第十三条 县级以上地方人民政府应当加强对环境保护税征收管理工作的领导,及时协调、解决环境保护税征收管理工作中的重大问题。

第十四条 国务院税务、环境保护主管部门制定涉税信息共享平台技术标准以及数据采集、存储、传输、查询和使用规范。

第十五条 环境保护主管部门应当通过涉税信息共享平台向税务机关交送在环境保护监督管理中获取的下列信息:

(一)排污单位的名称、统一社会信用代码以及污染物排放口、排放污染物种类等基本信息;

(二)排污单位的污染物排放数据(包括污染物排放量以及大气污染物、水污染物的浓度值等数据);

（三）排污单位环境违法和受行政处罚情况；

（四）对税务机关提请复核的纳税人的纳税申报数据资料异常或者纳税人未按照规定期限办理纳税申报的复核意见；

（五）与税务机关商定交送的其他信息。

第十六条 税务机关应当通过涉税信息共享平台向环境保护主管部门交送下列环境保护税涉税信息：

（一）纳税人基本信息；

（二）纳税申报信息；

（三）税款入库、减免税额、欠缴税款以及风险疑点等信息；

（四）纳税人涉税违法和受行政处罚情况；

（五）纳税人的纳税申报数据资料异常或者纳税人未按照规定期限办理纳税申报的信息；

（六）与环境保护主管部门商定交送的其他信息。

第十七条 环境保护税法第十七条所称应税污染物排放地是指：

（一）应税大气污染物、水污染物排放口所在地；

（二）应税固体废物产生地；

（三）应税噪声产生地。

第十八条 纳税人跨区域排放应税污染物，税务机关对税收征收管辖有争议的，由争议各方按照有利于征收管理的原则协商解决；不能协商一致的，报请共同的上级税务机关决定。

第十九条 税务机关应当依据环境保护主管部门交送的排污单位信息进行纳税人识别。

在环境保护主管部门交送的排污单位信息中没有对应信息的纳税人，由税务机关在纳税人首次办理环境保护税纳税申报时进行纳税人识别，并将相关信息交送环境保护主管部门。

第二十条 环境保护主管部门发现纳税人申报的应税污染物排放信息或者适用的排污系数、物料衡算方法有误的，应当通知税务机关处理。

第二十一条 纳税人申报的污染物排放数据与环境保护主管部门交送的相关数据不一致的，按照环境保护主管部门交送的数据确定应税污染物的计税依据。

第二十二条 环境保护税法第二十条第二款所称纳税人的纳税申报数据资料异常，包括但不限于下列情形：

（一）纳税人当期申报的应税污染物排放量与上一年同期相比明显偏低，且无正当理由；

（二）纳税人单位产品污染物排放量与同类型纳税人相比明显偏低，且无正当理由。

第二十三条 税务机关、环境保护主管部门应当无偿为纳税人提供与缴纳环境保护税有关的辅导、培训和咨询服务。

第二十四条 税务机关依法实施环境保护税的税务检查，环境保护主管部门予以配合。

第二十五条 纳税人应当按照税收征收管理的有关规定，妥善保管应税污染物监测和管理的有关资料。

第五章 附 则

第二十六条 本条例自 2018 年 1 月 1 日起施行。2003 年 1 月 2 日国务院公布的《排污费征收使用管理条例》同时废止。

财政部 税务总局 生态环境部关于明确环境保护税应税污染物适用等有关问题的通知

手机阅读

2018 年 10 月 25 日 财税〔2018〕117 号

各省、自治区、直辖市、计划单列市财政厅（局）、环境保护厅（局），国家税务总局各省、自治区、直辖市、计划单列市税务局，新疆生产建设兵团财政局、环境保护局：

为保障《中华人民共和国环境保护税法》及其实施条例有效实施，现就环境保护税征收有关问题通知如下：

一、关于应税污染物适用问题

燃烧产生废气中的颗粒物，按照烟尘征收环境保护税。排放的扬尘、工业粉尘等颗粒物，除可以确定为烟尘、石棉尘、玻璃棉尘、炭黑尘的外，按照一般性粉尘征收环境保护税。

二、关于税收减免适用问题

依法设立的生活垃圾焚烧发电厂、生活垃圾填埋场、生活垃圾堆肥厂，属于生活垃圾集中处理场所，其排放应税污染物不超过国家和地方规定的排放标准的，依法予以免征环境保护税。纳税人任何一个排放口排放应税大气污染物、水污染物的浓度值，以及没有排放口排放应税大气污染物的浓度值，超过国家和地方规定的污染物排放标准的，依法不予减征环境保护税。

三、关于应税污染物排放量的监测计算问题

（一）纳税人按照规定须安装污染物自动监测设备并与生态环境主管部门联网的，当自动监测设备发生故障、设备维护、启停炉、停运等状态时，应当按照相关法律法规和《固定污染源烟气（SO2、NOx、颗粒物）排放连续监测技术规范》（HJ 75—2017）、《水污染源在线监测系统数据有效性判别技术规范》（HJ/T 356—2007）等规定，对数据状态进行标记，以及对数据缺失、无效时段的污染物排放量进行修约和替代处理，并按标记、处理后的自动监测数据计算应税污染物排放量。相关纳税人当月不能提供符合国家规定和监测规范的自动监测数据的，应当按照排污系数、物料衡算方法计算应税污染物排放量。纳入排污许可管理行业的纳税人，其应税污染物排放量的监测计算方法按照排污许可管理要求执行。

纳税人主动安装使用符合国家规定和监测规范的污染物自动监测设备，但未与生态环境主管部门联网的，可以按照自动监测数据计算应税污染物排放量；不能提供符合国家规定和监测规范的自动监测数据的，应当按照监测机构出具的符合监测规范的监测数据或者排污系数、物料衡算方法计算应税污染物排放量。

（二）纳税人委托监测机构监测应税污染物排放量的，应当按照国家有关规定制定监测方案，并将监测数据资料及时报送生态环境主管部门。监测机构实施的监测项目、方法、时限和频次应当符合国家有关规定和监测规范要求。监测机构出具的监测报告应当包括应税水污染物种类、浓度值和污水流量；应税大气污染物种类、浓度值、排放速率和烟气量；执行的污染物排放标准和排放浓度限值等信息。监测机构对监测数据的真实性、合法性负责，凡发现监测数据弄虚作假的，依照相关法律法规的规定追究法律责任。

纳税人采用委托监测方式，在规定监测时限内当月无监测数据的，可以沿用最近一次的监测数据计算应税污染物排放量，但不得跨季度沿用监测数据。纳税人采用监测机构出具的监测数据申报减免环境保护税的，应当取得申报当月的监测数据；当月无监测数据的，不予减免环境保护税。有关污染物监测浓度值低于生态环境主管部门规定的污染物检出限的，除有特殊管理要求外，视同该污染物排放量为零。生态环境主管部门、计量主管部门发现委托监测数据失真或者弄虚作假的，税务机关应当按照同一纳税期内的监督性监测数据或者排污系数、物料衡算方法计算应税污染物排放量。

（三）在建筑施工、货物装卸和堆存过程中无组织排放应税大气污染物的，按照生态环境部规定的排污系数、物料衡算方法计算应税污染物排放量；不能按照生态环境部规定的排污系数、物料衡算方法计算的，按照省、自治区、直辖市生态环境主管部门规定的抽样测算的方法核定计算应税污染物排放量。

（四）纳税人因环境违法行为受到行政处罚的，应当依据相关法律法规和处罚信息计算违法行为所属期的应税污染物排放量。生态环境主管部门发现纳税人申报信息有误的，应当通知税务机关处理。

四、关于环境保护税征管协作配合问题

各级税务、生态环境主管部门要加快建设和完善涉税信息共享平台，进一步规范涉税信息交换的数据项、交换频率和数据格式，并提高涉税信息交换的及时性、准确性，保障环境保护税征管工作运转顺畅。

综合政策

国务院关于印发新时期促进集成电路产业和软件产业高质量发展若干政策的通知

手机阅读

2020年7月27日　国发〔2020〕8号

各省、自治区、直辖市人民政府，国务院各部委、各直属机构：

现将《新时期促进集成电路产业和软件产业高质量发展的若干政策》印发给你们，请认真贯彻落实。

新时期促进集成电路产业和软件产业高质量发展的若干政策

集成电路产业和软件产业是信息产业的核心，是引领新一轮科技革命和产业变革的关键力量。《国务院关于印发鼓励软件产业和集成电路产业发展若干政策的通知》（国发〔2000〕18号）、《国务院关于印发进一步鼓励软件产业和集成电路产业发展若干政策的通知》（国发〔2011〕4号）印发以来，我国集成电路产业和软件产业快速发展，有力支撑了国家信息化建设，促进了国民经济和社会持续健康发展。为进一步优化集成电路产业和软件产业发展环境，深化产业国际合作，提升产业创新能力和发展质量，制定以下政策。

一、财税政策

（一）国家鼓励的集成电路线宽小于28纳米（含），且经营期在15年以上的集成电路生产企业或项目，第一年至第十年免征企业所得税。国家鼓励的集成电路线宽小于65纳米（含），且经营期在15年以上的集成电路生产企业或项目，第一年至第五年免征企业所得税，第六年至第十年按照25%的法定税率减半征收企业所得税。国家鼓励的集成电路线宽小于130纳米（含），且经营期在10年以上的集成电路生产企业或项目，第一年至第二年免征企业所得税，第三年至第五年按照25%的法定税率减半征收企业所得税。国家鼓励的线宽小于130纳米（含）的集成电路生产企业纳税年度发生的亏损，准予向以后年度结转，总结转年限最长不得超过10年。

对于按照集成电路生产企业享受税收优惠政策的，优惠期自获利年度起计算；对于按照集成电路生产项目享受税收优惠政策的，优惠期自项目取得第一笔生产经营收入所属纳税年度起计算。国家鼓励的集成电路生产企业或项目清单由国家发展改革委、工业和信息化部会同相关部门制定。

（二）国家鼓励的集成电路设计、装备、材料、封装、测试企业和软件企业，自获利年度起，第一年至第二年免征企业所得税，第三年至第五年按照25%的法定税率减半征收企业所得税。国家鼓励的集成电路设计、装备、材料、封装、测试企业条件由工业和信息化部会同相关部门制定。

（三）国家鼓励的重点集成电路设计企业和软件企业，自获利年度起，第一年至第五年免征企业所得税，接续年度减按10%的税率征收企业所得税。国家鼓励的重点集成电路设计企业和软件企业清单由国家发展改革委、工业和信息化部会同相关部门制定。

（四）国家对集成电路企业或项目、软件企业实施的所得税优惠政策条件和范围，根据产业技术进步情况进行动态调整。集成电路设计企业、软件企业在本政策实施以前年度的企业所得税，按照国发〔2011〕4号文件明确的企业所得税"两免三减半"优惠政策执行。

（五）继续实施集成电路企业和软件企业增值税优惠政策。

（六）在一定时期内，集成电路线宽小于65纳米（含）的逻辑电路、存储器生产企业，以及线宽小于0.25微米（含）的特色工艺集成电路生产企业（含掩模版、8英寸及以上硅片生产企业）进口自用生产性原材料、消耗品、净化室专用建筑材料、配套系统和集成电路生产设备零配件，免征进口关税；集成电路线宽小于0.5微米（含）的化合物集成电路生产企业和先进封装测试企业进口自用生产性原材料、消耗品，免征进口关税。具体政策由财政部会同海关总署等有关部门制定。企业清单、免税商品清单分别由国家发展改革委、工业和信息化部会同相关部门制定。

（七）在一定时期内，国家鼓励的重点集成电路设计企业和软件企业，以及第（六）条中的集成电路生产企业和先进封装测试企业进口自用设备，及按照合同随设备进口的技术（含软件）及配套件、备件，除相关不予免税的进口商品目录所列商品外，免征进口关税。具体政策由财政部会同海关总署等有关部门制定。

（八）在一定时期内，对集成电路重大项目进口新设备，准予分期缴纳进口环节增值税。具体政策由财政部会同海关总署等有关部门制定。

二、投融资政策

（九）加强对集成电路重大项目建设的服务和指导，有序引导和规范集成电路产业发展秩序，做好规划布局，强化风险提示，避免低水平重复建设。

（十）鼓励和支持集成电路企业、软件企业加强资源整合，对企业按照市场化原则进行的重组并购，国务院有关部门和地方政府要积极支持引导，不得设置法律法规政策以外的各种形式的限制条件。

（十一）充分利用国家和地方现有的政府投资基金支持集成电路产业和软件产业发展，鼓励社会资本按照市场化原则，多渠道筹资，设立投资基金，提高基金市场化水平。

（十二）鼓励地方政府建立贷款风险补偿机制，支持集成电路企业、软件企业通过知识产权质押融资、股权质押融资、应收账款质押融资、供应链金融、科技及知识产权保险等手段获得商业贷款。充分发挥融资担保机构作用，积极为集成电路和软件领域小微企业提供各种形式的融资担保服务。

（十三）鼓励商业性金融机构进一步改善金融服务，加大对集成电路产业和软件产业的中长期贷款支持力度，积极创新适合集成电路产业和软件产业发展的信贷产品，在风险可控、商业可持续的前提下，加大对重大项目的金融支持力度；引导保险资金开展股权投资；支持银行理财公司、保险、信托等非银行金融机构发起设立专门性资管产品。

（十四）大力支持符合条件的集成电路企业和软件企业在境内外上市融资，加快境内上市审核流程，符合企业会计准则相关条件的研发支出可作资本化处理。鼓励支持符合条件的企业在科创板、创业板上市融资，通畅相关企业原始股东的退出渠道。通过不同层次的资本市场为不同发展阶段的集成电路企业和软件企业提供股权融资、股权转让等服务，拓展直接融资渠道，提高直接融资比重。

（十五）鼓励符合条件的集成电路企业和软件企业发行企业债券、公司债券、短期融资券和中期票据等，拓宽企业融资渠道，支持企业通过中长期债券等方式从债券市场筹集资金。

三、研究开发政策

（十六）聚焦高端芯片、集成电路装备和工艺技术、集成电路关键材料、集成电路设计工具、基础软件、工业软件、应用软件的关键核心技术研发，不断探索构建社会主义市场经济条件下关键核心技术攻关新型举国体制。科技部、国家发展改革委、工业和信息化部等部门做好有关工作的组织实施，积极利用国家重点研发计划、国家科技重大专项等给予支持。

（十七）在先进存储、先进计算、先进制造、高端封装测试、关键装备材料、新一代半导体技术等领域，结合行业特点推动各类创新平台建设。科技部、国家发展改革委、工业和信息化部等部门优先支持相关创新平台实施研发项目。

（十八）鼓励软件企业执行软件质量、信息安全、开发管理等国家标准。加强集成电路标准化组织建设，完善标准体系，加强标准验证，提升研发能力。提高集成电路和软件质量，增强行业竞争力。

四、进出口政策

（十九）在一定时期内，国家鼓励的重点集成电路设计企业和软件企业需要临时进口的自用设备（包括开发测试设备）、软硬件环境、样机及部件、元器件，符合规定的可办理暂时进境货物海关手续，其进口税收按照现行法规执行。

（二十）对软件企业与国外资信等级较高的企业签订的软件出口合同，金融机构可按照独立审贷和风险可控的原则提供融资和保险支持。

（二十一）推动集成电路、软件和信息技术服务出口，大力发展国际服务外包业务，支持企业建立境外营销网络。商务部会同相关部门与重点国家和地区建立长效合作机制，采取综合措施为企业拓展新兴市场创造条件。

五、人才政策

（二十二）进一步加强高校集成电路和软件专业建设，加快推进集成电路一级学科设置工作，紧密结合产业发展需求及时调整课程设置、教学计划和教学方式，努力培养复合型、实用型的高水平人才。加强集成电路和软件专业师资队伍、教学实验室和实习实训基地建设。教育部会同相关部门加强督促和指导。

（二十三）鼓励有条件的高校采取与集成电路企业合作的方式，加快推进示范性微电子学院建设。优先建设培育集成电路领域产教融合型企业。纳入产教融合型企业建设培育范围内的试点企业，兴办职业教育的投资符合规定的，可按投资额30%的比例，抵免该企业当年应缴纳的教育费附加和地方教育附加。鼓励社会相关产业投资基金加大投入，支持高校联合企业开展集成电路人才培养专项资源库建设。支持示范性微电子学院和特色化示范性软件学院与国际知名大学、跨国公司合作，引进国外师资和优质资源，联合培养集成电路和软件人才。

（二十四）鼓励地方按照国家有关规定表彰和奖励在集成电路和软件领域作出杰出贡献的高端人才，以及高水平工程师和研发设计人员，完善股权激励机制。通过相关人才项目，加大力度引进顶尖专家和优秀人才及团队。在产业集聚区或相关产业集群中优先探索引进集成电路和软件人才的相关政策。制定并落实集成电路和软件人才引进和培训年度计划，推动国家集成电路和软件人才国际培训基地建设，重点加强急需紧缺专业人才中长期培训。

（二十五）加强行业自律，引导集成电路和软件人才合理有序流动，避免恶性竞争。

六、知识产权政策

（二十六）鼓励企业进行集成电路布图设计专有权、软件著作权登记。支持集成电路企业和软件企业依法申请知识产权，对符合有关规定的，可给予相关支持。大力发展集成电路和软件相关知识产权服务。

（二十七）严格落实集成电路和软件知识产权保护制度，加大知识产权侵权违法行为惩治力度。加强对集成电路布图设计专有权、网络环境下软件著作权的保护，积极开发和应用正版软件网络版权保护技术，有效保护集成电路和软件知识产权。

（二十八）探索建立软件正版化工作长效机制。凡在中国境内销售的计算机（含大型计算机、服务器、微型计算机和笔记本电脑）所预装软件须为正版软件，禁止预装非正版软件的计算机上市销售。全面落实政府机关使用正版软件的政策措施，对通用软件实行政府集中采购，加强对软件资产的管理。推动重要行业和重点领域使用正版软件工作制度化规范化。加强使用正版软件工作宣传培训和督促检查，营造使用正版软件良好环境。

七、市场应用政策

（二十九）通过政策引导，以市场应用为牵引，加大对集成电路和软件创新产品的推广力度，带动技术和产业不断升级。

（三十）推进集成电路产业和软件产业集聚发展，支持信息技术服务产业集群、集成电路产业集群建设，支持软件产业园区特色化、高端化发展。

（三十一）支持集成电路和软件领域的骨干企业、科研院所、高校等创新主体建设以专业化众创空间为代表的各类专业化创新服务机构，优化配置技术、装备、资本、市场等创新资源,按照市场机制提供聚焦集成电路和软件领域的专业化服务,实现大中小企业融通发展。加大对服务于集成电路和软件产业的专业化众创空间、科技企业孵化器、大学科技园等专业化服务平台的支持力度,提升其专业化服务能力。

(三十二)积极引导信息技术研发应用业务发展服务外包。鼓励政府部门通过购买服务的方式,将电子政务建设、数据中心建设和数据处理工作中属于政府职责范围,且适合通过市场化方式提供的服务事项,交由符合条件的软件和信息技术服务机构承担。抓紧制定完善相应的安全审查和保密管理规定。鼓励大中型企业依托信息技术研发应用业务机构,成立专业化软件和信息技术服务企业。

(三十三)完善网络环境下消费者隐私及商业秘密保护制度,促进软件和信息技术服务网络化发展。在各级政府机关和事业单位推广符合安全要求的软件产品和服务。

(三十四)进一步规范集成电路产业和软件产业市场秩序,加强反垄断执法,依法打击各种垄断行为,做好经营者反垄断审查,维护集成电路产业和软件产业市场公平竞争。加强反不正当竞争执法,依法打击各类不正当竞争行为。

(三十五)充分发挥行业协会和标准化机构的作用,加快制定集成电路和软件相关标准,推广集成电路质量评价和软件开发成本度量规范。

八、国际合作政策

(三十六)深化集成电路产业和软件产业全球合作,积极为国际企业在华投资发展营造良好环境。鼓励国内高校和科研院所加强与海外高水平大学和研究机构的合作,鼓励国际企业在华建设研发中心。加强国内行业协会与国际行业组织的沟通交流,支持国内企业在境内外与国际企业开展合作,深度参与国际市场分工协作和国际标准制定。

(三十七)推动集成电路产业和软件产业"走出去"。便利国内企业在境外共建研发中心,更好利用国际创新资源提升产业发展水平。国家发展改革委、商务部等有关部门提高服务水平,为企业开展投资等合作营造良好环境。

九、附则

(三十八)凡在中国境内设立的符合条件的集成电路企业(含设计、生产、封装、测试、装备、材料企业)和软件企业,不分所有制性质,均可享受本政策。

(三十九)本政策由国家发展改革委会同财政部、税务总局、工业和信息化部、商务部、海关总署等部门负责解释。

(四十)本政策自印发之日起实施。继续实施国发〔2000〕18号、国发〔2011〕4号文件明确的政策,相关政策与本政策不一致的,以本政策为准。

国务院关于加快发展体育产业促进体育消费的若干意见①

2014年10月2日 国发〔2014〕46号

各省、自治区、直辖市人民政府，国务院各部委、各直属机构：

发展体育事业和产业是提高中华民族身体素质和健康水平的必然要求，有利于满足人民群众多样化的体育需求、保障和改善民生，有利于扩大内需、增加就业、培育新的经济增长点，有利于弘扬民族精神、增强国家凝聚力和文化竞争力。近年来，我国体育产业快速发展，但总体规模依然不大、活力不强，还存在一些体制机制问题。为进一步加快发展体育产业，促进体育消费，现提出以下意见。

一、总体要求

（一）指导思想。

以邓小平理论、"三个代表"重要思想、科学发展观为指导，把增强人民体质、提高健康水平作为根本目标，解放思想、深化改革、开拓创新、激发活力，充分发挥市场在资源配置中的决定性作用和更好发挥政府作用，加快形成有效竞争的市场格局，积极扩大体育产品和服务供给，推动体育产业成为经济转型升级的重要力量，促进群众体育与竞技体育全面发展，加快体育强国建设，不断满足人民群众日益增长的体育需求。

（二）基本原则。

坚持改革创新。加快政府职能转变，进一步简政放权，减少微观事务管理。加强规划、政策、标准引导，创新服务方式，强化市场监管，营造竞争有序、平等参与的市场环境。

发挥市场作用。遵循产业发展规律，完善市场机制，积极培育多元市场主体，吸引社会资本参与，充分调动全社会积极性与创造力，提供适应群众需求、丰富多样的产品和服务。

倡导健康生活。树立文明健康生活方式，推进健康关口前移，延长健康寿命，提高生活品质，激发群众参与体育活动热情，推动形成投资健康的消费理念和充满活力的体育消费市场。

创造发展条件。营造重视体育、支持体育、参与体育的社会氛围，将全民健身上升为国家战略，把体育产业作为绿色产业、朝阳产业培育扶持，破除行业壁垒、扫清政策障碍，形成有利于体育产业快速发展的政策体系。

注重统筹协调。立足全局，统筹兼顾，充分发挥体育产业和体育事业良性

---

① 本文有删减。

互动作用，推进体育产业各门类和业态全面发展，促进体育产业与其他产业相互融合，实现体育产业与经济社会协调发展。

（三）发展目标。

到 2025 年，基本建立布局合理、功能完善、门类齐全的体育产业体系，体育产品和服务更加丰富，市场机制不断完善，消费需求愈加旺盛，对其他产业带动作用明显提升，体育产业总规模超过 5 万亿元，成为推动经济社会持续发展的重要力量。

——产业体系更加完善。健身休闲、竞赛表演、场馆服务、中介培训、体育用品制造与销售等体育产业各门类协同发展，产业组织形态和集聚模式更加丰富。产业结构更加合理，体育服务业在体育产业中的比重显著提升。体育产品和服务层次更加多样，供给充足。

——产业环境明显优化。体制机制充满活力，政策法规体系更加健全，标准体系科学完善，监管机制规范高效，市场主体诚信自律。

——产业基础更加坚实。人均体育场地面积达到 2 平方米，群众体育健身和消费意识显著增强，人均体育消费支出明显提高，经常参加体育锻炼的人数达到 5 亿，体育公共服务基本覆盖全民。

二、主要任务

（一）创新体制机制。

进一步转变政府职能。全面清理不利于体育产业发展的有关规定，取消不合理的行政审批事项，凡是法律法规没有明令禁入的领域，都要向社会开放。取消商业性和群众性体育赛事活动审批，加快全国综合性和单项体育赛事管理制度改革，公开赛事举办目录，通过市场机制积极引入社会资本承办赛事。有关政府部门要积极为各类赛事活动举办提供服务。推行政社分开、政企分开、管办分离，加快推进体育行业协会与行政机关脱钩，将适合由体育社会组织提供的公共服务和解决的事项，交由体育社会组织承担。

推进职业体育改革。拓宽职业体育发展渠道，鼓励具备条件的运动项目走职业化道路，支持教练员、运动员职业化发展。完善职业体育的政策制度体系，扩大职业体育社会参与，鼓励发展职业联盟，逐步提高职业体育的成熟度和规范化水平。完善职业体育俱乐部的法人治理结构，加快现代企业制度建设。改进职业联赛决策机制，充分发挥俱乐部的市场主体作用。

创新体育场馆运营机制。积极推进场馆管理体制改革和运营机制创新，引入和运用现代企业制度，激发场馆活力。推行场馆设计、建设、运营管理一体化模式，将赛事功能需要与赛后综合利用有机结合。鼓励场馆运营管理实体通过品牌输出、管理输出、资本输出等形式实现规模化、专业化运营。增强大型体育场馆复合经营能力，拓展服务领域，延伸配套服务，实现最佳运营效益。

（二）培育多元主体。

鼓励社会力量参与。进一步优化市场环境，完善政策措施，加快人才、资本等要素流动，优化场馆等资源配置，提升体育产业对社会资本吸引力。培育发展多形式、多层次体育协会和中介组织。加快体育产业行业协会建设，充分发挥行业协会作用，引导体育用品、体育服务、场馆建筑等行业发展。打造体育贸易展示平台，办好体育用品、体育文化、体育旅游等博览会。

引导体育企业做强做精。实施品牌战略，打造一批具有国际竞争力的知名企业和国际影响力的自主品牌，支持优势企业、优势品牌和优势项目"走出去"，提升服务贸易规模和水平。扶持体育培训、策划、咨询、经纪、营销等企业发展。鼓励大型健身俱乐部跨区域连锁经营，鼓励大型体育赛事充分进行市场开发，鼓励大型体育用品制造企业加大研发投入，充分挖掘品牌价值。扶持一批具有市场潜力的中小企业。

（三）改善产业布局和结构。

优化产业布局。因地制宜发展体育产业，打造一批符合市场规律、具有市场竞争力的体育产业基地，建立区域间协同发展机制，形成东、中、西部体育产业良性互动发展格局。壮大长三角、珠三角、京津冀及海峡西岸等体育产业集群。支持中西部地区充分利用江河湖海、山地、沙漠、草原、冰雪等独特的自然资源优势，发展区域特色体育产业。扶持少数民族地区发展少数民族特色体育产业。

改善产业结构。进一步优化体育服务业、体育用品业及相关产业结构，着力提升体育服务业比重。大力培育健身休闲、竞赛表演、场馆服务、中介培训等体育服务业，实施体育服务业精品工程，支持各地打造一大批优秀体育俱乐部、示范场馆和品牌赛事。积极支持体育用品制造业创新发展，采用新工艺、新材料、新技术，提升传统体育用品的质量水平，提高产品科技含量。

抓好潜力产业。以足球、篮球、排球三大球为切入点，加快发展普及性广、关注度高、市场空间大的集体项目，推动产业向纵深发展。对发展相对滞后的足球项目制定中长期发展规划和场地设施建设规划，大力推广校园足球和社会足球。以冰雪运动等特色项目为突破口，促进健身休闲项目的普及和提高。制定冰雪运动规划，引导社会力量积极参与建设一批冰雪运动场地，促进冰雪运动繁荣发展，形成新的体育消费热点。

（四）促进融合发展。

积极拓展业态。丰富体育产业内容，推动体育与养老服务、文化创意和设计服务、教育培训等融合，促进体育旅游、体育传媒、体育会展、体育广告、体育影视等相关业态的发展。以体育设施为载体，打造城市体育服务综合体，推动体育与住宅、休闲、商业综合开发。

促进康体结合。加强体育运动指导，推广"运动处方"，发挥体育锻炼在疾病防治以及健康促进等方面的积极作用。大力发展运动医学和康复医学，积极研发运动康复技术，鼓励社会资本开办康体、体质测定和运动康复等各类机构。发挥中医药在运动康复等方面的特色作用，提倡开展健身咨询和调理等服务。

鼓励交互融通。支持金融、地产、建筑、交通、制造、信息、食品药品等企业开发体育领域产品和服务。鼓励可穿戴式运动设备、运动健身指导技术装备、运动功能饮料、营养保健食品药品等研发制造营销。在有条件的地方制定专项规划，引导发展户外营地、徒步骑行服务站、汽车露营营地、航空飞行营地、船艇码头等设施。

（五）丰富市场供给。

完善体育设施。各级政府要结合城镇化发展统筹规划体育设施建设，合理布点布局,重点建设一批便民利民的中小型体育场馆、公众健身活动中心、户外多功能球场、健身步道等场地设施。盘活存量资源,改造旧厂房、仓库、老旧商业设施等用于体育健身。鼓励社会力量建设小型化、多样化的活动场馆和健身设施,政府以购买服务等方式予以支持。在城市社区建设15分钟健身圈,新建社区的体育设施覆盖率达到100%。推进实施农民体育健身工程,在乡镇、行政村实现公共体育健身设施100%全覆盖。

发展健身休闲项目。大力支持发展健身跑、健步走、自行车、水上运动、登山攀岩、射击射箭、马术、航空、极限运动等群众喜闻乐见和有发展空间的项目。鼓励地方根据当地自然、人文资源发展特色体育产业,大力推广武术、龙舟、舞龙舞狮等传统体育项目,扶持少数民族传统体育项目发展,鼓励开发适合老年人特点的休闲运动项目。

丰富体育赛事活动。以竞赛表演业为重点,大力发展多层次、多样化的各类体育赛事。推动专业赛事发展,打造一批有吸引力的国际性、区域性品牌赛事。丰富业余体育赛事,在各地区和机关团体、企事业单位、学校等单位广泛举办各类体育比赛,引导支持体育社会组织等社会力量举办群众性体育赛事活动。加强与国际体育组织等专业机构的交流合作,积极引进国际精品赛事。

(六)营造健身氛围。

鼓励日常健身活动。政府机关、企事业单位、社会团体、学校等都应实行工间、课间健身制度等,倡导每天健身一小时。鼓励单位为职工健身创造条件。组织实施《国家体育锻炼标准》。完善国民体质监测制度,为群众提供体质测试服务,定期发布国民体质监测报告。切实保障中小学体育课课时,鼓励实施学生课外体育活动计划,促进青少年培育体育爱好,掌握一项以上体育运动技能,确保学生校内每天体育活动时间不少于一小时。

推动场馆设施开放利用。积极推动各级各类公共体育设施免费或低收费开放。加快推进企事业单位等体育设施向社会开放。学校体育场馆课余时间要向学生开放,并采取有力措施加强安全保障,加快推动学校体育场馆向社会开放,将开放情况定期向社会公开。提高农民体育健身工程设施使用率。

加强体育文化宣传。各级各类媒体开辟专题专栏,普及健身知识,宣传健身效果,积极引导广大人民群众培育体育消费观念、养成体育消费习惯。积极支持形式多样的体育题材文艺创作,推广体育文化。弘扬奥林匹克精神和中华体育精神,践行社会主义核心价值观。

三、政策措施

(一)大力吸引社会投资。

鼓励社会资本进入体育产业领域,建设体育设施,开发体育产品,提供体育服务。进一步拓宽体育产业投融资渠道,支持符合条件的体育产品、服务等企业上市,支持符合条件的企业发行企业债券、公司债、短期融资券、中期票据、中小企业集合票据和中小企业私募债等非金融企业债务融资工具。鼓励各类金融机构在风险可控、商业可持续的基础上积极开发新产品,开拓新业务,增加适合中小微体育企业的信贷品种。支持扩大对外开放,鼓励境外资本投资体育产业。推广和运用政府和社会资本合作等多种模式,吸引社会资本参与体育产业发展。政府引导,设立由社会资本筹资的体育产业投资基金。有条件的地方可设立体育发展专项资金，对符合条件的企业、社会组织给予项目补助、贷款贴息和奖励。鼓励保险公司围绕健身休闲、竞赛表演、场馆服务、户外运动等需求推出多样化保险产品。

（二）完善健身消费政策。

各级政府要将全民健身经费纳入财政预算，并保持与国民经济增长相适应。要加大投入，安排投资支持体育设施建设。要安排一定比例体育彩票公益金等财政资金，通过政府购买服务等多种方式，积极支持群众健身消费，鼓励公共体育设施免费或低收费开放，引导经营主体提供公益性群众体育健身服务。鼓励引导企事业单位、学校、个人购买运动伤害类保险。进一步研究鼓励群众健身消费的优惠政策。

（三）完善税费价格政策。

充分考虑体育产业特点，将体育服务、用品制造等内容及其支撑技术纳入国家重点支持的高新技术领域，对经认定为高新技术企业的体育企业，减按15%的税率征收企业所得税。提供体育服务的社会组织，经认定取得非营利组织企业所得税免税优惠资格的，依法享受相关优惠政策。体育企业发生的符合条件的广告费支出，符合税法规定的可在税前扣除。落实符合条件的体育企业创意和设计费用税前加计扣除政策。落实企业从事文化体育业按3%的税率计征营业税。鼓励企业捐赠体育服装、器材装备，支持贫困和农村地区体育事业发展，对符合税收法律法规规定条件向体育事业的捐赠，按照相关规定在计算应纳税所得额时扣除。体育场馆自用的房产和土地，可享受有关房产税和城镇土地使用税优惠。体育场馆等健身场所的水、电、气、热价格按不高于一般工业标准执行。

（四）完善规划布局与土地政策。

各地要将体育设施用地纳入城乡规划、土地利用总体规划和年度用地计划，合理安排用地需求。新建居住区和社区要按相关标准规范配套群众健身相关设施，按室内人均建筑面积不低于0.1平方米或室外人均用地不低于0.3平方米执行，并与住宅区主体工程同步设计、同步施工、同步投入使用。凡老城区与已建成居住区无群众健身设施的，或现有设施没有达到规划建设指标要求的，要通过改造等多种方式予以完善。充分利用郊野公园、城市公园、公共绿地及城市空置场所等建设群众体育设施。鼓励基层社区文化体育设施共建共享。在老城区和已建成居住区中支持企业、单位利用原划拨方式取得的存量房产和建设用地兴办体育设施，对符合划拨用地目录的非营利性体育设施项目可继续以划拨方式使用土地；不符合划拨用地目录的经营性体育设施项目，连续经营一年以上的可采取协议出让方式办理用地手续。

（五）完善人才培养和就业政策。

鼓励有条件的高等院校设立体育产业专业，重点培养体育经营管理、创意设计、科研、中介等专业人才。鼓励多方投入，开展各类职业教育和培训，加强校企合作，多渠道培养复合型体育产业人才，支持退役运动员接受再就业培训。加强体育产业人才培养的国际交流与合作，加强体育产业理论研究，建立体育产业研究智库。完善政府、用人单位和社会互为补充的多层次人才奖励体系，对创意设计、自主研发、经营管理等人才进行奖励和资助。加强创业孵化，研究对创新创业人才的扶持政策。鼓励退役运动员从事体育产业工作。鼓励街道、社区聘用体育专业人才从事群众健身指导工作。

（六）完善无形资产开发保护和创新驱动政策。

通过冠名、合作、赞助、广告、特许经营等形式，加强对体育组织、体育场馆、体育赛事和活动名称、标志等无形资产的开发，提升无形资产创造、运用、保护和管理水平。加强体育品牌建设，推动体育企业实施商标战略，开发科技含量高、拥有自主知识产权的体育产品，提高产品附加值，提升市场竞争力。促进体育衍生品创意和设计开发，推进相关产业发展。充分利用现有科技资源，健全体育产业领域科研平台体系，加强企业研发中心、工程技术研究中心等建设。支持企业联合高等学校、科研机构建立产学研协同创新机制，建设产业技术创新战略联盟。支持符合条件的体育企业牵头承担各类科技计划（专项、基金）等科研项目。完善体育技术成果转化机制，加强知识产权运用和保护，促进科技成果产业化。

（七）优化市场环境。

研究建立体育产业资源交易平台，创新市场运行机制，推进赛事举办权、赛事转播权、运动员转会权、无形资产开发等具备交易条件的资源公平、公正、公开流转。按市场原则确立体育赛事转播收益分配机制，促进多方参与主体共同发展。放宽赛事转播权限制，除奥运会、亚运会、世界杯足球赛外的其他国内外各类体育赛事，各电视台可直接购买或转让。加强安保服务管理，完善体育赛事和活动安保服务标准，积极推进安保服务社会化，进一步促进公平竞争，降低赛事和活动成本。

四、组织实施

（一）健全工作机制。

各地要将发展体育产业、促进体育消费纳入国民经济和社会发展规划，纳入政府重要议事日程，建立发展改革、体育等多部门合作的体育产业发展工作协调机制。各有关部门要加强沟通协调，密切协作配合，形成工作合力，分析体育产业发展情况和问题，研究推进体育产业发展的各项政策措施，认真落实体育产业发展相关任务要求。选择有特点有代表性的项目和区域，建立联系点机制，跟踪产业发展情况，总结推广成功经验和做法。

（二）加强行业管理。

完善体育产业相关法律法规，加快推动修订《中华人民共和国体育法》，清理和废除不符合改革要求的法规和制度。完善体育及相关产业分类标准和统计制度。建立评价与监测机制，发布体育产业研究报告。大力推进体育产业标准化工作，提高我国体育产业标准化水平。加强体育产业国际合作与交流。充实体育产业工作力量。加强体育组织、体育企业、从业人员的诚信建设，加强赛风赛纪建设。

（三）加强督查落实。

各地区、各有关部门要根据本意见要求，结合实际情况，抓紧制定具体实施意见和配套文件。发展改革委、体育总局要会同有关部门对落实本意见的情况进行监督检查和跟踪分析，重大事项及时向国务院报告。

国务院关于深化北京市新一轮服务业扩大开放综合试点建设国家服务业扩大开放综合示范区工作方案的批复

手机阅读

2020年8月28日　国函〔2020〕123号

北京市人民政府、商务部：

你们关于深化北京市新一轮服务业扩大开放综合试点、建设国家服务业扩大开放综合示范区的请示收悉。现批复如下：

一、原则同意《深化北京市新一轮服务业扩大开放综合试点建设国家服务业扩大开放综合示范区工作方案》（以下简称《工作方案》），请认真组织实施。

二、《工作方案》实施要以习近平新时代中国特色社会主义思想为指导，全面贯彻党的十九大和十九届二中、三中、四中全会精神，统筹推进"五位一体"总体布局，协调推进"四个全面"战略布局，按照党中央、国务院决策部署，坚持稳中求进工作总基调，坚持新发展理念，坚持深化市场化改革、扩大高水平开放，对标国际先进贸易投资规则，吸收借鉴国际成熟经验，推动由商品和要素流动型开放向规则等制度型开放转变，为服务业高质量发展营造良好制度环境，为推动全方位对外开放作出更大贡献。

三、北京市人民政府要立足首都城市战略定位，服务国家重大战略，加强对《工作方案》实施的组织领导，在风险可控前提下，精心组织，大胆实践，在扩大服务业对外开放、建设更高水平开放型经济新体制方面取得更多可复制可推广的经验，为全国服务业开放发展、创新发展提供示范引领。

四、国务院有关部门要按照职责分工，积极支持北京市深化新一轮服务业扩大开放综合试点、建设国家服务业扩大开放综合示范区。商务部要会同有关部门加强指导和协调推进，组织开展督促和评估工作，确保《工作方案》各项改革开放措施落实到位。

五、需要暂时调整实施相关行政法规、国务院文件和经国务院批准的部门规章的部分规定的，按规定程序办理。国务院有关部门要根据《工作方案》相应调整本部门制定的规章和规范性文件。试点中的重大问题，北京市人民政府、商务部要及时向国务院请示报告。

附件：深化北京市新一轮服务业扩大开放综合试点建设国家服务业扩大开放综合示范区工作方案

附件：

深化北京市新一轮服务业扩大开放综合试点建设国家服务业扩大开放综合示范区工作方案

为贯彻落实党中央、国务院关于深化北京市新一轮服务业扩大开放综合试点的决策部署，促进服务业高质量发展，特制定本工作方案。

一、总体要求

以习近平新时代中国特色社会主义思想为指导，全面贯彻党的十九大和十九届二中、三中、四中全会精神，统筹推进"五位一体"总体布局，协调推进"四个全面"战略布局，坚持稳中求进工作总基调，坚持新发展理念，立足首都城市战略定位，聚焦重点优势产业和重点示范园区，努力探索服务业开放发展的新业态、新模式、新路径，逐步形成与国际先进规则相衔接的制度创新和要素供给体系，打造国家服务业扩大开放综合示范区（以下简称综合示范区）。

二、发展目标

到2025年，基本健全以贸易便利、投资便利为重点的服务业扩大开放政策制度体系，市场化、法治化、国际化营商环境进一步优化，产业竞争力显著增强，风险防控有力有效，为全国服务业扩大开放提供更强的示范引领。

到2030年，实现贸易自由便利、投资自由便利、资金跨境流动便利、人才从业便利、运输往来便利和数据安全有序流动，基本建成与国际高标准经贸规则相衔接的服务业开放体系，服务业经济规模和国际竞争力进入世界前列。

三、主要任务

（一）推进在服务业重点行业领域深化改革扩大开放。

1. 深化科技服务领域改革。通过无偿资助、业务奖励和补助等多种方式支持众创空间、创业基地发展。深化科技成果使用权、处置权和收益权改革，开展赋予科研人员职务科技成果所有权或长期使用权试点，探索形成市场化赋权、成果评价、收益分配等制度。支持部属院所在京建设重大科技基础设施，打造智慧城市。

2. 推进数字经济和数字贸易发展。加快推动公共数据开放，引导社会机构依法开放自有数据，支持北京市在特定领域开展央地数据合作，推动政务数据与社会化数据平台对接。研究境内外数字贸易统计方法和模式，打造统计数据和企业案例相结合的数字贸易统计体系。研究建立完善数字贸易知识产权相关制度。

3. 加强金融服务领域改革创新。推进金融领域"证照分离"改革全覆盖试点相关政策在京实施。支持社会资本在京设立并主导运营人民币国际投贷基金，支持外资投资机构参与合格境内有限合伙人境外投资试点。深入实施合格境外有限合伙人试点，逐步放开公开市场投资范围限制。按照中央部署，进一步推动新三板改革，全面落实注册制，切实提升新三板市场流动性，打造服务中小企业的平台。设立外商投资企业境内上市服务平台并提供相关服务。支持外商独资企业申请成为私募基金管理人，开展股权投资和资产管理业务，符合条件的私募证券投资基金管理公司可申请转为公募基金管理公司。优先在北京市允许跨国公司设立外商独资财务公司。支持符合条件的在京财务公司获得结售汇业务资格，在依法合规、风险可控前提下，开展买方信贷和延伸产业链金融业务。支持更多外资银行获得证券投资基金托管资格。研究适时允许在京落地的外资银行稳妥开展国债期货交易。允许符合条件的外资银行参与境内黄金和白银期货交易。支持具有一定规模、运营稳健的在京外资法人银行申请参与公开市场交易。允许外资银行获得人民银行黄金进口许可和银行间债券市场主承销资格。支持相关企业通过收购、参股等市场化运作的方式从事第三方支付业务。支持证券公司从事沪伦通中国存托凭证业务。审慎有序进行金融综合经营试点。推动北京铁矿石交易中心等大宗商品交易场所依法合规探索开展非标准仓单交易等多种交易方式，建立科学合理的商品定价机制。

4. 推动互联网信息服务领域扩大开放。向外资开放国内互联网虚拟专用网业务（外资股比不超过50%），吸引海外电信运营商通过设立合资公司，为在京外商投资企业提供国内互联网虚拟专用网业务。支持开展车联网（智能网联汽车）和自动驾驶地图应用，建设京沪车联网公路。探索建立适应海外客户需求的网站备案制度。

5. 促进商贸文旅服务提质升级。支持王府井步行街在营造国际化消费环境和优质营商环境、打造国际化消费区域等方面先行先试。优化市内免税店布局，统筹协调在机场隔离区内为市内免税店设置离境提货点，落实免税店相关政策。

6. 推动教育服务领域扩大开放。加大国际教育供给，完善外籍人员子女学校布局，允许中小学按国家有关规定接收外籍人员子女入学。探索引进考试机构及理工类学科国际教材。鼓励外商投资成人类教育培训机构，支持外商投资举办经营性职业技能培训机构。推进一批职业教育国际合作示范项目。

7. 提升健康医疗服务保障能力。适度放宽对医药研发用小剂量特殊化学制剂的管理。支持设立国际研究型医院或研发病床，加速医药研发成果孵化转化进程。支持医疗器械创新北京服务站和人类遗传资源服务站在北京市内开展业务，提高审批效率。支持国家中医药服务出口基地和中医药服务贸易重点机构开拓国际市场，搭建中医药健康养生国际综合服务平台。探索研究保障就近养老服务体系建设的土地供给政策。研究利用国有企业自有土地和房屋开办养老机构的支持政策。

8. 推进专业服务领域开放改革。探索会计师事务所在自由贸易试验区设立分所试点。探索建立过往资历认可机制，允许具有境外职业资格的金融、建筑设计、规划等领域符合条件的专业人才经备案后，可依规办理工作居留证件，并在北京市行政区域内服务，其境外从业经历可视同境内从业经历（金融领域有法律法规考试等特殊要求的，须通过相关考试并符合要求的条件）。允许北京市实施对金融等服务领域国际执业资格的认可。除涉及国家主权、安全外，允许境外人士在北京市内申请参加我国相关职业资格考试（不含法律职业资格考试）。支持境外评级机构设立子公司，并在银行间债券市场、交易所债券市场开展信用评级业务。充分发挥国际商事争端预防与解决组织平台作用。允许境外知名仲裁机构及争议解决机构经北京市司法行政部门登记并报司法部备案后，在北京市特定区域设立业务机构，就国际商事、投资等领域发生的民商事争议提供仲裁服务，依法支持和保障中外当事人在仲裁前和仲裁中的财产保全、证据保全、行为保全等临时措施的申请和执行。

9. 推动北京首都国际机场和北京大兴国际机场联动发展。探索飞机维修企业航空器材包修转包修理业务口岸便利化措施，支持企业提升国际航空器材维修市场竞争力。鼓励中外航空公司运营国际航线，允许外国航空公司在北京首都国际机场和北京大兴国际机场"两场"运营。建设国际航空货运体系，制定促进北京航空货运发展政策，支持扩大货运航权。优化完善货运基础设施设备，鼓励航空公司在北京大兴国际机场投放货运机队。完善航空口岸功能，提升高端物流能力，扩展整车、平行进口汽车等进口功能。

（二）推动服务业扩大开放在重点园区示范发展。

10. 以中关村国家自主创新示范区为依托，打造创业投资集聚区。落实《国务院关于促进创业投资持续健康发展的若干意见》（国发〔2016〕53号），优化创业投资法制环境、政策环境。在中关村国家自主创新示范区开展公司型创投企业所得税优惠政策试点，在试点期限内，对符合条件的公司型创投企业按照企业年末个人股东持股比例免征企业所得税，鼓励长期投资，个人股东从该企业取得的股息红利按照规定缴纳个人所得税，具体条件由财政部、税务总局商有关部门确定。支持在现行私募基金法律法规框架下，设立私募股权转让平台，拓宽私募股权和创业投资退出渠道。探索赋予区内科创企业更多跨境金融选择权，逐步实现非金融企业外债项下完全可兑换。支持区内符合条件的园区对氢能、光伏、先进储能、能源互联网等领域，采取"负面限制清单+正面鼓励清单"的专项清单组合管理模式。

11. 以"一园一区"等为基础，打造数字贸易发展引领区。立足中关村软件园，推动数字证书、电子签名等的国际互认，试点数据跨境流动，建设国际信息产业和数字贸易港，探索建立以软件实名认证、数据产地标签识别为基础的监管体系。立足北京大兴国际机场临空经济区特定区域，在数字经济新业态准入、数字服务、国际资源引进等领域开展试点，探索数据审计等新型业务。

12. 以未来科学城、怀柔科学城等为依托，推动科技成果转化服务创新发展。支持未来科学城依法成立行业协会等社会组织，发挥其在建设能源互联网、促进电力大数据创新等方面的积极作用。积极落实支持科技创新、重大技术装备进口税收政策。建设一批国际合作产业园区，支持外商在北京中德国际合作产业园、北京中日国际合作产业园投资通用航空领域，符合规定条件的可以开展急救转运服务。支持在北京高端制造业基地、北京创新产业集群示范区放宽自动驾驶测试道路和测试牌照管理权限，支持建设面向全国的第三方自动驾驶测试平台，支持北京市智能汽车基础地图应用试点工作。

13. 以中关村国家自主创新示范区海淀园为承载，打造云应用及开源软件生态集聚区。取消信息服务业务（仅限应用商店）外资股比限制。鼓励外资依法依规参与提供软件即服务。探索制定相关标准，以云计算平台建设为抓手，分级分类推动数据中心建设。鼓励国际知名开源软件代码库和开发工具服务商在京落地，支持开源社区交流平台、代码托管平台和应用服务平台的建设。

14. 以金融街、国家级金融科技示范区、丽泽金融商务区为主阵地，打造金融科技创新示范区。进一步支持依法开展金融科技创新活动。支持金融机构和大型科技企业依法设立金融科技公司。探索开展适合科技型企业的个性化融资服务。在京设立国家金融科技风险监控中心。

15. 以国家文化与金融合作示范区和国家文化产业创新实验区为依托，支持文化创新发展。在风险可控前提下，支持银行文创专营分支机构、文化证券、文化产业相关保险、文化企业股权转让平台等以试点方式开展文化金融项目。支持隆福寺地区打造高质量的艺术品服务平台，开展艺术品快速通关及相关仓储等服务。对区内影视类文化企业制作的影视作品，优化审查流程。优先支持区内符合条件的文化企业申报信息网络传播视听节目许可证和游戏版号。

16. 以通州文化旅游区等为龙头，打造新型文体旅游融合发展示范区。在通州文化旅游区，鼓励举办国际性文娱演出、艺术品和体育用品展会（交易会），允许外商投资文艺表演团体（须由中方控股），优化营业性演出许可审批。立足国家对外文化贸易基地（北京），聚焦文化传媒、视听、游戏和动漫版权、创意设计等高端产业发展，开展优化审批流程等方面试点。支持在中国（怀柔）影视基地建设国际影视摄制服务中心，为境内外合拍影视项目提供服务便利。

（三）形成与国际接轨的制度创新体系。

17. 促进投资贸易自由化便利化。支持在特定区域内试行跨境服务贸易负面清单管理模式，放宽跨境交付、境外消费、自然人移动等模式下的服务贸易市场准入限制。拓展"单一窗口"服务领域，全面提升业务应用率，加强特色功能建设。利用区块链技术，建设京津冀通关物流数据共享平台，实现三地跨境贸易数据"上链"。探索建立市场化招商引资奖励机制。开展服务业企业投资项目"区域评估+标准地+承诺制+政府配套服务"改革。支持符合首都城市战略定位的央企总部及其从事投资理财、财务结算等的子公司、分公司持续在京发展。

18. 完善财税支持政策。对在京从事集成电路、人工智能、生物医药、关键材料等领域生产研发类规模以上企业认定高新技术企业时，满足从业一年以上且在中国境内发生的研究开发费用总额占全部研究开发费用总额的比例不低于50%条件的，实行"报备即批准"。认定为高新技术企业即可按规定享受所得税优惠等相关政策，加强事中事后监管，对发现不符合高新技术企业认定标准的按有关规定进行处理。研究在北京市特定区域实施境外高端人才个人所得税优惠政策。对符合列目规则的专用航空零部件，研究单独设立本国子目。

19. 提升监管与服务水平。在具备条件的领域，推行政务服务事项告知承诺制。全面推进政务服务综合窗口"区块链+电子证照"应用。探索对新经济模式实施包容审慎监管，对新技术新产品加强事中事后监管。探索取消施工图审查或缩小审查范围、实施告知承诺制和设计人员终身负责制等工程建设领域审批制度改革。探索在民用和简易低风险工业建筑工程项目中推行建筑设计师负责制。落实不动产登记机构主体责任，全面实施不动产登记、交易和缴税线上线下"一窗受理、并行办理"，取消没有法律法规依据的前置环节。完善行业管理、用户认证、行为审计等管理措施。

20. 强化知识产权保护与运用。在中关村国家自主创新示范区特定区域开展技术转让所得税优惠政策试点，在试点期限内，将技术转让所得免征额由

500万元提高至2000万元，适当放宽享受税收优惠的技术转让范围和条件，具体由财政部、税务总局商有关部门确定。探索建立公允的知识产权评估机制，完善知识产权质押登记制度、知识产权质押融资风险分担机制以及质物处置机制。加强知识产权审判领域改革创新，完善知识产权司法保护制度。推进知识产权保险试点。

21. 推动产业链供应链协同发展。推动京津冀海关特殊监管区域多式联运协同发展，构建服务京津冀、辐射全国的陆海空口岸体系。积极推进标准化厂房建设，构建产业计量技术创新中心，在北京经济技术开发区打造"源头培育—资本催化—中试扩大—量化推广—技术转移"先行示范区，建设跨区域协同创新平台。

22. 开展政策联动创新。在自由贸易试验区施行的服务业领域的开放政策，凡符合北京发展定位的，北京市均可按程序报批后在进一步深化服务业扩大开放工作中进行试点。支持北京市复制推广各自由贸易试验区成熟试点经验。

（四）优化服务业开放发展的要素供给。

23. 推进资金跨境流动便利。在北京市特定区域内，开展本外币一体化试点。研究推动境外投资者用一个人民币境外机构境内外汇账户处理境内证券投资事宜。对于境外机构按规定可开展即期结汇交易的，北京市特定区域内银行可为其办理人民币与外汇衍生产品交易。在全市范围开展资本项目收入支付便利化试点。探索开展本外币合一跨境资金池试点，对跨境资金流动实行双向宏观审慎管理。支持符合条件的外贸综合服务企业为跨境电商提供货物贸易外汇综合服务。研究探索实物资产跨境转让的场内外汇结算模式，提升外汇资金结算效率。允许出口商在境外电商平台销售款项以人民币跨境结算。给予在京中资机构海外员工薪酬结汇便利化政策。

24. 规范数据跨境安全有序流动。探索建立数据保护能力认证等数据安全管理机制，推动数据出境安全管理和评估试点。制定北京市公共数据管理办法，完善数据分类分级安全保护制度；在数据流通、数据安全监管等方面加快形成开放环境下有创新的监管体系。探索区块链技术在数字贸易治理中的应用。

25. 提供国际人才工作生活便利。对境外高端人才给予入出境便利，便利其境内经常项目项下合法收入办理个人赡家款项下购汇汇出，便利其在便利化额度外结汇缴纳随行子女在境内就读国际学校学费。优化外国人工作许可、居留许可证件审批流程，逐步实现外籍人才工作许可、工作类居留许可"一窗受理、同时取证"。探索"推荐制"人才引进模式。允许外籍人员使用外国人永久居留身份证开办和参股内资公司。建设国际人才全流程服务体系。推动国际人才社区建设。

26. 完善土地支持和技术保障。在符合国土空间规划和用途管制要求前提下，推动不同产业用地类型合理转换。探索实施综合用地模式，在用途、功能不冲突前提下，明确可兼容的用地类型和比例，实现一宗地块具有多种土地用途、建筑复合使用（住宅用途除外），按照不同用途建筑面积计算土地出让金，不得分割转让。保障产业链用地。开展创新要素跨境便利流动试点，支持离岸创新创业，支持外籍科学家领衔承担政府支持科技项目。

四、组织实施

北京市人民政府要根据目标任务,精心组织实施,扎实推进本工作方案各项措施落实。《国务院关于北京市服务业扩大开放综合试点总体方案的批复》(国函〔2015〕81号)、《国务院关于深化改革推进北京市服务业扩大开放综合试点工作方案的批复》(国函〔2017〕86号)、《国务院关于全面推进北京市服务业扩大开放综合试点工作方案的批复》(国函〔2019〕16号)各项政策措施继续实施,遇有与本工作方案规定不一致的,依照本工作方案规定执行。

国务院有关部门要按职责分工,加强协调指导,积极给予支持,形成工作合力。商务部、北京市人民政府要统筹推进综合示范区建设,共同做好跟踪督促和经验总结,确保各项任务落实到位,及时推广成功经验。北京市人民政府要进一步完善工作机制,构建精简高效、权责明晰的综合示范区管理体制,加强人才培养,打造高素质专业化管理队伍。牢固树立总体国家安全观,加强安全评估和风险防范,确保相关工作有序推进。试点需要暂时调整实施有关行政法规、国务院文件和经国务院批准的部门规章的部分规定的,按规定程序办理。对综合示范区建设中出现的新情况、新问题,北京市人民政府和商务部要及时进行梳理和研究,不断调整优化措施,重大事项及时向国务院请示报告。

国务院办公厅关于印发文化体制改革中经营性文化事业单位转制为企业和进一步支持文化企业发展两个规定的通知

手机阅读

2018年12月18日　国办发〔2018〕124号

各省、自治区、直辖市人民政府,国务院各部委、各直属机构:

中央宣传部会同中央网信办、发展改革委、科技部、财政部、人力资源社会保障部、自然资源部、商务部、文化和旅游部、人民银行、税务总局、市场监管总局、广电总局等有关部门和单位拟定的《文化体制改革中经营性文化事业单位转制为企业的规定》和《进一步支持文化企业发展的规定》已经国务院同意,现印发给你们,请认真贯彻执行。

文化体制改革中经营性文化事业单位转制为企业的规定

为进一步深化文化体制改革,继续推进国有经营性文化事业单位转企改制,特制定以下规定:

一、关于公司制股份制改革

(一)经营性文化事业单位转制为企业,要依法登记为有限责任公司或股份有限公司,加快构建有文化特色的现代企业制度,坚持正确导向和经营方向,坚持国有资本主导地位,积极稳妥推进混合所有制改革,形成有效制衡的公司法人治理结构和灵活高效的市场化经营机制，推动企业做强做优做大。

（二）完善法人治理结构。公司党委（党组）领导班子成员依法定程序，以双向进入、交叉任职的方式进入董事会、经理层、内设监事会，党委（党组）书记同时任董事长（执行董事）、为公司法定代表人，党员总经理一般担任党委（党组）副书记，专职副书记一般进入董事会。党委（党组）发挥领导作用，把方向、管大局、保落实，依照规定研究讨论涉及内容导向管理的重大事项及公司运营与发展的重大决策、重要人事任免、重大项目安排、大额度资金使用等事项，并作为董事会、经理层决策的前置程序。建立健全决策合法性审查机制，充分发挥法律顾问、公司律师的作用，促进依法经营、依法管理。

（三）从事内容创作生产传播的公司，设立总编辑或艺术总监等专门岗位，设董事会的，须设立编辑委员会或艺术委员会等专门委员会，为董事会有关内容导向管理的重大事项提供决策咨询。

（四）推进国有文化企业内部资源整合，进一步聚焦主业，压缩企业管理层级，将投资决策权向三级以上企业集中，减少法人户数。

二、关于国有文化资产管理

（五）建立健全党委和政府监管国有文化资产的管理机构，完善党委和政府监管有机结合、宣传部门有效主导的管理模式，实现管人管事管资产管导向相统一，推动党政部门与其所属的文化企业进一步理顺关系，推动主管主办制度与出资人制度相衔接。

（六）经营性文化事业单位转制为企业，要认真做好资产清查、资产评估、产权登记等基础工作，依法落实原有债权债务。国有文化企业公司章程制定和修改、注册资本增减、重组整合、破产解散、改制上市、国有产权转让、无偿划拨、组建集团、发行债券、法定代表人变更等重大变动事项，报同级国有文化资产管理机构审批，并按有关程序和规定办理。

（七）国有文化企业依照相关规定定期报告财务状况、生产经营状况、国有资产保值增值状况和社会效益情况。加强国有文化企业社会效益和经济效益综合考核，探索建立国有资产保值增值考核与社会效益考核相结合的综合评价体系。

（八）建立健全文化企业国有资本经营预算制度，通过国有资本金注入，优化国有资本配置，发挥国有资本引导作用，推动国有文化企业兼并重组、转型升级，促进文化产业布局优化。

（九）推进国有文化资本授权经营，形成国有文化资本流动重组、布局调整的有效平台，优化资源配置，推动国有文化企业增强实力、活力、抗风险能力，更好地发挥控制力、影响力。

三、关于资产和土地处置

（十）经营性文化事业单位在转制过程中，对于清查出的资产损失按规定报经批准后进行核销；切实维护银行合法债权安全，严肃处理各类借转制之名逃废银行债务行为，维护金融安全稳定。转制后财务制度应执行《企业财务通则》，会计制度应执行《企业会计准则》或《小企业会计准则》。

（十一）经营性文化事业单位转制涉及的原划拨土地，转制后符合《划拨用地目录》的，可继续以划拨方式使用；不符合《划拨用地目录》的，应当依法实行有偿使用。经省级以上人民政府批准，经营性文化事业单位转制为国有独资或国有控股企业的，原生产经营性划拨用地，经批准可采用作价出资（入股）方式配置；经营性文化事业单位转制为国有参股企业或非国有企业的，原生产经营性划拨用地可采用协议出让或租赁方式进行土地资产处置。

四、关于收入分配

（十二）转制后执行企业收入分配制度。按照国家有关规定实行工资总额预算管理，由国有文化企业自主编制，按规定履行内部决策程序后，报有关部门核准或备案后执行。完善工资与效益联动机制，工资效益联动指标应同时选取反映社会效益和经济效益、国有资本保值增值的指标。建立健全以岗位工资为主的基本工资制度，以岗位价值为依据，以业绩为导向，参照劳动力市场工资价位并结合企业社会效益和经济效益，合理确定不同岗位的工资水平，使职工工资收入与其工作业绩和实际贡献紧密挂钩，合理拉开工资分配差距。人力资源社会保障部门、国有文化资产管理机构和企业主管主办部门要加强对国有文化企业工资收入分配的指导和监督，规范国有文化企业收入分配秩序。

（十三）完善国有文化企业负责人薪酬管理机制，国有独资及国有控股公司的负责人收入分配应与社会效益和经济效益综合评价考核结果挂钩。

五、关于社会保障

（十四）转制后自企业登记注册的次月起按企业办法参加社会保险。转制时在职人员按国家规定计算的连续工龄，视同缴费年限，不再补缴基本养老保险费。

（十五）离休人员的医疗保障继续执行现行办法，也可按照所在统筹地区相关规定纳入离休人员医药费单独统筹，所需资金按原渠道解决；转制前已退休人员中，原享受公费医疗的，在享受基本医疗保险待遇的基础上，可以参照国家公务员医疗补助办法，实行医疗补助。

（十六）中央各部门各单位设在地方的出版单位、中央各部门各单位出版单位在地方的派出（分支）机构的人员，转制后按规定纳入当地社会保障体系。

六、关于人员安置

（十七）对转制时距国家法定退休年龄五年以内的原事业编制内人员，本人申请并经转制单位批准，可以提前离岗，离岗期间的工资福利等基本待遇不变，单位和个人继续按规定缴纳各项社会保险费，达到国家法定退休年龄时，按照国家规定办理退休手续。

（十八）转制时，要按照国家相关法律规定，自企业登记注册之日起与在职职工全部签订劳动合同。职工在事业单位的工作年限合并计算为转制后企业的工作年限。转制后根据经营方向确需分流人员的，应按规定处理劳动关系，对符合支付经济补偿条件的，应依法支付经济补偿。

（十九）转制企业应当切实保障职工的合法权益。转制时，对提前离岗人员所需的基本待遇及各项社会保险费、分流人员所需的经济补偿金，可从评估后的净资产中预留或从国有产权转让收入中优先支付。净资产不足的，财政部门也可给予一次性补助。

七、关于财政税收

（二十）财税部门应认真落实适用于转制企业的现行财税优惠政策。

（二十一）原事业编制内职工的住房公积金、住房补贴中由财政负担部分，转制后继续由财政部门在预算中拨付；转制前人员经费由财政负担的离退休人员的住房补贴尚未解决的，转制时由财政部门一次性拨付解决；转制前人员经费自理的离退休人员以及转制后离退休人员和在职职工住房补贴资金，由转制单位按照所在地市、县级人民政府有关企业住房分配货币化改革政策以及企业财务会计制度的规定，从本单位相应资金渠道列支。转制后原有的正常事业费继续拨付。

（二十二）为确保转制工作顺利进行，同级财政可一次性拨付一定数额的资金，主要用于资产评估、审计、政策法律咨询等。

（二十三）经营性文化事业单位转制为企业后，五年内免征企业所得税。2018年12月31日之前已完成转制的企业，自2019年1月1日起可继续免征五年企业所得税。

（二十四）由财政部门拨付事业经费的经营性文化事业单位转制为企业，对其自用房产五年内免征房产税。2018年12月31日之前已完成转制的企业，自2019年1月1日起对其自用房产可继续免征五年房产税。

（二十五）对经营性文化事业单位转制中资产评估增值、资产转让或划转涉及的企业所得税、增值税、城市维护建设税、契税等，符合现行规定的享受相应税收优惠政策。

（二十六）党报、党刊将其发行、印刷业务及相应的经营性资产剥离组建的文化企业，所取得的党报、党刊发行收入和印刷收入免征增值税。

（二十七）经省级人民政府批准，2020年年底前省属重点文化企业可免缴国有资本收益。

八、关于法人登记

（二十八）转制后的企业名称，应当符合企业名称登记管理的规定。原单位名称中冠以"中国"、"中华"、"全国"、"国家"、"国际"等字样的，按有关规定经批准可继续注册使用。

（二十九）转制后须核销事业编制，注销事业单位法人，并依法办理企业登记注册。

九、关于党的建设

（三十）经营性文化事业单位在转制过程中，要按照党章和有关党内法规，做好党组织设置工作，理顺党组织隶属关系，坚持党的建设同步谋划、党的组织及工作机构同步设置、党组织负责人及党务工作人员同步配备、党的工作同步开展，实现体制对接、机制对接、制度对接和工作对接，充分发挥企业党委（党组）领导作用。把党建工作要求写入企业章程，明确党组织的地位作用、职责权限、设置形式、经费保障等内容和要求，确保企业党的组织和党的工作全覆盖。企业党组织的领导关系要按照有利于加强党的领导和开展党的工作、有利于促进企业改革和发展的原则确定。党委宣传部门、组织部门要加强对国有文化企业党建工作的指导。

（三十一）转制企业要认真学习贯彻习近平新时代中国特色社会主义思想，坚持正确政治方向，站稳政治立场。根据实际需要设立党建工作机构、配备党务工作人员，大型文化企业（集团）应设置专门的党建工作机构和专职抓党建工作的副书记。积极吸收各方面人才特别是优秀青年入党，着力扩大在采编、创作等岗位的党员比例。建立企业党建工作责任制和意识形态工作责任制落实情况报告制度，开展党委（党组）书记抓基层党建述职评议考核工作。加强党员教育管理，推进"两学一做"学习教育常态化制度化，加强党支部标准化、规范化建设，创新党组织活动方式，充分发挥基层党组织战斗堡垒作用和党员先锋模范作用。

中央所属转制文化企业的认定，由中央宣传部会同财政部、税务总局确定并发布名单；地方所属转制文化企业的认定，按照登记管理权限，由地方各级宣传部门会同同级财政、税务部门确定和发布名单，并按程序抄送中央宣传部、财政部和税务总局。除第二十三条、第二十四条所列政策外，上述政策凡未注明具体期限的，执行期限为2019年1月1日至2023年12月31日。

进一步支持文化企业发展的规定

为进一步深化文化体制改革，促进文化企业发展，特制定以下规定：

一、关于财政税收

（一）中央财政和地方财政应通过文化产业发展专项资金等现有资金渠道，创新资金投入方式，完善政策扶持体系，支持文化企业发展。

（二）对电影制片企业销售电影拷贝（含数字拷贝）、转让版权取得的收入，电影发行企业取得的电影发行收入，电影放映企业在农村的电影放映收入免征增值税。一般纳税人提供的城市电影放映服务，可以按现行政策规定，选择按照简易计税办法计算缴纳增值税。

（三）对广播电视运营服务企业收取的有线数字电视基本收视维护费和农村有线电视基本收视费，免征增值税。

（四）落实和完善有利于文化内容创意生产、非物质文化遗产项目经营的税收优惠政策。

（五）加大对国家文化出口重点企业和项目扶持力度，加强国家文化出口基地建设。

（六）加大财政对文化科技创新的支持，将文化科技纳入国家相关科技发展规划和计划，加强国家文化和科技融合示范基地建设，积极鼓励文化与科技深度融合，促进文化企业、文化产业转型升级，发展新型文化业态。

（七）通过政府购买、消费补贴等途径，引导和支持文化企业提供更多文化产品和服务，鼓励出版适应群众购买能力的图书报刊，鼓励在商业演出和电影放映中安排低价场次或门票，鼓励网络文化运营商开发更多低收费业务。加大对文化消费基础设施建设、改造投资力度，完善政府投入方式，建立健全社会力量、社会资本参与机制，促进多层次多业态文化消费设施发展。

（八）认真落实支持现代服务业、中小企业特别是小微企业等发展的有关优惠政策，促进中小文化企业发展。

二、关于投资和融资

（九）对投资兴办文化企业的，有关行政主管部门应当提高行政审批效率，并不得收取国家规定之外的任何附加费用。

（十）在国家许可范围内，鼓励和引导社会资本以多种形式投资文化产业，参与国有经营性文化事业单位转企改制，允许以控股形式参与国有影视制作机构、文艺院团改制经营，在投资核准、银行贷款、土地使用、税收优惠、上市融资、发行债券、对外贸易等方面给予支持。

（十一）鼓励国有文化产业投资基金作为文化产业的战略投资者，对重点领域的文化企业进行股权投资。创新基金投资模式，更好地发挥各类文化产业投资基金的引导和杠杆作用，推动文化企业跨地区、跨行业、跨所有制兼并重组，切实维护国家文化安全。

（十二）创新文化产业投融资体制，推动文化资源与金融资本有效对接，鼓励有条件的文化企业利用资本市场发展壮大，推动资产证券化，鼓励文化企业充分利用金融资源，投资开发战略性、先导性文化项目。

（十三）通过公司制改建实现投资主体多元化的文化企业，符合条件的可申请上市。鼓励符合条件的已上市文化企业通过公开增发、定向增发等再融资方式进行并购和重组。鼓励符合条件的文化企业进入中小企业板、创业板、新三板、科创板等融资。鼓励符合条件的文化企业通过发行企业债券、公司债券、非金融企业债务融资工具等方式扩大融资，鼓励以商标权、专利权等无形资产和项目未来收益权提供质押担保以及第三方公司提供增信措施等形式，提高文化企业的融资能力，实现融资渠道多元化。

（十四）针对文化企业的特点，研究制定知识产权、文化品牌等无形资产的评估、质押、登记、托管、投资、流转和变现等办法，完善无形资产和收益权抵（质）押权登记公示制度，鼓励金融机构积极开展金融产品和服务方式创新。在风险可控、商业可持续原则下，进一步推广知识产权质押融资、供应链融资、并购融资、订单融资等贷款业务，加大对文化企业的有效信贷投入。鼓励开发文化消费信贷产品。

（十五）探索建立符合文化企业特点的公共信用综合评价制度。加强对文化企业的分类监管，鼓励各类担保机构对文化企业提供融资担保，通过再担保、联合担保以及担保与保险相结合等方式分散风险。

三、关于资产和土地处置

（十六）发生分立、合并、重组、改制、撤销等经济行为涉及国有资产或产权结构重大变动的文化企业，应当按照国家有关规定进行清产核资，清产核资工作中发现的资产损失经确认后应当依次冲减未分配利润、盈余公积、资本公积、实收资本。

（十七）文化企业改制涉及的原划拨土地，改制后符合《划拨用地目录》的，可继续以划拨方式使用；不符合《划拨用地目录》的，应当依法实行有偿使用。经省级以上人民政府批准，国有文化企业改制为授权经营或国有控股企业的，原生产经营性划拨用地，经批准可采用作价出资（入股）方式配置。文化企业改制为一般竞争性企业的，原生产经营性划拨用地可采用协议出让或租赁方式进行土地资产处置。

（十八）利用划拨方式取得的存量房产、土地兴办文化产业的，符合《划拨用地目录》的，可按划拨方式办理用地手续；不符合《划拨用地目录》的，在符合国家有关规定的前提下可采取协议出让方式办理。

（十九）将文化类建设用地纳入城乡规划、土地利用总体规划，有效保障文化产业设施、项目用地需求。鼓励利用闲置设施、盘活存量建设用地发展文化产业。鼓励将城市转型中退出的工业用地根据相关规划优先用于发展文化产业。企业利用历史建筑、旧厂房、仓库等存量房产、土地，或生产装备、设施发展文化产业，可实行继续按原用途和土地权利类型使用土地的过渡期政策。

四、关于工商管理

（二十）允许投资人以知识产权等无形资产评估作价出资组建文化企业，具体按国家法律规定执行。

上述政策适用于所有文化企业，执行期限为2019年1月1日至2023年12月31日。

国务院办公厅转发财政部、中宣部关于进一步支持文化事业发展若干经济政策的通知

手机阅读

2006年6月9日　国办发〔2006〕43号

各省、自治区、直辖市人民政府，国务院各部委、各直属机构：

财政部、中宣部《关于进一步支持文化事业发展的若干经济政策》已经国务院同意，现转发给你们，请认真贯彻执行。

关于进一步支持文化事业发展的若干经济政策

为加强社会主义先进文化建设，推动宣传文化事业健康发展，进一步深化文化体制改革，根据《中华人民共和国国民经济和社会发展第十一个五年规划纲要》中关于"加大政府对文化事业的投入，逐步形成覆盖全社会的比较完备的公共文化服务体系"的要求，现提出"十一五"期间国家支持文化事业发展的有关经济政策：

一、继续征收文化事业建设费

（一）各种营业性的歌厅、舞厅、卡拉OK歌舞厅、音乐茶座和高尔夫球、台球、保龄球等娱乐场所，按营业收入的3%缴纳文化事业建设费。广播电台、电视台和报纸、刊物等广告媒介单位以及户外广告经营单位，按经营收入的3%缴纳文化事业建设费。

（二）文化事业建设费由地方税务机关在征收娱乐业、广告业的营业税时一并征收。中央和国家机关所属单位缴纳的文化事业建设费，由地方税务

机关征收后全额上缴中央金库。地方缴纳的文化事业建设费，全额缴入省级金库。

（三）文化事业建设费纳入财政预算管理，分别由中央和省级设立基金，用于文化事业建设。财政部要根据有关规定，会同相关部门对原有的政策进行修订和完善，制定新的文化事业建设费征收和使用管理办法，以体现政府性基金预算的管理要求，加强对资金的宏观调控和监管力度。

二、继续实行税收优惠政策

继续对宣传文化单位实行增值税优惠政策，对电影发行单位实行营业税优惠政策。有关部门要在完善相关政策的同时，突出扶持重点，更好地促进宣传文化事业健康发展。具体实施办法由财政部和国家税务总局另行制定。

三、继续实施促进电影事业发展的有关经济政策

（一）从电影放映收入中提取5%建立"国家电影事业发展专项资金"，实行基金预算管理方式，用于电影行业的宏观调控。财政部要会同有关部门进一步完善原有的电影事业发展专项资金管理政策，制定新的国家电影事业发展专项资金征收和使用管理办法。

（二）继续设立电影精品专项资金，用于支持电影精品摄制。

四、继续增加对宣传文化事业的财政投入

（一）中央和省级财政建立宣传文化发展专项资金，每年按2005年实际拨付数为基数列支出预算。财政部要会同有关部门研究修订宣传文化发展专项资金管理办法。

（二）整合"万里边境文化长廊"等补助经费，设立"中央补助地方文体广播事业发展专项资金"，用于支持地方文化、体育和广播事业的发展。有关地方人民政府也要逐步增加对文化事业的投入。

五、建立健全专项资金管理制度

为促进宣传文化事业发展，增强调控能力，保证重点需要，规范资金管理，财政部门要做好专项资金的预算安排。专项资金使用部门要按照有关财政法规的要求，健全制度、加强管理，保证专项专用并接受财政和审计部门的监督检查。

六、继续鼓励对宣传文化事业的捐赠

社会力量通过国家批准成立的非营利性的公益组织或国家机关对宣传文化事业的公益性捐赠，经税务机关审核后，纳税人缴纳企业所得税时，在年度应纳税所得额10%以内的部分，可在计算应纳税所得额时予以扣除；纳税人缴纳个人所得税时，捐赠额未超过纳税人申报的应纳税所得额30%的部分，可从其应纳税所得额中扣除。公益性捐赠的范围为：

（一）对国家重点交响乐团、芭蕾舞团、歌剧团、京剧团和其他民族艺术表演团体的捐赠。

（二）对公益性的图书馆、博物馆、科技馆、美术馆、革命历史纪念馆的捐赠。

（三）对重点文物保护单位的捐赠。

（四）对文化行政管理部门所属的非生产经营性的文化馆或群众艺术馆接受的社会公益性活动、项目和文化设施等方面的捐赠。

七、狠抓落实,加强管理

各级财税部门要认真落实支持文化事业发展的各项经济政策。宣传文化主管部门要充分发挥有关政策的宏观调控作用,拓宽文化事业资金投入渠道。宣传文化机构要按照中央关于文化体制改革的总体部署,深化文化体制改革,促进文化产业发展;要健全财务制度,加强基金和专项资金的管理;接受的捐赠资金要专门用于发展宣传文化事业,不得挤占、挪用甚至私分,也不得以捐赠为由搞乱摊派、乱集资等活动。对出现的各种违法违纪行为,要追究责任,严肃处理。

财政部　海关总署　税务总局关于海南离岛旅客免税购物政策的公告

手机阅读

2020 年 6 月 29 日　财政部　海关总署
税务总局公告 2020 年第 33 号

为贯彻落实《海南自由贸易港建设总体方案》,经国务院同意,现将海南离岛旅客免税购物政策(以下称离岛免税政策)公告如下:

一、离岛免税政策是指对乘飞机、火车、轮船离岛(不包括出境)旅客实行限值、限量、限品种免进口税购物,在实施离岛免税政策的免税商店(以下称离岛免税店)内或经批准的网上销售窗口付款,在机场、火车站、港口码头指定区域提货离岛的税收优惠政策。离岛免税政策免税税种为关税、进口环节增值税和消费税。

二、本公告所称旅客,是指年满 16 周岁,已购买离岛机票、火车票、船票,并持有效身份证件(国内旅客持居民身份证、港澳台旅客持旅行证件、国外旅客持护照),离开海南本岛但不离境的国内外旅客,包括海南省居民。

三、离岛旅客每年每人免税购物额度为 10 万元人民币,不限次数。免税商品种类及每次购买数量限制,按照本公告附件执行。超出免税限额、限量的部分,照章征收进境物品进口税。

旅客购物后乘飞机、火车、轮船离岛记为 1 次免税购物。

四、本公告所称离岛免税店,是指具有实施离岛免税政策资格并实行特许经营的免税商店,目前包括:海口美兰机场免税店、海口日月广场免税店、琼海博鳌免税店、三亚海棠湾免税店。

具有免税品经销资格的经营主体可按规定参与海南离岛免税经营。

五、离岛旅客在国家规定的额度和数量范围内,在离岛免税店内或经批准的网上销售窗口购买免税商品,免税店根据旅客离岛时间运送货物,旅客凭购物凭证在机场、火车站、港口码头指定区域提货,并一次性随身携带离岛。

六、已经购买的离岛免税商品属于消费者个人使用的最终商品,不得进入国内市场再次销售。

七、对违反本公告规定倒卖、代购、走私免税商品的个人,依法依规纳入信用记录,三年内不得购买离岛免税商品;对于构成走私行为或者违反海关监管规定行为的,由海关依照有关规定予以处理,构成犯罪的,依法追究刑事责任。

对协助违反离岛免税政策、扰乱市场秩序的旅行社、运输企业等,给予行业性综合整治。

离岛免税店违反相关规定销售免税品,由海关依照有关法律、行政法规给予处理、处罚。

八、离岛免税政策监管办法由海关总署另行公布。

离岛免税店销售的免税商品适用的增值税、消费税免税政策,相关管理办法由税务总局商财政部另行制定。

九、本公告自 2020 年 7 月 1 日起执行。财政部公告 2011 年第 14 号、2012 年第 73 号、2015 年第 8 号、2016 年第 15 号、2017 年第 7 号,及财政部、海关总署、税务总局 2018 年公告第 158 号、2018 年第 175 号同时废止。

特此公告。

附:离岛免税商品品种及每人每次购买数量范围(略)

财政部　税务总局　民政部关于公益性捐赠税前扣除有关事项的公告

2020 年 5 月 13 日　财政部　税务总局
民政部公告 2020 年第 27 号

为贯彻落实《中华人民共和国企业所得税法》及其实施条例、《中华人民共和国个人所得税法》及其实施条例,现就公益性捐赠税前扣除有关事项公告如下:

一、企业或个人通过公益性社会组织、县级以上人民政府及其部门等国家机关,用于符合法律规定的公益慈善事业捐赠支出,准予按税法规定在计算应纳税所得额时扣除。

二、本公告第一条所称公益慈善事业,应当符合《中华人民共和国公益事业捐赠法》第三条对公益事业范围的规定或者《中华人民共和国慈善法》第三条对慈善活动范围的规定。

三、本公告第一条所称公益性社会组织,包括依法设立或登记并按规定条件和程序取得公益性捐赠税前扣除资格的慈善组织、其他社会组织和群众团体。公益性群众团体的公益性捐赠税前扣除资格确认及管理按照现行规定执行。依法登记的慈善组织和其他社会组织的公益性捐赠税前扣除资格确认及管理按本公告执行。

四、在民政部门依法登记的慈善组织和其他社会组织(以下统称社会组织),取得公益性捐赠税前扣除资格应当同时符合以下规定:

（一）符合企业所得税法实施条例第五十二条第一项到第八项规定的条件。

（二）每年应当在3月31日前按要求向登记管理机关报送经审计的上年度专项信息报告。报告应当包括财务收支和资产负债总体情况、开展募捐和接受捐赠情况、公益慈善事业支出及管理费用情况（包括本条第三项、第四项规定的比例情况）等内容。

首次确认公益性捐赠税前扣除资格的，应当报送经审计的前两个年度的专项信息报告。

（三）具有公开募捐资格的社会组织，前两年度每年用于公益慈善事业的支出占上年总收入的比例均不得低于70%。计算该支出比例时，可以用前三年收入平均数代替上年总收入。

不具有公开募捐资格的社会组织，前两年度每年用于公益慈善事业的支出占上年末净资产的比例均不得低于8%。计算该比例时，可以用前三年年末资产平均数代替上年末净资产。

（四）具有公开募捐资格的社会组织，前两年度每年支出的管理费用占当年总支出的比例均不得高于10%。

不具有公开募捐资格的社会组织，前两年每年支出的管理费用占当年总支出的比例均不得高于12%。

（五）具有非营利组织免税资格，且免税资格在有效期内。

（六）前两年度未受到登记管理机关行政处罚（警告除外）。

（七）前两年度未被登记管理机关列入严重违法失信名单。

（八）社会组织评估等级为3A以上（含3A）且该评估结果在确认公益性捐赠税前扣除资格时仍在有效期内。

公益慈善事业支出、管理费用和总收入的标准和范围，按照《民政部　财政部　国家税务总局关于印发〈关于慈善组织开展慈善活动年度支出和管理费用的规定〉的通知》（民发〔2016〕189号）关于慈善活动支出、管理费用和上年总收入的有关规定执行。

按照《中华人民共和国慈善法》新设立或新认定的慈善组织，在其取得非营利组织免税资格的当年，只需要符合本条第一项、第六项、第七项条件即可。

五、公益性捐赠税前扣除资格的确认按以下规定执行：

（一）在民政部登记注册的社会组织，由民政部结合社会组织公益活动情况和日常监督管理、评估等情况，对社会组织的公益性捐赠税前扣除资格进行核实，提出初步意见。根据民政部初步意见，财政部、税务总局和民政部对照本公告相关规定，联合确定具有公益性捐赠税前扣除资格的社会组织名单，并发布公告。

（二）在省级和省级以下民政部门登记注册的社会组织，由省、自治区、直辖市和计划单列市财政、税务、民政部门参照本条第一项规定执行。

（三）公益性捐赠税前扣除资格的确认对象包括：

1. 公益性捐赠税前扣除资格将于当年末到期的公益性社会组织；
2. 已被取消公益性捐赠税前扣除资格但又重新符合条件的社会组织；
3. 登记设立后尚未取得公益性捐赠税前扣除资格的社会组织。

（四）每年年底前，省级以上财政、税务、民政部门按权限完成公益性捐赠税前扣除资格的确认和名单发布工作，并按本条第三项规定的不同审核对象，分别列示名单及其公益性捐赠税前扣除资格起始时间。

六、公益性捐赠税前扣除资格在全国范围内有效，有效期为三年。

本公告第五条第三项规定的第一种情形，其公益性捐赠税前扣除资格自发布名单公告的次年1月1日起算。本公告第五条第三项规定的第二种和第三种情形，其公益性捐赠税前扣除资格自发布公告的当年1月1日起算。

七、公益性社会组织存在以下情形之一的，应当取消其公益性捐赠税前扣除资格：

（一）未按本公告规定时间和要求向登记管理机关报送专项信息报告的；

（二）最近一个年度用于公益慈善事业的支出不符合本公告第四条第三项规定的；

（三）最近一个年度支出的管理费用不符合本公告第四条第四项规定的；

（四）非营利组织免税资格到期后超过六个月未重新获取免税资格的；

（五）受到登记管理机关行政处罚（警告除外）的；

（六）被登记管理机关列入严重违法失信名单的；

（七）社会组织评估等级低于3A或者无评估等级的。

八、公益性社会组织存在以下情形之一的，应当取消其公益性捐赠税前扣除资格，且取消资格的当年及之后三个年度内不得重新确认资格：

（一）违反规定接受捐赠的，包括附加对捐赠人构成利益回报的条件、以捐赠为名从事营利性活动、利用慈善捐赠宣传烟草制品或法律禁止宣传的产品和事项、接受不符合公益目的或违背社会公德的捐赠等情形；

（二）开展违反组织章程的活动，或者接受的捐赠款项用于组织章程规定用途之外的；

（三）在确定捐赠财产的用途和受益人时，指定特定受益人，且该受益人与捐赠人或公益性社会组织管理人员存在明显利益关系的。

九、公益性社会组织存在以下情形之一的，应当取消其公益性捐赠税前扣除资格且不得重新确认资格：

（一）从事非法政治活动的；

（二）从事、资助危害国家安全或者社会公共利益活动的。

十、对应当取消公益性捐赠税前扣除资格的公益性社会组织，由省级以上财政、税务、民政部门核实相关信息后，按权限及时向社会发布取消资格名单公告。自发布公告的次月起，相关公益性社会组织不再具有公益性捐赠税前扣除资格。

十一、公益性社会组织、县级以上人民政府及其部门等国家机关在接受捐赠时，应当按照行政管理级次分别使用由财政部或省、自治区、直辖市财政部门监（印）制的公益事业捐赠票据，并加盖本单位的印章。

企业或个人将符合条件的公益性捐赠支出进行税前扣除，应当留存相关票据备查。

十二、公益性社会组织登记成立时的注册资金捐赠人，在该公益性社会组织首次取得公益性捐赠税前扣除资格的当年进行所得税汇算清缴时，可按规定对其注册资金捐赠额进行税前扣除。

十三、除另有规定外,公益性社会组织、县级以上人民政府及其部门等国家机关在接受企业或个人捐赠时,按以下原则确认捐赠额:

(一)接受的货币性资产捐赠,以实际收到的金额确认捐赠额。

(二)接受的非货币性资产捐赠,以其公允价值确认捐赠额。捐赠方在向公益性社会组织、县级以上人民政府及其部门等国家机关捐赠时,应当提供注明捐赠非货币性资产公允价值的证明;不能提供证明的,接受捐赠方不得向其开具捐赠票据。

十四、为方便纳税主体查询,省级以上财政、税务、民政部门应当及时在官方网站上发布具备公益性捐赠税前扣除资格的公益性社会组织名单公告。

企业或个人可通过上述渠道查询社会组织公益性捐赠税前扣除资格及有效期。

十五、本公告自2020年1月1日起执行。《财政部 国家税务总局 民政部关于公益性捐赠税前扣除有关问题的通知》(财税〔2008〕160号)、《财政部 国家税务总局 民政部关于公益性捐赠税前扣除有关问题的补充通知》(财税〔2010〕45号)、《财政部 国家税务总局 民政部关于公益性捐赠税前扣除资格确认审批有关调整事项的通知》(财税〔2015〕141号)同时废止。

尚未完成2019年度及以前年度社会组织公益性捐赠税前扣除资格确认工作的,各级财政、税务、民政部门按照原政策规定执行。2020年度及以后年度的公益性捐赠税前扣除资格的确认及管理按本公告规定执行。

特此公告。

财政部 税务总局 海关总署关于第18届世界中学生运动会等三项国际综合运动会税收政策的公告

2020年4月9日 财政部 税务总局
海关总署公告2020年第19号

为支持筹办2020年晋江第18届世界中学生运动会、2020年三亚第6届亚洲沙滩运动会、2021年成都第31届世界大学生运动会等三项国际综合运动会(以下统称三项国际综合运动会),现就有关税收政策公告如下:

一、对三项国际综合运动会的执行委员会、组委会(以下统称组委会)取得的电视转播权销售分成收入、赞助计划分成收入(货物和资金),免征增值税。

二、对组委会市场开发计划取得的国内外赞助收入、转让无形资产(如标志)特许权收入、宣传推广费收入、销售门票收入及所发收费卡收入,免征增值税。

三、对组委会取得的与中国集邮总公司合作发行纪念邮票收入、与中国人民银行合作发行纪念币收入,免征增值税。

四、对组委会取得的来源于广播、因特网、电视等媒体收入,免征增值税。

五、对组委会按国际大学生体育联合会、国际中学生体育联合会、亚洲奥林匹克理事会核定价格收取的运动员食宿费及提供有关服务取得的收入,免征增值税。

六、对组委会赛后出让资产取得的收入,免征增值税和土地增值税。

七、对组委会使用的营业账簿和签订的各类合同等应税凭证,免征组委会应缴纳的印花税。

八、对财产所有人将财产(物品)捐赠给组委会所书立的产权转移书据,免征印花税。

九、对组委会为举办运动会进口的国际大学生体育联合会、国际中学生体育联合会、亚洲奥林匹克理事会或国际单项体育组织指定的,国内不能生产或性能不能满足需要的直接用于运动会比赛的消耗品,免征关税、进口环节增值税和消费税。享受免税政策的进口比赛用消耗品的范围、数量清单,由组委会汇总后报财政部会同税务总局、海关总署审核确定。

十、对组委会进口的其他特需物资,包括:国际大学生体育联合会、国际中学生体育联合会、亚洲奥林匹克理事会或国际单项体育组织指定的,国内不能生产或性能不能满足需要的体育竞赛器材、医疗检测设备、安全保障设备、交通通讯设备、技术设备,在运动会期间按暂时进口货物规定办理,运动会结束后复运出境的予以核销;留在境内或做变卖处理的,按有关规定办理正式进口手续,并照章缴纳关税、进口环节增值税和消费税。

十一、上述税收政策自 2020 年 1 月 1 日起执行。

特此公告。

财政部　税务总局　海关总署关于杭州 2022 年亚运会和亚残运会税收政策的公告

手机阅读

2020 年 4 月 9 日　财政部　税务总局
海关总署公告 2020 年第 18 号

为支持筹办杭州 2022 年亚运会和亚残运会及其测试赛(以下统称杭州亚运会),现就有关税收政策公告如下:

一、对杭州亚运会组委会(以下简称组委会)取得的电视转播权销售分成收入、赞助计划分成收入(货物和资金),免征增值税。

二、对组委会市场开发计划取得的国内外赞助收入、转让无形资产(如标志)特许权收入、宣传推广费收入、销售门票收入及所发收费卡收入,免征增值税。

三、对组委会取得的与中国集邮总公司合作发行纪念邮票收入、与中国人民银行合作发行纪念币收入,免征增值税。

四、对组委会取得的来源于广播、因特网、电视等媒体收入,免征增值税。

五、对组委会按亚洲奥林匹克理事会、亚洲残疾人奥林匹克委员会(以下统称亚奥委会)核定价格收取的运动员食宿费及提供有关服务取得的收入,免征增值税。

六、对组委会赛后出让资产取得的收入,免征增值税和土地增值税。

七、对组委会使用的营业账簿和签订的各类合同等应税凭证,免征组委会应缴纳的印花税。

八、对财产所有人将财产(物品)捐赠给组委会所书立的产权转移书据,免征印花税。

九、对企业、社会组织和团体赞助、捐赠杭州亚运会的资金、物资、服务支出,在计算企业应纳税所得额时予以全额扣除。

十、对企业根据赞助协议向组委会免费提供的与杭州亚运会有关的服务,免征增值税。免税清单由组委会报财政部、税务总局确定。

十一、对组委会为举办运动会进口的亚奥委会或国际单项体育组织指定的,国内不能生产或性能不能满足需要的直接用于运动会比赛的消耗品,免征关税、进口环节增值税和消费税。享受免税政策的进口比赛用消耗品的范围、数量清单,由组委会汇总后报财政部会同税务总局、海关总署审核确定。

十二、对组委会进口的其他特需物资,包括:亚奥委会或国际单项体育组织指定的,国内不能生产或性能不能满足需要的体育竞赛器材、医疗检测设备、安全保障设备、交通通讯设备、技术设备,在运动会期间按暂时进口货物规定办理,运动会结束后复运出境的予以核销;留在境内或做变卖处理的,按有关规定办理正式进口手续,并照章缴纳关税、进口环节增值税和消费税。

十三、上述税收政策自发布之日起执行。

特此公告。

财政部 税务总局 海关总署关于北京 2022 年冬奥会和冬残奥会税收优惠政策的公告

手机阅读

2019 年 11 月 11 日 财政部 税务总局
海关总署公告 2019 年第 92 号

为支持筹办北京 2022 年冬奥会和冬残奥会及其测试赛(以下简称北京冬奥会),现就有关税收优惠政策公告如下:

一、对国际奥委会相关实体中的非居民企业取得的与北京冬奥会有关的收入,免征企业所得税。

二、对奥林匹克转播服务公司、奥林匹克频道服务公司、国际奥委会电视与市场开发服务公司、奥林匹克文化与遗产基金、官方计时公司取得的与北京冬奥会有关的收入,免征增值税。

三、对国际赞助计划、全球供应计划、全球特许计划的赞助商、供应商、特许商及其分包商根据协议向北京 2022 年冬奥会和冬残奥会组织委员会(以下简称北京冬奥组委)提供指定货物或服务,免征增值税、消费税。

四、国际奥委会及其相关实体的境内机构因赞助、捐赠北京冬奥会以及根据协议出售的货物或服务免征增值税的,对应的进项税额可用于抵扣本企业其他应税项目所对应的销项税额,对在 2022 年 12 月 31 日仍无法抵扣的留抵税额可予以退还。

五、国际奥委会及其相关实体在 2019 年 6 月 1 日至 2022 年 12 月 31 日期间,因从事与北京冬奥会相关的工作而在中国境内发生的指定清单内的货物或服务采购支出,对应的增值税进项税额可由国际奥委会及其相关实体凭发票及北京冬奥组委开具的证明文件,按照发票上注明的税额,向税务总局指定的部门申请退还,具体退税流程由税务总局制定。

六、对国际奥委会相关实体与北京冬奥组委签订的各类合同,免征国际奥委会相关实体应缴纳的印花税。

七、国际奥委会及其相关实体或其境内机构按暂时进口货物方式进口的奥运物资,未在规定时间内复运出境的,须补缴进口关税和进口环节海关代征税(进口汽车以不低于新车 90% 的价格估价征税),但以下情形除外:1. 直接用于北京冬奥会,包括但不限于奥运会转播、报道和展览,且在赛事期间消耗完毕的消耗品,并能提供北京冬奥组委证明文件的;2. 货物发生损毁不能复运出境,且能提交北京冬奥组委证明文件的;3. 无偿捐赠给县级及以上人民政府或政府机构、冬奥会场馆法人实体、特定体育组织和公益组织等机构(受赠机构名单由北京冬奥组委负责确定),且能提交北京冬奥组委证明文件的。

八、对国际奥委会及其相关实体的外籍雇员、官员、教练员、训练员以及其他代表在 2019 年 6 月 1 日至 2022 年 12 月 31 日期间临时来华,从事与北京冬奥会相关的工作,取得由北京冬奥组委支付或认定的收入,免征增值税和个人所得税。该类人员的身份及收入由北京冬奥组委出具证明文件,北京冬奥组委定期将该类人员名单及免税收入相关信息报送税务部门。

九、国际残奥委会及其相关实体的税收政策,比照国际奥委会及其相关实体执行。

十、对享受税收优惠政策的国际奥委会相关实体实行清单管理,具体清单由北京冬奥组委提出,报财政部、税务总局、海关总署确定。

十一、上述税收优惠政策,凡未注明具体期限的,自公告发布之日起执行。

特此公告。

附件:国际奥委会及其相关实体采购货物或服务的指定清单(略)

财政部 税务总局 证监会关于创新企业境内发行存托凭证试点阶段有关税收政策的公告

2019年4月3日 财政部 税务总局
证监会公告2019年第52号

为支持实施创新驱动发展战略，现将创新企业境内发行存托凭证（以下称创新企业CDR）试点阶段涉及的有关税收政策公告如下：

一、个人所得税政策

1. 自试点开始之日起，对个人投资者转让创新企业CDR取得的差价所得，三年（36个月，下同）内暂免征收个人所得税。

2. 自试点开始之日起，对个人投资者持有创新企业CDR取得的股息红利所得，三年内实施股息红利差别化个人所得税政策，具体参照《财政部 国家税务总局 证监会关于实施上市公司股息红利差别化个人所得税政策有关问题的通知》（财税〔2012〕85号）、《财政部 国家税务总局 证监会关于上市公司股息红利差别化个人所得税政策有关问题的通知》（财税〔2015〕101号）的相关规定执行，由创新企业在其境内的存托机构代扣代缴税款，并向存托机构所在地税务机关办理全员全额明细申报。对于个人投资者取得的股息红利在境外已缴纳的税款，可按照个人所得税法以及双边税收协定（安排）的相关规定予以抵免。

二、企业所得税政策

1. 对企业投资者转让创新企业CDR取得的差价所得和持有创新企业CDR取得的股息红利所得，按转让股票差价所得和持有股票的股息红利所得政策规定征免企业所得税。

2. 对公募证券投资基金（封闭式证券投资基金、开放式证券投资基金）转让创新企业CDR取得的差价所得和持有创新企业CDR取得的股息红利所得，按公募证券投资基金税收政策规定暂不征收企业所得税。

3. 对合格境外机构投资者（QFII）、人民币合格境外机构投资者（RQFII）转让创新企业CDR取得的差价所得和持有创新企业CDR取得的股息红利所得，视同转让或持有据以发行创新企业CDR的基础股票取得的权益性资产转让所得和股息红利所得征免企业所得税。

三、增值税政策

1. 对个人投资者转让创新企业CDR取得的差价收入，暂免征收增值税。

2. 对单位投资者转让创新企业CDR取得的差价收入，按金融商品转让政策规定征免增值税。

3. 自试点开始之日起，对公募证券投资基金（封闭式证券投资基金、开放式证券投资基金）管理人运营基金过程中转让创新企业 CDR 取得的差价收入，三年内暂免征收增值税。

4. 对合格境外机构投资者（QFII）、人民币合格境外机构投资者（RQFII）委托境内公司转让创新企业 CDR 取得的差价收入，暂免征收增值税。

四、印花税政策

自试点开始之日起三年内，在上海证券交易所、深圳证券交易所转让创新企业 CDR，按照实际成交金额，由出让方按 1‰的税率缴纳证券交易印花税。

五、其他相关事项

1. 本公告所称创新企业 CDR，是指符合《国务院办公厅转发证监会关于开展创新企业境内发行股票或存托凭证试点若干意见的通知》（国办发〔2018〕21 号）规定的试点企业，以境外股票为基础证券，由存托人签发并在中国境内发行，代表境外基础证券权益的证券。

2. 本公告所称试点开始之日，是指首只创新企业 CDR 取得国务院证券监督管理机构的发行批文之日。

特此公告。

财政部　税务总局关于通过公益性群众团体的公益性捐赠税前扣除有关事项的公告

手机阅读

2021 年 6 月 2 日　财政部　税务总局公告 2021 年第 20 号

为贯彻落实《中华人民共和国企业所得税法》及其实施条例、《中华人民共和国个人所得税法》及其实施条例，现就通过公益性群众团体的公益性捐赠税前扣除有关事项公告如下：

一、企业或个人通过公益性群众团体用于符合法律规定的公益慈善事业捐赠支出，准予按税法规定在计算应纳税所得额时扣除。

二、本公告第一条所称公益慈善事业，应当符合《中华人民共和国公益事业捐赠法》第三条对公益事业范围的规定或者《中华人民共和国慈善法》第三条对慈善活动范围的规定。

三、本公告第一条所称公益性群众团体，包括依照《社会团体登记管理条例》规定不需进行社团登记的人民团体以及经国务院批准免予登记的社会团体（以下统称群众团体），且按规定条件和程序已经取得公益性捐赠税前扣除资格。

四、群众团体取得公益性捐赠税前扣除资格应当同时符合以下条件：

（一）符合企业所得税法实施条例第五十二条第一项至第八项规定的条件；

（二）县级以上各级机构编制部门直接管理其机构编制；

（三）对接受捐赠的收入以及用捐赠收入进行的支出单独进行核算，且申报前连续3年接受捐赠的总收入中用于公益慈善事业的支出比例不低于70%。

五、公益性捐赠税前扣除资格的确认按以下规定执行：

（一）由中央机构编制部门直接管理其机构编制的群众团体，向财政部、税务总局报送材料；

（二）由县级以上地方各级机构编制部门直接管理其机构编制的群众团体，向省、自治区、直辖市和计划单列市财政、税务部门报送材料；

（三）对符合条件的公益性群众团体，按照上述管理权限，由财政部、税务总局和省、自治区、直辖市、计划单列市财政、税务部门分别联合公布名单。企业和个人在名单所属年度内向名单内的群众团体进行的公益性捐赠支出，可以按规定进行税前扣除；

（四）公益性捐赠税前扣除资格的确认对象包括：

1. 公益性捐赠税前扣除资格将于当年末到期的公益性群众团体；
2. 已被取消公益性捐赠税前扣除资格但又重新符合条件的群众团体；
3. 尚未取得或资格终止后未取得公益性捐赠税前扣除资格的群众团体。

（五）每年年底前，省级以上财政、税务部门按权限完成公益性捐赠税前扣除资格的确认和名单发布工作，并按本条第（四）项规定的不同审核对象，分别列示名单及其公益性捐赠税前扣除资格起始时间。

六、本公告第五条规定需报送的材料，应在申报年度6月30日前报送，包括：

（一）申报报告；

（二）县级以上各级党委、政府或机构编制部门印发的"三定"规定；

（三）组织章程；

（四）申报前3个年度的受赠资金来源、使用情况，财务报告，公益活动的明细，注册会计师的审计报告或注册会计师、（注册）税务师、律师的纳税审核报告（或鉴证报告）。

七、公益性捐赠税前扣除资格在全国范围内有效，有效期为三年。

本公告第五条第（四）项规定的第一种情形，其公益性捐赠税前扣除资格自发布名单公告的次年1月1日起算。本公告第五条第（四）项规定的第二种和第三种情形，其公益性捐赠税前扣除资格自发公告的当年1月1日起算。

八、公益性群众团体前3年接受捐赠的总收入中用于公益慈善事业的支出比例低于70%的，应当取消其公益性捐赠税前扣除资格。

九、公益性群众团体存在以下情形之一的，应当取消其公益性捐赠税前扣除资格，且被取消资格的当年及之后三个年度内不得重新确认资格：

（一）违反规定接受捐赠的，包括附加对捐赠人构成利益回报的条件、以捐赠为名从事营利性活动、利用慈善捐赠宣传烟草制品或法律禁止宣传的产品和事项、接受不符合公益目的或违背社会公德的捐赠等情形；

（二）开展违反组织章程的活动，或者接受的捐赠款项用于组织章程规定用途之外的；

（三）在确定捐赠财产的用途和受益人时，指定特定受益人，且该受益人与捐赠人或公益性群众团体管理人员存在明显利益关系的；

（四）受到行政处罚（警告或单次 1 万元以下罚款除外）的。

对存在本条第（一）、（二）、（三）项情形的公益性群众团体，应对其接受捐赠收入和其他各项收入依法补征企业所得税。

十、公益性群众团体存在以下情形之一的，应当取消其公益性捐赠税前扣除资格且不得重新确认资格：

（一）从事非法政治活动的；

（二）从事、资助危害国家安全或者社会公共利益活动的。

十一、获得公益性捐赠税前扣除资格的公益性群众团体，应自不符合本通知第四条规定条件之一或存在本通知第八、九、十条规定情形之一之日起 15 日内向主管税务机关报告。对应当取消公益性捐赠税前扣除资格的公益性群众团体，由省级以上财政、税务部门核实相关信息后，按权限及时向社会发布取消资格名单公告。自发布公告的次月起，相关公益性群众团体不再具有公益性捐赠税前扣除资格。

十二、公益性群众团体在接受捐赠时，应按照行政管理级次分别使用由财政部或省、自治区、直辖市财政部门监（印）制的公益事业捐赠票据，并加盖本单位的印章；对个人索取捐赠票据的，应予以开具。

企业或个人将符合条件的公益性捐赠支出进行税前扣除，应当留存相关票据备查。

十三、除另有规定外，公益性群众团体在接受企业或个人捐赠时，按以下原则确认捐赠额：

（一）接受的货币性资产捐赠，以实际收到的金额确认捐赠额；

（二）接受的非货币性资产捐赠，以其公允价值确认捐赠额。捐赠方在向公益性群众团体捐赠时，应当提供注明捐赠非货币性资产公允价值的证明；不能提供证明的，接受捐赠方不得向其开具捐赠票据。

十四、为方便纳税主体查询，省级以上财政、税务部门应当及时在官方网站上发布具备公益性捐赠税前扣除资格的公益性群众团体名单公告。

企业或个人可通过上述渠道查询群众团体公益性捐赠税前扣除资格及有效期。

十五、本公告自 2021 年 1 月 1 日起执行。《财政部　国家税务总局关于通过公益性群众团体的公益性捐赠税前扣除有关问题的通知》（财税〔2009〕124 号）同时废止。

为做好政策衔接工作，尚未完成 2020 年度及以前年度群众团体的公益性捐赠税前扣除资格确认工作的，各级财政、税务部门按原政策规定执行；群众团体公益性捐赠税前扣除资格 2020 年末到期的，其 2021 年度—2023 年度公益性捐赠税前扣除资格自 2021 年 1 月 1 日起算。

特此公告。

财政部 税务总局关于实施小微企业和个体工商户所得税优惠政策的公告

手机阅读

2021年4月2日 财政部 税务总局公告2021年第12号

为进一步支持小微企业和个体工商户发展,现就实施小微企业和个体工商户所得税优惠政策有关事项公告如下:

一、对小型微利企业年应纳税所得额不超过100万元的部分,在《财政部 税务总局关于实施小微企业普惠性税收减免政策的通知》(财税〔2019〕13号)第二条规定的优惠政策基础上,再减半征收企业所得税。

二、对个体工商户年应纳税所得额不超过100万元的部分,在现行优惠政策基础上,减半征收个人所得税。

三、本公告执行期限为2021年1月1日至2022年12月31日。

特此公告。

财政部 税务总局关于电影等行业税费支持政策的公告①

手机阅读

2020年5月13日 财政部 税务总局公告2020年第25号

为支持电影等行业发展,现将有关税费政策公告如下:

一、自2020年1月1日至2020年12月31日,对纳税人提供电影放映服务取得的收入免征增值税。

本公告所称电影放映服务,是指持有《电影放映经营许可证》的单位利用专业的电影院放映设备,为观众提供的电影视听服务。

二、对电影行业企业2020年度发生的亏损,最长结转年限由5年延长至8年。

电影行业企业限于电影制作、发行和放映等企业,不包括通过互联网、电信网、广播电视网等信息网络传播电影的企业。

三、自2020年1月1日至2020年12月31日,免征文化事业建设费。

---

① 根据《财政部 税务总局关于延续实施应对疫情部分税费优惠政策的公告》(财政部 税务总局公告2021年第7号),本法规定的税收优惠政策,凡已经到期的,执行期限延长至2021年12月31日。

四、本公告发布之日前,已征的按照本公告规定应予免征的税费,可抵减纳税人和缴费人以后月份应缴纳的税费或予以退还。

财政部 税务总局关于延续实施普惠金融有关税收优惠政策的公告

手机阅读

2020年4月20日 财政部 税务总局公告2020年第22号

为进一步支持小微企业、个体工商户和农户的普惠金融服务,现将有关税收政策公告如下:

《财政部 税务总局关于延续支持农村金融发展有关税收政策的通知》(财税〔2017〕44号)、《财政部 税务总局关于小额贷款公司有关税收政策的通知》(财税〔2017〕48号)、《财政部 税务总局关于支持小微企业融资有关税收政策的通知》(财税〔2017〕77号)、《财政部 税务总局关于租入固定资产进项税额抵扣等增值税政策的通知》(财税〔2017〕90号)中规定于2019年12月31日执行到期的税收优惠政策,实施期限延长至2023年12月31日。

本公告发布之日前,已征的按照本公告规定应予免征的增值税,可抵减纳税人以后月份应缴纳的增值税或予以退还。

财政部 税务总局关于支持新型冠状病毒感染的肺炎疫情防控有关捐赠税收政策的公告①

手机阅读

2020年2月6日 财政部 税务总局公告2020年第9号

为支持新型冠状病毒感染的肺炎疫情防控工作,现就有关捐赠税收政策公告如下:

一、企业和个人通过公益性社会组织或者县级以上人民政府及其部门等国家机关,捐赠用于应对新型冠状病毒感染的肺炎疫情的现金和物品,允许在计算应纳税所得额时全额扣除。

二、企业和个人直接向承担疫情防治任务的医院捐赠用于应对新型冠状病毒感染的肺炎疫情的物品,允许在计算应纳税所得额时全额扣除。

---

① 根据《财政部 税务总局关于延续实施应对疫情部分税费优惠政策的公告》(财政部 税务总局公告2021年第7号),本法规定的税收优惠政策凡已经到期的,执行期限延长至2021年3月31日。

捐赠人凭承担疫情防治任务的医院开具的捐赠接收函办理税前扣除事宜。

三、单位和个体工商户将自产、委托加工或购买的货物，通过公益性社会组织和县级以上人民政府及其部门等国家机关，或者直接向承担疫情防治任务的医院，无偿捐赠用于应对新型冠状病毒感染的肺炎疫情的，免征增值税、消费税、城市维护建设税、教育费附加、地方教育附加。

四、国家机关、公益性社会组织和承担疫情防治任务的医院接受的捐赠，应专项用于应对新型冠状病毒感染的肺炎疫情工作，不得挪作他用。

五、本公告自 2020 年 1 月 1 日起施行，截止日期视疫情情况另行公告。

财政部　税务总局关于支持新型冠状病毒感染的肺炎疫情防控有关税收政策的公告①

2020 年 2 月 6 日　财政部　税务总局公告 2020 年第 8 号

为进一步做好新型冠状病毒感染的肺炎疫情防控工作，支持相关企业发展，现就有关税收政策公告如下：

一、对疫情防控重点保障物资生产企业为扩大产能新购置的相关设备，允许一次性计入当期成本费用在企业所得税税前扣除。

二、疫情防控重点保障物资生产企业可以按月向主管税务机关申请全额退还增值税增量留抵税额。

本公告所称增量留抵税额，是指与 2019 年 12 月底相比新增加的期末留抵税额。

本公告第一条、第二条所称疫情防控重点保障物资生产企业名单，由省级及以上发展改革部门、工业和信息化部门确定。

三、对纳税人运输疫情防控重点保障物资取得的收入，免征增值税。

疫情防控重点保障物资的具体范围，由国家发展改革委、工业和信息化部确定。

四、受疫情影响较大的困难行业企业 2020 年度发生的亏损，最长结转年限由 5 年延长至 8 年。

困难行业企业，包括交通运输、餐饮、住宿、旅游（指旅行社及相关服务、游览景区管理两类）四大类，具体判断标准按照现行《国民经济行业分类》执行。困难行业企业 2020 年度主营业务收入须占收入总额（剔除不征税收入和投资收益）的 50% 以上。

---

①　根据《财政部　税务总局关于延续实施应对疫情部分税费优惠政策的公告》（财政部　税务总局公告 2021 年第 7 号），本法规定的税收优惠政策凡已经到期的，执行期限延长至 2021 年 3 月 31 日。

五、对纳税人提供公共交通运输服务、生活服务，以及为居民提供必需生活物资快递收派服务取得的收入，免征增值税。

公共交通运输服务的具体范围，按照《营业税改征增值税试点有关事项的规定》（财税〔2016〕36号印发）执行。

生活服务、快递收派服务的具体范围，按照《销售服务、无形资产、不动产注释》（财税〔2016〕36号印发）执行。

六、本公告自2020年1月1日起实施，截止日期视疫情情况另行公告。

财政部　税务总局关于民用航空发动机、新支线飞机和大型客机税收政策的公告[①]

2019年10月8日　财政部　税务总局公告2019年第88号

现将民用航空发动机（包括大型民用客机发动机和中大功率民用涡轴涡桨发动机）、新支线飞机和大型客机有关增值税、房产税和城镇土地使用税政策公告如下：

一、自2018年1月1日起至2023年12月31日止，对纳税人从事大型民用客机发动机、中大功率民用涡轴涡桨发动机研制项目而形成的增值税期末留抵税额予以退还；对上述纳税人及其全资子公司从事大型民用客机发动机、中大功率民用涡轴涡桨发动机研制项目自用的科研、生产、办公房产及土地，免征房产税、城镇土地使用税。

二、自2019年1月1日起至2020年12月31日止，对纳税人生产销售新支线飞机暂减按5%征收增值税，并对其因生产销售新支线飞机而形成的增值税期末留抵税额予以退还。

三、自2019年1月1日起至2020年12月31日止，对纳税人从事大型客机研制项目而形成的增值税期末留抵税额予以退还；对上述纳税人及其全资子公司自用的科研、生产、办公房产及土地，免征房产税、城镇土地使用税。

四、本公告所称大型民用客机发动机、中大功率民用涡轴涡桨发动机、新支线飞机和大型客机，指上述发动机、民用客机的整机，具体标准如下：

（一）大型民用客机发动机，是指：1.单通道干线客机发动机，起飞推力12000~16000kgf；2.双通道干线客机发动机，起飞推力28000~35000kgf。

（二）中大功率民用涡轴涡桨发动机，是指：1.中等功率民用涡轴发动机，起飞功率1000~3000kW；2.大功率民用涡桨发动机，起飞功率3000kW以上。

---

① 根据《财政部　税务总局关于延长部分税收优惠政策执行期限的公告》（财政部　税务总局公告2021年第6号），本法规定的税收优惠政策凡已经到期的，执行期限延长至2023年12月31日。

（三）新支线飞机，是指空载重量大于 25 吨且小于 45 吨、座位数量少于 130 个的民用客机。

（四）大型客机，是指空载重量大于 45 吨的民用客机。

五、纳税人符合本公告规定的增值税期末留抵税额，可在初次申请退税时予以一次性退还。纳税人收到退税款项的当月，应将退税额从增值税进项税额中转出。未按规定转出的，按《中华人民共和国税收征收管理法》有关规定承担相应法律责任。

退还的增值税税额由中央和地方按照现行增值税分享比例共同负担。

六、纳税人享受本公告规定的免征房产税、城镇土地使用税政策，应按规定进行免税申报，并将不动产权属、房产原值、土地用途等资料留存备查。

七、纳税人已缴纳的根据本公告规定应予减免的税款，从其应纳的相应税款中抵扣或者予以退税。

特此公告。

财政部　税务总局关于部分国家储备商品有关税收政策的公告

2019 年 6 月 28 日　财政部　税务总局公告 2019 年第 77 号

为支持国家商品储备业务发展，现将部分商品储备政策性业务（以下简称商品储备业务）税收政策公告如下：

一、对商品储备管理公司及其直属库资金账簿免征印花税；对其承担商品储备业务过程中书立的购销合同免征印花税，对合同其他各方当事人应缴纳的印花税照章征收。

二、对商品储备管理公司及其直属库自用的承担商品储备业务的房产、土地，免征房产税、城镇土地使用税。

三、本公告所称商品储备管理公司及其直属库，是指接受县级以上政府有关部门委托，承担粮（含大豆）、食用油、棉、糖、肉 5 种商品储备任务，取得财政储备经费或者补贴的商品储备企业。

四、承担中央政府有关部门委托商品储备业务的储备管理公司及其直属库，包括中国储备粮管理集团有限公司及其分公司、直属库，以及华商储备商品管理中心有限公司及其管理的国家储备糖库、国家储备肉库。

承担地方政府有关部门委托商品储备业务的储备管理公司及其直属库，由省、自治区、直辖市财政、税务部门会同有关部门明确或者制定具体管理办法，并报省、自治区、直辖市人民政府批准。

五、企业享受本公告规定的免税政策，应按规定进行免税申报，并将不动产权属证明、房产原值、承担商品储备业务情况、储备库建设规划等资料留存备查。

六、本公告执行时间为2019年1月1日至2021年12月31日。2019年1月1日以后已缴上述应予免税的款项,从企业应纳的相应税款中抵扣或者予以退税。

特此公告。

财政部 税务总局关于继续实行农村饮水安全工程税收优惠政策的公告①

手机阅读

2019年4月15日 财政部 税务总局公告2019年第67号

为确保如期打赢农村饮水安全脱贫攻坚战,支持农村饮水安全工程(以下称饮水工程)巩固提升,现将饮水工程建设、运营的有关税收优惠政策公告如下:

一、对饮水工程运营管理单位为建设饮水工程而承受土地使用权,免征契税。

二、对饮水工程运营管理单位为建设饮水工程取得土地使用权而签订的产权转移书据,以及与施工单位签订的建设工程承包合同,免征印花税。

三、对饮水工程运营管理单位自用的生产、办公用房产、土地,免征房产税、城镇土地使用税。

四、对饮水工程运营管理单位向农村居民提供生活用水取得的自来水销售收入,免征增值税。

五、对饮水工程运营管理单位从事《公共基础设施项目企业所得税优惠目录》规定的饮水工程新建项目投资经营的所得,自项目取得第一笔生产经营收入所属纳税年度起,第一年至第三年免征企业所得税,第四年至第六年减半征收企业所得税。

六、本公告所称饮水工程,是指为农村居民提供生活用水而建设的供水工程设施。本公告所称饮水工程运营管理单位,是指负责饮水工程运营管理的自来水公司、供水公司、供水(总)站(厂、中心)、村集体、农民用水合作组织等单位。

对于既向城镇居民供水,又向农村居民供水的饮水工程运营管理单位,依据向农村居民供水收入占总供水收入的比例免征增值税;依据向农村居民供水量占总供水量的比例免征契税、印花税、房产税和城镇土地使用税。无法提供具体比例或所提供数据不实的,不得享受上述税收优惠政策。

七、符合上述条件的饮水工程运营管理单位自行申报享受减免税优惠,相

---

① 根据《财政部 税务总局关于延长部分税收优惠政策执行期限的公告》(财政部 税务总局公告2021年第6号),本法规定的税收优惠政策凡已经到期的,执行期限延长至2023年12月31日。

关材料留存备查。

八、上述政策（第五条除外）自 2019 年 1 月 1 日至 2020 年 12 月 31 日执行。

特此公告。

财政部　税务总局关于公共租赁住房税收优惠政策的公告①

2019 年 4 月 15 日　财政部　税务总局公告 2019 年第 61 号

为继续支持公共租赁住房（以下称公租房）建设和运营，现将有关税收优惠政策公告如下：

一、对公租房建设期间用地及公租房建成后占地，免征城镇土地使用税。在其他住房项目中配套建设公租房，按公租房建筑面积占总建筑面积的比例免征建设、管理公租房涉及的城镇土地使用税。

二、对公租房经营管理单位免征建设、管理公租房涉及的印花税。在其他住房项目中配套建设公租房，按公租房建筑面积占总建筑面积的比例免征建设、管理公租房涉及的印花税。

三、对公租房经营管理单位购买住房作为公租房，免征契税、印花税；对公租房租赁双方免征签订租赁协议涉及的印花税。

四、对企事业单位、社会团体以及其他组织转让旧房作为公租房房源，且增值额未超过扣除项目金额 20% 的，免征土地增值税。

五、企事业单位、社会团体以及其他组织捐赠住房作为公租房，符合税收法律法规规定的，对其公益性捐赠支出在年度利润总额 12% 以内的部分，准予在计算应纳税所得额时扣除，超过年度利润总额 12% 的部分，准予结转以后三年内在计算应纳税所得额时扣除。

个人捐赠住房作为公租房，符合税收法律法规规定的，对其公益性捐赠支出未超过其申报的应纳税所得额 30% 的部分，准予从其应纳税所得额中扣除。

六、对符合地方政府规定条件的城镇住房保障家庭从地方政府领取的住房租赁补贴，免征个人所得税。

七、对公租房免征房产税。对经营公租房所取得的租金收入，免征增值税。公租房经营管理单位应单独核算公租房租金收入，未单独核算的，不得享受免征增值税、房产税优惠政策。

八、享受上述税收优惠政策的公租房是指纳入省、自治区、直辖市、计划

---

① 根据《财政部　税务总局关于延长部分税收优惠政策执行期限的公告》（财政部　税务总局公告 2021 年第 6 号），本法规定的税收优惠政策凡已经到期的，执行期限延长至 2023 年 12 月 31 日。

单列市人民政府及新疆生产建设兵团批准的公租房发展规划和年度计划,或者市、县人民政府批准建设(筹集),并按照《关于加快发展公共租赁住房的指导意见》(建保〔2010〕87号)和市、县人民政府制定的具体管理办法进行管理的公租房。

九、纳税人享受本公告规定的优惠政策,应按规定进行免税申报,并将不动产权属证明、载有房产原值的相关材料、纳入公租房及用地管理的相关材料、配套建设管理公租房相关材料、购买住房作为公租房相关材料、公租房租赁协议等留存备查。

十、本公告执行期限为2019年1月1日至2020年12月31日。

财政部　税务总局关于铁路债券利息收入所得税政策的公告

2019年4月16日　财政部　税务总局公告2019年第57号

为支持国家铁路建设,现就投资者取得中国铁路总公司发行的铁路债券利息收入有关所得税政策公告如下:

一、对企业投资者持有2019—2023年发行的铁路债券取得的利息收入,减半征收企业所得税。

二、对个人投资者持有2019—2023年发行的铁路债券取得的利息收入,减按50%计入应纳税所得额计算征收个人所得税。税款由兑付机构在向个人投资者兑付利息时代扣代缴。

三、铁路债券是指以中国铁路总公司为发行和偿还主体的债券,包括中国铁路建设债券、中期票据、短期融资券等债务融资工具。

特此公告。

财政部　税务总局　发展改革委　民政部　商务部　卫生健康委关于养老、托育、家政等社区家庭服务业税费优惠政策的公告

2019年6月28日　财政部公告2019年第76号

为支持养老、托育、家政等社区家庭服务业发展,现就有关税费政策公告如下:

一、为社区提供养老、托育、家政等服务的机构，按照以下规定享受税费优惠政策：

（一）提供社区养老、托育、家政服务取得的收入，免征增值税。

（二）提供社区养老、托育、家政服务取得的收入，在计算应纳税所得额时，减按90%计入收入总额。

（三）承受房屋、土地用于提供社区养老、托育、家政服务的，免征契税。

（四）用于提供社区养老、托育、家政服务的房产、土地，免征不动产登记费、耕地开垦费、土地复垦费、土地闲置费；用于提供社区养老、托育、家政服务的建设项目，免征城市基础设施配套费；确因地质条件等原因无法修建防空地下室的，免征防空地下室易地建设费。

二、为社区提供养老、托育、家政等服务的机构自有或其通过承租、无偿使用等方式取得并用于提供社区养老、托育、家政服务的房产、土地，免征房产税、城镇土地使用税。

三、本公告所称社区是指聚居在一定地域范围内的人们所组成的社会生活共同体，包括城市社区和农村社区。

为社区提供养老服务的机构，是指在社区依托固定场所设施，采取全托、日托、上门等方式，为社区居民提供养老服务的企业、事业单位和社会组织。社区养老服务是指为老年人提供的生活照料、康复护理、助餐助行、紧急救援、精神慰藉等服务。

为社区提供托育服务的机构，是指在社区依托固定场所设施，采取全日托、半日托、计时托、临时托等方式，为社区居民提供托育服务的企业、事业单位和社会组织。社区托育服务是指为3周岁（含）以下婴幼儿提供的照料、看护、膳食、保育等服务。

为社区提供家政服务的机构，是指以家庭为服务对象，为社区居民提供家政服务的企业、事业单位和社会组织。社区家政服务是指进入家庭成员住所或医疗机构为孕产妇、婴幼儿、老人、病人、残疾人提供的照护服务，以及进入家庭成员住所提供的保洁、烹饪等服务。

四、符合下列条件的家政服务企业提供家政服务取得的收入，比照《营业税改征增值税试点过渡政策的规定》（财税〔2016〕36号附件）第一条第（三十一）项规定，免征增值税。

（一）与家政服务员、接受家政服务的客户就提供家政服务行为签订三方协议；

（二）向家政服务员发放劳动报酬，并对家政服务员进行培训管理；

（三）通过建立业务管理系统对家政服务员进行登记管理。

五、财政、税费征收机关可根据工作需要与民政、卫生健康、商务等部门建立信息共享和工作配合机制，民政、卫生健康、商务等部门应积极协同配合，保障优惠政策落实到位。

六、本公告自2019年6月1日起执行至2025年12月31日。

国家税务总局关于落实支持小型微利企业和个体工商户发展所得税优惠政策有关事项的公告

手机阅读

2021年4月7日　国家税务总局公告2021年第8号

为贯彻落实《财政部　税务总局关于实施小微企业和个体工商户所得税优惠政策的公告》(2021年第12号)，进一步支持小型微利企业和个体工商户发展，现就有关事项公告如下：

一、关于小型微利企业所得税减半政策有关事项

(一)对小型微利企业年应纳税所得额不超过100万元的部分，减按12.5%计入应纳税所得额，按20%的税率缴纳企业所得税。

(二)小型微利企业享受上述政策时涉及的具体征管问题，按照《国家税务总局关于实施小型微利企业普惠性所得税减免政策有关问题的公告》(2019年第2号)相关规定执行。

二、关于个体工商户个人所得税减半政策有关事项

(一)对个体工商户经营所得年应纳税所得额不超过100万元的部分，在现行优惠政策基础上，再减半征收个人所得税。个体工商户不区分征收方式，均可享受。

(二)个体工商户在预缴税款时即可享受，其年应纳税所得额暂按截至本期申报所属期末的情况进行判断，并在年度汇算清缴时按年计算、多退少补。若个体工商户从两处以上取得经营所得，需在办理年度汇总纳税申报时，合并个体工商户经营所得年应纳税所得额，重新计算减免税额，多退少补。

(三)个体工商户按照以下方法计算减免税额：

减免税额＝(个体工商户经营所得应纳税所得额不超过100万元部分的应纳税额－其他政策减免税额×个体工商户经营所得应纳税所得额不超过100万元部分÷经营所得应纳税所得额)×(1－50%)

(四)个体工商户需将按上述方法计算得出的减免税额填入对应经营所得纳税申报表"减免税额"栏次，并附报《个人所得税减免税事项报告表》。对于通过电子税务局申报的个体工商户，税务机关将提供该优惠政策减免税额和报告表的预填服务。实行简易申报的定期定额个体工商户，税务机关按照减免后的税额进行税款划缴。

三、关于取消代开货物运输业发票预征个人所得税有关事项

对个体工商户、个人独资企业、合伙企业和个人，代开货物运输业增值税发票时，不再预征个人所得税。个体工商户业主、个人独资企业投资者、合伙企业个人合伙人和其他从事货物运输经营活动的个人，应依法自行申报缴纳经

营所得个人所得税。

四、关于执行时间和其他事项

本公告第一条和第二条自 2021 年 1 月 1 日起施行，2022 年 12 月 31 日终止执行。2021 年 1 月 1 日至本公告发布前，个体工商户已经缴纳经营所得个人所得税的，可自动抵减以后月份的税款，当年抵减不完的可在汇算清缴时办理退税；也可直接申请退还应减免的税款。本公告第三条自 2021 年 4 月 1 日起施行。

《国家税务总局关于实施小型微利企业普惠性所得税减免政策有关问题的公告》（2019 年第 2 号）第一条与本公告不一致的，依照本公告执行。《国家税务总局关于代开货物运输业发票个人所得税预征率问题的公告》（2011 年第 44 号）同时废止。

特此公告。

国家税务总局关于支持个体工商户复工复业等税收征收管理事项的公告

2020 年 2 月 29 日　国家税务总局公告 2020 年第 5 号

为统筹推进新冠肺炎疫情防控和经济社会发展工作，支持个体工商户复工复业，贯彻落实相关税收政策，现就有关税收征收管理事项公告如下：

一、增值税小规模纳税人取得应税销售收入，纳税义务发生时间在 2020 年 2 月底以前，适用 3% 征收率征收增值税的，按照 3% 征收率开具增值税发票；纳税义务发生时间在 2020 年 3 月 1 日至 5 月 31 日，适用减按 1% 征收率征收增值税的，按照 1% 征收率开具增值税发票。

二、增值税小规模纳税人按照《财政部　税务总局关于支持个体工商户复工复业增值税政策的公告》（2020 年第 13 号，以下简称"13 号公告"）有关规定，减按 1% 征收率征收增值税的，按下列公式计算销售额：

销售额 = 含税销售额/（1 + 1%）

三、增值税小规模纳税人在办理增值税纳税申报时，按照 13 号公告有关规定，免征增值税的销售额等项目应当填写在《增值税纳税申报表（小规模纳税人适用）》及《增值税减免税申报明细表》免税项目相应栏次；减按 1% 征收率征收增值税的销售额应当填写在《增值税纳税申报表（小规模纳税人适用）》"应征增值税不含税销售额（3% 征收率）"相应栏次，对应减征的增值税应纳税额按销售额的 2% 计算填写在《增值税纳税申报表（小规模纳税人适用）》"本期应纳税额减征额"及《增值税减免税申报明细表》减税项目相应栏次。

《增值税纳税申报表（小规模纳税人适用）附列资料》第 8 栏"不含税销售额"计算公式调整为：第 8 栏 = 第 7 栏 ÷（1 + 征收率）。

四、增值税小规模纳税人取得应税销售收入,纳税义务发生时间在2020年2月底以前,已按3%征收率开具增值税发票,发生销售折让、中止或者退回等情形需要开具红字发票的,按照3%征收率开具红字发票;开票有误需要重新开具的,应按照3%征收率开具红字发票,再重新开具正确的蓝字发票。

五、自2020年3月1日至5月31日,对湖北省境内的个体工商户、个人独资企业和合伙企业,代开货物运输服务增值税发票时,暂不预征个人所得税;对其他地区的上述纳税人统一按代开发票金额的0.5%预征个人所得税。

六、已放弃适用出口退(免)税政策未满36个月的纳税人,在出口货物劳务的增值税税率或出口退税率发生变化后,可以向主管税务机关声明,对其自发生变化之日起的全部出口货物劳务,恢复适用出口退(免)税政策。

出口货物劳务的增值税税率或出口退税率在本公告施行之日前发生变化的,已放弃适用出口退(免)税政策的纳税人,无论是否已恢复退(免)税,均可以向主管税务机关声明,对其自2019年4月1日起的全部出口货物劳务,恢复适用出口退(免)税政策。

符合上述规定的纳税人,可在增值税税率或出口退税率发生变化之日起[自2019年4月1日起恢复适用出口退(免)税政策的,自本公告施行之日起]的任意增值税纳税申报期内,按照现行规定申报出口退(免)税,同时一并提交《恢复适用出口退(免)税政策声明》(详见附件)。

七、本公告自2020年3月1日起施行。

特此公告。

附件:恢复适用出口退(免)税政策声明(略)

国家税务总局关于支持新型冠状病毒感染的肺炎疫情防控有关税收征收管理事项的公告

手机阅读

2020年2月10日　国家税务总局公告2020年第4号

为支持新型冠状病毒感染的肺炎疫情防控工作,贯彻落实相关税收政策,现就税收征收管理有关事项公告如下:

一、疫情防控重点保障物资生产企业按照《财政部　税务总局关于支持新型冠状病毒感染的肺炎疫情防控有关税收政策的公告》(2020年第8号,以下简称"8号公告")第二条规定,适用增值税增量留抵退税政策的,应当在增值税纳税申报期内,完成本期增值税纳税申报后,向主管税务机关申请退还增量留抵税额。

二、纳税人按照8号公告和《财政部　税务总局关于支持新型冠状病毒感染的肺炎疫情防控有关捐赠税收政策的公告》(2020年第9号,以下简称"9号公告")有关规定享受免征增值税、消费税优惠的,可自主进行免税申报,无需办理有关免税备案手续，但应将相关证明材料留存备查。

适用免税政策的纳税人在办理增值税纳税申报时，应当填写增值税纳税申报表及《增值税减免税申报明细表》相应栏次；在办理消费税纳税申报时，应当填写消费税纳税申报表及《本期减（免）税额明细表》相应栏次。

三、纳税人按照 8 号公告和 9 号公告有关规定适用免征增值税政策的，不得开具增值税专用发票；已开具增值税专用发票的，应当开具对应红字发票或者作废原发票，再按规定适用免征增值税政策并开具普通发票。

纳税人在疫情防控期间已经开具增值税专用发票，按照本公告规定应当开具对应红字发票而未及时开具的，可以先适用免征增值税政策，对应红字发票应当于相关免征增值税政策执行到期后 1 个月内完成开具。

四、在本公告发布前，纳税人已将适用免税政策的销售额、销售数量，按照征税销售额、销售数量进行增值税、消费税纳税申报的，可以选择更正当期申报或者在下期申报时调整。已征应予免征的增值税、消费税税款，可以予以退还或者分别抵减纳税人以后应缴纳的增值税、消费税税款。

五、疫情防控期间，纳税人通过电子税务局或者标准版国际贸易"单一窗口"出口退税平台等（以下简称"网上"）提交电子数据后，即可申请办理出口退（免）税备案、备案变更和相关证明。税务机关受理上述退（免）税事项申请后，经核对电子数据无误的，即可办理备案、备案变更或者开具相关证明，并通过网上反馈方式及时将办理结果告知纳税人。纳税人需开具纸质证明的，税务机关可采取邮寄方式送达。确需到办税服务厅现场结清退（免）税款或者补缴税款的备案和证明事项，可通过预约办税等方式，分时分批前往税务机关办理。

六、疫情防控期间，纳税人的所有出口货物劳务、跨境应税行为，均可通过网上提交电子数据的方式申报出口退（免）税。税务机关受理申报后，经审核不存在涉嫌骗取出口退税等疑点的，即可办理出口退（免）税，并通过网上反馈方式及时将办理结果告知纳税人。

七、因疫情影响，纳税人未能在规定期限内申请开具相关证明或者申报出口退（免）税的，待收齐退（免）税凭证及相关电子信息后，即可向主管税务机关申请开具相关证明，或者申报办理退（免）税。

因疫情影响，纳税人无法在规定期限内收汇或办理不能收汇手续的，待收汇或办理不能收汇手续后，即可向主管税务机关申报办理退（免）税。

八、疫情防控结束后，纳税人应按照现行规定，向主管税务机关补报出口退（免）税应报送的纸质申报表、表单及相关资料。税务机关对补报的各项资料进行复核。

九、疫情防控重点保障物资生产企业按照 8 号公告第一条规定，适用一次性企业所得税税前扣除政策的，在优惠政策管理等方面参照《国家税务总局关于设备器具扣除有关企业所得税政策执行问题的公告》（2018 年第 46 号）的规定执行。企业在纳税申报时将相关情况填入企业所得税纳税申报表"固定资产一次性扣除"行次。

十、受疫情影响较大的困难行业企业按照 8 号公告第四条规定，适用延长亏损结转年限政策的，应当在 2020 年度企业所得税汇算清缴时，通过电子税务局提交《适用延长亏损结转年限政策声明》(见附件)。

十一、纳税人适用 8 号公告有关规定享受免征增值税优惠的收入,相应免征城市维护建设税、教育费附加、地方教育附加。

十二、9 号公告第一条所称"公益性社会组织",是指依法取得公益性捐赠税前扣除资格的社会组织。

企业享受 9 号公告规定的全额税前扣除政策的,采取"自行判别、申报享受、相关资料留存备查"的方式,并将捐赠全额扣除情况填入企业所得税纳税申报表相应行次。个人享受 9 号公告规定的全额税前扣除政策的,按照《财政部 税务总局关于公益慈善事业捐赠个人所得税政策的公告》(2019 年第 99 号)有关规定执行;其中,适用 9 号公告第二条规定的,在办理个人所得税税前扣除、填写《个人所得税公益慈善事业捐赠扣除明细表》时,应当在备注栏注明"直接捐赠"。

企业和个人取得承担疫情防治任务的医院开具的捐赠接收函,作为税前扣除依据自行留存备查。

十三、本公告自发布之日施行。

特此公告。

附件:适用延长亏损结转年限政策声明(略)

国家税务总局 人力资源社会保障部 国务院扶贫办 教育部关于实施支持和促进重点群体创业就业有关税收政策具体操作问题的公告

2019 年 2 月 26 日 国家税务总局公告 2019 年第 10 号

为贯彻落实《财政部 税务总局 人力资源社会保障部 国务院扶贫办关于进一步支持和促进重点群体创业就业有关税收政策的通知》(财税〔2019〕22 号)精神,现就具体操作问题公告如下:

一、重点群体个体经营税收政策

(一)申请

1. 建档立卡贫困人口从事个体经营的,向主管税务机关申报纳税时享受优惠。

2. 登记失业半年以上的人员,零就业家庭、享受城市居民最低生活保障家庭劳动年龄的登记失业人员,以及毕业年度内高校毕业生,可持《就业创业证》(或《就业失业登记证》,下同)、个体工商户登记执照(未完成"两证整合"的还须持《税务登记证》)向创业地县以上(含县级,下同)人力资源社会保障部门提出申请。县以上人力资源社会保障部门应当按照财税〔2019〕22

号文件的规定，核实其是否享受过重点群体创业就业税收优惠政策。对符合财税〔2019〕22号文件规定条件的人员在《就业创业证》上注明"自主创业税收政策"或"毕业年度内自主创业税收政策"。

（二）税款减免顺序及额度

重点群体从事个体经营的，按照财税〔2019〕22号文件第一条的规定，在年度减免税限额内，依次扣减增值税、城市维护建设税、教育费附加、地方教育附加和个人所得税。城市维护建设税、教育费附加、地方教育附加的计税依据是享受本项税收优惠政策前的增值税应纳税额。

纳税人的实际经营期不足1年的，应当以实际月数换算其减免税限额。换算公式为：减免税限额＝年度减免税限额÷12×实际经营月数。

纳税人实际应缴纳的增值税、城市维护建设税、教育费附加、地方教育附加和个人所得税小于减免税限额的，以实际应缴纳的增值税、城市维护建设税、教育费附加、地方教育附加和个人所得税税额为限；实际应缴纳的增值税、城市维护建设税、教育费附加、地方教育附加和个人所得税大于减免税限额的，以减免税限额为限。

（三）税收减免管理

登记失业半年以上的人员，零就业家庭、城市低保家庭的登记失业人员，以及毕业年度内高校毕业生享受本项税收优惠的，由其留存《就业创业证》（注明"自主创业税收政策"或"毕业年度内自主创业税收政策"）备查，建档立卡贫困人口无需留存资料备查。

二、企业招用重点群体税收政策

（一）申请

享受招用重点群体就业税收优惠政策的企业，持下列材料向县以上人力资源社会保障部门递交申请：

1. 招用人员持有的《就业创业证》（建档立卡贫困人口不需提供）。

2. 企业与招用重点群体签订的劳动合同（副本），企业依法为重点群体缴纳的社会保险记录。通过内部信息共享、数据比对等方式审核的地方，可不再要求企业提供缴纳社会保险记录。

县以上人力资源社会保障部门接到企业报送的材料后，重点核实以下情况：

1. 招用人员是否属于享受税收优惠政策的人员范围，以前是否已享受过重点群体创业就业税收优惠政策。

2. 企业是否与招用人员签订了1年以上期限劳动合同，并依法为招用人员缴纳社会保险。

核实后，对持有《就业创业证》的重点群体，在其《就业创业证》上注明"企业吸纳税收政策"；对符合条件的企业核发《企业吸纳重点群体就业认定证明》。

招用人员发生变化的，应向人力资源社会保障部门办理变更申请。

本公告所称企业是指属于增值税纳税人或企业所得税纳税人的企业等单位。

（二）税款减免顺序及额度

1. 纳税人按本单位招用重点群体的人数及其实际工作月数核算本单位减免税总额，在减免税总额内每月依次扣减增值税、城市维护建设税、教育费附加和地方教育附加。城市维护建设税、教育费附加、地方教育附加的计税依据是享受本项税收优惠政策前的增值税应纳税额。

纳税人实际应缴纳的增值税、城市维护建设税、教育费附加和地方教育附加小于核算的减免税总额的，以实际应缴纳的增值税、城市维护建设税、教育费附加、地方教育附加为限；实际应缴纳的增值税、城市维护建设税、教育费附加和地方教育附加大于核算的减免税总额的，以核算的减免税总额为限。纳税年度终了，如果纳税人实际减免的增值税、城市维护建设税、教育费附加和地方教育附加小于核算的减免税总额，纳税人在企业所得税汇算清缴时，以差额部分扣减企业所得税。当年扣减不完的，不再结转以后年度扣减。

享受优惠政策当年，重点群体人员工作不满 1 年的，应当以实际月数换算其减免税总额。

$$\text{减免税总额} = \sum \text{每名重点群体人员本年度在本企业工作月数} \div 12 \times \text{具体定额标准}$$

2. 第 2 年及以后年度当年新招用人员、原招用人员及其工作时间按上述程序和办法执行。计算每名重点群体人员享受税收优惠政策的期限最长不超过 36 个月。

（三）税收减免管理

企业招用重点群体享受本项优惠的，由企业留存以下材料备查：

1. 享受税收优惠政策的登记失业半年以上的人员，零就业家庭、城市低保家庭的登记失业人员，以及毕业年度内高校毕业生的《就业创业证》（注明"企业吸纳税收政策"）。

2. 县以上人力资源社会保障部门核发的《企业吸纳重点群体就业认定证明》。

3.《重点群体人员本年度实际工作时间表》（见附件）。

三、凭《就业创业证》享受上述优惠政策的人员，按以下规定申领《就业创业证》

（一）失业人员在常住地公共就业服务机构进行失业登记，申领《就业创业证》。对其中的零就业家庭、城市低保家庭的登记失业人员，公共就业服务机构应在其《就业创业证》上予以注明。

（二）毕业年度内高校毕业生在校期间凭学生证向公共就业服务机构申领《就业创业证》，或委托所在高校就业指导中心向公共就业服务机构代为申领《就业创业证》；毕业年度内高校毕业生离校后可凭毕业证直接向公共就业服务机构按规定申领《就业创业证》。

四、税收优惠政策管理

（一）严格各项凭证的审核发放。任何单位或个人不得伪造、涂改、转让、出租相关凭证，违者将依法予以惩处；对出借、转让《就业创业证》的人员，主管人力资源社会保障部门要收回其《就业创业证》并记录在案；对采取上述手段已经获取减免税的企业和个人，主管税务机关要追缴其已减免的税款，并依法予以处理。

（二）《就业创业证》采用实名制，限持证者本人使用。创业人员从事个体经营的，《就业创业证》由本人保管；被用人单位招用的，享受税收优惠政策期间，证件由用人单位保管。《就业创业证》由人力资源社会保障部统一样式，各省、自治区、直辖市人力资源社会保障部门负责印制，作为审核劳动者就业失业状况和享受政策情况的有效凭证。

（三）《企业吸纳重点群体就业认定证明》由人力资源社会保障部统一样式，各省、自治区、直辖市人力资源社会保障部门统一印制，统一编号备案，相关信息由当地人力资源社会保障部门按需提供给税务部门。

（四）县以上人力资源社会保障、税务部门及扶贫办要建立劳动者就业信息交换和协查制度。人力资源社会保障部建立全国《就业创业证》查询系统（http：//jyjc.mohrss.gov.cn），供各级人力资源社会保障、财政、税务部门查询《就业创业证》信息。国务院扶贫办建立全国统一的全国扶贫开发信息系统，供各级扶贫办、人力资源社会保障、财政、税务部门查询建档立卡贫困人口身份等相关信息。

（五）各级税务机关对《就业创业证》或建档立卡贫困人口身份有疑问的，可提请同级人力资源社会保障部门、扶贫办予以协查，同级人力资源社会保障部门、扶贫办应根据具体情况规定合理的工作时限，并在时限内将协查结果通报提请协查的税务机关。

五、本公告自2019年1月1日起施行。《国家税务总局　财政部　人力资源社会保障部　教育部　民政部关于继续实施支持和促进重点群体创业就业有关税收政策具体操作问题的公告》（国家税务总局公告2017年第27号）同时废止。

特此公告。

附件：重点群体人员本年度实际工作时间表（样表）（略）

国家税务总局关于融资性售后回租业务中承租方出售资产行为有关税收问题的公告

手机阅读

2010年9月8日　国家税务总局公告2010年第13号

现就融资性售后回租业务中承租方出售资产行为有关税收问题公告如下：

融资性售后回租业务是指承租方以融资为目的将资产出售给经批准从事融资租赁业务的企业后，又将该项资产从该融资租赁企业租回的行为。融资性售后回租业务中承租方出售资产时，资产所有权以及与资产所有权有关的全部报酬和风险并未完全转移。

一、增值税和营业税

根据现行增值税和营业税有关规定，融资性售后回租业务中承租方出售资产的行为，不属于增值税和营业税征收范围，不征收增值税和营业税。

二、企业所得税

根据现行企业所得税法及有关收入确定规定,融资性售后回租业务中,承租人出售资产的行为,不确认为销售收入,对融资性租赁的资产,仍按承租人出售前原账面价值作为计税基础计提折旧。租赁期间,承租人支付的属于融资利息的部分,作为企业财务费用在税前扣除。

本公告自2010年10月1日起施行。此前因与本公告规定不一致而已征的税款予以退税。

特此公告。

财政部 税务总局关于延续供热企业增值税 房产税 城镇土地使用税优惠政策的通知①

2019年4月3日 财税〔2019〕38号

北京、天津、河北、山西、内蒙古、辽宁、大连、吉林、黑龙江、山东、青岛、河南、陕西、甘肃、宁夏、新疆、青海省(自治区、直辖市、计划单列市)财政厅(局),新疆生产建设兵团财政局,国家税务总局北京、天津、河北、山西、内蒙古、辽宁、大连、吉林、黑龙江、山东、青岛、河南、陕西、甘肃、宁夏、新疆、青海省(自治区、直辖市、计划单列市)税务局:

为支持居民供热采暖,现将"三北"地区供热企业(以下称供热企业)增值税、房产税、城镇土地使用税政策通知如下:

一、自2019年1月1日至2020年供暖期结束,对供热企业向居民个人(以下称居民)供热取得的采暖费收入免征增值税。

向居民供热取得的采暖费收入,包括供热企业直接向居民收取的、通过其他单位向居民收取的和由单位代居民缴纳的采暖费。

免征增值税的采暖费收入,应当按照《中华人民共和国增值税暂行条例》第十六条的规定单独核算。通过热力产品经营企业向居民供热的热力产品生产企业,应当根据热力产品经营企业实际从居民取得的采暖费收入占该经营企业采暖费总收入的比例,计算免征的增值税。

本条所称供暖期,是指当年下半年供暖开始至次年上半年供暖结束的期间。

二、自2019年1月1日至2020年12月31日,对向居民供热收取采暖费

---

① 根据《财政部 税务总局关于延长部分税收优惠政策执行期限的公告》(财政部 税务总局公告2021年第6号),本法规定的税收优惠政策,执行期限延长至2023年供暖期结束。

的供热企业，为居民供热所使用的厂房及土地免征房产税、城镇土地使用税；对供热企业其他厂房及土地，应当按照规定征收房产税、城镇土地使用税。

对专业供热企业，按其向居民供热取得的采暖费收入占全部采暖费收入的比例，计算免征的房产税、城镇土地使用税。

对兼营供热企业，视其供热所使用的厂房及土地与其他生产经营活动所使用的厂房及土地是否可以区分，按照不同方法计算免征的房产税、城镇土地使用税。可以区分的，对其供热所使用厂房及土地，按向居民供热取得的采暖费收入占全部采暖费收入的比例，计算免征的房产税、城镇土地使用税。难以区分的，对其全部厂房及土地，按向居民供热取得的采暖费收入占其营业收入的比例，计算免征的房产税、城镇土地使用税。

对自供热单位，按向居民供热建筑面积占总供热建筑面积的比例，计算免征供热所使用的厂房及土地的房产税、城镇土地使用税。

三、本通知所称供热企业，是指热力产品生产企业和热力产品经营企业。热力产品生产企业包括专业供热企业、兼营供热企业和自供热单位。

四、本通知所称"三北"地区，是指北京市、天津市、河北省、山西省、内蒙古自治区、辽宁省、大连市、吉林省、黑龙江省、山东省、青岛市、河南省、陕西省、甘肃省、青海省、宁夏回族自治区和新疆维吾尔自治区。

财政部　税务总局　人力资源社会保障部国务院扶贫办关于进一步支持和促进重点群体创业就业有关税收政策的通知①

手机阅读

2019年2月2日　财税〔2019〕22号

各省、自治区、直辖市、计划单列市财政厅（局）、人力资源社会保障厅（局）、扶贫办，国家税务总局各省、自治区、直辖市、计划单列市税务局，新疆生产建设兵团财政局、人力资源社会保障局、扶贫办：

为进一步支持和促进重点群体创业就业，现将有关税收政策通知如下：

一、建档立卡贫困人口、持《就业创业证》（注明"自主创业税收政策"或"毕业年度内自主创业税收政策"）或《就业失业登记证》（注明"自主创业税收政策"）的人员，从事个体经营的，自办理个体工商户登记当月起，在3年（36个月，下同）内按每户每年12000元为限额依次扣减其当年实际应缴纳的增值税、城市维护建设税、教育费附加、地方教育附加和个人所得税。限

---

① 根据《关于延长部分扶贫税收优惠政策执行期限的公告》（财政部　税务总局　人力资源社会保障部　国家乡村振兴局公告2021年第18号），本法规规定的税收优惠政策，执行期限延长至2025年12月31日。

额标准最高可上浮20%，各省、自治区、直辖市人民政府可根据本地区实际情况在此幅度内确定具体限额标准。

纳税人年度应缴纳税款小于上述扣减限额的，减免税额以其实际缴纳的税款为限；大于上述扣减限额的，以上述扣减限额为限。

上述人员具体包括：1. 纳入全国扶贫开发信息系统的建档立卡贫困人口；2. 在人力资源社会保障部门公共就业服务机构登记失业半年以上的人员；3. 零就业家庭、享受城市居民最低生活保障家庭劳动年龄内的登记失业人员；4. 毕业年度内高校毕业生。高校毕业生是指实施高等学历教育的普通高等学校、成人高等学校应届毕业的学生；毕业年度是指毕业所在自然年，即1月1日至12月31日。

二、企业招用建档立卡贫困人口，以及在人力资源社会保障部门公共就业服务机构登记失业半年以上且持《就业创业证》或《就业失业登记证》（注明"企业吸纳税收政策"）的人员，与其签订1年以上期限劳动合同并依法缴纳社会保险费的，自签订劳动合同并缴纳社会保险当月起，在3年内按实际招用人数予以定额依次扣减增值税、城市维护建设税、教育费附加、地方教育附加和企业所得税优惠。定额标准为每人每年6000元，最高可上浮30%，各省、自治区、直辖市人民政府可根据本地区实际情况在此幅度内确定具体定额标准。城市维护建设税、教育费附加、地方教育附加的计税依据是享受本项税收优惠政策前的增值税应纳税额。

按上述标准计算的税收扣减额应在企业当年实际应缴纳的增值税、城市维护建设税、教育费附加、地方教育附加和企业所得税税额中扣减，当年扣减不完的，不得结转下年使用。

本通知所称企业是指属于增值税纳税人或企业所得税纳税人的企业等单位。

三、国务院扶贫办在每年1月15日前将建档立卡贫困人口名单及相关信息提供给人力资源社会保障部、税务总局，税务总局将相关信息转发给各省、自治区、直辖市税务部门。人力资源社会保障部门依托全国扶贫开发信息系统核实建档立卡贫困人口身份信息。

四、企业招用就业人员既可以适用本通知规定的税收优惠政策，又可以适用其他扶持就业专项税收优惠政策的，企业可以选择适用最优惠的政策，但不得重复享受。

五、本通知规定的税收政策执行期限为2019年1月1日至2021年12月31日。纳税人在2021年12月31日享受本通知规定税收优惠政策未满3年的，可继续享受至3年期满为止。《财政部 税务总局 人力资源社会保障部关于继续实施支持和促进重点群体创业就业有关税收政策的通知》（财税〔2017〕49号）自2019年1月1日起停止执行。

本通知所述人员，以前年度已享受重点群体创业就业税收优惠政策满3年的，不得再享受本通知规定的税收优惠政策；以前年度享受重点群体创业就业税收优惠政策未满3年且符合本通知规定条件的，可按本通知规定享受优惠至3年期满。

各地财政、税务、人力资源社会保障部门、扶贫办要加强领导、周密部署，把大力支持和促进重点群体创业就业工作作为一项重要任务，主动做好政策宣传和解释工作,加强部门间的协调配合,确保政策落实到位。同时,要密切关注税收政策的执行情况,对发现的问题及时逐级向财政部、税务总局、人力资源社会保障部、国务院扶贫办反映。

财政部 税务总局 退役军人部关于进一步扶持自主就业退役士兵创业就业有关税收政策的通知

手机阅读

2019年2月2日　财税〔2019〕21号

各省、自治区、直辖市、计划单列市财政厅(局)、退役军人事务厅(局),国家税务总局各省、自治区、直辖市、计划单列市税务局,新疆生产建设兵团财政局:

为进一步扶持自主就业退役士兵创业就业,现将有关税收政策通知如下:

一、自主就业退役士兵从事个体经营的,自办理个体工商户登记当月起,在3年(36个月,下同)内按每户每年12000元为限额依次扣减其当年实际应缴纳的增值税、城市维护建设税、教育费附加、地方教育附加和个人所得税。限额标准最高可上浮20%,各省、自治区、直辖市人民政府可根据本地区实际情况在此幅度内确定具体限额标准。

纳税人年度应缴纳税款小于上述扣减限额的,减免税额以其实际缴纳的税款为限;大于上述扣减限额的,以上述扣减限额为限。纳税人的实际经营期不足1年的,应当按月换算其减免税限额。换算公式为:减免税限额=年度减免税限额÷12×实际经营月数。城市维护建设税、教育费附加、地方教育附加的计税依据是享受本项税收优惠政策前的增值税应纳税额。

二、企业招用自主就业退役士兵,与其签订1年以上期限劳动合同并依法缴纳社会保险费的,自签订劳动合同并缴纳社会保险当月起,在3年内按实际招用人数予以定额依次扣减增值税、城市维护建设税、教育费附加、地方教育附加和企业所得税优惠。定额标准为每人每年6000元,最高可上浮50%,各省、自治区、直辖市人民政府可根据本地区实际情况在此幅度内确定具体定额标准。

企业按招用人数和签订的劳动合同时间核算企业减免税总额,在核算减免税总额内每月依次扣减增值税、城市维护建设税、教育费附加和地方教育附加。企业实际应缴纳的增值税、城市维护建设税、教育费附加和地方教育附加小于核算减免税总额的,以实际应缴纳的增值税、城市维护建设税、教育费附加和地方教育附加为限;实际应缴纳的增值税、城市维护建设税、教育费附加和地方教育附加大于核算减免税总额的,以核算减免税总额为限。

纳税年度终了,如果企业实际减免的增值税、城市维护建设税、教育费附加和地方教育附加小于核算减免税总额,企业在企业所得税汇算清缴时以差额部分扣减企业所得税。当年扣减不完的,不再结转以后年度扣减。

自主就业退役士兵在企业工作不满1年的,应当按月换算减免税限额。计算公式为:企业核算减免税总额 = $\sum$ 每名自主就业退役士兵本年度在本单位工作月份÷12×具体定额标准。

城市维护建设税、教育费附加、地方教育附加的计税依据是享受本项税收优惠政策前的增值税应纳税额。

三、本通知所称自主就业退役士兵是指依照《退役士兵安置条例》(国务院 中央军委令第608号)的规定退出现役并按自主就业方式安置的退役士兵。

本通知所称企业是指属于增值税纳税人或企业所得税纳税人的企业等单位。

四、自主就业退役士兵从事个体经营的,在享受税收优惠政策进行纳税申报时,注明其退役军人身份,并将《中国人民解放军义务兵退出现役证》《中国人民解放军士官退出现役证》或《中国人民武装警察部队义务兵退出现役证》《中国人民武装警察部队士官退出现役证》留存备查。

企业招用自主就业退役士兵享受税收优惠政策的,将以下资料留存备查:1. 招用自主就业退役士兵的《中国人民解放军义务兵退出现役证》《中国人民解放军士官退出现役证》或《中国人民武装警察部队义务兵退出现役证》《中国人民武装警察部队士官退出现役证》;2. 企业与招用自主就业退役士兵签订的劳动合同(副本),为职工缴纳的社会保险费记录;3. 自主就业退役士兵本年度在企业工作时间表(见附件)。

五、企业招用自主就业退役士兵既可以适用本通知规定的税收优惠政策,又可以适用其他扶持就业专项税收优惠政策的,企业可以选择适用最优惠的政策,但不得重复享受。

六、本通知规定的税收政策执行期限为2019年1月1日至2021年12月31日。纳税人在2021年12月31日享受本通知规定税收优惠政策未满3年的,可继续享受至3年期满为止。《财政部 税务总局 民政部关于继续实施扶持自主就业退役士兵创业就业有关税收政策的通知》(财税〔2017〕46号)自2019年1月1日起停止执行。

退役士兵以前年度已享受退役士兵创业就业税收优惠政策满3年的,不得再享受本通知规定的税收优惠政策;以前年度享受退役士兵创业就业税收优惠政策未满3年且符合本通知规定条件的,可按本通知规定享受优惠至3年期满。

各地财政、税务、退役军人事务部门要加强领导、周密部署,把扶持自主就业退役士兵创业就业工作作为一项重要任务,主动做好政策宣传和解释工作,加强部门间的协调配合,确保政策落实到位。同时,要密切关注税收政策的执行情况,对发现的问题及时逐级向财政部、税务总局、退役军人部反映。

附件:自主就业退役士兵本年度在企业工作时间表(样表)(略)

财政部 税务总局 中央宣传部关于继续实施文化体制改革中经营性文化事业单位转制为企业若干税收政策的通知

2019年2月16日 财税〔2019〕16号

各省、自治区、直辖市、计划单列市财政厅（局）、党委宣传部，新疆生产建设兵团财政局，国家税务总局各省、自治区、直辖市、计划单列市税务局：

为贯彻落实《国务院办公厅关于印发文化体制改革中经营性文化事业单位转制为企业和进一步支持文化企业发展两个规定的通知》（国办发〔2018〕124号）有关规定，进一步深化文化体制改革，继续推进国有经营性文化事业单位转企改制，现就继续实施经营性文化事业单位转制为企业的税收政策有关事项通知如下：

一、经营性文化事业单位转制为企业，可以享受以下税收优惠政策：

（一）经营性文化事业单位转制为企业，自转制注册之日起五年内免征企业所得税。2018年12月31日之前已完成转制的企业，自2019年1月1日起可继续免征五年企业所得税。

（二）由财政部门拨付事业经费的文化单位转制为企业，自转制注册之日起五年内对其自用房产免征房产税。2018年12月31日之前已完成转制的企业，自2019年1月1日起对其自用房产可继续免征五年房产税。

（三）党报、党刊将其发行、印刷业务及相应的经营性资产剥离组建的文化企业，自注册之日起所取得的党报、党刊发行收入和印刷收入免征增值税。

（四）对经营性文化事业单位转制中资产评估增值、资产转让或划转涉及的企业所得税、增值税、城市维护建设税、契税、印花税等，符合现行规定的享受相应税收优惠政策。

上述所称"经营性文化事业单位"，是指从事新闻出版、广播影视和文化艺术的事业单位。转制包括整体转制和剥离转制。其中，整体转制包括：（图书、音像、电子）出版社、非时政类报刊出版单位、新华书店、艺术院团、电影制片厂、电影（发行放映）公司、影剧院、重点新闻网站等整体转制为企业；剥离转制包括：新闻媒体中的广告、印刷、发行、传输网络等部分，以及影视剧等节目制作与销售机构，从事业体制中剥离出来转制为企业。

上述所称"转制注册之日"，是指经营性文化事业单位转制为企业并进行企业法人登记之日。对于经营性文化事业单位转制前已进行企业法人登记，则按注销事业单位法人登记之日，或核销事业编制的批复之日（转制前未进行事业单位法人登记的）确定转制完成并享受本通知所规定的税收优惠政策。

上述所称"2018年12月31日之前已完成转制",是指经营性文化事业单位在2018年12月31日及以前已转制为企业、进行企业法人登记,并注销事业单位法人登记或批复核销事业编制(转制前未进行事业单位法人登记的)。

本通知下发之前已经审核认定享受《财政部 国家税务总局 中宣部关于继续实施文化体制改革中经营性文化事业单位转制为企业若干税收政策的通知》(财税〔2014〕84号)税收优惠政策的转制文化企业,可按本通知规定享受税收优惠政策。

二、享受税收优惠政策的转制文化企业应同时符合以下条件:

(一)根据相关部门的批复进行转制。

(二)转制文化企业已进行企业法人登记。

(三)整体转制前已进行事业单位法人登记的,转制后已核销事业编制、注销事业单位法人;整体转制前未进行事业单位法人登记的,转制后已核销事业编制。

(四)已同在职职工全部签订劳动合同,按企业办法参加社会保险。

(五)转制文化企业引入非公有资本和境外资本的,须符合国家法律法规和政策规定;变更资本结构依法应经批准的,需经行业主管部门和国有文化资产监管部门批准。

本通知适用于所有转制文化单位。中央所属转制文化企业的认定,由中央宣传部会同财政部、税务总局确定并发布名单;地方所属转制文化企业的认定,按照登记管理权限,由地方各级宣传部门会同同级财政、税务部门确定和发布名单,并按程序抄送中央宣传部、财政部和税务总局。

已认定发布的转制文化企业名称发生变更的,如果主营业务未发生变化,可持同级文化体制改革和发展工作领导小组办公室出具的同意变更函,到主管税务机关履行变更手续;如果主营业务发生变化,依照本条规定的条件重新认定。

三、经认定的转制文化企业,应按有关税收优惠事项管理规定办理优惠手续,申报享受税收优惠政策。企业应将转制方案批复函,企业营业执照,同级机构编制管理机关核销事业编制、注销事业单位法人的证明,与在职职工签订劳动合同、按企业办法参加社会保险制度的有关材料,相关部门对引入非公有资本和境外资本、变更资本结构的批准文件等留存备查,税务部门依法加强后续管理。

四、未经认定的转制文化企业或转制文化企业不符合本通知规定的,不得享受相关税收优惠政策。已享受优惠的,主管税务机关应追缴其已减免的税款。

五、对已转制企业按照本通知规定应予减免的税款,在本通知下发以前已经征收入库的,可抵减以后纳税期应缴税款或办理退库。

六、本通知规定的税收政策执行期限为2019年1月1日至2023年12月31日。企业在2023年12月31日享受本通知第一条第(一)、(二)项税收政策不满五年的,可继续享受至五年期满为止。

《财政部 国家税务总局 中宣部关于继续实施文化体制改革中经营性文化事业单位转制为企业若干税收政策的通知》(财税〔2014〕84号)自2019年1月1日起停止执行。

财政部　税务总局关于高校学生公寓房产税　印花税政策的通知

2019年1月31日　财税〔2019〕14号

各省、自治区、直辖市、计划单列市财政厅（局），国家税务总局各省、自治区、直辖市、计划单列市税务局，新疆生产建设兵团财政局：

为支持高校办学，优化高校后勤保障服务，现就高校学生公寓房产税和印花税政策通知如下：

一、对高校学生公寓免征房产税。

二、对与高校学生签订的高校学生公寓租赁合同，免征印花税。

三、本通知所称高校学生公寓，是指为高校学生提供住宿服务，按照国家规定的收费标准收取住宿费的学生公寓。

四、企业享受本通知规定的免税政策，应按规定进行免税申报，并将不动产权属证明、载有房产原值的相关材料、房产用途证明、租赁合同等资料留存备查。

五、本通知自2019年1月1日至2021年12月31日执行。

财政部　税务总局关于实施小微企业普惠性税收减免政策的通知[①]

2019年1月17日　财税〔2019〕13号

各省、自治区、直辖市、计划单列市财政厅（局），新疆生产建设兵团财政局，国家税务总局各省、自治区、直辖市和计划单列市税务局：

为贯彻落实党中央、国务院决策部署，进一步支持小微企业发展，现就实施小微企业普惠性税收减免政策有关事项通知如下：

一、对月销售额10万元以下（含本数）的增值税小规模纳税人，免征增值税。

二、对小型微利企业年应纳税所得额不超过100万元的部分，减按25%计入应纳税所得额，按20%的税率缴纳企业所得税；对年应纳税所得额超过100

---

① 根据《关于明确增值税小规模纳税人免征增值税政策的公告》（财政部　税务总局公告2021年第11号），本法第一条被废止。

万元但不超过 300 万元的部分，减按 50% 计入应纳税所得额，按 20% 的税率缴纳企业所得税。

上述小型微利企业是指从事国家非限制和禁止行业，且同时符合年度应纳税所得额不超过 300 万元、从业人数不超过 300 人、资产总额不超过 5000 万元等三个条件的企业。

从业人数，包括与企业建立劳动关系的职工人数和企业接受的劳务派遣用工人数。所称从业人数和资产总额指标，应按企业全年的季度平均值确定。具体计算公式如下：

季度平均值 =（季初值 + 季末值）÷ 2

全年季度平均值 = 全年各季度平均值之和 ÷ 4

年度中间开业或者终止经营活动的，以其实际经营期作为一个纳税年度确定上述相关指标。

三、由省、自治区、直辖市人民政府根据本地区实际情况，以及宏观调控需要确定，对增值税小规模纳税人可以在 50% 的税额幅度内减征资源税、城市维护建设税、房产税、城镇土地使用税、印花税（不含证券交易印花税）、耕地占用税和教育费附加、地方教育附加。

四、增值税小规模纳税人已依法享受资源税、城市维护建设税、房产税、城镇土地使用税、印花税、耕地占用税、教育费附加、地方教育附加其他优惠政策的，可叠加享受本通知第三条规定的优惠政策。

五、《财政部 税务总局关于创业投资企业和天使投资个人有关税收政策的通知》（财税〔2018〕55 号）第二条第（一）项关于初创科技型企业条件中的"从业人数不超过 200 人"调整为"从业人数不超过 300 人"，"资产总额和年销售收入均不超过 3000 万元"调整为"资产总额和年销售收入均不超过 5000 万元"。

2019 年 1 月 1 日至 2021 年 12 月 31 日期间发生的投资，投资满 2 年且符合本通知规定和财税〔2018〕55 号文件规定的其他条件的，可以适用财税〔2018〕55 号文件规定的税收政策。

2019 年 1 月 1 日前 2 年内发生的投资，自 2019 年 1 月 1 日起投资满 2 年且符合本通知规定和财税〔2018〕55 号文件规定的其他条件的，可以适用财税〔2018〕55 号文件规定的税收政策。

六、本通知执行期限为 2019 年 1 月 1 日至 2021 年 12 月 31 日。《财政部 税务总局关于延续小微企业增值税政策的通知》（财税〔2017〕76 号）、《财政部 税务总局关于进一步扩大小型微利企业所得税优惠政策范围的通知》（财税〔2018〕77 号）同时废止。

七、各级财税部门要切实提高政治站位，深入贯彻落实党中央、国务院减税降费的决策部署，充分认识小微企业普惠性税收减免的重要意义，切实承担起抓落实的主体责任，将其作为一项重大任务，加强组织领导，精心筹划部署，不折不扣落实到位。要加大力度、创新方式，强化宣传辅导，优化纳税服务，增进办税便利，确保纳税人和缴费人实打实享受到减税降费的政策红利。要密切跟踪政策执行情况，加强调查研究，对政策执行中各方反映的突出问题和意见建议，要及时向财政部和税务总局反馈。

财政部 税务总局关于继续实行农产品批发市场 农贸市场房产税 城镇土地使用税优惠政策的通知

2019年1月9日 财税〔2019〕12号

各省、自治区、直辖市、计划单列市财政厅(局)、国家税务总局各省、自治区、直辖市、计划单列市税务局,新疆生产建设兵团财政局:

为进一步支持农产品流通体系建设,决定继续对农产品批发市场、农贸市场给予房产税和城镇土地使用税优惠。现将有关政策通知如下:

一、自2019年1月1日至2021年12月31日,对农产品批发市场、农贸市场(包括自有和承租,下同)专门用于经营农产品的房产、土地,暂免征收房产税和城镇土地使用税。对同时经营其他产品的农产品批发市场和农贸市场使用的房产、土地,按其他产品与农产品交易场地面积的比例确定征免房产税和城镇土地使用税。

二、农产品批发市场和农贸市场,是指经工商登记注册,供买卖双方进行农产品及其初加工品现货批发或零售交易的场所。农产品包括粮油、肉禽蛋、蔬菜、干鲜果品、水产品、调味品、棉麻、活畜、可食用的林产品以及由省、自治区、直辖市财税部门确定的其他可食用的农产品。

三、享受上述税收优惠的房产、土地,是指农产品批发市场、农贸市场直接为农产品交易提供服务的房产、土地。农产品批发市场、农贸市场的行政办公区、生活区,以及商业餐饮娱乐等非直接为农产品交易提供服务的房产、土地,不属于本通知规定的优惠范围,应按规定征收房产税和城镇土地使用税。

四、企业享受本通知规定的免税政策,应按规定进行免税申报,并将不动产权属证明、载有房产原值的相关材料、租赁协议、房产土地用途证明等资料留存备查。

财政部 国家税务总局关于易地扶贫搬迁税收优惠政策的通知[①]

2018年11月29日 财税〔2018〕135号

各省、自治区、直辖市、计划单列市财政厅(局),国家税务总局各省、自治区、直辖市、计划单列市税务局,新疆生产建设兵团财政局:

为贯彻落实《中共中央 国务院关于打赢脱贫攻坚战三年行动的指导意见》,助推易地扶贫搬迁工作,现将易地扶贫搬迁有关税收优惠政策通知如下:

一、关于易地扶贫搬迁贫困人口税收政策

(一)对易地扶贫搬迁贫困人口按规定取得的住房建设补助资金、拆旧复垦奖励资金等与易地扶贫搬迁相关的货币化补偿和易地扶贫搬迁安置住房(以下简称安置住房),免征个人所得税。

(二)对易地扶贫搬迁贫困人口按规定取得的安置住房,免征契税。

二、关于易地扶贫搬迁安置住房税收政策

(一)对易地扶贫搬迁项目实施主体(以下简称项目实施主体)取得用于建设安置住房的土地,免征契税、印花税。

(二)对安置住房建设和分配过程中应由项目实施主体、项目单位缴纳的印花税,予以免征。

(三)对安置住房用地,免征城镇土地使用税。

(四)在商品住房等开发项目中配套建设安置住房的,按安置住房建筑面积占总建筑面积的比例,计算应予免征的安置住房用地相关的契税、城镇土地使用税,以及项目实施主体、项目单位相关的印花税。

(五)对项目实施主体购买商品住房或者回购保障性住房作为安置住房房源的,免征契税、印花税。

三、其他相关事项

(一)易地扶贫搬迁项目、项目实施主体、易地扶贫搬迁贫困人口、相关安置住房等信息由易地扶贫搬迁工作主管部门确定。县级易地扶贫搬迁工作主管部门应当将上述信息及时提供给同级税务部门。

(二)本通知执行期限为2018年1月1日至2020年12月31日。自执行之日起的已征税款,除以贴花方式缴纳的印花税外,依申请予以退税。

---

① 根据《财政部 税务总局关于延长部分税收优惠政策执行期限的公告》(财政部 税务总局公告2021年第6号),本法规定的税收优惠政策,执行期限延长至2025年12月31日。

财政部 税务总局 科技部 教育部关于科技企业孵化器、大学科技园和众创空间税收政策的通知

手机阅读

2018年11月1日 财税〔2018〕120号

各省、自治区、直辖市、计划单列市财政厅（局）、科技厅（局）、教育厅（局），国家税务总局各省、自治区、直辖市、计划单列市税务局，新疆生产建设兵团财政局、科技局、教育局：

为进一步鼓励创业创新，现就科技企业孵化器、大学科技园、众创空间有关税收政策通知如下：

一、自2019年1月1日至2021年12月31日，对国家级、省级科技企业孵化器、大学科技园和国家备案众创空间自用以及无偿或通过出租等方式提供给在孵对象使用的房产、土地，免征房产税和城镇土地使用税；对其向在孵对象提供孵化服务取得的收入，免征增值税。

本通知所称孵化服务是指为在孵对象提供的经纪代理、经营租赁、研发和技术、信息技术、鉴证咨询服务。

二、国家级、省级科技企业孵化器、大学科技园和国家备案众创空间应当单独核算孵化服务收入。

三、国家级科技企业孵化器、大学科技园和国家备案众创空间认定和管理办法由国务院科技、教育部门另行发布；省级科技企业孵化器、大学科技园认定和管理办法由省级科技、教育部门另行发布。

本通知所称在孵对象是指符合前款认定和管理办法规定的孵化企业、创业团队和个人。

四、国家级、省级科技企业孵化器、大学科技园和国家备案众创空间应按规定申报享受免税政策，并将房产土地权属资料、房产原值资料、房产土地租赁合同、孵化协议等留存备查，税务部门依法加强后续管理。

2018年12月31日以前认定的国家级科技企业孵化器、大学科技园，自2019年1月1日起享受本通知规定的税收优惠政策。2019年1月1日以后认定的国家级、省级科技企业孵化器、大学科技园和国家备案众创空间，自认定之日次月起享受本通知规定的税收优惠政策。2019年1月1日以后被取消资格的，自取消资格之日次月起停止享受本通知规定的税收优惠政策。

五、科技、教育和税务部门应建立信息共享机制，及时共享国家级、省级科技企业孵化器、大学科技园和国家备案众创空间相关信息，加强协调配合，保障优惠政策落实到位。

财政部 税务总局 海关总署关于第七届世界军人运动会税收政策的通知

2018年11月5日 财税〔2018〕119号

各省、自治区、直辖市、计划单列市财政厅（局），国家税务总局各省、自治区、直辖市、计划单列市税务局，海关总署广东分署、各直属海关，新疆生产建设兵团财政局：

为支持举办2019年武汉第七届世界军人运动会（以下简称武汉军运会），现就有关税收政策通知如下：

一、对武汉军运会执行委员会（以下简称执委会）实行以下税收政策

（一）对执委会取得的电视转播权销售分成收入、国际军事体育理事会（以下简称国际军体会）世界赞助计划分成收入（货物和资金），免征应缴纳的增值税。

（二）对执委会市场开发计划取得的国内外赞助收入、转让无形资产（如标志）特许权收入和销售门票收入，免征应缴纳的增值税。

（三）对执委会取得的与中国集邮总公司合作发行纪念邮票收入、与中国人民银行合作发行纪念币收入，免征应缴纳的增值税。

（四）对执委会取得的来源于广播、因特网、电视等媒体收入，免征应缴纳的增值税。

（五）对执委会赛后出让资产取得的收入，免征应缴纳的增值税、土地增值税。

（六）对执委会为举办武汉军运会进口的国际军体会或国际单项体育组织指定的，国内不能生产或性能不能满足需要的直接用于武汉军运会比赛的消耗品，免征关税、进口环节增值税和消费税。享受免税政策的进口比赛用消耗品的范围、数量清单，由执委会汇总后报财政部商有关部门审核确定。

（七）对执委会进口的其他特需物资，包括：国际军体会或国际单项体育组织指定的、我国国内不能生产或性能不能满足需要的体育竞赛器材、医疗检测设备、安全保障设备、交通通讯设备、技术设备，在武汉军运会期间按暂准进口货物规定办理，武汉军运会结束后复运出境的予以核销；留在境内或做变卖处理的，按有关规定办理正式进口手续，并照章缴纳关税、进口环节增值税和消费税。

二、对武汉军运会参与者实行以下税收政策

（一）对参赛运动员因武汉军运会比赛获得的奖金和其他奖赏收入，按现行税收法律法规的有关规定征免应缴纳的个人所得税。

（二）对企事业单位、社会团体和其他组织以及个人通过公益性社会团体或者县级以上人民政府及其部门捐赠武汉军运会的资金、物资支出，在计算企业和个人应纳税所得额时按现行税收法律法规的有关规定予以税前扣除。

（三）对财产所有人将财产（物品）捐赠给执委会所书立的产权转移书据免征应缴纳的印花税。

本通知自发布之日起执行。

财政部 税务总局关于基本养老保险基金有关投资业务税收政策的通知

手机阅读

2018年9月20日 财税〔2018〕95号

各省、自治区、直辖市、计划单列市财政厅（局），国家税务总局各省、自治区、直辖市、计划单列市税务局，新疆生产建设兵团财政局：

现将全国社会保障基金理事会（以下简称社保基金会）受托投资的基本养老保险基金（以下简称养老基金）有关投资业务税收政策通知如下：

一、对社保基金会及养老基金投资管理机构在国务院批准的投资范围内，运用养老基金投资过程中，提供贷款服务取得的全部利息及利息性质的收入和金融商品转让收入，免征增值税。

二、对社保基金会及养老基金投资管理机构在国务院批准的投资范围内，运用养老基金投资取得的归属于养老基金的投资收入，作为企业所得税不征税收入；对养老基金投资管理机构、养老基金托管机构从事养老基金管理活动取得的收入，依照税法规定征收企业所得税。

三、对社保基金会及养老基金投资管理机构运用养老基金买卖证券应缴纳的印花税实行先征后返；养老基金持有的证券，在养老基金证券账户之间的划拨过户，不属于印花税的征收范围，不征收印花税。对社保基金会及养老基金投资管理机构管理的养老基金转让非上市公司股权，免征社保基金会及养老基金投资管理机构应缴纳的印花税。

四、本通知自发布之日起执行。本通知发布前发生的养老基金有关投资业务，符合本通知规定且未缴纳相关税款的，按本通知执行；已缴纳的相关税款，不再退还。

财政部　税务总局关于全国社会保障基金有关投资业务税收政策的通知

2018年9月10日　财税〔2018〕94号

各省、自治区、直辖市、计划单列市财政厅（局），国家税务总局各省、自治区、直辖市、计划单列市税务局，新疆生产建设兵团财政局：

现将全国社会保障基金理事会（以下简称社保基金会）管理的全国社会保障基金（以下简称社保基金）有关投资业务税收政策通知如下：

一、对社保基金会、社保基金投资管理人在运用社保基金投资过程中，提供贷款服务取得的全部利息及利息性质的收入和金融商品转让收入，免征增值税。

二、对社保基金取得的直接股权投资收益、股权投资基金收益，作为企业所得税不征税收入。

三、对社保基金会、社保基金投资管理人管理的社保基金转让非上市公司股权，免征社保基金会、社保基金投资管理人应缴纳的印花税。

四、本通知自发布之日起执行。通知发布前发生的社保基金有关投资业务，符合本通知规定且未缴纳相关税款的，按本通知执行；已缴纳的相关税款，不再退还。

财政部　税务总局关于增值税期末留抵退税有关城市维护建设税、教育费附加和地方教育附加政策的通知

2018年7月27日　财税〔2018〕80号

各省、自治区、直辖市、计划单列市财政厅（局），国家税务总局各省、自治区、直辖市、计划单列市税务局，新疆生产建设兵团财政局：

为保证增值税期末留抵退税政策有效落实，现就留抵退税涉及的城市维护建设税、教育费附加和地方教育附加问题通知如下：

对实行增值税期末留抵退税的纳税人，允许其从城市维护建设税、教育费附加和地方教育附加的计税（征）依据中扣除退还的增值税税额。

本通知自发布之日起施行。

财政部 税务总局关于创业投资企业和天使投资个人有关税收政策的通知

2018年5月14日 财税〔2018〕55号

各省、自治区、直辖市、计划单列市财政厅(局)、国家税务局、地方税务局,新疆生产建设兵团财政局:

为进一步支持创业投资发展,现就创业投资企业和天使投资个人有关税收政策问题通知如下:

一、税收政策内容

(一)公司制创业投资企业采取股权投资方式直接投资于种子期、初创期科技型企业(以下简称初创科技型企业)满2年(24个月,下同)的,可以按照投资额的70%在股权持有满2年的当年抵扣该公司制创业投资企业的应纳税所得额;当年不足抵扣的,可以在以后纳税年度结转抵扣。

(二)有限合伙制创业投资企业(以下简称合伙创投企业)采取股权投资方式直接投资于初创科技型企业满2年的,该合伙创投企业的合伙人分别按以下方式处理:

1. 法人合伙人可以按照对初创科技型企业投资额的70%抵扣法人合伙人从合伙创投企业分得的所得;当年不足抵扣的,可以在以后纳税年度结转抵扣。

2. 个人合伙人可以按照对初创科技型企业投资额的70%抵扣个人合伙人从合伙创投企业分得的经营所得;当年不足抵扣的,可以在以后纳税年度结转抵扣。

(三)天使投资个人采取股权投资方式直接投资于初创科技型企业满2年的,可以按照投资额的70%抵扣转让该初创科技型企业股权取得的应纳税所得额;当期不足抵扣的,可以在以后取得转让该初创科技型企业股权的应纳税所得额时结转抵扣。

天使投资个人投资多个初创科技型企业的,对其中办理注销清算的初创科技型企业,天使投资个人对其投资额的70%尚未抵扣完的,可自注销清算之日起36个月内抵扣天使投资个人转让其他初创科技型企业股权取得的应纳税所得额。

二、相关政策条件

(一)本通知所称初创科技型企业,应同时符合以下条件:

1. 在中国境内(不包括港、澳、台地区)注册成立、实行查账征收的居民企业;

2. 接受投资时,从业人数不超过200人,其中具有大学本科以上学历的从业人数不低于30%;资产总额和年销售收入均不超过3000万元;

3. 接受投资时设立时间不超过5年（60个月）；

4. 接受投资时以及接受投资后2年内未在境内外证券交易所上市；

5. 接受投资当年及下一纳税年度，研发费用总额占成本费用支出的比例不低于20%。

（二）享受本通知规定税收政策的创业投资企业，应同时符合以下条件：

1. 在中国境内（不含港、澳、台地区）注册成立、实行查账征收的居民企业或合伙创投企业，且不属于被投资初创科技型企业的发起人；

2. 符合《创业投资企业管理暂行办法》（发展改革委等10部门令第39号）规定或者《私募投资基金监督管理暂行办法》（证监会令第105号）关于创业投资基金的特别规定，按照上述规定完成备案且规范运作；

3. 投资后2年内，创业投资企业及其关联方持有被投资初创科技型企业的股权比例合计应低于50%。

（三）享受本通知规定的税收政策的天使投资个人，应同时符合以下条件：

1. 不属于被投资初创科技型企业的发起人、雇员或其亲属（包括配偶、父母、子女、祖父母、外祖父母、孙子女、外孙子女、兄弟姐妹，下同），且与被投资初创科技型企业不存在劳务派遣等关系；

2. 投资后2年内，本人及其亲属持有被投资初创科技型企业股权比例合计应低于50%。

（四）享受本通知规定的税收政策的投资，仅限于通过向被投资初创科技型企业直接支付现金方式取得的股权投资，不包括受让其他股东的存量股权。

三、管理事项及管理要求

（一）本通知所称研发费用口径，按照《财政部 国家税务总局 科技部关于完善研究开发费用税前加计扣除政策的通知》（财税〔2015〕119号）等规定执行。

（二）本通知所称从业人数，包括与企业建立劳动关系的职工人员及企业接受的劳务派遣人员。从业人数和资产总额指标，按照企业接受投资前连续12个月的平均数计算，不足12个月的，按实际月数平均计算。

本通知所称销售收入，包括主营业务收入与其他业务收入；年销售收入指标，按照企业接受投资前连续12个月的累计数计算，不足12个月的，按实际月数累计计算。

本通知所称成本费用，包括主营业务成本、其他业务成本、销售费用、管理费用、财务费用。

（三）本通知所称投资额，按照创业投资企业或天使投资个人对初创科技型企业的实缴投资额确定。

合伙创投企业的合伙人对初创科技型企业的投资额，按照合伙创投企业对初创科技型企业的实缴投资额和合伙协议约定的合伙人占合伙创投企业的出资比例计算确定。合伙人从合伙创投企业分得的所得，按照《财政部 国家税务总局关于合伙企业合伙人所得税问题的通知》（财税〔2008〕159号）规定计算。

（四）天使投资个人、公司制创业投资企业、合伙创投企业、合伙创投企业法人合伙人、被投资初创科技型企业应按规定办理优惠手续。

（五）初创科技型企业接受天使投资个人投资满2年，在上海证券交易所、深圳证券交易所上市的，天使投资个人转让该企业股票时，按照现行限售股有关规定执行，其尚未抵扣的投资额，在税款清算时一并计算抵扣。

（六）享受本通知规定的税收政策的纳税人，其主管税务机关对被投资企业是否符合初创科技型企业条件有异议的，可以转请被投资企业主管税务机关提供相关材料。对纳税人提供虚假资料，违规享受税收政策的，应按税收征管法相关规定处理，并将其列入失信纳税人名单，按规定实施联合惩戒措施。

四、执行时间

本通知规定的天使投资个人所得税政策自2018年7月1日起执行，其他各项政策自2018年1月1日起执行。执行日期前2年内发生的投资，在执行日期后投资满2年，且符合本通知规定的其他条件的，可以适用本通知规定的税收政策。

《财政部 税务总局关于创业投资企业和天使投资个人有关税收试点政策的通知》（财税〔2017〕38号）自2018年7月1日起废止，符合试点政策条件的投资额可按本通知的规定继续抵扣。

财政部　税务总局关于保险保障基金有关税收政策问题的通知①

2018年4月27日　财税〔2018〕41号

各省、自治区、直辖市、计划单列市财政厅（局）、国家税务局、地方税务局，新疆生产建设兵团财政局：

为支持保险保障基金发展，增强行业经营风险防范能力，现将保险保障基金有关税收政策事项明确如下：

一、对中国保险保障基金有限责任公司（以下简称保险保障基金公司）根据《保险保障基金管理办法》取得的下列收入，免征企业所得税：

1. 境内保险公司依法缴纳的保险保障基金；
2. 依法从撤销或破产保险公司清算财产中获得的受偿收入和向有关责任方追偿所得，以及依法从保险公司风险处置中获得的财产转让所得；
3. 接受捐赠收入；
4. 银行存款利息收入；
5. 购买政府债券、中央银行、中央企业和中央级金融机构发行债券的利息收入；

---

① 根据《财政部　税务总局关于延长部分税收优惠政策执行期限的公告》（财政部　税务总局公告2021年第6号），本法规定的税收优惠政策凡已经到期的，执行期限延长至2023年12月31日。

6. 国务院批准的其他资金运用取得的收入。

二、对保险保障基金公司下列应税凭证，免征印花税：

1. 新设立的资金账簿；
2. 在对保险公司进行风险处置和破产救助过程中签订的产权转移书据；
3. 在对保险公司进行风险处置过程中与中国人民银行签订的再贷款合同；
4. 以保险保障基金自有财产和接收的受偿资产与保险公司签订的财产保险合同；

对与保险保障基金公司签订上述产权转移书据或应税合同的其他当事人照章征收印花税。

三、本通知自2018年1月1日起至2020年12月31日止执行。《财政部 国家税务总局关于保险保障基金有关税收政策问题的通知》（财税〔2016〕10号）同时废止。

财政部 税务总局关于支持小微企业融资有关税收政策的通知①

2017年10月26日 财税〔2017〕77号

各省、自治区、直辖市、计划单列市财政厅（局）、国家税务局、地方税务局，新疆生产建设兵团财务局：

为进一步加大对小微企业的支持力度，推动缓解融资难、融资贵，现将有关税收政策通知如下：

一、自2017年12月1日至2019年12月31日，对金融机构向农户、小型企业、微型企业及个体工商户发放小额贷款取得的利息收入，免征增值税。金融机构应将相关免税证明材料留存备查，单独核算符合免税条件的小额贷款利息收入，按现行规定向主管税务机构办理纳税申报；未单独核算的，不得免征增值税。《财政部 税务总局关于延续支持农村金融发展有关税收政策的通知》（财税〔2017〕44号）第一条相应废止。

二、自2018年1月1日至2020年12月31日，对金融机构与小型企业、微型企业签订的借款合同免征印花税。

三、本通知所称农户，是指长期（一年以上）居住在乡镇（不包括城关

---

① 根据《财政部 税务总局关于延续实施普惠金融有关税收优惠政策的公告》（财政部 税务总局公告2020年第22号），本法规定的税收优惠政策于2019年12月31日执行到期的，实施期限延长至2023年12月31日。

根据《财政部 税务总局关于延长部分税收优惠政策执行期限的公告》（财政部 税务总局公告2021年第6号），本法规定的税收优惠政策凡已经到期的，执行期限延长至2023年12月31日。

镇）行政管理区域内的住户，还包括长期居住在城关镇所辖行政村范围内的住户和户口不在本地而在本地居住一年以上的住户，国有农场的职工。位于乡镇（不包括城关镇）行政管理区域内和在城关镇所辖行政村范围内的国有经济的机关、团体、学校、企事业单位的集体户；有本地户口，但举家外出谋生一年以上的住户，无论是否保留承包耕地均不属于农户。农户以户为统计单位，既可以从事农业生产经营，也可以从事非农业生产经营。农户贷款的判定应以贷款发放时的借款人是否属于农户为准。

本通知所称小型企业、微型企业，是指符合《中小企业划型标准规定》（工信部联企业〔2011〕300号）的小型企业和微型企业。其中，资产总额和从业人员指标均以贷款发放时的实际状态确定；营业收入指标以贷款发放前12个自然月的累计数确定，不满12个自然月的，按照以下公式计算：

营业收入（年）= 企业实际存续期间营业收入／企业实际存续月数 × 12

本通知所称小额贷款，是指单户授信小于100万元（含本数）的农户、小型企业、微型企业或个体工商户贷款；没有授信额度的，是指单户贷款合同金额且贷款余额在100万元（含本数）以下的贷款。

财政部　税务总局　海关总署关于北京2022年冬奥会和冬残奥会税收政策的通知

手机阅读

2017年7月12日　财税〔2017〕60号

各省、自治区、直辖市、计划单列市财政厅（局）、国家税务局、地方税务局，广东分署、各直属海关，新疆生产建设兵团财务局：

为支持发展奥林匹克运动，确保北京2022年冬奥会和冬残奥会顺利举办，现就有关税收政策通知如下：

一、对北京2022年冬奥会和冬残奥会组织委员会（以下简称"北京冬奥组委"）实行以下税收政策

（一）对北京冬奥组委取得的电视转播权销售分成收入、国际奥委会全球合作伙伴计划分成收入（实物和资金），免征应缴纳的增值税。

（二）对北京冬奥组委市场开发计划取得的国内外赞助收入、转让无形资产（如标志）特许权收入和销售门票收入，免征应缴纳的增值税。

（三）对北京冬奥组委取得的与中国集邮总公司合作发行纪念邮票收入、与中国人民银行合作发行纪念币收入，免征应缴纳的增值税。

（四）对北京冬奥组委取得的来源于广播、互联网、电视等媒体收入，免征应缴纳的增值税。

（五）对外国政府和国际组织无偿捐赠用于北京2022年冬奥会的进口物资，免征进口关税和进口环节增值税。

（六）对以一般贸易方式进口，用于北京2022年冬奥会的体育场馆建设所需设备中与体育场馆设施固定不可分离的设备以及直接用于北京2022年冬奥会比赛用的消耗品，免征关税和进口环节增值税。享受免税政策的奥运会体育场馆建设进口设备及比赛用消耗品的范围、数量清单由北京冬奥组委汇总后报财政部商有关部门审核确定。

（七）对北京冬奥组委进口的其他特需物资，包括：国际奥委会或国际单项体育组织指定的，国内不能生产或性能不能满足需要的体育器材、医疗检测设备、安全保障设备、交通通讯设备、技术设备，在运动会期间按暂准进口货物规定办理，运动会结束后留用或做变卖处理的，按有关规定办理正式进口手续，并照章缴纳进口税收，其中进口汽车以不低于新车90%的价格估价征税。上述暂准进口的商品范围、数量清单由北京冬奥组委汇总后报财政部商有关部门审核确定。

（八）对北京冬奥组委再销售所获捐赠物品和赛后出让资产取得收入，免征应缴纳的增值税、消费税和土地增值税。免征北京冬奥组委向分支机构划拨所获赞助物资应缴纳的增值税，北京冬奥组委向主管税务机关提供"分支机构"范围的证明文件，办理减免税备案。

（九）对北京冬奥组委使用的营业账簿和签订的各类合同等应税凭证，免征北京冬奥组委应缴纳的印花税。

（十）对北京冬奥组委免征应缴纳的车船税和新购车辆应缴纳的车辆购置税。

（十一）对北京冬奥组委免征应缴纳的企业所得税。

（十二）对北京冬奥组委委托加工生产的高档化妆品免征应缴纳的消费税。具体管理办法由税务总局另行规定。

（十三）对国际奥委会、国际单项体育组织和其他社会团体等从国外邮寄进口且不流入国内市场的、与北京2022年冬奥会有关的文件、书籍、音像、光盘，在合理数量范围内免征关税和进口环节增值税。合理数量的具体标准由海关总署确定。对奥运会场馆建设所需进口的模型、图纸、图板、电子文件光盘、设计说明及缩印本等规划设计方案，免征关税和进口环节增值税。

（十四）对北京冬奥组委取得的餐饮服务、住宿、租赁、介绍服务和收费卡收入，免征应缴纳的增值税。

（十五）对北京2022年冬奥会场馆及其配套设施建设占用耕地，免征耕地占用税。

（十六）根据中国奥委会、主办城市、国际奥委会签订的《北京2022年冬季奥林匹克运动会主办城市合同》（以下简称《主办城市合同》）规定，北京冬奥组委全面负责和组织举办北京2022年冬残奥会，其取得的北京2022年冬残奥会收入及其发生的涉税支出比照执行北京2022年冬奥会的税收政策。

二、对国际奥委会、中国奥委会、国际残疾人奥林匹克委员会、中国残奥委员会、北京冬奥会测试赛赛事组委会实行以下税收政策

（一）对国际奥委会取得的与北京2022年冬奥会有关的收入免征增值税、消费税、企业所得税。

（二）对国际奥委会、中国奥委会签订的与北京2022年冬奥会有关的各类合同，免征国际奥委会和中国奥委会应缴纳的印花税。

（三）对国际奥委会取得的国际性广播电视组织转来的中国境内电视台购买北京2022年冬奥会转播权款项，免征应缴纳的增值税。

（四）对按中国奥委会、主办城市签订的《联合市场开发计划协议》和中国奥委会、主办城市、国际奥委会签订的《主办城市合同》规定，中国奥委会取得的由北京冬奥组委分期支付的收入、按比例支付的盈余分成收入免征增值税、消费税和企业所得税。

（五）对国际残奥委会取得的与北京2022年冬残奥会有关的收入免征增值税、消费税、企业所得税和印花税。

（六）对中国残奥委会根据《联合市场开发计划协议》取得的由北京冬奥组委分期支付的收入免征增值税、消费税、企业所得税和印花税。

（七）北京冬奥会测试赛赛事组委会取得的收入及发生的涉税支出比照执行北京冬奥组委的税收政策。

三、对北京2022年冬奥会、冬残奥会、测试赛参与者实行以下税收政策

（一）对企业、社会组织和团体赞助、捐赠北京2022年冬奥会、冬残奥会、测试赛的资金、物资、服务支出，在计算企业应纳税所得额时予以全额扣除。

（二）企业根据赞助协议向北京冬奥组委免费提供的与北京2022年冬奥会、冬残奥会、测试赛有关的服务，免征增值税。免税清单由北京冬奥组委报财政部、税务总局确定。

（三）个人捐赠北京2022年冬奥会、冬残奥会、测试赛的资金和物资支出可在计算个人应纳税所得额时予以全额扣除。

（四）对财产所有人将财产（物品）捐赠给北京冬奥组委所书立的产权转移书据免征应缴纳的印花税。

（五）对受北京冬奥组委邀请的，在北京2022年冬奥会、冬残奥会、测试赛期间临时来华，从事奥运相关工作的外籍顾问以及裁判员等外籍技术官员取得的由北京冬奥组委、测试赛赛事组委会支付的劳务报酬免征增值税和个人所得税。

（六）对在北京2022年冬奥会、冬残奥会、测试赛期间裁判员等中方技术官员取得的由北京冬奥组委、测试赛赛事组委会支付的劳务报酬，免征应缴纳的增值税。

（七）对于参赛运动员因北京2022年冬奥会、冬残奥会、测试赛比赛获得的奖金和其他奖赏收入，按现行税收法律法规的有关规定征免应缴纳的个人所得税。

（八）在北京2022年冬奥会场馆（场地）建设、试运营、测试赛及冬奥会及冬残奥会期间，对用于北京2022年冬奥会场馆（场地）建设、运维的水资源，免征应缴纳的水资源税。

（九）免征北京2022年冬奥会、冬残奥会、测试赛参与者向北京冬奥组委无偿提供服务和无偿转让无形资产的增值税。

四、本通知自发布之日起执行。

财政部　税务总局关于支持农村集体产权制度改革有关税收政策的通知

手机阅读

2017年6月22日　财税〔2017〕55号

各省、自治区、直辖市、计划单列市财政厅（局）、地方税务局，西藏、宁夏自治区国家税务局，新疆生产建设兵团财务局：

为落实中共中央、国务院《关于稳步推进农村集体产权制度改革的意见》要求，支持农村集体产权制度改革，现就有关契税、印花税政策通知如下：

一、对进行股份合作制改革后的农村集体经济组织承受原集体经济组织的土地、房屋权属，免征契税。

二、对农村集体经济组织以及代行集体经济组织职能的村民委员会、村民小组进行清产核资收回集体资产而承受土地、房屋权属，免征契税。

对因农村集体经济组织以及代行集体经济组织职能的村民委员会、村民小组进行清产核资收回集体资产而签订的产权转移书据，免征印花税。

三、对农村集体土地所有权、宅基地和集体建设用地使用权及地上房屋确权登记，不征收契税。

四、本通知自2017年1月1日起执行。

财政部　税务总局关于小额贷款公司有关税收政策的通知[①]

手机阅读

2017年6月9日　财税〔2017〕48号

各省、自治区、直辖市、计划单列市财政厅（局）、国家税务局、地方税务局，新疆生产建设兵团财务局：

为引导小额贷款公司在"三农"、小微企业等方面发挥积极作用，更好地服务实体经济发展，现将小额贷款公司有关税收政策通知如下：

一、自2017年1月1日至2019年12月31日，对经省级金融管理部门（金融办、局等）批准成立的小额贷款公司取得的农户小额贷款利息收入，免征增值税。

---

① 根据《财政部　税务总局关于延续实施普惠金融有关税收优惠政策的公告》（财政部　税务总局公告2020年第22号），本法规定的税收优惠政策于2019年12月31日执行到期的，实施期限延长至2023年12月31日。

二、自 2017 年 1 月 1 日至 2019 年 12 月 31 日，对经省级金融管理部门（金融办、局等）批准成立的小额贷款公司取得的农户小额贷款利息收入，在计算应纳税所得额时，按 90% 计入收入总额。

三、自 2017 年 1 月 1 日至 2019 年 12 月 31 日，对经省级金融管理部门（金融办、局等）批准成立的小额贷款公司按年末贷款余额的 1% 计提的贷款损失准备金准予在企业所得税税前扣除。具体政策口径按照《财政部　国家税务总局关于金融企业贷款损失准备金企业所得税税前扣除有关政策的通知》（财税〔2015〕9 号）执行。

四、本通知所称农户，是指长期（一年以上）居住在乡镇（不包括城关镇）行政管理区域内的住户，还包括长期居住在城关镇所辖行政村范围内的住户和户口不在本地而在本地居住一年以上的住户，国有农场的职工和农村个体工商户。位于乡镇（不包括城关镇）行政管理区域内和在城关镇所辖行政村范围内的国有经济的机关、团体、学校、企事业单位的集体户；有本地户口，但举家外出谋生一年以上的住户，无论是否保留承包耕地均不属于农户。农户以户为统计单位，既可以从事农业生产经营，也可以从事非农业生产经营。农户贷款的判定应以贷款发放时的承贷主体是否属于农户为准。

本通知所称小额贷款，是指单笔且该农户贷款余额总额在 10 万元（含本数）以下的贷款。

五、2017 年 1 月 1 日至本通知印发之日前已征的应予免征的增值税，可抵减纳税人以后月份应缴纳的增值税或予以退还。

财政部　税务总局关于延续支持农村金融发展有关税收政策的通知①

2017 年 6 月 9 日　财税〔2017〕44 号

各省、自治区、直辖市、计划单列市财政厅（局）、国家税务局、地方税务局，新疆生产建设兵团财务局：

为继续支持农村金融发展，现就农村金融有关税收政策通知如下：

一、自 2017 年 1 月 1 日至 2019 年 12 月 31 日，对金融机构农户小额贷款的利息收入，免征增值税。

二、自 2017 年 1 月 1 日至 2019 年 12 月 31 日，对金融机构农户小额贷款

---

① 根据《财政部　税务总局关于支持小微企业融资有关税收政策的通知》（财税〔2017〕77 号），本法规第一条被废止。

根据《财政部　税务总局关于延续实施普惠金融有关税收优惠政策的公告》（财政部　税务总局公告 2020 年第 22 号），本法规规定的税收优惠政策于 2019 年 12 月 31 日执行到期的，实施期限延长至 2023 年 12 月 31 日。

的利息收入,在计算应纳税所得额时,按90%计入收入总额。

三、自2017年1月1日至2019年12月31日,对保险公司为种植业、养殖业提供保险业务取得的保费收入,在计算应纳税所得额时,按90%计入收入总额。

四、本通知所称农户,是指长期(一年以上)居住在乡镇(不包括城关镇)行政管理区域内的住户,还包括长期居住在城关镇所辖行政范围内的住户和户口不在本地而在本地居住一年以上的住户,国有农场的职工和农村个体工商户。位于乡镇(不包括城关镇)行政管理区域内和在城关镇所辖行政村范围内的国有经济的机关、团体、学校、企事业单位的集体户;有本地户口,但举家外出谋生一年以上的住户,无论是否保留承包耕地均不属于农户。农户以户为统计单位,既可以从事农业生产经营,也可以从事非农业生产经营。农户贷款的判定应以贷款发放时的承贷主体是否属于农户为准。

本通知所称小额贷款,是指单笔且该农户贷款余额总额在10万元(含本数)以下的贷款。

本通知所称保费收入,是指原保险保费收入加上分保费收入减去分出保费后的余额。

五、金融机构应对符合条件的农户小额贷款利息收入进行单独核算,不能单独核算的不得适用本通知第一条、第二条规定的优惠政策。

六、本通知印发之日前已征的增值税,可抵减纳税人以后月份应缴纳的增值税或予以退还。

财政部 税务总局关于集成电路企业增值税期末留抵退税有关城市维护建设税、教育费附加和地方教育附加政策的通知

手机阅读

2017年2月24日 财税〔2017〕17号

各省、自治区、直辖市、计划单列市财政厅(局)、国家税务局、地方税务局,新疆生产建设兵团财务局:

按照《国务院关于印发进一步鼓励软件产业和集成电路产业发展若干政策的通知》(国发〔2011〕4号)有关要求,现就集成电路企业增值税期末留抵退税事项涉及的城市维护建设税、教育费附加和地方教育附加政策明确如下:

享受增值税期末留抵退税政策的集成电路企业,其退还的增值税期末留抵税额,应在城市维护建设税、教育费附加和地方教育附加的计税(征)依据中予以扣除。

本通知自发布之日起施行。

财政部 国家税务总局 证监会关于深港股票市场交易互联互通机制试点有关税收政策的通知

2016年11月5日 财税〔2016〕127号

各省、自治区、直辖市、计划单列市财政厅（局）、国家税务局、地方税务局，新疆生产建设兵团财务局，上海、深圳证券交易所，中国证券登记结算公司：

经国务院批准，现就深港股票市场交易互联互通机制试点（以下简称深港通）涉及的有关税收政策问题明确如下：

一、关于内地投资者通过深港通投资香港联合交易所有限公司（以下简称香港联交所）上市股票的所得税问题

（一）内地个人投资者通过深港通投资香港联交所上市股票的转让差价所得税。

对内地个人投资者通过深港通投资香港联交所上市股票取得的转让差价所得，自2016年12月5日起至2019年12月4日止，暂免征收个人所得税。

（二）内地企业投资者通过深港通投资香港联交所上市股票的转让差价所得税。

对内地企业投资者通过深港通投资香港联交所上市股票取得的转让差价所得，计入其收入总额，依法征收企业所得税。

（三）内地个人投资者通过深港通投资香港联交所上市股票的股息红利所得税。

对内地个人投资者通过深港通投资香港联交所上市H股取得的股息红利，H股公司应向中国证券登记结算有限责任公司（以下简称中国结算）提出申请，由中国结算向H股公司提供内地个人投资者名册，H股公司按照20%的税率代扣个人所得税。内地个人投资者通过深港通投资香港联交所上市的非H股取得的股息红利，由中国结算按照20%的税率代扣个人所得税。个人投资者在国外已缴纳的预提税，可持有效扣税凭证到中国结算的主管税务机关申请税收抵免。

对内地证券投资基金通过深港通投资香港联交所上市股票取得的股息红利所得，按照上述规定计征个人所得税。

（四）内地企业投资者通过深港通投资香港联交所上市股票的股息红利所得税。

1. 对内地企业投资者通过深港通投资香港联交所上市股票取得的股息红利所得，计入其收入总额，依法计征企业所得税。其中，内地居民企业连续持有H股满12个月取得的股息红利所得，依法免征企业所得税。

2. 香港联交所上市 H 股公司应向中国结算提出申请，由中国结算向 H 股公司提供内地企业投资者名册，H 股公司对内地企业投资者不代扣股息红利所得税款，应纳税款由企业自行申报缴纳。

3. 内地企业投资者自行申报缴纳企业所得税时，对香港联交所非 H 股上市公司已代扣代缴的股息红利所得税，可依法申请税收抵免。

二、关于香港市场投资者通过深港通投资深圳证券交易所（以下简称深交所）上市 A 股的所得税问题

1. 对香港市场投资者（包括企业和个人）投资深交所上市 A 股取得的转让差价所得，暂免征收所得税。

2. 对香港市场投资者（包括企业和个人）投资深交所上市 A 股取得的股息红利所得，在香港中央结算有限公司（以下简称香港结算）不具备向中国结算提供投资者的身份及持股时间等明细数据的条件之前，暂不执行按持股时间实行差别化征税政策，由上市公司按照 10% 的税率代扣所得税，并向其主管税务机关办理扣缴申报。对于香港投资者中属于其他国家税收居民且其所在国与中国签订的税收协定规定股息红利所得税率低于 10% 的，企业或个人可以自行或委托代扣代缴义务人，向上市公司主管税务机关提出享受税收协定待遇退还多缴税款的申请，主管税务机关查实后，对符合退税条件的，应按已征税款和根据税收协定税率计算的应纳税款的差额予以退税。

三、关于内地和香港市场投资者通过深港通买卖股票的增值税问题

1. 对香港市场投资者（包括单位和个人）通过深港通买卖深交所上市 A 股取得的差价收入，在营改增试点期间免征增值税。

2. 对内地个人投资者通过深港通买卖香港联交所上市股票取得的差价收入，在营改增试点期间免征增值税。

3. 对内地单位投资者通过深港通买卖香港联交所上市股票取得的差价收入，在营改增试点期间按现行政策规定征免增值税。

四、关于内地和香港市场投资者通过深港通转让股票的证券（股票）交易印花税问题

香港市场投资者通过深港通买卖、继承、赠与深交所上市 A 股，按照内地现行税制规定缴纳证券（股票）交易印花税。内地投资者通过深港通买卖、继承、赠与香港联交所上市股票，按照香港特别行政区现行税法规定缴纳印花税。

中国结算和香港结算可互相代收上述税款。

五、关于香港市场投资者通过沪股通和深股通参与股票担保卖空的证券（股票）交易印花税问题

对香港市场投资者通过沪股通和深股通参与股票担保卖空涉及的股票借入、归还，暂免征收证券（股票）交易印花税。

六、本通知自 2016 年 12 月 5 日起执行。

财政部　国家税务总局关于完善股权激励和技术入股有关所得税政策的通知

2016年9月20日　财税〔2016〕101号

各省、自治区、直辖市、计划单列市财政厅（局）、国家税务局、地方税务局，新疆生产建设兵团财务局：

为支持国家大众创业、万众创新战略的实施，促进我国经济结构转型升级，经国务院批准，现就完善股权激励和技术入股有关所得税政策通知如下：

一、对符合条件的非上市公司股票期权、股权期权、限制性股票和股权奖励实行递延纳税政策

（一）非上市公司授予本公司员工的股票期权、股权期权、限制性股票和股权奖励，符合规定条件的，经向主管税务机关备案，可实行递延纳税政策，即员工在取得股权激励时可暂不纳税，递延至转让该股权时纳税；股权转让时，按照股权转让收入减除股权取得成本以及合理税费后的差额，适用"财产转让所得"项目，按照20%的税率计算缴纳个人所得税。

股权转让时，股票（权）期权取得成本按行权价确定，限制性股票取得成本按实际出资额确定，股权奖励取得成本为零。

（二）享受递延纳税政策的非上市公司股权激励（包括股票期权、股权期权、限制性股票和股权奖励，下同）须同时满足以下条件：

1. 属于境内居民企业的股权激励计划。

2. 股权激励计划经公司董事会、股东（大）会审议通过。未设股东（大）会的国有单位，经上级主管部门审核批准。股权激励计划应列明激励目的、对象、标的、有效期、各类价格的确定方法、激励对象获取权益的条件、程序等。

3. 激励标的应为境内居民企业的本公司股权。股权奖励的标的可以是技术成果投资入股到其他境内居民企业所取得的股权。激励标的股票（权）包括通过增发、大股东直接让渡以及法律法规允许的其他合理方式授予激励对象的股票（权）。

4. 激励对象应为公司董事会或股东（大）会决定的技术骨干和高级管理人员，激励对象人数累计不得超过本公司最近6个月在职职工平均人数的30%。

5. 股票（权）期权自授予日起应持有满3年，且自行权日起持有满1年；限制性股票自授予日起应持有满3年，且解禁后持有满1年；股权奖励自获得奖励之日起应持有满3年。上述时间条件须在股权激励计划中列明。

6. 股票（权）期权自授予日至行权日的时间不得超过10年。

7. 实施股权奖励的公司及其奖励股权标的公司所属行业均不属于《股权奖励税收优惠政策限制性行业目录》范围（见附件）。公司所属行业按公司上一纳税年度主营业务收入占比最高的行业确定。

（三）本通知所称股票（权）期权是指公司给予激励对象在一定期限内以事先约定的价格购买本公司股票（权）的权利；所称限制性股票是指公司按照预先确定的条件授予激励对象一定数量的本公司股权，激励对象只有工作年限或业绩目标符合股权激励计划规定条件的才可以处置该股权；所称股权奖励是指企业无偿授予激励对象一定份额的股权或一定数量的股份。

（四）股权激励计划所列内容不同时满足第一条第（二）款规定的全部条件，或递延纳税期间公司情况发生变化，不再符合第一条第（二）款第4至6项条件的，不得享受递延纳税优惠，应按规定计算缴纳个人所得税。

二、对上市公司股票期权、限制性股票和股权奖励适当延长纳税期限

（一）上市公司授予个人的股票期权、限制性股票和股权奖励，经向主管税务机关备案，个人可自股票期权行权、限制性股票解禁或取得股权奖励之日起，在不超过12个月的期限内缴纳个人所得税。《财政部 国家税务总局关于上市公司高管人员股票期权所得缴纳个人所得税有关问题的通知》（财税〔2009〕40号）自本通知施行之日起废止。

（二）上市公司股票期权、限制性股票应纳税款的计算，继续按照《财政部 国家税务总局关于个人股票期权所得征收个人所得税问题的通知》（财税〔2005〕35号）、《财政部 国家税务总局关于股票增值权所得和限制性股票所得征收个人所得税有关问题的通知》（财税〔2009〕5号）、《国家税务总局关于股权激励有关个人所得税问题的通知》（国税函〔2009〕461号）等相关规定执行。股权奖励应纳税款的计算比照上述规定执行。

三、对技术成果投资入股实施选择性税收优惠政策

（一）企业或个人以技术成果投资入股到境内居民企业，被投资企业支付的对价全部为股票（权）的，企业或个人可选择继续按现行有关税收政策执行，也可选择适用递延纳税优惠政策。

选择技术成果投资入股递延纳税政策的，经向主管税务机关备案，投资入股当期可暂不纳税，允许递延至转让股权时，按股权转让收入减去技术成果原值和合理税费后的差额计算缴纳所得税。

（二）企业或个人选择适用上述任一项政策，均允许被投资企业按技术成果投资入股时的评估值入账并在企业所得税前摊销扣除。

（三）技术成果是指专利技术（含国防专利）、计算机软件著作权、集成电路布图设计专有权、植物新品种权、生物医药新品种，以及科技部、财政部、国家税务总局确定的其他技术成果。

（四）技术成果投资入股，是指纳税人将技术成果所有权让渡给被投资企业、取得该企业股票（权）的行为。

四、相关政策

（一）个人从任职受雇企业以低于公平市场价格取得股票（权）的，凡不符合递延纳税条件，应在获得股票（权）时，对实际出资额低于公平市场价格的差额，按照"工资、薪金所得"项目，参照《财政部 国家税务总局关于

个人股票期权所得征收个人所得税问题的通知》（财税〔2005〕35号）有关规定计算缴纳个人所得税。

（二）个人因股权激励、技术成果投资入股取得股权后，非上市公司在境内上市的，处置递延纳税的股权时，按照现行限售股有关征税规定执行。

（三）个人转让股权时，视同享受递延纳税优惠政策的股权优先转让。递延纳税的股权成本按照加权平均法计算，不与其他方式取得的股权成本合并计算。

（四）持有递延纳税的股权期间，因该股权产生的转增股本收入，以及以该递延纳税的股权再进行非货币性资产投资的，应在当期缴纳税款。

（五）全国中小企业股份转让系统挂牌公司按照本通知第一条规定执行。

适用本通知第二条规定的上市公司是指其股票在上海证券交易所、深圳证券交易所上市交易的股份有限公司。

五、配套管理措施

（一）对股权激励或技术成果投资入股选择适用递延纳税政策的，企业应在规定期限内到主管税务机关办理备案手续。未办理备案手续的，不得享受本通知规定的递延纳税优惠政策。

（二）企业实施股权激励或个人以技术成果投资入股，以实施股权激励或取得技术成果的企业为个人所得税扣缴义务人。递延纳税期间，扣缴义务人应在每个纳税年度终了后向主管税务机关报告递延纳税有关情况。

（三）工商部门应将企业股权变更信息及时与税务部门共享，暂不具备联网实时共享信息条件的，工商部门应在股权变更登记3个工作日内将信息与税务部门共享。

六、本通知自2016年9月1日起施行。

中关村国家自主创新示范区2016年1月1日至8月31日之间发生的尚未纳税的股权奖励事项，符合本通知规定的相关条件的，可按本通知有关政策执行。

附件：股权奖励税收优惠政策限制性行业目录（略）

财政部　国家税务总局关于行政和解金有关税收政策问题的通知

2016年9月22日　财税〔2016〕100号

各省、自治区、直辖市、计划单列市财政厅（局）、国家税务局、地方税务局，新疆生产兵团财务局：

根据《中华人民共和国企业所得税法》及《中华人民共和国个人所得税法》的有关规定，现就证券期货领域有关行政和解金税收政策问题明确如下：

一、行政相对人交纳的行政和解金，不得在所得税税前扣除。

二、中国证券投资者保护基金公司(简称投保基金公司)代收备付的行政和解金不属于投保基金公司的收入,不征收企业所得税。

投保基金公司取得行政和解金时应使用财政票据。

三、对企业投资者从投保基金公司取得的行政和解金,应计入企业当期收入,依法征收企业所得税;对个人投资者从投保基金公司取得的行政和解金,暂免征收个人所得税。

四、本通知自2016年1月1日起执行。

财政部　国家税务总局关于国家大学科技园税收政策的通知

2016年9月5日　财税〔2016〕98号

各省、自治区、直辖市、计划单列市财政厅(局)、国家税务局、地方税务局,新疆生产建设兵团财务局:

经国务院批准,现就国家大学科技园(以下简称科技园)有关税收政策通知如下:

一、自2016年1月1日至2018年12月31日,对符合条件的科技园自用以及无偿或通过出租等方式提供给孵化企业使用的房产、土地,免征房产税和城镇土地使用税;自2016年1月1日至2016年4月30日,对其向孵化企业出租场地、房屋以及提供孵化服务的收入,免征营业税;在营业税改征增值税试点期间,对其向孵化企业出租场地、房屋以及提供孵化服务的收入,免征增值税。

二、符合非营利组织条件的科技园的收入,按照企业所得税法及其实施条例和有关税收政策规定享受企业所得税优惠政策。

三、享受本通知规定的房产税、城镇土地使用税以及营业税、增值税优惠政策的科技园,应当同时符合以下条件:

(一)科技园符合国家大学科技园条件。国务院科技和教育行政主管部门负责发布国家大学科技园名单。

(二)科技园将面向孵化企业出租场地、房屋以及提供孵化服务的业务收入在财务上单独核算。

(三)科技园提供给孵化企业使用的场地面积(含公共服务场地)占科技园可自主支配场地面积的60%以上(含60%),孵化企业数量占科技园内企业总数量的75%以上(含75%)。

公共服务场地是指科技园提供给孵化企业共享的活动场所,包括公共餐厅、接待室、会议室、展示室、活动室、技术检测室和图书馆等非营利性配套服务场地。

四、本通知所称"孵化企业"应当同时符合以下条件:

（一）企业注册地及主要研发、办公场所在科技园的工作场地内。

（二）新注册企业或申请进入科技园前企业成立时间不超过3年。

（三）企业在科技园内孵化的时间不超过48个月。海外高层次创业人才或从事生物医药、集成电路设计等特殊领域的创业企业，孵化时间不超过60个月。

（四）符合《中小企业划型标准规定》所规定的小型、微型企业划型标准。

（五）单一在孵企业使用的孵化场地面积不超过1000平方米。从事航空航天、现代农业等特殊领域的单一在孵企业，不超过3000平方米。

（六）企业产品（服务）属于科学技术部、财政部、国家税务总局印发的《国家重点支持的高新技术领域》规定的范围。

五、本通知所称"孵化服务"是指为孵化企业提供的属于营业税"服务业"税目中"代理业"、"租赁业"和"其他服务业"中的咨询和技术服务范围内的服务，改征增值税后是指为孵化企业提供的"经纪代理"、"经营租赁"、"研发和技术"、"信息技术"和"鉴证咨询"等服务。

六、国务院科技和教育行政主管部门负责组织对科技园是否符合本通知规定的各项条件定期进行审核确认，并向纳税人出具证明材料，列明纳税人用于孵化的房产和土地的地址、范围、面积等具体信息，并发送给国务院税务主管部门。

纳税人持相应证明材料向主管税务机关备案，主管税务机关按照《税收减免管理办法》等有关规定，以及国务院科技和教育行政主管部门发布的符合本通知规定条件的科技园名单信息，办理税收减免。

财政部　国家税务总局关于科技企业孵化器税收政策的通知

手机阅读

2016年8月11日　财税〔2016〕89号

各省、自治区、直辖市、计划单列市财政厅（局）、国家税务局、地方税务局，新疆生产建设兵团财务局：

经国务院批准，现就科技企业孵化器（含众创空间，以下简称孵化器）有关税收政策通知如下：

一、自2016年1月1日至2018年12月31日，对符合条件的孵化器自用以及无偿或通过出租等方式提供给孵化企业使用的房产、土地，免征房产税和城镇土地使用税；自2016年1月1日至2016年4月30日，对其向孵化企业出租场地、房屋以及提供孵化服务的收入，免征营业税；在营业税改征增值税试点期间，对其向孵化企业出租场地、房屋以及提供孵化服务的收入，免征增值税。

二、符合非营利组织条件的孵化器的收入，按照企业所得税法及其实施条例和有关税收政策规定享受企业所得税优惠政策。

三、享受本通知规定的房产税、城镇土地使用税以及营业税、增值税优惠政策的孵化器，应同时符合以下条件：

（一）孵化器需符合国家级科技企业孵化器条件。国务院科技行政主管部门负责发布国家级科技企业孵化器名单。

（二）孵化器应将面向孵化企业出租场地、房屋以及提供孵化服务的业务收入在财务上单独核算。

（三）孵化器提供给孵化企业使用的场地面积（含公共服务场地）应占孵化器可自主支配场地面积的75%以上（含75%）。孵化企业数量应占孵化器内企业总数量的75%以上（含75%）。

公共服务场地是指孵化器提供给孵化企业共享的活动场所，包括公共餐厅、接待室、会议室、展示室、活动室、技术检测室和图书馆等非盈利性配套服务场地。

四、本通知所称"孵化企业"应当同时符合以下条件：

（一）企业注册地和主要研发、办公场所必须在孵化器的孵化场地内。

（二）新注册企业或申请进入孵化器前企业成立时间不超过2年。

（三）企业在孵化器内孵化的时间不超过48个月。纳入"创新人才推进计划"及"海外高层次人才引进计划"的人才或从事生物医药、集成电路设计、现代农业等特殊领域的创业企业，孵化时间不超过60个月。

（四）符合《中小企业划型标准规定》所规定的小型、微型企业划型标准。

（五）单一在孵企业入驻时使用的孵化场地面积不大于1000平方米。从事航空航天等特殊领域的在孵企业，不大于3000平方米。

（六）企业产品（服务）属于科学技术部、财政部、国家税务总局印发的《国家重点支持的高新技术领域》规定的范围。

五、本通知所称"孵化服务"是指为孵化企业提供的属于营业税"服务业"税目中"代理业"、"租赁业"和"其他服务业"中的咨询和技术服务范围内的服务，改征增值税后是指为孵化企业提供的"经纪代理"、"经营租赁"、"研发和技术"、"信息技术"和"鉴证咨询"等服务。

六、省级科技行政主管部门负责定期核实孵化器是否符合本通知规定的各项条件，并报国务院科技行政主管部门审核确认。国务院科技行政主管部门审核确认后向纳税人出具证明材料，列明用于孵化的房产和土地的地址、范围、面积等具体信息，并发送给国务院税务主管部门。

纳税人持相应证明材料向主管税务机关备案，主管税务机关按照《税收减免管理办法》等有关规定，以及国务院科技行政主管部门发布的符合本通知规定条件的孵化器名单信息，办理税收减免。

请遵照执行。

财政部 国家税务总局 住房城乡建设部关于调整房地产交易环节契税、营业税优惠政策的通知

手机阅读

2016年2月17日 财税〔2016〕23号

各省、自治区、直辖市、计划单列市财政厅（局）、地方税务局、住房城乡建设厅（建委、房地局），西藏、宁夏、青海省（自治区）国家税务局，新疆生产建设兵团财务局、建设局：

根据国务院有关部署，现就调整房地产交易环节契税、营业税优惠政策通知如下：

一、关于契税政策

（一）对个人购买家庭唯一住房（家庭成员范围包括购房人、配偶以及未成年子女，下同），面积为90平方米及以下的，减按1%的税率征收契税；面积为90平方米以上的，减按1.5%的税率征收契税。

（二）对个人购买家庭第二套改善性住房，面积为90平方米及以下的，减按1%的税率征收契税；面积为90平方米以上的，减按2%的税率征收契税。

家庭第二套改善性住房是指已拥有一套住房的家庭，购买的家庭第二套住房。

（三）纳税人申请享受税收优惠的，根据纳税人的申请或授权，由购房所在地的房地产主管部门出具纳税人家庭住房情况书面查询结果，并将查询结果和相关住房信息及时传递给税务机关。暂不具备查询条件而不能提供家庭住房查询结果的，纳税人应向税务机关提交家庭住房实有套数书面诚信保证，诚信保证不实的，属于虚假纳税申报，按照《中华人民共和国税收征收管理法》的有关规定处理，并将不诚信记录纳入个人征信系统。

按照便民、高效原则，房地产主管部门应按规定及时出具纳税人家庭住房情况书面查询结果，税务机关应对纳税人提出的税收优惠申请限时办结。

（四）具体操作办法由各省、自治区、直辖市财政、税务、房地产主管部门共同制定。

二、关于营业税政策

个人将购买不足2年的住房对外销售的，全额征收营业税；个人将购买2年以上（含2年）的住房对外销售的，免征营业税。

办理免税的具体程序、购买房屋的时间、开具发票、非购买形式取得住房行为及其他相关税收管理规定，按照《国务院办公厅转发建设部等部门关于做好稳定住房价格工作意见的通知》（国办发〔2005〕26号）、《国家税务总局 财政部 建设部关于加强房地产税收管理的通知》（国税发〔2005〕89号）和

《国家税务总局关于房地产税收政策执行中几个具体问题的通知》（国税发〔2005〕172号）的有关规定执行。

三、关于实施范围

北京市、上海市、广州市、深圳市暂不实施本通知第一条第二项契税优惠政策及第二条营业税优惠政策，上述城市个人住房转让营业税政策仍按照《财政部 国家税务总局关于调整个人住房转让营业税政策的通知》（财税〔2015〕39号）执行。

上述城市以外的其他地区适用本通知全部规定。

本通知自2016年2月22日起执行。

财政部 国家税务总局关于体育场馆房产税和城镇土地使用税政策的通知

2015年12月17日 财税〔2015〕130号

各省、自治区、直辖市、计划单列市财政厅（局）、地方税务局，西藏、宁夏、青海省（自治区）国家税务局，新疆生产建设兵团财务局：

为贯彻落实《国务院关于加快发展体育产业促进体育消费的若干意见》（国发〔2014〕46号），现将体育场馆自用的房产和土地有关房产税和城镇土地使用税政策通知如下：

一、国家机关、军队、人民团体、财政补助事业单位、居民委员会、村民委员会拥有的体育场馆，用于体育活动的房产、土地，免征房产税和城镇土地使用税。

二、经费自理事业单位、体育社会团体、体育基金会、体育类民办非企业单位拥有并运营管理的体育场馆，同时符合下列条件的，其用于体育活动的房产、土地，免征房产税和城镇土地使用税：

（一）向社会开放，用于满足公众体育活动需要；

（二）体育场馆取得的收入主要用于场馆的维护、管理和事业发展；

（三）拥有体育场馆的体育社会团体、体育类基金会及体育类民办非企业单位，除当年新设立或登记的以外，前一年度登记管理机关的检查结论为"合格"。

三、企业拥有并运营管理的大型体育场馆，其用于体育活动的房产、土地，减半征收房产税和城镇土地使用税。

四、本通知所称体育场馆，是指用于运动训练、运动竞赛及身体锻炼的专业性场所。

本通知所称大型体育场馆，是指由各级人民政府或社会力量投资建设、向公众开放、达到《体育建筑设计规范》（JGJ 31—2003）有关规模规定的体育场（观众座位数20000座及以上）、体育馆（观众座位数3000座及以上），游泳馆、跳水馆（观众座位数 1500 座及以上）等体育建筑。

五、本通知所称用于体育活动的房产、土地，是指运动场地、看台、辅助用房（包括观众用房、运动员用房、竞赛管理用房、新闻媒介用房、广播电视用房、技术设备用房和场馆运营用房等）及占地，以及场馆配套设施（包括通道、道路、广场、绿化等）。

六、享受上述税收优惠体育场馆的运动场地用于体育活动的天数不得低于全年自然天数的 70%。

体育场馆辅助用房及配套设施用于非体育活动的部分，不得享受上述税收优惠。

七、高尔夫球、马术、汽车、卡丁车、摩托车的比赛场、训练场、练习场，除另有规定外，不得享受房产税、城镇土地使用税优惠政策。各省、自治区、直辖市财政、税务部门可根据本地区情况适时增加不得享受优惠体育场馆的类型。

八、符合上述减免税条件的纳税人，应当按照税收减免管理规定，持相关材料向主管税务机关办理减免税备案手续。

九、本通知自 2016 年 1 月 1 日起执行。此前规定与本通知规定不一致的，按本通知执行。

请遵照执行。

财政部　国家税务总局　证监会
关于内地与香港基金互认有关
税收政策的通知①

手机阅读

2015 年 12 月 14 日　财税〔2015〕125 号

各省、自治区、直辖市、计划单列市财政厅（局）、国家税务局、地方税务局，新疆生产建设兵团财务局，上海、深圳证券交易所，中国证券登记结算公司：

经国务院批准，现就内地与香港基金互认涉及的有关税收政策问题明确如下：

---

① 根据《财政部　税务总局　证监会关于继续执行内地与香港基金互认有关个人所得税政策的通知》（财税〔2018〕154 号），对内地个人投资者通过基金互认买卖香港基金份额取得的转让差价所得免征个人所得税政策将继续执行至 2019 年 12 月 4 日。

根据《财政部　税务总局　证监会关于继续执行沪港、深港股票市场交易互联互通机制和内地与香港基金互认有关个人所得税政策的公告》（财政部公告 2019 年第 93 号），对内地个人投资者通过沪港通、深港通投资香港联交所上市股票取得的转让差价所得和通过基金互认买卖香港基金份额取得的转让差价所得，自 2019 年 12 月 5 日起至 2022 年 12 月 31 日止，继续暂免征收个人所得税。

一、关于内地投资者通过基金互认买卖香港基金份额的所得税问题

1. 对内地个人投资者通过基金互认买卖香港基金份额取得的转让差价所得,自 2015 年 12 月 18 日起至 2018 年 12 月 17 日止,三年内暂免征收个人所得税。

2. 对内地企业投资者通过基金互认买卖香港基金份额取得的转让差价所得,计入其收入总额,依法征收企业所得税。

3. 内地个人投资者通过基金互认从香港基金分配取得的收益,由该香港基金在内地的代理人按照 20% 的税率代扣代缴个人所得税。

前款所称代理人是指依法取得中国证监会核准的公募基金管理资格或托管资格,根据香港基金管理人的委托,代为办理该香港基金内地事务的机构。

4. 对内地企业投资者通过基金互认从香港基金分配取得的收益,计入其收入总额,依法征收企业所得税。

二、关于香港市场投资者通过基金互认买卖内地基金份额的所得税问题

1. 对香港市场投资者(包括企业和个人)通过基金互认买卖内地基金份额取得的转让差价所得,暂免征收所得税。

2. 对香港市场投资者(包括企业和个人)通过基金互认从内地基金分配取得的收益,由内地上市公司向该内地基金分配股息红利时,对香港市场投资者按照 10% 的税率代扣所得税;或发行债券的企业向该内地基金分配利息时,对香港市场投资者按照 7% 的税率代扣所得税,并由内地上市公司或发行债券的企业向其主管税务机关办理扣缴申报。该内地基金向投资者分配收益时,不再扣缴所得税。

内地基金管理人应当向相关证券登记结算机构提供内地基金的香港市场投资者的相关信息。

三、关于内地投资者通过基金互认买卖香港基金份额和香港市场投资者买卖内地基金份额的营业税问题

1. 对香港市场投资者(包括单位和个人)通过基金互认买卖内地基金份额取得的差价收入,暂免征收营业税。

2. 对内地个人投资者通过基金互认买卖香港基金份额取得的差价收入,按现行政策规定暂免征收营业税。

3. 对内地单位投资者通过基金互认买卖香港基金份额取得的差价收入,按现行政策规定征免营业税。

四、关于内地投资者通过基金互认买卖香港基金份额和香港市场投资者通过基金互认买卖内地基金份额的印花税问题

1. 对香港市场投资者通过基金互认买卖、继承、赠与内地基金份额,按照内地现行税制规定,暂不征收印花税。

2. 对内地投资者通过基金互认买卖、继承、赠与香港基金份额,按照香港特别行政区现行印花税税法规定执行。

五、财政、税务、证监等部门要加强协调,通力合作,切实做好政策实施的各项工作。

基金管理人、基金代理机构、相关证券登记结算机构以及上市公司和发行债券的企业,应依照法律法规积极配合税务机关做好基金互认税收的扣缴申

报、征管及纳税服务工作。

六、本通知所称基金互认,是指内地基金或香港基金经香港证监会认可或中国证监会注册,在双方司法管辖区内向公众销售。所称内地基金,是指中国证监会根据《中华人民共和国证券投资基金法》注册的公开募集证券投资基金。所称香港基金,是指香港证监会根据香港法律认可公开销售的单位信托、互惠基金或者其他形式的集体投资计划。所称买卖基金份额,包括申购与赎回、交易。

七、本通知自 2015 年 12 月 18 日起执行。

财政部　国家税务总局关于将国家自主创新示范区有关税收试点政策推广到全国范围实施的通知

2015 年 10 月 23 日　财税〔2015〕116 号

各省、自治区、直辖市、计划单列市财政厅(局)、国家税务局、地方税务局,新疆生产建设兵团财务局:

根据国务院常务会议决定精神,将国家自主创新示范区试点的四项所得税政策推广至全国范围实施。现就有关税收政策问题明确如下:

一、关于有限合伙制创业投资企业法人合伙人企业所得税政策

1. 自 2015 年 10 月 1 日起,全国范围内的有限合伙制创业投资企业采取股权投资方式投资于未上市的中小高新技术企业满 2 年(24 个月)的,该有限合伙制创业投资企业的法人合伙人可按照其对未上市中小高新技术企业投资额的 70% 抵扣该法人合伙人从该有限合伙制创业投资企业分得的应纳税所得额,当年不足抵扣的,可以在以后纳税年度结转抵扣。

2. 有限合伙制创业投资企业的法人合伙人对未上市中小高新技术企业的投资额,按照有限合伙制创业投资企业对中小高新技术企业的投资额和合伙协议约定的法人合伙人占有限合伙制创业投资企业的出资比例计算确定。

二、关于技术转让所得企业所得税政策

1. 自 2015 年 10 月 1 日起,全国范围内的居民企业转让 5 年以上非独占许可使用权取得的技术转让所得,纳入享受企业所得税优惠的技术转让所得范围。居民企业的年度技术转让所得不超过 500 万元的部分,免征企业所得税;超过 500 万元的部分,减半征收企业所得税。

2. 本通知所称技术,包括专利(含国防专利)、计算机软件著作权、集成电路布图设计专有权、植物新品种权、生物医药新品种,以及财政部和国家税务总局确定的其他技术。其中,专利是指法律授予独占权的发明、实用新型以及非简单改变产品图案和形状的外观设计。

三、关于企业转增股本个人所得税政策

1. 自 2016 年 1 月 1 日起,全国范围内的中小高新技术企业以未分配利润、盈余公积、资本公积向个人股东转增股本时,个人股东一次缴纳个人所得税确有困难的,可根据实际情况自行制定分期缴税计划,在不超过 5 个公历年度内(含)分期缴纳,并将有关资料报主管税务机关备案。

2. 个人股东获得转增的股本,应按照"利息、股息、红利所得"项目,适用 20% 税率征收个人所得税。

3. 股东转让股权并取得现金收入的,该现金收入应优先用于缴纳尚未缴清的税款。

4. 在股东转让该部分股权之前,企业依法宣告破产,股东进行相关权益处置后没有取得收益或收益小于初始投资额的,主管税务机关对其尚未缴纳的个人所得税可不予追征。

5. 本通知所称中小高新技术企业,是指注册在中国境内实行查账征收的、经认定取得高新技术企业资格,且年销售额和资产总额均不超过 2 亿元、从业人数不超过 500 人的企业。

6. 上市中小高新技术企业或在全国中小企业股份转让系统挂牌的中小高新技术企业向个人股东转增股本,股东应纳的个人所得税,继续按照现行有关股息红利差别化个人所得税政策执行,不适用本通知规定的分期纳税政策。

四、关于股权奖励个人所得税政策

1. 自 2016 年 1 月 1 日起,全国范围内的高新技术企业转化科技成果,给予本企业相关技术人员的股权奖励,个人一次缴纳税款有困难的,可根据实际情况自行制定分期缴税计划,在不超过 5 个公历年度内(含)分期缴纳,并将有关资料报主管税务机关备案。

2. 个人获得股权奖励时,按照"工资薪金所得"项目,参照《财政部国家税务总局关于个人股票期权所得征收个人所得税问题的通知》(财税〔2005〕35 号)有关规定计算确定应纳税额。股权奖励的计税价格参照获得股权时的公平市场价格确定。

3. 技术人员转让奖励的股权(含奖励股权孳生的送、转股)并取得现金收入的,该现金收入应优先用于缴纳尚未缴清的税款。

4. 技术人员在转让奖励的股权之前企业依法宣告破产,技术人员进行相关权益处置后没有取得收益或资产,或取得的收益和资产不足以缴纳其取得股权尚未缴纳的应纳税款的部分,税务机关可不予追征。

5. 本通知所称相关技术人员,是指经公司董事会和股东大会决议批准获得股权奖励的以下两类人员:

(1)对企业科技成果研发和产业化作出突出贡献的技术人员,包括企业内关键职务科技成果的主要完成人、重大开发项目的负责人、对主导产品或者核心技术、工艺流程作出重大创新或者改进的主要技术人员。

(2)对企业发展作出突出贡献的经营管理人员,包括主持企业全面生产经营工作的高级管理人员,负责企业主要产品(服务)生产经营合计占主营业务收入(或者主营业务利润)50% 以上的中、高级经营管理人员。

企业面向全体员工实施的股权奖励,不得按本通知规定的税收政策执行。

6. 本通知所称股权奖励，是指企业无偿授予相关技术人员一定份额的股权或一定数量的股份。

7. 本通知所称高新技术企业，是指实行查账征收、经省级高新技术企业认定管理机构认定的高新技术企业。

财政部 国家税务总局 中国证券监督管理委员会关于沪港股票市场交易互联互通机制试点有关税收政策的通知

2014年10月31日 财税〔2014〕81号

各省、自治区、直辖市、计划单列市财政厅（局）、国家税务局、地方税务局，新疆生产建设兵团财务局，上海、深圳证券交易所，中国证券登记结算公司：

经国务院批准，现就沪港股票市场交易互联互通机制试点涉及的有关税收政策问题明确如下：

一、关于内地投资者通过沪港通投资香港联合交易所有限公司（以下简称香港联交所）上市股票的所得税问题

（一）内地个人投资者通过沪港通投资香港联交所上市股票的转让差价所得税。

对内地个人投资者通过沪港通投资香港联交所上市股票取得的转让差价所得，自2014年11月17日起至2017年11月16日止，暂免征收个人所得税。

（二）内地企业投资者通过沪港通投资香港联交所上市股票的转让差价所得税。

对内地企业投资者通过沪港通投资香港联交所上市股票取得的转让差价所得，计入其收入总额，依法征收企业所得税。

（三）内地个人投资者通过沪港通投资香港联交所上市股票的股息红利所得税。

对内地个人投资者通过沪港通投资香港联交所上市H股取得的股息红利，H股公司应向中国证券登记结算有限责任公司（以下简称中国结算）提出申请，由中国结算向H股公司提供内地个人投资者名册，H股公司按照20%的税率代扣个人所得税。内地个人投资者通过沪港通投资香港联交所上市的非H股取得的股息红利，由中国结算按照20%的税率代扣个人所得税。个人投资者在国外已缴纳的预提税，可持有效扣税凭证到中国结算的主管税务机关申请税收抵免。

对内地证券投资基金通过沪港通投资香港联交所上市股票取得的股息红利所得，按照上述规定计征个人所得税。

（四）内地企业投资者通过沪港通投资香港联交所上市股票的股息红利所得税。

1. 对内地企业投资者通过沪港通投资香港联交所上市股票取得的股息红利所得，计入其收入总额，依法计征企业所得税。其中，内地居民企业连续持有 H 股满 12 个月取得的股息红利所得，依法免征企业所得税。

2. 香港联交所上市 H 股公司应向中国结算提出申请，由中国结算向 H 股公司提供内地企业投资者名册，H 股公司对内地企业投资者不代扣股息红利所得税款，应纳税款由企业自行申报缴纳。

3. 内地企业投资者自行申报缴纳企业所得税时，对香港联交所非 H 股上市公司已代扣代缴的股息红利所得税，可依法申请税收抵免。

二、关于香港市场投资者通过沪港通投资上海证券交易所（以下简称上交所）上市 A 股的所得税问题

1. 对香港市场投资者（包括企业和个人）投资上交所上市 A 股取得的转让差价所得，暂免征收所得税。

2. 对香港市场投资者（包括企业和个人）投资上交所上市 A 股取得的股息红利所得，在香港中央结算有限公司（以下简称香港结算）不具备向中国结算提供投资者的身份及持股时间等明细数据的条件之前，暂不执行按持股时间实行差别化征税政策，由上市公司按照 10% 的税率代扣所得税，并向其主管税务机关办理扣缴申报。对于香港投资者中属于其他国家税收居民且其所在国与中国签订的税收协定规定股息红利所得税率低于 10% 的，企业或个人可以自行或委托代扣代缴义务人，向上市公司主管税务机关提出享受税收协定待遇的申请，主管税务机关审核后，应按已征税款和根据税收协定税率计算的应纳税款的差额予以退税。

三、关于内地和香港市场投资者通过沪港通买卖股票的营业税问题

1. 对香港市场投资者（包括单位和个人）通过沪港通买卖上交所上市 A 股取得的差价收入，暂免征收营业税。

2. 对内地个人投资者通过沪港通买卖香港联交所上市股票取得的差价收入，按现行政策规定暂免征收营业税。

3. 对内地单位投资者通过沪港通买卖香港联交所上市股票取得的差价收入，按现行政策规定征免营业税。

四、关于内地和香港市场投资者通过沪港通转让股票的证券（股票）交易印花税问题

香港市场投资者通过沪港通买卖、继承、赠与上交所上市 A 股，按照内地现行税制规定缴纳证券（股票）交易印花税。内地投资者通过沪港通买卖、继承、赠与联交所上市股票，按照香港特别行政区现行税法规定缴纳印花税。

中国结算和香港结算可互相代收上述税款。

五、本通知自 2014 年 11 月 17 日起执行。

财政部 海关总署 国家税务总局关于横琴、平潭开发有关增值税和消费税政策的通知

2014年6月11日 财税〔2014〕51号

广东、福建省财政厅、国家税务局，海关总署广东分署、拱北海关、福州海关：

为了贯彻落实《国务院关于横琴开发有关政策的批复》（国函〔2011〕85号）和《国务院关于平潭综合实验区总体发展规划的批复》（国函〔2011〕142号）精神，现就横琴、平潭开发有关增值税和消费税政策通知如下：

一、增值税和消费税退税政策

（一）内地销往横琴、平潭与生产有关的货物，视同出口，实行增值税和消费税退税政策。但下列货物不包括在内：

1. 财政部和国家税务总局规定不适用增值税退（免）税和免税政策的出口货物。

2. 横琴、平潭的商业性房地产开发项目采购的货物。

商业性房地产开发项目，是指兴建（包括改扩建）宾馆饭店、写字楼、别墅、公寓、住宅、商业购物场所、娱乐服务业场馆、餐饮业店馆以及其他商业性房地产项目。

3. 内地销往横琴、平潭不予退税的其他货物。具体范围见附件。

4. 按本通知第五条规定被取消退税或免税资格的企业购进的货物。

（二）内地货物销往横琴、平潭，适用增值税和消费税退税政策的，必须办理出口报关手续（水、蒸汽、电力、燃气除外）。海关总署将货物经"二线"进入横琴、平潭的《进境货物备案清单》的电子信息提供给国家税务总局。

（三）内地销往横琴、平潭的适用增值税和消费税退税政策的货物，销售企业在取得出口货物报关单（出口退税专用）后，应在中国电子口岸数据中心予以确认，并将取得的上述单证提供给横琴、平潭的购买企业，由横琴、平潭的购买企业向税务机关申报退税。申报退税时，应提供购进货物的出口货物报关单（出口退税专用）、进境货物备案清单、增值税专用发票、消费税专用缴款书（仅限于消费税应税货物）以及税务机关要求提供的其他资料。

税务机关应对企业申报退税的资料，与对应的电子信息进行核对无误后，按规定办理退税。

已申报退税的货物，其增值税专用发票上注明的增值税额，不得作为进项税额进行抵扣。已抵扣的进项税额，不得再申报退税。

（四）退税公式。

增值税应退税额＝购进货物的增值税专用发票注明的金额×购进货物适用的增值税退税率

从一般纳税人购进的按简易办法征税的货物和从小规模纳税人购进的货物，其适用的增值税退税率，按照购进货物适用的征收率和退税率孰低的原则确定。

消费税应退税额＝购进货物的消费税专用缴款书上注明的消费税额

二、横琴、平潭各自的区内企业之间销售其在本区内的货物，免征增值税和消费税。但上述企业之间销售的用于其本区内商业性房地产开发项目的货物，以及按本通知第五条规定被取消退税或免税资格的企业销售的货物，应按规定征收增值税和消费税。

三、横琴、平潭已享受免税、保税、退税政策的货物销往内地，除在"一线"已完税的生活消费类等货物外，按照有关规定征收进口税收。

四、横琴、平潭的在"一线"已完税的生活消费类等货物销往内地的，由税务机关按照现行规定征收增值税和消费税。

五、横琴、平潭的企业应单独核算按照本通知第一条或第二条规定退税或免税的货物。主管税务机关发现企业未按规定单独核算的，取消其享受本通知规定的退税和免税资格2年，并按规定予以处罚。

六、横琴、平潭的商业性房地产开发项目，由各自的区管委会行业主管部门会同当地财政、国税部门联合认定。

七、本通知有关增值税和消费税退税、免税的具体管理办法，由国家税务总局另行制定。

八、本通知自相关监管设施验收合格、正式开关运行之日起执行。增值税和消费税退税政策的执行时间，以出口货物报关单（出口退税专用）上注明的出口日期为准。

附件：内地销往横琴、平潭不予退税的货物清单（略）

财政部　国家税务总局关于棚户区改造有关税收政策的通知

手机阅读

2013年12月2日　财税〔2013〕101号

各省、自治区、直辖市、计划单列市财政厅（局）、地方税务局，西藏、宁夏、青海省（自治区）国家税务局，新疆生产建设兵团财务局：

为贯彻落实《国务院关于加快棚户区改造工作的意见》（国发〔2013〕25号）有关要求，现将棚户区改造相关税收政策通知如下：

一、对改造安置住房建设用地免征城镇土地使用税。对改造安置住房经营管理单位、开发商与改造安置住房相关的印花税以及购买安置住房的个人涉及的印花税予以免征。

在商品住房等开发项目中配套建造安置住房的,依据政府部门出具的相关材料、房屋征收(拆迁)补偿协议或棚户区改造合同(协议),按改造安置住房建筑面积占总建筑面积的比例免征城镇土地使用税、印花税。

二、企事业单位、社会团体以及其他组织转让旧房作为改造安置住房房源且增值额未超过扣除项目金额20%的,免征土地增值税。

三、对经营管理单位回购已分配的改造安置住房继续作为改造安置房源的,免征契税。

四、个人首次购买90平方米以下改造安置住房,按1%的税率计征契税;购买超过90平方米,但符合普通住房标准的改造安置住房,按法定税率减半计征契税。

五、个人因房屋被征收而取得货币补偿并用于购买改造安置住房,或因房屋被征收而进行房屋产权调换并取得改造安置住房,按有关规定减免契税。个人取得的拆迁补偿款按有关规定免征个人所得税。

六、本通知所称棚户区是指简易结构房屋较多、建筑密度较大、房屋使用年限较长、使用功能不全、基础设施简陋的区域,具体包括城市棚户区、国有工矿(含煤矿)棚户区、国有林区棚户区和国有林场危旧房、国有垦区危房。棚户区改造是指列入省级人民政府批准的棚户区改造规划或年度改造计划的改造项目;改造安置住房是指相关部门和单位与棚户区被征收人签订的房屋征收(拆迁)补偿协议或棚户区改造合同(协议)中明确用于安置被征收人的住房或通过改建、扩建、翻建等方式实施改造的住房。

七、本通知自2013年7月4日起执行。《财政部 国家税务总局关于城市和国有工矿棚户区改造项目有关税收优惠政策的通知》(财税〔2010〕42号)同时废止。2013年7月4日至文到之日的已征税款,按有关规定予以退税。

财政部 国家税务总局关于企业和自收自支事业单位向职工出租的单位自有住房房产税和营业税政策的通知

手机阅读

2013年11月27日 财税〔2013〕94号

各省、自治区、直辖市、计划单列市财政厅(局)、地方税务局,西藏、宁夏、青海省(自治区)国家税务局,新疆生产建设兵团财务局:

经研究,现就企业和自收自支事业单位向职工出租的单位自有住房的房产税和营业税政策进一步明确如下:

《财政部 国家税务总局关于调整住房租赁市场税收政策的通知》(财税〔2000〕125号)第一条规定,暂免征收房产税、营业税的企业和自收自支事业单位向职工出租的单位自有住房,是指按照公有住房管理或纳入县级以上政府廉租住房管理的单位自有住房。

财政部 国家税务总局关于中国信达资产管理股份有限公司等4家金融资产管理公司有关税收政策问题的通知

2013年8月28日 财税〔2013〕56号

各省、自治区、直辖市、计划单列市财政厅（局）、国家税务局、地方税务局、新疆生产建设兵团财务局：

经国务院批准，现对中国信达资产管理股份有限公司（原中国信达资产管理公司）、中国华融资产管理股份有限公司（原中国华融资产管理公司）、中国长城资产管理公司和中国东方资产管理公司（以下统称资产公司）在收购、承接和处置政策性剥离不良资产和改制银行剥离不良资产过程中有关税收政策问题通知如下：

一、中国信达资产管理股份有限公司、中国华融资产管理股份有限公司及其分支机构处置剩余政策性剥离不良资产比照执行《财政部 国家税务总局关于中国信达等4家金融资产管理公司税收政策问题的通知》（财税〔2001〕10号）、《财政部 国家税务总局关于4家资产管理公司接收资本金项下的资产在办理过户时有关税收政策问题的通知》（财税〔2003〕21号）、《国家税务总局关于中国信达等四家金融资产管理公司受让或出让上市公司股权免征证券（股票）交易印花税有关问题的通知》（国税发〔2002〕94号）规定的税收优惠政策。

中国长城资产管理公司和中国东方资产管理公司如经国务院批准改制后，继承其权利、义务的主体及其分支机构处置剩余政策性剥离不良资产比照执行前款所列规范性文件规定的税收优惠政策。

二、资产公司及其分支机构收购、承接和处置改制银行剥离不良资产比照执行其收购、承接和处置政策性剥离不良资产的税收优惠政策。

中国长城资产管理公司和中国东方资产管理公司如经国务院批准改制后，继承其权利、义务的主体及其分支机构处置改制银行剥离不良资产比照执行资产公司收购、承接和处置政策性剥离不良资产的税收优惠政策。

三、本通知所指政策性剥离指资产公司按照国务院规定的范围和额度，以账面价值进行收购的相关国有银行的不良资产。

本通知所指改制银行剥离不良资产是指资产公司按照《中国银行和中国建设银行改制过程中可疑类贷款处置管理办法》（财金〔2004〕53号）、《中国工商银行改制过程中可疑类贷款处置管理办法》（银发〔2005〕148号）规定及中国交通银行股份制改造时国务院确定的不良资产的范围和额度收购的不良资产。

本通知所指处置不良资产是指资产公司按照有关法律、行政法规，为使不良资产的价值得到实现而采取的债权转移的措施，具体包括运用出售、置换、资产重组、债转股、证券化等方法对贷款及其抵押品进行处置。

四、资产公司（含中国长城资产管理公司和中国东方资产管理公司如经国务院批准改制后继承其权利、义务的主体）除收购、承接、处置本通知规定的政策性剥离不良资产和改制银行剥离不良资产业务外，从事其他经营业务应一律依法纳税。

五、此前有关规定与本通知有抵触的，以本通知为准。

财政部　国家税务总局关于中国邮政储蓄银行改制上市有关税收政策的通知

2013年9月12日　财税〔2013〕53号

各省、自治区、直辖市、计划单列市财政厅（局）、国家税务局、地方税务局，新疆生产建设兵团财务局：

为支持中国邮政储蓄银行改制上市工作，经国务院批准，现就其改制上市过程中涉及的有关税收政策明确如下：

一、中国邮政储蓄银行改制上市过程中涉及的中国邮政储蓄银行和中国邮政集团公司资产评估增值1094212.3万元应缴纳的企业所得税不征收入库，直接转计中国邮政集团公司的国有资本金。

二、对上述经过评估的资产，原中国邮政储蓄银行有限责任公司（含所属各级分支行，下同）、中国邮政储蓄银行股份有限公司（含所属各级分支行，下同）和中国邮政集团公司（含各省、自治区、直辖市邮政公司及所属邮政企业，下同）可按评估后的资产价值计提折旧或摊销，并在企业所得税税前扣除。

三、对中国邮政集团公司向原中国邮政储蓄银行有限责任公司转移出资产、中国邮政集团公司以实物资产抵偿原中国邮政储蓄银行有限责任公司的储蓄和汇总利息损失挂账，以及中国邮政集团与原中国邮政储蓄银行有限责任公司之间进行资产置换过程中涉及的土地、房屋、机器设备、软件和应用系统的权属转移，免征营业税和增值税。

四、对中国邮政集团公司与原中国邮政储蓄银行有限责任公司之间划转、变更土地、房屋等资产权属交易涉及的土地增值税予以免征（《财政部　国家税务总局关于土地增值税若干问题的通知》（财税〔2006〕21号）第五条规定不予免征的情形除外）。

五、中国邮政储蓄银行改制过程中涉及的契税、印花税，按照《财政部　国家税务总局关于企业事业单位改制重组契税政策的通知》（财税〔2012〕4号）和《财政部　国家税务总局关于企业改制过程中有关印花税政策的通知》（财税〔2003〕183号）的规定执行。

财政部 海关总署 国家税务总局关于第二届夏季青年奥林匹克运动会等三项国际综合运动会税收政策的通知

2013年1月22日 财税〔2013〕11号

各省、自治区、直辖市、计划单列市财政厅（局）、国家税务局、地方税务局，新疆生产建设兵团财务局，海关总署广东分署、各直属海关：

经国务院批准，现就2014年南京第二届夏季青年奥林匹克运动会（以下简称青奥会）、2013年南京第二届亚洲青年运动会（以下简称亚青会）和2013年天津第六届东亚运动会（以下简称东亚会）等三项国际综合运动会的有关税收政策问题通知如下：

一、关于青奥会组织委员会、亚青会组织委员会和东亚会组织委员会（以下统称组委会）的税收政策

1. 对组委会取得的电视转播权销售分成收入、赞助计划分成收入（包括实物和资金），免征应缴纳的营业税。

2. 对组委会取得的国内外赞助收入、转让无形资产（如标志）特许收入、宣传推广费收入、销售门票收入及所发收费卡收入，免征应缴纳的营业税。

3. 对组委会取得的与国家邮政局合作发行纪念邮票收入、与中国人民银行合作发行纪念币收入，免征应缴纳的营业税。

4. 对组委会取得的来源于广播、因特网、电视等媒体收入，免征应缴纳的营业税。

5. 对组委会按国际奥委会、亚奥理事会或东亚运动会联合会理事会核定价格收取的运动员食宿费及提供有关服务取得的收入，免征应缴纳的营业税。

6. 对组委会赛后出让资产取得的收入，免征应缴纳的营业税。

7. 对组委会使用的营业账簿和签订的各类合同等应税凭证，免征组委会应缴纳的印花税。

8. 对组委会的车船，由江苏省、天津市人民政府根据车船税法实施条例第十条第二款的规定，确定相应车船税的具体减免期限和数额，并报国务院备案。

二、关于青奥会、亚青会和东亚会参与者的税收政策

1. 对参赛运动员因青奥会、亚青会和东亚会比赛获得的奖金和其他奖赏收入，按现行税收法律法规的有关规定征免应缴纳的个人所得税。

2. 对企事业单位、社会团体和其他组织以及个人通过公益性社会团体或者县级以上人民政府及其部门捐赠青奥会、亚青会和东亚会的资金、物资支出，在计算企业和个人应纳税所得额时按现行税收法律法规的有关规定予以税前扣除。

3. 对财产所有人将财产（物品）捐赠给组委会所书立的产权转移书据，免征应缴纳的印花税。

三、关于青奥会、亚青会和东亚会（以下统称运动会）的进口税收政策

1. 对组委会为举办运动会进口的国际奥委会、亚奥理事会、东亚运动会联合会理事会或国际单项体育组织指定的，国内不能生产或性能不能满足需要的直接用于运动会比赛的消耗品，免征关税、进口环节增值税和消费税。

享受免税政策的进口比赛用消耗品的范围、数量清单，由组委会汇总后报财政部商有关部门审核确定。

2. 对组委会进口的其他特需物资，包括：国际奥委会、亚奥理事会、东亚运动会联合会理事会或国际单项体育组织指定的、我国国内不能生产或性能不能满足需要的体育竞赛器材、医疗检测设备、安全保障设备、交通通讯设备、技术设备，在运动会期间按暂准进口货物规定办理，运动会结束后复运出境的予以核销；留在境内或做变卖处理的，按有关规定办理正式进口手续，并照章缴纳关税、进口环节增值税和消费税。

四、关于税收政策的执行时间

青奥会税收政策自2011年1月1日起执行，亚青会、东亚会税收政策自2012年1月1日起执行。

各地财政、税务及海关等管理部门要密切关注税收政策的执行情况，对发现的问题及时逐级向财政部、国家税务总局和海关总署反映。

财政部 海关总署 国家税务总局关于赣州市执行西部大开发税收政策问题的通知①

手机阅读

2013年1月10日 财税〔2013〕4号

江西省财政厅、国家税务局、地方税务局，海关总署广东分署、各直属海关：

为贯彻落实《国务院关于支持赣南等原中央苏区振兴发展的若干意见》（国发〔2012〕21号）关于赣州市执行西部大开发政策的规定，现将赣州市执行西部大开发税收政策问题通知如下：

一、对赣州市内资鼓励类产业、外商投资鼓励类产业及优势产业的项目在投资总额内进口的自用设备，在政策规定范围内免征关税。

二、自2012年1月1日至2020年12月31日，对设在赣州市的鼓励类产业的内资企业和外商投资企业减按15%的税率征收企业所得税。

---

① 根据《关于延续西部大开发企业所得税政策的公告》（财政部公告2020年第23号）本法中企业所得税政策规定自2021年1月1日起停止执行。

鼓励类产业的内资企业是指以《产业结构调整指导目录》中规定的鼓励类产业项目为主营业务，且其主营业务收入占企业收入总额70%以上的企业。

鼓励类产业的外商投资企业是指以《外商投资产业指导目录》中规定的鼓励类项目和《中西部地区外商投资优势产业目录》中规定的江西省产业项目为主营业务，且其主营业务收入占企业收入总额70%以上的企业。

三、本通知自2012年1月1日起执行。

财政部　国家税务总局　中宣部关于下发世界知识出版社等35家中央所属转制文化企业名单的通知

2011年12月31日　财税〔2011〕120号

北京市、河南省财政厅（局）、国家税务局、地方税务局，北京市、河南省党委宣传部：

按照《财政部　国家税务总局　中宣部关于转制文化企业名单及认定问题的通知》（财税〔2009〕105号）的规定，世界知识出版社等35家中央所属文化企业已被认定为转制文化企业，现将名单发给你们，名单所列转制文化企业按照《财政部　国家税务总局关于文化体制改革中经营性文化事业单位转制为企业的若干税收政策问题的通知》（财税〔2009〕34号）的规定享受税收优惠政策。税收优惠政策的执行起始期限按《财政部　国家税务总局　中宣部关于下发红旗出版社有限责任公司等中央所属转制文化企业名单的通知》（财税〔2011〕3号）的规定执行。

特此通知。

附件：中央所属转制文化企业名单（略）

财政部　国家税务总局关于中国邮政集团公司邮政速递物流业务重组改制有关税收问题的通知

2011年12月8日　财税〔2011〕116号

各省、自治区、直辖市、计划单列市财政厅（局）、国家税务局、地方税务局，新疆生产建设兵团财务局：

经国务院批准,现将中国邮政集团公司邮政速递物流业务重组改制有关增值税、营业税和土地增值税政策通知如下:

一、对因中国邮政集团公司邮政速递物流业务重组改制,中国邮政集团公司向中国邮政速递物流股份有限公司、各省(包括自治区、直辖市,下同)邮政公司向各省邮政速递物流有限公司转移资产应缴纳的增值税、营业税,予以免征。

二、对因中国邮政集团公司邮政速递物流业务重组改制,中国邮政集团公司向中国邮政速递物流股份有限公司、各省邮政公司向各省邮政速递物流有限公司转移房地产产权应缴纳的土地增值税,予以免征。

三、对本通知到达之日前,上述已缴纳的应予免征的增值税或营业税,允许从纳税人以后应缴纳的增值税或营业税税款中抵减或予以退ը;已缴纳的应予免征的土地增值税,予以退还。纳税人如果已向购买方(或接收方)开具了增值税专用发票,应将增值税专用发票追回后方可申请办理免税;凡增值税专用发票无法追回的,一律照章征收增值税,不予免税。

财政部 国家税务总局关于地方政府债券利息所得免征所得税问题的通知

2011年8月26日 财税〔2011〕76号

各省、自治区、直辖市、计划单列市财政厅(局)、国家税务局、地方税务局,新疆生产建设兵团财务局:

经国务院批准,现就地方政府债券利息所得有关所得税政策通知如下:

一、对企业和个人取得的2009年、2010年和2011年发行的地方政府债券利息所得,免征企业所得税和个人所得税。

二、地方政府债券是指经国务院批准,以省、自治区、直辖市和计划单列市政府为发行和偿还主体的债券。

财政部　海关总署　国家税务总局关于深入实施西部大开发战略有关税收政策问题的通知①

2011年7月27日　财税〔2011〕58号

各省、自治区、直辖市、计划单列市财政厅（局）、国家税务局、地方税务局，新疆生产建设兵团财务局，海关总署广东分署、各直属海关：

为贯彻落实党中央、国务院关于深入实施西部大开发战略的精神，进一步支持西部大开发，现将有关税收政策问题通知如下：

一、对西部地区内资鼓励类产业、外商投资鼓励类产业及优势产业的项目在投资总额内进口的自用设备，在政策规定范围内免征关税。

二、自2011年1月1日至2020年12月31日，对设在西部地区的鼓励类产业企业减按15%的税率征收企业所得税。

上述鼓励类产业企业是指以《西部地区鼓励类产业目录》中规定的产业项目为主营业务，且其主营业务收入占企业收入总额70%以上的企业。《西部地区鼓励类产业目录》另行发布。

三、对西部地区2010年12月31日前新办的、根据《财政部　国家税务总局　海关总署关于西部大开发税收优惠政策问题的通知》（财税〔2001〕202号）第二条第三款规定可以享受企业所得税"两免三减半"优惠的交通、电力、水利、邮政、广播电视企业，其享受的企业所得税"两免三减半"优惠可以继续享受到期满为止。

四、本通知所称西部地区包括重庆市、四川省、贵州省、云南省、西藏自治区、陕西省、甘肃省、宁夏回族自治区、青海省、新疆维吾尔自治区、新疆生产建设兵团、内蒙古自治区和广西壮族自治区。湖南省湘西土家族苗族自治州、湖北省恩施土家族苗族自治州、吉林省延边朝鲜族自治州，可以比照西部地区的税收政策执行。

五、本通知自2011年1月1日起执行。《财政部　国家税务总局海关总署关于西部大开发税收优惠政策问题的通知》（财税〔2001〕202号）、《国家税务总局关于落实西部大开发有关税收政策具体实施意见的通知》（国税发〔2002〕47号）、《财政部　国家税务总局关于西部大开发税收优惠政策适用目录变更问题的通知》（财税〔2006〕165号）、《财政部　国家税务总局关于将

---

① 根据《关于延续西部大开发企业所得税政策的公告》（财政部公告2020年第23号），本法有关企业所得税政策规定自2021年1月1日起停止执行。

西部地区旅游景点和景区经营纳入西部大开发税收优惠政策范围的通知》（财税〔2007〕65号）自2011年1月1日起停止执行。

财政部　国家税务总局　中宣部关于下发人民网股份有限公司等81家中央所属转制文化企业名单的通知

2011年4月27日　财税〔2011〕27号

北京市财政局、国家税务局、地方税务局，北京市宣传部：

按照《财政部　国家税务总局　中宣部关于转制文化企业名单及认定问题的通知》（财税〔2009〕105号）的规定，人民网股份有限公司等81家中央所属文化企业已被认定为转制文化企业，现将名单发给你们，名单所列转制文化企业按照《财政部　国家税务总局关于文化体制改革中经营性文化事业单位转制为企业的若干税收政策问题的通知》（财税〔2009〕34号）的规定享受税收优惠政策。税收优惠政策的执行启始期限按《财政部　国家税务总局　中宣部关于下发红旗出版社有限责任公司等中央所属转制文化企业名单的通知》（财税〔2011〕3号）的规定执行。

特此通知。

附件：中央所属转制文化企业名单（略）

财政部　国家税务总局关于中国联合网络通信集团有限公司转让CDMA网及其用户资产企业合并资产整合过程中涉及的增值税　营业税　印花税和土地增值税政策问题的通知

2011年3月10日　财税〔2011〕13号

各省、自治区、直辖市、计划单列市财政厅（局）、国家税务局、地方税务局，新疆生产建设兵团财务局：

经国务院批准，现就中国联合网络通信集团有限公司及其所属公司因电信重组改革转让CDMA网及其用户资产、企业合并、资产整合过程中涉及的增值税、营业税、印花税和土地增值税政策问题通知如下：

一、对中国联合网络通信集团有限公司（原中国联合通信有限公司）、联通新时空通信有限公司（原联通新时空移动通信有限公司）、中国联合网络通信有限公司（原中国联通有限公司）在转让 CDMA 资产和业务过程中应缴纳的增值税、营业税，予以免征。

二、对中国联合网络通信集团有限公司向中国联合网络通信有限公司转让原网通南方 21 省固网业务、北方一级干线资产，原联通天津、四川、重庆三地固网业务及天津固网资产，向联通新时空通信有限公司（原联通新时空移动通信有限公司）注入原网通南方 21 省固网资产及原联通四川、重庆固网资产过程中应缴纳的增值税、营业税，予以免征。

三、对联通新国信通信有限公司向中国联合网络通信集团有限公司（原中国联合通信有限公司）转让不动产过程中涉及的营业税，予以免征。

四、对中国联合网络通信集团有限公司吸收合并中国网络通信集团公司，中国联合网络通信有限公司吸收合并中国网通（集团）有限公司过程中，新增加的资本金，凡原已贴花的部分不再贴花。

五、对中国联合网络通信集团有限公司吸收合并中国网络通信集团公司，中国联合网络通信有限公司吸收合并中国网通（集团）有限公司过程中，所签订的产权转移书据涉及的印花税，予以免征。

六、对中国联合通信有限公司、联通新时空移动通信有限公司、联通兴业科贸有限公司向中国电信集团公司转让 CDMA 资产、股权，中国联通有限公司、中国联通股份有限公司、联通国际通信有限公司向中国电信股份有限公司转让 CDMA 业务、股权过程中所签订的协议涉及的印花税，予以免征。

七、对中国联合网络通信集团有限公司、中国网络通信集团公司向中国联合通信股份有限公司转让相关电信业务、资产及股权，中国联合通信股份有限公司向中国联合网络通信有限公司转让相关电信业务、资产及股权，联通新国信通信有限公司向中国联合通信有限公司转让资产，联通新国信通信有限公司向联通新时空移动通信有限公司转让股权过程中，所签订的协议涉及的印花税，予以免征。

八、对联通新时空移动通信有限公司接受中国联合网络通信集团有限公司南方 21 省、自治区、直辖市的固定通信网络资产而增加资本金涉及的印花税，予以免征。

九、对中国联合网络通信集团有限公司（原中国联合通信有限公司）、联通新时空通信有限公司（原联通新时空移动通信有限公司）、中国联合网络通信有限公司（原中国联通有限公司）向中电信转让 CDMA 网络资产和业务过程中，转让房地产涉及的土地增值税，予以免征。

十、对中国联合网络通信集团有限公司吸收合并中国网络通信集团公司、中国联合网络通信有限公司吸收合并中国网通（集团）有限公司过程中涉及的土地增值税，予以免征。

十一、对联通新国信通信有限公司在资产整合过程中，向中国联合网络通信集团有限公司（原中国联合通信有限公司）转让房地产涉及的土地增值税，予以免征。

请遵照执行。

财政部 国家税务总局 中宣部关于下发红旗出版社有限责任公司等中央所属转制文化企业名单的通知

2011年3月16日 财税〔2011〕3号

各省、自治区、直辖市、计划单列市党委宣传部、财政厅（局）、国家税务局、地方税务局，新疆生产建设兵团财务局：

一、按照《财政部 国家税务总局 中宣部关于转制文化企业名单及认定问题的通知》（财税〔2009〕105号）的规定，红旗出版社有限责任公司等二十二家中央所属文化企业已被认定为转制文化企业，现将名单发给你们，名单所列转制文化企业按照《财政部 国家税务总局关于文化体制改革中经营性文化事业单位转制为企业的若干税收政策问题的通知》（财税〔2009〕34号）的规定享受税收优惠政策。

二、财税〔2009〕34号文件中"转制注册之日"是指经营性文化事业单位转制为企业并进行工商注册之日。对于经营性文化事业单位转制前已进行企业法人登记，则按注销事业单位法人登记之日或核销事业编制的批复之日（转制前并没有进行事业单位法人登记）起确定转制完成并享受财税〔2009〕34号文件规定的税收优惠政策。本通知下发前各地不论是按转制注册之日还是按转制批复之日计算已征免的税款部分，不再做调整。

特此通知。

附件：中央所属转制文化企业名单（略）

财政部 国家税务总局关于中国信达资产管理股份有限公司改制过程中有关契税和印花税问题的通知

2011年1月24日 财税〔2011〕2号

各省、自治区、直辖市、计划单列市财政厅（局）、地方税务局，新疆生产建设兵团财务局：

为支持资产管理公司改制，促进我国金融业健康发展，现对中国信达资产管理股份有限公司改制过程中有关契税、印花税问题通知如下：

一、对中国信达资产管理股份有限公司承受原中国信达资产管理公司的土地、房屋权属，免征契税；对中国信达资产管理股份有限公司与其所属企业之间，中国信达资产管理股份有限公司所属企业之间土地、房屋权属的无偿划转，免征契税。对中国信达资产管理股份有限公司及其所属企业以出让或国家作价出资（入股）方式取得原国有划拨土地使用权的，照章征收契税。

二、对中国信达资产管理股份有限公司改制过程中资产评估增值转增资本金涉及的印花税予以免征。对改制后再增加的资本金涉及的印花税照章征收。

请遵照执行。

财政部 国家税务总局关于安置残疾人就业单位城镇土地使用税等政策的通知

手机阅读

2010年12月21日 财税〔2010〕121号

各省、自治区、直辖市、计划单列市财政厅（局）、地方税务局，西藏、青海、宁夏省（自治区）国家税务局，新疆生产建设兵团财务局：

经研究，现将安置残疾人就业单位城镇土地使用税等政策通知如下：

一、关于安置残疾人就业单位的城镇土地使用税问题

对在一个纳税年度内月平均实际安置残疾人就业人数占单位在职职工总数的比例高于25%（含25%）且实际安置残疾人人数高于10人（含10人）的单位，可减征或免征该年度城镇土地使用税。具体减免税比例及管理办法由省、自治区、直辖市财税主管部门确定。

《国家税务局关于土地使用税若干具体问题的解释和暂行规定》（国税地字〔1988〕15号）第十八条第四项同时废止。

二、关于出租房产免收租金期间房产税问题

对出租房产，租赁双方签订的租赁合同约定有免收租金期限的，免收租金期间由产权所有人按照房产原值缴纳房产税。

三、关于将地价计入房产原值征收房产税问题

对按照房产原值计税的房产，无论会计上如何核算，房产原值均应包含地价，包括为取得土地使用权支付的价款、开发土地发生的成本费用等。宗地容积率低于0.5的，按房产建筑面积的2倍计算土地面积并据此确定计入房产原值的地价。

本通知自发文之日起执行。此前规定与本通知不一致的，按本通知执行。各地财税部门要加强对政策执行情况的跟踪了解，对执行中发现的问题，及时上报财政部和国家税务总局。

财政部 国家税务总局关于促进节能服务产业发展增值税、营业税和企业所得税政策问题的通知

手机阅读

2010年12月30日 财税〔2010〕110号

各省、自治区、直辖市、计划单列市财政厅（局）、国家税务局、地方税务局，新疆生产建设兵团财务局：

为鼓励企业运用合同能源管理机制，加大节能减排技术改造工作力度，根据税收法律法规有关规定和《国务院办公厅转发发展改革委等部门关于加快推进合同能源管理促进节能服务产业发展意见的通知》（国办发〔2010〕25号）精神，现将节能服务公司实施合同能源管理项目涉及的增值税、营业税和企业所得税政策问题通知如下：

一、关于增值税、营业税政策问题

（一）对符合条件的节能服务公司实施合同能源管理项目，取得的营业税应税收入，暂免征收营业税。

（二）节能服务公司实施符合条件的合同能源管理项目，将项目中的增值税应税货物转让给用能企业，暂免征收增值税。

（三）本条所称"符合条件"是指同时满足以下条件：

1. 节能服务公司实施合同能源管理项目相关技术应符合国家质量监督检验检疫总局和国家标准化管理委员会发布的《合同能源管理技术通则》（GB/T 24915—2010）规定的技术要求；

2. 节能服务公司与用能企业签订《节能效益分享型》合同，其合同格式和内容，符合《合同法》和国家质量监督检验检疫总局和国家标准化管理委员会发布的《合同能源管理技术通则》（GB/T 24915—2010）等规定。

二、关于企业所得税政策问题

（一）对符合条件的节能服务公司实施合同能源管理项目，符合企业所得税税法有关规定的，自项目取得第一笔生产经营收入所属纳税年度起，第一年至第三年免征企业所得税，第四年至第六年按照25%的法定税率减半征收企业所得税。

（二）对符合条件的节能服务公司，以及与其签订节能效益分享型合同的用能企业，实施合同能源管理项目有关资产的企业所得税税务处理按以下规定执行：

1. 用能企业按照能源管理合同实际支付给节能服务公司的合理支出，均可以在计算当期应纳税所得额时扣除，不再区分服务费用和资产价款进行税务处理；

2. 能源管理合同期满后,节能服务公司转让给用能企业的因实施合同能源管理项目形成的资产,按折旧或摊销期满的资产进行税务处理,用能企业从节能服务公司接受有关资产的计税基础也应按折旧或摊销期满的资产进行税务处理;

3. 能源管理合同期满后,节能服务公司与用能企业办理有关资产的权属转移时,用能企业已支付的资产价款,不再另行计入节能服务公司的收入。

(三)本条所称"符合条件"是指同时满足以下条件:

1. 具有独立法人资格,注册资金不低于100万元,且能够单独提供用能状况诊断、节能项目设计、融资、改造(包括施工、设备安装、调试、验收等)、运行管理、人员培训等服务的专业化节能服务公司;

2. 节能服务公司实施合同能源管理项目相关技术应符合国家质量监督检验检疫总局和国家标准化管理委员会发布的《合同能源管理技术通则》(GB/T 24915—2010)规定的技术要求;

3. 节能服务公司与用能企业签订《节能效益分享型》合同,其合同格式和内容,符合《合同法》和国家质量监督检验检疫总局和国家标准化管理委员会发布的《合同能源管理技术通则》(GB/T 24915—2010)等规定;

4. 节能服务公司实施合同能源管理的项目符合《财政部 国家税务总局 国家发展改革委关于公布环境保护 节能节水项目企业所得税优惠目录(试行)的通知》(财税〔2009〕166号)"4、节能减排技术改造"类中第一项至第八项规定的项目和条件;

5. 节能服务公司投资额不低于实施合同能源管理项目投资总额的70%;

6. 节能服务公司拥有匹配的专职技术人员和合同能源管理人才,具有保障项目顺利实施和稳定运行的能力。

(四)节能服务公司与用能企业之间的业务往来,应当按照独立企业之间的业务往来收取或者支付价款、费用。不按照独立企业之间的业务往来收取或者支付价款、费用,而减少其应纳税所得额的,税务机关有权进行合理调整。

(五)用能企业对从节能服务公司取得的与实施合同能源管理项目有关的资产,应与企业其他资产分开核算,并建立辅助账或明细账。

(六)节能服务公司同时从事适用不同税收政策待遇项目的,其享受税收优惠项目应当单独计算收入、扣除,并合理分摊企业的期间费用;没有单独计算的,不得享受税收优惠政策。

三、本通知自2011年1月1日起执行。

财政部　国家税务总局　住房和城乡建设部关于调整房地产交易环节契税个人所得税优惠政策的通知

2010年9月29日　财税〔2010〕94号

各省、自治区、直辖市、计划单列市财政厅（局）、地方税务局、住房城乡建设厅（建委、房地局），西藏、宁夏、青海省（自治区）国税局，新疆生产建设兵团财务局、建设局：

经国务院批准，现就调整房地产交易环节契税、个人所得税有关优惠政策通知如下：

一、关于契税政策

（一）对个人购买普通住房，且该住房属于家庭（成员范围包括购房人、配偶以及未成年子女，下同）唯一住房的，减半征收契税。对个人购买90平方米及以下普通住房，且该住房属于家庭唯一住房的，减按1%税率征收契税。

征收机关应查询纳税人契税纳税记录；无记录或有记录但有疑义的，根据纳税人的申请或授权，由房地产主管部门通过房屋登记信息系统查询纳税人家庭住房登记记录，并出具书面查询结果。如因当地暂不具备查询条件而不能提供家庭住房登记查询结果的，纳税人应向征收机关提交家庭住房实有套数书面诚信保证。诚信保证不实的，属于虚假纳税申报，按照《中华人民共和国税收征收管理法》的有关规定处理。

具体操作办法由各省、自治区、直辖市财政、税务、房地产主管部门共同制定。

（二）个人购买的普通住房，凡不符合上述规定的，不得享受上述优惠政策。

二、关于个人所得税政策

对出售自有住房并在1年内重新购房的纳税人不再减免个人所得税。

本通知自2010年10月1日起执行。《财政部　国家税务总局关于调整房地产市场若干税收政策的通知》（财税字〔1999〕210号）第一条有关契税的规定、《财政部　国家税务总局关于调整房地产交易环节税收政策的通知》（财税〔2008〕137号）第一条、《财政部　国家税务总局　建设部关于个人出售住房所得征收个人所得税有关问题的通知》（财税字〔1999〕278号）第三条同时废止。

特此通知。

财政部　国家税务总局关于明确中国邮政集团公司邮政速递物流业务重组改制过程中有关契税和印花税政策的通知

2010年10月25日　财税〔2010〕92号

各省、自治区、直辖市、计划单列市财政厅（局）、地方税务局，新疆生产建设兵团财务局：

为支持邮政速递物流业务重组改制，根据《财政部　国家税务总局关于企业改制重组若干契税政策的通知》（财税〔2008〕175号）和《财政部　国家税务总局关于企业改制过程中有关印花税政策的通知》（财税〔2003〕183号）的规定，现对中国邮政集团公司邮政速递物流业务重组改制过程中有关契税和印花税政策明确如下：

一、对中国邮政速递物流公司、中国邮政速递物流股份有限公司及其子公司在邮政速递物流业务重组改制过程中承受中国邮政集团公司及所属邮政企业的土地、房屋权属，免征契税。对中国邮政集团公司及其所属企业以出让或国家作价出资（入股）方式取得原国有划拨土地使用权的，应征收契税。

二、中国邮政速递物流公司、中国邮政速递物流股份有限公司及其子公司在重组改制过程中新启用的资金账簿记载的资金或因建立资本纽带关系而增加的资金，凡原已贴花的部分不再贴花，未贴花的部分和以后新增加的资金按规定贴花。

三、中国邮政速递物流股份有限公司及其子公司改制前签订但尚未履行完的各类应税合同，改制后需要变更执行主体的，对仅改变执行主体、其余条款未作变动且改制前已经贴花的，不再贴花。

四、中国邮政集团及其所属邮政企业与中国邮政速递物流公司、中国邮政速递物流股份有限公司及其子公司因重组改制签订的产权转移书据免予贴花。

请遵照执行。

财政部　国家税务总局关于海峡两岸空中直航营业税和企业所得税政策的通知

2010年9月6日　财税〔2010〕63号

各省、自治区、直辖市、计划单列市财政厅（局）、国家税务局、地方税务局、新疆生产建设兵团财务局：

为推动海峡两岸空中直航，经国务院批准，现对海峡两岸空中直航业务有关税收政策通知如下：

一、自2009年6月25日起，对台湾航空公司从事海峡两岸空中直航业务在大陆取得的运输收入，免征营业税。

对台湾航空公司在2009年6月25日起至文到之日已缴纳应予免征的营业税，从以后应缴的营业税税款中抵减，在2010年内抵减不完的予以退还。

二、自2009年6月25日起，对台湾航空公司从事海峡两岸空中直航业务取得的来源于大陆的所得，免征企业所得税。

对台湾航空公司在2009年6月25日起至文到之日已缴纳应予免征的企业所得税，在2010年内予以退还。

享受企业所得税免税政策的台湾航空公司应当按照企业所得税法实施条例的有关规定，单独核算其从事上述业务在大陆取得的收入和发生的成本、费用；未单独核算的，不得享受免征企业所得税政策。

三、本通知所称台湾航空公司，是指取得中国民用航空局颁发的"经营许可"或依据《海峡两岸空运协议》和《海峡两岸空运补充协议》规定，批准经营两岸旅客、货物和邮件不定期（包机）运输业务，且公司登记地址在台湾的航空公司。

财政部　国家税务总局关于免征国家重大水利工程建设基金的城市维护建设税和教育费附加的通知

手机阅读

2010年5月25日　财税〔2010〕44号

各省、自治区、直辖市、计划单列市财政厅（局）、地方税务局，新疆生产建设兵团财务局：

经国务院批准，为支持国家重大水利工程建设，对国家重大水利工程建设基金免征城市维护建设税和教育费附加。

本通知自发文之日起执行。

财政部 国家税务总局关于股改及合资铁路运输企业房产税、城镇土地使用税有关政策的通知

2009年11月25日 财税〔2009〕132号

各省、自治区、直辖市、计划单列市财政厅（局）、地方税务局，新疆生产建设兵团财政局：

为支持铁路股份制改革和合资铁路发展，经国务院批准，现对股改铁路运输企业和合资铁路运输公司房产税、城镇土地使用税有关政策明确如下：

对股改铁路运输企业及合资铁路运输公司自用的房产、土地暂免征收房产税和城镇土地使用税。其中股改铁路运输企业是指铁路运输企业经国务院批准进行股份制改革成立的企业；合资铁路运输公司是指由铁道部及其所属铁路运输企业与地方政府、企业或其他投资者共同出资成立的铁路运输企业。

请遵照执行。

财政部 国家税务总局关于房产税城镇土地使用税有关问题的通知

2009年11月22日 财税〔2009〕128号

各省、自治区、直辖市、计划单列市财政厅（局）、地方税务局，西藏、宁夏、青海省（自治区）国家税务局，新疆生产建设兵团财务局：

为完善房产税、城镇土地使用税政策，堵塞税收征管漏洞，现将房产税、城镇土地使用税有关问题明确如下：

一、关于无租使用其他单位房产的房产税问题

无租使用其他单位房产的应税单位和个人，依照房产余值代缴纳房产税。

二、关于出典房产的房产税问题

产权出典的房产，由承典人依照房产余值缴纳房产税。

三、关于融资租赁房产的房产税问题

融资租赁的房产，由承租人自融资租赁合同约定开始日的次月起依照房产余值缴纳房产税。合同未约定开始日的，由承租人自合同签订的次月起依照房产余值缴纳房产税。

四、关于地下建筑用地的城镇土地使用税问题

对在城镇土地使用税征税范围内单独建造的地下建筑用地,按规定征收城镇土地使用税。其中,已取得地下土地使用权证的,按土地使用权证确认的土地面积计算应征税款;未取得地下土地使用权证或地下土地使用权证上未标明土地面积的,按地下建筑垂直投影面积计算应征税款。

对上述地下建筑用地暂按应征税款的50%征收城镇土地使用税。

五、本通知自2009年12月1日起执行。《财政部税务总局关于房产税若干具体问题的解释和暂行规定》(〔86〕财税地字第008号)第七条、《国家税务总局关于安徽省若干房产税业务问题的批复》(国税函发〔1993〕368号)第二条同时废止。

财政部 国家税务总局关于扶持动漫产业发展有关税收政策问题的通知①

2009年7月17日 财税〔2009〕65号

各省、自治区、直辖市、计划单列市财政厅(局)、国家税务局、地方税务局:

根据《国务院办公厅转发财政部等部门关于推动我国动漫产业发展若干意见的通知》(国办发〔2006〕32号)的精神,文化部会同有关部门于2008年12月下发了《动漫企业认定管理办法(试行)》(文市发〔2008〕51号)。为促进我国动漫产业健康快速发展,增强动漫产业的自主创新能力,现就扶持动漫产业发展的有关税收政策问题通知如下:

一、关于增值税

在2010年12月31日前,对属于增值税一般纳税人的动漫企业销售其自主开发生产的动漫软件,按17%的税率征收增值税后,对其增值税实际税负超过3%的部分,实行即征即退政策。退税数额的计算公式为:应退税额 = 享受税收优惠的动漫软件当期已征税款 - 享受税收优惠的动漫软件当期不含税销售额×3%。动漫软件出口免征增值税。上述动漫软件的范围,按照《文化部 财政部 国家税务总局关于印发〈动漫企业认定管理办法(试行)〉的通知》(文市发〔2008〕51号)的规定执行。

二、关于企业所得税

经认定的动漫企业自主开发、生产动漫产品,可申请享受国家现行鼓励软件产业发展的所得税优惠政策。

三、关于营业税

对动漫企业为开发动漫产品提供的动漫脚本编撰、形象设计、背景设计、动画设计、分镜、动画制作、摄制、描线、上色、画面合成、配音、配乐、音

---

① 根据《关于软件产品增值税政策的通知》(财税〔2011〕100号),本法第一条被废止。

效合成、剪辑、字幕制作、压缩转码(面向网络动漫、手机动漫格式适配)劳务,在 2010 年 12 月 31 日前暂减按 3% 税率征收营业税。

四、关于进口关税和进口环节增值税

经国务院有关部门认定的动漫企业自主开发、生产动漫直接产品,确需进口的商品可享受免征进口关税和进口环节增值税的优惠政策。具体免税商品范围及管理办法由财政部会同有关部门另行制定。

五、本通知所称动漫企业和自主开发、生产动漫产品的认定标准和认定程序,按照《文化部 财政部 国家税务总局关于印发〈动漫企业认定管理办法(试行)〉的通知》(文市发〔2008〕51 号)的规定执行。

六、本通知从 2009 年 1 月 1 日起执行。

财政部 国家税务总局关于海峡两岸海上直航营业税和企业所得税政策的通知

手机阅读

2009 年 1 月 19 日 财税〔2009〕4 号

各省、自治区、直辖市、计划单列市财政厅(局)、国家税务局、地方税务局,新疆生产建设兵团财务局:

为推动海峡两岸海上直航,经国务院批准,现对海峡两岸海上直航业务有关税收政策通知如下:

一、自 2008 年 12 月 15 日起,对台湾航运公司从事海峡两岸海上直航业务在大陆取得的运输收入,免征营业税。

对台湾航运公司在 2008 年 12 月 15 日至文之日已缴纳应予免征的营业税,从以后应缴的营业税税款中抵减,年度内抵减不完的予以退税。

二、自 2008 年 12 月 15 日起,对台湾航运公司从事海峡两岸海上直航业务取得的来源于大陆的所得,免征企业所得税。

享受企业所得税免税政策的台湾航运公司应当按照企业所得税法实施条例的有关规定,单独核算其从事上述业务在大陆取得的收入和发生的成本、费用;未单独核算的,不得享受免征企业所得税政策。

三、本通知所称台湾航运公司,是指取得交通运输部颁发的"台湾海峡两岸间水路运输许可证"且上述许可证上注明的公司登记地址在台湾的航运公司。

财政部 国家税务总局关于调整房地产交易环节税收政策的通知[①]

手机阅读

2008年10月22日 财税〔2008〕137号

各省、自治区、直辖市、计划单列市财政厅（局）、地方税务局，新疆生产建设兵团财务局：

为适当减轻个人住房交易的税收负担，支持居民首次购买普通住房，经国务院批准，现就房地产交易环节有关税收政策问题通知如下：

一、对个人首次购买90平方米及以下普通住房的，契税税率暂统一下调到1%。首次购房证明由住房所在地县（区）住房建设主管部门出具。

二、对个人销售或购买住房暂免征收印花税。

三、对个人销售住房暂免征收土地增值税。

本通知自2008年11月1日起实施。

财政部 国家税务总局关于农民专业合作社有关税收政策的通知[②]

手机阅读

2008年6月24日 财税〔2008〕81号

各省、自治区、直辖市、计划单列市财政厅（局）、国家税务局、地方税务局，新疆生产建设兵团财务局：

经国务院批准，现将农民专业合作社有关税收政策通知如下：

一、对农民专业合作社销售本社成员生产的农业产品，视同农业生产者销售自产农业产品免征增值税。

二、增值税一般纳税人从农民专业合作社购进的免税农业产品，可按13%的扣除率计算抵扣增值税进项税额。

[①] 根据《财政部 国家税务总局 住房和城乡建设部关于调整房地产交易环节契税个人所得税优惠政策的通知》（财税〔2010〕94号），本法第一条"对个人首次购买90平方米及以下普通住房的，契税税率暂统一下调到1%。首次购房证明由住房所在地县（区）住房建设主管部门出具。"被废止。

[②] 根据《财政部 国家税务总局关于对化肥恢复征收增值税政策的补充通知》（财税〔2015〕97号），本法中第三条关于"化肥"的规定自2015年9月1日起停止执行。

三、对农民专业合作社向本社成员销售的农膜、种子、种苗、化肥、农药、农机,免征增值税。

四、对农民专业合作社与本社成员签订的农业产品和农业生产资料购销合同,免征印花税。

本通知所称农民专业合作社,是指依照《中华人民共和国农民专业合作社法》规定设立和登记的农民专业合作社。

本通知自2008年7月1日起执行。

财政部 国家税务总局关于认真落实抗震救灾及灾后重建税收政策问题的通知

2008年5月19日 财税〔2008〕62号

各省、自治区、直辖市、计划单列市财政厅(局)、国家税务局、地方税务局:

随着抗震救灾工作的不断深入,灾后重建工作也将陆续展开。为贯彻落实好党中央、国务院关于抗震救灾工作的重要指示精神,积极支持受灾地区做好抗震救灾及灾后重建工作,现就有关税收政策问题通知如下:

各级财政税务机关要将支持抗震救灾和灾后重建工作作为当前一项十分紧迫的重要任务,采取有效措施,认真贯彻落实好现行税收法律、法规中可以适用于抗震救灾及灾后重建的有关税收优惠政策。主要包括:

一、企业所得税

(一)企业实际发生的因地震灾害造成的财产损失,准予在计算应纳税所得额时扣除。

(二)企业发生的公益性捐赠支出,按企业所得税法及其实施条例的规定在计算应纳税所得额时扣除。

二、个人所得税

(一)因地震灾害造成重大损失的个人,可减征个人所得税。具体减征幅度和期限由受灾地区省、自治区、直辖市人民政府确定。

(二)对受灾地区个人取得的抚恤金、救济金,免征个人所得税。

(三)个人将其所得向地震灾区的捐赠,按照个人所得税法的有关规定从应纳税所得中扣除。

三、房产税

(一)经有关部门鉴定,对毁损不堪居住和使用的房屋和危险房屋,在停止使用后,可免征房产税。

(二)房屋大修停用在半年以上的,在大修期间免征房产税,免征税额由纳税人在申报缴纳房产税时自行计算扣除,并在申报表附表或备注栏中作相应说明。

四、契税

因地震灾害灭失住房而重新购买住房的,准予减征或者免征契税,具体的减免办法由受灾地区省级人民政府制定。

五、资源税

纳税人开采或者生产应税产品过程中,因地震灾害遭受重大损失的,由受灾地区省、自治区、直辖市人民政府决定减征或免征资源税。

六、城镇土地使用税

纳税人因地震灾害造成严重损失,缴纳确有困难的,可依法申请定期减免城镇土地使用税。

七、车船税

已完税的车船因地震灾害报废、灭失的,纳税人可申请退还自报废、灭失月份起至本年度终了期间的税款。

八、进出口税收

对外国政府、民间团体、企业、个人等向我国境内受灾地区捐赠的物资,包括食品、生活必需品、药品、抢救工具等,免征进口环节税收。

九、现行税收法律、法规中适用于抗震救灾及灾后重建的其他税收政策。

财政部 国家税务总局关于核电行业税收政策有关问题的通知

手机阅读

2008年4月3日 财税〔2008〕38号

各省、自治区、直辖市、计划单列市财政厅(局)、国家税务局,财政部驻各省、自治区、直辖市、计划单列市财政监察专员办事处:

为支持核电事业的发展,统一核电行业税收政策,经国务院批准,现将有关税收政策问题通知如下:

一、关于核力发电企业的增值税政策

(一)核力发电企业生产销售电力产品,自核电机组正式商业投产次月起15个年度内,统一实行增值税先征后退政策,返还比例分三个阶段逐级递减。具体返还比例为:

1. 自正式商业投产次月起5个年度内,返还比例为已入库税款的75%;2. 自正式商业投产次月起的第6至第10个年度内,返还比例为已入库税款的70%;3. 自正式商业投产次月起的第11至第15个年度内,返还比例为已入库税款的55%;4. 自正式商业投产次月起满15个年度以后,不再实行增值税先征后退政策。

(二)核力发电企业采用按核电机组分别核算增值税退税额的办法,企业应分别核算核电机组电力产品的销售额,未分别核算或不能准确核算的,不得享受增值税先征后退政策。单台核电机组增值税退税额可以按以下公式计算:

单台核电机组增值税退税额 = 单台核电机组电力产品销售额÷核力发电企业电力产品销售额合计 × 核力发电企业实际缴纳增值税额 × 退税比例

（三）原已享受增值税先征后退政策但该政策已于2007年内到期的核力发电企业，自该政策执行到期后次月起按上述统一政策核定剩余年度相应的返还比例；对2007年内新投产的核力发电企业，自核电机组正式商业投产日期的次月起按上述统一政策执行。

二、自2008年1月1日起，核力发电企业取得的增值税退税款，专项用于还本付息，不征收企业所得税。

三、关于大亚湾核电站和广东核电投资有限公司税收政策

大亚湾核电站和广东核电投资有限公司在2014年12月31日前继续执行以下政策，不适用本通知第一、二条规定的政策：

（一）对大亚湾核电站销售给广东核电投资有限公司的电力免征增值税。

（二）对广东核电投资有限公司销售给广东电网公司的电力实行增值税先征后退政策，并免征城市维护建设税和教育费附加。

（三）对大亚湾核电站出售给香港核电投资有限公司的电力及广东核电投资有限公司转售给香港核电投资有限公司的大亚湾核电站生产的电力免征增值税。

（四）自2008年1月1日起财政部和国家税务总局《关于广东大亚湾核电站有关税收政策问题的通知》（财税字〔1998〕173号）停止执行。

四、增值税先征后退具体操作办法由财政部驻当地财政监察专员办事处按《财政部　国家税务总局　中国人民银行关于税制改革后对某些企业实行"先征后退"有关预算管理问题的暂行规定的通知》（〔94〕财预字第55号）有关规定办理。

财政部　国家税务总局关于廉租住房经济适用住房和住房租赁有关税收政策的通知①

手机阅读

2008年3月3日　财税〔2008〕24号

各省、自治区、直辖市、计划单列市财政厅（局）、国家税务局、地方税务局，新疆生产建设兵团财务局：

为贯彻落实《国务院关于解决城市低收入家庭住房困难的若干意见》（国发〔2007〕24号）精神，促进廉租住房、经济适用住房制度建设和住房租赁

---

① 根据《财政部　国家税务总局关于促进公共租赁住房发展有关税收优惠政策的通知》（财税〔2014〕52号），本法中有关廉租住房税收政策的规定被废止。

根据《关于完善住房租赁有关税收政策的公告》（财政部　税务总局　住房城乡建设部公告2021年第24号），本法第二条第（四）项规定被废止。

市场的健康发展,经国务院批准,现将有关税收政策通知如下:

一、支持廉租住房、经济适用住房建设的税收政策

(一)对廉租住房经营管理单位按照政府规定价格、向规定保障对象出租廉租住房的租金收入,免征营业税、房产税。

(二)对廉租住房、经济适用住房建设用地以及廉租住房经营管理单位按照政府规定价格、向规定保障对象出租的廉租住房用地,免征城镇土地使用税。

开发商在经济适用住房、商品住房项目中配套建造廉租住房,在商品住房项目中配套建造经济适用住房,如能提供政府部门出具的相关材料,可按廉租住房、经济适用住房建筑面积占总建筑面积的比例免征开发商应缴纳的城镇土地使用税。

(三)企事业单位、社会团体以及其他组织转让旧房作为廉租住房、经济适用住房房源且增值额未超过扣除项目金额20%的,免征土地增值税。

(四)对廉租住房、经济适用住房经营管理单位与廉租住房、经济适用住房相关的印花税以及廉租住房承租人、经济适用住房购买人涉及的印花税予以免征。

开发商在经济适用住房、商品住房项目中配套建造廉租住房,在商品住房项目中配套建造经济适用住房,如能提供政府部门出具的相关材料,可按廉租住房、经济适用住房建筑面积占总建筑面积的比例免征开发商应缴纳的印花税。

(五)对廉租住房经营管理单位购买住房作为廉租住房、经济适用住房经营管理单位回购经济适用住房继续作为经济适用住房房源的,免征契税。

(六)对个人购买经济适用住房,在法定税率基础上减半征收契税。

(七)对个人按《廉租住房保障办法》(建设部等9部委令第162号)规定取得的廉租住房货币补贴,免征个人所得税;对于所在单位以廉租住房名义发放的不符合规定的补贴,应征收个人所得税。

(八)企事业单位、社会团体以及其他组织于2008年1月1日前捐赠住房作为廉租住房的,按《中华人民共和国企业所得税暂行条例》(国务院令第137号)、《中华人民共和国外商投资企业和外国企业所得税法》有关公益性捐赠政策执行;2008年1月1日后捐赠的,按《中华人民共和国企业所得税法》有关公益性捐赠政策执行。个人捐赠住房作为廉租住房的,捐赠额未超过其申报的应纳税所得额30%的部分,准予从其应纳税所得额中扣除。

廉租住房、经济适用住房、廉租住房承租人、经济适用住房购买人以及廉租住房租金、货币补贴标准等须符合国发〔2007〕24号文件及《廉租住房保障办法》(建设部等9部委令第162号)、《经济适用住房管理办法》(建住房〔2007〕258号)的规定;廉租住房、经济适用住房经营管理单位为县级以上人民政府主办或确定的单位。

二、支持住房租赁市场发展的税收政策

(一)对个人出租住房取得的所得减按10%的税率征收个人所得税。

(二)对个人出租、承租住房签订的租赁合同,免征印花税。

(三)对个人出租住房,不区分用途,在3%税率的基础上减半征收营业税,按4%的税率征收房产税,免征城镇土地使用税。

(四)对企事业单位、社会团体以及其他组织按市场价格向个人出租用于居住的住房,减按4%的税率征收房产税。

上述与廉租住房、经济适用住房相关的新的优惠政策自2007年8月1日起执行,文到之日前已征税款在以后应缴税款中抵减。与住房租赁相关的新的优惠政策自2008年3月1日起执行。其他政策仍按现行规定继续执行。

各地要严格执行税收政策,加强管理,对执行过程中发现的问题,及时上报财政部、国家税务总局。

特此通知。

财政部　国家税务总局关于外国银行分行改制为外商独资银行有关税收问题的通知

2007年3月26日　财税〔2007〕45号

各省、自治区、直辖市、计划单列市财政厅(局)、国家税务局、地方税务局,新疆生产建设兵团财务局:

国务院2006年11月11日公布《中华人民共和国外资银行管理条例》(国务院令第478号)及其实施细则规定,外国银行在符合条件的情况下可以在我国设立外商独资银行,外国银行已经在我国设立的分行可以改制为外商独资银行(或其分行)。改制过程中,原外国银行分行的债权、债务将由外商独资银行(或其分行)继承。关于外国银行分行改制为外商独资银行(或其分行)中有关税收处理问题,应以改制前后的营业活动作为延续的营业活动为原则,现就具体税收处理通知如下:

一、营业税、增值税

外国银行分行改制过程中发生的向其改制后的外商独资银行(或其分行)转让企业产权和股权的行为,不征收营业税、增值税。

二、企业所得税

(一)资产转移问题。

外国银行分行改制为外商独资银行(或其分行)时,根据《国家税务总局关于外商投资企业和外国企业转让股权所得税处理问题的通知》(国税函〔1997〕207号)规定的原则,其各项资产应按账面价值进行转让。

(二)亏损弥补问题。

外国银行分行改制前发生的以前年度经营亏损,可以在改制后的外商独资银行(或其分行)中延续弥补,弥补年限应按《中华人民共和国外商投资企业和外国企业所得税法》(以下简称外资所得税法)第十一条规定的年限,自原外国银行分行亏损发生的年度延续计算。

(三)税收优惠问题。

改制前外国银行分行按照外资所得税法规定应享受但尚未享受或享受尚未

期满的定期减免税优惠待遇，由改制后相应的外商独资银行（或其分行）继续享受到期满；改制前外国银行分行已经享受定期减免税优惠待遇期满的，改制后的外商独资银行（或其分行）不再重复享受。

（四）汇总纳税问题。

根据外资所得税法实施细则第五条的规定，外国银行分行改制为外商独资银行所属分行后，其企业所得税由外商独资银行总机构汇总缴纳。

三、印花税

根据《财政部 国家税务总局关于企业改制过程中有关印花税政策的通知》（财税〔2003〕183号）的规定，外国银行分行改制为外商独资银行（或其分行）后，其在外国银行分行已经贴花的资金账簿、应税合同，在改制后的外商独资银行（或其分行）不再重新贴花。

四、契税

根据《财政部 国家税务总局关于企业改制过程中有关契税政策的通知》（财税〔2003〕184号）的规定，外国银行分行改制前拥有的房产产权，转让至改制后设立的外商独资银行（或其分行）时，可免征契税。

五、外国银行分行改制为外商独资银行（或其分行）时，如其资产不按账面价值转让的，应按现行税法有关规定征税。

财政部 国家税务总局关于加快煤层气抽采有关税收政策问题的通知

2007年2月7日　财税〔2007〕16号

各省、自治区、直辖市、计划单列市财政厅（局）、国家税务局、地方税务局，新疆生产建设兵团财务局，财政部驻各省、自治区、直辖市、计划单列市财政监察专员办事处：

为加快推进煤层气资源的抽采利用，鼓励清洁生产、节约生产和安全生产，经国务院批准，现就鼓励煤层气抽采有关税收政策问题通知如下：

一、对煤层气抽采企业的增值税一般纳税人抽采销售煤层气实行增值税先征后退政策。先征后退税款由企业专项用于煤层气技术的研究和扩大再生产，不征收企业所得税。

煤层气是指赋存于煤层及其围岩中与煤炭资源伴生的非常规天然气，也称煤矿瓦斯。

煤层气抽采企业应将享受增值税先征后退政策的业务和其他业务分别核算，不能分别准确核算的，不得享受增值税先征后退政策。

煤层气抽采企业增值税先征后退政策由财政部驻各地财政监察专员办事处根据财政部、国家税务总局、中国人民银行《关于税制改革后对某些企业实行"先征后退"有关预算管理问题的暂行规定的通知》（〔94〕财预字第55号）

的规定办理。

二、对独立核算的煤层气抽采企业购进的煤层气抽采泵、钻机、煤层气监测装置、煤层气发电机组、钻井、录井、测井等专用设备，统一采取双倍余额递减法或年数总和法实行加速折旧，具体加速折旧方法可以由企业自行决定，但一经确定，以后年度不得随意调整。

三、对独立核算的煤层气抽采企业利用银行贷款或自筹资金从事技术改造项目国产设备投资，其项目所需国产设备投资的40%可从企业技术改造项目设备购置当年比前一年新增的企业所得税中抵免。具体管理办法按财政部、国家税务总局《关于印发〈技术改造国产设备投资抵免企业所得税暂行办法〉的通知》（财税字〔1999〕290号）、国家税务总局《关于印发〈技术改造国产设备投资抵免企业所得税审核管理办法〉的通知》（国税发〔2000〕13号）、财政部、国家税务总局《关于外商投资企业和外国企业购买国产设备投资抵免企业所得税有关问题的通知》（财税字〔2000〕49号）和国家税务总局《关于印发〈外商投资企业和外国企业购买国产设备投资抵免企业所得税管理办法〉的通知》（国税发〔2000〕90号）的规定执行。

四、对财务核算制度健全、实行查账征税的煤层气抽采企业研究开发新技术、新工艺发生的技术开发费，在按规定实行100%扣除基础上，允许再按当年实际发生额的50%在企业所得税税前加计扣除。具体管理办法按财政部、国家税务总局《关于企业技术创新有关企业所得税优惠政策的通知》（财税〔2006〕88号）第一条的有关规定执行。

五、对地面抽采煤层气暂不征收资源税。

六、本通知自2007年1月1日起执行。现行对中联公司中外合作开采陆上煤层气按实物征收5%的增值税以及中联公司自营开采陆上煤层气增值税超5%税负返还政策同时废止。

请遵照执行。

财政部　国家税务总局关于青藏铁路公司运营期间有关税收等政策问题的通知

手机阅读

2007年1月11日　财税〔2007〕11号

各省、自治区、直辖市、计划单列市财政厅（局）、国家税务局、地方税务局：

为支持青藏铁路运营，减轻青藏铁路公司的经营压力，根据2001年第105次国务院总理办公会议纪要及《国务院关于组建青藏铁路公司有关问题的批复》（国函〔2002〕66号）的精神，现就青藏铁路公司运营期间有关税收等政策问题通知如下：

一、对青藏铁路公司取得的运输收入、其他业务收入免征营业税、城市维护建设税、教育费附加，对青藏铁路公司取得的付费收入不征收营业税。

本条所称的"运输收入"是指《国家税务总局关于中央铁路征收营业税问题的通知》（国税发〔2004〕44号）第一条明确的各项运营业务收入。

本条所称的"其他业务收入"是指为了减少运输主业亏损，青藏铁路公司运营单位承办的与运营业务相关的其他业务，主要包括路内装卸作业、代办工作、专用线和自备车维检费等纳入运输业报表体系与运输业统一核算收支的其他收入项目。

本条所称的"付费收入"是指铁路财务体制改革过程中，青藏铁路公司因财务模拟核算产生的内部及其与其他铁路局之间虚增清算收入，具体包括《国家税务总局关于中央铁路征收营业税问题的通知》（国税发〔2004〕44号）第二条明确的不征收营业税的各项费用。

二、对青藏铁路公司及其所属单位营业账簿免征印花税；对青藏铁路公司签订的货物运输合同免征印花税，对合同其他各方当事人应缴纳的印花税照章征收。

三、对青藏铁路及其所属单位自采自用的砂、石等材料免征资源税；对青藏铁路公司及其所属单位自采外销及其他单位和个人开采销售给青藏铁路公司及其所属单位的砂、石等材料照章征收资源税。

四、对青藏铁路公司及其所属单位承受土地、房屋权属用于办公及运输主业的，免征契税；对于因其他用途承受的土地、房屋权属，应照章征收契税。

五、对青藏铁路公司及其所属单位自用的房产、土地免征房产税、城镇土地使用税；对非自用的房产、土地照章征收房产税、城镇土地使用税。

六、财政部、国家税务总局《关于青藏铁路建设期间有关税收政策问题的通知》（财税〔2003〕128号）停止执行。

青藏铁路公司所属单位名单见附件。

本通知自2006年7月1日起执行，此前已征税款不予退还，未征税款不再补征。

附件：青藏铁路公司所属单位名单（略）

财政部　国家税务总局关于房产税、城镇土地使用税有关政策的通知

手机阅读

2006年12月25日　财税〔2006〕186号

各省、自治区、直辖市、计划单列市财政厅（局）、地方税务局，新疆生产建设兵团财务局：

经研究，现对房产税、城镇土地使用税有关政策明确如下：

一、关于居民住宅区内业主共有的经营性房产缴纳房产税问题

对居民住宅区内业主共有的经营性房产，由实际经营（包括自营和出租）的代管人或使用人缴纳房产税。其中自营的，依照房产原值减除10%至30%后的余值计征，没有房产原值或不能将业主共有房产与其他房产的原值准确划

分开的,由房产所在地地方税务机关参照同类房产核定房产原值;出租的,依照租金收入计征。

二、关于有偿取得土地使用权城镇土地使用税纳税义务发生时间问题

以出让或转让方式有偿取得土地使用权的,应由受让方从合同约定交付土地时间的次月起缴纳城镇土地使用税;合同未约定交付土地时间的,由受让方从合同签订的次月起缴纳城镇土地使用税。

国家税务总局《关于房产税城镇土地使用税有关政策规定的通知》(国税发〔2003〕89号)第二条第四款中有关房地产开发企业城镇土地使用税纳税义务发生时间的规定同时废止。

三、关于经营采摘、观光农业的单位和个人征免城镇土地使用税问题

在城镇土地使用税征收范围内经营采摘、观光农业的单位和个人,其直接用于采摘、观光的种植、养殖、饲养的土地,根据《中华人民共和国城镇土地使用税暂行条例》第六条中"直接用于农、林、牧、渔业的生产用地"的规定,免征城镇土地使用税。

四、关于林场中度假村等休闲娱乐场所征免城镇土地使用税问题

在城镇土地使用税征收范围内,利用林场土地兴建度假村等休闲娱乐场所的,其经营、办公和生活用地,应按规定征收城镇土地使用税。

五、本通知自2007年1月1日起执行。

财政部　海关总署　国家税务总局关于调整钻石及上海钻石交易所有关税收政策的通知

2006年6月7日　财税〔2006〕65号

各省、自治区、直辖市、计划单列市财政厅(局)、国家税务局,新疆生产建设兵团财务局,海关广东分署、天津、上海特派办、各直属海关:

为规范国内钻石市场,平衡同类商品税收负担,经国务院批准,现将钻石及上海钻石交易所有关税收政策通知如下:

一、纳税人自上海钻石交易所销往国内市场的毛坯钻石,免征进口环节增值税;纳税人自上海钻石交易所销往国内市场的成品钻石,进口环节增值税实际税负超过4%的部分由海关实行即征即退。进入国内环节,纳税人凭海关开具的完税凭证注明的增值税额抵扣进项税金。

纳税人自上海钻石交易所销往国内市场的钻石实行进口环节增值税免征和即征即退政策后,销往国内市场的钻石,在出上海钻石交易所时,海关按照现行规定依法实施管理。

二、出口企业出口的以下钻石产品免征增值税,相应的进项税额不予退税或抵扣,须转入成本。具体产品的范围是:税则序列号为71021000、

71023100、71023900、71042010、71049091、71051010、7l131110、71131911、71131991、71132010、71162000。

各地税务机关要注意含有钻石的产品的出口动态，凡发现企业出口产品含钻石且价值比重较大，同时不属于以上所列产品范围，以及执行中发现其他问题的，应及时报告财政部、国家税务总局。

三、对国内钻石开采企业通过上海钻石交易所销售的自产毛坯钻石实行免征增值税政策；不通过上海钻石交易所销售的，照章征收增值税。

四、对国内加工的成品钻石，通过上海钻石交易所销售的，在国内销售环节免征增值税；不通过上海钻石交易所销售的，在国内销售环节按17%的税率征收增值税。

对国内加工的成品钻石，进入上海钻石交易所时视同出口，不予退税，自上海钻石交易所再次进入国内市场，其进口环节增值税实际税负超过4%的部分，由海关实行即征即退。

五、对上海钻石交易所取得的交易手续费收入、会员缴纳的年费收入照章征收营业税。

六、关于上海钻石交易所的保税政策和钻石的其他税收政策，仍按现行规定执行。

七、进口环节增值税即征即退的具体操作办法由海关总署制定；对钻石的国内环节的增值税征收管理办法及增值税专用发票管理办法由国家税务总局另行制定。

八、对以一般贸易方式报关进口的工业用钻，不再集中到上海钻石交易所海关办理报关手续、实行统一管理，照章征收进口关税和进口环节增值税（具体商品范围见附件）。

本通知自2006年7月1日起执行。

附件：工业用钻范围（略）

财政部　国家税务总局关于大秦铁路改制上市有关税收问题的通知

手机阅读

2006年8月18日　财税〔2006〕32号

北京市、河北省、山西省财政厅（局）、国家税务局、地方税务局，财政部驻北京市、河北省、山西省财政监察专员办事处：

为支持铁路投融资体制改革，支持大秦铁路股份有限公司（以下简称大秦公司）重组改制和上市工作的顺利进行，经国务院批准，现将有关税收问题通知如下：

一、对大秦公司改制过程中，铁道部所属原北京铁路局（即2005年3月18日铁路直管站段体制改革前的北京铁路局，下同）的资产评估增值79亿元应缴的企业所得税款不征收入库,作为国有资本金直接转计原北京铁路局的资本公积金,并作为国有股权由原北京铁路局注入到大秦公司。大秦公司按照评估后固定资产的价值计提折旧或摊销,并在企业所得税前扣除。

对大秦公司从太原铁路局收购原大同分局所属的煤炭运输专用货车、北同蒲线、丰沙大线,以及相关支线等国铁资产过程中,太原铁路局的上述资产评估增值 48.7 亿元应缴的企业所得税款不征收入库,作为国有资本金直接转计太原铁路局的资本公积金。大秦公司收购太原铁路局的上述资产,按照评估后固定资产的价值计提折旧或摊销,并在企业所得税前扣除。

二、对大秦公司从太原铁路局收购原大同分局所属的国铁资产过程中出售方涉及的营业税、增值税予以免征。

三、对大秦公司改制过程中涉及的印花税,按照《财政部 国家税务总局关于企业改制过程中有关印花税政策的通知》(财税〔2003〕183 号)的规定征收或免征;对大秦公司从太原铁路局收购原大同分局所属的国铁资产涉及交易双方的印花税按规定征收。

四、在大秦公司完全按市场化方式运作前,暂免其自用的房产、土地应缴纳的房产税、城镇土地使用税。对原大同分局的存续单位(企业)向大秦公司出租的房产、土地照章征收房产税、城镇土地使用税。

五、对原北京铁路局作为投资向大秦公司转移资产涉及的土地增值税予以免征;对太原铁路局向大秦公司出售原大同分局资产涉及的土地增值税予以免征。

请遵照执行。

财政部 国家税务总局关于信贷资产证券化有关税收政策问题的通知[①]

手机阅读

2006 年 2 月 20 日 财税〔2006〕5 号

各省、自治区、直辖市、计划单列市财政厅(局)、国家税务局、地方税务局,新疆生产建设兵团财务局:

为了贯彻落实《国务院关于推进资本市场改革开放和稳定发展的若干意见》(国发〔2004〕3 号),支持扩大直接融资比重,改进银行资产负债结构,促进金融创新,经报国务院批准,现就我国银行业开展信贷资产证券化业务试点中的有关税收政策问题通知如下:

一、关于印花税政策问题

(一)信贷资产证券化的发起机构〔指通过设立特定目的信托项目(以下

---

① 根据《财政部 国家税务总局关于公布若干废止和失效的营业税规范性文件的通知》(财税〔2009〕61 号),本法第二条第(三)项被废止。

简称信托项目)转让信贷资产的金融机构,下同]将实施资产证券化的信贷资产信托予受托机构(指因承诺信托而负责管理信托项目财产并发售资产支持证券的机构,下同)时,双方签订的信托合同暂不征收印花税。

(二)受托机构委托贷款服务机构(指接受受托机构的委托,负责管理贷款的机构,下同)管理信贷资产时,双方签订的委托管理合同暂不征收印花税。

(三)发起机构、受托机构在信贷资产证券化过程中,与资金保管机构(指接受受托机构委托,负责保管信托项目财产账户资金的机构,下同)、证券登记托管机构(指中央国债登记结算有限责任公司)以及其他为证券化交易提供服务的机构签订的其他应税合同,暂免征收发起机构、受托机构应缴纳的印花税。

(四)受托机构发售信贷资产支持证券以及投资者买卖信贷资产支持证券暂免征收印花税。

(五)发起机构、受托机构因开展信贷资产证券化业务而专门设立的资金账簿暂免征收印花税。

二、关于营业税政策问题

(一)对受托机构从其受托管理的信贷资产信托项目中取得的贷款利息收入,应全额征收营业税。

(二)在信贷资产证券化的过程中,贷款服务机构取得的服务费收入、受托机构取得的信托报酬、资金保管机构取得的报酬、证券登记托管机构取得的托管费、其他为证券化交易提供服务的机构取得的服务费收入等,均应按现行营业税的政策规定缴纳营业税。

(三)对金融机构(包括银行和非银行金融机构)投资者买卖信贷资产支持证券取得的差价收入征收营业税;对非金融机构投资者买卖信贷资产支持证券取得的差价收入,不征收营业税。

三、关于所得税政策问题

(一)发起机构转让信贷资产取得的收益应按企业所得税的政策规定计算缴纳企业所得税,转让信贷资产所发生的损失可按企业所得税的政策规定扣除。发起机构赎回或置换已转让的信贷资产,应按现行企业所得税有关转让、受让资产的政策规定处理。

发起机构与受托机构在信贷资产转让、赎回或置换过程中应当按照独立企业之间的业务往来支付价款和费用,未按照独立企业之间的业务往来支付价款和费用的,税务机关依照《税收征收管理法》的有关规定进行调整。

(二)对信托项目收益在取得当年向资产支持证券的机构投资者(以下简称机构投资者)分配的部分,在信托环节暂不征收企业所得税;在取得当年未向机构投资者分配的部分,在信托环节由受托机构按企业所得税的政策规定申报缴纳企业所得税;对在信托环节已经完税的信托项目收益,再分配给机构投资者时,对机构投资者按现行有关取得税后收益的企业所得税政策规定处理。

(三)在信贷资产证券化的过程中,贷款服务机构取得的服务收入、受托机构取得的信托报酬、资金保管机构取得的报酬、证券登记托管机构取得的托管费、其他为证券化交易提供服务的机构取得的服务费收入等,均应按照企业所得税的政策规定计算缴纳企业所得税。

（四）在对信托项目收益暂不征收企业所得税期间，机构投资者从信托项目分配获得的收益，应当在机构投资者环节按照权责发生制的原则确认应税收入，按照企业所得税的政策规定计算缴纳企业所得税。机构投资者买卖信贷资产支持证券获得的差价收入，应当按照企业所得税的政策规定计算缴纳企业所得税，买卖信贷资产支持证券所发生的损失可按企业所得税的政策规定扣除。

（五）受托机构和证券登记托管机构应向其信托项目主管税务机关和机构投资者所在地税务机关提供有关信托项目的全部财务信息以及向机构投资者分配收益的详细信息。

（六）机构投资者从信托项目清算分配中取得的收入，应按企业所得税的政策规定缴纳企业所得税，清算发生的损失可按企业所得税的政策规定扣除。

四、受托机构处置发起机构委托管理的信贷资产时，属于本通知未尽事项的，应按现行税收法律、法规及政策规定处理。

五、本通知自信贷资产证券化业务试点之日起执行。

财政部　国家税务总局关于变性燃料乙醇定点生产企业有关税收政策问题的通知

手机阅读

2005年12月14日　财税〔2005〕174号

吉林、河南、安徽、黑龙江省财政厅、国家税务局，财政部驻吉林、河南、安徽、黑龙江省财政监察专员办事处：

根据国家发展改革委、财政部等八部委联合下发的《关于印发车用乙醇汽油扩大试点方案和车用乙醇汽油扩大试点工作实施细则的通知》（发改工业〔2004〕230号）的有关规定，现将变性燃料乙醇定点生产企业生产用于调配车用乙醇汽油的变性燃料乙醇消费税、增值税政策通知如下：

一、对吉林燃料乙醇有限责任公司、河南天冠集团、安徽丰原生物化学股份有限公司和黑龙江华润酒精有限公司生产用于调配车用乙醇汽油的变性燃料乙醇免征消费税，以前年度已征的消费税退还给企业。

二、对上述四个企业生产用于调配车用乙醇汽油的变性燃料乙醇，增值税实行先征后退办法，具体由财政部驻当地财政监察专员办事处按照（94）财预字第55号文件的规定办理。

请遵照执行。

财政部 国家税务总局关于股权分置试点改革有关税收政策问题的通知

手机阅读

2005年6月13日 财税〔2005〕103号

各省、自治区、直辖市、计划单列市财政厅（局）、国家税务局、地方税务局，新疆生产建设兵团财务局，财政部驻各省、自治区、直辖市、计划单列市财政监察专员办事处：

为促进资本市场发展和股市全流通，推动股权分置改革试点的顺利实施，经国务院批准，现就股权分置试点改革中有关税收政策问题通知如下：

一、股权分置改革过程中因非流通股股东向流通股股东支付对价而发生的股权转让，暂免征收印花税。

二、股权分置改革中非流通股股东通过对价方式向流通股股东支付的股份、现金等收入，暂免征收流通股股东应缴纳的企业所得税和个人所得税。

三、上述规定自文发之日起开始执行。

财政部 国家税务总局关于国家石油储备基地建设有关税收政策的通知

手机阅读

2005年3月15日 财税〔2005〕23号

大连、青岛、浙江、宁波省（市）财政厅（局）、地方税务局：

经国务院批准，现对国家石油储备基地第一期项目建设过程中的有关税收政策通知如下：

一、对国家石油储备基地第一期项目建设过程中涉及的营业税、城市维护建设税、教育费附加、城镇土地使用税、印花税、耕地占用税和契税予以免征。

二、上述免税范围仅限于应由国家石油储备基地缴纳的税收。

三、国家石油储备基地第一期项目包括大连、黄岛、镇海、舟山4个储备基地。

请遵照执行。

财政部 国家税务总局关于延长转制科研机构有关税收政策执行期限的通知

2005年3月8日 财税〔2005〕14号

各省、自治区、直辖市、计划单列市财政厅（局）、国家税务局、地方税务局：

为进一步促进科研机构转制改革，经国务院批准，现就转制科研机构有关税收政策问题通知如下：

一、对经国务院批准的原国家经贸委管理的10个国家局所属242个科研机构和建设部等11个部门（单位）所属134个科研机构中转为企业的科研机构和进入企业的科研机构，从转制注册之日起5年内免征科研开发自用土地、房产的城镇土地使用税、房产税和企业所得税政策执行到期后，再延长2年期限。

对上述转制科研院所享受的税收优惠期限，不论是从转制之日起计算，还是从转制注册之日起计算，均据实计算到期满为止。

二、转制科研机构要将上述免税收入主要用于研发条件建设和解决历史问题。

三、地方转制科研机构可参照执行上述优惠政策。参照执行的转制科研机构名单，由省级人民政府确定和公布。

四、本通知自发布之日起执行，凡以前规定与本通知规定不一致的，按本通知执行。

财政部 国家税务总局关于推广税控收款机有关税收政策的通知

2004年11月9日 财税〔2004〕167号

各省、自治区、直辖市、计划单列市财政厅（局）、国家税务局、地方税务局，新疆生产建设兵团财务局：

为加快税控收款机的推行工作，减轻纳税人购进使用税控收款机的负担，现将有关纳税人购进使用税控收款机的税收优惠政策通知如下：

一、增值税一般纳税人购置税控收款机所支付的增值税税额（以购进税控收款机取得的增值税专用发票上注明的增值税税额为准），准予在该企业当期的增值税销项税额中抵扣。

二、增值税小规模纳税人或营业税纳税人购置税控收款机，经主管税务机关审核批准后，可凭购进税控收款机取得的增值税专用发票，按照发票上注明的增值税税额，抵免当期应纳增值税或营业税税额，或者按照购进税控收款机取得的普通发票上注明的价款，依下列公式计算可抵免税额：

$$可抵免税额 = \frac{价款}{1+17\%} \times 17\%$$

当期应纳税额不足抵免的，未抵免部分可在下期继续抵免。

三、税控收款机购置费用达到固定资产标准的，应按固定资产管理，其按规定提取的折旧额可在企业计算缴纳所得税前扣除；达不到固定资产标准的，购置费用可在所得税前一次性扣除。

四、上述优惠政策自 2004 年 12 月 1 日起执行。凡 2004 年 12 月 1 日以后（含当日）购置的符合国家标准并按《国家税务总局　财政部　信息产业部　国家质量监督检验检疫总局关于推广应用税控收款机加强税源监控的通知》（国税发〔2004〕44 号）的规定，通过选型招标中标的税控收款机适用上述优惠政策。

五、金融税控收款机的有关税收政策另行制定。

财政部　国家税务总局关于暂免征收军队空余房产租赁收入营业税　房产税的通知

2004 年 7 月 21 日　财税〔2004〕123 号

各省、自治区、直辖市、计划单列市财政厅（局）、地方税务局，新疆生产建设兵团财务局：

经国务院批准，现将军队空余房产租赁收入有关营业税、房产税政策通知如下：

一、自 2004 年 8 月 1 日起，对军队空余房产租赁收入暂免征收营业税、房产税；此前已征税款不予退还，未征税款不再补征。

二、暂免征收营业税、房产税的军队空余房产，在出租时必须悬挂《军队房地产租赁许可证》，以备查验。

请遵照执行。

财政部 国家税务总局关于教育税收政策的通知

手机阅读

2004年2月5日 财税〔2004〕39号

各省、自治区、直辖市、计划单列市财政厅（局）、国家税务局、地方税务局，新疆生产建设兵团财务局：

为了进一步促进教育事业发展，经国务院批准，现将有关教育的税收政策通知如下：

一、关于营业税、增值税、所得税

1. 对从事学历教育的学校提供教育劳务取得的收入，免征营业税。

2. 对学生勤工俭学提供劳务取得的收入，免征营业税。

3. 对学校从事技术开发、技术转让业务与之相关的技术咨询、技术服务业务取得的收入，免征营业税。

4. 对托儿所、幼儿园提供养育服务取得的收入，免征营业税。

5. 对政府举办的高等、中等和初等学校（不含下属单位）举办进修班、培训班取得的收入，收入全部归学校所有的，免征营业税和企业所得税。

6. 对政府举办的职业学校设立的主要为在校学生提供实习场所、并由学校出资自办、由学校负责经营管理、经营收入归学校所有的企业，对其从事营业税暂行条例"服务业"税目规定的服务项目（广告业、桑拿、按摩、氧吧等除外）取得的收入，免征营业税和企业所得税。

7. 对特殊教育学校举办的企业可以比照福利企业标准，享受国家对福利企业实行的增值税和企业所得税优惠政策。

8. 纳税人通过中国境内非营利的社会团体、国家机关向教育事业的捐赠，准予在企业所得税和个人所得税前全额扣除。

9. 对高等学校、各类职业学校服务于各业的技术转让、技术培训、技术咨询、技术服务、技术承包所取得的技术性服务收入，暂免征收企业所得税。

10. 对学校经批准收取并纳入财政预算管理的或财政预算外资金专户管理的收费不征收企业所得税；对学校取得的财政拨款，从主管部门和上级单位取得的用于事业发展的专项补助收入，不征收企业所得税。

11. 对个人取得的教育储蓄存款利息所得，免征个人所得税；对省级人民政府、国务院各部委和中国人民解放军军以上单位，以及外国组织、国际组织颁布的教育方面的奖学金，免征个人所得税；高等学校转化职务科技成果以股份或出资比例等股权形式给与个人奖励，获奖人在取得股份、出资比例时，暂不缴纳个人所得税；取得按股份、出资比例分红或转让股权、出资比例所得时，依法缴纳个人所得税。

二、关于房产税、城镇土地使用税、印花税

对国家拨付事业经费和企业办的各类学校、托儿所、幼儿园自用的房产、土地，免征房产税、城镇土地使用税；对财产所有人将财产赠给学校所立的书据，免征印花税。

三、关于耕地占用税、契税、农业税和农业特产税

1. 对学校、幼儿园经批准征用的耕地，免征耕地占用税。享受免税的学校用地的具体范围是：全日制大、中、小学校（包括部门、企业办的学校）的教学用房、实验室、操场、图书馆、办公室及师生员工食堂宿舍用地。学校从事非农业生产经营占用的耕地，不予免税。职工夜校、学习班、培训中心、函授学校等不在免税之列。

2. 国家机关、事业单位、社会团体、军事单位承受土地房屋权属用于教学、科研的，免征契税。用于教学的，是指教室（教学楼）以及其他直接用于教学的土地、房屋。用于科研的，是指科学实验的场所以及其他直接用于科研的土地、房屋。对县级以上人民政府教育行政主管部门或劳动行政主管部门审批并颁发办学许可证，由企业事业组织、社会团体及其他社会和公民个人利用非国家财政性教育经费面向社会举办的学校及教育机构，其承受的土地、房屋权属用于教学的，免征契税。

3. 对农业院校进行科学实验的土地免征农业税。对农业院校进行科学实验所取得的农业特产品收入，在实验期间免征农业特产税。

四、关于关税

1. 对境外捐赠人无偿捐赠的直接用于各类职业学校、高中、初中、小学、幼儿园教育的教学仪器、图书、资料和一般学习用品，免征进口关税和进口环节增值税。上述捐赠用品不包括国家明令不予减免进口税的20种商品。其他相关事宜按照国务院批准的《扶贫、慈善性捐赠物质免征进口税收暂行办法》办理。

2. 对教育部承认学历的大专以上全日制高等院校以及财政部会同国务院有关部门批准的其他学校，不以营利为目的，在合理数量范围内的进口国内不能生产的科学研究和教学用品，直接用于科学研究或教学的，免征进口关税和进口环节增值税、消费税（不包括国家明令不予减免进口税的20种商品）。科学研究和教学用品的范围等有关具体规定，按照国务院批准的《科学研究和教学用品免征进口税收暂行规定》执行。

五、取消下列税收优惠政策

1. 财政部、国家税务总局《关于企业所得税若干优惠政策的通知》[（94）财税字第001号]第八条第一款和第三款关于校办企业从事生产经营的所得免征所得税的规定。其中因取消所得税优惠政策而增加的财政收入，按现行财政体制由中央与地方财政分享，专项列入财政预算，仍然全部用于教育事业。应归中央财政的补偿资金，列中央教育专项，用于改善全国特别是农村地区的中小学办学条件和资助家庭经济困难学生；应归地方财政的补偿资金，列省级教育专项，主要用于改善本地区农村中小学办学条件和资助农村家庭经济困难的中小学生。

2. 《关于学校办企业征收流转税问题的通知》（国税发〔1994〕156号）第三条第一款和第三款，关于校办企业生产的应税货物，凡用于本校教学科研

方面的，免征增值税；校办企业凡为本校教学、科研服务提供的应税劳务免征营业税的规定。

六、本通知自2004年1月1日起执行，此前规定与本通知不符的，以本通知为准。

财政部 国家税务总局关于明确免征房产税、城镇土地使用税的铁路运输企业范围及有关问题的通知①

2004年2月17日 财税〔2004〕36号

各省、自治区、直辖市、计划单列市财政厅（局）、地方税务局，新疆生产建设兵团财务局：

为更好地贯彻执行《财政部 国家税务总局关于调整铁路系统房产税、城镇土地使用税政策的通知》（财税〔2004〕149号），经研究，现就有关免征房产税和城镇土地使用税的铁路运输企业范围和有关问题通知如下：

一、继续免征房产税和城镇土地使用税的铁道部所属铁路运输企业的范围包括：铁路局、铁路分局（包括客货站、编组站、车务、机务、工务、电务、水电、车辆、供电、列车、客运段）、中铁集装箱运输有限责任公司、中铁特货运输有限责任公司、中铁行包快递有限责任公司、中铁快运有限公司。

二、地方铁路运输企业自用的房产、土地应缴纳的房产税、城镇土地使用税比照铁道部所属铁路运输企业的政策执行。

三、铁道通信信息有限责任公司、中国铁路物资总公司、中铁建设开发中心和铁道部第一、二、三、四设计院免征房产税、城镇土地使用税的期限截止到2005年12月31日，自2006年1月1日起恢复征收房产税和城镇土地使用税。

---

① 根据《财政部 国家税务总局关于明确免征房产税、城镇土地使用税的铁路运输企业范围的补充通知》（财税〔2006〕17号），本法第一条"继续免征房产税和城镇土地使用税的铁道部所属铁路运输企业的范围包括：铁路局、铁路分局（包括客货站、编组站、车务、机务、工务、电务、水电、车辆、供电、列车、客运段）、中铁集装箱运输有限责任公司、中铁特货运输有限责任公司、中铁行包快递有限责任公司、中铁快运有限公司。"被废止。

根据《财政部 国家税务总局关于铁道通信信息有限责任公司等单位房产税、城镇土地使用税政策的通知》（财税〔2006〕90号），本法第三条"铁道通信信息有限责任公司、中国铁路物资总公司、中铁建设开发中心和铁道部第一、二、三、四设计院免征房产税、城镇土地使用税的期限截止到2005年12月31日，自2006年1月1日起恢复征收房产税和城镇土地使用税。"被废止。

财政部 国家税务总局关于中国东方资产管理公司处置港澳国际(集团)有限公司有关资产税收政策问题的通知

手机阅读

2003年11月10日 财税〔2003〕212号

各省、自治区、直辖市、计划单列市财政厅(局)、国家税务局、地方税务局,新疆生产建设兵团财务局:

为了加快港澳国际(集团)有限公司的资产处置、清算及机构关闭工作,经国务院批准,现就港澳国际(集团)有限公司的资产处置、清算过程中有关税收政策问题通知如下:

一、享受税收优惠政策的主体

1. 负责接收和处置港澳国际(集团)有限公司资产的中国东方资产管理公司及其经批准分设于各地的分支机构[以下简称"东方资产管理公司"];

2. 港澳国际(集团)有限公司所属的东北国际投资有限公司、海国投集团有限公司、海南港澳国际信托投资公司[以下简称"港澳国际(集团)内地公司"];

3. 在我国境内(不包括港澳台,下同)拥有资产并负有纳税义务的港澳国际(集团)有限公司集团本部及其香港8家子公司[名单见附件,以下简称"港澳国际(集团)香港公司"]。

二、东方资产管理公司接收、处置港澳国际(集团)有限公司资产可享受以下税收优惠政策

1. 对东方资产管理公司在接收和处置港澳国际(集团)有限公司资产过程中签订的产权转移书据,免征东方资产管理公司应缴纳的印花税。

2. 对东方资产管理公司在接收港澳国际(集团)有限公司的房地产以抵偿债务的,免征东方资产管理公司承受房屋所有权、土地使用权应缴纳的契税。

3. 对东方资产管理公司在接收港澳国际(集团)有限公司的房地产、车辆,免征应缴纳的房产税、城镇土地使用税和车船使用税。

4. 对东方资产管理公司在接收港澳国际(集团)有限公司的资产包括货物、不动产、有价证券等,免征东方资产管理公司销售转让该货物、不动产、有价证券等资产以及利用该货物、不动产从事融资租赁业务应缴纳的增值税、营业税、城市维护建设税、教育费附加和土地增值税。

5. 对东方资产管理公司所属的投资咨询类公司,为本公司接收、处置港澳国际(集团)有限公司资产而提供资产、项目评估和审计服务取得的收入免征应缴纳的营业税、城市维护建设税和教育费附加。

三、港澳国际(集团)内地公司的资产在清理和处置期间可享受以下税收优惠政策

1. 对港澳国际（集团）内地公司在催收债权、清偿债务过程中签订的产权转移书据，免征港澳国际（集团）内地公司应缴纳的印花税。

2. 对港澳国际（集团）内地公司在清算期间自有的和从债务方接收的房地产、车辆，免征应缴纳的房产税、城市房地产税、城镇土地使用税、车船使用税和车船使用牌照税。

3. 对港澳国际（集团）内地公司在清算期间催收债权时，免征接收房屋所有权、土地使用权应缴纳的契税。

4. 对港澳国际（集团）内地公司的资产，包括货物、不动产、有价证券、股权、债权等，在清理和被处置时，免征港澳国际（集团）内地公司销售转让该货物、不动产、有价证券、股权、债权等资产应缴纳的增值税、营业税、城市维护建设税、教育费附加和土地增值税。

四、港澳国际（集团）香港公司中国境内的资产在清理和处置期间可享受以下税收优惠政策

1. 对港澳国际（集团）香港公司在中国境内催收债权、清偿债务过程中签订的产权转移书据，免征港澳国际（集团）香港公司应承担的印花税。

2. 对港澳国际（集团）香港公司在中国境内拥有的和从债务方接收的房地产、车辆，在清算期间免征应承担的城市房地产税和车船使用牌照税。

3. 对港澳国际（集团）香港公司清算期间在中国境内催收债权时，免征接收房屋所有权、土地使用权应交纳的契税。

4. 对港澳国际（集团）香港公司在中国境内的资产，包括货物、不动产、有价证券、股权、债权等，在清理和被处置时，免征港澳国际（集团）香港公司销售转让该货物、不动产、有价证券、股权、债权等资产应缴纳的增值税、营业税、预提所得税和土地增值税。

五、港澳国际（集团）内地公司、港澳国际（集团）香港公司在清算期间发生本通知未规定免税的应税行为以及东方资产管理公司除接收、处置不良资产业务外从事其他经营业务，应一律依法纳税。

六、本通知自港澳国际（集团）内地公司、港澳国际（集团）香港公司开始清算之日起执行，本通知发布前，属免征事项的应纳税款不再追缴，已征税款不予退还。

附件：港澳国际（集团）有限公司在香港的8家子公司名单（略）

财政部　国家税务总局关于调整铁路系统房产税、城镇土地使用税政策的通知

2003年7月11日　财税〔2003〕149号

各省、自治区、直辖市、计划单列市财政厅（局）、地方税务局，新疆生产建设兵团财务局：

根据铁路运输体制改革和铁路系统的实际情况,经国务院批准,现对铁路系统有关房产税、城镇土地使用税税收政策通知如下:

一、铁道部所属铁路运输企业自用的房产、土地继续免征房产税和城镇土地使用税。

二、对铁路运输体制改革后,从铁路系统分离出来并实行独立核算、自负盈亏的企业,包括铁道部所属原执行经济承包方案的工业、供销、建筑施工企业;中国铁路工程总公司、中国铁道建筑工程总公司、中国铁路通信信号总公司、中国土木建筑工程总公司、中国北方机车车辆工业集团公司、中国南方机车车辆工业集团公司;以及铁道部所属自行解决工交事业费的单位,自2003年1月1日起恢复征收房产税、城镇土地使用税。

三、铁道部所属其他企业、单位的房产和土地,继续按税法规定征收房产税和城镇土地使用税。

财政部 国家税务总局关于被撤销金融机构有关税收政策问题的通知

2003年7月3日   财税〔2003〕141号

各省、自治区、直辖市、计划单列市财政厅(局)、国家税务局、地方税务局:

为了促进被撤销金融机构的清算工作,加强对金融活动的监督管理,维护金融秩序,根据《金融机构撤销条例》第二十一条的规定,现对被撤销金融机构清理和处置财产过程中有关税收优惠政策问题通知如下:

一、享受税收优惠政策的主体是指经中国人民银行依法决定撤销的金融机构及其分设于各地的分支机构,包括被依法撤销的商业银行、信托投资公司、财务公司、金融租赁公司、城市信用社和农村信用社。除另有规定者外,被撤销的金融机构所属、附属企业,不享受本通知规定的被撤销金融机构的税收优惠政策。

二、被撤销金融机构清理和处置财产可享受以下税收优惠政策:

1. 对被撤销金融机构接收债权、清偿债务过程中签订的产权转移书据,免征印花税。

2. 对被撤销金融机构清算期间自有的或从债务方接收的房地产、车辆,免征房产税、城镇土地使用税和车船使用税。

3. 对被撤销的金融机构在清算过程中催收债权时,接收债务方土地使用权、房屋所有权所发生的权属转移免征契税。

4. 对被撤销金融机构财产用来清偿债务时,免征被撤销金融机构转让货物、不动产、无形资产、有价证券、票据等应缴纳的增值税、营业税、城市维护建设税、教育费附加和土地增值税。

三、除第二条规定者外，被撤销的金融机构在清算开始后、清算资产被处置前持续经营的经济业务所发生的应纳税款应按规定予以缴纳。

四、被撤销金融机构的应缴未缴国家的税金及其他款项应按照法律法规规定的清偿顺序予以缴纳。

五、被撤销金融机构的清算所得应该依法缴纳企业所得税。

六、本通知自《金融机构撤销条例》生效之日起开始执行。凡被撤销金融机构在《金融机构撤销条例》生效之日起进行的财产清理和处置的涉税政策均按本通知执行。本通知发布前，属免征事项的应纳税款不再追缴，已征税款不予退还。

财政部　国家税务总局关于转制科研机构有关税收政策问题的通知

手机阅读

2003年7月25日　财税〔2003〕137号

各省、自治区、直辖市、计划单列市财政厅（局）、国家税务局、地方税务局：

为了鼓励技术创新，大力发展高科技，实现产业化，进一步促进科研机构转制改革，经国务院批准，现就转制科研机构的有关税收政策问题通知如下：

一、对于经国务院批准的原国家经贸委管理的10个国家局所属242个科研机构和建设部等11个部门（单位）所属134个科研机构中转为企业的科研机构和进入企业的科研机构，从转制注册之日起，5年内免征科研开发自用土地的城镇土地使用税、房产税和企业所得税。

对上述科研机构，其从事技术转让、技术开发业务和与之相关的技术咨询、技术服务业务取得的收入，按照财政部、国家税务总局《关于贯彻落实〈中共中央　国务院关于加强技术创新，发展高科技，实现产业化的决定〉有关税收问题的通知》（财税字〔1999〕273号）的有关规定免征营业税。

对进入企业作为非独立企业法人或不能实行独立经济核算的科研机构，其免税的应税所得、土地和房产应单独计算，确实难以划分清楚的，可由主管税务机关采取分摊比例法或其他合理的方法确定。

二、经科技部、财政部、中编办审核批准的国务院部门（单位）所属社会公益类科研机构中转为企业或进入企业的科研机构，享受上述第一条规定的优惠政策。

三、享受上述政策的企业自转制注册之日至本文下发之日期间已征房产税款不再退还。

四、本通知自发布之日起执行。以前规定的内容与本通知规定不一致的，按本通知执行。

财政部　国家税务总局关于铂金及其制品税收政策的通知[①]

2003年4月28日　财税〔2003〕86号

各省、自治区、直辖市、计划单列市财政厅（局）、国家税务局、地方税务局，新疆生产建设兵团财务局：

为规范铂金交易，加强铂金交易的税收管理，经国务院批准，现将铂金及铂金制品的税收政策明确如下：

一、对进口铂金免征进口环节增值税。

二、对中博世金科贸有限责任公司通过上海黄金交易所销售的进口铂金，以上海黄金交易所开具的《上海黄金交易所发票》（结算联）为依据，实行增值税即征即退政策。采取按照进口铂金价格计算退税的办法，具体如下：

即征即退的税额计算公式：

金额 = 销售数量 × 进口铂金平均单价 ÷ (1 + 17%)

即征即退的税额 = 金额 × 17%

中博世金科贸有限责任公司进口的铂金没有通过上海黄金交易所销售的，不得享受增值税即征即退政策。

三、中博世金科贸有限责任公司通过上海黄金交易所销售的进口铂金，由上海黄金交易所主管税务机关按照实际成交价格代开增值税专用发票。增值税专用发票中的单价、金额和税额的计算公式为：

单价 = 实际成交单价 ÷ (1 + 17%)

金额 = 成交数量 × 单价

税额 = 金额 × 17%

实际成交单价是指不含黄金交易所收取的手续费的单位价格。

四、国内铂金生产企业自产自销的铂金也实行增值税即征即退政策。

五、对铂金制品加工企业和流通企业销售的铂金及其制品仍按现行规定征收增值税。

六、铂金出口不退税；出口铂金制品，对铂金原料部分的进项增值税不实行出口退税，只对铂金制品加工环节的加工费按规定退税率退税。

七、铂金首饰消费税的征收环节由现行在生产环节和进口环节征收改为在零售环节征收，消费税率调整为5％。具体征收管理比照财政部、国家税务总局《关于调整金银首饰消费税纳税环节有关问题的通知》〔(94)财税字第

[①]　根据《关于出口货物劳务增值税和消费税政策的通知》（财税〔2012〕39号），本法第六条被废止。

095 号〕和国家税务总局关于印发《金银首饰消费税征收管理办法的通知》规定执行。

八、对黄金交易所收取的手续费等收入照章征收营业税。

九、黄金交易所铂金交易的增值税征收管理及增值税专用发票管理由国家税务总局另行制定。

十、本通知自 2003 年 5 月 1 日起执行。

财政部　国家税务总局关于自主择业的军队转业干部有关税收政策问题的通知

2003 年 4 月 9 日　财税〔2003〕26 号

各省、自治区、直辖市、计划单列市财政厅（局）、地方税务局、国家税务局：

为促进军队转业干部自主择业，现将与自主择业的军队转业干部有关的税收政策通知如下：

一、从事个体经营的军队转业干部，经主管税务机关批准，自领取税务登记证之日起，3 年内免征营业税和个人所得税。

二、为安置自主择业的军队转业干部就业而新开办的企业，凡安置自主择业的军队转业干部占企业总人数 60%（含 60%）以上的，经主管税务机关批准，自领取税务登记证之日起，3 年内免征营业税和企业所得税。

三、自主择业的军队转业干部必须持有师以上部队颁发的转业证件。

四、本通知自 2003 年 5 月 1 日起执行。

本通知生效前，已经从事个体经营的军队转业干部和符合本通知规定条件的企业，如果已经按〔2001〕国转联 8 号文件的规定，享受了税收优惠政策，可以继续执行到期满为止；如果没有享受上述文件规定的税收优惠政策，可自本通知生效之日起，3 年内免征营业税、个人所得税、企业所得税。

请遵照执行。

财政部　国家税务总局关于 4 家资产管理公司接收资本金项下的资产在办理过户时有关税收政策问题的通知

2003 年 2 月 21 日　财税〔2003〕21 号

各省、自治区、直辖市、计划单列市财政厅（局）、国家税务局、地方税务局，新疆生产建设兵团财务局：

按照国务院办公厅《转发人民银行、财政部、证监会关于组建中国信达资产管理公司意见的通知》（国办发〔1999〕33号）和《转发人民银行、财政部、证监会关于组建中国华融资产管理公司、中国长城资产管理公司和中国东方资产管理公司意见的通知》（国办发〔1999〕66号）的规定，财政部从中国建设银行、中国工商银行、中国农业银行、中国银行（以下简称国有商业银行）无偿划转了部分资产（包括现金、投资、固定资产及随投资实体划转的贷款）给中国信达资产管理公司、中国华融资产管理公司、中国长城资产管理公司和中国东方资产管理公司（以下简称金融资产管理公司），作为其组建时的资本金。现就上述金融资产管理公司接收资本金项下的资产在办理过户时有关税收政策问题通知如下：

一、金融资产管理公司按财政部核定的资本金数额，接收国有商业银行的资产，在办理过户手续时，免征契税、印花税。

二、国有商业银行按财政部核定的数额，划转给金融资产管理公司的资产，在办理过户手续时，免征营业税、增值税、印花税。

财政部　国家税务总局关于黄金税收政策问题的通知[①]

2002年9月12日　财税〔2002〕142号

各省、自治区、直辖市、计划单列市财政厅（局）、国家税务局、地方税务局，新疆生产建设兵团财务局：

为了贯彻国务院关于黄金体制改革决定的要求，规范黄金交易，加强黄金交易的税收管理，现将黄金交易的有关税收政策明确如下：

一、黄金生产和经营单位销售黄金（不包括以下品种：成色为AU9999、AU9995、AU999、AU995；规格为50克、100克、1公斤、3公斤、12.5公斤的黄金，以下简称标准黄金）和黄金矿砂（含伴生金），免征增值税；进口黄金（含标准黄金）和黄金矿砂免征进口环节增值税。

二、黄金交易所会员单位通过黄金交易所销售标准黄金（持有黄金交易所开具的《黄金交易结算凭证》），未发生实物交割的，免征增值税；发生实物交割的，由税务机关按照实际成交价格代开增值税专用发票，并实行增值税即征即退的政策，同时免征城市维护建设税、教育费附加。增值税专用发票中的单价、金额和税额的计算公式分别为：

单价 = 实际成交单价 ÷ (1 + 增值税税率)

金额 = 数量 × 单价

---

① 根据《国家税务总局关于出口含金成份产品有关税收政策的通知》（国税发〔2005〕125号），本法第三条中有关黄金首饰退税规定被废止。

税额=金额×税率

实际成交单价是指不含黄金交易所收取的手续费的单位价格。

纳税人不通过黄金交易所销售的标准黄金不享受增值税即征即退和免征城市维护建设税、教育费附加政策。

三、黄金出口不退税;出口黄金饰品,对黄金原料部分不予退税,只对加工增值部分退税。

四、对黄金交易所收取的手续费等收入照章征收营业税。

五、黄金交易所黄金交易的增值税征收管理办法及增值税专用发票管理办法由国家税务总局另行制定。

财政部 国家税务总局关于西气东输项目有关税收政策的通知

手机阅读

2002年7月31日 财税〔2002〕111号

新疆维吾尔自治区、上海市财政厅(局)、国家税务局、地方税务局:

经国务院批准,现将西气东输项目有关税收政策通知如下:

一、西气东输项目上游中外合作开采天然气增值税执行13%的统一税率,根据财政部、国家税务总局《关于印发〈油气田企业增值税暂行管理办法〉的通知》(财税字〔2000〕32号)规定,计算抵扣进项税额。

二、对西气东输管道运营企业执行15%的企业所得税税率。从开始获利的年度起,第一年和第二年免征企业所得税,第三年至第五年减半征收企业所得税。

三、西气东输项目上游开采天然气中外合作区块缴纳矿区使用费,暂不缴纳资源税。

请遵照执行。

财政部 国家税务总局关于中国信达等 4 家金融资产管理公司税收政策问题的通知

手机阅读

2001 年 2 月 22 日 财税〔2001〕10 号

各省、自治区、直辖市、计划单列市财政厅（局）、国家税务局、地方税务局：

根据《国务院办公厅转发人民银行、财政部、证监会关于组建中国信达资产管理公司意见的通知》（国办发〔1999〕33 号）和《国务院办公厅转发人民银行、财政部、证监会关于组建中国华融资产管理公司、中国长城资产管理公司和中国东方资产管理公司意见的通知》（国办发〔1999〕66 号）的精神，经国务院批准，现对信达、华融、长城和东方资产管理公司（以下简称"资产公司"）在收购、承接和处置不良资产过程中有关税收政策问题通知如下：

一、享受税收优惠政策的主体为经国务院批准成立的中国信达资产管理公司、中国华融资产管理公司、中国长城资产管理公司和中国东方资产管理公司，及其经批准分设于各地的分支机构。除另有规定者外，资产公司所属、附属企业，不享受资产公司的税收优惠政策。

二、收购、承接不良资产是指资产公司按照国务院规定的范围和额度，对相关国有银行不良资产，以帐面价值进行收购，同时继承债权、行使债权主体权利。具体包括资产公司承接、收购相关国有银行的逾期、呆滞、呆账贷款及其相应的抵押品；处置不良资产是指资产公司按照有关法律、法规，为使不良资产的价值得到实现而采取的债权转移的措施。具体包括运用出售、置换、资产重组、债转股、证券化等方法对贷款及其抵押品进行处置。

三、资产公司收购、承接、处置不良资产可享受以下税收优惠政策：

1. 对资产公司接受相关国有银行的不良债权，借款方以货物、不动产、无形资产、有价证券和票据等抵充贷款本息的，免征资产公司销售转让该货物、不动产、无形资产、有价证券、票据以及利用该货物、不动产从事融资租赁业务应缴纳的增值税、营业税。

2. 对资产公司接受相关国有银行的不良债权取得的利息收入，免征营业税。

3. 对资产公司接受相关国有银行的不良债权，借款方以土地使用权、房屋所有权抵充贷款本息的，免征承受土地使用权、房屋所有权应缴纳的契税。

4. 对资产公司成立时设立的资金帐簿免征印花税。对资产公司收购、承接和处置不良资产，免征购销合同和产权转移书据应缴纳的印花税。对涉及资产公司资产管理范围内的上市公司国有股权持有人变更的事项，免征印花税参照《国家税务总局关于上市公司国有股权无偿转让证券（股票）交易印花税问题的通知》（国税发〔1999〕124号）的有关规定执行。

5. 对各公司回收的房地产在未处置前的闲置期间，免征房产税和城镇土地使用税。对资产公司转让房地产取得的收入，免征土地增值税。

6. 资产公司所属的投资咨询类公司，为本公司承接、收购、处置不良资产而提供资产、项目评估和审计服务取得的收入免征营业税。

四、资产公司除收购、承接、处置不良资产业务外，从事其他经营业务或发生本通知未规定免税的应税行为，应一律依法纳税。

五、本通知自资产公司成立之日起开始执行。此前的规定与本通知有抵触的，以本通知为准。各地财政、税务部门及资产公司要密切关注税收优惠政策的落实情况、及时向财政部、国家税务总局反映执行中出现的问题，确保相关税收优惠政策顺利实施。

财政部　国家税务总局关于非营利性科研机构税收政策的通知

2001年2月9日　财税〔2001〕5号

各省、自治区、直辖市、计划单列市财政厅（局）、国家税务局、地方税务局：

为了贯彻落实《国务院办公厅转发科技部等部门关于非营利性科研机构管理的若干意见（试行）的通知》（国办发〔2000〕78号），鼓励社会公益类科研事业的发展，经国务院批准，现对非营利性科研机构有关税收政策明确如下：

一、非营利性科研机构要以推动科技进步为宗旨，不以营利为目的，主要从事应用基础研究或向社会提供公共服务。非营利性科研机构的认定标准，由科技部会同财政部、中编办、国家税务总局另行制定。非营利性科研机构需要书面向科技行政主管部门申明其性质，按规定进行设置审批和登记注册，并由接受其登记注册的科技行政部门核定，在执业登记中注明"非营利性科研机构"。

二、非营利性科研机构享受如下税收优惠政策：

1. 非营利性科研机构从事技术开发、技术转让业务和与之相关的技术咨询、技术服务所得的收入，按有关规定免征营业税和企业所得税。

2. 非营利性科研机构从事与其科研业务无关的其他服务所取得的收入，如租赁收入、财产转让收入、对外投资收入等，应当按规定征收各项税收；非营利性科研机构从事上述非主营业务收入用于改善研究开发条件的投资部分，经税务部门审核批准可抵扣其应纳税所得额，就其余额征收企业所得税。

3. 非营利性科研机构自用的房产、土地，免征房产税、城镇土地使用税。

4. 社会力量对非关联的非营利性科研机构的新产品、新技术、新工艺所发生的研究开发经费资助，经主管税务机关审核确定，其资助支出可以全额在当年度应纳税所得额中扣除。当年度应纳税所得额不足抵扣的，不得结转抵扣。

三、对非营利性科研机构实行年度检查制度，凡不符合条件的，应取消其免税资格，并按规定补缴当年已免税款。

本通知自2001年1月1日起执行。具体执行办法由国家税务总局另行制定。

财政部　国家税务总局关于调整住房租赁市场税收政策的通知

手机阅读

2000年12月7日　财税〔2000〕125号

各省、自治区、直辖市、计划单列市财政厅（局），国家税务局，地方税务局，新疆生产建设兵团：

为了配合国家住房制度改革，支持住房租赁市场的健康发展，经国务院批准，现对住房租赁市场有关税收政策问题通知如下：

一、对按政府规定价格出租的公有住房和廉租住房，包括企业和自收自支事业单位向职工出租的单位自有住房；房管部门向居民出租的公有住房；落实私房政策中带户发还产权并以政府规定租金标准向居民出租的私有住房等，暂免征收房产税、营业税。

二、对个人按市场价格出租的居民住房，其应缴纳的营业税暂减按3%的税率征收，房产税暂减按4%的税率征收。

三、对个人出租房屋取得的所得暂减按10%的税率征收个人所得税。

本通知自2001年1月1日起执行。凡与本通知规定不符的税收政策，一律改按本通知的规定执行。

财政部　国家税务总局关于对老年服务机构有关税收政策问题的通知

手机阅读

2000年11月24日　财税〔2000〕97号

各省、自治区、直辖市、计划单列市财政厅（局）、国家税务局、地方税务局：

为贯彻中共中央、国务院《关于加强老龄工作的决定》（中发〔2000〕13号）精神，现对政府部门和社会力量兴办的老年服务机构有关税收政策问题通知如下：

一、对政府部门和企事业单位、社会团体以及个人等社会力量投资兴办的福利性、非营利性的老年服务机构，暂免征收企业所得税，以及老年服务机构自用房产、土地、车船的房产税、城镇土地使用税、车船使用税。

二、对企事业单位、社会团体和个人等社会力量，通过非营利性的社会团体和政府部门向福利性、非营利性的老年服务机构的捐赠，在缴纳企业所得税和个人所得税前准予全额扣除。

三、本通知所称老年服务机构，是指专门为老年人提供生活照料、文化、护理、健身等多方面服务的福利性、非营利性的机构，主要包括：老年社会福利院、敬老院（养老院）、老年服务中心、老年公寓（含老年护理院、康复中心、托老所）等。

本通知自 2000 年 10 月 1 日起执行。

财政部　国家税务总局关于随军家属就业有关税收政策的通知

手机阅读

2000 年 9 月 27 日　财税〔2000〕84 号

为缓解随军家属的就业困难，经国务院、中央军委批准，现对随军家属就业的有关税收政策通知如下：

一、对为安置随军家属就业而新开办的企业，自领取税务登记证之日起，3 年内免征营业税、企业所得税。

二、对从事个体经营的随军家属，自领取税务登记证之日起，3 年内免征营业税和个人所得税。

三、享受税收优惠政策的企业，随军家属必须占企业总人数的 60%（含）以上，并有军（含）以上政治和后勤机关出具的证明；随军家属必须有师以上政治机关出具的可以表明其身份的证明，但税务部门应进行相应的审查认定。

主管税务机关在企业或个人享受免税期间，应按现行有关税收规定，对此类企业进行年度检查，凡不符合条件的，应取消其免税政策。

每一随军家属只能按上述规定，享受一次免税政策。

四、本通知自 2000 年 1 月 1 日起执行。

请遵照执行。

财政部 国家税务总局关于医疗卫生机构有关税收政策的通知①

2000年7月10日 财税〔2000〕42号

各省、自治区、直辖市、计划单列市财政厅（局）、国家税务、地方税务局：

为了贯彻落实《国务院办公厅转发国务院体改办等部门关于城镇医药卫生体制改革指导意见的通知》（国办发〔2000〕16号），促进我国医疗卫生事业的发展，经国务院批准，现将医疗卫生机构有关税收政策通知如下：

一、关于非营利性医疗机构的税收政策

（一）对非营利性医疗机构按照国家规定的价格取得的医疗服务收入，免征各项税收。不按照国家规定价格取得的医疗服务收入不得享受这项政策。

医疗服务是指医疗服务机构对患者进行检查、诊断、治疗、康复和提供预防保健、接生、计划生育方面的服务，以及与这些服务有关的提供药品、医用材料器具、救护车、病房住宿和伙食的业务（下同）。

（二）对非营利性医疗机构从事非医疗服务取得的收入，如租赁收入、财产转让收入、培训收入、对外投资收入等应按规定征收各项税收。非营利性医疗机构将取得的非医疗服务收入，直接用于改善医疗卫生服务条件的部分，经税务部门审核批准可抵扣其应纳税所得额，就其余额征收企业所得税。

（三）对非营利性医疗机构自产自用的制剂，免征增值税。

（四）非营利性医疗机构的药房分离为独立的药品零售企业，应应按规定征收各项税收。

（五）对非营利性医疗机构自用的房产、土地、车船，免征房产税、城镇土地使用税和车船使用税。

二、关于营利性医疗机构的税收政策。

（一）对营利性医疗机构取得的收，按规定征收各项税收。但为了支持营利性医疗机构的发展，对营利性医疗机构取得的收入，直接用于改善医疗卫生条件的，自其取执业登记之日起，3年内给予下列优惠：对其取得的医疗服务收入免征营业税；对其自产自用的制剂免征增值税；对营利性医疗疗机构自用的房产、土地、车船免征房产税、城镇土地使用税和车使用税。3年免税期满后恢复征税。

（二）对营利性医疗机构的药房分离为独立药品零售企业，应按规定征收各项税收。

---

① 根据《财政部 国家税务总局关于公布若干废止和失效的营业税规范性文件的通知》（财税〔2009〕61号），有关营业税规定被废止。

三、关于疾病控制机构和妇幼保健机构等卫生机构的税收政策。

（一）对疾病控制机构和妇幼保健机构等卫生机构按照国家规定的价格取得的卫生服务收入（含疫苗接种和调拨、销售收入），免征各项税收。不按照国家规定的价格取取得的卫生技服务收入不得享受这项政策。对疾病控制机构和妇幼保健等卫生机构取得的其他经营收入如直接用于改善本卫生机构卫生服务条件的，经税务部门审核批准可抵扣其应纳税所得额，就其余额征收企业所得税。

（二）对疾病控制机构业和妇幼保健机构等卫生机构自用的房产、土地、车船，免征房产税、城镇土地使用税和车船使用税。

医疗机构需要书面向卫生行政主管部门明其性质，按《医疗机构管理条例》进行设置审批和登记注册，并由接受其登记注册的卫生行政部门核定，在执业登记中注明"非营利性医疗机构"和"营利性医疗机构"包。

上述医疗机构具体包括：各级各类医院、门诊部（所），社区卫生服务中心（站）、急救中心（站）、城乡卫生院、护理院（所）、疗养院、临床检验中心等。上述疾病控制、妇幼保健等卫生机构具体包括：级政府及有关部门举办的卫生防疫站（疾病控制中心）、各种专科疾病防治站（所），各级政府举办的妇幼保健所（站）、母婴保健机构、儿童保健科机构等，各级政府举办的血站（血液中心）。

本通知自发布之日起执行。

财政部　国家税务总局关于血站有关税收问题的通知

手机阅读

1999年10月13日　财税字〔1999〕264号

各省、自治区、直辖市、计划单列市财政厅（局）、国家税务局、地方税务局：

为了推动无偿献血公益事业的发展，经国务院批准，现将血站的有关税收问题明确如下：

一、鉴于血站是采集和提供临床用血，不以营利为目的的公益性组织，又属于财政拨补事业费的单位，因此，对血站自用的房产和土地免征房产税和城镇土地使用税。

二、对血站供应给医疗机构的临床用血免征增值税。

三、本通知所称血站，是指根据《中华人民共和国献血法》的规定，由国务院或省级人民政府卫生行政部门批准的，从事采集、提供临床用血，不以营利为目的的公益性组织。

四、本通知自1999年11月1日起执行。在此之前已征收入库的税款不再退还，未征收入库的税款也不再征缴。

财政部 国家税务总局关于促进科技成果转化有关税收政策的通知

1999年5月27日 财税字〔1999〕45号

各省、自治区、直辖市、计划单列市财政厅（局）、国家税务局、地方税务局：

为贯彻落实《中华人民共和国科技学技术进步法》和《中华人民共和国促进科技成果转化法》，鼓励高新技术产业发展，经国务院批准，现将科研机构、高等学校研究开发高新技术，转化科学成果有关税收政策通知如下：

一、科研机构的技术转让收入继续免征营业税，对高等学校的技术转让收入自1999年5月1日起免征营业税。

二、科研机构、高等学校服务于各业的技术成果转让、技术培训、技术咨询、技术服务、技术承包所取得的技术性服务收入暂免征收企业所得税。

三、自1999年7月1日起，科研机构、高等学校转化职务科技成果以股份或出资比例等股权形式给予个人奖励，获奖人在取得股份、出资比例时，暂不缴纳个人所得税；取得按股份、出资比例分红或转让股权、出资比例所得时，应依法缴纳个人所得税。

有关此项的具体操作规定，由国家税务总局另行制定。

财政部税务总局关于房产税和车船使用税几个业务问题的解释与规定①

1987年3月23日 〔87〕财税地字第003号

各省、自治区、直辖市税务局，各计划单列市税务局，加发南京市税务局，海洋石油税务局各分局：

总局〔86〕财税地字第003号《关于检发〈关于房产税若干具体问题的解释和暂行规定〉〈关于车船使用税若干具体问题的解释和暂行规定〉的通知》下发后，各地在贯彻执行中又陆续提出一些需要明确的问题。经研究，现作如下解释和规定：

---

① 根据《关于公布全文失效废止 部分条款失效废止的税收规范性文件目录的公告》（国家税务总局公告2011年第2号），本法第四条、第五条失效。

一、关于"房产"的解释

"房产"是以房屋形态表现的财产。房屋是指有屋面和围护结构（有墙或两边有柱），能够遮风避雨，可供人们在其中生产、工作、学习、娱乐、居住或储藏物资的场所。

独立于房屋之外的建筑物，如围墙、烟囱、水塔、变电塔、油池油柜、酒窖菜窖、酒精池、糖蜜池、室外游泳池、玻璃暖房、砖瓦石灰窑以及各种油气罐等，不属于房产。

根据总局〔86〕财税地字第008号文规定，"房产原值是指纳税人按照会计制度规定，在账簿"'固定资产'科目中记载的房屋原价"。因此，凡按会计制度规定在账簿中记载有房屋原价的，即应以房屋原价按规定减除一定比例后作为房产余值计征房产税；没有记载房屋原价的，按照上述原则，并参照同类房屋，确定房产原值，计征房产税。

二、关于房屋附属设备的解释

房产原值应包括与房屋不可分割的各种附属设备或一般不单独计算价值的配套设施。主要有：暖气、卫生、通风、照明、煤气等设备；各种管线，如蒸气、压缩空气、石油、给水排水等管道及电力、电讯、电缆导线；电梯、升降机、过道、晒台等。

属于房屋附属设备的水管、下水道、暖气管、煤气管等从最近的探视井或三通管算起。电灯网、照明线从进线盒联接管算起。

三、关于工商行政管理部门的集贸市场用房征收房产税的规定

工商行政管理部门的集贸市场用房，不属于工商部门自用的房产，按规定应征收房产税。但为了促进集贸市场的发展，省、自治区、直辖市可根据具体情况暂给予减税或免税照顾。

四、关于专用汽车（改装车）征免车船使用税的规定

专用汽车是指装置有专用设备，具备特定的专用功能，用于承担专门运输任务或专项作业的汽车。凡环卫环保部门的路面清扫车、环境监测车；医药卫生部门的医疗手术车、防疫监测车；民政部门的殡仪车、公安部门的勘察车、交通监理车等，不论是否收费，均免征车船使用税。凡用于生产经营的专用汽车，如流动餐车、液化石油气罐车、冷藏车等均应征收车船使用税。对专用于建筑作业、石油地质作业、机场作业、农林牧渔业等的专用汽车，如：沥青撒布车、混凝土搅拌车、架线车、野外工程车等等，省、自治区、直辖市可根据具体情况分别规定征税或免税。

专用汽车根据其功能吨位，参照机动载货汽车税额计算征收车船使用税。

五、关于实行自收自支的事业单位征免车船使用税的规定

由国家财政部门拨付事业经费的单位实行自收自支后，从事业单位经费实行自收自支的年度起，免征车船使用税3年，3年后应按规定征税。

中国人民银行 农业部 国家发展计划委员会 财政部 国家税务总局关于免缴农村信用社接收农村合作基金会财产产权过户税费的通知

2000年1月17日 银发〔2000〕21号

各省、自治区、直辖市计委（计经委），财政厅（局），国家税务局、地方税务局，农业厅（局）、农（经）委（办）、中共河北、江苏省委农工部，中国人民银行各分行、营业管理部、省会城市中心支行：

为了做好农村合作基金会的清理整顿工作，增强农村信用社抗风险能力，减少农村信用社接收农村合作基金会的负担，经国务院同意，农村信用社在办理接收农村合作基金会财产产权过户手续时，减免有关税费。具体通知如下：

对于农村信用社在清理整顿过程中，接收农村合作基金会的房屋、土地使用权等财产所发生的权属转移免征契税，所办理的产权转移书据免征印花税；免收土地登记费和交易费；免收房产登记费和丈量费等其他费；降低中介机构收取的评估费等中介服务费标准；免缴地方政府规定的交通工具过户费。允许收取房地产证书工本费；中介机构评估只收取成本费。

各省、自治区、直辖市接到本通知后，要尽快通知有关部门贯彻执行。

非税收入

财政部关于取消港口建设费和调整民航发展基金有关政策的公告

手机阅读

2021 年 3 月 19 日　财政部公告 2021 年第 8 号

为进一步降低企业成本,优化营商环境,现将取消港口建设费和调整民航发展基金有关政策公告如下:

一、自 2021 年 1 月 1 日起取消港口建设费。以前年度欠缴的港口建设费,相关执收单位应当足额征收及时清算,并按照财政部门规定的渠道全额上缴国库。

二、自 2021 年 4 月 1 日起,将航空公司应缴纳民航发展基金的征收标准,在按照《财政部关于调整部分政府性基金有关政策的通知》(财税〔2019〕46 号)降低 50% 的基础上,再降低 20%。降低后的征收标准见附件。

三、各有关部门和单位应当按照本公告规定,及时制定相关配套措施,确保上述政策落实到位。

四、自 2021 年 1 月 1 日起,《财政部　交通运输部关于印发〈港口建设费征收使用管理办法〉的通知》(财综〔2011〕29 号)、《财政部　交通运输部关于免征客滚运输港口建设费的通知》(财综〔2011〕100 号)、《财政部　交通运输部关于同意南京港长江大桥以上港区减半征收港口建设费的批复》(财综〔2012〕40 号)、《财政部　交通运输部关于完善港口建设费征收政策有关问题的通知》(财税〔2015〕131 号)废止。

特此公告。

附件:航空公司民航发展基金征收标准(略)

财政部关于调整部分政府性基金有关政策的通知

手机阅读

2019 年 4 月 22 日　财税〔2019〕46 号

中共中央宣传部,发展改革委、教育部、水利部、民航局、税务总局,国家电网有限公司、中国南方电网有限责任公司,各省、自治区、直辖市财政厅

（局），新疆生产建设兵团财政局，财政部各地监管局：

按照国务院决策部署，现将调整部分政府性基金政策的有关事项通知如下：

一、自2019年7月1日至2024年12月31日，对归属中央收入的文化事业建设费，按照缴纳义务人应缴费额的50%减征；对归属地方收入的文化事业建设费，各省（区、市）财政、党委宣传部门可以结合当地经济发展水平、宣传思想文化事业发展等因素，在应缴费额50%的幅度内减征。各省（区、市）财政、党委宣传部门应当将本地区制定的减征政策文件抄送财政部、中共中央宣传部。

各级财政部门要统筹安排资金，根据宣传思想文化事业需要积极予以支持，确保相关工作顺利开展。中央财政加大对财力薄弱地方的转移支付力度，支持地方做好相关工作。各级财政用于宣传思想文化事业方面的经费继续按照现有资金管理方式使用。

二、自2019年7月1日起，将国家重大水利工程建设基金征收标准降低50%。降低后各省（区、市）征收标准见附件1。

国家重大水利工程建设基金征收至2025年12月31日。自2020年1月1日起，缴入中央国库的国家重大水利工程建设基金，根据国务院批复的相关规划，统筹用于南水北调工程和三峡后续工作等。具体资金分配根据基金年度实际征收情况，以及国务院批复的南水北调工程和三峡后续工作相关规划的资金落实情况等统筹安排。

三、自2019年1月1日起，纳入产教融合型企业建设培育范围的试点企业，兴办职业教育的投资符合本通知规定的，可按投资额的30%比例，抵免该企业当年应缴教育费附加和地方教育附加。试点企业属于集团企业的，其下属成员单位（包括全资子公司、控股子公司）对职业教育有实际投入的，可按本通知规定抵免教育费附加和地方教育附加。

允许抵免的投资是指试点企业当年实际发生的，独立举办或参与举办职业教育的办学投资和办学经费支出，以及按照有关规定与职业院校稳定开展校企合作，对产教融合实训基地等国家规划布局的产教融合重大项目建设投资和基本运行费用的支出。

试点企业当年应缴教育费附加和地方教育附加不足抵免的，未抵免部分可在以后年度继续抵免。试点企业有撤回投资和转让股权等行为的，应当补缴已经抵免的教育费附加和地方教育附加。

四、自2019年7月1日起，将《财政部关于印发〈民航发展基金征收使用管理暂行办法〉的通知》（财综〔2012〕17号）第八条规定的航空公司应缴纳民航发展基金的征收标准降低50%。降低后的征收标准见附件2。

附件：1. 国家重大水利工程建设基金征收标准（略）
   2. 航空公司民航发展基金征收标准（略）

财政部关于取消、调整部分政府性基金有关政策的通知

2017年3月15日 财税〔2017〕18号

发展改革委、住房城乡建设部、商务部、水利部、税务总局、中国残联,各省、自治区、直辖市财政厅(局):

为切实减轻企业负担,促进实体经济发展,经国务院批准,现就取消、调整部分政府性基金有关政策通知如下:

一、取消城市公用事业附加和新型墙体材料专项基金。以前年度欠缴或预缴的上述政府性基金,相关执收单位应当足额征收或及时清算,并按照财政部门规定的渠道全额上缴国库或多退少补。

二、调整残疾人就业保障金征收政策

(一)扩大残疾人就业保障金免征范围。将残疾人就业保障金免征范围,由自工商注册登记之日起3年内,在职职工总数20人(含)以下小微企业,调整为在职职工总数30人(含)以下的企业。调整免征范围后,工商注册登记未满3年、在职职工总数30人(含)以下的企业,可在剩余时期内按规定免征残疾人就业保障金。

(二)设置残疾人就业保障金征收标准上限。用人单位在职职工年平均工资未超过当地社会平均工资(用人单位所在地统计部门公布的上年度城镇单位就业人员平均工资)3倍(含)的,按用人单位在职职工年平均工资计征残疾人就业保障金;超过当地社会平均工资3倍以上的,按当地社会平均工资3倍计征残疾人就业保障金。用人单位在职职工年平均工资的计算口径,按照国家统计局关于工资总额组成的有关规定执行。

三、"十三五"期间,省、自治区、直辖市人民政府可以结合当地经济发展水平、相关公共事业和设施保障状况、社会承受能力等因素,自主决定免征、停征或减征地方水利建设基金、地方水库移民扶持基金。各省、自治区、直辖市财政部门应当将本地区出台的减免政策报财政部备案。

四、各级财政部门要切实做好经费保障工作,妥善安排相关部门和单位预算,保障其依法履行职责,积极支持相关事业发展。

五、各级地区、有关部门和单位要通过广播、电视、报纸、网络等媒体,加强政策宣传解读,及时发布信息,做好舆论引导。

六、各地区、有关部门和单位要严格执行政府性基金管理有关规定,对公布取消、调整或减免的政府性基金,不得以任何理由拖延或者拒绝执行。有关部门要加强政策落实情况的监督检查,对违反规定的,应当按照《预算法》、《财政违法行为处罚处分条例》等法律、行政法规规定予以处理。

七、本通知自 2017 年 4 月 1 日起执行。《财政部关于征收城市公用事业附加的几项规定》(〔64〕财预王字第 380 号)、《财政部 国家发展改革委关于印发〈新型墙体材料专项基金征收使用管理办法〉的通知》(财综〔2007〕77 号)同时废止。

财政部 国家税务总局关于营业税改征增值税试点有关文化事业建设费政策及征收管理问题的补充通知

2016 年 5 月 13 日 财税〔2016〕60 号

各省、自治区、直辖市、计划单列市财政厅(局)、国家税务局、地方税务局:

为促进文化事业发展,现就全面推开营业税改征增值税试点(以下简称营改增)后娱乐服务征收文化事业建设费有关事项补充通知如下:

一、在中华人民共和国境内提供娱乐服务的单位和个人(以下称缴纳义务人),应按照本通知以及《财政部 国家税务总局关于营业税改征增值税试点有关文化事业建设费政策及征收管理问题的通知》(财税〔2016〕25 号)的规定缴纳文化事业建设费。

二、缴纳义务人应按照提供娱乐服务取得的计费销售额和 3% 的费率计算娱乐服务应缴费额,计算公式如下:

娱乐服务应缴费额 = 娱乐服务计费销售额 × 3%

娱乐服务计费销售额,为缴纳义务人提供娱乐服务取得的全部含税价款和价外费用。

三、未达到增值税起征点的缴纳义务人,免征文化事业建设费。

四、本通知所称娱乐服务,是指《财政部 国家税务总局关于全面推开营业税改征增值税试点的通知》(财税〔2016〕36 号)的《销售服务、无形资产、不动产注释》中"娱乐服务"范围内的服务。

五、本通知自 2016 年 5 月 1 日起执行。《财政部 国家税务总局关于印发〈文化事业建设费征收管理暂行办法〉的通知》(财税字〔1997〕95 号)同时废止。

财政部 国家税务总局关于营业税改征增值税试点有关文化事业建设费政策及征收管理问题的通知

2016年3月28日 财税〔2016〕25号

各省、自治区、直辖市、计划单列市财政厅（局）、国家税务局、地方税务局：

为促进文化事业发展，现就营业税改征增值税（以下简称营改增）试点中文化事业建设费政策及征收管理有关问题通知如下：

一、在中华人民共和国境内提供广告服务的广告媒介单位和户外广告经营单位，应按照本通知规定缴纳文化事业建设费。

二、中华人民共和国境外的广告媒介单位和户外广告经营单位在境内提供广告服务，在境内未设有经营机构的，以广告服务接受方为文化事业建设费的扣缴义务人。

三、缴纳文化事业建设费的单位（以下简称缴纳义务人）应按照提供广告服务取得的计费销售额和3%的费率计算应缴费额，计算公式如下：

应缴费额＝计费销售额×3%

计费销售额，为缴纳义务人提供广告服务取得的全部含税价款和价外费用，减除支付给其他广告公司或广告发布者的含税广告发布费后的余额。

缴纳义务人减除价款的，应当取得增值税专用发票或国家税务总局规定的其他合法有效凭证，否则，不得减除。

四、按规定扣缴文化事业建设费的，扣缴义务人应按下列公式计算应扣缴费额：

应扣缴费额＝支付的广告服务含税价款×费率

五、文化事业建设费的缴纳义务发生时间和缴纳地点，与缴纳义务人的增值税纳税义务发生时间和纳税地点相同。

文化事业建设费的扣缴义务发生时间，为缴纳义务人的增值税纳税义务发生时间。

文化事业建设费的扣缴义务人应当向其机构所在地或者居住地主管税务机关申报缴纳其扣缴的文化事业建设费。

六、文化事业建设费的缴纳期限与缴纳义务人的增值税纳税期限相同。

文化事业建设费扣缴义务人解缴税款的期限，应按照前款规定执行。

七、增值税小规模纳税人中月销售额不超过2万元（按季纳税6万元）的企业和非企业性单位提供的应税服务，免征文化事业建设费。

自2015年1月1日起至2017年12月31日，对按月纳税的月销售额不超过3万元（含3万元），以及按季纳税的季度销售额不超过9万元（含9万元）

的缴纳义务人，免征文化事业建设费。

八、营改增后的文化事业建设费，由国家税务局征收。

九、营改增试点中文化事业建设费的预算科目、预算级次和缴库办法等，参照《财政部关于开征文化事业建设费有关预算管理问题的通知》（财预字〔1996〕469号）的规定执行，具体如下：

中央所属企事业单位缴纳的文化事业建设费，中央所属企事业单位组成的联营企业、股份制企业缴纳的文化事业建设费，中央所属企事业单位与集体企业、私营企业组成的联营企业、股份制企业缴纳的文化事业建设费，中央所属企事业单位与港、澳、台商组成的合资经营企业（港或澳、台资）、合作经营企业（港或澳、台资）缴纳的文化事业建设费，中央所属企事业单位与外商组成的中外合资经营企业、中外合作经营企业缴纳的文化事业建设费，全部作为中央预算收入，由税务机关开具税收缴款书，以"1030217文化事业建设费收入"项级科目就地缴入中央国库。

地方所属企事业单位、集体企业、私营企业、港澳台商独资经营企业、外商独资企业缴纳的文化事业建设费，地方所属企事业单位、集体企业、私营企业组成的联营企业、股份制企业缴纳的文化事业建设费，地方所属企事业单位、集体企业、私营企业与港、澳、台商组成的合资经营企业（港或澳、台资）、合作经营企业（港或澳、台资）缴纳的文化事业建设费，地方所属企事业单位、集体企业、私营企业与外商组成的中外合资经营企业、中外合作经营企业缴纳的文化事业建设费，全部作为地方预算收入，由税务机关开具税收缴款书，以"1030217文化事业建设费收入"项级科目，按各地方规定的缴库级次就地缴入地方国库。

中央所属企事业单位与地方所属企事业单位组成的联营企业、股份制企业缴纳的文化事业建设费，中央所属企事业单位与地方所属企事业单位联合与集体企业、私营企业、港澳台商、外商组成的联营企业、股份制企业、合资经营企业（港或澳、台资）、合作经营企业（港或澳、台资）、中外合资经营企业、中外合作经营企业缴纳的文化事业建设费，按中央、地方各自投资占中央和地方投资之和的比例，分别作为中央预算收入和地方预算收入，由税务机关开具税收缴款书就地缴入中央国库和地方规定的地方国库。

十、文化事业建设费纳入财政预算管理，用于文化事业建设。具体管理和使用办法，另行制定。

十一、本通知所称广告服务，是指《财政部 国家税务总局关于全面推开营业税改征增值税试点的通知》（财税〔2016〕36号）的《销售服务、无形资产、不动产注释》中"广告服务"范围内的服务。

十二、本通知所称广告媒介单位和户外广告经营单位，是指发布、播映、宣传、展示户外广告和其他广告的单位，以及从事广告代理服务的单位。

十三、本通知自2016年5月1日起执行。《关于营业税改征增值税试点有关文化事业建设费征收管理问题的通知》（财综〔2013〕88号）同时废止。

财政部 国家税务总局关于扩大有关政府性基金免征范围的通知

手机阅读

2016年1月29日　财税〔2016〕12号

教育部、水利部，各省、自治区、直辖市、计划单列市财政厅（局）、国家税务总局、地方税务局、新疆生产建设兵团财务局：

经国务院批准，现将扩大政府性基金免征范围的有关政策通知如下：

一、将免征教育费附加、地方教育附加、水利建设基金的范围，由现行按月纳税的月销售额或营业额不超过3万元（按季度纳税的季度销售额或营业额不超过9万元）的缴纳义务人，扩大到按月纳税的月销售额或营业额不超过10万元（按季度纳税的季度销售额或营业额不超过30万元）的缴纳义务人。

二、免征上述政府性基金后，各级财政部门要做好经费保障工作，妥善安排相关部门和单位预算，保障工作正常开展，积极支持相关事业发展。

三、本通知自2016年2月1日起执行。

财政部 国家税务总局关于对小微企业免征有关政府性基金的通知

手机阅读

2014年12月23日　财税〔2014〕122号

各省、自治区、直辖市、计划单列市人民政府，中宣部、教育部、水利部、中国残联：

为进一步加大对小微企业的扶持力度，经国务院批准，现将免征小微企业有关政府性基金问题通知如下：

一、自2015年1月1日起至2017年12月31日，对按月纳税的月销售额或营业额不超过3万元（含3万元），以及按季纳税的季度销售额或营业额不超过9万元（含9万元）的缴纳义务人，免征教育费附加、地方教育附加、水利建设基金、文化事业建设费。

二、自工商登记注册之日起3年内，对安排残疾人就业未达到规定比例、在职职工总数20人以下（含20人）的小微企业，免征残疾人就业保障金。

三、免征上述政府性基金后，有关部门依法履行职能和事业发展所需经费，由同级财政预算予以统筹安排。

财政部关于对分布式光伏发电自发自用电量免征政府性基金有关问题的通知

手机阅读

2013年11月19日　财综〔2013〕103号

各省、自治区、直辖市财政厅（局），财政部驻各省、自治区、直辖市、计划单列市财政监察专员办事处：

为了促进光伏产业健康发展，根据《国务院关于促进光伏产业健康发展的若干意见》（国发〔2013〕24号）的有关规定，对分布式光伏发电自发自用电量免收可再生能源电价附加、国家重大水利工程建设基金、大中型水库移民后期扶持基金、农网还贷资金等4项针对电量征收的政府性基金。上述规定自本通知发文之日起施行。

财政部关于印发《财政监察专员办事处大中型水库移民后期扶持基金征收管理操作规程》的通知

2006年11月1日　财监〔2006〕95号

财政监察专员办事处大中型水库移民后期扶持基金征收管理操作规程

第一条　为做好大中型水库移民后期扶持基金（以下简称后期扶持基金）的征收管理工作，规范财政监察专员办事处（以下简称专员办）征管工作程序和行为，根据财政部《关于大中型水库移民后期扶持基金征收使用管理暂行办法》（财综〔2006〕29号）、《中央单位预算外资金收入收缴管理改革试点办法》（财库〔2002〕38号）、《财政部关于财政监察专员办事处收入收缴管理制度改革有关事宜的通知》（财库〔2005〕365号）、《财政监察专员办事处实施中央政府非税收入监管工作操作规程（试行）》（财监〔2005〕86号）等有关规定，制定本操作规程。

第二条　后期扶持基金是指国家为扶持大中型水库农村移民解决生产生活问题而设立的政府性基金。

后期扶持基金按照"收支两条线"原则纳入中央财政预算管理。

第三条　财政部授权驻各地专员办对当地省级电网企业代征的后期扶持基

金进行征收管理。

第四条 后期扶持基金纳入收入收缴管理制度改革范围，实行直接缴库，缴入财政部为各专员办开设的中央财政汇缴专户。

代理银行通过资金汇划清算系统，按日自动汇划中央财政专户，当日营业终了，中央财政汇缴专户余额为零。

第五条 专员办应严格按照规定的征缴期限和征缴标准及时、足额征收后期扶持基金，不得拖延。

第六条 后期扶持基金的征收范围是省级电网企业在本省（区、市）区域内全部销售电量，但下列电量实行免征：

（一）农业生产用电量；

（二）省级电网企业网间销售电量（由买入方在最终销售环节向用户收取）；

（三）经国务院批准，可以免除交纳后期扶持基金的其他电量。

第七条 后期扶持基金的征收实行申报审核制。

（一）省级电网企业（代征单位）在每月10日前向专员办申报上月实际销售电量和应缴纳的后期扶持基金，并报送以下资料：

1. 大中型水库后期扶持基金申报缴纳表（见附表1）
2. 财务会计报表（指月度快报表、年报等资料）
3. 专员办要求的其他有关资料。

（二）专员办受理省级电网企业申报资料后，应于每月12日前完成对资料的审核工作。审核的主要内容有：

1. 申报资料的数据勾稽关系是否正确；
2. 申报资料的基础要素是否齐全。
3. 其他需要审核的内容。

（三）专员办审核工作结束后办理缴库手续。省级电网企业一般采取支票缴库的方式。

1. 根据审核结果，专员办于每月15日前，使用非税收入收缴管理系统开具《非税收入一般缴款书》，将第1-3联交省级电网企业；

2. 省级电网企业收到《非税收入一般缴款书》当日，以转账支票的形式，将款项缴入代理银行，代理银行收款后在《非税收入一般缴款书》第1联加盖银行收讫章并将第1联退专员办，第2联由缴款人开户银行作借方凭证，第3联由收款人开户银行收款后作贷方凭证。

3. 专员办接到银行退回的《非税收入一般缴款书》第1联后，经审核无误，在第4联加盖印章后交省级电网企业，第1联、第5联由专员办留存。

第八条 省级电网企业按《非税收入一般缴款书》开具的金额在规定期限内将款项及时足额缴入中央财政汇缴专户。如延期缴纳，专员办应责令其限期缴纳，并从逾期之日起按日加收2‰的滞纳金。

第九条 专员办应做好后期扶持基金的信息核对工作。

（一）对中央财政汇缴专户开户行报送的《代理银行非税收入旬（月）报表》进行核对。

（二）每月终了后（4个工作日内）与中央财政汇缴专户的账务进行核对。

（三）通过财政国库管理外围平台查询票据等相关信息进行数据核对。

第十条 专员办应于每月18日前，向财政部企业司、国库司、监督检查局报送《大中型水库后期扶持基金征缴月报表》（见附表2）

第十一条 专员办应根据省级电网企业全年实际销售电量，在次年3月底前完成对当地省级电网企业全年应缴后期扶持基金的清算和征缴，并上报《大中型水库后期扶持基金年度清算表》（见附表3）。在4月5日前，将上年度后期扶持基金征管情况的工作总结报告上报财政部监督检查局、综合司、企业司和国库司。

财政部对专员办征收管理后期扶持基金情况进行年度考核。考核办法另行制订。

第十二条 专员办应加强对后期扶持基金的日常征收管理工作。

（一）专员办要结合后期扶持基金入库进度情况，对电网企业政策执行情况进行定期或不定期的专项检查。专员办实施专项检查，按照《财政检查工作办法》执行。

（二）专员办要加强与电网企业、代理银行的信息沟通，建立收入对账制度。

第十三条 专员办要按照《〈非税收入一般缴款书〉印制发放流程》等文件要求，加强《非税收入一般缴款书》的领用、保管、使用的管理工作。

（一）专员办领用的《非税收入一般缴款书》，应使用非税收入收缴管理系统对已领票号段申请认证，经财政部国库司确认后方可使用。已认证后的票据不得与其他专员办调剂使用。

（二）专员办领到票据后要进行登记，作废票据的各联次均应完整保存，不得丢失票据。

（三）专员办《非税收入一般缴款书》存根联（第5联）应保存5年，存档备查。保存期满需要销毁的《非税收入一般缴款书》，由专员办登记造册，报财政部国库司统一核销。

第十四条 专员办要按照政务公开的要求，制订、落实征收工作各项内控制度。

（一）专员办要对省级电网企业的申报缴纳、退付情况实行经办人、处室负责人、办领导三级复核制度。

（二）专员办建立对非税收入征收工作有关印章（如收讫专用章、预留银行印鉴章等）使用管理的内控制度。

第十五条 专员办在征收管理中发现的政策界限不明确或处理依据不确定问题，应及时向财政部请示报告。

第十六条 对于擅自改变后期扶持基金征收范围、标准、对象和期限，以及截留、挤占、挪用后期扶持基金的单位及有关责任人，按照《财政违法行为处罚处分条例》（国务院令第427号）及其他有关法律、法规的规定进行处罚。触犯刑法的，移送司法机关处理。

第十七条 本操作规程自2006年7月1日起执行。

附表：1. 大中型水库移民后期扶持基金申报缴纳表（略）

2. 大中型水库移民后期扶持基金征缴月报表（略）

3. 大中型水库移民后期扶持基金年度清算表（略）

财政部关于印发农网还贷资金征收使用管理办法的通知

2001年12月17日 财企〔2001〕820号

财政部驻山西、吉林、湖南、湖北、广东、广西、四川、重庆、云南、陕西省（自治区、直辖市）财政监察专员办事处，山西、吉林、湖南、湖北、广东、广西、四川、重庆、云南、陕西省（自治区、直辖市）财政厅（局），国家电力公司：

"九五"期间每度电2分钱的电力建设基金政策已执行期满。经国务院领导批准，从2001年起每度电2分钱并入电价，其收入专项用于解决农村电网改造还贷问题，具体分两种情况处理：即对农网改造贷款一省多贷的山西、吉林、湖南、湖北、广东、广西、四川、重庆、云南、陕西等省、自治区、直辖市建立农网还贷资金，对农网改造贷款一省一贷的省、自治区、直辖市由企业自收自用。根据分工，财政部制定了《农网还贷资金征收使用管理办法》，现印发给你们，请遵照执行。执行中有何问题，请及时告知。

附件：农网还贷资金征收使用管理办法

附件：

农网还贷资金征收使用管理办法

第一条 农网还贷资金是对农网改造贷款"一省多贷"的省、自治区、直辖市（指该省市区的农网改造工程贷款由多个电力企业承贷，下同）电力用户征收的政府性基金，专项用于农村电网改造贷款还本付息。根据《国务院关于加强预算外资金管理的决定》（国发〔1996〕29号）的规定，农网还贷资金纳入国家财政预算管理。

第二条 农网还贷资金按社会用电量每度电2分钱标准，并入电价收取。

第三条 农网还贷资金减免范围包括：

（一）农业排灌、抗灾救灾及氮肥、磷肥、钾肥和原化工部颁发生产许可证的复合肥生产用电免征农网还贷资金；

（二）自备电厂自用电量免征农网还贷资金；

（三）国有重点煤炭企业生产用电、核工业铀扩散厂和堆化工厂生产用电农网还贷资金暂按每千瓦时用电量三厘钱标准征收。

第四条 农网还贷资金由电网经营企业在向用户收取电费时一并收取，并在电费收款凭证中注明农网还贷资金的征收电量、征收标准和征收金额。除规定的减免用量外，电力用户必须及时足额交纳农网还贷资金。

第五条 征收农网还贷资金必须按照《中华人民共和国增值税暂行条例》及其他有关规定缴纳增值税和流转环节的其他税费，按规定纳入预算管理后免征企业所得税。

第六条 征收农网还贷资金的电网经营企业，可按年征收额的2‰提取手续费，并计入企业的应付工资科目。

第七条 电网经营企业将收取的农网还贷资金在销售收入中单独核算，集中到省级电力企业，由省级电力企业按月向财政部驻当地财政监察专员办事处申报农网还贷资金征收情况，由财政部驻当地财政监察专员办事处按比例开具一般缴款书分别缴入中央和地方省级国库。具体缴库比例原则上按国家批准的农网改造贷款计划确定，详见附。农网改造竣工后，实际投资没有完成计划的省、自治区、直辖市，由财政部相应调整缴入中央和地方省级国库的比例。缴入国库的农网还贷资金暂时分别列入《2001年政府预算收支科目》的基金预算收入科目第800101项"中央电力建设基金收入"及第800102项"地方电力建设基金收入"。

第八条 农网还贷资金使用单位必须按规定编制农网还贷资金使用预算，分别报财政部和省级财政部门。其中，中央单位报财政部审批，地方单位报省级财政部门审批。

第九条 对经批准的农网还贷资金使用预算，由财政部和省级财政部门根据农网还贷资金缴库进度办理拨款手续。

中央单位向财政部提出拨款申请，由财政部拨款，原则上每月拨付一次。

缴入地方省级国库的农网还贷资金由有关省、自治区、直辖市财政厅（局）比照缴入中央国库的农网还贷资金拨付原则制定具体办法，报财政部备案。

拨付的农网还贷资金暂时分别列入《2001年政府预算收支科目》的基金预算支出科目第800101项"中央电力建设基金支出"、第800102项"地方电力建设基金支出"。

第十条 农网还贷资金征收使用应接受财政、审计等部门的监督。有关企业必须严格按照国家规定征收农网还贷资金，不得擅自调整征收范围和标准。使用单位应严格按批准的预算和财政部门核拨的资金及规定用途安排使用农网还贷资金。

第十一条 本办法执行时间暂定5年，即从2001年1月1日至2005年12月31日止。征收期满后，根据农网改造还贷情况由财政部另行规定。

第十二条 有关省、自治区、直辖市财政厅（局）应根据本办法规定制定具体实施办法，并报财政部备案。

附：农网还贷资金缴库比例表（略）

税收征收管理

中华人民共和国税收征收管理法

手机阅读

(1992年9月4日第七届全国人民代表大会常务委员会第二十七次会议通过 根据1995年2月28日第八届全国人民代表大会常务委员会第十二次会议《关于修改〈中华人民共和国税收征收管理法〉的决定》第一次修正 2001年4月28日第九届全国人民代表大会常务委员会第二十一次修订 根据2013年6月29日第十二届全国人民代表大会常务委员会第三次会议《关于修改〈中华人民共和国文物保护法〉等十二部法律的决定》第二次修正 根据2015年4月24日第十二届全国人民代表大会常务委员会第十四次会议《关于修改〈中华人民共和国港口法〉等七部法律的决定》第三次修正)

目 录

第一章 总则
第二章 税务管理
 第一节 税务登记
 第二节 帐簿、凭证管理
 第三节 纳税申报
第三章 税款征收
第四章 税务检查
第五章 法律责任
第六章 附则

第一章 总 则

第一条 为了加强税收征收管理,规范税收征收和缴纳行为,保障国家税收收入,保护纳税人的合法权益,促进经济和社会发展,制定本法。

第二条 凡依法由税务机关征收的各种税收的征收管理,均适用本法。

第三条 税收的开征、停征以及减税、免税、退税、补税,依照法律的规定执行;法律授权国务院规定的,依照国务院制定的行政法规的规定执行。

任何机关、单位和个人不得违反法律、行政法规的规定,擅自作出税收开征、停征以及减税、免税、退税、补税和其他同税收法律、行政法规相抵触的决定。

第四条 法律、行政法规规定负有纳税义务的单位和个人为纳税人。

法律、行政法规规定负有代扣代缴、代收代缴税款义务的单位和个人为扣缴义务人。

纳税人、扣缴义务人必须依照法律、行政法规的规定缴纳税款、代扣代缴、代收代缴税款。

第五条 国务院税务主管部门主管全国税收征收管理工作。各地国家税务局和地方税务局应当按照国务院规定的税收征收管理范围分别进行征收管理。

地方各级人民政府应当依法加强对本行政区域内税收征收管理工作的领导或者协调，支持税务机关依法执行职务，依照法定税率计算税额，依法征收税款。

各有关部门和单位应当支持、协助税务机关依法执行职务。

税务机关依法执行职务，任何单位和个人不得阻挠。

第六条 国家有计划地用现代信息技术装备各级税务机关，加强税收征收管理信息系统的现代化建设，建立、健全税务机关与政府其他管理机关的信息共享制度。

纳税人、扣缴义务人和其他有关单位应当按照国家有关规定如实向税务机关提供与纳税和代扣代缴、代收代缴税款有关的信息。

第七条 税务机关应当广泛宣传税收法律、行政法规，普及纳税知识，无偿地为纳税人提供纳税咨询服务。

第八条 纳税人、扣缴义务人有权向税务机关了解国家税收法律、行政法规的规定以及与纳税程序有关的情况。

纳税人、扣缴义务人有权要求税务机关为纳税人、扣缴义务人的情况保密。税务机关应当依法为纳税人、扣缴义务人的情况保密。

纳税人依法享有申请减税、免税、退税的权利。

纳税人、扣缴义务人对税务机关所作出的决定，享有陈述权、申辩权；依法享有申请行政复议、提起行政诉讼、请求国家赔偿等权利。

纳税人、扣缴义务人有权控告和检举税务机关、税务人员的违法违纪行为。

第九条 税务机关应当加强队伍建设，提高税务人员的政治业务素质。

税务机关、税务人员必须秉公执法，忠于职守，清正廉洁，礼貌待人，文明服务，尊重和保护纳税人、扣缴义务人的权利，依法接受监督。

税务人员不得索贿受贿、徇私舞弊、玩忽职守、不征或者少征应征税款；不得滥用职权多征税款或者故意刁难纳税人和扣缴义务人。

第十条 各级税务机关应当建立、健全内部制约和监督管理制度。

上级税务机关应当对下级税务机关的执法活动依法进行监督。

各级税务机关应当对其工作人员执行法律、行政法规和廉洁自律准则的情况进行监督检查。

第十一条 税务机关负责征收、管理、稽查、行政复议的人员的职责应当明确，并相互分离、相互制约。

第十二条 税务人员征收税款和查处税收违法案件,与纳税人、扣缴义务人或者税收违法案件有利害关系的,应当回避。

第十三条 任何单位和个人都有权检举违反税收法律、行政法规的行为。收到检举的机关和负责查处的机关应当为检举人保密。税务机关应当按照规定对检举人给予奖励。

第十四条 本法所称税务机关是指各级税务局、税务分局、税务所和按照国务院规定设立的并向社会公告的税务机构。

第二章 税务管理

第一节 税务登记

第十五条 企业,企业在外地设立的分支机构和从事生产、经营的场所,个体工商户和从事生产、经营的事业单位(以下统称从事生产、经营的纳税人)自领取营业执照之日起三十日内,持有关证件,向税务机关申报办理税务登记。税务机关应当于收到申报的当日办理登记并发给税务登记证件。

工商行政管理机关应当将办理登记注册、核发营业执照的情况,定期向税务机关通报。

本条第一款规定以外的纳税人办理税务登记和扣缴义务人办理扣缴税款登记的范围和办法,由国务院规定。

第十六条 从事生产、经营的纳税人,税务登记内容发生变化的,自工商行政管理机关办理变更登记之日起三十日内或者在向工商行政管理机关申请办理注销登记之前,持有关证件向税务机关申报办理变更或者注销税务登记。

第十七条 从事生产、经营的纳税人应当按照国家有关规定,持税务登记证件,在银行或者其他金融机构开立基本存款帐户和其他存款帐户,并将其全部帐号向税务机关报告。

银行和其他金融机构应当在从事生产、经营的纳税人的帐户中登录税务登记证件号码,并在税务登记证件中登录从事生产、经营的纳税人的帐户帐号。

税务机关依法查询从事生产、经营的纳税人开立帐户的情况时,有关银行和其他金融机构应当予以协助。

第十八条 纳税人按照国务院税务主管部门的规定使用税务登记证件。税务登记证件不得转借、涂改、损毁、买卖或者伪造。

第二节 帐簿、凭证管理

第十九条 纳税人、扣缴义务人按照有关法律、行政法规和国务院财政、税务主管部门的规定设置帐簿,根据合法、有效凭证记帐,进行核算。

第二十条 从事生产、经营的纳税人的财务、会计制度或者财务、会计处理办法和会计核算软件,应当报送税务机关备案。

纳税人、扣缴义务人的财务、会计制度或者财务、会计处理办法与国务院或者国务院财政、税务主管部门有关税收的规定抵触的,依照国务院或者国务院财政、税务主管部门有关税收的规定计算应纳税款、代扣代缴和代收代缴税款。

第二十一条 税务机关是发票的主管机关,负责发票印制、领购、开具、取得、保管、缴销的管理和监督。

单位、个人在购销商品、提供或者接受经营服务以及从事其他经营活动中，应当按照规定开具、使用、取得发票。

发票的管理办法由国务院规定。

第二十二条 增值税专用发票由国务院税务主管部门指定的企业印制；其他发票，按照国务院税务主管部门的规定，分别由省、自治区、直辖市国家税务局、地方税务局指定企业印制。

未经前款规定的税务机关指定，不得印制发票。

第二十三条 国家根据税收征收管理的需要，积极推广使用税控装置。纳税人应当按照规定安装、使用税控装置，不得损毁或者擅自改动税控装置。

第二十四条 从事生产、经营的纳税人、扣缴义务人必须按照国务院财政、税务主管部门规定的保管期限保管帐簿、记帐凭证、完税凭证及其他有关资料。

帐簿、记帐凭证、完税凭证及其他有关资料不得伪造、变造或者擅自损毁。

第三节 纳税申报

第二十五条 纳税人必须依照法律、行政法规规定或者税务机关依照法律、行政法规的规定确定的申报期限、申报内容如实办理纳税申报，报送纳税申报表、财务会计报表以及税务机关根据实际需要要求纳税人报送的其他纳税资料。

扣缴义务人必须依照法律、行政法规规定或者税务机关依照法律、行政法规的规定确定的申报期限、申报内容如实报送代扣代缴、代收代缴税款报告表以及税务机关根据实际需要要求扣缴义务人报送的其他有关资料。

第二十六条 纳税人、扣缴义务人可以直接到税务机关办理纳税申报或者报送代扣代缴、代收代缴税款报告表，也可以按照规定采取邮寄、数据电文或者其他方式办理上述申报、报送事项。

第二十七条 纳税人、扣缴义务人不能按期办理纳税申报或者报送代扣代缴、代收代缴税款报告表的，经税务机关核准，可以延期申报。

经核准延期办理前款规定的申报、报送事项的，应当在纳税期内按照上期实际缴纳的税额或者税务机关核定的税额预缴税款，并在核准的延期内办理税款结算。

第三章 税款征收

第二十八条 税务机关依照法律、行政法规的规定征收税款，不得违反法律、行政法规的规定开征、停征、多征、少征、提前征收、延缓征收或者摊派税款。

农业税应纳税额按照法律、行政法规的规定核定。

第二十九条 除税务机关、税务人员以及经税务机关依照法律、行政法规委托的单位和人员外，任何单位和个人不得进行税款征收活动。

第三十条 扣缴义务人依照法律、行政法规的规定履行代扣、代收税款的义务。对法律、行政法规没有规定负有代扣、代收税款义务的单位和个人，税务机关不得要求其履行代扣、代收税款义务。

扣缴义务人依法履行代扣、代收税款义务时，纳税人不得拒绝。纳税人拒绝的，扣缴义务人应当及时报告税务机关处理。

税务机关按照规定付给扣缴义务人代扣、代收手续费。

第三十一条 纳税人、扣缴义务人按照法律、行政法规规定或者税务机关依照法律、行政法规的规定确定的期限，缴纳或者解缴税款。

纳税人因有特殊困难，不能按期缴纳税款的，经省、自治区、直辖市国家税务局、地方税务局批准，可以延期缴纳税款，但是最长不得超过三个月。

第三十二条 纳税人未按照规定期限缴纳税款的，扣缴义务人未按照规定期限解缴税款的，税务机关除责令限期缴纳外，从滞纳税款之日起，按日加收滞纳税款万分之五的滞纳金。

第三十三条 纳税人依照法律、行政法规的规定办理减税、免税。

地方各级人民政府、各级人民政府主管部门、单位和个人违反法律、行政法规规定，擅自作出的减税、免税决定无效，税务机关不得执行，并向上级税务机关报告。

第三十四条 税务机关征收税款时，必须给纳税人开具完税凭证。扣缴义务人代扣、代收税款时，纳税人要求扣缴义务人开具代扣、代收税款凭证的，扣缴义务人应当开具。

第三十五条 纳税人有下列情形之一的，税务机关有权核定其应纳税额：

（一）依照法律、行政法规的规定可以不设置帐簿的；

（二）依照法律、行政法规的规定应当设置帐簿但未设置的；

（三）擅自销毁帐簿或者拒不提供纳税资料的；

（四）虽设置帐簿，但帐目混乱或者成本资料、收入凭证、费用凭证残缺不全，难以查帐的；

（五）发生纳税义务，未按照规定的期限办理纳税申报，经税务机关责令限期申报，逾期仍不申报的；

（六）纳税人申报的计税依据明显偏低，又无正当理由的。

税务机关核定应纳税额的具体程序和方法由国务院税务主管部门规定。

第三十六条 企业或者外国企业在中国境内设立的从事生产、经营的机构、场所与其关联企业之间的业务往来，应当按照独立企业之间的业务往来收取或者支付价款、费用；不按照独立企业之间的业务往来收取或者支付价款、费用，而减少其应纳税的收入或者所得额的，税务机关有权进行合理调整。

第三十七条 对未按照规定办理税务登记的从事生产、经营的纳税人以及临时从事经营的纳税人，由税务机关核定其应纳税额，责令缴纳；不缴纳的，税务机关可以扣押其价值相当于应纳税款的商品、货物。扣押后缴纳应纳税款的，税务机关必须立即解除扣押，并归还所扣押的商品、货物；扣押后仍不缴纳应纳税款的，经县以上税务局（分局）局长批准，依法拍卖或者变卖所扣押的商品、货物，以拍卖或者变卖所得抵缴税款。

第三十八条 税务机关有根据认为从事生产、经营的纳税人有逃避纳税义务行为的，可以在规定的纳税期之前，责令限期缴纳应纳税款；在限期内发现纳税人有明显的转移、隐匿其应纳税的商品、货物以及其他财产或者应纳税的收入的迹象的，税务机关可以责成纳税人提供纳税担保。如果纳税人不能提供纳税担保，经县以上税务局（分局）局长批准，税务机关可以采取下列税收保全措施：

（一）书面通知纳税人开户银行或者其他金融机构冻结纳税人的金额相当于应纳税款的存款；

（二）扣押、查封纳税人的价值相当于应纳税款的商品、货物或者其他财产。

纳税人在前款规定的限期内缴纳税款的，税务机关必须立即解除税收保全措施；限期期满仍未缴纳税款的，经县以上税务局（分局）局长批准，税务机关可以书面通知纳税人开户银行或者其他金融机构从其冻结的存款中扣缴税款，或者依法拍卖或者变卖所扣押、查封的商品、货物或者其他财产，以拍卖或变卖所得抵缴税款。

个人及其所扶养家属维持生活必需的住房和用品，不在税收保全措施的范围之内。

第三十九条 纳税人在限期内已缴纳税款，税务机关未立即解除税收保全措施，使纳税人的合法利益遭受损失的，税务机关应当承担赔偿责任。

第四十条 从事生产、经营的纳税人、扣缴义务人未按照规定的期限缴纳或者解缴税款，纳税担保人未按照规定的期限缴纳所担保的税款，由税务机关责令限期缴纳，逾期仍未缴纳的，经县以上税务局（分局）局长批准，税务机关可以采取下列强制执行措施：

（一）书面通知其开户银行或者其他金融机构从其存款中扣缴税款；

（二）扣押、查封、依法拍卖或者变卖其价值相当于应纳税款的商品、货物或者其他财产，以拍卖或者变卖所得抵缴税款。

税务机关采取强制执行措施时，对前款所列纳税人、扣缴义务人、纳税担保人未缴纳的滞纳金同时强制执行。

个人及其所扶养家属维持生活必需的住房和用品，不在强制执行措施的范围之内。

第四十一条 本法第三十七条、第三十八条、第四十条规定的采取税收保全措施、强制执行措施的权力，不得由法定的税务机关以外的单位和个人行使。

第四十二条 税务机关采取税收保全措施和强制执行措施必须依照法定权限和法定程序，不得查封、扣押纳税人个人及其所扶养家属维持生活必需的住房和用品。

第四十三条 税务机关滥用职权违法采取税收保全措施、强制执行措施，或者采取税收保全措施、强制执行措施不当，使纳税人、扣缴义务人或者纳税担保人的合法权益遭受损失的，应当依法承担赔偿责任。

第四十四条 欠缴税款的纳税人或者他的法定代表人需要出境的，应当在出境前向税务机关结清应纳税款、滞纳金或者提供担保。未结清税款、滞纳金，又不提供担保的，税务机关可以通知出境管理机关阻止其出境。

第四十五条 税务机关征收税款，税收优先于无担保债权，法律另有规定的除外；纳税人欠缴的税款发生在纳税人以其财产设定抵押、质押或者纳税人的财产被留置之前的，税收应当先于抵押权、质权、留置权执行。

纳税人欠缴税款，同时又被行政机关决定处以罚款、没收违法所得的，税收优先于罚款、没收违法所得。

税务机关应当对纳税人欠缴税款的情况定期予以公告。

第四十六条 纳税人有欠税情形而以其财产设定抵押、质押的，应当向抵押权人、质权人说明其欠税情况。抵押权人、质权人可以请求税务机关提供有关的欠税情况。

第四十七条 税务机关扣押商品、货物或者其他财产时，必须开付收据；查封商品、货物或者其他财产时，必须开付清单。

第四十八条 纳税人有合并、分立情形的，应当向税务机关报告，并依法缴清税款。纳税人合并时未缴清税款的，应当由合并后的纳税人继续履行未履行的纳税义务；纳税人分立时未缴清税款的，分立后的纳税人对未履行的纳税义务应当承担连带责任。

第四十九条 欠缴税款数额较大的纳税人在处分其不动产或者大额资产之前，应当向税务机关报告。

第五十条 欠缴税款的纳税人因怠于行使到期债权，或者放弃到期债权，或者无偿转让财产，或者以明显不合理的低价转让财产而受让人知道该情形，对国家税收造成损害的，税务机关可以依照合同法第七十三条、第七十四条的规定行使代位权、撤销权。

税务机关依照前款规定行使代位权、撤销权的，不免除欠缴税款的纳税人尚未履行的纳税义务和应承担的法律责任。

第五十一条 纳税人超过应纳税额缴纳的税款，税务机关发现后应当立即退还；纳税人自结算缴纳税款之日起三年内发现的，可以向税务机关要求退还多缴的税款并加算银行同期存款利息，税务机关及时查实后应当立即退还；涉及从国库中退库的，依照法律、行政法规有关国库管理的规定退还。

第五十二条 因税务机关的责任，致使纳税人、扣缴义务人未缴或者少缴税款的，税务机关在三年内可以要求纳税人、扣缴义务人补缴税款，但是不得加收滞纳金。

因纳税人、扣缴义务人计算错误等失误，未缴或者少缴税款的，税务机关在三年内可以追征税款、滞纳金；有特殊情况的，追征期可以延长到五年。

对偷税、抗税、骗税的，税务机关追征其未缴或者少缴的税款、滞纳金或者所骗取的税款，不受前款规定期限的限制。

第五十三条 国家税务局和地方税务局应当按照国家规定的税收征收管理范围和税款入库预算级次，将征收的税款缴入国库。

对审计机关、财政机关依法查出的税收违法行为，税务机关应当根据有关机关的决定、意见书，依法将应收的税款、滞纳金按照税款入库预算级次缴入国库，并将结果及时回复有关机关。

第四章 税务检查

第五十四条 税务机关有权进行下列税务检查：

（一）检查纳税人的帐簿、记帐凭证、报表和有关资料，检查扣缴义务人代扣代缴、代收代缴税款帐簿、记帐凭证和有关资料；

（二）到纳税人的生产、经营场所和货物存放地检查纳税人应纳税的商品、货物或者其他财产，检查扣缴义务人与代扣代缴、代收代缴税款有关的经营情况；

（三）责成纳税人、扣缴义务人提供与纳税或者代扣代缴、代收代缴税款有关的文件、证明材料和有关资料；

（四）询问纳税人、扣缴义务人与纳税或者代扣代缴、代收代缴税款有关的问题和情况；

（五）到车站、码头、机场、邮政企业及其分支机构检查纳税人托运、邮寄应纳税商品、货物或者其他财产的有关单据、凭证和有关资料；

（六）经县以上税务局（分局）局长批准，凭全国统一格式的检查存款帐户许可证明，查询从事生产、经营的纳税人、扣缴义务人在银行或者其他金融机构的存款帐户。税务机关在调查税收违法案件时，经设区的市、自治州以上税务局（分局）局长批准，可以查询案件涉嫌人员的储蓄存款。税务机关查询所获得的资料，不得用于税收以外的用途。

第五十五条 税务机关对从事生产、经营的纳税人以前纳税期的纳税情况依法进行税务检查时，发现纳税人有逃避纳税义务行为，并有明显的转移、隐匿其应纳税的商品、货物以及其他财产或者应纳税的收入的迹象的，可以按照本法规定的批准权限采取税收保全措施或者强制执行措施。

第五十六条 纳税人、扣缴义务人必须接受税务机关依法进行的税务检查，如实反映情况，提供有关资料，不得拒绝、隐瞒。

第五十七条 税务机关依法进行税务检查时，有权向有关单位和个人调查纳税人、扣缴义务人和其他当事人与纳税或者代扣代缴、代收代缴税款有关的情况，有关单位和个人有义务向税务机关如实提供有关资料及证明材料。

第五十八条 税务机关调查税务违法案件时，对与案件有关的情况和资料，可以记录、录音、录像、照相和复制。

第五十九条 税务机关派出的人员进行税务检查时，应当出示税务检查证和税务检查通知书，并有责任为被检查人保守秘密；未出示税务检查证和税务检查通知书的，被检查人有权拒绝检查。

第五章 法律责任

第六十条 纳税人有下列行为之一的，由税务机关责令限期改正，可以处二千元以下的罚款；情节严重的，处二千元以上一万元以下的罚款：

（一）未按照规定的期限申报办理税务登记、变更或者注销登记的；

（二）未按照规定设置、保管帐簿或者保管记帐凭证和有关资料的；

（三）未按照规定将财务、会计制度或者财务、会计处理办法和会计核算软件报送税务机关备查的；

（四）未按照规定将其全部银行帐号向税务机关报告的；

（五）未按照规定安装、使用税控装置，或者损毁或者擅自改动税控装置的。

纳税人不办理税务登记的,由税务机关责令限期改正;逾期不改正的,经税务机关提请,由工商行政管理机关吊销其营业执照。

纳税人未按照规定使用税务登记证件,或者转借、涂改、损毁、买卖、伪造税务登记证件的,处二千元以上一万元以下的罚款;情节严重的,处一万元以上五万元以下的罚款。

第六十一条 扣缴义务人未按照规定设置、保管代扣代缴、代收代缴税款帐簿或者保管代扣代缴、代收代缴税款记帐凭证及有关资料的,由税务机关责令限期改正,可以处二千元以下的罚款;情节严重的,处二千元以上五千元以下的罚款。

第六十二条 纳税人未按照规定的期限办理纳税申报和报送纳税资料的,或者扣缴义务人未按照规定的期限向税务机关报送代扣代缴、代收代缴税款报告表和有关资料的,由税务机关责令限期改正,可以处二千元以下的罚款;情节严重的,可以处二千元以上一万元以下的罚款。

第六十三条 纳税人伪造、变造、隐匿、擅自销毁帐簿、记帐凭证,或者在帐簿上多列支出或者不列、少列收入,或者经税务机关通知申报而拒不申报或者进行虚假的纳税申报,不缴或者少缴应纳税款的,是偷税。对纳税人偷税的,由税务机关追缴其不缴或者少缴的税款、滞纳金,并处不缴或者少缴的税款百分之五十以上五倍以下的罚款;构成犯罪的,依法追究刑事责任。

扣缴义务人采取前款所列手段,不缴或者少缴已扣、已收税款,由税务机关追缴其不缴或者少缴的税款、滞纳金,并处不缴或者少缴的税款百分之五十以上五倍以下的罚款;构成犯罪的,依法追究刑事责任。

第六十四条 纳税人、扣缴义务人编造虚假计税依据的,由税务机关责令限期改正,并处五万元以下的罚款。

纳税人不进行纳税申报,不缴或者少缴应纳税款的,由税务机关追缴其不缴或者少缴的税款、滞纳金,并处不缴或者少缴的税款百分之五十以上五倍以下的罚款。

第六十五条 纳税人欠缴应纳税款,采取转移或者隐匿财产的手段,妨碍税务机关追缴欠缴的税款的,由税务机关追缴欠缴的税款、滞纳金,并处欠缴税款百分之五十以上五倍以下的罚款;构成犯罪的,依法追究刑事责任。

第六十六条 以假报出口或者其他欺骗手段,骗取国家出口退税款的,由税务机关追缴其骗取的退税款,并处骗取税款一倍以上五倍以下的罚款;构成犯罪的,依法追究刑事责任。

对骗取国家出口退税款的,税务机关可以在规定期间内停止为其办理出口退税。

第六十七条 以暴力、威胁方法拒不缴纳税款的,是抗税,除由税务机关追缴其拒缴的税款、滞纳金外,依法追究刑事责任。情节轻微,未构成犯罪的,由税务机关追缴其拒缴的税款、滞纳金,并处拒缴税款一倍以上五倍以下的罚款。

第六十八条 纳税人、扣缴义务人在规定期限内不缴或者少缴应纳或者应解缴的税款,经税务机关责令限期缴纳,逾期仍未缴纳的,税务机关除依照本法第四十条的规定采取强制执行措施追缴其不缴或者少缴的税款外,可以处不缴或者少缴的税款百分之五十以上五倍以下的罚款。

第六十九条 扣缴义务人应扣未扣、应收而不收税款的,由税务机关向纳税人追缴税款,对扣缴义务人处应扣未扣、应收未收税款百分之五十以上三倍以下的罚款。

第七十条 纳税人、扣缴义务人逃避、拒绝或者以其他方式阻挠税务机关检查的,由税务机关责令改正,可以处一万元以下的罚款;情节严重的,处一万元以上五万元以下的罚款。

第七十一条 违反本法第二十二条规定,非法印制发票的,由税务机关销毁非法印制的发票,没收违法所得和作案工具,并处一万元以上五万元以下的罚款;构成犯罪的,依法追究刑事责任。

第七十二条 从事生产、经营的纳税人、扣缴义务人有本法规定的税收违法行为,拒不接受税务机关处理的,税务机关可以收缴其发票或者停止向其发售发票。

第七十三条 纳税人、扣缴义务人的开户银行或者其他金融机构拒绝接受税务机关依法检查纳税人、扣缴义务人存款帐户,或者拒绝执行税务机关作出的冻结存款或者扣缴税款的决定,或者在接到税务机关的书面通知后帮助纳税人、扣缴义务人转移存款,造成税款流失的,由税务机关处十万元以上五十万元以下的罚款,对直接负责的主管人员和其他直接责任人员处一千元以上一万元以下的罚款。

第七十四条 本法规定的行政处罚,罚款额在二千元以下的,可以由税务所决定。

第七十五条 税务机关和司法机关的涉税罚没收入,应当按照税款入库预算级次上缴国库。

第七十六条 税务机关违反规定擅自改变税收征收管理范围和税款入库预算级次的,责令限期改正,对直接负责的主管人员和其他直接责任人员依法给予降级或者撤职的行政处分。

第七十七条 纳税人、扣缴义务人有本法第六十三条、第六十五条、第六十六条、第六十七条、第七十一条规定的行为涉嫌犯罪的,税务机关应当依法移交司法机关追究刑事责任。

税务人员徇私舞弊,对依法应当移交司法机关追究刑事责任的不移交,情节严重的,依法追究刑事责任。

第七十八条 未经税务机关依法委托征收税款的,责令退还收取的财物,依法给予行政处分或者行政处罚;致使他人合法权益受到损失的,依法承担赔偿责任;构成犯罪的,依法追究刑事责任。

第七十九条 税务机关、税务人员查封、扣押纳税人个人及其所扶养家属维持生活必需的住房和用品的,责令退还,依法给予行政处分;构成犯罪的,依法追究刑事责任。

第八十条 税务人员与纳税人、扣缴义务人勾结,唆使或者协助纳税人、扣缴义务人有本法第六十三条、第六十五条、第六十六条规定的行为,构成犯罪的,依法追究刑事责任;尚不构成犯罪的,依法给予行政处分。

第八十一条 税务人员利用职务上的便利,收受或者索取纳税人、扣缴义务人财物或者谋取其他不正当利益,构成犯罪的,依法追究刑事责任;尚不构成犯罪的,依法给予行政处分。

第八十二条 税务人员徇私舞弊或者玩忽职守,不征或者少征应征税款,致使国家税收遭受重大损失,构成犯罪的,依法追究刑事责任;尚不构成犯罪的,依法给予行政处分。

税务人员滥用职权,故意刁难纳税人、扣缴义务人的,调离税收工作岗位,并依法给予行政处分。

税务人员对控告、检举税收违法违纪行为的纳税人、扣缴义务人以及其他检举人进行打击报复的,依法给予行政处分;构成犯罪的,依法追究刑事责任。

税务人员违反法律、行政法规的规定,故意高估或者低估农业税计税产量,致使多征或者少征税款,侵犯农民合法权益或者损害国家利益,构成犯罪的,依法追究刑事责任;尚不构成犯罪的,依法给予行政处分。

第八十三条 违反法律、行政法规的规定提前征收、延缓征收或者摊派税款的,由其上级机关或者行政监察机关责令改正,对直接负责的主管人员和其他直接责任人员依法给予行政处分。

第八十四条 违反法律、行政法规的规定,擅自作出税收的开征、停征或者减税、免税、退税、补税以及其他同税收法律、行政法规相抵触的决定的,除依照本法规定撤销其擅自作出的决定外,补征应征未征税款,退还不应征收而征收的税款,并由上级机关追究直接负责的主管人员和其他直接责任人员的行政责任;构成犯罪的,依法追究刑事责任。

第八十五条 税务人员在征收税款或者查处税收违法案件时,未按照本法规定进行回避的,对直接负责的主管人员和其他直接责任人员,依法给予行政处分。

第八十六条 违反税收法律、行政法规应当给予行政处罚的行为,在五年内未被发现的,不再给予行政处罚。

第八十七条 未按照本法规定为纳税人、扣缴义务人、检举人保密的,对直接负责的主管人员和其他直接责任人员,由所在单位或者有关单位依法给予行政处分。

第八十八条 纳税人、扣缴义务人、纳税担保人同税务机关在纳税上发生争议时,必须先依照税务机关的纳税决定缴纳或者解缴税款及滞纳金或者提供相应的担保,然后可以依法申请行政复议;对行政复议决定不服的,可以依法向人民法院起诉。

当事人对税务机关的处罚决定、强制执行措施或者税收保全措施不服的,可以依法申请行政复议,也可以依法向人民法院起诉。

当事人对税务机关的处罚决定逾期不申请行政复议也不向人民法院起诉、又不履行的,作出处罚决定的税务机关可以采取本法第四十条规定的强制执行措施,或者申请人民法院强制执行。

第六章 附 则

第八十九条 纳税人、扣缴义务人可以委托税务代理人代为办理税务事宜。

第九十条 耕地占用税、契税、农业税、牧业税征收管理的具体办法,由国务院另行制定。

关税及海关代征税收的征收管理,依照法律、行政法规的有关规定执行。

第九十一条 中华人民共和国同外国缔结的有关税收的条约、协定同本法有不同规定的,依照条约、协定的规定办理。

第九十二条 本法施行前颁布的税收法律与本法有不同规定的,适用本法规定。

第九十三条 国务院根据本法制定实施细则。

第九十四条 本法自 2001 年 5 月 1 日起施行。

中华人民共和国税收征收管理法实施细则

手机阅读

(2002 年 9 月 7 日中华人民共和国国务院令第 362 号公布 根据 2012 年 11 月 9 日《国务院关于修改和废止部分行政法规的决定》第一次修订 根据 2013 年 7 月 18 日《国务院关于废止和修改部分行政法规的决定》第二次修订 根据 2016 年 2 月 6 日《国务院关于修改部分行政法规的决定》第三次修订)

第一章 总 则

第一条 根据《中华人民共和国税收征收管理法》(以下简称税收征管法)的规定,制定本细则。

第二条 凡依法由税务机关征收的各种税收的征收管理,均适用税收征管法及本细则;税收征管法及本细则没有规定的,依照其他有关税收法律、行政法规的规定执行。

第三条 任何部门、单位和个人作出的与税收法律、行政法规相抵触的决定一律无效,税务机关不得执行,并应当向上级税务机关报告。

纳税人应当依照税收法律、行政法规的规定履行纳税义务;其签订的合同、协议等与税收法律、行政法规相抵触的,一律无效。

第四条 国家税务总局负责制定全国税务系统信息化建设的总体规划、技术标准、技术方案与实施办法;各级税务机关应当按照国家税务总局的总体规划、技术标准、技术方案与实施办法,做好本地区税务系统信息化建设的具体工作。

地方各级人民政府应当积极支持税务系统信息化建设，并组织有关部门实现相关信息的共享。

第五条 税收征管法第八条所称为纳税人、扣缴义务人保密的情况，是指纳税人、扣缴义务人的商业秘密及个人隐私。纳税人、扣缴义务人的税收违法行为不属于保密范围。

第六条 国家税务总局应当制定税务人员行为准则和服务规范。

上级税务机关发现下级税务机关的税收违法行为，应当及时予以纠正；下级税务机关应当按照上级税务机关的决定及时改正。

下级税务机关发现上级税务机关的税收违法行为，应当向上级税务机关或者有关部门报告。

第七条 税务机关根据检举人的贡献大小给予相应的奖励，奖励所需资金列入税务部门年度预算，单项核定。奖励资金具体使用办法以及奖励标准，由国家税务总局会同财政部制定。

第八条 税务人员在核定应纳税额、调整税收定额、进行税务检查、实施税务行政处罚、办理税务行政复议时，与纳税人、扣缴义务人或者其法定代表人、直接责任人有下列关系之一的，应当回避：

（一）夫妻关系；

（二）直系血亲关系；

（三）三代以内旁系血亲关系；

（四）近姻亲关系；

（五）可能影响公正执法的其他利害关系。

第九条 税收征管法第十四条所称按照国务院规定设立的并向社会公告的税务机构，是指省以下税务局的稽查局。稽查局专司偷税、逃避追缴欠税、骗税、抗税案件的查处。

国家税务总局应当明确划分税务局和稽查局的职责，避免职责交叉。

第二章 税务登记

第十条 国家税务局、地方税务局对同一纳税人的税务登记应当采用同一代码，信息共享。

税务登记的具体办法由国家税务总局制定。

第十一条 各级工商行政管理机关应当向同级国家税务局和地方税务局定期通报办理开业、变更、注销登记以及吊销营业执照的情况。

通报的具体办法由国家税务总局和国家工商行政管理总局联合制定。

第十二条 从事生产、经营的纳税人应当自领取营业执照之日起30日内，向生产、经营地或者纳税义务发生地的主管税务机关申报办理税务登记，如实填写税务登记表，并按照税务机关的要求提供有关证件、资料。

前款规定以外的纳税人，除国家机关和个人外，应当自纳税义务发生之日起30日内，持有关证件向所在地的主管税务机关申报办理税务登记。

个人所得税的纳税人办理税务登记的办法由国务院另行规定。

税务登记证件的式样，由国家税务总局制定。

第十三条 扣缴义务人应当自扣缴义务发生之日起30日内，向所在地的主管税务机关申报办理扣缴税款登记，领取扣缴税款登记证件；税务机关对已办理税务登记的扣缴义务人，可以只在其税务登记证件上登记扣缴税款事项，不再发给扣缴税款登记证件。

第十四条 纳税人税务登记内容发生变化的，应当自工商行政管理机关或者其他机关办理变更登记之日起 30 日内，持有关证件向原税务登记机关申报办理变更税务登记。

纳税人税务登记内容发生变化，不需要到工商行政管理机关或者其他机关办理变更登记的，应当自发生变化之日起 30 日内，持有关证件向原税务登记机关申报办理变更税务登记。

第十五条 纳税人发生解散、破产、撤销以及其他情形，依法终止纳税义务的，应当在向工商行政管理机关或者其他机关办理注销登记前，持有关证件向原税务登记机关申报办理注销税务登记；按照规定不需要在工商行政管理机关或者其他机关办理注册登记的，应当自有关机关批准或者宣告终止之日起 15 日内，持有关证件向原税务登记机关申报办理注销税务登记。

纳税人因住所、经营地点变动，涉及改变税务登记机关的，应当在向工商行政管理机关或者其他机关申请办理变更或者注销登记前或者住所、经营地点变动前，向原税务登记机关申报办理注销税务登记，并在 30 日内向迁达地税务机关申报办理税务登记。

纳税人被工商行政管理机关吊销营业执照或者被其他机关予以撤销登记的，应当自营业执照被吊销或者被撤销登记之日起 15 日内，向原税务登记机关申报办理注销税务登记。

第十六条 纳税人在办理注销税务登记前，应当向税务机关结清应纳税款、滞纳金、罚款，缴销发票、税务登记证件和其他税务证件。

第十七条 从事生产、经营的纳税人应当自开立基本存款账户或者其他存款账户之日起 15 日内，向主管税务机关书面报告其全部账号；发生变化的，应当自变化之日起 15 日内，向主管税务机关书面报告。

第十八条 除按照规定不需要发给税务登记证件的外，纳税人办理下列事项时，必须持税务登记证件：

（一）开立银行账户；
（二）申请减税、免税、退税；
（三）申请办理延期申报、延期缴纳税款；
（四）领购发票；
（五）申请开具外出经营活动税收管理证明；
（六）办理停业、歇业；
（七）其他有关税务事项。

第十九条 税务机关对税务登记证件实行定期验证和换证制度。纳税人应当在规定的期限内持有关证件到主管税务机关办理验证或者换证手续。

第二十条 纳税人应当将税务登记证件正本在其生产、经营场所或者办公场所公开悬挂，接受税务机关检查。

纳税人遗失税务登记证件的，应当在 15 日内书面报告主管税务机关，并登报声明作废。

第二十一条 从事生产、经营的纳税人到外县（市）临时从事生产、经营活动的，应当持税务登记证副本和所在地税务机关填开的外出经营活动税收管理证明，向营业地税务机关报验登记，接受税务管理。

从事生产、经营的纳税人外出经营，在同一地累计超过 180 天的，应当在营业地办理税务登记手续。

第三章 账簿、凭证管理

第二十二条 从事生产、经营的纳税人应当自领取营业执照或者发生纳税义务之日起 15 日内，按照国家有关规定设置账簿。

前款所称账簿，是指总账、明细账、日记账以及其他辅助性账簿。总账、日记账应当采用订本式。

第二十三条 生产、经营规模小又确无建账能力的纳税人，可以聘请经批准从事会计代理记账业务的专业机构或者财会人员代为建账和办理账务。

第二十四条 从事生产、经营的纳税人应当自领取税务登记证件之日起 15 日内，将其财务、会计制度或者财务、会计处理办法报送主管税务机关备案。

纳税人使用计算机记账的，应当在使用前将会计电算化系统的会计核算软件、使用说明书及有关资料报送主管税务机关备案。

纳税人建立的会计电算化系统应当符合国家有关规定，并能正确、完整核算其收入或者所得。

第二十五条 扣缴义务人应当自税收法律、行政法规规定的扣缴义务发生之日起 10 日内，按照所代扣、代收的税种，分别设置代扣代缴、代收代缴税款账簿。

第二十六条 纳税人、扣缴义务人会计制度健全，能够通过计算机正确、完整计算其收入和所得或者代扣代缴、代收代缴税款情况的，其计算机输出的完整的书面会计记录，可视同会计账簿。

纳税人、扣缴义务人会计制度不健全，不能通过计算机正确、完整计算其收入和所得或者代扣代缴、代收代缴税款情况的，应当建立总账及与纳税或者代扣代缴、代收代缴税款有关的其他账簿。

第二十七条 账簿、会计凭证和报表，应当使用中文。民族自治地方可以同时使用当地通用的一种民族文字。外商投资企业和外国企业可以同时使用一种外国文字。

第二十八条 纳税人应当按照税务机关的要求安装、使用税控装置，并按照税务机关的规定报送有关数据和资料。

税控装置推广应用的管理办法由国家税务总局另行制定，报国务院批准后实施。

第二十九条 账簿、记账凭证、报表、完税凭证、发票、出口凭证以及其他有关涉税资料应当合法、真实、完整。

账簿、记账凭证、报表、完税凭证、发票、出口凭证以及其他有关涉税资料应当保存 10 年；但是，法律、行政法规另有规定的除外。

第四章 纳税申报

第三十条 税务机关应当建立、健全纳税人自行申报纳税制度。纳税人、扣缴义务人可以采取邮寄、数据电文方式办理纳税申报或者报送代扣代缴、代收代缴税款报告表。

数据电文方式，是指税务机关确定的电话语音、电子数据交换和网络传输等电子方式。

第三十一条 纳税人采取邮寄方式办理纳税申报的，应当使用统一的纳税申报专用信封，并以邮政部门收据作为申报凭证。邮寄申报以寄出的邮戳日期为实际申报日期。

纳税人采取电子方式办理纳税申报的，应当按照税务机关规定的期限和要求保存有关资料，并定期书面报送主管税务机关。

第三十二条 纳税人在纳税期内没有应纳税款的，也应当按照规定办理纳税申报。

纳税人享受减税、免税待遇的，在减税、免税期间应当按照规定办理纳税申报。

第三十三条 纳税人、扣缴义务人的纳税申报或者代扣代缴、代收代缴税款报告表的主要内容包括：税种、税目，应纳税项目或者应代扣代缴、代收代缴税款项目，计税依据，扣除项目及标准，适用税率或者单位税额，应退税项目及税额、应减免税项目及税额，应纳税额或者应代扣代缴、代收代缴税额，税款所属期限、延期缴纳税款、欠税、滞纳金等。

第三十四条 纳税人办理纳税申报时，应当如实填写纳税申报表，并根据不同的情况相应报送下列有关证件、资料：

（一）财务会计报表及其说明材料；

（二）与纳税有关的合同、协议书及凭证；

（三）税控装置的电子报税资料；

（四）外出经营活动税收管理证明和异地完税凭证；

（五）境内或者境外公证机构出具的有关证明文件；

（六）税务机关规定应当报送的其他有关证件、资料。

第三十五条 扣缴义务人办理代扣代缴、代收代缴税款报告时，应当如实填写代扣代缴、代收代缴税款报告表，并报送代扣代缴、代收代缴税款的合法凭证以及税务机关规定的其他有关证件、资料。

第三十六条 实行定期定额缴纳税款的纳税人，可以实行简易申报、简并征期等申报纳税方式。

第三十七条 纳税人、扣缴义务人按照规定的期限办理纳税申报或者报送代扣代缴、代收代缴税款报告表确有困难，需要延期的，应当在规定的期限内向税务机关提出书面延期申请，经税务机关核准，在核准的期限内办理。

纳税人、扣缴义务人因不可抗力，不能按期办理纳税申报或者报送代扣代缴、代收代缴税款报告表的，可以延期办理；但是，应当在不可抗力情形消除后立即向税务机关报告。税务机关应当查明事实，予以核准。

第五章 税款征收

第三十八条 税务机关应当加强对税款征收的管理,建立、健全责任制度。

税务机关根据保证国家税款及时足额入库、方便纳税人、降低税收成本的原则,确定税款征收的方式。

税务机关应当加强对纳税人出口退税的管理,具体管理办法由国家税务总局会同国务院有关部门制定。

第三十九条 税务机关应当将各种税收的税款、滞纳金、罚款,按照国家规定的预算科目和预算级次及时缴入国库,税务机关不得占压、挪用、截留,不得缴入国库以外或者国家规定的税款账户以外的任何账户。

已缴入国库的税款、滞纳金、罚款,任何单位和个人不得擅自变更预算科目和预算级次。

第四十条 税务机关应当根据方便、快捷、安全的原则,积极推广使用支票、银行卡、电子结算方式缴纳税款。

第四十一条 纳税人有下列情形之一的,属于税收征管法第三十一条所称特殊困难:

(一) 因不可抗力,导致纳税人发生较大损失,正常生产经营活动受到较大影响的;

(二) 当期货币资金在扣除应付职工工资、社会保险费后,不足以缴纳税款的。

计划单列市国家税务局、地方税务局可以参照税收征管法第三十一条第二款的批准权限,审批纳税人延期缴纳税款。

第四十二条 纳税人需要延期缴纳税款的,应当在缴纳税款期限届满前提出申请,并报送下列材料:申请延期缴纳税款报告,当期货币资金余额情况及所有银行存款账户的对账单,资产负债表,应付职工工资和社会保险费等税务机关要求提供的支出预算。

税务机关应当自收到申请延期缴纳税款报告之日起20日内作出批准或者不予批准的决定;不予批准的,从缴纳税款期限届满之日起加收滞纳金。

第四十三条 享受减税、免税优惠的纳税人,减税、免税期满,应当自期满次日起恢复纳税;减税、免税条件发生变化的,应当在纳税申报时向税务机关报告;不再符合减税、免税条件的,应当依法履行纳税义务;未依法纳税的,税务机关应当予以追缴。

第四十四条 税务机关根据有利于税收控管和方便纳税的原则,可以按照国家有关规定委托有关单位和人员代征零星分散和异地缴纳的税收,并发给委托代征证书。受托单位和人员按照代征证书的要求,以税务机关的名义依法征收税款,纳税人不得拒绝;纳税人拒绝的,受托代征单位和人员应当及时报告税务机关。

第四十五条 税收征管法第三十四条所称完税凭证,是指各种完税证、缴款书、印花税票、扣(收)税凭证以及其他完税证明。

未经税务机关指定,任何单位、个人不得印制完税凭证。完税凭证不得转借、倒卖、变造或者伪造。

完税凭证的式样及管理办法由国家税务总局制定。

第四十六条 税务机关收到税款后，应当向纳税人开具完税凭证。纳税人通过银行缴纳税款的，税务机关可以委托银行开具完税凭证。

第四十七条 纳税人有税收征管法第三十五条或者第三十七条所列情形之一的，税务机关有权采用下列任何一种方法核定其应纳税额：

（一）参照当地同类行业或者类似行业中经营规模和收入水平相近的纳税人的税负水平核定；

（二）按照营业收入或者成本加合理的费用和利润的方法核定；

（三）按照耗用的原材料、燃料、动力等推算或者测算核定；

（四）按照其他合理方法核定。

采用前款所列一种方法不足以正确核定应纳税额时，可以同时采用两种以上的方法核定。

纳税人对税务机关采取本条规定的方法核定的应纳税额有异议的，应当提供相关证据，经税务机关认定后，调整应纳税额。

第四十八条 税务机关负责纳税人纳税信誉等级评定工作。纳税人纳税信誉等级的评定办法由国家税务总局制定。

第四十九条 承包人或者承租人有独立的生产经营权，在财务上独立核算，并定期向发包人或者出租人上缴承包费或者租金的，承包人或者承租人应当就其生产、经营收入和所得纳税，并接受税务管理；但是，法律、行政法规另有规定的除外。

发包人或者出租人应当自发包或者出租之日起 30 日内将承包人或者承租人的有关情况向主管税务机关报告。发包人或者出租人不报告的，发包人或者出租人与承包人或者承租人承担纳税连带责任。

第五十条 纳税人有解散、撤销、破产情形的，在清算前应当向其主管税务机关报告；未结清税款的，由其主管税务机关参加清算。

第五十一条 税收征管法第三十六条所称关联企业，是指有下列关系之一的公司、企业和其他经济组织：

（一）在资金、经营、购销等方面，存在直接或者间接的拥有或者控制关系；

（二）直接或者间接地同为第三者所拥有或者控制；

（三）在利益上具有相关联的其他关系。

纳税人有义务就其与关联企业之间的业务往来，向当地税务机关提供有关的价格、费用标准等资料。具体办法由国家税务总局制定。

第五十二条 税收征管法第三十六条所称独立企业之间的业务往来，是指没有关联关系的企业之间按照公平成交价格和营业常规所进行的业务往来。

第五十三条 纳税人可以向主管税务机关提出与其关联企业之间业务往来的定价原则和计算方法，主管税务机关审核、批准后，与纳税人预先约定有关定价事项，监督纳税人执行。

第五十四条 纳税人与其关联企业之间的业务往来有下列情形之一的，税务机关可以调整其应纳税额：

（一）购销业务未按照独立企业之间的业务往来作价；

（二）融通资金所支付或者收取的利息超过或者低于没有关联关系的企业之间所能同意的数额，或者利率超过或者低于同类业务的正常利率；

（三）提供劳务，未按照独立企业之间业务往来收取或者支付劳务费用；

（四）转让财产、提供财产使用权等业务往来，未按照独立企业之间业务往来作价或者收取、支付费用；

（五）未按照独立企业之间业务往来作价的其他情形。

第五十五条 纳税人有本细则第五十四条所列情形之一的，税务机关可以按照下列方法调整计税收入额或者所得额：

（一）按照独立企业之间进行的相同或者类似业务活动的价格；

（二）按照再销售给无关联关系的第三者的价格所应取得的收入和利润水平；

（三）按照成本加合理的费用和利润；

（四）按照其他合理的方法。

第五十六条 纳税人与其关联企业未按照独立企业之间的业务往来支付价款、费用的，税务机关自该业务往来发生的纳税年度起3年内进行调整；有特殊情况的，可以自该业务往来发生的纳税年度起10年内进行调整。

第五十七条 税收征管法第三十七条所称未按照规定办理税务登记从事生产、经营的纳税人，包括到外县（市）从事生产、经营而未向营业地税务机关报验登记的纳税人。

第五十八条 税务机关依照税收征管法第三十七条的规定，扣押纳税人商品、货物的，纳税人应当自扣押之日起15日内缴纳税款。

对扣押的鲜活、易腐烂变质或者易失效的商品、货物，税务机关根据被扣押物品的保质期，可以缩短前款规定的扣押期限。

第五十九条 税收征管法第三十八条、第四十条所称其他财产，包括纳税人的房地产、现金、有价证券等不动产和动产。

机动车辆、金银饰品、古玩字画、豪华住宅或者一处以外的住房不属于税收征管法第三十八条、第四十条、第四十二条所称个人及其所扶养家属维持生活必需的住房和用品。

税务机关对单价5000元以下的其他生活用品，不采取税收保全措施和强制执行措施。

第六十条 税收征管法第三十八条、第四十条、第四十二条所称个人所扶养家属，是指与纳税人共同居住生活的配偶、直系亲属以及无生活来源并由纳税人扶养的其他亲属。

第六十一条 税收征管法第三十八条、第八十八条所称担保，包括经税务机关认可的纳税保证人为纳税人提供的纳税保证，以及纳税人或者第三人以其未设置或者未全部设置担保物权的财产提供的担保。

纳税保证人，是指在中国境内具有纳税担保能力的自然人、法人或者其他经济组织。

法律、行政法规规定的没有担保资格的单位和个人，不得作为纳税担保人。

第六十二条 纳税担保人同意为纳税人提供纳税担保的,应当填写纳税担保书,写明担保对象、担保范围、担保期限和担保责任以及其他有关事项。担保书须经纳税人、纳税担保人签字盖章并经税务机关同意,方为有效。

纳税人或者第三人以其财产提供纳税担保的,应当填写财产清单,并写明财产价值以及其他有关事项。纳税担保财产清单须经纳税人、第三人签字盖章并经税务机关确认,方为有效。

第六十三条 税务机关执行扣押、查封商品、货物或者其他财产时,应当由两名以上税务人员执行,并通知被执行人。被执行人是自然人的,应当通知被执行人本人或者其成年家属到场;被执行人是法人或者其他组织的,应当通知其法定代表人或者主要负责人到场;拒不到场的,不影响执行。

第六十四条 税务机关执行税收征管法第三十七条、第三十八条、第四十条的规定,扣押、查封价值相当于应纳税款的商品、货物或者其他财产时,参照同类商品的市场价、出厂价或者评估价计算。

税务机关按照前款方法确定应扣押、查封的商品、货物或者其他财产的价值时,还应当包括滞纳金和拍卖、变卖所发生的费用。

第六十五条 对价值超过应纳税额且不可分割的商品、货物或者其他财产,税务机关在纳税人、扣缴义务人或者纳税担保人无其他可供强制执行的财产的情况下,可以整体扣押、查封、拍卖。

第六十六条 税务机关执行税收征管法第三十七条、第三十八条、第四十条的规定,实施扣押、查封时,对有产权证件的动产或者不动产,税务机关可以责令当事人将产权证件交税务机关保管,同时可以向有关机关发出协助执行通知书,有关机关在扣押、查封期间不再办理该动产或者不动产的过户手续。

第六十七条 对查封的商品、货物或者其他财产,税务机关可以指令被执行人负责保管,保管责任由被执行人承担。

继续使用被查封的财产不会减少其价值的,税务机关可以允许被执行人继续使用;因被执行人保管或者使用的过错造成的损失,由被执行人承担。

第六十八条 纳税人在税务机关采取税收保全措施后,按照税务机关规定的期限缴纳税款的,税务机关应当自收到税款或者银行转回的完税凭证之日起1日内解除税收保全。

第六十九条 税务机关将扣押、查封的商品、货物或者其他财产变价抵缴税款时,应当交由依法成立的拍卖机构拍卖;无法委托拍卖或者不适于拍卖的,可以交由当地商业企业代为销售,也可以责令纳税人限期处理;无法委托商业企业销售,纳税人也无法处理的,可以由税务机关变价处理,具体办法由国家税务总局规定。国家禁止自由买卖的商品,应当交由有关单位按照国家规定的价格收购。

拍卖或者变卖所得抵缴税款、滞纳金、罚款以及拍卖、变卖等费用后,剩余部分应当在3日内退还被执行人。

第七十条 税收征管法第三十九条、第四十三条所称损失,是指因税务机关的责任,使纳税人、扣缴义务人或者纳税担保人的合法利益遭受的直接损失。

第七十一条 税收征管法所称其他金融机构,是指信托投资公司、信用合作社、邮政储蓄机构以及经中国人民银行、中国证券监督管理委员会等批准设立的其他金融机构。

第七十二条 税收征管法所称存款，包括独资企业投资人、合伙企业合伙人、个体工商户的储蓄存款以及股东资金账户中的资金等。

第七十三条 从事生产、经营的纳税人、扣缴义务人未按照规定的期限缴纳或者解缴税款的，纳税担保人未按照规定的期限缴纳所担保的税款的，由税务机关发出限期缴纳税款通知书，责令缴纳或者解缴税款的最长期限不得超过15日。

第七十四条 欠缴税款的纳税人或者其法定代表人在出境前未按照规定结清应纳税款、滞纳金或者提供纳税担保的，税务机关可以通知出入境管理机关阻止其出境。阻止出境的具体办法，由国家税务总局会同公安部制定。

第七十五条 税收征管法第三十二条规定的加收滞纳金的起止时间，为法律、行政法规规定或者税务机关依照法律、行政法规的规定确定的税款缴纳期限届满次日起至纳税人、扣缴义务人实际缴纳或者解缴税款之日止。

第七十六条 县级以上各级税务机关应当将纳税人的欠税情况，在办税场所或者广播、电视、报纸、期刊、网络等新闻媒体上定期公告。

对纳税人欠缴税款的情况实行定期公告的办法，由国家税务总局制定。

第七十七条 税收征管法第四十九条所称欠缴税款数额较大，是指欠缴税款5万元以上。

第七十八条 税务机关发现纳税人多缴税款的，应当自发现之日起10日内办理退还手续；纳税人发现多缴税款，要求退还的，税务机关应当自接到纳税人退还申请之日起30日内查实并办理退还手续。

税收征管法第五十一条规定的加算银行同期存款利息的多缴税款退税，不包括依法预缴税款形成的结算退税、出口退税和各种减免退税。

退税利息按照税务机关办理退税手续当天中国人民银行规定的活期存款利率计算。

第七十九条 当纳税人既有应退税款又有欠缴税款的，税务机关可以将应退税款和利息先抵扣欠缴税款；抵扣后有余额的，退还纳税人。

第八十条 税收征管法第五十二条所称税务机关的责任，是指税务机关适用税收法律、行政法规不当或者执法行为违法。

第八十一条 税收征管法第五十二条所称纳税人、扣缴义务人计算错误等失误，是指非主观故意的计算公式运用错误以及明显的笔误。

第八十二条 税收征管法第五十二条所称特殊情况，是指纳税人或者扣缴义务人因计算错误等失误，未缴或者少缴、未扣或者少扣、未收或者少收税款，累计数额在10万元以上的。

第八十三条 税收征管法第五十二条规定的补缴和追征税款、滞纳金的期限，自纳税人、扣缴义务人应缴未缴或者少缴税款之日起计算。

第八十四条 审计机关、财政机关依法进行审计、检查时，对税务机关的税收违法行为作出的决定，税务机关应当执行；发现被审计、检查单位有税收违法行为的，向被审计、检查单位下达决定、意见书，责成被审计、检查单位向税务机关缴纳应当缴纳的税款、滞纳金。税务机关应当根据有关机关的决定、意见书，依照税收法律、行政法规的规定，将应收的税款、滞纳金按照国家规定的税收征收管理范围和税款入库预算级次缴入国库。

税务机关应当自收到审计机关、财政机关的决定、意见书之日起30日内将执行情况书面回复审计机关、财政机关。

有关机关不得将其履行职责过程中发现的税款、滞纳金自行征收入库或者以其他款项的名义自行处理、占压。

第六章 税务检查

第八十五条 税务机关应当建立科学的检查制度，统筹安排检查工作，严格控制对纳税人、扣缴义务人的检查次数。

税务机关应当制定合理的税务稽查工作规程，负责选案、检查、审理、执行的人员的职责应当明确，并相互分离、相互制约，规范选案程序和检查行为。

税务检查工作的具体办法，由国家税务总局制定。

第八十六条 税务机关行使税收征管法第五十四条第（一）项职权时，可以在纳税人、扣缴义务人的业务场所进行；必要时，经县以上税务局（分局）局长批准，可以将纳税人、扣缴义务人以前会计年度的账簿、记账凭证、报表和其他有关资料调回税务机关检查，但是税务机关必须向纳税人、扣缴义务人开付清单，并在3个月内完整退还；有特殊情况的，经设区的市、自治州以上税务局局长批准，税务机关可以将纳税人、扣缴义务人当年的账簿、记账凭证、报表和其他有关资料调回检查，但是税务机关必须在30日内退还。

第八十七条 税务机关行使税收征管法第五十四条第（六）项职权时，应当指定专人负责，凭全国统一格式的检查存款账户许可证明进行，并有责任为被检查人保守秘密。

检查存款账户许可证明，由国家税务总局制定。

税务机关查询的内容，包括纳税人存款账户余额和资金往来情况。

第八十八条 依照税收征管法第五十五条规定，税务机关采取税收保全措施的期限一般不得超过6个月；重大案件需要延长的，应当报国家税务总局批准。

第八十九条 税务机关和税务人员应当依照税收征管法及本细则的规定行使税务检查职权。

税务人员进行税务检查时，应当出示税务检查证和税务检查通知书；无税务检查证和税务检查通知书的，纳税人、扣缴义务人及其他当事人有权拒绝检查。税务机关对集贸市场及集中经营业户进行检查时，可以使用统一的税务检查通知书。

税务检查证和税务检查通知书的式样、使用和管理的具体办法，由国家税务总局制定。

第七章 法律责任

第九十条 纳税人未按照规定办理税务登记证件验证或者换证手续的，由税务机关责令限期改正，可以处2000元以下的罚款；情节严重的，处2000元以上 1 万元以下的罚款。

第九十一条 非法印制、转借、倒卖、变造或者伪造完税凭证的,由税务机关责令改正,处 2000 元以上 1 万元以下的罚款;情节严重的,处 1 万元以上 5 万元以下的罚款;构成犯罪的,依法追究刑事责任。

第九十二条 银行和其他金融机构未依照税收征管法的规定在从事生产、经营的纳税人的账户中登录税务登记证件号码,或者未按规定在税务登记证件中登录从事生产、经营的纳税人的账户账号的,由税务机关责令其限期改正,处 2000 元以上 2 万元以下的罚款;情节严重的,处 2 万元以上 5 万元以下的罚款。

第九十三条 为纳税人、扣缴义务人非法提供银行账户、发票、证明或者其他方便,导致未缴、少缴税款或者骗取国家出口退税款的,税务机关除没收其违法所得外,可以处未缴、少缴或者骗取的税款 1 倍以下的罚款。

第九十四条 纳税人拒绝代扣、代收税款的,扣缴义务人应当向税务机关报告,由税务机关直接向纳税人追缴税款、滞纳金;纳税人拒不缴纳的,依照税收征管法第六十八条的规定执行。

第九十五条 税务机关依照税收征管法第五十四条第(五)项的规定,到车站、码头、机场、邮政企业及其分支机构检查纳税人有关情况时,有关单位拒绝的,由税务机关责令改正,可以处 1 万元以下的罚款;情节严重的,处 1 万元以上 5 万元以下的罚款。

第九十六条 纳税人、扣缴义务人有下列情形之一的,依照税收征管法第七十条的规定处罚:

(一)提供虚假资料,不如实反映情况,或者拒绝提供有关资料的;

(二)拒绝或者阻止税务机关记录、录音、录像、照相和复制与案件有关的情况和资料的;

(三)在检查期间,纳税人、扣缴义务人转移、隐匿、销毁有关资料的;

(四)有不依法接受税务检查的其他情形的。

第九十七条 税务人员私分扣押、查封的商品、货物或者其他财产,情节严重,构成犯罪的,依法追究刑事责任;尚不构成犯罪的,依法给予行政处分。

第九十八条 税务代理人违反税收法律、行政法规,造成纳税人未缴或者少缴税款的,除由纳税人缴纳或者补缴应纳税款、滞纳金外,对税务代理人处纳税人未缴或者少缴税款 50% 以上 3 倍以下的罚款。

第九十九条 税务机关对纳税人、扣缴义务人及其他当事人处以罚款或者没收违法所得时,应当开付罚没凭证;未开付罚没凭证的,纳税人、扣缴义务人以及其他当事人有权拒绝给付。

第一百条 税收征管法第八十八条规定的纳税争议,是指纳税人、扣缴义务人、纳税担保人对税务机关确定纳税主体、征税对象、征税范围、减税、免税及退税、适用税率、计税依据、纳税环节、纳税期限、纳税地点以及税款征收方式等具体行政行为有异议而发生的争议。

第八章 文书送达

第一百零一条 税务机关送达税务文书,应当直接送交受送达人。

受送达人是公民的,应当由本人直接签收;本人不在的,交其同住成年家属签收。

受送达人是法人或者其他组织的,应当由法人的法定代表人、其他组织的主要负责人或者该法人、组织的财务负责人、负责收件的人签收。受送达人有代理人的,可以送交其代理人签收。

第一百零二条 送达税务文书应当有送达回证,并由受送达人或者本细则规定的其他签收人在送达回证上记明收到日期,签名或者盖章,即为送达。

第一百零三条 受送达人或者本细则规定的其他签收人拒绝签收税务文书的,送达人应当在送达回证上记明拒收理由和日期,并由送达人和见证人签名或者盖章,将税务文书留在受送达人处,即视为送达。

第一百零四条 直接送达税务文书有困难的,可以委托其他有关机关或者其他单位代为送达,或者邮寄送达。

第一百零五条 直接或者委托送达税务文书的,以签收人或者见证人在送达回证上的签收或者注明的收件日期为送达日期;邮寄送达的,以挂号函件回执上注明的收件日期为送达日期,并视为已送达。

第一百零六条 有下列情形之一的,税务机关可以公告送达税务文书,自公告之日起满30日,即视为送达:

(一)同一送达事项的受送达人众多;

(二)采用本章规定的其他送达方式无法送达。

第一百零七条 税务文书的格式由国家税务总局制定。本细则所称税务文书,包括:

(一)税务事项通知书;

(二)责令限期改正通知书;

(三)税收保全措施决定书;

(四)税收强制执行决定书;

(五)税务检查通知书;

(六)税务处理决定书;

(七)税务行政处罚决定书;

(八)行政复议决定书;

(九)其他税务文书。

第九章 附 则

第一百零八条 税收征管法及本细则所称"以上"、"以下"、"日内"、"届满"均含本数。

第一百零九条 税收征管法及本细则所规定期限的最后一日是法定休假日的,以休假日期满的次日为期限的最后一日;在期限内有连续3日以上法定休假日的,按休假日天数顺延。

第一百一十条 税收征管法第三十条第三款规定的代扣、代收手续费,纳入预算管理,由税务机关依照法律、行政法规的规定付给扣缴义务人。

第一百一十一条 纳税人、扣缴义务人委托税务代理人代为办理税务事宜的办法,由国家税务总局规定。

第一百一十二条 耕地占用税、契税、农业税、牧业税的征收管理,按照国务院的有关规定执行。

第一百一十三条 本细则自 2002 年 10 月 15 日起施行。1993 年 8 月 4 日国务院发布的《中华人民共和国税收征收管理法实施细则》同时废止。

中华人民共和国发票管理办法

手机阅读

(1993 年 12 月 12 日国务院批准 1993 年 12 月 23 日财政部令第 6 号发布 根据 2010 年 12 月 20 日《国务院关于修改〈中华人民共和国发票管理办法〉的决定》第一次修订 根据 2019 年 3 月 2 日《国务院关于修改部分行政法规的决定》第二次修订)

第一章 总 则

第一条 为了加强发票管理和财务监督,保障国家税收收入,维护经济秩序,根据《中华人民共和国税收征收管理法》,制定本办法。

第二条 在中华人民共和国境内印制、领购、开具、取得、保管、缴销发票的单位和个人(以下称印制、使用发票的单位和个人),必须遵守本办法。

第三条 本办法所称发票,是指在购销商品、提供或者接受服务以及从事其他经营活动中,开具、收取的收付款凭证。

第四条 国务院税务主管部门统一负责全国的发票管理工作。省、自治区、直辖市税务机关依据职责做好本行政区域内的发票管理工作。

财政、审计、市场监督管理、公安等有关部门在各自的职责范围内,配合税务机关做好发票管理工作。

第五条 发票的种类、联次、内容以及使用范围由国务院税务主管部门规定。

第六条 对违反发票管理法规的行为,任何单位和个人可以举报。税务机关应当为检举人保密,并酌情给予奖励。

第二章 发票的印制

第七条 增值税专用发票由国务院税务主管部门确定的企业印制;其他发票,按照国务院税务主管部门的规定,由省、自治区、直辖市税务机关确定的企业印制。禁止私自印制、伪造、变造发票。

第八条 印制发票的企业应当具备下列条件：
（一）取得印刷经营许可证和营业执照；
（二）设备、技术水平能够满足印制发票的需要；
（三）有健全的财务制度和严格的质量监督、安全管理、保密制度。
税务机关应当以招标方式确定印制发票的企业，并发给发票准印证。

第九条 印制发票应当使用国务院税务主管部门确定的全国统一的发票防伪专用品。禁止非法制造发票防伪专用品。

第十条 发票应当套印全国统一发票监制章。全国统一发票监制章的式样和发票版面印刷的要求，由国务院税务主管部门规定。发票监制章由省、自治区、直辖市税务机关制作。禁止伪造发票监制章。

发票实行不定期换版制度。

第十一条 印制发票的企业按照税务机关的统一规定，建立发票印制管理制度和保管措施。

发票监制章和发票防伪专用品的使用和管理实行专人负责制度。

第十二条 印制发票的企业必须按照税务机关批准的式样和数量印制发票。

第十三条 发票应当使用中文印制。民族自治地方的发票，可以加印当地一种通用的民族文字。有实际需要的，也可以同时使用中外两种文字印制。

第十四条 各省、自治区、直辖市内的单位和个人使用的发票，除增值税专用发票外，应当在本省、自治区、直辖市内印制；确有必要到外省、自治区、直辖市印制的，应当由省、自治区、直辖市税务机关商印制地省、自治区、直辖市税务机关同意，由印制地省、自治区、直辖市税务机关确定的企业印制。

禁止在境外印制发票。

第三章　发票的领购

第十五条 需要领购发票的单位和个人，应当持税务登记证件、经办人身份证明、按照国务院税务主管部门规定式样制作的发票专用章的印模，向主管税务机关办理发票领购手续。主管税务机关根据领购单位和个人的经营范围和规模，确认领购发票的种类、数量以及领购方式，在5个工作日内发给发票领购簿。

单位和个人领购发票时，应当按照税务机关的规定报告发票使用情况，税务机关应当按照规定进行查验。

第十六条 需要临时使用发票的单位和个人，可以凭购销商品、提供或者接受服务以及从事其他经营活动的书面证明、经办人身份证明，直接向经营地税务机关申请代开发票。依照税收法律、行政法规规定应当缴纳税款的，税务机关应当先征收税款，再开具发票。税务机关根据发票管理的需要，可以按照国务院税务主管部门的规定委托其他单位代开发票。

禁止非法代开发票。

第十七条 临时到本省、自治区、直辖市以外从事经营活动的单位或者个人，应当凭所在地税务机关的证明，向经营地税务机关领购经营地的发票。

临时在本省、自治区、直辖市以内跨市、县从事经营活动领购发票的办法，由省、自治区、直辖市税务机关规定。

第十八条 税务机关对外省、自治区、直辖市来本辖区从事临时经营活动的单位和个人领购发票的，可以要求其提供保证人或者根据所领购发票的票面限额以及数量交纳不超过1万元的保证金，并限期缴销发票。

按期缴销发票的，解除保证人的担保义务或者退还保证金；未按期缴销发票的，由保证人或者以保证金承担法律责任。

税务机关收取保证金应当开具资金往来结算票据。

第四章 发票的开具和保管

第十九条 销售商品、提供服务以及从事其他经营活动的单位和个人，对外发生经营业务收取款项，收款方应当向付款方开具发票；特殊情况下，由付款方向收款方开具发票。

第二十条 所有单位和从事生产、经营活动的个人在购买商品、接受服务以及从事其他经营活动支付款项，应当向收款方取得发票。取得发票时，不得要求变更品名和金额。

第二十一条 不符合规定的发票，不得作为财务报销凭证，任何单位和个人有权拒收。

第二十二条 开具发票应当按照规定的时限、顺序、栏目，全部联次一次性如实开具，并加盖发票专用章。

任何单位和个人不得有下列虚开发票行为：

（一）为他人、为自己开具与实际经营业务情况不符的发票；

（二）让他人为自己开具与实际经营业务情况不符的发票；

（三）介绍他人开具与实际经营业务情况不符的发票。

第二十三条 安装税控装置的单位和个人，应当按照规定使用税控装置开具发票，并按期向主管税务机关报送开具发票的数据。

使用非税控电子器具开具发票的，应当将非税控电子器具使用的软件程序说明资料报主管税务机关备案，并按照规定保存、报送开具发票的数据。

国家推广使用网络发票管理系统开具发票，具体管理办法由国务院税务主管部门制定。

第二十四条 任何单位和个人应当按照发票管理规定使用发票，不得有下列行为：

（一）转借、转让、介绍他人转让发票、发票监制章和发票防伪专用品；

（二）知道或者应当知道是私自印制、伪造、变造、非法取得或者废止的发票而受让、开具、存放、携带、邮寄、运输；

（三）拆本使用发票；

（四）扩大发票使用范围；

（五）以其他凭证代替发票使用。

税务机关应当提供查询发票真伪的便捷渠道。

第二十五条 除国务院税务主管部门规定的特殊情形外，发票限于领购单位和个人在本省、自治区、直辖市内开具。

省、自治区、直辖市税务机关可以规定跨市、县开具发票的办法。

第二十六条 除国务院税务主管部门规定的特殊情形外，任何单位和个人不得跨规定的使用区域携带、邮寄、运输空白发票。

禁止携带、邮寄或者运输空白发票出入境。

第二十七条 开具发票的单位和个人应当建立发票使用登记制度，设置发票登记簿，并定期向主管税务机关报告发票使用情况。

第二十八条 开具发票的单位和个人应当在办理变更或者注销税务登记的同时，办理发票和发票领购簿的变更、缴销手续。

第二十九条 开具发票的单位和个人应当按照税务机关的规定存放和保管发票，不得擅自损毁。已经开具的发票存根联和发票登记簿，应当保存5年。保存期满，报经税务机关查验后销毁。

第五章 发票的检查

第三十条 税务机关在发票管理中有权进行下列检查：

（一）检查印制、领购、开具、取得、保管和缴销发票的情况；

（二）调出发票查验；

（三）查阅、复制与发票有关的凭证、资料；

（四）向当事各方询问与发票有关的问题和情况；

（五）在查处发票案件时，对与案件有关的情况和资料，可以记录、录音、录像、照像和复制。

第三十一条 印制、使用发票的单位和个人，必须接受税务机关依法检查，如实反映情况，提供有关资料，不得拒绝、隐瞒。

税务人员进行检查时，应当出示税务检查证。

第三十二条 税务机关需要将已开具的发票调出查验时，应当向被查验的单位和个人开具发票换票证。发票换票证与所调出查验的发票有同等的效力。被调出查验发票的单位和个人不得拒绝接受。

税务机关需要将空白发票调出查验时，应当开具收据；经查无问题的，应当及时返还。

第三十三条 单位和个人从中国境外取得的与纳税有关的发票或者凭证，税务机关在纳税审查时有疑义的，可以要求其提供境外公证机构或者注册会计师的确认证明，经税务机关审核认可后，方可作为记账核算的凭证。

第三十四条 税务机关在发票检查中需要核对发票存根联与发票联填写情况时，可以向持有发票或者发票存根联的单位发出发票填写情况核对卡，有关单位应当如实填写，按期报回。

第六章 罚 则

第三十五条 违反本办法的规定，有下列情形之一的，由税务机关责令改正，可以处1万元以下的罚款；有违法所得的予以没收：

（一）应当开具而未开具发票，或者未按照规定的时限、顺序、栏目，全部联次一次性开具发票，或者未加盖发票专用章的；

（二）使用税控装置开具发票，未按期向主管税务机关报送开具发票的数据的；

（三）使用非税控电子器具开具发票，未将非税控电子器具使用的软件程序说明资料报主管税务机关备案，或者未按照规定保存、报送开具发票的数据的；

（四）拆本使用发票的；

（五）扩大发票使用范围的；

（六）以其他凭证代替发票使用的；

（七）跨规定区域开具发票的；

（八）未按照规定缴销发票的；

（九）未按照规定存放和保管发票的。

第三十六条 跨规定的使用区域携带、邮寄、运输空白发票，以及携带、邮寄或者运输空白发票出入境的，由税务机关责令改正，可以处1万元以下的罚款；情节严重的，处1万元以上3万元以下的罚款；有违法所得的予以没收。

丢失发票或者擅自损毁发票的，依照前款规定处罚。

第三十七条 违反本办法第二十二条第二款的规定虚开发票的，由税务机关没收违法所得；虚开金额在1万元以下的，可以并处5万元以下的罚款；虚开金额超过1万元的，并处5万元以上50万元以下的罚款；构成犯罪的，依法追究刑事责任。

非法代开发票的，依照前款规定处罚。

第三十八条 私自印制、伪造、变造发票，非法制造发票防伪专用品，伪造发票监制章的，由税务机关没收违法所得，没收、销毁作案工具和非法物品，并处1万元以上5万元以下的罚款；情节严重的，并处5万元以上50万元以下的罚款；对印制发票的企业，可以并处吊销发票准印证；构成犯罪的，依法追究刑事责任。

前款规定的处罚，《中华人民共和国税收征收管理法》有规定的，依照其规定执行。

第三十九条 有下列情形之一的，由税务机关处1万元以上5万元以下的罚款；情节严重的，处5万元以上50万元以下的罚款；有违法所得的予以没收：

（一）转借、转让、介绍他人转让发票、发票监制章和发票防伪专用品的；

（二）知道或者应当知道是私自印制、伪造、变造、非法取得或者废止的发票而受让、开具、存放、携带、邮寄、运输的。

第四十条 对违反发票管理规定2次以上或者情节严重的单位和个人，税务机关可以向社会公告。

第四十一条 违反发票管理法规，导致其他单位或者个人未缴、少缴或者骗取税款的，由税务机关没收违法所得，可以并处未缴、少缴或者骗取的税款1倍以下的罚款。

第四十二条 当事人对税务机关的处罚决定不服的，可以依法申请行政复议或者向人民法院提起行政诉讼。

第四十三条 税务人员利用职权之便，故意刁难印制、使用发票的单位和个人，或者有违反发票管理法规行为的，依照国家有关规定给予处分；构成犯罪的，依法追究刑事责任。

第七章 附 则

第四十四条 国务院税务主管部门可以根据有关行业特殊的经营方式和业务需求，会同国务院有关主管部门制定该行业的发票管理办法。

国务院税务主管部门可以根据增值税专用发票管理的特殊需要，制定增值税专用发票的具体管理办法。

第四十五条 本办法自发布之日起施行。财政部 1986 年发布的《全国发票管理暂行办法》和原国家税务局 1991 年发布的《关于对外商投资企业和外国企业发票管理的暂行规定》同时废止。

中华人民共和国发票管理办法实施细则

手机阅读

（2011 年 2 月 14 日国家税务总局令第 25 号公布，根据 2014 年 12 月 27 日《国家税务总局关于修改〈中华人民共和国发票管理办法实施细则〉的决定》、2018 年 6 月 15 日《国家税务总局关于修改部分税务部门规章的决定》、2019 年 7 月 24 日《国家税务总局关于公布取消一批税务证明事项以及废止和修改部分规章规范性文件的决定》修正）

第一章 总 则

第一条 根据《中华人民共和国发票管理办法》（以下简称《办法》）规定，制定本实施细则。

第二条 在全国范围内统一式样的发票，由国家税务总局确定。

在省、自治区、直辖市范围内统一式样的发票，由省、自治区、直辖市税务局（以下简称省税务局）确定。

第三条 发票的基本联次包括存根联、发票联、记账联。存根联由收款方或开票方留存备查；发票联由付款方或受票方作为付款原始凭证；记账联由收款方或开票方作为记账原始凭证。

省以上税务机关可根据发票管理情况以及纳税人经营业务需要，增减除发票联以外的其他联次，并确定其用途。

第四条 发票的基本内容包括：发票的名称、发票代码和号码、联次及用途、客户名称、开户银行及账号、商品名称或经营项目、计量单位、数量、单价、大小写金额、开票人、开票日期、开票单位（个人）名称（章）等。

省以上税务机关可根据经济活动以及发票管理需要，确定发票的具体内容。

第五条 用票单位可以书面向税务机关要求使用印有本单位名称的发票，税务机关依据《办法》第十五条的规定，确认印有该单位名称发票的种类和数量。

第二章 发票的印制

第六条 发票准印证由国家税务总局统一监制，省税务局核发。

税务机关应当对印制发票企业实施监督管理，对不符合条件的，应当取消其印制发票的资格。

第七条 全国统一的发票防伪措施由国家税务总局确定，省税务局可以根据需要增加本地区的发票防伪措施，并向国家税务总局备案。

发票防伪专用品应当按照规定专库保管，不得丢失。次品、废品应当在税务机关监督下集中销毁。

第八条 全国统一发票监制章是税务机关管理发票的法定标志，其形状、规格、内容、印色由国家税务总局规定。

第九条 全国范围内发票换版由国家税务总局确定；省、自治区、直辖市范围内发票换版由省税务局确定。

发票换版时，应当进行公告。

第十条 监制发票的税务机关根据需要下达发票印制通知书，被指定的印制企业必须按照要求印制。

发票印制通知书应当载明印制发票企业名称、用票单位名称、发票名称、发票代码、种类、联次、规格、印色、印制数量、起止号码、交货时间、地点等内容。

第十一条 印制发票企业印制完毕的成品应当按照规定验收后专库保管，不得丢失。废品应当及时销毁。

第三章 发票的领购

第十二条 《办法》第十五条所称经办人身份证明是指经办人的居民身份证、护照或者其他能证明经办人身份的证件。

第十三条 《办法》第十五条所称发票专用章是指用票单位和个人在其开具发票时加盖的有其名称、税务登记号、发票专用章字样的印章。

发票专用章式样由国家税务总局确定。

第十四条 税务机关对领购发票单位和个人提供的发票专用章的印模应当留存备查。

第十五条 《办法》第十五条所称领购方式是指批量供应、交旧购新或者验旧购新等方式。

第十六条 《办法》第十五条所称发票领购簿的内容应当包括用票单位和个人的名称、所属行业、购票方式、核准购票种类、开票限额、发票名称、领购日期、准购数量、起止号码、违章记录、领购人签字（盖章）、核发税务机关（章）等内容。

第十七条 《办法》第十五条所称发票使用情况是指发票领用存情况及相关开票数据。

第十八条 税务机关在发售发票时,应当按照核准的收费标准收取工本管理费,并向购票单位和个人开具收据。发票工本费征缴办法按照国家有关规定执行。

第十九条 《办法》第十六条所称书面证明是指有关业务合同、协议或者税务机关认可的其他资料。

第二十条 税务机关应当与受托代开发票的单位签订协议,明确代开发票的种类、对象、内容和相关责任等内容。

第二十一条 《办法》第十八条所称保证人,是指在中国境内具有担保能力的公民、法人或者其他经济组织。

保证人同意为领购发票的单位和个人提供担保的,应当填写担保书。担保书内容包括:担保对象、范围、期限和责任以及其他有关事项。

担保书须经购票人、保证人和税务机关签字盖章后方为有效。

第二十二条 《办法》第十八条第二款所称由保证人或者以保证金承担法律责任,是指由保证人缴纳罚款或者以保证金缴纳罚款。

第二十三条 提供保证人或者交纳保证金的具体范围由省税务局规定。

第四章 发票的开具和保管

第二十四条 《办法》第十九条所称特殊情况下,由付款方向收款方开具发票,是指下列情况:

(一)收购单位和扣缴义务人支付个人款项时;

(二)国家税务总局认为其他需要由付款方向收款方开具发票的。

第二十五条 向消费者个人零售小额商品或者提供零星服务的,是否可免予逐笔开具发票,由省税务局确定。

第二十六条 填开发票的单位和个人必须在发生经营业务确认营业收入时开具发票。未发生经营业务一律不准开具发票。

第二十七条 开具发票后,如发生销货退回需开红字发票的,必须收回原发票并注明"作废"字样或取得对方有效证明。

开具发票后,如发生销售折让的,必须在收回原发票并注明"作废"字样后重新开具销售发票或取得对方有效证明后开具红字发票。

第二十八条 单位和个人在开具发票时,必须做到按照号码顺序填开,填写项目齐全,内容真实,字迹清楚,全部联次一次打印,内容完全一致,并在发票联和抵扣联加盖发票专用章。

第二十九条 开具发票应当使用中文。民族自治地方可以同时使用当地通用的一种民族文字。

第三十条 《办法》第二十六条所称规定的使用区域是指国家税务总局和省税务局规定的区域。

第三十一条 使用发票的单位和个人应当妥善保管发票。发生发票丢失情形时,应当于发现丢失当日书面报告税务机关。

第五章 发票的检查

第三十二条 《办法》第三十二条所称发票换票证仅限于在本县(市)范

围内使用。需要调出外县（市）的发票查验时，应当提请该县（市）税务机关调取发票。

第三十三条 用票单位和个人有权申请税务机关对发票的真伪进行鉴别。收到申请的税务机关应当受理并负责鉴别发票的真伪；鉴别有困难的，可以提请发票监制税务机关协助鉴别。

在伪造、变造现场以及买卖地、存放地查获的发票，由当地税务机关鉴别。

第六章 罚 则

第三十四条 税务机关对违反发票管理法规的行为进行处罚，应当将行政处罚决定书面通知当事人；对违反发票管理法规的案件，应当立案查处。

对违反发票管理法规的行政处罚，由县以上税务机关决定；罚款额在 2000 元以下的，可由税务所决定。

第三十五条 《办法》第四十条所称的公告是指，税务机关应当在办税场所或者广播、电视、报纸、期刊、网络等新闻媒体上公告纳税人发票违法的情况。公告内容包括：纳税人名称、纳税人识别号、经营地点、违反发票管理法规的具体情况。

第三十六条 对违反发票管理法规情节严重构成犯罪的，税务机关应当依法移送司法机关处理。

第七章 附 则

第三十七条 《办法》和本实施细则所称"以上"、"以下"均含本数。
第三十八条 本实施细则自 2011 年 2 月 1 日起施行。

国家税务总局 工业和信息化部 公安部关于发布《机动车发票使用办法》的公告

手机阅读

2020 年 12 月 28 日 国家税务总局 工业和信息化部
公安部公告 2020 年第 23 号

为深入贯彻落实国务院"放管服"改革要求，规范机动车行业发票使用行为，营造公平公正有序的营商环境，国家税务总局、工业和信息化部、公安部联合制定了《机动车发票使用办法》，现予以发布，自 2021 年 5 月 1 日起试行，2021 年 7 月 1 日起正式施行。

特此公告。

附件：机动车销售统一发票票样（略）

机动车发票使用办法

第一条 为了加强机动车发票管理和服务,规范机动车发票使用行为,根据《中华人民共和国税收征收管理法》及其实施细则、《中华人民共和国发票管理办法》及其实施细则,制定本办法。

第二条 本办法所称机动车发票是指销售机动车(不包括二手车)的单位和个人(以下简称"销售方")通过增值税发票管理系统开票软件中机动车发票开具模块所开具的增值税专用发票和机动车销售统一发票(包括纸质发票、电子发票)。增值税发票管理系统开票软件自动在增值税专用发票左上角打印"机动车"字样。

机动车发票均应通过增值税发票管理系统开票软件在线开具。按照有关规定不使用网络办税或不具备网络条件的特定纳税人,可以离线开具机动车发票。

第三条 开通机动车发票开具模块的销售方分为机动车生产企业、机动车授权经销企业、其他机动车贸易商三种类型。

机动车生产企业包括国内机动车生产企业及进口机动车生产企业驻我国办事机构或总授权代理机构;机动车授权经销企业是指经机动车生产企业授权,且同时具备整车销售、零配件销售、售后维修服务等经营业务的机动车经销企业;其他机动车贸易商,是指除上述两类企业以外的机动车销售单位和个人。

对于已开通机动车发票开具模块的销售方,税务机关可以根据其实际生产经营情况调整划分类型。

第四条 主管税务机关对机动车发票实行分类分级规范管理,提升办税效率,加强后续服务和监管。

(一)对使用机动车发票开具模块的销售方,需要调整机动车发票用量的,可以按需要即时办理。对于同时存在其他经营业务申领发票的,仍应按现行有关规定执行。

(二)对经税务总局、省税务局大数据分析发现的税收风险程度较高的纳税人,严格控制其发票领用数量和最高开票限额,并加强事中事后监管。

第五条 主管税务机关可以结合销售方取得机动车的相关凭据判断其经营规模,并动态调整机动车发票领用数量。

取得机动车的相关凭据包括:

(一)增值税专用发票;

(二)海关进口增值税专用缴款书;

(三)货物进口证明书;

(四)机动车整车出厂合格证;

(五)法院判决书、裁定书、调解书,以及仲裁裁决书、调解书,公证债权文书;

(六)国家税务总局规定的其他凭证。

第六条 销售方应当按照销售符合国家机动车管理部门车辆参数、安全等技术指标规定的车辆所取得的全部价款如实开具机动车发票。

向消费者销售机动车，销售方应当开具机动车销售统一发票；其他销售机动车行为，销售方应当开具增值税专用发票。

第七条 销售方使用机动车发票开具模块时，应遵循以下规则：

（一）国内机动车生产企业销售本企业生产的机动车、进口机动车生产企业驻我国办事机构或总授权代理机构和从事机动车进口的其他机动车贸易商销售本企业进口的机动车，应通过增值税发票管理系统和机动车合格证管理系统，依据车辆识别代号/车架号将机动车发票开具信息与国产机动车合格证电子信息或车辆电子信息（以下统称"车辆电子信息"）进行关联匹配。

（二）销售方购进机动车直接对外销售，应当通过机动车发票开具模块获取购进机动车的车辆识别代号/车架号等信息后，方可开具对应的机动车发票。

第八条 销售机动车开具增值税专用发票时，应遵循以下规则：

（一）正确选择机动车的商品和服务税收分类编码。

（二）增值税专用发票"规格型号"栏应填写机动车车辆识别代号/车架号，"单位"栏应选择"辆"，"单价"栏应填写对应机动车的不含增值税价格。汇总开具增值税专用发票，应通过机动车发票开具模块开具《销售货物或应税劳务、服务清单》，其中的规格型号、单位、单价等栏次也应按照上述增值税专用发票的填写要求填开。国内机动车生产企业若不能按上述规定填写"规格型号"栏的，应当在增值税专用发票（包括《销售货物或应税劳务、服务清单》）上，将相同车辆配置序列号、相同单价的机动车，按照同一行次汇总填列的规则开具发票。

（三）销售方销售机动车开具增值税专用发票后，发生销货退回、开票有误、销售折让等情形，应当凭增值税发票管理系统校验通过的《开具红字增值税专用发票信息表》开具红字增值税专用发票。发生销货退回、开票有误的，在"规格型号"栏填写机动车车辆识别代号/车架号；发生销售折让的，"规格型号"栏不填写机动车车辆识别代号/车架号。

第九条 销售机动车开具机动车销售统一发票时，应遵循以下规则：

（一）按照"一车一票"原则开具机动车销售统一发票，即一辆机动车只能开具一张机动车销售统一发票，一张机动车销售统一发票只能填写一辆机动车的车辆识别代号/车架号。

（二）机动车销售统一发票的"纳税人识别号/统一社会信用代码/身份证明号码"栏，销售方根据消费者实际情况填写。如消费者需要抵扣增值税，则该栏必须填写消费者的统一社会信用代码或纳税人识别号，如消费者为个人则应填写个人身份证明号码。

（三）开具纸质机动车销售统一发票后，如发生销货退回或开具有误的，销售方应开具红字发票，红字发票内容应与原蓝字发票一一对应，并按以下流程操作：

1. 销售方开具红字发票时，应当收回消费者所持有的机动车销售统一发票全部联次。如消费者已办理车辆购置税纳税申报的，不需退回报税联；如消费者已办理机动车注册登记的，不需退回注册登记联；如消费者为增值税一般纳税人且已抵扣增值税的，不需退回抵扣联。

2. 消费者已经办理机动车注册登记的,销售方应当留存公安机关出具的机动车注销证明复印件;如消费者无法取得机动车注销证明,销售方应留存机动车生产企业或者机动车经销企业出具的退车证明或者相关情况说明。

(四)消费者丢失机动车销售统一发票,无法办理车辆购置税纳税申报或者机动车注册登记的,应向销售方申请重新开具机动车销售统一发票;销售方核对消费者相关信息后,先开具红字发票,再重新开具与原蓝字发票存根联内容一致的机动车销售统一发票。

(五)机动车销售统一发票打印内容出现压线或者出格的,若内容清晰完整,无需退还重新开具。

第十条 已办理车辆购置税纳税申报的机动车,不得更改车辆电子信息;未办理车辆购置税纳税申报的机动车,可以按照机动车出厂合格证相关管理规定修改车辆电子信息,但销售方所开具的机动车销售统一发票内容应与修改后的车辆电子信息一致。

第十一条 税务部门与工信部门应加强对车辆电子信息的管理。省税务机关应当将机动车销售统一发票电子信息实时传输至同级公安机关,公安机关应当将机动车登记核查信息反馈税务部门。

第十二条 销售方未按规定开具机动车发票的,按照《中华人民共和国税收征收管理法》《中华人民共和国发票管理办法》等法律法规的规定处理。

第十三条 本办法自2021年5月1日起试行,2021年7月1日起正式施行。自本办法试行之日起制造的机动车,销售方应按本办法规定开具机动车发票。制造日期按照国产机动车的制造日期或者进口机动车的进口日期确定。

第十四条 《国家税务总局关于消费者丢失机动车销售发票处理问题的批复》(国税函〔2006〕227号)、《国家税务总局关于使用新版机动车销售统一发票有关问题的通知》(国税函〔2006〕479号)第五条、《国家税务总局关于机动车电子信息采集和最低计税价格核定有关事项的公告》(2013年第36号)、《国家税务总局关于调整机动车销售统一发票票面内容的公告》(2014年第27号)第一条第一项和第二项,自本办法试行之日起废止。

国家档案局办公室等四部门关于进一步扩大增值税电子发票电子化报销、入账、归档试点工作的通知

2021年2月22日 档办发〔2021〕1号

各省、自治区、直辖市档案局、财政厅(局)、商务厅(委、局),各计划单列市、新疆生产建设兵团档案局、财政局、商务局,国家税务总局各省、自治区、直辖市、计划单列市税务局,各中央企业办公室,各有关单位:

为贯彻2021年中央经济工作会议精神,落实《税务总局等十三部门关于

推进纳税便利化改革优化税收营商环境若干措施的通知》要求，加快增值税电子发票应用和推广实施工作，降低企业交易成本，推进"六保""六稳"工作，助力国家数字经济发展，按照国务院有关要求，在前两批试点的基础上，国家档案局会同财政部、商务部、国家税务总局拟再选定一批单位开展增值税电子发票电子化报销、入账、归档试点工作，形成示范效应，进一步完善数字经济发展所需的制度和标准规范，现将有关事项通知如下。

一、试点内容

（一）开展增值税电子发票电子化报销入账试点工作，过程符合《企业会计信息化工作规范》（财会〔2013〕20号）有关要求。

（二）开展增值税电子发票电子化归档试点，档案部门或档案人员从会计核算部门或会计核算系统接收电子发票，过程符合《会计档案管理办法》（财政部、国家档案局令第79号）、《财政部　国家档案局关于规范电子会计凭证报销入账归档的通知》（财会〔2020〕6号），归档存储格式符合要求，归档过程中电子发票真实性、完整性、可用性、安全性有保障。

（三）及时总结试点工作，形成可推广、可复制的经验和做法，试点完成后及时报送试点工作总结报告。

二、试点单位条件

（一）科学设计增值税电子发票电子化归集、报销、入账、归档方案。

（二）试点所需人员、资金有保障。

（三）愿意为电子发票推广应用发挥示范带头作用。

三、试点验收条件

（一）实现增值税电子发票电子化归集、报销、入账、归档。

（二）形成3个月的财务数据，对增值税电子发票电子化归集、报销、入账、归档方案进行验证，采用的管理和技术方案可行。

（三）2021年10月底前完成试点工作，形成试点工作总结报告。

四、试点工作组织

（一）国家档案局、财政部、商务部、国家税务总局组成协调小组对试点工作进行指导，对中央企业总部的试点工作进行验收。

（二）各省、自治区、直辖市、计划单列市及新疆生产建设兵团档案局、财政部门、商务部门、税务局（以下统称省级试点工作组织部门）和各中央企业总部负责本地区、本集团的试点工作，负责选定本地区或本集团所属的企业及行政事业单位进行试点，指导试点单位开展试点工作，对完成试点的单位进行验收。

（三）省级试点工作组织部门、各中央企业总部要高度重视此项工作，成立联合工作组共同开展此项工作，加强对试点工作组织领导。

（四）省级试点工作组织部门、各中央企业总部要综合考虑本地区、本集团经济发展实际，从打通产业链上下游及配合增值税专用发票电子化等方面选定具有代表性的单位开展试点。

五、试点方案报送

有试点意向的单位编制试点方案（提纲见附件）报所在地省级试点工作组织部门联合审核。有试点意向中央企业所属单位编制试点方案（提纲见附件）报中央企业总部审核。省级试点工作组织部门对试点方案审核同意后确定不少于10家的本地区试点单位名单,中央企业总部对试点方案审核同意后确定不多于5家企业的集团试点单位名单(可包含总部作为试点单位),与推荐单位的试点方案一同于2021年3月31日前报国家档案局。国家档案局联合财政部、商务部、国家税务总局审核确定试点单位名单。纳入本次试点范围的企业可参加财政部电子发票入账数据标准和财务报表数据标准试点。

六、联系方式

国家档案局联系人:车昊珈

联系电话:010-63093925

电子邮箱:qiyechu10@126.com

财政部联系人:罗雪娇

联系电话:010-68552552

商务部联系人:张佳乐

联系电话:010-65197972

税务总局联系人:魏治国

联系电话:010-63417768

附件:试点方案编制提纲(略)

国家税务总局关于取消一批税务证明事项的决定

手机阅读

2019年3月8日 国家税务总局令第46号

《国家税务总局关于取消一批税务证明事项的决定》,已经2019年3月8日国家税务总局2019年第1次局务会议审议通过,现予公布。

附件:取消的税务证明事项目录

国家税务总局关于取消一批税务证明事项的决定

为贯彻落实党中央、国务院关于减税降费和减证便民决策部署,税务总局决定再取消12项(附件所列1~12项)税务证明事项,自公布之日起施行。所涉及的规章、规范性文件,按程序修改后另行公布。

根据《财政部 税务总局 科技部 教育部关于科技企业孵化器 大学科技园和众创空间税收政策的通知》(财税〔2018〕120号)、《财政部 税务总局 中央宣传部关于继续实施文化体制改革中经营性文化事业单位转制为企业若干税收政策的通知》(财税〔2019〕16号)、《财政部 税务总局 退役军人部关于进一步扶持自主就业退役士兵创业就业有关税收政策的通知》(财税〔2019〕21号)有关规定,另有3项税务证明事项(附件所列13~15项)已自2019年1月1日起停止执行,现一并予以公布。

各级税务机关应当认真落实2018年底公布取消20项和本次公布取消15项税务证明事项的有关要求,不得保留或变相保留,并积极回应企业和人民群众关切,进一步减少涉税资料报送,确保纳税人有实实在在的获得感。

附件:

取消的税务证明事项目录(共计15项)

序号	证明名称	证明用途	取消后的办理方式
1	纳税困难证明	受严重自然灾害影响纳税困难的纳税人办理减免车船税时,需提供纳税人遭受自然灾害影响纳税困难的相关证明材料。	不再提交。税务机关根据实际需要可以采取告知承诺、主动核查、部门间信息共享等替代方式办理。
2	退税商店符合有关条件的证明	符合条件且有意向备案的企业向省税务局办理退税商店备案时,需提供主管税务机关出具的其具有增值税一般纳税人资格、纳税信用等级在B级以上、已经安装并使用增值税发票系统升级版的书面证明。	不再提交。改为部门内部核查。
3	资源税管理证明	开采销售规定范围内应税矿产品的单位和个人,在销售其矿产品时,应当向当地主管税务机关申请开具"资源税管理证明",作为销售矿产品已申报纳税免予扣缴税款的依据。购货方(扣缴义务人)在收购矿产品时,应主动向销售方(纳税人)索要"资源税管理证明",扣缴义务人凭此不代扣资源税。	税务机关不再开具或索要资源税管理证明,并通过以下措施强化监管: (1)进一步加强开采地源泉控管,对已纳入开采地正常税务管理或者在销售矿产品时开具增值税发票的纳税人,实行纳税人自主申报,不采用代扣代缴的征管方式。 (2)对于部分零散税源,确有必要的,可采用委托代征等替代管理方式。 (3)加强与矿产资源管理等部门的信息共享,加强资源税源头控管和风险防控。
4	有权继承或接受遗赠的公证证明	纳税人办理个人无偿受赠不动产免征个人所得税手续时,属于继承或接受遗赠的,需提供经公证的有权继承或接受遗赠的证明资料。	取消公证要求。有关材料报送比照《国家税务总局关于土地价款扣除时间等增值税征管问题的公告》(国家税务总局公告2016年第86号)第六条执行。
5	购车单位或人员身份证明	纳税人办理节约能源、使用新能源的车船减免车船税备案时,需提供购车单位或人员身份证明。	不再提交。

续表

序号	证明名称	证明用途	取消后的办理方式
6	残疾人证明	残疾人个人提供加工、修理修配劳务,以及为社会提供服务,办理免征增值税备案时,需提供残疾人证明。	不再提交。改为纳税人自行留存备查。
7	外交机构、人员身份证明	外国驻华使领馆、国际组织驻华代表机构及其有关人员办理其所有的车船免征车船税备案时,需提供单位及人员身份证明。	不再提交。
8	批准经营融资租赁业务证明	经人民银行等部门批准从事融资租赁业务的试点纳税人中的一般纳税人,办理其提供有形动产融资租赁服务和有形动产融资性售后回租服务,对其增值税实际税负超过3%的部分实行增值税即征即退备案时,需提供人民银行等部门批准经营融资租赁业务证明。	不再提交。改为纳税人自行留存备查。
9	从事电影制片、发行、放映批文	从事电影制片、发行、放映的电影集团公司(含成员企业)、电影制片厂及其他电影企业,办理取得的销售电影拷贝(含数字拷贝)收入、转让电影版权(包括转让和许可使用)收入、电影发行收入以及在农村取得的电影放映收入免征增值税优惠备案时,需提供广播电影电视行政主管部门(包括中央、省、地市及县级)批准其从事电影制片、发行、放映的批文。	不再提交。改为纳税人自行留存备查。
10	捕捞、养殖船证明	纳税人办理捕捞、养殖渔船免征车船税备案时,需提供由渔业船舶管理部门出具的捕捞、养殖船证明。	不再提交。
11	车船产权证	11.1 纳税人办理捕捞、养殖渔船免征车船税备案时,需提供渔船产权证明。	不再提交。
		11.2 纳税人办理军队、武警专用车船免征车船税备案时,需提供车船产权证。	不再提交。
		11.3 纳税人办理警用车船免征车船税备案时,需提供车船产权证。	不再提交。

续表

序号	证明名称	证明用途	取消后的办理方式
12	总分机构证明	纳税人办理增值税、消费税汇总纳税时,需提供批准设立分支机构的文件,以及分支机构或集团子公司所在地市场监管部门出具的总分机构关系证明。	不再提交。改为纳税人自行留存备查批准设立分支机构的文件,无需由市场监管部门另外出具证明。
13	科技企业孵化器、大学科技园证明	纳税人办理科技企业孵化器、国家大学科技园按规定免征房产税、城镇土地使用税、增值税备案时,需提供国务院科技、教育行政主管部门出具的证明材料。	不再提交。通过政府部门间信息共享替代。
14	转制证明	经认定的转制文化企业,办理免征增值税、房产税备案时,需提供转制方案批复函;企业营业执照;核销事业编制、注销事业单位法人的证明;按企业办法参加社会保险制度的有关材料;相关部门对引入非公有资本和境外资本、变更资本结构的批准文件。	不再提交。改为纳税人自行留存备查。
15	退出现役证	自主就业退役士兵从事个体经营,以及企业招用自主就业退役士兵,办理减免增值税、城市维护建设税、教育费附加、个人所得税备案时,需提供退役士兵的《中国人民解放军义务兵退出现役证》或《中国人民解放军士官退出现役证》。	不再提交。改为纳税人自行留存备查。

国家税务总局关于简并税费申报有关事项的公告[①]

手机阅读

2021年4月12日　国家税务总局公告2021年第9号

为贯彻落实中办、国办印发的《关于进一步深化税收征管改革的意见》,深入推进税务领域"放管服"改革,优化营商环境,切实减轻纳税人、缴费人

---

① 根据《国家税务总局关于增值税　消费税与附加税费申报表整合有关事项的公告》(国家税务总局公告2021年第20号),本法附件4至附件9、附件10、附件11被废止。

申报负担，根据《国家税务总局关于开展 2021 年"我为纳税人缴费人办实事暨便民办税春风行动"的意见》（税总发〔2021〕14 号），现将简并税费申报有关事项公告如下：

一、自 2021 年 6 月 1 日起，纳税人申报缴纳城镇土地使用税、房产税、车船税、印花税、耕地占用税、资源税、土地增值税、契税、环境保护税、烟叶税中一个或多个税种时，使用《财产和行为税纳税申报表》（附件 1）。纳税人新增税源或税源变化时，需先填报《财产和行为税税源明细表》（附件 2）。《废止文件及条款清单》（附件 3）所列文件、条款同时废止。

二、自 2021 年 5 月 1 日起，海南、陕西、大连和厦门开展增值税、消费税分别与城市维护建设税、教育费附加、地方教育附加申报表整合试点，启用《增值税及附加税费申报表（一般纳税人适用）》、《增值税及附加税费申报表（小规模纳税人适用）》、《增值税及附加税费预缴表》及其附列资料和《消费税及附加税费申报表》（附件 4－10），《暂停执行文件和条款清单》（附件 11）所列文件、条款同时暂停执行。

特此公告。

附件：1. 财产和行为税纳税申报表（略）
2. 财产和行为税税源明细表（略）
3. 废止文件及条款清单（略）
4.《增值税及附加税费申报表（一般纳税人适用）》及其附列资料（略）
5.《增值税及附加税费申报表（一般纳税人适用）》及其附列资料填写说明（略）
6.《增值税及附加税费申报表（小规模纳税人适用）》及其附列资料（略）
7.《增值税及附加税费申报表（小规模纳税人适用）》及其附列资料填写说明（略）
8.《增值税及附加税费预缴表》及其附列资料（略）
9.《增值税及附加税费预缴表》及其附列资料填写说明（略）
10. 消费税及附加税费申报表（略）
11. 暂停执行文件和条款清单（略）

国家税务总局关于发布《税务行政处罚"首违不罚"事项清单》的公告

手机阅读

2021 年 3 月 31 日　国家税务总局公告 2021 年第 6 号

为贯彻落实中共中央办公厅、国务院办公厅《关于进一步深化税收征管改革的意见》、国务院常务会有关部署，深入开展 2021 年"我为纳税人缴费人办实事暨便民办税春风行动",推进税务领域"放管服"改革,更好服务市场主体,根据《中华人民共和国行政处罚法》、《中华人民共和国税收征收管理法》及其实施细则等法律法规,国家税务总局制定了《税务行政处罚"首违不罚"事项清单》。对于首次发生清单中所列事项且危害后果轻微,在税务机关发现前主动改正或者在税务机关责令限期改正的期限内改正的,不予行政处罚。税务机关应当对当事人加强税法宣传和辅导。

现将《税务行政处罚"首违不罚"事项清单》予以发布,自2021年4月1日起施行。

特此公告。

税务行政处罚"首违不罚"事项清单

对于首次发生下列清单中所列事项且危害后果轻微,在税务机关发现前主动改正或者在税务机关责令限期改正的期限内改正的,不予行政处罚。

序号	事项
1	纳税人未按照税收征收管理法及实施细则等有关规定将其全部银行账号向税务机关报送
2	纳税人未按照税收征收管理法及实施细则等有关规定设置、保管账簿或者保管记账凭证和有关资料
3	纳税人未按照税收征收管理法及实施细则等有关规定的期限办理纳税申报和报送纳税资料
4	纳税人使用税控装置开具发票,未按照税收征收管理法及实施细则、发票管理办法等有关规定的期限向主管税务机关报送开具发票的数据且没有违法所得
5	纳税人未按照税收征收管理法及实施细则、发票管理办法等有关规定取得发票,以其他凭证代替发票使用且没有违法所得
6	纳税人未按照税收征收管理法及实施细则、发票管理办法等有关规定缴销发票且没有违法所得
7	扣缴义务人未按照税收征收管理法及实施细则等有关规定设置、保管代扣代缴、代收代缴税款账簿或者保管代扣代缴、代收代缴税款记账凭证及有关资料
8	扣缴义务人未按照税收征收管理法及实施细则等有关规定的期限报送代扣代缴、代收代缴税款有关资料
9	扣缴义务人未按照《税收票证管理办法》的规定开具税收票证
10	境内机构或个人向非居民发包工程作业或劳务项目,未按照《非居民承包工程作业和提供劳务税收管理暂行办法》的规定向主管税务机关报告有关事项

国家税务总局关于在新办纳税人中实行增值税专用发票电子化有关事项的公告

手机阅读

2020年12月20日 国家税务总局公告2020年第22号

为全面落实《优化营商环境条例》,深化税收领域"放管服"改革,加大推广使用电子发票的力度,国家税务总局决定在前期宁波、石家庄和杭州等3个地区试点的基础上,在全国新设立登记的纳税人(以下简称"新办纳税人")中实行增值税专用发票电子化(以下简称"专票电子化")。现将有关事项公告如下:

一、自2020年12月21日起,在天津、河北、上海、江苏、浙江、安徽、广东、重庆、四川、宁波和深圳等11个地区的新办纳税人中实行专票电子化,受票方范围为全国。其中,宁波、石家庄和杭州等3个地区已试点纳税人开具增值税电子专用发票(以下简称"电子专票")的受票方范围扩至全国。

自2021年1月21日起,在北京、山西、内蒙古、辽宁、吉林、黑龙江、福建、江西、山东、河南、湖北、湖南、广西、海南、贵州、云南、西藏、陕西、甘肃、青海、宁夏、新疆、大连、厦门和青岛等25个地区的新办纳税人中实行专票电子化,受票方范围为全国。

实行专票电子化的新办纳税人具体范围由国家税务总局各省、自治区、直辖市和计划单列市税务局(以下简称"各省税务局")确定。

二、电子专票由各省税务局监制,采用电子签名代替发票专用章,属于增值税专用发票,其法律效力、基本用途、基本使用规定等与增值税纸质专用发票(以下简称"纸质专票")相同。电子专票票样见附件。

三、电子专票的发票代码为12位,编码规则:第1位为0,第2~5位代表省、自治区、直辖市和计划单列市,第6~7位代表年度,第8~10位代表批次,第11~12位为13。发票号码为8位,按年度、分批次编制。

四、自各地专票电子化实行之日起,本地区需要开具增值税纸质普通发票、增值税电子普通发票(以下简称"电子普票")、纸质专票、电子专票、纸质机动车销售统一发票和纸质二手车销售统一发票的新办纳税人,统一领取税务UKey开具发票。税务机关向新办纳税人免费发放税务UKey,并依托增值税电子发票公共服务平台,为纳税人提供免费的电子专票开具服务。

五、税务机关按照电子专票和纸质专票的合计数,为纳税人核定增值税专用发票领用数量。电子专票和纸质专票的增值税专用发票(增值税税控系统)最高开票限额应当相同。

六、纳税人开具增值税专用发票时,既可以开具电子专票,也可以开具纸质专票。受票方索取纸质专票的,开票方应当开具纸质专票。

七、纳税人开具电子专票后，发生销货退回、开票有误、应税服务中止、销售折让等情形，需要开具红字电子专票的，按照以下规定执行：

（一）购买方已将电子专票用于申报抵扣的，由购买方在增值税发票管理系统（以下简称"发票管理系统"）中填开并上传《开具红字增值税专用发票信息表》（以下简称《信息表》），填开《信息表》时不填写相对应的蓝字电子专票信息。

购买方未将电子专票用于申报抵扣的，由销售方在发票管理系统中填开并上传《信息表》，填开《信息表》时应填写相对应的蓝字电子专票信息。

（二）税务机关通过网络接收纳税人上传的《信息表》，系统自动校验通过后，生成带有"红字发票信息表编号"的《信息表》，并将信息同步至纳税人端系统中。

（三）销售方凭税务机关系统校验通过的《信息表》开具红字电子专票，在发票管理系统中以销项负数开具。红字电子专票应与《信息表》一一对应。

（四）购买方已将电子专票用于申报抵扣的，应当暂依《信息表》所列增值税税额从当期进项税额中转出，待取得销售方开具的红字电子专票后，与《信息表》一并作为记账凭证。

八、受票方取得电子专票用于申报抵扣增值税进项税额或申请出口退税、代办退税的，应当登录增值税发票综合服务平台确认发票用途，登录地址由各省税务局确定并公布。

九、单位和个人可以通过全国增值税发票查验平台（https://inv-veri.chinatax.gov.cn）对电子专票信息进行查验；可以通过全国增值税发票查验平台下载增值税电子发票版式文件阅读器，查阅电子专票并验证电子签名有效性。

十、纳税人以电子发票（含电子专票和电子普票）报销入账归档的，按照《财政部 国家档案局关于规范电子会计凭证报销入账归档的通知》（财会〔2020〕6号）的规定执行。

十一、本公告自2020年12月21日起施行。

特此公告。

附件：增值税电子专用发票（票样）（略）

国家税务总局关于深入学习贯彻落实《关于进一步深化税收征管改革的意见》的通知

手机阅读

2021年3月26日　税总发〔2021〕21号

国家税务总局各省、自治区、直辖市和计划单列市税务局，国家税务总局驻各地特派员办事处，局内各单位：

为贯彻落实好中共中央办公厅、国务院办公厅印发的《关于进一步深化税收征管改革的意见》（以下简称《意见》），深入推进税务领域"放管服"改革，打造市场化、法治化、国际化营商环境，更好服务市场主体发展，现将有关要求通知如下。

一、充分认识《意见》的重大意义

党的十八大以来，在以习近平同志为核心的党中央坚强领导下，我国税收制度改革不断深化，税收征管体制持续优化，纳税服务和税务执法的规范性、便捷性、精准性不断提升，但与推进国家治理体系和治理能力现代化的要求相比、与纳税人缴费人的期待相比仍有一定差距。《意见》立足于解决当前税收征管中存在的突出问题和深层次矛盾，围绕把握新发展阶段、贯彻新发展理念、构建新发展格局，对进一步深化税收征管改革作出全面部署，具有多方面重大意义。

（一）这是党中央、国务院关于"十四五"时期税收改革发展的重要制度安排。党中央、国务院高度重视深化税收征管改革。2020年12月30日，习近平总书记主持召开中央全面深化改革委员会第十七次会议，对进一步优化税务执法方式、深化税收征管改革进行研究。党的十九届五中全会对深化税收征管制度改革提出了明确要求。李克强总理在今年的《政府工作报告》中强调，要深化财税金融体制改革，纵深推进"放管服"改革，加快营造市场化、法治化、国际化营商环境，激发各类市场主体活力。《意见》充分体现党的十九届五中全会、全国"两会"和《中华人民共和国国民经济和社会发展第十四个五年规划和2035年远景目标纲要》（以下简称"十四五"规划纲要）精神，坚持问题导向和目标导向，提出了进一步深化税收征管改革的指导思想、工作原则、主要目标和重点任务，集成推出一系列针对性强、含金量高的服务征管举措，不仅将有力推动税收征管改革不断走向深入，而且为"十四五"时期税收工作确立了总体规划和蓝图框架。

（二）这是体现党中央、国务院关心关怀、顺应纳税人缴费人期盼的重大民心工程。今年是建党100周年，中央部署在全党开展党史学习教育和"我为群众办实事"实践活动，强调要落实以人民为中心的发展思想，践行全心全意为人民服务的宗旨。《意见》体现"十四五"规划纲要关于坚持共同富裕方向、不断满足人民对美好生活向往的要求，顺应人民群众期待，坚持为民便民，聚焦解决纳税人缴费人的堵点、难点、痛点问题，推出一系列优质高效智能、利企便民惠民的措施，以更好满足纳税人缴费人合理需求，必将指导税务部门在提升纳税人缴费人办税缴费体验中不断提高社会满意度，进一步增强人民群众获得感。

（三）这是指导税务部门当前及今后一个时期"带好队伍、干好税务"、更好服务国家治理现代化的纲领性文件。党的十八大以来，税务部门深入学习贯彻习近平新时代中国特色社会主义思想以及习近平总书记关于税收工作的重要论述，确立了以"带好队伍、干好税务"为主要内容的新时代税收现代化建设总目标，有力服务了经济社会发展大局。《意见》提出深入推进精确执法、精细服务、精准监管、精诚共治，为税务部门持续深入"干好税务"指明了方向；《意见》就坚持党对税收工作的全面领导、建设高素质税务执法队伍、人才培养、绩效考评等作出系列部署，对税务部门持续深入"带好队伍"提出了明确要求，必将有力促进构建税务部门全面从严治党新格局，引领保障高质量推进新发展阶段税收现代化不断取得新成绩、开创新局面，更好发挥税收在国家治理中的基础性、支柱性、保障性作用，为推动高质量发展、服务国家治理现代化提供有力支撑。

各级税务机关和广大税务干部要充分认识《意见》的重大意义，切实把思想和行动统一到党中央、国务院重大部署上来，结合深入开展党史学习教育、"我为群众办实事"实践活动以及落实"十四五"规划纲要，认真抓好《意见》的学习贯彻，确保落地见效。

二、准确把握《意见》的主要内容

《意见》提出了进一步深化税收征管改革的6个方面24类重点任务，涉及税收工作的各个方面。各级税务机关要准确把握，积极推动《意见》各项部署安排落实落地。

（一）数据赋能更有效。运用现代信息技术建设智慧税务，实现从信息化到数字化再到智慧化是税收征管发展趋势。要深刻领会《意见》聚焦发挥数据生产要素的创新引擎作用，把"以数治税"理念贯穿税收征管全过程的部署安排，稳步实施发票电子化改革，深化税收大数据共享应用，着力建设具有高集成功能、高安全性能、高应用效能的智慧税务，全面推进税收征管数字化升级和智能化改造。

（二）税务执法更精确。坚持严格规范公正文明执法，是全面推进依法治国的基本要求，是维护社会公平正义的重要举措。要深刻理解《意见》健全执法制度机制、把握税务执法时度效的核心要义，运用法治思维，创新行政执法方式，严格规范税务执法行为，强化税务执法内部控制和监督，坚决防止粗放式、选择性、"一刀切"执法，推动从经验式执法向科学精确执法转变。

（三）税费服务更精细。不断满足纳税人缴费人的服务需求，是税务部门践行以人民为中心的发展思想的直接体现，是构建一流税收营商环境的具体行动。要深刻认识《意见》大力推行优质高效智能税费服务的重要意义，切实做到税费优惠政策直达快享，有效减轻办税缴费负担，全面改进办税缴费方式，实现从无差别服务向精细化、智能化、个性化服务转变，持续提升纳税人缴费人获得感。

（四）税务监管更精准。实施科学精准的税务监管，维护经济税收秩序，是税务部门的重要职责。要深刻把握《意见》对管出公平、管出质量的部署要求，建立健全以"信用+风险"为基础的新型监管机制，推动从"以票管税"向"以数治税"分类精准监管转变，既以最严格的标准防范逃避税，又避免影响企业正常生产经营，实现对市场主体干扰最小化，监管效能最大化。

（五）税收共治更精诚。税收工作深度融入国家治理，与政治、经济、社会、文化和民生等各领域息息相关，深化税收征管改革需要各方面的支持、配合和保障。要深刻认识《意见》进一步拓展税收共治格局的重要作用，聚焦重点领域和薄弱环节，突出制度化、机制化、信息化，进一步做实做精部门协作、社会协同、税收司法保障和国际税收合作，凝聚更大合力为税收工作提供强大支撑。

（六）组织保障更有力。加强组织体系建设，是税收治理体系和治理能力现代化的重要组成部分。要深刻理解《意见》进一步激发税务干部活力动力的精神实质，着眼新使命新职责，优化征管职责和力量，加强征管能力建设，改进提升绩效考评，提高干部队伍法治素养和依法履职能力，为进一步深化税收征管改革提供强有力的组织保障。

三、坚决抓好《意见》的贯彻实施

（一）加强组织领导，突出党建引领。各级税务机关要坚持和加强党对贯彻落实《意见》工作的领导，增强"四个意识"，坚定"四个自信"，做到"两个维护"。税务总局成立《意见》落实领导小组及其办公室，各省税务局要加强统一领导，成立本级领导小组及其办公室，扎实推进各项改革任务落地。

（二）细化任务分工，分步有序实施。税务总局制定贯彻落实工作方案，明确阶段工作安排，分步推进《意见》实施；细化路线图时间表责任人，分类推进任务落地。各相关司局要按照任务分工，主动担当作为，积极加强与有关部门的沟通协调和对各地税务机关的工作指导。各省税务局既要按照税务总局统一部署抓好贯彻落实，确保全国"一盘棋"；又要积极向当地党委政府汇报，推动制定本地实施方案，将深化税收征管改革纳入当地"十四五"改革发展规划之中统筹安排，凝聚条块协同推进的合力。

（三）强化统筹集成，持续优化提升。《意见》涉及征管服务理念、业务制度、岗责体系和信息系统的优化调整，必须坚持系统观念，不仅要把正在开展的发票电子化改革、金税四期建设、便民办税春风行动等重点工作作为落实《意见》的重要举措，而且要把今后一段时期"带好队伍、干好税务"的系列改革，都纳入《意见》的贯彻落实中统筹谋划、集成贯通、一体推进，务求取得系统性、开创性成效。

（四）做好宣传解读，严格督查考评。各级税务机关要认真组织集中学习和培训，引导税务干部统一思想认识，自觉融入改革大局。要突出让纳税人缴费人更有获得感，加强贯彻落实《意见》的宣传工作，深入解读《意见》促进税务执法监管公平公正公开、办税缴费服务便民利民惠民的举措，积极宣传改革经验做法和成效。要积极回应社会关切，引导社会各界理解和支持税收工作。要注重工作实效，力戒形式主义、官僚主义。要将《意见》贯彻实施工作纳入督查督办和绩效考评，定期开展评估总结、跟踪问效。要健全激励和问责机制，对工作不力、进度迟缓的要依规严肃问责。

国家税务总局关于做好《机动车发票使用办法》实施工作的通知

2021年3月15日 税总函〔2021〕42号

国家税务总局各省、自治区、直辖市和计划单列市税务局,国家税务总局驻各地特派员办事处:

为确保《机动车发票使用办法》(国家税务总局 工业和信息化部 公安部公告2020年第23号)(以下简称《办法》)平稳实施,现将相关工作通知如下:

一、提高思想认识

《办法》是贯彻落实中央深改委第十七次会议审议通过的关于进一步深化税收征管改革、优化税务执法方式有关意见的重要举措,是贯彻落实党中央、国务院关于深化"放管服"改革、优化营商环境的决策部署、保护企业合法权益的有力保障,是进一步加强机动车发票管理,堵塞虚开、低开发票税收漏洞的有效措施。各级税务机关要提高思想认识,完善工作机制,细化落实措施,全力以赴做好各项实施准备工作。

二、开展宣传辅导

(一)多渠道开展政策宣传

各地税务机关应充分利用门户网站、办税服务厅、12366热线、微信公众号、新闻媒体等多种渠道,广泛开展政策宣传,切实做好相关政策操作变化要点的宣传辅导。

(二)多层次开展政策培训

1. 做好税务系统内部培训。各级税务机关要组织有关人员认真学习《办法》内容,熟悉《办法》实施后机动车发票全链条管理的理念与方法,掌握机动车发票使用和管理的基本要求。

2. 做好机动车发票政策宣讲。采取多种形式开展政策宣讲辅导工作,重点宣讲机动车发票信息和车辆电子信息关联匹配的规定,机动车企业购进机动车直接对外销售开具发票的规定,以及开具机动车发票应遵循的规则。

三、做细准备工作

(一)归类维护。机动车企业包括国内机动车生产企业及进口机动车生产企业驻我国办事机构或总授权代理机构、机动车授权经销企业和其他机动车贸易商(含从事机动车进口的其他贸易商和其他机动车贸易商)。主管税务机关应根据本地区机动车企业(生产企业和进口企业除外)实际经营等情况完成机动车企业的分类工作;各省、自治区、直辖市和计划单列市税务局须于2021年4月10日前将本地区上述机动车企业分类名单统计表上报至总局(货物和劳务税司），总局对机动车企业所使用的增值税发票管理系统开票软件（以下简称开票软件）进行定向升级；在核心征管系统"机动车企业归类管理"模块升级后，主管税务机关应及时在"机动车企业归类管理"模块中完成机动车企业归类工作。对新增的或者经营情况发生变化的机动车企业，主管税务机关应及时对机动车企业类型进行调整并重新归类。

机动车企业类别的优先级次为：（1）国内机动车生产企业；（2）进口机动车生产企业驻我国办事机构或总授权代理机构；（3）从事机动车进口的其他贸易商；（4）机动车授权经销企业；（5）其他机动车贸易商。同一纳税人在同一时间段内只能归为其中一类，不可同时归为两类及以上。对于同时存在两类及以上经营业务的企业，按照上述优先级次归为其中一类。

（二）系统准备。各级税务机关应及时开展增值税发票管理系统税务端的升级和调试；主管税务机关应辅导机动车企业在2021年4月30日前完成开票软件的升级工作，督促服务单位根据各地机动车企业分类名单定向部署开票软件升级并做好相关配合工作。《办法》试行后，各地税务机关应密切关注系统运行情况，监控数据传输的时效性和系统运行的稳定性，及时向总局反馈发现的问题。

（三）发票票种核定。对已完成归类工作的机动车企业，主管税务机关应区分机动车企业的不同业务类型核定票种。具有向消费者销售机动车业务的，税务机关应核定机动车销售统一发票；具有其他销售机动车业务的，应核定增值税专用发票。税务机关应根据"一车一票"的原则核定企业机动车销售统一发票的最高开票限额。

（四）发票保障。自2021年5月1日起启用新版机动车销售统一发票，机动车企业在2021年12月31日前仍可继续开具旧版机动车销售统一发票。各地税务机关应于2022年2月28日前完成旧版机动车销售统一发票的验旧缴销。为了保证新旧版发票使用平稳衔接，各级税务机关应按现行规定做好新版发票的印制和供应，并于2022年4月底前完成旧版发票的销毁。

四、过渡期安排

《办法》自2021年5月1日起试行，2021年7月1日起正式施行。试行期间，如果出现部分机动车整车出厂合格证（以下简称合格证）电子信息被他人误用的情况，主管税务机关可以在核实合格证原件及购进机动车相关发票后，通过增值税发票管理系统税务端手工维护机动车进销台账信息（以下简称手工维护功能），并在完成维护后5个工作日内报省税务局备案。对于因上游机动车企业未及时开具增值税专用发票导致合格证电子信息无法传递至下游机动车企业的情况，不得提前手工修改合格证电子信息归属关系。

主管税务机关在《办法》试行期间，要建立手工维护功能管理制度，实行手工维护功能台账登记、报批程序、资料存档等机制。各省税务局在《办法》试行期结束后，适时组织力量检查分析本地区手工维护功能实施情况，发现违规违纪问题要严肃处理。

五、加强内外协作

各级税务机关要主动强化与同级公安机关交通管理部门联系协作机制，保证机动车销售统一发票信息传输畅通，及时反馈传输问题，保障工作顺利开展；建立与相关系统开发单位、运维单位的快速反应机制，做好系统完善工作，及时处理技术信息等问题。

各级税务机关应加强舆情监测，及时协调处置出现的负面舆情并在第一时间上报；建立健全问题应急响应工作机制，妥善处理各类问题，重大问题及时层报税务总局（货物和劳务税司）。

附件：机动车企业分类名单统计表（略）

社会保险费

人力资源社会保障部 财政部 税务总局关于延长阶段性减免企业社会保险费政策实施期限等问题的通知

2020年6月22日 人社部发〔2020〕49号

各省、自治区、直辖市人民政府，新疆生产建设兵团：

按照党中央、国务院决策部署，人力资源社会保障部、财政部、税务总局印发《关于阶段性减免企业社会保险费的通知》（人社部发〔2020〕11号），自2020年2月起阶段性减免企业基本养老保险、失业保险、工伤保险（以下称三项社会保险）单位缴费部分，减轻了企业负担，有力支持了企业复工复产。为进一步帮助企业特别是中小微企业应对风险、渡过难关，减轻企业和低收入参保人员今年的缴费负担，经国务院同意，现就延长阶段性减免企业三项社会保险费政策实施期限等问题通知如下：

一、各省、自治区、直辖市及新疆生产建设兵团（以下统称省）对中小微企业三项社会保险单位缴费部分免征的政策，延长执行到2020年12月底。各省（除湖北省外）对大型企业等其他参保单位（不含机关事业单位，下同）三项社会保险单位缴费部分减半征收的政策，延长执行到2020年6月底。湖北省对大型企业等其他参保单位三项社会保险单位缴费部分免征的政策，继续执行到2020年6月底。

二、受疫情影响生产经营出现严重困难的企业，可继续缓缴社会保险费至2020年12月底，缓缴期间免收滞纳金。

三、各省2020年社会保险个人缴费基数下限可继续执行2019年个人缴费基数下限标准，个人缴费基数上限按规定正常调整。

四、有雇工的个体工商户以单位方式参加三项社会保险的，继续参照企业办法享受单位缴费减免和缓缴政策。

五、以个人身份参加企业职工基本养老保险的个体工商户和各类灵活就业人员，2020年缴纳基本养老保险费确有困难的，可自愿暂缓缴费。2021年可继续缴费，缴费年限累计计算；对2020年未缴费月度，可于2021年底前进行补缴，缴费基数在2021年当地个人缴费基数上下限范围内自主选择。

六、各省要严格按照规定的减免范围、减免时限和划型标准执行，确保各项措施准确落实到位，不得突破本通知的政策要求，不得自行出台其他减收增支政策。要统筹考虑今年减免政策等因素，按程序调整 2020 年社保基金收支预算。

七、各省级政府要切实承担主体责任，加快推进三项社会保险省级统筹工作，确保 2020 年底前实现企业职工基本养老保险基金省级收统支。要加强资金调度，做好资金保障工作，确保各项社会保险待遇按时足额支付。

各省要结合实际制定具体实施办法，自本通知印发之日起 10 日内出台，并报人力资源社会保障部、财政部、税务总局备案。要抓紧组织实施，进一步将减免企业三项社会保险费等各项政策落细落实。人力资源社会保障部、财政部、税务总局将适时对政策落实情况进行监督检查。

人力资源社会保障部　财政部　税务总局关于阶段性减免企业社会保险费的通知

手机阅读

2020 年 2 月 20 日　人社部发〔2020〕11 号

各省、自治区、直辖市人民政府，新疆生产建设兵团：

为贯彻落实习近平总书记关于新冠肺炎疫情防控工作的重要指示精神，纾解企业困难，推动企业有序复工复产，支持稳定和扩大就业，根据社会保险法有关规定，经国务院同意，现就阶段性减免企业基本养老保险、失业保险、工伤保险（以下简称三项社会保险）单位缴费部分有关问题通知如下：

一、自 2020 年 2 月起，各省、自治区、直辖市（除湖北省外）及新疆生产建设兵团（以下统称省）可根据受疫情影响情况和基金承受能力，免征中小微企业三项社会保险单位缴费部分，免征期限不超过 5 个月；对大型企业等其他参保单位（不含机关事业单位）三项社会保险单位缴费部分可减半征收，减征期限不超过 3 个月。

二、自 2020 年 2 月起，湖北省可免征各类参保单位（不含机关事业单位）三项社会保险单位缴费部分，免征期限不超过 5 个月。

三、受疫情影响生产经营出现严重困难的企业，可申请缓缴社会保险费，缓缴期限原则上不超过 6 个月，缓缴期间免收滞纳金。

四、各省根据工业和信息化部、统计局、发展改革委、财政部《关于印发中小企业划型标准规定的通知》（工信部联企业〔2011〕300 号）等有关规定，结合本省实际确定减免企业对象，并加强部门间信息共享，不增加企业事务性负担。

五、要确保参保人员社会保险权益不受影响，企业要依法履行好代扣代缴职工个人缴费的义务，社保经办机构要做好个人权益记录工作。

六、各省级政府要切实承担主体责任，确保各项社会保险待遇按时足额支付。加快推进养老保险省级统筹，确保年底前实现基金省级收统支。2020 年企业职工基本养老保险基金中央调剂比例提高到 4%，加大对困难地区的支持力度。

七、各省要结合当地实际，按照本通知规定的减免范围和减免时限执行，规范和加强基金管理，不得自行出台其他减收增支政策。各省可根据减免情况，合理调整 2020 年基金收入预算。

各省要提高认识，切实加强组织领导，统筹做好疫情防控和经济社会发展工作，抓紧制定具体实施办法，尽快兑现减免政策。各省印发的具体实施办法于 3 月 5 日前报人力资源社会保障部、财政部、税务总局备案。各级人力资源社会保障、财政、税务部门要会同相关部门，切实履行职责，加强沟通配合，全力做好疫情防控期间企业社会保险工作，确保企业社会保险费减免等各项政策措施落实到位。

国家医保局　财政部　税务总局关于阶段性减征职工基本医疗保险费的指导意见

手机阅读

2020 年 2 月 21 日　医保发〔2020〕6 号

各省、自治区、直辖市人民政府，新疆生产建设兵团：

为贯彻落实习近平总书记关于新冠肺炎疫情防控工作的重要指示精神，切实减轻企业负担，支持企业复工复产，根据社会保险法有关规定，经国务院同意，现就阶段性减征职工基本医疗保险（以下简称职工医保）单位缴费有关工作提出如下指导意见：

一、自 2020 年 2 月起，各省、自治区、直辖市及新疆生产建设兵团（以下统称省）可指导统筹地区根据基金运行情况和实际工作需要，在确保基金收支中长期平衡的前提下，对职工医保单位缴费部分实行减半征收，减征期限不超过 5 个月。

二、原则上，统筹基金累计结存可支付月数大于 6 个月的统筹地区，可实施减征；可支付月数小于 6 个月但确有必要减征的统筹地区，由各省指导统筹考虑安排。缓缴政策可继续执行，缓缴期限原则上不超过 6 个月，缓缴期间免收滞纳金。

三、各省要指导统筹地区持续完善经办管理服务，确保待遇支付，实施减征和缓缴不能影响参保人享受当期待遇。参保单位应依法履行代扣代缴个人缴费的义务，医保经办机构要做好个人权益记录，确保个人权益不受影响。优化办事流程，不增加参保单位事务性负担。

四、各省要指导统筹地区切实加强基金管理，做好统计监测，跟踪分析基金运行情况，采取切实管用的措施，管控制度运行风险，确保基金收支中长期平衡。减征产生的统筹基金收支缺口由统筹地区自行解决。各省可根据减征情况，合理调整 2020 年基金预算。

五、已经实施阶段性降低单位费率等援企政策的省可继续执行，也可按照本指导意见精神指导统筹地区调整政策。已实施阶段性降低职工医保单位费率的统筹地区，不得同时执行减半征收措施。

各省要提高思想认识，加强组织领导，分类指导统筹地区做好相关工作。决定实施减征政策的省，印发的具体实施方案于3月5日前报医保局、财政部、税务总局备案。各级医疗保障、财政、税务等部门要加强协同，切实履职，全力做好疫情防控期间的医疗保障各项工作，确保政策落实到位，重要情况及时报告。

国家税务总局关于贯彻落实阶段性减免企业社会保险费政策的通知

手机阅读

2020年2月25日　税总函〔2020〕33号

国家税务总局各省、自治区、直辖市和计划单列市税务局，国家税务总局驻各地特派员办事处：

为深入贯彻落实党的十九大和十九届二中、三中、四中全会精神，统筹做好新冠肺炎疫情防控和经济社会发展工作，经国务院同意，人力资源社会保障部、财政部、税务总局印发了《关于阶段性减免企业社会保险费的通知》（人社部发〔2020〕11号，以下简称《通知》），国家医保局、财政部、税务总局印发了《关于阶段性减征职工基本医疗保险费的指导意见》（医保发〔2020〕6号，以下简称《意见》）。为确保阶段性减免企业社会保险费、减征职工基本医疗保险费政策（以下简称阶段性减免企业社保费政策）有效落地，现就有关事项通知如下：

一、推动尽快制定本地具体实施办法

各省、自治区、直辖市和计划单列市税务局（以下统称"省税务局"）要按照《通知》和《意见》要求，积极推动本省抓紧制定落实阶段性减免企业社保费政策的具体实施办法，按时向国家有关部门报备。要会同有关部门根据本地实际情况，研究制定落实阶段性减免企业社保费政策的具体操作办法，确保政策措施早落地、好操作。

二、扎实做好政策宣传和辅导培训工作

税务总局、省税务局分别在门户网站开设"阶段性减免企业社保费"专栏，集中发布相关政策、解读和操作问答。各省税务局要充分利用12366服务热线以及微信、短信等方式及时解读政策、讲解操作、回答问题，确保缴费人对阶段性减免企业社保费政策应知尽知。要利用视频会议、网络办公以及在线授课等方式，加强对税务干部的业务培训，确保一线税务干部尤其是12366服务热线的坐席人员、缴费窗口的操作人员能够熟练掌握政策，优质高效为缴费人提供服务。

三、加快办理 2 月份已征费款退（抵）工作

各省税务局要对 2020 年 2 月份已经征收的社保费进行分类，确定应退（抵）的企业和金额。要按照人力资源社会保障部、财政部、税务总局、国家医保局共同明确的处理原则，优化流程，提高效率，及时为应该退费的参保单位依职权办理退费，切实缓解企业特别是中小微企业经营困难。对采取以 2 月份已缴费款冲抵以后月份应缴费款的参保单位，要明确冲抵流程和操作办法，有序办理费款冲抵业务。

四、依规从快办理缓缴费款业务

各级税务机关要会同有关部门落实好缓缴社保费政策，结合本地实际，进一步优化业务流程，从快办理缓缴相关业务。要严格落实缓缴期限原则上不超过 6 个月、缓缴期间免收滞纳金等政策要求，确保缴费人应享尽享。

五、抓紧完善信息系统和信息平台功能

税务总局将在近期完成社保费征管信息系统（标准版）的优化升级工作。各省税务局要根据本省实施方案以及各类企业划型名单，明确业务办理规则，标识企业类型，尽快完成本地征管系统和信息平台相关功能的完善、联调测试以及部署上线工作。要及时做好各地网上缴费系统、缴费客户端等相关系统功能升级工作，确保缴费人顺畅办理减免等业务，精准享受阶段性减免企业社保费政策。要进一步加强与相关部门的信息共享，明确信息共享项目，及时将征收明细信息传递给同级人力资源社会保障、医疗保障部门，确保参保人员社会保险权益不受影响。

六、扎实细致做好减免费核算和收入分析工作

各省税务局要根据阶段性减免企业社保费政策的特点，按照统一部署，按月、分户做好减免费核算工作，及时反映政策成效。要根据政策影响情况，适时推动调整社保基金收入预算，为政策落实打好基础。要加强月度收入与免、减、缓政策联动分析，全面准确掌握社保费收入状况。

七、切实加强领导压实工作责任

各级税务机关要切实加强对落实阶段性减免企业社保费政策工作的组织领导，成立由分管局领导牵头、相关部门共同参加的工作专班，统筹抓好政策落实。要将阶段性减免企业社保费政策落实情况和退（抵）费办理情况纳入绩效考评，加大督查督办力度，严肃工作纪律，层层压实责任，确保各项工作落实落细。各省阶段性减免企业社保费政策落实情况、取得成效及工作中遇到的重要问题或重大事项，要及时向税务总局（社会保险费司）报告。

行业监管

国家税务总局关于修订《涉税专业服务机构信用积分指标体系及积分规则》的公告

手机阅读

2020年10月30日 国家税务总局公告2020年第17号

为深入贯彻落实国务院"放管服"改革要求,优化税收营商环境,促进涉税专业服务行业规范健康发展,国家税务总局修订了《涉税专业服务机构信用积分指标体系及积分规则》,现予以发布,自2021年1月1日起施行。《涉税专业服务信用评价管理办法(试行)》(国家税务总局公告2017年第48号发布,2019年第43号修改)的附件《涉税专业服务机构信用积分指标体系及积分规则》同时废止。

特此公告。

附件:涉税专业服务机构信用积分指标体系及积分规则(略)

国家税务总局关于进一步完善涉税专业服务监管制度有关事项的公告

手机阅读

2019年12月27日 国家税务总局公告2019年第43号

为深入贯彻落实国务院"放管服"改革要求,优化税收营商环境,现就进一步完善涉税专业服务监管制度有关事项公告如下:

一、简化涉税专业服务信息采集

(一)减少涉税专业服务信息采集项目。不再要求涉税专业服务机构报送"协议金额""服务协议摘要""涉及委托人税款金额""业务报告摘要"信息。

(二)延长专项业务报告信息采集时限。将税务师事务所、会计师事务所、律师事务所报送专项业务报告信息的时限,由完成业务的次月底前,调整为次年3月31日前。

（三）放宽从事涉税服务人员信息报送要求。涉税专业服务机构可以根据自身业务特点，确定本机构报送"从事涉税服务人员基本信息"的具体人员范围。

（四）优化业务分类填报口径。涉税专业服务机构难以区分"一般税务咨询""专业税务顾问"和"税收策划"三类涉税业务的，可按"一般税务咨询"填报；对于实际提供纳税申报服务而不签署纳税申报表的，可按"一般税务咨询"填报。

（五）增加总分机构涉税专业服务信息报送选择。涉税专业服务机构跨地区设立不具有法人资格分支机构（包括分所和分公司）的，可选择由总机构向所在地主管税务机关汇总报送分支机构涉税专业服务信息，也可选择由分支机构自行向所在地主管税务机关报送涉税专业服务信息。

二、完善涉税专业服务信用复核机制

（一）涉税专业服务机构和从事涉税服务人员，对信用积分、信用等级和执业负面记录有异议的，可在信用记录产生或结果确定后12个月内，向税务机关申请复核。

税务机关应当按照包容审慎原则，于30个工作日内完成复核工作，作出复核结论，并提供查询服务。

（二）涉税专业服务机构和从事涉税服务人员对税务机关拟将其列入涉税服务失信名录有异议的，应当自收到《税务事项通知书》之日起10个工作日内提出申辩理由，向税务机关申请复核。

税务机关应当按照包容审慎原则，于10个工作日内完成复核工作，作出复核结论，并提供查询服务。

（三）税务机关应当为涉税专业服务机构和从事涉税服务人员申请复核提供电子税务局等便利化途径。

三、规范涉税专业服务约谈

涉税专业服务机构及其从事涉税服务人员存在《涉税专业服务监管办法（试行）》（国家税务总局公告2017年第13号发布，2019年第43号修改）第十四条所列情形，税务机关需要采取约谈方式的，应当事先向当事人送达《税务事项通知书》，通知当事人约谈的时间、地点和事由。当事人到达约谈场所后，应当由两名以上税务人员同时在场进行约谈。约谈人员应当对约谈过程做好记录，可视情况进行音像记录。

四、有关要求

涉税专业服务机构和从事涉税服务人员应当严格遵守税收法律法规及《涉税专业服务监管办法（试行）》的规定，不得借税收改革巧立名目乱收费，不得利用所掌握的涉税信息谋取不当经济利益，不得在办税服务厅招揽业务影响办税秩序，不得以税务机关的名义招揽生意，损害纳税人合法权益。

税务机关应当严格落实涉税专业服务监管责任，及时调查处理关于涉税专业服务的投诉举报。对扰乱个人所得税汇算等税收改革秩序经核实的，采取降低信用等级或纳入信用记录，暂停受理所代理的涉税业务等措施，进行严肃处理。

五、实施时间

本公告第一条第（一）项至第（四）项、第四条自2020年1月1日起施行，相应修改《涉税专业服务监管办法（试行）》（国家税务总局公告2017年第13号发布)第九条第三款,《国家税务总局关于采集涉税专业服务基本信息和业务信息有关事项的公告》(国家税务总局公告 2017 年第 49 号)第二条第二款及附件 2《涉税专业服务协议要素信息采集表》的填表说明、附件 3《年度涉税专业服务总体情况表》的填表说明和附件 4《专项业务报告要素信息采集表》的填表说明,以及《涉税专业服务信用评价管理办法(试行)》(国家税务总局公告 2017 年第 48 号发布)附件《涉税专业服务机构信用积分指标体系及积分规则》中 070301、070302 指标的积分/扣分标准和积分/扣分规则说明。本公告第一条第(五)项、第二条、第三条自 2020 年 4 月 1 日起施行。《涉税专业服务信用评价管理办法(试行)》(国家税务总局公告 2017 年第 48 号发布)第十五条第一款、第二款同时废止。

修改后的上述规范性文件根据本公告重新发布(附件 1、2、3)。

特此公告。

附件:1. 涉税专业服务监管办法(试行)(略)
   2. 国家税务总局关于采集涉税专业服务基本信息和业务信息有关事项的公告(略)
   3. 涉税专业服务信用评价管理办法(试行)(略)

国家税务总局关于发布《从事涉税服务人员个人信用积分指标体系及积分记录规则》的公告

手机阅读

2018 年 10 月 25 日 国家税务总局公告 2018 年第 50 号

根据《涉税专业服务监管办法(试行)》(国家税务总局公告 2017 年第 13 号发布)和《涉税专业服务信用评价管理办法(试行)》(国家税务总局公告 2017 年第 48 号发布),国家税务总局制定了《从事涉税服务人员个人信用积分指标体系及积分记录规则》,现予发布。

本公告所称从事涉税服务人员,是指在涉税专业服务机构内从事涉税服务,并纳入税务机关实名制管理的个人。

本公告自 2019 年 1 月 1 日起施行。国家税务总局将根据实施情况,适时调整《从事涉税服务人员个人信用积分指标体系及积分记录规则》并予公布。

特此公告。

附件:从事涉税服务人员个人信用积分指标体系及积分记录规则(略)

国家税务总局关于税务师事务所行政登记有关问题的公告

手机阅读

2018年1月12日　国家税务总局公告2018年第4号

为贯彻党的十九大关于深化商事制度改革、放宽服务业准入限制的要求,深化税务系统"放管服"改革,维护国家税收利益,保护纳税人合法权益,促进税务师事务所转型升级,依据《税务师事务所行政登记规程(试行)》(国家税务总局公告2017年第31号发布)第十四条规定,现就税务师事务所行政登记有关问题公告如下:

一、符合以下条件的税务师事务所,可以担任税务师事务所的合伙人或者股东:

(一)执行事务合伙人或者法定代表人由税务师担任;

(二)前3年内未因涉税专业服务行为受到税务行政处罚;

(三)法律行政法规和国家税务总局规定的其他条件。

二、符合以下条件的从事涉税专业服务的科技、咨询公司,可以担任税务师事务所的合伙人或者股东:

(一)由税务师或者税务师事务所的合伙人(股东)发起设立,法定代表人由税务师担任;

(二)前3年内未因涉税专业服务行为受到税务行政处罚;

(三)法律行政法规和国家税务总局规定的其他条件。

三、本公告自2018年3月1日起施行。

特此公告。

国家税务总局关于采集涉税专业服务基本信息和业务信息有关事项的公告

手机阅读

(2017年12月26日国家税务总局公告2017年第49号发布,根据2019年12月27日《国家税务总局关于进一步完善涉税专业服务监管制度有关事项的公告》修正)

为深入贯彻党的十九大关于加快完善社会主义市场经济体制、深化商事制度改革、放宽服务业准入限制等要求和国务院关于优化营商环境、推进"放管服"改革的系列部署,进一步规范涉税专业服务行为,维护国家税收利益和纳税人合法权益，根据《中华人民共和国税收征收管理法》及其实施细则、《涉税专业服务监管办法（试行）》（国家税务总局公告2017年第13号发布，2019年第43号修改）和《国家税务总局关于进一步深化税务系统"放管服"改革优化税收环境的若干意见》（税总发〔2017〕101号）有关规定，现就采集涉税专业服务基本信息和业务信息有关事项公告如下：

一、涉税专业服务基本信息采集

涉税专业服务机构应当于首次提供涉税专业服务前，向主管税务机关报送《涉税专业服务机构（人员）基本信息采集表》（附件1）。基本信息发生变更的，应当自变更之日起30日内向主管税务机关报送该表。涉税专业服务机构暂时停止提供涉税专业服务的，应当于完成或终止全部涉税专业服务协议后向主管税务机关报送该表；恢复提供涉税专业服务的，应当于恢复后首次提供涉税专业服务前向主管税务机关报送该表。

涉税专业服务机构应当于首次为委托人提供业务委托协议约定的涉税服务前，向主管税务机关报送《涉税专业服务协议要素信息采集表》（附件2）。业务委托协议发生变更或者终止的，应当自变更或者终止之日起30日内向主管税务机关报送该表。《涉税专业服务协议要素信息采集表》仅采集要素信息，业务委托协议的原件由涉税专业服务机构和委托人双方留存备查。

二、涉税专业服务业务信息采集

涉税专业服务机构应当于每年3月31日前，向主管税务机关报送《年度涉税专业服务总体情况表》（附件3）。

税务师事务所、会计师事务所、律师事务所应当于完成专业税务顾问、税收策划、涉税鉴证、纳税情况审查业务的次年3月31日前，向主管税务机关报送《专项业务报告要素信息采集表》（附件4）。《专项业务报告要素信息采集表》仅采集专项业务报告要素信息，专项业务报告的原件由涉税专业服务机构和委托人双方留存备查，除税收法律、法规及国家税务总局规定报送的外，无须向税务机关报送。

三、采集途径

涉税专业服务机构原则上应当通过网上办税系统报送涉税专业服务基本信息，因客观原因无法通过网上办税系统报送的，可在非征期内通过实体办税服务厅办理。

涉税专业服务机构应当通过网上办税系统报送涉税专业服务业务信息。

四、其他事宜

涉税专业服务机构未按要求报送基本信息、业务信息的，由主管税务机关按照《涉税专业服务监管办法（试行）》第十四条规定处理。

涉税专业服务机构及其从事涉税服务人员受到税务机关处理，被暂停受理其所代理的涉税业务时，涉税专业服务机构应当及时告知其委托人。

本公告自2018年1月1日起施行。本公告施行前已经提供涉税专业服务的机构，应当于本公告施行之日起90日内办理涉税专业服务基本信息采集和业务信息采集。

特此公告。

附件：1. 涉税专业服务机构（人员）基本信息采集表（略）
2. 涉税专业服务协议要素信息采集表（略）
3. 年度涉税专业服务总体情况表（略）
4. 专项业务报告要素信息采集表（略）

涉税专业服务信用评价管理办法（试行）[①]

手机阅读

(2017年12月26日国家税务总局公告2017年第48号发布，根据2019年12月27日《国家税务总局关于进一步完善涉税专业服务监管制度有关事项的公告》修正)

第一章 总　则

第一条　为加强涉税专业服务信用管理，促进涉税专业服务机构及其从事涉税服务人员依法诚信执业，提高税法遵从度，依据《涉税专业服务监管办法（试行）》（国家税务总局公告2017年第13号发布，2019年第43号修改），制定本办法。

第二条　涉税专业服务信用管理，是指税务机关对涉税专业服务机构从事涉税专业服务情况进行信用评价，对从事涉税服务人员的执业行为进行信用记录。

涉税专业服务机构信用评价实行信用积分和信用等级相结合方式。从事涉税服务人员信用记录实行信用积分和执业负面记录相结合方式。

第三条　国家税务总局主管全国涉税专业服务信用管理工作。省以下税务机关负责所辖地区涉税专业服务信用管理工作的组织和实施。

第四条　税务机关根据社会信用体系建设需要，建立与财政、司法等行业主管部门和注册会计师协会、律师协会、代理记账协会等行业协会的工作联系制度和信息交换制度，完善涉税专业服务的信用评价机制，推送相关信用信息，推进部门信息共享、部门联合守信激励和失信惩戒。

[①]　根据《国家税务总局关于公布全文失效废止和部分条款失效废止的税收规范性文件目录的公告》（国家税务总局公告2018年第33号），本法第三条第二款被废止。

根据《国家税务总局关于进一步完善涉税专业服务监管制度有关事项的公告》（国家税务总局公告2019年第43号），本法附件《涉税专业服务机构信用积分指标体系及积分规则》被修订；第十五条第一款、第二款被废止。

根据《国家税务总局关于修订〈涉税专业服务机构信用积分指标体系及积分规则〉的公告》（国家税务总局公告2020年第17号），本篇法规的附件《涉税专业服务机构信用积分指标体系及积分规则》被废止。

第二章 信用积分

第五条 税务机关依托涉税专业服务管理信息库采集信用指标信息,由全国涉税专业服务信用信息平台按照《涉税专业服务机构信用积分指标体系及积分规则》(见附件)和《从事涉税服务人员个人信用积分指标体系及积分记录规则》对采集的信用信息进行计算处理,自动生成涉税专业服务机构信用积分和从事涉税服务人员信用积分。

全国涉税专业服务信用信息平台由国家税务总局建设和部署。

《从事涉税服务人员个人信用积分指标体系及积分记录规则》另行发布。

第六条 涉税专业服务信用信息分为涉税专业服务机构信用信息和从事涉税服务人员信用信息。

涉税专业服务机构信用信息包括:纳税信用、委托人纳税信用、纳税人评价、税务机关评价、实名办税、业务规模、服务质量、业务信息质量、行业自律、人员信用等。

从事涉税服务人员信用信息包括:基本信息、执业记录、不良记录、纳税记录等。

第七条 涉税专业服务管理信息库依托金税三期应用系统,从以下渠道采集信用信息:

(一)涉税专业服务机构和从事涉税服务人员报送的信息;

(二)税务机关税收征管过程中产生的信息和涉税专业服务监管过程中产生的信息;

(三)其他行业主管部门和行业协会公开的信息。

涉税专业服务机构跨区域从事涉税专业服务的相关信用信息,归集到机构所在地。

第八条 涉税专业服务机构信用积分为评价周期内的累计积分,按月公告,下一个评价周期重新积分。评价周期为每年1月1日至12月31日。

第一个评价周期信用积分的基础分为涉税专业服务机构当前纳税信用得分,以后每个评价周期的基础分为该机构上一评价周期信用积分的百分制得分。涉税专业服务机构未参加纳税信用级别评价的,第一个评价周期信用积分的基础分按照70分计算。

第三章 信用等级

第九条 省、自治区、直辖市和计划单列市税务机关(以下简称"省税务机关")根据信用积分和信用等级标准对管辖的涉税专业服务机构进行信用等级评价。在一个评价周期内新设立的涉税专业服务机构,不纳入信用等级评价范围。每年4月30日前完成上一个评价周期信用等级评价工作。信用等级评价结果自产生之日起,有效期为一年。

第十条 涉税专业服务机构信用(英文名称为 Tax Service Credit,缩写为TSC)按照从高到低顺序分为五级,分别是TSC5级、TSC4级、TSC3级、TSC2级和TSC1级。涉税专业服务机构信用积分满分为500分,涉税专业服务机构信用等级标准如下:

（一）TSC5 级为信用积分 400 分以上的；
（二）TSC4 级为信用积分 300 分以上不满 400 分的；
（三）TSC3 级为信用积分 200 分以上不满 300 分的；
（四）TSC2 级为信用积分 100 分以上不满 200 分的；
（五）TSC1 级为信用积分不满 100 分的。

第十一条 税务机关对涉税专业服务机构违反《涉税专业服务监管办法（试行）》第十四条、第十五条规定进行处理的，根据处理结果和《涉税专业服务机构信用积分指标体系及积分规则》，进行积分扣减和降低信用等级。

对从事涉税服务人员违反《涉税专业服务监管办法（试行）》第十四条、第十五条规定进行处理的，根据处理结果和《从事涉税服务人员个人信用积分指标体系及积分记录规则》，进行积分扣减和执业负面记录。

第十二条 税务机关对涉税专业服务机构和从事涉税服务人员违反《涉税专业服务监管办法（试行）》第十四条、第十五条规定的情形进行分类处理。属于严重违法违规情形的，纳入涉税服务失信名录，期限为 2 年，到期自动解除。

税务机关在将涉税专业服务机构和从事涉税服务人员列入涉税服务失信名录前，应当依法对其行为是否确属严重违法违规的情形进行核实，确认无误后向当事人送达告知书，告知当事人将其列入涉税服务失信名录的事实、理由和依据。当事人无异议的，列入涉税服务失信名录；当事人有异议且提出申辩理由、证据的，税务机关应当进行复核后予以确定。

第四章 信用信息公告查询

第十三条 税务机关应当在门户网站、电子税务局和办税服务场所公告下列信息：

（一）涉税专业服务机构信用积分；
（二）涉税服务失信名录。

第十四条 税务机关应当通过门户网站、电子税务局等渠道提供涉税专业服务信用信息查询服务。

纳税人可以查询涉税专业服务机构的涉税专业服务信用等级和从事涉税服务人员的信用积分；涉税专业服务机构可以查询本机构的涉税专业服务信用等级及积分明细和所属从事涉税服务人员的信用积分；从事涉税服务人员可以查询本人的信用积分明细。

第十五条 省税务机关应当建立涉税专业服务信用积分、信用等级和执业负面记录的复核工作制度，明确工作程序，保障申请人正当权益。

第五章 结果运用

第十六条 税务机关建立涉税专业服务信用管理与纳税服务、税收风险管理联动机制，根据涉税专业服务机构和从事涉税服务人员信用状况，实施分类服务和监管。

涉税专业服务机构的涉税专业服务信用影响其自身的纳税信用。

第十七条 对达到 TSC5 级的涉税专业服务机构，税务机关采取下列激励措施：

（一）开通纳税服务绿色通道，对其所代理的纳税人发票可以按照更高的纳税信用级别管理；

（二）依托信息化平台为涉税专业服务机构开展批量纳税申报、信息报送等业务提供便利化服务；

（三）在税务机关购买涉税专业服务时，同等条件下优先考虑。

第十八条 对达到 TSC4 级、TSC3 级的涉税专业服务机构，税务机关实施正常管理，适时进行税收政策辅导，并视信用积分变化，选择性地提供激励措施。

第十九条 对涉税专业服务信用等级为 TSC2 级、TSC1 级的涉税专业服务机构，税务机关采取以下措施：

（一）实行分类管理，对其代理的纳税人税务事项予以重点关注；

（二）列为重点监管对象；

（三）向其委托方纳税人主管税务机关推送风险提示；

（四）涉税专业服务协议信息采集，必须由委托人、受托人双方到税务机关现场办理。

第二十条 对纳入涉税服务失信名录的涉税专业服务机构和从事涉税服务人员，税务机关采取以下措施：

（一）予以公告并向社会信用平台推送；

（二）向其委托方纳税人、委托方纳税人主管税务机关进行风险提示；

（三）不予受理其所代理的涉税业务。

第六章 附 则

第二十一条 各省税务机关可以依据本办法制定具体实施办法。

第二十二条 本办法自 2018 年 1 月 1 日起施行。

附件：涉税专业服务机构信用积分指标体系及积分规则（略）

国家税务总局关于发布《涉税专业服务信息公告与推送办法（试行）》的公告

2017 年 11 月 22 日　国家税务总局公告 2017 年第 42 号

现将国家税务总局制定的《涉税专业服务信息公告与推送办法（试行）》予以发布，自 2017 年 12 月 1 日起施行。

特此公告。

涉税专业服务信息公告与推送办法(试行)

第一条 为加强涉税专业服务信息的运用管理,发挥涉税专业服务机构在优化纳税服务、提高征管效能等方面的积极作用,依据《涉税专业服务监管办法(试行)》(国家税务总局公告 2017 年第 13 号发布),制定本办法。

第二条 本办法所称涉税专业服务机构包括:

(一)税务师事务所;

(二)依法取得执业许可且从事涉税专业服务的会计师事务所和律师事务所;

(三)经商事登记且从事涉税专业服务的代理记账机构、税务代理公司、财税类咨询公司等其他机构。

第三条 省税务机关通过门户网站、电子税务局和办税服务场所公告涉税专业服务信息,负责向社会信用平台和行业主管部门、行业协会、工商、海关等其他部门推送涉税专业服务信息。

税务机关纳税服务部门负责向税务机关内部风险控制、征收管理、税务稽查、税政管理、税法宣传、税务师管理等部门,及涉税专业服务机构及其委托人推送涉税专业服务信息。

第四条 涉税专业服务信息公告内容:

(一)纳入实名制管理的涉税专业服务机构名单及其信用状况公告内容:涉税专业服务机构名称、统一社会信用代码、法定代表人(或单位负责人)姓名、地址、联系电话、信用积分情况等基本信息;

(二)未经行政登记的税务师事务所名单公告内容:机构名称、统一社会信用代码、法定代表人(或单位负责人)姓名、地址、联系电话、商事登记日期等基本信息;

(三)涉税专业服务机构失信名录公告内容:涉税专业服务机构名称、统一社会信用代码、法定代表人(或单位负责人)姓名、地址、联系电话、失信行为、认定日期等基本信息;

(四)从事涉税服务人员失信名录公告内容:姓名、身份证件号码(隐去出生年、月、日号码段)、职业资格证书名称及编号、所属涉税专业服务机构名称、失信行为、认定日期等基本信息。

第五条 省税务机关通过门户网站、电子税务局和办税服务场所发布公告,于每月 10 日前对公告内容进行动态调整。

第六条 涉税专业服务信息推送内容:

(一)纳入实名制管理的涉税专业服务机构信用状况推送内容:涉税专业服务机构名称、统一社会信用代码、法定代表人(或单位负责人)姓名、地址、联系电话、信用积分情况等基本信息;

(二)未纳入实名制管理的涉税专业服务机构信息推送内容:机构名称、统一社会信用代码、法定代表人(或单位负责人)姓名、地址、联系电话、商事登记日期等基本信息;

(三)涉税专业服务机构失信名录推送内容:涉税专业服务机构名称、统一社会信用代码、法定代表人（或单位负责人）姓名、地址、联系电话、失信行为、认定日期等基本信息；

（四）从事涉税服务人员失信名录推送内容：姓名、身份证件号码（隐去出生年、月、日号码段）、职业资格证书名称及编号、所属涉税专业服务机构名称、失信行为、认定日期等基本信息；

（五）涉税专业服务风险信息推送内容：涉税专业服务机构名称、统一社会信用代码、法定代表人（或单位负责人）姓名、地址、联系电话、风险评估情况等基本信息。

第七条 税务机关运用以金税三期核心征管系统为基础、以网上办税服务系统为支撑的信息化平台，进行信息推送。

第八条 税务机关对涉税专业服务机构和从事涉税服务人员违反《涉税专业服务监管办法（试行）》第十四条、第十五条规定的情形进行分类处理。属于严重违法违规情形的，纳入涉税服务失信名录。

税务机关在将涉税专业服务机构和从事涉税服务人员列入涉税服务失信名录前，应当依法对其行为是否确属严重违法违规的情形进行核实，确认无误后向当事人送达告知书，告知当事人将其列入涉税服务失信名录的事实、理由和依据。当事人无异议的，列入涉税服务失信名录；当事人有异议且提出申辩理由、证据的，税务机关应当进行复核后予以确定。

第九条 省税务机关将涉税服务失信名录向财政、司法等行业主管部门和所属行业协会推送，提请予以相应处理和行业自律管理。

第十条 省税务机关按照本省社会信用平台管理要求，定期将涉税服务失信名录向社会信用平台推送，对失信行为实行联合惩戒。

第十一条 省税务机关将信用等级高的涉税专业服务机构和信用记录好的从事涉税服务人员信息向财政、司法等行业主管部门和所属行业协会，以及工商、海关等需要涉税专业服务信息的政府部门推送，实行联合激励。

第十二条 税务机关纳税服务部门将纳入实名制管理的涉税专业服务机构和人员的信用状况、涉税专业服务风险信息、涉税专业服务机构与纳税人的委托代理情况、涉税专业服务机构从事涉税专业服务情况等信息以及未纳入实名制管理的涉税专业服务机构信息向内部风险控制、征收管理、税政管理等部门推送，对风险高的涉税专业服务机构和人员进行风险预警、启动调查评估。

第十三条 税务机关纳税服务部门将涉税专业服务机构及委托方纳税人涉嫌偷税（逃避缴纳税款）、逃避追缴欠税、骗取国家退税款、虚开发票等违法信息向税务稽查部门推送。

第十四条 税务机关纳税服务部门将信用等级高的涉税专业服务机构和信用记录好的从事涉税服务人员信息向征收管理、税政管理、税法宣传等部门推送，对其提供便利化纳税服务，简化涉税业务办理流程，引导其参与税务机关税法宣传和政策辅导。

第十五条 税务机关纳税服务部门将纳入实名制管理的涉税专业服务机构和人员的信用状况、涉税专业服务风险信息、违规行为和遵守行业协会自律情况等信息以及未纳入实名制管理的涉税专业服务机构信息向其委托人定期推送，为其委托人提供参考信息。

第十六条 税务机关纳税服务部门将纳入实名制管理的涉税专业服务机构和人员的信用状况、涉税专业服务风险信息、违规行为等信息向涉税专业服务机构推送,对涉税专业服务机构进行风险提示或预警,引导其规范、健康发展。

第十七条 各省税务机关可以依据本办法,结合本地实际,制定具体实施办法。

第十八条 本办法自2017年12月1日起施行。

国家税务总局关于发布《税务师事务所行政登记规程(试行)》的公告①

2017年8月4日　国家税务总局公告2017年第31号

现将国家税务总局制定的《税务师事务所行政登记规程(试行)》予以发布,自2017年9月1日起施行。

特此公告。

税务师事务所行政登记规程(试行)

第一条 为了规范税务师事务所行政登记,促进税务师行业健康发展,依据国务院有关决定和《涉税专业服务监管办法(试行)》,制定本规程。

第二条 税务师事务所行政登记,是指税务机关对在商事登记名称中含有"税务师事务所"字样的行政相对人进行书面记载的行政行为。

未经行政登记不得使用"税务师事务所"名称,不能享有税务师事务所的合法权益。

第三条 税务机关按照本规程规定,遵循公开、便捷原则,对符合条件的行政相对人予以行政登记,颁发《税务师事务所行政登记证书》(以下简称《登记证书》,见附件1)。《登记证书》式样由国家税务总局确定。

第四条 国家税务总局负责制定税务师事务所行政登记管理制度并监督实施。

省、自治区、直辖市和计划单列市税务机关(以下简称省税务机关)负责本地区税务师事务所行政登记。

第五条 税务师事务所采取合伙制或者有限责任制组织形式的,除国家税务总局另有规定外,应当具备下列条件:

(一)合伙人或者股东由税务师、注册会计师、律师担任,其中税务师占比应高于百分之五十;

---

① 本篇法规被《国家税务总局关于修改部分税收规范性文件的公告》(国家税务总局公告2018年第31号)修订。附件1《税务师事务所行政登记证书(式样)》中"××省国家税务局(印章)、××省地方税务局(印章)"的内容修改为"××省税务局(印章)"。

（二）有限责任制税务师事务所的法定代表人由股东担任；

（三）税务师、注册会计师、律师不能同时在两家以上的税务师事务所担任合伙人、股东或者从业；

（四）税务师事务所字号不得与已经行政登记的税务师事务所字号重复。

合伙制税务师事务所分为普通合伙税务师事务所和特殊普通合伙税务师事务所。

第六条 行政相对人办理税务师事务所行政登记，应当自取得营业执照之日起20个工作日内向所在地省税务机关提交下列材料：

（一）《税务师事务所行政登记表》（见附件2）；

（二）营业执照复印件；

（三）国家税务总局规定的其他材料。

第七条 行政相对人提交材料齐全、符合法定形式的，省税务机关即时受理；材料不齐全或者不符合法定形式的，一次性告知需要补正的全部材料。

省税务机关自受理材料之日起20个工作日内办理税务师事务所行政登记。符合行政登记条件的，将税务师事务所名称、合伙人或者股东、执行事务合伙人或者法定代表人、职业资格人员等有关信息在门户网站公示，公示期不得少于5个工作日。公示期满无异议或者公示期内有异议、但经调查异议不实的，予以行政登记，颁发纸质《登记证书》或者电子证书，证书编号使用统一社会信用代码。省税务机关在门户网站、电子税务局和办税服务场所对取得《登记证书》的税务师事务所的相关信息进行公告，同时将《税务师事务所行政登记表》报送国家税务总局，抄送省税务师行业协会。

不符合行政登记条件或者公示期内有异议、经调查确不符合行政登记条件的，出具《税务师事务所行政登记不予登记通知书》（以下简称《不予登记通知书》，见附件3）并公告，同时将有关材料抄送工商行政管理部门。

第八条 税务师事务所的名称、组织形式、经营场所、合伙人或者股东、执行事务合伙人或者法定代表人等事项发生变更的，应当自办理工商变更之日起20个工作日内办理变更行政登记，向所在地省税务机关提交下列材料：

（一）《税务师事务所变更/终止行政登记表》（见附件4）；

（二）原《登记证书》；

（三）变更后的营业执照复印件；

（四）国家税务总局规定的其他材料。

第九条 行政相对人提交材料齐全、符合法定形式的，省税务机关即时受理；材料不齐全或者不符合法定形式的，一次性告知需要补正的全部材料。

省税务机关自受理材料之日起15个工作日内办理税务师事务所变更行政登记。符合行政登记条件的，对《登记证书》记载事项发生变更的税务师事务所换发《登记证书》。省税务机关在门户网站、电子税务局和办税服务场所对税务师事务所变更情况进行公告，同时将《税务师事务所变更/终止行政登记表》报送国家税务总局，抄送省税务师行业协会。

不符合变更行政登记条件的，出具《不予登记通知书》并公告，同时将有关材料抄送工商行政管理部门。

第十条 税务师事务所注销工商登记前，应当办理终止行政登记，向所在地省税务机关提交下列材料：

（一）《税务师事务所变更/终止行政登记表》；

（二）《登记证书》。

税务师事务所注销工商登记前未办理终止行政登记的，省税务机关公告宣布行政登记失效。

第十一条 行政相对人提交材料齐全、符合法定形式的，省税务机关即时受理；材料不齐全或者不符合法定形式的，一次性告知需要补正的全部材料。

终止情形属实的，予以终止行政登记。省税务机关在门户网站、电子税务局和办税服务场所对税务师事务所终止情况进行公告，同时将《税务师事务所变更/终止行政登记表》报送国家税务总局，抄送省税务师行业协会。

第十二条 省税务机关对以欺骗、贿赂等不正当手段取得《登记证书》的，宣布行政登记无效并公告。

第十三条 国家税务总局发现税务师事务所行政登记不当的，责令省税务机关纠正。

第十四条 税务师事务所组织形式创新相关试点工作由国家税务总局研究推进。

第十五条 本规程施行前经行政审批设立的税务师事务所，由所在地省税务机关办理行政登记，换发《登记证书》，具体时间由各省税务机关确定。

第十六条 税务师事务所分所的负责人应当由总所的合伙人或者股东担任。税务师事务所分所的行政登记参照本规程第六条至第十一条规定办理。

第十七条 各省税务机关可在本规程规定的基础上，结合本地实际，制定具体的操作办法并报国家税务总局备案。

第十八条 本规程自2017年9月1日起施行。

附件：1. 税务师事务所行政登记证书（略）

2. 税务师事务所行政登记表（略）

3. 税务师事务所行政登记不予登记通知书（略）

4. 税务师事务所变更/终止行政登记表（略）

涉税专业服务监管办法（试行）

手机阅读

(2017年5月5日国家税务总局公告2017年第13号发布，根据2019年12月27日《国家税务总局关于进一步完善涉税专业服务监管制度有关事项的公告》修正)

第一条 为贯彻落实国务院简政放权、放管结合、优化服务工作要求，维护国家税收利益，保护纳税人合法权益，规范涉税专业服务，依据《中华人民共和国税收征收管理法》及其实施细则和国务院有关决定，制定本办法。

第二条 税务机关对涉税专业服务机构在中华人民共和国境内从事涉税专业服务进行监管。

第三条 涉税专业服务是指涉税专业服务机构接受委托，利用专业知识和技能，就涉税事项向委托人提供的税务代理等服务。

第四条 涉税专业服务机构是指税务师事务所和从事涉税专业服务的会计师事务所、律师事务所、代理记账机构、税务代理公司、财税类咨询公司等机构。

第五条 涉税专业服务机构可以从事下列涉税业务：

（一）纳税申报代理。对纳税人、扣缴义务人提供的资料进行归集和专业判断，代理纳税人、扣缴义务人进行纳税申报准备和签署纳税申报表、扣缴税款报告表以及相关文件。

（二）一般税务咨询。对纳税人、扣缴义务人的日常办税事项提供税务咨询服务。

（三）专业税务顾问。对纳税人、扣缴义务人的涉税事项提供长期的专业税务顾问服务。

（四）税收策划。对纳税人、扣缴义务人的经营和投资活动提供符合税收法律法规及相关规定的纳税计划、纳税方案。

（五）涉税鉴证。按照法律、法规以及依据法律、法规制定的相关规定要求，对涉税事项真实性和合法性出具鉴定和证明。

（六）纳税情况审查。接受行政机关、司法机关委托，依法对企业纳税情况进行审查，作出专业结论。

（七）其他税务事项代理。接受纳税人、扣缴义务人的委托，代理建账记账、发票领用、减免退税申请等税务事项。

（八）其他涉税服务。

前款第三项至第六项涉税业务，应当由具有税务师事务所、会计师事务所、律师事务所资质的涉税专业服务机构从事，相关文书应由税务师、注册会计师、律师签字，并承担相应的责任。

第六条 涉税专业服务机构从事涉税业务，应当遵守税收法律、法规及相关税收规定，遵循涉税专业服务业务规范。

涉税专业服务机构为委托人出具的各类涉税报告和文书，由双方留存备查，其中，税收法律、法规及国家税务总局规定报送的，应当向税务机关报送。

第七条 税务机关应当对税务师事务所实施行政登记管理。未经行政登记不得使用"税务师事务所"名称，不能享有税务师事务所的合法权益。

税务师事务所合伙人或者股东由税务师、注册会计师、律师担任，税务师占比应高于百分之五十，国家税务总局另有规定的除外。

税务师事务所办理商事登记后，应当向省税务机关办理行政登记。省税务机关准予行政登记的，颁发《税务师事务所行政登记证书》，并将相关资料报送国家税务总局，抄送省税务师行业协会。不予行政登记的，书面通知申请人，说明不予行政登记的理由。

税务师事务所行政登记流程（规范）另行制定。

从事涉税专业服务的会计师事务所和律师事务所，依法取得会计师事务所执业证书或律师事务所执业许可证，视同行政登记。

第八条 税务机关对涉税专业服务机构及其从事涉税服务人员进行实名制管理。

税务机关依托金税三期应用系统，建立涉税专业服务管理信息库。综合运用从金税三期核心征管系统采集的涉税专业服务机构的基本信息、涉税专业服务机构报送的人员信息和经纳税人（扣缴义务人）确认的实名办税（自有办税人员和涉税专业服务机构代理办税人员）信息，建立对涉税专业服务机构及其从事涉税服务人员的分类管理，确立涉税专业服务机构及其从事涉税服务人员与纳税人（扣缴义务人）的代理关系，区分纳税人自有办税人员和涉税专业服务机构代理办税人员，实现对涉税专业服务机构及其从事涉税服务人员和纳税人（扣缴义务人）的全面动态实名信息管理。

涉税专业服务机构应当向税务机关提供机构和从事涉税服务人员的姓名、身份证号、专业资格证书编号、业务委托协议等实名信息。

第九条 税务机关应当建立业务信息采集制度，利用现有的信息化平台分类采集业务信息，加强内部信息共享，提高分析利用水平。

涉税专业服务机构应当以年度报告形式，向税务机关报送从事涉税专业服务的总体情况。

税务师事务所、会计师事务所、律师事务所从事专业税务顾问、税收策划、涉税鉴证、纳税情况审查业务，应当向税务机关单独报送相关业务信息。

第十条 税务机关对涉税专业服务机构从事涉税专业服务的执业情况进行检查，根据举报、投诉情况进行调查。

第十一条 税务机关应当建立信用评价管理制度，对涉税专业服务机构从事涉税专业服务情况进行信用评价，对其从事涉税服务人员进行信用记录。

税务机关应以涉税专业服务机构的纳税信用为基础，结合委托人纳税信用、纳税人评价、税务机关评价、实名办税、业务规模、服务质量、执业质量检查、业务信息质量等情况，建立科学合理的信用评价指标体系，进行信用等级评价或信用记录，具体办法另行制定。

第十二条 税务机关应当加强对税务师行业协会的监督指导，与其他相关行业协会建立工作联系制度。

税务机关可以委托行业协会对涉税专业服务机构从事涉税专业服务的执业质量进行评价。

全国税务师行业协会负责拟制涉税专业服务业务规范（准则、规则），报国家税务总局批准后施行。

第十三条 税务机关应当在门户网站、电子税务局和办税服务场所公告纳入监管的涉税专业服务机构名单及其信用情况，同时公告未经行政登记的税务师事务所名单。

第十四条 涉税专业服务机构及其涉税服务人员有下列情形之一的，由税务机关责令限期改正或予以约谈；逾期不改正的，由税务机关降低信用等级或纳入信用记录，暂停受理所代理的涉税业务（暂停时间不超过六个月）；情节严重的，由税务机关纳入涉税服务失信名录，予以公告并向社会信用平台推送，其所代理的涉税业务，税务机关不予受理：

（一）使用税务师事务所名称未办理行政登记的；

（二）未按照办税实名制要求提供涉税专业服务机构和从事涉税服务人员实名信息的；

（三）未按照业务信息采集要求报送从事涉税专业服务有关情况的；

（四）报送信息与实际不符的；

（五）拒不配合税务机关检查、调查的；

（六）其他违反税务机关监管规定的行为。

税务师事务所有前款第一项情形且逾期不改正的，省税务机关应当提请市场监管部门吊销其营业执照。

第十五条 涉税专业服务机构及其涉税服务人员有下列情形之一的，由税务机关列为重点监管对象，降低信用等级或纳入信用记录，暂停受理所代理的涉税业务（暂停时间不超过六个月）；情节较重的，由税务机关纳入涉税服务失信名录，予以公告并向社会信用平台推送，其所代理的涉税业务，税务机关不予受理；情节严重的，其中，税务师事务所由省税务机关宣布《税务师事务所行政登记证书》无效，提请市场监管部门吊销其营业执照，提请全国税务师行业协会取消税务师职业资格证书登记、收回其职业资格证书并向社会公告，其他涉税服务机构及其从事涉税服务人员由税务机关提请其他行业主管部门及行业协会予以相应处理：

（一）违反税收法律、行政法规，造成委托人未缴或者少缴税款，按照《中华人民共和国税收征收管理法》及其实施细则相关规定被处罚的；

（二）未按涉税专业服务相关业务规范执业，出具虚假意见的；

（三）采取隐瞒、欺诈、贿赂、串通、回扣等不正当竞争手段承揽业务，损害委托人或他人利益的；

（四）利用服务之便，谋取不正当利益的；

（五）以税务机关和税务人员的名义敲诈纳税人、扣缴义务人的；

（六）向税务机关工作人员行贿或者指使、诱导委托人行贿的；

（七）其他违反税收法律法规的行为。

第十六条 税务机关应当为涉税专业服务机构提供便捷的服务，依托信息化平台为信用等级高的涉税专业服务机构开展批量纳税申报、信息报送等业务提供便利化服务。

第十七条 税务机关所需的涉税专业服务，应当通过政府采购方式购买。

税务机关和税务人员不得参与或违规干预涉税专业服务机构经营活动。

第十八条 税务师行业协会应当加强税务师行业自律管理，提高服务能力、强化培训服务，促进转型升级和行业健康发展。

税务师事务所自愿加入税务师行业协会。从事涉税专业服务的会计师事务所、律师事务所、代理记账机构除加入各自行业协会接受行业自律管理外，可自愿加入税务师行业协会税务代理人分会；鼓励其他没有加入任何行业协会的涉税专业服务机构自愿加入税务师行业协会税务代理人分会。

第十九条 各省税务机关依据本办法，结合本地实际，制定涉税专业服务机构从事涉税专业服务的具体实施办法。

第二十条 本办法自 2017 年 9 月 1 日起施行。

附录：税率查询（2021版）

现行企业所得税税率表

档次	税率	适用企业	法规依据
1	25%	适用于居民企业和在中国境内设有机构、场所且所得与机构、场所有实际联系的非居民企业	《中华人民共和国企业所得税法》（2018年修正）
2	20%	1. 符合条件的小型微利企业 2. 在中国境内未设立机构、场所的，或者虽设立机构、场所但取得的所得与其所设机构、场所没有实际联系的非居民企业	《中华人民共和国企业所得税法》（2018年修正）
3	15%	1. 国家需要重点扶持的高新技术企业	《中华人民共和国企业所得税法》（2018年修正） 《中华人民共和国企业所得税法实施条例》（2019年修订）规定，企业所得税法第二十八条第二款所称国家需要重点扶持的高新技术企业，是指拥有核心自主知识产权，并同时符合下列条件的企业： （一）产品（服务）属于《国家重点支持的高新技术领域》规定的范围； （二）研究开发费用占销售收入的比例不低于规定比例； （三）高新技术产品（服务）收入占企业总收入的比例不低于规定比例； （四）科技人员占企业职工总数的比例不低于规定比例； （五）高新技术企业认定管理办法规定的其他条件

续表

档次	税率	适用企业	法规依据
3	15%	2. 技术先进型服务企业	《财政部 税务总局 商务部 科技部 国家发展改革委关于将技术先进型服务企业所得税政策推广至全国实施的通知》（财税〔2017〕79号） 《财政部 税务总局 商务部 科技部 国家发展改革委关于将服务贸易创新发展试点地区技术先进型服务企业所得税政策推广至全国实施的通知》（财税〔2018〕44号）
		3. 西部地区鼓励类产业	《财政部 海关总署 国家税务总局关于深入实施西部大开发战略有关税收政策问题的通知》（财税〔2011〕58号） 《财政部 税务总局 国家发展改革委关于延续西部大开发企业所得税政策的公告》（财政部税务总局 国家发展改革委公告2020年第23号）
		4. 从事污染防治的第三方企业	《财政部 税务总局 国家发展改革委 生态环境部关于从事污染防治的第三方企业所得税政策问题的公告》（财政部 税务总局 国家发展改革委 生态环境部公告2019年第60号）
		5. 注册在海南自由贸易港并实质性运营的鼓励类产业企业	《财政部 税务总局关于海南自由贸易港企业所得税优惠政策的通知》（财税〔2020〕31号）
		6. 中国（上海）自贸试验区临港新片区重点产业企业	《财政部 税务总局关于中国（上海）自贸试验区临港新片区重点产业企业所得税政策的通知》（财税〔2020〕38号）
4	10%	1. 国家鼓励的重点集成电路设计企业和软件企业	《关于促进集成电路产业和软件产业高质量发展企业所得税政策的公告》（财政部 税务总局 发展改革委 工业和信息化部公告2020年第45号）
		2. 非居民企业	《中华人民共和国企业所得税法》（2018年修正）

续表

档次	税率	适用企业	法规依据
5		其他集成电路设计和软件产业企业	《财政部 税务总局关于集成电路设计企业和软件企业所得税汇算清缴适用政策的公告》（财政部 国家税务总局公告2020年第29号）规定：在2019年12月31日前自获利年度起计算优惠期，第一年至第二年免征企业所得税，第三年至第五年按照25%的法定税率减半征收企业所得税，并享受至期满为止。《财政部 税务总局关于集成电路设计和软件产业企业所得税政策的公告》（财政部 税务总局 国家税务总局公告2019年第68号）规定：依法成立且符合条件的集成电路设计企业和软件企业，在2018年12月31日前自获利年度起计算优惠期，第一年至第二年免征企业所得税，第三年至第五年按照25%的法定税率减半征收企业所得税，并享受至期满为止。《关于促进集成电路产业和软件产业高质量发展企业所得税政策的公告》（财政部 税务总局 发展改革委 工业和信息化部公告2020年第45号）规定：国家鼓励的集成电路线宽小于65纳米（含），且经营期在15年以上的集成电路生产企业或项目，第一年至第五年免征企业所得税，第六年至第十年按照25%的法定税率减半征收企业所得税；国家鼓励的集成电路线宽小于130纳米（含），且经营期在10年以上的集成电路生产企业或项目，第一年至第二年免征企业所得税，第三年至第五年按照25%的法定税率减半征收企业所得税。国家鼓励的集成电路设计、装备、材料、封装、测试企业和软件企业，自获利年度起，第一年至第二年免征企业所得税，第三年至第五年按照25%的法定税率减半征收企业所得税

企业所得税核定征收应税所得率表

序号	行业	应税所得率(%)	法规依据
1	农、林、牧、渔业	3~10	
2	制造业	5~15	
3	批发和零售贸易业	4~15	
4	交通运输业	7~15	《国家税务总局关于印发〈企业所得税核定征收办法〉(试行)的通知》(国税发[2008]30号)
5	建筑业	8~20	
6	饮食业	8~25	
7	娱乐业	15~30	
8	其他行业	10~30	

居民个人工资、薪金所得预扣预缴税率表

级数	累计预扣预缴应纳税所得额	预扣率(%)	速算扣除数	法规依据
1	不超过36000元的	3	0	
2	超过36000元至144000元的部分	10	2520	
3	超过144000元至300000元的部分	20	16920	
4	超过300000元至420000元的部分	25	31920	《个人所得税扣缴申报管理办法(试行)》
5	超过420000元至660000元的部分	30	52920	
6	超过660000元至960000元的部分	35	85920	
7	超过960000元的部分	45	181920	

注:本表所称"累计预扣预缴应纳税所得额"是指扣缴义务人按月或者按次对居民工资、薪金所得进行预扣预缴税款时,按照其在本单位截至当前月份工资、薪金所得的累计收入,减除累计免税收入、累计减除费用、累计专项扣除、累计专项附加扣除和累计依法确定的其他扣除后计算的应纳税所得额。

居民个人劳务报酬所得预扣预缴税率表

级数	预扣预缴应纳税所得额	预扣率（%）	速算扣除数	法规依据
1	不超过20000元的	20	0	《个人所得税扣缴申报管理办法（试行）》
2	超过20000元至50000元的部分	30	2000	
3	超过50000元的部分	40	7000	

注：本表所称"预扣预缴应纳税所得额"是指扣缴义务人按月或者按次对居民个人劳务报酬所得进行预扣预缴个人所得税时每次的收入额，以每次收入减除费用后的余额为收入额，当居民个人劳务报酬所得每次收入不超过4000元的，减除费用按800元计算；当每次收入在4000元以上的，减除费用按20%计算。

居民个人稿酬所得、特许权使用费所得预扣预缴税率表

所得类型	比例预扣率（%）	法规依据
居民个人稿酬所得	20	《个人所得税扣缴申报管理办法（试行）》
居民个人特许权使用费所得	20	

应预扣预缴税额＝预扣预缴应纳税所得额×20%

注：所称"预扣预缴应纳税所得额"是指扣缴义务人按月或者按次对居民稿酬所得、特许权使用费所得进行预扣预缴个人所得税时每次的收入额，以每次收入减除费用后的余额为收入额，其中稿酬所得的收入额减按70%计算。每次收入不超过4000元的，减除费用按800元计算；当每次收入在4000元以上的，减除费用按20%计算。

非居民个人工资、薪金所得、劳务报酬所得、稿酬所得、特许权使用费所得代扣代缴税率表

级数	应纳税所得额	税率（%）	速算扣除数	法规依据
1	不超过3000元的	3	0	《个人所得税扣缴申报管理办法（试行）》
2	超过3000元至12000元的部分	10	210	
3	超过12000元至25000元的部分	20	1410	
4	超过25000元至35000元的部分	25	2660	
5	超过35000元至55000元的部分	30	4410	
6	超过55000元至80000元的部分	35	7160	
7	超过80000元的部分	45	15160	

注：上述所称"应纳税所得额"是指扣缴义务人按月或按次代扣代缴时，非居民个人的工资、薪金所得以每月收入额减除费用5000元后的余额；劳务报酬所得、稿酬所得、特许权使用费所得，以每次收入额为应纳税所得额。其中，劳务报酬所得、稿酬所得、特许权使用费所得以收入减除20%的费用后的余额为收入额。稿酬所得的收入额减按70%计算。

其他所得代扣代缴税率表

所得类型	比例税率（%）	法规依据
利息、股息、红利所得	20	《中华人民共和国个人所得税法（2018年修正）》
财产租赁所得	20	
财产转让所得	20	
偶然所得	20	

注：支付财产租赁所得的，每次收入不超过4000元的，减除费用800元；4000元以上的，减除20%的费用，其余额为应纳税所得额，乘以20%的比例税率计算税款；支付财产转让所得的，以转让财产的收入额减除财产原值和合理费用后的余额为应纳税所得额，乘以20%的比例税率计算税款；支付利息、股息、红利所得和偶然所得的，以每次收入额为应纳税所得额，乘以20%的比例税率计算税款。

经营所得税率表

级数	全年应纳税所得额	税率（%）	法规依据
1	不超过30000元的	5	《中华人民共和国个人所得税法（2018年修正）》
2	超过30000元至90000元的部分	10	
3	超过90000元至300000元的部分	20	
4	超过300000元至500000元的部分	30	
5	超过500000元的部分	35	

注：本表所称"全年应纳税所得额"指每一纳税年度的收入总额减除成本、费用以及损失后的余额。纳税人取得经营所得，按年计算个人所得税，由纳税人在月度或者季度终了后十五日内向税务机关报送纳税申报表，并预缴税款；在取得所得的次年3月31日前办理汇算清缴。

现行增值税税率税目表

提示：已根据《关于深化增值税改革有关政策的公告》（财政部 税务总局 海关总署公告2019年第39号）进行更新

税目	税率/征收率	征税范围/说明事项	法规依据
销售或进口货物（除下述列举外）	2018.4.30前适用17% 2018.5.1—2019.3.31适用16% 2019.4.1后适用13%	货物：有形动产，包括电力、热力、气体在内 提示1：纳税人销售旧货，按照简易办法依照3%征收率减按2%征收增值税。旧货：进入二次流通的具有部分使用价值的货物（含旧汽车、旧摩托车和旧游艇），但不包括自己使用过的物品 提示2：自2020年5月1日至2023年12月31日，从事二手车经销的纳税人销售其收购的二手车，由原按照简易办法依3%征收率减按2%征收增值税，改为减按0.5%征收增值税。 提示3：一般纳税人销售自己使用过的规定不得抵扣且未抵扣进项税额（属于增值税暂行条例第十条规定不得抵扣且未抵扣进项税额）固定资产，按照简易办法依照3%征收率减按2%征收增值税	《中华人民共和国增值税暂行条例》(2017年修订) 《中华人民共和国增值税暂行条例实施细则》(2011年修订) 《财政部 国家税务总局关于调整增值税税率的通知》（财税〔2018〕32号） 《关于简并增值税征收率政策的通知》（财税〔2014〕57号） 《财政部 税务总局 海关总署关于深化增值税改革有关政策的公告》（财政部 税务总局 海关总署公告2019年第39号） 《二手车经销有关增值税政策的公告》（财政部 税务总局公告2020年第17号）
加工、修理修配劳务		加工：受托加工货物，即委托方提供原料及主要材料，受托方按照委托方的要求，制造货物并收取加工费的业务。 修理修配：受托对损伤和丧失功能的货物进行修复，使其恢复原状和功能的业务	

续表

税目		税率/征收率	征税范围/说明事项	法规依据
有形动产租赁服务	一般计税方法	2018.4.30前适用17% 2018.5.1—2019.3.31适用16% 2019.4.1后适用13%	包括有形动产经营租赁和融资租赁。 水路运输的光租业务、航空运输的干租业务，属于经营租赁。 将飞机、车辆等有形动产的广告位出租给其他单位或个人用于发布广告，按照经营租赁服务缴纳增值税	《中华人民共和国增值税暂行条例（2017年修订）》 《营业税改征增值税试点实施办法（2016）》（财税[2016]36号附件一） 《财政部 国家税务总局关于调整增值税税率的通知》（财税[2018]32号） 《财政部 税务总局 海关总署关于深化增值税改革有关政策的公告》（财政部 税务总局 海关总署公告2019年第39号）
	以纳人营改增试点之日前取得的有形动产为标的物提供的经营租赁服务	3%	可选择简易计税方法	
	在纳人营改增试点之日前签订的尚未执行完毕的有形动产租赁合同			
交通运输服务	一般计税方法	2018.4.30前适用11% 2018.5.1—2019.3.31适用10% 2019.4.1后适用9%	陆路运输服务：包括铁路运输服务和其他陆路运输服务（公路运输、缆索运输、索道运输、地铁运输、城市轻轨运输等） 出租车公司向使用本公司自有出租车的出租车司机收取的管理费用按照陆路运输服务缴纳增值税 水路运输服务：水路运输的程租、期租业务，属于水路运输服务 航空运输服务：航空运输服务，按照航空运输服务缴纳增值税；航天运输服务：航天运输业务，属于航空运输服务 管道运输服务：无运输工具承运业务，按照交通运输服务缴纳增值税	
	公共交通运输服务	3%	可选择简易计税方法 包括轮客渡、公交客运、地铁、城市轻轨、出租车、长途客运、班车	

续表

税目		税率/征收率	征税范围/说明事项	法规依据
邮政服务		2018.4.30前适用11% 2018.5.1—2019.3.31适用10% 2019.4.1后适用9%	邮政普通服务：函件、包裹等邮件寄递，以及邮票发行、报刊发行和邮政汇兑等业务活动 邮政特殊服务：义务兵平常信函、机要通信、盲人读物和革命烈士遗物的寄递 其他邮政服务：邮册等邮品销售、邮政代理等业务活动	《中华人民共和国增值税暂行条例（2017年修订）》 《营业税改征增值税试点实施办法（2016）》（财税〔2016〕36号附件一） 《财政部 国家税务总局关于调整增值税税率的通知》（财税〔2018〕32号） 《财政部 税务总局 海关总署关于深化增值税改革有关政策的公告》（财政部 税务总局 海关总署公告2019年第39号）
基础电信服务		2018.4.30前适用11% 2018.5.1—2019.3.31适用10% 2019.4.1后适用9%	利用固网、移动网、卫星、互联网，提供语音通话服务的业务活动，以及出租或者出售带宽、波长等网络元素的业务活动	
建筑服务	一般计税方法	2018.4.30前适用11% 2018.5.1—2019.3.31适用10% 2019.4.1后适用9%	工程服务：新建、改建各种建筑物、构筑物的工程作业，包括与建筑物相连的各种设备或者支柱、操作平台的安装或者装设工程作业，以及各种窑炉和金属结构工程作业 安装服务：生产设备、动力设备、起重设备、运输设备、传动设备、医疗实验设备以及其他各种设备、设施的装配、安置工程作业，包括与被安装设备相连的工作台、梯子、栏杆的装设工程作业，以及被安装设备的绝缘、防腐、保温、油漆等工作 固定电话、有线电视、宽带、水、电、气、暖等经营者向用户收取的安装费、初装费、扩容费以及类似收费，按照安装服务缴纳增值税 修缮服务：对建筑物、构筑物进行修补、加固、养护、改善，使之恢复原来的使用价值或者延长其使用期限的工程作业 装饰服务：对建筑物、构筑物进行修饰装修，使之美观或者具有特定用途的工程作业 其他建筑服务：除上述列举之外的各种工程作业服务，如钻井（打井）、拆除建筑物或构筑物、平整土地、园林绿化、疏浚（不包括航道疏浚）、建筑物平移、搭脚手架、爆破、矿山穿孔、表面附着物（包括岩层、土层、沙层等）剥离和清理等工程作业	《中华人民共和国增值税暂行条例（2017年修订）》 《营业税改征增值税试点实施办法（2016）》（财税〔2016〕36号附件一） 《营业税改征增值税试点有关事项的规定》（财税〔2016〕36号附件二） 《财政部 国家税务总局关于调整增值税税率的通知》（财税〔2018〕32号） 《财政部 税务总局 海关总署关于深化增值税改革有关政策的公告》（财政部 税务总局 海关总署公告2019年第39号）

续表

税目		税率/征收率	征税范围/说明事项	法规依据
建筑服务	一般纳税人以清包工方式提供的建筑服务	3%	可选择适用简易计税方法计税 清包工方式：施工方不采购建筑工程所需的材料或只采购辅助材料，并收取人工费、管理费或者其他费用的建筑服务 甲供工程：全部或部分设备、材料、动力由工程发包方自行采购的建筑工程 建筑工程老项目：《建筑工程施工许可证》注明的合同开工日期在2016年4月30日前的建筑工程项目或未取得《建筑工程施工许可证》的，建筑工程承包合同注明的开工日期在2016年4月30日前的建筑工程项目	《中华人民共和国增值税暂行条例（2017年修订）》 《营业税改征增值税试点实施办法（2016）》（财税[2016]36号附件一） 《营业税改征增值税试点有关事项的规定》（财税[2016]36号附件二） 《财政部 国家税务总局关于调整增值税税率的通知》（财税[2018]32号） 《财政部 税务总局 海关总署关于深化增值税改革有关政策的公告》（财政部 税务总局 海关总署公告2019年第39号）
	一般纳税人为甲供工程提供的建筑服务			
	一般纳税人为建筑工程老项目提供的建筑服务			
	一般纳税人跨县（市）提供建筑服务，选择适用简易计税方法计税的		以取得的全部价款和价外费用扣除支付的分包款后的余额为销售额	
	小规模纳税人跨县（市）提供建筑服务			

续表

税目		税率/征收率	征税范围/说明事项	法规依据
不动产租赁服务	一般计税方法	2018.4.30前适用11% 2018.5.1—2019.3.31适用10% 2019.4.1后适用9%	包括不动产经营租赁和融资租赁。将不动产、构筑物等不动产的广告位出租给其他单位或者个人用于发布广告,按照经营租赁服务缴纳增值税。车辆停放服务、道路通行服务(包括过路费、过桥费、过闸费等)等按照不动产经营租赁服务缴纳增值税	《中华人民共和国增值税暂行条例(2017年修订)》《财政部 国家税务总局关于调整增值税税率的通知》(财税〔2018〕32号)
	一般纳税人出租其2016年4月30日前取得的不动产	5%	可选择简易计税方法	《营业税改征增值税试点实施办法》(财税〔2016〕36号附件一)《营业税改征增值税试点有关事项的规定》(财税〔2016〕36号附件二)《营业税改征增值税试点过渡政策的规定》(财税〔2016〕36号附件三)
	小规模纳税人出租的不动产(不含个人出租住房)			
	其他个人出租其取得的不动产(不含住房)			
	个人出租住房	1.5%	按照5%的征收率减按1.5%	《纳税人提供不动产经营租赁服务增值税征收管理暂行办法》(国家税务总局公告2016年第16号)
	个体工商户出租住房			
	公路经营企业中的一般纳税人收取试点前开工的高速公路的车辆通行费	3%	可选择简易计税方法,减按3%征收试点前开工的高速公路:相关施工许可证明上注明的合同开工日期在2016年4月30日前的高速公路	《财政部 税务总局关于深化增值税改革有关政策的公告》(财政部 税务总局 海关总署公告2019年第39号)

续表

税目		税率/征收率	征税范围/说明事项	法规依据
销售/转让不动产	一般计税办法	2018.4.30前适用11% 2018.5.1—2019.3.31适用10% 2019.4.1后适用9%	建筑物：包括住宅、商业营业用房、办公楼等可供居住、工作或者进行其他经济活动的建造物 构筑物：包括道路、桥梁、隧道、水坝等建造物 转让建筑物有限产权或者永久使用权的，以及在转让建筑物或者构筑物时一并转让其所占土地的使用权的，按照销售不动产缴纳增值税	《中华人民共和国增值税暂行条例》(2017年修订) 《财政部 国家税务总局关于调整增值税税率的通知》(财税〔2018〕32号)
	一般纳税人销售2016年4月30日前取得（含自建）的不动产	5%	可选择简易计税方法	《营业税改征增值税试点实施办法》(2016)（财税〔2016〕36号附件一）
	小规模纳税人销售取得（含自建）的不动产	5%	适用简易计税方法	《营业税改征增值税试点有关事项的规定》(财税〔2016〕36号附件二)
	个体工商户销售其购买的不足2年的住房	5%	全额缴纳增值税	《营业税改征增值税试点过渡政策的规定》(财税〔2016〕36号附件三)
	个体工商户销售其购买的2年以上(含)的非普通住房	5%	以销售收入减去购买住房价款后差额为销售额纳增值税 仅适用于北京市、上海市、广州市和深圳市	《房地产开发企业销售自行开发的房地产项目增值税征收管理暂行办法》(国家税务总局公告2016年第18号)
	其他个人销售其购买的不足2年的住房	5%	全额缴纳增值税	《财政部 税务总局 海关总署关于深化增值税改革有关政策的公告》(财政部 税务总局 海关总署公告2019年第39号)
	其他个人销售其购买的2年以上(含)的非普通住房	5%	以销售收入减去购买住房价款后差额为销售额纳增值税 仅适用于北京市、上海市、广州市和深圳市	

续表

税目		税率/征收率	征税范围/说明事项	法规依据
销售/转让不动产	其他个人销售其取得（不含自建）的不动产（不含其购买的住房）	5%	以取得的全部价款和价外费用减去该项不动产购置原价或者取得不动产时的作价后的余额为销售额	
	房地产开发企业纳税人销售自行开发的房地产老项目	5%	一般纳税人可选择简易计税方法，一经选择36个月不得变更 房地产老项目：《建筑工程施工许可证》注明的合同开工日期在2016年4月30日前的房地产项目	《财政部 税务总局关于明确国有农用地出租等增值税政策的公告》（财政部 税务总局公告2020年第2号）
	房地产开发企业中的一般纳税人购入未完工的房地产老项目继续开发后，以自己名义立项销售的不动产	5%	属于房地产老项目，可以选择适用简易计税方法计算缴纳增值税	
转让土地使用权		2018.4.30前适用11% 2018.5.1—2019.3.31适用10% 2019.4.1后适用9%	提示：除土地使用权外，其他自然资源使用权等无形资产的转让适用6%的税率，详细可查看"销售无形资产"	《中华人民共和国增值税暂行条例（2017年修订）》 《财政部 国家税务总局关于调整增值税税率的通知》（财税〔2018〕32号） 《财政部 税务总局 海关总署关于深化增值税改革有关政策的公告》（财政部 税务总局 海关总署公告2019年第39号）

续表

税目		税率/征收率	征税范围/说明事项	法规依据
销售或者进口货物	粮食等农产品、食用植物油、食用盐	2017.6.30前适用13% 2017.7.1—2018.4.30适用11% 2018.5.1—2019.3.31适用10% 2019.4.1后适用9%	具体征税范围参考以下文件： 《关于简并增值税税率有关政策的通知》（财税〔2017〕37号）附件一 《农业产品征税范围注释》（财税字〔1995〕52号） 《增值税部分货物征税范围注释》（国税发〔1993〕151号） 《国家税务总局关于修订"饲料"注释及加强饲料征免增值税管理问题的通知》（国税发〔1999〕39号）	《中华人民共和国增值税暂行条例（2017年修订）》 《关于简并增值税税率有关政策的通知》（财税〔2017〕37号） 《财政部 国家税务总局关于调整增值税税率的通知》（财税〔2018〕32号） 《财政部 税务总局 海关总署关于深化增值税改革有关政策的公告》（财政部 税务总局 海关总署公告2019年第39号）
	自来水、暖气、冷气、热水、煤气、石油液化气、天然气、二甲醚、沼气、居民用煤炭制品			
	图书、报纸、杂志、音像制品、电子出版物			
	饲料、化肥、农药、农机、农膜			
销售服务	增值电信服务	6%	利用固网、移动网、卫星、互联网、有线电视网络，提供短信和彩信服务、电子数据和信息的传输及应用服务、互联网接入服务业务落地转接服务、按照增值电信服务缴纳增值电信服务缴纳增值税	《中华人民共和国增值税暂行条例（2017年修订）》 《营业税改征增值税试点实施办法（2016）》（财税〔2016〕36号附件一） 《关于进一步明确全面推开营改增试点有关劳务派遣服务、收费公路通行费抵扣等政策的通知》（财税〔2016〕47号）
	金融服务	6%	经营金融保险的业务活动：包括贷款服务、直接收费金融服务、保险服务和金融商品转让 融资性售后回租，以货币资金投资收取的固定利润或者保底利润都属于贷款服务； 保险服务包括人身保险服务和财产保险服务	

续表

税目		税率/征收率	征税范围/说明事项	法规依据
销售服务	现代服务	6%	研发和技术服务：研发服务、合同能源管理服务、工程勘察勘探服务、专业技术服务、电路设计及测试服务、信息系统服务 信息技术服务：软件服务、业务流程管理服务和信息系统增值服务 文化创意服务：设计服务、知识产权服务、广告服务和会议展览服务 物流辅助服务：航空服务、港口码头服务、货运客运场站服务、打捞救助服务、装卸搬运服务、仓储服务和收派服务 港口设施经营人收取的港口设施保安费港口码头服务和货运鉴证咨询服务：认证服务、鉴证服务和咨询服务 广播影视服务：广播影视节目（作品）的制作服务、发行服务和播映（含放映）服务 商务辅助服务：企业管理服务、经纪代理服务、人力资源服务、安全保护服务 提示：选择差额纳税的劳务派遣、安全保护服务，一般纳税人提供人力资源外包服务，可选择简易计税办法，按照5%的征收率缴纳增值税 其他现代服务：除上述服务以外的现代服务 提示：经认定的动漫企业为开发动漫产品提供的动漫脚本编撰、形象设计等以及电影放映服务、仓储服务、装卸搬运服务、收派服务和文化体育服务可选择简易计税按照3%的征收率缴纳增值税	《关于进一步明确全面推开营改增试点有关再保险、不动产租赁和非学历教育等政策的通知》（财税[2016]68号）
	生活服务	6%	包括文化体育服务、教育医疗服务、旅游娱乐服务、餐饮住宿服务、居民日常服务、其他生活服务 居民日常服务：市容市政管理、家政、婚庆、家庭、养老、殡葬、照料和护理、救助救济、美容美发、按摩、桑拿、氧吧、足疗、沐浴、洗染、洗浴、摄影扩印等服务	

续表

税目	税率/征收率	征税范围/说明事项	法规依据
销售无形资产	6%	即转让无形资产所有权或者使用权的业务活动,包括技术、商标、著作权、商誉、自然资源使用权和其他权益性无形资产。 技术:专利技术和非专利技术 自然资源使用权:海域使用权、取水权和其他自然资源使用权(土地使用权属于自然资源使用权,但现行适用税率为9%) 其他权益性无形资产:基础设施资产经营权、公共事业特许权、配额、经营权(包括特许经营权、连锁经营权、其他经营权)、经销权、代理权、分销权、会员权、席位权、网络游戏虚拟道具、域名、名称权、肖像权、冠名权、转会费等。 提示:经认定的动漫企业在境内转让动漫版权(包括动漫画、形象或者内容的授权及再授权)可以选择适用简易计税方法,按照3%的税率缴纳增值税	
小规模纳税人销售货物加工、修理修配劳务、销售应税服务、无形资产	3%	国务院另有规定的除外	《关于部分货物适用增值税低税率和简易办法征收增值税政策的通知》(财税〔2009〕9号)
小规模纳税人(除其他个人外)销售自己使用过的固定资产	2%	3%减按2%征收率征收增值税	《中华人民共和国增值税暂行条例》(2017年修订)
出口销售货物	0%	国务院另有规定的除外	
境内单位和个人跨境销售国务院规定范围内的服务、无形资产	0%	国际运输服务、航天运输服务,向境外单位提供的完全在境外消费的规定服务、财政部和国家税务总局规定的其他服务	《跨境应税行为适用增值税零税率和免税政策的规定》(财税〔2016〕36号附件四)

续表

税目		预征率	征税范围/说明事项	法规依据
提供建筑服务取得预收款	适用一般计税方法	2%	纳税人跨县（市、区）提供建筑服务，收到预收款时在建筑服务发生地预缴增值税，纳税人收到预收款时在机构所在地预缴增值税	《关于建筑服务等营改增试点政策的通知》（财税[2017]58号）《营业税改征增值税试点有关事项的规定》（财税[2016]36号附件二）《纳税人跨县（市、区）提供建筑服务增值税征收管理暂行办法》（国家税务总局公告2016年第17号）
	适用简易计税方法	3%		
转让不动产（预收款方式）	房地产开发企业采取预收款方式销售所开发的房地产项目	3%	在收到预收款时预缴包括一般纳税人和小规模纳税人包括适用简易计税办法和一般计税办法的纳税人	《营业税改征增值税试点有关事项的规定》（财税[2016]36号附件二）《房地产开发企业销售自行开发的房地产项目增值税征收管理暂行办法》（国家税务总局公告2016年第18号）

续表

税目		预征率	征税范围/说明事项	法规依据
转让不动产（不动产所在地与机构所在地不在同一地）	一般纳税人转让其2016年4月30日前取得（不含自建）的不动产	5%	可以选择适用简易计税方法计税，以取得的全部价款和价外费用扣除不动产购置原价或者取得不动产时的作价后的余额，按照5%的征收率计算应纳税额。纳税人应按照上述计税方法向不动产所在地主管税务机关预缴税款，向机构所在地主管税务机关申报纳税	《纳税人转让不动产增值税征收管理暂行办法》（国家税务总局公告2016年第14号）
	一般纳税人转让其2016年4月30日前自建的不动产		可以选择适用简易计税方法计税，以取得的全部价款和价外费用为销售额，按照5%的征收率计算应纳税额。纳税人应按照上述计税方法向不动产所在地主管税务机关预缴税款，向机构所在地主管税务机关申报纳税	
	一般纳税人转让其2016年4月30日前取得（不含自建）的不动产		选择适用一般计税方法计税的，纳税人应以取得的全部价款和价外费用扣除不动产购置原价或者取得不动产时的作价后的余额，按照5%的预征率向不动产所在地主管税务机关预缴税款，向机构所在地主管税务机关申报纳税	
	一般纳税人转让其2016年4月30日前自建的不动产		选择适用一般计税方法计税的，纳税人应以取得的全部价款和价外费用为销售额，纳税人应以取得的全部价款和价外费用，按照5%的预征率向不动产所在地主管税务机关预缴税款，向机构所在地主管税务机关申报纳税	

续表

税目		预征率	征税范围/说明事项	法规依据
转让不动产(不动产所在地与机构所在地不同一地)	一般纳税人转让其2016年5月1日后取得的不动产(不含自建)	5%	适用一般计税方法,以取得的全部价款和价外费用为销售额计算应纳税额。纳税人应以取得的全部价款和价外费用扣除不动产购置原价或者取得不动产时的作价后的余额,按照5%的预征率向不动产所在地主管税务机关预缴税款,向机构所在地主管税务机关申报纳税	
	一般纳税人转让其2016年5月1日后自建的不动产		适用一般计税方法,以取得的全部价款和价外费用为销售额计算应纳税额。纳税人应以取得的全部价款和价外费用,按照5%的预征率向不动产所在地主管税务机关预缴税款,向机构所在地主管税务机关申报纳税	
不动产租赁(不动产所在地与机构所在地不同一地)	一般纳税人出租其2016年5月1日后取得的不动产	3%	适用一般计税方法计税,按照3%的预征率向不动产所在地主管税务机关预缴税款,向机构所在地主管税务机关申报纳税	《纳税人提供不动产经营租赁服务增值税征收管理暂行办法》(国家税务总局公告2016年第16号)
	一般纳税人出租其2016年4月30日前取得的不动产	5%	可以选择适用简易计税方法,按照5%的预征率向不动产所在地主管税务机关预缴税款,向机构所在地主管税务机关申报纳税	

现行消费税税目税率表

序号	税目		税率	征收环节	注释说明	法规依据
一	烟					《中华人民共和国消费税暂行条例》(2008年修订) 《关于调整烟产品消费税政策的通知》(财税〔2009〕84号) 《关于调整卷烟消费税的通知》(财税〔2015〕60号)
	1. 卷烟					
		(1) 甲类卷烟	56%加0.003元/支	生产、委托加工和进口	调拨价70元（不含增值税）/条以上（含）	
		(2) 乙类卷烟	36%加0.003元/支	生产、委托加工和进口	调拨价70元（不含增值税）/条以下	
		(3) 卷烟商业批发环节	11%加0.005元/支	批发环节		
	2. 雪茄烟		36%	生产、委托加工和进口		
	3. 烟丝		30%			
二	酒					中华人民共和国消费税暂行条例实施细则》(2008年修订) 《关于调整消费税政策的通知》(财税〔2014〕93号)
	1. 白酒		20%加0.5元/500克（或500毫升）	生产、委托加工和进口		
	2. 黄酒		240元/吨			
	3. 啤酒			生产、委托加工和进口		
		(1) 甲类啤酒	250元/吨			
		(2) 乙类啤酒	220元/吨			

续表

序号	税目	税率	征收环节	注释说明	法规依据
	4. 其他酒	10%			
三	高档化妆品	15%	生产、委托加工和进口	生产（进口）环节销售（完税）价格（不含增值税）在10元/毫升（克）或15元/片（张）及以上的美容、修饰类化妆品和护肤类化妆品	《关于调整化妆品消费税政策的通知》（财税〔2016〕103号）
四	贵重首饰及珠宝玉石				《中华人民共和国消费税暂行条例实施细则》（2008年修订）
	1. 金银首饰、铂金首饰和钻石及钻石首饰	5%	零售环节	金银首饰：金、银和金基、银基合金首饰，以及金、银和金基、银基合金的镶嵌首饰	《关于调整金银首饰消费税纳税环节有关问题的通知》（财税字〔1994〕95号）《关于铂金及其制品税收政策的通知》（财税〔2003〕86号）
	2. 其他贵重首饰和珠宝玉石	10%	生产、委托加工和进口		《关于钻石及上海钻石交易所有关税收政策的通知》（财税〔2001〕176号）
五	鞭炮、焰火	15%	生产、委托加工和进口		《中华人民共和国消费税暂行条例实施细则》（2008年修订）

续表

序号	税目	税率	征收环节	注释说明	法规依据
九	高尔夫球及球具	10%	生产、委托加工和进口	高尔夫球、高尔夫球杆、高尔夫球包（袋）。高尔夫球杆的杆头、杆身和握把	《中华人民共和国消费税暂行条例实施细则》（2008年修订）《关于调整和完善消费税政策的通知》（财税〔2006〕33号）
十	高档手表	20%	生产、委托加工和进口	销售价格（不含增值税）每只在10000元（含）以上的各类手表	
十一	游艇	10%	生产、委托加工和进口	艇身长度大于8米（含）小于90米（含），内置发动机，可以在水上移动，一般为私人或团体购置，主要用于水上运动和休闲娱乐等非牟利活动的各类机动艇	
十二	木制一次性筷子	5%	生产、委托加工和进口	各种规格的木制一次性筷子未经打磨、倒角的木制一次性筷子属于本税目征税范围	
十三	实木地板	5%	生产、委托加工和进口	各类规格的实木地板、实木指接地板、实木复合地板及用于装饰墙壁、天棚的侧面为榫、槽的素板属于本税目征税范围未经涂饰的素板属于本税目征税范围	

续表

序号	税目	税率	征收环节	注释说明	法规依据
十四	电池	4%	生产、委托加工和进口	无汞原电池、金属氢化物镍蓄电池（又称"氢镍蓄电池"或"镍氢蓄电池"）、锂原电池、锂离子蓄电池、太阳能电池、燃料电池和全钒液流电池免征消费税	《关于对电池、涂料征收消费税的通知》（财税〔2015〕16号）
十五	涂料	4%	生产、委托加工和进口		

城市维护建设税税率表

纳税人所在地	税率	法规依据
市区	7%	《中华人民共和国城市维护建设税法》主席令第五十一号
县城、镇	5%	
其他地区	1%	

注：本法自2021年9月1日开始施行。

现行印花税税目税率表

序号	税目	税率	纳税人	征税范围	说明	法规依据
1	购销合同	按购销金额0.3‰贴花	立合同人	包括供应、预购、采购、购销、结合及协作、调剂、补偿、易货等合同		《中华人民共和国印花税暂行条例》（2011年修订）
2	加工承揽合同	按加工或承揽收入0.5‰贴花	立合同人	包括加工、定作、修缮、修理、印刷广告、测绘、测试等合同		
3	建设工程勘察设计合同	按收取费用0.5‰贴花	立合同人	包括勘察、设计合同		
4	建筑安装工程承包合同	按承包金额0.3‰贴花	立合同人	包括建筑、安装工程承包合同		
5	财产租赁合同	按租赁金额1‰贴花。税额不足1元，按1元贴花	立合同人	包括租赁房屋、船舶、飞机、机动车辆、机械、器具、设备等合同		
6	货物运输合同	按运输费用0.5‰贴花	立合同人	包括民用航空运输、铁路运输、海上运输、内河运输、公路运输和联运合同	单据作为合同使用的，按合同贴花	

续表

序号	税目	税率	纳税人	征税范围	说明	法规依据
7	仓储保管合同	按仓储保管费用1‰贴花	立合同人	包括仓储、保管合同	仓单或栈单作为合同使用的,按合同贴花	《中华人民共和国印花税暂行条例(2011年修订)》
8	借款合同	按借款金额0.05‰贴花	立合同人	银行及其他金融组织和借款人(不包括银行同业拆借)所签订的借款合同	单据作为合同使用的,按合同贴花	
9	财产保险合同	按保险费收入1‰贴花	立合同人	包括财产、责任、保证、信用等保险合同	单据作为合同使用的,按合同贴花	
10	技术合同	按所载金额0.3‰贴花	立合同人	包括技术开发、转让、咨询、服务等合同		
11	产权转移书据	按所载金额0.5‰贴花	立据人	包括财产所有权和版权、商标专用权、专利权、专有技术使用权等转移书据,土地使用权出让合同,土地使用权转让合同,商品房销售合同		

续表

序号	税目	税率	纳税人	征税范围	说明	法规依据
12	营业账簿	记载资金的账簿,按实收资本和资本公积的合计金额0.5‰贴花。自2018年5月1日起,对按万分之五税率贴花的资金账簿减半征收印花税	立账簿人	生产、经营用账册		《国家税务总局关于资金账簿印花税问题的通知》(国税发〔1994〕025号) 《财政部 税务总局关于对营业账簿减免印花税的通知》(财税〔2018〕50号)
		其他账簿按件贴花5元,自2018年5月1日起,对按件贴花五元的其他账簿免征印花税				
13	权利、许可证照	按件贴花5元	领受人	包括政府部门发给的房屋产权证、工商营业执照、商标注册证、专利证、土地使用证		《中华人民共和国印花税暂行条例》

现行房产税税率表

计征方法	计税依据	税率	说明事项	法规依据
从价	房产计税余值	1.20%	房产余值：房产原值一次减除10%至30%后的余值，具体减除幅度，由省、自治区、直辖市人民政府规定无租使用其他单位房产的应税单位和个人，依照房产余值代缴纳房产税产权出典的房产，由承典人依照房产余值缴纳房产税融资租赁的房产，由承租人自融资租赁合同约定开始日的次月起依照房产余值缴纳房产税；合同未约定开始日的，由承租人自合同签订的次月起依照房产余值缴纳房产税	《中华人民共和国房产税暂行条例》《关于营改增后契税、房产税、土地增值税、个人所得税计税依据有关问题的通知》（财税〔2016〕43号）《关于廉租住房经济适用住房和住房租赁有关税收政策的通知》（财税〔2008〕24号）《关于房产税城镇土地使用税有关问题的通知》（财税〔2009〕128号）
从租	实际取得的租金	12%	房产出租的，计征房产税的租金收入不含增值税	
	个人出租住房取得的租金	4%	个人出租住房不区分用途	
	企事业单位、社会团体等向个人出租住房取得的租金	4%	企事业单位、社会团体以及其他组织按市场价格向个人出租用于居住的住房	

现行土地增值税税率表

级数	增值额占扣除项目金额比例	税率	速算扣除率	说明	法规依据
1	50%（含）以下	30%	0%	土地增值税应纳税额＝增值额×税率－扣除项目金额×速算扣除率 增值额：纳税人转让房地产所取得的收入减除规定扣除项目金额后的余额 扣除项目：取得土地使用权所支付的金额；开发土地的成本、费用；新建房及配套设施的成本、开发土地的成本、费用或旧房及建筑物的评估价格；与转让房地产有关的税金；财政部规定的其他扣除项目。	《中华人民共和国土地增值税暂行条例》（2011年修订）
2	50%以上~100%（含）	40%	5%		
3	100%以上~200%（含）	50%	15%		
4	200%以上	60%	35%		

城镇土地使用税税率表

级别	人口（人）	每平方米税（元）	说明	法规依据
大城市	50万以上	1.5~30	各省、自治区、直辖市人民政府可根据市政建设情况和经济繁荣程度在规定税额幅度内，确定所辖地区的适用税额幅度。 经济落后地区，土地使用税的适用税额标准可适当降低，但降低额不得超过上述规定最低税额的30%。经济发达地区的适用税标准可以适当提高，但须报财政部批准。	《中华人民共和国城镇土地使用税暂行条例》（2013年修订） 《关于城镇土地使用税若干具体问题的解释和暂行规定》（[1988]国税地字015号）
中等城市	20万~50万	1.2~24		
小城市	20万以下	0.9~18		
县城、建制镇、工矿区		0.6~12		

现行契税税率表

	税率	说明	法规依据
基本税率	3%～5%	具体适用税率由省、自治区、直辖市人民政府在此幅度内按照本地区的实际情况确定。	《中华人民共和国契税暂行条例》
优惠税率	减半征收	个人购买普通住房,且该住房属于家庭(成员范围包括购房人、配偶以及未成年子女)唯一住房的	《关于调整房地产交易环节契税个人所得税优惠政策的通知》(财税〔2010〕94号)
	1%	个人购买家庭唯一住房的,且该住房面积为90平方米及以下	
	1.5%	个人购买家庭唯一住房的,且该住房面积为90平方米以上	
	1%	个人购买第二套改善性住房,且该住房面积为90平方米及以下北上广深暂不实施	《关于调整房地产交易环节契税、营业税优惠政策的通知》(财税〔2016〕23号)
	2%	个人购买第二套改善性住房,且该住房面积为90平方米以上北上广深暂不实施	

耕地占用税税率表

(2019年9月1日后适用)

人均耕地面积（以县、自治县、不设区的市、市辖区为单位）	每平米税额（元）	说明	法规依据
低于0.5亩		省、自治区、直辖市可以根据当地经济发展情况，适当提高耕地占用税的适用税额，但提高的部分不得超过"超过1亩但不超过2亩"确定的适用税额的50%	《中华人民共和国耕地占用税法》（主席令第十八号）
不超过1亩	10~50	各地区耕地占用税的适用税额，由省、自治区、直辖市人民政府根据人均耕地面积和经济发展等情况，在本款规定的税额幅度内提出，报同级人民代表大会常务委员会决定，并报全国人民代表大会常务委员会和国务院备案 各省、自治区、直辖市耕地占用税适用税额的平均水平，不得低于如下所示的《各省、自治区、直辖市耕地占用税平均税额表》规定的平均税额	
超过1亩但不超过2亩	8~40		
超过2亩但不超过3亩	6~30		
超过3亩的地区	5~25		

各省、自治区、直辖市耕地占用税平均税额表

各省、自治区、直辖市	平均税额（元/平方米）	法规依据
上海	45	
北京	40	
天津	35	
江苏、浙江、福建、广东	30	
辽宁、湖北、湖南	25	《中华人民共和国耕地占用税暂行条例》（国务院令第五百一十一号） 《中华人民共和国耕地占用税法》（主席令第十八号）
河北、安徽、江西、山东、河南、重庆、四川	22.5	
广西、海南、贵州、云南、陕西	20	
山西、吉林、黑龙江	17.5	
内蒙古、西藏、甘肃、青海、宁夏、新疆	12.5	

现行车辆购置税税率表

应税车辆	税率（%）	说明事项	法规依据
汽车	10	纳税人购买自用应税车辆的计税价格，为纳税人实际支付给销售者的全部价款，不包括增值税税款	《中华人民共和国车辆购置税法》（主席令第十九号）
有轨电车	10	纳税人进口自用应税车辆的计税价格，为关税完税价格加上关税和消费税	
汽车挂车	10	纳税人自产自用应税车辆的计税价格，按照纳税人生产的同类应税车辆的销售价格确定，不包括增值税税款	
摩托车	10	纳税人以受赠、获奖或者其他方式取得自用应税车辆的计税价格，按照购买应税车辆时相关凭证载明的价格确定，不包括增值税税款 摩托车的应税税标准为排气量超过一百五十毫升	

注：应纳税额 = 计税价格 × 税率

现行车船税税率表

税目		计税单位	年基准税额	备注	法规依据
乘用车 [按发动机汽缸容量（排气量）分档]	1.0升（含）以下的	每辆	60元至360元	核定载客人数9人（含）以下	《中华人民共和国车船税法》（主席令第四十三号）
	1.0升以上至1.6升（含）的		300元至540元		
	1.6升以上至2.0升（含）的		360元至660元		
	2.0升以上至2.5升（含）的		660元至1200元		

续表

税目		计税单位	年基准税额	备注	法规依据
乘用车[按发动机汽缸容量（排气量）分档]	2.5升以上至3.0升（含）的	每辆	1200元至2400元	核定载客人数9人（含）以下	《中华人民共和国车船税法》（主席令第四十三号）
	3.0升以上至4.0升（含）的	每辆	2400元至3600元		
	4.0升以上的	每辆	3600元至5400元		
商用车	客车	每辆	480元至1440元	核定载客人数9人以上,包括电车	
	货车	整备质量每吨	16元至120元	包括半挂牵引车、三轮车和低速载货汽车等	
挂车		整备质量每吨	按照货车税额的50%计算		
其他车辆	专用作业车	整备质量每吨	16元至120元	不包括拖拉机	
	轮式专用机械车	整备质量每吨	16元至120元		
摩托车		每辆	36元至180元		
船舶	机动船舶	净吨位每吨	3元至6元	拖船、非机动驳船分别按照机动船舶税额的50%计算	
	游艇	艇身长度每米	600元至2000元		

现行环境保护税税目税额表

(2018年1月1日生效)

税目		计税单位	税额	备注	法规依据
大气污染物		每污染当量	1.2元至12元		
水污染物		每污染当量	1.4元至14元		
固体废物	煤矸石	每吨	5元		
	尾矿	每吨	15元		
	危险废物	每吨	1000元		
	冶炼渣、粉煤灰、炉渣、其他固体废物（含半固态、液态废物）	每吨	25元		
噪声	工业噪声	超标1~3分贝	每月350元	1. 一个单位边界上有多处噪声超标，根据最高一处超标声级计算应纳税额；当治边界长度超过100米有两处以上噪声超标的，按照两个单位计算应纳税额。 2. 一个单位有不同地点作业场所的，应当分别计算应纳税额，合并计征。 3. 昼、夜均超标的环境噪声，昼夜分别计算应纳税额，累计计征。 4. 声源一个月内超标不足15天的，减半计算应纳税额。 5. 夜间频发突发和夜间偶然突发厂界噪音，按等效声级和峰值噪音两种指标中超标分贝值高的一项计算应纳税额	《中华人民共和国环境保护税法》（主席令第六十一号）
		超标4~6分贝	每月700元		
		超标7~9分贝	每月1400元		
		超标10~12分贝	每月2800元		
		超标13~15分贝	每月5600元		
		超标16分贝以上	每月11200元		

现行资源税税目税率表

(适用于 2020 年 9 月 1 日后)

序号	税目		征税对象	税率	法规依据
1	能源矿产	原油	原矿	6%	《中华人民共和国资源税法》(主席令第三十三号)
2		天然气、页岩气、天然气水合物	原矿	6%	
3		煤	原矿或者选矿	2%~10%	
4		煤成(层)气	原矿	1%~2%	
5		铀、钍	原矿	4%	
6		油页岩、油砂、天然沥青、石煤	原矿或者选矿	1%~4%	
7		地热	原矿	1%~20%或者每立方米1~30元	
8	金属矿产	黑色金属 铁、锰、铬、钒、钛	原矿或者选矿	1%~9%	
9		有色金属 铜、铝、锡、镍、锑、钴、铋、汞	原矿或者选矿	2%~10%	
10		铝土矿	原矿或者选矿	2%~9%	
11		钨	选矿	6.50%	
12		钼	选矿	8%	
13		金、银	原矿或者选矿	2%~6%	
		铂、钯、钌、铑、锇、铱	原矿或者选矿	5%~10%	

续表

序号	税目		征税对象	税率	法规依据
14	金属矿产	轻稀土	选矿	7%~12%	《中华人民共和国资源税法》(主席令第三十三号)
15		中重稀土	选矿	20%	
16		有色金属	铍、锂、锆、锶、铷、铯、铌、钽、钼、锗、铼、镉、硒、碲	原矿或者选矿	2%~10%	
17	非金属矿产	高岭土	原矿或者选矿	1%~6%	
18		石灰岩	原矿或者选矿	1%~6% 或者每吨(或者每立方米)1~10元	
19		磷	原矿或者选矿	3%~8%	
20		石墨	原矿或者选矿	3%~12%	
21		萤石、硫铁矿、自然硫	原矿或者选矿	1%~8%	
22		天然石英砂、脉石英、粉石英、水晶、工业用金刚石、冰洲石、蓝晶石、硅线石、颜料矿(砂线石)、长石、滑石、芒硝、菱镁矿、明矾石、碘、溴、天然碱、硅藻土、钠硝石、陶瓷土、耐火粘土、铁矾土、凹凸棒石粘土、海泡石粘土、伊利石粘土、累托石粘土	原矿或者选矿	1%~12%	
23		叶蜡石、硅灰石、透辉石、珍珠岩、云母、沸石、重晶石、毒重石、方解石、蛇纹岩、透闪石、工业用电气石、白垩、石棉、蓝石棉、红柱石、石榴子石、石膏	原矿或者选矿	2%~12%	

续表

序号		税目	征税对象	税率	法规依据
24	非金属矿产 / 矿物类	其他粘土（铸型用粘土、砖瓦用粘土、陶粒用粘土、水泥配料用粘土、水泥配料用红土、水泥配料用黄土、水泥配料用泥岩、保温材料用粘土）	原矿或者选矿	1%~5%或者每吨（或者每原矿或每立方米）0.1~5元	《中华人民共和国资源税法》（主席令第三十三号）
25	非金属矿产 / 岩石类	大理岩、花岗岩、白云岩、石英岩、砂岩、辉绿岩、安山岩、闪长岩、板岩、玄武岩、黑曜岩、霞石正长岩、含钾砂页岩、麦饭石、泥灰岩、片麻岩、角闪岩、浮石、凝灰岩、天然油石、橄榄岩、含钾岩石、含钾正长岩、粗面岩、辉长岩、辉石岩、正长岩、松脂岩、火山灰、火山渣、泥炭	原矿或者选矿	1%~10%	
26	非金属矿产	砂石	原矿或者选矿	1%~5%或者每吨（或者每立方米）0.1~5元	
27	非金属矿产	宝石、玉石、宝石级金刚石、玛瑙、黄玉、碧玺	原矿或者选矿	4%~20%	
28	非金属矿产	二氧化碳气、硫化氢气、氦气、氧气	原矿	2%~5%	
29	水汽矿产	矿泉水	原矿	1%~20%或者每立方米1~30元	

续表

序号	税目		征税对象	税率		法规依据
30	盐	钠盐、钾盐、镁盐、锂盐	选矿	3%~15%		《中华人民共和国资源税法》(主席令第三十三号)
31		天然卤水	原矿	3%~15%或者每吨（或者每立方米）1~10元		
32		海盐		2%~5%		
33	水资源(试点)	对水力发电和火电贯流式发电以外的取用水	地表水/地下水	最低平均税额（元/立方米）		《水资源税改革试点暂行办法》(财税[2016]55号) 《扩大水资源税改革试点实施办法》(财税[2017]80号)
					地表水/地下水	
				河北	0.4/1.5	
				北京	1.6/4.0	
				天津	0.8/4.0	
				山西	0.5/2.0	
				内蒙古	0.5/2.0	
				山东	0.4/1.5	
				河南	0.4/1.5	
				四川	0.1/0.2	
				陕西	0.3/0.7	
				宁夏	0.3/0.7	
		水力发电和火电贯流式取用水	地表水/地下水	每千瓦小时0.005元		

现行中华人民共和国进境物品进口税率表

(2019年4月9日起实施)

税目序号	物品名称	税率(%)	法规依据
1	书报、刊物、教育用影视资料；计算机、视频摄录一体机、数字照相机等信息技术产品；食品、饮料；玩具、游戏品、节日或其他娱乐用品；药品注1	13	《国务院关税税则委员会关于调整进境物品进口税有关问题的通知》（税委会〔2019〕17号）
2	运动用品（不含高尔夫球及球具）、钓鱼用品；纺织品及其制成品；电视摄像机及其他电器用具；自行车；税目1、3中未包含的其他商品	20	
3注2	烟、酒；贵重首饰及珠宝玉石；高尔夫球及球具；高档手表；高档化妆品	50	
注1	对国家规定减按3%征收进口环节增值税的进口药品，按照货物税率征税		
注2	税目3所列商品的具体范围与消费税征收范围一致		

提示：进出口税率内容较多，无法通过表格呈现，用户可通过下方海关总署的官方地址进行查询
进出口税则查询 http://www.customs.gov.cn/customs/302427/302442/jcksxcx/index.html
进出口商品税率查询 http://202.127.48.116:18001/static/pages/taxRateQuery.html

现行船舶吨税税目税率表

(2019年4月9日起实施)

税目 (按船舶净吨位划分)	税率 (元/净吨)						备注	法规依据
	普通税率 (按执照期限划分)			优惠税率 (按执照期限划分)				
	1年	90日	30日	1年	90日	30日		
不超过2000净吨	12.6	4.2	2.1	9.0	3.0	1.5	1. 拖船按照发动机功率每千瓦折合净吨位0.67吨 2. 无法提供吨位证明文件的游艇，按照发动机功率每千瓦折合净吨位0.05吨 3. 拖船和非机动驳船分别按相同净吨位船舶税率的50%计征税款	《中华人民共和国船舶吨税法》（主席令第八十五号）
超过2000净吨，但不超过10000净吨	24.00	8.00	4.00	17.4	5.8	2.9		
超过10000净吨，但不超过50000净吨	27.6	9.2	4.6	19.8	6.6	3.3		
超过50000净吨	31.8	10.6	5.3	22.8	7.6	3.8		

现行烟叶税税率

(2019年4月9日起实施)

税率	20%
计税依据	纳税人收购烟叶实际支付的价款总额
应纳税额	纳税人收购烟叶实际支付的价款总额 * 税率
法规依据	《中华人民共和国烟叶税法》（主席令第八十四号）